上海市级专志

上海建工集团志

上海市地方志编纂委员会 编

上海社会科学院出版社

1953—1978

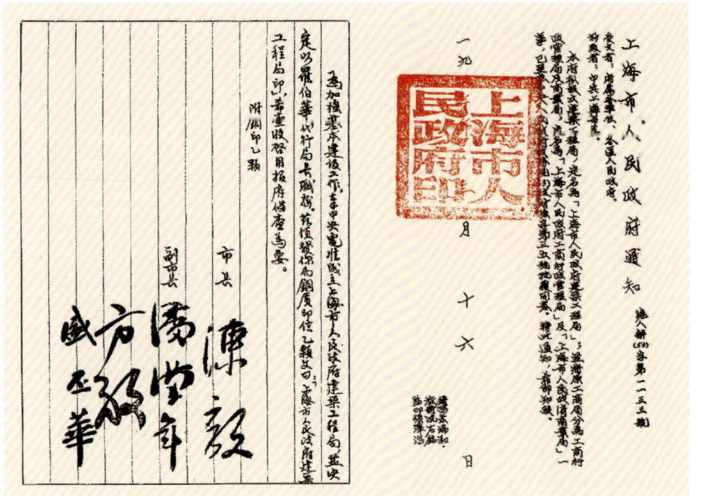

1953年1月,中共上海市委、上海市人民政府决定成立上海市建筑工程局

建工局成立之初,队伍骨干从华东建筑工程部抽调,其中大部分是部队转业官兵

建工局办公地福州路107号,
原名汉密尔顿大楼(1953—1958)

1955年3月,中苏友好大厦(今上海展览中心)竣工。
图为中苏两国专家和施工人员合影

1953—1978

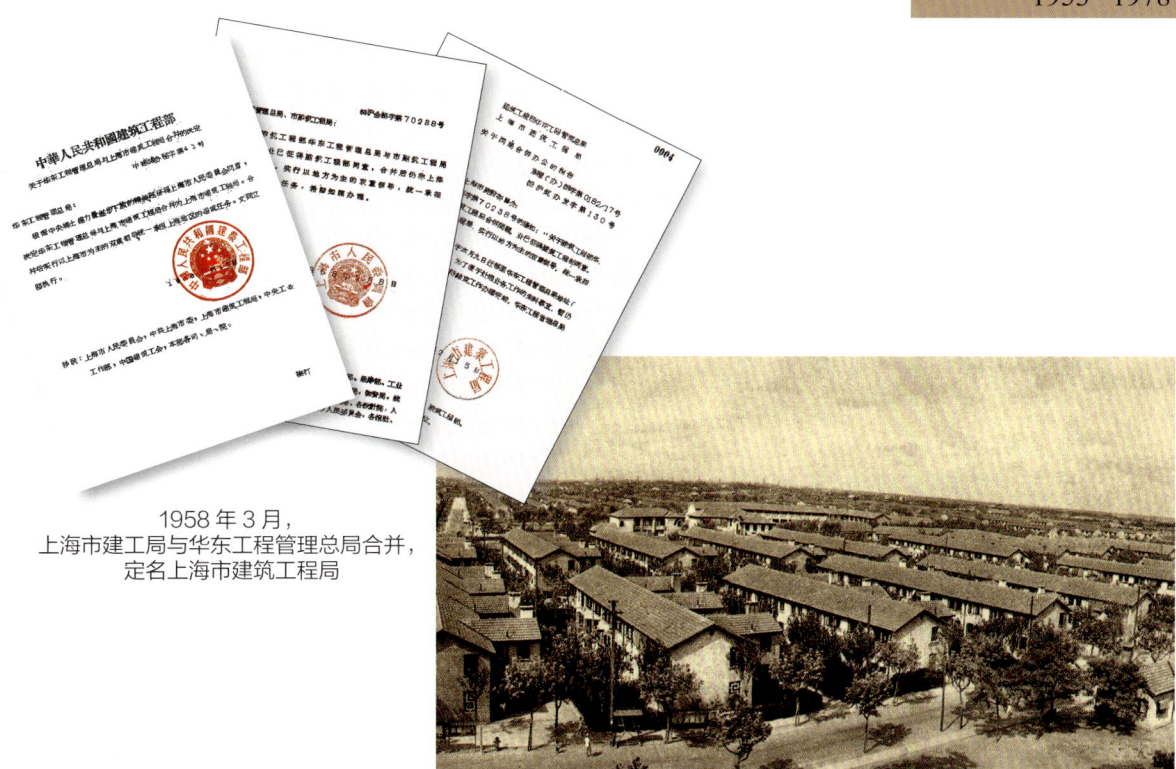

1958年3月，
上海市建工局与华东工程管理总局合并，
定名上海市建筑工程局

曹杨新村，解放初期全国规模最大的工人新村。1951年开工，建工局参与扩建

1959年建成的闵行一条街，
是全国第一个集商业、居住、配套服务为一体的街坊式居住区

上海市建筑工程局与华东工程管理总局合并后办公地南京东路23号，
原名汇中饭店（1958—1964）

1953—1978

1958年,"土法上马"
实现混凝土搅拌、运输、浇捣机械化

1958年,自制的25吨履带起重机投入使用,
被命名为"国庆一号"

60年代,把普通的打桩机改造组合成
可以起吊大型建筑构件的起重机

自行设计的木制龙门吊

1959年10月,建工局出席全国"群英会"的先进代表合影

1953—1978

1958年，建工局作为主要施工力量承担上海冶金工业基地建设任务

1965年，昔日的棚户区——蕃瓜弄建成居民新村

60年代，大部分工业厂房采用装配式施工技术

1959年，建工局承建的上海重型机器厂万吨水压机车间建成，地处闵行的上海机电工业基地初具规模

1953—1978

1976年,唐山发生大地震,建工局派出施工人员和医务人员参与抢险和救治伤员

60年代末到70年代,建工局参与"大三线""小三线"建设。图为地处安徽贵池山区的八五钢厂

50年代,黑龙江富拉尔基重型机械厂大型沉箱施工

70年代,江苏大屯煤矿井下设施施工

1953—1978

1973年竣工的上海电视塔，采用地面制作安装、整体起扳竖立的施工技术。右上图为塔架整体起扳场景

上海电视塔施工技术和上海体育馆施工技术获1978年全国科学大会奖

1975年竣工的上海体育馆，该工程大型钢屋盖采用地面制作拼装、整体提升、空中旋转的施工技术。右图为钢屋盖整体提升场景

1953—1978

1976年建成的康乐路高层住宅，是解放后第一幢超过10层的住宅

1977年建成的漕溪北路高层住宅群（今徐汇新村）

1978年建成的陆家宅住宅高层小区，采用"一模三板"装配式技术，右图为外墙预制挂板施工场景

1972年，上海石油化工总厂开工建设，建工局参与一、二、三期厂房建设和设备安装

上海宝山钢铁总厂炼钢厂主厂房，1983年竣工

上海宝山钢铁总厂炼钢厂基础工程采用预拌混凝土集中生产、输送、连续浇筑施工技术

1979—1993

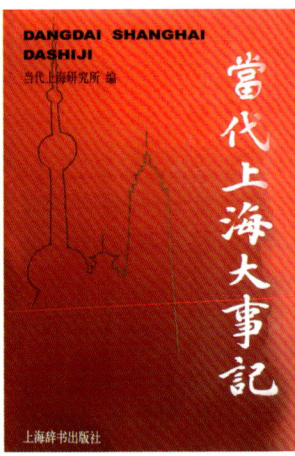

1979年2月,国家建设委员会、上海市委、上海市革委会命名上海市建工局为"大庆式工程局"

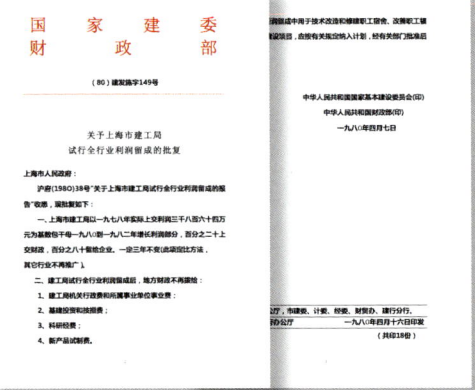

1980年,建工局在全国建筑行业中率先实行全局上交利润留成包干的改革

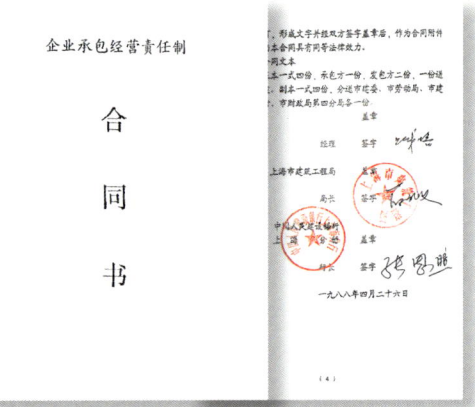

1988年,建工局、建设银行与各企业签订企业承包责任制合同书

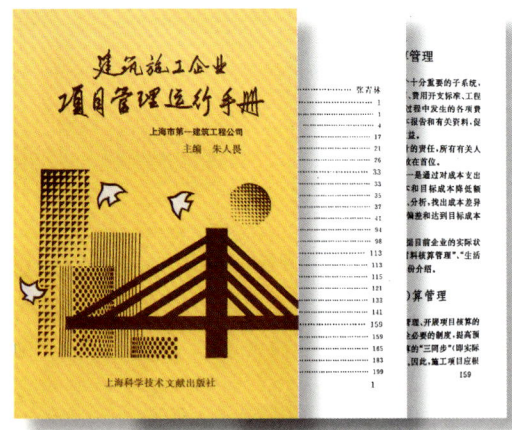

80年代,建工局开始推行工程项目管理

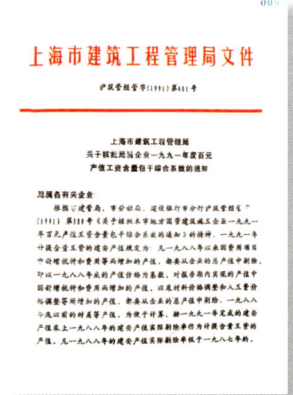

80年代中期起,局内企业开始实行百元产值工资含量包干分配制度改革

1979—1993

上海宾馆，1983 年竣工。
高度超过解放前建造的全国最高建筑——国际饭店

华亭宾馆，1986 年竣工，1987 年该项目获首批鲁班奖

截至 2010 年，上海建工共有 73 项工程获得国家建筑工程质量最高奖——鲁班奖

联谊大厦，1985 年竣工。
该工程施工创出"5 天一层楼"的"上海速度"

上海商城，1990 年竣工。
是当时上海最高的全钢筋混凝土超高层建筑

1979—1993

上海耀华皮尔金顿玻璃厂浮法玻璃工程，1987年竣工

1988年海伦宾馆基础施工，在上海闹市区首次采用钻孔灌注桩、地下连续墙等施工技术

1985年开工的新锦江大酒店，主体为全钢结构

1990年，超高建筑模具外挂脚手整体升降施工成套技术获国家技术发明奖二等奖

截至2010年，上海建工有482项工程获得上海市建设工程质量最高奖——"白玉兰"奖

上海浦东煤气厂，1983年开工，上海市重点工程实事立功竞赛活动在这里拉开序幕

曲阳新村，1987年竣工，80年代上海规模最大的居民新村

上海吴泾冷库，首次采用移动钢台模技术，1982年竣工

埃及开罗国际会议中心，1989年竣工。1993年获国家科技进步奖三等奖

1979—1993

南浦大桥，1991年竣工。1995年该项目获国家科技进步奖一等奖

截至2010年，上海建工共有24项工程获得全国土木工程最高奖——詹天佑奖

南浦大桥曲线箱梁吊装

1982年竣工的泖港大桥，为黄浦江建设大型斜拉桥作技术准备

杨浦大桥，1993年竣工。2000年，该项目获首批詹天佑奖

1979—1993

东方明珠广播电视塔，1991年开工，1995年竣工。该项目获首批詹天佑奖

铁路上海站，80年代全国最大客运火车站，1987年竣工

黄浦江上游取水顶管工程。1989年，该项目"软土地区钢管长距离顶进施工技术"获国家科技进步奖一等奖

1979—1993

以工程实例为主要内容的技术系列专著

上海市人民政府文件

沪府发〔1988〕18号

上海市人民政府批转市建委
关于上海市建筑业管理体制改革方案的
请 示 的 通 知

1988年3月，上海市政府决定，上海市建筑工程局改为上海市建筑工程管理局，统一管理全市建筑行业

建工局、建管局、建工集团办公地，江西中路406号（1964—2000）

1993年10月，纪念上海建工创立40周年活动合影

1994—2010

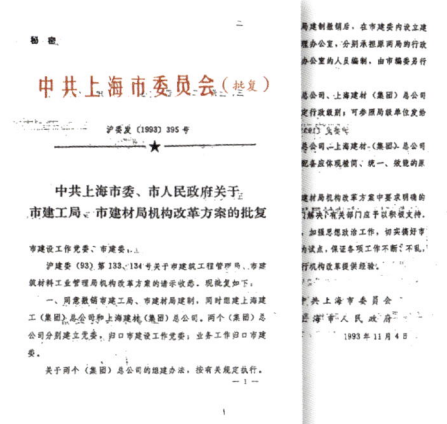 

1993年11月，中共上海市委、市政府决定，撤销上海市建筑工程管理局，组建上海建工（集团）总公司。
1994年1月11日，集团总公司在上海展览中心举行开业典礼

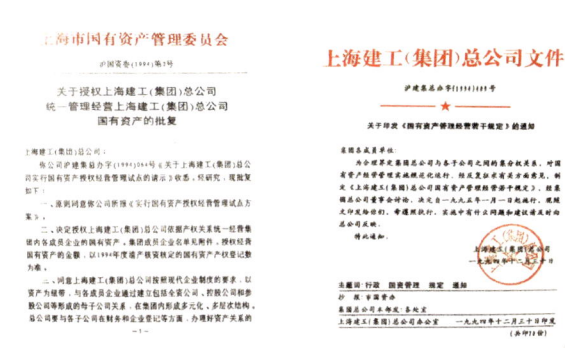

根据国有资产授权管理的要求，集团制定《国有资产管理经营若干规定》

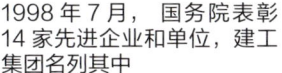

1998年7月，国务院表彰14家先进企业和单位，建工集团名列其中

1998年6月，上海建工股份有限公司成立，公司发行的股票在上海证券交易所上市交易

1994年确立的集团标志，2000年注册为商标

1994—2010

2004年，上海园林集团并入上海建工集团

2008年，上海外经集团通过股权调整并入上海建工集团

2010年，上海市政工程设计研究总院通过联合重组并入上海建工集团

1994—2010

建工集团总部，浦东福山路 33 号（2000—2010）

建工集团总部，东大名路 666 号（2010—）

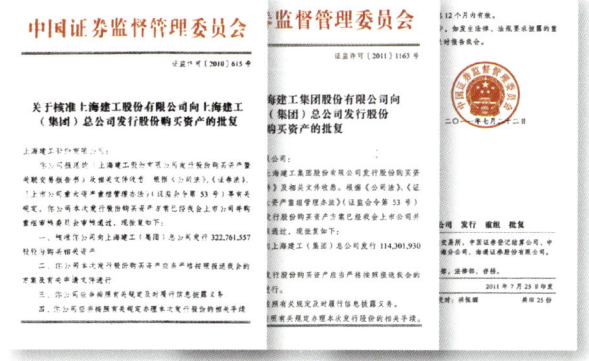

2010 年 6 月，上海建工股份有限公司改名为上海建工集团股份有限公司。2011 年，建工集团核心业务资产实现整体上市

1994—2010

环球金融中心，2008年竣工

建设者在环球金融中心490多米高空作业

1999年，金茂大厦施工技术获国家科技进步奖一等奖

金茂大厦结构封顶

金茂大厦，1999年竣工

1994—2010

2010年,上海中心大厦基础6万立方米混凝土一次性浇筑

建工集团自行设计、制作的整体自升式钢平台模架系统

上海中心大厦,2008年开工,2014年竣工

全钢拱桥——卢浦大桥，2003 年竣工

卢浦大桥综合运用悬索桥、斜拉桥、钢拱桥等多种桥梁施工技术

大型悬索桥——江苏江阴长江大桥，1999 年竣工

1994—2010

东海大桥采用海上建造大桥的多种施工技术

东海大桥，2005年竣工，2007年获国家科技进步奖一等奖

浦东国际机场航站楼一期工程（左）1999年竣工，二期工程（右）2007年竣工

浦东国际机场航站楼钢屋盖采用计算机控制的液压千斤顶牵引滑移技术

虹桥综合交通枢纽施工现场

1994—2010

虹桥综合交通枢纽，2010 年竣工

上海地铁地下换乘站

矩形隧道掘进

地铁双圆盾构施工

地铁隧道盾构施工和测量

穿越黄浦江底的越江隧道盾构掘进施工

上海磁浮列车运营示范线，2002年竣工

磁浮列车轨道梁吊装

磁浮列车轨道梁机加工

1994—2010

2010 年上海世博会园区，建工集团承建包括中国馆、世博中心、世博文化中心、世博主题馆、世博轴等 80% 的建筑

1994—2010

上海图书馆，1997年竣工

上海博物馆，1996年竣工

上海大剧院，1998年竣工。右图为钢屋盖整体提升场景

1994—2010

上海体育场，1997 年竣工

上海国际赛车场，2004 年竣工

东方体育中心，2010 年竣工

上海科技馆，2001 年竣工

东方艺术中心，2004 年竣工

辰山植物园科研中心、温室馆，2010 年竣工

上海赛科石化工程，2004 年竣工

上海光源工程，2009 年竣工

1994—2010

松江大学城，2008年竣工

曙光医院东院，2004年竣工

世茂滨江花园，2005年竣工

长兴岛造船基地船坞，2007年竣工

海底管道敷设

海底光缆敷设

1994—2010

北京人民大会堂上海厅装修，2006年竣工

江苏南京紫峰大厦，2010年竣工

广东广州电视塔

1994—2010

北京国家大剧院，2007 年竣工

江苏湖州喜来登大酒店，2008 年开工，2012 年竣工

辽宁沈阳奥林匹克体育中心，2004 年竣工

孟加拉孟中友谊会议中心,2001年竣工

巴基斯坦瓜达尔港,2007年竣工

特立尼达和多巴哥西班牙港表演艺术中心,2009年竣工

1994—2010

中国驻纽约总领事馆改建工程，2003年竣工

中国澳门银河娱乐度假城，2011年开业

柬埔寨洞里萨河大桥，2010年竣工

俄罗斯圣彼得堡波罗的海明珠项目，一期工程2010年竣工，二期工程2012年竣工

混凝土搅拌车制造

混凝土地铁管片生产

混凝土构件生产

以生产混凝土骨料为主的湖州新开元碎石有限公司,2010年获国家首批"绿色矿山企业"称号

预拌混凝土实现生产自动化控制

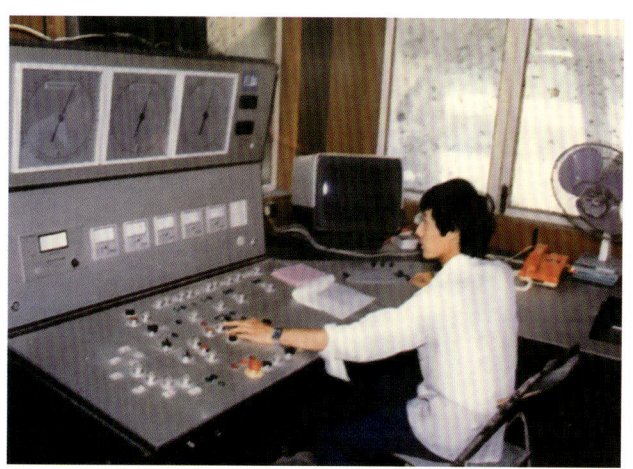
自动化控制室

控制扬尘、噪声、"零排放"的环保型混凝土搅拌站

集团投资开发的上海周康航大型居住社区，2009年开工

集团投资建设的延安高架路中段工程，
1998年开工，1999年全线通车

集团投资开发的上海滩－新昌城住宅小区，2005年开盘销售

集团投资建设的沪青平高速公路上海段工程，2005年竣工

2001年，上海建工（集团）总公司首届职工代表大会召开

2008年，中共上海建工（集团）总公司第一次代表大会召开

2011年，上海建工集团股份有限公司领导成员与先进模范代表合影

上海市地方志编纂委员会

（2014 年 11 月—   ）

主 任 委 员　董云虎(2015.9—　)　徐　麟(2014.11—2015.9)
副主任委员　翁铁慧　李逸平　朱咏雷　宗　明
委　　　员（以姓氏笔画为序）

于秀芬　马国强　王　平　王永鉴　王治平　王治卿　王　瑜
王德忠　方世忠　白廷辉　邢邦志　过剑飞　朱纪华　朱勤皓
华　源　邬惊雷　刘　刚　寿子琪　苏　明　李书玉　李　红
李国华　李　政　沈晓初　张小松　张国坤　张超美　张　新
陆晓栋　陆鼎良　陈宇剑　陈鸣波　陈　臻　范少军　尚玉英
呆　云　周　亚　周敏浩　周蔚中　郑　杨　赵永峰　赵祝平
胡卫国　胡宏伟　洪民荣　姚　海　袁荣根　袁　鹰　桂晓燕
夏科家　顾金山　顾洪辉　倪耀明　徐未晚　徐　枫　徐国岩
徐建刚　徐　炯　陶　泓　黄永平　章　曦　蒋怀宇　谢坚钢
谢　峰　戴晶斌

上海市地方志编纂委员会

（2011 年 8 月—2014 年 11 月）

主 任 委 员　殷一璀
副主任委员　屠光绍　杨振武　洪　浩　姚海同　蒋卓庆　林　克

上海市地方志编纂委员会

（2007 年 8 月—2011 年 8 月）

主 任 委 员　殷一璀
副主任委员　王仲伟　杨定华　姜　樑　李逸平　林　克

《上海市级专志·上海建工集团志》编纂委员会

主　任　蒋志权　徐　征
副主任　杭迎伟　卞家骏　张立新　范忠伟
委　员（以姓氏笔画为序）

卞家骏　尹克定　叶卫东　叶可明　朱忠明　刘国林　汤　伟
肖长松　何士林　张立新　范忠伟　林锦胜　杭迎伟　房庆强
秦宝华　徐　征　郭雪林　龚　剑　蒋志权　童继生　蔡国强

丁　钢　马敏亮　王红顺　王美华　尤卫平　卞　炯　邓有义
史　斌　朱洁士　刘忠宝　刘振鹏　刘琰紫　许海峰　苏向明
李　岚　李　胜　吴亚康　何连成　宋文俊　张　超　卓建勤
金光耀　周爱华　周蝶虎　郑　顺　赵强华　胡玉银　施正峰
蒋家跃

顾　问（以姓氏笔画为序）

王世雄　石礼文　阮　正　吴文达　陈志余　陈　敏　范庆国
周晓临　姚建平　莫　峻　钱　培　倪　豪　皋古伢　黄文忠
常学斌

《上海市级专志·上海建工集团志》
编纂委员会办公室

主　任　朱洁士
副主任　赵强华　李晓华　施正峰　曹建华
成　员（以姓氏笔画为序）

朱宝昌　花　蕙　张克文　陈颖华　徐宝均　徐承柱　傅绍骥
楼　杰

协作组召集人　王美华　张克文　武佩牛　荀晓晖　康春江

《上海市级专志·上海建工集团志》编纂人员

主　　编　范忠伟
副 主 编　朱洁士　李晓华　赵强华
总　　纂　朱洁士
分　　纂（以姓氏笔画为序）
　　　　　王美华　朱宝昌　李晓华　李增辉　吴国庆　陆建初　陈颖华
　　　　　赵强华　徐宝均　徐承柱　楼　杰

其他撰稿人（以姓氏笔画为序）
　　　　　丁　寒　王远露　王　芳　王春银　王新民　石树琴　史正明
　　　　　乐　恒　朱志喜　朱茂明　朱静华　朱　蕾　刘　涛　刘　斐
　　　　　汤　洁　严雅琴　杜　安　李夫强　李四维　李　松　李国盛
　　　　　李　胜　李维良　李景霞　李耀良　时永庆　吴有德　吴洁妹
　　　　　何文鑫　何晓颖　沈文杰　沈余龙　沈炎杰　沈　烨　张　乐
　　　　　张和银　张　莉　张裕洁　陆欢军　陈文浩　陈　军　陈　坚
　　　　　陈　涛　陈慈烈　范凌豪　郁政华　尚慧萍　季　方　金仁兴
　　　　　金兴荣　金荣华　周建生　周漪芳　郑　坚　郑　顺　郑晏平
　　　　　单　炯　赵仁童　赵　颖　胡　敏　查晔秀　侯　琳　施政法
　　　　　施　栋　施善铭　娄国强　洪　新　姚宏婕　姚薇薇　袁　芬
　　　　　夏鸣琦　顾庆生　钱山明　钱怡敏　徐文斌　徐晓芸　徐耀祺
　　　　　郭延琳　席金虎　黄伟达　黄　斌　黄鋆鋆　曹建华　曹鸿新
　　　　　曹蓓琪　龚满晔　彭共青　葛兆源　董祖德　傅绍骥　虞盛虎
　　　　　蔡毅强　裴　贞

组稿及资料提供人（以姓氏笔画为序）
　　　　　丁苑华　丁和建　丁　钢　刁明浩　干晶晶　于晓明　卫　燕
　　　　　马建荣　马敏亮　马超俊　王兴业　王红顺　王忠平　王春峰
　　　　　王重辉　王　然　王富良　卞　炯　方宪临　卢玉萍　申雄文
　　　　　史　斌　包世洪　冯为民　冯新国　戎　庆　毕炤伯　朱国宏
　　　　　朱荣国　朱敏乔　朱燕娜　乔鸿生　乔　瑜　乔　聪　庄自柔

刘志荣　刘海宝　刘　菲　刘琰紫　齐晔卿　江彦靓　许建中
孙　龙　孙纪青　花　蕙　杜伟国　李申展　李　岚　李　明
李玲玉　李锦毅　杨忆菁　杨光辉　杨仲春　杨瑞英　连　珍
吴亚康　吴迎春　吴国章　吴鹏飞　邱晔晟　何连成　何国宝
何翔宇　余凯凯　余家琪　汪廷秀　沈　玮　沈锦添　宋小玫
张玉明　张　林　张松鹤　张国伟　张国强　张　彦　张海舟
张博文　张　瑾　陆大忠　陆泽群　陆　莺　陈伟民　陈丽春
陈　利　陈国令　陈　彦　陈　洁　邵应奇　邵震蒙　范乐玲
范陵君　林寿芬　金明善　金怡然　金荣华　周　红　周宗源
周　敏　周黎斌　於汝军　郑　忆　郑双征　定明霞　赵一峰
赵关根　赵楚苧　赵燕婕　胡利伟　胡健芳　柯永康　钟如兰
段小兰　段明强　侯德富　饶玉平　施　华　姚　军　秦志坚
秦国法　秦恩广　袁孝铭　耿莉莉　顾　莅　倪新海　郭红梅
桑　伟　黄杰辉　黄　跃　黄霁鸣　曹德雄　章华平　章　丽
董吉戎　蒋家荣　虞　亮　鲍正良　臧晓晴　缪云明　潘怡宁
薛国民

照片主要提供人（以姓氏笔画为序）

马虹桥　王新民　卢惠桦　朱龙奎　华春芳　李　明　吴汉民
吴如春　张雨生　陈慈烈　林　海　周建生　周培鲁　郑孝崇
俞善进　姜锡荣　秦明逸　聂逢辰　顾立祥　顾庆生　徐正魁
郭书吉　郭继光　黄伟达　蒋家荣　鲍正良　鲍桂喜　缪云明
滕金富

英文翻译　吴国庆

《上海市级专志·上海建工集团志》评议专家

专家组组长 黄健之

专家组成员(以姓氏笔画为序)

左山虎　乐　云　严鸿华　李建平　汪志星　沈　迪　张立群
陆寿海　范庆国　胥和生

《上海市级专志·上海建工集团志》审定专家

专家组组长 孙建平

专家组成员(以姓氏笔画为序)

邢明香　孙词雄　孙熙宁　沈　珩　袁　钢　徐君伦　曹嘉明
董汉玲

《上海市级专志·上海建工集团志》验收单位和人员

验收单位 上海市地方志办公室

验收人员 洪民荣　王依群　过文瀚　王继杰　黄文雷

业务编辑 赵明明　肖春燕

凡　　例

一、本志以马克思列宁主义、毛泽东思想、邓小平理论、"三个代表"重要思想、科学发展观为指导,深入贯彻习近平总书记系列重要讲话精神,坚持辩证唯物主义和历史唯物主义的立场、观点和方法,实事求是记述上海建工集团创建、改革、发展以及参与国家和上海建设的历程。

二、本志记述的主要内容起始于1978年,重点为1994年上海建工集团成立后,下限至2010年。为完整记述上海建工的发展历程,部分内容上溯至1953年,个别事项下延至2015年12月。2004年后并入上海建工集团的园林集团、外经集团、市政总院重点记述其单位和业务发展的简况。

三、本志大事记采用编年体记述,少数事件采用纪事本末体。

四、本志采用述、记、志、传、录、图、表等形式记述,主体部分横排事项门类,纵叙事物变化过程。全志正文设10篇,另有总述、大事记、专记、附录,总计14个部分。图表随文设,照片取卷首照集中和串文分散结合的形式。

五、本志书写行文规范遵照中国地方志领导小组《地方志书质量规定》和上海市地方志编纂委员会《〈上海市志(1978—2010)〉编纂行文规范》。

六、本志一篇内多次应用同一名称时,首次出现用全称括注简称,其后则用简称。在本志附录后设本志全称简称对照表。工程名一般采用工程在建时的名称,括注现名。本志中"×年代"均指"20世纪×年代"。

七、本志根据"生不立传"的原则,对为上海建工发展作出重要贡献的已故领导干部、知名专家、劳动模范和烈士以卒年为序立传。在相关篇章设人物名录。

八、本志引用的建筑安装产值、总产值、综合营业额、营业收入、利润等统计数据采用当年价。志中表格除注明外,资料均来自建工集团(建工局、建管局)年度统计报表。

九、本志资料来源为上海市档案馆,建工集团和各单位档案室、资料室,出版的图书、报刊,少数由个人提供。

目　　录

凡例 ·· 1
总述 ·· 1
大事记 ·· 13

第一篇　体制沿革 ························· 49
概述 ··· 50
第一章　上海市建筑工程局（1953—1988年） ··············· 51
第一节　领导机构 ···························· 51
一、机构设立 ································ 51
二、管理部门 ································ 51
第二节　局属单位 ···························· 52
第三节　私营营造业改造 ·················· 59
附：华东工程管理总局（1952—1958年） ·· 62
第二章　上海市建筑工程管理局（1988—1993年） ······· 65
第一节　领导机构 ···························· 65
一、机构设立 ································ 65
二、管理部门 ································ 65
第二节　局属单位 ···························· 66
第三节　行业管理 ···························· 68
一、市场管理 ································ 68
二、安全、质量管理 ······················ 70
第三章　上海建工（集团）总公司 ·········· 72
第一节　集团机构 ···························· 72
一、集团设立 ································ 72
二、管理部门 ································ 73
三、事业部、分支机构 ·················· 73
第二节　国有资产授权管理 ··············· 75
第三节　法人治理结构 ····················· 76
第四节　集团成员 ···························· 78
一、全资企业 ································ 78
二、控股、参股企业 ······················ 80
三、事业单位 ································ 80
四、中小企业 ································ 80
第四章　上海建工集团股份有限公司 ···· 86
第一节　上市、扩股 ························· 86
一、发起上市 ································ 86
二、股权分置改革 ························· 86
三、增资扩股 ································ 87
第二节　公司治理 ···························· 89
一、治理结构 ································ 89
二、重要制度 ································ 90
第三节　职能部门和企业 ·················· 90
一、职能部门 ································ 90
二、主要企业 ································ 90

第二篇　主要单位 ························· 95
概述 ··· 96
第一章　建筑企业 ································ 97
第一节　上海市第一建筑有限公司 ······ 97
第二节　上海市第二建筑有限公司 ······ 98
第三节　上海市第四建筑有限公司 ···································· 100

第四节　上海市第五建筑有限公司 …… 102
　　第五节　上海市第七建筑有限公司 …… 103
第二章　专业施工企业 …………………… 106
　　第一节　上海市安装工程有限公司 …… 106
　　第二节　上海市基础工程有限公司 …… 107
　　第三节　上海市机械施工有限公司 …… 110
　　第四节　上海市建筑装饰工程有限公司 …… 111
　　第五节　上海园林(集团)有限公司 …… 113
　　第六节　上海建工桥隧筑港工程有限公司 …… 114
第三章　工业企业 ………………………… 116
　　第一节　上海建工材料工程有限公司 …… 116
　　第二节　上海市建筑构件制品有限公司 …… 117
　　第三节　上海华东建筑机械厂有限公司 …… 119
第四章　房产和外经企业 ………………… 122
　　第一节　上海建工房产有限公司 …… 122
　　第二节　中国上海外经(集团)有限公司 …… 123
　　附：上海市机械设备成套(集团)有限公司 …… 125
第五章　设计咨询监理企业 ……………… 127
　　第一节　上海市政工程设计研究总院(集团)有限公司 …… 127
　　第二节　上海市建工设计研究院有限公司 …… 129
　　第三节　上海市工程建设咨询监理有限公司 …… 130
第六章　事业单位 ………………………… 132
　　第一节　上海建峰职业技术学院 …… 132
　　第二节　上海市建筑工程学校 ……… 133
　　第三节　上海建工(集团)总公司党(干)校 …… 135
　　第四节　上海建工医院 ……………… 136
　　第五节　建筑时报社 ………………… 137

第三篇　职工队伍 …………………… 141

概述 ………………………………………… 142
第一章　规模和结构 ……………………… 143
　　第一节　规模 ………………………… 143
　　第二节　来源和分布 ………………… 144
　　　一、管理人员、技术人员(干部) …… 144
　　　二、工人 ……………………………… 146
　　　三、人员分布 ………………………… 147
　　第三节　队伍结构 …………………… 148
　　　一、年龄结构 ………………………… 148
　　　二、文化结构 ………………………… 148
　　　三、专业结构 ………………………… 148
　　　四、工人技术等级 …………………… 149
　　第四节　退休职工 …………………… 149
　　　一、退休职工人数 …………………… 149
　　　二、管理机构 ………………………… 149
第二章　用工制度 ………………………… 151
　　第一节　企业用工 …………………… 151
　　　一、固定工 …………………………… 151
　　　二、临时工 …………………………… 151
　　　三、合同制工 ………………………… 152
　　　四、全员劳动合同制 ………………… 152
　　　五、劳务派遣 ………………………… 152
　　第二节　事业单位用工 ……………… 153
　　　一、事业单位编制 …………………… 153
　　　二、聘用合同制 ……………………… 153
　　第三节　再就业工程 ………………… 153
　　　一、下岗分流 ………………………… 153
　　　二、再就业服务中心 ………………… 154
第三章　职工培训 ………………………… 155
　　第一节　教育培训机构 ……………… 155

一、学校及培训中心 …… 155	二、中标合同额 …… 176
二、职业技能鉴定所 …… 156	三、地域结构 …… 177
三、高技能人才培养示范基地 …… 156	四、专业结构 …… 179
第二节 岗位培训 …… 157	五、客户结构 …… 179
一、管理人员（干部）岗位培训 …… 157	第二节 房屋建筑 …… 180
二、工人培训 …… 157	一、竣工面积 …… 180
三、专题培训 …… 158	二、住宅建筑 …… 181
四、农民工培训 …… 159	三、工业建筑 …… 183
第三节 继续教育 …… 159	四、文化体育建筑 …… 185
第四章 专业人才管理 …… 161	五、教育医疗建筑 …… 187
第一节 规划和制度 …… 161	六、商业建筑 …… 190
一、中长期规划 …… 161	七、交通建筑 …… 193
二、工作制度 …… 161	八、世博会建筑 …… 193
第二节 专业技术职务管理 …… 162	第三节 土木工程 …… 193
一、专业技术职称评定 …… 162	一、施工规模 …… 193
二、专业技术职称评聘 …… 163	二、桥梁工程 …… 194
三、政工专业职称评聘 …… 163	三、道路工程 …… 195
第三节 专家、高级技术人才 …… 164	四、轨交工程 …… 196
一、专家、高级技术人才队伍 …… 164	五、顶管、隧道工程 …… 199
二、学术、科研机构 …… 164	六、园林绿化工程 …… 199
第五章 薪酬福利 …… 166	第四节 机电安装 …… 200
第一节 薪酬制度 …… 166	一、施工规模 …… 200
一、局属建安企业薪酬制度 …… 166	二、施工业务 …… 201
二、集团总公司薪酬制度 …… 167	第五节 建筑装饰 …… 202
三、企业经营者薪酬 …… 167	一、施工规模 …… 202
四、最低工资标准 …… 169	二、施工业务 …… 202
第二节 福利制度 …… 169	第二章 建筑材料和建筑机械 …… 204
一、企业补充保险 …… 169	第一节 企业 …… 204
二、职工体检制度 …… 170	一、大宗、统配材料企业 …… 204
三、职工带薪年休假制度 …… 170	二、预拌混凝土企业 …… 204
第三节 职工奖惩 …… 170	三、骨料、外加剂企业 …… 205
一、奖励 …… 170	四、建筑构配件企业 …… 205
二、惩戒 …… 172	五、建筑机械企业 …… 206
第四篇 经营业务 …… 173	第二节 大宗材料和统配材料 …… 206
概述 …… 174	一、供应配置 …… 206
第一章 建筑施工 …… 175	二、大宗材料供应 …… 206
第一节 规模和结构 …… 175	三、统配材料供应 …… 207
一、建安产值 …… 175	第三节 预拌混凝土 …… 208
	一、生产规模 …… 208

二、生产组织 …………………… 209
三、产品研发 …………………… 210
四、产品应用 …………………… 211
第四节 混凝土预制构件 …………… 213
一、生产规模 …………………… 213
二、构件产品 …………………… 214
三、生产工艺 …………………… 218
第五节 骨料和外加剂 ……………… 219
一、骨料生产 …………………… 219
二、外加剂生产 ………………… 220
第六节 建筑机械和配件 …………… 221
一、建筑机械 …………………… 221
二、建筑配件及其他 …………… 223

第三章 设计、咨询和监理 …………… 226
第一节 机构 ………………………… 226
第二节 工程勘察测量 ……………… 226
第三节 建筑工程设计 ……………… 227
一、房屋建筑设计 ……………… 227
二、机电安装设计 ……………… 229
三、装饰设计 …………………… 230
第四节 市政工程设计 ……………… 231
一、给水排水 …………………… 231
二、道路、轨道交通 …………… 233
三、桥梁 ………………………… 234
四、地下空间 …………………… 235
五、水工固废 …………………… 235
第五节 园林工程设计 ……………… 237
一、市场分布 …………………… 237
二、设计项目选介 ……………… 238
第六节 工程咨询和监理 …………… 241
一、工程咨询 …………………… 242
二、工程监理 …………………… 242

第四章 房产开发 ……………………… 244
第一节 产业形成 …………………… 244
一、系统公房 …………………… 244
二、局属单位房产业务 ………… 244
三、集团房产业务 ……………… 246
第二节 开发经营 …………………… 247
一、自有土地开发 ……………… 247

二、竞拍土地开发 ……………… 248
三、收购股权及联合开发 ……… 248
四、保障房开发 ………………… 249
第三节 项目选介 …………………… 251
一、公寓、住宅 ………………… 251
二、商业地产 …………………… 258
三、保障房 ……………………… 260

第五章 基础设施投资 ………………… 262
第一节 产业形成 …………………… 262
一、规模 ………………………… 262
二、上海市项目 ………………… 262
三、外省市项目 ………………… 263
第二节 BOT项目选介 ……………… 263
一、上海延安高架路（中段）项目
   …………………………………… 263
二、同三国道（上海A段）项目 …… 265
第三节 BT项目选介 ………………… 266
一、无锡市吴越路项目 ………… 266
二、常州市客运中心项目 ……… 267
三、上海地铁世博专线项目 …… 268

第六章 其他服务和经营业务 ………… 269
第一节 教育、医疗、报刊 ………… 269
一、教育 ………………………… 269
二、医疗 ………………………… 272
三、报刊 ………………………… 273
第二节 服务业 ……………………… 274
一、酒店、度假村、餐饮 ……… 274
二、动物园 ……………………… 275
三、出租汽车 …………………… 276

第五篇 海外事业 …………………… 277
概述 …………………………………… 278
第一章 机构和队伍 …………………… 279
第一节 管理机构 …………………… 279
一、总部机构 …………………… 279
二、境外机构 …………………… 279
第二节 队伍管理 …………………… 280
一、自有职工 …………………… 281
二、分包队伍 …………………… 282

三、所在国用工 283
第二章 主要业务 284
　第一节 援外工程 284
　　一、计划安排 284
　　二、合作承建 285
　　三、自主经营 286
　第二节 国际承包工程 288
　　一、合作经营 288
　　二、自主经营 289
　第三节 中国驻外使领馆工程 291
　第四节 外派劳务 292
　　一、规模 293
　　二、专业结构 293
　　三、市场分布 293
　　四、代表项目 294
　第五节 进出口贸易、房产开发和援外培训 296
　　一、进出口贸易 296
　　二、房产开发 299
　　三、援外培训 299
第三章 海外现场管理 301
　第一节 物资采运 301
　　一、计划调配 301
　　二、自行选购、发运 301
　第二节 生活后勤服务 303
　　一、生活基地 303
　　二、工地食堂 304
　　三、医疗卫生和业余生活 304
　第三节 应急管理 305
　　一、应急机制 305
　　二、自然灾害应急处置 305
　　三、突发事件应急处置 306
第四章 海外工程选介 308
　第一节 工业建筑 308
　　一、坦桑尼亚桑给巴尔皮革皮鞋厂 308
　　二、阿尔巴尼亚冶金联合企业 308
　　三、苏丹友谊纺织厂 309
　　四、蒙古都日根水电站 310

　　五、土耳其燃气锅炉发电厂 310
　第二节 民用建筑 311
　　一、苏丹友谊厅 311
　　二、埃及开罗国际会议中心 311
　　三、孟加拉国孟中友谊会议中心 312
　　四、中国驻新加坡大使馆新建工程 313
　　五、中国驻纽约总领事馆改建工程 313
　　六、越南国家体育场 314
　　七、苏丹新国际会议厅 314
　　八、俄罗斯圣彼得堡波罗的海明珠项目 315
　　九、比利时天堂公园 315
　　十、中国澳门银河娱乐度假城 316
　　十一、特立尼达和多巴哥西班牙港表演艺术中心 316
　　十二、几内亚五万人体育场 317
　　十三、巴基斯坦巴中友谊中心 317
　　十四、萨摩亚政府综合办公楼 318
　　十五、加蓬体育场 318
　第三节 土木工程 319
　　一、巴基斯坦瓜达尔港 319
　　二、埃塞俄比亚格特拉立交桥 320
　　三、柬埔寨"二桥一路" 320

第六篇 工程选介 323
概述 324
第一章 商贸建筑 325
　第一节 综合商务建筑 325
　　一、上海商城 325
　　二、金茂大厦 326
　　三、恒隆广场 327
　　四、环球金融中心 328
　　五、上海国际会议中心 328
　　六、长峰商城 329
　　七、港汇广场 329
　　八、南京紫峰大厦 330

九、上海国际金融中心 …………… 330
　　十、上海中心大厦 ………………… 331
第二节　宾馆建筑 …………………… 331
　　一、上海宾馆 ……………………… 331
　　二、华亭宾馆 ……………………… 332
　　三、新锦江大酒店 ………………… 333
　　四、花园饭店 ……………………… 333
　　五、明天广场 ……………………… 334
　　六、红塔大酒店 …………………… 334
　　七、北京钓鱼台国宾馆（芳菲苑）
　　　 …………………………………… 335
　　八、东郊宾馆 ……………………… 335
　　九、半岛酒店 ……………………… 336
　　十、湖州喜来登度假酒店 ………… 336
第三节　办公建筑 …………………… 336
　　一、上海市政大厦 ………………… 336
　　二、联谊大厦 ……………………… 337
　　三、浦东新区行政办公中心 ……… 338
　　四、广州珠江城大厦 ……………… 338

第二章　交通和工业建筑 …………… 340
第一节　交通建筑 …………………… 340
　　一、铁路上海站 …………………… 340
　　二、浦东国际机场航站楼 ………… 341
　　三、铁路上海南站 ………………… 341
　　四、虹桥综合交通枢纽 …………… 342
第二节　工业建筑 …………………… 343
　　一、宝山钢铁总厂炼钢厂 ………… 343
　　二、上海大众汽车制造厂二期工程
　　　 …………………………………… 344
　　三、上海华虹NEC电子有限公司
　　　 …………………………………… 345
　　四、上海江桥生活垃圾焚烧厂 …… 346
　　五、上海赛科石油化工有限责任
　　　　公司 …………………………… 346
　　六、上海五号沟LNG事故应急
　　　　气源备用站 …………………… 347

第三章　文化和体育建筑 …………… 349
第一节　文化建筑 …………………… 349
　　一、东方明珠广播电视塔 ………… 349

　　二、上海图书馆 …………………… 349
　　三、上海博物馆 …………………… 350
　　四、上海大剧院 …………………… 351
　　五、上海科技馆 …………………… 352
　　六、北京国家大剧院 ……………… 353
　　七、东方艺术中心 ………………… 353
　　八、北京中央美术学院美术馆 …… 354
　　九、中国航海博物馆 ……………… 355
　　十、青岛大剧院 …………………… 356
　　十一、广州电视塔 ………………… 357
　　十二、文化广场 …………………… 357
　　十三、钱学森图书馆 ……………… 358
第二节　体育建筑 …………………… 359
　　一、上海自行车赛车场 …………… 359
　　二、上海体育场 …………………… 359
　　三、虹口足球场 …………………… 360
　　四、上海国际赛车场 ……………… 361
　　五、沈阳奥体中心游泳馆及网球
　　　　中心 …………………………… 362
　　六、东方体育中心 ………………… 363

第四章　教育、科研和医疗建筑 …… 364
第一节　教育建筑 …………………… 364
　　一、中共上海市委党校 …………… 364
　　二、上海大学新校区 ……………… 365
　　三、国家会计学院 ………………… 366
　　四、松江大学城 …………………… 366
　　五、中国浦东干部学院 …………… 367
　　六、同济大学教学科研综合楼 …… 367
第二节　科研建筑 …………………… 368
　　一、上海光源 ……………………… 368
　　二、上海地面交通工具风洞中心
　　　 …………………………………… 369
第三节　医疗建筑 …………………… 369
　　一、上海市第六人民医院 ………… 369
　　二、华东医院（东楼） …………… 370
　　三、中山医院（医疗综合楼） …… 371
　　四、曙光医院（东院） …………… 371
　　五、瑞金医院（门急诊医技楼） … 372

六、上海市第一人民医院松江分院 …… 372
七、上海市公共卫生中心 …… 373
八、四川都江堰市医疗中心 …… 373
九、上海市质子重离子医院 …… 374

第五章 住宅建筑 …… 376
第一节 群体住宅 …… 376
一、曲阳新村 …… 376
二、世茂滨江花园 …… 376
三、天津河滨花苑 …… 377
第二节 装配式住宅 …… 377
一、万科新里程 …… 377
二、康桥镇6号地块4号楼 …… 378
三、北京万恒家园 …… 378

第六章 历史保护建筑 …… 379
第一节 修缮建筑 …… 379
一、外滩历史建筑修缮 …… 379
二、东风饭店修缮扩建 …… 379
三、外滩源 …… 380
四、大光明电影院修缮 …… 381
五、青年会宾馆修缮 …… 381
第二节 改扩建建筑 …… 381
一、中共"一大"会址纪念馆改扩建 …… 381
二、北京京西宾馆西楼改建 …… 382
三、上海展览中心改建 …… 382
四、静安寺改扩建 …… 383
五、中国民生银行大厦改建 …… 384

第七章 2010年上海世博会建筑 …… 385
第一节 "一轴四馆"建筑 …… 385
一、中国馆 …… 385
二、世博主题馆 …… 386
三、世博中心 …… 386
四、世博文化中心 …… 387
五、世博轴及地下综合体 …… 388
第二节 世博会其他工程 …… 389
一、城市最佳实践区 …… 389
二、世博公园 …… 390
三、后滩公园 …… 391

第八章 土木工程 …… 392
第一节 桥梁、道路工程 …… 392
一、南浦大桥 …… 392
二、杨浦大桥 …… 393
三、江苏江阴长江大桥 …… 393
四、重庆鹅公岩大桥 …… 394
五、卢浦大桥 …… 395
六、东海大桥主通航孔 …… 396
七、闵浦大桥 …… 396
八、沪青平高速公路 …… 397
九、沪闵高架二期工程 …… 398
第二节 轨交、隧道、铁路工程 …… 399
一、上海地铁 …… 399
二、深圳地铁 …… 400
三、磁浮列车运营示范线 …… 400
四、人民路越江隧道 …… 401
五、龙耀路越江隧道 …… 402
六、金山铁路支线改建工程 …… 403
第三节 地下空间工程 …… 403
一、人民广场综合改造工程 …… 403
二、静安世博500千伏地下变电站 …… 404
三、外滩地区综合改造工程 …… 405
第四节 特种工程 …… 405
一、广东深圳—珠海海底光缆 …… 405
二、浙江镇海—舟山海底管道 …… 406
三、江南长兴造船基地 …… 407
四、广东汕头过海第二水管 …… 407
五、浙江三门核电站取水涵管 …… 407
第五节 水务工程 …… 408
一、上海合流污水治理工程 …… 408
二、青草沙水源地原水工程陆域输水系统 …… 409
三、白龙港污水处理厂 …… 409

第九章 园林工程 …… 411
第一节 公园绿地 …… 411
一、延中绿地 …… 411
二、东方绿舟 …… 412
三、炮台湾湿地森林公园 …… 412

四、辰山植物园 ………………… 413
五、湖南湘江株洲段生态治理及
　　防洪工程 …………………… 414
第二节　园林建筑和道路绿化 …… 415
一、大观园 ……………………… 415
二、浦东世纪大道 ……………… 416

第七篇　工程技术 …………… 419

概述 …………………………………… 420
第一章　基础工程施工技术 ………… 422
　第一节　桩基础 …………………… 422
　第二节　基坑支护 ………………… 424
　　一、基坑顺作法和逆作法 ……… 424
　　二、基坑围护 …………………… 426
第二章　建筑结构工程施工技术 …… 430
　第一节　砖木结构 ………………… 430
　第二节　现浇混凝土（钢-混凝土）
　　　　　结构 …………………… 430
　　一、钢筋连接 …………………… 431
　　二、脚手模架 …………………… 431
　　三、混凝土泵送和浇筑 ………… 437
　第三节　钢结构 …………………… 439
　　一、超高层建筑钢结构施工技术
　　　　………………………………… 439
　　二、大跨度钢结构施工技术 …… 441
　第四节　装配式结构 ……………… 444
第三章　建筑装饰和改造、修缮工程
　　　　施工技术 ………………… 446
　第一节　建筑装饰 ………………… 446
　　一、外墙涂料和贴面 …………… 446
　　二、幕墙装饰 …………………… 447
　　三、室内装饰 …………………… 449
　第二节　改造和修缮 ……………… 450
　　一、建筑结构改造 ……………… 450
　　二、建筑修缮 …………………… 451
第四章　机电设备安装技术 ………… 453
　第一节　工业设备安装 …………… 453
　　一、大型设备吊装 ……………… 453
　　二、压缩机安装与调试 ………… 454

　　三、无应力管道连接 …………… 454
　　四、电气仪表安装调试 ………… 455
　　五、锅炉安装 …………………… 455
　第二节　民用建筑机电设备安装 … 456
　　一、给水排水及采暖 …………… 456
　　二、建筑电气安装 ……………… 457
　　三、通风与空调安装 …………… 458
　　四、智能建筑安装 ……………… 458
　第三节　特种设备安装 …………… 459
　　一、压力容器球罐制造安装 …… 459
　　二、压力管道安装 ……………… 459
　　三、电梯安装调试 ……………… 460
　　四、起重设备安装 ……………… 461
　第四节　专用设备及设施安装 …… 461
　　一、磁浮工程机电设备安装 …… 461
　　二、光源工程机电设备安装 …… 461
　　三、风洞试验室机电设备安装 … 462
　　四、LNG低温罐设施安装 ……… 462
　　五、洁净厂房 …………………… 463
　第五节　机电安装工业化 ………… 463
　　一、管道工业化制作安装 ……… 463
　　二、风管工业化制作安装 ……… 464
第五章　桥梁、道路和轨道交通工程
　　　　施工技术 ………………… 465
　第一节　桥梁工程 ………………… 465
　　一、斜拉桥结构 ………………… 465
　　二、悬索桥结构 ………………… 466
　　三、拱桥结构 …………………… 466
　　四、连续梁桥结构 ……………… 467
　第二节　道路工程 ………………… 467
　　一、高速公路 …………………… 467
　　二、城市高架道路工程 ………… 468
　　三、越江隧道 …………………… 470
　第三节　轨道交通区间隧道和车站
　　　　………………………………… 470
　　一、轨道交通区间隧道结构 …… 470
　　二、轨道交通车站结构 ………… 471
　第四节　轨道交通高架区间结构工程
　　　　………………………………… 472

一、桥墩施工 …… 472
　　二、轨道梁全现浇施工 …… 473
　　三、轨道梁预制安装施工 …… 473
 第五节　磁浮轨道梁制作和安装技术
　　 …… 474
　　一、轨道梁制作 …… 474
　　二、轨道梁安装 …… 474
第六章　特种工程施工技术 …… 476
 第一节　码头和船坞工程 …… 476
　　一、港口码头 …… 476
　　二、船坞工程 …… 476
 第二节　海底管线敷设工程 …… 477
　　一、海底管道敷设 …… 477
　　二、海底光电缆施工 …… 478
 第三节　顶管工程 …… 478
 第四节　沉井沉箱 …… 479
　　一、沉井 …… 479
　　二、沉箱 …… 480
第七章　园林工程技术 …… 481
 第一节　园林绿化 …… 481
　　一、特殊空间绿化施工及养护 …… 481
　　二、大型绿地施工及养护 …… 481
 第二节　园林建筑 …… 482
　　一、园林建筑 …… 482
　　二、园林桥梁 …… 483
　　三、园林假山及小品 …… 483
 第三节　苗木生产 …… 484
　　一、大规格乔木储备 …… 484
　　二、大树移植 …… 485
 第四节　园林生态 …… 485

第八篇　企业管理 …… 487
概述 …… 488
第一章　战略规划 …… 489
 第一节　集团试点方案 …… 489
 第二节　集团经济发展战略（"九五"
　　规划） …… 490
 第三节　集团"十五"发展规划（2001—

　　2005年） …… 491
 第四节　集团"十一五"发展规划
　　（2006—2010年） …… 492
 第五节　集团"十二五"发展规划
　　（2011—2015年） …… 493
第二章　生产经营管理 …… 495
 第一节　管理体系 …… 495
 第二节　经营管理 …… 496
　　一、目标市场管理 …… 496
　　二、大客户管理 …… 497
 第三节　计划和统计管理 …… 498
　　一、计划管理 …… 498
　　二、重点工程管理 …… 498
　　三、统计管理 …… 499
 第四节　质量管理 …… 500
　　一、质量管控 …… 500
　　二、质量创优 …… 501
　　三、专项治理 …… 506
 第五节　安全管理 …… 507
　　一、安全管控 …… 507
　　二、安全培训 …… 508
　　三、施工现场标准化 …… 509
 第六节　设备、材料管理 …… 509
　　一、机械设备配置 …… 509
　　二、管理体系 …… 511
　　三、管理制度 …… 511
　　四、材料管理 …… 512
第三章　项目管理和总承包 …… 514
 第一节　项目管理 …… 514
　　一、管理模式 …… 514
　　二、项目承包责任制 …… 515
 第二节　总承包管理 …… 517
　　一、总承包模式 …… 517
　　二、总承包模式选介 …… 518
第四章　技术和科研管理 …… 525
 第一节　管理体系 …… 525
　　一、技术管理体系 …… 525
　　二、科研管理体系 …… 525
 第二节　施工技术管理 …… 526

一、施工组织设计 …………… 526
　二、施工令 …………………… 526
　三、动态管理 ………………… 527
第三节　科研项目管理 …………… 527
　一、项目立项和实施 ………… 527
　二、获奖科研项目 …………… 537
　三、新技术应用 ……………… 539
第四节　工法、专利、标准 ……… 539
　一、工法 ……………………… 539
　二、专利 ……………………… 543
　三、标准 ……………………… 543

第五章　资产财务管理 …………… 547
第一节　管理体系 ………………… 547
第二节　资产管理 ………………… 548
第三节　会计制度 ………………… 549
第四节　成本核算 ………………… 550
第五节　资金管理 ………………… 551
第六节　企业税务和其他 ………… 552
第七节　投资管理 ………………… 552
　一、利用外资 ………………… 553
　二、中小企业投资 …………… 553
　三、股权投资 ………………… 554
第八节　不动产管理 ……………… 555
　一、土地资源管理 …………… 555
　二、基建、技改项目管理 …… 557

第六章　内部审计 ………………… 558
第一节　管理体系 ………………… 558
　一、机构 ……………………… 558
　二、制度 ……………………… 558
第二节　项目审计 ………………… 559
第三节　经济责任审计 …………… 560
第四节　专项审计 ………………… 560
　一、财务专项审计 …………… 560
　二、工程专项审计 …………… 560
　三、内控评估及质量评估审计 …… 561

第七章　综合管理 ………………… 563
第一节　合同、法务 ……………… 563
　一、合同 ……………………… 563
　二、法务 ……………………… 565

第二节　资质、管理认证、商标 …… 566
　一、资质管理 ………………… 566
　二、管理认证 ………………… 566
　三、商标 ……………………… 568
第三节　计算机应用 ……………… 570
　一、应用起步 ………………… 570
　二、基础建设 ………………… 570
　三、应用系统 ………………… 571
　四、所属企业计算机应用 …… 571
第四节　外事管理 ………………… 572
第五节　治安保卫管理 …………… 573
　一、治安保卫 ………………… 573
　二、综合治理 ………………… 573
　三、消防管理 ………………… 574
第六节　总务管理 ………………… 574
　一、工地生活设施 …………… 574
　二、基层医疗保健 …………… 575
第七节　档案、信访 ……………… 576
　一、档案工作 ………………… 576
　二、信访工作 ………………… 577

第九篇　党群工作 …… 579
概述 ………………………………… 580
第一章　党委工作 ………………… 581
第一节　党组织和党代会 ………… 581
　一、组织设置 ………………… 581
　二、工作部门 ………………… 583
　三、党的代表大会和代表会议 …… 583
　四、党员 ……………………… 584
第二节　思想政治建设 …………… 586
　一、党内重大活动 …………… 586
　二、思想宣传教育 …………… 588
　三、思想政治工作研究 ……… 591
第三节　领导干部管理 …………… 591
　一、整顿调整 ………………… 591
　二、培养使用 ………………… 592
　三、干部任用 ………………… 593
　四、考核评价 ………………… 593
第四节　基层党组织建设 ………… 594

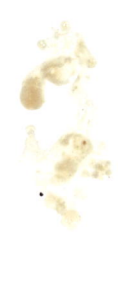

　　一、党内民主建设 …………… 594
　　二、党建责任制 ……………… 595
　　三、项目党建工作 …………… 596
　　四、先进评比表彰 …………… 597
　第五节　党员队伍建设 …………… 599
　　一、发展党员工作 …………… 599
　　二、党员教育和党内活动 …… 601
　第六节　统战工作 ………………… 603
　　一、基层民主党派组织 ……… 603
　　二、侨务工作 ………………… 604
　第七节　老干部工作 ……………… 604
　第八节　人民武装工作 …………… 605
　　一、机构和职能 ……………… 605
　　二、民兵 ……………………… 606
　　三、预备役 …………………… 606
第二章　纪律检查工作 ……………… 607
　第一节　组织和机构 ……………… 607
　　一、集团（局）纪检组织 …… 607
　　二、工作机构 ………………… 608
　第二节　党纪教育和制度建设 …… 608
　　一、党风廉政教育 …………… 608
　　二、制度建设 ………………… 609
　　三、党风廉政建设责任制 …… 610
　第三节　预防和治理 ……………… 610
　　一、预警防范 ………………… 610
　　二、专项整治 ………………… 611
　第四节　信访处理和案件查处 …… 612
　　一、信访受理 ………………… 612
　　二、案件查处 ………………… 613
第三章　精神文明和企业文化建设 … 615
　第一节　精神文明建设 …………… 615
　　一、创文明系列活动 ………… 615
　　二、文明单位 ………………… 616
　　三、共建活动 ………………… 617
　　四、"双十佳"评选 …………… 617
　　五、建设者精神 ……………… 617
　　六、普法活动 ………………… 619
　第二节　企业文化建设 …………… 620
　　一、理念体系 ………………… 620

　　二、统一标识 ………………… 621
　　三、特色文化 ………………… 622
　　四、文化活动 ………………… 622
　　五、出版物和内部报刊 ……… 624
　第三节　社会公益 ………………… 626
第四章　工会工作 …………………… 627
　第一节　工会会员代表大会和组织设置
　　　　　　　　　　　　　　……… 627
　　一、工会会员代表大会 ……… 627
　　二、组织设置 ………………… 628
　　三、工作机构和自身建设 …… 630
　第二节　民主管理 ………………… 631
　　一、职工代表大会制度 ……… 631
　　二、推进厂务公开和建设职工满意
　　　　企业 ……………………… 633
　第三节　职工权益维护和保障 …… 634
　　一、劳动保护 ………………… 634
　　二、平等协商 ………………… 635
　　三、生活保障 ………………… 635
　　四、协助推进再就业 ………… 636
　　五、劳动争议调解 …………… 637
　第四节　劳动竞赛 ………………… 637
　　一、群众性技术革新和技术比武
　　　　　　　　　　　　　　……… 637
　　二、重点实事工程立功竞赛 … 638
　　三、获市立功竞赛特色命名等荣誉
　　　　　　　　　　　　　　……… 639
　第五节　先进评比 ………………… 639
　　一、劳动模范评选 …………… 639
　　二、集团（局）先进评选 …… 640
　第六节　宣教文体工作 …………… 641
　　一、文化教育和宣教工作 …… 641
　　二、班组建设 ………………… 642
　　三、文体活动 ………………… 642
第五章　共青团工作 ………………… 644
　第一节　组织机构 ………………… 644
　　一、集团（局）团组织 ……… 644
　　二、基层团组织 ……………… 646
　第二节　团组织建设 ……………… 647

一、思想政治教育 …………… 647
　　二、"学雷锋、树新风"活动 …… 647
　　三、团干部培训 ……………… 648
　　四、信息交流 ………………… 648
　第三节　青年工作 ……………… 648
　　一、青年突击队 ……………… 648
　　二、青年工程 ………………… 649
　　三、青年科技协会（青年科技团体）
　　　　……………………………… 650
　　四、"双推优"工作 …………… 650
　　五、杰出青年"期望奖"评选 … 651
　　六、青年文化建设 …………… 652

第十篇　人物 …………………… 655

概述 ………………………………… 656
第一章　人物传 …………………… 657
　第一节　领导人员 ……………… 657
　　孙良浩 ………………………… 657
　　黄明亮 ………………………… 658
　　王秀凤 ………………………… 659
　　朱合喜 ………………………… 660
　　蔡振耀 ………………………… 660
　　王国良 ………………………… 661
　　江春泽 ………………………… 662
　　魏世达 ………………………… 663
　　杨银汉 ………………………… 664
　　王佐群 ………………………… 665
　　朱桂棠 ………………………… 666
　　倪宏才 ………………………… 666
　　许克诚 ………………………… 667
　　李学存 ………………………… 668
　　王文俊 ………………………… 669
　第二节　专家 …………………… 670
　　周嘉民 ………………………… 670
　　盛健康 ………………………… 670
　　屠达 …………………………… 671
　　秦惠民 ………………………… 672
　　钟淳昌 ………………………… 673
　　郭增望 ………………………… 674

　第三节　劳动模范 ……………… 675
　　王铁斋 ………………………… 675
　第四节　烈士 …………………… 676
　　朱华 …………………………… 676
　　朱培勇 ………………………… 677
第二章　人物表 …………………… 678
　第一节　代表 …………………… 678
　　一、中国共产党全国代表大会代表
　　　　……………………………… 678
　　二、全国人民代表大会代表 … 678
　　三、中国共产党上海市代表大会
　　　　代表 ………………………… 678
　　四、上海市人民代表大会代表 … 680
　第二节　委员 …………………… 682
　　一、中共上海市委员会委员、候补
　　　　委员 ………………………… 682
　　二、全国政协委员 …………… 682
　　三、上海市政协委员 ………… 682
　第三节　专家 …………………… 683
　　一、中国工程院院士 ………… 683
　　二、全国工程勘察设计大师 … 683
　　三、国家有突出贡献的中青年专家
　　　　……………………………… 684
　　四、享受国务院特殊津贴专家 … 684
　第四节　全国、部委劳模先进 ……… 687
　　一、全国劳动模范 …………… 687
　　二、全国先进生产（工作）者 … 687
　　三、国家部委劳动模范 ……… 687
　　四、全国建设系统先进生产
　　　　（工作）者 ………………… 689
　　五、全国五一劳动奖章 ……… 689
　　六、全国优秀党务工作者 …… 690
　　七、全国"三八"红旗手 ……… 690
　第五节　上海市劳模先进 ……… 691
　　一、上海市（省）劳动模范 …… 691
　　二、上海市先进生产（工作）者
　　　　（1978年） ………………… 699
　　三、上海市五一劳动奖章 …… 699
　　四、上海市科技功臣 ………… 701

五、上海市科技精英 ……………… 701
　　六、上海市领军人才 ……………… 701
　　七、上海市优秀党务工作者 ……… 702
　　八、上海市优秀共产党员 ………… 702
　　九、上海市"十大杰出青年"
　　　　（含提名奖） ………………… 702
　　十、上海市"三八"红旗手 ………… 702
　第六节　集团先进标兵 ……………… 708
　　一、集团特色命名 ………………… 708
　　二、集团杰出员工 ………………… 709
　第七节　其他先进 …………………… 714

专记 …………………………………… 715
　一、施工现场标准化管理 …………… 717
　二、突发事件应急抢险工作 ………… 721
　三、《建设工程质量知识读本》编写出版
　　　………………………………… 725
　四、赴川抗震救灾和灾后重建 ……… 727
　五、世博会工程建设和运行保障 …… 734

附录 …………………………………… 741
　一、重要文件 ………………………… 743
　二、1953—2010年主要经济指标情况
　　　………………………………… 775
　三、1953—2010年建工集团（建工局、
　　　建管局）体制沿革示意图 ……… 778
　四、上海建工集团视觉系统规范 …… 779
　五、上海建工之歌（2003年作） …… 780

本志全称简称对照表 ………………… 781

索引 …………………………………… 784
　关键词索引 …………………………… 784
　人物索引 ……………………………… 792
　表格索引 ……………………………… 793

编后记 ………………………………… 797

CONTENTS

Notes 1
Overview 1
Chronicle of Events 13

Part One　Change & Development of Institutional Structure 49
   Summary 50
   Chapter I　Shanghai Construction Engineering Bureau (1953 - 1988) 51
     1. Leading Body 51
     2. Subsidiary 52
     3. Transformation of the Private Contractor 59
   Chapter II　Shanghai Construction Administration Bureau (1988 - 1993) 65
     1. Leading Body 65
     2. Subsidiary 66
     3. Building Industry Administration 68
   Chapter III　Shanghai Construction (Group) General Company 72
     1. Leading Organ 72
     2. Authorized Management of the State-Owned Assets 75
     3. Management of the Incorporated Company 76
     4. Subsidiary 78
   Chapter VI　Shanghai Construction Group Co., Ltd 86
     1. Going Public & Stock Expanding 86
     2. Enterprise Management 89
     3. Management Department & Enterprise 90

Part Two　Main Subsidiary 95
   Summary 96
   Chapter I　Construction Engineering Company 97
     1. Shanghai No.1 Construction Engineering Co.,Ltd 97
     2. Shanghai No.2 Construction Engineering Co.,Ltd 98

    3. Shanghai No.4 Construction Engineering Co.,Ltd ················· 100

    4. Shanghai No.5 Construction Engineering Co.,Ltd ················· 102

    5. Shanghai No.7 Construction Engineering Co.,Ltd ················· 103

  Chapter II　Specialized Construction Engineering Company ················· 106

    1. Shanghai Installation Engineering Co., Ltd ················· 106

    2. Shanghai Foundation Engineering Co., Ltd ················· 107

    3. Shanghai Mechanized Construction Co., Ltd ················· 110

    4. Shanghai Building Decoration Engineering Co., Ltd ················· 111

    5. Shanghai Garden & Landscape (Group) Co., Ltd ················· 113

    6. SCG Bridge, Tunnel & Harbor Engineering Co., Ltd ················· 114

  Chapter III　Industrial Enterprise ················· 116

    1. Shanghai Building Material Co., Ltd ················· 116

    2. Shanghai Building Component Co., Ltd ················· 117

    3. Shanghai Hua Dong Construction Machinery Co., Ltd ················· 119

  Chapter IV　Real Estate and Foreign Economic Enterprises ················· 122

    1. SCG Real Estate Co., Ltd ················· 122

    2. China SFECO Group Co., Ltd ················· 123

  Chapter V　Designing, Consulting & Supervising Enterprises ················· 127

    1. Shanghai Municipal Engineering Design Institute (Group) Co., Ltd ················· 127

    2. Shanghai Construction Design & Research Institute Co., Ltd ················· 129

    3. Shanghai Construction Engineering Consultancy & Supervision Co., Ltd ········ 130

  Chapter VI　Institution ················· 132

    1. Shanghai Jianfeng Vocational College ················· 132

    2. Shanghai Construction Engineering Vocational School ················· 133

    3. Communist Party of China (Cadre) School of Shanghai Construction (Group)
       General Company ················· 135

    4. SCG Hospital ················· 136

    5. Construction Times ················· 137

Part Three　Staffs & Workers ················· 141

  Summary ················· 142

  Chapter I　Size and Structure ················· 143

    1. Size ················· 143

    2. Sources and Distribution ················· 144

    3. Structure ················· 148

    4. Retirees ················· 149

CONTENTS

Chapter II　System of Labor Power Employment 151
　　1. *Employment with Enterprise* 151
　　2. *Employment with Institution* 153
　　3. *Re-Employment* 153
Chapter III　Training for Staffs & Workers 155
　　1. *Training Institution* 155
　　2. *On-the-Job Training* 157
　　3. *Continuous Education* 159
Chapter IV　Specialist Management 161
　　1. *Program and System* 161
　　2. *Management of Professional and Technical Posts & Titles* 162
　　3. *Management of Specialists & Senior Technicians* 164
Chapter V　Salary and Welfare Allowances 166
　　1. *Salary System* 166
　　2. *Welfare System* 169
　　3. *Reward & Penalty* 170

Part Four　Business Operation 173

Summary 174
Chapter I　Construction Engineering 175
　　1. *Scale and Structure* 175
　　2. *Building Construction* 180
　　3. *Civil Engineering* 193
　　4. *Machinery & Electrical Equipment Installation* 200
　　5. *Building Decoration* 202
Chapter II　Building Material and Construction Machinery 204
　　1. *Enterprise* 204
　　2. *Bulk Materials and Plan-Allocated Materials* 206
　　3. *Pre-Mixed Concrete* 208
　　4. *Pre-Fabricated Concrete Component* 213
　　5. *Aggregate and Admixture* 219
　　6. *Construction Machinery and Accessory* 221
Chapter III　Design, Consultancy & Supervision 226
　　1. *Institution* 226
　　2. *Engineering Prospecting & Surveying* 226
　　3. *Construction Engineering Design* 227

   4. Municipal Engineering Design 231

   5. Garden and Landscape Design 237

   6. Engineering Consultancy & Supervision 241

  Chapter IV Real Estate Development 244

   1. Business Formation 244

   2. Mode of Realty Business 247

   3. Selected Projects 251

  Chapter V Infra-Structure Investment 262

   1. Business Formation 262

   2. Selected BOT Projects 263

   3. Selected BT Projects 266

  Chapter VI Other Business 269

   1. Education, Medical Service and Newspaper & Magazine 269

   2. Tertiary Industry 274

Part Five Overseas Business 277

  Summary 278

  Chapter I Institution and Workforce 279

   1. Management Institution 279

   2. Workforce Management 280

  Chapter II Main Business 284

   1. Foreign Aid Project 284

   2. International Contracting Project 288

   3. Chinese Embassy & Consulate Abroad 291

   4. Overseas Labor Service 292

   5. Import & Export Business, Real Estate Development & Foreign Aid Training Course 296

  Chapter III Overseas Worksite Management 301

   1. Procurement and Transport 301

   2. Logistic Service 303

   3. Emergency Program and Response 305

  Chapter IV Selected Overseas Projects 308

   1. Industrial Project 308

   2. Civilian Project 311

   3. Civil Engineering Project 319

CONTENTS

Part Six Selected Projects 323

Summary 324

Chapter I Commercial Building 325
1. Commercial Building Complex 325
2. Hotel Building 331
3. Office Building 336

Chapter II Communication & Industrial Buildings 340
1. Communication Hub 340
2. Industrial Building 343

Chapter III Sports and Culture Facilities 349
1. Culture Building 349
2. Sports Facility 359

Chapter IV Education, Scientific Research and Public Health Facilities 364
1. Education Facility 364
2. Scientific Research Facility 368
3. Public Health Facility 369

Chapter V Residential Building 376
1. Residential Quarters 376
2. Prefabricated Residential Unit 377

Chapter VI Historical Building 379
1. Repair of Historical Building 379
2. Improvement of Historical Building 381

Chapter VII Projects of World Expo 2010, Shanghai China 385
1. China Pavilion, Expo Centre, Expo Culture Centre, Theme Pavilion and the Expo Axis 385
2. Other Projects in World Expo 2010 389

Chapter VIII Civil Engineering Works 392
1. Bridge, Road & Highway 392
2. Light-Rail Communication, Tunnel and Railway Projects 399
3. Underground Space Project 403
4. Special Project 405
5. Marine Project 408

Chapter IX Garden & Landscape Project 411
1. Park & Green-Belt in the City 411
2. Garden Architecture and Landscape along Road & Highway 415

Part Seven Construction Technology ········ 419
Summary ········ 420
Chapter I Foundation Engineering ········ 422
1. Pile Foundation ········ 422
2. Foundation-Pit Strutting ········ 424

Chapter II Building Structure Construction ········ 430
1. Masonry and Wood Structure ········ 430
2. Cast-in-Situ Concrete (Reinforced Concrete) Structure ········ 430
3. Steel Structure ········ 439
4. Assembly Structure ········ 444

Chapter III Building Decoration, Repair & Improvement ········ 446
1. Building Decoration ········ 446
2. Building Repair & Improvement ········ 450

Chapter IV Machinery & Electrical Equipment Installation ········ 453
1. Industrial Equipment Installation ········ 453
2. Installation of Machinery & Electrical Equipment for Civilian Project ········ 456
3. Installation of Special Equipment ········ 459
4. Installation of Equipment & Facility for Special-Purpose ········ 461
5. Pre-Assembled Installtion ········ 463

Chapter V Road, Bridge and Light-Railway Construction ········ 465
1. Bridge Construction ········ 465
2. Road and Highway Construction ········ 467
3. Construction of Light-Railway Tunnel & Station ········ 470
4. Construction of Elevated Light-Railway Interval Section Structure ········ 472
5. Making & Installation of Meglev Line Track-Beam ········ 474

Chapter VI Specialized Construction Technology ········ 476
1. Shipyard and Wharf ········ 476
2. Pipe-Line Laying on Seabed ········ 477
3. Pipe-Jacking Construction ········ 478
4. Caisson Construction ········ 479

Chapter VII Garden and Landscape Construction ········ 481
1. Gardening and Landscaping ········ 481
2. Garden Architecture ········ 482
3. Seeding Nursery ········ 484
4. Garden and Landscape Ecology ········ 485

CONTENTS

Part Eight Enterprise Management 487

  Summary 488

  Chapter I Strategic Planning 489

    1. Experimental Programme 489

    2. SCG's Economic Development Strategy (The 9th Five-Year Development Plan)

    490

    3. SCG's 10th Five-Year Development Plan 491

    4. SCG's 11th Five-Year Development Plan 492

    5. SCG's 12th Five-Year Development Plan 493

  Chapter II Business Administration 495

    1. Management System 495

    2. Business Management 496

    3. Planning and Statistics Management 498

    4. Quality Control 500

    5. Safety Management 507

    6. Equipment and Material Management 509

  Chapter III Project Management and General Contracting Management 514

    1. Project Management 514

    2. General Contracting Management 517

  Chapter IV Technology and Scientific Research Management 525

    1. Management System 525

    2. Construction Technology Management 526

    3. Scientific Research Project Management 527

    4. Technique, Patent and Standard 539

  Chapter V Assets and Financial Management 547

    1. Management system 547

    2. Assets Management 548

    3. Accounting System 549

    4. Cost Accounting 550

    5. Funds Management 551

    6. Tax Administration & Others 552

    7. Investment Management 552

    8. Real-Estate Management 555

  Chapter VI Internal Audit 558

    1. Management System 558

    2. Project Auditing 559

    3. *Financial Responsibility Auditing* ············ 560

    4. *Specialized Subject Auditing* ············ 560

  Chapter VII General Management ············ 563

    1. *Contract and Legal Affairs* ············ 563

    2. *Qualification, Management Authentication & Trade Mark* ············ 566

    3. *Computer Application* ············ 570

    4. *Foreign Affairs Management* ············ 572

    5. *Public Security Management* ············ 573

    6. *General Affairs Management* ············ 574

    7. *Archives, Complaint & Petition (Letters or Visits)* ············ 576

Part Nine SCG Committee of Communist Party of China & the Mass Organization ············ 579

  Summary ············ 580

  Chapter I SCG Committee of C.P.C ············ 581

    1. *C.P.C. Organization & SCG C.P.C Congress* ············ 581

    2. *Ideological & Political Work* ············ 586

    3. *Leading Official Management* ············ 591

    4. *Management of C.P.C. Organization at Grass-Roots Unit* ············ 594

    5. *C.P.C. Member Management* ············ 599

    6. *The United Front Dept. of SCG C.P.C Committee* ············ 603

    7. *Veteran Leading Official Management* ············ 604

    8. *The Militia Department* ············ 605

  Chapter II Commission for Inspecting Discipline ············ 607

    1. *Organization and Structure* ············ 607

    2. *C.P.C. Discipline Education and Rule & Regulation* ············ 608

    3. *Precaution and Rectification* ············ 610

    4. *Complaint & Petition (Letters or Visits) and Investigation & Disposal* ············ 612

  Chapter III Intellectual & Moral Qualities and Corporate Culture ············ 615

    1. *Development of Socialist Culture & Ethics* ············ 615

    2. *Promotion of Corporate Culture* ············ 620

    3. *Public Benefit Activity* ············ 626

  Chapter IV Labor Union ············ 627

    1. *Unionist Representative Assembly and Labor Union Organization* ············ 627

    2. *Democratic Management* ············ 631

    3. *Safeguard of Rights & Interests for the Workers & Staffs* ············ 634

    4. *Emulation Campaign* ············ 637

  5. *Public Appraisal of the Advanced Person & Unit* ……………………………… 639

  6. *Propaganda & Education, and Recreational & Sports Activities* …………… 641

 Chapter V The Communist Youth League ………………………………………… 644

  1. *Organization and Structure* …………………………………………………… 644

  2. *Organizational Building* ……………………………………………………… 647

  3. *Youth Work* …………………………………………………………………… 648

Part Ten Personage ……………………………………………………………………… 655

 Summary ……………………………………………………………………………… 656

 Chapter I Biography ………………………………………………………………… 657

  1. *Leading Official* ……………………………………………………………… 657

  2. *Specialist* ……………………………………………………………………… 670

  3. *Model Worker* ………………………………………………………………… 675

  4. *Martyr* ………………………………………………………………………… 676

 Chapter II Selection of Personages ………………………………………………… 678

  1. *Deputy to the People's Congress & Representative to C.P.C. Congress*

   (Both on National or Shanghai Municipality Level) ……………………… 678

  2. *Member of the Committee of Chinese People's Political Consultative Conference*

   (on National or Shanghai Municipality Level), and Member of C.P.C.

   Committee of Shanghai Municipality ……………………………………… 682

  3. *Specialist* ……………………………………………………………………… 683

  4. *National Model Worker & Model Worker of the State Council Department* …… 687

  5. *Model Worker of Shanghai Municipality* …………………………………… 691

  6. *Outstanding Worker of Shanghai Construction Group* …………………… 708

  7. *Outstanding Worker in Other Fields* ……………………………………… 714

 Special Subject ……………………………………………………………………… 715

  1. *Standardized Work-Site Management* ……………………………………… 717

  2. *Participation in Emergency Incident Rescue* ……………………………… 721

  3. *Edit and Publication of "Basic Knowledge of Construction Engineering*

   Quality" ………………………………………………………………………… 725

  4. *Wenchuan Earthquake Relief and Reconstruction* ………………………… 727

  5. *Participation in Construction and Running Attention of World Expo 2010,*

   Shanghai China ……………………………………………………………… 734

Appendix ……………………………………………………………………………………… 741

 1. *Important Documents* …………………………………………………………… 743

2. Table of Various Economic Indicators of SCG (1953 – 2010) ········· 775
3. Change and Development of Institutional Structure of Shanghai Construction Group (Shanghai Construction Engineering Bureau & Shanghai Construction Administration Bureau) (1953 – 2010) ········· 778
4. SCG's Corporate Identity System ········· 779
5. Anthem of SCG (wrote in 2003) ········· 780

Table of Comparisons — Full Name & Abbreviation of SCG and the Subsidiaries ········· 781

Indexes ········· 784

Afterword ········· 797

总述

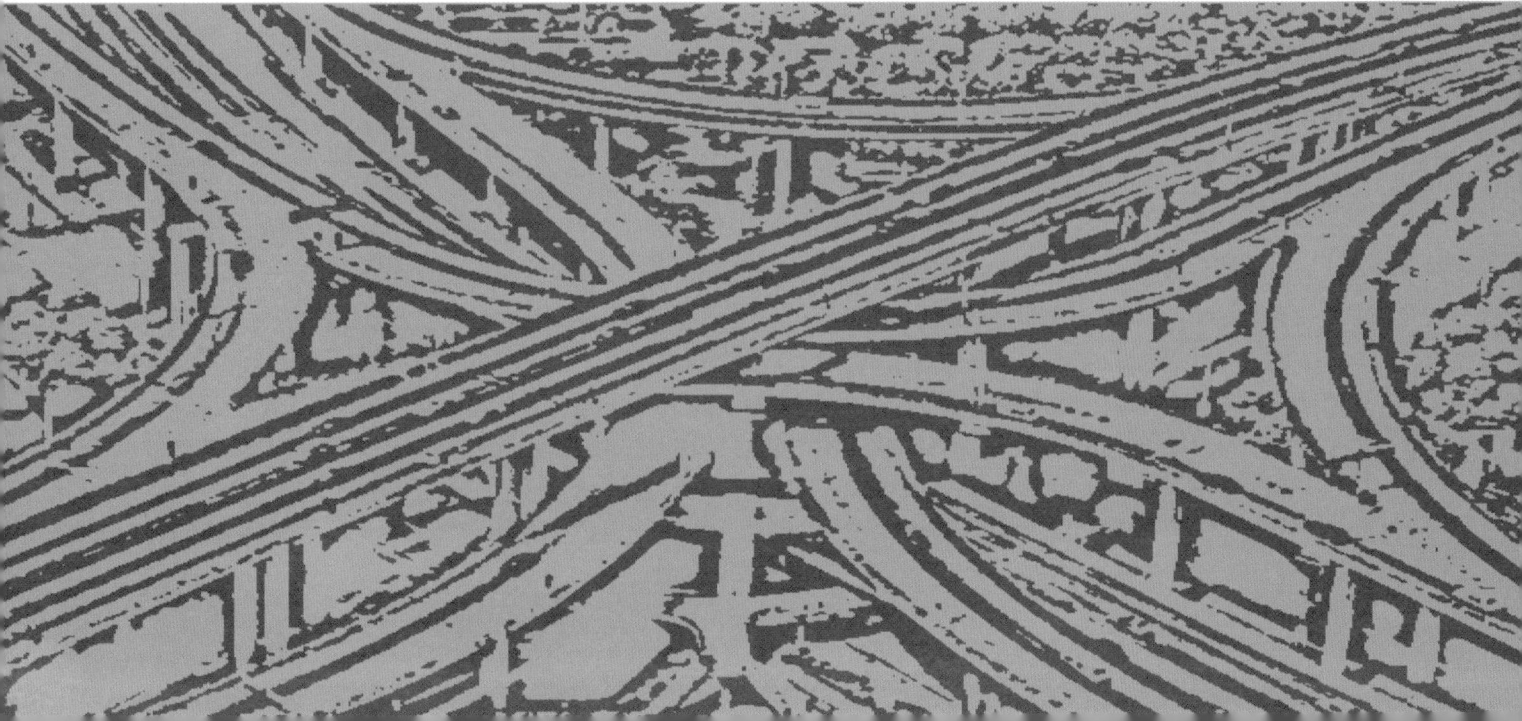

上海是中国建筑业比较发达的地区,古代有"东南之都会"、近代有"万国建筑博览会"的美名。一代又一代的鲁班传人挥洒汗水、贡献智慧,被誉为都市丰碑的开拓者和继承者。

上海建工历经上海市建筑工程局(简称建工局)、上海市建筑工程管理局(简称建管局)、上海建工(集团)总公司(简称建工集团或集团总公司)、上海建工集团股份有限公司(简称集团股份公司)等四个阶段(统称上海建工)。60多年来,上海建工血缘脉络不断,在薪火传承中艰苦创业、改革创新、发展壮大,为国家经济、社会发展和城市建设作出贡献,始终是上海城市建设的主力军,并成为中国建筑业的龙头企业之一。上海建工创建后,尤其是改革开放后不断适应市场,承建的工程已涵盖房屋建筑、土木工程、绿化工程、特种工程等专业领域,累计建成10多万项各类工程。其中房屋建筑竣工面积1.5亿多平方米,是1949年上海全市房屋建筑面积的3.11倍;建成1 000多公里道路、200多公里轨道交通(含磁浮运营示范线)、30多座各类大中型桥梁及其他基础设施和特种工程,还有各种绿化景观工程等。经营规模从1953年完成建筑安装产值(简称建安产值)[①]1.6亿多元发展到2010年完成综合营业额[②]858.50亿元(其中建筑安装产值628.41亿元);在美国《工程新闻记录》(ENR)"全球最大225家承包商"的排名,从1998年的第44名上升到2010年的第27名。1978—2010年,上海建工共获得国家技术发明奖二等奖1项,三等奖2项;1978年全国科技大会奖10项;国家科技进步奖一等奖4项,二等奖8项,三等奖5项;部(省、市)科技进步奖300多项。自1982年国家开始评选工程质量奖起,在上海建工承建的项目中,共荣获4项国家优质工程金奖、47项银奖,73项中国建筑工程鲁班奖,24项中国土木工程詹天佑大奖,20项全国市政金杯奖,以及几千项省市级各类质量奖。2004—2010年,集团"SCG"商标连续三届被评为"上海市著名商标",2010年被国家工商行政管理总局商标局认定为"驰名商标"。1979年2月,建工局被国家建委和上海市委、市政府命名为"大庆式工程局"。1997年,作为全国14家先进企业和单位之一,上海建工(集团)总公司受到国务院表彰。2001—2003年,上海建工(集团)总公司先后荣获"全国先进基层党组织""全国五一劳动奖状""全国思想政治工作优秀企业""全国厂务公开优秀企业"等称号。1978—2010年,共有17人次被评为全国劳动模范或全国先进生产(工作)者,641人次被授予部(市)以上各类先进称号。

在参与国家建设和经历计划经济体制向社会主义市场经济体制转变的过程中,上海建工经受经济波动、改革转型和市场变化等各种考验,锐意进取,不断改革,基本实现由主管企业和行业的政府机关向企业集团,再到上市公司的两个转变;管理方式不断适应市场要求,总承包、总集成能力不断增强。经营业务结构由建筑施工单一产业扩展到由建筑施工、设计咨询、相关工业、房产开发、基础设施投资经营等组成的多个产业板块;业务范围遍及全国25个省(自治区、直辖市)、70多个大中城市和海外59个国家(地区)。通过技术攻关和工程实践,上海建工形成了一系列具有国内以至国际领先的成套施工技术,技术创新体系日臻完善,创新能力不断提升。职工队伍由劳动密集型转变为管理和技术密集型为主的结构,包括中国工程院院士、享受国务院政府特殊津贴专家及一大批中

---

① 建筑安装产值指建筑安装企业完成的工作量。
② 从1994年起,统计口径为综合营业额,指建筑安装产值+工业产值+多种经营产值。

高级技术和技能型人才,为上海建工持续健康发展提供坚实的人才支撑。

上海建工的发展历史是国有建筑企业从小到大、求变图新的真实写照,也是中国建筑企业参与国际竞争、跻身国际著名建筑企业之林的成功实践。

一

上海解放前夕,由于政治、社会的动荡和战争的影响,城市基础设施落后,大多民用建筑和工业厂房陈旧。据统计,1950年,全市共有房屋建筑4 679万平方米,① 全市1/4人口住在棚户简屋中。建筑行业有组织的队伍由30年代的10多万人跌到3万多人,建筑企业多数是小型营造厂。

1949年5月27日,上海解放。面对百废待兴的城市建设事业,人民政府迅速开展城市建筑的维修、重建和新建。1949年下半年,华东军政委员会通过招募工程技术人员、接收规模较大的私营营造厂,成立第一家国营建筑公司——华东建筑工程公司。1952年上半年,国家有关部门、华东军政委员会以华东建筑工程公司、上海市营建筑公司等国营企业为基础,吸收一批私营营造厂,组建成华东军政委员会建筑工业(工程)部(简称华东工程部)。是年,中国人民解放军部分官兵整建制转业为建筑工程兵并编入华东工程部,成为国营建筑队伍的骨干力量。华东工程部组建初期承担的是华东地区及上海建设任务,队伍最多时达到5.5万人。之后,华东工程部的队伍也到祖国各地参加国家重点工程建设。

1953年1月,为了适应国家第一个五年计划和上海城市恢复建设的需要,上海市人民政府决定组建上海市人民政府建筑工程局(简称建工局)。成立初期,建工局以华东建筑工程部第三工程处等单位为主,吸收500多家营造厂,同时抽调和招募一批有专长的技术人员和技术工人。全局有4个工区工程处,按照上海地域进行施工区域分工;还成立设计、材料、安装、机具等配套专业单位,建立职工培训、医疗等服务保障机构,至年底,基本职工2.03万人。1956年,建工局又通过对私营营造厂改造或合并重组,成立一批公私合营公司充实施工力量。

建局之初,建工局主要承担住宅和造船、纺织、机电、公用等系统厂房设施的改建和新建任务,其中有与华东工程管理局(简称华东工程局)一起建造的中华人民共和国成立后第一批工人新村和第一座大型公共建筑——中苏友好大厦(今上海展览中心)。中苏友好大厦在建筑规模和高度、施工技术、进度管理等各方面创造了若干个"全国第一",成为20世纪中期闻名国内外的经典建筑。1953—1957年,建工局总计完成建筑竣工面积431.66万平方米。

1958年年初,建工局、华东工程局合并组建新的上海市建筑工程局,队伍扩大为5个建筑公司、7个专业公司和4个服务单位,总人数达3.19万人,成为上海地区规模最大的国营建筑队伍。在1958年"大跃进"期间,建工局承担的任务由民用建筑转向工业建筑为主,由一般中小工业建筑转向大型工业建筑为主。作为主要的施工力量,建工局承担彭浦、闵行、吴淞、松江、嘉定、安亭等工业新区和卫星城建设任务,出色完成一批冶金、机电、化工、仪表及国防工业的工程。在建设过程中,建工局在全国同行中首先提出"放下扁担,消灭'肩挑人抬'"的目标,在施工中改良工具,推广机械化、半机械化施工。工人自己制造混凝土搅拌后台上料"一条龙"和蟹斗挖土机、用"人"字把杆与打桩机相结合进行吊装作业,以及在砌墙、粉刷、钢筋加工、木材加工、通风管道安装等方面的技术革新,减轻了劳动强度,提高了工作效率。建工局在同行中较早进行粉煤灰硅酸盐墙体材料应用、装

---

① 摘自《上海房地产志》,上海社会科学院出版社1999年版,第4页。

配式住宅和工业厂房建造、建筑构配件工厂化等方面的探索和实践。在施工中推行立体交叉、平行流水作业等组织方法,大大加快了施工速度。1958—1960年的3年,建工局完成建筑竣工面积526.36万平方米。1959年,5个月完成"闵行一条街"一期3.9万平方米住宅工程的建设任务,成为全国闻名的"闵行速度"。但是,建工局在"大跃进"期间不同程度受到浮夸风影响,在工期速度上竞相求快"放卫星";一些技术革新成果流于形式,造成很多浪费;发生了不少工程质量和安全事故。

1960年,国家经济遭受困难,上海的基本建设随之进行压缩调整。1960—1962年,建工局精简人员超过50%,建筑竣工面积从1960年的143.43万平方米降到1962年的54.56万平方米。1964年,国民经济开始好转,上海地区的建设任务有所增长,建工局按照专业化要求对所属企业进行一次较大的调整,重组成立8家建筑公司,新成立建筑材料、混凝土制品、门窗加工等专业公司,形成较完整的专业配套能力。全局职工总数为4.5万人。1965年,全局建筑竣工面积达151.37万平方米,其中大部分工业厂房采用装配式施工。

1966—1976年的"文化大革命"时期,建工局深受其害,管理制度受到冲击,队伍作风遭到破坏。然而,建工局广大工人和技术人员克服各种不利因素,努力攻关,取得一些在行业内有影响的成绩。上海电视塔156米塔架整体起扳就位,上海体育馆大型钢网架屋盖整体提升、空中移位一次成功,在大型公共建筑施工中采用大模板内浇外砌、内浇外挂及滑模、升板等新工艺,体现了建工局较强的技术攻关能力;建成钢筋混凝土构件、钢木门窗等联动生产线和自动生产线,采用构件生产立、平式成组立模,远红外线养护等工艺技术,使建筑构配件生产在规模、装置、设备和技术水平等方面处于同行业领先水平。

1964年至70年代中期,建工局派出队伍奔赴贵州、四川、江西、安徽、江苏等地,完成"大三线"[①]"小三线"[②]等一批国防工程和上海原料生产基地的建设;70年代在上海石化总厂一期工程建设会战中取得优异的成绩。其间,原属国家建工部的设计勘察、土木施工、建筑机械制造等单位划归上海市建工局领导,充实了建工局的整体实力。从60年代初开始至1976年,建工局接受国家援外任务,先后在5个国家进行工程施工和技术指导。

据统计,1953—1976年,建工局所属企业建成冶金、电力、化工、机械、仪表、电子、轻纺等各类工业项目和住宅、学校、医院、宾馆、体育场馆、影剧院、机场、车站等民用建筑工程等共2万多项,累计完成建筑安装产值40.17亿元;完成建筑竣工面积2741.77万平方米,占全市建筑竣工面积的80%。

建工局成立初期就建立党组织和工会、共青团等群众组织。建工局党委认真贯彻党的路线、方针、政策,发挥群众组织联系群众、服务群众的积极作用,通过班组建设、组织各种劳动竞赛和各类学习培训活动提高职工素质,调动职工参加社会主义建设的积极性。在创造一系列良好业绩过程中,建工局职工队伍得到锻炼和提高,涌现出一大批以全国、市(部)劳动模范为代表的先进模范人物,培育了艰苦创业、顽强拼搏的优良传统,为上海建工精神财富的积累奠定了扎实的基础。

二

1976年10月,"文化大革命"结束。在拨乱反正、肃清"文化大革命"的错误影响过程中,建工局

---

① 大三线指60—70年代国家在西北和西南地区以战备为指导思想的大规模国防、科技、工业和交通设施建设。
② 小三线指沿海地区的腹地,上海的"小三线"主要是江西、安徽等地区。

党委通过思想上、组织上的清理和整顿,平反冤假错案,落实党的各项政策,激发了全局职工,特别是广大管理人员和技术人员的积极性。针对被"文化大革命"破坏的企业生产经营秩序,建工局在全局开展企业整顿、"学大庆活动"和创"全优工程"竞赛,恢复和建立一系列行之有效的企业管理制度,生产秩序逐步恢复正常,工程质量有所提高。在宝钢建设中,建工局引进混凝土搅拌、输送和新型模板等成套设备,提升施工生产能力。在炼钢厂转炉基础底板7 100立方米混凝土连续浇捣中,创造了28小时完成任务的混凝土连续浇捣新纪录。

80年代初,国家确定把建筑业作为城市经济体制改革的突破口。1980年,建工局被批准率先开展以扩大企业自主权为主要内容的改革,在全局实行"利润包干,超额分成,一定三年不变"的试点。1980—1982年,建工局完成建筑竣工面积628.9万平方米,比前3年增长31%;实现利润3.3亿元,其中上缴国家财政1.16亿元,比前3年增加83.2%。局属各企业利用留成资金添置一大批组合钢模、新型脚手架等设备以及预拌混凝土装置、打桩机和大型起重机械。企业实行以"定、包、奖"为中心的经营管理制度,通过指标层层分解,层层包干,生产责任制得到落实。1984年在全局实行"百元产值工资含量包干"分配方式,推行按实物量计酬的办法,克服"做多做少一个样"的平均主义,调动职工生产积极性。

80年代前期,上海实行对内对外开放,利用外资工作迅速启动;传统工业改造加快,住宅建设规模扩大。建工局承担全市1/3的施工任务,其中有上钢五厂20吨纯氧顶吹转炉车间、上海重型机器厂热处理车间、上海施贵宝制药有限公司、上海针织工业大楼、上海耀华皮尔金顿浮法玻璃厂、浦东煤气厂等一批重要的工业建筑和技术改造工程,以及曲阳、田林、潍坊等大型居住区,虹桥国际机场新候机楼、铁路上海新客站、上海港客运总站、上海游泳馆等一批公共建筑。上海宾馆竣工,打破国际饭店保持近半个世纪的上海建筑高度;3万多平方米的联谊大厦,结构施工速度平均达到5天一层;近2万平方米的吴泾冷库10个月竣工;完成总建筑面积超百万平方米的住宅小区曲阳新村。这些业绩被誉为城市建设中好中求快的"上海速度"。

1988年3月,上海市委、市政府决定对全市建筑管理体制进行改革,上海市建筑工程局改名为上海市建筑工程管理局(简称建管局),负责全市建筑业的行业规章制定和队伍准入、施工安全、工程质量、定额标准等行业管理工作;同时,继续作为企业的主管部门对局属企业和事业单位实施管理。

在行业管理上,建管局重点是参与制定和印发有关建筑行业的规章和规范性文件,保证建筑行业健康有序发展。截至1990年年底,先后参与、制定、印发建筑行业改革和管理的法规性文件52个,涉及建筑施工招投标管理、建筑企业资质管理、工程质量管理、安全生产及现场标准化管理等;制定土方、商品混凝土等专项制度。全市组建行使建筑市场整顿、建筑企业管理、预算定额管理、工程质量监督和建筑施工安全监督职能的行政执法机构113个,执法人员达到900余人。

在局属企业管理上,建管局提升为企业进入市场、适应市场的服务功能,推动局属企业各项改革,加快企业经营方式的转变。从1986年开始,全局以安全生产为抓手,以工地场容场貌为基础,积极推进施工现场标准化管理,解决施工现场管理粗放、事故频发、浪费严重等问题。经过以点带面、持续推进、不断完善,施工现场的面貌显著改观,文明程度大大提升。灌注桩硬地法施工、建筑外立面全封闭作业、现场"五有"设施(食堂、更衣室、浴室、茶棚、厕所)配备等做法在全行业推广,标准化管理、文明工地创建的经验得到国家建设部的肯定和社会的赞誉。

1992年,建管局确定市建一公司101工程处等7家单位作为试点单位,以推行项目法施工(后称项目管理)作为突破口,推进建筑安装企业的综合改革。首先,打破垂直、行政性的组织体制,在建筑企业实行管理层和劳务层的"两层分开",逐步形成以市场为导向的公司—项目经理部—项目部的管理体制。其次,推动公司管理机构和职能的变化,围绕项目管理的市场开发、财务核算、内部审计的职能得到强化。再次,建立和健全项目经济责任制,完善项目的激励和约束机制。最后,全面实行企业全员劳动合同制和事业单位全员聘用制;改革分配方式,调动各个层面职工的积极性。同年,针对局属建筑安装企业前3年出现1.96亿元亏损的情况,建管局在向市有关部门反映定额与市场脱节情况的同时,从夯实项目成本入手,完善公司—工程处—项目部三级核算体系,健全项目成本"一本账"和实际消耗、收入、成本"三同步"为内容的项目稽查制度;同时加大经营力度,实现扭亏为盈。"一本账""两(层)分开""三同步"工作的推进,使建筑安装企业的管理体制适应了建筑市场,也为强化企业管理打下了较好的制度和工作基础。

1990年4月,中央宣布开放开发浦东,上海掀起城市建设高潮,基础设施和外资投资项目大量增加。建管局所属企业及时把施工对象从一般民用建筑、工业建筑转向高(超高层建筑、高级宾馆、高级公共建筑)、大(体量大)、深(基础深)、重(重大项目)的工程项目,承建了华亭宾馆、花园饭店、希尔顿酒店、新锦江大酒店等上海第一批五星级酒店;承建了瑞金大厦、华东电力大楼、上海市高级人民法院办公楼、上海市政大厦、东方明珠广播电视塔、上海影城等一批知名建筑。同时,建管局积极拓展桥梁、地铁等市政基础设施业务领域,先后承建南浦大桥、杨浦大桥、上海地铁、上海合流污水工程等,成为全国建筑企业中最早进入市政基础设施领域、承担土木工程的单位。

其间,建工局(建管局)积极引进消化国内外先进的施工工艺,在施工第一线开展重点技术攻关。东方明珠广播电视塔关键技术的攻克、南浦大桥和杨浦大桥等建桥技术的突破、市中心繁华道路地铁车站逆作法施工技术的实施、黄浦江水下超长距离顶管技术的成功,形成超高层建筑施工、大型钢结构安装、地下空间施工、大型桥梁施工等一系列成套施工技术和专项技术,使建工局(建管局)的技术水平走在全国同行业的前列。

从80年代开始,建工局(建管局)实施"一业为主,多元发展"的战略。1985年起,建工局(建管局)从开发自有土地入手,至1998年建工集团整合房产企业为止,累计开发房产面积121万平方米。1985年,建工局在全市成立首批专业咨询监理企业。1987年成立的上海市建筑装饰工程公司和各公司先后成立的28家装饰企业,扩大了上海建工工程承包的内涵。1984年9月—1993年年底,建工局(建管局)共开办45家中外合资、合作企业。为拓展业务、安置职工,全局所属单位还兴办298家商业、餐饮业、宾馆业等企业。1993年,全局实现总产值[①]657.59亿元,完成建筑竣工面积245.17万平方米。

在企业改革发展中,建工局(建管局)党委发挥领导核心作用,不断破除影响改革和发展的思想观念,统一改革发展的目标和步骤;局党委组织力量对局改革发展方向开展调研,为组建集团进行思想和工作准备;大力培养中青年干部,为企业发展储备和培养后备力量。80年代初,建工局在全局企业中建立职代会制度,加强民主管理的各项制度建设。在80年代初开始的以创文明单位为主要内容的创文明系列活动和重大工程实事立功竞赛中,建工局(建管局)涌现出一大批"建设功臣"和先进典型,"通风队精神""南浦大桥五种精神"在全市产生较大影响。"青年突击队""青年工程""青年科技协会"(简称"三青"活动)聚集了一大批青年为企业改革发展贡献智慧和力量。所有这些为全局的改革和发展营造了政通人和、团结和谐的氛围。

---

① 从1980年开始,统计口径为总产值,即建筑安装产值+工业产值+多种经营产值。

三

1993年11月,作为全市政府机构改革试点单位之一,上海市委、市政府决定撤销上海市建筑工程管理局,组建上海建工(集团)总公司(简称建工集团或集团总公司);同时要求建工集团进行建立现代企业制度和国有资产授权管理的改革。

1994年1月,在将原建管局行使行业管理的机构、职能、编制、人员、资产等全部清理并移交给市建设委员会的同时,建工集团正式开始运行。首先,按照建工集团的职能定位,对集团职能部门进行调整,强化战略规划、投资决策、人事任免、收益分配、审计监督的功能;组建总承包部、海外事业部等6个事业部。其次,在1994年1月11日上海建工(集团)总公司开业典礼上,国家建设部领导宣布建工集团作为全国建设行业建立现代企业制度的试点单位;1997年5月,集团又被列入全国120家大型企业集团试点范围,集团随即制订《上海建工(集团)总公司国家大型企业集团试点实施方案》并得到国家经贸委的批准。再次,1994年8月,上海市国有资产管理委员会批准授权上海建工(集团)总公司对集团内国有资产统一管理经营,建工集团据此制定《国有资产管理经营若干规定》,对产权经营管理形式、母子公司之间的权责界定、资产管理、财务管理、资产经营责任制作出规定,进而改变原来单一的行政隶属关系,在集团内形成以资产为纽带的母子公司构架和资产管理机制。1994年,建工集团共有全资企业166家,参股企业52家。

在体制改革方面,1997年,在基本完成"两层分开"的基础上,建工集团又根据"削枝精干,剥离改制"的原则,把从事劳务的内部单位从所属公司母体中剥离出去,使母公司成为管理密集、技术密集型企业。1998年,集团制定"归并、剥离、改制、重组"的方针,同年,把7家建筑公司以及装饰公司、建工设计院、总承包部进行整合,组建上海建工股份有限公司(简称建工股份公司或上市公司),6月在上海证券交易所上市;2005年,经过股权分置改革,建工股份公司成为股票全流通的上市公司。1999年1月,建工集团以集团房产开发部为基础,归并所属公司下设的11家房产企业,成立上海建工房产有限公司。2003年,集团对市建一公司和市建三公司、市建四公司和市建八公司进行整合,组建新的市建一公司和市建四公司。从1998年始,集团对未上市的企业按照《公司法》的要求改制为有限责任公司,建立企业法人治理结构;在一些企业进行股份制、股份合作制、经营者持股等形式的探索。至2006年年底,全集团有66家企业完成民营改制,脱离集团实现属地管理。2003年,上海市国有资产监督管理委员会(简称市国资委)成立,市国资委作为出资者对建工集团实施管理。2004—2010年,根据上海市国资国企改革的总体部署,市有关部门先后把上海园林(集团)公司(简称园林集团)、中国上海外经(集团)有限公司(简称外经集团)、上海市政设计研究总院有限公司(简称市政总院)并入建工集团,扩大了建工集团的业务范围,提高了建工集团总承包、总集成的能力和拓展海外市场的能力。2010年5月,建工集团把房产开发、专业施工和相关工业业务的资产注入上市公司,把上市公司更名为上海建工集团股份有限公司。2011年11月,建工集团又把海外业务和工程设计、咨询业务资产注入上市公司。至此,上海建工集团成为上海国资委系统首批实现整体上市的大型企业集团之一。2010年,建工集团有全资企业165家,控股企业53家,参股企业69家。

在经营机制、企业管理方面,建工集团按照市场的要求和企业的定位不断进行调整和完善。第一,加强战略研究,先后制定集团《经济发展战略》("九五"发展规划)、"十五"发展规划》《十一五"

发展规划》《"十二五"发展规划》，发挥中长期发展规划对集团发展的引领作用。第二，全面推行经营者竞聘或选聘上岗机制；对所属企业党政主要负责人实行年度责任状考核的制度；建立健全经营者任期经济责任审计制度等；完善项目经济承包责任制，把项目经理的收入与其责任、效益更紧密地捆绑在一起。第三，建立面向市场的经营体系，通过与一些长期合作的大企业签订战略合作协议，调动集团总部、公司、分公司多方面拓展市场的积极性，发挥各自长处，贴近市场，服务业主，扩大建工集团的市场影响力。第四，加强对投资和资产的管理，加大对房产、基础设施和新兴产业的投资力度，推动集团产业结构调整。第五，梳理和健全管理制度，尤其是按照上市公司的要求，建立信息披露制度、资产财务管理制度，以及企业法务、品牌、信息化的管理，提高集团管理现代化的水平。

在工程管理方面，建工集团围绕提高总承包、总集成能力的目标，不断提升管理能级。1998年，集团通过国际招投标在金茂大厦工程成功实施工程总承包，实现国内建筑企业按照国际通行规则自主承包完成大型工程项目的突破。之后，建工集团发挥集团的综合优势，完成浦东国际机场、虹桥综合交通枢纽、世博会等大型工程。经过多年的探索和实践，建工集团遵循市场规律、根据业主要求，初步形成工程总承包、管理总承包、管理总承包＋施工总承包、施工总承包以及设计、采购、建造（EPC）总承包等多种总承包方式，为业主提供全方位、全过程的服务，得到社会各方的肯定。

体制和机制改革的有力推行，一系列管理制度、管理方法的创新，激发了企业经营者、管理者和职工的积极性和创造性，建工集团初步建成比较符合市场要求、体系较为完整、运行较为顺畅的管理构架，形成一套适合集团发展特点的管理方法，确保集团的经济运行可控、稳定、可持续。

建工集团党委把贯彻上级的指示精神与集团实际结合起来，发挥政治核心作用。集团党委通过主题教育活动等形式发挥思想引领作用；探索在现代企业制度中贯彻"党管干部""党管人才"原则的思路和方法，初步建立与集团发展相适应的干部培养、选拔、任用、监督和人才发现、培养、使用、激励机制；以项目党建为重点的基层党建工作不断适应工程建设和地域拓展的要求，形成项目党支部、党建工作指导员、党建共建联建等工作机制。集团初步形成统一相融而又各具特色的企业文化建设格局，建立了以企业使命、共同愿景、核心价值观（核心理念）、企业精神、企业作风、职工守则为内容的集团理念体系和统一、标准、规范的集团外在形象，涌现出一批有特色的企业文化建设单位。2001年，上海建工（集团）总公司建立职工代表大会制度，以职代会为主要形式的民主管理体系不断完善。集团工会、共青团等群众组织通过参与企业民主管理、组织各类劳动竞赛及"三青"活动等构建和谐劳动关系，在维护职工权益、提高职工素质、培育发掘人才、调动职工积极性等方面发挥了独特作用。

四

建工集团成立后，提出"一年打基础，两年迈大步，三年翻一番"的目标。集团先后承建了曾被誉为"中华第一高楼"金茂大厦等为代表的一批超高层建筑，完成上海图书馆、上海博物馆、上海体育场、上海大剧院等一批大型公共建筑建设，承建江阴长江大桥、徐浦大桥、上海地铁1号线、2号线等一批市政基础设施工程；相关的工业企业根据市场变化调整产品结构，混凝土制品企业适时生产市政工程需要的大型桥面板、地铁管片等，预拌混凝土销售规模不断扩大。1997年，建工集团完成综合营业额202.87亿元，比1993年翻了两番，实现了历史性的突破。

1998年,受亚洲金融危机的影响以及自身适应市场能力的不足,建工集团的生产经营一度出现波动。在分析内外形势和自身存在问题的基础上,集团提出"在发展中调整"的思路,即要按照社会主义市场经济的要求,抓住国家和上海大发展的机遇,坚决实施专业结构、产业结构、地域结构、队伍结构的调整,有力地推动集团快速、健康发展。

在专业结构调整上,建工集团抓住上海创建经济、贸易、金融、航运"四个中心"的机遇,发挥自身特长,在抢占超高层建筑、大型公共设施制高点的同时,加大土木工程、机电安装、装饰工程等方面拓展的力度。1998—2010年间,集团先后承建环球金融中心、上海中心大厦、浦东国际机场、虹桥综合交通枢纽等地标性建筑和一大批知名文化体育、教育医疗、工业科研建筑以及住宅等建筑。2010年,集团完成世博会80%的场馆建筑,确保世博会按时开园。2000—2010年,建工集团累计完成建筑竣工面积6 359.57万平方米。其间,在土木工程和基础设施建设领域有新的突破。集团先后建成卢浦大桥、东海大桥、上海磁浮列车运营示范线工程和人民路、龙耀路两条黄浦江越江隧道,完成上海轨道交通总量约占全市总量的1/3。此外,还承担一批高速公路、城市高架道路、海底敷管、大型船坞、铁路工程等项目的建设。2000—2010年,建工集团完成土木工程施工产值645.93亿元,占集团施工产值总额近1/5。此外,在机电安装、大型设备安装和建筑装饰施工的规模、能力和品质等方面也有长足发展。

专业结构的调整为技术创新不断提出新课题,激发了集团科技创新的动力和创造力。在"攻关一批、研发一批、储存一批"方针的指导下取得了一大批技术成果。2000年,建工集团建立国家级技术中心,各企业建立上海市级技术中心或专业分中心,为重大工程技术难题的攻克和技术储备发挥骨干作用。围绕超高层建筑的施工,集团形成桩基、基坑围护、大体积混凝土连续浇捣、超高层建筑整体自升式钢平台模板系统和液压自动爬升模板系统、超高层建筑一次泵送混凝土等成套技术。在桥梁施工中,综合运用钢拱桥、斜拉桥、悬索桥施工技术完成全焊接钢结构的卢浦大桥,东海大桥主通航孔施工中开发具有自主知识产权的海上蜂窝状浮箱工法,并在水下一次浇捣8 000立方米混凝土。在大型、复杂钢结构工程的安装中,开发应用折叠展开提升、整体滑移、旋转顶推等钢结构整体安装技术、新装置和测量技术;在世博轴阳光谷多杆汇交复杂节点上实施机器人辅助生产技术。在地下空间开发中实施现代大深度可遥控气压沉箱工艺技术、矩形隧道掘进技术和深基坑自适应支撑系统等。2000—2010年,建工集团共编制国家标准29项,行业标准33项;获得发明专利73项,实用新型专利321项,外观设计专利1项;1991—2010年共获得国家级工法99项。这些成套核心技术的突破为一系列重大工程的建成提供了强大的技术保障。

在产业结构调整上,建工集团按照"资产经营带动生产经营、生产经营推动资产经营"的思路,不断促进与建筑工程相关产业链的形成,扩大相关工业、设计、投资、房地产等产业的规模。工业企业在规模和产品结构上发生显著变化。预拌混凝土销售总量屡创新高,2010年达到近2 000万立方米,占全市销售量的30%;混凝土预制构件从民用和工业构件调整到大型桥面板、地铁管片、磁浮轨道梁、高架道路节段梁等土木工程构件和装配式建筑的构件上来,产量从1994年的18万立方米上升到2010年的36万立方米,位于上海地区的首位;集团投资建立湖州新开元碎石有限公司,使混凝土生产的产业链得到延伸。房产开发企业在开发自有土地的基础上,积极参与竞拍土地,择机收购股权或联合开发;2009年,建工集团对口建设占地2.5平方公里的浦东周康航大型居住社区,形成包括投资开发、规划设计、土地整理、施工建造、公共配套等在内的土地一级开发能力;2010年,建工集团房产年开发量达到300万平方米以上。基础设施投资经营从延安中路高架起步,先后以建设—移交(BT)、建设—经营—移交(BOT)等方式投资上海郊环线和中环线部分路段、地铁13

号线世博段、地铁1号线上海南站站,以及江苏无锡、常州、南京等地的城市道路、交通枢纽等项目,在获得较好投资回报的同时,也推动建筑施工企业向土木工程的拓展,带动相应的施工生产。按照发展战略,集团还先后投资参股华夏银行、东方证券公司、上海中心大厦建设有限公司等企业。设计咨询业涵盖市政工程设计、房屋工程设计、装饰工程设计、园林工程设计、机电安装设计等;以工程咨询、建设监理等为主的工程服务的规模不断扩大。2010年,建工集团设计咨询的从业人员有6 000多人,营业收入21.95亿元。经过多年调整,建工集团基本形成建筑施工、设计咨询、相关工业、房产开发、基础设施投资等产业板块。

在地域结构调整上,建工集团进军国内和海外市场。1998年,集团提出在国内各大城市的标志性工程和技术含量较高的工程上要有所建树。2005年成立南方分公司,旨在开拓外地市场中发挥引领作用。2007年,在上海世博会工程的紧张建设中,集团召开国内市场会议,对拓展国内市场作出全面部署。2010年又召开第二次国内市场会议,提出1+5+X(上海及长江三角洲,珠江三角洲、中南、京津、东北、西部,重点城市)区域经营的要求。2001—2010年,建工集团先后建成北京国家大剧院、广东广州电视塔、山东青岛大剧院、江苏南京紫峰大厦等当地标志性建筑,建成广东珠海横琴大桥、福建福州闽江大桥、天津海河大桥、浙江舟山桃夭门大桥、重庆鹅公岩大桥和南京、深圳、沈阳、苏州、无锡、杭州地铁等土木工程,建成广东珠海、深圳、汕头和浙江三门、舟山等地的城市取水、排污和核电厂取水工程等。2010年,建工集团在国内25个省市建有346个项目,建筑面积655万平方米,中标合同额260.30亿元,占集团总额的30.33%。集团成立后,实现从"借船出海"到"驾船出海"的转变,从主要承建援外和使领馆项目,到独立或联合承担国际承包项目;从主要承担建筑施工,到探索实施设计—采购—建造(EPC)总承包,为业主提供"交钥匙"工程;从主要承担工程建设,扩展到房产开发、进出口贸易、援外培训等多领域。2007年,建工集团召开海外市场工作会议,提出在集团内各企业建立"优势互补、资源集成、利益共享、风险共担"的"大海外"合作机制。1994—2010年,在孟加拉、苏丹、巴基斯坦、埃塞俄比亚、蒙古、加蓬、特立尼达和多巴哥、柬埔寨、萨摩亚、美国、俄罗斯、中国澳门等59个国家和地区承建118项工程,包括民用建筑、桥梁道路、港口码头、中国驻外使领馆等,实现合同总额218.13亿元。至此,建工集团初步形成以上海市场为基点、辐射全国、布局海外的市场格局。

在队伍结构调整上,建工集团实现了由劳务密集型向技术和管理密集型方向的转变。1994年,全集团有7.4万名职工,其中管理人员、技术人员1.8万余名,占职工总数24.5%。90年代中期,企业普遍推行减员增效、下岗分流、实施再就业工作。1998年,集团依据与主业关联程度,剥离改制了一批第三层次中小企业,2001年又推进部分中小企业民营属地化改革,一批职工随同改制企业离开建工集团。同时,集团加大对大中专毕业生和各类专业管理、技术人才招收的力度,尤其是一些紧缺人才的吸纳。2010年,集团职工总数2.77万人。其中,管理人员和技术人员占职工总数的61%;大专及以上学历的(其中博士、硕士850余人)占职工总数的51%;管理人员和技术人员中大专及以上学历的约占64%。2010年年底,建工集团共有2名中国工程院院士、5名国家级有突出贡献的中青年专家、78名享受国务院特殊津贴专家、5名全国勘察设计大师、8名上海市领军人才。5 000余名在岗工人队伍中有100余名技师或高级技师、400余名高级工和1 100余名中级工。建工集团探索企业发展和职工收入同向增长机制,完善补充保障制度,落实优秀人才激励措施,落实低收入职工托底工资保障线,全集团职工年平均工资从1994年的7 905元提高到2010年的7.42万元。

经过持续多年的改革和调整,建工集团经营结构不断适应市场,经营生产能力持续增强,科技水平快速提升,经济效益显著提高。自2000年起,综合营业额连续10年保持两位数的年增长率,2010年达到858.5亿元;实现利润15.71亿元,是1994年的15.87倍。

党的十八大提出全面建成小康社会的宏伟目标,城镇化进程的推进及上海建设"四个中心"和社会主义现代化国际大都市的目标又一次为建工集团的发展提供了机遇。2010年,建工集团制定的《十二五发展规划》提出要以科学发展为主题,以"转方式、调结构、强基础、促和谐"为主线,坚持突出主业、联动发展,继续把提高总承包、总集成能力和拓展产业链、拓展区域经营作为主要任务,把提高科技创新能力、资源整合能力、经济运行质量作为发展的重要环节,在新的起点上实现新的跨越,把集团建设成为技术领先、管理先进、服务优良、品质优秀、具有较强国际竞争力的大型建设集团,使"上海建工"成为国际知名、中国建设领域标志性的品牌,为建设中国特色社会主义作出新的更大的贡献。

大事记

1953 年

1月　中共上海市委、上海市人民政府决定组建上海市人民政府建筑工程局(上海市建筑工程局,简称建工局)。局机关地址为福州路107号。建工局采用局兼公司的体制,下辖北区、南区、东区、西区工程处、建筑材料公司、机具供应站、职工医院、职工训练班等单位。全局工人8 945人,干部751人。

6月11日　中央人民政府人事部任命罗白桦为上海市建筑工程局局长。

6月18日　市委决定成立中共上海市建筑工程局委员会,归上海市委工业工作部领导。罗白桦任党委书记。

1954 年

5月1日　《建筑工人报》创刊,1959年1月2日改名为《上海建筑报》。

5月4日　中苏友好大厦(今上海展览中心)工程开工,由建工局和华东建筑工程局(简称华东工程局)共同承建。① 1955年3月建成。

7月　建工局改变局兼公司的组织形式。局属北区、南区、东区、西区的4个工程处分别改为上海市第一建筑工程公司(简称市建一公司)、上海市第二建筑工程公司(简称市建二公司)、上海市第三建筑工程公司(简称市建三公司)、上海市第四建筑工程公司(简称市建四公司)。

是年　成立水电安装公司,建筑材料公司划分为建筑材料公司和联合工厂,局机关的设计室改为设计公司,职工训练班改为职工学校,连同职工医院、机具供应站局属单位共11个。

1955 年

6月　市建三公司撤销建制,并入市建四公司。

9月　联合工厂划归上海第二重工业局,其所属的1个砖瓦厂和1个轧石厂划归建筑材料公司。

12月　市建四公司撤销建制,并入市建二公司和沪东造船厂第四现场工程公司。年底,市建二公司全部迁至兰州。以沪东造船厂第四现场工程公司为基础组建新的市建二公司。

年底　局属单位为市建一公司、市建二公司、水电安装公司、设计公司、建筑材料公司、职工医院、职工学校、机具供应站共8个。

---

① 承建指负责该工程主体结构的施工。下同。

1956 年

1 月　建工局成立私营营造业合营筹备委员会,对 3 800 多户私营营造业进行改造,先后组建公私合营第一营造工程公司、第二营造工程公司、卫生工程公司、油漆工程公司、竹建工程公司、沟路工程公司、凿井工程公司、联合工厂等单位。

3 月 27 日　建工局 800 多人支援青海省工业建设。

4 月 30 日　国内第一台管型塔式起重机在局属上海建筑机械制造厂试制成功。

5 月 25 日　设计公司改名为上海市民用建筑设计院,划归市建设委员会领导。

是月　杨兆熊任建工局局长。

8 月 3 日　市委决定撤销中共上海市建筑工程局委员会,改为党组。杨兆熊任书记。

9 月　建工局新组建市建三公司和两个砖瓦厂。建筑材料公司划分为上海市建筑材料工业公司(简称材料工业公司)和上海市建筑材料公司(简称材料公司)。

1957 年

5 月 3 日　市委决定撤销建工局党组,重新建立中共上海市建筑工程局委员会,范达夫任书记。

12 月底　国务院总理周恩来视察由建工局承建的上钢一厂工地。1958 年 7 月 15 日,周总理再次视察该工地。

是年　公私合营第二营造工程公司、油漆工程公司、竹建工程公司、沟路公司等陆续划归市、区房修系统。

1958 年

3 月 1 日　国家建筑工程部(简称建工部)和上海市人民委员会(即市政府)决定上海市建筑工程局与华东工程管理总局合并,定名为上海市建筑工程局。局机关地址为南京东路 23 号。两局合并后,建工局领导班子由华东工程管理总局、上海市建筑工程局原党委正副书记、正副局长组成,由原华东工程局党委书记冯国柱全面负责。下属 17 个单位,职工人数为 31 857 人。

5 月 3 日　市委决定张文韬任建工局党委书记,杨兆熊任建工局局长。

是月　建工局材料机具供应处和原华东工程局机具(机械)站合并,改名为建工局机械施工供应站,9 月改名为上海市机械施工公司(简称机施公司)。

6 月 14 日　建工部和全国总工会在上海召开建筑业技术革新经验交流会,建工局在会上介绍经验。

6 月 15 日　上钢三厂转炉扩建工程开工,是年 12 月竣工,由市建四公司承建。

是月　建工部第五工业设备安装公司、上海市水电安装公司、上海市卫生工程公司等企业合并,成立上海市工业设备安装公司(简称安装公司)。

9 月 19 日　上钢二厂新建转炉车间开工,10 月 24 日炼出第一炉钢。市建一公司承建。

9 月 28 日　中共中央主席、国家主席毛泽东视察由建工局承建的上钢一厂三转炉工地。

10 月 21 日　上钢五厂新建转炉车间开始出钢,该车间是上海钢铁企业中最大的转炉车间,由市建一公司、市建五公司等单位承建。

11月18日 上海重型机器厂1.25万吨水压机车间开工,1959年2月竣工。市建五公司承建。

是年 由原华东工程局和建工局所属的两个试验所合并组建建工局施工技术研究所,1961年,该所与局技术情报组合并,组建上海市建筑施工材料科学研究所。

是年 建工局在全国同行中率先提出"放下扁担,消灭'肩挑人抬'"的口号,通过技术革新,全局积极推进施工半机械化、机械化、"一条龙"作业。

1959 年

1月16日 建工局党委书记张文韬在中共上海市委二届一次全会上被选为市委候补委员。

3月13日 公私合营第一营造工程公司改为国营上海市第六建筑工程公司(简称市建六公司)。

7月中旬 闵行一条街工程全面开工,一期工程9月底建成交付使用,被誉为"闵行速度"。二期工程10月份开工,年底竣工。建筑面积总计14万平方米。市建五公司承建。

8月15日 市建三公司、市建六公司撤销,合并为新的市建三公司。

9月11日 建工部机械安装技工学校划归建工局领导。该校1970年改为上海建筑安装机械厂,1980年更名为上海汽车起重机厂,1981年划归轻工业局,并入上海自行车三厂。

是年 建工部所属华东钢铁建筑厂划归建工局,1966年更名为华东建筑机械厂。

1960 年

3月 上海市建筑工程局技工学校成立。1961年8月,该校与上海市建筑工业专科学校合并,更名为上海市建筑工业学校,1962年7月撤销。

4月29日 上海市人民委员会批准建工局吴松元、范杰生、陈根法3名工人提升为工程师。

1961 年

4月5日 市委决定张文韬任市基本建设委员会副主任兼建工局党委书记,陈去非任建工局局长。

4月25日 局抽调59名职工支援蒙古人民共和国工程建设。

7月22日 局召开党员干部会议,传达市委"关于精简职工、减少城镇人口,大力支援农业生产,支援外地建设"的精神。至年底,全局精简职工总数14 300人,全局尚有职工46 400人。

是年 建工局4 500余人去福建支援森林工业建设和国防建设,600余人去江西德兴有色金属公司支援建矿工程。

1962 年

7月1日 市建二公司、市建四公司撤销,合并组成新的市建二公司。

是月 原属区县的10个砖瓦厂、建材厂划归建工局。

8月16日　在上海第一批工业企业调整名单中,建工局关闭4户、停产5户、合并3户。

9月22日　在上海第二批工业企业调整名单中,建工局关闭1户、停产1户、合并4户。

10月31日　市委决定孙良浩任建工局党委书记。

11月5日　上海市建工局干部学校(简称局干校)成立。

是年　根据中央关于继续减少城镇人口的决定,建工局精减职工17 181人,局属单位由年初的18个减少为12个。

1963年

1月　市建三公司撤销,人员分到各公司。

是年　上海市建筑施工材料科学研究所更名为上海市建筑科学研究所,1978年划归市建委,更名为上海市建筑科学研究院。

1964年

1月　随着国民经济好转,为适应新的建设任务,建工局将原建筑公司及直属工区改组成立8个建筑公司;成立上海市混凝土制品公司(简称混凝土公司)和上海市门窗加工公司(简称门窗公司);撤销材料工业公司,组建上海市第一建筑材料工业公司(简称建材一公司)、上海市第二建筑材料工业公司(简称建材二公司);材料公司改为建工局供销处(简称供销处)。其他专业公司及事业单位不变。

2月15日　建工局机关迁至北京东路230号(江西中路406号)。

4月　建工局重办上海市建筑工业学校。该校1966—1971年因"文化大革命"停止招生,1972年3月恢复办学。1979年3月,改名为上海市建筑工程学校,成为全日制中等专业学校。1991年,上海市建筑管理学校并入该校。

8月　建工局第一批社会主义教育运动开始,共分三批进行,至1966年4月结束。

是年　50年代建成的虹桥机场进行大规模改建和扩建,市建八公司承建。

1965年

5月　市建八公司抽调906人,和从郊县招收的2 000名技术工人一起支援"大三线"七机部贵州地区建设。市建一公司6 000人支援江西建设。

6月　建工局成立援外办公室。1970年更名为援外组。1976年12月更名为援外处。

7月5日　吴淞化工厂3 350立方米/时制氧工程开工。市建三公司承建。

是年　全局抽调111人参加中国政府援助加纳纺织厂的建设。

是年　上海第一批棚户区改造项目——蕃瓜弄新村建成,市建四公司承建。

1966年

2月29日　混凝土制品四厂137人支援贵州建设。

3月4日　市建四公司170余人支援皖南"小三线"国防工程建设，到1966年年底，公司在"小三线"职工总数达2 500多人。木材加工一厂、木材加工二厂、市建一公司、市建二公司也抽调人员前往。最后一批队伍于1978年10月撤回，前后历时12年7个月。

5月　"文化大革命"运动在全局展开。

8月20日　建工局350名职工支援云南安宁钢铁厂建设。

1967年

1月13日　建工局机关造反组织纠集局内其他造反组织成立"联合接管委员会"，以"接管委员会"印章取代建工局党政印章。

4月　坦桑尼亚桑给巴尔皮革皮鞋厂开工，1968年1月竣工。这是建工局在海外建成的第一个项目。

8月16日　建工局系统两派造反组织，各自串联机电一局、轻工业局等单位5 000余人，在江西中路局办公大楼、江西中路福州路口基础公司办公楼门口，挑起一场闻名全市的武斗事件。

12月15日　建工局两派造反组织调集500多人，并从外单位调来武斗队伍，在四平路混凝土公司办公楼处挑起武斗，导致多人受伤，大连西路的高压线被砸断，四平路交通阻塞。

1968年

1月　市建一公司、安装公司派出队伍到江西参加"小三线"国防工程建设。

6月14日　建工局副局长朱俊欣被迫害致死。

7月15日　建工局革命委员会（简称局革委会）成立。

8月　建工局革委会派出工人毛泽东思想宣传队（简称工宣队）进驻同济大学、交通运输局和黄浦区中、小学校以及华东工业建筑设计院（简称华东院）、局技校、职工医院等单位。先后共派出三批，最后一批1977年撤回。

9月　市革命委员会派出工宣队和解放军毛泽东思想宣传队（简称军宣队）进驻建工局机关和局下属27个公司级单位。先后共三批，最后一批1971年9月撤离。

1969年

3月　市建五公司油漆工黄连顺当选为中国共产党第九次全国代表大会代表。

6月9日　建材一公司在安徽绩溪新建的砖瓦厂定名为跃进砖瓦厂。

10月23日　建材一公司在皖南新建的采石厂定名为先锋采石厂。

11月4日　上海水泥厂、市建四公司、安装公司、华东院成立安徽水泥厂等建组，建成后定名为胜利水泥厂。

是年　市建一公司在江西新余、景德镇、宜春、九江、德安，安徽贵池等地；市建二公司在安徽贵池；市建四公司在安徽徽州参加"小三线"建设。市建三公司在贵州遵义参加"大三线"建设。市建五公司、市建七公司等单位参加南京梅山炼铁基地（9424工程）建设。市建六公司到江苏大屯参加煤矿建设。安装公司、机施公司、混凝土公司、门窗公司等参加对应项目的建设。1971年后陆续撤回上海。

1970年

1月　全局1000多名干部到奉贤县市工交"五七"干校参加劳动。
5月10日　根据中央整党建党的精神,局整党建党开始,1971年6月基本结束。
6月　局革委会改组,朱万国任主任。
8月15日　中共上海市建筑工程局核心小组成立,朱万国任组长。
10月19日　建筑工程部第一基础工程公司、建筑工程部华东工业设计院、建筑工程部综合勘察院华东分院划归建工局管理,并分别更名为上海市基础工程公司、上海工业建筑设计院、上海勘察院。1975年,上海工业建筑设计院、上海勘察院划归市设计党委。
12月29日　建工局党委成立,朱万国任党委书记。

1971年

6月　位于青海路的上海电视台工程开工,1973年12月竣工。1978年,"上海电视塔156米塔架整体起扳施工法"获全国科技大会奖。市建五公司、机施公司承建。2000年,该电视塔拆除。
10月16日　我国援阿尔巴尼亚冶金联合企业开工。建工局承担土建施工及设备安装技术指导任务,共开工47.25万平方米,竣工面积36.09万平方米。1978年因中阿关系恶化,中国政府被迫停止援建工作。

1972年

6月　地处金山地区的上海石油化工总厂开始建设。8月,建工局等单位陆续开赴工地做前期准备。1974年1月1日,一期工程开工,1977年竣工。1979年1月二期工程开工,1984年7月竣工。1987年三期工程开工,1992年竣工。市建一公司、基础公司、机施公司、安装公司分别承担厂房施工和设备安装任务。1990年,其中的涤纶二厂氧化聚酯短丝装置工程获国家优质工程金质奖(简称国优金奖)。
12月　上海卫星地面接收站工程开工,1973年8月竣工,市建五公司承建。

1973年

1月　苏丹友谊厅工程开工,1976年5月23日,苏丹总统尼迈里出席落成典礼。建工局承建。
3月24日　上海体育馆工程开工,1975年6月竣工。1978年,该工程"网架整体提升、高空旋转施工技术"获全国科技大会奖。市建八公司、机施公司承建。
8月　市建八公司扎铁班班长马先如当选为中国共产党第十次全国代表大会代表。
10月11日　市委决定曹汝清任建工局党委书记、局革委会主任。

1974 年

5 月　上港二区散粮筒仓开工,这是国内第一个大型散装粮系列化工程。1975 年 10 月竣工。市建三公司承建。

7 月 20 日　市建五公司承建的上海玻璃器皿一厂加工车间主体结构倒塌,死亡 15 人,重伤 13 人,轻伤 18 人。

1975 年

1 月　上海江湾万吨低温冷库开工,是年 12 月竣工。1978 年,该工程"滑模,升、降板施工技术"获全国科技大会奖。市建五公司承建。

是月　市建四公司木工乔火根、混凝土三厂扎铁工朱克江、建材一公司吴泾砖瓦厂电工刘荣兴当选为第四届全国人民代表大会代表。

4 月　建工局在全国有关会上介绍批"平方米挂帅"的做法,其影响波及全行业。据统计,是年在机械设备增加 3 倍的情况下,局劳动生产率由全员 6 792 元下降到 6 454 元;人均竣工面积从 61.28 平方米下降到 31.3 平方米,工程质量普遍下降。

是年　ZT120 吨自升塔式起重机试制成功,由上海交通大学、同济大学和建工局部分技术人员组成的塔吊设计组设计、上海建工机械厂制造。1978 年获全国科技大会奖。

1976 年

7 月 28 日　河北唐山发生大地震。10 月至次年 10 月,建工局成立工作组,先后组织市建一公司 2 160 人、市建七公司 925 人以及安装公司、基础公司、机施公司、混凝土公司、门窗公司、华建厂、供销处、职工医院等单位人员奔赴灾区,承担开滦机修厂和电厂厂房重建、恢复生产和救护伤员任务。

9 月 14 日　毛主席纪念堂工程开工,1977 年 5 月竣工。上海大理石厂、红光建筑五金厂、安装公司等单位参加建设。

1977 年

4 月 12 日　市委决定王国良任局党委书记、局革委会主任。

8 月 12 日　安装公司管道班班长张定荣当选为中国共产党第十一次全国代表大会代表。

9 月　漕溪北路高层住宅群(今徐汇新村)建成。市建六公司、市建八公司承建。

12 月 29 日　上海市混凝土制品公司与上海市门窗加工公司合并,改名为上海市建筑构配件公司(简称构配件公司)。

是年　建工局党委发动群众清查与江青反革命集团有牵连的人和事;对局属单位的党政领导班子进行调整充实;进行群众性的"三大讲"活动。

是年　建工局开展"工业学大庆"活动,狠抓企业整顿,全面下达八项主要经济技术指标,并对财政纪律、工程质量、机械设备、安全生产、竣工标准等方面进行大检查。

1978 年

1月　建工局对工程队体制进行调整,工程队下设中队。工程队成立党总支,中队成立党支部。

2月1日　冶金部和上海市委决定王国良任上海市基本建设委员会副主任兼宝钢工程指挥部副指挥、中共宝钢工程指挥部委员会副书记。

2月28日　市建五公司泥工班班长陆新祥,市建二公司党委副书记、革委会副主任沈国贞当选为第五届全国人民代表大会代表。

3月28日　市委决定撤销局革命委员会,恢复上海市建工局原领导体制,王国良任局党委书记、局长。

4月5日　建工局在宝钢住宅区工地现场召开宝钢住宅区工程会战誓师大会。10月底,116幢房屋、共计建筑面积19.6万平方米竣工。局属6个建筑公司参加会战。

4月29日　市委决定成立上海市建筑材料工业管理局。建工局所属建材一公司、建材二公司、上海水泥厂、胜利水泥厂、上海建筑机械修配厂、市建六公司601工程队、上海市建筑材料工业专科学校(原名建材七二一大学)等单位划归建材局领导。

是月　上海第一座双塔双索面大型预应力混凝土斜拉桥——泖港大桥工程开工,1982年6月16日竣工。上海市政设计院设计,基础公司承建。

是月　市委决定陈去非任局党委书记、局长。

5月　机施公司和凿井公司合并,定名为上海市机械施工公司。

6月　建工局制定《上海市建筑工程局1978年—1985年发展规划》,确定要加快房屋建设标准化、构配件生产工厂化、施工机械化和墙体改革的步伐。

10月16日　基础公司在宝山钢铁总厂工地打下第一根钢管桩。

12月16日　建工局成立宝钢工程指挥部建工分指挥部。

是年　为肃清"四人帮"流毒影响,解决思想不纯、组织不纯、作风不纯的问题,建工局分期分批开展整党整风工作。

1979 年

1月5日　市建委决定市建六公司、混凝土制品四厂划归上海市住宅建设总公司。

1月16日　上海市建筑施工技术研究所(简称施工所)成立。

2月21日　国家建委、上海市委、市革委会命名上海市建筑工程局为"大庆式工程局"。

4月　建工局决定将参建宝钢建设的混凝土制品一厂宝钢搅拌站划归局供销处,更名为宝山混凝土搅拌站。

5月12日　建工局成立郊县施工业务处,统一管理郊县施工队伍。

是月　《建筑施工》杂志创刊,由施工所主办。1985年向全国公开发行。

6月29日　建工局印发《关于检查评比"全优工程"的暂行规定》。

12月　上海宾馆开工,1983年3月竣工。这是中华人民共和国成立后上海第一幢高度超过国际饭店的高层宾馆;首次将混凝土泵送至30层。市建四公司承建,安装公司参建。①

是月 建工局成立上海市国际建筑工程公司(简称国际公司)。援外处更名为对外工程处,与国际公司一套机构、两块牌子。1980年3月,市建委任命建工局局长王国良兼任国际公司经理。1980年10月,经国家建工总局批准,上海市国际建筑工程公司为中国建筑工程公司上海分公司(简称中建上海分公司)。

是年 建工局党委在全局开展"实践是检验真理的唯一标准"讨论,用辩证唯物主义和历史唯物主义的立场、观点,冲破"两个凡是"的框框,进行思想路线上的拨乱反正。

是年 为落实市委、市政府统筹安排知识青年就业的要求,建工局筹建10个集体所有制企业,共招收5 868名职工。

是年 在整顿企业管理的基础上,局逐步推行"全优工程"降低成本提成奖、定额合同包干制和建筑安装工程承发包制等试点工作。

1980年

1月19日 市委决定孙良浩任局党委书记,王国良任局长。

3月 上海宝山钢铁总厂炼钢厂主厂房开工。市建三公司和机施公司承建。

是月 上海薛家浜冷库开工,1981年7月竣工。1982年获国家优质工程银质奖(简称国优银奖)。市建三公司承建,安装公司参建。

4月15日 经国家建委、财政部和上海市政府批准,建工局进行全行业利润留成包干试点。

5月 建工局成立工程技术干部技术职称评定委员会。是年11月,局会计师评定小组成立;1981年3月,局卫生技术职称评定委员会成立。1983年9月,根据中共中央、国务院关于整顿职称评定工作的决定,局职称评定工作暂停。

8月 上海港客运总站工程开工,1982年11月竣工。市建三公司承建,安装公司参建。

11月 上海电视机一厂彩电装配车间开工,1981年竣工。1982年获国优银奖。市建七公司承建,安装公司参建。

12月5日 建工局党委决定成立上海市建筑工程局党校(简称局党校)。

1981年

3月 上海龙柏饭店开工,1982年4月竣工。1983年获国优银奖。市建五公司、安装公司承建。

4月3日 建工局党委召开"向朱华烈士学习大会"。朱华是局供销处航运队的青年工人,1981年1月8日,为抢救落水职工而牺牲。1981年3月,上海市人民政府追认朱华为革命烈士,记二等功。

6月 上海吴泾冷库一期工程开工,该工程在上海首次使用移动式钢台模工艺。1982年12月竣工。1984年获国优银奖。市建七公司承建。

7月 上海电信大楼开工。施工中首次使用两台接力泵将混凝土送至百米高空作业区。市建

---

① 参建指负责该工程的专业分包施工。下同。

四公司承建,安装公司、基础公司参建。

12月3日　根据中央指示精神和市委的具体要求,建工局成立中青年干部情况调查组。1982年1月,局党委制定《培养选拔中青年干部的规划》,明确选拔中青年干部的任务和具体目标。

是月　上海游泳馆开工,1983年6月竣工。1985年获国优银奖。市建八公司、机施公司承建,安装公司参建。

是年　建工局复查"文化大革命"中的冤假错案工作基本完成。

1982年

1月5日　建工局党委决定在全局范围内开展"查财经纪律、查劳动纪律、查关系户、查经营作风,整顿党风、整顿企业"的"四查两整顿"活动。

3月21日　《建工通讯》创刊。1984年1月更名为《建工报》,1989年6月更名为《建筑时报》并公开发行。1994年7月,该报改由建设部建筑业司、中国建筑业协会、上海建工集团联合主办。

7月6日　市委调查组来建工局调查解决"三个不足"(思想路线、政治路线、组织路线)方面的问题。12月3日,市委调查组结束工作。

8月　建工局党委书记孙良浩当选为中国共产党第十二次全国代表大会代表。

1983年

5月9日　市建五公司经理江建人当选为第六届全国人民代表大会代表。

7月　由中建上海分公司等单位投资的雁荡大厦开工,1985年4月竣工。1988年获鲁班奖。市建四公司承建。

8月28日　华亭宾馆开工,1986年6月竣工。1987年获中国建筑工程鲁班奖(简称鲁班奖),2000年获中国土木工程詹天佑大奖(简称詹天佑奖),1988年获国优银奖。市建七公司承建,安装公司参建。

10月11日　市委决定王世雄任局党委书记,王永良任局党委副书记、局长。

是月　建工局批准供销处成立混凝土供应总站。

11月　根据市委统一安排,建工局整党工作开始。1987年3月底全部结束。

是年　建工局党委对所属13个企业先后派出调查组,调整各级领导班子,做好新老干部的合作交替工作。经过调整,公司级领导班子平均年龄44.8岁,高中以上文化程度占72.7%。

是年　局属各企业先后建立职工代表大会制度。

1984年

1月23日　上海市建筑工程局技工学校成立,1994年改名为上海市建筑工程技术学校(简称局技校)。

3月　上海联谊大厦开工,是上海第一幢全玻璃幕墙的高层建筑,1985年5月竣工。市建二公司承建。

4月　上海电视大学建工分校成立,1994年4月撤销。

5月　建工局制定改善建筑施工现场生活条件的措施,要求工地现场必须建有食堂、更衣室、浴室、茶棚、厕所。

6月8日　建工局印发《关于局属企业百元产值工资含量包干办法》。改变原来按人头核定工资总额的办法,实行按产值工资含量包干。

6月13日　建工局第一个"青年工程"命名仪式在市建四公司402工程队双峰路工房工地举行。

8月　建工局职工思想政治工作研究会成立。

9月20日　铁路上海新客站开工,1987年11月竣工。1989年获鲁班奖,1990年获国优银奖。市建五公司承建,基础公司、安装公司参建。

是年　全局在十个方面进行改革的探索和尝试,其主要内容是:建筑安装企业(简称建安企业)减征所得税,调整税后留利切块比例;建安企业全面实行产值工资含量包干;按照责权利一致的原则,推行多种形式的经济承包责任制;改革分配制度,超产计件改为全额计件;扩大企业经营自主权;改革经营方式,开展联营方面的探索;进行企业内部管理体制改革试点;改革人事和劳动用工制度;局属事业单位实行定额补贴、费用包干、节余留用、切块使用;集体企业实行广开门路,开始兴办跨行业的第三产业等。

1985年

1月19日　供销处更名为上海市建筑工程材料公司。

是月　建工局决定在市建一公司,市建五公司,华建厂,构配件公司所属的混凝土三厂、木材加工一厂、建工机械厂等6个单位试行经理、厂长负责制。

2月6日　上海市建筑工程局职工大学成立,1994年4月撤销。

是月　建工局制定《知识分子管理条例》。

是月　上海静安希尔顿酒店开工。市建七公司、机施公司承建。

3月10日　建工局职工思想政治工作研究会会刊——《探索》第一期出版。

5月　建工局成立"五讲四美三热爱"(五讲:讲文明、讲礼貌、讲卫生、讲秩序、讲道德;四美:心灵美、语言美、行为美、环境美;三热爱:热爱祖国、热爱社会主义、热爱中国共产党)活动委员会。

6月　上海市振新建设公司成立,主营房地产开发。

12月　建工局将原由材料公司管理的计划内统配材料(钢材、木材、水泥)及大宗材料的经销权放给施工企业。

1986年

1月1日　埃及开罗国际会议中心工程开工,1989年3月竣工。1993年12月,该工程"工程设计与施工"被评为国家科技进步奖三等奖。中建总公司和中建上海分公司联合承包。

2月27日　建工局党委书记王世雄在中共上海市委五届一次全会上当选为市委委员。

3月18日　建工局党委召开安装公司通风队先进事迹报告会,并印发《关于开展学习、宣传安装公司通风队先进事迹活动的决定》。是年,市委宣传部印发通知,号召学习通风队的先进事迹。10月17日,市建委命名安装公司通风队为建设系统模范集体。1989年9月,安装公司通风空调工程处党支部被中央组织部命名为"全国先进基层党组织"。

5月30日　建工局党委决定成立局老干部工作委员会。

7月19日　市政府决定石礼文任上海市建筑工程局局长。

11月21—22日　中共中央总书记胡耀邦视察市建五公司承建的铁路上海新客站工地、市建七公司承建的华亭宾馆工地、市建三公司承建的浦东煤气厂工地和耀华皮尔金顿玻璃厂浮法玻璃成品切割仓库工地。

12月8日　构配件公司撤销。原公司所属单位归建工局直接领导，局设立工业处和基层工作处负责有关管理工作。

是年　建工局推行以安全生产为突破口的施工现场标准化管理。

1987年

4月18日　中共中央政治局常委、国务院总理赵紫阳视察市建三公司承建的浦东煤气厂工地。

是月　全局进行以落实政策、解决历史遗留问题为重点的复查工作，7月复查工作基本结束。

6月8日　建工局职称改革工作领导小组成立。1988年11月12日，局工程技术人员高级职务评审委员会成立，下设土建施工及安装、建筑机械两个专业评议组。

是月　建工局党委书记王世雄当选为中国共产党第十三次全国代表大会代表。

是月　黄浦江上游引水顶管工程竣工。1989年，该项目的"软土地区钢管长距离顶进施工技术"获国家科技进步奖一等奖。基础公司承建。

是月　上海国际建设总承包公司成立（简称国际承包公司），由局内建筑企业、专业施工企业共同投资组建，主要承接国内的外资和中外合资工程项目。

7月28日　国家计委等五部委联合颁布《关于批准第一批推广鲁布革工程管理经验[①]试点企业有关问题的通知》，市建一公司被确定为试点企业。

是月　上海市建筑装饰工程公司成立。1997年7月，采用局内企业环向持股的方式改制为上海市建筑装饰工程有限公司。

1988年

1月18日　建工局思想政治工作研究会被中国职工思想政治工作研究会授予"全国优秀思想政治工作研究会"称号。

是月　上海第一混凝土制品总厂（简称混凝土一总厂）、上海第二混凝土制品总厂（简称混凝土二总厂）成立；混凝土制品六厂并入市建三公司；混凝土制品八厂撤销。

是月　上海商城（今波特曼酒店）开工，1990年4月竣工。市建一公司承建，安装公司参建。

是月　上海爆发"甲肝"疫情。职工医院和各企业开设肝炎隔离病房收治病人。

2月　上海市工程建设技术咨询公司成立，1998年更名为上海市工程建设咨询监理有限公司（简称咨询监理公司）。

[①] 鲁布革经验指，80年代中在云南鲁布革水电站建设中采用国际先进的管理方法，核心为实行招投标、建设过程实行总承包、管理机构和作业队伍精干、讲求综合经济效益等。

3月3日　建工局召开干部大会介绍市建八公司803工程处推行实物量全额计件工资制经验，要求全局所有企业结合本单位实际推行这一办法。

3月17日　市政府决定将上海市建筑工程局改为上海市建筑工程管理局（简称建管局），统一管理全市建筑行业。7月21日，市九届人大常委会第二次会议决定石礼文任上海市建筑工程管理局局长。

4月25日　建管局所属20家建安企业、建筑构配件加工企业和建筑施工机械制造厂的经理、厂长与局和建设银行等签订承包经营合同书。

5月30日　市编制委员会批准，建管局机关设置规划发展处、经济管理处、技术处、综合协调处、教育培训处、经济监察处、建筑企业管理处、建设工程质量监督站、建筑施工安全监督站、建设工程定额管理站、办公室、政策法规研究室、建筑市场整顿办公室。

是月　建工局职工医院更名为上海建工医院。

是月　上海市建筑工程局职工大学更名为上海市建筑工程职工大学。

是月　上海建工休养院在松江县城厢镇成立，2001年10月歇业。

7月6日　《上海建筑动态》创刊。

是月　建管局所属部分企业制订《内部待业试行办法》，实行内部待业制度。

8月　上海合流污水治理工程第一期3.1标工程开工，1991年7月5日贯通。国际承包公司、基础公司承建。

9月　《上海建筑施工志》开始编纂。1997年10月出版。

是月　建管局部署在全市开展查处非法转包行为。

10月10日　建管局召开全市工地现场标准化管理经验交流会。1989年，全市37家挂上现场标准化管理合格牌的工地中，局属企业占27家。

12月15日　上海市区第一座跨越黄浦江的大桥——南浦大桥工程开工，1991年6月20日，主桥桥面合龙，11月竣工。邓小平题写桥名。1993年获鲁班奖；1995年，"南浦大桥工程成套施工技术与设备研究"获国家科技进步奖一等奖。上海市政工程设计院、同济大学建筑设计院联合设计，基础公司、市建一公司、市建三公司、市建五公司、市建七公司、机施公司等单位承建。

是年　根据国务院《关于加强工业企业管理若干问题的决定》精神，建管局开展"抓管理、上等级、全面提升企业素质"活动，并主持上海市级先进建筑企业升级考评工作。至1990年年底，局属企业中有国家二级企业8家，市级先进企业12家。

是年　由局属企业投资的申港建筑工程有限公司、上海瑞安建筑工程有限公司、上海新晃空调设备有限公司等合资企业建立党组织。

1989年

2月4日　建管局印发《外地建筑企业进沪施工管理暂行规定》和《关于实行建设工程项目施工许可证的若干规定》。凡在上海从事建筑施工的本市和外地建筑企业，承接施工任务，必须申领《项目施工许可证》。

6月9日和10日　北京和其他一些城市发生的政治风波波及上海，根据市委、市政府要求，建管局组成工人纠察队，分别在大柏树、五角场、大连路四平路口、光新路道口、徐家汇、海宁路吴淞路口、四川路桥、乍浦路桥、南京路等26个繁忙路段道口清除路障、恢复交通、维护秩序。

是月　建管局制订《上海建筑业"八五"规划轮廓设想暨三年整治计划大纲》。

7月4日　建设部公布统计数据,在春夏之交出现的政治风波中,上海城市建设和管理受到严重损失,全市建设系统共损失3000多万元,其中建管局系统损失产值1981万元。

10月　建管局党委决定在全体职工中开展"社会主义好"学习教育活动。1990年6月5日,市建设党委召开"社会主义好"学习教育经验交流会,肯定建管局的做法,并要求在全系统加以推广。

12月16日　建管局党委印发《关于评聘政工专业职务的暂行办法》,先后在市建四公司、材料公司试点。

1990年

1月1日　建管局与建设银行上海市分行联合制定的《上海市建设工程价款结算实施办法》正式施行。

4月15日　中共中央政治局常委、国务院总理李鹏视察建管局所属企业承建的南浦大桥工地。

4月30日　建管局印发《施工现场(工厂)标准化管理规定》并组织检查评定。1993年,标准化管理检查评比与"创文明工地"检查评比结合进行。

5月16日　中共中央总书记、国家主席江泽民视察基础公司承建的海南省海口电厂工地。

6月1日　建管局印发《上海市"白玉兰杯"优质施工工程评选办法》,明确"白玉兰杯"是上海建筑工程施工质量的最高荣誉奖,每年评选一次。

是月　南浦大桥建设者"无私奉献、严格苛求、艰苦拼搏、勇于创新、团结协作"的精神受到市委领导肯定。建管局党委成立报告团在建工系统各单位作报告,并应邀在社会其他单位作了58场报告。

7月　上海建工机械厂并入安装公司。

9月15日　建管局印发《关于提高住宅工程质量管理规定》,并设立投诉信箱和监督电话。

是月　建管局党委部署开展"三比三贡献"主题活动,即比增产节约,为提高经济效益,走出困境作贡献;比质量安全,为提高综合管理水平作贡献;比思想作风,为提高精神文明水平作贡献。

是月　建管局、劳动局、建设银行上海分行联合下达当年上海地方国营建筑施工企业百元产值工资含量包干综合系数,并提出进一步完善包干办法的意见。

12月19日　反映建工系统80年代成就的摄影画册《上海建工十年》举行首发式。

1991年

2月13日　建管局印发《上海市在沪外地施工企业管理办法》。

4月29日　杨浦大桥工程开工。1993年4月8日,主桥钢梁合龙,8月竣工,10月23日举行通车典礼。邓小平为大桥题写桥名。1994年获国优银奖;1995年获鲁班奖;2000年获詹天佑奖。上海市政工程设计院、上海市城市建设设计院联合设计。基础公司、市建一公司、市建三公司、市建五公司、市建七公司、市建八公司、机施公司等单位承建。

6月　建管局、环卫局联合印发《上海市建筑工地环境卫生管理暂行规定》。

9月　东方明珠广播电视塔工程开工。1994年5月1日,长118米、重450吨的钢桅杆整体提升到位;1995年4月竣工。1996年,"东方明珠广播电视塔施工工艺与设备研究"获国家科技进步奖二等奖。2000年获詹天佑奖。市建一公司施工总承包，[①]安装公司、基础公司、机施公司参建。

是月　根据上海市政府办公厅《关于改进建筑行业管理问题的通知》精神，把建管局一部分行业管理职能划归市建委，保留的机构改名为上海市建筑工程质量监督站、上海市建筑工程安全监督站、上海市建筑施工定额管理站。建管局业务处室调整为办公室、技术处、教育培训处、监察审计处、经营开发处、施工生产处、财务处、设备材料处、保卫处、劳动工资处、研究室。

11月13日　报告文学集《新世纪的彩虹》举行首发式。该书全面反映南浦大桥建设情况和大桥建设者的精神面貌。市建设党委宣传处、局党委宣传处、建筑时报社主编，上海文艺出版社出版。

11月27日　建管局召开第一次工会代表大会，选举产生建管局工会委员会。

12月　虹桥机场国际候机楼新大楼落成，市建八公司承建。

是年　建管局对所属企业的效益情况进行调查研究，1989—1991年累计亏损1.96亿元。

1992年

1月　上海红光建筑五金厂划归市建一公司，上海金属结构厂划归安装公司。

2月29日　建管局印发《关于施工产值统计的暂行规定》《分包工程成本核算暂行规定》《外发包清工管理成本核算暂行规定》《加强物资管理和核算的暂行规定》。

是月　建管局38名共产党员（老共青团干部）向建工系统万名党员发出倡议，捐款建立共青团"期望奖"。2004年，更名为"上海建工集团十大杰出青年——期望奖"。

3月21日　建管局党委召开扩大会议，学习贯彻邓小平南方讲话精神，在加快体制机制改革、更好适应市场经济等方面形成共识。

是月　建管局印发《关于建筑施工企业综合改革试点的意见》，决定在局属建筑施工企业进行综合改革试点。改革内容主要有全面推行项目法施工和管理层、劳务层"两层分开"等。

是月　建管局改进百元产值工资含量包干办法，确定以产值为基础、效益为决定因素的含量工资使用控制办法。

4月　中建上海分公司更名为上海中建工程公司。

是月　建管局制定企业劳动人事分配改革试行意见。在干部中试行择优聘任上岗、工人实行动态组合上岗、推行在岗人员多种形式承包、待岗人员多渠道安置等办法。

7月　上海市建设工程联合公司（简称联合公司）、上海市建工商实业总公司（简称建工商公司）成立。

8月6日　建工商公司与香港宝麟发展有限公司向市土地局受让天目西路547号地块（原木材加工二厂）土地的50年使用权。该地块是全局第一块土地批租地块。

是月底　建管局所属企业试行周44小时工作制。

10月10日　建管局党委副书记、局长石礼文当选为中国共产党第十四次全国代表大会代表。

10月15日　建设部授予上海市建筑工程管理局"精神文明建设先进单位"称号。

12月　上海市建筑构件制品公司（简称构件公司）成立。

是年　为贯彻市建委《关于进一步开放上海建筑市场的实施意见》，建管局制定上海市办理外来施工队伍手续的新办法。年底统计，上海共有本地施工企业1840家、54万人，加上进沪企业，全

[①] 施工总承包指工程合同中明确该单位负责该项工程的建设与服务。下同。

市共有施工队伍86万人,与整体施工任务基本相当。

1993 年

1月27日　建管局党委决定调整部门设置,部分处室实行合署或联合办公。具体为党办与宣传处,干部处与组织处、教育处、劳资处,纪委与监察处、审计处,施工处与材料处,办公室与研究室合署办公,武装部与保卫处联合办公,财务处、经营开发处、科技处单列。

是月　建管局党委组成考察组到武汉、北京、天津等地,考察学习局改制为集团公司的经验和设想。

4月15日　中共中央政治局常委、国务院总理李鹏视察建管局所属企业承建的杨浦大桥工地。

5月11日　中共中央总书记、国家主席江泽民视察杨浦大桥工地。

7月10日　建管局印发《关于〈对进沪施工企业实行动态管理的实施办法〉的通知》。

9月25日　中共中央政治局常委、全国人大常委会委员长乔石视察建管局所属企业承建的上海东方明珠广播电视塔工地。

10月6日　上海博物馆工程开工,1996年9月25日竣工。1997年获鲁班奖。市建四公司施工总承包,安装公司参建。

10月21日　建管局在瑞金宾馆举行纪念上海建工局创立40周年座谈会。

11月4日　市委决定撤销上海市建筑工程管理局建制,组建上海建工(集团)总公司(简称建工集团或集团总公司)。党委归口市建设工作党委;业务工作归口市建设委员会。

年底　建管局所属施工企业基本完成工程处层面的管理层和劳务层"两层分开"(简称两层分开)。

1994 年

1月7日　市委决定蒋志权任上海建工(集团)总公司党委副书记(主持工作),石礼文任党委副书记。市委决定并经规定程序,蒋志权任上海建工(集团)总公司副董事长(主持工作),石礼文任副董事长、总经理(法人代表)。

1月11日　上海建工集团成立暨上海建工(集团)总公司开业庆典在上海展览中心隆重举行。

是月　集团总公司总部设立的职能部门有办公室、国有资产管理处、财务处、施工生产处、科技处、监察审计处、人事教育处、保卫处;党委设办公室、组织处、宣传处和纪委、工会、团委、人民武装部。事业部有总承包部、房产开发部、海外事业部、实业部、设备物资部、咨询监理部。

4月1日　建工集团党委召开建工职工"为上海大变样作贡献,为集团第二次创业立新功"主题活动动员大会。

是日　徐浦大桥工程开工,1997年6月24日竣工。江泽民题写桥名。基础公司、市建三公司、市建五公司、市建七公司、市建八公司等承建。

4月22日　上海图书馆新馆工程开工,1997年6月竣工。1998年获鲁班奖;2000年获国优金奖。市建四公司施工总承包,安装公司参建。

是月　国家对外贸易经济合作部(简称外经贸部)批准建工集团开展对外经济技术合作业务。

6月　建工集团被市建委列为建设系统首批5家现代企业制度试点单位之一。

是月　经国家建设部核准,集团总公司获一级工程总承包资质。

是月　经外经贸部批准,建工集团获得向世界各地外派从事本行业工程、生产及服务的劳务人员许可证。

7月　上海市国有资产管理委员会批准授权上海建工(集团)总公司统一管理经营集团内国有资产。

8月8日　集团总公司印发《关于加强企业内部待工职工管理的意见》。

8月15日　建工集团外向型人才培训班开学。首批15位学员,学期8个月。

是月　建工集团被建设部列为全国建筑业36家现代企业制度试点单位之一。

9月1日　晨6时许,市建七公司施工的位于广东路福建路的昌都大厦深基坑塌方,集团及时组织力量抢险。

9月3日　上海体育场工程开工,1997年10月竣工。2002年获詹天佑奖。集团总公司施工总承包,市建八公司、机施公司承建。

是月　金茂大厦工程开工。1998年8月28日部分试营业,1999年竣工。1999年,该工程"超高层建筑施工技术研究——金茂大厦88层"获国家科技进步奖一等奖。2001年获鲁班奖;2002年获詹天佑奖。集团总公司等工程总承包,市建一公司、机施公司承建,基础公司、安装公司、装饰公司、材料公司、建工院等参建。

是月　上海大剧院工程开工,1998年10月竣工。市建四公司施工总承包,基础公司、安装公司参建。

是月　江阴长江大桥工程开工。1997年5月22日,江阴长江大桥北锚固沉井顺利下沉到-58米设计标高。1999年4月21日主桥贯通,9月建成通车。基础公司承建。

12月3—7日　建工集团在市工人文化宫举办"今日建工"摄影展。

12月31日　集团总公司印发《国有资产管理经营若干规定》(简称50条),内容包括产权经营管理形式、基本权责关系、投资决策、产权变动、人事管理、资产收益分配、资产管理等。

1995年

1月　建工集团被市政府列为第一批95家现代企业制度综合配套改革试点单位之一。

2月21日　集团总公司印发《关于推进全员劳动合同制工作的意见》。

4月28日　集团总公司印发《企业标志规范手册》,对集团标志、标志旗和所属企业名称及使用集团标志等有关事项作出规定。此后分别印发2001年版、2004年版、2006年版、2012年版《上海建工集团视觉识别规范手册》。

5月1日　建工集团实行每日工作8小时、每周工作40小时的制度。

5月2日　市建三公司在徐浦大桥浦东工地发生主塔爬架在提升时倒塌坠落的安全事故,造成现场施工人员12名死亡、2名受伤。5日,市建委决定全市所有建筑工地停工1天,进行安全教育。

6月23日　市建一公司中美金融大厦工地灌注桩硬地施工法,在当天市建委举行的现场会上被要求在全市推广。

是月　市委在全市干部中开展"让人民高兴、使人民放心"主题活动。建工集团被列为全市12家先行试点单位之一。为此,建工集团党委制定《实施意见》,作出具体部署。

7月　上海建工(集团)总公司监事会成立,李春涛任监事长。

是月　建工集团总工程师叶可明被增选为中国工程院院士。

11月21日　集团总公司投资参股华夏银行有限公司。

12月28日　建工集团"两层分开"后，首家劳务型有限责任公司——上海沪众建筑工程有限公司成立。

1996年

2月29日　集团总公司实业部与设备物资部合并为实业部。

3月　"上海建工精神文明建设活动基金"设立，总额为50万元。

6月11日　恒隆广场一期工程开工，2001年7月竣工。二期工程2004年4月开工，2007年10月竣工。2000年11月15日，该工程获美国混凝土协会（CIB）颁发的第39届海外优秀项目奖，是该协会首次向中国建筑企业颁奖。集团总公司总承包，市建三公司、市建一公司等承建。

7月1日　集团总公司印发《关于贯彻实施〈上海市事业单位实行聘用合同制暂行办法〉的通知》。

7月26日　市委决定石礼文任上海建工（集团）总公司党委书记。市委决定并经规定程序，石礼文任上海建工（集团）总公司董事长，蒋志权任总经理。

9月10日　安徽省庐江县大化乡"上海建工希望小学"开工。1997年9月1日，该小学正式开学。由建工集团和职工累计捐资70余万元建造。

10月21日　建工集团精神文明建设活动委员会印发《关于开展建工集团"精神文明十佳好事"和"十佳员工"评选活动的通知》（简称"双十佳"评选）。

1997年

1月23日　建工集团召开领导干部大会，提出以建设现代企业制度为目标，按照"精干削枝、强大活小"的方针，继续以结构调整为重点，贯彻改制、改组、改造一齐抓的要求，全面推进，重点突破。

4月　建工集团被列入国务院重点扶持的全国120家大型企业集团试点范围。

5月11日　西藏日喀则"上海广场"工程开工，1998年9月15日举行竣工典礼。2000年获鲁班奖。市建七公司承建。

是月　集团总公司投资参股东方证券公司。

是月　上海建工（集团）总公司被列为上海市第二批盘活工商企业国有房地产存量试点单位，并与房地局、财政局、国资管理办公室签订《上海市国有土地使用权出让合同》和《工业企业集团国有房产授权书》等协议。

6月13日　集团总公司举行ISO 9002质量体系文件发布会，7月14日起运行。12月16日，中国建筑业协会质量认证中心通过对集团总公司GB/T 19002—1999标准质量体系认证，成为上海第一家通过贯标认证的建筑总承包企业。

8月28日　建工锦江大酒店开业，1998年被评为三星级涉外宾馆。

是月　建工集团成立国内市场部。

是月　建工集团董事会决定设立上海建一实业有限公司、上海建二实业有限公司、上海建三实业有限公司、上海建四实业有限公司、上海建五实业有限公司、上海建七实业有限公司、上海建八实业有限公司。新设立的实业有限公司为集团总公司的全资子公司。

10月15日　中共中央总书记、国家主席江泽民出席浦东国际机场全面开工仪式并为机场奠基培土。1999年6月,一期工程竣工。2000年,"浦东国际机场航站楼工程成套施工技术与设备研究"获国家科技进步奖二等奖。2000年获鲁班奖。集团总公司管理总承包,市建三公司、市建七公司、机施公司承建,安装公司、装饰公司等参建。

是月　建工集团被列入建设部首批33家重点扶持的大型建筑企业。

12月31日　建工集团党委书记、董事长石礼文当选为第九届全国人民代表大会代表。

是月　国家对外经济贸易合作部同意建立上海建工集团(香港)公司。

是月　集团总公司印发《关于理顺国有资产出资者与改制企业关系若干问题的指导意见》。

1998年

4月12日　泰国泰航客机在降落虹桥国际机场时偏离跑道冲入草坪。当晚21时,机施公司抢险队伍赴现场抢险。

4月21日　中共中央总书记、国家主席江泽民视察基础公司承建的江阴长江大桥工地。

5月20日　《上海建工》报创刊,内部发行。

6月1日　中国证监会批准上海建工股份有限公司(简称建工股份公司)向社会公开发行每股6.67元、共1.5亿股的A股股票。

6月10日　中共一大会址纪念馆扩建工程开工。1999年5月竣工。该工程从管理用工到施工用工全部采用义务劳动的形式。整个工程的用工约2万人工,市建二公司承担施工总管理。

6月12日　上海建工股份有限公司创立大会暨第一届股东大会在上海商城剧院召开。

6月23日　上海建工股份有限公司举行揭牌仪式。是日,"上海建工"在上海证券交易所上市。

7月21日　国务院召开表彰先进电视电话会议,表彰全国14家先进企业和单位,上海建工(集团)总公司为全国建设系统和上海市唯一一家受到国务院表彰的企业。

8月26日　建工集团在咨询监理公司首次进行公开招聘直属企业主要经营者及经营者群体的试点。

是月　集团总公司投资创办的民办大学——建峰学院(筹)成立并向社会招生。2002年5月8日,上海建峰职业技术学院正式建校,列入上海普通高校招生计划。

是月　长江流域和嫩江、松花江流域发生特大洪涝灾害,建工集团捐款30万元。之后,集团职工踊跃捐款,到8月25日统计,全集团捐款额超过130万元。

是月　建工集团成立再就业服务中心。2001年12月31日,该再就业服务中心撤销。

9月　浙江舟山大陆引水管海底敷埋工程开工,2001年7月30日竣工。2003年,"大口径薄壁管道浅海敷设施工技术研究"获国家科技进步奖二等奖。基础公司承建。

是月　经外经贸部批准,上海建工集团(新加坡)工程有限公司成立。2001年6月15日获新加坡政府批准,分获建筑和土木工程两个G7等级。

10月底　建工集团基本完成第三层次企业的改制工作,全集团共建立115家有限责任公司、股份合作制企业,涉及职工2.4万人,占职工总人数约46%。

12月28日　上海科技馆开工,2001年6月竣工。2002年获鲁班奖;2003年获詹天佑奖。市建四公司施工总承包,安装公司、装饰公司参建。

是月　上海建工房产有限公司成立。该公司由集团总公司房产部为基础、集团所属公司下设的11家房地产开发企业整合重组而成。

1999年

1月　集团总公司获交通部公路施工一级资质。

2月　上海建工(集团)总公司、基础公司、市建五公司与市政设计院、中船第九设计院共同投资组建成立上海建工桥隧筑港工程有限公司(简称桥隧筑港公司),主要业务为拓展土木工程领域。

3月8日　在全国人大九届二次会议上海代表团全团会议上,中共中央总书记、国家主席江泽民要求建工集团党委书记、董事长石礼文主持编写一本建设工程质量普及读物。2000年3月12日,《建设工程质量知识读本》首发式在北京昆仑饭店举行。该书由江泽民题写书名,国务院副总理温家宝作序,石礼文主编,上海科学技术出版社出版。

3月17日　建工集团党政决定开展"学邯钢、严格管理,强素质、提高效益"主题活动。

4月13日　劳动局和社会保障局批准同意上海建工(集团)总公司设立市第154国家职业技能鉴定所。安装公司获准设立市第157国家职业技能鉴定所。

4月9日　建工集团上报的《国家大型企业集团试点实施方案》获国家经贸委批准实施。

5月25日　建工集团召开知识分子座谈会。

6月24日　《上海建工》报刊登在全集团范围内公开招聘材料公司和市建五公司经营者群体的启事,在集团直属骨干企业中实行跨企业的经营者竞聘上岗工作。

6月29日　市委宣传部、建设党委在金茂大厦联合举行"创业者风采"报告会,介绍上海建工集团金茂大厦总承包项目经理部的先进事迹。

7月　上海建工(集团)总公司专家委员会成立,负责集团重大科研课题立项论证等事项。

8月13日　集团总公司印发《关于鼓励和支持非公有制小企业发展的试点意见》。

是月　美国《工程新闻记录》(ENR)公布1998年全球最大225家承包商排名,建工集团列第44位。

10月21日　建工集团召开为期两天的领导干部务虚会,讨论制定两年调整的目标、任务和措施。

11月3日　市建三公司以1.5亿元获得位于人民路777号的蒙特利广场土地使用权。该地块后由建工房产公司投资开发建成房产项目"东淮海公寓"。

是月　上海建工股份有限公司与上海市城市建设投资开发总公司、上海实业(集团)有限公司合作,共同投资建设延安路高架中段工程。2002年获中国市政工程金杯奖。集团总公司和市建一公司、市建五公司、基础公司承担2.1、2.3、2.4三个标段的施工。

12月25—28日　建工集团在上海图书馆举办"上海建工在前进"摄影展。

是月　北京京西宾馆西楼改建工程开工,2002年7月竣工。集团总公司总承包,市建七公司承建,安装公司、装饰公司参建。

是年　根据中央和市委部署,建工集团党委在集团内开展反对法轮功等邪教组织的斗争。

是年　上海市国有资产管理办公室将原属军队、武警和政法系统的12户房产开发、施工企业划归建工集团。

2000 年

1月　市建委决定把建设系统"超高层建筑施工技术学科（专项技术）""特种钢结构安装技术学科（专项技术）""高性能混凝土技术学科（专项技术）"和"桥梁工程技术学科（专项技术）"四个学科发展中心设在建工集团。

是月　建工集团技术中心（简称技术中心）成立。2001年3月认定为上海市企业技术中心；2001年12月被确认为"国家认定企业技术中心"。

3月10日　孟加拉国际会议中心工程开工，2001年7月20日竣工。该项目被外经贸部评为对外援助成套项目优质施工奖，被孟方授予孟加拉建筑最高奖——莲花奖。2002年1月12日，国务院总理朱镕基和孟加拉国总理卡雷达·齐亚共同参加该项目的落成揭幕剪彩仪式。集团总公司总承包，市建七公司、安装公司实施。[1]

4月28日　建工集团举行"能工巧匠人才库"建立仪式。人才库共收录366名技术工人，涉及25个工种。

是月　中国驻新加坡大使馆工程开工，2002年1月竣工。该工程被评为优良工程，为外交部使馆工程质量最高荣誉奖。集团总公司承建，海外部实施。

5月　由市建设党委、建委等27家单位组织的"新中国五十年上海经典建筑"评选活动揭晓。由建工集团承建的金茂大厦、上海大剧院、东方明珠广播电视塔、浦东国际机场、上海展览中心、上海博物馆、上海体育场、上海图书馆、上海国际会议中心、新锦江大酒店被评为"上海十大金奖经典建筑"。

6月　集团总公司总部机构和人员进行结构调整，人员结构调整采用择优选聘与公开招聘相结合的方法。8月中旬基本完成。

7月　市政府决定易庆瑶任上海建工（集团）总公司监事会主席。

8月10日　美国《工程新闻记录》（ENR）公布1999年全球最大225家承包商排名，建工集团名列第46位。

9月4日　集团总公司总部迁至浦东福山路33号建工大厦。

10月18日　卢浦大桥工程开工，2003年6月28日建成通车。江泽民题写桥名。2004年获鲁班奖；2005年获詹天佑奖。2005年，该工程"上海卢浦大桥设计与施工关键技术研究"获国家科技进步奖二等奖；2008年4月获第94届国际桥梁与结构工程协会（IABCE）杰出结构大奖。上海市政工程设计研究院和上海市城市建设设计研究院设计；集团总公司总承包，主桥工程由基础公司、市建一公司、安装公司承建；市建七公司参与主引桥施工。

11月　中国驻纽约总领馆改建工程开工，2003年10月18日竣工。工程质量被外交部评为优良。集团总公司承建，海外部实施。

12月6日　市委组织部、市国资办、市审计局、市纪委、市总工会组成考核工作小组对集团总公司领导班子和领导干部进行1997—1999年的工作考核。

12月26日　集团总公司通过新加坡国际认证公司贯标认证。至此，集团总公司持有境内、境外双认证证书。

---

[1] 建工集团总承包，××公司实施指集团事业部（分公司）或集团所属企业实施由集团总公司总承包的海外或外省市项目。下同。

是月　集团总公司被建设部授予"全国建设技术创新先进单位"称号。

是月　经国家工商行政管理总局商标局审定,集团"SCG"企业标记正式注册为商标。

2001 年

1月13日　上海建工(集团)总公司第一次职工代表大会召开。审议通过《上海建工(集团)总公司职工代表大会章程》。

1月19日　集团总公司被中国建筑业协会授予第二届"全国先进建筑施工企业"称号。

1月31日　经外经贸部批准,上海建工集团(苏丹)有限公司成立。

3月　北京钓鱼台国宾馆芳菲苑工程开工,2002年9月竣工。集团总公司总承包,海外部、市建七公司承建,装饰公司、安装公司参建。

是月　上海磁浮列车运营示范线工程开工,2001年12月24日架设第一根轨道梁,2002年9月5日全线贯通,12月试运行,这是世界第一条商业化运营的高速磁浮交通系统。市政总院等设计,集团总公司等管理总承包,市建二公司、市建四公司、市建五公司、市建七公司、安装公司、基础公司、机施公司、材料公司、构件公司、桥隧公司、华建厂和总承包部、建工院、技术中心等承建。

4月　市委决定蒋志权任上海建工(集团)总公司党委书记,徐征任党委副书记。市委决定并经规定程序,蒋志权任上海建工(集团)总公司董事长,徐征任总经理。

是月　集团总公司被全国总工会授予"全国五一劳动奖状"。

5月28日　同三国道(同江至三亚,上海A段)开工建设,A合同段全长18.32公里,2002年7月31日基本建成。集团总公司参与投资并总承包,市建一公司、市建二公司、市建三公司、市建四公司、市建五公司、市建七公司、市建八公司、基础公司、机施公司和桥隧筑港公司等承建。

是月　经国务院批准,外交部同意授予集团总公司派遣因公临时出国(境)人员和邀请外国经贸人员来华事项审批权。

6月　建工集团党委分别被中共中央组织部和上海市委组织部授予全国和上海市"先进基层党组织"称号。

7月31日　建工集团召开党政领导班子和领导干部"三讲"(讲学习、讲政治、讲正气)学习教育活动动员会,学习教育活动为期一个月左右。

是月　集团总公司出资2.5亿元收购香港建设(控股)有限公司(简称香港建设),以24.51%的股份持有率成为该公司第一大股东。2004年4月,香港建设进行债务转让交换,集团总公司退为第二大股东。

是月　经外经贸部批准,上海建工集团(科摩罗)有限公司成立。

8月15日　越南国家体育场工程开工。2003年9月2日,越南国家总理潘文凯出席落成典礼。建工集团与外经集团联合总承包,海外部、市建八公司、机施公司实施。

是月　美国《工程新闻记录》(ENR)公布2000年全球最大225家承包商排名,建工集团列为第46位。

10月16日　集团总公司与黄浦区政府签订新昌路聚居区开发合作合同。2006年在该区6号地块开发建成"上海滩·新昌城"。

是月　经中国证监会核准,上海建工股份有限公司以1999年12月31日的总股本53 700万股为基数,每10股配3股。

11月23日　上海建筑施工历史展示厅在建工大厦四楼揭幕。2010年,部分展品移至建峰学院。

是月　市建七公司被建设党委列为建设系统"三个代表"学习教育活动试点单位。2002年3月1日,集团面上"三个代表"学习教育活动启动,4月19日进行学习教育活动总结。

是月　经市外经贸委核准,集团总公司获外贸进出口经营权。

12月13日　北京国家大剧院工程开工,2007年9月竣工。2008年获鲁班奖;2009年获詹天佑奖。建工集团与北京城建集团、香港建设组成的联合体总承包,机施公司、安装公司、装饰公司等分别承担钢结构吊装、设备安装调试和精装饰等施工任务。

是月　集团总公司被中央宣传部、中央组织部、国家经贸委和全国总工会授予"全国思想政治工作优秀企业"称号。

2002年

1月8日　建工集团召开一届二次职工代表大会。大会审议并通过《上海建工集团"十五"发展规划纲要》《上海建工(集团)总公司平等协商办法》。

是月　集团总公司党委制定《上海建工集团发展党员质量保证体系(试行稿)》。

2月8日　经外经贸部批准,上海建工集团(美国)有限公司成立。

3月22日　巴基斯坦瓜达尔港项目开工,国务院副总理吴邦国出席开工典礼。该项目2007年6月竣工。建工集团参建。

3月26日　上海东方艺术中心工程开工,2004年12月竣工。2006年获鲁班奖。市建四公司施工总承包,安装公司、装饰公司参建。

5月20日　建工集团党委书记、董事长蒋志权当选为中国共产党第十六次全国代表大会代表。

5月28日　在中共上海市委八届一次全会上,蒋志权当选为市委候补委员;2003年12月16日,在市委八届四次全会上递补为市委委员。

是月　建工集团部署开展"在迈向国际知名大型建设集团的目标中,我们需要什么样的企业理念和企业精神"大讨论。2003年8月,决定集团核心理念表述为"和谐为本,追求卓越",企业精神表述为"科学、合作、进取"。

6月30日　建设部公布首批建筑企业等级资质名单。集团总公司获得房屋建筑工程施工总承包、市政工程施工总承包双特级资质。

7月26日　上海地铁8号线人民广场车站暨人民广场地区交通枢纽综合改造工程开工,2005年9月12日竣工。市建一公司承建。

7月28日　铁路上海南站开工。2006年7月1日,铁路上海南站正式通车。2010年获詹天佑奖。集团总公司总承包,市建一公司、市建七公司、机施公司承建,基础公司、安装公司、园林集团、构件公司、材料公司、新丽装饰等参建。

是日　地铁一号线上海南站站改建工程开工。集团总公司以建设、移交(BT)方式投资建设。

9月　中共上海市建设和管理工作委员会、上海市建设和管理委员会决定上海住总(集团)总公司部分企业由上海建工(集团)总公司托管或划转。

是月　美国《工程新闻记录》(ENR)公布2001年全球最大225家承包商排名,建工集团名列第57位。

是月　中国企业联合会发布"2002年中国企业500强"排名,建工集团名列第91位。

10月　上海国际赛车场工程开工,2004年5月30日竣工。2005年获詹天佑奖和鲁班奖。集团总公司总承包,市建二公司承建,机施公司、安装公司等参建。

12月　东海大桥主通航孔工程开工,2005年8月竣工,12月通车。2007年,该工程"东海大桥(外海超长桥梁)工程关键技术与应用"获国家科技进步奖一等奖。2006年获鲁班奖;2008年获国优金奖;2010年获詹天佑奖。集团总公司总承包,基础公司、市建一公司、市建三公司承建,材料公司、安装公司和技术中心等参建。

是月　上海市建工设计研究院由事业单位转制为有限责任公司。

2003年

1月　建工集团总承包部总工程师李迪斐当选为政协第十届全国委员会委员。

2月　上海环球金融中心工程复工,2007年9月14日结构封顶,混凝土一次泵送高度492米,创造了混凝土一次泵送新高度。2008年8月竣工。2011年获詹天佑奖。集团总公司与中建总公司联合总承包,市建一公司、机施公司等参建。

3月　建工集团董事会决定对市建一公司与市建三公司、市建四公司与市建八公司整合,组建新的市建一公司和市建四公司。

是月　经外经贸部批准,集团总公司获得"出口企业出口货物退(免)税登记证"。

是月　中国援苏丹新国际会议厅项目开工,2004年8月26日竣工。2006年被商务部评为"对外援助成套项目优质施工奖"。

4月14日　建工集团部署开展"迎接世博会与提高上海建工国际竞争力"大讨论。

是月　"非典"疫情开始向全国蔓延,建工集团对开展"非典"防治工作作出部署。5月16日,在上海"抗击非典专项援助资金"首捐仪式上,集团总公司捐款300万元。

5月16日　建工集团劳动争议调解委员会召开首次会议。审议通过《上海建工(集团)总公司劳动争议调解委员会章程》。

5月25日　上海市公共卫生中心工程开工,2004年9月竣工。集团总公司总承包,市建一公司、市建五公司、市建七公司承建,安装公司、材料公司等参建。

是月　集团总公司印发《关于进一步推进非公有制企业发展的指导意见》。

是月　集团总公司被全国厂务公开协调小组授予"全国厂务公开工作先进单位"称号。

6月18日　"上海建工创立五十周年纪念大会"在上海国际新闻中心举行。

是月　《千年回眸——上海建筑施工历史图集》由上海画报出版社出版。

7月1日　凌晨4时,上海一单位正在施工的地铁4号线(浦东南路至南浦大桥)区间隧道浦西联络通道施工突发事故,大量流沙涌入隧道,引起地面大幅沉降。应建设单位要求,基础公司迅速组织实施隧道内封堵抢险。市建四公司、机施公司、材料公司、构件公司共同参与抢险。

是月　中国援加蓬参议院大厦项目开工。2005年11月4日,加蓬总统邦戈为大厦竣工剪彩。2005年12月12日,该工程获加蓬建设工程部授予的建筑优质工程最高奖——科默奖。集团总公司总承包,海外部、市建四公司实施。

是月　巴基斯坦喀喇昆仑公路桥梁修复工程开工。集团总公司总承包,海外部实施。

8月　中国企业联合会发布"2003年中国企业500强"排名,建工集团名列第56位。

是月　美国《工程新闻记录》(ENR)公布2003年全球最大225家承包商排名,建工集团名列第38位。

9月20日　集团总公司通过GB/T 24001—1996环境管理体系认证。

是月　上海中环线工程2.5、2.7、2.4等三个标段开工。市建四公司、市建五公司、市建一公司承建,其中2.7标为建工集团投资的BT工程。

10月　中国浦东干部学院工程开工,2004年12月竣工。2006年获鲁班奖。市建七公司施工总承包,安装公司参建。

2004 年

1月1日　市委、市政府决定上海建工(集团)总公司由上海市建设和管理委员会划归上海市国有资产监督管理委员会管理。

1月15日　建工集团一届四次职代会审议通过《上海建工(集团)总公司员工守则》《上海建工(集团)总公司职工素质工程2004年实施意见》《关于进一步加强企业职工教育培训工作的协议》等。

3月1日　市政府召开推进实施"走出去"战略座谈会,集团总公司名列"上海市跨国经营企业20强(2001—2003)"对外工程承包和劳务合作企业榜首。

3月18日　市工商局在建工集团总部举行"上海著名商标企业颁证授牌仪式",建工集团"SCG"商标被认定为2004—2006年上海市著名商标。2007—2009年、2010—2012年继续被认定为"上海市著名商标"。

是月　基础公司"大口径薄壁管道浅海敷设施工技术研究"获2003年度国家科技进步奖二等奖。

5月3日　建工集团参与建设的巴基斯坦瓜达尔港口工程发生针对中国施工人员的恐怖爆炸事件,集团总公司和项目部立即启动应急预案,加强安保防范措施,保证信息传递畅通,确保人员、财产和工程安全。

6月　建工集团启动混凝土搅拌车外观统一标识制作工作。

7月　市建委、市国资委决定将原属上海市绿化管理局的上海园林(集团)公司划归建工集团。

是月　基础公司设立"陆凯忠工作室"。陆凯忠是基础公司电工班长、全国劳动模范。

是月　由中国土木工程学会桥梁及结构工程分会、中国公路学会桥梁与结构工程分会、中国铁道学会桥梁委员会、中国土木工程学会市政工程分会桥梁委员会共同发起、联合组织评选的首届"中国十佳桥梁"评选揭晓,集团承建的上海卢浦大桥(拱桥)、江阴长江大桥(悬索桥)、上海杨浦大桥(斜拉桥)名列其中。

8月　集团总公司印发《上海建工(集团)总公司商标管理办法》。

9月2日　美国《工程新闻记录》(ENR)公布2004年全球最大225家承包商排名,建工集团名列第41位。

9月5日　中国企业联合会发布"2004年中国企业500强"排名,建工集团名列第66位。

10月27日　集团总公司质量、环境、职业健康安全"三合一"管理体系文件试运行。

是月　马尔代夫外交部办公楼开工。集团总公司承建,海外部实施。12月26日,马尔代夫发生海啸灾害,施工现场和生活区遭海水冲击,施工被迫中断,职工生活出现很大困难。12月28日,建工集团党政领导向项目部全体职工发去慰问信,并转达市委领导的慰问。

11月12日　上海旗忠森林网球中心钢屋盖工程开始吊装。2005年4月,钢屋盖安装完毕,5月,钢结构施工任务完成。机施公司承建。

12月25日　国家重大科学工程——上海光源开工。2009年4月29日竣工。2009年获鲁班奖;2011年获詹天佑奖。市建七公司施工总承包,安装公司、机施公司参建。

12月28日　浦东国际机场二期工程开工,2007年12月竣工。2008年获鲁班奖。集团总公司管理总承包,市建一公司、市建七公司、安装公司、机施公司等承建。

是月　柬埔寨国家7号公路桔井至柬老边境路段修复项目开工,2008年4月29日,柬埔寨首相洪森出席通车典礼。集团总公司承建、海外部实施。

是月　《建筑时报》和美国《工程新闻记录》(ENR)杂志首次联合推出"中国承包商、工程设计企业双60强"排名,建工集团名列国内承包商第6位,地方建筑企业首位。

2005 年

1月11日　建工集团一届五次职工代表大会审议通过《关于制订集团在岗职工最低工资标准的协议》。

1月28日　建工集团党委召开保持共产党员先进性教育活动动员大会。7月15日,召开先进性教育活动第一批总结暨第二批动员大会。11月25日,第二批先进性教育活动结束。

1月31日　集团总公司印发《关于实施第二层次产权改革的指导意见》。

是月　上海建工(集团)总公司南方分公司成立(简称南方公司),主要业务为拓展外省市市场。

3月7日　集团总公司荣获"2004年度上海市跨国经营先进企业"称号,位于对外工程承包和劳务合作企业第一名。

是月　比利时"天堂公园中国梦"工程开工,工程共分8期,2013年竣工。园林集团承建。

4月22日　中国驻美国大使馆新馆舍开工,2008年7月竣工。集团总公司承担外墙装饰、内装修、机电设备安装三个标段的施工,海外部实施。

5月20日　经上海市国资委同意,建工集团董事会决定上海建工材料工程有限公司由国有独资变更为国有资本和经营者群体持股的有限责任公司。

5月31日　集团总公司获得GB/T 28001—2001职业健康安全管理体系认证证书。

7月　中国民生银行大厦改扩建工程开工。原来35层的大厦被加高至45层,升高57米,增加2.77万平方米建筑面积。2008年9月竣工。由集团总公司总承包,市建七公司、机施公司、安装公司承建。

8月21日　中国企业联合会发布"2005年中国企业500强"排名,建工集团名列第73位。

9月6日　美国《工程新闻记录》(ENR)公布2005年全球最大225家承包商排名,建工集团名列第40位。

9月16日　为响应市希望工程办公室的倡议,建工集团党委在全集团党团员和入党、入团积极分子中开展一次"多交一个月特殊党费、团费,援建一所希望小学"活动。2006年12月,用上海建工集团党、团员集资捐赠的30万元款项兴建的江西"毛泽民希望小学"正式奠基。

10月31日　经股东大会表决通过,集团总公司持有的建工股份公司非流通股获得流通权。

11月7日　建工集团董事会决定构件公司与物资公司整合重组,组建新的建筑构件制品有限公司。2006年9月1日终止重组。2007年6月30日,物资公司控股权划转至上海城建集团。

是月 市政院资深总工程师林元培被增选为中国工程院院士。

12月6日 市委、市政府决定杨沛田任上海建工(集团)总公司党建督察员、监事会主席。

2006年

1月11日 建工集团二届一次职工代表大会审议通过《上海建工集团"十一五"规划纲要》《上海建工(集团)总公司关于健全职工体检制度的协议》《平等协商职工方代表建议名单》《第二届职工代表大会各民主管理专门委员会成员建议名单》《劳动争议调解委员会职工方代表建议名单》。

是月 上海建工(集团)总公司教育卫生中心成立。

是月 加纳塔马利市体育场、赛康迪市体育场工程开工。2007年10月竣工。加纳总统库福尔出席落成仪式。集团总公司总承包,海外部、市建七公司、安装公司实施。

2月 基础公司研发的现代气压沉箱技术通过中期评审进入实施阶段,并应用于地铁7号线耀华路车站附近的风井施工。

3月17日 青岛大剧院工程开工。2010年12月竣工。2011年获鲁班奖。建工集团和青岛建设集团公司联合总承包,南方公司实施。

3月23日 南京紫峰大厦工程开工,2010年3月30日竣工。集团总公司总承包,市建四公司、机施公司承建,安装公司、装饰公司参建。

是月 静安(世博)500千伏地下变电站工程开工,2008年2月竣工。2010年获鲁班奖;2011年获詹天佑奖。集团总公司总承包,市建二公司承建,机施公司、安装公司参建。

4月20日 中共中央政治局常委、全国人大常委会委员长吴邦国视察建工集团承建的金山种奶牛场工程。

是月 澳门银河娱乐度假城开工,2011年开业。上海建工集团(澳门)公司总承包,市建一公司实施。

是月 广州新电视塔工程动工兴建,2009年4月25日,电视塔钢天线提升到位。2011年获鲁班奖和詹天佑奖。建工集团和广州建工集团联合总承包,市建一公司、机施公司、安装公司承建。

5月13日 机施公司与日本小松(中国)共同设计研发享有自主知识产权的我国首台遥控式国内最大可变截面的矩形隧道掘进机成功问世。

6月18日 "建筑让城市更美好——上海建工集团职工摄影展"在上海图书馆举行。

是月 俄罗斯圣彼得堡"波罗的海明珠"商务中心项目开工。2007年6月9日竣工。集团总公司与市建四公司、市建七公司、安装公司、装饰公司、材料公司承建。

7月17日 中共中央总书记、国家主席胡锦涛视察建工集团承建的俄罗斯圣彼得堡"波罗的海明珠"工程。

7月22日 集团总公司被国家建设部授予"'十五'全国建设科技进步先进集体"。

8月19日 上海世博园区浦明路等11条道路开工,其中8条、总长度7.54公里由市建七公司承建。

8月24日 建工集团人力资源管理系统(HRMS)正式启动并印发《上海建工人力资源管理系统管理暂行规定》。

是月 万科"新里程"工程(预制装配式施工工程)开工,2009年3月竣工。建工院设计,市建二公司承建。

9月2日　中国企业联合会发布"2006年中国企业500强"排名,建工集团名列第77位。

9月25日　建工集团国际化人才班开班,12月28日结业,历时12周。

是月　美国《工程新闻记录》(ENR)公布2006年全球最大225家承包商排名,建工集团名列第35位。

10月28日　世博公园工程开工,2010年3月竣工。建工股份公司与园林集团组成联合体总承包。

11月　人民路越江隧道开工。2009年3月1日,南北双线全面贯通,2010年2月全线通车。集团总公司总承包,基础公司、机施公司等承建。

是月　建工集团被"上海市知识产权示范企业创建工程推进委员会"认定为第二批上海市知识产权示范企业(培育企业),成为首家建筑企业知识产权示范培育单位。

12月　世博轴及地下综合体开工,2010年1月竣工。2010年获鲁班奖和詹天佑奖。集团总公司总承包,市建七公司、机施公司、安装公司等承建。

2007年

2月　闵浦大桥工程开工,2009年7月22日主桥合龙,2010年竣工。集团总公司总承包,基础公司承建。

是月　世博村A地块(VIP)生活楼开工,2010年3月竣工。2010年获鲁班奖。集团总公司总承包,市建四公司承建,安装公司等参建。

3月2日　机施公司参与承担的"现代化体育馆施工技术的研究"和建工股份公司参与承担的"常导高速磁浮长定子轨道系统设计、制造和施工技术研究"两个项目获国家科技进步奖二等奖。

3月18日　集团总公司投资建设上海轨道交通13号线工程世博园区专用交通联络线——世博过江段工程开工。2010年4月竣工。基础公司、机施公司、市建一公司、市建五公司承建。

3月31日　上海辰山植物园工程开工。2010年4月26日举行开园仪式。建工股份公司与园林集团联合总承包,市建五公司、园林工程公司、绿化建设公司承建,安装公司等参建。

4月6日　建工集团召开海外工作会议。会议提出的目标是经过2~3年的努力,形成几大地区市场重点开发的市场格局,形成上下联动的经营机制,培养一支素质较高、数量较为充足的国际化人才队伍,实现集团海外项目在规模、质量方面新的跨越。

4月26日　商务部主办,建工集团首次承办的"发展中国家工程项目管理技术培训班"在坤明湖度假村开班。培训班为期3个月。

是月　虹桥综合交通枢纽航站楼工程开工。2010年3月竣工。集团总公司管理总承包,市建二公司、市建四公司、市建七公司、机施公司承建,安装公司、基础公司、装饰公司等参建。

是月　特立尼达和多巴哥国家文化艺术中心项目开工。2009年11月9日竣工。集团总公司总承包,海外部实施。

是月　建工集团党委决定在各级领导干部中广泛开展"强化责任意识,提高执行能力,全面实现今年各项目标"主题教育活动。

5月23日　建工集团召开人才工作会议。会议提出要注意发挥不同年龄段和不同专业领军人物的作用,确保至2008年上半年各单位领导班子配备一名1970年以后出生的优秀青年干部,3年内这一年龄段的青年干部占到班子现职领导干部数的20%以上。

5月29日 在中共上海市委九届一次全会上,建工集团党委书记、董事长蒋志权当选为市委候补委员。5月31日,蒋志权当选为中国共产党第十七次全国代表大会代表。

6月28日 援埃塞俄比亚格特拉立交桥项目开工。2009年5月1日竣工通车。2010年获中国境外工程第一个鲁班奖。集团总公司总承包,海外部实施。

7月8日 建工房产与徐州市新城区国有资产经营有限公司签订徐州新城区3号地块B块国有土地使用权转让合同。2008年6月26日,该地块南块居住小区工程开工。2012年5月20日竣工。建工院设计,市建五公司承建。

是月 外滩地区综合改造工程开工。外滩隧道南段、十六铺综合改造、外滩滨江区综合改造、延安东路泵站等工程由集团总公司总承包,市建一公司、市建二公司、市建四公司、市建七公司承建,安装公司、基础公司、园林集团等参建。2010年3月竣工。

是月 材料公司研制开发的C80高标号混凝土正式用于新天地107、108地块礼兴酒店工程项目。

8月 中国企业联合会发布"2007年中国企业500强"排名,建工集团名列第77位。

是月 美国《工程新闻记录》(ENR)公布2007年全球最大225家承包商排名,建工集团名列第30位。

是月 市建一公司、市建四公司、市建七公司、安装公司党委分别同崇明县堡镇永和村、人民村、向化镇米新村、奉贤区四团镇渔洋村等远郊区县经济薄弱村建立结对帮扶关系。

9月29日 上海市国有资产监督管理委员会公布《出资监管企业主业目录(第一批)》,上海建工(集团)总公司核心业务为建筑工程和商品混凝土及混凝土构件制造,房地产开发经营;培育业务为基础设施投资与经营。

10月 世博中心工程开工。2009年11月竣工。2010年获鲁班奖和詹天佑奖。市建七公司总承包,安装公司、装饰公司参建。

是月 材料公司与建工集团、市建七公司联合投资在俄罗斯圣彼得堡设立上海建工建筑材料有限公司搅拌站,这是集团海外第一座混凝土搅拌站。

11月16日 建工集团董事会决议同意参股上海中心建设发展有限公司,出资2.16亿元,占总股本的4%。

是月 世博主题馆工程开工。2009年9月竣工。2010年获鲁班奖和詹天佑奖。集团总公司总承包,市建二公司承建,安装公司、园林集团公司等参建。

12月26日 建工集团召开国内市场工作会议。提出经过2~3年的努力,初步完成集团国内市场的战略布局。

是月 中国建筑业协会授予集团总公司、市建一公司、市建二公司、市建四公司、市建五公司、市建七公司"创鲁班奖工程特殊荣誉企业"称号。

是月 柬埔寨洞里萨河大桥开工。该工程是建工集团使用中国政府优惠买方信贷实施的"两桥一路"项目之一。2010年5月31日,柬埔寨王国首相洪森为大桥通车剪彩。集团总公司承建,海外部实施。

是月 世博会中国馆开工。2010年2月8日竣工。2010年获鲁班奖和詹天佑奖。集团总公司总承包,市建四公司承建,安装公司、机施公司、装饰公司等参建。

是月 世博演艺中心开工。2010年3月竣工。2010年获鲁班奖和詹天佑奖。集团总公司总承包,市建四公司承建,机施公司、安装公司、装饰公司等参建。

2008 年

1月11日　建工集团二届三次职工代表大会审议通过《关于提高集团在岗职工最低工资标准的协议》。

1月30日　建工集团党委副书记、总经理徐征当选为第十一届全国人民代表大会代表;建工集团总承包部总工程师李迪斐当选为政协第十届全国委员会委员。

是月　建工房产与上海电气集团置业有限公司、上海不夜城新发展有限公司共同投资成立上海屹申房产开发有限公司,该公司通过招投标取得中山北路、柳营路上海压缩机厂及周边160亩土地的开发权。该地块被开发建成"上海滩·大宁城"住宅小区。

是月　由市政总院设计、园林集团参与建设的宝山区吴淞炮台湾湿地森林公园生态环境建设项目入选建设部2007年"中国人居环境范例奖"。

2月　建工集团党委决定在全集团职工中开展"解放思想、迎接挑战、攻坚克难、再攀高峰"主题教育活动。

3月5日　被誉为"亚洲第一弯"的延安东路高架外滩下匝道钢箱梁开始拆卸;6月6日,完成整体拆除。基础公司施工。

5月12日　四川省汶川县发生8.0级强烈地震。5月19日,建工集团成立抢建灾区过渡安置房指挥部,成立现场联合党总支。5月23日—7月20日,集团6 000多名建设者在绵阳和都江堰抢建了2.3万套过渡安置房,占上海援建四川过渡安置房总量的46％。其间,全集团的捐款数达到1 084.86万元。8月5日,集团总公司在上海展览中心隆重举行建工集团赴川抗震救灾总结表彰大会。建工集团四川绵阳过渡安置房援建集体被全国总工会授予"全国五一劳动奖状"。建工集团获建设部赴川过渡安置房建设先进集体、上海市援建地震灾区过渡安置房先进集体称号。

是月　蒙古乌兰巴托体育馆项目开工,中共中央政治局常委、国家副主席习近平参加开工剪彩仪式并与工人合影留念。2009年5月29日,蒙古总理巴彦尔到现场视察。2010年8月竣工。集团总公司总承包,海外部实施。

6月6日　中共上海建工(集团)总公司第一次代表大会在中国浦东干部学院举行。大会审议通过党委工作报告、纪委工作报告和党费收缴与使用报告,差额选举产生上海建工(集团)总公司第一届党委会和纪委会。

是月　建工股份公司以BT形式投资、建设无锡市吴越路工程(A标段)项目。2009年5月建成投入运营。市建四公司承建。

7月1日　京沪高速铁路上海虹桥站工程开工。2010年7月1日沪宁高铁通车。建工集团和中铁二十四局联合体总承包。市建七公司、机施公司承建,安装公司、装饰公司等参建。

7月28日　上海市对口支援四川都江堰市暨首批项目开工仪式在市建四公司承建的都江堰市医疗中心工地举行。2010年5月4日,上海市对口援建都江堰市安置房、医疗、水务等民生项目竣工交付。市建四公司承建。2010,年都江堰市医疗中心获鲁班奖。

8月　中国企业联合会发布"2008年中国企业500强"排名,建工集团名列第74位。

9月2日　中共中央政治局常委、国务院总理温家宝视察建工院设计、市建四公司承建的都江堰人民医院板房医院。

是月　集团总公司印发《关于贯彻〈迎世博600天行动计划〉的实施意见》。

是月　美国《工程新闻记录》(ENR)公布2008年全球最大225家承包商排名,建工集团名列第29位。

10月20日　市委、市政府、市国资委决定上海上实(集团)有限公司持有的中国上海外经(集团)有限公司42.55%的股权划转上海建工(集团)总公司。据此,建工集团成为中国上海外经(集团)有限公司的第一大股东。2010年9月,市国资委决定把上海电气、上海城建、大盛资产公司所持外经集团的股份无偿转让给建工集团。

11月19日　上海市党风廉政建设责任制第九专项检查组对建工集团开展党风廉政建设责任制进行专项检查。

是月　广东汕头第二跨海钢顶管主体工程竣工,顶管掘进历时6个月。基础公司承建。

是月　巴基斯坦巴中友谊中心项目开工,2010年8月竣工。2010年12月18日,国务院总理温家宝和巴基斯坦总理吉拉尼一起为巴中友谊中心落成仪式揭牌。2011年获鲁班奖。集团总公司总承包,海外部实施。

是月　上海中心大厦工程开工。2010年3月28日,大厦主楼6万立方米C50高标号混凝土基础底板浇筑完毕。该工程于2014年年底基本建成。集团总公司总承包,市建一公司、机施公司、基础公司、安装公司、装饰公司等承建。

12月　世博城市最佳实践区项目开工,2010年4月竣工。集团总公司履行该工程的管理服务合同,市建二公司、市建五公司等承建。

是月　经国家人力资源和社会保障部批准,集团总公司成为"国家高技能人才培养示范基地"。

是月　东方体育中心工程开工。2010年12月28日举行落成典礼。集团总公司总承包,市建二公司、市建七公司承建,基础公司、安装公司、机施公司等参建。

2009年

2月　市委决定外经集团党的关系及领导班子和干部管理权限划转到建工集团党委。

3月19日　建工集团深入学习实践科学发展观活动动员大会在市委党校举行。8月31日,建工集团召开深入学习实践科学发展观活动总结大会。

是月　建工股份公司以BT方式投资常州市客运中心及综合配套系统工程开工,2010年4月竣工。市建四公司承建。

6月28日　中共中央政治局常委、全国政协主席贾庆林视察建工集团承建的世博会中国馆工地。

是月　建工股份公司以BT方式投资建设的无锡市太湖新城五条道路工程开工,2012年7月竣工。市建四公司承建。

8月　建工集团投资开发建设、建工房产公司具体组织实施的上海周康航大型居住社区基地开工。

是月　萨摩亚政府办公楼及会议中心工程开工,2011年竣工。建工集团设计和施工总承包,海外部实施。

是月　集团总公司党委印发《集团所属党组织采取"公推直选"方法进行换届选举工作的指导意见》。

9月8日　市委第五巡视组进驻建工集团开展巡视,11月上旬结束。

是月　美国《工程新闻记录》(ENR)公布2010年全球最大225家承包商排名,建工集团名列第29位。

是月　中国企业联合会发布"2009年中国企业500强"排名,建工集团名列第81位。

10月　由中国建筑业协会等12家行业建设协会共同举办的"新中国成立60周年'百项经典建设工程'评选"结果揭晓,建工集团承建的上海东方明珠广播电视塔、金茂大厦、上海光源、上海展览中心、东海大桥、上海浦东国际机场、北京国家大剧院、沈阳奥林匹克体育中心体育场工程8项工程入选。

是月　集团总公司印发《关于加强建筑施工企业分公司建设指导意见》。

11月28日　中共中央政治局常委、国务院总理温家宝视察建工集团承建的中国馆工地。

12月　金山铁路改建工程二标段开工。这是上海建工进入铁路既有线改建工程领域的首个工程。2012年6月基本建成。集团总公司总承包,市建二公司、市建四公司、基础公司承建,机施公司、安装公司等参建。

是月　建工集团制定环保型搅拌站建设规定。

2010年

1月15日　中共中央总书记、国家主席胡锦涛视察建工集团承建的中国馆等世博园区工程。

是月　建工集团党委部署开展"全面参与,当好世博东道主;全员培训,提高素质促发展"主题教育活动。

是月　加蓬4万人体育场项目开工。6月22日,加蓬总统阿里邦戈、总理保罗·比约格·姆巴到项目工地视察。2011年10月竣工。集团总公司总承包,海外部实施。2013年获鲁班奖。

3月22日　中共中央政治局常委、国家副主席习近平视察建工集团承建的俄罗斯圣彼得堡"波罗的海明珠"工程。

4月13日　建工集团在国际会议中心隆重召开世博工程建设总结表彰大会。反映集团职工在世博工程建设中精神面貌的报告文学集《澎湃的旋律》一书发行。

4月16—18日　建筑时报社和装饰公司合办的"澎湃的夯声——上海近代营造业老照片展"在上海图书馆展出。

4月25日　建工集团为主承建的世博会园区工程全部竣工。

4月30日—10月13日　集团总公司党委书记、董事长蒋志权,党委副书记、总经理徐征,副总经理童继生在上海先后拜会前来出席上海世博会的加蓬总统阿里·邦戈,马拉维共和国总统宾古·瓦·穆塔里卡,柬埔寨首相洪森,塞拉利昂总统欧内斯特·巴依·科罗马,萨摩亚总理图伊拉埃帕·萨伊莱莱·马利埃莱额奥伊,加蓬总理保罗·比约格·姆巴,特立尼达和多巴哥总统乔治·马克斯韦尔·理查兹及夫人,保加利亚副总理兼财政部长西美昂·迪扬科夫,利比里亚众议长亚历克斯·泰勒,老挝总理波松·步帕万。6个月中,集团共接待各种涉外团组65批,接待总人数约440人。其中外国元首和政府首脑24批、外国政府部长或副部长23位、国外媒体2次、国内部长及驻外大使团组9批、参加各类高级论坛和研讨会并作主题发言共7次。

是月　集团总公司通过市民政局向青海玉树地震灾区捐款100万元。

5月22日　中共中央政治局常委、全国人大常委会委员长吴邦国视察建工集团承建的都江堰市慧民雅居小区。

  是月　浙江三门核电厂取水隧道、排水箱涵工程开工,这是建工集团首次承建核电领域的工程。2012年竣工。基础公司承建。

  是月　建工股份公司以BT方式投资的常州市武进区龙江路高架南延工程开工,2013年1月竣工。市建四公司承建。

  是月　经中国证监会核准,上海建工(集团)总公司所属的房地产开发、专业建筑施工、建筑相关工业等核心资产注入上海建工股份有限公司。

  6月30日　上海建工股份有限公司股东大会通过决议,上海建工股份有限公司更名为上海建工集团股份有限公司。2011年2月,市委决定上海建工集团股份有限公司领导班子列入市委管理范围。2011年7月,经中国证监会核准,上海建工(集团)总公司所属的海外业务、工程设计及咨询业务的资产注入上海建工集团股份有限公司。

  是月　市委宣传部、市思想政治工作研究会、市企业文化促进会命名上海建工(集团)总公司为首批"上海市企业文化建设示范基地"。

  7月19日　建工集团隆重举行都江堰援建总结表彰大会。

  8月17日　建工集团召开第二次人才工作会议,提出今后3年要扩大人才总量,加大应届大中专毕业生和成熟人才的引进力度,提高中高级技术人员、高等级技术工人和各类执业人员比重。

  是月　建工股份公司以BT方式投资建设的常州市武进区中吴大道等公路工程项目开工。2014年4月竣工验收。市建四公司承建。

  是月　建工集团成立对口支援新疆喀什地区工作领导小组,确定市建一公司担当援建主力。

  9月3日　集团总公司总部迁至东大名路666号上海建工大厦。

  9月14日　市国资委在上海市政工程设计研究总院召开上海建工(集团)总公司、上海市政工程设计研究总院联合重组会议,市政总院资产划归建工集团。12月,市国资委党委决定市政总院党的关系划转至建工集团,领导班子和干部管理权限也作相应调整。

  是月　中国企业联合会发布"2010年中国企业500强",建工集团名列第80位。

  是月　美国《工程新闻记录》(ENR)公布2010年全球最大225家承包商排名,建工集团名列第27位。

  10月27日　中共中央总书记、中央军委主席胡锦涛,中共中央政治局常委、中央军委副主席习近平视察市建七公司承建的国防大学综合演习大楼工程。

  是月　上海建工"SCG"注册商标被国家工商总局商标局认定为"驰名商标"。

  是月　塞拉利昂外交部办公楼工程开工,2012年竣工。集团总公司总承包,海外部实施。

  是月　报告文学集《时空交响——世博工程建设全记录》出版。该书反映建工集团世博工程建设历程和广大建设者精神风貌,由上海文艺出版社出版。

  11月4日　建工集团与柬埔寨公共工程和运输部在柬埔寨金边签署利用中国政府优惠买方信贷建设柬埔寨国家达克茂大桥项目的设计和施工合同。全国人大常委会委员长吴邦国、柬埔寨首相洪森出席签字仪式。

  11月5日　建工集团召开第二次国内市场工作会议,提出"1+5+X"(上海及长江三角洲,珠江三角洲、中南、京津、东北、西部地区,重点城市)的市场布局目标。

  是月　建工股份公司以BT方式投资南京南站集疏运道路工程开工。2014年6月竣工。市建四公司承建。

12月13日　建工集团召开世博会运行保障工作暨世博先锋行动总结表彰大会。

12月27日　中国2010年上海世界博览会总结表彰大会在北京人民大会堂隆重举行。上海建工集团世博园区工程指挥部、上海建工（集团）总公司虹桥综合交通枢纽工程总承包管理部、中共上海市第四建筑有限公司委员会被中共中央、国务院授予"中国2010年上海世博会先进集体"称号。

第一篇 体制沿革

概　　述

　　1949年8月,上海开始组建国营建筑队伍。1953年,成立上海市人民政府建筑工程局(简称建工局),对上海主要国营建筑队伍实施统一管理。建工局设立建筑设计、建筑施工、专业施工、材料生产供应、生活服务等管理部门和单位。50—60年代初,根据国家和地方基本建设调整,建工局下属的企业建制变动较多。1964年,为适应国民经济恢复、发展的需要,建工局按照专业化的要求对企业的设置作了一次较大的调整,形成建筑公司、专业公司等组成的专业配套能力较强的企业构架。

　　80年代,随着国家改革开放进程的加快,上海率先开放建筑市场,建工局在全国同行中较早探索国有建筑企业管理体制、机构设置和运行机制改革,破除计划经济条件下企业体制上的固有弊端。在局机构设置和职能上,增强对企业进入市场的指导和服务;根据市场的发展设立一些从事新兴业务的企业。1988年,为加强对建筑市场管理,上海市建筑工程局改为上海市建筑工程管理局(简称建管局)。建管局在建筑市场管理上推出一系列改革举措,取得了良好效果。同时继续加大局属企业体制改革的力度,尤其是90年代初,随着工程项目管理的推行,在建筑安装企业内实行管理层和劳务层的"两层分开",推进建筑安装企业以市场为导向配置各种资源,促进企业向管理密集和技术密集的转型。

　　1994年年初,上海建工(集团)总公司成立(简称建工集团或集团总公司)。建工集团作为国家和上海市的试点,按照现代企业制度的要求,建立和健全法人治理结构,理顺母子公司关系,建立国有资产管理经营的有关制度,进行体制、机制和管理制度的创新。集团总公司总部逐步从以生产管理为主转为投资决策、战略规划、人事任免、收益分配、审计监督等为主的职能上来;管理机构设置积极探索"大部制",实行党政相关业务合署或联合办公,部门领导实行双向兼职。对所属企业按照《公司法》分步进行公司制改造,完善领导体制和经营管理体制;剥离改制一批中小企业,实现民营属地管理,减少投资层级。1998年,发起组建上海建工股份有限公司,并在上海证券交易所上市;经过多次整合重组,2010年6月,更名为上海建工集团股份有限公司;2011年7月,实现集团核心业务资产整体上市的目标。经过一系列的工作,建工集团由国有独资公司转变成股份制的上市公司,在体制上基本完成传统国有企业向社会主义市场经济条件下市场主体的转变。

第一章 上海市建筑工程局
（1953—1988 年）

　　1953年1月，建工局成立后逐渐接替华东工程局成为上海地区规模最大的国营建筑队伍。建工局按照计划体制的要求，行使企业主管部门的职能，建立行政性、综合性、集中统一的体制，施工生产、专业配套、后方服务机构比较齐全。60—70年代，根据建设任务的要求，组织体制多次变化，局机关管理机构相应调整，逐步确立局、公司、工程队的管理体制。80年代开始，建工局在全国同行业中率先进行扩大企业自主权、劳动人事分配制度等方面的改革，对管理体制、机构设置、职能定位等进行相应的调整，逐步适应已经兴起的建筑市场的要求。

第一节　领　导　机　构

一、机构设立

　　中华人民共和国成立初期，上海建筑业的管理以华东军政委员会工业部和上海市政府工务局为主。1953年1月，上海市委决定并经由上海市政府向中央请示，中央人民政府政务院于1953年2月发文同意设立上海市人民政府建筑工程局。是年6月11日，上海市人民政府转发中央人民政府人事部任命局长、副局长的通知。

　　建工局成立时以华东建筑工程部所属第三工程处和部分材料供应、生产等单位为基础，吸收500多家私营营造厂和房地系统修建队伍，还抽调和招募一批技术人员和工人。建工局采取局、公司一体体制，同时用名上海市建筑工程公司，局长兼公司经理，局机关设在福州路107号。局先后设立北区、南区和东区、西区工程处，分别管理60多个工地，其中6个为局直属工地。1954年7月，随着施工生产规模的扩大，工程处改为公司，实行局、公司分级管理，局的行政领导为局长、副局长。组建两年后，有关部门又将华东工程局所属的建筑材料供应站、劳动力调配所、私营营造事业管理处、材料工厂管理处及下属的7个工厂划入建工局。全局职工总计2万多人。

　　1958年3月，根据建工部和上海市人民委员会（即市政府）决定，上海市建筑工程局和华东工程管理总局（简称华东工程局）合并，定名为上海市建筑工程局，局机关迁至南京东路23号。建工局是市政府系列的管理机构，也是企业主管局。所属企事业单位主要是国营建筑施工企业、专业施工企业、机械制造企业、建筑材料生产和供应企业以及学校、医院等事业性单位。1964年8月，建工局按照专业化分工、机械化施工、工厂化生产的要求对所属企业组织体制和机构作了较大的调整。局机关迁至北京东路230号（即江西中路406号）。

　　"文化大革命"中，1968年7月成立建工局革命委员会（简称局革委会）。1978年3月，局革委会撤销，恢复原领导体制。

二、管理部门

　　建工局成立之后，其组织机构设立和调整的主要依据：一是根据计划经济条件下上级对国营单位的统一要求,二是为了适应国家和地方建设投资任务的变化,三是在特殊时期采用的做法。建局初,局机关设有政治处(组织科、宣传科、秘书科)、办公室、人事处、财务处、计划处、技术处和工会、团委等部门,1953年下半年增设设计室。1954年2月,局机关调整为政治部(组织处、宣传处)、办公室、监察室、人事处、财务处、劳动行政处、材料处、私营业务管理处、经济保卫处、生产技术处和工会、团委等部门。1956年,劳动行政处改为劳动工资处,生产技术处分为生产处和技术处,新成立教育培训处。1958年3月,建工局与华东工程局合并。局机关生产行政工作部门设办公室、计划处、技术处、财务处、材料处、劳动工资处、干部处、卫生处、机械动力处、基本建设处、运输处、保卫处、监察室、区县业务指导处;党委设党委办公室、组织部、宣传部、监察委员会及工会、团委。1962年,为贯彻国民经济"调整、巩固、充实、提高"的方针,局机关进行精简。1964年,局机关生产行政部门设办公室、总工程师室、计划处、科学技术处、施工处、工业生产处、机械动力处、财务处、劳动工资处、监委。1965年6月,成立援外办公室。党委设政治部、党委办公室、组织处、宣传处、干部处、保卫处、人民武装部和工会、团委。

1966年,"文化大革命"开始。1967年1月,局机关造反派夺取局党政权力,先后成立"联合接管委员会""抓革命促生产一线指挥部""革命造反委员会"等组织。机关部门停止工作,仅有少数人组成"小班子"应付面上日常工作。1968年9月—1971年9月,上海市革命委员会(简称市革委会)先后派出工人毛泽东思想宣传队(简称工宣队)和解放军毛泽东思想宣传队(简称军宣队)进驻建工局行使领导权。1968年7月,建工局革命委员会(简称局革委会)成立后,局机关设立生产组、财务组、科技组、劳动工资组、教卫组、工业组、设备材料组、郊县组、援外组、办公室、组织组、政宣组、工代会、团委等部门。

1976年10月,"文化大革命"结束,局机关进行整顿。1978年3月,撤销机关组室建制,恢复处室建制。设有政治部(下设组织处、宣传处)、办公室(党政合一)、计划处、施工处、基建处、财务处、劳动工资处、科技处、技术教育处、援外处(1976年由援外组改名)、技术监督处、材料管理处、机械动力处、保卫处、学大庆办公室、工会、团委等部门。1979年成立郊县施工业务处;1980年,政治部撤销,党委办公室、办公室分设,设组织处、宣传处、人事处。1981年,设集体事业办公室。1986年,设工业处、基层工作处。1987年,设干部处。

1978年12月,宝山钢铁总厂开工建设,建工局成立宝钢工程指挥部建工分指挥部。

第二节　局　属　单　位

1953年建工局成立之初,下辖北区工程处、南区工程处、东区工程处、西区工程处、建筑材料公司、机具供应站、职工医院、职工训练班等单位。1954年7月,建工局将所属的北区、南区、东区、西区工程处分别改为上海市第一建筑工程公司(简称市建一公司)、上海市第二建筑工程公司(简称市建二公司)、上海市第三建筑工程公司(简称市建三公司)、上海市第四建筑工程公司(简称市建四公司),施工范围仍以原来的地区分工为主。1954年10月,局设计室改为上海市建筑设计公司,机具供应站改名为材料机具供应处,建筑材料公司划分为建筑材料公司和联合工厂,职工训练班改为职工学校;11月,成立上海市水电安装公司等。1955年6月,撤销市建三公司,人员并入市建四公司。12月,市建四公司撤销,并入市建二公司和沪东造船厂第四现场工程公司。年底,市建二公司整体迁往兰州,以沪东造船厂第四现场工程公司为基础组建新的市建二公司。1956年5月,上海市建筑设计公司改为上海市民用设计院(今上海建筑设计研究院有限公司),是年划归市基本建设委员会。9月,组建新的市建三公司。建筑材料公司划分为上海市建筑材料工业公司(简称材料工业公司)和上海市建筑材料公司(简称材料公司)。是年,建工局归口管理全市2 086家私营营造厂,1956年,以其为基础成立7个公私合营的公司和2个工厂并成为局属单位。

1958年3月,建工局与华东工程局合并,建工局所属市建一、二、三公司不变,华东工程局所属第一、二工程公司改为市建四公司、市建五公司。华东工程局所属的上海铁工厂、上海防水浆厂并入建工局建筑材料工业公司。原属两个局的试验所合并成立上海市施工技术研究所(简称施工研究所)。建工局材料机具供应处和华东工程局的两个机具(机械)站合并,改名为建工局机械施工供应站,9月改名为上海市机械施工公司(简称机施公司)。建工部第五工业设备安装公司、上海市水电安装公司、上海市卫生工程公司等单位合并成立上海市工业设备安装公司(简称安装公司)。华东工程局职工医院大部分人员支援外地,少数人员并入建工局职工医院。原属国家建工部的上海水泥厂(简称水泥厂)、上海市建筑机械制造厂(简称建机厂)等并入建工局。两局合并后的初期,局属单位主要有市建一公司、市建二公司、市建三公司、市建四公司、市建五公司、材料公司、材料工业公司、安装公司、机施公司、华东钢铁建筑厂(简称华钢厂)、建机厂、第一营造工程公司、凿井工程公司(简称凿井公司)、水泥厂、上海市建筑工程学校(部属局代管)、施工研究所、职工医院等单位,职工总计3.1万人。

1959年3月,第一营造工程公司撤销,部分工区改组成国营上海市第六建筑工程公司(简称市建六公司),部分工区并入市建五公司。8月,市建六公司与市建三公司合并成立新的市建三公司。1959年9月,原属建工部的半工半读的安装技工学校由建工局代管。1960年3月,建工局成立建工局技工学校(简称局技校),上海市建筑材料工业学校改为上海市建筑工业专科学校。1961年,局技校和上海市建筑工业专科学校合并更名为上海建筑工业学校,1962年7月学校撤销。1964年4月恢复办学,1965年改名为上海市建工局半工半读技术学校,"文化大革命"中停止招生。1961年,施工研究所、局技术情报组合并组建上海市建筑施工材料科学研究所,1963年改名为上海市建筑科学研究所(简称建科所)。1962年7月,市建二公司与市建四公司合并,组成新的市建二公司。11月,成立建工局干部学校(简称局干校)。是年,华东钢铁建筑厂与上海市建筑机械制造厂合并,组建新的华东钢铁建筑厂。次年1月,撤销市建三公司,人员分流到各公司。

1964年1月,原市建一公司改组为市建一公司、市建二公司,原市建二公司改组为市建三公司、市建四公司、市建五公司,原建五公司改组为市建六公司、市建七公司,市建一公司、市建二公司、市建五公司部分单位和人员组成市建八公司,原各建筑公司所属混凝土加工厂、预应力构件厂合并组建成上海市混凝土制品公司(简称混凝土公司),由华东钢铁建筑厂钢窗车间组建的上海钢窗厂、原市建一公司和市建二公司的木材加工厂和相关的机修厂、铁工厂合并成立上海市门窗加工公司(简称门窗公司),材料工业公司划分为上海市第一建筑材料工业公司(简称建材一公司)、上海市第二建筑材料工业公司(简称建材二公司),材料公司改为建工局供销处(简称供销处)。

1966—1976年,局属单位的变化主要有:1966年10月,华东钢铁建筑厂改名为华东建筑机械厂。1970年10月,原属建工部的部分单位划归建工局,主要有:建工部第一基础工程公司,后改名为上海市基础工程公司;建工部华东工业建筑设计院,后改名为上海工业建筑设计院;建工部综合勘察院华东分院,后改名为上海勘察院;原由建工局代管的建工部上海安装机械技术学校,后改名为上海建筑安装机械制造厂。1975年5月,上海工业建筑设计院、上海勘察院划归上海市设计党委领导;1978年,上海建筑安装机械制造厂改名为上海汽车起重机厂,1981年划归市轻工业局并入上海市自行车三厂。

1978年,建科所划归市建设委员会领导(今上海建筑科学研究院有限责任公司)。1978年4月,建材一公司、建材二公司、上海水泥厂、胜利水泥厂等建筑材料生产企业划归新成立的上海市建材工业管理局。1979年1月,市建六公司和混凝土四厂划归新成立的上海市住宅建设总公司。1977年12月,混凝土公司和门窗公司合并为上海市建筑构配件公司;1986年12月,该公司作为行政性公司撤销,公司所属基层单位直属建工局领导,由新成立的局工业处和基层工作处管理。1978年,凿井公司并入机施公司。1979年1月,建立新的上海市建筑施工技术研究所(简称施工所)。1985年,供销处改名为上海市建筑工程材料公司。1979年4月,局技校改为上海市建筑工程学校(简称建工学校)。1980年,成立上海市建筑工程学校分校,1984年,该校改名为上海市建筑管理学校,1991年并入建工学校。1980年12月,上海市建工局党校成立。1985年1月,成立上海市建工局职工大学。

80年代中期,为适应改革开放的形势,建工局采取独资或合作方式成立了一批新企业。1985年6月,上海市振新建设公司(简称振新公司)成立,以房地产开发业务为主;1987年7月,上海市建筑装饰工程公司(简称装饰公司)成立;1988年2月,上海市工程建设技术咨询公司成立,1998年改制为上海市工程建设咨询监理有限公司(简称咨询监理公司)。1979年,局援外处改名为对外工程处,同时成立上海市国际建筑工程公司(简称国际公司),实行一套机构、两块牌

图 1-1-1　1954年建工局主要管理机构及所属单位

子的管理形式;1980年10月,经国家建工总局批准,该公司即为中国建筑工程公司上海分公司,1992年4月,改名为上海中建工程公司。1987年6月,由局内建筑企业、专业施工企业共同投资组建上海国际建设总承包公司(简称国际承包公司),主要承接国内的外资或中外合资投资的工程。另外,由局属企业与外商成立合资或合作企业。1984年9月,成立沪港合资申港建筑工程有限公司;1985年1月,成立沪港合资瑞安建筑有限公司;1987年5月,成立中日合资的新晃空调设备有限公司等企业。

图1-1-2　1958年建工局、华东工程局合并初期的主要管理机构及所属单位

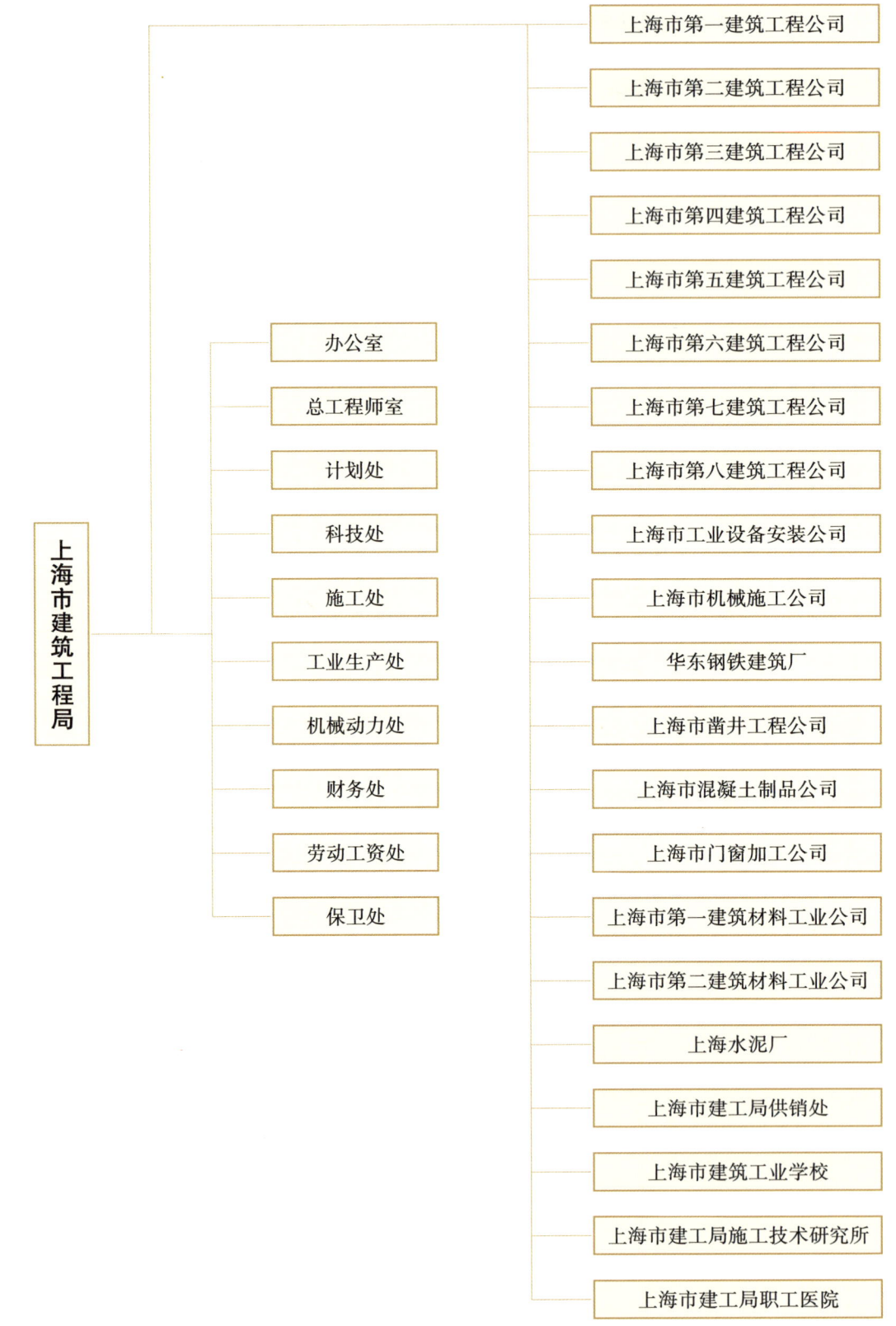

图 1-1-3　1964 年建工局主要管理机构及所属单位

```
                          ┌─ 上海市第一建筑工程公司
                          ├─ 上海市第二建筑工程公司
                          ├─ 上海市第三建筑工程公司
                          ├─ 上海市第四建筑工程公司
                          ├─ 上海市第五建筑工程公司
                          ├─ 上海市第六建筑工程公司
                          ├─ 上海市第七建筑工程公司
                          ├─ 上海市第八建筑工程公司
                          ├─ 上海市工业设备安装公司
                          ├─ 上海市机械施工公司
                          ├─ 华东建筑机械厂
  上海市建筑工程局 ────────┼─ 上海市凿井工程公司
                          ├─ 上海市混凝土制品公司
                          ├─ 上海市门窗加工公司
                          ├─ 上海市第一建筑材料工业公司
                          ├─ 上海市第二建筑材料工业公司
                          ├─ 上海水泥厂
                          ├─ 上海市建工局供销处
                          ├─ 上海市建工局半工半读技术学校
                          ├─ 上海市建筑工程局干部学校
                          ├─ 上海市建筑科学研究所
                          ├─ 上海市建工局职工医院
                          ├─ 上海市基础工程公司
                          ├─ 上海工业建筑设计院
                          ├─ 上海勘察院
                          └─ 上海建筑安装机械制造厂
```

图 1-1-4　1970 年建工局所属主要单位

图 1-1-5　1987 年建工局主要管理机构及所属单位

第三节　私营营造业改造

据上海工务局1950年统计,上海具有资质的营造厂有2 000多家,从业人员总数3万多人。1950年6月,集资成立的上海营造联营股份有限公司,下设8个工程队,每个队由十几个营造厂组成。由于内部管理不当等原因,该公司运转半年不到即停业。其间,一部分营造厂先后被吸收进国营华东行政区属企业、第一机械工业部等系统的企业。华东工程局主要承担协调劳资关系、分配施工任务等工作,负责对少数营造厂实行公私合营的改造。1953年后,对营造厂管理、改造和全行业的公私合营任务逐步从华东工程局移交到建工局。

1953年4月,建工局接手管理全市营造业任务后,按照市委的要求派出工作队到营造厂集中开展民主改革教育运动(简称"民改")。教育内容主要是消除封建势力"把头"和"包工制"的影响,确立工人阶级主人翁地位,建立新型的管理制度;调整厂主、工人、技术人员之间的关系;改革旧的工资制度等。建工局成立私营营造业管理处,摸清私营营造业的底数,按照上海市的统一安排,做好私营营造业公私合营的准备工作。经调查,全市有营造厂1 043户,水电、竹篱、砖瓦、石料、沟路等专业厂1 043户,共2 086户,从业人员9 741人。1955年,全市工商业界掀起公私合营的热潮,建工局重点做了五件事:一是成立有工会、行业协会以及资方、技术员、工人参加的工作委员会,开展政策学习、制订工作规划、清产定股、确定工资福利方案等工作;二是在营造厂中培训干部和骨干;三是组织劳资双方学习文件,领会基本精神;四是对所有的营造厂进行调查研究,掌握生产、财务、人员情况;五是起草合营具体方案。1956年1月12日,建工局在天蟾舞台召开大会进行动员部署,会议代表向全市发出倡议,响应国家号召,积极加入公私合营行列。1月20日,上海市人民委员会举行上海市资本主义工商业全部公私合营大会。会上,营造业与其他私营工商业联合向大会递交公私合营的申请书。

1956年,建工局对营造厂进行改造重组,成立公私合营的企业,其中有上海市第一营造工程公司,1959年3月,该公司部分组成市建六公司、部分划归市建五公司;上海市第二营造工程公司,后划归上海市房地局,改为市房屋修建公司;上海市卫生工程公司、上海市油漆工程公司、上海市竹建工程公司、上海市沟路瓦筒工程联合工程公司、联合工厂等后均划入市及区房修系统;原有的公私合营上海市凿井工程公司,1978年与机施公司合并;1953年,公私合营华东钢铁建筑厂,1966年10月改名为华东建筑机械厂。1966年,上述公私合营的企业全部转为国营企业。

表1-1-1　1953—1988年上海市建筑工程局领导成员情况表

职　务	姓　名	任　职　时　间
临时分党委书记	罗白桦	1953年1月—1953年6月
党委书记	罗白桦	1953年6月—1956年4月
党组书记	杨兆熊	1956年8月—1957年3月
党委书记	范达夫	1957年3月—1958年2月
主持党委工作	冯国柱	1958年2月—1958年3月
党委书记	张文韬	1958年3月—1962年11月
	孙良浩	1962年12月—1966年 1980年1月—1983年10月

〔续表一〕

职　　务	姓　　名	任　职　时　间
党的核心小组组长	朱万国	1970年8月—1970年12月
党委书记	朱万国	1970年12月—1973年10月
	曹汝清	1973年10月—1977年4月
	王国良	1977年4月—1978年3月
	陈去非	1978年4月—1980年1月
	王世雄	1983年10月—1988年3月
局　　长	罗白桦	1953年6月—1956年6月
	杨兆熊	1956年5月—1958年2月 1958年5月—1961年4月
主持局行政工作	张文韬	1958年2月—1958年5月
局　　长	陈去非	1961年4月—1966年 1978年4月—1980年1月
革委会召集人	张国田	1968年7月—1970年6月
	董桂莲	1968年7月—1970年6月
	周鸣翔	1968年7月—1970年6月
革委会主任	朱万国	1970年6月—1973年10月
	曹汝清	1973年10月—1977年4月
	王国良	1977年4月—1978年3月
局　　长	王国良	1978年3月—1978年4月 1980年1月—1983年10月
	王永良	1983年10月—1986年7月
	石礼文	1986年7月—1988年3月
临时分党委副书记	施东昌	1953年1月—1953年6月
党委副书记	施东昌	1953年6月—1955年
	罗代周	1953年6月—1956年
党组副书记	李　雷	1956年8月—1957年年初
党委副书记	刘子荣	1957年3月—1960年8月
	孙良浩	1958年3月—1962年12月
	黄明亮	1960年7月—1966年
	李　雷	1964年2月—1966年 1978年3月—1983年7月
党的核心小组副组长	杨序昭	1970年8月—1970年12月
	张国田	1970年8月—1970年12月

〔续表二〕

职　务	姓　名	任　职　时　间
党委副书记	杨序昭	1970年12月—1973年10月
	张秀清（女）	1973年10月—1977年4月
	陈去非	1973年10月—1977年4月
	仇长根	1975年2月—1976年
	董桂莲	1975年2月—1977年4月
	孙良浩	1976年6月—1977年4月
	王元浩	1977年4月—1982年4月
	李学存	1979年5月—1983年10月
	王国良	1980年1月—1983年10月
	王永良	1983年10月—1986年7月
	张凤亭	1983年10月—1984年10月
	王文忠	1985年10月—1988年10月
党委书记助理	王世雄	1981年12月—1983年10月
	王文忠	1984年8月—1985年10月
副局长	杨兆熊	1953年6月—1956年4月
	罗代周	1953年11月—1956年5月
	李　雷	1956年5月—1960年8月 1962年8月—1964年2月
	范达夫	1957年2月—1963年1月
	郝　光	1958年3月—1966年
	陈去非	1958年3月—1961年4月
	任锡中	1962年8月—1964年
	朱合喜	1964年2月—1966年 1978年3月—1983年10月
	刘云青	1964年2月—1966年
	王国良	1964年2月—1966年
	朱俊欣	1966年3月—1966年
革委会副主任	杨序昭	1970年6月—1973年10月
	张国田	1970年6月—1977年
	曹汝清	1970年6月—1973年
	余　琳	1970年6月—1977年
	董桂莲	1970年6月—1976年
	陈去非	1972年8月—1977年

〔续表三〕

职　务	姓　名	任　职　时　间
革委会副主任	张秀清（女）	1973年10月—1977年4月
	郝　光	1973年10月—1977年4月
	孙良浩	1976年6月—1977年4月
	王元浩	1977年4月—1978年3月
	王英臣	1977年4月—1978年3月
	苏学礼	1977年4月—1978年3月
	李　雷	1977年8月—1978年3月
	朱合喜	1977年8月—1978年3月
副局长	王元浩	1978年3月—1982年4月
	吴祥明	1978年2月—1983年9月
	严　琦	1978年3月—1983年4月
	蔡振耀	1978年3月—1981年3月
	阮　正（女）	1978年3月—1983年10月
	叶政青	1978年4月—1983年10月
	黄文斌	1978年4月—1983年2月
	陈志余	1982年2月—1987年10月
	石礼文	1983年10月—1986年7月
	朱桂棠	1983年10月—1988年3月
	杨小林	1983年10月—1985年9月
	吴文达	1985年6月—1988年3月
	黄文忠	1986年5月—1988年3月
局长助理	朱桂棠	1981年1月—1983年10月
	吴文达	1984年8月—1985年6月
	黄文忠	1984年8月—1986年5月

资料来源：《上海市建筑工程局党史大事记》，中共上海市委、市政府任职文件。

附：华东工程管理总局（1952—1958年）

1949年8月，华东军政委员会工业部在上海组建第一家国营建筑公司——华东建筑工程公司。公司组建初期人员主要来自两个方面：一是招收社会上有专长的工程技术人员和建筑设计人员，二是吸收规模较大的私营营造厂，如馥记营造公司、大陆工程公司、启明木业公司等，初期有职工700多人，后发展到1 200多人。公司注册资金47亿元人民币（旧制），办公地址在福州路107号，1953年迁至南京东路23号。公司业务范围主要是华东各省市的工业建筑，还兼有对华东军政委员会接管的建筑实行日常管理职能。公司主业包括建筑设计、施工、建筑材料生产和供应,下设机构有分地区设立的工程处及专业工厂。1950年年初,上海市人民政府工务局组建国营的上海市营建筑公司和上海市设计公司。1952年6月,为适应华东地区经济和国防建设的需要,中央决定以华东建筑工程公司、上海市营建筑公司、上海市设计公司及空军上海基地大建公司、中央贸易部基建处建筑公司等单位为基础成立华东军政委员会建筑工业部;10月改名为华东军政委员会建筑工程部。华东建筑工业部组建初期有职工5 800人,办公地址在南京东路23号。根据中央命令,当年接收中国人民解放军建筑第五师、第六师集体转业官兵2万多人,其中排以上干部1 310人。建筑第五师、第六师是1952年2月由解放军野战部队99师和104师改编而成的建筑工程师,整体转业到建筑业后,曾保留部队建制,不久进入地方编制,其中大部分人员成为华东地区国营建筑单位的领导骨干。华东工程部建立初期还分批吸收602家私营营造厂。下属机构除了2个建筑工程师之外,还有4个直属工程处以及水电安装公司、建筑设计公司、机具供应站。还设有7个较大规模的生产制作木材、砖瓦、石材、油毛毡等的工厂。部机关设有办公室、秘书处、人事处、计划处、财务处、材料供应处、保卫处、私营营造业管理处、劳动力调配所、工厂管理处、政治部等机构;设有建筑第五师、第六师联合司令部。

1953年3月,华东军政委员会建筑工程部改名为华东行政委员会建筑工程局。"部改局"后,机关变化不大,增设设计处和人民监察室。部队编制名称相应停用。所属施工队伍中,建筑工程师与4个工程处混编组建华东第一建筑工程公司(简称华东一公司)、华东第二建筑工程公司(简称华东二公司)、华东第三建筑工程公司(简称华东三公司)、华东第四建筑工程公司(简称华东四公司),组建华东建筑设计公司、机械供应站、材料试验所、联合工厂、防水浆厂、上海铁工厂等与施工配套的建筑设计和材料生产单位,组建上海建筑工程学校、苏州建筑工程学校等专业教育机构。

1954年9月,华东行政委员会建筑工程局更名为中央人民政府建筑工程部华东工程管理局;1955年又更名为中央人民政府建筑工程部华东工程管理总局(简称华东工程局)。改名后,总局机关新设企业管理处、卫生处等部门。局政治部撤销,设立党委办公室、宣传部、组织部。新设职工医院。1958年3月,华东工程管理总局与上海市建筑工程局合并。

华东工程局是50年代初上海及华东地区最大的国营建筑队伍,人员最多达到5.5万人。成立后,所属单位大部分陆续派往全国各地,转战南北,参与国家重点工程建设。1953年8月,华东二公司组建当年即被抽调到长春参加第一汽车制造厂建设,后期编入国家建工部直属公司和地方国营建筑公司。年底,局创始单位之一——华东建筑工程公司划入第一机械部基本建设局,1954年划入建筑工程部改为直属第五建筑公司,直接到洛阳参加拖拉机厂建设。1953年,局属华东建筑设计公司划归建工部设计总局,1970年划归建工局,改名为上海工业建筑设计院(今华东建筑设计院有限责任公司)。1954年,局机关和华东一公司、华东三公司2万多人抽调到西北、东北,工程结束后编入建工部或地方的国营企业。留在上海的华东工程局人员先是组成直属工程处,后经重新组建,成立新的华东一公司、华东二公司、华东三公司、华东四公司,其中华东三公司、华东四公司设在南京、无锡,于1956年年底撤销。1958年3月,华东工程局与上海市建工局合并。

华东工程局成立6年中,在上海单独或与上海市建工局合作承建了曹杨新村、闵行工业区、沪东造船厂、中华造船厂、上钢一厂、上钢五厂、中苏友好大厦(今上海展览中心)等工程。在全国各地,承建了长春第一汽车制造厂、洛阳第一拖拉机制造厂、山西榆次纺织机械厂、西安军工厂和发电厂等一大批国家重点工程。华东工程局还为新中国建设事业培养输送了一批技术和管理人才,华东工程局不少技术和管理干部成为国家建工部组建初期的第一批基本成员,许多公司管理人员成为各省市组建国营建筑公司时的领导骨干。

表1-1-2　1952—1958年华东建筑工业(工程)部、华东建筑工程局、华东工程管理总局领导成员情况表

单 位 职 务	姓　名	任 职 时 间
华东建筑工业(工程)部部长	李人俊	1952—1953年
副部长	贺敏学	1952—1953年
	杨建新	1952—1953年
华东建筑工程局局长	贺敏学	1953—1956年
党委书记、副局长	张文韬	1953—1955年
华东工程管理总局党委书记	贺敏学	1955—1956年
党委专职书记	冯国柱	1957年2月—1958年
党委专职副书记	李希之	1957—1958年
党委副书记	张文韬	1955—1957年
	王海明	1956—1958年
	孙良浩	1957—1958年
华东工程管理总局代理局长	张文韬	1955—1956年
华东工程管理总局局长	张文韬	1957—1958年
副局长	赵毓华	1953—1955年
	冯国柱	1957—1958年
	陈去非	1957—1958年

资料来源：《华东工程管理局党史大事记》。

第二章　上海市建筑工程管理局
（1988—1993年）

1988年3月，上海市人民政府决定上海市建筑工程局改为上海市建筑工程管理局（简称建管局），管理建筑行业和建筑市场；同时，继续管理局属企事业单位。为适应新的职能，建管局调整机构设置，承担市场准入、工程质量、安全、施工定额、企业评级等行业和市场管理工作，在制定法规制度、规范行业管理、优化市场主体等方面做了大量富有成效的工作。在局属企事业单位的管理上，建管局领导局属企业在扩大企业自主权、转变企业经营方式、企业体制改革等方面进行积极的探索。局机关增加经济管理和生产经营运行管理的部门，探索职能相近部门合署或联合办公的方式，推动局属企业生产经营活动快速、有序发展；成立房产开发、装饰、咨询等新兴业务的企业，开办合资或合作企业，拓展了局属企业的业务领域。在建筑安装企业实行管理层和劳务层的"两层分开"，使企业的管理体制更贴近市场，为建筑安装企业推进总承包管理和实现建工集团相关企业上市提供体制保证。

第一节　领 导 机 构

一、机构设立

80年代，建筑行业作为城市经济体制改革的突破口，国家采取一系列开放市场的举措。1984年5月，上海市建设委员会印发文件，全面推行建筑工程招投标，上海建筑市场向全国开放。到1986年年底，上海建筑市场有本地企业348个，职工30.5万人；中央各部和外省市进沪队伍26.8万人，总计达到近60万人。为适应上海建筑市场，市政府决定对全市建筑业管理体制进行改革，实施由计划管理为主向市场调控为主、由归口管理为主向行业管理为主的重大转变。

1988年3月，上海市人民政府转发上海市建委《关于上海市建筑业管理体制改革方案的请示》，决定将上海市建筑工程局改为上海市建筑工程管理局。文件明确其主要职责是：（1）根据国家发展建筑业的方针、政策、法规，结合本市实际情况，起草贯彻意见，并制定发展上海建筑业的具体方针、政策和有关规定，并监督执行。（2）根据国家和市政府制定的经济发展目标，组织制定上海建筑业发展的中长期规划。（3）审定建筑业的开业登记和营业等级，进行资质审定，发放施工许可证，管理建筑市场，监督工程质量和安全，制定和管理全市的定额、收费标准。（4）汇总、分析和发布建筑业的各种信息，会同综合部门协调处理有关的经济政策问题。（5）指导并协调建筑业联合会工作。（6）对国外和港澳地区施工企业进入本市承担工程建设任务进行管理。

二、管理部门

1988年上半年，经市编制委员会批准，建管局机关设立规划发展处、经济管理处、技术处、综合协调处、教育培训处、经济监察处、建筑企业管理处（由原外省市建筑企业管理处改名设立）；建设工程质量监督站(与建设工程质量监督站建工分站合并设立)、建筑施工安全监督站(与建设工程质量监督站一套班子)、建设工程定额管理站;办公室、政策法规研究室(与规划发展处一套班子)、建筑市场整顿办公室(与建筑企业管理处一套班子)。市建委还将建设工程定额管理、建设工程质量监督、外省市建筑企业管理、整顿建筑市场、建筑企业登记、合同管理、建筑施工安全监督和管理、构件生产许可证发放、测试机构资质等级审查、建筑企业承包经营管理、建筑施工队伍管理体制改革、建筑企业专业人员考核发证等工作正式移交建管局。党委工作部门设党委办公室、干部处、组织处、宣传处;纪委、工会、团委机构不变。

1991年9月,根据上海市政府办公厅《关于改进建筑行业管理问题的通知》精神,决定建管局集中力量管理建筑施工行业,建管局把建筑施工行业管理以外的职能和部门移交至市建委。1992年1月,建管局对机构作了相应调整。设立上海市建筑工程质量监督站、上海市建筑工程安全监督站、上海市建筑施工定额管理站;撤销综合协调处、经济管理处、规划发展处,内部处室调整为办公室、经营开发处、技术处、施工生产处、财务处、设备材料处、保卫处、劳动工资处、研究室、教育培训处、监察审计处。

建管局成立后,确定行业管理主要机构的基本职能。主要为:规划发展处负责编制上海建筑业中长期发展规划、改革方案的制订及对企业升级、统计、建筑业联合会等工作的业务指导;经济管理处负责劳动力分配、百元产值含量等动态管理,局属单位财务、企业经济核算等日常管理;综合协调处负责市重点工程施工、协调现场材料设备使用、局属企业机械设备管理;教育培训处负责制定行业人才培养规划,各类工种、职业资格的考核发证工作,局属企事业单位日常教学、培训工作管理;技术处负责指导行业及局属单位编制中长期科研发展规划、科研成果研究鉴定、各类技术标准的制定,建筑专利、环境保护、行业科技情报、技术管理、电脑开发利用等工作;建筑企业管理处负责审定企业开业登记、营业等级和资质,发放施工许可证;政策法规研究室负责根据国家及上海市的总体要求制定上海建筑业具体政策法规,并负责宣传、监督和课题调研;上海市建筑工程质量监督站负责实施并指导全市建筑工程质量管理;上海市建筑工程安全监督站负责实施并指导全市施工生产安全监督工作;上海市建筑施工定额管理站负责统一管理、制订工程造价定额。

1993年下半年,建管局对局机关职能相近的党委和行政部门实行合署或联合办公。实行合署办公的有施工生产处与设备材料处,办公室与研究室,党委办公室与宣传处,干部处与组织处、教育培训处、劳资工资处,纪委与监察审计处;人民武装部与保卫处实行联合办公;财务处、经营开发处、科技处仍单独办公。上海市建筑工程质量监督站和上海市建筑工程安全监督站合并为上海市建筑工程质量安全监督站。

第二节　局　属　单　位

1988年1月,以混凝土一厂为主体,联合混凝土五厂、混凝土七厂、构件研究所、构件中专学校组成的上海第一混凝土制品总厂成立;3月,以混凝土二厂为主体,联合混凝土三厂组成的上海第二混凝土制品总厂成立。上海混凝土六厂划归市建三公司,撤销混凝土八厂。局属主要单位有:上海市第一建筑工程公司、上海市第二建筑工程公司、上海市第三建筑工程公司(1992年改名上海市第三建筑发展总公司)、上海市第四建筑工程公司、上海市第五建筑工程公司、上海市第七建筑工程公司、上海市第八建筑工程公司、上海市工业设备安装公司、上海市机械施工公司、上海市基础工程公司、上海市建筑工程材料公司、华东建筑机械厂、上海第一混凝土制品总厂、上海第二混凝土制

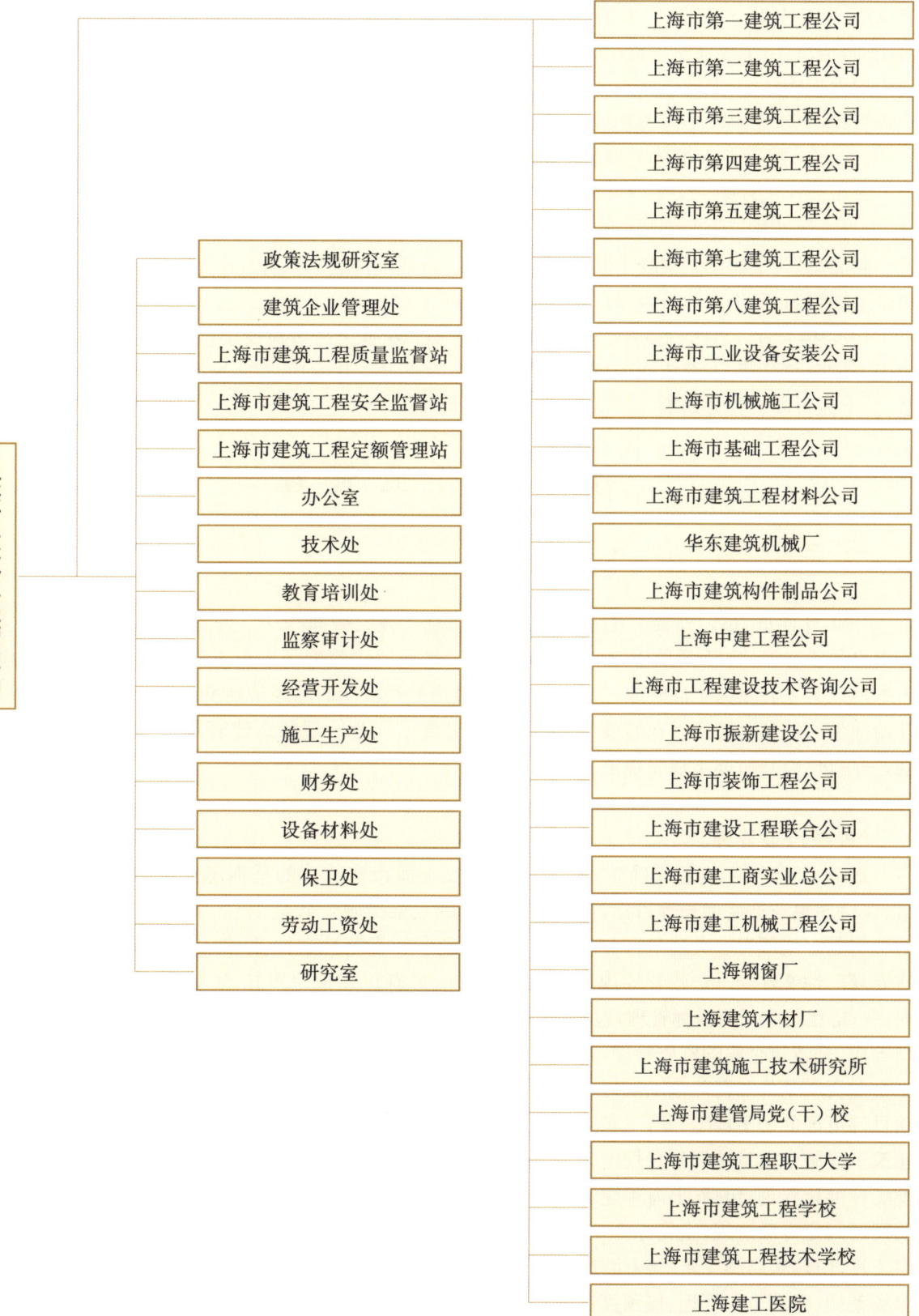

图1-2-1　1993年建管局主要管理机构及局属单位

品总厂、中建上海分公司、上海市工程建设技术咨询公司、上海市振新建设公司、上海市装饰工程公司、上海钢窗厂、上海建筑木材厂、上海金属结构厂、上海红光建筑五金厂、上海建工机械厂、上海建筑构配件运输队、上海建筑施工技术研究所、上海建工医院、上海市建筑工程职工大学、上海市建筑工程管理局党（干）校、上海市建筑工程学校、上海市建筑工程技术学校。

1988年5月，上海市建工局职工医院改名为上海建工医院；5月，上海市建工局职工大学改名为上海市建筑工程职工大学，1994年撤销。1990年7月，上海建工机械厂划归安装公司；1992年1月，上海金属结构厂划归安装公司，上海红光建筑五金厂划归市建一公司；12月，决定上海第一混凝土制品总厂、上海第二混凝土制品总厂、上海建筑构配件运输队合并组建上海市建筑构件制品公司。上海钢窗厂、上海建筑木材厂仍直属局领导。

1992年7月，以建管局各施工企业联营合作形式组成上海市建设工程联合公司。是年，上海市建工商实业总公司、上海市建工机械工程公司先后成立。其间成立的企业还有上海建工出租汽车公司、上海青联礼仪公司等。

第三节　行　业　管　理

一、市场管理

1988年年底，市内外集中在上海的施工队伍总人数突破60万人，外省市队伍约30万人，再创历史之最。1990年，上海的固定资产投资逼近千亿元。建筑市场出现了三大变化：一是市场主体由本地区为主转变为全面开放，二是行业形态由产品经济向商品经济转变，三是企业内涵由生产型开始向生产经营型转变。在转变过程中，市场出现不规范的现象。建管局成立之初，一手建章立制，一手进行整顿，逐步建立规范的市场秩序。

【规范行业管理】

1989年上半年，建管局确立"八五"时期发展上海市建筑业的基本思路，规划调控建筑市场容量、保持建筑业适度增长等目标，提出实现目标的政策措施。截至1990年年底，通过上下结合，先后参与制定或颁发有关建筑行业改革和管理的规章和规范性文件55件，其中市政府规章3件、市建委规范性文件35件、建管局规范性文件14件，另有正在拟定审核的3件。内容集中于四个方面：一是建筑施工招投标管理，包括《上海市建设施工招标投标管理暂行办法》及其具体实施的细则等；二是建筑企业的资质管理，包括《上海市在沪外地施工企业管理暂行规定》《上海市非等级施工企业资质条件和营业范围试行规定》《上海市城乡建筑个体户管理暂行规定》《关于实行一般工程项目许可证的若干规定》等；三是工程质量管理，包括《上海市优质工程奖评选和管理办法》《上海市建筑工程施工质量处罚暂行规定》《关于进一步保证住宅工程质量的若干规定》等；四是安全生产及现场标准化管理，包括《上海市建筑施工安全监督暂行规定》《关于施工现场环境卫生管理办法》等。期间还制定专项法规《上海市土方工程的经营管理规定》《上海市商品混凝土管理办法》等。1991年2月，由建管局颁发新版《上海市在沪外地施工企业管理办法》。1990年年底统计，全市行使建筑市场整顿、建筑企业管理、概预算定额管理、建设工程质量监督和建筑施工安全监督职能的行政执法机构有113个，执法人员900余人。

【优化市场主体】

1989—1990年,建管局全面开展企业资质复查,对435家外地进沪施工企业重新进行注册登记,换发在沪施工许可证,规定资质3级及其以下企业不得在沪独立承包工程,对不具备经营资格的76家企业进行清退。同时受委托对20家境外来沪施工企业进行了资质审理,并加强对招用劳务的管理。对全市1 100多家施工企业按建设部1989年5月发布的《施工企业资质等级标准》进行资质复查重新核定,有476家获得国家新版《资质等级证书》,其中一级企业38家、二级企业82家、三级企业218家、四级企业138家。依靠区、县管理部门给郊县未达到国家等级标准的642家企业颁发《非等级企业证书》和《专业资格证书》。对280多家生产多孔板、屋面板的混凝土构件厂分批核发"两板"生产许可证。1991年2月复查基本结束,转为定期年检,由市建委与建管局共同组织。通过一系列管理措施,到1992年,上海建筑市场的队伍总量得到合理控制,年内新增外地施工企业108家、2.9万人,劳务企业70家、1.3万人,外地在沪注册企业达到720家,共32.3万人;上海市施工企业新增644家,总数达到1 840家,共54万人;全市共有施工队伍86万人,与整体施工任务基本相当。1989年3月1日起,全市实行项目工程施工许可证制度,规定各类施工企业均由建筑主管部门按企业资质和职工人数核定最高任务限量。

1988年7月,上海市建设委员会印发《上海市建筑施工企业升级评审办法(试行)》条例,对企业进行综合考评,评选先进企业。评到的企业每年审核一次,不搞终身制。企业申报初次考核由建管局组织。8月15—18日,建管局主持了首次考评,市建三公司升级指标和管理工作全面达标,同意通过市级先进企业考评,并报上级审批。1989年年底,参评的企业中有10家达到市级先进企业,6家达到国家二级企业,总数名列全国各省、直辖市之首。1991年下半年,企业评级工作由市建委和市建筑业联合会组织进行。

【整顿建筑市场】

建管局所设的建筑企业管理处兼有整顿建筑市场办公室职能。首先是根据建筑市场需求,对施工队伍进行总量调控。实施"三证一册"(工程项目施工许可证、进沪施工许可证、劳务证、企业经营手册)制度,核定企业施工限量;核查企业资质,优化调控队伍结构,清退了不合格企业。其次,加大违法行为的查处力度。整顿办联合工商、税务、物价、质监等有关部门,根据市政府和建筑业主管部门的有关规定制度,采取举报核查、企业普查、重点抽查等形式,进行执法查处。1990年年底统计,全市共查处建筑市场的各类案件9 803起,为国家追回经济损失6 520.9万元。配合司法机关查处行贿受贿案855起,案值723.6万元。对一批有违章违法行为的企业在进行经济处罚的同时,还给予了吊扣、吊销施工许可证和清退队伍等处理。在整顿建筑市场的同时,各主管机关注重完善规章制度,相继制定和发布了建筑个体户、土方工程施工、价款结算等方面的管理规定,使市场行为逐步有章可循。再次,合理引导,建立市场调控体系。1992年,市建委与建管局共同研究,以市建委名义印发《关于进一步开放上海建筑市场的实施意见》,将原来治理整顿期间对施工队伍的"三限制"调整为"三开放":一是取消原来严格限制新增在沪施工队伍的规定,依据建设规模和建设项目的进展情况,逐年从外省市引进施工力量,满足上海市城市建设大规模推进的需要;二是取消原来对施工队伍实施任务限量的规定,让具有一二级施工资质、质量和信誉的施工企业在沪承接建筑施工任务;三是取消原来对外地进沪施工企业原则上只能从事主业,不能从事兼营业务的规定,让所有外地进沪施工企业在从事主业的同时,开展其他力所能及的兼营活动。

【做好政策协调】

建管局做的主要工作有：组织定额站、建设银行、设计院等机构根据市场行情修编预算定额，与市有关部门和协会共同对建筑材料差价作调整，努力解决价格与价值严重背离的矛盾，企业得到一定的补偿。适当调整"百元产值工资含量"提取系数，确保企业职工基本收入。对区、县建筑企业适当采取倾斜政策，承接本地工程有优先权，被称为"温饱工程"。通过市建筑业联合会及其下属分会、学会团体，多次召开市、区、县企业家和专家座谈会，对企业共同关心的招投标、劳动力资源、经济滑坡等问题进行了专题调查研究，并向有关部门提出改进建议。

二、安全、质量管理

【组建工作网络】

在建管局1988—1991年制定的50多项规章制度中，与安全质量有直接关系的占到1/5，内容涉及建筑施工行业管理基本规定、建筑工程质量监督程序、建筑施工安全监督程序、建筑工程施工质量处罚规定、建筑安装工程质量评定指南、住宅工程质量、工地现场标准化等。全市基本形成覆盖行政区域和各个建筑专业的监督网络。质监系统建立了一个市站和36个区、县、专业分站，有专职质监人员509人；至1993年年底，全市的质量监督人员突破千人，其中具有中高级技术职称的有500多人。全市建筑工程质监覆盖率1986年为45％，1990年达到95％，5年中受监工程总计为7.6万个，建筑面积1.3亿平方米。安监系统建立一个市站和19个分站，有专职人员112人。安监覆盖率，1986年为40％，1990年为72％，3年中受监工程总计为8000多个，建筑面积3000多万平方米。

【安全生产监督】

针对大量外地施工企业进入上海施工，而安全意识和安全管理薄弱的情况，建管局要求各级安全监督机构抓好专兼职安全员的培训考核，1990年培训人员达1 400余人次。一是采取预防为主、事前控制为主的措施。新开工程均需由安监机构派员对施工单位的安全生产制度、安全技术措施、防护设施等进行审查，通过后才可施工。二是坚持严格统一操作规范。行业安全监督机构根据施工企业安全生产的特点，逐步建立全行业适用的施工操作、防护设施、机具架设、施工用电、场容场貌、识别标志、验收评分等一系列标准，使行业安全工作纳入规范化轨道。三是加强指导帮助。安全监督机构充分发挥"内行管内行"的优势，在监督中不仅找问题，还要帮助被监督单位搞好安全生产开展安全培训。建管局所属企业还率先开展以安全生产为突破口的现场标准化管理活动，通过施工现场各类设施、要素实行统一的布局，通过推广工地围挡封闭施工、钻孔灌注桩硬地坪施工、夜间控制噪声减少扰民等措施，不断提高管理工作标准，达到安全生产、文明施工、提高现场管理水平的目的。这项活动自1986年开始，逐步发展，由点到面，由建工系统扩展到全市建筑行业，由土建安装企业扩展到构配件生产等后方加工企业。1989年，全市建筑施工行业的安全事故死亡人数比1988年下降了15.5％，1990年又比1989年下降了10.6％，重大伤亡事故从1985年的6.69‰下降到1990年的1.78‰。

【工程质量监督】

从1989年起，建管局加强工程质量巡查制度，每年专门组织队伍，不定期地对结构、安装、装饰等各施工环节进行突击巡回抽查。每年组织对100幢住宅质量大检查等，根据检查结果召开全市性住宅质量现场会,严肃处理住宅质量低劣施工单位,1990年处理了40家企业。为解决住宅工程渗、漏、裂、堵及门窗安装质量差等问题,建管局有关部门制订印发保证工程质量的12条具体规定,提出室内外排水管道通畅和屋面水箱、卫生器具盛水等住宅竣工检验的措施要求,并公诸报纸。在面上的各类工程质量监督工作中,建管局将管理的重心从完工后的检查转到事先控制、过程控制上来。严格执行"三不准",即基础质量检验不合格不准进行上部结构施工,主体结构质量检验不合格不准进行装饰施工,竣工检验不合格不准交工。1990年共发出整改通告单1 700多份。对少数施工难度大的重点工程和高层建筑,还做到了分部、分层、分段多次到位,抓施工方案优化、落实质量保证体系,确保对项目的全过程和全专业监控。全市"三不准"率稳步上升,1990年达到96%,比1988年提高了50%。1991—1995年,全市各质量监督分站核验工程质量等级与上级总站符合率以每年10%的比率增长,最终达到建设部80%的要求。对发生的重大质量事故,各级质监机构都逐件查实,并根据情况分别作出推倒重建、限期整改、降低资质等级、吊销施工许可证等处罚。

建管局成立之前,工程质量评比竞赛主要是在全国几个大城市之间开展的创全优工程竞赛,评比竞赛工作是以主管条线进行,而且以竣工后的工程为主。1988年7月,建管局在全市首次开展以上海地区工程施工过程为主的"优质结构"评比。1990年5月,建管局在全市首次开展上海市建筑工程最高荣誉奖"白玉兰杯"奖的评比,1 000多个工程申报,10个工程获奖。1990年开展创建优质住宅小区竞赛活动,有近60万平方米建筑面积的5个住宅小区参加竞赛活动。到90年代中期,各项工程评比竞赛活动移交至有关行业协会。

表1-2-1　1988—1993年上海市建筑工程管理局领导成员情况表

职　　务	姓　　名	任　职　时　间
党委书记	王世雄	1988年3月—1993年4月
党委副书记	蒋志权(主持工作)	1993年3月—1993年12月
	王文忠	1988年3月—1988年10月
	石礼文	1991年11月—1993年12月
	范忠伟	1993年3月—1993年12月
党委书记助理	范忠伟	1990年11月—1993年3月
纪委书记	何卫国	1988年3月—1993年2月
	常学斌	1993年2月—1993年12月
局　　长	石礼文	1988年3月—1993年12月
副局长	朱桂棠	1988年3月—1993年2月
	吴文达	1988年3月—1993年12月
	黄文忠	1988年3月—1993年12月
	姚建平	1991年11月—1993年11月
	孙剑东	1993年2月—1993年12月
总工程师	叶可明	1992年9月—1993年12月

资料来源:中共上海市委、市政府任职文件。

第三章　上海建工(集团)总公司

1992年,党的十四大确定经济体制改革的目标是建立社会主义市场经济体制,明确国有企业改革的方向。1993年11月,中共上海市委、市政府决定撤销建管局建制,组建上海建工(集团)总公司(简称建工集团或集团总公司)。之后,建工集团在国有资产授权管理、建立现代企业制度等方面做了大量的探索和实践,理顺母子公司关系、建立法人治理结构、对企业进行公司制改造;根据上海国资国企改革的总体部署,吸收多个企业并入建工集团;对集团内企业进行整合,减少企业层级,优化企业结构;在不同类型企业探索多种所有制形式的实现方式,推动资产证券化进程,为实现集团整体上市创造有利条件。

第一节　集　团　机　构

一、集团设立

1992年,建管局按照党的十四大关于"鼓励有条件的企业联合、兼并,合理组建企业集团"的精神,通过多种形式进行理论研讨。1993年年初,建管局组成考察组到武汉、北京、天津等地,学习考察组建企业集团的做法和设想。9月,建管局将《关于组建上海建工集团和上海建工(集团)总公司的方案和公司章程草案》上报上海市建设委员会。11月4日,中共上海市委员会、上海市人民政府批复市建设工作党委、市建委,同意撤销建管局建制,组建上海建工(集团)总公司,并建立党委,归口市建设工作党委;业务工作归口市建委。同时明确建管局建制撤销后,在市建委内设立建筑业管理办公室,承担原建管局的行政管理和行业管理职能。上海建工(集团)总公司为企业性的经济实体,不定行政级别,可参照局级单位发给文件和参加有关会议。12月20日,上海市经济体制改革委员会、上海市建设委员会批复,明确上海建工(集团)总公司是全民所有制的控股公司,实行董事会领导下的总经理负责制。以上海建工(集团)总公司为核心层,由市建一公司等20个企事业单位为紧密层,由其控股和参股的企业为半紧密层和松散层,共同组建上海建工集团。上海建工(集团)总公司经营范围为建设工程总承包、房地产开发经营,建筑科研设计、施工咨询、监理、设备安装、建筑机械制造、境外工程承包和劳务、商贸、服务等各类实业的投资和经营,授权范围的国有资产的处置等。

1994年1月11日,在上海展览中心举行上海建工集团成立暨上海建工(集团)总公司开业庆典。

根据集团成立时制定的章程,明确集团名称为上海建工集团。核心企业名称:上海建工集团总公司(简称集团总公司),英文名称:SHANGHAI CONSTRUCTION GROUP CORPORATION(缩写:SCGC);成立时办公所在地:上海市江西中路406号。章程明确集团的组建宗旨是:为适应社会主义市场经济体制的总体要求,进一步发挥和发展原建筑工程管理局系统的产业整体优势,理顺产权关系,转换经营机制,调整产业结构,在加快上海城市建设、完成国家和上海市重大工程建设中起骨干作用,形成跨行业、跨地区、跨国经营的大型建设集团。集团是以国有企事业单位为主体的法人经济联合体,以国有资产管理的授权委托为基础,建立集团以资产为纽带的组织联系。经营资质为建设总承包、建筑施工一级、设备安装一级、建筑装饰一级、机械施工一级、土木工程施工一级、建设监理甲级、建筑设计乙级、房产开发一级。还具有国外工程建设、教育培训、医疗保健、商业贸易等综合功能。

1994年1月起,建工集团将原建管局行使的行业管理职能、机构、编制、人员、资产、经费等全部清理移交给市建设委员会。

二、管理部门

1994年1月,建工集团明确集团总公司总部的机构设置。业务管理部门有办公室、国有资产管理处、财务处、施工生产处、科技处、监察审计处、人事教育处、保卫处。党委工作部门有党委办公室、组织处、宣传处、人民武装部,纪律检查委员会、工会、团委单设。之后业务管理部门有所调整。1995年8月设立发展研究室、质量安全处、教培中心。1997年1月,财务处改名为资产财务处,国有资产管理处改名为投资管理处。1997年8月设国内市场部。集团总公司总部党政部门实行相近职能合署或联合办公。实行合署办公的有党委办公室和宣传处、组织处和人事教育处、纪委办公室和监察审计处;人民武装部与保卫处实行联合办公。

2000年9月,集团总公司总部管理机构作了一次较大的调整。业务管理部门有生产经营部(含质量安全处)、投资发展部(含证券部)、资产财务部、人力资源部(含教培中心)、审计监察室、办公室、保卫处;党委部门有党委办公室、组织处、宣传处、直属党委以及纪委、人民武装部、工会、团委。继续实行相近职能合署或联合办公的方式。合署办公的部门有党委办公室和宣传处、纪委办公室和审计监察室、组织处和人力资源部;联合办公的机构有人民武装部和保卫处。2001年10月设立外事处(与组织处和人力资源部合署办公);2004年7月设立总工程师办公室;2006年8月设立教育卫生中心;2007年8月设立对外经济工作管理处;2010年6月设立战略研究室(与党委办公室、办公室合署办公)。部分部室机构内设专业处长岗位;部分党政部门负责人实行兼职或双向兼职。2000年9月,集团总部由江西中路406号迁至浦东福山路33号;2010年9月,又迁至东大名路666号。

三、事业部、分支机构

集团总公司设立事业部,负责集团总公司的生产经营业务。1994年1月,设立房产开发部(以上海市振新建设公司为班底)、海外事业部(以上海中建工程公司为班底)、总承包部(以上海市建设工程联合公司为班底)、实业部(以上海市建工商实业总公司为班底)、设备物资部(以上海市建工机械工程公司为班底)、咨询监理部(以上海市工程建设技术咨询公司为班底)。1994年年底,咨询监理部建制撤销。1996年2月,设备物资部和实业部合并,沿用实业部名称。1998年年底,以房产开发部为基础,归并集团所属公司设立的11家房产企业,成立上海建工房产有限公司。2003年,实业部撤销。2000年1月,集团成立技术中心,列入事业部管理。

1997年6月,根据集团优势产业扩张、生产规模发展和外省市一些中心城市对建筑施工队伍的需求,上海市建设委员会批准同意建工集团在北京、天津、广州、重庆、郑州等地设立营业机构;同意采取独资、合资和"买壳"等形式,设立营业机构。90年代,建工集团国内分支机构有厦门分公司、珠海分公司、青岛分公司、武汉分公司、重庆分公司等。境外有香港分公司、洛杉矶分公司、新加坡分公司等。2000年后,建工集团先后成立一批国内外分支机构或营业机构,国内有北京分公司、南京分公司、南宁分公司、广州分公司、温州分公司、苏州分公司、昆明分公司等。在海外有上海建工集团(科摩罗)分公司、上海建工集团(苏丹)有限公司、SCG关岛工程咨询公司、上海建工(美国)有限公司、俄罗斯上海建工北方有限责任公司、俄罗斯上海建工西北有限公司等。各子公司在境内外也设有分公司。

图1-3-1 1994年上海建工(集团)总公司总部主要职能部门及事业部

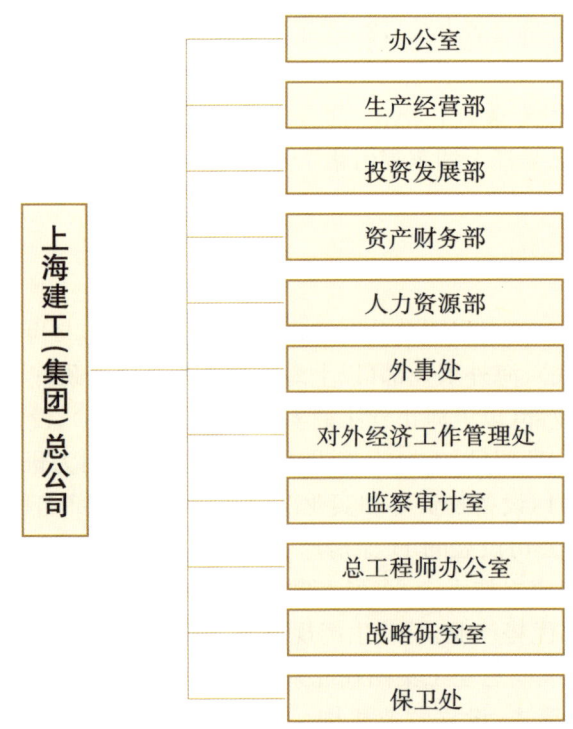

图1-3-2 2010年上海建工(集团)总公司主要职能部门

第二节　国有资产授权管理

　　1993年10月,市编制委员会、市建设委员会联合召开会议,专题研究建管局的体制改革问题。建管局在会上建议政府有关部门在改制后将集团范围内的国有资产授权给集团总公司管理。是年12月,建管局根据有关机构改革方案,向上海市国有资产管理委员会提交请示,申请把上海建工(集团)总公司纳入市国有资产授权经营管理试点。1994年8月,上海市国有资产管理委员会批准该报告,授权上海建工(集团)总公司对集团内国有资产统一管理经营。批准文件明确上海市国有资产管理委员会作为授权方,行使国有资产所有权代表职能,负责国有资产的监管。在权责关系上,建工集团要向上海市国有资产管理委员会承担国有资产保值增值及安全的责任,订立以资产增值目标为主要内容的资产经营责任状,并接受上海市国有资产管理委员会对履约责任和资产管理情况的考核和监督。对资产收益,上海市国有资产管理委员会明确暂留集团使用,但保留最终调度权。要求建工集团按照现代企业制度的要求,以资产为纽带,与各成员企业通过建立包括全资公司、控股公司和参股公司等形式的母子公司关系,在集团内形成多元化、多层次结构。集团要依据产权关系,通过董事会决定或按股份额的多少,不同程度地参与决定子公司和参股公司的投资决策、战略规划、人事任免、收益分配、审计监督等重大事项,合理界定集团与各子公司之间的集权与分权关系。逐步对各子公司进行公司化改造,负责国有资产的保值增值。上海市国有资产管理委员会还要求集团根据"以生产经营推动资产经营"的职能,按照"精干、高效"的原则,在集团内部设置相应的职能机构,配备相应的工作人员。从1994年起,上海市国有资产管理办公室每年向集团下达《上海市国有资产授权经营公司国有资产保值增值责任书》,责任目标为国有资产保值增值基数、国有资产保值增值率、国有资产保值增值额等3项指标。次年,集团总公司向上海市国有资产管理办公室上报上一年集团国有资产经营情况年度报告。

　　为落实国有资产授权管理的各项职责,保证国有资产的保值增值,1994年12月,集团总公司制定《国有资产管理经营若干规定》(简称《50条》)。《50条》依据国务院《国有企业财产监管条例》和上海市国有资产管理委员会批复精神,对产权经营管理形式、基本权责关系、投资决策、产权变动、人事管理、资产收益分配、资产管理等作出规定。《50条》明确建工集团对集团直接占用的国有资产实行生产经营和资产经营一体化。在母子公司关系的权责界定上,《50条》规定,集团总公司对授权经营管理范围内的国有资产合并统一进行产权登记;集团总公司(母公司)依据产权关系,通过董事会决定或按持股份额参与决定子公司的投资决策、发展规划、收益分配,审计监督,实行统一领导决策,分层经营管理;集团总公司对全资和控股子公司实行管人与管国有资产相结合,子公司主要经营者由集团总公司董事会决定任免,并实行资产经营责任制;集团总公司对授权范围内的国有资产保值增值负责,对重大的决策负责,同时又充分发挥子公司的生产经营积极性。集团总公司承接和实施建设工程总承包;享有按规定的重大投资决策权;行使国有资产重大处置权;统一行使对外经营权;全资子公司引进外资,进行中外合资、合作,由集团总公司董事会决策。全资子公司是自主经营、自负盈亏、自我发展和自我约束的法人实体,是一个相对独立、拥有相对权限的发展体系,在完成国家重点计划的前提下,自主开展经营及发展多种经营。享有限额以下的投资权,企业经营者副职和中层管理人员的提名、任免和奖惩权,一般资产的处置权,内部机构设置权,有权决定内部用工形式和分配方式等。

　　国有资产授权管理后,上海建工(集团)总公司作为资产母公司,依据产权关系,形成全资企业、控股企业、参股企业为构架的企业集团。

1994年8月,建设部印发《关于确定35家建筑企业作为现代企业制度试点企业的通知》,建工集团列入其中。12月,全国建筑业建立现代企业制度试点工作会议在上海召开,建工集团领导作了题为"以国有资产授权经营管理为契机,加快建立现代企业制度试点进程"的发言。1997年5月,建工集团被正式列入全国120家大型企业集团试点范围。是年10月,集团被列入建设部首批83家大型建筑企业重点支持企业。建设部赋予这些企业一级工程总承包资质,鼓励拓展经营范围。

2003年,上海市国有资产监督管理委员会(简称市国资委)成立。2004年1月,建工集团由市建设委员会划归市国资委管理。市国资委作为出资者对建工集团实施管理。每年年初,集团总公司向市国资委报送年度国有资产经营预算;次年,集团总公司向市国资委报送上一年度国有资产经营决算报告,包括主要指标完成情况、决算年度集团重大运作事项实施情况、决算情况分析等,作为市国资委对集团考核的主要内容。2008年4月,市国资委对外公布两批共24家国有大型企业集团的主业范围。其中建工集团主业中的核心业务定位为"建筑工程和商品混凝土及混凝土构件制造,房地产开发经营";主业中的培育业务定位为"基础设施投资与经营"。

第三节　法人治理结构

1993年11月制定的《上海建工(集团)总公司章程》(简称公司章程)中明确,集团总公司设董事会,对授权范围的集团国有资产负有保值增值责任,讨论决定集团的重大问题。集团总公司实行董事会领导下的总经理负责制。集团总公司党委是集团的政治核心,领导集团党的建设、思想政治工作和精神文明建设,坚持党管干部原则,参与集团重大问题的决策。

1994年1月7日,市建设委员会决定建立上海建工(集团)总公司董事会。董事会由蒋志权、石礼文、范忠伟、常学斌、吴文达、黄文忠、姚建平、孙剑东、叶可明、肖长松等10名董事组成。2000—2009年,董事会成员由于退休或工作调动等原因做了调整,同时减少副总经理在董事会中任职的人数。2001年5月,徐征、刘国林增补为董事。2010年年底,集团总公司董事会由蒋志权、徐征、范忠伟、刘国林、叶可明、肖长松等6名董事组成。

为规范董事会工作程序,2002年1月,集团总公司制定《上海建工(集团)总公司董事会议事规则》(2002年试行稿),共7章34条。涉及董事会会议具体形式、内容、程序、表决方式、会议记录等操作条款。2007年,集团总公司对《上海建工(集团)总公司董事会议事规则》作了修改,制定《上海建工(集团)总公司董事会会议制度及议事规则(2007年修改稿)》。修改稿共4章21条。增加的条款有:董事会会议应当由2/3以上的董事出席方可举行;董事会会议实行合议制和记名表决制;董事会作出决议,必须经全体董事的2/3以上成员通过;表决实行一人一票制。董事会会议分为定期会议和临时会议(也可称"专题会议")。定期会议必须采取会议形式举行,临时会议可以采取会议形式举行,也可以采取通讯表决方式举行。董事会定期会议每年举行两次,上下半年各一次。修改稿对会前准备、议事方式等作了具体规定。2009年5月,集团总公司修改《公司章程》,修改后的《公司章程》对董事会及其专门委员会作了规定。董事会设立战略委员会、薪酬与考核委员会、审计委员会等专门委员会,为董事会决策提供咨询意见和建议等。《公司章程》还对董事会进行资产经营、风险控制、民主管理、企业文化等事项决策,董事会议召开时的法律细节,董事会与国资委的沟通协调等事项作了规定。同时制定《上海建工(集团)总公司董事会运作规则、总经理职责》12章114条和《上海建工(集团)总公司董事会战略委员会实施细则》6章23条,《上海建工(集团)总公司董事会薪酬与考核委员会实施细则》6章26条,《上海建工(集团)总公司董事会审计委员会规则》6章23条。2007年起,集团总公司董事会根据国家有关部门的要求,实行每年向市国资委报告年度工作制度。从1994年建工集团成立到2010年,集团总公司董事会会议平均每年召开10次左右,形成决议总计100多项,其中重大事项占80%。

《公司章程》规定总经理的职责。总经理对董事会负责,向董事会报告工作,接受董事会的监督、管理和监事会的监督。总经理的职权有:主持公司的生产经营管理工作,组织实施董事会的决议;组织实施公司年度经营计划和投资方案;拟订公司内部管理机构设置方案;拟订公司的基本管理制度;制定公司的具体规章;按照规定的程序,提请董事会聘任或者解聘公司副总经济师、总会计师等高级管理人员;按照规定的程序,决定聘任或者解聘除应由董事会决定聘任或者解聘以外的管理人员。总经理有权决定一定比例的对外投资;出租、委托经营或与他人共同经营占公司一定比例的资产;收购、出售一定范围内的资产和决定融资方案。总经理对公司和董事会负有忠实义务和勤勉义务,应当维护出资人和公司利益,认真履行职责,积极落实董事会决议和要求,完成其年度、任期经营业绩考核指标和公司经营计划。2009年,在《上海建工(集团)总公司董事会运作规则、总经理职责》中又根据形势发展对总经理的职责作了补充和完善。

1995年7月,市建设党委决定成立上海建工(集团)总公司监事会。监事会由李春涛、陆海平、常学斌、叶伯初、江景波、姚念亮、江国富、马银芳、顾福苏、郭雪林等10名监事组成,其中外部监事有7人;李春涛任监事长,陆海平、常学斌任副监事长。2000年10月,市建委调整监事会,监事会由易庆瑶、徐君伦、郭雪林、沈烽、王君蕾、张立新、谢锦康等7名监事组成,其中外部监事4名;市政府委派易庆瑶任监事会主席。2005年,市政府委派杨沛田任监事会主席。

在建立完善集团总公司法人治理结构的同时,建工集团在所属企业公司制改造过程中建立法人治理结构。部分企业董事长在任职前召开有集团领导、各方专家参加的公开答辩会,由候任董事长阐述履职设想,并回答与会人员提出的问题。2005年起,建立所属企业董事长每两个月一次的例会制度;建立所属企业董事长述职制度,每位董事长在任职期间至少要向集团总公司董事会作一次述职。对经理班子,集团全面实行"公开招聘、竞聘上岗"或"党组织和职工推荐、公开选聘"的机制。1999年,集团总公司董事会试行向企业委派兼职财务总监,代表集团对企业经营和财务管理工作进行监控。2003年,集团总公司董事会开始向各企业委派专职监事长(监事会主席)。截至2010年,集团总公司向子公司先后派出专兼职监事长(监事会主席)34人次,大部分为专职。2005年,集团总公司董事会印发《投资企业监事会管理规定》,共6章23条,各企业成立5~7人的监事会。

表1-3-1 1994—2010年上海建工(集团)总公司董事会部分会议议题情况表

日 期	内 容
1994年2月	研究决定集团总公司成立初期总部处室人员薪酬制度
1996年7月	盘活集团土地资源存量,发展集团房地产产业
1996年9月	优化资源配置,盘活存量培育新的增长点,加快第三层次改革
1997年6月	讨论集团组建上市公司,争取上市融资
1998年3月	上市公司上市前的公司基本框架

〔续表〕

日　期	内　　容
1999年6月	对子公司进行现代企业制度的改造试点；向子公司委派财务总监；成立技术中心等事项
2002年2月	听取研究集团投资香港公司运作情况
2002年7月	听取集团上半年工作情况和下半年工作安排
2003年3月	市建一公司和市建三公司、市建四公司和市建八公司整合重组
2003年3月	听取5年来海外部工作情况
2003年10月	听取集团对外投资的战略方向和原则
2004年11月	讨论制定集团"十一五"规划
2005年3月	讨论房产开发和基础设施投资的具体项目；研究股权分置改革；材料公司增资扩股，管理层全体持股方案
2006年8月	中小企业改革进展；新的《集团会计制度》；成立教育卫生中心；子公司董事长向集团董事会述职试点
2007年11月	投资参股上海中心建设发展有限公司；设立若干个海外新公司
2008年5月	上海建工物资公司控股股权划转上海城建集团
2009年10月	实施重大资产重组，集团核心资产整体上市

资料来源：上海建工（集团）总公司董事会会议记录。

第四节　集团成员

一、全资企业

【组建上市公司】

1997年9月，建工集团把7家建筑公司在改革中剥离的部分资产成立上海建一实业有限公司、上海建二实业有限公司、上海建三实业有限公司、上海建四实业有限公司、上海建五实业有限公司、上海建七实业有限公司、上海建八实业有限公司。2003年，建三实业公司并入建一实业公司，建八实业公司并入建四实业公司。1997年11月，建工集团把上海市第一建筑工程公司、上海市第二建筑工程公司、上海市第三建筑发展总公司、上海市第四建筑工程公司、上海市第五建筑工程公司、上海市第七建筑工程公司、上海市第八建筑工程公司、上海市建筑装饰工程有限公司、上海市建工设计研究院和集团总公司总承包部进行资产和组织结构重组，组建上海建工股份有限公司。1998年6月，上海建工股份有限公司被批准在上海证券交易所上市。进入上市公司的企业均改制为有限责任公司。

【吸收合并】

根据上海市国有资产授权的范围，1994年建工集团成立之初的全资企业有：上海市第一建筑工程公司、上海市第二建筑工程公司、上海市第三建筑发展总公司、上海市第四建筑工程公司、上海市第五建筑工程公司、上海市第七建筑工程公司、上海市第八建筑工程公司、上海市基础工程公司、上海市机械施工公司、上海市工业设备安装公司、上海市建筑工程材料公司、上海市建筑构件制品公司、上海市建筑装饰工程公司、华东建筑机械厂、上海钢窗厂、上海建筑木材厂、上海国际建设总承包公司、上海市工程建设咨询监理有限公司。1998年12月,集团以房产开发部为基础,将集团所属企业设立的11家房地产开发企业进行整合,成立上海建工房产有限公司。

2002年9月,市建设党委、市建委决定把上海住总(集团)总公司(简称住总集团)部分企业由建工集团托管。2003年9月,把其中的上海住总物资总公司划归建工集团,改名为上海建工物资公司(简称物资公司)。2005年11月,物资公司并入构件公司,组建新的上海市建筑构件制品有限公司。2007年8月,市国资委、市建委决定把物资公司控股权划转至上海城建集团。2002—2004年,受托管的原住总集团市政部划归市建四公司,上海市住乐建设发展总公司14套项目班子分别划归市建五公司、市建七公司、机施公司。

2002年12月,上海市建工设计研究院经市政府有关部门批准由事业单位改为企业。2003年3月,集团总公司决定市建一公司和市建三公司进行整合,成立新的市建一公司;市建四公司和市建八公司进行整合,成立新的市建四公司。

2004年5月,集团总公司决定上海钢窗厂、上海建筑木材厂由构件公司托管。2004年7月,市建委、市国资委决定将上海园林(集团)公司并入建工集团。2008年10月,市委、市政府和市国资委决定将由上海实业(集团)有限公司持有的中国上海外经(集团)有限公司42.55%股份划转给上海建工(集团)总公司,建工集团成为外经集团第一大股东;2010年9月,市国资委决定把上海久事公司、上海电气(集团)总公司、上海城建(集团)公司、上海大盛资产有限公司所持的外经集团的股份无偿划转给建工集团。2010年9月,市国资委决定上海建工(集团)总公司与上海市政工程设计研究总院联合重组,市政总院并入建工集团。

【公司制改造】

1999年开始,建工集团决定对未进上市公司的企业按照《中华人民共和国公司法》改制为有限责任公司。1999年6月,上海市建筑工程材料公司改制为上海市建筑工程材料有限公司。2000年8月,上海市工业设备安装公司改制为上海市安装工程有限公司。2003年6月,华东建筑机械厂改制为上海华东建筑机械厂有限公司。2004年9月,上海市机械施工公司改制为上海市机械施工有限公司。2002年12月,上海市建筑构件制品公司改制为上海市建筑构件制品有限公司。2009年5月,上海市基础工程公司改制为上海市基础工程有限公司;7月,上海园林(集团)公司改制为上海园林(集团)有限公司。

【产权改革】

1997年7月,由集团内7家企业共同出资,以"环向持股"的方式将上海市建筑装饰工程公司改制为上海建筑装饰工程有限公司。1998年9月,上海市工程建设咨询监理公司由集团总公司、职工持股会、自然人分别持股54%、36%、10%,改制为上海市工程建设咨询监理有限公司。1999年2月,由上海建工(集团)总公司、上海市政工程设计研究院、中船第九设计研究院、上海市基础工程公司、上海市第五建筑有限公司共同出资组建上海建工桥隧筑港工程有限公司。2005年1月,集团总公司印发《上海建工(集团)总公司关于实施第二层次产权改革的指导意见》。是年,经市国资委同意,上海建工材料工程有限公司作为试点,实施国有股、经营者群体持股相结合的产权结构,经营者群体持股占33.3%;2012年,上海建工集团股份有限公司出资收购材料公司经营者群体持有的全部股权。

二、控股、参股企业

建工集团成立后,利用资金优势,通过资产经营带动生产经营,其中,一批由集团控股、参股的企业发挥了重要作用。控股和参股企业大部分是与主业相关的建筑材料产业、金融资本运行企业以及工程建设项目公司。

1999年3月,集团总公司、市建五公司、基础公司与上海市政工程设计研究院、中船第九设计研究院合作创建上海建工桥隧筑港工程有限公司,集团总公司投资3000万元控股。2001年7月,建工集团收购入主香港建设(控股)有限公司,以24.51%的股份持有率成为该公司第一大股东;2004年4月,建工集团将部分股份转让给创达集团,成为第二大股东。由集团总公司控股和参股的企业还有湖州新开元碎石有限公司、上海麦斯特建工高科技建筑化工有限公司、东方证券有限责任公司、上海建工材料工程有限公司(2005—2012年)、上海建工投资有限公司、上海国际建设总承包有限公司、上海中心大厦建设发展有限公司、上海城建物资有限公司、上海海外联合投资股份有限公司、建银城投(上海)绿色环保股权投资有限公司、上海浦东建信村镇银行有限责任公司、华夏银行股份有限公司、长安责任保险股份有限公司等。控股和参股公司中还有由集团总公司投资的工程项目所组建的上海同三高速公路有限公司、上海延安路高架道路发展有限公司、上海沪青平高速公路建设发展有限公司、上海建工中环线建设有限公司、上海地铁南站站建设有限公司等。

2010年年底,建工集团有全资企业165家,控股企业53家,参股企业69家。

三、事业单位

1994年建工集团成立时,事业单位有上海建工(集团)总公司党(干)校、上海市建筑工程学校、上海市建筑工程技术学校、上海市建工设计研究院、上海建工医院、建筑时报社等6家。2002年,上海建工设计研究院改制为企业。1998年,集团在上海市建筑工程技术学校原址创办上海建峰职业技术学院。2003年,上海建筑工程技术学校停办。2008年,随外经集团并入的上海机电设备招投标公司属事业单位编制。2010年,建工集团有事业单位6家。

2013年7月,中共上海建工(集团)总公司委员会党(干)校的事业编制并入上海建峰职业技术学院。2014年6月,上海建峰职业技术学院、上海市建筑工程学校划归上海市教育委员会管理。

四、中小企业

建工集团的中小企业一般指集团所属企业设立的独资或控股企业,又称"第三层次"企业。1992年3月,建管局印发《关于建筑施工企业综合改革试点的意见》,在市建101工程处等8个单位进行管理层和劳务层"两层分开"的试点。到年底,撤销了42个工程队(处)建制,成立了31个项目经营部(工程管理部)和26个劳务分公司。同时,各公司组建100多家独立核算的、与施工配套的各类专业单位以及几十家主要安置从主业中分流部分职工的实业公司,高峰时有各类经济实体300多家。1995年,集团提出"削枝精干、强大活小"的指导方针,鼓励在"两层分开"后建立的劳务分公司和其他经济实体,创造条件进行剥离分立,改组为独立核算或股份合作制企业,或成立由职工持股的有限责任公司,或成立有限责任公司。1996年1月,第三层次中首家有限责任公司——上海沪众建筑工程有限责任公司正式揭牌。经过两年多的工作,到1998年10月统计,全集团共成立115家专业分工明确、产权清晰的中小企业,其中股份合作制企业40家,有限责任公司75家,涉及职工达2.4万余名,占集团职工总数的46%。其中有11家小企业由职工出资买断全部产权,10家改制企业进行经营者群体持股的试点,39家企业建立职工持股会。

2002年3月,建工集团印发《关于进一步推进、深化投资企业改革工作的通知》,要求积极创造条件,支持、鼓励、促进中小企业走民营属地化道路;对经营不善、扭亏无望的企业,视不同情况有序地实施歇业关闭。2006年2月底,全集团列入改革的近百家中小企业,有66家完成民营属地化的改革,余下的分别作歇业、停业处理。

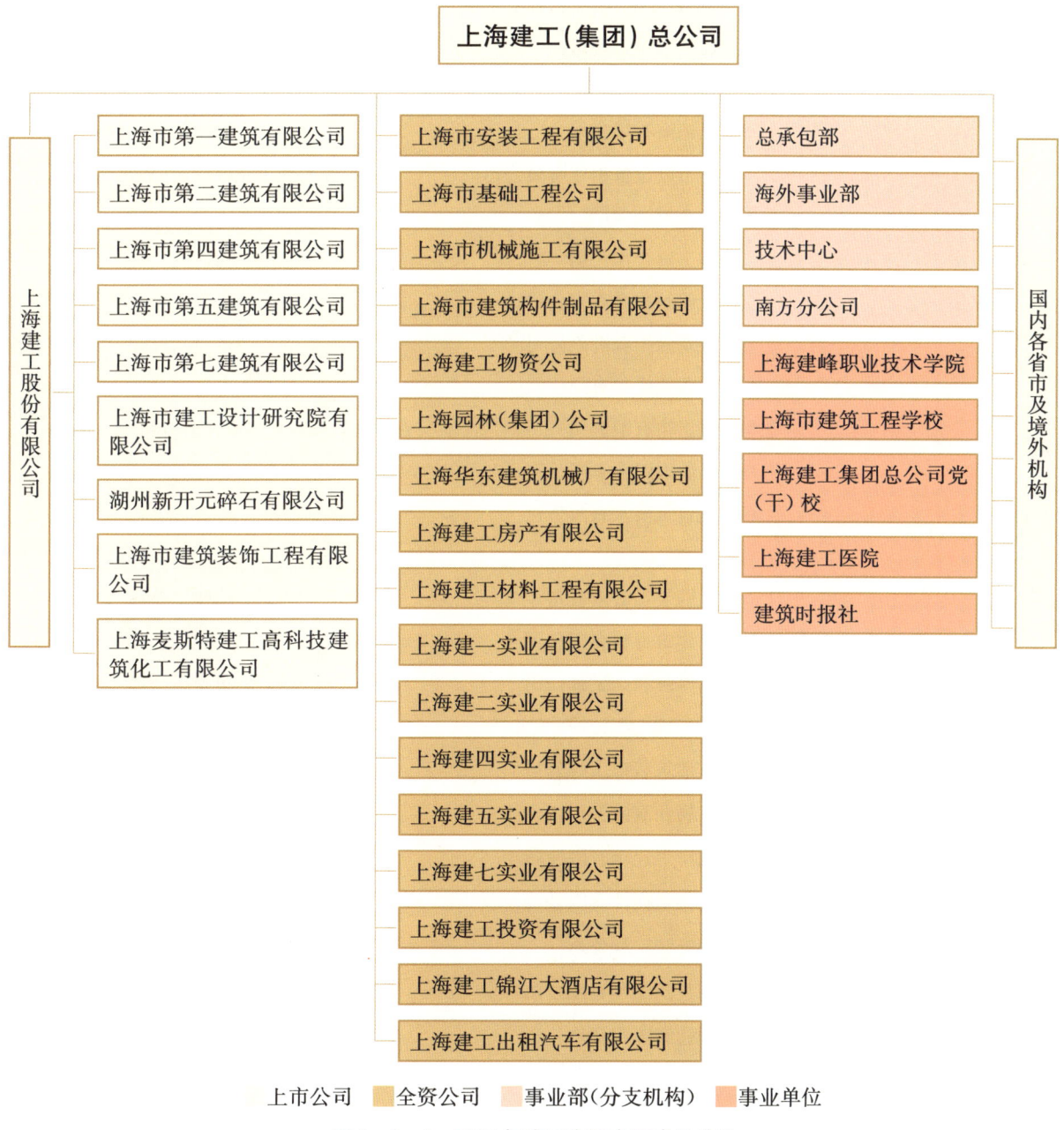

图1-3-3　2006年建工集团主要成员单位

表 1-3-2　2001—2005 年建工集团完成属地化管理改革的部分中小企业情况表

完成时间	企 业 名 称	原属单位
2001 年	上海市建工机械工程公司	集团总公司
	上海众诚装饰有限公司	市建五公司
	上海华机建筑机械有限公司	华建厂
2002 年	上海第一建筑服务公司	市建一公司
	上海建施电气有限公司	市建四公司
	上海思令乐建筑装潢工程有限公司	市建四公司
	上海竞成货运有限公司	物资公司
	上海茂鑫工贸实业公司	构件公司
	上海盈天钢窗有限公司	钢窗厂
	上海兴宁吊篮设备租赁有限公司	市建七公司
	上海东福金属结构厂	市建三公司
	上海三构工贸合作公司	构件公司
	上海景天建筑装潢有限公司	市建五公司
2003 年	上海申垒基础工程有限公司	市建八公司
	上海玖驰建筑设备有限公司	市建五公司
	上海顺基运输有限公司	基础公司
	上海申峰装饰工程有限公司	市建四公司
	上海益建建筑防水有限公司	市建一公司
	上海绿凯商场	市建五公司
	上海健尔斯装饰有限公司	市建二公司
	上海强业建筑材料有限公司	市建二公司
	上海东昌建筑装饰工程公司	市建三公司
	上海兴民基础工程公司	基础公司
	上海正方建筑装饰工程公司	市建一公司
	上海爱仁物业有限公司	市建七公司
	上海八建申卫建筑有限公司	市建八公司
	上海欣基金属构件有限公司	市建七公司
	上海华申安装工程公司	安装公司
	上海精湛建筑工程有限公司	市建五公司
	上海强晟建筑工程合作公司	市建二公司
	上海欣飞制泵有限公司	机施公司
	上海住申物资钢设备租赁有限公司	物资公司

〔续表〕

完成时间	企业名称	原属单位
2003年	上海杰斯机械施工公司	市建四公司
	上海绿岛物业发展有限公司	市建一公司
2004年	上海红光五金建筑有限公司	市建一公司
	上海宝潮建筑金属结构工程有限公司	市建一公司
	上海七建金属结构工程有限公司	市建七公司
	上海企筑建筑装饰工程有限公司	市建七公司
	上海时进土石方基础工程有限公司	市建四公司
	上海沪源周转材料有限公司	市建五公司
	上海强联建筑科技有限公司	市建二公司
	上海宏基物资有限公司	基础公司
	上海沪翔建筑装潢工程有限公司	市建五公司
	上海博泰安装工程有限公司	市建七公司
	上海锦丽华建筑装潢工程有限公司	市建七公司
	上海建工安全设施有限公司	木材厂
	上海东惠建筑劳务有限公司	市建一公司
	上海住源物资储运有限公司	物资公司
	上海申坤装饰工程有限公司	市建四公司
	上海东服建筑劳务有限公司	市建一公司
	上海捷仁建设有限公司	市建五公司
	上海公振建筑科技有限公司	市建四公司
	上海启建建筑装饰工程有限公司	市建七公司
	上海时乐建设发展有限公司	住总集团
	上海久盛园林绿化建设监理咨询有限公司	园林集团
2005年	上海四建金属结构工程有限公司	市建四公司
	上海上安工程物资有限公司	安装公司
	上海爱基建筑工程服务有限公司	基础公司
	上海达汇建筑工程有限公司	市建七公司
	上海东宁物业经营管理有限公司	市建三公司
	上海建世(原名辰盛)防水工程有限公司	市建四公司
	上海申强机械施工有限公司	市建四公司
	上海筑波广告装潢公司	建筑时报社
2010年	上海沪众建筑工程有限公司	市建五公司

资料来源：建工集团中小企业属地化改革总结材料。

表1-3-3　1994—2010年上海建工(集团)总公司领导成员情况表

职　务	姓　名	任　职　时　间
党委书记	石礼文	1996年7月—2001年3月
	蒋志权	2001年3月—2011年2月
党委副书记	蒋志权（主持工作）	1993年12月—1996年7月
	石礼文	1993年12月—1996年7月
	范忠伟	1993年12月—2011年2月
	徐　征	2001年3月—2011年2月
	皋古俨	2009年1月—2010年8月
董事长	石礼文	1996年7月—2001年4月
	蒋志权	2001年4月—2011年2月
副董事长	蒋志权（主持工作）	1993年12月—1996年7月
	石礼文	1993年12月—1996年7月
董　事	范忠伟	1993年12月—2011年2月
	常学斌	1993年12月—1995年6月
	吴文达	1993年12月—1997年2月
	黄文忠	1993年12月—2002年12月
	姚建平	1993年12月—2009年8月
	孙剑东	1993年12月—1995年12月
	叶可明	1993年12月—2011年2月
	肖长松	1993年12月—2011年2月
	徐　征	2001年5月—2011年2月
	刘国林	2001年5月—2011年2月
总经理	石礼文	1993年12月—1996年7月
	蒋志权	1996年7月—2001年4月
	徐　征	2001年4月—2011年2月
监事长（监事会主席）	李春涛	1995年6月—2000年7月
	易庆瑶	2000年7月—2004年7月
	杨沛田	2005年12月—2009年4月
副监事长（监事会副主席）	陆海平	1995年6月—2000年10月
	常学斌	1995年6月—1999年7月
	郭雪林	1999年7月—2010年10月
纪委书记	常学斌	1993年12月—1999年6月
	郭雪林	1999年6月—2011年2月

〔续表〕

职　　务	姓　　名	任 职 时 间
工会主席	肖长松	1993年12月—2011年2月
副总经理	吴文达	1993年12月—1997年2月；1998年1月—2000年3月
	黄文忠	1993年12月—2002年12月
	姚建平	1993年12月—2009年8月
	孙剑东	1993年12月—1995年12月
	徐　征	1997年6月—2001年4月
	倪　豪	1997年6月—2009年8月
	童继生	2000年3月—2011年2月
	丁　浩	2001年8月—2003年5月
	林锦胜	2003年7月—2011年2月
副总裁	钱　培	2004年3月—2007年10月
总工程师	叶可明	1993年12月—1998年4月
顾问总工程师	叶可明	1998年4月—2011年2月
总工程师	范庆国	1998年4月—2010年6月
总会计师	刘国林	1997年6月—2011年2月

资料来源：中共上海市委、市政府和相关委办任职文件。

第四章　上海建工集团股份有限公司

1997年，上海建工（集团）总公司（简称建工集团或集团总公司）确定股份制改革的方向，并为此做了大量组织和准备工作。1998年6月，上海建工股份有限公司（简称建工股份公司或上市公司）股票在上海证券交易所上市。2006年6月，经过股权分置改革，上海建工股份公司股票成为全流通的股票。2009年，建工股份公司通过增资扩股方式吸收建工集团的房产开发、专业施工和相关工业的资产。2010年，上市公司改名为上海建工集团股份有限公司（简称建工集团股份公司）。2011年，上市公司又吸收建工集团的海外业务、工程设计咨询的资产。至此，建工集团72.86%的资产进入上市公司，实现核心业务资产整体上市的目标。上市公司总股本由1998年的5.37亿股增加到2011年的11.56亿股。公司上市后，建工股份公司按照上市公司的要求，健全法人治理结构，完善管理制度，优化管理流程，建立风险管控机制，提升了公司治理的制度化、规范化、程序化水平，公司运行质量得到提高。

第一节　上市、扩股

一、发起上市

1997年8月，建工集团对市建一公司、市建二公司、市建三公司、市建四公司、市建五公司、市建七公司、市建八公司、装饰公司、建工设计院等企业内与主营业务关联性不强的资产、机构和人员进行剥离，组建7个实业公司，或归并至集团其他相应的企业。剥离归并后，集团对这9家企业的资产进行评估，以评估后的净值作为国有法人股投入，组建上海建工股份有限公司。

1998年5月，上海市人民政府批准建工集团《关于募集设立上海建工股份有限公司的请示》，同意设立上海建工股份有限公司。是月，中国证券监督管理委员会先后批准发行承销商申银万国证券股份有限公司和上海市证券期货监督管理办公室的发行方案和请示，同意建工股份公司股本总额为5.37亿股，其中上海建工（集团）总公司持有3.87亿股，向社会公开发行人民币普通股1.5亿A股（含公司职工股1500万股），每股面值1元。6月12日，上海建工股份公司创立大会暨第一届股东大会在上海商城剧院召开。620余名认股人（代理人）出席大会。大会表决通过11个有关文件，选举第一届董事会成员和第一届监事会成员。创立大会结束后，建工股份公司召开第一次董事会议，选举董事长、副董事长；聘任总经理、副总经理、财务负责人、董事会秘书；同时召开第一次监事会议，选举监事长。6月23日举行揭牌仪式，上海市有关委办局、证券机构、建委各部门有关人士以及集团总公司各企事业单位党政领导等出席。是日，建工股份公司股票在上海证券交易所开盘上市，股票代码为600170。当期每股发行价格6.67元，发行市盈率14.5倍，实际筹资金额9.795亿元。

二、股权分置改革

2005年4月29日，经国务院批准，中国证监会发布《关于上市公司股权分置改革试点有关问题的通知》，启动股权分置改革的试点工作，改变同一上市公司股份分为流通股和非流通股的股权分置状况。是年9月，建工股份公司董事会提出股权配置改革方案，上海建工（集团）总公司将其所持有的股票以每10股送3.4股与社会流通股进行对价置换获得其流通权，增加流通股的比例。是年10月，股权分置改革方案获上海市国有资产监督管理委员会批准；10月31日，召开股权分置改革相关股东大会。会议采用网络投票和现场投票相结合的表决方式审议通过公司股权分置改革方案。2006年1月，《上海建工股份有限公司股权分置改革相关股东会议表决结果公告》公布。上海建工股份有限公司的非流通股股东以其持有的7 956万股作为对价，支付给流通股股东，以换取非流通股份的流通权。

三、增资扩股

经中国证券监督管理委员会核准，建工股份公司于2001年10月配股发行6 241.5万股，其可流通部分4 500万股于2001年11月21日在上海证券交易所上市流通。经2001年度股东大会批准，建工股份公司实施利润分配，每10股送2股，并于2002年8月1日实施。利润分配送股后，总股本为7.19亿股，其中国有股4.85亿股，社会公众股2.34亿股。

2008年，上海市委转发市国资委《关于进一步推进上海国资国企改革发展的若干意见》，文件提出符合条件的经营性国资整合注入上市公司，创造条件实现企业整体上市或核心业务资产上市。2009年7月，建工股份公司发布公告，拟实施重大资产重组。拟向控股股东上海建工（集团）总公司定向增发股票，购买集团持有的12个公司的股权和9处土地房屋资产。10月，市国资委原则同意上海建工（集团）总公司所持上海市安装工程有限公司100%股权、上海市基础工程有限公司100%股权、上海市机械施工有限公司100%股权、上海市建工材料工程有限公司66.67%股权、上海市建筑构件制品有限公司100%股权、上海园林集团有限公司100%股权、上海建工房产有限公司100%股权、上海华东建筑机械厂有限公司100%股权、上海建工桥隧筑港工程有限公司60%股权、湖州新开元碎石有限公司35%股权、湖州新开元航运有限公司10%股权、上海中心大厦建设发展有限公司4%股权和9处土地房屋资产作价认购上海建工股份有限公司非公开发行的人民币普通股的方案。12月28日，中国证券监督管理委员会上市公司并购重组审核委员会2009年第41次会议，有条件审议通过建工股份公司的重大资产重组事项。2010年6月1日，中国证监会核准建工股份公司实施非公开发行股份322 761 557股。此次重大资产重组顺利完成后，上海建工（集团）总公司的专业施工、房地产、预拌混凝土及构件业务全部注入上市公司，使建工股份公司转变为集土建施工、专业施工和房地产开发为一体的综合性工程承包商，大幅增加了公司资产规模和盈利能力。2010年7月，上海市工商行政管理局发出企业名称变更通知，准予上海建工股份公司更名为上海建工集团股份有限公司，办公地点：东大名路666号。经营范围：境内外各类建设工程的承包、设计、施工、咨询及配套设备、材料、构件的生产、经营、销售，从事各类货物及技术的进出口业务，建筑技术开发与转让，机械设备租赁，房地产开发经营及咨询，城市基础设施的投资建设，实业投资，国内贸易（除专项规定）；对外派遣各类劳务人员（不含海员）。

2011年4月，中国证监会核准建工集团股份公司定向增发114 301 930股，购买建工集团持有的上海外经集团控股有限公司100%股权和上海市政工程研究总院（集团）有限公司100%股权。本次重组完成后，建工集团股份公司的主业转变为集团内外工程施工和工程设计等为一体的综合性工程承包商，形成包括工程设计、建筑施工、建筑工业、城市基础设施投资建设等在内的完整的建筑产品产业链。

至此,上海建工(集团)总公司72.86%的资产进入上海建工集团股份有限公司,实现核心业务资产整体上市。

表1-4-1　1998—2011年上海建工股份有限公司股权变动情况表

变更日期	总股本(万股)	流通A股(万股)	实际流通A股(万股)	变更原因	发行价	募集股份(万股)	募集资金(万元)
1998年6月23日	53 700.00	13 500.00	13 500.00	A股上市	6.67	15 000.00	100 050.00
1998年12月23日	53 700.00	14 988.60	14 988.60	职工股上市			
2001年10月15日	59 941.50	19 500.00	15 000.00	配股除权			
2001年11月21日	59 941.50	19 500.00	19 500.00	配股上市	8.5	4 500.00	38 250.00
2002年7月31日	71 929.80	23 400.00	23 400.00	送转股			
2005年11月8日	71 929.80	31 356.00	31 356.00	股改方案实施			
2009年7月3日	71 929.80	35 245.60	35 245.60	股改限售流通			
2010年6月2日	104 205.96	35 245.60	35 245.60	非公开增发A股			
2011年8月1日	115 636.15	35 245.60	35 245.60	非公开增发A股			

资料来源:上海建工股份有限公司年报。

表1-4-2　1998—2010年上海建工股份有限公司现金分红情况表

分红年度	年末总股本(万股)	实施日期	每股红利(元/股)	分红总额(万元)
1998	53 700.00		0	0
1999	53 700.00	2000年8月22日	0.2	10 740
2000	53 700.00	2001年8月24日	0.125	6 712.5
2001	59 941.50	2002年8月1日	0.1	5 994.15
2002	71 929.80	2003年9月10日	0.125	8 991.225
2003	71 929.80	2004年7月28日	0.125	8 991.225
2004	71 929.80	2005年7月29日	0.175	12 587.72
2005	71 929.80	2006年8月16日	0.175	12 587.72
2006	71 929.80	2007年8月27日	0.15	10 789.47
2007	71 929.80	2008年8月5日	0.15	10 789.47
2008	71 929.80	2009年6月23日	0.125	8 991.225
2009	71 929.80	2010年8月27日	0.125	8 991.225
2010	104 205.96	2011年7月4日	0.15	15 630.89

资料来源:上海建工股份有限公司年报。

第二节 公司治理

自1998年6月,上海建工股份公司成立,到2010年6月更名为上海建工集团股份有限公司,企业在12年的运行过程中,按照国家有关法律法规要求,在完善公司治理、增强综合实力、履行社会责任、接受监督等方面进行了多方面的实践和探索。

一、治理结构

1998年建工股份公司成立后,股东大会召开14次,董事会产生4届,监事会产生4届。2011年,上海建工集团股份有限公司组织结构基本构成是,最高权力机构是股东大会,选举产生董事会和监事会。董事会设有战略委员会、审计委员会、提名委员会、薪酬委员会等4个专门委员会。公司按法定程序定期或临时召开股东大会讨论、表决重要事项,选举公司高级管理人员,并及时披露信息。上海建工集团股份有限公司延续上海建工股份公司,股东大会、董事会、监事会均顺延进行。2011年,建工集团股份公司董事会由9名董事组成,其中外部独立董事3人,设董事长1人;监事会由3名监事组成,设监事会主席1名。2011年2月,上海市委批复市委组织部文件规定,市委管理上海建工集团股份有限公司党委书记、副书记、纪委书记、董事长、副董事长、监事会主席、总裁、工会主席;经理班子副职由公司董事会按有关规定聘任和管理。

表1-4-3 1998—2010年上海建工股份有限公司部分股东大会情况表

时间	会议名称	主要审议事项
1998年6月12日	第一届股东大会	选举第一届董事会和监事会成员等
1999年8月7日	1998年度第一次临时股东大会(通讯方式)	审议通过在本公司的经营范围中增加国内贸易一项内容,并相应修改本公司章程中的有关内容
2000年6月21日	1999年度股东大会	增选独立董事;公司驻地变更由浦东大道710号迁至福山路33号等
2000年10月23日	2000年第一次临时股东大会	审议通过的配股方案,以1999年年末的总股本5.37亿股为基数,每10股配3股等
2001年6月26日	2000年度股东大会	选举第二届董事会和监事会成员等
2002年6月5日	2001年度股东大会	审议通过有关购买上海建工(集团)总公司所持东方证券有限责任公司3%股权的议案;审议通过关于受让增持上海同三高速公路有限公司10%股权的议案;审议通过关于调整对上海沪青平高速公路建设发展有限公司投资额的议案等
2003年8月13日	2002年度股东大会	补选第二届董事会董事和独立董事及监事
2004年6月30日	2003年度股东大会	选举第三届董事会和监事会成员
2005年6月16日	2004年度股东大会	审议通过分配方案,每10股派发现金红利1.75元(含税)等
2005年10月31日	股权分置改革相关股东会议	上海建工的股权分置改革方案已获顺利通过
2006年6月26日	2005年度股东大会	审议通过设立第三届董事会战略发展委员会、审计委员会、薪酬委员会、考核委员会的议案等

〔续表〕

时　　间	会 议 名 称	主要审议事项
2007年6月28日	2006年度股东大会	选举第四届董事会和监事会成员等
2008年6月12日	2007年度股东大会	审议通过利润分配方案等
2009年10月28日	2009年第一次临时股东大会	审议公司非公开发行股份购买资产方案
2010年6月30日	2009年度股东大会	审议通过更名议案,公司改名为上海建工集团股份有限公司

资料来源：上海建工股份有限公司股东大会文件。

二、重要制度

建工股份公司制定《上海建工股份有限公司公司章程》《上海建工股份有限公司股东大会议事规则》《上海建工股份有限公司董事会议事规则》《上海建工股份有限公司监事会议事规则》以及《公司总经理工作细则》《公司职工基本薪酬管理办法》《公司合同管理办法》《公司关于加强资产管理的若干规定》等制度,规范企业内部管理行为。2008年3月制定的《上海建工股份有限公司投资者关系管理实施细则》对建工集团与上市公司之间的关联交易作具体的严格规定。

第三节　职能部门和企业

一、职能部门

2011年,建工集团核心业务资产整体上市后,对建工集团股份公司总部机构作了调整。总部职能部门设有总裁事务部、生产经营部、资产财务部、企业管理部、人力资源部、外事处、投资管理部、对外经济工作管理部、总工程师办公室、监察审计处、保卫处和党委办公室、组织处、宣传处以及纪委、工会、团委、人民武装部。总裁事务部内设战略研究室、法律事务部、信息化管理处、企业文化处、信访室；生产经营部内设经营管理处、生产管理处、质量管理处、安全管理处、材料与设备管理处、国内市场管理处。党委办公室、宣传处、企业文化处,人力资源部、组织处、外事处,监察审计处、纪委办公室实行合署办公,保卫处和人民武装部实行联合办公；相关部门负责人实行交叉兼职。事业部有总承包部、第一工程建设事业部、第二工程建设事业部、第四工程建设事业部、第五工程建设事业部、第七工程建设事业部、海外事业部、投资发展事业部及技术中心、南方分公司。

二、主要企业

2011年,建工集团股份公司共有投资企业202家,其中全资企业125家,控股企业42家,参股企业35家。主要企业有上海市第一建筑有限公司、上海市第二建筑有限公司、上海市第四建筑有限公司、上海市第五建筑有限公司、上海市第七建筑有限公司、上海市安装工程有限公司、上海市基础工程有限公司、上海市机械施工有限公司、上海建工材料工程有限公司、上海市建筑构件制品有限公司、上海市建筑装饰工程有限公司、上海建工房产有限公司、上海园林(集团)有限公司、上海外经集团控股有限公司、上海市政设计研究总院（集团）有限公司、上海市建工设计院有限公司、上海建工桥隧筑港工程有限公司、上海华东建筑机械厂有限公司等。

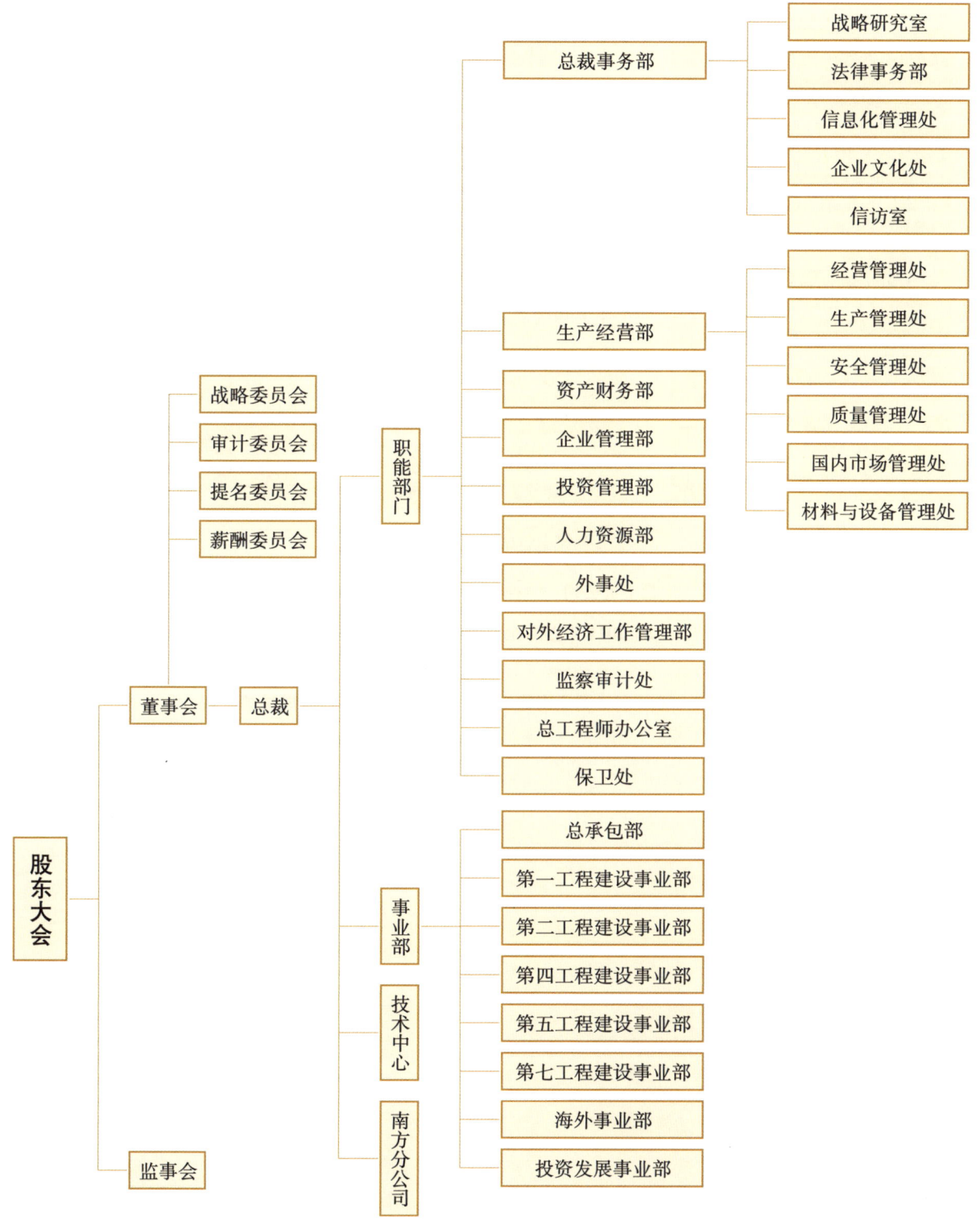

图 1-4-1　2011 年上海建工集团股份有限公司治理结构

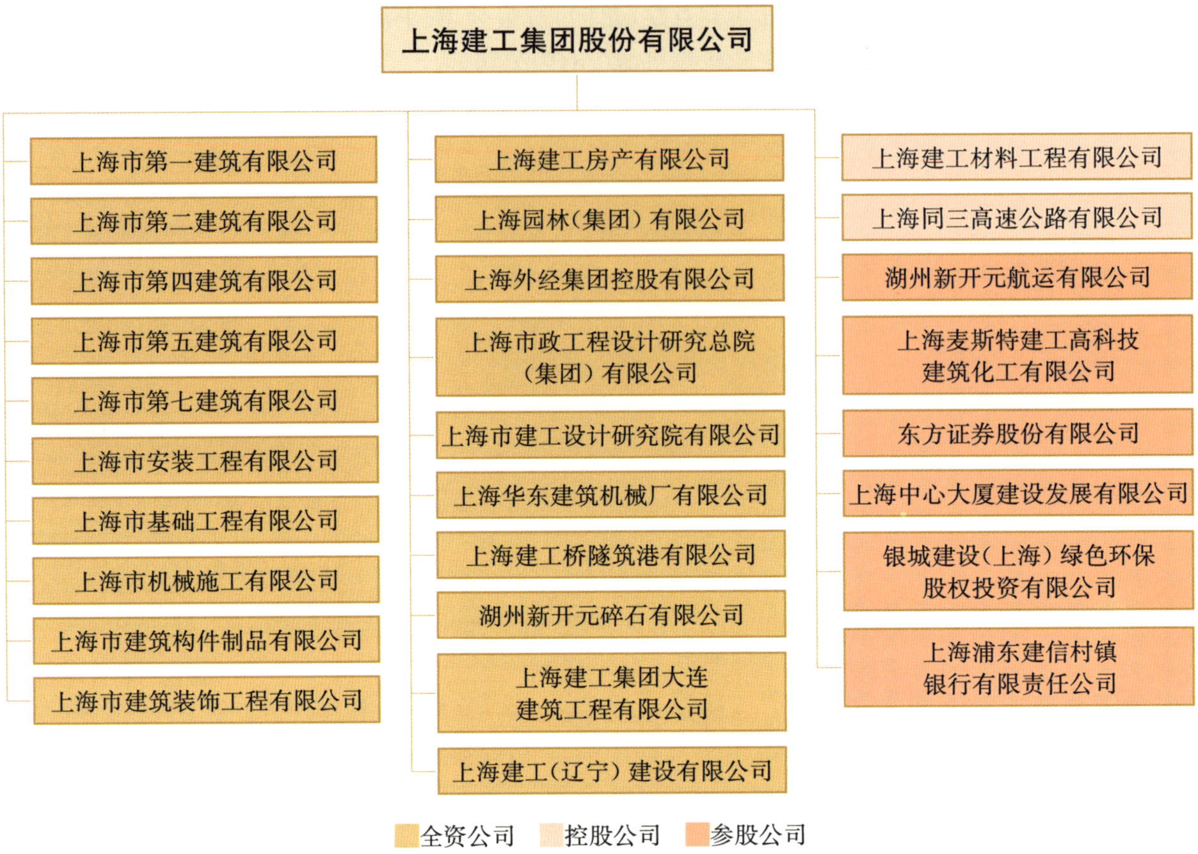

```
                          上海建工集团股份有限公司
                                    |
    ┌───────────────────────────────┼───────────────────────────────┐
    │                               │                               │
上海市第一建筑有限公司          上海建工房产有限公司            上海建工材料工程有限公司
上海市第二建筑有限公司          上海园林(集团)有限公司         上海同三高速公路有限公司
上海市第四建筑有限公司          上海外经集团控股有限公司        湖州新开元航运有限公司
上海市第五建筑有限公司          上海市政工程设计研究总院        上海麦斯特建工高科技
上海市第七建筑有限公司          (集团)有限公司                  建筑化工有限公司
上海市安装工程有限公司          上海市建工设计研究院有限公司    东方证券股份有限公司
上海市基础工程有限公司          上海华东建筑机械厂有限公司      上海中心大厦建设发展有限公司
上海市机械施工有限公司          上海建工桥隧筑港有限公司        银城建设(上海)绿色环保
上海市建筑构件制品有限公司      湖州新开元碎石有限公司          股权投资有限公司
上海市建筑装饰工程有限公司      上海建工集团大连              上海浦东建信村镇
                                建筑工程有限公司                银行有限责任公司
                                上海建工(辽宁)建设有限公司
```

■ 全资公司　■ 控股公司　■ 参股公司

图1-4-2　2011年上海建工集团股份有限公司主要企业

表1-4-4　2011年3月上海建工集团股份有限公司领导成员情况表

党委书记	蒋志权
党委副书记	徐　征
	范忠伟
党委书记助理	张立新
董事长	徐　征
董　事	蒋志权
	范忠伟
	杭迎伟
	刘国林
	肖长松
	吴红兵(独立董事)
	徐君伦(独立董事)
	黄昭仁(独立董事)

〔续表〕

总　裁	徐　征
纪委书记	郭雪林
工会主席	肖长松
副总裁	杭迎伟（2012.8任党委副书记、总裁）
	童继生
	林锦胜
	房庆强
	卞家骏
总经济师（兼）	卞家骏
总会计师	刘国林

资料来源：中共上海市委、市政府和上海建工集团股份有限公司董事会任职文件。

第二篇 主要单位

概　　述

上海市建工局(简称建工局)成立初期实行局兼公司为一体的体制,下属有承担建筑施工的工程处和与之配套的设计、材料供应、水电安装等专业单位,以及医院、职工学校的配套单位,工程处管理若干个工地。1954年7月,由工程处改为建筑公司。1956—1957年,在对私营营造厂进行社会主义改造过程中成立了一批公私合营的企业;至1966年,这批企业先后改为国营单位。1958年3月,建工局和华东工程局合并,所属企事业单位的数量在上海建筑行业是最多的,专业类型是最齐全的。其中有6家建筑公司、8家专业公司和工厂、3家科研单位和学校。

1964年,为适应专业化的要求,建工局对所属单位作了一次较大的调整。经过调整,建立8家建筑公司,6家包括工业设备安装、机械施工、混凝土制品生产、建材生产、门窗加工在内的专业公司,还有科研单位、学校、医院等。这次调整后的企事业单位格局一直影响到90年代建工集团企事业单位结构的形成。60年代末—80年代中期,设计和科研单位划归市有关委办,大部分建材生产企业划归建材局;1970年,一批部属单位划入建工局。80年代中期,建工局和上海建筑工程管理局(简称建管局)先后组建房产开发、建筑装饰、建筑咨询监理、商贸等企业和报社等事业单位。1993年年底,建管局直属的企事业单位包括建筑企业、专业施工企业、房产开发企业、相关工业企业、设计咨询单位、学校、医院、报社等,共31家。

1994年1月,上海建工(集团)总公司(简称建工集团或集团总公司)成立后,为优化企业结构,多次对所属企事业单位进行调整。重点一是对建筑施工企业进行重组整合;二是成立从事土木工程建设的专业公司;三是进行公司制和股份制改革。其间,对集团部分企业的经营业务进行调整;对与集团核心业务不相关或经营状况不佳的企业采取调整、歇业、关闭的措施,压缩投资层级,减少企业数量。自2004年起,园林集团、外经集团、市政总院等单位先后并入建工集团。2010年,建工集团共有全资企业165家,控股企业53家,参股企业69家,事业单位6家。其中主要单位有5家建筑企业、6家专业施工企业、3家工业企业、1家房产企业、1家外经企业、3家设计咨询监理企业、5家事业单位。

经过多次调整,建工集团的企业已经从传统的劳动密集型逐步转变为管理密集、技术密集型企业,成为符合市场要求、机制较灵活、有较强竞争力的市场主体。

第一章 建筑企业

第一节 上海市第一建筑有限公司

上海市第一建筑有限公司(简称市建一公司)具有建筑工程施工总承包特级资质、建筑工程设计甲级资质,以及化工石油工程施工总承包、市政公用工程施工总承包、机电设备安装工程施工总承包、地基与基础工程承包、建筑装修装饰工程承包、钢结构工程承包、起重设备安装工程承包、机电设备安装工程承包等多个专业一级资质。2010年,公司注册资本3亿元;拥有先进的技术装备,包括承接超高层建筑所需的施工升降设备、起重设备、混凝土输送设备、超高层施工钢平台等大型设备100多台(套),机械设备资产总值为8 656万元。公司从业人员3 231人,其中具有中高级专业技术职务人员600余名,具有国家一级注册建造师134名、二级注册建造师122名,获得全国优秀项目经理、全国优秀建造师和上海市优秀项目经理53人次,获得全国、建设部、上海市劳动模范称号13名。2010年,公司完成综合营业额133亿元,其中施工产值102.1亿元。

上海市第一建筑有限公司原名上海市第一建筑工程公司,成立于1953年5月,原为上海市人民政府建筑工程局北区工程处,办公地为上海市梧州路289号。1954年7月,定名为上海市第一建筑工程公司。1955年6月,原上海市第三建筑工程公司建制撤销,并入市建一公司。1964年2月,建工局内部企业进行调整重组,市建一公司建制保留,分出部分人员组建新的上海市第二建筑工程公司。1964—2003年,公司办公地先后设在吴淞泰和路桃源新村25号、北京东路230号、中山北一路800号等处。1997年8月,公司将与主营业务关联性不强的资产剥离,成立并管理上海建一实业有限公司。1998年10月,公司核心资产进入上海建工股份有限公司,改名为上海市第一建筑有限公司。2003年3月,市建三公司并入市建一公司,成立新的市建一公司。公司办公地点为浦东福山路33号。2012年5月,公司改名为上海建工一建集团有限公司。

80年代中期,市建一公司作为国务院首批推行"鲁布革"经验的试点企业,率先推行工程项目管理,由此启动企业内部的体制改革。1987年9月,公司下辖的工程队改称工程处,强化市场拓展和管理职能。1988—1993年,公司机关配合项目管理逐步推行"撤科建部"的改革,原有的上下对口的质量、安全、材料、动力、技术、教育和全面质量管理办公室等业务管理科室改为生产监控中心、科研设计部、综合管理部、人事部、财务部、经营开发部、总务部等部门,并明确围绕项目的管理职能。1988年,公司被评为全国建筑行业第一家国家二级企业。1991年,公司承建的上海荷兰飞利浦电子工厂工程作为建管局"鲁布革"经验试点项目。1992年4月,101工程处在建工局内率先试行管理层与劳务层"两层分开",组建局内第一家内部核算的劳务分公司。1993年年初,公司在全市建筑行业第一个实现"两层分开",组建了4个工程管理部和3个劳务分公司,另有5个专业配套的单位,其中包括1992年1月从构配件公司划入的上海红光建筑五金厂。2003年3月,公司将市建一公司、市建三公司合并后的15个基层单位归并为10个基层单位。2007年6月,公司将工程管理部更名为分公司,基层单位有第一分公司、第二分公司、第三分公司、第五分公司、第六分公司、第七分公司、机电设备安装公司、建筑材料分公司、装饰公司、建筑机械分公司。2008年7月,公司成立海外部,撤销第六分公司建制;是年11月,成立第四分公司。2010年年底,公司部门经营管理部门有经营部、施工生产部、技术部、技术中心、财务部、人力资源部、投资管理部、办公室、商务部等；直属的基层共有11个单位，其中在外省市有西南、南京、苏州分公司。2002年起，经过两年的努力，完成了对东昌建筑装饰有限公司、正方建筑装饰有限公司等11个基层单位的民营属地改制。2010年，公司下辖的全资或控股公司有东顺建筑工程有限公司、东庆建筑劳务有限公司、申雅装饰工程有限公司、易通安装工程有限公司、物业经营管理分公司、上海建工大厦投资发展有限公司。

市建一公司包括并入的市建三公司，长期以来承担上海市和国家的重要工程建设。50、60年代，公司承建了彭浦工业区、杨浦工业区、吴淞工业区工厂新建和改扩建工程，远赴贵州、江西、安徽参与"大三线""小三线"国防工程的建设任务。70年代，参加上海石油化工总厂一、二期工程和宝山钢铁总厂一、二期工程（市建三公司参建）建设。90年代以后，公司坚持"创建国内一流施工总承包企业"的战略方向，以超高层、深基础工程建设为施工特长，先后承建了高度167米的上海商城、208米的杨浦大桥主桥塔（市建三公司参建）、420.5米的金茂大厦、468米的东方明珠广播电视塔、492米的上海环球金融中心、632米的上海中心大厦等超高层建筑的结构工程以及610米的广州新电视塔主体结构和苏州、宁波、镇江等地的高层、超高层建筑。公司参建的土木工程项目有南浦大桥、徐浦大桥（市建三公司参建）、卢浦大桥、闵浦大桥、东海大桥和轨道交通11条线共计20余个车站和区间建设。公司还承建浦东国际机场航站楼（市建三公司参建）、恒隆广场、国金中心、来福士广场、梅龙镇广场、久事大厦、交银金融大厦（市建三公司承建）、浦东新区办公中心主楼（市建三公司承建）、瓦努阿图南太平洋大学（市建三公司承建）、中国澳门银河娱乐度假城等知名工程；中山医院门急诊医疗综合楼、上海市第一人民医院松江新院、瑞金医院普通病房综合楼、长海医院综合楼、上海市第十人民医院内科病房综合楼等医疗系统工程；上海展览中心加固大修改造、和平饭店历史建筑修缮等工程。公司经营区域从上海市场向国内市场拓展，在国内11个省市和地区、28个城市承揽了工程项目，工程合同签约额占企业年度合同签约额的1/3。公司的生产经营能力快速提高，1953年完成建安产值700多万元，1964年完成建安产值近2 000万元；1998年完成综合营业额20亿元，2003年完成综合营业额46亿元，2008年综合营业额突破100亿元。

市建一公司通过科技创新和技术攻关，形成的超高层成套施工技术和环境保护施工技术在软土地区领域保持了技术优势，共获得国家科技进步一等奖1项、二等奖2项，国家专利71项，国家工法9项，上海市科技进步奖40余项。公司承建的153个工程获得白玉兰奖，23个工程获得鲁班奖，4个工程获得詹天佑奖。

市建一公司坚持"上海一建、勇攀第一"的核心价值观，将"勇攀第一"作为做好企业各项工作的精神动力，成为广大职工的共同价值取向。公司出色地完成1976年的唐山抗震救灾、2008年的四川汶川抗震救灾和2010年开始的援疆建设任务。公司先后荣获国家企业管理优秀奖——金马奖、全国优秀建筑施工企业、上海市质量金奖企业等称号，以及全国文明单位、全国思想政治工作优秀企业、全国五一劳动奖状、全国模范职工之家、上海市先进基层党组织标兵单位、上海市国资委系统红旗党组织等荣誉称号，被上海市重点工程和实事立功竞赛领导小组命名为"建设先锋"。

第二节　上海市第二建筑有限公司

上海市第二建筑有限公司（简称市建二公司）具有房屋建筑工程施工总承包特级资质，市政公用工程施工总承包一级资质和地基与基础工程、建筑装修装饰工程、机电设备安装工程等多项专业承包一级资质。公司在上海市建筑行业中较早通过质量管理体系、职业健康安全管理体系和环境管理体系认证。2010年,公司注册资本3亿元;拥有大中型施工生产设备122台,其中施工设备66台,设备资产总值1.7亿元。公司从业人员1 400余人,其中拥有国家一级注册建造师、注册造价工程师、注册会计师、注册审计师等执业资格人员近百人,公司组成以项目工程师、项目经济师、项目安全工程师、项目质量工程师、项目经理、项目副经理为主的专业管理团队50余支;公司职工大专以上学历者占51.50%,中高级专业技术职务人员占19.7%,其中,获得全国优秀项目经理称号的有12名、获得上海市优秀项目经理称号的有15名。2010年,公司完成综合营业额90.58亿元,其中施工产值73亿元。

上海市第二建筑有限公司原名上海市第二建筑工程公司,原同为1954年成立的市建一公司。1964年2月,建工局将原市建一公司所属101工区及102工区部分单位合并成立新的上海市第二建筑工程公司,办公地址为上海市梧州路289号。1968年下半年,根据国家建设的需要,公司开始派出队伍赴安徽贵池参加"小三线"建设;1971年3月,公司机关迁入安徽贵池;1971年11月返沪。1968年,公司被列为同济大学教改试点单位,1971年,整个公司和同济大学联合组建同济五七公社,并设立党委,下设公司和学校两个分党委,受建工局和同济大学双重领导,这种体制延续至1977年4月。1997年8月,公司将与主营业务关联性不强的资产剥离,成立并管理上海建二实业有限公司。1998年10月,公司核心资产进入上海建工股份有限公司,改名为上海市第二建筑有限公司。2012年4月,公司改名为上海建工二建集团有限公司。

1978年,公司机关设置14个科室,下辖土建、粉刷、机施、供应、技校等11个基层单位。1988年,公司各工程队更名为工程处。1992—1993年,公司对各基层单位实施劳务层、管理层"两层分开",公司下设5个工程经理部、4个直管项目经理部、3个劳务作业分公司以及安装、装饰、基础施工、机械施工、生活服务等专业分公司,另设机修站、供应站、业务交流中心、健尔斯联合实业公司等服务企业和4个合资企业,机关设置24个职能部门。1997年,公司对机械修造厂等5家单位进行股份制改造,组建多元投资的5家企业,在这些企业中设立职工持股会。2003—2004年,公司完成对上海健尔斯装饰有限公司、上海强业建筑材料设备有限公司等4家公司投资的股份制企业民营属地改制。2009年,公司在本部推行"大部制"管理模式,将原有经营管理职能部门归并为市场经营部、工程管理部、技术质量部、合约预算部、资产财务部、人力资源部、审计监察部、行政事务部、技术中心、培训中心、人力配置中心。公司下属工程经理部更名为分公司,共有分公司11个,其中,外省市有武汉、南昌分公司。

市建二公司成立之初,主要承建上海虹口、杨浦两区普通的工业和民用建筑,其中有鲁迅纪念馆、军工路万吨级冷藏库工程、虹口体育场等。在"小三线"建设中,公司承建了位于安徽贵池的八五钢厂等项目。80年代,公司开始承建高层、超高层建筑,在联谊大厦施工中,实行班组经济承包,建设速度达到平均6天一层,最快5天一层,被誉为"上海速度";公司参建的曲阳新村经上海市百万市民投票,获得中华人民共和国成立50年上海最佳住宅小区特别奖。与此同时,公司参与国家海外援建任务,承建了苏里南国家体育馆、巴巴多斯公共学院。90年代,公司承建市百一店东楼、香港广场、金钟广场、明天广场等一批位于上海市中心的知名建筑,承建地铁一号线陕西南路站。2000年后,公司依托重点工程,实施品牌战略,先后承建上海国际赛车场、长峰商城、由由国际广场等重大及知名的工程和轨道交通、磁浮工程、高速公路、高架道路等一大批市政重点工程;在2010年上海世博会场馆建设中,承担园区内的世博会主题馆、世博会中国船舶馆、世博会宝钢大舞台、世博会未来探索馆等工程,还参与了园区外的静安(世博)500千伏输变电工程、虹桥综合交通枢纽、外滩综合改造等配套工程。公司的经营生产能力不断提高,1964年完成建安产值1 760多万元,

1988年建安产值达到近2亿元,1994年建安产值达到6.1亿元。1997年,公司完成综合营业额达到18亿元,1998年完成综合营业额达到近20亿元,2008年完成综合营业额55亿元。

市建二公司坚持以技术进步推动企业发展。60年代,公司自创气压喷浆粉刷半自动化流水作业线,提高工效3~5倍。90年代初,公司开始采用逆作法施工技术,累计完成各类逆作法工程近30项,总建筑面积300万平方米,在上海地区同类项目中占据80%左右,被国家住建部授予该项新技术推广依托单位和技术咨询单位,公司运用该工艺,获得国家级工法2项、国家专利10多项。2007年,公司与上海万科集团联手打造的国内新型预制装配式住宅,在技术攻关中制定的高精度模板制作、钢筋和混凝土成型、预埋件的留设和定位以及构件起吊和堆放等环节的施工方案,获准了6项国家级施工技术专利和2项国家级施工工法。至2010年,累计获上海市科技进步奖19项。

市建二公司大力弘扬上海二建"锐意奋进,不断超越"的企业精神,坚持"让城市更美好,让员工获成功"的企业使命,加强员工入职后的教育培训,培养员工形成"勤于学习,爱岗敬业,忠于职守,遵章守纪,诚信合作,维护形象"的行为准则,2003年被上海市总工会授予上海职工素质工程教育培训基地。公司积极营造"共建共享,和谐发展"的企业文化氛围,1986年自行出资建造建筑面积近2万平方米的建二公寓,缓解职工的住房困难,成为当时建筑行业的示范。公司勇于承担社会责任,2008年四川汶川地震后,公司先后承担绵阳地区2号、3号、12号地块以及盐亭地区共4 884套、建筑面积9.77万平方米的过渡安置房搭建任务。公司共有50多项工程分别荣获国家鲁班奖、詹天佑奖、国优奖和上海市白玉兰奖;先后荣获全国质量管理先进企业、全国质量效益型先进企业、全国用户满意企业、全国优秀施工企业、全国守合同重信用企业、全国建筑业诚信企业等荣誉称号。2001—2008年,连续四届获上海市文明单位称号。

第三节　上海市第四建筑有限公司

上海市第四建筑有限公司(简称市建四公司)具有房屋建筑工程施工总承包特级资质、市政公用工程施工总承包一级资质和地基与基础工程、建筑装修装饰工程、钢结构工程、机电设备安装工程、起重设备安装工程、附着升降脚手架等多项专业承包一级资质。2010年,公司注册资本3亿元;拥有大中型机械设备60余台,其中各类大中型塔吊和升降设备40余台,设备原值4 039万元。从业人员2 410人,其中各类工程技术和经济管理人员占80%以上,管理人员中35岁以下者占50%,大专及以上学历的占65%;有各类专业技术职务的占79%,中高级专业技术职务人员占29%;各类注册类执业资格人员占15%,一级注册建造师80人、二级注册建造师65人。在施工管理实践中,有27人次被评为全国优秀项目经理、1人为全国优秀总工程师、2人为全国优秀建造师、28人为上海市优秀项目经理。2010年完成综合营业额136.37亿元,其中建筑业产值98.62亿元。

上海市第四建筑有限公司原名上海市第四建筑工程公司,成立于1964年2月,由原市建二公司的部分直属工区组建而成,办公地址为中兴路1757号,是年12月迁至愚园路22号。公司成立之初下设7个工程队及机械施工队、水电安装队和职业学校;1978年将两级管理体制改为三级管理体制,每个工程队下设若干中队。1988年将工程队改为工程处。1992—1993年,为适应管理层与劳务层分开和以项目管理为核心的内部改革需要,公司基层调整为5个项目经营管理部、4个劳务分公司及房产、10多个三产经济实体。1996—1997年,先后组建5家多元投资企业,组建5家中外合资企业。1997年8月,公司将与主营业务关联性不强的资产剥离,成立并管理上海建四实业有限公司。1998年10月,公司核心资产进入上海建工股份有限公司,改名为上海市第四建筑有限公司。2003年,市建八公司和上海市住宅建设总公司市政部先后并入公司。下属主要基层单位调整为4个项目经营管理部、3个专业分公司。2001—2005年,公司所属的上海杰斯机械施工公司、上海八建申卫建筑有限公司等12家改制企业实行民营属地改制。2006年,组建建安总承包管理部。2007年,组建公司技术中心(市级)。是年,将原所属投资企业上海云力机械施工工程有限公司改为工程设备分公司。2010年,公司管理部门设有综合管理部、经营一部、经营二部、经营三部、经营四部、造价部、科技部、财务部、工程部、安全科、动力设备科、物资部、质量部、保卫科、人力资源部、审计监察科、技术中心。下属主要成员单位有5个土建工程分公司、4个专业分公司(市政、机电设备安装、工程设备、设备租赁),全资或控股企业有建四实业公司、地玖公司和生活服务公司。2010年3月,公司迁至桂林路928号。2012年4月,公司改名为上海建工四建集团有限公司。

市建四公司成立之初,先后完成人民广场检阅台(后改建为市政大厦)、上海杂技场、延安饭店等一批重要工程的建设。1966年起,在皖南、浙西承建50多项"小三线"重点工程。1971年后陆续返回上海,开始涉足高级公共建筑、高层建筑工程、高级装潢施工,承建了北站8层旅馆楼、12层康乐大楼、上海体育馆(市建八公司承建)、漕溪北路高层(市建八公司承建)等。1980年,公司承建的上海宾馆建筑高度首次超过国际饭店。1985年,承建位于南京东路上的华东电力大楼,当时成为闹市区建高楼的典范。在80年代承建的知名工程中有新锦江大酒店、上海电信大楼、上海气象科研大楼、上海政协大楼、上海交通大学包兆龙图书馆等。90年代,公司承建了上海博物馆、上海大剧院、上海图书馆、上海体育场(市建八公司承建)、上海马戏城等一批文化体育建筑。2000年后,公司承建了上海科技馆、东方艺术中心、东方绿舟、文化广场、上海港国际客运中心、震旦国际大厦、港汇广场、浦东图书馆等;有同济大学、立信会计高等学校、东华大学、华东政法大学各类教育设施;有静安寺、三观堂等宗教建筑和优秀历史建筑上海招商局、大世界改建工程。在2010年上海世博会建设中,承建了中国馆、世博文化中心等重要场馆,参与了外滩通道、虹桥综合交通枢纽等配套工程建设。公司还参与了磁浮工程、地铁9号线高架线路和4号线车站、中环线3.9标段、北翟路中环线立交以及苏州河梦清园等污水处理等市政工程建设。公司在外省市和境外承建西宁电视塔、南京紫峰大厦、无锡红豆国际大厦、常州客运中心以及俄罗斯圣彼得堡"波罗的海明珠"和科摩罗、苏丹等国的政府办公楼、服装厂等项目的建设。2009年,常州客运中心是公司第一个参与的BT项目。2008—2010年,公司承担上海森安苑综合改造、胶州路公寓火灾后部分建筑维修等民生项目。四川汶川大地震后,公司用22天完成都江堰5个安置点的6991套过渡安置房和12个板房医疗点搭建任务,用21个月提前完成都江堰市医疗中心、幸福家园二期、北街小学、北区中学、都江堰社会福利院等上海对口支援项目。公司生产经营能力不断提高,1964年完成建安产值1800万元,1985年完成建安产值1.3亿元;1994年实现综合营业额8.7亿元,2003年公司实现综合营业额26.4亿元,2008年实现综合营业额69亿元。

市建四公司注重科研开发和技术创新,在上海首创现浇柱预制梁板结构体系,率先采用滑模、挂板、爬模、超高泵送混凝土、悬挑钢脚手架、柜式母线槽安装电气线路等一系列新工艺,熟练掌握深基坑挖土、深层降水、地下连续墙和多种桩基技术。被授予全国建筑业科技进步与技术创新先进企业、上海市高新技术企业;先后获得上海市或国家部级的科技进步奖37项;拥有授权发明专利(或受理申请专利)13项、实用新型专利20项;被认定为国家级工法9项、上海市工法24项。累计获鲁班奖22项,两次获"创鲁班工程特别荣誉奖";获詹天佑奖2项;国家优质工程奖11项,被授予国家优质工程奖突出贡献单位。获上海白玉兰奖117项,被授予创白玉兰奖工程杰出贡献单位。

被评为全国市政金杯示范工程7项、上海市市政工程金奖28项。公司获得全国优秀施工企业、国家和上海市的质量管理奖、全国和上海市的工程建设质量管理先进企业、全国质量管理先进企业、上海市质量红旗企业。公司先后获全国和上海市守合同重信用企业、全国和上海市用户满意企业、全国和上海市五一劳动奖状、创全国文明行业先进单位、全国建设系统精神文明建设先进单位；被中共中央、国务院授予上海世博会先进集体称号，被上海市委授予上海市先进基层党组织称号，连续8届获上海市文明单位；被上海市重点工程和实事立功竞赛领导小组命名为"精品先锋"。

第四节　上海市第五建筑有限公司

上海市第五建筑有限公司（简称市建五公司）具有房屋建筑工程施工总承包特级资质，市政公用工程施工总承包一级资质和地基与基础工程、建筑装修装饰工程、钢结构工程、起重设备安装工程施工、机电设备安装工程等专业承包一级资质，以及公路工程施工总承包、机电安装工程施工总承包二级资质。2010年，公司注册资本3亿元；拥有机械设备总台数162台，机械设备总功率4507千瓦，机械设备原值4562.6万元。公司有从业人员1441人，在册职工1272人中具有大专及以上学历的占45.7%，中、高级专业技术职务人员占16.7%，一级注册建造师108人；具有项目工程师、项目经济师、安全工程师、质量工程师等资格的404人，现场专业工程师84人。2010年，公司综合营业额50.7亿元，其中施工产值50.56亿元。

上海市第五建筑有限公司原名上海市第五建筑工程公司，成立于1964年2月，由建工局直属工区和原市建二公司205工区所属第14工程队、第15工程队、第18工程队合并扩充而成，初期办公地址在中山北路3325号。1996年，办公地点搬至曹杨路1000号。公司成立之初，设5科1室，下设7个工程队和1个加工厂。70年代末—80年代中期，公司为适应施工生产规模的扩大，机关调整为30个科室，下辖6个土建工程处、5个专业工程处、机修厂和技校等13个单位。1985年，公司与香港瑞安公司等合资成立上海瑞安建筑有限公司。90年代起，公司实行机构改革，设立营业部、工程部、财务部、总务部、人事部、技术开发部、劳务部、物资部、设备部和经理办公室；按照管理层和劳务层"两层分开"及一业为主、多元经营的原则，组建3个经营管理部、10个直属项目部、13个专业劳务分公司，共计26个单位。1995年起，公司先后通过改制成立多元投资的上海沪众建筑工程有限公司等12家新企业。1995年4月，以公司投资为主与上海奉贤县洪庙村合作创办上海坤明湖度假村。1997年8月，公司将与主营业务关联性不强的资产剥离，成立并管理上海建五实业有限公司。1998年10月，公司核心资产进入上海建工股份有限公司，改名为上海市第五建筑有限公司。2003—2004年，公司所属的上海绿凯商场等5家企业实行民营属地改制。2008年，公司本部推行"大部制"管理模式，将管理职能部门归并为经营管理中心、施工生产部、人力资源部、技术中心、财务部、安全监督部、审计监察科、合约部、保卫科、材料管理中心、经理办公室；项目经营部更名为分公司，公司下辖5个土建分公司，3个专业分公司，外省市有沈阳、西安、广州3个区域分公司。2012年5月，公司改名为上海建工五建集团有限公司。

市建五公司成立后，60、70年代参与建设上钢一厂、上钢三厂、南京梅山炼铁基地（9424工程）和上海飞机制造厂总装车间、铁路北郊站、江湾和大场的万吨级冷库以及上海电视台、国际通信卫星地面接收站等工程。80年代后，承建了龙柏饭店、陆家宅沪办大楼、上海铁路新客站、城市酒店、物资贸易大厦，先后完成上海大众汽车公司厂房、市政大厦等建设；参加南浦大桥、杨浦大桥、徐浦大桥、内环线、中环线、外环线等市政工程的施工；承建了毛里塔尼亚国际会议中心、贝宁科托努会议大厦、科摩罗人民大厦、苏丹友谊厅和埃及开罗国际会议中心等援外工程。2000年后，公司承建了平安金融大厦、上海市公共卫生中心、上海海事大学、南京西路1788大厦、上海永业公寓、老西门新苑，以及上海地铁龙阳路、常熟路、长清路等车站的施工。2006年，公司在集团"走出去"战略实施过程中，重点开拓东北市场，承建沈阳茂业中心、沈阳奥林匹克体育中心、铁西"龙之梦"、沈阳利福百货等一批工程；在珠三角市场，先后承建广州万科科学城、福州金域榕郡、番禺沙湾金色城品等项目。2010年，公司完成世博博物馆、世博村公寓式酒店、浦西城市最佳实践区、江南广场、高架步道、北翟路高架、辰山植物园等世博会及其配套工程建设，还圆满完成世博会运行保障的任务。公司生产经营能力不断提高，1964年完成建安产值170多万元，1985年完成建安产值1 100万元。1994年实现综合营业额8.9亿元。1998年，综合营业额突破12亿元。2008年，综合营业额达到33.9亿元。

在工程建设中，市建五公司开发和运用一批新工艺。70年代，在国内首创升板施工试验获得成功后，逐步形成具有业内先进水平的高层、超高层成套施工体系，包括深基础钢筋混凝土挡土施工技术、结构升模技术以及装饰外脚手整体升降技术，其中开发研制的"超高建筑模具外挂脚手整体升降施工成套技术"获国家科技发明二等奖。2000年后，公司成立上海市级技术中心，在基坑变形自动控制技术、超高层核心筒中爬模的设计与应用、特殊气候条件下超高层建筑施工技术、绿色施工技术研究等方面取得了一系列科技成果，其中获得省部级科技进步奖6项；国家级工法3项，市级工法13项；主持国家标准编写1项，参与编制行业、市级以上标准3项；申请专利28项，其中19项获得授权；上海市优秀发明奖12项。公司积极响应建设部《绿色施工导则》的要求，不断推进绿色施工（节约型工地）工程的创建工作，南京西路1788号项目获得全国首届绿色施工示范工程。公司获得中国建筑工程鲁班奖8项、国家优质工程银质奖10项、全国市政金标示范工程4项、上海市白玉兰奖47项。

市建五公司践行物质文明和精神文明两个文明建设，1977年，公司获国务院通令表彰，1982年获建设部创优工程先进企业，1991年获建设部全国先进施工企业称号，1996年和2007年两次获国家创鲁班奖工程特别荣誉，2008年获创白玉兰奖工程杰出贡献单位称号。1993—1996年连续两届被评为上海市文明单位，2004年获全国五一劳动奖状。

第五节　上海市第七建筑有限公司

上海市第七建筑有限公司（简称市建七公司）具有国家房屋建筑工程施工总承包特级资质，市政公用工程总承包一级资质和建筑装修装饰工程、起重设备安装工程和机电设备安装工程等专业承包一级资质。2010年，注册资本3亿元；拥有各类大型机械和设备150余台/件，拥有质量检测设备100余台/件，机械设备原值5 839万元。公司有职工1 996名，职工中具有博士、硕士研究生学历的28名、本科和专科学历的1 222名；具有各类专业职称的人员1 354名，其中教授级高级工程师5名，其他高中级专业技术职务人员406名。在项目管理人员中，有建造师职称的251名，其中一级注册建造师（项目经理）150名，具有全国优秀项目经理称号的21名、上海市优秀项目经理称号的25名。2010年，公司完成综合营业额93.83亿元，其中施工产值82.87亿元。

上海市第七建筑有限公司原名上海市第七建筑工程公司，成立于1964年1月，由原市建五公司505工区、504工区下属工程队以及公司机关部分科室人员，加上其他公司部分人员组成。公司成立初期办公地址位于上海市龙吴路新俞塘桥（今徐汇区关港附近），1965年迁至建国西路691号。公司成立至1976年，公司下属9个土建工程队、1个水电安装工程队、1个机械施工队和材料供应站及"七二一"工人大学附属职工技术学校等12个单位。1992年实行管理层和劳务层"两层分开"，成立5个工程管理部、7个劳务分公司、7个专业单位。为开展多种经营，成立上海西南房地产开发经营公司、上海第七建筑工程公司浦东分公司、上海永泰安装工程有限公司、上海西南实业公司、上海博泰实业公司、上海嘉华装饰工程有限公司等。不久，公司所属的部分劳务、专业施工、安保服务等13个基层单位陆续进行产权多元化改革，成立上海兴宁建筑工程有限公司、混凝土搅拌站、爱仁物业管理公司等企业。2002—2005年，兴宁公司、爱仁公司等9个企业先后实行民营属地改制。1991年1月成立第一项目经理部，在承建的贵都大酒店工程项目中推行项目经理负责制。1997年8月，公司将与主营业务关联性不强的资产剥离，成立并管理上海建七实业有限公司。1998年10月，公司核心资产进入上海建工股份有限公司，改名为上海市第七建筑有限公司。从2000年起，公司积极推进项目总承包、总集成，公司机关完成"以经营、设计、策划、配套、监管为主体，人力资源、技术、信息和培训为支撑的'5+4'中心管理体制"建设。经营管理部门设有办公室、企管办、审计监察科、市场开发部、经营信息部、经营开发（一、二）部、商务部、对外经济管理科、合约部、技术部、施工策划科、技术质量科、成本策划科、安全环保科、安装工程科、动力科、材料科、劳务科。90年代初，公司成立苏州项目经理部、西藏日喀则上海广场项目经理部和宁波分公司、西安分公司等。2010年，公司在上海有7个分公司，在外省市有北京、天津、大连、西安、海南、安徽等地8个分公司，境外有俄罗斯的上海建工集团（西北）有限公司。1996年，公司迁至武夷路150号。2012年7月，公司改名为上海建工七建集团有限公司。

市建七公司在60、70年代，主要参与上海闵行机电、吴泾化工、漕河泾微电子、吴淞钢铁4个工业区和商业、民用住宅建设任务，参与建设南京梅山炼铁基地（9424工程）、唐山地震后重建的工程任务。80年代初，公司先后完成华亭宾馆、静安希尔顿大酒店等首批高档酒店工程和施贵宝制药公司等外资项目。90年代后，公司先后参与承建南浦大桥、杨浦大桥、浦东国际机场一期、静安大厦、百腾大厦、青松城、静安体育活动中心、香格里拉酒店、西藏日喀则上海广场和静安中心医院等。2000年后，公司先后承建浦东国际机场二期、虹桥综合交通枢纽工程、铁路上海南站、长途客运南站、卢浦大桥、中国浦东干部学院、上海磁浮工程、上海光源工程、上海国际会议中心、上海市公共卫生中心、上海市公安指挥大楼、东方体育中心等和中央美术学院美术馆、俄罗斯圣彼得堡波罗的海明珠会馆等一批工程建设以及A30高速公路、沪青平高速公路入城段，白龙港污水处理厂、外高桥船坞、轨道交通3号线宝山路站、淞滨路站、北延伸段等市政工程。2010年，公司完成世博中心、世博轴和世博村EF大楼、庆典广场、企业联会馆、铁路馆等一批世博会配套工程项目。公司经营生产能力不断提高。1964年完成建安产值1 515万元，1975年完成建安产值3 700万元，1985年达1.2亿元。1994年完成综合营业额7.3亿元，1997年完成综合营业额13.2亿元，2008年完成综合营业额70.2亿元。

60、70年代，市建七公司在上海建筑行业中首创长柱无牛腿、钢台模和滑-浇-等施工新技术，荣获上海市重大科研项目和科技成果奖。此后，公司在高难度和复杂工程方面不断运用新技术、新工艺、新材料，其中有深基础工程施工技术、大空间结构施工技术、清水混凝土施工技术、建筑改造施工技术、超高层建筑施工技术、磁浮工程施工技术和特种结构施工技术等。公司获得国家科学技术进步奖1项、省、直辖市科技进步奖15项，授权专利26项、国家级工法7项、市级工法17项等。共获得鲁班奖12项，国家优质工程银奖11项，詹天佑奖3项，中国市政金杯示范工程4项，全国建筑工程装饰奖7项。

市建七公司通过多种形式,大力宣传企业核心价值体系,推进"工地文化"建设,提升工地窗口形象、工程品牌形象和企业员工形象。公司被评为全国文明单位、全国优秀企业、全国质量管理先进单位、全国用户满意单位、全国建筑施工安全先进企业、全国创建和谐劳动关系模范企业。公司荣获全国五一劳动奖状,3次被评为上海市文明单位。1997年1月,公司被上海市重点工程和实事立功竞赛领导小组命名为"建设精锐"。

第二章 专业施工企业

第一节 上海市安装工程有限公司

上海市安装工程有限公司(简称安装公司)主营业务有工业民用和市政工程机电设备(含锅炉、行车、电梯、变配电、消防工程)的安装、调试、维修;市政工程、钢结构、压力容器、非标设备的制作安装、智能化系统设计安装;建筑装饰工程设计安装以及工程物业管理。公司具有机电安装工程施工、冶金工程施工、化工工程施工、市政公用工程施工总承包一级等20多项专业资质。2010年,公司注册资本8 920万元;设备资产原值8 173万元,拥有自动焊工作站、自动焊移动式工作站、法兰自动焊、风管流水线等865台/件各类设备。公司控股子公司上安机施公司拥有600吨、250吨、50吨履带起重机各一台;500吨、300吨、200吨、130吨汽车起重机各一台;50吨汽车起重机两台设备。公司有职工2 400人,其中享受国务院特殊津贴专家2人、教授级高工4人、一级注册建造师111人、二级注册建造师101人,工程技术人员占职工总数33%,中高级人才占技术人员20.16%;有工人439人,高级技能人才占工人总数的10.58%。2010年,公司完成综合营业额59.93亿元,其中施工产值59.7亿元。

安装公司原名上海市工业设备安装公司,1958年6月由建筑工程部第五工业设备安装公司、上海市水电安装公司和上海市卫生工程公司合并成立。成立初期,公司办公地址在上海市广东路17号。1959年6月,第一机械工业部上海机电安装公司并入安装公司,公司办公地点迁至塘沽路390号。1964年,为集中管理,原公司—工区—工程队三级体制改为公司—工程队两级体制,下设安装工程队、通风工程队、锅炉工程队、加工厂、机具站等13个基层单位。1987年5月,公司与日本新晃工业株式会社合资成立上海新晃空调设备有限公司。1988年后,下属工程队改为工程处,又新办一批多种经营企业。1990年7月、1992年1月,原属构配件公司的上海建工机械厂和上海金属结构厂先后划入公司。公司共有7个设备安装工程处、6个特种专业工程处(工厂)、10多个多种经营服务单位。1995年起,公司对工程处实行管理层与劳务层的分离,工程处改为分公司。2000年8月改制更名为上海市安装工程有限公司。2002年,为进一步优化内部体制结构,基层分公司再次合并重组,下设9个专业分公司。同时采用转让股权、歇业等方式对华申工程公司、上海建工机械厂、上海对外建设公司等非主业的12家企业进行民营属地改制或清理。从1985年开始,公司机关进行"撤科建部"改革,1992年,调整后的行政部门有经营工程部、产品部、科技部、质量部、人事部、生活部、房产部、供应部、动力部、安全科、财务科、审计科、保卫科、经理办公室。1994年,通过合署、合并,管理和党群工作部门调整为12个。2006—2010年,又通过几次调整,业务管理部门有办公室、经营部、工程管理部(安全管理部、质量管理部)、科技部、人力资源部、资产财务部、总经济师办公室、企业文化宣传部、纪委监察审计武装保卫部、信息管理部、物资管理部(物资采购中心)、设计管理部、海外事业部、直管项目部、教育培训中心。基层单位有第一分公司、工业工程公司(第二分公司、压力容器厂、市政工程分公司)、第三分公司、第五分公司、第六分公司(上海暖通设备制造厂)、第九分公司(系统工程分公司)、天津分公司。全资和控股企业有上海上安机械施工有限公司、上海上安物业管理有限公司、上海上安物资有限公司、上海新晃空调设备有限公司、上海新晃制冷机械有限公司、上海上安机电工程技术有限公司等。2009年年底,公司全部资产由上海建工股份有限公司收购。2013年5月,公司改名为上海市安装工程集团有限公司。

50、60年代,安装公司业务由一般水电设备安装逐步向独立承担全套机电设备安装的大型综合性企业转变,完成了上海钢铁厂、炼焦制气厂和发电厂等工程设备和锅炉的安装,完成了闵行重型机器厂万吨水压机、嘉定原子核研究所回旋加速器高科技项目以及吴泾化工厂2.5万吨/年合成氨和甲醇装置等设备的安装,完成了上海虹桥机场机电设备和一系列国防工程设备的安装。70、80年代,公司参与的工业项目有南京梅山炼铁基地(9424工程)全套装置的安装和1 000立方米高炉整体吊装,上海金山石化一期、二期工程,吴泾、高桥等化工厂多套化工装置安装,宝钢炼钢厂440吨行车吊装,11万伏降压站的安装。参与的民用项目有上海第一座地面卫星接收站、上海体育馆、上海宾馆、华亭宾馆、新锦江大酒店、上海商城等的机电设备安装。其间,还参与阿尔巴尼亚等援外工程建设。

90年代初,公司完成上海市第六人民医院、地铁一号线、东方明珠广播电视塔、浦东国际机场一期以及金茂大厦、上海博物馆、上海大剧院等一批重大、标志性和景观性建筑的机电设备安装;完成上钢三厂大电炉,上海焦化厂"三联供",石洞口煤气厂,上海石化总厂第二套、第三套、第四套聚乙烯装置等工业项目,形成各类大型群体设备安装的技术和装备优势。2000—2010年,公司承担了上海石化总厂和上海赛科的乙烯装置、上海国际赛车场、上海市公共卫生中心、卢浦大桥、上海光源、环球金融中心、磁浮列车示范线、铁路上海南站、浦东国际机场二期、虹桥综合交通枢纽、辰山植物园、东方体育中心、同济大学风洞实验室等一批科技含量高及社会关注度高的重大工程。2010年,公司圆满完成世博会"一轴四馆"全部永久性场馆及配套工程的机电安装,在184天的展会期间圆满完成世博场馆的运行保障任务。在外省市,公司完成北京京西宾馆、中央党校扩建、国家大剧院,以及安徽无为化工、天津渤化等工程。2010年,公司承建的外省市73项工程涉及19个省市。还参与多项集团海外工程中的机电安装施工。2008年5月在参与四川汶川抗震救灾中,公司援建队出色完成集团承担的灾区过渡安置房的水电安装任务。公司生产经营能力得到提高,1958年完成施工产值4 088万元,1964年完成施工产值3 328万元,1975年完成施工产值8 039万元,1985年实现施工产值1.3亿元。1994年实现施工产值5.6亿元,1997年实现施工产值10亿元,2008年实现施工产值30亿元。

安装公司承建或参建的工程中,共获鲁班奖44个、国家优质工程金(银)质奖28个、中国市政工程金杯奖和詹天佑奖19个、上海市建设工程白玉兰奖150个以及市优质结构安装奖132个。公司获全国发明奖2项、上海市科技进步奖4项、专利53项,先后完成国家级和市级工法29项,编制国家、行业和地方标准15项。

安装公司在物质文明不断发展的同时,打造"百年老店",形成"科学、合作、进取"的企业精神,确立"和谐为本、追求卓越、回报社会、惠及员工"的企业宗旨。公司曾被授予全国先进企业称号,两次荣获全国五一劳动奖状,连续4年保持全国思想政治工作优秀企业荣誉称号,被评为全国先进施工企业和全国企业文化建设先进单位。公司曾被命名为上海市"大庆式"企业、上海市优秀企业,多次荣获上海市文明单位称号,6次被评为上海市优秀施工企业,3次获市重大工程建设金杯奖、上海市和全国"用户满意企业"。公司涌现出一批劳动模范集体、劳动模范个人和市级先进人物、建设功臣。

第二节 上海市基础工程有限公司

上海市基础工程有限公司(简称基础公司)具有市政公用工程总承包、地基基础工程、隧道工程、桥梁工程、城市轨道交通工程等专业一级资质,公路工程和房屋建筑工程总承包和港口、海岸工程承包二级资质,以及岩土工程设计和工程勘察乙级资质证书。公司主要承担大型桥梁、地下顶管、隧道、地下围护结构、沉井、桩基与地基加固、水工港口及钢结构加工与安装等工程施工。2010年,注册资本2亿元。公司固定资产原值近8亿元,各类装备1 200台/件,主要包括大型架桥机、地下顶管机、盾构掘进机、大型成槽机(含破碎地下岩层的铣削式成槽机)、高风压潜孔钻机、全套管回转机、MJS工法钻机、现代气压沉箱设备、海底电缆(管道)敷设施工船舶等系列配套施工装备,莱卡全站仪等高精度测量仪器。公司现有从业人员1 707人,在册人员1 648人,注册类人员205人,其中享受国务院特殊津贴专家2人、教授级高级工程师6人、高级技术职务人员82人,工程技术人员占职工总数的39.03%,中高级人才占工程技术人员的33.88%,中高级技能人才占工人总数的80.36%。2010年,公司综合营业额42.34亿元,其中施工产值42.29亿元。

1953年5月,中央第一机械工业部华东办事处以50亿元人民币(旧制)收购丹麦商人1919年创办的康益洋行,收购后编入一机部基本建设工程局,定名为华东建筑机具供应站,站址设在上海市杨树浦路(近兰州路)。1955年,供应站归属国家建筑工程部,先后改名为建筑工程部机械基础工程公司、建筑工程部基础工程公司、建筑工程部第一基础工程公司,办公地址为上海市榆林路663号。1964年完成建安产值1 166万元。1970年10月,公司划归上海市建筑工程局,改名为上海市基础工程公司,下辖4个工程队及钻井队、矿井队、广州三处、天津打桩队和修配厂等9个基层单位。后广州工程处等专业队撤销或划归当地。公司办公地先后迁至江西中路181号建设大厦、延安东路110号四川大楼。1975年完成建安产值1 655万元。80年代后期,公司下属单位调整为3个基础分公司及运输分公司、船舶分公司、深圳分公司、珠海分公司、中原分公司、特种基础工程研究所、特种基础工程设计所、厦门工程处、设备修造厂、浦东公司、职工教育中心等15个基层单位,1985年完成建安产值6 643万元。90年代后期,公司撤销分公司建制,把公司—分公司—项目部三级管理体制改为公司—项目经理部两级管理体制;按照资源优化配置原则,对原依附于施工主业的设备修造厂、物资供应部、生活服务部等辅助要素进行剥离;撤销技术研究和设计机构;改制组建5家多元投资的有限责任公司。1994年建安产值3.93亿元,1997年综合营业额达7.94亿元。2001年,公司办公地点迁至江西中路406号。2003—2005年,3个多元投资企业实行民营属地改制。2003—2004年,公司实施"做专做强"发展战略,各项专业技术向"专、精、深、强"发展,对基层主要单位相继进行整合,组建盾构、桥梁、管道、深基础、水工等5个专业分公司,实施公司—专业分公司—项目经理部三级管理体制。2008年实现施工产值35.3亿元。2010年,公司经营管理部门设有综合管理部、经营部、工程管理部、财务部、人力资源部、设备材料管理部、安全环保部、保卫监察部等部门。下属单位有8个分公司,其中外省市有深圳、天津分公司,其他相关的技术研发机构和经营机构5个。2009年5月改制更名为上海市基础工程有限公司;2009年年底,公司全部资产由上海建工股份有限公司收购。2013年5月,公司改名为上海市基础工程集团有限公司。

深基础工程是公司历史最为悠久的施工专业,参与了上海国际饭店、上海大厦等著名建筑物和杭州钱塘江大桥等大型桥梁基础施工。70年代,公司在国内率先开发地下连接墙施工技术。1981年,在上海电信大楼多层地下室基础施工中,公司在国内首次采用逆作法工艺。地下连续墙施工不断向超深方向发展,上海中心大厦,地墙深度达50米,人民路隧道浦西岸上段地墙深度达55米。公司在沉井施工技术方面长期保持国内领先水平。1957年11月完成规模居当时亚洲第一的富拉尔基大型沉箱(面积805平方米、下沉深度26.5米)。60年代中期成功把水力机械冲泥法引入沉井下沉,并研发大体量的沉井法施工逐渐代替劳动强度大、有损操作工人健康的气压沉箱法施工。

2007年，结合上海地铁7号线一座风井施工，成功研发现代气压沉箱施工技术。

基础公司桩基工程已有90年历史。公司承担预制混凝土桩、板桩、钢管桩、砂桩、钻孔灌注桩等各种类型桩基施工，累计完成各类桩数百万根，累计长度达数万公里。先后承建江南船厂水上桩基工程、东北富拉尔基重型机械厂桩基、上海体育馆桩基、磁浮工程桩基等。其中东海大桥主塔钻孔灌注桩直径2.5米，深度110米；上海中心大厦钻孔灌注桩直径1米，深度86米。地基加固主要采用强夯、注浆、塑料排水插板等技术进行大面积地基加固施工，代表工程有苏州虎丘塔纠偏树根桩加固工程、深圳皇岗口岸塑料排水插板桩地基加固。

20、30年代，基础公司前身康益洋行参与建造了钱塘江大桥、宁波老港桥、津浦铁路黄河大桥等桥梁。60年代，公司建造了广西南宁邕江大桥、江西赣州东河大桥、广西柳州大桥、上海北新泾桥等。80年代中期，公司建成主跨200米的斜拉桥——泖港大桥，为承建跨越黄浦江的大型斜拉桥作了技术准备。90年代后，公司相继承建上海南浦大桥、杨浦大桥、徐浦大桥，福州青州大桥，东海大桥主通航孔桥，闵浦大桥等大型斜拉桥主桥；江阴长江公路大桥（主跨1 385米）、重庆鹅公岩大桥等大型悬索桥主桥；钢拱桥卢浦大桥，连续梁桥崇启大桥等各类桥型的建设。

50年代初，基础公司开始进行顶管技术的开发和施工。70年代初开发了地下长距离顶管施工技术，随着中继环接力、管内高压电输送等技术的突破，顶管口径从1.2米到4米，顶管方式从直线顶进、曲线顶进、垂直顶升，有钢管、混凝土顶管，逐步形成管道施工技术体系。代表性工程有镇海炼油厂甬江顶管工程（518米）、黄浦江上游引水一期顶管工程（直径3米、长度1 120米）、广东汕头自来水过海输水管（长度1 142米）、上海星火开发区污水排海混凝土顶管工程（1 511米）、深圳妈湾污水排海的顶管工程（1 609米）、上海黄浦江上游污水二期3.2标工程（直径3.5米，长度1 743米）以及江苏丹阳水厂穿越长江取水管（1 628米）、上海青草沙水源引水顶管（直径3.6米，长度1 960米）、广东汕头第二过海水管（2 080米）等。

80年代中期开始，基础公司投入大量的技术力量和资金引进国外先进技术和设备、研究开发盾构施工技术。运用盾构技术先后承建上海苏州河合流污水截排3.1标、上海杨树浦电厂取水工程、上海地铁区间隧道和人民路、龙耀路越江隧道（直径均为11.58米），以及外省市地铁隧道、大型电厂的取排水隧道等，形成双机同时掘进、小曲率半径转弯、双圆盾构掘进、大盾构掘进等技术体系。公司盾构法隧道施工总里程达161公里，其中地铁盾构法隧道为113公里。基础公司的水工工程先后承建沪东船厂1号船台、上海船厂1号船坞改建、舟山大陆引水管海底敷埋工程（管道直径1米，长度36.4公里，深埋海床下2米）、浙江温州海底电缆敷设、福建厦门海底电缆敷设、环太平洋通讯光缆深圳—珠海段海底敷设等工程。公司敷埋各种光缆、电缆累计总长500余公里，海底光缆、电缆埋设深度可达3.5米。

基础公司于70年代成立上海市特种基础工程设计研究所，开展桥梁、盾构、管道、水工等专业工程的科研工作。公司自主创新开发的"软土地区钢管长距离顶进施工技术"获得国家科技进步一等奖，"大口径薄壁管道浅海敷设设施技术研究""卢浦大桥设计与施工关键技术研究"等项目获得国家科技进步二等奖；"远程遥控气压沉箱设计施工与设备的关键技术"科研项目获得上海市科技进步一等奖。公司先后获得国家和上海市科技进步奖57项；拥有国家授权专利39项，其中发明专利26项，实用型13项；获得国家、省市工程质量奖57项，其中鲁班奖7项，詹天佑奖5项、国家优质工程金质奖5项。卢浦大桥工程荣获2008年第94届国际桥梁与结构工程协会杰出结构大奖。

基础公司以"科技领先、和谐为本、追求卓越"为核心理念，历年来获得全国及上海市劳动模范42人次，先后获得全国五一劳动奖状、全国技术创新先进企业、全国优秀施工企业、"十一五"全国建筑业科技进步与技术创新先进单位、上海市文明单位等荣誉称号,被认定为"上海市高新技术企业"和"上海市创新型企业"。1993年,公司被上海市重点工程实事立功竞赛领导小组命名为"建设铁军"。

第三节　上海市机械施工有限公司

上海市机械施工有限公司(简称机施公司)具有房屋建筑工程施工总承包、市政公用工程施工总承包的一级资质和城市轨道交通工程专业承包、钢结构工程、地基与基础工程、起重设备安装工程等多项专业承包一级资质,并具有轻型钢结构设计专项资质和建筑幕墙施工设计一体化资质。主要承担大型、特殊钢结构工程;城市地铁、大型桥梁、高架立交等市政工程;地下车站、地下车库、大型深基础工程等。2010年,注册资本4亿元。公司设备资产原值5.57亿元,各类设备总数460余台。包括2 450吨/米、1 200吨/米、600吨/米塔式起重机,600吨、400吨、300吨履带起重机,450吨汽车起重机,盾构掘进机、大型成槽机等系列配套的起重安装、隧道施工、深基础施工等施工装备,拥有莱卡全站仪等高精度测量仪。根据特殊工程的需要,还自行设计研制具有自主知识产权的计算机控制液压整体提升、平移系统、可变截面矩形隧道掘进机、123米大跨度张弦式旋转龙门吊等专业施工装备。公司现有从业人员1 498人,在册人员1 368人。其中,国家、市级专家、教授级高工、博士等技术带头人18名,工程技术人员占职工总数的35.8%,中高级人才占工程技术人员的37.8%,注册类193人,其中一级注册建造师52人,二级注册建造师60人;中高级技能人才占工人总数的70%。2010年实现综合营业额40.21亿元,其中施工产值31.79亿元。

机施公司的前身是1953年1月上海市建筑工程局机具供应站,地址位于上海市老沪太路200号。1958年5月,与华东工程局两个机具(机械)站合并,成立上海市机械施工公司。公司成立初期有职工843名,固定资产454万元,公司管理机构有6科2室,下设14个施工中队,1个机务队,1个修配厂。1964年,经调整,重组成4个规模较大的工程队,当年实现施工产值337万元。1974年增设土方施工专业工程队,1975年实现施工产值419.2万元。1978年5月,建工局决定将机施公司与上海市凿井工程公司合并,公司名称为上海市机械施工公司。合并后,公司业务管理机构设劳资、财务、材料、动力、生产计划、技术、技监、教育、总工程师室、办公室等10个科室;基层设立机施一、二、三工程队和土方、凿井等5个工程队和机修、深井2个机械厂。1985年实现综合营业额4 637.4万元。1987年10月,公司基层体制适应专业化要求,机施一队、机施二队合并成立结构安装处,机施三队改为打桩工程处,土方队改为土方工程处,凿井队改为灌注桩工程处。1994年实现综合营业额3亿元,1997年达到5亿元。2004年9月,公司改制更名为上海市机械施工有限公司。2008年综合营业额达33亿元。90年代,公司机关进行"撤科建部"改革,2010年,公司业务管理部门设有经理办公室(企划部)、人力资源部、施工管理部、外包管理部、资产财务部、总工办、市场合约部、设备物资部、材料部、总务部、技术中心。公司下属主营业务有4个工程公司,3个从事装饰、建筑、教育培训不同专业的全资公司,2个从事设计咨询、地下工程技术的控股公司,1个参股单位上海冠达尔钢结构(江苏)有限公司。2009年年底,公司全部资产由上海建工股份有限公司收购。2013年5月,公司改名为上海市机械施工集团有限公司。

50、60年代,机施公司先后承接上钢五厂转炉车间、闵行上海电机厂、上海重型机器厂万吨水压机车间结构吊装等。70年代,承建的工业建筑有上海地区的闵行、吴泾发电厂,上海汽轮机厂、江南造船厂、沪东造船厂、金山石化总厂、吴泾化工厂、吴泾电化厂、飞机制造厂总装车间等;外地有江苏大屯煤矿电厂、安徽铜陵电厂、南京梅山炼铁基地（9424工程）、江西新余钢厂、安徽宁国水泥厂、河北唐山开滦煤矿机修厂等国家重点建设项目，完成了其中的重型工业厂房的吊装任务。其间，公司还完成上海文化广场大型钢屋盖整体安装、青海路上海电视塔结构整体起扳和提升安装、上海体育馆钢屋盖整体提升安装等任务。80年代，承建了宝钢主厂房钢结构安装、上海新客站高架站屋安装、海南海口马村电厂吊装、上海游泳馆钢屋盖整体安装；上海新锦江大酒店和静安希尔顿酒店钢结构工程，开创了超高层钢结构国内施工的先河。公司与专业设计研究院合作，共同研制开发了钻孔灌注桩，率先为上海城区改造提供了一种环保适用的桩基形式。90年代，公司进入桥梁和地铁、磁浮列车工程施工领域，参建了南浦、杨浦、徐浦三座黄浦江越江大桥以及东方明珠广播电视塔460吨钢天线整体提升和巨型钢结构球体安装、八万人体育场大跨度悬挑钢屋盖安装、金茂大厦88层钢结构安装和浦东国际机场航站楼特殊钢结构安装；还承建上海地铁一号线、二号线多个区间隧道的土建总包工程。2000年后，公司确立发展专业总承包的经营战略，参加建设上海铁路南站、浦东国际机场、北京国家大剧院、广州新电视塔、上海世博会中国馆、世博轴、世博文化中心、世博中心、虹桥综合交通枢纽以及黄浦江越江隧道等重大工程，承建了上海、南京、杭州、苏州、大连等城市轨道交通工程和上海磁浮工程共计100多公里，承建或参建地下、高架轨道交通车站70多座。

50年代中期—80年代初，机施公司走"土洋结合"和"两条腿走路"道路，逐渐发展和形成了装配式建筑结构安装的机械化施工成套工艺。70年代中后期，公司开始逐步引进大型施工机械，提升大型工程结构安装能力。在宝钢炼钢厂钢结构安装工程中，公司由装配式混凝土结构安装为主转向以钢结构安装为主，由土洋结合为主提升为采用现代重型起重设备为主。70年代末，公司形成了机械化施工技术多元开发的技术进步新格局，吊装、打桩、土方、凿井等机械化施工技术同步发展。90年代以后，公司整合创新资源，扩充创新团队，形成了企业的技术创新体系，重点提升施工装备的现代化水平，提升企业的机电一体化、施工信息化和绿色施工等现代技术的研发、集成、应用能力，形成高端技术优势，在一系列重大工程的技术攻关中，公司获得国家和上海市科技进步奖50多项，申请专利133项，其中发明专利51项，实用新型专利82项；拥有授权专利69项，其中发明专利7项，实用新型专利62项。公司获得鲁班奖、詹天佑奖、白玉兰奖、市政工程金奖等120多项。

在长期实践中，机施公司形成了"依托集团、服务集团"的经营文化，"勇于创新、科学严谨"的科技文化，"强化制度、关注细节"的执行文化。2002—2011年，公司获得上海市守合同重信用企业，2004—2011年连续5届合同重信评估AAA级，1994—2011年，7次荣获上海市优秀施工企业称号，1990—2011年，20次获得上海市重点工程实事立功竞赛优秀公司称号，2006年、2011年获得上海市用户满意施工企业，2008年获得全国五一劳动奖状，2009年被评为全国建筑业先进企业、上海市建设施工质量先进企业，2010年获得上海市重点工程实事立功竞赛金杯公司，"十一五"全国建筑业科技进步与技术创新先进单位，并被认定为"高新技术企业"和"上海市创新型企业"。

第四节　上海市建筑装饰工程有限公司

上海市建筑装饰工程有限公司（简称装饰公司）具有国家建筑装饰施工一级、建筑装饰工程设计甲级、建筑装饰工程专业承包一级、建筑幕墙工程设计专项乙级、建筑幕墙工程专业承包一级、建筑工程设计乙级，以及机电设备安装、钢结构、文物保护建筑等相关资质。2010年，注册资本2亿元。公司职工共444人，其中中高级技术职务人员267人，占职工总人数的60.1%；一级注册建造师46人,二级注册建造师26人。2010年完成综合营业额17亿元。

上海市建筑装饰工程有限公司原名上海市建筑装饰工程公司,成立于1987年7月,公司初期注册资本为600万元,办公地址在上海市四平路815号,成立初期有技术工人840人,专业管理人员75人,中高级技术人员24人。1990年12月,迁至租赁地赤峰路69号城建学院办公。1994年1月,迁至密云路377号。1997年,公司通过与集团各建筑公司环向持股改制更名为上海市建筑装饰工程有限公司。1998年6月,公司资产进入上海建工股份有限公司。2003年3月18日,公司办公地迁至曲阳路55号;2011年12月迁至上海市永和路318弄环球企业园区3幢。2013年5月,公司改名为上海市建筑装饰工程集团有限公司。

装饰公司成立初期,公司管理部门设办公室、营业部、工程部、物资经销部、设计事务所和财务部等部门。随着企业的发展增设幕墙工程部、市场发展部、国内事业部、海外工程部等机构。后经多次调整,2010年,设有办公室、企划部、人力资源部、财务部、审计科、安全科、营业中心、工程管理中心、投标中心、技术中心、设计中心等部门。其中,设计中心最早为公司设计室,后更名为设计所,下设设计一室、设计二室。1996年,公司与爱思考装饰公司合作组建设计所第三设计室。2004年6月,设计所改为设计中心。2010年,公司重组设计中心团队,形成设计中心的核心管理和骨干设计师的项目管理两个层级,中心中标了福建浦城永久绿洲豪庭酒店设计项目。设计中心当年完成深化设计项目47项,完成产值近2 000万元。公司于1995年12月成立上海市建筑装饰工程公司幕墙分公司。1999年4月20日,公司获上海市首批建筑幕墙设计资质证书。公司控股的独立法人单位还有上海迪生木业有限公司。

装饰公司基层施工单位早期是管理、施工一体化的4个工程部,后改为多个项目部,由公司直管。1994年完成施工产值9 600万元。1998年施工产值达3.7亿元。2004年成立8个工程经理部(简称工经部)管理工程项目,后工经部陆续改为分公司。2005年施工产值达6.2亿元。2010年,公司有第一分公司、第二分公司、第三分公司、第五分公司、第六分公司以及天津、南京、杭州分公司;第四工经部、第七工经部、第八工经部。1992年起,公司开始实行以项目部为主体的经济责任风险抵押集体承包制,并进一步转变为以项目体为中心的内部承包责任制管理。1998年,公司推行以项目经理冠名的项目负责制。2009年后实行工经部负责人为主的项目群体承包责任制。2007年,公司施工产值达10.2亿元。

1987年成立之初,装饰公司即承接希尔顿大酒店、虹桥机场宾馆、和平饭店、长宁区文化馆、上海展览中心北馆等26个工程项目。1994—1996年间,公司承接了地铁一号线衡山路站、上海名品商厦、上海商贸大厦、东方明珠广播电视塔贵宾厅、海伦宾馆、财政税收大厅等大型装饰工程。2004—2008年,公司先后承接了中山医院、外滩金融中心办公楼、花旗集团大厦、复旦大学光华楼、上海市公安局出入境管理大楼、中国浦东干部学院、由由国际广场、国家大剧院、灵山胜景三期工程梵宫、圣三一基督教堂历史建筑修缮工程等多项重大工程。2009—2010年,公司承接了上海世博会中国馆、世博文化中心、世博会展中心、世博园区中轴及地下综合体装饰工程,此外还完成了丽兹·卡尔顿酒店、会德丰广场、外滩华尔道夫酒店、和平饭店南楼和北楼等多个难度较大的装饰工程。公司坚持"立足上海市场,拓展全国市场"的"走出去"战略,利用早期设立的杭州、天津、南京等地分公司,不断开拓外省市市场。2010年,外省市和境外工程产值占到公司总产值的21%,其中,交行金融服务中心(南宁)办公用房装修工程、江西前湖迎宾馆商务楼1、2号楼装饰工程、千岛湖滨江希尔顿度假酒店装饰工程单个合同额均超过4 000万元。

装饰公司多年来在工程装饰领域取得了多个奖项和荣誉。1991年,锦沧文华大酒店工程和爱建公寓四号楼工程获得了当年市技监站、市装饰协会评定的优秀奖。1995年,公司荣获上海市信得过建筑装饰企业、全国市政工程金杯奖荣誉称号。1998年和2003年,公司分别通过ISO9002国际质量体系认证和ISO14001环境管理体系认证。2007—2009年,"锥筒体空间无动力下沉式作业平台技术""透光云石以及由该透光云石构成的装饰单元技术""一种建筑物结构改造信息化监测系统"等10项发明获得专利。至2010年年底,公司先后荣获国家、省(市)级科技进步奖、国家优质工程大奖(鲁班奖)、银质奖、装饰金奖、上海市白玉兰奖等160多项,其中旧建筑改造中信息化监测和预警课题的研究成果、施工仿真分析与监测技术在圣三一基督教堂修缮中的应用研究获得全国建筑装饰行业科技创新成果奖。外滩中山东一路18号装修改建工程、保宏大酒店裙房一层和主楼4~7层装饰工程、东方艺术中心工程、上海世茂国际广场工程获得全国建筑装饰科技创新奖。东海大楼改建扩建工程获得全国建筑装饰行业科技示范工程科技创新奖。公司连续多年荣获中国建筑装饰行业百强企业、上海市文明单位、上海市重大工程立功竞赛优秀公司、"上海市信得过装饰企业"等荣誉称号。

第五节　上海园林(集团)有限公司

1992年12月由上海大观园、上海市园林工程公司、上海市园林设计院、上海市花木公司、上海浦东园林开发公司、上海园林商业服务公司、上海市新都园林房地产实业公司等联合组建成立上海园林(集团)公司(简称园林集团),隶属于上海市绿化管理局。公司成立初期办公地址在上海市南京西路231号(人民公园内),2000年迁至上海市制造局路130号。2010年,注册资本8 000万元,拥有国家建设部颁发的城市园林绿化一级企业资质,是一家集园林绿化规划设计、施工及养护、花卉苗木生产经营为一体的大型园林专业集团公司。公司现有在册职工812人,其中技术带头人、享受国务院特殊津贴专家1人,教授级高工5人,工程技术人员占职工总数的34.4%,中高级人才占工程技术人员的68%;有一级注册建造师8人,二级建造师22人;中高级技能人才占工人总数的39.4%。2010年,公司实现年总产值23.29亿元。

园林集团成立初期,为了开拓新的业务和延伸园林服务业,着手组建新的园林绿化施工队伍。1993年12月,由上海浦东园林开发公司、原上海市花木公司所属北新泾苗圃和三岔港苗圃等合并组建上海园林(集团)公司绿化建设公司(分支机构)。1997年10月组建成立上海园林绿化建设有限公司。1995年3月,由上海市人民政府、国家林业总局和园林集团共同出资,合作组建上海野生动物园发展有限责任公司。1998年9月,成立上海新园林实业有限公司。2001年2月,上海市绿化管理局所属上海景观实业发展有限公司交由园林集团托管,2008年9月改制为园林集团控股的子公司。2003年12月,经市政府批准,上海大观园划转青浦区管理。2004年8月,经市建委、市国资委批准,上海园林(集团)公司整体划转上海建工(集团)总公司。2006年5月,原属园林集团的上海市新都房地产园林实业公司划归上海建工房产有限公司。2006年7月,园林集团与上海地产(集团)公司共同投资,成立上海地产园林发展有限公司(公司控股)。2009年7月,上海园林(集团)公司改制为上海园林(集团)有限公司。7月,上海市园林设计院改制为上海市园林设计院有限公司。2009年年底,园林集团资产由上海建工股份有限公司收购。

2010年,园林集团的经营管理部门设有总经理办公室、资产财务部、人力资源部、审计部、工程管理部、总承包部、苗木中心、技术中心、规划设计中心等。园林集团所属的全资、控股公司有上海市园林工程有限公司、上海园林绿化建设有限公司、上海市花木有限公司、上海市园林设计院有限公司、上海景观实业发展有限公司、上海新园林实业有限公司、上海野生动物园发展有限责任公司、上海地产园林发展有限公司等，拥有包括风景园林设计甲级、建筑设计甲级、园林绿化施工一级、古建筑一级、建筑装饰设计一级、土石方一级资质、绿化工程养护、监理，以及境外园林建筑工程承包和境内国际招标工程资质等的完备资质，在绿化建设方面形成包括规划、设计、施工、养护、监理、苗木以及配套材料等各环节的业务集成优势。

园林集团在发展过程中，先后承担的上海市内重大绿化工程项目有上海大观园、广场公园、东方绿舟、野生动物园、浦东世纪公园、徐家汇绿地、大宁灵石公园、古城公园、新江湾城绿化、梦清园、四川北路绿地、炮台湾公园、黄兴公园、顾村公园、辰山植物园、东方体育中心绿化、虹桥综合交通枢纽绿化等。2010年，圆满完成世博公园、后滩公园等总计75公顷绿地和6 000多棵行道树，占世博园区86%的绿化建设任务；完成了世博会所有临时绿化的建设、养管和世博园区100%的绿化养护等工作。同时，园林集团先后完成了北京、杭州、湖南、青岛、西安和西藏日喀则扎什伦布寺、香港九龙城寨公园等全国20多座城市一大批园林绿化精品工程建设；先后在德国、俄罗斯、加拿大、法国等20多个国家和地区建造了如比利时天堂公园、加拿大蒙特利尔"梦湖园"、法国马赛上海园等具有中国特色的古典园林景观。

园林集团秉持以科技兴企推动企业发展的理念，在一系列重大工程的建设中形成了较丰富的专业技术经验，积累了包括规划、设计、古建筑、大规模土地形态、超大规格乔木移植、特殊苗木移植、土壤改良、反季节施工、特殊地理条件园林绿化等方面的丰富经验；研发和运用了系列绿化工程机械、GRC塑假山技术、大型公共绿地园林实用材料等新产品；对城市湿地空间等特色绿化的研究，新优苗木品种的引进、繁育、推广，丰富植物的品种，提高绿地的生态景观效果；整理编辑的"园林建设工法""粘土抗渗生态河床结构"等获得国家专利，"中国2010上海世博园区绿地规划与建设中的关键生态技术创新与集成应用"获得上海市科学技术奖一等奖，"世博园区地下空间的综合利用和开发技术"获得上海市科学技术奖二等奖；先后获得鲁班奖、詹天佑奖、中国市政工程金奖、上海市市政工程金奖、上海市白玉兰奖等一大批奖项，以及英国国际艺术节"奥斯卡"奖、日本大阪国际"花与绿"博览会金奖等。

园林集团形成了具有自身特色的"生态园林、美丽中国"的企业使命；"和谐、创造、卓越"的核心价值观；"科学、协同、敬业、创新"的企业精神；"严谨、团结、务实、高效"的企业作风，先后获得全国五一劳动奖状、上海市五一劳动奖状、全国园林绿化先进集体、上海市立功竞赛金杯公司。涌现出一批全国劳动模范、上海市劳动模范，野生动物园施燕车组获得建设部、团中央授予的"全国青年文明号"称号。上海野生动物园被评为首批国家5A级旅游景区，成为全国旅游行业十大影响力品牌。

第六节　上海建工桥隧筑港工程有限公司

上海建工桥隧筑港工程有限公司(简称桥隧公司)是由上海建工(集团)总公司、上海市政工程研究院、中船第九设计研究院、上海市基础工程公司、上海市第五建筑有限公司共同出资组建的有限责任公司。2010年，公司注册资本6 000万元，具有市政公用工程施工总承包、地基与基础工程专业承包一级资质，公路工程施工总承包、港口与海岸工程专业承包二级资质，以及房屋建筑工程施工总承包、机电设备安装工程专业承包、钢结构工程专业承包三级资质。公司主要承担市政工程、桥梁工程、高架与道路工程、轨道交通工程、地基基础工程、环境与顶管工程等工程施工。2010

年年底,公司在职员工79人,其中具有大专及以上学历的64人,占81%;65.8%的员工具有职称,其中中、高级专业技术职称24人,占30.4%;具有一级注册建造师资格的12人,具有二级注册建造师资格的7人。2010年,合同成交额及施工产值分别为8亿元和6亿元。

桥隧公司1999年2月成立时,设4个部门,分别是工程技术部、经营部、财务部、经理部。办公地址位于上海市浦东牡丹路60号东辰大厦,2003年迁至四平路848号。2004年,经理部改为综合管理部。2008年12月,公司投入50万元,成立上海欣致建设工程项目管理有限公司。2009年年底,公司全部资产由上海建工股份有限公司收购。2013年7月,公司与上海市政工程设计研究总院(集团)有限公司全资子公司——上海市政建设工程有限公司重组合并,改名为上海市政建设有限公司,办公地址为上海市淞沪路2100号。

桥隧公司成立后,参建工程有世博轴及地下综合体工程、上海铁路南站南广场地下工程、苏州河中下游水系污水截流工程、上海市磁浮列车机场排水段排水工程、轨道交通10号线邮电新村站工程、轨道交通3号线北延伸段工程、青草沙水源地原水工程、上海F1国际赛车场市政配套工程、虹桥综合交通枢纽内市政道路及配套工程、赵家沟航道整治工程、大芦线航道整治工程、同三国道上海段高速公路工程等。同时面向全国,承建了安徽省芜湖市长江公路大桥工程、芜申宜兴运河绕城段航道整治桥梁工程、浙江省宁波市科技园区东外环通途路—世纪大道工程、舟山市大陆连岛桃夭门大桥工程、镇江电厂二期发电机组工程循环水泵房工程、无锡团结大道(金城东路—春江路)改建工程、太仓港环保发电机组取排水工程、山东济南绕城高速公路立交桥工程等。公司共获鲁班奖1项,上海白玉兰奖1项,上海市市政工程金奖1项。

第三章 工业企业

第一节 上海建工材料工程有限公司

上海建工材料工程有限公司(简称材料公司)具有混凝土生产供应专业承包二级资质,具备C20～C100等各类强度等级混凝土及预拌砂浆的生产和供应能力。2010年,注册资本2.25亿元。公司有职工1308人,其中硕士学历5人、本科学历218人、大专学历240人;各类管理和专业技术岗位人员677人,占职工总数的51.8%;技能人才总数为768人,占职工总数的58.7%。公司固定资产原值约5.6亿元,总装机容量达到149立方米,拥有混凝土搅拌楼、混凝土泵车、混凝土搅拌车等成套专业预拌混凝土生产设备,以42米泵和56米泵为主的混凝土泵车41台、混凝土车载泵和固定泵9台;自有以及协同承运商管理的混凝土搅拌车共计800余辆,全部配备GPS全球定位系统;公司拥有全长1346米的码头岸线。2010年,公司预拌混凝土年生产能力达1600万立方米,综合营业额31亿元。

材料公司成立于1953年4月,原名上海市建筑材料公司。最初是由华东建筑工程局工厂管理处、材料供应处和华东轧石公司3个单位组建而成,组建后即移交上海市建筑工程局,并改名为上海市建工局建筑材料公司。初期公司办公地址在上海市福州路107号,1958年迁到南京东路23号。公司下属单位有遍布上海周边地区的5个建筑材料购运站和11个建筑材料生产工厂。1955年起,根据形势变化,公司所属的木材厂、水泥制品厂等先后移交给外单位。1956—1960年,公司成立7个采石厂和2个采砂队。1964年,建工局将建筑材料公司所属的生产企业集中并分立,成立建筑材料工业公司,原建筑材料公司主要保留材料供应体系,并与建工局材料处合并,改名为上海市建筑工程局供销处,承担管理和供应双重职能,办公地址迁到北京东路230号,是年完成供销收入9546万元。1964—1983年,公司下设江湾供应站、龙华供应站、闵行供应站、真如供应站,以及汽车队、航运队、统配站、购运站,并在浙、苏、皖、赣、鲁、闽、鄂、沪等地建立280个采购点。1987年,公司大宗材料供应量达到1314.7万吨。

80年代初,公司主业开始从以地方材料供应为主向以预拌混凝土生产供应为主转变。1980年,供销处在真如供应站建造第一座混凝土搅拌站。不久,建工局对预拌混凝土进行归口管理,将市建二公司江湾搅拌站和构配件公司宝钢搅拌站划归供销处。1981年,供销处有真如、江湾、宝山、金山4家搅拌站。1983年10月,供销处成立预拌混凝土供应总站进行集中管理。1985年,建工局供销处更名为上海市建筑工程材料公司,是年完成供销收入6.4亿元。1988年,预拌混凝土总站改组为混凝土分公司。1994年,材料公司确立预拌混凝土、地方材料、房地产开发为"三大支柱"产业,是年完成收入7.4亿元。其间还创办房地产公司、宝龙大酒店和58个服务性的经营实体,2000年后,这些经营实体大部分关闭或转行。1997年,公司年综合营业额11.4亿元。

1998年,材料公司确立预拌混凝土为主业。公司通过改造,新建长桥、宏成、浦东等大型搅拌站;通过投资、收购组建浦莲、浦阳、环港、嘉南及中外合资的浦新、富康等15家预拌混凝土有限公司。2002年,建工集团决定市建七公司所属的预拌混凝土业务移交给材料公司。1995年,受集团委托管理湖州新开元碎石有限公司;2005年成立上海麦斯特建工高科技建筑化工有限公司。2010年,公司基层主要单位有:直属的搅拌站4个、运输公司1个,投资的混凝土公司15个,托管企业2个。经营管理部门设有经理办公室、财务部、人力资源部、投资管理部、市场销售部、生产运作部、行政科、信息中心、技术中心等。1999年,改制更名为上海建工材料工程有限公司。2005年,经市国资委同意,公司作为建工集团试点单位,实施国有股、经营者持股相结合的多元产权制度改革,经营者持股占33.3%。2012年,上海建工集团股份有限公司出资收购公司自然人持有的股权,材料公司恢复成为集团股份公司下属全资子公司。2012年9月,公司办公地址搬至上海市四平路848号。2013年7月,构件公司并入材料公司,组建新的上海建工材料工程有限公司。

50—70年代,材料公司负责供应钢材、木材、水泥等统配材料和砖、瓦、砂、石、灰等建筑材料,年供应量突破1000万吨,占据全上海供应量的首位。公司承担了中苏友好大厦、上海体育馆、上海游泳馆等各类大型建筑施工的配套供料任务。80年代,公司在行业中比较早地引进国外先进的搅拌机设备,生产能力和生产水平得到了进一步提高,在宝钢钢铁总厂7100立方大体积混凝土浇捣中,公司采用泵送工艺完成28小时一次性浇捣,在国内尚属首次。公司掌握的高压泵送、外掺磨细粉煤灰等关键技术,先后参与磁浮列车工程、卢浦大桥、东海大桥、浦东国际机场、上海环球金融中心、世博园区、虹桥交通枢纽、上海中心大厦等一大批上海市重大工程建设项目的预拌混凝土供应,不断刷新超大体积、超高泵程的新纪录;先后完成民生路8万吨散粮筒仓零下8℃超低温浇捣、金茂大厦382.5米超高层混凝土泵送、中国煤炭大厦基础底板2.1万立方米一次性连续浇捣、浦东国际机场一期3万立方米清水混凝土浇捣、上海环球金融中心C60一次泵送400米项目、上海中心大厦主楼基础6万立方米一次性浇捣和一次泵送620米项目、东海大桥8216立方米海上大体积混凝土浇捣项目等。材料公司通过不断消化、吸收国外先进的搅拌设备和生产技术,研制出了国产HLD120搅拌楼、国产空压机等设备;2000年后,混凝土生产注重绿色环保,公司对各个搅拌站内的收尘装置进行统一改造。2008年,公司下属双辉搅拌站成为上海第一家环保型搅拌拌台,嘉南搅拌站荣获"上海市环保型拌站全市观摩样板"称号,先后有7家搅拌站被评为上海市环保型拌站。材料公司获得各类科技进步奖和优秀发明奖43项,其中国家级科技进步奖6项、建设部科技进步奖2项、上海市优秀发明一等奖2项、上海市科技进步一等奖10项、二等奖10项和三等奖13项,上海市高新技术成果转化项目3项、上海市优秀新产品3项、全国建材行业技术革新2项。公司已获得的专利技术有26项,获得授权的共12项,参与或主持编写标准规范共21项、工法5项。1988—2010年,公司连续23年获得上海市重点工程实事立功竞赛优秀公司荣誉称号;1993年获得全国五一劳动奖状;1996年被上海市重点实事工程立功竞赛领导小组命名为"建设先行官";2003年、2012年荣获"上海市重点实事工程立功竞赛金杯公司"称号;2001—2010年连续5届被评为上海市文明单位。

第二节　上海市建筑构件制品有限公司

上海市建筑构件制品有限公司(简称构件公司)具有混凝土预制构件、预拌混凝土专业承包二级资质,可生产各类混凝土预制构件和各种强度等级的混凝土及特种混凝土。2010年,注册资本1.2亿元,公司在岗职工1334人,管理岗位611人,其中研究生学历5人,教授级高工、高级工程师及各类专业技术职务人员306人;专业技术人员占管理岗位人数50%,占在岗职工人数23%。2010年,公司固定资产原值2.54亿元,占地面积57.7万平方米,具有年产混凝土预制构件60万立方米、预拌混凝土900万立方米的生产能力。2010年,公司实现综合营业额27亿元。

1964年2月,建工局决定对建筑公司所属的混凝土加工厂、预应力加工厂集中,成立上海市混凝土制品公司(简称混凝土公司),办公地址为上海市四平路815号。同时,由华东钢铁建筑厂钢窗车间组建上海钢窗厂,市建一公司和市建二公司所属的木材加工厂以及相关机修厂、铁工厂合并组成上海市门窗加工公司(简称门窗公司),办公地址为上海市政民路107号。混凝土公司所属单位有混凝土制品一厂、混凝土制品二厂、混凝土制品三厂、混凝土制品四厂、混凝土制品五厂、混凝土制品六厂和运输队,职工2 399名,是年完成产值2 943万元,利润82.35万元,混凝土构件119 245立方米,成型钢筋33 844吨。1965年8月,公司建立上海市混凝土制品公司职业学校(半工半读)。1966年2月,混凝土四厂内迁支援贵州三线建设;3月,公司新成立混凝土四厂。1969年7月,混凝土三厂赴南京,参加南京梅山炼铁基地("9424")工程建设。1969年7月,混凝土六厂赴安徽贵池,参加八五钢厂建设。1970年年初,混凝土二厂赴江苏徐州,参加大屯煤矿建设。1976年11月,混凝土一厂赴唐山,参加开滦煤矿机修总厂、电厂震后厂房建设。1973年6月,在上海石油化工总厂建设中,设立混凝土制品三厂金山分厂;1975年3月,公司决定撤销金山分厂设立混凝土制品七厂。是年完成工业总产值5 510万元。1977年10月,公司建立"七二一"工人大学,1979年2月改为公司职工学校。

1977年10月,建工局决定混凝土公司与门窗公司合并,成立上海市建筑构配件公司,办公地址为上海市四平路815号。由此,公司所属单位增加上海木材加工一厂、木材加工二厂、上海钢窗厂、上海建工机械厂、上海红光建筑五金厂、上海金属结构厂。1978年12月,公司按照建工局部署,由混凝土一厂筹建宝山预拌混凝土搅拌站,为宝钢建设服务。1979年1月,混凝土四厂划归上海市住宅建设总公司。1979年7月,成立上海市建筑构件研究所(简称构件研究所),1984年7月成立上海市建筑构件中等专业学校(简称构件中专)。1984年,公司根据建工局布置实施百元产值工资含量包干,完成经济指标与实施包干前的1983年相比增加26%,木门窗增加11%,钢门窗增加7%,金属结构增加80%,产值增加26%,混凝土构件增加25%,成型钢筋增加36%,利润增加20%。

1986年12月,建工局撤销上海市建筑构配件公司建制,下属单位划归建工局直接领导,由局工业处和基层工作处管理。是年,构配件公司完成工业总产值2.55亿元,完成木门窗46.37万平方米、钢门窗108.09万平方米,完成60吨/米塔式起重机1台、80吨/米塔式起重机10台、120吨/米塔式起重机1台,完成金属结构6 261.5吨,完成混凝土构件48.39万平方米、成型钢筋18.83万吨,利润总额达到3 771.02万元,共有职工10 855名。

1988年1—3月,建工局先后以混凝土一厂为主体,联合混凝土五厂、七厂以及构件研究所、构件中专学校组成上海第一混凝土制品总厂;以混凝土二厂为主体,联合混凝土三厂,组成上海第二混凝土制品总厂;上海混凝土六厂划归市建三公司;撤销混凝土八厂;1990年7月,上海建工机械厂划归安装公司;1992年1月,上海金属结构厂划归安装公司,上海红光建筑五金厂划归市建一公司。1992年12月19日,第一混凝土制品总厂、第二混凝土制品总厂、构配件运输队等合并组建上海市建筑构件制品公司,办公地址上海黎平路2号。1994年7月—1999年2月,公司新成立了上海益良房地产公司、上海豪城建筑发展公司、上海复兴建设实业公司、上海世强科技有限公司、上海益源管桩有限公司、上海四和物业管理有限公司、上海扬帆建筑物资供应有限公司、上海凯佳建材市场经营管理有限公司。构件研究所、构件中专先后撤销。2005年11月,建工集团决定构件公司与物资公司整合重组,组建新的上海市建筑构件制品公司;2006年9月终止重组;2007年6月,物资公司控股权划转至上海城建集团。2010年,公司所属单位有第一构件厂、第二构件厂、第三构件厂、第三搅拌站、第四构件厂、第五构件厂、第七构件厂、第八构件厂。公司全资或控股企业有上海益源管桩有限公司、上海东南混凝土有限公司、上海同玖混凝土有限公司、上海同舜混凝土有限公司、上海建工嘉罗混凝土有限公司、上海建松预拌混凝土有限公司、天津申益混凝土有限公司。公司生产经营管理部门设有办公室、经营生产部、财务管理部、审计监察部、技术质量部、设备安全部、人力资源部、法律事务部、保卫科。2010年5月,公司资产注入上海建工集团股份有限公司。2011年9月,公司办公地址迁至军工路2800号。2013年7月,构件公司并入材料公司。

60—80年代,构件公司生产混凝土构件以民用建筑的多孔板、阳台板、小方桩、扶梯段等和工业建筑屋面板、槽形板、吊车梁、大方桩、屋架等为主,生产构件逐步从露天作业、手工操作、自然养护转向厂房生产、机械上料、蒸汽养护。进入90年代,公司转向以生产市政工程为主的各类混凝土构件。从南浦大桥的桥面板到沪闵高架的节段梁,轨道交通的地铁管片、U形梁到磁悬浮运营线的轨道梁,世博工程的清水看台板到自承式钢筋桁架模板,虹桥机场的清水外墙挂板到出口日本的清水阳台板和菲律宾的轻质保温墙板等构件。公司在世博工程建设中,自承式钢筋桁架模板获得"2010上海世博会建设工程节能环保新材料"证书。2010年,公司生产混凝土构件36万立方米,位列上海地区第一。

进入90年代,公司开始开发特种预拌混凝土。公司首例生产的喷射混凝土,应用于江湾新城滑板公园多曲率圆弧混凝土面,具有黏聚性好、附着力强、密度高、凝结时间可随时调节的特点。公司首例生产的高抛自密实钢管混凝土,应用于华敏帝豪大厦地下4层、地上60层的每层12米高的钢管柱,可一次性从柱顶高抛混凝土自密成型,其间不需要任何振动,总量达3 000立方米,经同济大学测定,钢管内芯整体密实度无缺陷。公司首例生产的C80高强度泵送混凝土,在明天广场工程中应用3 533立方米,为在超高层建筑工程上应用取得了实践经验。同时,公司范围的拌站不断控制废水、扬尘、噪声、光污染,先后建成环保型拌站。2010年,公司生产预拌混凝土635万立方米。1994年完成工业总产值2.5亿元,1997年完成9.1亿元,2008年完成17.5亿元。

构件公司生产的混凝土构件和预拌混凝土,获得上海市科技进步奖5项、上海市市级工法2项、地方标准3项、发明专利2项、实用新型专利6项。公司倡导"科研求新、工艺求精、品质求高"的科技理念,"看重素质、看重潜能、看重创造"的人才理念,"诚赢市场、优赢品牌、创赢效益"的经营理念。公司职工历年获得上海市劳动模范16人次,劳动模范集体4个;公司荣获全国五一劳动奖状并多次获得上海市重点工程实事立功竞赛优秀金杯公司等荣誉称号。

第三节 上海华东建筑机械厂有限公司

上海华东建筑机械厂有限公司(简称华建厂)主营业务是建筑工程机械、混凝土搅拌运输车、混凝土半挂搅拌运输车、混凝土泵车、混凝土搅拌设备、灰浆输送车、建筑用金属结构的制造、销售维修,汽车制造、改装及以上相关技术咨询服务,公司还经营货物包装、普通货物运输业务。2010年,注册资本3 000万元。公司从业人员500人,其中,管理人员242人,工人217人,拥有中高级专业技术职务的82人,占管理人员的30.9%,其中高级专业技术职务的14人,占5.7%。技术工人181人,占所有工人总数的78.8%,其中高级技师1人,技师13人,高级工63人,占工人总数的35.5%。公司厂区占地面积10万平方米,建筑面积2万平方米,净资产为1.49亿元。2010年,公司生产、销售搅拌车2 891辆,实现13.98亿元销售产值,工业总产值11.94亿元。

上海华东建筑机械厂有限公司原名华东建筑机械厂,前身是1946年7月成立的私营企业包福记钢铁建筑厂。1953年1月,包福记钢铁建筑厂经公私合营改造成立华东钢铁建筑厂有限公司(简称华钢厂),1956年4月改名为公私合营华东钢铁建筑厂,厂址设在上海市临青路。1958年年初,华钢厂按照建工部支援广东、广西建设的要求,分调一半的人力与设备,建立广西柳州建筑机械厂(现柳工集团的前身)。1959年4月,华钢厂由国家建工部划归建工局。1962年7月,华钢厂与上海市建筑机械制造厂合并。合并后,以发展混凝土搅拌机械(含机、站、楼、车)为主要产品,兼营钢结构制造施工。1964年完成工业产值970万元。1966年10月,更名为华东建筑机械厂,企业性质改为全民所有制。70年代前,厂部科室最多设26个,车间有5个,总厂地址设在上海市长阳路1650号,大部分车间分布在杨浦、虹口等处。1975年完成工业产值2 186万元,1985年完成工业产值4 864万元。

1993年年初,华建厂撤销车间建制,推行分厂制,各分厂均实行内部独立核算。1994年完成工业产值1.4亿元。2001年3月,撤销华东建筑机械厂一分厂和二分厂建制,成立了搅拌车制造分厂,位于宝山区友谊路333号;成立搅拌站制造分厂,位于杨浦区长阳路1650号。2003年6月改制为上海华东建筑机械厂有限公司。2004年4月,公司总部搬迁至浦东新区衡安路1058号浦东新区高行工业园区内。是年,企业对原有的生产布局和组织形式进行了相应调整:撤销搅拌站分厂建制,拌车公司整建制纳入总部;建立搅拌机制造分厂;在新厂区内设置拌车、拌站、准备、泵车、涂装共5个生产车间,成立中心仓库,形成大宗材料统一采购、企业生产统一计划的集中管理生产模式。2006年成立浦东分厂,形成拌车、拌机、浦东3个分厂的生产格局,2008年完成工业产值4.9亿元。2010年4月,搅拌车分厂搬至太仓浏河(太仓市沪太路186号),2010年,公司生产经营管理部门设有经理办公室、综合计划部、财务管理部、技术质量部、劳动人事部、投资管理部、保卫监察部、搅拌车事业部和海外部。先后组建了拌车、拌站事业部,实现设计、生产、质量、售后服务一体化管理方式。2009年年底,公司全部资产由上海建工股份有限公司收购。

华建厂建厂初期主要从事锅炉、桥梁、钢结构等制造业务。曾承担过长春第一汽车厂、上海重型机器厂、上海汽轮机厂、安徽三河闸治淮工程、南京梅山水库等国家重点工程的钢结构制造和安装业务。50年代初,华建厂生产出中国第一代400升混凝土搅拌机,该机是我国早期混凝土施工现场的主导产品,1956年起开始批量生产混凝土搅拌机械。1964年开始生产以电动机为动力的JG250型混凝土搅拌机。该产品1980年获国家建委及上海市优质产品称号。1966年生产出JW1000型立轴涡浆强制式混凝土搅拌机,该机在全国独家生产达24年之久。1993年获得"质量信得过产品"称号,1995年评为"用户满意产品"。JW系列的混凝土搅拌机是华建厂的独家特色产品。1970年,华建厂试制成功HZZ-15混凝土搅拌站,该搅拌站是中国最早制造的混凝土搅拌站,在全国独家生产了13年;1979年生产的HL50混凝土搅拌楼,是国内最早的混凝土搅拌楼机型。

华建厂是国内最早生产混凝土搅拌运输车的企业。1966年,上海华东建筑机械厂与长沙建机所合作,试制成功JC2型(3立方)混凝土搅拌运输车,是中国最早的第一代混凝土搅拌运输车。该车在全国独家生产了20年之久。1983年,华建厂以技贸结合方式引进日本技术,生产具有国际先进水平的MR45型(6立方)混凝土搅拌输送车,填补了国内大型混凝土搅拌运输设备的空白;1997年,华建厂生产MR4530型(6立方)混凝土搅拌运输车,代表着中国第三代最先进的混凝土搅拌运输车。2001年开发10立方大容量混凝土搅拌运输车,2002年生产12立方的大容量混凝土搅拌运输车,是年还试制成功我国第一套船用大型混凝土搅拌站用于东海大桥海上作业。2007年,公司试制成功HDJ5570TYMSX型原木运输车,该产品出口到非洲,主要用于森林中砍伐下来的原木的运输。2008年,公司与中国铁建、军事交通学院共同研制出中国首创的公铁两用混凝土搅拌运输车,解决了客运专线无砟轨道施工中混凝土运输问题,在武广高速铁路项目的应用中得到好评。2010年,上海华建与国际知名传动部件制造商 ZF 联合推出达到欧Ⅳ排放标准的搅拌车。华建厂产品相继出口到非洲、亚洲、欧洲的一些国家,部分混凝土搅拌运输车部件出口日本、英国。

华建厂拥有自己的设计研究所,从事专门的产品设计研究和改进。"车用混凝土搅拌装置""用于装卸运输干粉砂浆筒仓的装置"等技术获得实用新型专利证书。公司相关人员还多次参加了建设部混凝土搅拌楼(站)、混凝土搅拌机标准的制订。自1998年10月至今已连续4次通过了ISO9001质量管理体系的认证。获得了欧盟 CE 安全认证证书。"HJ(华建)"牌混凝土搅拌输送车连续7次被评为"全国用户满意产品",是国内混凝土搅拌机械行业唯一获此殊荣的企业。华建厂先后获得全国五一劳动奖状、上海市平安单位、上海市自主创新产品奖、全国最受用户欢迎的混凝土产品品牌等荣誉。2002—2010年,在上海市重大工程立功竞赛活动中连续9次被评为上海市优秀公司,2012年,"HJ"商标被国家工商行政管理总局商标局认定为"中国驰名商标"。

第四章　房产和外经企业

第一节　上海建工房产有限公司

上海建工房产有限公司(简称建工房产)具有房地产开发企业一级资质。2010年,公司总资产78.5亿元、净资产13.8亿元;房产开发规模(在建项目)137万平方米,其中,新增开发面积69万平方米;房产销售44.27万平方米,销售合同额完成35.31亿元。公司在册职工132人,其中,各类专业技术人员102人,占职工总数的77.3%,具有中高级专业技术职务人员60人,占专业技术人员的58.8%;下属的控股子公司有上海建工汇瑞置业发展有限公司、建工汇福置业发展有限公司、建工九龙房产有限公司、达豪置业有限公司、徐州沪建房产有限公司及上海振新物业管理有限公司等22家。

1998年12月,上海建工(集团)总公司将集团房产部和各公司所属11家房产开发公司进行重组改制,建立上海建工房产有限公司,注册资本1亿元。其中,集团总公司出资58%,集团的10家成员企业各出资1%～10%不等。公司办公地址位于上海市四平路827号1号楼。2004年迁入四平路848号。2008年7月,注册资本增至9亿元。2009年6月,集团成员企业将各自对建工房产的投资全部划转给集团总公司,集团总公司持有公司100%的股权。2010年5月,上海建工股份有限公司完成对建工集团持有的上海建工房产有限公司全部股权的收购。2010年9月,公司办公地址迁入东大名路666号B楼。

建工房产内部经营管理体制采用管理职能制与事业部制相结合的模式。初期设有房产开发部、市场营销部、财务管理部、工程管理部、预算审价室、办公室;随着经营规模的扩大,为完善分工、提高效能,公司先后增加有关设计策划、售后服务、人事、不动产经营、审计监察等管理职能的部室,各部门名称、职能相应作了调整。2010年设有综合管理部、投资开发部、设计策划部、市场营销部(内设客户服务办公室)、资产管理部、工程技术部、财务管理部、造价管理部、人力资源部、审计监察室。公司对每个经政府部门审核批准的房产开发项目均设立项目公司,负责该房产项目开发建设全过程的组织协调管理,公司内部称为项目部。

建工房产成立初期,参与上海城市综合改造,利用集团部分自有土地进行房产开发。1999年8月,公司的第一个项目"天峰公寓"开工,2000年10月竣工;是年,接手四平路800号地块,妥善处置原开发商遗留问题,开工建造"天宝绿洲公寓",2002年11月工程竣工。2000年,公司通过拍卖获得人民路777号土地开发权,建造"东淮海公寓";2001年,公司参与黄浦区新昌路旧区改造,获取了首片集团外的土地,建造"上海滩·新昌城"。公司通过股权收购、参与土地"招拍挂"、城区综合改造、合作开发以及自有土地置换利用等途径,在居住类房产领域建立起"高、中档及普通住宅和保障性住房同步开发"的产品结构体系。2009年,公司与上海电气集团合作开发的"上海滩·大宁城",首次实现"当年拿地、当年开工、当年预售"的目标。在非居住类房产方面先后开发上海建工嘉定工业园、海尚杰座商办楼、文定生活创意园区、上海建工汇豪商务广场等工业、商务项目,实行租售结合,形成开发销售与置业经营并举的发展模式。在地域布局上,公司利用集团建筑施工业务向外省市拓展的机遇,逐步进入周边省市的房地产市场,2007年,在江苏省徐州市投资设立徐州沪建房产有限公司;2010年11月,在外省市的第一个房产项目——徐州汉源国际华城开盘,受到当地市场的欢迎。

建工房产是上海房地产行业最早通过ISO9001质量管理体系认证的企业,围绕"放心"二字,制订一系列完善规划设计、加强事前预防、实施全过程控制的管理制度和工作规范;采取设立专项奖励基金开展"放心房"建设竞赛,鼓励施工单位争创白玉兰工程和优质工程,强化对监理工作的检查监督,落实"一房一验"制度等措施,聚集参与开发建设的各个单位力量,努力把每个楼盘建造成客户放心、满意的"放心房"。"买放心",涵盖了销售服务的全过程。售前,合理定价,规范服务,诚信待客。售后,确定专责机构、配备专职人员,建立快速反应的客户服务机制;组织各物业公司开展"管理创优、服务创优"竞赛,定期检查讲评;创立"建客会"及其网站,加强与客户的沟通互动等。通过一系列措施,使客户买得放心,用得舒心,住得开心。2002年,在上海市房地产行业协会会同市房地局、统计局综合考评公布的"上海市房地产开发企业50强"名单中,建工房产排在第13位;2003年起跨入前10强行列;2009—2010年,公司的排名上升至第6位。2005年获评为"上海市房地产开发十大著名企业"。2006年,被评为"上海房地产关注商标(品牌)",2010年,获得"最受信任的上海房地产十大品牌企业"称号。

建工房产参与保障房建设,2003—2010年,公司累计开发重大工程配套商品房、经济适用房250万平方米,其中70万平方米已交付使用。公司第一个重大工程配套商品房宝山顾村项目获"2004年度上海市重大工程配套商品房建设奖";公司第一个集土地整理、规划设计、开发建造和公共配套于一体的房地产一级开发项目周康航大型居住社区拓展基地显示了公司综合开发能力。2004—2010年,上海建工房产有限公司连续7次获得"上海市重大工程立功竞赛优秀公司"称号。

第二节　中国上海外经(集团)有限公司

中国上海外经(集团)有限公司(简称外经集团),前身为中国上海对外经济技术合作公司。集团业务范围涵盖国外承包工程、境内外资工程、经援项目、外派劳务、工程所需设备材料出口、举办海外非贸易企业、上海市外商投资的咨询代理、在沪外资工程的代为转、分包及施工人员招用、技术进出口和进出口业务等;具有房屋建筑总承包、市政公用工程施工总承包二级资质,体育场地设施工程、机电设备安装、钢结构工程和建筑装饰工程等专业承包二级资质,对外劳务合作经营资格。2010年,注册资本7亿元。1984—2010年,国内外各类业务累计完成合同4 470个,实现营业额近221亿美元,其中对外承包工程、劳务、咨询业务29.5亿美元,进出口贸易、招标、房地产及其他191.4亿美元。集团拥有上海国际招标有限公司、上海外经国际商务服务有限公司等6家全资子公司,上海市机械成套设备(集团)有限公司等3家控股公司。集团现有员工868人,在岗人数816人。其中行业带头人、享受国务院特殊津贴专家1人,教授级高工2人,博士1人;具有高级专业技术职务人员占集团员工总数的8.9%,中级专业技术职称人员占31.4%。

1982年10月,经国家外经贸部和上海市人民政府报国务院批准、由上海市对外经济联络局改制为中国上海对外经济技术合作公司。1984年3月在国家工商行政管理总局登记注册。成立之初,上海市财政投入500万元,注册资本5亿元。1990年7月由事业单位转为企业。成立之初,办公地址位于上海市福州路53号,后几次变动,2010年,公司办公地址迁至上海市小木桥路681号。

外经集团成立后,进行过4次改制和资产重组。1995年,上海海洋石油服务总公司并入上海对外经济技术合作公司,公司于1996年10月更名为中国上海外经(集团)有限公司。2002年,以外经集团为大股东,吸纳上海城建集团等4家企业参股换股,组建成多元投资的国有控股公司。2005年9月,4家参股企业协议退出,外经集团进行第三次重组,上海上实(集团)有限公司等5家国有企业共同注资7亿元注册资本。2009年3月,市政府以划拨形式,由上海建工(集团)总公司取代上实(集团)有限公司成为外经集团大股东。2010年9月,市政府又将另外4家单位的股权无偿划转给建工集团,至此,外经集团成为建工集团的全资子公司。2010年10月29日,以中国上海外经(集团)有限公司部分资产成立的上海外经集团控股有限公司进入上海建工集团股份有限公司。

在企业发展和资产重组的过程中,外经集团内部体制也发生了很大变化。成立时依据业务范围分设建筑承包、劳务技术合作、工业承包和海外合资企业、进出口贸易、海洋船务、对外投资合作和国际招标等7个处(部)室。为适应业务的快速发展,通过内部整合,从1988年8月起先后成立上海国际招标有限公司(主营国际招标与咨询)、上海外经国际劳务公司(主营对外劳务合作)、上海申合贸易公司(主营进出口贸易)、上海外经投资公司(主营对外投资)、上海斯菲科国际工程有限公司(主营国际承包工程)。1995年上海海洋石油服务总公司并入后,亦单列为全资子公司。2005年9月第三次资产重组时,股东之一上海电气集团总公司将持有上海市机械成套设备(集团)有限公司(简称成套集团)的股权作价投入,使外经集团成为成套集团的控股母公司。

外经集团成立之初,作为上海市对外经济技术合作交流的龙头企业,曾与上海市纺织工业局、轻工业局、冶金工业局、机电工业局、上海电气集团、上海建工集团、园林集团等国内上百家单位合作开展劳务派遣、海外承包工程、海外投资和进出口贸易等业务,涉及130多个国家和地区。国际承包工程是外经集团主营业务之一。从早期的承接经援项目,如瓦努阿图南太平洋大学、苏丹友谊厅维修、也门立交桥、赞比亚广播发射塔等到带资承包、投资开发海外房产,如泰国国防部军人宿舍、俄罗斯军官宿舍、关岛假日别墅和公寓、洛杉矶时代广场等;从承接境内外资工程,如海口电厂、安庆腈纶厂到参加境外竞标、投标承揽工程项目,如朝鲜稀土提炼厂、荷兰园林工程、越南岘港转桥、越南国家体育场、越南国际会议中心、老挝巴色水厂、泰国BNS炼钢厂、蒙古都日根水电站、伯利兹综合发电厂等。在对外经营摸索和培育中,外经集团逐步形成了以电站、钢厂和水厂建设为主的工业工程总承包特色,除上述电站工程外,还建成了缅甸照济水电站、越南山洞电站等一批规模不一的电业项目,带动了一大批上海和国内成套设备制造企业走向国际市场。

外经集团是改革开放后我国最早外派劳务的企业之一,1983年起先后选派了5万余人走出国门,从事对外劳务技术合作。劳务派遣工种涉及机械制造、电子、计算机、渔业、商业、航运、医疗、服装、餐饮和服务等各行各业。公派劳务不断增加的同时,还开创了个人应聘赴境外打工的先河,累计派出"民间劳务"数千人。1984—2010年签订劳务合同4 068个,派出劳务5.21万人。其中,仅与日本输出缝制品工业协同组合联合会合作派遣缝纫工项目就延续了20年,派出的研修生逾万名。2002年起,外派劳务呈现下降趋势。

1986年,外经集团承接上海市第一个世界银行贷款项目——上海市合流污水综合处理一期工程的国际招标代理业务。1989年取得上海市建设工程招标代理甲级资质,2001年取得国家住建部建设工程招标代理甲级资质。在不断扩大招标代理业务范围的过程中,又逐步取得外经贸部、国家经济贸易委员会、上海市政府、国家财政部及国家发改委等单位认定的国际招标、政府采购招标、技术改造项目招标、中央投资项目的招标代理资质。先后参与了苏州河污水治理、南浦大桥、地铁一号线、虹桥机场、洋山深水港、2010年上海世博会等许多重大工程的招标代理,专业涉及水务环保、市政工程、楼宇机电、规划设计等8个领域。2010年完成招标项目817个,年招标总额超过68.8亿元。

货物和技术贸易进出口是伴随海外工程带动成套设备进出口发展起来的,从简单的商品进出口代理发展到技术含量大、附加值高的成套设备进出口,逐步形成了以机电产品、成套设备出口和技术进出口为特色的对外贸易,向越南、伊拉克、乌兹别克斯坦、塔吉克斯坦及中国香港等国家和地区出口了大量机电设备。

外经集团连续15年被美国《工程新闻记录》(ENR)列入全球最大225家承包商行列。被中国对外承包商会评为中国对外承包工程企业信用等级AAA级,对外劳务合作企业信用等级AAA级,是上海市唯一获得双AAA级的外经企业。集团及其下属4个企业连续多年被评为上海市文明单位,5人获得过上海市或国家外经贸部系统劳动模范称号。外经集团曾先后获得中国对外经济合作五星奖银奖、全国外经贸系统优秀企业,在对外经济技术合作领域具有较高的行业地位。

附：上海市机械设备成套(集团)有限公司

上海市机械设备成套(集团)有限公司(简称成套集团)系国内设备成套服务型企业。公司经营业务主要是为国家和上海市重点工程、重大技改项目提供成套设备。范围包括工程总承包与招标代理、进出口贸易、设备(融资)租赁、工程咨询监理等领域。具有与业务范围相当的甲级资质20多种。2010年,注册资本1.5亿元;职工人数为352人,大专及以上人数260人,其中硕士生13人,拥有各类高级专业技术职务人员30人,中级职务124人。工程技术人员占职工总数的63%。经营规模199亿元,营业收入22.4亿元。成套集团下属主要企业有上海机电设备招标有限公司、上海浦东机械设备成套有限公司、成套集团进出口公司、成套集团工程公司、成套集团实业分公司、成套集团咨询公司、上海市工程设备监理有限公司、上海设备租赁有限公司、上海联合典当行有限公司等。控股单位主要有亚同环保水处理江阴有限公司、上海市净化技术装备成套有限公司以及上海成套浦星、申成汽车销售服务公司等。

成套集团前身是上海市机电设备成套公司,成立于1959年1月。成立初期办公地址位于上海市南京东路88号,1997年迁至上海市长寿路285号16～20楼。1961年8月,公司与上海市机电设备供应公司合并成立上海市机电设备成套供应局。"文化大革命"初期,局机构撤销。1975年10月恢复成立,改名上海市机械设备成套公司。1985年11月,公司与上海机电设备招标公司合并(两块牌子一套班子)。1991年6月,更名为上海市机械设备成套局(简称成套局),隶属中共上海市工业工作党委、上海市经济委员会领导。1993年11月,由成套局组建上海市机械设备成套(集团)公司。1999年3月,改制为上海市机械设备成套(集团)有限公司,公司党政关系分别归口市工业党委和市经委。上海机电设备招标公司由上海市机械设备成套(集团)有限公司管理。2000年,上海市国有资产管理办公室将成套集团国有资产整体划转至上海电气(集团)总公司。2001年,成套集团改为由上海电气(集团)总公司、上海工业投资(集团)有限公司、上海国有资产经营有限公司等3家国有企业多元控股公司。2005—2010年,成套集团的股权通过增资、划拨等多次变更,大部分转至外经集团。

成套集团在机电安装总承包和设备成套业务方面主要为上海市重点工程、重大技改项目配给机电设备。同时,向工程总承包和设备集成方向发展,实施配给上万个项目,提供了近千亿元成套设备。实施机电安装施工总承包的项目有上海地区的合流污水治理工程,石洞口、白龙港、金山、竹园、青浦等污水处理建设工程,上海固体废物处置中心焚烧生产线等项目;广东、江苏、昆明、福建等地的市政设施项目。为工程项目提供设备成套服务的有上海苏州河治理工程,上海青草沙水库取水输水工程,闵行源江水厂工程,上海市轨道交道1、2、6、8、10号线停车站建设工程,上海黄浦江上游引水一期工程,江南长兴岛造船基地,上海浦东机场工程,上海市电话网扩建改造工程以及山东微山县城市建设环境保护工程等。

成套集团上海机电设备招标有限公司是1985年经国家经委批准依法成立的专职招标代理机构,是全国最早成立的专职招标机构之一,拥有国家发改委、商务部、住建部、财政部等认定的多种甲级招标资质,并通过了ISO9002质量体系认证。招标公司自成立以来,为国内基本建设、重大工程、固定资产投资(包括技术改造)项目,以及政府部门、金融机构和数千家企事业单位、20多个行业提供招标咨询和招标代理服务。2010年,招标项目2 043项,中标金额151.3亿元,在上海地区招标行业中位居前列。招标公司曾提供招标服务的项目有:上海市劳动和社会保障局系统集成与维护、上海市公积金管理中心设备集成与维护、东方有线网络有限公司数字化整体改造、上海海事大学临港新校区整体建设,以及上海市财政税务局、上海市金融期货交易中心土建、上海市城市规划馆、上海世博中国馆、上海外高桥港区洋山深水港工程、上海交通大学、复旦大学、上海中山医院、上海华山医院等项目的机电设备招标等。

成套集团于1992年开始涉足进出口贸易,1994年11月获进出口企业资格证书。2005年荣列全国进出口额500强企业以及上海市外贸行业百强公司。2010年,成套集团年进出口总额达3.5亿美元。成套集团为全国和上海市重大建设项目引进的设备和技术涉及吴泾化工厂设备、上海汽车制造和印刷技术改造工程、建设银行数据中心项目、国家开发银行大厦建设项目、上海期货交易所楼宇建设项目、上海轨道交通盾构等设备、新能源光伏领域引进项目工程;涉及延安路、复兴路、大连路、翔殷路越江隧道,长江隧桥工程,磁浮列车延伸段工程,外滩综合改造工程等。在国内贸易业务方面,成套集团国内贸易业务主要从事国外产品的国内授权销售和维修品牌汽车,工程项目机电产品销售和租赁。拥有长安福特、郑州日产、广汽传祺3家汽车专卖店。

工程设备监理也是成套集团的重要经营业务。1993年,成套集团与上海市质量协会、机电质量监督所等单位共同组建了上海市工程设备监理公司,是全国第一家工程设备监理公司。成套集团开展监理业务以后,涉及国家及上海市重大工程项目约160多个,在轨交建设、工业建设、民用建筑项目中具有代表性的工程有:武汉市轨道交通二号线机电设备系统总监理项目、成都和昆明地铁1号线一期工程机电系统工程施工计划及系统联调咨询、上海共和新路高架(1号线北延伸)工程,以及上海市轨道交通基本网络无线通信系统配套工程、上海市轨道交通多条线路的通信系统施工总承包监理项目等。其中,相宜本草化妆品公司和泰明公司汽车4S店工程荣获上海市优质工程白玉兰奖。

成套集团形成了具有自身特点的企业文化。成套集团的企业愿景是"上海成套——设备集成服务一流企业";企业精神是"团结、务实、敬业、创新";企业经营理念是"诚信服务、合作共赢"。成套集团连续多年被评为上海市合同信用AAA级企业、国家流通企业综合实力百强、上海市物资流通企业50强。荣列全国进出口额500强及上海市外贸行业百强企业。多次荣获上海市重点工程实事立功竞赛优秀公司、全国设备成套系统先进单位称号。上海机电设备招标有限公司2008—2010年连续3年获得中国招标代理机构十大顶级品牌、2009—2010年连续两年获得中国最具社会责任感招标代理机构称号。

第五章　设计咨询监理企业

第一节　上海市政工程设计研究总院(集团)有限公司

上海市政工程设计研究总院(集团)有限公司(简称市政总院)是一家拥有给水、排水、道路、桥梁、水工、建筑、轨道交通、磁浮交通、环境工程、园林景观、规划、地下空间、热电、岩土、测量、工程总承包等20多项专业的国家甲级综合咨询、设计、总承包集团企业,拥有建设部颁发的工程设计综合资质甲级、工程咨询甲级、城乡规划甲级、市政公用工程施工总承包一级、国家测绘局颁发的测绘甲级资格证书。被国际认证机构菲迪克组织(FIDIC)批准为国际咨询工程师联合会成员协会会员,并获得对外经济合作经营资格证书,质量、环境和职业健康管理体系认证证书。同时,还拥有科技经营、进出口企业国家级资格。2010年,注册资本5亿元。市政总院下属15家专业设计研究院、11家院属公司和19家沪外设计公司(办事处)。建有院士工作室、设计大师工作室、博士后工作站、研究院等研究机构。部门设置有办公室、组织人事部、市场经营部、技术质量部、资产财务部、监察审计室、工程项目管理部等。2010年年经营实收20.7亿元。拥有在编员工1612人,从业人员1889人,在岗人员1588人,各类专业技术人员1441人,其中,中国工程院院士1人、全国勘察设计大师5人、教授级高级工程师50人、具有高级专业技术职务的447人。

1954年9月15日,国家建筑工程部在上海成立中央人民政府建筑工程部城市建设局上海给水排水设计院筹备处。是年11月25日,在上海市圆明园路133号正式成立中华人民共和国建筑工程部城市建设局上海给水排水设计院。1955年5月20日,设计院划归建筑工程部城市建设总局,改名为城市建设总局给水排水设计院上海分院。1956年8月7日,改名为城市建设部给水排水设计院上海分院。1957年1月,由中央划归地方,直属上海市政府,由上海市建设委员会分工领导,改名为上海市市政工程设计院。1962年8月,隶属关系从上海市划归国家建筑工程部,改名为建筑工程部华东市政工程设计院。1970年10月19日起由建筑工程部划归上海市革命委员会领导,由上海市城市建设局管理,改名为上海市政工程设计院。1975年7月,隶属关系从上海市城市建设局划归到上海市设计党委;1977年1月,又划归到上海市革命委员会基建组。1979年2月,隶属关系从上海市基本建设委员会(原上海市革命委员会基建组)划归到上海市城市规划建筑管理局,1985年3月,又划归到上海市基本建设管理委员会。1993年6月17日,改名为上海市政工程设计研究院。

2001年5月,市政总院办公地址由圆明园路133号集中迁至中山北二路901号。2003年1月,市政总院由事业单位改为企业。2004年1月,隶属关系由上海市建设和管理委员会划归到上海市国有资产监督管理委员会。2005年12月30日,改名为上海市政工程设计研究总院,院属各设计所更名为设计分院。2006年3月,所属分院改为所属院。2010年9月,市委、市政府决定市政总院并入上海建工(集团)总公司。是年11月17日,改制改名为上海市政工程设计研究总院(集团)有限公司。2011年7月,资产注入上海建工集团股份有限公司。

1980年6月,市政院实行自主经营、自负盈亏的事业单位企业化管理。1984年9月,拟定并实行《技术经济责任制暂行办法》，1992年9月，市政院与上海市基本建设委员会签订了3年《经济承包责任协议书》，是年在院内开始推行技术经济承包责任制。1954—2010年，市政总院共完成7000多项国内外市政工程的勘察、设计、咨询、总承包项目，其中包括40多项世界银行、亚洲开发银行和各国政府贷款项目。

1954年建院初期，有给水、排水、道路3个专业和给水、排水、道路、机械、电气、概预算6个工种。建院当年承担了国家下达的洛阳、包头两市的市政工程设计。1955年，完成了建院后第一个项目——洛阳市涧西工业区给水、排水、道路工程。50年代到1964年，设计技术上主要是模仿和搬用国外标准。1964年，推行"三结合"的现场设计，走上独立创新的设计之路，承担设计的上海长桥水厂、广西柳州预应力T型钢构桥等工程，技术水平均达到当时的国际水平。经营区域主要在上海市及部分华东地区。60年代后期至1978年，受"文化大革命"影响，技术上缓慢发展，设计完成了上海金山石化总厂海水淡化厂、海南岛湿热汽车试验站跑道工程一期等一批在国内有影响的工程。

1984年10月，市政院在厦门市成立第一家外地分部，之后相继成立深圳、大连、青岛等分部。1987年7月，成立独立经营的上海市政建设工程公司，开始探索"一业为主，两头延伸"的经营模式。1987年11月，市政总院与丹麦克鲁格公司合作，成立上海市建设设计系统第一家合资企业——上海斯美克鲁市政工程有限公司。市政总院坚持以自主创新，设计完成了一批在国内外有影响的工程，有重庆长江大桥、宝钢引水工程、泖江大桥等，先后开拓了水工、固废处理、建筑等新专业。进入90年代，市政总院抓住机遇，立足上海，服务全国，积极开拓全国市场，承担了国内外有影响的品牌工程，有上海南浦大桥、杨浦大桥、上海南北高架路、安徽定远综合汽车试验场、上海外滩防汛墙、上海黄浦江上游引水、上海合流污水治理工程等。1998年，在全国市政设计院中首批通过ISO9001标准的质量体系认证。在设计手段上，全体设计人员淘汰设计图板，全部实现电脑CAD绘图设计。

2002年，市政院制定《市政院发展战略2002—2012年》。新开拓了规划、园林景观、磁浮交通、地下空间、水工、热电以及以设计为龙头的EPC总承包等专业。由以给、排水专业为主的设计院发展为多专业、工程全过程管理的集团公司。市场拓展从以上海为重点发展到全国各重点区域市场。这段时期完成的代表性工程有：上海磁浮列车示范运营线、上海卢浦大桥、上海虹桥综合交通枢纽、上海东海大桥、上海长江大桥、上海青草沙水源地原水工程、上海白龙港城市污水处理厂、佛山海八路金融隧道、乌鲁木齐外环路、重庆轻轨较新线、哈尔滨太阳桥、湖南株洲湘江风光带景观工程等。

市政总院获国家、部、市科技进步奖，詹天佑土木工程大奖，优秀设计金、银奖等697项；申请专利267项；编著出版《城市道路交通设施设计规范》《给水设计规范》《排水工程设计规范》等24部国家标准和规范；2000年以后，连续列中国勘察设计单位综合实力百强行列和全国市政设计行业首位。2000年，获上海市科技型中小企业100强企业称号；2003年以后，连续多次被命名为上海市高新技术企业；2004年，获上海市专利试点企业；2006年，被评为上海市专利工作示范企业、全国科技进步先进集体。

市政总院在抓好生产经营、科技创新的同时，抓好院的精神文明建设。1988年，成立职工思想政治工作研究会，每年围绕院的发展中心召开研讨会；1991年，制定计划开展上海市文明单位及各项创建活动。1993—2010年连续11届/次获上海市文明单位；2002年，制定《企业文化发展战略》，每年把精神文明建设工作纳入双文明建设责任考核。2003年，获全国模范职工之家；2004年，获全国五一劳动奖状；2003年以来，连续6次12年获上海市劳动关系和谐职工满意企业；获上海市厂务公开民主管理先进单位、企业文化建设示范单位、建设部企业文化建设先进单位、思想政治工作先进单位等荣誉称号。

第二节　上海市建工设计研究院有限公司

上海市建工设计研究院有限公司(简称建工院)以建筑设计、咨询监理和检测三大业务板块为主,具有建筑工程设计、建筑工程咨询、智能建筑含系统工程设计甲级资质以及市政公用行业工程设计乙级、岩土工程勘察乙级、压力管道设计等资质。建工院下辖3个控股公司:上海建浩工程顾问有限公司、上海市建设机械检测中心、上海东锦科技有限公司;有国家级建设机械检测试验室、公开发行的期刊《建筑施工》编辑部。2010年,注册资本1 500万元,从业人员265人,中高级技术人员占70.6%。2010年完成设计产值10 242.55万元,主营业务收入8 102.87万元。

建工院的前身是上海市建筑施工技术研究所,成立于1979年1月。筹建初期借用上海市武夷路150号作为临时办公地点。1979年5月,迁至卢湾区打浦路303弄30号市建804工程队基地,借用两个楼面作为主要办公地点。初创时期40余人,一年后发展为80余人,建立了建筑施工技术研究室、建筑施工机械研究室、电子计算机室、建筑科技情报室、建筑经济研究室和所长办公室等6个业务部门以及建筑设计业务组。1979年5月,创办《建筑施工》杂志。1982年6月,以参加宝钢建工分指挥部工作的人员为主,成立建筑设计室,设计人员40多人,开始从事建筑工程设计。是年,为加强科研管理,成立科研管理科。1983年,以宝钢建工分指挥部人员为主,成立勘察测量队。1986年3月,由建工局拨款140万元,在徐汇区港口地区征地11亩,建成总建筑面积4 000多平方米的科研基地,研究所从几个分散的办公地点,迁至龙吴路1502号办公。1988年,在建筑设计室和勘察测量队的基础上,合并成立上海市建筑工程管理局勘察设计所(对外名称)和咨询部,两个部门总人数扩大到70余人。同一时期,还调整了科研部门,成立6个科研室,新成立经营开发科和物管科。1993年3月,正式更名为上海市建工设计研究院。1995年上半年迁至武夷路150号一号楼、三号楼、四号楼办公。同期设立总工程师办公室。1996年,建工院重组3个专业室,形成2个土建室和1个设备室。1996年8月,成立上海建设工程施工现场机械检测中心,1998年1月改为上海市建设机械检测中心。1999年实现新签合同额246.8万元,2001年实现1 164万元。2003年,建工院改制更名为上海市建工设计研究院有限公司,完成事业单位向企业的转变。是年2月,监理咨询部、测量队等合并成立上海建浩工程顾问有限公司。2004年上半年,市建三公司试验室与建工院检测站合并为上海东锦科技有限公司。由此,建工院职能部门有经营生产部、综合办公室、财务结算部、总师办公室等,设计所有方案创作室、设计一所、设计二所、设计三所和钢结构设计所等,全资或控股企业有上海市建设机械检测中心、上海建浩工程顾问有限公司、上海东锦科技有限公司、上海建设机械质量评估事务所等投资公司等。当年实现新签合同额4 397万元,2008年达到8 154万元。

建工院在成立之初以施工技术研究为主业,主要是为建工局所承担的工程项目提供施工技术服务。着重对高层建筑起重塔吊、建筑施工模具、材料等方面进行研究,并取得了一批施工技术研究成果,开发了国内首台Z-80折臂式自升塔式起重机、混凝土掺原状粉煤灰的试验研究等,在南浦大桥施工中首创斜爬模、曲线预应力混凝土箱梁施工等新工艺研究。集团成立后,建筑设计即成为建工院主要业务之一。1995年获得甲级建筑工程设计资质,1998年,公司通过ISO9001标准质量体系认证;自主完成了一批中小型的建筑工程设计项目,特别是完成了金茂大厦施工图深化设计,不仅为上海建工集团成为跨地区、跨国界的大型集团提供了技术支撑,也锻炼了队伍,集聚了人才,提升了设计和管理能力。之后在恒隆广场、金光外滩等工程中加以继续实践和提高,为建工院发展深化设计业务奠定了基础。

2003年后,建工院在巩固上海市场的同时,实施"走出去"战略,设计项目遍及北京、天津、重庆、辽宁、黑龙江、海南、山东、安徽、湖北、云南、四川、广东、江苏、浙江、新疆等27个省(市)、自治区及部分海外市场。2010年,外省市承接合同量占总量的40%,其中江西省宜春市宜阳小区等项目合同额超千万元,太仓高尔夫湖滨花园是江苏太仓第一个结合独立别墅、联体别墅、叠加别墅、高层、小高层等多类物业的高档小区,获得江苏省勘察设计行业银奖。安徽黄山悦榕庄度假酒店项目是当地投资额最大的高端度假酒店项目。建工院先后与加拿大A.A.I国际建筑设计事务所、美国莫菲杨建筑设计事务所、B+H(上海)建筑设计咨询有限公司、日建设计公司等合作设计完成了重要建筑设计项目,与日建设计国际有限公司合作设计的卢湾区第9-1批租地块办公楼项目(现名新茂大厦)获得2007年度国家优质工程银奖、上海市优秀工程设计三等奖。建工院控股的上海建浩工程顾问有限公司承接监理咨询有70多项工程获省市、国家级奖状。公司进入中国监理机构百强行列。

建工院坚持走科技兴企之路,不断提升设计能级、管理能级,努力建设创新型企业。针对住宅项目的含钢量控制,中高端商办楼、高档酒店以及城市综合体规划设计,特大型工程项目设计管理等课题进行深入研究,总结出一系列设计标准和设计模式。针对建筑业新技术(如BIM设计、LEED认证)的引进和推广,积极参与探索实践,为新技术储备奠定了基础。在设计技术、建筑技术、施工技术等关键技术研究方面取得了重要的科技成果,并获得多项专利。其中,"预制装配式保温节能墙体""施加预应力地下连续墙"等工艺获得发明专利、上海科技进步二等奖。建工院设计项目合格率达到100%,优良率达到95%以上,顾客满意率超过90%。截至2010年,先后荣获国家、部、市级科技进步奖、国家科技发明奖、詹天佑奖、鲁班奖、国家市政金奖、国家钢结构安装工程金奖、上海市白玉兰奖和优秀勘察、设计、咨询奖等各类奖项近200项。2007—2010年连续4年获得"上海市重点工程实事立功竞赛优秀公司"荣誉称号,2009年获得"上海市平安单位""上海市模范职工之家"等荣誉称号。

第三节 上海市工程建设咨询监理有限公司

上海市工程建设咨询监理有限公司(简称咨询监理公司),原名上海市工程建设技术咨询公司,成立于1988年2月。公司具有工程监理甲级、工程招标代理甲级、工程造价咨询甲级、工程测绘甲级、工程设备监理甲级、工程咨询甲级、人防工程监理乙级等相关资质。注册资本600万元。公司下辖2个控股子公司:上海新宇工程建设监理有限公司、上海中宇工程建设技术有限公司;1个参股子公司:上海诚杰华建设工程咨询有限公司和5个分公司:第一分公司、第二分公司、第三分公司、第五分公司、项目管理分公司。2010年年底,公司完成综合产值1.054亿元。公司职工总人数178人,其中高级技术人员51人,中级技术人员53人,占职工总数的58.4%。

1988年2月,建工局组建上海市工程建设技术咨询公司,取得科技咨询证书、招标代理甲级资质;是年取得建筑工程承包、开发、设计等业务资格,增设工程建设监理部。开业初期总人数为7人,其中高级职称2人,中级职称4人,初级职称1人。注册资本20万元,是年8月又增拨100万元。公司办公地点设在江西中路406号2楼。1992年5月,公司向原市建三公司租赁东宁路341

号4楼404室作为办公使用;6月更名为上海市工程建设咨询监理公司。1993年购入海宁路55号11楼层面作为办公用房。1997年4月购入浦东东园四村439号603室作为注册及办公地点;2004年,公司搬迁到四平路827弄裙房3楼;2007年,公司搬迁至营口路588号8楼。1999年7月,公司增设工程建设项目管理为主营业务。1998年9月,公司进行股份制改制,股权比例为建工集团54%,职工持股会36%,自然人10%,并更名为上海市工程建设咨询监理有限公司,注册资本为500万元。2000年12月20日,建工集团将持有的9%股权转让给公司自然人股东,股权比例为上海建工集团45%,职工持股会36%,自然人19%。2008年,公司注册资本为600万元,持股比例不变。为加强外省市业务拓展和工程测量监测专业化发展的需要,公司于1999年成立了上海新宇工程建设监理有限公司、上海中宇工程建设技术有限公司两家专业子公司。2002年,造价分公司完成剥离改制重组,成立上海诚杰华工程造价咨询有限公司。

作为全国首批监理试点单位之一,咨询监理公司从1988年开始,承接以南浦大桥、杨浦大桥为代表的一批市政工程,1990年开始承接轨道交通建设项目。1992年承接了以金茂大厦为代表的一批高层、超高层建筑工程;2008—2010年,公司先后承接上海世博会文明馆、博物馆、综艺大厅、尼泊尔馆、世博会浦西江南广场等工程的监理业务。在发展工程监理主业的同时,咨询监理公司还拓展以工程项目管理等其他工程咨询业务。1996—2010年,公司先后承接交通银行数据中心(上海)、中国银行信息中心(上海)、中国人民银行支付系统、上海中心项目等重大重点工程的项目管理业务;中科院技物所红外光电实验大楼项目、张江高科技园区SOHO项目、上海铁路南站、复旦大学附属金山医院等工程的招标代理业务;逸仙路高架、中国浦东干部学院、久事大厦新建项目等工程的造价咨询业务;共和新路高架、上海环球金融中心桩基工程、长峰酒店、芦潮港监测项目、轨道交通等工程的监测业务。公司在江苏、浙江、海南、山西等省市设有分支机构,稳步立足当地市场。2010年,公司承揽以杭州莱福士、徐州苏宁广场、常州润华环球中心、南京世贸中心等为代表的外地标志性建筑项目的监理业务,外地项目合同签约额2 503万元,占公司总签约额的23%。

咨询监理公司成立以后,承接工程项目达千余项。已竣工项目中有28项荣获鲁班奖、500余项获得国家优质工程、市政金杯奖、白玉兰奖。公司先后获得中国建设监理创新发展20年工程监理先进企业、全国工程造价咨询先进单位和全国"八五"期间建设系统管理先进企业,连续多年被评为全国和上海市先进监理单位、上海市"信誉咨询机构"、上海市AAA级合同信用企业、上海市守合同重信用企业等荣誉称号。

第六章 事业单位

第一节 上海建峰职业技术学院

1998年4月,经上海市教育委员会批准同意,上海建工(集团)总公司利用建工技校的教学基地筹办建峰学院,校名为民办建峰学院(筹),筹建期间参加上海市高等教育学历文凭考试试点。1998年开始陆续招收房屋建筑工程、建筑室内设计、计算机信息管理、国际货运与报关、国际贸易、工商管理、商务英语等专业学历文凭考生,有1000多名学生获得由市高等教育自学考试委员会颁发的大学专科毕业证书。2002年4月,经上海市人民政府批准同意,上海建峰职业技术学院正式建校,作为行业办全日制高等职业学校,正式列入上海市普通高校招生计划,学制为3年。学院隶属于上海建工(集团)总公司管理,办学经费自筹。

建峰学院占地面积29 982平方米,总建筑面积51 824平方米,其中教学用房和实训用房面积分别为10 292平方米、4 400平方米。学院设有土木工程系、机电工程系、外经外贸系、医检与护理系、艺术教育系,开设建筑施工技术、建筑工程项目管理、建筑装饰工程技术、工程测量技术、护理、机电一体技术、报关与国际货运等26个专业,面向全国20个省市招生,在校高职全日制学生规模为3 600人左右,成人专科250人左右。学院结合职业教育特点,引进大批专业人才,学院共有专兼职教师239人,具有副高以上专业技术职称的73人,占30.5%;专任教师158人,其中具有博士、硕士学位的45人,占28.4%,专任教师中"双师型"(教师和职业专业资格)教师比例达54.5%。两名教师担任市高职高专教育土建类专业指导委员会委员职务,确定13名教师为专业(学科)带头人(负责人),其中重点专业占60%。2009年,"钢结构安装技术"教学组被评为上海高等学校市级教学团队。2005—2010年,总计培养毕业生6 500多人。

建峰学院自创办以后不断优化专业结构布局,深化与行业企业的合作,开展教育教学改革,取得了较好的办学成果。学院2002年开设7个专业,2010年发展到26个专业,初步形成了以土木工程为主,涵盖建筑工程技术、建筑工程经济、建筑工程管理等专业群,具有鲜明行业特色的高职院校。学院先后实施部级和市级科研课题80多项,教师在核心刊物及省部级刊物上发表学术论文100多篇;编著《建筑装饰施工》《建筑施工组织与进度控制》《施工项目管理》《园林工程设计》《自动检测与转换技术》等60多本专业教材,其中《建筑装饰施工》荣获2007年上海普通高校优秀教材一等奖。"建筑施工组织与管理""钢结构安装技术"等课程分别在2007年、2008年被确定为上海市精品课程。"计算机控制钢结构整体位移技术教学演示系统"获得高等教育上海市级教学成果二等奖。2002年7月,经上海市新闻出版局同意,学院开始筹备内部出版《上海建峰职业技术学院学报》,于2005年10月首刊,至2010年共出版了8期。

建峰学院与建工集团海外部、基础公司、安装公司等企业开展定向培养人才的合作,先后开办海外项目现场工程师班、项目安全工程师班等班,培养的学生成为柬埔寨、加蓬等国家海外工程中的技术骨干。学院与机施公司等企业共同研发建成体现最新技术的计算机控制大型钢结构安装技术、地下空间施工技术的实训基地,并从学生职业基本能力训练、专业技能训练和岗位综合能力训练3个方面的要求出发,构筑实践教学课程体系,各专业实践课时比例都在50%左右。学院与100

多家企事业单位建立长期稳定的合作关系,提供学生顶岗实习机会,70%以上的学生被校外顶岗实习单位直接录用。

建峰学院推行"一张文凭,多种证书",做到学历教育和职业资格培训同步实施,毕业生人均持有职业资格证书达到2.52张。学院坚持德育为先,促进学生全面发展。利用国庆日、建党日开展丰富多彩的理想信念教育活动,在2010年上海世博会期间,学院52名学生作为园区志愿者、近400名学生作为城市志愿者和社区校园志愿者参与了世博志愿活动。通过开展社团活动、校园艺术节、辩论赛等活动丰富校园文化,展现学生个性才能。各专业学生在上海市高校首届大学生工程能力竞赛、上海市国际商务单证技能竞赛、上海市广告艺术大赛等赛事中获得市级奖项,其中2009年获得全国高等院校"广联达"软件算量大赛二等奖、2010年全国大学生数学建模竞赛中获得上海高职高专唯一的全国一等奖。建峰学院毕业生就业率始终保持在97%以上,用工单位对学院毕业生的满意率达90%以上。2%的毕业生选择了自主创业。

2002年8月,经上海市教育委员会同意,建峰学院设立继续教育培训部;2003年9月开始举办成人高等学历教育。2005年被教育部、建设部批准为全国建设行业技能型紧缺人才培养培训基地。2007—2010年,学院配合集团总公司,先后完成对来自亚洲、非洲、加勒比海地区和南太平洋地区等国家170人参加的5期项目管理研修和建筑工程技术培训任务。2006年,学院技能培训中心获批成为宝山区唯一的建筑业农民工技能定点培训单位。

2007年,建峰学院通过教育部第一轮高职高专人才培养工作评估。2003—2010年连续4届被评为上海市文明单位;先后获得了上海市安全文明校园、上海教育系统法制宣传教育先进单位、上海市平安单位、上海市教育系统社会治安综合治理先进集体、上海市世博会教育系统安保稳定工作先进集体等荣誉称号。建峰学院地址为上海市漠河路1168号。2014年6月,建峰学院划归上海市教育委员会。

第二节　上海市建筑工程学校

上海市建筑工程学校(简称建工学校)占地26 023平方米。学校有教职员工138人,教师中具有中高级以上专业技术职称的占85%,"双师型"(教师和职业专业资格)教师占60%。全日制在校生每学年达到3 500多人。建校50年中共培养了6万多名技能型专业人才。

建工学校的前身是上海市建筑工程局技工学校,1960年8月,由上海市基本建设委员会正式批准成立。1961年8月,技工学校与局属上海市建筑工业专科学校合并,更名为上海市建筑工业学校,1962年7月撤销。1964年4月,重办上海市建筑工业学校。1966年,由于"文化大革命"的影响,学校停课,1977年恢复办学。1979年4月,上海市建筑工业学校更名为上海市建筑工程学校,成为全日制中等专业学校。从1979年秋季起正式向社会招收高中毕业生,学制3年。学校开设工业与民用建筑、建筑机械两个专业。1980年,学校在武夷路150号设立分部,开设建筑经济专业。1982年下半年起,改招应届初中毕业生,学制4年。1983年,以学校分部为基础成立上海市建筑管理学校;1991年,该管理学校并入上海市建筑工程学校。1990年,学校增设"建筑装潢"专业。是年,国家教委对学校进行全国中专学校办学水平评估试点,认为学校办学水平达到良好状态。建工学校始终坚持"依托行业,服务社会"的办学理念,贯彻"以就业为导向,以能力为本位"的办学指导思想,围绕着技能型、应用型人才培养目标,加强特色专业建设,形成了以建筑工程专业群为主,以建筑施工技术、建筑装饰、工程造价为重点的专业结构。其中建筑工程施工专业(原工业与民用建筑专业)延续51年,连续招生33年,2002年,由教育部批准为全国中等职业教育首批20个示范专业之一,上海市中等职业学校重点专业。建筑装饰专业是1989年全国率先创设该专业的8所中等专业学校之一,已连续招生21年。工程造价专业(原建筑经济管理专业)是上海市率先开设该专业的中等专业学校,已连续招生30年。

建工学校形成的以高级讲师领衔的专职专业教师团队和以高级工程师领衔的兼职教师团队"双师型",承担住房和城乡建设部中职教育、建筑施工与建筑装饰专业指导委员会主任和建筑与房地产经济管理、城镇建设与园林、建筑机电与楼宇智能化专业指导委员会委员等职;承担上海市中职教育建筑专业中心教研组组长,《上海市中职校建筑工程施工专业教学标准》《上海市中职校工程造价专业教学标准》开发项目组长等工作。在中国建设教育协会和中国基础教育研究会组织的论文、课件评比中,先后有60人次的教师获奖;教师编写并出版50多本教材,发表各类论文90篇;编写并使用的校本教材共计80本,其中《钢结构施工图识读》被评为市级优秀校本教材。在历届教师教学法改革交流评优活动中,6名教师获得一等奖,10多名教师获得二、三等奖。建工学校在学生中实施了"一张文凭,多张证书"制度,先后与上海市职教服务中心、行业协会、劳动和社会保障局等部门开展水电工、钢筋工、装饰工,以及施工员、测量员、安全员、资料员等培训与考证,毕业生平均上岗证的持有率为2.5张。学校历年来的就业率均达到98%以上。学校与企业加强校企合作的深度,共同实施"订单式"培养。先后与集团总公司、市建一公司、市建四公司、市建五公司等企业联合举办施工一线的安全员、质量员、关切、翻样、测量员等现场项目工程师班。学校与企业签订协议,共同组织教学,企业为学生提供实习场所,学生毕业后全部到相关企业就业,满足了企业对技能型人才的迫切需求。学校实施"技能大赛为引领,实训教学为主体"的实践性教学模式,实现技能大赛由阶段性工作向常态性工作的转变,学校连续4届作为上海市"星光计划"职业技能大赛建筑类赛事的承办单位,连续3届被上海市教委授予优秀组织奖,参赛学生共取得22个一等奖、17个二等奖、19个三等奖;连续3届作为上海市参加全国职业院校技能大赛中职组建筑工程技术技能比赛的领队学校,共摘得7个一等奖、5个二等奖、1个三等奖;6名教师被授予全国优秀指导教师荣誉称号。学校连续荣获全国职业院校技能大赛上海代表队优秀组织奖和全国职业院校技能大赛上海参赛受表扬学校。学校开展体育节、技能节、艺术节等活动,引导学生在活动中培养兴趣爱好、弘扬个性特长和展示才能,提高学生的创新意识、文化品位和艺术情操。将青年志愿者和暑期社会实践活动制度化,并纳入学生的考核指标。15名学生获得由上海市成才与就业杂志社主办的学生创业夏令营优秀商业计划书,2名学生分获2007年和2009年全球创业精神大奖并代表中国选手赴美国领取NIFT奖。

作为教育部、建设部全国建设行业技能型人才培养培训基地,建工学校与企业联合开发建立多个校内实训基地,建立了钢结构整体移位技术、地下空间盾构掘进技术、工程造价、室内装饰和建筑安装等实训项目,把反映建筑企业先进的技术移植到学校,学生不出校门即可进行项目的全过程实习,其中的钢结构整体移位技术还获得了上海市教委科研成果二等奖。学校是上海市职业技能鉴定中心认定的木工、钢筋工、建筑电工等10个工种初、中、高级的技能鉴定站,是上海市管道工和水电工中、高级的技能鉴定站,每年为6000多人次的外来务工人员进行上岗培训及职业技能鉴定。

1990—2010年,建工学校连续21年被评为上海市文明单位,先后被评为上海市教育系统先进集体、上海市中等职业学校职业指导与就业服务工作先进单位、上海市职业技能教育先进单位、中国建设教育协会先进单位、建设部职业技术教育先进单位等称号,并被中国建设教育协会授予建设领域人才培养特别贡献奖。建工学校地址为上海市龙吴路 4989 号。2014 年 6 月,建工学校划归上海市教育委员会。

第三节　上海建工(集团)总公司党(干)校

中共上海建工(集团)总公司党校、上海建工(集团)总公司干部学校合称上海建工(集团)总公司党(干)校(简称党干校),是集团所属的教育培训机构,主要从事党员干部政治教育、专业技术人员继续教育、执业能力资格证书考前辅导等学历和非学历教育。学校占地面积 5 000 多平方米,校舍总建筑面积 9 259.96 平方米,校内设有计算机房、多功能教室和 10 余间标准教室。学校创办于 1962 年 11 月,前身为上海市建筑工程局干部学校(简称局干校),位于上海市武夷路 150 号。1980 年 12 月,建工局党委建立局党校,统称党(干)校。1988 年 4 月—1994 年 4 月,党(干)校与上海市建筑管理学校(1980 年成立,初期为上海市建筑工程学校分校。1984 年改名为上海市建筑管理学校,1991 年并入上海市建筑工程学校)、上海市电视大学建工分校(1984 年成立,1994 年撤销)及上海市建筑工程职工大学(1985 年成立,1994 年撤销)共 4 所学校实行联合办学。1994 年,建工局改制为上海建工(集团)总公司,党校、干校两所学校的合称相应更名为上海建工(集团)总公司党(干)校。2005 年 10 月,学校成为教育部和建设部批准的全国建设行业技能型紧缺人才培养培训基地、建设部认定的上海市唯一的建设类一级资质培训机构以及上海市建筑施工行业协会指定开展专业岗位培训机构之一。2009 年 9 月,原属集团总公司的上海市建筑教育培训服务中心整体划入党(干)校。

1982 年,建工党校作为市委党校建工分校承担上海市第 9 期、第 10 期中青年干部培训班的办班任务,学员来自上海建设、科研、政法和交通等 4 个系统,共计 200 多人。1980—1984 年,党校承办由局党委举办的中青年干部培训班,共计 404 名,这批学员以后成为上海建工各个层面的领导骨干。1981 年 2 月—2010 年,建工集团(建工局、建管局)党校每年举办以思想作风建设为主要内容的科队级以上领导干部轮训班,累计 8 000 余人次。1980—2010 年,共举办青年干部培训班 29 期。1994—2010 年,集团党校进行各个层面党员日常的系统教育培训,领导干部培训累计 3 800 人次、青年干部培训累计 1 100 人次、入党积极分子和预备党员培训累计 7 000 多人次、党支部书记培训累计 1 700 人次。

1984—1988 年,党校开设 3 届两年制的党政管理专业大专培训班和政工中专班,共有 212 名学员取得了大专和中专的学历。从 1992 年起,建工党校作为中央党校函授学院的辅导站,开办了 12 届大专班和大学本科班,共有 1 208 名学员取得中央党校函授的本科和大专学历。1962—1965 年,局干校开办 3 届学制 2 年的中等专业班,招收应届高中毕业生 238 名,为建工系统培训复员军人 80 多人。集团成立后,党(干)校常年举办国企董监事执业资格培训、知识产权创新知识培训、外劳力管理员培训、保卫干部培训、建筑施工岗位培训、三类人员(法定代表人、项目经理、专职安全员)培训、会计、统计以及集团一级注册建造师考前辅导等,年培训量达 2 万人次。2007—2010 年,学校配合集团总公司先后完成来自亚洲、非洲、加勒比海地区和南太平洋地区等国家 170 人参加的 5 期项目管理研修班和建筑工程技术培训班等培训任务。

2010 年,建工集团提出"千人培训计划"的工作目标,党干校完成项目经理、项目工程师、生产经理、经营管理、法务合同管理等多个项目人员的培训,累计完成 2 000 余人次。学校在闸北开设建峰职业技能培训中心分教学点,与奉贤、青浦、嘉定及绿地集团等区县和企业联合开展各项培训,相继成为上海市职业能力考试院监理师,一、二级建筑师,一、二级建造师等执业资格考试报考点以及监理工程师,造价师,一、二级建造师等多个项目继续教育指定培训单位之一。2010年6月,学校受上海市职业培训研究发展中心委托,成立上海市职业培训建筑类教研组,专业涵盖架子工、木工、管道工、建筑电工、安装起重工、测量工、筑炉工等24个工种,该校担任组长单位,负责40余家成员单位的师资培训和教研活动。

党干校重视教师队伍的建设,坚持理论联系实际,教学与科研相结合,近年来出版有《经济法概论》《企业行政管理学》《预备党员须知》《建设工程项目管理》《施工项目管理》等教材10余本;自编(汇编)《质量工程师》《监理资料员》《项目经理》《合同法务管理》等各级各类培训教材20余本,在省市级以上刊物发表论文50余篇,完成上海市职业培训研究中心组织的《水电工》《管道工》《室内装饰设计员》《室内装饰装修质量检验员》等多个工种初、中、高级题库的编写修订工作。党干校先后荣获上海市第五届职业技能竞赛优秀赛区、上海市建设行业职业技能鉴定工作先进集体、注册造价工程师继续教育管理先进单位、上海市平安单位等市级荣誉称号。

2014年6月,党(干)校人员事业编制划入建峰学院,并划归上海市教育委员会。是年,成立上海建工集团股份有限公司教育培训中心和党员干部教育培训基地。

第四节　上海建工医院

上海建工医院(简称建工医院)是上海市二级甲等综合性医保定点医疗机构,国家卫生部临床路径管理试点医院。2010年,注册资本4 319.14万元,核定床位400张,占地面积2.67万平方米。医院临床科室有普外科、骨科、泌尿外科、乳腺外科、心内科、呼吸内科、神经内科、肾内科、眼科、妇科、小儿科、中医科等。2010年有职工468人,专业技术人员408人,专业技术人员占职工总数的87%,其中,中高级专业技术人员157人,占专业技术人员的38.5%。医院设备资产原值4 669.21万元,各类设备总数467台,包括西门子3.0T磁共振、西门子16层螺旋CT、通用移动式C臂机、德国蔡斯眼科OCT光学相干断层扫描仪、美国眼力健白内障超声乳化仪、关节镜、奥林巴斯电子胃肠镜、费森尤斯血透和血滤机、百级层流手术室、高压氧舱等一批先进的大中型医疗设备设施。2010年门急诊29.84万人次,床位使用率91.89%,出院病人8 948人次,体检业务5.1万人次,完成手术2 417例,业务收入1.86亿元。

1953年8月16日,上海市人民政府将原私营的大上海疗养医院、小南洋医院收购合并,成立上海市建筑工程局(建筑工程公司)职工医院。有床位51张,建筑面积650平方米,位于上海市复兴中路644号。1955年6月迁入上海市中山北一路666号,更名为上海市建筑工程局职工医院。1958年4月,华东建筑工程局职工医院支援内地建设迁至西安,其中少部分高年资医师及设备留沪并入建工局职工医院,床位增加到260张。1980年,医院对社会开放。1986年,床位数540张。1988年5月更名为上海建工医院。1995年被评审为二级甲等综合性医院,核定床位400张。建工医院围绕社会需求,立足医院实际加强特色专科建设,走内涵发展道路。医院历史上,心内科在溶栓治疗急性心肌梗死、恶性心律失常、顽固性心衰上取得了显著成效;外科在普外科常见病和消化道肿瘤综合治疗上积累了丰富临床经验;骨科在创伤性骨折、腰椎微创手术等方面创立了特色;呼吸科首创的YAG激光圈套术获市临床医疗成果奖;中医科的伤科治疗及自制的膏药成为特色;血液透析中心的规模和透析质量处于全市同级医院先进水平。

建工医院坚持"依托建工、融入虹口、服务社会"的办院理念,确立"错位竞争、特色发展"的办院方针,树立"扶需、扶特、扶优"的专科发展思路,持续加强专科建设,2010年,创伤骨科与关节外科、眼科、肾内科成为虹口区重点医学专科,骨科、肾内科成为卫生部临床路径管理试点专科。骨科拥有全国人工关节置换数量居前列的专家从事关节置换,在人工髋关节置换上开展了MIS微创技术,使病人早期下床恢复功能,对复杂髋关节翻修和脊柱骨折合并或不合并截瘫方面有独到之处,在颈椎病、腰椎间盘突出、椎管狭窄症等的治疗方面积累了丰富的临床经验;在老年骨质疏松合并椎体压缩骨折引起疼痛方面,用椎体成形方法治疗得到良好的效果。在创伤方面,对四肢骨折的手法复位与石膏固定和复杂骨折切开复位和内固定方面都有很好的疗效;在肱骨外科颈骨折有着较全面的治疗方案。眼科开展各种高难度的眼科显微和整形手术,擅长白内障、眼部整形美容、人工晶状体植入、青光眼、视网膜脱离及斜视矫正等手术,特别是在各种疑难、复杂、外伤性白内障和眼部肿瘤及外伤的功能性重建方面积累了丰富的临床经验。肾内科是包括门诊、病房及血液净化治疗于一体的肾脏病诊治科室,具备完善的专科实验室检查技术,积累了诊治各类原发性、继发性肾脏疾病及延缓慢性肾病进展的临床经验,并以施行血液净化治疗为临床特色,在血透、血滤及血液灌流等治疗项目方面处于同级医院领先水平;还开展肝功能衰竭、多脏器功能衰竭和药物或毒物中毒的救治及部分重症心血管疾病的抢救和治疗,收治急、慢性肾小球肾炎、肾盂肾炎及各种继发性肾脏病,急、慢性肾功能衰竭等较为严重、复杂的患者。这3个科室的持续发展,在医院专科建设上起到了引领作用。

建工医院履行行业保健和社会责任。50、60年代组织医护人员参与血吸虫病、肺结核的防治工作;70、80年代组织医疗队参加唐山抗震救灾医疗救护;开展矽肺、甲肝的治疗控制工作,常驻宝钢工地开展巡回医疗;开办医疗、护理培训班为医院和建筑企业培育医疗卫生保健人才。医院还设立地下病房,有手术室、化验、药房及X光室,病床98张(战时增设196张);共收治病员425例,在地下手术室完成手术301例。2003年组织抗击"非典"的医疗救治工作。2008年四川汶川大地震发生后,又先后派出三批医疗队随同建工集团抗震救灾援建队伍赶赴四川绵阳和都江堰为援建队伍提供医疗保障。医院专设体检中心,先后为30多万人次进行了健康体检。医院还派出多批医疗人员完成了国家援外项目施工人员的医疗保健任务。在医疗主业持续发展的同时,2004年与建峰学院合作开办医检护理大专学历班,培养医检、护理人员500多名。之后,医院又与学校合作,开办以长期卧床病人为主要服务对象的建峰护理院,核定床位230张。根据社会老龄化程度提高的状况和政府发展"为老服务"事业的政策导向,医院于2009年10月开办建阳养老院,核定床位180张。建工医院成为行业职工、周边社区居民医疗保健及养老服务的重要机构。

2005—2010年连续6年被评为上海市卫生系统文明单位,2009年荣获上海市健康单位先进称号,2010年被评为上海市厂务公开民主管理先进单位、上海市劳动关系和谐职工满意企事业单位称号。

第五节　建筑时报社

《建筑时报》是国家新闻出版总署批准,由中国建筑业协会、上海建工集团联合主办的中国建筑业产业报,总部设在上海。刊号CN31-0051,邮发代号3-82。报纸每周出版两期,每期对开彩印8版。报社设新闻采编部、专刊编辑部、广告通联发行部、总编办公室、北京办事处等部门。报社设有法律工作室、摄影工作室、读者服务部等机构和企业。报社还承担上海建工集团内部报纸《上海建工》的编辑出版任务。2010年12月,建筑时报社有员工37人。其中,编辑记者29人,有中高级专业技术职称的 18 人。报纸的发行面覆盖国内 32 个省(市)、自治区,年度总发行量最多为 5.5 万份。报社的广告经营及发行等各类收入最高年份总计达 1 000 万元。

1954 年,上海市人民政府建筑工程局党委决定创办并出版内部发行《建筑工人报》,5 月 1 日第一期出版。1959 年 1 月 2 日,《建筑工人报》改名为《上海建筑报》,1966 年,受"文化大革命"影响,报纸停刊。1982 年 3 月,经上海市新闻出版局批准恢复内部刊物编辑发行。复刊后,先后用名《建工通讯》《建工报》。1989 年,建管局决定改名为《建筑时报》,6 月得到国家新闻出版总署批准,取得公开发行的刊号。报社创办初期社址在上海市福州路 107 号。后期社址几经变迁,先后在九江路 137 号、江西中路 406 号、四平路 827 号振兴大楼 1 号楼、延安东路 110 号四川大楼等地办公。

1994 年 7 月,《建筑时报》由国家建设部建筑业司(后因执行国家有关规定退出)、中国建筑业协会和上海建工集团联合主办,并组成社务委员会。1997 年 7 月,报社成为中国产业报协会和中国报协行业报委员会会员及理事单位。自 1995 年 5 月起至 2010 年年底,在全国各省、自治区、直辖市及地级以上城市建立了 48 个记者站点,每年评选优秀通讯员、发行员和先进记者(通联)站。1998 年,报社完成全面网络管理的配置,实现了日常作业和新闻采写、编辑、传稿、签发全过程网络化,2003 年开始,报纸每期在互联网上发布电子版,并开始推出年度报纸合订本光盘。

以"忠诚于建筑业"为宗旨的《建筑时报》,全面报道中国建筑业产业政策、改革举措、行业动态、市场走势、企业经验等。报纸的版面相继推出纵横谈、第一视点、设计、建材与装饰、谈实论虚、钢结构、建筑钢材、建筑机械、园林绿化、建筑法苑、工程咨询、华东城乡、中外承包商道、中国建筑文化等特色专刊和栏目。1997 年 6 月 30 日,集合全国 2 000 多家包括香港地区 300 家建筑施工企业联袂庆贺香港回归。1998 年 2 月 19 日,《建筑时报》发表记者新闻述评《核验章丢得了吗?》在全行业引发政府质监制度改革大讨论。讨论进行了 10 个多月,引起建设部及全国各地建设建筑行政主管部门的关注,影响到全国建筑行业主管部门行政管理改革。2000 年 8 月—2002 年 5 月,《建筑时报》为工程款优先受偿法律问题对合同法第 286 条的法律性质及其司法适用,多次呼吁最高人民法院尽快出台相关司法解释。2002 年 6 月,最高人民法院对《中华人民共和国合同法》第 286 条中关于建设工程价款优先受偿权的法律规定作出司法解释,为司法解决建筑工程纠纷案件适用合同法第 286 条作出明确规定。1996 年 5 月,《建筑时报》特派记者参与全国文明工地建设情况的调查并进行广泛报道;6 月,发表记者采写的上海文明工地建设的长篇通讯,引起建设部高度重视,8 月 15 日,建设部发文学习和推广上海市文明工地建设经验。1994 年三峡工程开工、1996 年京九铁路通车、2006 年青藏铁路通车,以及 2008 年四川汶川震后援建等重大建设活动,报社都派出记者赴一线采访报道。

《建筑时报》开展多种研讨及评比活动,推动行业信息交流。主要有:与各地建筑协会合作开展的全国建筑行业年度重大新闻、年度人物评选;与中国建筑业协会、各地建筑企业合作开展的 21 世纪中国建筑企业家论坛;与美国麦克-劳希尔建筑信息公司、美国《工程新闻纪录》(ENR)合作开展的中国承包商和工程设计企业双 60 强评选;与各地建筑学会、大专院校合作开展的中国古典建筑学术研讨会;与上海市勘察设计协会合作开展的青年建筑师评选以及与律师事务所合作开展的建筑律师精英 30 强评选等。报社还组织、编著出版了多种图书和学习宣传资料,其中主要有《凝固的音乐——来自上海建筑业的报告》《世界建筑艺术邮票鉴赏大辞典》《想起唐朝——建筑时报中国建筑文化文萃》《丰碑铭记 1979—2008 中国建筑业实录》《澎湃的夯声——上海近代营造业留影》等。

2003年5月,报社成立"建工之友联谊会",为建工集团改制后的100余家企业搭设新的交流、发展平台,报社作为秘书长单位,具体负责联谊会每年不定期举行情况通气会、参观学习、合作交流等活动。报社下属的企业有1992年成立的筑波建筑装饰工程有限公司和筑波广告有限公司,2005年改为民营属地管理。2006年,报社收购1996年开办的上海建工印刷厂,厂区面积达3 000平方米,员工100多人,2013年歇业。2010年,所属单位还有建筑时报读者服务部。报社现地址为上海市营口路588号。

第三篇 职工队伍

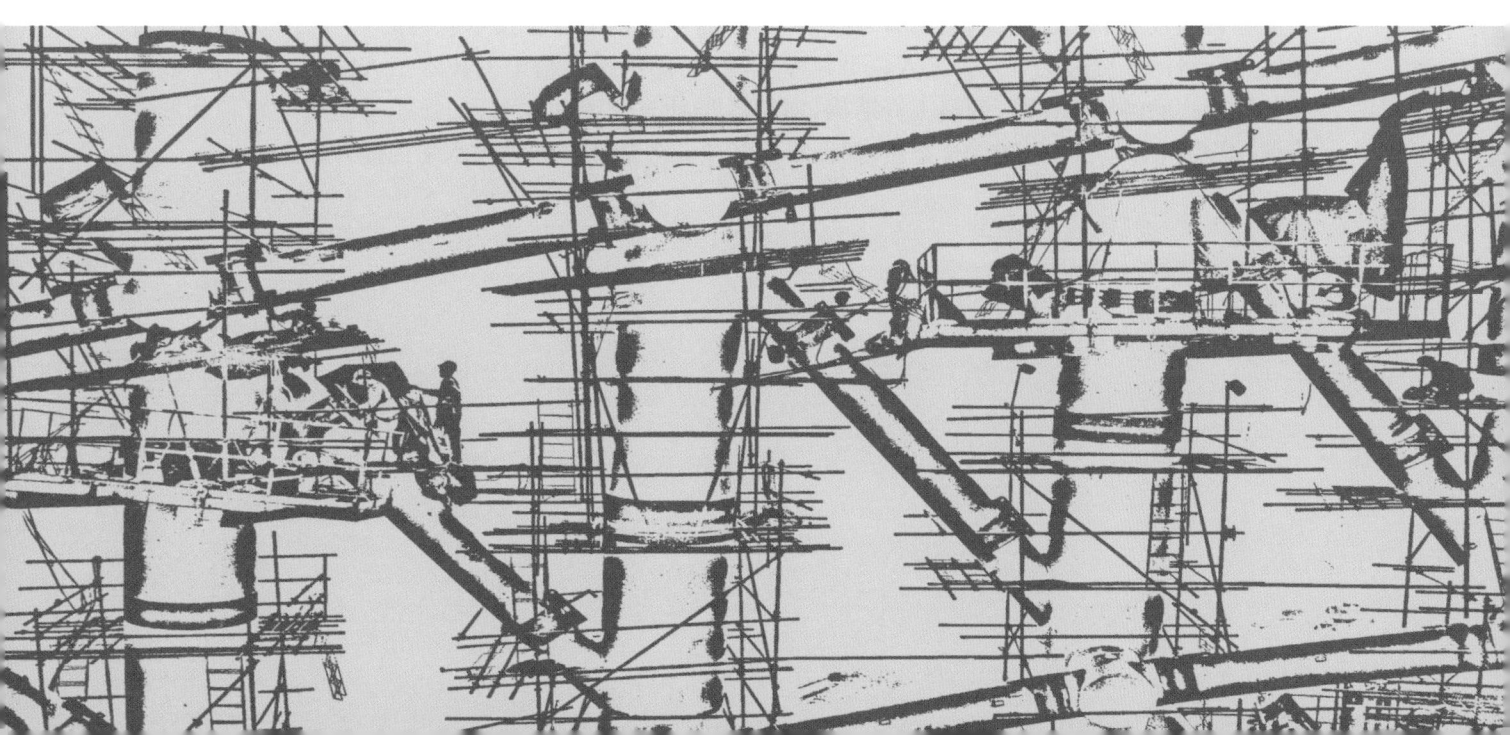

概　　述

1953年1月,以华东建筑工程部第三工程处等单位为基础,在全市抽调一批干部以及从私营企业中吸收部分技术人员和技术工人组建上海市建筑工程局,是年年底,职工总数2.03万人。按照计划经济管理体制,建工局实行国家统一的招工计划、工资标准和福利制度。1958年,根据基本建设发展需要,施工力量不断增加,1960年年底,全局职工有6万余人。职工队伍文化程度偏低,技术等级低,管理人员和工程技术人员占比不足9%。1961年,国家处于困难时期,基本建设任务压缩,根据国家有关政策,建工局采取精简回乡、支援外地建设、辞退、退职休养等办法,至1962年,先后精简职工3.14万余人。1962年年底,全局职工总数为3.12万余人。

1964年,随着国家基本建设的恢复和扩大,社会就业人数增加,建工局在上海市郊招收有一定操作技能的临时工,单一的固定工制向城市固定工制和农村临时工制相结合的二元用工形式转变。1967年后,一大批知识青年和大中专毕业生的加入,使职工队伍的文化、技术素质有所提高,队伍规模快速扩大,1986年,职工总数达到9.6万人。

80年代初开始,建筑行业劳务用工制度进行改革,企业经营管理自主权不断扩大,建工局进行劳动人事分配制度改革。在劳动人事制度上,从固定工制转变为全员劳动合同制;企业管理人员实行竞聘上岗、任期制和聘任制,事业单位实行聘用合同制。恢复技术职称的评定,进行专业技术职称评聘的改革,调动技术人员和管理人员的积极性。实施职工培训计划,在职工中普遍开展岗位培训和文化教育,职工队伍文化水平和技能素质得到较快提高。在分配制度上,1984年5月,建工局实行百元产值工资含量包干的改革试点,逐步形成经营者、管理人员和技术人员、工人等不同层次和岗位实行多形式的分配办法。1993年年底,全局职工数为7.43万余人。

1994年,建工集团成立。集团不断调整队伍结构,建立适应市场竞争的激励机制,提升职工队伍素质。90年代,集团通过减员分流、改制等措施,职工队伍总量大幅度减少;同时,招收应届大中专毕业生,吸纳专业成熟人才,实现队伍结构从劳务密集型向管理密集、技术密集型的转变。2010年年底,在全集团2.77万名职工中,大专及以上学历的占52%;管理人员和技术人员占61%。技术人员和管理人员中,大专及以上学历的占64%,具有中级以上专业技术职称的人员占38%,具有各类执业资格的人员占17.7%。工人总量在减少,但仍保留一支精干的技术工人队伍。集团不断完善各种形式的经济责任制,调整工资结构,增加各类补充保障和福利,加强职工的继续教育和职业培训,提高职工生活水平和综合素质,保证集团各项业务的拓展和管理水平的提升。

第一章 规模和结构

在计划经济体制下,建工局主要根据国家的计划招收或精简职工。建工集团成立后,按照集团的发展战略,通过推进"减员增效、下岗分流、实施再就业"工作,加大招收大专院校应届毕业生、吸纳社会成熟人才,使职工队伍的文化程度得到提高,管理人员和技术人员的数量有较大幅度增加。

第一节 规 模

1953年上半年,建工局职工总数为0.97万人,至1953年年底增至2.03万人。1958年2月,建工局与华东工程局合并后全局职工总数为3.19万人。至1960年年底,全局职工总数为6.06万余人。

60年代初,国家三年困难时期,基本建设任务减少。根据党中央提出"调整、巩固、充实、提高"八字方针,建工局实施精简人员。1961年精简职工1.42万余人,其中支援农业3 400人,支援外地建设3 100余人,辞退职工6 000余人,退职退休职工1 700余人。1962年精简职工1.71万人,其中辞退职工近4 400人,退职休养9 700余人(退职与辞退职工中有9 800人回农村),调其他单位2 700余人。1961—1962年,全局共精简职工3.14万人。

1964年,随着国民经济形势好转,基本建设任务有所增加。建工局所属企业从上海郊县农村招收有一定建筑手艺的人民公社社员,签订临时工合同。至1968年,全局19个单位共招用8 700余名社员临时工。1967—1968年年底,安置1966届、1967届应届初高中毕业生和中专、技校毕业生。70年代后期,国家基本建设规模快速扩大,建工局职工人数也随之增加,1978年,职工总数已达到7.85万人。进入80年代,大中专毕业生陆续分配进建工局。1986年,全局职工总数达到9.6万人,达到了建工局历史上职工人数的峰值。

进入90年代,随着建筑企业改革的深入,建管局在所属企业积极推行管理层和劳务层"两层分开",职工队伍结构发生了变化。各施工企业在工程项目上大量使用成建制外来劳务工,使自有职

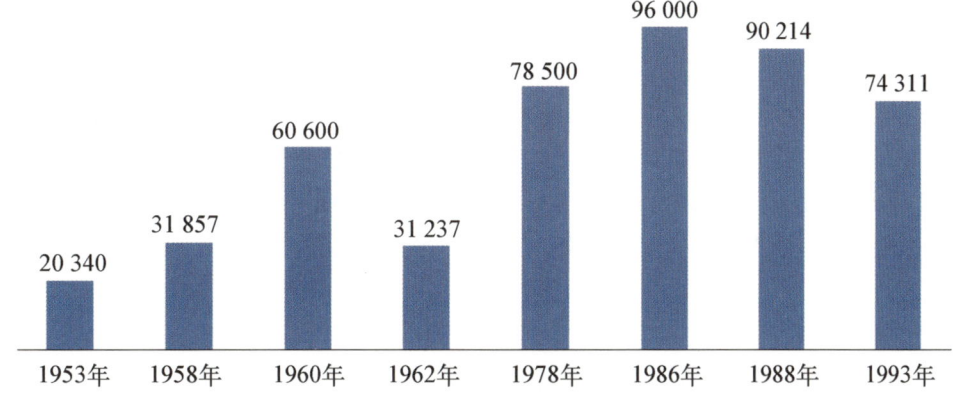

图3-1-1 1953—1993年建工局(建管局)职工人数变动情况(单位:人)

资料来源:建工局(建管局)职工情况统计表。

工队伍逐步减少,1993年年底,全局职工总数减至7.43万余人。

1994年建工集团成立后,集团不断加大对职工队伍结构的调整力度。在90年代初采取内部待岗、特殊工种提前退休等措施分流职工的基础上,继续采取多种措施减员分流。1996年起,建工集团依据与主业关联程度对第三层次单位进行剥离改制,推进部分中小企业民营属地化改革,一大批职工随同改制企业离开建工集团。1994—2010年,集团职工人数减少了5万余人,职工总数为2.77万人。同时集团为提升总承包、总集成能力和技术创新能力,不断加大人才队伍建设和专业技术管理人才的吸收,职工队伍的整体素质有了进一步提升。职工队伍中管理、技术人员所占比重不断上升,2010年,管理人员和技术人员达到1.69万人,占职工总数的61%。90年代初,由于不再招收普通工人,工人总量不断减少,但各单位培养高技能人才的工作始终未停。2010年,在5 000余人的在岗工人队伍中,有百余名技师、高级技师,400余名高级工和1 100余名中级工。

表3-1-1 1993—2010年建工集团历年职工人数表　　　单位:人

年 份	1993	1994	1995	1996	1997	1998	1999	2000	2001
在册职工数	74 311	69 174	63 750	59 256	55 290	51 772	49 459	45 622	43 389
从业人员数		73 988	69 096	64 199	59 701	50 333	44 266	39 803	39 422

年 份	2002	2003	2004	2005	2006	2007	2008	2009	2010
在册职工数	40 759	38 632	34 995	30 871	29 003	26 498	25 082	24 329	27 716
从业人员数	37 152	36 183	36 008	33 159	32 236	31 737	31 329	31 580	33 720

说明:从业人员数包括在岗职工、劳务派遣人员与其他从业人员之和。
资料来源:上海建工集团职工情况统计表。

第二节　来源和分布

一、管理人员、技术人员(干部)

【组建调配】

建局初期,建工局队伍以华东建筑工程部第三工程处等单位为基础,抽调全市有土木专长的技术、管理人员。全局有管理、技术人员751人,约占职工总数的7.7%。针对建工局管理和技术人员较少、管理力量偏弱的实际情况,1953年3月,市政府调来包括参加民主改革和有专业技术特长等方面的干部1 700余名,使建工局管理、技术人员力量得到增强。1958年2月,建工局与华东工程局合并,全局共有管理、技术人员4 400余名,占职工总数的13.8%。

【吸收、合营】

1953年2月,上海市政府动员市私营营造业劳资、技术和行政人员到国营建筑企业工作。是年9月,建工局从500余户私营企业中吸收577名管理人员,其中技术人员364人,会计、业务员、材料员213人。1956年,经上海市政府授权,由建工局负责对全市私营营造业进行社会主义工商业改造,组建公私合营联合生产队,共有1 550余户私营企业进行公私合营,吸收1 600余名资(私)方及代理人,350余名技术人员和950余名会计、材料、行政等管理人员。

【军转干部】

1952年9月,中国人民解放军工程部队建筑第5、第6师两个师划归华东建筑工程部。1953年建局时,华东建筑工程部第三工程处转业干部进入建工局。1954年,建工局接收164名军队转业干部。1958年两局合并之后,建工局继续接受军队转业干部,1975—1989年,按市计划指标有116名转业干部被分配到建工局工作。90年代后,军队转业干部安置方法进行改革,每年到建工系统的军转干部仅为个位数。

【以工代干】

60年代中期,建工局部分工人编制的职工从事党群、管理、技术工作(简称"以工代干")。1978年,全局"以工代干"人数有3 000余名,占管理、技术人员总数的30.6%。1982年,全局"以工代干"人数达到6 800余人,其中从事党群工作的近1 200人,从事行政管理工作的700名,从事技术、经济、会计等工作的4 600余人,从事生活服务工作的近360人。1983年7月,上海市委组织部、市人事局转发中共中央组织部、国家人事部《关于整顿"以工代干"问题的通知》,该通知规定对确有文化、技术,够条件的"以工代干"人员可以转为干部。按照国家和上海市的部署,1983—1984年11月,共有4 800余名"以工代干"人员转为干部,占总数的71%。1985年4月,上海市人事局印发《关于本市整顿"以工代干"工作结束的通知》,明确对于未转干的"以工代干"人员不再办理转干手续。

【全日制大中专生】

1953年建局初期,职工的文化程度较低,大中专生较少。1978年,近万名干部(包括"以工代干"人员)中,大学文化程度的仅有800余名。1982—1989年,建工局和建管局先后按计划招收3 000余名全日制大中专毕业生。建工集团成立后,1994—2010年,集团共吸纳大中专毕业生1万余名,其中大学本科及以上学历的将近一半,博士、硕士研究生850名。2000年以后,全日制大中专生逐步成为建工集团各级领导和管理、技术队伍的主体。

【专业成熟人才】

1978年,建工局承担宝钢工程建设任务。1980年,建工局党委先后3次向上海市有关部门申请从外省市调入技术、管理干部。调入技术、管理人员的主要条件是专业基本对口、50年代中专生或60年代大学生、年龄在45岁左右等。经市委组织部和市人事局同意,从全国20个省(市)、自治区先后调入231名技术人员。其中工程师27人,助理工程师4名,技术员198名。在调入的231名成熟人才中,有大学学历151人,中专学历71人,高中学历9人。在调入的人员中,有72人分配到宝钢上海建工分指挥部,119人分配到安装公司,其余人员分配到7个承担宝钢工程建设任务的局属企业。

1988年,经市政府批准,市人事局颁布关于人才流动的7个配套文件。1989年6月,上海市人才开发调节中心正式成立。建管局根据自身发展的需要,积极从人才市场引进企业急需的各类专业人才。90年代,建管局(建工集团)引进各类专业成熟人才120名。2000年以后,建工集团生产规模迅速扩大,对人才需求更加迫切,引进各类专业成熟人才的速度加快。2001—2010年,共引进各类专业成熟人才4 500余名。

随着建工集团"走出去"战略的实施,建工集团在部分省市建立分公司、办事处,并承接了一批工程项目。建工集团所属企业除派出自有职工到外省市工作外,还招收当地的专业成熟人才和大中专毕业生,这些职工与相关的分公司、办事处签订劳动合同。截至2010年6月,全集团各单位在相关地区共招收558名职工,占在外省市工作职工的19%。

【归并重组】

1999年,上海市司法局所属12家中小企业和250名职工划归建工集团。2003年,上海住总(集团)总公司所属市政工程部和上海市住乐发展总公司的14个工程项目部共200余名职工分别划入建工集团所属的市建四公司、市建七公司和机施公司;2003年9月,物资公司1 500余名职工划入建工集团,2007年8月,划转至上海城建集团。2004年,园林集团1 350余名职工整建制划归建工集团。2008年,外经集团875名职工划归建工集团。2010年,市政总院2 000余名职工整建制划归建工集团。1999—2010年,共计近4 000名管理人员和技术人员充实到建工集团。

二、工人

【私营营造厂工人】

1953年建工局组建时,从全市私营企业中吸收部分有建筑手艺的技术工人。1956年,根据政府"限制、利用、改造"的政策,由建工局负责对全市私营营造业进行社会主义工商业改造,在组建公私合营联合生产队过程中,吸收了近4 000名工人,其中大部分是泥工、木工、水电工、油漆工、竹工等有建筑手艺的技术工人,少部分是学徒、勤杂工。

【城市居民、郊县社员】

1956年,经上海市政府批准,建工局从社会上招收4 000名以打零工为生的建筑手艺人和其他无固定职业的城市居民(其中包括2 800名治理淮河人员)。

1964年开始,招收农村临时工("四六工"[①]、支援工、轮换工、合同工),充实项目一线的施工力量。

1982年,经市有关部门批准,从已在建工局所属单位工作2年以上、有技术的郊县支援工、合同工中招收2 500名全民所有制正式工人,充实各单位技术骨干力量,适应上海的城市建设及高级民用工程施工的需要。

【学徒工】

1963年12月,经上海市劳动局同意,建工局在全市11个区招收2 335名有市区常住户口的非在职、非在学的社会青年为学徒工(其中代培训335人)。培训工种主要包括木工、泥操工、泥粉工、扎铁工、油毡工、油漆玻璃工、管道工、起重工、焊接工、电气安装工、机修工、凿井工、重型机械起重

---

① 四六工即从郊县人民公社社员中招收的临时工,月工资40%发给个人,60%交所属人民公社,年终按折算的工分再进行分配。

司机等29个工种。根据培训工种不同,培训期限分别为2年、2年半、3年不等,培训期满后统一安排分配。

根据上海市革命委员会(简称市革委会)布置,1967年2月—1968年2月,局属14所技工学校、职工学校、半工半读学校先后有1585名学生转为学徒工。1972年起,建工局和所属企业先后举办职业学校和技工学校。至90年代初,有8500名学生毕业,其中大部分分配到建工局所属的企业工作。经过职业培训的学生成为上海建工技术工人的一个重要来源。

【知识青年】

"文化大革命"时期,高中、初中学生被称为知识青年。1968年7月,根据市革委会工交组计划,有7000名66届、67届高中生和初中生分配到建工局,其中66届高中生、初中生3000名,67届高中生、初中生4000名。1968年10月,市革委会工交组将67届高中生、初中生分配名额从4000名调整为3560名。这些人员先后分配在建工局所属18家企业工作。1971—1976年,每年有应届高中和初中毕业生分配到局属企业工作。

1971—1980年,一大批市属国营农场知青,由市劳动局按政策有计划调动进入建工局,其中仅1974年1月就达3850人。

1979—1980年,建工局根据市委、市政府关于统筹安排知识青年就业的指示精神,先后分批接收知识青年5868名("上山下乡"按政策回沪的知识青年1900余名,77届、78届高中毕业生3900余名)。建工局为此在所属7个建筑公司和构配件公司、安装公司、华建厂等10家企业内各筹建一个集体所有制企业,用于安置这些职工就业。

【市场招聘】

1985年,市政府批转《上海市工人合理流动试行办法》,工人调配制度改为组织调配与允许个人合理流动相结合。此后上海市及各区县相继开设劳务市场。1994年建工集团成立,为了补充一定数量的技术工人,集团主要从劳务市场招收大型机械设备操作工、电焊工、电工、管道工、起重工等技术水平较高的工人。

三、人员分布

建工局组建初期,在技术、管理人员岗位上的职工不到10%,90%以上职工在工人岗位。1958年两局合并时,技术、管理人员占职工总数的13.8%,工人占86.2%。此后30年,职工中技术、管理人员和工人岗位分布情况变化不大,脱产人员控制在国家规定的18%左右。1988年,技术、管理人员占职工总数为13.6%,工人占86.4%。90年代后,随着建筑企业改革深化和建工集团的转型发展,集团管理人员、技术管理人员的比例逐步提高。1993年年底,管理人员、技术人员1.82余万人,占职工总数的24.5%,工人占75.5%。2010年年底,全集团技术、管理人员比例上升到61%,工人占39%。

建工局成立时,在体制上采取局兼公司的组织形式。1954年2月,建工局建立局、公司两级管理体制。1958年2月两局合并后至1958年年底,全局职工5.52万人,其中局机关271人,建筑安装企业3.93万人,工业企业1.53万人,事业单位349人。1988年5月,建工局改为建管局,设立企管处、安监站、质监站、定额站,从建委行业管理部门划入99人。1988年年底,全局职工9.04万人,其中局机关351人,建安企业6.98万人,工业企业1.84万人,事业单位1840人。2010年年底,建工集团共有职工2.77万人,其中集团总部(含事业部)有职工1100余人,建安企业1.91万人,工业企业2700人,咨询设计企业2700人,房产、外经企业900余人,事业单位819人。

第三节 队伍结构[①]

一、年龄结构

1978年,建工局9946名管理人员、技术人员中(包括"以工代干")35岁以下的3060名,约占总数的30.8%。35~60岁的6748名,约占总数的67.8%。61岁以上的138名,约占总数的1.4%。

1984年,建工局11282名管理人员、技术人员中35岁以下的4730名,约占总数的41.9%。35~50岁的4424名,约占总数的39.2%。51~60岁的2080名,约占总数的18.4%。60岁以上的48名,约占总数的0.5%。

1993年年底,建工集团近18200名管理人员、技术人员中35岁以下的近6200名,约占总数的34%,35~50岁的近9500名,约占总数的52%,51~60岁的近2500名,约占总数的14%。另有40余名61岁以上的技术、管理人员。

随着集团吸纳大中专生人数的增多,管理人员、技术人员中35岁以下的青年比例不断提高。2010年年底,全集团1.68余万名技术、管理人员中,35岁以下的8100余名,约占总数的48.2%,35~55岁的近7300名,约占总数的43.4%,55岁以上的1400余名,约占总数的8.4%,管理人员、技术人员队伍的年轻化为企业持续发展不断增添新鲜血液。

二、文化结构

1978年,全局近万名管理人员、技术人员(包括"以工代干")中有大学生812人、高中生2400余人、初中生近4600人、小学及以下文化程度2100人。1984年,全局1.13万名技术、管理人员中大专及以上学历的有1527人、中专、高中学历的有3856人。1993年年底,建管局近1.82万名技术、管理人员中大专以上学历的有5000余名,中专、高中学历的有7500余名。

2010年年底,建工集团2.77万名职工中管理人员、技术人员1.68万名,占总数的61%;大专及以上学历的有近1.08万余人,约占总数的64%(其中博士、硕士研究生850余人)。

三、专业结构

建工局成立初期,管理和技术力量较为薄弱,管理人员、技术人员在职工中所占比重较小。随着建筑业的发展,建工局职工队伍中专业技术人员的数量不断增多。从80年代开始,国家开展对专业技术人员职务评定工作,一大批各类专业技术人员技术职称得到晋升。至2010年6月,建工集团1.68万余名管理人员、技术人员中,高、中级工程师4500余名,高、中级经济师1200名,高、中

[①] 主要为管理人员、技术人员的结构状况,工人队伍结构参见第三篇其他章节。

级会计师 300 余名。还有近万名大中专生和初级专业技术职务人员可补充到各个专业的高中级人才队伍中。

表 3-1-2　2010 年 6 月建工集团管理和技术岗位人员情况表　　　　　　　单位：人

层级	专业 人数	总人数	经营 管理	施工 生产	施工 技术	经济 财务	党群 干部	法律 文秘	其他
集团总公司管理的领导干部		318	119	59	25	41	56	3	5
二层次企业 中层管理人员	分公司负责人	799	233	221	123	79	137	1	5
	部门负责人	806	189	163	118	137	108	42	39
一般管理人员	现场管理人员	9 310	882	4 874	2 316	753	106	94	285
	部门管理人员	3 938	736	900	768	872	174	209	278
企业管理人总数		15 171	2 169	6 217	3 360	1 882	581	350	612

资料来源：建工集团职工情况统计表。

四、工人技术等级

1980 年,在建工局 5.5 万余名工人中,中级工以上的仅占 15%,初级工占 55%,普通工和学徒占 30%,工人的技术等级普遍较低。1981 年,建工局制定《1981—1985 年教育工作规划》,并组织各基层企业实施。至 1984 年,中高级工占工人总数的比例上升到 32%。1984 年,建工局制定《1984—1990 年职工教育规划》,进一步提出技术工人的培养目标。至 1993 年建工集团成立前夕,中高级技术工人占工人队伍的比例上升到 34.5%,并有 180 余名技师和高级技师。2010 年,在 5 000 余名在岗工人队伍中,有百余名技师、高级技师,400 余名高级工和 1 100 余名中级工。

第四节　退　休　职　工

一、退休职工人数

1984 年年初,建工局有退休职工 9 000 人。1993 年 6 月,退休职工人数达到 1.72 万余人,这些退休职工分散在全国 21 个省(市)、233 个县及上海市的 11 个区和 9 个县。1999 年,退休职工超过 2.5 万人,2003 年,退休职工突破 3 万人。至 2010 年年底,全集团共有退休职工 3.5 万余人。

二、管理机构

50、60 年代,建工局退休职工较少,没有设专门管理机构。1984 年 11 月,建工局建立退休职工管理委员会(简称局退管会),之后局属各单位先后相应建立退管会。为了便于对退休职工的管理,局退管会在市区建立 712 个联络点,把居住郊区的退休职工划分为 11 个管理块,形成管理网络。局和所属单位退管会成立后,定期组织退休职工学习;对退休职工家访,重点解决孤老、高龄、多病等退休职工的困难;组织退休职工开展有益于身心健康的各类活动。

1992年10月,建管局召开退休职工第一次代表大会,大会产生建管局退管会委员11人。通过《上海市建筑工程管理局退休职工管理委员会工作条例》(简称《退管会工作条例》),规定有退休职工30人以上的单位要设立退管会,配备专兼职工作人员,退管会下设若干个联系小组;退管会的任务是维护退休职工合法权益,关心退休职工生活。之后,局和所属单位按照局《退管会工作条例》,实施对退休职工的管理和服务。2010年年底,集团总公司和所属23家单位退管会正常开展工作。

第二章 用 工 制 度

建工局成立后一直采用统分统配的城市固定工制度。1964年后,根据工程建设的需要,从农村招收了一批临时工,使企业内部用工制度向城市固定工与农村临时工相结合的二元形式转化。进入80年代,随着劳动人事制度改革的推进,建工局用工制度又演变为固定工与合同制工相结合的二元形式。建工集团成立后,对劳动用工制度进行了改革,在企业中推行全员劳动合同制,在事业单位中推行聘用合同制。80年代末,随着企事业单位改革的深化,单位内部出现下岗职工。局属各企业制定措施,安置企业富余人员。1998年,集团和所属单位成立再就业服务中心(后改为人力资源服务中心),妥善安置下岗职工。

第一节 企 业 用 工

一、固定工

1953—1995年,建工局(建管局、建工集团)主要用工制度是固定工制度。职工招收是根据市计划指标,由市劳动部门分配到建工局,再由建工局分配到所属各单位。进单位的职工作为企业正式职工,执行国家统一标准的工资、奖金福利、津贴制度,享有全民所有制企业职工的各种权利。其间,先后有临时工、合同制工等各种用工制度存在,但固定工都占职工队伍总数的80%以上。

二、临时工

【四六工】

1964年,随着国民经济形势好转,基本建设任务增加,为了解决任务与劳动力的矛盾,建工局所属企业从上海金山、南汇、川沙、崇明等郊县各人民公社中招收有建筑手艺的社员,并与其签订临时工合同,合同可连续或多次签订。企业发放工资时,临时工工资额的40%发给个人,60%交所属人民公社,年终按折算的工分再进行分配。1968年,全局19个单位共招收8700名"四六工",涉及泥工、木工、粉刷工、电工等30个工种。1978年,市劳动局批准招收"四六工"6600人,1980年,市劳动局又批准招收"四六工"7000人。"四六工"用工制度一直沿用到80年代初。

【支援工】

1974年,因金山石油化工总厂建设的需要,经上海市劳动局同意,建工局通过上海市各县建筑服务公司从人民公社修建队抽调5000名工人支援金山石油化工总厂建设,这批工人统称"支援工"。"支援工"工资由相关人民公社修建队发放,后由建工局与各县的建筑服务公司结算。建工局负责发放"支援工"的生活补贴、夜餐津贴、交通费等。支援时间为两年。

1978年,为支援宝山钢铁总厂施工建设,建工局又申请1万名郊县"支援工"。是年为宝山钢铁总厂等重点工程建设需要,经市政府同意,从海丰农场、新海农场、长江农场等16个国营农场,前后两次招收5 000名有初步建筑技能的"支援工",时间暂定3年。"支援工"由各农场发工资,各相关建筑单位负责发放生活补贴、奖金、交通费等。后经市政府批准,这批来自国营农场的"支援工"全部划归建工局,转为正式工人。

【轮换工】

90年代初,建工局所属施工企业主要在江浙两省建有劳务基地,拥有数千人的劳务工队伍。随着这些地区劳务人员来源的减少和劳务成本的提高,1991年6月,经市劳动局批准,局属施工企业先后从宁夏、四川等地分别招收轮换工(所招工人原则上每两年轮换一次)673人。之后,建工局(建管局、建工集团)在全国四川、安徽、江西等6省14个县建立劳务基地,招收轮换工,以补充劳动力缺口。至1992年年底,从劳务基地先后招收2 400余人。90年代中期,轮换工这种用工方式逐步减少,但劳务基地一直存在。基础公司根据轨道交通、世博工程等重大工程建设和劳动力阶段性需求的实际,自2005年以来,先后在武汉、兰州、郑州等地建立劳务基地,并与相关职业培训学校签订定向培训协议,每年轮换招收盾构机操作工、测量工、电工等15~50名,全年保持使用50余名轮换工的常态。

三、合同制工

1980年,上海开始试行劳动合同制,通过签订劳动合同,确定劳动者和用人单位责、权、利关系。1983年,上海市规定全民所有制单位从社会上招收新工人,除学徒工外全部实行合同制。1984年,上海市又将合同制范围扩大到职业中学毕业生、按政策照顾安排工作的人员和中外合资、合作经营企业的全部职工。80年代—90年代中期,建工局所属企业招收的工人全部实行合同制。1982年年底—1983年2月,从郊县临时工中招收2 500名工人实行合同制。1984—1986年,退休顶替(即老职工退休后可有一名子女顶替参加工作)所招收的职工也全部实行合同制。

四、全员劳动合同制

1995年1月1日,《中华人民共和国劳动法》开始实施。1995年2月,建工集团成立推进全员劳动合同制领导小组和工作小组,印发《关于推进全员劳动合同制工作的意见》,提出变现行固定工、合同制工等各种用工形式为全员劳动合同制。1995年4月,构件三厂、东南商品混凝土厂等试点单位近千名职工完成劳动合同签约。1995年三季度,市建一公司、市建四公司、安装公司、材料公司、基础公司、集团总公司房产部完成劳动合同签约。1995年四季度,其余单位完成劳动合同签约工作。1995年12月25日,集团总公司与206名集团总部部门负责人和下属企业主要领导签订劳动合同。全集团共有5.5万余名职工签订劳动合同,实施率为95%。其中,签订无固定期限合同的4.4万余人,占签约人员的80%;合同期3年及以上的近5 000人,占9%;3年以下的6 000余人,占11%。2007年,《中华人民共和国劳动合同法》颁布,建工集团按法律规定对劳动合同及有关制度进一步规范和完善,全员劳动合同制成为建工集团用工的主要制度。

五、劳务派遣

90年代初,经过管理层和劳务层"两层分开"后成立的劳务分公司逐步发展成独立核算的劳务公司。当总承包企业、施工企业需要劳务工时,就与劳务公司签订劳务用工协议,出现劳务派遣的雏形。2007年《中华人民共和国劳动合同法》实施后,建工集团所属施工企业开始使用劳务派遣工,据2010年统计,全集团施工企业使用劳务派遣工6 900余名。

第二节　事业单位用工

一、事业单位编制

1983年,上海实行事业单位编制管理,事业单位用工必须在市编制委员会批准的编制内招收职工,编制内职工享受事业单位职工待遇。建工局的事业单位有建工学校、局技校、局党(干)校、施工所、建工医院、建筑时报社等。1988年,市建委把企管处、安监站、质监站、定额站等行业管理部门移交给建管局,实行事业单位管理。2002年年底,建工院由事业单位改为企业。2008年,随外经集团并入的上海机电设备招投标公司也属事业单位编制。2010年年底,建工集团管辖6家事业单位,其编制为:建峰学院人员编制245个,建筑时报社人员编制33个,建工学校人员编制180个,党(干)校编制35个,建工医院编制600个,上海机电设备招投标公司人员编制74个。

二、聘用合同制

1996年7月,集团总公司印发《关于贯彻实施〈上海市事业单位实行聘用合同制暂行办法〉的通知》,要求集团所属建工院、建工医院、党(干)校、建工学校、建工技校和建筑时报社等6家事业单位在1997年上半年全面实行聘用合同制。

根据集团的部署,6家事业单位建立由党政工负责人参加的领导小组与工作小组,组织职工认真学习《劳动法》和有关政策文件,做好定编、定岗、定员、定责工作,召开职代会(教代会),审议通过《聘用合同制管理办法》《下岗待聘人员管理办法》《违反聘用合同制的赔偿办法》等规章制度。之后,6家事业单位职工先后与所在单位签订聘用合同。1997年3月,集团总公司与6家事业单位主要领导签订聘用合同。2002年12月,建工院由事业单位转制为企业,全部职工按照市劳动和社会保障局《关于事业单位转制为企业后实行劳动合同制若干问题的通知》精神,与建工院签订劳动合同。

第三节　再就业工程

一、下岗分流

1988年,建工局所属企业实行经营承包责任制,不少企业内部推行层层承包,优化劳动组织,企业开始出现待岗职工。局属部分企业通过兴办"三产"企业、内部待岗等措施,安置分流企业待岗职工。90年代初,建管局实行管理层和劳务层的"两层分开",1994年年底,建工集团待岗职工有2 559名。1994年8月,建工集团印发《上海建工(集团)总公司关于加强企业内部待工职工管理的意见》(简称《意见》),《意见》明确内部待业人员包括因本人技术业务水平及其他原因,不能胜任现岗位工作,又不能安排其他岗位工作的人员;定编、定员、定岗后的下岗人员;职工患病或非因公受伤、医疗终结后经试工,不能坚持正常工作的人员;本人要求下岗,经组织批准同意的职工等;《意见》鼓励各企业多渠道安置下岗职工,鼓励下岗人员走出企业自谋就业,鼓励开展适合下岗职工特点的职业技能培训,促进其重新走上工作岗位等。《意见》对职工下岗期间的经济待遇、困难补助等作出规定。同时,集团通过正常退休,终止、解除劳动合同,自然退休,特殊工种提前退休,协议保留社会保障关系,病退等方式分流下岗职工,为"两层分开"后成立的各类中小企业剥离改制、民营属地管理创造了条件。1994—2005年,集团通过上述方式累计减少职工7.5万余人。

二、再就业服务中心

1998年8月,经市再就业工程领导小组办公室同意,上海建工(集团)总公司再就业服务中心(简称再就业中心)成立。集团所属企业相继建立15个分中心。1998年9月18日,建工集团成立再就业领导小组,加强对再就业工作的领导,并多次召开工作会议,交流再就业工作经验,引导企业切实稳妥做好职工再就业各项工作。至2000年年底,集团按市有关政策,进入各级再就业服务中心托管的下岗职工有4 671人,到2001年12月全部按政策退出各级再就业中心,退出率100%。其中到龄退休、特殊工种提前退休329人,占7.04%;原企业安置(含企业内部退休)1 359人,占29.09%;解除和终止劳动合同485人,占10.38%;协议保留社会保险关系2 492人,占53.35%;变更劳动合同留职停薪6人,占0.19%。1998—2001年,集团再就业服务中心共使用再就业资金2 461.26万元,其中市失业保险管理中心拨款687.67万元,市财政拨款677.48万元,企业自筹近1 096.12万元。2001年12月,经市再就业工程领导小组办公室同意,建工集团再就业中心撤销。再就业中心撤销后,建工集团和所属企业将其转为人力资源服务中心,主要承担新产生的下岗职工实施分流安置、对协议保留社会保险关系和企业内部退养人员的管理、探索大龄职工再就业实现形式、中小企业转制非公经济中人员分流等方面的工作。

第三章 职 工 培 训

50、60年代,建工局和所属企业通过举办职工业余学校、轮训班等渠道,对职工进行文化补习、技术和业务能力的培训等。70、80年代,针对"文化大革命"造成的破坏,建工局在青年职工中开展"双补"(补文化、补技术)的工作和专职岗位培训。90年代后,建工集团按照企业教育培训的中长期规划和年度计划,围绕建设一支高素质职工队伍目标,开展技术、管理人员与工人的岗位培训、技术技能培训、专业技术人员继续教育和执业资格考前培训等,不断提高职工的能力素质。同时,根据外省市建筑队伍与农民工数量逐步增多的情况,为提高分包队伍的素质,建工集团和所属企业的培训机构开展农民工上岗培训、分包队伍班组长培训和分包队伍安全员安全知识培训等。

第一节 教育培训机构

一、学校及培训中心

1953年建工局成立初期,建工局在上海浦东高桥开办职工轮训班,内容包括政治和技术业务轮训等。1954年9月,职工轮训班迁址江湾五角场,并改名为建工局职工学校,同时设立职工学校分校,主要任务是扫盲和办初等教育。建工局与电业局、长航局等七局合办干部业余文化补习学校,为干部补习初、高中文化。局属少数基层单位也开办职工业余学校。

60年代,建工局和所属企业在相继成立的中等专科学校、技工学校和职工学校中开展对职工的教育培训。"文化大革命"初始阶段,所有教育培训学校都停办。1973年,局和所属企业技校陆续复办,通过举办短期培训班和开办"七二一"工人大学对职工进行工民建、机械、电气、设备、深基础、塔吊等专业的培训。1978年,"七二一"工人大学绝大部分都停办,少数转为职工教育基地。

1987年全国岗位职务培训研讨会召开后,建工局把教育工作重点从学历教育转移到岗位培训上来,各企业停办技校、中专,改办培训中心。2010年年底,全集团有3所学校和10家企业建立培训中心,开展职工的各类教育培训。

表3-3-1 2010年建工集团承担培训工作学校情况表

学 校 名 称	办 学 地 址	培 训 项 目
上海建峰职业技术学院及上海建峰职业技能培训中心	漠河路1668号	与建筑行业相关的专业,岗位非学历教育培训、继续教育等
上海建筑工程学校培训部及分校	龙吴路4989号、三门路741号	与建筑行业相关的专业岗位非学历教育培训,技术工人培训等
上海建工(集团)党干校及上海市建筑教育培训服务中心	武夷路150号、江西中路406号	集团内中高层次管理人员继续教育,与建筑行业相关的专业岗位非学历教育培训、农民工培训等

资料来源:建工集团教育培训机构一览表。

表 3-3-2　2010 年建工集团企业培训中心情况表

企业培训中心名称	办 学 地 址	培 训 项 目
上海市第一建筑有限公司职工教育培训中心 上海市浦东一建职业技能培训中心	密云路 665 弄 1 号 4 楼 浦东南路 1580 号	管理人员上岗培训初证、复证，工人培训和"三类人员"（企业负责人、项目经理、专职安全员）安全培训
上海市第二建筑有限公司教育培训中心	河间路 2 号	建筑行业管理人员、工人岗位培训
上海四建职业技能培训中心	斜土路 1515 号	建筑行业管理人员、工人岗位培训
上海市第五建筑有限公司教育培训中心	真南路 100 号	公司内部管理人员和工人各类培训
上海市第七建筑有限公司教育培训中心	龙吴路 188 号	建筑行业管理人员、工人岗位培训
上海市机施教育培训中心	洛川中路 701 号	建筑行业管理人员、工人岗位培训，建筑施工特种作业人员培训，滚动式起重机司机、桥架式起重机司机培训
上海市基础工程有限公司职工教育培训中心	军工路 3000 号	建筑行业管理人员、工人岗位培训，特种作业人员（桩工）岗位培训
上海市安装人才培训中心及上海安装工程职业技术培训中心	同煌路 26 号	安装行业管理人员岗位培训、继续教育、执业资格考前培训和"三类人员"安全培训，安装行业工人等级工培训

资料来源：建工集团教育培训机构一览表。

二、职业技能鉴定所

1998 年 12 月，经上海市劳动和社会保障局批准，建工集团设立上海市第 154 国家职业技能鉴定所。鉴定工种为木工、瓦工、抹灰工、钢筋工、建筑油漆工、架子工、混凝土工、测量放线工、建材试验工、防水工等 10 个土建工种，鉴定等级为初、中、高级工。根据上海建工集团实际情况，154 鉴定所下设 7 个鉴定点，分工开展等级工考核工作。至 2010 年，第 154 国家职业技能鉴定所累计考核鉴定 4.2 万余人。上海市劳动和社会保障局同时还批准安装公司教育培训中心设立第 157 国家职业技能鉴定所。鉴定工种为电焊工，鉴定等级为初、中、高级工。第 157 国家职业技能鉴定所累计考核鉴定 1.8 万余人。合格者均发放全国通用的国家技术等级证书。

三、高技能人才培养示范基地

2008 年 8 月，经国家人力资源和社会保障部审核批准，上海建工集团为第二批国家高技能人才培养示范基地。示范基地有效期 3 年。建工集团国家高技能人才培训示范基地成立后，积极开展高技能人才培训的研究，组织实施考评员培训、鉴定题库开发和各类工种的培训鉴定工作，成为建工集团进行职后培训的基地和职工教育培训的实施平台。至 2010 年年底，累计培训砌筑、精细木工、钢筋、抹灰、建筑电工、电焊工等工种中级工 1 484 名，高级工 233 名。

第二节 岗位培训

一、管理人员（干部）岗位培训

1987年4月，建工局召开企业教育工作会议，明确局教育培训工作重点转移到"十一大员"（施工员、预算员、统计员、财会员、计划员、质量员、机管员、劳资员、定额员、安全员、材料员）等岗位上来。1988年1月，建管局印发《上海市建筑工程管理局岗位培训三年规划》，要求各单位积极开展"十一大员"岗位培训，3年内培训"十一大员"2100人，使施工现场管理人员逐步做到持证上岗。

1995年，建工集团根据市建委对全市建筑施工企业质量员、安全员开展复检验证工作的要求，对质量员、安全员进行复检验证工作。1997年，建工集团又提出开展施工现场关键岗位复训验证工作。之后项目经理、"十一大员"都按规定，每2~3年进行复训、验证，不断进行知识更新。

1997年6月，建工集团印发《上海建工（集团）总公司职工教育培训管理规定》，进一步要求做到管理人员全部实行持证上岗。根据建工集团规定，各单位相继制订培训规划，申办教学点，编写培训教材，配备授课教师，开展上岗前培训，因而使集团持证上岗工作不断得到推进，基本实现了管理岗位持证上岗全覆盖。

二、工人培训

建工局成立后，注重技术工人培训，并不断提高工人技术等级。1954年，建工局职工学校就培训了300名技术工人，涉及电焊工、水电工、机修工等工种。直至1966年，建工局和所属企业技工培训工作没停顿过。"文化大革命"开始后，技工培训工作一度中断；1973年，企业部分恢复技工培训。

1981年和1984年，建工局先后在《1981—1985年教育工作规划》和《1984—1990年职工教育规划》中提出技术工人培养目标和措施。1986—1990年，先后开办木工、抹灰工、油漆工、机械修理工、电焊工、安装电工、起重工等七大工种的高级工培训，累计培训728人，其中433人获得7级工证书。1991年，建管局印发《关于高级技术工人培训、考核、发证的实施暂行办法》，规定高级技工培训时间不低于1300课时，其中理论培训不低于600课时，因而使高级工培训的质量进一步提高。2000年以后，通过高技能人才培养示范基地建设、创立以劳动模范领衔的"劳模创新工作室"渠道，开展技工培训工作。

1987年，安装公司进行工人技师培训的探索。经培训、考核，评定工人技师18名。1987年9月，建工局印发《关于评聘工人技师的暂行办法》和《关于在市建四公司开展木工、泥粉工技师评聘试点的通知》，并成立局技师评审领导小组。1989年6月，市建四公司建立木工、泥粉工培训点，对参加技师评聘的人员进行培训、考核。1990年1月，经上海市劳动局核准，13人被评为工人技师，其中木工技师3人，抹灰（即泥粉）工技师10人。1990年4月，建管局印发《关于评聘工人技师的实施意见》，对全局开展木工、抹灰工、油漆工、机械修理工技师评聘工作进行部署。至1991年年底共培训150余人，经考核75人取得技师证书。

1993年7月，建管局印发《关于高级技师评聘实施办法》，确定安装公司为高级技师评聘试点单位。1994年，高级技师评聘工作在全集团推开，进一步完善了技师评聘制度。2010年年底，建工集团共有高级技师、技师97名。

1995年10月,按照市建委3年全面实行工人持证上岗制度的要求,建工集团规定:集团内从事木工、砖瓦工、抹灰工、钢筋工、混凝土工、防水工、设备安装工、管工、桩工、中小机械操作工等十大主体工种,从事人货电梯驾驶员、起重机械驾驶员、指挥员、挂钩工、建筑登高架设工、压力容器操作工、焊工、司炉工、电工、爆破工、施工区内机动车驾驶员等特种作业人员,全部需持证上岗,并设立7个上海建设工人上岗资格考核站,落实工人上岗前培训、考核、发证等工作。至1997年3月,现场施工工人持证率达到90%,其中自有职工持证率达93%,外包工持证率为78%。是年3月,建工集团印发《关于进一步加强工人持证上岗工作的通知》,要求各企业确保1997年上半年全部实现持证上岗。2003年8月,根据市建委的规定,未经安全生产基本知识教育培训或考核不合格的人员,不得在上海市从事建筑施工作业。建工集团对施工现场作业工人上岗培训考核中,加大了安全生产基本知识的教育力度。从此,上岗前进行培训、发证工作成为常态。

三、专题培训

【"双补"(补文化、补技术)教育】

针对"文化大革命"造成青年职工普遍文化程度低、技术水平差的情况,从1981年开始,建工局通过开办职工学校、文化补习班、技术培训班等形式,对全局2.27万名达不到应知应会技术标准和3.2万名达不到初中文化程度的青年职工进行补习初中文化和初级技术的培训工作,到1985年基本结束"双补"任务,平均合格率在80%左右。从1985年开始,建工局又在职工中开展高中文化教育、中等专业教育、中等技术教育的工作。

【国际化人才培训】

1994年8月,为适应集团跨国经营的发展战略,建工集团举办外向型人才培训班,培养一批了解国际惯例、懂技术、会管理、善经营的国际工程承包人才。15位学员经过8个月的英语强化培训,并学习国际支付与结算等10余门专业课程,学习结束后被分别派往海外分公司或涉外工程工作。

2006年下半年,建工集团举办国际化人才培训班,抽调集团内有3年以上工作经历、大学本科以上学历、年龄35岁以下、有一定外语水平的16名职工,经3个月集中学习,提升语言能力、商务能力、跨文化工作能力,并派往国外分公司或海外项目实习1~2年。培训结束后充实到国外分公司,增强经营管理力量。

2010年9月,集团海外部与建峰学院合作,从建峰学院毕业班学员中选拔30余人,定向培养海外工程项目现场施工管理人员。经过一年的培训,30余名学员初步掌握海外工作的基本知识,获得了多张管理人员的岗位证书和技能等级证书以及汽车驾驶证。2011年下半年,这批学员陆续被派往海外工作。

【董事、监事职业资格培训】

2006年4月,建工集团举办市国资委(上海建工专场)董事、监事培训班,培训班为期6周(每周2天),参加培训的有集团所属企业董事、监事和后备人选近150人。培训结束后统一参加上海市职业能力考试院考试,成绩合格者发职业资格证书。建工集团共有94名董事和43名监事获得上海市国有企业董事或监事任职资格证书。通过专题培训,建工集团内董事、监事成员持证率达到98%以上。

【执业资格考前培训】

1994—2004年,国家人事部和建设部先后颁发了注册建筑师、监理工程师、造价工程师、结构工程师、城市规划师、质量工程师、建造师、安全工程师、土木工程师(岩土)、公用设备工程师、设备监理师、电气工程师等12个建设工程类执业资格制度的规定。建工集团每年组织部分相关人员进行执业资格考前培训,重点是与项目建设直接有关的一级注册建造师、安全工程师、质量工程师、造价工程师的考前培训,并对取得一级注册建造师资格的职工进行奖励。至2010年6月底,建工集团具有各类执业资格人员2 564人,占管理人员总数的17%。其中具有一、二级注册建造师资格的1 869人。

【千人培训计划】

2010—2012年,建工集团连续3年提出千人培训计划。由集团统一制定培训方案、教育计划、编写培训教材和案例,并由领导和专家上课。其中2010年对集团管理的领导干部,建筑安装企业、园林(集团)公司所属分公司的党政主要负责人,在项目现场工作的一级建造师共1 300余人进行集中培训。2011年对集团管理的领导干部和所属企业、分公司三级生产经理,部分项目工程师2 300余人进行培训。2012年对集团管理的领导干部以及合约、法务、经营、财会、技术等关键管理岗位专业人员进行培训。

四、农民工培训

90年代初开始,随着外省市施工队伍进沪和建筑企业用工方式的变化,上海建工所使用的外省市分包队伍增多,其中绝大部分是农民工。为提高劳动者素质,确保工程质量和安全文明施工的需要,从90年代中期开始,建工集团通过企业培训中心、民工夜校、工地夜校、工人上岗资格考核站等多种培训载体,对农民工进行上岗前培训、安全知识培训和技能培训。每年培训农民工2万人次左右。2002年开始,建工集团对在集团内施工的分包施工队伍中的现场管理人员、分队长、班组长等人员进行培训。培训内容为外包管理、安全管理、质量管理、文明治安管理等基础规章制度和管理规范。培训分期进行,每期20课时。此外,外包队伍现场管理人员、分队长、班组长还需每2年复训一次。

2005年,市建委等单位开展职业技能竞赛。在每次竞赛活动前,集团均成立工作小组,由集团分管领导担任组长,工会和集团处室负责人担任副组长,并设立竞赛区、落实场地和参赛选手。在集团派员参加的2006—2010年四届技能竞赛中,共有37名获得上海市建设行业技能手称号。

第三节 继续教育

1996年,上海市委组织部等五个部、委、局印发《关于组织各级干部参加现代科技知识培训的通知》,要求企事业单位在职专业技术人员和管理人员,重点是领导干部,参加《现代科技与上海》为统一教材的学习。建工集团先后组织4期集中学习,全集团领导干部和管理人员计1万余人参加学习。

1997年4月,建工集团印发《关于建工集团专业技术人员继续教育制度及继续教育证书登记的实施办法》。该办法明确继续教育及证书登记对象为集团内从事工程技术、经济、会计、统计、教师、卫生、档案、翻译、政工等工作的在职专业技术人员以及管理人员。继续教育培训时间为,中高级专业技术人员每年学习时间为72小时,初级专业技术人员每年学习时间为42小时。同时对学习内容、教学管理、经费来源、证书等级等都作了规定。

1998年4月,建工集团印发《关于建工集团专业技术人员继续教育制度及继续教育证书登记的实施办法的若干规定》,进一步对技术、会计、统计等系列继续教育科目作出规定。之后,集团继续教育向各个管理岗位延伸。

1998年,根据上海市委组织部、中共上海市建设工作委员会、上海市建设委员会《关于印发〈上海市开展国有建筑业与房地产企业管理人员工商管理培训的实施意见〉的通知》精神,建工集团通过举办9期培训班,对集团二层次企业党组织正副书记、正副董事长、正副经理(厂长)、监事长、工会主席、纪委书记和总工程师、总会计师、总经济师、优秀中青年管理人员,以及部分第三层次改制企业(建筑业)的正副董事长、监事长、党组织书记、经理和部分优秀中青年干部进行培训。2008年,根据上海市人事局《关于开展知识产权公需科目继续教育的通知》精神,建工集团委托建峰职业技术学院继续教育部,先后分3期对部分中高级专业技术人员进行培训。600余名专业技术人员接受继续教育。

根据《建筑工程继续教育科目指南》,结合建筑行业特点和集团各企业工程项目实践,建工集团自选部分新技术、新知识编写教材,由建工集团内专家任兼职教师,对专业技术人员进行继续教育。1998—2000年,建工集团组织力量编写"施工新技术"系列丛书3辑,以及《建设工程资料员基础知识和操作实务》《机管员继续教育培训讲义》《材料员继续教育培训讲义》《安全员继续教育培训讲义》等,用于中高级专业技术人员的继续教育。2003年,建设部按照我国工程造价管理改革的要求,颁发《建设工程工程量清单计价规范》。建工集团在研究规范的基础上,组织力量编写《建设工程工程量清单计价规范讲义》,对集团内各企业分管领导、经营科长、财务科长、各项目经理、预算员、材料员、合同员及所有经营人员普遍轮训一次。

第四章　专业人才管理

建工局成立至 90 年代，建工局（建管局）的专业人才主要实行国家的统包分配和行政调配管理。90 年代起，根据国家和上海有关专业人才管理的改革要求和集团发展战略，建工集团通过制定专业人才队伍建设的中长期规划和年度计划，明确工作目标；不断完善专业人才管理制度，健全专业技术职务聘任制；加强学术科研机构和专家队伍建设，为集团发展提供人才支撑。

第一节　规划和制度

一、中长期规划

1996 年 12 月，建工集团制定《上海建工集团跨世纪发展战略》（简称《发展战略》），1998 年 12 月修订完成。《发展战略》提出集团人力资源结构从劳动密集型向管理、技术密集型转变，管理、技术人员从"经验型"结构向"知识型"结构转变，专业技术结构向增加高中级的比重调整；建设一支适应跨世纪要求的、高精尖的经营管理者和专业技术学科带头人队伍，建设一支素质好、有特长的涉外经营、资产经营、生产经营管理人员队伍，建设一支高素质的、适应知识经济要求的科研设计人才队伍，建设一支以 1 000 名土建、市政、装饰、安装工程一级、二级项目经理为主体的一线骨干队伍。

从 1997 年 11 月开始，建工集团在"九五发展规划"到"十二五发展规划"中，根据集团阶段性发展目标，提出专业人才队伍建设的具体目标和措施。2005 年，根据集团"十一五发展规划"，集团制定《'十一五'人力资源发展规划》（简称《规划》）。《规划》提出，要"提升人才总量规模，拥有一流人才梯队；提升人才的整体实力，达到国内一流的人才效能水平；提升人才工作水平，建成国内一流的人才管理模式，形成与集团四大板块相适应的人才结构；学科带头人、技术管理骨干、技术工人等各类专业人才比较齐全，尤其在核心业务上要集聚行业杰出人才"等。《规划》还提出推进人才管理信息化、人才评价、人才重点项目、人才开发、人才薪酬、人才保障等六大体系建设。

2007 年 5 月，建工集团党委、行政部门召开集团人才工作会议。会议提出 3 年行动计划，针对人才队伍建设存在的 4 个主要矛盾和突出问题，提出 6 个具体目标和 3 项工作要求。2010 年 8 月，集团党委、行政部门又一次召开集团人才工作会议，认真总结 3 年来集团和所属单位人才工作中的经验，分析人才工作面临的形势和任务，明确今后 3 年实现"人才强企"的目标、任务和主要措施。通过人才工作会议等举措，集团的人才队伍建设，尤其是专业人才队伍建设得以扎实推进。

二、工作制度

1985 年 2 月，建工局党委印发《上海市建筑工程局知识分子管理工作暂行规定》。文件对知识分子的政治待遇、工作安排、生活待遇、福利制度、业务培训、考核奖惩，以及开展此项工作的组织领导等方面，都作了明确的规定。文件印发后，建工局和所属企事业单位对知识分子工作都进行了自查，并向建工局党委书面报告自查结果和下一步工作设想。通过此次自查工作，有力地促进了对知识分子管理各项工作的落实。之后,建工局对知识分子的工作逐步纳入企业的人才规划、干部培训、专业技术职务评聘、薪酬分配等各项管理之中。

1996年,建工集团党委和行政决定每5年召开一次科技大会。4月,集团召开第一次科技大会,对"九五"科技发展规划进行部署,提出落实"科技兴司"3个方面具体措施:实行领导负责制,加强对科技工作领导;调整科技工作机制,确保科技投入;加强科技队伍建设,提高员工队伍素质。2001年5月,集团召开第二次科技大会,嘉奖30名科技功臣、青年科技奖章和"能工巧匠"金奖获得者。会议总结"九五"(1996—2000)科技发展规划所取得的成绩,部署"十五"科技发展规划,动员集团万名工程技术人员与能工巧匠,全力以赴加快攻克磁浮列车运营线、大跨度钢拱桥、跨海大桥、港口、地下空间开发等重大工程中关键施工技术难题,为上海新一轮发展再作贡献。2006年5月,集团召开第三次科技大会,授予中国工程院院士叶可明"特别贡献奖",授予吴欣之、张振刚"杰出贡献奖",并各奖励10万元;同时还嘉奖7名"科技功臣"、10名科技启明星、8名"能工巧匠"金奖获得者和2个优秀科技创新团队。会议总结"十五"(2001—2005)科技发展规划所取得的成绩,对"十一五"科技发展规划作了部署,并提出了鼓励科技创新的10项措施。

2003年6月,建工集团决定设立优秀人才奖励基金,基金总额为2 000万元,以每年银行利息作为滚动奖金来源。为用好优秀人才奖励基金,集团专设理事会,制定《优秀人才奖励基金章程》,对集团科技大会表彰的各类先进模范人物进行奖励。2006年、2011年两次科技大会共奖励了70名各类科技先进人物和2个优秀科技创新团队,奖励资金达178万元。

第二节 专业技术职务管理

一、专业技术职称评定

【职称套改】

建工局成立后至1966年前,国家对专业技术人员实行专业技术职务任命制。1977年9月,中共中央在《关于召开全国科学大会的通知》中提出了恢复技术职称,建立考核制度,实行技术岗位责任制的要求。1980年4月,建工局根据国务院《工程技术干部技术职称暂行规定》和上海市的有关规定,按标准对相关技术人员进行了套改和复查验收。建工局有1 789名工程系列技术干部参加职称套改,有1 148人职称得到晋升。其中高级工程师5人,工程师31人,助理工程师855人,技术员257人。随后进行会计、卫生等系列套改工作。在整个职称套改工作中,全局2 866名专业技术人员中有1 369人的职称得到晋升。

【职称评定】

1980年5月,建工局成立工程技术干部职称评定委员会,负责全局工程师、技师的评定工作。1980年11月,局会计师评定小组成立,开展会计系列的职称评定。1981年3月,局卫生技术职称评定委员会成立,开展卫生系列职称评定。1981年5月—1983年8月,建工局有1 511名专业人员职称得到晋升,其中晋升高级职称的有15人,晋升中级职称的有313名。其他职称系列有些尚在试点,有些尚未正式开始。1983年9月,中共中央、国务院决定暂停职称评定工作,进行全面整顿。建工局职称评定工作暂停。

二、专业技术职称评聘

1986年,根据中共中央、国务院转发中央职称改革领导小组《关于改革职称评定,实行专业技术职务聘任制度的规定》的精神,建工局建立定编、定员、定责制度,明确各个专业职务设置、职务数额和各级职务的结构比例,以及各个专业职务的职责;每年制定各专业评审的实施办法,保证评审工作顺利进行;建立专业人员聘任制度,对取得任职资格人员实施聘任并明确聘期;制定专业技术人员继续教育办法,并实行继续教育证书登记制度;执行专业人员考核制度,并每年登记专业技术人员考核档案;集团和所属单位在薪酬制度上,建立专业技术职务的晋升通道。2000年以后,专业技术职务评聘办法进一步改革,评审组织设置多次调整,评审办法也有改变。除正常的评审外,有的以聘代评,有的以考代评等,职称改革工作日趋完善。

1987年6月,建工局成立由局党政分管领导、专家、有关部门负责人等13人组成的职称改革领导小组,办事机构设在局干部处。是年7月,建工局印发《1987年上海市建筑工程局职称改革工作的安排的通知》,对职称改革工作作了部署。

1987年11月—1991年4月,建工局和下属单位成立评审机构。其中建工局成立工程技术人员高级职称评审委员会,下设土建施工及安装、建筑机械2个学科组;成立工程技术、经济(统计)、会计(审计)、卫生、技校教师、翻译等6个专业中级职称评审委员会,以及卫生、档案、翻译3个专业初级职称评审委员会。局属各单位也都成立职称改革领导小组,以及近30个初级职称评审委员会。

1997年3月,上海市印发《上海市高级工程师(教授级)资格评审办法(试行)》。建工集团成立教授级高级工程师推荐组。1998—2010年,集团组织了7次教授级高级工程师的申报和推荐,全集团近130位高级工程师进行申报,经上海市工程系列建设交通类高级工程师(教授级)资格评审委员会评审,112人获得教授级高级工程师任职资格,并全部为所在单位聘用。

三、政工专业职称评聘

1989年12月,建管局党委印发《关于评聘政工专业职务的暂行办法》(试行稿),成立了由11位同志组成的政工专业人员中级职称评审委员会。同时决定市建四公司、材料公司作为政工专业人员评聘工作的试点单位。通过半年的工作,评审通过政工师34人、助理政工师127人、政工员87人。

1990年4月,建管局党委按照中央和上海市的规定,开展政工专业职务的首次评聘。市建四公司和材料公司两个试点单位按规定进行了换证工作。通过政工专业职务首次评聘,全局评聘高级政工师6人,政工师268人,助理政工师和政工员867人。

1994年9月,上海建工(集团)总公司党委印发《企业思想政治工作人员专业职务评聘工作转入经常化的通知》,之后每年开展政工专业职务评聘工作。2009年1月1日起,按市委组织部、市人力资源和社会保障局通知,事业单位不再进行政工专业职务评审。2010年8月,上海市委宣传部下发通知,政工初级专业人员实行考试制度。2010年年底,全集团共有高级政工师130余人,政工师250余人。

第三节 专家、高级技术人才

一、专家、高级技术人才队伍

【中国工程院院士】

1995年,上海建工(集团)总公司总工程师叶可明被增选为中国工程院院士(土木、水利与建筑工程学部);2005年,上海市政工程设计研究总院资深总工程师林元培被增选为中国工程院院士(土木、水利与建筑工程学部)。

【有突出贡献的中青年科学家、技术管理专家】

1987年12月,国家科委印发的《有突出贡献的中青年科学家、技术、管理专家的管理试行办法》对有突出贡献的中青年科学家、技术、管理专家选拔范围、条件、程序、管理等作了详细规定,并确定选拔工作每2年进行一次。至2010年年底,建工集团先后有林元培、王承德、苏洪雯、吴欣之、邵长宇等5人当选。

【享受国务院政府特殊津贴专家】

1989年年初,中共中央、国务院决定先给全国1 000名左右有卓越贡献的科学家、专家和著名教授学者发放特殊津贴。1990年7月,人事部、财政部联合发出《关于给部分高级知识分子发放特殊津贴的通知》,明确有关管理办法。1990—2010年,经国家人事部批准,建工集团累计共有78位专家享受国务院政府特殊津贴。

【全国工程勘察设计大师】

1989年,建设部印发的《全国工程勘察设计大师评选办法》明确,全国工程勘察设计大师是勘察设计行业国家级荣誉称号,每两年评选一次,每次评选名额不超过20名。根据评选办法,1990年、1994年、2000年、2004年、2006年、2008年、2010年先后进行7次评选,上海市政工程设计研究总院林元培、崔健球、羊寿生、邵长宇、张辰等5位专家当选。

【领军人才】

2004年由上海市政府制定的《上海市实施人才强市战略行动纲要》明确提出要实施领军人才开发计划,选拔培养一批各行各业领军人才。2005年,上海启动领军人才开发试点工作。2006年,上海领军人才队伍建设全面开展。至2011年2月,上海先后选拔5批共580名领军人才,建工集团朱海根、胡玉银、高振锋、张香田、张辰、邵长宇、李耀良、俞明健等8位专家获得领军人才称号。

二、学术、科研机构

【专家委员会】

1999年7月,成立上海建工专家委员会,共有23位教授级高级工程师组成。专家委员会主要承担推荐科研成果、组织科学技术讨论研究、受集团委托承担重大科研课题的立项论证、组织重大科研成果的评审鉴定、组织重大工程项目技术方案优化和讨论评估、组织对重大工程质量与安全事故处理方案的技术论证、开展国内外建筑科技学术交流、加强同国内有关科技团体与科技工作者的联系协作等。

2003年1月,建工集团组建第二届建工专家委员会,由23位专家组成,到2011年任期届满。

【技术中心】

2000年1月,上海建工(集团)总公司技术中心正式成立。同时"超高层建筑施工技术学科""特种钢结构安装技术学科""高性能混凝土技术学科""桥梁工程技术学科"等被市建委授予建设系统研究发展中心。2001年3月,集团技术中心认定为上海市企业技术中心。是年12月,集团技术中心被国家经贸委、财政部、税务局和海关总署批准为"国家认定企业技术中心"。

集团技术中心从成立到2010年的10年间,先后有45个项目列入国家和上海市有关部门的重点科技攻关计划,其中国家级科技攻关项目有8项。集团技术中心作为主要成员参与的16个项目获国家和上海市科技进步奖。10年间,集团技术中心还培养和输送了一批专家、高级技术人才,在集团和所属企业重大工程和特大型项目中担任技术负责人。

在集团技术中心创建、发展的同时,集团下属企业也先后建立本企业的技术中心,并申报上海市级技术中心。至2010年4月,集团形成以1个国家级技术中心,与下属企业的13个市级技术中心组成的两级技术创新研发体系。

【博士后工作站】

根据全国博士后管理办公室《企业博士管理暂行规定》的精神,2003年8月,经国家人事部批准,建工集团组建博士后工作站;12月,上海市政工程设计研究总院组建博士后工作站。到2010年年底,两个博士后工作站先后招收11期共11名博士后进站工作。

第五章 薪酬福利

建工局成立后,建工局机关和下属单位按照国家和上海市的统一规定,执行相应的薪酬福利制度。1978年后,建工局逐步进行分配制度改革。建工集团成立后,积极探索企业发展和职工收入同向增长机制,采取低收入职工托底工资保障线、优秀人才激励办法、对新进高校毕业生和引进的社会成熟人才给予一定的特殊政策、根据企业的发展增加福利待遇等措施,不断提高职工薪酬和福利水平。1994—2010年,集团职工年平均工资从7 905元增加到7.42万元,增长838.85%。

第一节 薪酬制度

一、局属建安企业薪酬制度

1978年前,建工局所属企业执行国有企业统一的工资分配制度,其中土建单位工人实行七级工资制,专业单位工人实行八级工资制。在部分施工企业工人中推行过计件工资制。1968年起,新进工人实行新工资标准,主要分学徒工和普工两类,普工和学徒满师的工资统一为36元。

1978年,建工局根据《中共中央关于加快工业发展若干问题的决定(草案)》的规定,开始在市建三公司和市建五公司试行"全优工程降低成本提成奖励"和"全优综合超额奖励"的工作。是年12月,建工局印发《全优工程降低成本提成奖励的试行办法(草案)》和《全优综合超额奖励的试行办法(草案)》,从1979年起在全局建筑安装企业扩大试行。

1981年12月,国务院批转国家建委等四部委《关于施工企业推进经济责任制的若干规定》,提出全国施工企业要进一步完善经济责任制,国营施工企业对国家实行上交利润包干,施工企业内部的分配应积极试行"定、包、奖"的办法等。根据国家和上海市的规定,建工局开始在所属企业积极推行按产值含量包干;在生产工人中扩大推行超产计件工资制,实行联产联职综合计酬;对干部、管理人员普遍实行岗位津贴,实行定期考核,浮动升级等方面措施。

1984年5月,上海市政府批转上海市建委等五部门《关于国营建筑施工、勘察设计单位经济改革试行办法》,提出建筑施工企业改变原按职工人数核定工资总额的办法,实现百元产值工资含量包干,工资总额随企业的生产和经济效益浮动;企业内部实行层层全面承包责任制,充分搞活企业内部分配。是年6月,经上海市政府批准,建工局开始实行百元产值工资含量包干,并由市有关部门核定每百元产值提取15元工资含量。通过一年试行,该分配办法取得了初步成果,有力促进了企业完成生产任务的积极性,促进了企业内部承包经济责任制的落实,提高了经营管理水平。之后随着建筑行业不断发展变化,百元产值工资含量包干的办法不断完善,每百元产值工资含量的比例及企业内部的分配办法都有所调整。

1987年7月,根据市政府《关于企业内部工资分配问题》的文件精神,建工局范围内职工一般人均增加一级工资。实行百元产值工资含量包干的企业,工资资金从含量结余中提取。实行工资总额同上交税利挂钩浮动的企业,在核定的工资基数和上浮工资中支付。同时对局属集体所有制企业的职工,也按市有关文件规定进行工资调整。

1992年3月,建管局印发《关于局建筑安装企业劳动人事分配制度配套改革的试行意见》的通知,实行以上岗合同为中心,干部择优聘任上岗,在什么岗位享受什么待遇;工人动态组合上岗,按劳动成果考核拉开分配差距等。

1994年建工集团成立后,集团总公司制定和实施了工资制度改革办法。集团所属企业实行了以"岗位工资、年功工资、专业技术津贴"为主要内容的结构工资制度。职工奖金与企业效益挂钩。工程项目实行经济责任承包制度,即采取"核定基数、确保上交、风险抵押、超利分成"的经济责任承包方法。

2001年,集团总公司又对全集团职工薪酬分配制度进行改革,印发《上海建工(集团)总公司基本薪酬制度改革方案》,其主要原则是简化工资结构,将原来三单元的结构工资制改为单一的岗位职务工资制;工资水平的确定实行市场化原则;将职工年度收入计划列入企业人工成本计划,建立正常的员工收入增长机制;工资增长向关键岗位、骨干倾斜等。根据集团薪酬分配制度改革方案,集团所属企业结合实际制定了各单位工资改革的办法。

二、集团总公司薪酬制度

建工局成立后,局机关职工实行全市统一的工资制度。1988年,建管局机关处室人员实行的是机关工作人员工资制度,企管处、质监站、安监站、定额站等行业管理部门实行的是事业单位工资制度。1994年建工集团成立后,集团总部各处室工作人员身份随之转变为企业职工身份,集团制定企业工资系列和奖金分配办法,实行岗位技能工资制。岗位技能工资主要由三部分组成,一是岗位技能工资,二是年功工资,三是津贴、补贴(原物价补贴、独生子女费、房贴、书报费、养老保险补贴等)。职工奖金与企业效益挂钩。

在实施企业工资系列和奖金分配办法的过程中,随着上海市职工平均收入水平的逐年提高,职工"四金"(养老、医保、失业保险、公积金)个人缴费的逐年增加,岗位技能工资激励作用逐步淡化。2001年,集团总公司在集团总部进行基本薪酬制度改革,基本内容为简化工资结构,取消津贴、年功工资,实行单一的岗位(职务)工资制;工资水平的确定实行市场化原则,建立正常的员工收入增长机制;调整收入中固定部分(工资)和浮动部分(奖金)的比例,由原来的3∶7调整为4.5∶5.5;工资增长向关键岗位、骨干倾斜;对新进高校毕业生实行阶段性的激励政策。之后,除发放办法略有调整外,集团本部职工薪酬制度基本不变。

三、企业经营者薪酬

1984年6月,建工局印发《企业领导干部集体经济责任制试行办法》。企业领导干部集体经济责任制是把对企业领导人员的奖罚同企业经营效益的好坏挂钩,是领导干部经济考核制度的一项改革。考核采取百分制,其中经济指标部分总分为50分,党政共同负责,实得分按指标完成情况上下浮动。工作部分为50分,由党政系统根据不同工作要求分别考核,只扣减不加分。然后根据企业领导人员不同职务及执行个人岗位责任制的实绩,按系数和考分计奖。此考核办法连续实施了4年。

1988年3月,建工局印发《上海市建筑工程局经理(厂长)任期目标责任制实施办法(试行)》,替代企业领导干部集体经济责任制。经理（厂长）任期目标责任制分为年度考核奖惩和任期届满全面考核奖惩两类。1988年4月，建工局20个企业的经理、厂长与国家正式签订承包经营合同书，承包经营期限为3～5年（对施工任务比较饱满、经济效益较稳定的建筑安装企业，承包期为5年；对生产任务不足、经济效益下降的建筑构配件加工企业，以及建筑施工机械制造企业，承包期为3年）。建工局局长和中国人民建设银行上海市分行行长代表发包方，企业经理、厂长代表承包方分别在合同书上签字。经理（厂长）任期目标责任制一直执行到建工集团成立。

1994年建工集团成立后，集团对所属企业党政主要负责人实行年度责任状制度。企业经营者（集团所属企业董事长、总经理〈厂长〉和党组织书记）每年年初与集团总公司签订年度经营责任状，确定当年的经营管理目标和相应的薪酬目标。企业经营者的经营目标主要由经济指标、管理目标、精神文明建设及当年度重要工作等四方面组成。企业经营者薪酬由基薪和加薪两部分组成。基薪按月发放，加薪按考核结果决定，上不封顶，下不保底。2010年，集团修订企业经营者加薪的发放办法，实行期奖制度，考核中的加薪部分10%延期兑付。

建工集团董事长、党委正副书记、正副总经理、总工程师、总经济师、总会计师、纪委书记、工会主席的薪酬分配按上级有关规定进行管理。1994—2003年，由上海市建设和交通委员会管理，2004年后由上海市国有资产监督和管理委员会管理。

表3-5-1　1994—2010年建工集团职工年平均工资情况表

年　份	职工年平均工资（单位：元）	历年人均工资增幅（单位：%）
1994	7 905	32.6
1995	9 821	24.2
1996	11 324	15.3
1997	12 121	7.0
1998	12 360	2.0
1999	12 296	－0.5
2000	13 617	10.7
2001	15 976	17.3
2002	17 956	12.4
2003	20 518	14.3
2004	24 005	17.0
2005	28 161	17.3
2006	33 039	17.3
2007	39 194	18.6
2008	50 397	28.6
2009	55 972	11.1
2010	74 216	32.6

资料来源：建工集团劳动统计年报。

四、最低工资标准

2005年1月,建工集团确定集团在岗职工最低工资标准为不低于同期上海市职工最低工资标准105%,经集团行政方和工会方协商,在集团一届五次职代会审议通过。2008年1月,集团行政方和工会方经过民主协商签订《关于提高集团在岗职工最低工资标准的协议》,集团在岗职工最低工资标准,由原执行上海市最低工资标准的105%提高到110%,并经集团二届三次职代会审议通过。

第二节 福利制度

90年代前,建工局企业、事业单位均按照国家和上海市有关职工福利的规定,执行职工医疗待遇(公费医疗、劳保)、福利分房、生育待遇、死亡抚恤、各类津贴和补贴,以及假期制度(法定节假日、病假、探亲假、公休假、婚丧假、带薪休假)等一系列福利待遇。90年代初开始,根据上海市有关规定,建管局所属企业实行职工养老保险、医疗保险、住房公积金等社会统筹。建工集团成立后,在实行国家和上海市统一规定的同时,各企业根据自身的发展情况,分别制定符合自身实际的福利待遇。

一、企业补充保险

【补充医疗保险】

根据财政部和劳动保障部《关于企业补充医疗保险有关问题的通知》和上海市政府《关于促进本市发展多层次医疗保障指导意见》的精神,经集团行政和工会平等协商,2003年1月,集团一届三次职代会通过《关于完善企业补充医疗保险的决议》,确定集团内企业均要建立职工医疗互助会,所需资金可按各企业不超过工资总额2%提取,也可采取"三个一点"(企业、工会、职工各出一点)的办法募集。各企业职工医疗互助资金募集后,主要参加市总工会设立的"职工住院补充医疗保障计划"和"特种重病团体互助保障计划",职工参保率100%。同时对因病致贫的职工给予医疗补助。

【补充养老保险(企业年金)】

根据上海市社会保险管理局、财政局印发的《上海市企业补充养老保险试行意见》,从1997年起,集团总公司、市建二公司、安装公司、机施公司、园林集团、外经集团、市政总院、华建厂、材料公司、咨询监理公司、建工房产、建工院等10余家企业均根据各自企业经济效益的情况,先后实行补充养老金制度(2008年11月改为企业年金)。

【补充住房公积金】

根据上海市公积金管理中心印发的《上海市补充住房公积金暂行办法》,从1997年起,市建一公司、市建二公司、市建四公司、市建五公司、市建七公司、园林集团、外经集团、市政总院、建工院、建筑时报社等10家企业和单位,根据各自单位的经济效益情况,先后实行补充住房公积金制度。

二、职工体检制度

2006年前,建工集团(建工局、建管局)根据企业的实际情况对职工进行定期或不定期的体检。2006年1月,集团行政和工会通过平等协商,就健全集团职工体检制度达成协议,并经集团二届一次职工代表大会审议通过。其主要内容是确保每个职工每两年至少进行一次体检;女职工每年进行一次妇科检查;特殊工种每年进行一次针对性检查;市劳动模范以上荣誉称号的职工每年体检一次;保证体检常规基本项目;体检费用要有专项预算,专款专用;建工医院要为集团职工体检提供优质服务等。从2006年起,集团所属企业和建工医院组织职工体检,建立职工健康档案,对体检查出的患有各种疾病的职工及时治疗。

三、职工带薪年休假制度

根据国务院《职工带薪年休假条例》精神,2008年7月,集团总公司印发《本部职工带薪年休假实施办法》,对带薪年休假的实施范围及管理办法作了规定,从2008年1月1日起实行。集团所属企业和单位按照国务院条例的规定,参照集团总公司的实施办法,制定了本企业、单位的实施办法,使建工集团职工带薪年休假制度的实行做到全覆盖。

第三节 职工奖惩

一、奖励

【精神奖励】

建工集团成立后,在精神奖励方面主要有三种形式:一是年度综合表彰。每年由集团对先进生产(工作)者、先进集体等进行表彰。二是单项表彰。由集团按业务系统对在科研、质量、安全、教育培训、综合治理、保卫、卫生、档案等方面作出显著成绩的职工进行表彰。三是专项表彰。集团每5年召开一次科技大会表彰作出突出贡献的科技人员;集团对在抗震救灾、世博会等重大社会突发事件和重要社会活动中表现突出的集体和个人进行表彰。

表 3-5-2 1994—2010 年建工集团部分表彰奖项情况表

类 别	奖 项 名 称	批 准 单 位	备 注
综合奖项	上海建工集团先进生产(工作)者	集团总公司党政	年度
	上海建工集团十大杰出员工	集团总公司党政	年度
单项奖项	上海建工集团优秀项目经理	集团总公司	年度
	上海建工集团优秀项目工程师	集团总公司	年度
	上海建工集团优秀项目设计师	集团总公司	年度
	上海建工集团优秀现场专业工程师	集团总公司	年度

〔续表〕

类　　别	奖　项　名　称	批　准　单　位	备　注
单项奖项	上海建工集团优秀项目安全工程师	集团总公司	年度
	上海建工集团优秀岗位标兵	集团总公司	年度
	上海建工集团优秀青年岗位能手	集团总公司	年度
	上海建工集团优秀班组长	集团总公司	年度
	上海建工集团科技功臣	集团总公司	5年1次
	上海建工集团科技启明星	集团总公司	5年1次
	上海建工集团能工巧匠金奖	集团总公司	5年1次
	上海建工集团先进科技工作者	集团总公司	年度
	上海建工集团专利管理优秀工作者	集团总公司	年度
	上海建工集团科技工作优秀组织者	集团总公司	年度
	上海建工集团先进教育工作者	集团总公司	年度
	上海建工集团优秀教师	集团总公司	年度
	上海建工集团模范班主任	集团总公司	年度
专项奖项	上海建工集团特殊荣誉奖	集团总公司党政	
	上海建工集团突出贡献奖	集团总公司党政	
	上海建工集团特色命名先进个人	集团总公司党政	
	上海建工集团防治非典工作先进个人	集团总公司	
	上海建工集团再就业工作先进个人	集团总公司	
	上海建工集团"精神文明双十佳特别奖"	集团总公司党政	
	上海建工集团：给予集团赴川抗震救灾援建过渡安置房建设者嘉奖	集团总公司党政	
	上海建工集团十大杰出青年——期望奖	建工集团团委	年度
	上海建工集团三八红旗手	建工集团工会	2年1次
	上海建工集团新长征突击手	建工集团团委	年度

资料来源：建工集团各类奖项汇总表。

【物质奖励】

建工集团成立后，集团和所属企业的物质奖励有两种形式：一是日常奖励分配形式。集团总公司和所属企业都制定奖金分配办法，根据职工日常工作中的表现，经业绩考核后进行奖励，成为职工薪酬的一个重要组成部分。二是对年度表彰、专项表彰、单项表彰中评出的各类先进模范，除发放荣誉证书外，一次性发放奖金或奖品。在历次科技大会上，对评出的各类先进模范进行物质奖励，有的还实行重奖。在抗震救灾总结表彰大会上向赴四川绵阳市参加抗震救灾的职工颁发纯银镶嵌纯金的奖章。

二、惩戒

1981年11月,根据市政府批转市劳动局《关于整顿企业劳动纪律的报告的通知》的精神,建工局制定《职工劳动规则(试行草案)》,其中第九章列举了职工违反劳动纪律、不服从分配、不遵守企业规章制度,或危害社会治安的8种表现,并明确行政纪律处分为警告、记过、记大过、降级降薪、降职、撤职、开除留用、开除或除名8档。《职工劳动规则(试行草案)》对职工违纪处分的程序和审批手续都作了明确规定。1996年1月,根据《中华人民共和国劳动法》和《上海市企业职工奖惩条例实施办法》,建工集团制定《劳动工作纪律和违纪处理暂行规定》。该文件共6章23条,其中第二章明确:职工应该遵守劳动和工作纪律,对经常迟到早退、连续旷工、造成严重生产事故和安全事故、泄露企业经济或技术秘密造成严重后果、玩忽职守给企业造成巨额经济损失、违反计划生育条例情节严重的及犯有其他严重错误的7种行为,给予纪律处分。行政处分分为警告、记过、记大过、降级降薪、撤职、留用察看、开除7档,在给予行政处分的同时,可给予一次性经济处罚。《劳动工作纪律和违纪处理暂行规定》对违纪处分的程序作了更加严格的规定,并规定了职工如对行政处分或经济处罚不服,可向企业提出申诉,对企业复查结论仍不服可向所在地劳动仲裁委员会申诉。2001年,《上海市企业职工奖惩条例实施办法》废止,2002年5月,《上海市劳动合同条例》正式实施。根据变化的情况,建工集团制定了《上海建工(集团)总公司员工违纪处理规定》。该规定保留了《劳动工作纪律和违纪处理暂行规定》7种违纪行为和7档处分外,新增加了对违章指挥、违章操作、违章施工管理不力,造成严重生产或安全事故并负有责任的;违反保密规定,泄露企业机密、给企业造成后果的;玩忽职守,给企业造成经济损失的等3种情况,除给予行政处分外,还应责令其对公司进行经济赔偿。同时还增加了职工严重违反劳动工作纪律或有关制度;对公司利益造成重大损失;泄露企业秘密,造成公司重大损失等3种情况,公司可依据有关规定解除劳动合同。2003年1月1日起实施《上海建工(集团)总公司员工违纪处理规定》。

第四篇 经营业务

概 述

50年代初,建工局主要业务是民用建筑、工业建筑施工,以及相关的设计、材料生产供应、水电安装等。1956年,按照市政府主管部门的要求,建工局主要负责承担建筑施工任务,因此划出专业设计单位。1958年起,建工局承担较多的工业建筑、大型装配式厂房和大型工业设备安装。1958年完成建筑安装产值[①]1.98亿元。60年代中期,为适应国家提出的建筑施工机械化、装配化、专业化的要求,建工局承建的住宅、厂房采用装配式施工的面不断扩大,相应的混凝土预制构件、钢木门窗、五金配件和硅酸盐砌块、石棉瓦等建筑材料的工业生产得到较快发展,形成建筑施工、机械吊装、设备安装、配套工业、建筑材料生产和供应等较完整的专业格局。70年代,建工局参加金山石化总厂、宝山钢铁总厂等建设,全局施工业务的主要对象仍为工业、民用建筑,但基础工程施工能力、大型工业建筑机械化水平有明显提高。1978年完成建安产值3.66亿元。

80年代开始,上海改革开放的步伐加快,投资结构发生变化。建工局把承建工程的对象转为高(超高层建筑、高级宾馆、高级公共建筑)、大(体量大)、深(基础深)、重(重大项目)的工程项目上来。至1988年,在上海406幢高层建筑中,建工局(建管局)完成324幢,占80%。这一时期,建工局(建管局)开始承担桥梁、地铁、合流污水等土木工程的建设,成为全国最早进入市政基础设施领域、承建土木工程的建筑企业。建工局(建管局)还发挥自身优势,扩大各类建筑的高级装饰施工,采取多种形式进行房产开发,试点开展咨询监理业务;大宗材料供应量达到历史最高水平。同时,兴办一批商业、餐饮业等"三产"企业。1988年完成总产值[②]19.68亿元;1993年完成总产值57.59亿元。

建工集团成立后,在超高层建筑、高耸建筑、大型公共建筑等工程上不断创造建筑施工纪录,同时全面拓展大型桥梁、轨道交通、越江隧道等建设领域。与建筑施工相关的工业转型发展,2009年,预拌混凝土销售量达到近2 000万立方米,保持全市最大混凝土供应商地位;混凝土预制构件转为土木工程需要的箱梁、桥面板、地铁管片等和装配式住宅所需工程构件的生产。房产开发从自有土地开发走向市场化的竞标土地开发,再到集投资、规划、建设、管理为一体的综合开发,开发规模和管理水平不断提高。集团成立后统计口径为综合营业额,1996年完成综合营业额[③]162.55亿元,实现集团成立时提出的"三年翻一番"的目标。上海建工股份公司上市后,以资产经营带动生产经营的步伐加快,采取"建设、经营、移交"(BOT)或"建设、移交"(BT)等方式投资城市基础设施项目,在获得较好投资效益的同时,带动施工生产,促进专业结构的调整。1998年起,集团外省市和海外业务快速发展,逐步形成以上海为基点、辐射全国、布局海外的市场格局。随着园林集团、外经集团、市政总院的加入,园林绿化、设计咨询业务得到新的发展。

经过持续的产业调整,建工集团经营业务基本形成建筑施工、相关工业、设计咨询、房产开发、基础设施投资经营等产业板块,提高了投资、建设、管理和设计、采购、施工为一体的综合竞争力。2010年完成综合营业额858.50亿元。2011年完成综合营业额1 039亿元,跨上千亿级平台。

---

① 建筑安装产值指建筑安装企业完成的工作量。
② 从1980年起,统计口径为企业总产值,即建筑安装产值+工业产值+多种经营产值。
③ 从1994年起,统计口径为综合营业额,即建筑安装产值+工业产值+多种经营产值。

第一章　建　筑　施　工

　　1953年起,建工局建筑施工以民用建筑为主。1958年起,上海规划建设钢铁、机械、化工等重工业基地,局建筑施工以工业建筑为主,建造单层以及多层工业厂房。其中,机械施工、机电安装等专业水平得到提升。1964年起,局整合设立8个建筑公司,归并设立混凝土预制构件、建筑配件企业,建造一大批装配式施工的工业建筑和民用建筑,成为上海市最早实行装配式施工的建筑企业。1978年起,建工局施工逐步转向承建高层建筑、超高层建筑、大型工业项目、大型公共建筑、大型桥梁工程、城市基础设施等重大工程项目,重点工程业务量占全市60%以上。2000年起,建工集团的施工业务取得跨越式发展,施工产值以两位数的速度增长,专业结构和地域结构发生新的变化。工程施工总承包、机电安装主承包、建筑装饰主承包成为主流模式。2010年,建筑施工产值占到集团综合营业额的73%,其中,建筑安装施工占79.93%、市政工程施工占14.06%,装饰工程施工占4.57%;外省市、海外市场中标合同额占合同总额的近40%。

第一节　规　模　和　结　构

一、建安产值

　　1953年,建工局完成建安产值1.60亿元。1958年、1959年、1960年的"大跃进"中,分别完成建安产值1.98亿元、2.12亿元、2.73亿元。随着国民经济调整,1961年,建安产值回落到1.12亿元;1962年,建安产值回落到0.70亿元。1963年,随着国民经济恢复,建安产值回升到1.31亿元,1964年,建安产值回升到1.79亿元。"文化大革命"中,1966—1969年完成建安产值均低于1964年。1969—1976年,承建"大三线"[①]"小三线"[②]国防工程和南京梅山炼铁厂、徐州大屯煤矿、上海石化总厂一期等工程项目,建安产值逐步回升。

　　1978年至90年代,建工局先后承建宝山钢铁总厂、南浦大桥、东方明珠广播电视塔等一批重大工程项目。1993年,完成建安产值突破30亿元。1994年,建工集团成立当年完成建安产值突破50亿元。2000年起,建工集团进一步加大调整产业结构的力度,积极开拓外省市、海外市场,始终抓住上海和国家城市建设的发展机遇,建安产值连续10年实现两位数的年均增长率。2010年,完成建安产值628.41亿元

表4-1-1　1953—2010年上海建工建安产值统计表　　　　单位:亿元

年　份	建安产值	年　份	建安产值	年　份	建安产值
1953	1.60	1955	0.58	1957	0.94
1954	1.24	1956	0.45	1958	1.98

---

① 大三线指60—70年代国家在西北和西南地区以战备为指导思想的大规模国防、科技、工业和交通设施建设。
② 小三线指沿海地区的腹地,上海的"小三线"主要是江西、安徽等地区。

〔续表〕

年 份	建安产值	年 份	建安产值	年 份	建安产值
1959	2.12	1977	2.62	1995	86.61
1960	2.73	1978	3.66	1996	98.53
1961	1.12	1979	4.48	1997	104.41
1962	0.70	1980	4.85	1998	106.99
1963	1.31	1981	4.99	1999	122.08
1964	1.79	1982	6.06	2000	124.26
1965	1.67	1983	6.36	2001	136.36
1966	1.34	1984	8.50	2002	157.95
1967	0.95	1985	10.49	2003	182.51
1968	0.90	1986	13.89	2004	215.46
1969	1.25	1987	16.50	2005	258.35
1970	1.84	1988	19.26	2006	313.55
1971	1.68	1989	20.21	2007	365.86
1972	1.97	1990	19.54	2008	448.53
1973	2.34	1991	22.34	2009	529.94
1974	3.03	1992	28.43	2010	628.41
1975	3.49	1993	31.53	—	—
1976	3.03	1994	57.45	—	—

说明：建安产值是指建筑安装企业完成的工作量。

二、中标合同额

80年代前，建工局按照政府下达的计划承建工程项目。80年代初，建设工程开始逐步实行招投标。1996年11月，上海在全国率先成立建设工程交易中心，建工集团中标工程264个，建筑面积425.45万平方米，合同金额127.81亿元。1996年，超过亿元的工程35个，单项最大的为浦东机场一期航站楼16亿元。1997年，超过亿元的工程33个，单项最大的为上海万都中心6.45亿元。1998年，超过亿元的工程31个，单项最大的为香港恒隆住宅项目港币4.38亿元（当时汇率1.07，为人民币4.69亿元）。1999年，超过亿元的工程16个，单项最大的为上海科技城2.24亿元。

2000年起，建工集团中标数和单个项目中标合同额不断攀升。2004—2006年，中标合同金额超过3亿元的分别为19个、21个、25个。2007—2009年，中标合同金额5亿元~10亿元的分别为17个、14个、38个。2010年，中标合同金额1亿元~3亿元为106个、3亿元~5亿元为41个、5亿元~10亿元18个、10亿元以上的为8个。

表 4-1-2　1996—1999 年建工集团中标合同额统计表

年　份	工程中标(个)	建筑面积(万平方米)	合同金额(亿元)	比上年增长(%)
1996	264	425.45	127.81	—
1997	587	405.86	121.22	−5.15
1998	693	382.72	127.63	5.28
1999	880	327.41	115.75	−9.30
合　计	2 424	1 541.44	492.41	—

说明：中标合同额是指当年中标新签工程合同的金额。

表 4-1-3　2000—2010 年建工集团中标合同额统计表

年　份	工程中标(个)	建筑面积(万平方米)	合同金额(亿元)	比上年增长(%)
2000	1 160	432.74	146.12	26.23
2001	1 120	418.82	150.64	3.09
2002	1 039	567.94	182.80	21.34
2003	1 036	703.45	280.05	53.61
2004	1 072	696.55	304.59	8.47
2005	1 192	814.70	348.48	14.40
2006	1 639	724.99	502.58	44.22
2007	1 598	1 022.52	602.54	19.88
2008	1 572	1 108.85	676.19	12.22
2009	1 578	1 136.37	751.11	11.07
2010	1 446	1 470.96	858.33	14.27
合　计	14 452	9 097.89	4 803.43	—

三、地域结构

在计划经济时期，上海建工主要承担上海地区的建筑施工任务，同时按照政府的要求承担支援外省市的重点建设。1955 年起先后支援甘肃、青海、贵州、安徽、云南、江西、江苏、河北等地区的国家重点工程、"大三线""小三线"国防工程以及地震灾区的建设任务。1978 年以后，建工集团(建工局、建管局)既立足上海的城市建设，又走出去开拓国内外市场，形成上海、外省市、海外三大地域市场。2000 年，建筑施工的中标工程中，上海地区占 83.23%，外省市地区占 7.84%，海外地区占 13.07%。2010 年，建筑施工的中标工程中，上海地区占 61.60%，外省市地区占 30.33%，海外地区占 8.07%。

【外省市】

50 年代末起，建工局首先以特种工程的专业优势走向外省市，先后在湖南湘潭，广西南宁，江西南昌,浙江镇海、舟山,广东深圳、珠海等地区承建大桥、敷设海底输水管道和光缆电缆等工程项目。90年代起,建工集团把承接当地标志性工程和技术含量高的工程作为开拓外省市市场的重点。2000年后,集团积极参与外省市工程的招投标。2006年,集团建筑施工中标的项目涉及23个省市、186个工程,建筑面积350万平方米,合同金额55.74亿元。2007年,集团以国内市场工作会议为新的起点,加大拓展国内市场的力度。2010年,集团建筑施工中标的项目涉及25个省市、346个工程,建筑面积655.15万平方米,合同金额260.29亿元。其中长江三角洲地区108.21亿元、京津地区47.70亿元、珠江三角洲地区32.24亿元、中南地区19.73亿元、东北地区13.96亿元,西部及其他地区38.45亿元。

表4-1-4 2010年建工集团外省市建筑施工统计表

地 区	项目数(个)	建筑面积(万平方米)	合同金额(亿元)	地区比率(%)
长三角地区	136	182.92	108.21	41.57
京津地区	38	127.17	47.70	18.33
珠三角地区	29	90.44	32.24	12.39
中南地区	12	72.34	19.73	7.58
东北地区	13	81.32	13.96	5.36
西部其他地区	118	100.96	38.45	14.77
合 计	346	655.15	260.29	100

【海外】

1961—1979年,建工局主要承担国家计划安排的援外任务。1979—1993年,建工局(建管局)充实专门机构,并通过与中建总公司合作承接海外任务,先后在12个国家和地区承接32个项目,合同金额为18.71亿元。1994年起,建工集团获得对外经营权和对外援助项目实施企业资格,至2010年,先后在59个国家和地区承接118项工程项目,累计合同金额为218.3亿元。

表4-1-5 2000—2010年建工集团建筑施工国内外比例统计表

年份	建筑面积(万平方米)	合同额(亿元)	外省市(亿元)	占比例(%)	海外(亿元)	占比例(%)	上海(亿元)	占比例(%)
2000	432.74	146.12	11.46	7.84	13.04	8.93	121.62	83.23
2001	418.82	150.64	14.00	9.30	7.51	4.98	129.13	85.72
2002	567.94	182.80	8.91	4.87	7.59	4.16	166.30	90.97
2003	703.45	280.05	13.04	4.66	5.44	1.94	261.57	93.40
2004	696.55	304.59	25.90	8.50	7.91	2.60	270.78	88.90
2005	814.7	348.48	45.80	13.14	11.97	3.43	290.71	83.43
2006	724.99	502.58	55.75	11.09	40.03	7.97	406.80	80.94
2007	1 022.52	602.54	98.38	16.33	51.56	8.56	452.60	75.11

〔续表〕

年份	建筑面积（万平方米）	合同额（亿元）	外省市（亿元）	占比例（%）	海外（亿元）	占比例（%）	上海（亿元）	占比例（%）
2008	1 108.85	676.19	109.99	16.27	49.89	7.38	516.31	76.35
2009	1 136.37	751.11	120.55	16.05	41.98	5.59	588.58	78.36
2010	1 470.96	858.33	260.30	30.33	69.22	8.06	528.81	61.61

四、专业结构

50—70年代，建工局建筑施工以普通民用、工业建筑为主，主要是房屋建筑和安装施工专业。80—90年代，建筑施工转为大型公共建筑、商业建筑、桥梁地铁工程，形成一定规模的土木工程、机电安装、装饰工程等专业施工。2000年起，建安专业、装饰专业、土木专业纳入专项统计，2006年又增加绿化专业。

表4-1-6　2000—2010年建工集团中标合同额专业结构统计表

年份	合同额（亿元）	建安专业（亿元）	比例（%）	土木专业（亿元）	比例（%）	装饰专业（亿元）	比例（%）	绿化专业（亿元）	比例（%）
2000	146.12	99.79	68.29	24.19	16.56	22.14	15.15	—	
2001	150.64	92.45	61.37	36.00	23.90	22.19	14.73	—	
2002	182.80	136.62	74.74	26.67	14.59	19.51	10.67	—	
2003	280.05	209.62	74.85	51.75	18.48	18.68	6.67	—	
2004	304.59	235.45	77.30	55.14	18.10	14.00	4.60	—	
2005	348.48	284.34	81.59	37.67	10.81	26.47	7.60	—	
2006	502.58	385.21	76.65	79.88	15.89	25.49	5.07	12.00	2.39
2007	602.54	454.84	75.49	106.22	17.63	29.47	4.89	12.01	1.99
2008	676.19	544.05	80.46	92.40	13.67	27.63	4.08	12.11	1.79
2009	751.11	585.25	77.92	113.97	15.17	39.60	5.27	12.29	1.64
2010	858.33	686.06	79.94	120.72	14.06	39.25	4.57	12.30	1.43

五、客户结构

50—70年代，建工局承建工程项目，建设单位主要由中央基建、地方基建、其他基建（自筹资金）组成。1979年，完成竣工面积178.81万平方米，其中，完成中央基建51.80万平方米，占28.97%；完成地方基建120.88万平方米，占67.60%；完成其他基建6.13万平方米，占3.43%。80—90年代，随着外商独资、中外合资、中外合作企业的日益增多，客户结构发生变化。2000年，集团中标工程合同额为146.12亿元，其中政府、国有企业投资占68.06%，港澳台、东南亚投资占

17.35%，境外其他地区占 1.71%，中外合资企业投资占 4.40%，民营、私营企业投资占 8.48%。2010 年，在客户投资结构中，政府、国有企业投资仍是主导地位，占 65.38%；港澳台、东南亚地区投资占 16.01%；民营、私营企业投资占 14.16%；境外其他地区、中外合资企业占 4.45%。

表 4-1-7　2000—2010 年建工集团客户结构统计表

年份	合同额（亿元）	政府、国企比例（%）	港澳台东南亚地区比例（%）	境外其他地区比例（%）	中外合资企业比例（%）	民营、私营企业比例（%）
2000	146.12	68.06	17.35	1.71	4.40	8.48
2001	150.64	70.15	8.66	2.17	4.50	14.52
2002	182.80	52.61	22.65	1.27	2.77	20.70
2003	280.05	51.04	22.40	2.72	3.28	20.56
2004	304.59	60.40	15.05	3.23	3.87	17.45
2005	348.48	63.05	13.39	3.67	1.11	18.78
2006	502.58	56.51	23.52	7.65	1.50	10.82
2007	602.54	56.77	19.97	6.74	1.51	15.01
2008	676.19	52.70	15.87	5.16	12.84	13.43
2009	751.11	70.44	12.26	4.23	0.55	12.52
2010	858.33	65.38	16.01	2.39	2.06	14.16

第二节　房屋建筑

一、竣工面积

1953 年，建工局完成竣工面积 117.23 万平方米。1958 年的"大跃进"时期，完成竣工面积 248.13 万平方米。1961—1963 年国民经济调整，每年完成竣工面积少于 100 万平方米。"文化大革命"中的 1967 年、1968 年、1969 年每年完成竣工面积少于 100 万平方米。1980 年后，每年完成竣工面积超过 200 万平方米。1990 年后，完成竣工面积最高一年超过 300 万平方米。2001—2004 年，连续 4 年竣工面积超过 400 万平方米，2005—2009 年连续 5 年竣工面积超过 600 万平方米，2010 年，竣工面积超过 800 万平方米。2000—2010 年，累计竣工面积 6 359.75 万平方米，相当于 70 年代、80 年代、90 年代竣工面积的总和。

表 4-1-8　1953—2010 年建工集团(建工局、建管局)竣工面积统计表　　　　单位：万平方米

年份	竣工面积	年份	竣工面积	年份	竣工面积
1953	117.23	1956	51.61	1959	134.80
1954	93.47	1957	108.35	1960	143.43
1955	61.00	1958	248.13	1961	62.30

〔续表〕

年 份	竣工面积	年 份	竣工面积	年 份	竣工面积
1962	54.56	1979	178.82	1996	208.06
1963	73.14	1980	189.34	1997	265.40
1964	129.58	1981	208.81	1998	293.61
1965	151.37	1982	230.75	1999	386.38
1966	139.89	1983	255.74	2000	352.00
1967	83.93	1984	275.16	2001	427.50
1968	93.59	1985	279.31	2002	445.57
1969	75.85	1986	281.18	2003	456.96
1970	108.06	1987	282.54	2004	480.94
1971	95.82	1988	245.32	2005	601.78
1972	109.44	1989	216.71	2006	636.12
1973	153.33	1990	255.53	2007	657.20
1974	155.25	1991	245.03	2008	649.13
1975	155.39	1992	240.38	2009	759.92
1976	142.25	1993	245.17	2010	892.45
1977	122.06	1994	184.59	—	—
1978	178.17	1995	196.63	—	—

二、住宅建筑

【多层住宅】

50年代初期,建工局和华东工程局共同参与承建"二万户"住宅。1959年,承建"闵行一条街",以"一天一层墙、二天一层楼"的"闵行速度",不到6个月完成11幢4~6层住宅,共计建筑面积39 964平方米,接着,3个月完成9幢4~6层住宅。这是上海首次按"成街成坊"要求建成的商业服务设施配套齐全的居住区。"闵行一条街"建成30年后被评为"1949—1989年上海十佳建筑"。

60年代,建工局先后承建蕃瓜弄、保安路、新肇周路、中华新路等多层住宅。1963年10月—1965年,建工局建成上海第一批棚户区改造任务——闸北区蕃瓜弄。拆除旧棚简屋2.6万平方米,建成21幢5层楼多层住宅,建筑面积6.18万平方米,还有小学、幼儿园、托儿所及综合商店等。

70年代起,建工局承建一批新村住宅(今称为小区),形成成街坊建设、成街坊绿化环境、成街坊交付使用的综合施工规模:宝山地区的宝钢新村,建筑面积85万平方米;浦东地区的潍坊新村、上南新村、上钢新村、临沂新村,建筑面积334万平方米;闸北地区的彭浦新村,建筑面积45万平方米;杨浦地区的长白新村,建筑面积51万平方米;虹口地区的曲阳新村,建筑面积100万平方米;徐汇地区的田林新村,建筑面积120万平方米;长宁地区的仙霞新村,建筑面积80万平方米;普陀地区的沪太新村、管弄新村、桂巷新村,建筑面积113.8万平方米;合计建筑面积928.8万平方米。1978年4月,建工局集中6个建筑公司在宝钢友谊路开展住宅建设会战,6个月完成116幢住宅、共计19.6万平方米的建设任务。90年代后期起,建工集团承建政府规划的"平改坡"综合改造项目。2000—2010年,建工集团建造多层住宅201幢。

【高层住宅】[①]

1973年11月,建工局承建上海解放后第一幢高层住宅——天目东路康乐大楼,高42米、12层,采用滑模施工新工艺;是年12月,承建华盛路高层住宅12层,采用现浇捣混凝土柱、预制混凝土梁、板及外墙预制混凝土挂板的结构。1977年,建成上海最早高层住宅楼群——漕溪北路高层(今徐汇新村),6幢13层、3幢16层,建筑面积7.5万平方米。1978年,建成采用"一模三板"(大模板现浇混凝土墙,预制外墙挂板、内墙隔板、大块楼板)结构的陆家宅高层住宅,6幢14层,建筑面积3.36万平方米。至1979年累计建成高层住宅30幢。80年代,建工局建造高层住宅325幢,占全市在建高层建筑的80%。2000—2010年,建工集团建造住宅建筑1752幢,其中,高层住宅1551幢,占88.53%。

表4-1-9 2000—2010年建工集团承建住宅建筑统计表

承建年份	多层住宅(幢)	高层住宅(幢)	多、高层之比
2000	33	93	35∶65
2001	17	157	11∶89
2002	17	149	11∶89
2003	19	155	12∶88
2004	9	111	8∶92
2005	13	125	10∶90
2006	11	168	7∶93
2007	24	140	17∶83
2008	20	105	19∶81
2009	11	176	6∶94
2010	27	172	16∶84

【超高层住宅】[②]

1989年,建管局建造第一幢超高层住宅——上海公安高层,高度103米。90年代,建工集团(建管局)建造超高层住宅9幢。2000年起,建造超高层住宅41幢,最高为2005年建造的世贸滨江0号楼,高度175.2米。至2010年,累计建造100米以上超高层住宅51幢。

[①] 中国《民用建筑设计通则》规定10层及10层以上为高层住宅。
[②] 中国《民用建筑设计通则》规定高于100米的民用建筑为超高层建筑。

表 4-1-10　1989—2009 年建工集团（建管局）承建超高层住宅情况表

竣工年份	工 程 项 目	高度(米)	竣工年份	工 程 项 目	高度(米)
1989	上海公安高层	103	2004	世贸滨江花园 1 号楼	149.6
1990	上海爱建公寓	101	2004	徐汇花园 E 型房	106
1990	三峰大厦	101	2004	徐汇花园 F 型房	106
1991	恒丰南楼	108	2004	菊园三期 B 幢	105
1991	恒丰北楼	108	2004	菊园三期 D 幢	105
1991	田基浜高层 1 号楼	100	2005	菊园三期 A 幢	123
1995	田基浜高层 2 号楼	100	2005	曹家堰住宅	112
1995	吴兴路侨汇房	101	2005	东方曼哈顿西 1 号楼	105
1998	中山广场	116	2005	华丽房产锦麟天地	105
1999	瑞苑公寓 A 楼	104	2005	世贸滨江花园 0 号楼	175.2
2000	兆丰公寓	159	2005	金外滩花苑 5 号楼	100
2000	瑞南公寓 3 号楼	104	2005	老西门新苑	134
2000	瑞南公寓 4 号楼	104	2006	汤臣海景花园 A 型	139
2001	中远房产两湾城	100	2006	汤臣海景花园 B 型	153
2001	南昌路住宅	105	2006	汤臣海景花园 B1 型	153
2002	盛大金盘 3 号楼	118	2006	汤臣海景花园 C 型	139
2002	华山路住宅	111	2006	中山路复兴路 4 号楼	100
2002	景泰花园	102	2007	静安四季苑 1 号楼	100
2002	光明城市公寓 A 楼	103	2007	静安四季苑 2 号楼	100
2002	光明城市公寓 B 楼	103	2007	静安四季苑 3 号楼	100
2002	制造局路 363 基地	107	2007	静安四季苑 4 号楼	100
2002	永新花苑 1 号楼	100.07	2007	静安四季苑 5 号楼	100
2002	世贸滨江花园 2 号楼	168.85	2007	静安四季苑 6 号楼	100
2003	铭源二期 4 号楼	103	2008	东淮海 2 号楼	106.6
2003	铭源二期 5 号楼	103	2009	东淮海 1 号楼	105.6
2004	世贸滨江花园 1 号楼	149.6	—	—	—

说明：超高层住宅名称，均按当时工程合同中的名称。

三、工业建筑

50 年代末—60 年代，建工局先后承建冶金系统的上钢一厂、上钢二厂、上钢三厂、上钢五厂等工程项目；承建化工系统的吴泾化工厂、吴泾焦化厂等工程项目；承建机电系统的上海重型机器厂、上海汽轮机厂、上海电机厂、上海锅炉厂等工程项目。

60年代后期—70年代，建工局在江西、安徽等地建造一批"小三线"的厂房以及南京梅山炼铁基地（9424工程）和徐州大屯煤矿等上海原料基地。1972—1978年，先后建成上海石化总厂一期工程和宝山钢铁总厂的炼钢厂、冷轧厂、中央机修厂、生产指挥楼等。

80年代，建工局承建工业建筑项目超过1 000个，其中，大中型工程项目近40个，建筑面积599余万平方米，包括上海吴泾30万吨乙烯工程、上海永新彩色显像管厂、上海施贵宝制药公司、上海强生制药厂、上海大众汽车制造厂、上海贝尔电话公司、上海耀华皮尔金顿公司和上海薛家浜冷库、上海吴泾冷库、上海禽蛋三厂冷库等工程项目。

90年代，随着上海新兴制造业的发展，建工集团承建一批微电子、汽车制造、精细化工等工程。承建浦东煤气厂二期、吴淞煤气厂扩建、上海焦化总厂"三联供"（城市煤气、化工甲醇、热电联供）、石洞口第二电厂、外高桥电厂等一批与市民生活密切相关的工程项目，以及长江引水月浦水厂、凌桥水厂等工程项目。

2000年以后，建工集团继续承接重大工程建设任务，主要是上海船厂8万吨级现代化干船坞、江桥生活垃圾焚烧厂、上海光源、上海五号沟LNG（天然气）事故应急气源备用站、白龙港污水处理厂等工程项目。2010年，工业建筑中标金额达到近30亿元。2000—2010年，累计承建工业建筑417项。

表4-1-11　1980—1990年建工局（建管局）工业、民用建筑竣工面积统计表

年份	竣工面积（万平方米）	工业建筑（万平方米）	比例（%）	民用建筑（万平方米）	比例（%）
1980	189.34	64.63	34.13	124.71	65.87
1981	208.81	62.67	30.01	146.14	69.99
1982	230.75	71.16	30.84	159.59	69.16
1983	255.74	65.16	25.48	190.58	74.52
1984	275.16	67.96	24.70	207.20	75.30
1985	279.31	59.72	21.38	219.59	78.62
1986	281.18	75.45	26.83	205.73	73.17
1987	282.54	65.41	23.15	217.13	76.85
1988	245.32	54.34	22.15	190.98	77.85
1989	216.71	39.91	18.42	176.80	81.58
1990	242.34	38.59	15.92	203.75	84.08
合计	2 723.39	665	24.56	2 042.20	75.44

表4-1-12　2000—2010年建工集团工业、民用建筑中标合同额统计表

年份	合同金额（亿元）	工业建筑（亿元）	比例（%）	民用建筑（亿元）	比例（%）	其他（亿元）	比例（%）
2000	146.12	9.66	6.61	61.91	42.37	74.55	51.02
2001	150.64	6.61	4.39	84.87	56.34	59.16	39.27
2002	182.80	9.99	5.47	126.93	69.43	45.88	25.10
2003	280.05	10.37	3.70	191.10	68.24	78.58	28.06

〔续表〕

年份	合同金额（亿元）	工业建筑（亿元）	比例（%）	民用建筑（亿元）	比例（%）	其他（亿元）	比例（%）
2004	304.59	16.44	5.40	190.85	62.66	97.30	31.94
2005	348.48	15.07	4.33	208.90	59.94	124.51	35.73
2006	502.58	13.46	2.68	316.08	62.89	173.04	34.43
2007	602.54	9.95	1.65	360.94	59.90	231.65	38.45
2008	676.19	23.28	3.44	384.19	56.82	268.72	39.74
2009	751.11	32.16	4.28	465.22	61.94	253.73	33.78
2010	858.33	29.94	3.49	550.20	64.10	278.19	32.41

四、文化体育建筑

【文化建筑】

1954年5月，上海最大的公共建筑工程——中苏友好大厦（今上海展览中心）由建工局和华东工程局组建现场公司组织施工，1955年3月建成。1973年1月，建工局建成上海第一座高度为209.35米的上海电视塔。90年代，建工集团（建管局）先后建成东方明珠广播电视塔、上海图书馆、上海博物馆、上海大剧院等。2000年起，先后建成上海科技馆、东方艺术中心、文化广场、中国航海博物馆、上海国际会议中心、世博会文化中心和世博中心、中国馆等会展建筑，以及解放日报、文汇报、新民晚报、新华社上海分社、上海电视台等新闻媒体的工程项目。其间，1989—2010年，先后建成外省市高度212米的汕头电视塔、高度188米的西宁浦宁电视塔、高度610米的广州新电视塔，以及中央美术学院美术馆、国家大剧院、青岛大剧院等文化建筑。1973—2010年，先后建成苏丹、科摩罗、埃及等13个国家和地区17项文化、娱乐、会议中心建筑。至2010年，合计承建海内外主要文化、娱乐、会议中心建筑48项。

表4-1-13　1955—2010年建工集团（建工局、建管局）承建主要文化建筑情况表

竣工年份	工 程 项 目	竣工年份	工 程 项 目
1955	中苏友好大厦	1999	上海马戏城
1962	上海杂技场	1999	上海国际会议中心
1972	上海国际通讯卫星地面接收站	2001	上海青少年活动中心仿航空母舰等
1973	上海电视塔	2001	上海科技馆
1991	上海影城	2002	上海海洋水族馆
1995	东方明珠广播电视塔	2002	上海新国际博览中心
1996	上海博物馆（新馆）	2004	上海东方艺术中心
1997	上海图书馆（新馆）	2005	上海汽车会展中心
1998	上海大剧院	2007	浦东图书馆

〔续表〕

竣工年份	工 程 项 目	竣工年份	工 程 项 目
2009	解放日报新闻中心	2010	世博会中国馆
2009	上海文化广场(新建)	2010	世博会文化中心
2009	世博会主题馆	2010	上海中国航海博物馆
2009	世博会世博中心	2009年承建 2012年竣工	上海自然博物馆

表4-1-14　1973—2010年建工集团(建工局、建管局)承建海外文化、娱乐、会议中心建筑情况表

工 程 名 称	开工、竣工时间	工 程 名 称	开工、竣工时间
苏丹友谊厅	1973年1月—1976年5月	孟加拉国国际会议中心	2000年3月—2001年7月
科摩罗人民大厦	1983年7月—1985年6月	贝宁科托努会议中心	2001年7月—2002年12月
埃及开罗国际会议中心	1986年1月—1989年3月	苏丹新国际会议厅	2003年3月—2004年8月
巴巴多斯希尔本文化中心	1993年4月—1994年4月	特立尼达和多巴哥西班牙港表演艺术中心	2007年4月—2009年11月
毛里塔尼亚国际会议中心	1994年6月—1996年3月	特立尼达和多巴哥圣费尔多表演艺术中心	2007年9月—2012年4月
安地瓜和巴布达展览中心	1995年7月—1997年1月	马拉维会议中心	2009年5月—2012年2月
科摩罗广电大楼	1999年4月—2000年4月	赞比亚政府办公楼会议中心	2010年4月—2011年9月
加蓬广电中心	2005年10月—2007年1月		

【体育建筑】

1964年,建工局建成上海跳水池。1975年,建成上海体育馆(又称"万体馆");1983年建成上海游泳馆;1987年建成国内南方地区第一座现代化上海自行车赛车场。1997年,建工集团建成中国第八届全运会主会场的上海体育场(又称"八万人体育场");1999年建成上海第一座专业足球场——虹口足球场。2004年建成承担F1赛事的上海国际赛车场,2010年建成东方体育中心。这期间,2009年建成外省市沈阳奥林匹克体育中心游泳馆、网球馆。1968—2010年先后建成坦桑尼亚、加纳、几内亚等9个国家和地区体育建筑。至2010年,累计承建海内外主要体育建筑24项。

表4-1-15　1964—2010年建工集团(建工局、建管局)承建主要体育建筑情况表

竣工年份	工 程 项 目	竣工年份	工 程 项 目
1964	上海跳水池	1990	上海国际高尔夫球场乡村俱乐部
1975	上海体育馆	1997	上海体育场
1983	上海游泳馆	1999	上海虹口足球场
1987	上海自行车赛车场	2002	源深体育中心网球馆

〔续表〕

竣工年份	工 程 项 目	竣工年份	工 程 项 目
2002	中国残疾人体育艺术培训基地	2005	上海旗忠村网球中心
2004	上海国际赛车场	2008	源深体育中心体育馆
2005	崇明根宝足球基地综合楼	2010	上海东方体育中心

表 4-1-16　1968—2010 年建工集团(建工局、建管局)承建境外主要体育建筑情况表

工 程 名 称	开工、竣工时间	工 程 名 称	开工、竣工时间
坦桑尼亚桑给巴尔和平体育场	1968 年 3 月—1970 年 1 月	加纳塔马利体育场	2006 年 1 月—2007 年 9 月
苏里南体育馆	1985 年 10 月—1987 年 5 月	特立尼达和多巴哥社区运动中心	2007 年 7 月—2008 年 4 月
中国澳门奥林匹克游泳馆	2001 年 3 月—2002 年 2 月	几内亚体育场	2007 年 11 月—2011 年 8 月
越南国家体育场	2001 年 8 月—2003 年 8 月	蒙古乌兰巴托体育馆	2008 年 5 月—2010 年 8 月
加纳赛康迪体育场	2006 年 1 月—2007 年 9 月	加蓬体育场	2010 年 1 月—2011 年 10 月

五、教育医疗建筑

【教育建筑】

50—80 年代,建工局承建了复旦大学、上海交通大学、同济大学、华东师范大学等一大批大中小学的教育建筑。其中,1982 年建成上海第一医学院科研楼,1985 年建成上海交通大学包兆龙图书馆。90 年代,建成中国纺织大学、上海市委党校、上海大学等工程项目。2000 年起,新建上海国家会计学院、上海松江大学城、中国浦东干部学院、复旦大学江湾校区和部分大学的扩建工程。这期间,在海外 5 个国家和地区建造教育建筑 11 项。至 2010 年,合计承建境内外 30 余所大学 100 余项工程项目。

表 4-1-17　1982—2010 年建工集团(建工局、建管局)承建主要教育建筑情况表

竣工年份	工 程 项 目	竣工年份	工 程 项 目
1982	上海第一医学院科研楼	1985	上海交通大学包兆龙图书馆
1983	上海电力专科学校教学楼	1986	上海大学教学楼
1983	上海第二军医大学教学楼	1986	上海交通大学研究生宿舍
1983	同济大学电气楼	1987	华东师范大学文科教学楼
1984	同济大学留学生楼	1987	上海外国语学院文学楼
1984	上海财经大学教学楼	1987	上海业余土木学院教学楼
1984	上海医疗专科学校实验楼	1987	上海立信会计专科学校
1985	复旦大学图书馆	1987	上海医疗专科学校图书馆
1985	上海海运学院实验楼	1989	上海市委党校新校舍

〔续表〕

竣工年份	工 程 项 目	竣工年份	工 程 项 目
1991	中国纺织大学教学楼	2004	中国浦东干部学院
1993	上海市委党校大礼堂	2004	上海中医药大学图书馆
1994	上海大学图书馆、食堂	2004	上海交通大学医学楼
2000	上海国家会计学院	2004	复旦大学教学楼
2001	上海市委党校海兴大厦	2004	华东师范大学理科楼(南北楼)
2001	上海松江大学城一期教学综合楼	2005	复旦大学新闻综合楼
2001	上海松江大学城上海对外贸易学院教学楼、风雨操场	2006	上海肿瘤医院门急诊医技综合楼
2001	上海工商学院综合楼、教学楼	2006	华东师范大学图文中心
2001	东华大学体育馆	2007	同济大学教学科研综合楼
2001	上海大学宝山校区	2007	上海松江大学城体育馆、游泳馆
2002	上海松江大学城二期图书馆、体育馆	2007	复旦大学江湾校区
2002	上海师范大学科技楼	2008	上海海事大学临港校区体育中心
2003	华东师范大学理科教学楼	2009	上海社会主义学院教学综合楼
2003	上海松江大学城华东政法大学公共教学楼	2009年承建 2011年竣工	上海市委党校海华大厦
2003	松江大学城上海立信会计高等专科学校教学楼	2010年承建 2011年竣工	上海交通大学钱学森图书馆
2003	上海松江大学城东华大学		

表 4-1-18 1988—2010 年建工集团(建管局)承建境外主要教育建筑情况表

工 程 名 称	开工、竣工时间	工 程 名 称	开工、竣工时间
中国香港元朗小学	1988年7月—1989年7月	中国香港粉岭小学	1999年3月—2000年7月
中国香港屯门小学	1988年7月—1989年7月	中国香港九龙塘小学	2000—2001年
巴巴多斯公共教育学院	1989年3月—1991年3月	特立尼达和多巴哥教育部大楼	2006年4月—2009年10月
巴巴多斯教育培训中心	1989年9月—1990年7月	萨摩亚马塔乌图小学	2009年12月—2010年8月
巴巴多斯教育部综合楼	1991年4月—1996年12月	特立尼达和多巴哥警察学院(改建)	2009年12月—2010年10月
瓦努阿图南太平洋大学(法律系)	1995年3月—1996年9月	——	——

【医疗建筑】

1966年,建工局建成上海国际和平妇婴保健院。80年代至2010年,随着医疗事业的发展,建工集团(建工局、建管局)先后建成一批医疗设施,其中有上海市第六人民医院迁建工程、新华医院、华山医院、瑞金医院、中山医院、上海市公共卫生中心等。2010年,建工集团在对口援建都江堰灾区中重建都江堰市医疗中心。这期间,1969—2010年,上海建工先后承建坦桑尼亚奔巴岛医院、加蓬医院(维修)、萨摩亚卫生部大楼。至2010年,合计承建海内外主要医疗建筑49项。

表4-1-19 1966—2010年建工集团(建工局、建管局)承建主要医疗建筑情况表

竣工年份	工 程 项 目	竣工年份	工 程 项 目
1966	上海国际和平妇婴保健院	2004	上海中山医院综合楼、连廊大厅
1980	上海宝钢医院病房楼	2004	上海市五官科医院门诊综合楼
1982	上海建工医院外科大楼	2004	宝山公共卫生中心
1983	上海市第一人民医院住院楼	2004	上海市公共卫生中心
1984	上海瑞金医院门诊楼	2004	上海曙光医院(东院)
1986	上海中山医院宿舍楼	2005	上海市第一人民医院松江分院
1986	上海瑞金医院住宅楼	2005	上海市精神卫生中心病房楼
1986	上海新华医院病房楼	2005	上海胸科医院住院楼
1987	上海市儿科医院	2006	上海瑞金医院医技楼
1987	上海长征医院病房楼	2006	上海肿瘤医院门急诊医技综合楼
1987	上海市卫生局防疫站检测楼	2007	上海肺科医院门急诊综合楼
1988	上海长征医院病房楼	2008	上海市精神卫生中心分部病房楼
1988	华东医院西楼	2008	上海市五官科医院病房楼
1989	上海市残疾儿童康复中心	2008年承建 2011年竣工	上海长海医院门诊楼、急诊楼
1989	上海华山医院	2009	上海第六人民医院临港新城医院
1989	上海仁济医院门诊病房楼	2009年承建 2011年竣工	上海金山医院
1990	上海瑞金医院病房楼	2009年承建 2013年竣工	上海枫林生物医药临床医学研究中心
1990	上海曙光医院病房楼	2010	中科院上海有机药物研发综合实验楼
1990	上海长海医院病房楼	2010年承建 2012年竣工	上海市质子重离子医院
1990	华东医院东楼	2010	都江堰市医疗中心
1991	上海市第六人民医院(迁建)	2010年承建 2013年竣工	上海市第十人民医院内科病房综合楼
1992	上海假肢厂假肢中心	2010年承建 2013年竣工	上海市第一妇婴保健院(迁建)
1999	上海仁济医院东院教育用房	2010年承建 2013年竣工	中医医院青浦分院

六、商业建筑

【超高层宾馆】

1983年3月,建工局建成高度91.5米的上海宾馆,打破国际饭店保持半个世纪的高度纪录;80—90年代,建工集团(建工局、建管局)先后建成静安希尔顿酒店、花园饭店、锦沧文华大酒店等上海首批五星级酒店;2000年起,先后建成高度205米的东锦江大酒店、226米的仕格维花园酒店等。至2010年,累计承建超高层宾馆24幢。

【超高层商务楼、办公楼】

1985年5月,建工局建成高度为106.5米的联谊大厦。1999年起,建工集团先后建成高度为420.5米的金茂大厦、492米的上海环球金融中心、632米的上海中心大厦等超高层商务楼或办公楼。这期间,先后承建外省市超高层建筑18幢。至2010年,合计承建超高层商务楼、办公楼89幢。

至2010年,累计承建上海、外省市100米以上的超高层商业建筑131幢。

表4-1-20 1983—1999年建工集团(建工局、建管局)承建超高层宾馆、商务楼、办公楼情况表

竣工年份	工程项目	高度(米)	竣工年份	工程项目	高度(米)
1983	上海宾馆	91.5	1992	华东电管局调度大楼	125
1985	联谊大厦	106.5	1993	建设银行大楼	110
1988	上海电信大楼	131.8	1994	上海广场	130
1988	上海远洋宾馆	104.2	1994	上海广播电视新闻大厦	127
1988	华东电力大楼	121.6	1994	解放日报社业务楼	118
1988	上海虹桥宾馆	104.2	1995	新民晚报印刷中心	108
1988	上海新锦江大酒店	153.40	1995	汤臣国贸中心	107.55
1988	上海新虹桥大厦	102.3	1995	华都大厦	124
1988	上海静安希尔顿酒店	143.6	1996	明城花苑	105.3
1989	上海银河宾馆	106.2	1996	瑞安广场	104.95
1989	上海外贸谈判大楼	125.56	1996	泰星广场	108
1989	上海花园饭店	123.61	1996	实业大厦	150
1989	上海物资贸易中心	114	1996	爱建大厦3号办公楼	122
1989	上海海伦宾馆	117.56	1996	杨浦区商城	112
1990	上海商城	167	1997	中国石油大厦	142
1990	锦沧文华大酒店	100	1997	上海市百一店商务楼	111
1990	上海国际贸易中心	140	1997	上海建工锦江大酒店	100
1990	上海金陵综合大楼	140	1998	交银大厦	102
1991	上海贵都大酒店	105	1998	银东大厦	131

〔续表〕

竣工年份	工 程 项 目	高度(米)	竣工年份	工 程 项 目	高度(米)
1998	三角地广场	100	1999	仙乐斯广场	150
1998	上海陆家宅联合大厦	129	1999	金叶大厦	108
1999	邮电通讯大楼	105	1999	兰生大厦	160
1999	力宝广场	170.8	1999	期货大厦	140
1999	金钟广场	200	1999	金茂大厦	420.5
1999	远东国际广场	143	——	——	——

表4-1-21 2000—2010年建工集团承建超高层宾馆、商务楼、办公楼情况表

竣工年份	工 程 项 目	高度(米)	竣工年份	工 程 项 目	高度(米)
2000	青浦电讯大楼	114.5	2003	上实南洋大酒店	162
2000	中国保险大厦	140	2003	明天广场	283
2000	协心世界金融中心	222	2003	东锦江大酒店	205
2000	新锦江兆丰广场	159	2003	新世界大厦	278
2000	民房大厦	132	2004	上海无锡大厦	158
2000	金陵海欣大厦	131	2004	1122工程设计中心	114
2000	建设大厦	176.5	2004	淳大酒店	103
2001	恒隆广场一期	288	2004	金帆大厦	157
2001	上海红塔大酒店	150	2004	天安中心大厦	120
2001	四季同仁中欣大厦	157	2004	华夏金融大厦	159
2001	汽车工业大厦	105	2004	华东电力调度大楼	112
2001	上海文化大厦	105	2004	卢湾商办综合楼	101
2001	宝安大厦	156	2004	华尔登广场	125
2001	华茂大厦	153	2005	静安中华大楼	110
2001	信息世界枢纽大楼	288	2005	港汇广场塔楼(OT1)	224
2002	外滩金融中心	198	2005	港汇广场塔楼(OT2)	224
2002	浦发银行大厦	153	2005	新世界大酒店	175
2002	万都中心大厦	208.6	2005	新资大厦	169
2002	震旦国际大厦	158	2005	花旗集团大厦	180
2002	威斯汀大酒店	198	2005	长峰大酒店	221
2003	来福士广场	201	2005	世贸国际广场	333
2003	钱江大厦	105	2006	盛大置业综合商办楼	171
2003	化工大厦	106	2006	平安金融广场	166

〔续表〕

竣工年份	工程项目	高度(米)	竣工年份	工程项目	高度(米)
2006	上海银行大厦	230	2008	国际客运中心港务办公楼	121
2007	仕格维花园酒店	226	2008	嘉里不夜城	100
2007	鼎固大厦	148	2008	廖创新金融中心	161.5
2007	恒隆广场二期	243	2008	湖滨饭店	111
2007	上海香港新世界	265	2008	民生银行大厦	191.3
2007	由由国际广场酒店	133	2009	世博村A地块贵宾生活楼	108
2007	长峰商城	239	2009	陆家嘴金贸区X2地块南塔楼	249
2007	宝莲城7号商办楼	120	2010	漕河泾兴园中心A标主楼	152
2007	东海一期工程	193	2010	中信广场	243
2007	陆家嘴D3-5地块开发大厦	131	2010	平安金融大厦	211
2008	上海环球金融中心	492	2010	上海建工大厦	108.7
2008年承建	国金中心南塔楼2011年竣工	250	2008年承建	双辉大厦-双座2011年竣工	208
2008年承建	国金中心北塔楼2011年竣工	260	2008年承建	月星环球港2012年竣工	248
2008	宝金金融中心	198	2008年承建	上海中心大厦2014年竣工	632

表4-1-22　1989—2010年建工集团(建管局)承建外省市超高层建筑情况表

年份	工程项目	高度(米)	年份	工程项目	高度(米)
1993	海口港澳国际大厦	110	2008年承建2012年竣工	沈阳茂业中心	310.9
1994	海口世贸中心	106	2008年承建2012年竣工	湖州喜来登大酒店	102
2009	广东京穗中心	184.5	2009年承建2011年竣工	广州邕州1301项目	104
2010	无锡红豆国际广场	248	2010年承建2012年竣工	广东卢浮宫家具博览中心	200
2010	南京紫峰大厦	450	2010年承建2012年竣工	武汉泛海樱海园二期工程	100
2010	南昌联发广场	200	2010年承建2012年竣工	佛山金名都一期工程	143
2010	江阴水岸新都二期北区	120	2010年承建2012年竣工	大连星海湾金融商务区	154
2010	广州珠江城大厦	310	2005年承建2015年竣工	苏州"东方之门"	301.8
2008年承建2011年竣工	青岛远雄国际广场	175	2010年承建	大连绿地中心	518

七、交通建筑

【航空港、交通枢纽】

1964年、1984年、1991年,建工局(建管局)承接虹桥机场改建和扩建任务,在不影响航空业务的前提下完成任务。1997—1999年,建工集团承建浦东机场一期工程,建筑面积30万平方米。2004—2007年,承建浦东机场二期工程,建筑面积48.8万平方米。2007—2010年,建工集团承建虹桥综合交通枢纽工程,建筑面积175万平方米,地下面积50万平方米。

【航运港、铁路客运站】

1982年11月,建工局承建上海港客运总站(又称上海十六铺客运站)竣工,建筑面积3.5万平方米。1984年9月,建工局承建铁路上海站,主站屋建筑面积4.5万平方米;1987年12月竣工。2002年7月,建工集团承建铁路上海南站工程,主站屋建筑面积5万余平方米,2006年7月竣工运行。2008年7月,承建京沪高速铁路上海虹桥站工程,2010年7月竣工。

八、世博会建筑

2006年11月—2010年3月,建工集团承建世博会80%的工程项目和配套工程项目。浦东园区主要是世博轴、中国馆、主题馆、世博中心、文化中心等"一轴四馆"。浦西园区主要是最佳城市实践区、上海企业联合馆、上汽通用馆、中国船舶馆、中国铁路馆、中国人保馆、国家电网馆,以及世博公园、后滩公园、为世博会供电服务的500千伏静安输变电站、地铁13号线世博专线等配套工程项目。

第三节 土 木 工 程

一、施工规模

建工集团(建工局、建管局)从50年代末开始承建外省市桥梁工程;60年代起,承建盾构施工、水下顶管、海底敷设输水管道和光缆、电缆等工程项目;90年代起,承建上海和外省市地铁工程、磁浮列车工程、隧道工程及各类特种工程。土木工程产值占施工总产值的比例由2000年的7.41%,提高到2004年的22.86%,2008年达到近1/4。2000—2010年,完成土木工程产值645.89亿元,占施工总产值的近1/5。

表4-1-23 2000—2010年建工集团土木工程产值统计表

年份	总产值(亿元)	土木工程产值(亿元)	比例(%)	年份	总产值(亿元)	土木工程产值(亿元)	比例(%)
2000	124.26	9.21	7.41	2002	157.95	30.12	19.07
2001	136.36	25.73	18.87	2003	182.51	32.25	17.67

〔续表〕

年份	总产值（亿元）	土木工程产值(亿元)	比例（%）	年份	总产值（亿元）	土木工程产值(亿元)	比例（%）
2004	215.46	49.26	22.86	2008	448.53	108.73	24.24
2005	258.35	41.53	16.08	2009	529.94	121.54	22.93
2006	313.55	42.41	13.53	2010	628.41	109.48	17.42
2007	365.86	75.63	20.67	合计	3 361.18	645.89	19.22

二、桥梁工程

1959年12月，建工局承建湖南湘潭湘江一桥，全长517米，主桥60米。1978年4月，承建上海第一座斜拉桥——泖港大桥，为双塔双索面预应力混凝土斜拉桥，主跨200米，1982年6月竣工。1986年12月建成跨越沪宁、沪杭铁路的上海中山北路交通路立交桥，全长541.24米，是上海简支梁跨度最大的车行立交桥。1988年12月—2005年9月，建工集团（建管局）先后建成上海黄浦江上的南浦大桥、杨浦大桥、徐浦大桥、卢浦大桥、闵浦大桥。1999年9月建成主桥长2 068米的悬索桥——江阴长江大桥。2005年8月，建成当时国内最长的第一座跨海大桥——东海大桥主通航孔，主跨420米。2009年12月，承建金山铁路黄浦江特大桥全长3 526米。至2009年，在上海地区累计建成黄浦江大桥6座、黄浦江支流大桥1座、车行立交桥1座、跨海大桥1座；在全国12个省、自治区、直辖市，承建、参建各种桥型的大桥24座；在海外建造桥梁5座。

至2010年，在海内外累计承建各类桥梁38座。

表4-1-24　1978—2009年建工集团（建工局、建管局）承建市内大中型桥梁情况表

桥名	全长(米)	主桥长(米)	主塔高(米)	主跨(米)	开工时间	通车时间
泖港大桥	391.8	370	44	200	1978年4月	1982年6月
中山北路交通路立交桥	860	139.8	——	46.6（三孔）	1986年3月	1986年12月
南浦大桥	8 346	846	150	423	1988年12月	1991年12月
杨浦大桥	7 654	1 172	208	602	1991年4月	1993年10月
徐浦大桥	6 017	1 074	217	590	1994年4月	1997年6月
卢浦大桥	8 722	750	——	550	2000年7月	2003年6月
东海大桥	主通航孔	——	159	420	2002年12月	2005年12月
闵浦大桥	3 982	1 212	226	708	2005年9月	2009年12月
金山铁路黄浦江特大桥	3 526	456		112（四跨）	2009年12月	2011年10月

表 4-1-25　1960—2009 年建工集团(建工局、建管局)承建、参建外省市大桥统计表

竣工年份	桥　　名	竣工年份	桥　　名
1960	湘潭湘江一桥	1999	珠海横琴大桥
1960	南宁邕江大桥	1999	江阴长江大桥
1962	南昌八一大桥	1999	天津海河大桥
1963	南昌抚河大桥	2000	宜昌夷陵长江大桥
1965	赣州东河大桥	2000	湖北宜都清江二桥
1968	广西柳州大桥	2000	芜湖长江大桥
1986	佛山西山大桥	2000	重庆鹅公岩大桥
1987	云南东风大桥	2001	福州青州闽江大桥
1988	广州海印大桥	2002	浙江东阳大桥
1989	苏州狮山大桥	2003	舟山桃夭门大桥
1992	浙江富阳大桥	2009	太原火炬桥
1997	广州鹤洞大桥		

表 4-1-26　2003—2010 年建工集团承建海外桥梁统计表

桥　　名	开 工 日 期	竣 工 日 期
巴基斯坦喀喇昆仑公路桥梁(修复工程)	2003 年 7 月	2005 年 10 月
柬埔寨 7 号公路西公河大桥	2004 年 12 月	2007 年 12 月
埃塞俄比亚格特拉立交桥	2007 年 6 月	2009 年 5 月
柬埔寨洞里萨河大桥	2007 年 12 月	2010 年 4 月
柬埔寨湄公河大桥	2007 年 12 月	2010 年 7 月

三、道路工程

1993 年 12 月,建工局首次承建高架路——上海内环线的 2.5 标、2.6 标。1997 年 8 月,建工集团承建外环线的 2.1 标、1.4 标、3 标。1998 年 7 月,承建高架公路——东西走向的延安路高架路,共 5.5 公里。2000 年 4 月,承建高速公路——沪青平高速的 1 标、1.2 标、3 标、5 标、6 标、7 标、9 标,共 10 公里。接着,先后承建莘奉金高速的 2 标、4 标,共 9.7 公里;同三高速公路上海段,共 18.32 公里;沪宁高速的 4 标;沪芦高速的 6 标,5.2 公里。2000 年 12 月,承建南北高架路北段,南起内环共和新路立交,北至外环蕰川路立交,二层为轨道交通 1 号线北延伸段,三层为高架路,长为 9.65 公里。2003—2006 年,承建中环线浦西的 2.5 标、2.7 标、3.9 标、4.1 标,长为 7.8 公里;2007 年 9 月,承建中环线浦东的 4 标。2008 年 12 月,承建虹桥交通枢纽的高架、地面道路,合计长度 15.19 公里。此外,包括浦东机场进出道路、世博园区道路、周康航基地周边道路等。

建工集团承建外省市市政道路先后涉及 4 个地区。2004—2010 年,先后承建广东省珠海市东

澳岛国防公路、金湾区小红区公路、金湾区月矿公路、情侣北路南段3标、省道S272珠海段Ⅱ标、省道S365中心涌至井岸二桥段,深圳市环观南路1标;海南省万宁市神州半岛1号路、4号路、莲花路、门户区道路、万宁市黄埔东路、观澜街道3号路1标;江苏省无锡市吴越路A标7.2公里、太湖新城瑞金道24公里,常州市武进区龙江路高架南延段7公里、中吴大道5.72公里,承建南京南站中和枢纽站东路站西路18公里;承建浙江省杭州市得胜快速路01标1.35公里。

2003年7月,建工集团承建巴基斯坦喀喇昆仑公路桥梁修复工程。2004年12月,承建柬埔寨7号公路,长为186公里。2007年6月,承建埃塞俄比亚特拉立交桥,道路长为8 128米、桥梁长为1 087米。2008年1月,承建柬埔寨8号公路,长为105公里;是年12月,承建柬埔寨62号公路北段与210号公路,长为144公里。2009年12月,分别承建柬埔寨78号公路,长为121公里;62号公路南段与8号公路支线,长为133公里。2010年12月,分别承建柬埔寨59号公路,长为144公里;61号公路,长为16公里。

至2010年,累计承建海内外道路1 000余公里。

四、轨交工程

【上海地铁】

1991年12月,建工局首次承建上海地铁1号线,其中盾构区间、高架区间7个,施工车站7个。在轨道交通施工中,基础公司、机施公司承担盾构区间掘进;市建一公司、市建二公司、市建三公司、市建四公司、市建五公司、市建七公司、市建八公司、桥隧公司承担车站施工;安装公司承担设备自动化系统(BAS)和智能消防系统(FAS)的安装;装饰公司承担车站装饰设计和施工;材料公司、构件公司承担预拌混凝土和地铁管片供应。同时,建工集团还承担与轨道交通相关的控制中心、车辆段、换乘站、变电站、停车场、检修库、风井等建筑施工、机电安装和相关的装饰工程。

至2010年,上海建工承建上海轨道交通1号线至13号线和16号线,合计盾构区间、高架区间96个。其中盾构区间82个,掘进长度(不含地下车站)15.63万米;高架区间14个,施工长度为2万余米;承建车站112座,占总车站数的1/3。

表4-1-27 1991—2010年建工集团(建管局)承建上海轨道交通统计表

轨道交通	盾构区间、高架区间	车站
地铁1号线 参建日期:1991年12月 通车日期:1993年5月	衡山路站-徐家汇站、常熟路站-衡山路站、陕西南路站-常熟路站、上海南站站-锦江乐园站、人民广场站-新闸路站、新闸路站-汉中路站、共富新村站-宝杨路站	衡山路站、陕西南路站、常熟路站、上海南站站、锦江乐园站、延长路站、宝杨路站
地铁2号线 参建日期:1998年5月 通车日期:2000年6月	江苏路站-静安寺站、南京西路站-人民广场站、北新泾站-威宁路站、浦东机场-海天三路站、东昌路站-世纪大道站、华夏路站-川沙镇站、淞虹路站-4号井、3号井-4号井、3号井-2号井、杨高路站-中央公园站、中山公园站-江苏路站、淞虹路站-诸光路站	东方路站、世纪大道站、南京东路站、威宁路站、北新泾站、诸光路站

〔续表〕

轨道交通	盾构区间、高架区间	车　　站
地铁3号线 参建日期：1997年6月 通车日期：2000年12月	虹桥路站-延安西路站、张华浜站-水产路站，2区间	宝山路站、吴淞镇站、水产路站、宝杨路站、友谊路站、铁力路站、虹桥路站、淞发路站、殷高路站、长江南路站
地铁4号线 参建日期：2001年8月 通车日期：2005年12月	海伦路站-临平北路站、蓝村路站-塘桥站、西藏南路站-鲁班路站、大木桥路站-东安路站、东安路站-上海体育场站、海伦路站-宝山路站、临平路站-长阳路站、浦东大道-张杨路站	海伦路站、西藏南路站、南码头路站、天钥桥站、东安路站、杨树浦路站、长阳路站、鲁班路站
地铁5号线 参建日期：2002年11月 通车日期：2003年11月	金平路站-华宁路站	金平路站
地铁6号线 参建日期：2004年2月 通车日期：2007年12月	民生路站-北洋泾路站-德平路站-云山路站、长清路站-济阳路站、龙阳路站-世纪大道站、世纪大道站-浦电路站-蓝村路站-龙阳路站	济阳路站、德平路站、北洋泾路站、浦电路车站、云山路站、金桥路站、长清路站、主题公园站
地铁7号线 参建日期：2006年8月 通车日期：2009年12月	汶水路站-新沪路站、沪南路-龙阳路站、常熟路站-南浦站、陆翔路-顾村站、常熟路站-肇嘉浜路站、肇嘉浜路站-东安路站、南浦站-东安路站、龙阳路站-白杨路站	龙阳路站、白杨路站、汶水路站、新沪路站、肇嘉浜路站、零陵路站、耀华路站、南浦站
地铁8号线 参建日期：2003年10月 通车日期：2007年12月	黄兴路站-江浦路站-鞍山路站-四平路站、西藏南路站-周家渡站、8标、6标、3标、5B标	人民广场站、淮海路站、江浦路站、西藏南路站、航天公园站、世博园站、市光路站、开鲁路站、四平路站、江浦路站、凌兆路站、杨思路站
地铁9号线 参建日期：2003年7月 通车时间：2007年12月	九亭站-中村路站-七宝站、外环路站-虹梅路站、马当路站-陆家浜路站-小南门站	桂林路站、宜山路站、嘉善路站、松江新城站、泗泾站、外环路站、打浦路站
地铁10号线 参建日期：2006年11月 通车日期：2010年4月	四川路站-海伦路站、四川路站-天潼路站、海伦路-曲阳路站、西藏南路-豫园站、豫园站-南京路、南京路-天潼路站、7标、2标	海伦路站、豫园站、南京东路站、天潼路站、江湾体育场站、五角场站、邮电新村站、四川路站、南京东路站、淡水路站、陕西路站
地铁11号线 参建日期：2006年7月 通车日期：2009年12月	真南路站-铁路西站、江边风井-济阳路站、济阳路站-济三风井、石龙路站-江边风井、安亭站-兆丰路站、兆丰路站-光明路站、北段11.14标、北段11.8段、南翔站-马陆站、城北路站-停车场	桃浦新村站、武威路站、临江新城站、石龙路站、临江新城北站、兆丰路站、白丽新村站、武威路站、南翔站、马陆站、枫桥路站、汽车城站、墨玉路站、铁路西站、同济校区站、城北路站
地铁12号线 参建日期：2010年3月 通车日期：2013年12月	虹梅路站-虹漕路站-桂林路站-漕宝路站、大木桥站-嘉善路站、陕西路站-南京西路站、复兴岛站-利津路站、利津路站-巨峰路站、提篮桥站-大连路站-长阳路站	大连路站、提篮桥站、长阳路站、宁国路站、隆昌路站、内江路站、复兴岛站、天潼路站
地铁13号线 参建日期：2007年4月 通车日期：2013年12月	卢浦大桥站-世博园站、世博园站-长清路站、金沙江路站-隆德路站、隆德路站-武宁路站、大渡河路站-金沙江路站、汉中路站-自然博物馆站、自然博物馆站-南京西路站	世博园站、卢浦大桥站、长青路站、南京西路站、淮海路站、大渡河路站、金沙江路站、自然博物馆站、淡水路站
地铁16号线 参建日期：2010年1月	惠野井-惠南镇、临港新城站-临港北站	——

说明：轨道交通在地下使用盾构掘进机，由甲站至乙站，称作盾构区间。在地面由混凝土承台、立柱、梁空中架设的甲站至乙站，称作高架区间。本表盾构区间、高架区间的路名和车站的站名，均按工程合同中的名称，未调整为现路名、车站的名称。

【外省市地铁】

2000年起,建工集团开始承建外省市地铁。2000年4月,首次承建南京地铁1号线。2001年3月,承建深圳地铁1号线。2006—2010年,先后承建沈阳地铁1号线、杭州地铁1号线、天津地铁2号线、苏州地铁1号线、广州地铁3号线。至2010年,承建外省市地铁累计盾构区间14个、推进长度2.66多万米,施工车站10个。

2010年,在建和新建的苏州、无锡、南京、天津、大连、昆明等地的地铁,涉及盾构区间10个,推进长度1.1万多米,施工车站12个。

表4-1-28 2000—2010年建工集团承建外省市轨道交通统计表

轨道交通	开工、竣工日期	盾构区间	车站施工
南京地铁1号线	2000年4月—2003年1月	——	三山街站
南京地铁1号线	2001年3月—2003年10月	三山街-张府园-新街口	——
南京地铁1号线	2006年12月—2008年12月	南延伸DIS-TA6标	南延伸DIS-TA6标
南京地铁1号线南延线	2007年6月—2010年5月	岔路口-河定桥	岔路口车站
深圳地铁一期	2001年3月—2004年11月	——	老街站
深圳地铁一期	2001年4月—2004年1月	——	国贸站
深圳地铁一期	2001年5月—2004年2月	一期第2B标	——
沈阳地铁1号线	2006年7月—2008年1月	延伸段	第五合同段
杭州地铁1号线	2007年8月—2010年6月	21号盾构	21号车站
天津地铁2号线	2009年12月—2010年12月	第3、6、12合同段	——
天津地铁2号线	2008年5月—2010年12月	西南角-青年路-红旗南路、第3、14合同段	——
苏州地铁1号线	2006年8月—2008年2月	——	星港街站
广州地铁3号线	2010年1月—2010年12月	北延伸B标段同和站-南方医院站区间	北延伸B标段同和站、南方医院站

表4-1-29 2010年建工集团在建新建外省市轨道交通统计表

轨道交通	开工、竣工日期	盾构区间	车站施工
苏州地铁2号线	2010年4月—2012年10月	桐径公园-长吴路站-宝带西路站	——
苏州地铁1号线	2011年6月—2011年10月	——	金鸡河西站站外改造
无锡地铁1号线	2010年6月—2012年10月	新光路站-金城路站-清名站、九里河站-兴吴路站	新光路站、九里河站
南京地铁2号线	2011年3月—2013年12月	松花江路站-绿博园站-江星洲站、奥体中心-松花江路站	松花江路站、绿博园站、江星洲站
天津地铁3号线	2010年10月—2011年12月	全线18座地下站屏闭门安装、4标段区间机电安装	铁东路站、张兴庄站、宜兴埠站、普育公园站机电安装

〔续表〕

轨 道 交 通	开工、竣工日期	盾 构 区 间	车 站 施 工
大连地铁一期	2010年7月—2012年4月	体育中心东站-南关岭镇站-南关岭站	南关岭镇站
昆明地铁首期	2010年4月—2012年3月	——	11标文化宫站

【磁浮列车运营线】

2001年3月1日,建工集团等单位承建的世界第一条磁浮列车商业运营线——上海磁浮列车示范运营线开工,2002年12月31日单线试运行。全长33公里,西起地铁2号线龙阳路车站,东到浦东机场1号航站楼,设两个车站,双线折返运行,最高时速每小时430公里。建工集团设立制梁基地,占地面积26万平方米,建筑面积10万平方米,从设计、施工到投入生产轨道梁为8个月。2002年7月30日,提前完成合同制作1293榀轨道梁、58榀板梁,几何尺寸控制在正负2毫米、连接件控制在正负1毫米。2002年9月,完成1712榀轨道梁吊装,包括50米混凝土轨道梁、钢轨道梁各一榀。这期间,按期完成主线6个标段中4个标段20多公里土建结构和龙阳路车站、维修基地等施工任务以及主线7个系统设备安装,包含德国磁浮技术核心部分的安装。

五、顶管、隧道工程

【顶管工程】

70年代,建工局开发水下和地下长距离顶管技术。1981年承建镇海炼油厂甬江工程,顶管长度518米。1986年承建黄浦江上游引水一期工程,顶管长度1 120米,获得1989年国家科技进步奖一等奖。1988年承建广东汕头市第三水厂过海工程,顶管长度1 142.83米。90年代,承建上海星火开发区污水排海顶管工程,顶管(混凝土管)长度1 511米。上海黄浦江二期工程3.2标,顶管长度1 628米。深圳污水排海顶管工程,顶管长度1 609米。江苏丹阳水厂穿越长江取水工程,顶管长度1 628米。上海青草沙水源引水工程,顶管长度1 960米。广东汕头过海引水工程,顶管长度2 080米。其间,顶管口径从1.5米到4米,从直线顶进、曲线顶进到垂直顶升,形成完整的顶管施工技术体系。至2010年,累计顶管长度达到150余公里。

【隧道工程】

1988年,建管局运用盾构技术承建上海市合流污水治理一期工程3.1标,长度2 033米;之后又在电厂取水口等运用盾构隧道技术。1991年起,盾构施工技术应用于轨道交通的地铁工程。2006年11月,承建黄浦江人民路隧道,2009年11月竣工,隧道全长3 097米。2008年3月,承建黄浦江龙耀路隧道,2010年4月竣工,隧道全长4.04公里米,其中江中段北线隧道长1 147.39米,江中段南线隧道长1 139.51米。

六、园林绿化工程

从80年代到2010年,园林集团完成一批大型的园林绿化工程。其中,80年代的代表工程——

上海大观园，1988年竣工，获得1990年上海市优质工程荣誉。90年代的代表工程——上海世纪公园、世纪大道绿化、碧云别墅社区等。2000年以后，先后建成的大型绿地有延中绿地、凯桥绿地、四川路绿地、太平桥绿地等；建成的大型公园有东方绿舟、古城公园、黄兴公园、安亭公园、徐家汇公园、炮台湾湿地公园等，其中，徐家汇公园开创上海市中心城"三废"企业拔点和生态环境相结合的成功范例。2006—2010年，先后建成世博会配套项目——世博公园、后滩公园、世博园区绿化，以及辰山植物园。这期间，逐步建成上海高架路立体绿化，填补了国内绿化工程的空白。

80年代起，园林集团在外省市先后承建北京中关村景观项目、杭州西湖环湖景区项目、湖南长沙五一广场项目、云南昆明世博园项目、西藏日喀则上海广场项目、成都都江堰绿化项目等20多个城市的一批绿化园林项目；还在香港建成小西湾公园、湾仔中心花园、九龙寨城花园等。1985年起，在海外先后承建比利时天堂公园、法国马赛上海园、俄罗斯圣彼得堡友谊园、美国华盛顿植物园中国园、加拿大蒙特利尔梦湖园、开罗国际会议中心秀华园、日本横滨友谊园、韩国釜山上海门等20多个国家的一批绿化园林项目。

第四节 机电安装

一、施工规模

建工局成立初期，由建筑公司的水电安装工程队承担普通民用建筑的水电安装任务，逐步发展到承接中小型民用建筑的安装任务。为适应工业建筑的设备安装，1958年，上海市工业设备安装公司（简称安装公司）成立。1964年，在公司体制调整中，各建筑公司成立水电安装队。安装公司主要承接大中型工程项目工业设备和机电安装业务，各水电安装队承担与本公司施工配套的水电安装业务，并入本公司的统计。1958年，完成施工产值0.40亿元。1960年，完成施工产值0.64亿元。"文化大革命"中的1966—1974年，每年完成施工产值低于1960年，相比减少50%。1980年，完成施工产值回升到0.58亿元。1990年，完成施工产值突破2亿元。2000年，完成施工产值突破8亿元。2010年，完成施工产值55.74亿元。

表4-1-30　1958—2010年机电安装施工产值统计表　　　　　　　　单位：亿元

年　份	施工产值	年　份	施工产值	年　份	施工产值
1958	0.40	1967	0.16	1976	0.55
1959	0.50	1968	0.10	1977	0.40
1960	0.64	1969	0.21	1978	0.42
1961	0.27	1970	0.30	1979	0.60
1962	0.17	1971	0.21	1980	0.58
1963	0.27	1972	0.30	1981	0.59
1964	0.33	1973	0.31	1982	0.86
1965	0.29	1974	0.45	1983	0.59
1966	0.22	1975	0.74	1984	1.06

〔续表〕

年 份	施工产值	年 份	施工产值	年 份	施工产值
1985	1.10	1994	3.87	2003	11.99
1986	1.27	1995	4.92	2004	13.90
1987	1.85	1996	7.06	2005	16.48
1988	2.00	1997	8.26	2006	22.30
1989	2.04	1998	8.27	2007	27.65
1990	2.19	1999	8.90	2008	30.61
1991	2.43	2000	8.33	2009	42.36
1992	2.65	2001	8.75	2010	55.74
1993	3.03	2002	12.26	——	——

二、施工业务

1958—1959 年，工业设备安装主要使用差动滑轮（俗称手拉葫芦、"神仙葫芦"）等手动机具。1958 年，由 16 名工人靠 2 台手摇卷扬机把上钢三厂一台 50 吨行车吊装到位。60 年代，完成上海碳素厂 2 500 吨卧式水压机、吴泾化工厂 2 500 吨/年合成装置等设备的安装。1963—1965 年，完成嘉定科技城有机、光学、力学研究所等工程项目及上海 204 工程等国防工程项目的设备安装任务；承接大型民用工程虹桥机场的机电设备安装任务。1966—1969 年，完成吴泾化工厂、吴泾热电厂、高桥化工厂等工程项目的安装任务。

70 年代，在南京梅山炼铁厂、金山石化总厂、吴泾 30 万吨合成氨、宝山钢铁总厂等大型工程的设备安装时，先后引进 30 吨～110 吨大型吊机，还自行设计制造了一批机具，机具数量从 1 076 台/件增加到 3 122 台/件。在安装金山石化总厂二期工程芳烃装置中，完成安装设备 1 262 台、重 16 700 吨、工艺管道 284 公里、电器设备 354 台、电缆 562 公里、仪表 8 000 余台/件。安装 50 吨以上设备 29 台，最高的塔 76.93 米、重 333 吨，单体最大的反应器重 520.7 吨。球罐制作、组焊、组装从 400 立方米球罐发展到 2 000 立方米，一次拍片合格率均达到 98% 以上。施工安装由单体设备安装转为群体设备安装，完成上海第一座地面卫星接收站安装、上海体育馆全套机电设备安装、吴泾化工厂第一套国产 30 万吨合成氨和 24 万吨尿素装置等。这期间，承接江苏、浙江、安徽、江西等地 90 个单位的安装任务。

1982—1990 年，完成上海永新彩色显像管生产线成套设备安装，上海耀华皮尔金顿浮法玻璃生产线等工业设备安装。完成上海宾馆、联谊大厦、华亭宾馆、城市酒店、上海商城等机电安装任务。其中，上海商城 33 台电梯的群体安装成为当时安装数量之最。1991—1999 年，完成南浦大桥、杨浦大桥、徐浦大桥的供电配电和主桥照明任务；上海焦化厂、轨道交通 1 号线、2 号线、3 号线机电设备安装和变电站等安装项目；上海影城、上海博物馆、上海图书馆、上海大剧院、上海体育场、上海科技城、上海马戏城、上海国际会议中心、上海城市规划展示馆、中共一大会址纪念馆、中共中央党校教学楼、上海市第六人民医院等一批文体教卫项目和恒隆广场、金茂大厦等全部机电安装任务。

2000—2010 年，完成环球金融中心、上海中心大厦等一批高级综合建筑和上海国际赛车场、东方体育中心、上海文化广场、东方艺术中心、上海辰山植物园、虹桥交通枢纽、浦东机场、上海铁路南站、上海青草沙水源地原水等,以及上海世博会"一轴四馆"等大型公共设施的机电安装;完成卢浦大桥、人民路隧道、龙耀路隧道、轨道交通3号线至13号线、磁浮示范运营线等工程的机电安装。还完成上海光源、上海市公共卫生中心、上海市质子重离子医院等工程的设备安装,形成施工安装的新技术、新工艺。同时,承接国内19个省市、73个工程项目,包括北京京西宾馆、国家大剧院、南京紫峰大厦、沈阳奥林匹克体育中心等工程项目。在海外20多个国家和地区完成宾馆、会议中心、艺术中心、医疗中心、体育设施等工程项目的安装任务。

至2010年,累计完成各类工业建筑、民用建筑、桥梁、地铁、隧道等项目的机电安装工程近2万个。

第五节 建筑装饰

一、施工规模

80年代前,装饰施工中的吊顶、墙面、地坪等任务,一般由各建筑公司木工、粉刷工或由机械粉刷工程队承担。80年代,随着装饰业务的逐步升级,建筑公司先后成立专业装饰工程队、装饰分公司。1987年4月,上海市建筑装饰工程公司(简称装饰公司)成立。同时,各建筑公司先后成立28家装饰企业。建筑装饰业务由低端发展到中高端,由上海发展到外省市。2010年,建工集团拥有一级装饰企业15家、二级装饰企业5家。2000年,完成装饰产值17.16亿元,占施工总产值的13.81%。2005年完成装饰产值30.85亿元,比2000年增长79.77%。2008年,完成装饰产值50.85亿元,比2005年增长64.82%。2010年,完成装饰产值88.99亿元,比2008年增长75%。2000—2010年完成装饰产值436.03亿元,占施工总产值的12.97%。

表4-1-31 2000—2010年建工集团装饰施工产值统计表

年份	总产值(亿元)	装饰产值(亿元)	比例(%)	年份	总产值(亿元)	装饰产值(亿元)	比例(%)
2000	124.26	17.16	13.81	2006	313.55	41.96	13.38
2001	136.36	20.52	15.04	2007	365.86	45.82	12.52
2002	157.95	22.91	14.50	2008	448.53	50.85	11.33
2003	182.51	23.59	12.92	2009	529.94	65.21	12.31
2004	215.46	28.14	13.06	2010	628.41	88.99	14.16
2005	258.35	30.85	11.94	合计	3 361.22	436.03	12.97

二、施工业务

在装饰施工业务中,装饰公司由分包到专业承包高级装饰,成为中国建筑装饰行业百强企业。1987年,装饰公司承接静安希尔顿酒店、虹桥机场宾馆等18个局部分包项目。1988年,承接全国首家中外合资展览馆——上海国际展览中心项目,破除了外资工程由国外建筑承包商统揽的惯例。1989—1991年,先后承接花园饭店、虹桥宾馆、锦沧文华大酒店等局部分包项目及苏州、徐州、常熟、昆山等外省市项目。单个项目的合同金额从万元级上升到几十万元级,个别达到上百万级。5年完成施工产值3 648万元,年均729.6万元。

1991—1997年,装饰公司共计承接199个项目,其中500万元～1亿元以上的项目30个,占施工总量的53.83%。先后承接浦东发展银行大楼、东方明珠广播电视塔中球、上海广播电视局新闻中心演播厅、上海东方电视台演播厅、上海地铁衡山路车站、上海证券大厦等装饰项目,以及无锡香港大世界等装饰项目。

1998—2001年,装饰公司共计承接220个项目,其中1 000万元～1亿元以上的项目22个,占施工总量的56.37%。围绕中国首次在上海承办2001年"亚太经济合作组织第九次领导人非正式会议"(APEC会议),先后承接浦东机场航站楼贵宾2厅、3厅,上海国际会议中心,上海国际新闻中心,上海科技馆,虹桥迎宾馆等系列装饰项目。同时,承接上海地铁陆家嘴站和江苏路站、上海电视台电视制作综合楼、陈云故居暨青浦革命历史纪念馆、上海会计学院、上海交银大厦、上海恒隆广场、上海汇金广场、上海东锦江大酒店等装饰项目。这期间,承接北京京西宾馆、北京钓鱼台国宾馆、南京海关、南京火车站、南京国际展览中心、海盐国际大厦等装饰项目,还有朝鲜罗津英皇大酒店等装饰项目。

2002—2008年,装饰公司共计承接764个项目,其中1 000万元以上项目53个、5 000万元以上项目11个,占施工总量的65.45%。其中,有国家大剧院、东方艺术中心、无锡灵山胜景梵宫、北京人民大会堂上海厅、南京江苏省人大会堂、上海国际赛车场、中国浦东干部学院、国家会计学院二期、复旦大学光华楼、上海中山医院等公共建筑和上海环球金融中心、明天广场、港汇广场、花旗大厦、由由国际广场、时代金融中心、世贸滨江花园、徐汇苑及浙江绿城舟山大酒店、南通国宾花园酒店、武汉锦江大酒店、俄罗斯圣彼得堡"波罗的海明珠"会所等高级装饰项目。承建近代历史保护建筑的修缮,其中有建于1923年的外滩18号麦加利银行、建于1924年的天妃宫桥(今河南路桥)、建于1928年的大光明电影院等。其中,外滩18号修缮工程获得联合国教科文组织授予的"亚太文化遗产保护杰出奖"。

2009—2010年,装饰公司共计承接项目258个,其中1 000万元以上项目42个、5 000万元以上项目10个,占施工总量的77.95%。先后承接世博工程的中国馆、世博中心、文化中心、世博轴地下综合体等项目;虹桥机场西航站楼公共区域、京沪高铁虹桥站、轨道交通唐镇站、广兰路站、金科路站、张江高科站等装饰项目。修缮工程有建于1913年的中山东一路1号亚细亚大楼、建于1910年的中山东一路2号上海总会(今华尔道夫酒店)、建于1908年的中山东一路南京东路23号的汇中饭店(今和平饭店南楼)、建于1929年的中山东一路20号华懋饭店(今和平饭店北楼)等装饰项目。还在上海地区完成复旦大学子彬院改扩建、浦东新区图书馆、绿地万豪酒店、上海市政协机关办公楼、上海东方体育中心、大上海会德丰广场办公楼等装饰项目。在外省市完成广州新电视塔登塔大厅、杭州四季酒店、天津环贸商务中心、天津北洋园体育馆、交行金融服务中心办公楼(南宁)、江西前湖迎宾馆商务楼、千岛湖滨江希尔顿度假酒店等装饰项目。这期间,建工装饰《历史保护建筑破碎型多裂缝地坪石材的原物无痕修复方法》《历史建筑工艺品扫金修复工艺》《历史建筑木制品裂纹漆修复工艺》获得国家知识产权局授予国家专利;获得全国建筑工程装饰奖29项。

第二章　建筑材料和建筑机械

在计划经济体制下,建工局设立专门机构承担建工局所属建筑公司及上海基本建设工程计划指标的沙、石、砖、瓦、灰等(简称大宗材料)和钢材、木材、水泥(简称统配材料)的采购、储存、供应及部分材料的生产任务。80年代以后,建筑材料由计划供应转为市场配置,建工局整合局内资源,逐步形成预拌混凝土研发、生产、销售、运输、浇捣较完整的体系,研发能力、年销售量处于全国同行业领先水平。建筑构配件生产不断适应市场要求,调整混凝土构件产品;建筑机械生产形成搅拌机、搅拌车、搅拌楼站等产品系列。集团初步形成大型石矿、混凝土外加剂、预拌混凝土生产和销售、混凝土构件生产和销售、建筑机械生产和销售较完整的产业链。2010年,预拌混凝土、混凝土预制构件、混凝土机械生产企业固定资产原值9.33亿元,完成综合营业额69.94亿元。

第一节　企　　业

一、大宗、统配材料企业

从第一个五年计划开始,建筑材料供应列入国家计划,钢材、木材、水泥由国家统一分配,砖瓦、黄沙、石料等大宗材料由单位集中供应。建工局建立建筑材料采购、供应、生产一体化的机构。1953年4月,由华东工程管理局管理处、材料供应处和华东轧石公司3家单位合并成立上海市建筑材料公司,并移交建工局;10月,上海市建筑材料公司改名为上海市人民政府建筑工程局建筑材料公司(简称建筑材料公司),统一为建工局建筑公司及上海基本建设工程指定项目采购供应大宗材料、统配材料,具有管理和供应的双重职能。1954年,建工局将建筑材料公司分设为建筑材料公司和联合工厂。1955年,联合工厂划归上海市第二重工业局,其所属的砖瓦厂、轧石厂划归建筑材料公司。1956年,建筑材料公司又分设为上海市建筑材料公司和上海市建筑材料工业公司。1958年,建筑工业部所属上海水泥厂划归建工局。1962年,上海市县属的砖瓦厂、建材厂划归建工局。1964年,建工局撤销上海市建筑材料工业公司,成立上海市第一建筑材料工业公司、上海市第二建筑材料工业公司,生产砖瓦、瓦筒、油毡、石材、柏油、涂料、保温制品、砖瓦机械等;是年,建工局材料处与建筑材料公司合并成立建工局供销处。1969年,建工局所属建筑公司、上海水泥厂等筹建安徽胜利水泥厂。1978年,上海市建筑材料工业管理局成立(简称建材局),建工局所属上海市第一材料工业公司、上海市第二建筑材料工业公司、上海水泥厂等单位划归建材局。1985年1月,建工局供销处更名为上海市建筑工程材料公司(简称材料公司),12月,建工局决定把由材料公司计划采购供应的大宗材料、统配材料采购权放给局内各建筑公司。

二、预拌混凝土企业

1976年,市建二公司在供销处江湾供应站建立混凝土搅拌站,由翻斗汽车送至施工现场。1978年,为建设宝山钢铁总厂需要,上海市建筑构配件公司(简称构配件公司)在宝山县(今宝山区)同济路建立宝钢混凝土搅拌站。1979年,供销处在真如供应站建立混凝土搅拌站,为该地区局属施工项目供应混凝土。1980年,市建一公司在金山石化总厂施工现场建立混凝土搅拌站。1980年9月、11月,建工局先后决定将市建二公司江湾搅拌站、构配件公司宝钢搅拌站、市建三公司混凝土泵车划归供销处。1981年,供销处由所属供应站分别管理江湾等4家搅拌站,形成初期的预拌混凝土产业。1983年,建工局批准供销处成立混凝土供应总站,集中管理所属供应站的搅拌站。1986年,构配件公司改造设立混凝土一厂搅拌站。1985年,供销处改为材料公司;1988年,材料公司成立预拌混凝土分公司,集中管理真如等5家搅拌站。1993年,构件公司、市建七公司、华建厂联合组建西南预拌混凝土联合公司;1994年起,上海市建筑构件制品公司(简称构件公司)在所属构件厂先后改造设立7家搅拌站。2000—2010年,材料公司、构件公司加快布局,新建17家搅拌站,收购8家搅拌站,合资建立8家搅拌站,租赁4家搅拌站,累计设立搅拌站34家。这期间,构件公司在天津设立搅拌站;材料公司在杭州、常州、都江堰、成都等和俄罗斯圣彼得堡设立搅拌站或预拌混凝土企业。

三、骨料、外加剂企业

50—70年代,建工局主要由局办的小型采石厂生产混凝土骨料。70—80年代,主要由供销处通过铁路和船运把在外省市采购的大石块运到所属供应站,后进行机械轧石加工成各种规格的骨料。1995年3月,由材料公司、湖州市汇通实业总公司、美国斯考曼国际公司投资组建湖州新开元碎石有限公司,注册资本人民币5700万元,这期间经过5次股权变更及增资扩股,2010年,上海建工股份有限公司收购新开元100%股权,注册资本1.52亿元。2002年6月,由构件公司、自然人蔡红卫投资组建湖州新纪元碎石有限公司,注册资本1600万元,出资比率分别占52%和48%。2010年2月,新纪元开采期满终止。

1991年,材料公司航运队设立车间生产外加剂,以普通减水剂为主。1994年,成立上海拓浦建材实业有限公司,生产普通减水剂和高效减水剂。1996年,构件公司研究所成立上海世强科技有限公司生产外加剂,2008年,注销工商注册转为车间生产。1999年,材料公司成立中外合资上海麦斯特建工高科技建筑化工有限公司。

四、建筑构配件企业

50—60年代,建工局所属建筑公司在施工现场加工零星混凝土构件、木制品。之后,各公司分别建立混凝土加工厂、木材加工厂。1964年,建工局对所属企业组织体制进行调整,归并市建一公司水泥成品加工厂、市建二公司水泥木材加工厂、市建三公司预应力混凝土加工厂、市建五公司联合加工厂,组建上海市混凝土制品公司(简称混凝土公司),下设6个混凝土制品厂及运输队;归并市建一公司木材加工厂、市建二公司木材加工厂、市建一公司七一铁工厂、市建五公司联合加工厂、华东钢铁建筑厂(四车间),组建上海市门窗加工公司(简称门窗公司),下设木门窗、钢门窗、起重机、金属结构、五金零件生产厂。1977年,建工局将混凝土公司、门窗公司合并组建上海市建筑构配件公司。1986年,上海实行行政性公司改革,建工局撤销构配件公司,所属单位由局工业处和基层工作处管理。1988年,建工局将生产混凝土构件及关联单位组建上海第一混凝土制品总厂、上海第二混凝土制品总厂。1992年,建管局合并上海第一混凝土制品总厂、上海第二混凝土制品总厂、上海建筑构配件运输队,组建上海市建筑构件制品公司(简称构件公司)。1998年、2001年上海建筑木材厂和上海钢窗厂先后停产,2004年起由构件公司托管。

五、建筑机械企业

建工局建筑机械制造单位分别有直属企业和建筑公司所属企业两部分。直属企业华东建筑机械厂,前身为1946年7月成立的私营企业包福记钢铁建筑厂;1953年1月,经公私合营改造成立华东钢铁厂有限公司;1956年4月,改名为公私合营华东钢铁建筑厂。1962年7月,与上海建筑机械厂合并,定名为华东钢铁建筑机械厂。1966年10月,更名为华东建筑机械厂,主要生产混凝土机械。1970年10月,原属建工部的上海建筑安装机械厂下放到建工局管理,1978年改为上海汽车起重机厂,主要生产液压汽车吊;1981年划归上海市轻工业局。70年代,建工局所属建筑公司的机修厂开始自制3吨、5吨电动式"春光号"履带吊。70年代后期,所有建筑公司的机修厂开始仿制捷克TD25自行式下回转动臂塔吊,后逐步升级为TD30塔吊、TD40塔吊、TD60塔吊。门窗公司所属的建工机械厂(简称建工厂)开始生产80吨米塔吊。80年代,所属建筑公司的机修厂把原来的TD60塔吊升级到QTG60塔吊(俗称红旗吊);建工厂开始生产100吨/米、120吨/米塔吊。90年代后,建工厂和各企业所属的机修厂逐步停止生产塔吊等施工机械。华建厂仍专业生产混凝土机械的系列产品。

第二节 大宗材料和统配材料

一、供应配置

1953年起,建工局建筑材料公司设立9个科室及6个购运站、9个仓栈和11个材料加工厂,职工4600余人。1958年,先后成立花园山采石厂、松江采石厂、湄洲采石厂、长兴采石厂、安仁采石厂、马当采石厂、白莲寺采石厂等7个采石厂,以及安华捞沙队、长兴岛捞沙队。1964年起,建工局供销处设立供应科、计划业务科等部门,在上海地区建立金山、龙华、闵行、真如、江湾、浦东6个材料供应站,以及汽车队、航运队、统配站、购运站;先后在全国7省1市建立280个采购点,形成采购、供销网络体系。1985年起,材料公司供应站、统配站拥有24个堆栈(仓库),其中3个堆栈连接3条铁路专线,内线长度1050米;21个堆栈设立码头,码头岸线总长4000米,配备轧石机26台,职工人数最多时达到6000余人。随着建筑材料市场放开,材料公司实行经营业务转型,主要生产预拌混凝土。

二、大宗材料供应

在计划经济体制下,建工局大宗材料由材料主管部门列出计划,核转材料公司统一采购、统一供应。50—60年代,先后为中苏友好大厦(今上海展览中心)、闵行一条街等重点工程项目供应大宗材料,累计5038万吨,其中石子2750万吨、黄沙1128.25万吨、砖53.49亿块、瓦2.09亿块。"文化大革命"期间,供销处为上海金山石化总厂等重点工程供应地方材料,累计876.76万吨。70年代、80年代,供销处先后为上海体育馆、上海石化总厂、上海宝山钢铁总厂、上海耀华皮尔金顿玻璃有限公司、上海永新彩色显像管厂、上海铁路新客站等一批重点工程项目供应地方材料，累计3 984万吨，其中，为宝钢工程供应黄沙48.46万吨、石子47.24万吨、砖5 005.2万块。1984年，供应量突破1 000万吨，达到1 010.72万吨，销售额首次突破5亿元；1987年，供应量达到1 314.7万吨，为大宗材料供应量的历史纪录。80年代后期，随着建筑材料市场放开，建工局下放建筑材料采购权。

1953—1998年，建工集团（建工局、建管局）为上海基本建设供应大宗材料共计2.61亿吨，其中，石子1.26亿吨、黄沙1.05亿吨、砖217亿块。

表4-2-1　1953—1998年大宗材料供应量情况表　　　　　　　　　　　单位：万吨

年　份	供　应　量	年　份	供　应　量
1953—1957	1 500	1987	1 314.7
1958—1960	2 000	1988	1 121.82
1961—1963	1 538	1989	892.08
1965—1977	4 800	1990	721.12
1978	532.03	1991	710.77
1979	778.93	1992	607.25
1980	750	1993	393.1
1981	750	1994	379.46
1982	846.3	1995	500.95
1983	876.76	1996	575.53
1984	1 097.31	1997	524.06
1985	1 131.79	1998	452.6
1986	1 284	合计供应总量	26 078.56

资料来源：材料公司年度统计报表。

三、统配材料供应

在计划经济时期，钢材、木材、水泥属于统配材料。凡中央投资的项目，由中央下达材料指标；上海地方投资的项目，由市计划委员会下达材料指标，市物资局统一分配货源。建工局由材料主管部门实行统一计划、统一供应、统一结算的"三统一"做法，供销处组织实施。材料公司对于工程项目核定的材料指标，可代为调剂、串换材料的品种和规格；可办理代购、代销、加工、运输业务，并根据施工进度按时、按量、按需将材料运送到施工现场。1958—1960年，供应钢材20.6万吨、木材51.6万立方米、水泥66.7万吨。1980—1982年，供应钢材43.09万吨、木材22.27万立方米、水泥191.87万吨。1984—1987年，供应钢材87.08万吨、木材32.76万立方米、水泥420.9万吨。在南浦大桥建设中，供应钢材1万吨、水泥2.3万吨、接运水泥7万吨。1953—1993年，材料公司为上海基本建设供应统配材料，其中钢材314.95万吨、木材201.57万立方米、水泥1 364万吨，销售总额90.97亿元。在计划经济体制下,材料公司除了采购供应大宗材料、统配材料外,还经营各种规格的玻璃、沥青、油毡、卫生洁具、装饰材料等其他建筑材料。以1983年为例,为建工局所属建筑公司采购供应玻璃15.09万箱、沥青7 335吨、油毡14.17万卷、石棉瓦1万吨、瓷砖372.65万块、铸铁管1 583万吨、马桶4.54万只、毛竹8.64万支。

第三节 预拌混凝土

一、生产规模

【装备】

材料公司、构件公司拥有预拌混凝土搅拌楼、搅拌车、汽车泵、固定泵配套的专业设备。70年代末,引进日本IHI3立方米自落式搅拌机。80年代初,引进德国ELBA2立方米单轴强制式搅拌机。90年代,材料公司通过消化吸收进口搅拌机先进技术,自行研制成HLD型搅拌系统,不仅节约制造成本,而且性能相仿。还增加仕高玛3立方米双卧轴强制式搅拌机、BHS4立方米双卧轴搅拌机等。2010年,两家公司拥有电脑控制的81座搅拌楼,总装机容量230立方米;42米、56米为主的汽车泵75辆、固定泵18台;搅拌车1 032辆,全部配备GPS定位系统;形成年生产能力2 400万立方米左右。2009年起,两家公司创建以控制扬尘、噪声、"零排放"为内容的环保型搅拌站。

【产量】

80年代,生产预拌混凝土427.21万立方米,年均生产42.72万立方米,其中,1988年生产64.92万立方米。90年代,生产预拌混凝土1 637.67万立方米,年均生产163.76万立方米,其中,1998年生产297.98万立方米。2000—2010年,生产预拌混凝土1.22亿立方米,年均生产1 108.03万立方米,其中,2009年生产1 931万立方米。2010年,全市生产总量为5 675.89万立方米,建工集团生产总量为1 830.4万立方米,占全市总量的32.24%。2004—2010年,中国预拌混凝土十强企业评选,材料公司销售量始终排名第一。

表4-2-2 1981—2010年建工集团(建工局、建管局)预拌混凝土销售量统计表

单位:万立方米

年 份	销 售 量	年 份	销 售 量
1981	28.65	1988	64.92
1982	34.00	1989	58.73
1983	35.23	1990	43.47
1984	41.06	1991	45.17
1985	42.72	1992	57.38
1986	58.42	1993	73.10
1987	63.48	1994	139.17

〔续表〕

年　份	销　售　量	年　份	销　售　量
1995	209.19	2003	851.00
1996	268.41	2004	1 035.00
1997	267.26	2005	1 099.70
1998	297.98	2006	1 134.60
1999	236.54	2007	1 322.00
2000	284.98	2008	1 636.00
2001	433.00	2009	1 931.00
2002	630.60	2010	1 830.40

二、生产组织

【生产体系】

1976—1980年，建工局预拌混凝土主要由相关公司设立的搅拌站为单位进行供应。1980年起，建工局先后将搅拌站、搅拌车集中到供销处；1983年，供销处成立混凝土供应总站，集中管理所属的搅拌站；1988年，由供销处改名的材料公司成立混凝土分公司，实行公司、分公司、搅拌站三级管理经营。1998年，材料公司主营业务改为生产销售预拌混凝土后，实行公司、搅拌站两级管理经营。1993年起，构件公司先后改造设立搅拌站，生产组织为厂、车间，实行公司、厂两级管理经营。1988年，建管局的生产管理部门负责全局预拌混凝土生产销售的协调。遇有大体积、大方量混凝土浇捣，均由公司设立施工现场指挥机构，配合所在工程项目部，集中统一调度各搅拌站的供应方量和搅拌车、泵车的运行。

2010年，材料公司和构件公司拥有检测原材料、混凝土强度的试验室和上海市级企业技术中心，成为新产品、新技术研发的常设机构。

【质量控制】

1996年，材料公司、构件公司首批获得"预拌混凝土准用证"生产企业资格，允许一次承接连续浇捣混凝土最大方量不予限制。2000年、2008年，两家公司先后通过ISO质量管理体系认证，体系覆盖预拌混凝土生产和服务全过程。2007年、2008年，两家公司在原有中心试验室的基础上，成立公司技术中心，设立混凝土耐久性研究室、外加剂开发研究室、"三废"综合利用研究室、混凝土基础性能研究室、科技情报信息研究室。技术中心拥有整套研究设备，包括氯离子渗透仪、水化热测试仪、3 000 kN压力机和激光粒度仪等仪器。公司技术中心、搅拌站试验室负责原材料检测、控制混凝土质量、调节混凝土级配及结合工程研发混凝土新产品等。2008年，两家公司编制上海市地方标准《预拌混凝土和预拌混凝土构件生产质量管理规程》(DG/TJ08—2034—2008)。2009年，两家公司编制上海市地方标准《预拌混凝土生产技术规程》(DG/TJ 08—227—2009)。

图4-2-1 70年代末混凝土搅拌站

图4-2-2 2010年环保型混凝土搅拌站

三、产品研发

【超高强混凝土】

1995年，材料公司研发C80、C100混凝土，先后应用于新上海国际大厦工程，卢湾区107、108工程，供应浇捣C80混凝土5 100立方米，《C80—C100高强混凝土规范化生产及应用技术研究》获得上海市科技进步三等奖。1996年，构件公司研发C80、C100混凝土，经过两次工程试验，1998年应用于明天广场工程，供应浇捣矿渣微粉C80混凝土3 533立方米。

【超缓凝高性能混凝土】

2000年，材料公司供应浇捣中环线邯郸路地道混凝土，按照设计要求混凝土初凝时间大于60小时、终凝时间小于80小时的要求，选择具有较高减水作用、早期基本不水化、后期水化正常的MP220外加剂配制成功超缓凝混凝土，供应混凝土近1万立方米。轨道交通6号线长清路至上南路站间距913米，供应浇捣SMW工法连续墙混凝土，深埋12.7米，配制的超缓凝混凝土初凝时间达到74小时。

【海工高性能混凝土】

2003年，材料公司研发东海大桥海工混凝土，浇捣的承台长50米，宽27米，深6米，合计供应混凝土1.6万立方米，分两次浇捣完成，由5 000吨平板驳船改建成水上搅拌船；采用聚羧酸外加剂增强混凝土密实度，以粉煤灰和矿渣微粉增强抗渗透性，抵抗腐蚀介质的侵入，控制用水量增强混凝土的耐久性，首次浇捣历时47小时，供应海工混凝土8 200立方米。

【陶粒混凝土】

2005年，构件公司供应浇捣泓邦大厦工程陶粒混凝土，按照设计要求，混凝土强度等级为C25，混凝土密度（结构保温）为每立方米1 650公斤，经过材料复试，浸湿陶粒，配比级配，试拌试泵，采用高效缓凝减水剂，遏制了陶粒中水分的泌出，陶粒混凝土成功泵送到泓邦大厦超过100米的31层；之后，在复旦大学、虹桥交通枢纽工程中，累计供应浇捣陶粒混凝土20 260立方米。

【喷射混凝土】

2005年,构件公司供应浇捣新江湾城滑板公园喷射混凝土,其多曲面壳形板结构、多曲面的弧形立面,以喷射混凝土取代常规的定型模板施工方法;喷射混凝土借助喷射机械,利用空气压力,通过管道输送,以高速喷射到受喷面上凝结硬化而成;喷射混凝土在上海地区属首例使用,采用速凝外加剂配方,供应喷射混凝土4 000立方米。《高致密双向调凝喷射混凝土多曲面壳板结构成套施工技术》获得2008年度上海市科技进步二等奖,并获得授权的国家发明专利。

【钢纤维混凝土】

2008年,构件公司供应浇捣国防科工委科研所试验基地基础混凝土,基础长124.8米,宽6.62米,厚度2.7米～6.6米不等;通过试验配制了高流态钢纤维混凝土,基础两端每立方米混凝土掺和钢纤维110公斤,其余掺和钢纤维60公斤;历时60小时(遇上台风暴雨暂停),供应钢纤维混凝土4 100立方米。

【超低温高性能混凝土】

2009年1月,材料公司俄罗斯圣彼得堡搅拌站供应浇捣混凝土,当地气温零下12度,搅拌站料仓、搅拌机设置自动化控制加热系统,保证恒温搅拌混凝土;泵送混凝土过程中,泵管包裹岩棉减少热量损失,浇捣完毕混凝土,采用电加热养护混凝土,连续供应混凝土168立方米,整套超低温混凝土设备正常运行至工程结束。

【水工混凝土】

2010年,构件公司供应浇捣金山铁路黄浦江特大桥主桥承台基础混凝土,有5个承台,2个在岸边陆地,3个在黄浦江江中,中心承台距离岸边约400米,为水工Ⅰ级建筑;采用絮凝剂配制混凝土,通过空气中成型、水中有导管成型、水中无导管成型的实验,确定最佳配合比,供应浇捣3次水工混凝土,累计894立方米。

材料公司、构件公司还研发应用自密实混凝土、早硬性混凝土、防辐射混凝土、彩色混凝土、清水混凝土、透水混凝土、泡沫混凝土等。

四、产品应用

1988年,材料公司供应浇捣南浦大桥工程混凝土,C40混凝土泵送到大桥主塔154米的高度,累计供应混凝土5万多立方米,《南浦大桥泵送高强早强商品混凝土的研究和应用》获得上海市科技进步三等奖。1992年,材料公司供应浇捣杨浦大桥工程混凝土,C50混凝土泵送到大桥主塔208米的高度,累计供应混凝土18 546立方米。1994年,材料公司供应浇捣徐浦大桥工程混凝土,供应浦东、浦西主塔承台混凝土13 000立方米、13 800立方米。2003年,材料公司供应浇捣东海大桥Ⅴ标PM335平台主墩承台混凝土,历时47小时,供应混凝土8 200立方米。2007年,材料公司供应浇捣闵浦大桥工程混凝土,供应浦西段主桥墩基础混凝土2.2万立方米。2008年,构件公司供应浇捣闵浦二桥工程混凝土,供应主塔垫层、塔座、塔柱混凝土7 162立方米。

1991年,材料公司供应的C60混凝土泵送到东方明珠广播电视塔工程350米的高度。1995年,材料公司供应的C40混凝土泵送到金茂大厦工程382.5米的高度、C60混凝土泵送229.7米的高度,《金茂大厦筏式基础 C50(R56)高强大体积混凝土研制和应用》获得上海市科技进步二等奖。2005年,材料公司供应的 C40 混凝土泵送到环球金融中心工程 492 米的高度,《超大体积低水化热混凝土及高性能自密实混凝土在超高层建筑中的研究与应用》获得上海市科技进步一等奖。2010年,材料公司供应 C60 混凝土泵送到上海中心大厦主楼核心筒 580 米高度,120 MPa 超强混凝土泵送到 620 米的高度。

1991年,材料公司供应浇捣上海港民生装卸公司 8 万吨粮仓基础混凝土,在持续大雪、最低气温降至零下 8 度的情况下,采取防冻措施,供应混凝土 8 700 立方米。1994 年,材料公司供应浇捣新上海国际大厦工程混凝土,历时 64 小时,供应浇捣基础混凝土 1.7 万立方米;1995 年,在主楼 21 层、87 米高度成功泵送 C80 混凝土,获得上海市科技进步二等奖。1995 年,构件公司供应浇捣八万人体育场(今上海体育场)工程混凝土,历时 43 小时,供应浇捣基础混凝土 1.1 万立方米,累计供应混凝土 14 万立方米。1995 年,材料公司、构件公司合作供应浇捣世贸商城基础混凝土,基础长 183 米、宽 109 米、厚 1 米～2.3 米,调集了搅拌车 200 辆、汽车泵 20 台,历时 36 小时,供应 C40UEA(膨胀剂)混凝土 2.4 万立方米,平均每台泵车泵送量 34.7 立方米/小时。2001 年,材料公司供应浇捣磁悬浮工程混凝土,全长 30 公里,包括灌注桩、承台、墩身、下横梁等,历时 22 个月,供应混凝土 28 万立方米。

1997年起,材料公司供应浇捣浦东机场一期工程混凝土,其中,航站楼主楼基础长 424 米,宽 57 米～80 米,厚 0.8 米～3 米,供应混凝土 1.2 万立方米;候机长廊长 1 380 米,设立现场搅拌站,供应清水混凝土 3 万立方米。2004 年,构件公司设立现场搅拌站,供应浇捣浦东机场二期工程混凝土,至 2005 年,供应混凝土 28 万立方米,其中,供应候机长廊、航站楼清水混凝土 3 万多立方米。2007 年,在虹桥交通枢纽工程建设中,材料公司累计供应混凝土 160 万立方米,创出了 20 小时供应混凝土 8 500 立方米的纪录;构件公司设立现场搅拌站,累计供应混凝土 143 万立方米,包括高容重混凝土(钢渣、铁矿砂)、耐久性混凝土(耐久性 100 年),其中,供应浇捣航站楼侧立面自密实清水混凝土 5 000 立方米,与装配式清水外墙挂板色泽完全吻合。两家公司合计供应混凝土 335.2 万立方米。

2000年,构件公司供应浇捣共和新路高架 9.65 公里混凝土,土建施工下部承台、中部地铁结构、上部高架结构同时作业时,交叉供应 C20～C55UEA(膨胀剂)6 种级配混凝土,历时 2 年,合计供应混凝土 35 万立方米。2009 年,构件公司供应浇捣莘泽高架工程长 160 米、宽 63 米箱梁混凝土,搅拌车运距 29 公里,坍落度始终在受控状态,历时 30 小时,每榀箱梁供应混凝土 5 300 立方米。此外,材料公司参与内环高架(1 段)、延安路高架(1 段)、中环高架(邯郸路地道)供应浇捣混凝土。

2003年,材料公司供应浇捣上海铁路南站工程混凝土,2/3 建筑在地下 9.9 米,其中,基础深达 42 米,形成"清水混凝土＋大体积混凝土"的结合体,供应浇捣 C30 混凝土基础大底板 4.2 万立方米,分为 17 次供应浇捣混凝土。2005 年,材料公司供应浇捣上海环球金融中心工程混凝土,其中主楼基础大地板直径 100 米、厚 4.5 米,一次性连续 40 小时供应浇捣混凝土 28 900 立方米。2010 年,材料公司供应浇捣上海中心大厦工程混凝土,其中,基础大地板直径 121 米、厚 6 米的圆形混凝土平台,位于深 31.4 米、局部深 34.4 米的深基坑底部,面积相当于 1.6 个足球场大小,研发高强度、高耐久、高流态、高泵送混凝土,一次性连续 60 小时供应浇捣 C50 混凝土 6.09 万立方米。上海中心大厦基础工程获得上海市科技进步一等奖。

2008年起,材料公司供应浇捣世博会场馆工程混凝土,先后供应世博轴、中国馆、主题馆、世博中心、世博演艺中心(今东方艺术中心)等项目混凝土,累计供应 240 万立方米;其中,在世博配套工程外滩通道施工中,浇捣4D1地块地处延安东路隧道上方,要求45分钟之内送达混凝土,2小时之内实现初凝,否则将造成隧道开裂、上浮,通过控制坍落度及和易性,6次泵送浇捣,供应早硬性混凝土500多立方米。2009年,构件公司供应浇捣世博电力隧道工程混凝土,隧道电缆叠合板全长15.3公里,每次水平泵送混凝土1 400米,计15次累计供应超长距离泵送混凝土9 000立方米。

第四节 混凝土预制构件

一、生产规模

【产量】

60—70年代,构件公司年均生产构件12.68万立方米,其中"文化大革命"时期年均生产构件9.9万立方米。进入80年代,上海加快住宅建设,公司年均生产构件36.41万立方米。90年代—2010年,建设工程实行现浇混凝土施工,广泛采用预拌混凝土,公司年均生产构件回落到26.13万立方米。这期间随着市政构件逐步增加,其中2005—2010年,年均生产构件上升到34.21万立方米,2010年生产构件36万立方米,继续位列上海地区首位。

表4-2-3 1964—2010年建工集团(建工局、建管局)混凝土预制构件产量统计表

单位:万立方米

年 份	产 量	年 份	产 量	年 份	产 量
1964	11.92	1980	32.13	1996	13.00
1965	11.48	1981	37.17	1997	20.00
1966	8.27	1982	41.19	1998	19.00
1967	5.49	1983	38.12	1999	16.00
1968	5.46	1984	47.69	2000	22.00
1969	4.75	1985	48.11	2001	32.10
1970	7.16	1986	43.60	2002	30.00
1971	5.81	1987	29.57	2003	40.50
1972	8.76	1988	27.96	2004	32.80
1973	11.05	1989	18.54	2005	33.15
1974	15.39	1990	18.54	2006	30.90
1975	19.32	1991	17.66	2007	35.50
1976	17.57	1992	27.17	2008	38.50
1977	17.18	1993	27.10	2009	31.20
1978	24.15	1994	18.00	2010	36.00
1979	29.13	1995	10.28	—	—

【装备】

构件公司拥有生产场地16.3万平方米,300吨～2 000吨预应力台座15条,管桩生产线3条,管片生产线6条;拥有各类起重设备108台,最大起重能力达到180吨;拥有生产各类市政工程构件、建筑构件的预应力张拉设备;拥有电脑控制的混凝土搅拌楼(站)36座(包括生产预拌混凝土)。

【市场】

60—80年代,构件公司对所属混凝土厂划分区域生产供应构件,对口建工局各建筑公司。80年代后期,公司自然取消划分区域,承接构件生产任务既立足建工局内,又面向建工局外。2008年起,公司利用生产地铁管片的优势"走出去",先后投资组建苏州、无锡、南昌、常州生产管片企业,至2013年,生产管片44 951环,可以铺设26.97公里。2005—2012年,公司承接生产境外装配式住宅阳台板5 735榀,轻质内墙板640榀,出口日本、菲律宾。公司在上海地区市场占有率2001年为17.26%,2010年为22.26%,继续保持上海地区首位。

二、构件产品

60—80年代,构件公司生产民用构件和工业构件两大系列。民用构件是多孔板、阳台板、扶梯段等,工业构件是屋面板、槽形板、行车梁等,共有99个品种、362种规格。90年代以后,公司转向生产市政工程构件,主要是大型桥梁的桥面板梁、轨道交通的地铁管片、高架道路的节段梁、磁悬浮的轨道梁、世博工程的钢筋桁架模板等各类构件。同时,公司恢复生产装配式建筑构件。

【民用构件】

60—80年代,构件公司生产住宅用沪住1型、2型工房的民用构件,从基础短桩到直跑对折扶梯,室外天沟、阳台板到室内多孔板及厨房、厕所板等。其中,短桩由长5米提高到8米,阳台板由长2.68米提高到3.32米,多孔板由厚10厘米提高到18厘米。80年代,公司生产民用构件达到高峰,其中1986年生产48.39万立方米,比1976年17.57万立方米增长175%。仅浦东地区,公司生产构件先后供应建设了潍坊新村、梅园新村、上钢新村、德州新村等。

【工业构件】

60—80年代,构件公司生产单层、多层厂房的工业构件,包括基础方桩,楼层槽形板、多孔板及空腹屋架、屋面板等。其中,方桩为见方40厘米、45厘米,长27米的上、中、下三节桩,槽形板允许荷载由480公斤/平方米到2 875公斤/平方米,屋面板主筋由12毫米到20毫米。公司生产构件供应建设了南京梅山铁矿、上海金山石化总厂、宝山钢铁总厂、永新彩色显像管厂等。其间,公司为闵行"728"核电工程的上海锅炉厂、上海汽轮机厂、上海电机厂、上海重型机器厂生产长12米大型屋面板1 017榀、12米长大型墙板1 210榀。90年代,公司生产高强预应力管桩(PHC管桩),首批承接生产日方投资的项目,计1.8万米管桩,全部捶击地层,各项指标均符合日方JIS—A5337标准(日本国家级标准最重要、最权威的标准)。至2010年,累计生产管桩823.22万米。

表4-2-4 1979—1987年建工局生产混凝土预制构件统计表　　　　　　　　单位：万件

年份	屋面板 24厘米	槽型板 30厘米	行车梁	多孔板 15厘米	多孔板 24厘米	阳台板	扶梯段
1979	2.75	2.47	0.54	4.69	0.43	0.99	0.35
1980	1.97	3.44	0.32	5.40	0.73	0.93	0.32
1981	3.12	3.13	0.30	6.46	1.32	1.26	0.40
1882	3.34	4.28	0.26	5.97	0.97	1.57	0.43
1983	3.57	2.92	0.28	5.71	1.55	1.24	0.19
1984	3.31	3.44	0.42	2.22	1.47	1.45	0.69
1985	4.51	5.36	0.33	0.71	1.42	1.27	0.43
1986	5.69	4.10	0.35	1.29（18厘米）	1.37	1.65	0.50
1987	5.27	2.09	0.31	10.70（18厘米）	1.47	1.15	0.47

【市政工程构件】

桥面板梁　1990年4月，构件公司首次承接生产南浦大桥桥面板梁，至1991年5月共生产桥面板梁532榀，计5 400立方米混凝土。1992年3月，公司生产杨浦大桥桥面板梁，采用钢绞索替代预应力钢筋的工艺，1993年5月完成生产桥面板梁1 150榀，计1万立方米混凝土。1994年12月，公司生产徐浦大桥桥面板梁，计256榀、140多种规格、2 430立方米混凝土。

轨道梁　2001年3月，构件公司设立磁浮列车制梁基地，占地面积30余万平方米，其中生产车间18 600平方米，另设预应力张拉区域室外6 240平方米、室内2 850平方米。2001年5月，公司生产轨道试验梁。2001年7月21日，公司浇捣首榀最短的12米轨道梁，顶宽1.78米，底宽3米，高2.2米，自重70余吨，混凝土等级C60，采用预应力两次张拉，台座张拉预应力达1 800吨。8月27日，公司浇捣最长的50米轨道梁，计120立方米混凝土，重350吨，投入近1 000万元。轨道梁关键技术是连接件的精确定位，每榀轨道梁上部两边50余只连接件直线水平误差不容许超过2毫米。2001年1月25日，公司浇捣完成曲线轨道梁，长度为24米，圆曲线曲率半径为R=650米，经特大型数控机床对连接件切削、钻孔，检测表明全部在允许范围。至2002年7月30日，公司承接生产的1 293榀轨道梁全部完成。

图4-2-3　磁浮工程50米轨道梁浇筑

节段梁　2002年1月，构件公司承接生产沪闵高架节段梁，截面长3米，高2.1米，宽8米250节，宽25米136节，25米单体重量近百吨，梁内钢筋骨架近8 000公斤，混凝土等级C60，且相邻节段梁拼装密贴性，弧底平差少于1毫米。至2003年7月生产结束，合计生产节段梁386节，计7 400立方米混凝土。《大型节段梁在城市高架的应用技术》获得2004年度上海市科技进步二等奖。

图4-2-4 节段梁

图4-2-5 U型梁

U型梁 2007年7月,构件公司研发生产轨道交通8号线中211榀U型梁的基础;2010年8月,承接生产上海第一条U型梁轨道交通16号线,全长59.334公里。生产首榀U型梁长30米,宽5.54米,高1.8米,84根钢绞索预应力张拉总吨位达到1625吨以上,至2012年12月,合计生产U型梁1476榀,混凝土总量9.5万立方米。

地铁管片 1988年10月,构件公司中标生产合流污水隧道管片,获得生产实践经验。1992年2月,公司承接生产轨道交通1号线地铁管片,1994年4月完成任务,合计生产管片8626环,计55521立方米混凝土,接着生产新的地铁线路管片。公司生产的管片形成系列,分为单圆管片、双圆管片、管节,其中双圆管片混凝土等级C50,抗渗等级P10,用于轨道交通6号、2号线,双圆连接形成来回车辆通道;管节采用抗渗、抗裂混凝土,竖立面积27平方米,用于轨道交通车站人行通道。公司生产管片遍及上海各条地铁线路。公司研发的"管片预埋件"获得2006年授权的国家实用新型专利。

图4-2-6 预制地铁双圆管片

图4-2-7 预制地铁管片

【大型场馆构件】

看台板 1995年9月,构件公司首次生产八万人体育场(今上海体育场)看台板,历时4个多月生产看台板2855块。1998年6月,公司生产虹口体育场看台板,历时3个月生产看台板1994块。

2003年4月,公司生产上海国际赛车场看台板,历时1年生产看台板4 210块、走道板和路缘石22 015块。2009年1月,公司生产世博文化中心看台板,合计3 200多块,整个场馆的平面呈椭圆状,每块看台板不一样,难点是看台板弧线的控制,看台越是往上弧线也越大。公司优化模具方案,设计可调弧度模板,采用可调节式钢模生产看台板,由此完成世博演艺中心看台板任务。公司参加合作的《建筑工业化技术在大型体育场馆中的应用》获得2005年度上海市科技进步二等奖,公司研发的"看台板钢模"获得2006年授权的国家实用新型专利。

图4-2-8 预制看台板

钢筋桁架模板 世博中国馆楼层距离地面33米,采用钢筋桁架模板,在楼层两端钢梁上像铺设复合地板那样铺设钢筋桁架模板,就可以浇捣混凝土,且完全承受混凝土自重及施工荷重;浇捣完毕,就形成整体钢筋桁架混凝土楼层,完全省去传统施工方法繁琐工序。构件公司研发制作成自动化流水线,至2009年4月,分别为世博中国馆、主题馆供应钢筋桁架模板69 331平方米和32 807平方米。之后为上海的静安嘉里中心二期、世博主题馆二期、月星环球商业中心、广州的珠江城、南越王宫博物馆、安徽的广播电视局中心、宁波的财富中心、苏州的东方之门等工程生产钢筋桁架模板,近100万平方米。《钢筋桁架模板施工工法》获得2009—2010年度上海市市级工法。

【装配式建筑构件】

外墙挂板 1997年6月,构件公司首次生产浦东香格里拉大酒店外墙挂板。酒店为27层的框架结构,全部采用预制外墙挂板。公司配备9套钢模生产,至11月生产结束,生产外墙挂板1 076块,计1 781立方米混凝土。公司科研立项的《浦东香格里拉大酒店外墙挂板成套制作和施工技术》由建工集团通过鉴定。

图4-2-9 预制装配式住宅外墙构件

图4-2-10 预制装配式住宅构件

保温外墙挂板 2007年3月,构件公司承接生产瑞安建筑公司施工的杨浦中央社区商务大楼外墙挂板,内在结构提升为夹心保温外墙挂板;与一般外墙挂板比较,外墙挂板厚17厘米、内夹厚5

厘米的 XPS 保温板（聚苯乙烯泡沫塑料），自重降低约 29%，导热系数降低 0.52 瓦/平方·开，优于国家标准≤1.0 瓦/平方·开的要求，且门窗与外墙饰面在浇捣混凝土时一次完成。历时 3 个多月，生产夹心保温外墙挂板 944 块，计 1 100 立方米混凝土。《装配式自保温外墙板系统施工工法》获得 2007—2008 年度上海市市级工法；《复合保温墙板工业化成套技术研究与应用》获得 2010 年度上海市科技成果二等奖。

住宅系列构件 2007 年 4 月—2010 年 12 月，构件公司先后承接生产万科新里程、宝山四季花城、七宝城花新园等装配式住宅构件。构件包括外墙板、阳台板、空调板、楼板、凸窗、楼梯、平板、插板等。其中，外墙板贴好瓷砖、装好窗框，楼板、阳台板采用预制叠合板。公司建造厂房 5 934 平方米，生产车间 4 284 平方米，钢筋绑扎车间 810 平方米，露天跨 840 平方米，车间铺设蒸汽管道，并总结生产外墙挂板的成功经验，优化工艺流程，合计生产装配式构件 2.2 万余榀。《预制混凝土构件的面砖排版铺贴定位架》获得 2009 年授权的国家实用新型专利；《装配整体式住宅混凝土构件制作、施工及质量验收规程》，2010 年被批准为上海市地方标准。

三、生产工艺

【立窑蒸养工艺】

70—80 年代，构件公司生产民用、工业构件，1974 年，立窑蒸养工艺投入生产。立窑包括窑体、模板升降机构、横移机房、液压泵房和电气控制台等。立窑分为进、出窑两部分，利用热蒸汽自然上升的热工原理，当构件进入窑内自下而上，又自上而下运行时，经历升温、恒温、降温的过程，符合构件的湿热养护制度。立窑蒸养工艺获得 1978 年全国科学大会奖。

【管桩生产工艺】

高强预应力管桩具有单桩承载力高、桩身耐捶击性好、穿透力强等特点，主要由圆筒形桩身、端头板和钢套箍组成。其生产工艺流程为：钢筋笼绑扎—钢筋笼入模—合模—浇灌混凝土—张拉—离心成型—蒸压养护—放张脱模。其进入高压釜蒸养，经 10 个大气压、180℃左右的蒸压养护。1996 年，由华东建筑设计院、第九设计院、上海市建筑科学设计院等单位专家通过高强预应力混凝土管桩鉴定，达到 GB13476—92《先张法预应力管桩》国家标准，2000 年，通过 ISO9002 质量体系认证。

图 4-2-11 蒸汽养护

图 4-2-12 立窑养护

【预应力生产工艺】

进入90年代,构件公司生产市政构件采用预应力张拉工艺。(1)预应力先张法,即首先张拉预应力筋,然后浇捣混凝土的预应力混凝土的生产方法,先后生产内环高架、外环高架的桥面板梁、轨道交通16号线的U型梁等。(2)预应力后张法,即首先浇捣混凝土,后张拉预应力筋的预应力混凝土的生产方法,先后生产沪闵高架的节段梁、轨交6号线、9号线、11号线的箱梁等。(3)预应力先张法后张法合用,即首先采用先张法,然后采用后张法,磁浮轨道梁首次采用预应力两次张拉的生产方法。

第五节 骨料和外加剂

一、骨料生产

1995年,建工集团投资设立的湖州新开元碎石有限公司(简称新开元)地处湖州市东林镇青山村,资源储量15 780万吨,矿种为安山岩。新开元在浙江地区第一家采用自上而下台阶式开采方式,自25米标高起,每隔15米设置1个作业平台,至145米设置9个台阶,自上而下台阶式开采,提高了安全技术系数。新开元实施毫秒微差逐孔起爆技术,单吨炸药爆破石料由8 000吨提高至1.1万吨;石料块度均匀,粒径控制在25毫米~1 000毫米之间;2009年获得授权的国家发明专利。新开元加工石料采用三段破碎、二段筛分闭路循环工艺。整个破碎、筛分、冲洗、输送等生产过程由可编程逻辑控制器控制。该控制系统对生产流程实施实时监控,对全线生产设备自动控制,对生产数据进行存储和跟踪管理。2009年获得授权的国家实用新型专利。

新开元采矿区石头通过输送带汇集,从粉碎、加工、筛分、冲洗再到输送、装船,约2 000米的距离,全部通过封闭的输送带运输。新开元绿化区域面积为14.1万平方米,植被覆盖面积为13.2万平方米,覆盖率为93.6%。矿山主要道路硬化铺装率达到95%。2005年,新开元投资3 000万元研制成功固液分离系统,将泥、砂、水实时分离回收,使污水得到净化,循环利用,水的利用率达到95%。通过固液分离系统,每年回收细砂28.5万吨;原来被视为废料的粒径0.075毫米以下的泥

图4-2-13 新开元采用自上而下台阶式开采方式

巴,可用其制作花盆、陶瓷等,资源综合利用率达到99.5%。通过固液分离系统,每年减排废水200万吨。每年产生经济效益1 075.5万元。固液分离系统获得2009年授权的国家发明专利。2007年被浙江省国土资源厅授予首批省级"绿色矿山"称号,2010年被国土资源部批准为"首批国家级绿色矿山试点单位"。

1997年7月,新开元投入生产,逐步达到年产超过400万吨。新开元生产石料品种齐全,石料产品颗粒形态好、呈球状、棱角少、洁净度高,成为上海建工集团、中铁集团等高强度混凝土、高性能混凝土、特种混凝土的指定材料,应用于上海环球金融中心大厦、上海中心大厦、上海磁浮列车工程、浦东国际机场跑道等工程,以及京沪高铁、沪杭高铁、杭宁高铁等工程。1998年销售各种石料98万吨;2010年销售各种石料705万吨,机制砂150万吨。2001年,新开元参与制定《中华人民共和国国家标准(GB 14684—2001)建筑用砂》《中华人民共和国国家标准(GB 14685—2001)建筑用卵石、碎石》。1997—2010年,新开元累计生产石料4 569万吨。

2002年,构件公司投资设立湖州新纪元碎石有限公司(简称新纪元),地处湖州市吴兴区杨家埠樊洋湖村,核定采矿面积0.306 7平方公里,开采规模26.92万立方米/年。新纪元设立石料生产线4条,至2010年1月,累计生产石料1 262万吨,是年2月,新纪元开采期满终止。

图4-2-14 新开元建成固液分离系统

二、外加剂生产

1999年,材料公司设立中外合资的上海麦斯特建工高科技建筑化工有限公司(简称麦斯特),基料合成生产车间设立两条生产线,采用日本YOKOGAWA 3000的集散控制系统;外加剂复配生产车间设立3条生产线,采用日本OMRON的可编程序控制器。复配车间与基料合成车间控制系统相连,实现和基料合成车间相同的控制要求。最高年产量3万吨,其中70%供上海建工,30%外部销售。

麦斯特废水处理生产区域紧邻黄浦江上游取水口,为确保水源无污染,合成装置生产废水排出与废水收集的设备系统,形成净化循环使用。雨水经检测合格后排入市政雨水管网,生活废水经城市污水厂处理后排放。如遇极端情况,储罐区下建有混凝土浇筑高1米、厚0.3米的储料池,防止物料外泄。

麦斯特生产木质素类、萘系、聚羧酸系三大类减水剂,合计10个系列30多种产品。其中,普通减水剂主要生产Pozzolith系列产品,适用于各种普通强度的混凝土。泵送剂主要生产LN-800系列产品,具有高流化、减水、节约水泥、避免开裂、提高抗渗性和耐久性能的作用,适用于中等强度,对混凝土和易性、泵送性、抹面性有一定要求的混凝土。高效减水剂以萘磺酸盐为主要成分,适用于中高等级强度的预拌混凝土或混凝土制品。主要生产Rheobuild和Mecret系列,其中Mecret系列有粉剂产品。高性能减水剂为羧酸类产品,比高效减水剂具有更高减水率,主要生产Rheoplus系列、GleniumACE系列和SDC系列,覆盖早强、减水、保坍、超保坍等功能。阻锈剂能抑制或减轻混凝土中钢筋或其他预埋金属锈蚀,主要生产RheocretCNI系列阻锈剂,适用于以氯离子为主的腐蚀性环境中混凝土。

麦斯特2007年研制GleniumSP-8CN系列产品用于抗腐蚀性混凝土,建造东海大桥主塔工程。2008年研制GleniumSP-8CN产品用于高性能混凝土,建造上海新天地106和107地块,该项目获得上海市科技成果三等奖。2009年研制Rheoplus325、Puzztec产品用于超早强混凝土,建造世博会外滩南北通道,实现混凝土4小时内快速凝结。2010年研制Rheoplus325SDC产品用于超大体积混凝土,一次性浇筑上海中心大厦6万立方米混凝土基础大底板。

第六节　建筑机械和配件

一、建筑机械

【混凝土机械】

60年代,华建厂开始研制生产混凝土机械,先后生产混凝土搅拌机和搅拌车;70年代先后生产混凝土搅拌站和搅拌楼;90年代先后生产混凝土输送泵和泵车。华建厂混凝土搅拌车在国产改装车市场占有率为50%,搅拌楼站的市场占有份额约15%。

混凝土搅拌机　1961年,华建厂生产以柴油机为动力的JGR250型搅拌机,之后,改成以电动机为动力的JG250型搅拌机,1961—1987年累计生产25 985台,居全国同行业之首,开始批量出口;获得1980年国家级优质产品奖。其中,JW1000型立轴涡浆式搅拌机,出料容量1立方米,含上料和供水系统,配套小型混凝土搅拌站,适用于骨料粒径小于等于60毫米的干、湿混凝土搅拌,获得1995年"用户满意产品"称号。1988年,试制成功JD500型单卧轴搅拌机,出料容量0.5立方米,生产率每小时30立方米;1993年,开发出JS1000型双卧轴混凝土搅拌机,出料容量为1立方米,获得1994年国家级优秀新产品奖。

混凝土搅拌车　1966年,华建厂与长沙机械研究所合作,试制成功第一台JC2型仿日50年代产品的搅拌车,采用全机械传动方式,搅动容量2立方米;1969年批

图4-2-15　混凝土搅拌车

量生产,年产量15台,持续生产到1985年,是华建厂第一代混凝土搅拌车。1982年,华建厂以技贸结合的形式从日本萱场引进MR45型搅拌车,采用日本三菱底盘,搅动容量6立方米,液压中心驱动,允许总装载量25吨,1983年组装35台;1985年,MR45型取代JC2型搅拌车,获得国家优秀新产品、科技进步奖等奖项。之后,以技贸结合的方式引进了MR17、MR22、MR60型搅拌车,为华建厂第二代混凝土搅拌车。1995年,华建厂试制成功HDJ5310GJBSY型7立方米搅拌车,具有干、湿两用搅拌的功能,满足东南亚等地区的干拌混凝土要求;是年9月,试制HDJ5170GJBHH型3立方米搅拌车,采用汽车发动机前驱力引出装置,实现拌筒的无级调速,提高了发动机传动效力;1997年,试制成功MR4530型6立方米搅拌车,选用进口三菱底盘,油泵、马达、齿轮箱三合一的中心驱动简化了结构,代表华建厂第三代混凝土搅拌车。2000年,华建厂设计生产10立方米大容量搅拌车,采用日本日野底盘,获得上海市优秀新产品三等奖;2002年,设计生产12立方米大容量搅拌车,上装采用加速电子控制,并且采用江淮、重汽、陕汽多种国产底盘;2003年,华建厂第四代混凝土搅拌车通过国家对汽车产品的强制性"CCC"认证。

混凝土搅拌站 1970年,华建厂试制成功第一台HZZ15型混凝土搅拌站,该站搅拌混凝土生产率每小时15立方米,搅拌筒为双锥型,采用正转搅拌反转出料方式,出料容量为0.5立方米,实现半自动操作的技术水平,适用于小型工程项目施工,在国内独家生产至1982年。1983年,试制成功HZW20型混凝土搅拌站,混凝土生产率每小时20立方米,采用JW500型立轴式搅拌机,获得1986年上海市优秀新产品二等奖。1990年,开发HZD25型混凝土搅拌站,采用JD500型单卧轴式搅拌机,混凝土生产率每小时

图4-2-16 混凝土搅拌站

25立方米,数字式电子控制系统可实现手动、单循环自动和全自动的控制要求,悬伸式主机结构便于三面进出搅拌车,适用中等规模以上工程项目施工,获得1993年上海市新产品奖。随着市场对大容量的混凝土搅拌楼站的需求,华建厂又开发出HZS150型、HZS180型大型混凝土搅拌站。2002年,研发成功第一座供水上作业用的每小时120立方米船用混凝土搅拌站,采用两台1立方米双行星立轴搅拌机,安装在2000吨工程驳船上,海上浪高1.2米也能搅拌混凝土,为东海大桥工程施工作业。2010年,华建厂HZS90、HZS120、HZS150型搅拌站获得CE证书,被允许进入欧洲市场。

混凝土搅拌楼 1979年,华建厂试制成功HL50型混凝土搅拌楼,配有两台JW1000型立轴式混凝土搅拌机,生产率每小时75立方米,控制系统首次采用传感器-编码电子秤等技术,实现混凝土生产过程自动化控制。1994年,引进日工技术,开发出HLS60中型混凝土搅拌楼,采用JS1000型双卧轴式搅拌机,生产率每小时60立方米,卸料高度3.8米,获得国家级新产品奖。2006年,开发HLS200型大型混凝土搅拌楼。2010年,设计一楼双机型式的环保型2HLS360型混凝土搅拌楼,主机采用两台JS3000b型双卧轴式搅拌机,生产率每小时360立方米,被作为环保型搅拌楼推广使用。

混凝土泵及泵车 1994年,华建厂以技贸结合的形式,从德国威欣公司引进TSB9014型混凝土泵,摆阀阻力小,混凝土适用性广,混凝土输送量每小时86立方米,获得1995年市级优秀科技产品。1998年,生产HJ-TBS6014型混凝土泵,输送量每小时60立方米,结构仿制HJ-TSB9014型,作局部改进。2002年,开发HDJ5251THBIS型混凝土泵车,配置五十铃泵车底盘,布料杆垂直高度37米,输送量每小时115立方米。2003年,设计HDJ5340THBVO型泵车,配置沃尔沃底盘,布料杆垂直高度44米,输送量每小时120立方米,回转角度370度保证工作适应能力。之后,又开发53米、56米混凝土泵车;集拖泵与泵车一体的车载泵,无需运输、装卸,比泵车占用空间小,泵送高度高、距离远,维护成本低。

衍生产品 1991年,华建厂开发HC6型灰浆输送车,用于石灰浆等半流动性物料的运输。1995年,开发30吨罐式散装水泥车,用于水泥等粉状物料的散装运输。1988年,试制成功SC200/200型施工升降机,用于建筑施工的垂直运输。2007年,开发原木输送车,适用于森林中砍伐下来的原木运输,出口非洲21辆。2008年,研发干粉背罐车,用于配套干拌砂浆储料罐,具有干拌砂浆运输及自动装卸的功能,最大装载量10吨,被授予国家实用新型专利。2008年,研制成功公路、铁路两用搅拌车,搅动容量8立方米,通过驱动轮与后钢轮的合理受力,实现运输大方量混凝土的要求,用于武广高铁工程项目施工,获得2008年"中国工程机械年度产品TOP50"证书。

【塔式起重机】

1965年,上海七一铁工厂(后改名为上海建工机械厂,简称建工厂)生产第一台红旗Ⅰ-16型塔机。1975年,建工厂试制生产ZT120型自升塔机,并获得1978年全国科技大会奖。1981年,试制生产QTG60内爬塔机、QTZ80自升塔机。1983年,试制生产QTP60内爬自升塔机。1987年,改进试制生产QTG60J型塔机。1988年,研制生产QT100型塔机。80年代,生产各类塔机400台,其中,120吨米塔机9台、100吨米塔机2台、80吨米塔机60台、60吨米塔机329台。1991—1997年,试制生产QTZ80轻型自升塔机成为主要产品,适用14~45层高层建筑施工,合计生产54台,累计生产各类塔机93台,除了上海地区还销售南至广州,北至牡丹江、内蒙、甘肃、新疆等地,以及泰国、马来西亚等国。2002年,建工厂民营后逐步停产。

二、建筑配件及其他

【木材制品】

上海建筑木材厂生产木材制品,前身是1950年成立的东升木材加工厂,1954年并入建工局北区工程处。之后,形成市建一公司木材加工厂、市建二公司木材加工厂。1964年划归门窗公司,分设上海木材加工一厂、木材加工二厂,1987年合并为上海建筑木材厂。1964年,先后建成纤维板、瓦楞板机械化生产流水线。1975年,新建木工车间,扩大木门窗、木制品生产能力。1978年,研制成功木门框生产联动线。1983年,研制成功夹板门热压生产新工艺,后获1985年上海市科技进步三等奖;注册商标"雪松牌"硬质纤维板和高级门框板分别获得1982年、1984年上海市和林业部优质产品奖。1985年,20层纤维板压机替代15层纤维板,1986年,新纤维板出口日本创汇。1987年,新建制材车间可化制长8米、直径1.5米的圆木。其间,引进了德国及意大利等国的多面刨、镂铣机、双头开榫机、操刀样研磨机等先进设备,加工的木材制品先后被龙柏饭店、华亭宾馆、城市酒店、希尔顿酒店、科摩罗人民大厦等工程采用,并批量出口加拿大等国际市场。1988年与1964年相比,锯木增加1.1倍,木门窗增加2.7倍,木制品增加4.4倍,纤维平板增加11.3倍,瓦楞板增加73.7倍。1991年以后,生产经营面临困境,市场占有率逐年缩小,1995年生产木门窗8.59万平方米,比1964年减少39%。至1996年,主业仅剩门框、门扇加工,1998年停产。

【钢铝门窗】

上海钢窗厂前身是20年代中国铜铁工厂和桂正昌铁工厂,中华人民共和国成立后两厂兼并20余家小厂,1959年合并为华东钢铁建筑厂四车间,1964年组建上海钢窗厂,划归门窗公司。1978年,建成工业窗、民用窗、非标窗专业化生产流水线,编制全国首册《工业建筑钢窗钢门图集SC1》,供设计单位选用。1964—1977年共生产木门窗14万平方米、钢门窗51万平方米。1979年,改造建立4个钢门窗生产车间,形成完整的工艺流程,提高工效30%。1982年,生产钢门窗突破100万平方米。1986年起,注册商标"上窗牌"钢门窗销往全国各地,以及中国香港、新加坡、非洲等国家和地区。1986年生产木门窗46万平方米、钢门窗108万平方米。1987年建成钢窗电泳浸漆流水线,32毫米钢窗先后评为轻工业部和建设部优质产品。1988年在深圳特区蛇口合资办厂,生产钢门窗出口创汇。1988—1997年累计生产钢门窗340万平方米。其间,1986年引进西德铝门窗生产流水线,先后为北京和广州火车站、首都机场、各国驻华使馆、中国军事博物馆、上海体育馆、永新彩管厂、市六医院等重大工程提供铝合金门窗。1995年承接了香港房产商工程的铝门窗设计、制作、安装业务,实物量近8万平方米。1988—2000年生产铝门窗18万平方米。1995年建成35系列彩板钢门窗生产流水线,当年生产5544平方米,被评为上海市新产品、授予国家专利。1995—2000年生产54700平方米。1997年合资组建上海建晖塑钢门窗有限公司,引进德国90年代的设备与技术,推出塑料推拉窗、平开窗新产品,1999年塑钢门窗投产生产8627平方米,2000年生产6632平方米,2001年停产。

【特殊门、装饰五金配件】

1954年,在中苏友好大厦(今上海展览中心)工程建设中,由复昌五金厂、方厚记铜铁工场、俞财记工场承包并同心协力完成了主塔——镏金塔、金属花饰、部分吊灯的制作安装任务。后3家小企业合并名称取自工程"红五星"之光定为红光建筑五金厂,成为国内最早生产建筑装饰五金和各类金属门窗的专业企业,1972年由市手工业局划归门窗公司。1974年首次安装首都北京饭店电动自动门,填补了国内高级宾馆设备配套空白。1964—1977年,五金零件产值284万元。1979年后建立铝合金车间,制作各类特殊门、自动门。1982年、1986年试制成功微波传感器控制门和微波自动门,用于上海宾馆、联谊大厦等工程。1985年生产具有手动、电动、遥控三种性能的卷帘门。1986年,ZM-E2微波自动门被评为上海市优秀新产品二等奖。1990年,铝合金自动门获得上海市优质产品奖,50系列平开窗获得上海市优质产品赶超奖。1984—1993年生产高级钢门(特殊门)6.8万平方米。红光厂生产的特殊规格的装饰五金配件和金属门先后用于外国驻华大使馆、北京人民大会堂等十大建筑、毛主席纪念堂、各地宾馆、上海豫园商场等。1985—1996年,五金花饰累计产值1168万元。1978—1995年,建筑五金零件累计生产258.6万件。此外,自主开发PVC塑钢门窗生产流水线。2002年停产。

【金属结构件】

上海金属结构厂,前身是黄聚泰、朱顺发等7家公私合营的铁工厂,1958年并入市建五公司,

1964年划归门窗公司。70年代,制作上海电视塔(高度210米)和上海体育馆大屋顶网架,均获得1978年全国科学大会奖;制作苏里南体育馆屋盖板节点网架、埃及开罗国际会议中心屋盖网架等。80年代,完成徐家汇等多座人行天桥钢结构制作安装,以及文化广场、上海游泳馆等多种网架结构和上海耀华皮尔金顿玻璃有限公司全部钢结构制作。1992年完成大众汽车有限公司厂房、南极长城站食品、综合两座仓库钢结构制作安装。1993年完成第一届东亚运动会主会场——虹口体育场主席台两侧看台钢结构雨篷制作。1994年完成华东师范大学附属第三中学运动房(当时上海最大)屋盖单层网壳钢结构制作安装(后获得1996年中国第一届"空间结构优质工程奖"),完成上海博物馆箱型梁、上钢三厂大电炉连铸工程钢结构制作。1995年完成两个足球场大的东航150米跨度双机位维修库屋盖高强螺栓板节点网架钢结构、日本MDI公司三耐房轻钢结构制作。1997年完成上海大剧院旋转升降舞台、静安体育中心游泳馆钢屋盖新型网架结构、江阴长江公路大桥钢结构等制作安装。1992—1997年累计完成结构件实物量24 570吨。1998年,该企业改制为股份合作制公司,2001年划归属地管理。

第三章 设计、咨询和监理

建工局成立初期,设立设计部门,承担建工局范围小型设计项目。50—70年代,政府主管部门实施勘察设计体制调整,建工局先后划入和划出勘察设计单位。70年代末,建工局重新设立设计单位,从一般房屋建筑设计逐步发展到为总承包服务的大型工程项目深化设计和大中型工程项目的方案设计。80年代,随着工程服务的发展,建工局先后成立咨询、监理企业,同时机电安装设计和装饰设计业务也得到发展。从2004年起,随着园林集团、外经集团、市政总院的并入,建工集团的工程勘察测量、建筑工程设计、市政工程设计、园林工程设计、工程咨询、工程监理等业务进一步壮大。2010年,设计咨询业从业人员6 000多名,其中,中高级专业技术人员、注册类人员3 894名,占人员总数的61.41%。

第一节 机 构

1953年建工局成立,设立生产技术处设计科。1954年,在设计科、设计室的基础上,成立上海市建筑设计公司。1956年,成立上海市民用建筑设计院,是年,划归市建委领导,建工局又成立设计部门。1963年,建工局施工材料研究所更名为上海市建筑科学研究所,内部设立设计部门。1970年,华东工业建筑设计院、华东勘察分院等部属企业划归建工局,分别更名为上海市工业建筑设计院、上海勘测院,1977年划归上海市设计党委。1978年,上海市建筑科学研究所划归上海市基本建设委员会,更名为上海市建筑科学研究院。1979年,建工局成立上海市建筑施工技术研究所(简称施工所),设立设计室以及勘察测量、咨询监理等部门,1993年在此基础上成立上海市建工设计研究院(简称建工院)。

1985年,安装公司成立工程设计室(简称安装公司设计室)。1987年,装饰公司成立设计室(简称装饰公司设计室)。1988年,建管局成立上海市工程建设技术咨询公司,以咨询监理为主要业务。2003年,建工院分离咨询监理和勘察测量业务,成立上海建浩工程顾问有限公司(简称建浩公司)。2004年,园林集团所属的上海市园林设计院、上海市园林工程有限公司、上海园林绿化建设有限公司的园林设计等业务随之并入建工集团。2009年,外经集团所属上海国际招标有限公司、上海外经工程咨询监理有限公司、成套集团上海机电设备招标有限公司、上海市工程设备监理有限公司的招标、咨询、设备监理等业务随之并入建工集团。2010年,市政总院的设计、咨询、监理等业务并入建工集团。是年,集团所属建筑公司也先后成立设计院。至此,建工集团形成建筑工程、市政工程、装饰工程、园林工程的设计和工程咨询、工程监理等工程服务的业务系列。

第二节 工程勘察测量

上海建工工程勘察测量业务始于1970年,由划入的上海勘察院承接局内外工程项目的勘察测量业务。1977年,上海勘察院划归上海市设计党委。1978年,在宝山钢铁总厂建设中,建工局成立宝钢建工分指挥部测量队,承接建工局工程项目的勘察测量业务。1979年起,宝钢建工分指挥部测量队先后归属施工所、建工院和建浩公司的勘察测量部门。1982年起,施工所、建工院先后承接南浦大桥、东方明珠广播电视塔、金茂大厦、上海铁路南站、磁浮列车等工程项目的勘察测量业务。2003年起,建浩公司先后承接上海光源工程首级控制网及土建施工测量、上海环球金融中心钢结构施工测量、外滩综合改造工程隧道(南端)首级控制网测量、上海中心大厦总承包测量管理、上海世博中心基坑及周边环境监测、上海文化广场基坑及周边环境监测、上海东方体育中心基坑监测等。其间,先后编制《工程测量技术管理软件》《河床断面、道路中线计算软件》,研发的《超高层巨型钢结构安装测量预控与校正系统》《超高建筑平面测量控制网竖向传递与分段系统》项目被授予国家专利。

2010年,市政总院所属勘察测量施工专业随之并入建工集团。市政院1957年成立勘察室,作为一个配合工种承担排水管道和道路翻修等定测任务,测量工具是皮尺加标杆,操作凭人力手工。1966年,承接国内第一座124米跨度的T型刚构桥——柳州大桥的勘察业务,首次采用100米岩心钻机在岩溶地区勘察成功。1969年撤销勘察室,人员分编到各个设计部门,1975年集中人员恢复勘察室。1985年起,地质勘察应用电子计算机,使勘察报告CAD化(计算机绘图打印),先后承接宝山钢铁总厂工程、黄浦江上游引水工程、上海莘松高速公路工程、上海合流污水综合治理工程、南浦大桥工程、杨浦大桥工程、卢浦大桥工程、磁浮列车工程、内环线高架道路工程、成都路高架道路工程等勘察项目。其间,测量设备更新为先进的电子、红外线测量仪,勘察测量业务发展到厦门、深圳、大连、青岛、珠海、汕头等沿海城市,以及蒙古、尼泊尔、印尼等国家。还在云南、四川、新疆等中西部地区发展勘察测量业务。2007年起,先后承接中环线高架道路、虹桥交通枢纽、东海大桥、长江隧桥、青草沙水源地、白龙港污水处理厂等一批重大工程勘察测量业务。其间,编制《岩土工程勘察外业操作规范》《上海市地基基础设计规范》《上海市岩土工程勘察规范》等国家标准。2010年,以市政总院为主承接的勘察测量业务102项,完成产值7 146.6万元。

第三节　建筑工程设计

建工局成立之初同步设立设计机构。1956—1978年,上海市民用建筑设计院、上海市工业建筑设计院、上海市建筑科学研究所先后划出。1979年,成立上海市建筑施工技术研究所(简称施工所),恢复建筑设计业务。2010年,设计业务由建工院、安装公司设计室、装饰公司设计室和市政总院所属设计院承担,主要从事建筑设计、装饰设计、机电安装设计等业务,具有建筑工程设计甲级、智能建筑含系统工程设计甲级、工程设计综合资质甲级、建筑装饰工程设计甲级、工程设计机电专项甲级、建筑幕墙工程设计专项乙级等相关资质。

一、房屋建筑设计

70年代末之前,建工局所属设计单位面向社会承接设计项目。1956年民用设计院划出后至80年代中期,建工局由施工所承担局范围的生活区、办公区的设计项目,包括自行设计施工的市建804工程队生活综合楼、宝钢建工分指挥部办公用房、施工所科研办公楼等项目。80年代中期起,施工所、建工院以大型工程深化设计为主,同时发展方案设计和房屋建筑的综合设计。

【深化设计】

按照国际通行做法,建筑总承包企业要对设计单位的图纸进行深化以指导施工。1986年,日本鹿岛建设株式会社总承包上海波特曼广场(今上海商城)工程。建工院作为协作方承担首个深化设计任务。主要是协助日方进行图纸深化设计,把设计图纸深化为适合施工单位施工的图纸。建工院圆满完成深化设计任务,积累了配合总承包企业搞好深化设计的经验。之后,建工院又承接上海国际贸易中心大厦、上海国际会议中心等大型工程项目的深化设计工作。

1996年,建工集团联合境外企业总承包承建金茂大厦工程。工程由美国SOM设计事务所承担设计。建工院选派60余名设计师组成隶属总承包项目部的设计部,负责工程的建筑(含部分装潢设计)、结构、给排水和强电四个专业的施工图深化设计和全部施工图设计管理工作,包括对所有分包商的施工深化设计图纸进行审核和归档管理等。建工院合理优化深化设计得到美国SOM设计事务所的肯定,深化设计进度超过施工进度,获得施工单位和业主的好评。在设备管

图4-3-1 建工院设计的云南玉溪矿业大厦

线布置方面,建工院与安装公司设计室合作,运用自行开发的"彩色综合管线图"软件,对水、电、风管线在电脑中进行综合平衡,使各种管线走向合理,加快了施工进度。1996年,建工院承接总建筑面积24万平方米、高度188米、68层的恒隆广场深化设计项目,形成了深化设计的特色和优势。1999年起,先后承接总建筑面积7.3万平方米的上海新国际博览中心和总建筑面积10.4万平方米、37层的上海震旦国际大楼等深化设计项目。2004年、2006年又先后完成上海光源和南京紫峰大厦工程的深化设计。

【建筑设计】

1986年,施工所与园林设计院合作设计占地8万平方米的上海市总工会黄山疗养院项目,获得1987年上海市优秀设计鼓励奖。1993年,建工院承接上海建工活动中心(今上海建工锦江大酒店)设计项目,该工程地下2层、地上30层。针对基地狭窄、平面不规则的状况,在基础设计、结构设计、装潢设计上创新思路,基础结构采用首创的"复合式三作用型深基础结构"设计,缩短工期44天,扩大建筑面积764平方米,创造经济效益800余万元,获得上海市科技进步三等奖和优秀设计三等奖。2003年,建工院完成中华人民共和国驻纽约总领事馆改造工程设计,建筑面积3.4万平方米,获得上海市优秀工程设计三等奖。2005年后,先后完成中国驻几内亚比绍、马里、吉布提、哈萨克斯坦、格鲁吉亚等国家使馆设计项目的设计,完成加纳1.2万平方米的国家剧场改建项目、尼日尔赛义尼·孔切将军体育馆维修等项目。2008年,完成俄罗斯2.5万平方米伊尔库茨克商城设计项目。2002—2010年,建工院完成上海佳龙花园、云南玉溪矿业大厦、安徽黄山悦榕庄、上海周康航大型居住区等的建筑设计。在世博工程建设中,完成新西兰馆、墨西哥馆、印尼馆、中国馆"新九洲清晏"、震旦企业馆、世博安保人员安置用房等设计项目。2009年,完成援建都江堰市灾后重建等设计任务。

图 4-3-2　建工院设计的安徽黄山悦榕庄

2004—2010年,建工院先后与加拿大A.A.I国际建筑设计事务所、美国莫菲/扬建筑设计事务所、贝加艾奇(B+H)建筑设计咨询有限公司、日建设计公司国际有限公司等合作设计,工程对象由一般的商业建筑、厂房建筑向高档宾馆、办公楼、住宅小区和带有工艺设计的综合性厂房发展。2005年完成的17.9万平方米太仓高尔夫湖滨花苑住宅小区设计项目,获得2005年度江苏省住宅银奖;2007年承接的卢湾区第9-1批租地块办公楼设计项目,获得上海市优秀工程设计三等奖;2009年完成的16.6万平方米的凯欣豪园,获得"中国土木工程詹天佑奖优秀住宅小区金奖";2004年,完成青岛莱钢大厦项目设计,该工程总建筑面积7.5万平方米,为五星级酒店和高档办公楼。

80年代之前,市政总院主要承担自来水厂、污水处理厂等配套的附属建筑设计。1987年起,逐步扩大到建筑工程设计,先后完成上海合流污水工程指挥中心、深圳滨河污水处理厂综合办公楼、上海凌桥水厂、上海地铁二号线龙阳路站、上海明珠线赤峰路站及市政总院办公大楼、上海地铁培训中心、思美公寓、嘉富利大厦等建筑工程设计项目。

二、机电安装设计

1995年,安装公司成立设计室,承担公司承建的花园饭店和上海商城等高级宾馆、高级商务楼等工程项目的机电安装图纸的深化设计工作。

1997—2008年,安装公司设计室先后担任香港英皇集团朝鲜罗津娱乐城项目的机电顾问、施工图设计任务。参与上海万众国际商务楼综合改造工程设计,项目由废旧工厂改建为现代化的办公楼,建筑面积3万平方米。先后完成新上海国际大厦机电深化设计、国际会议中心消防报警系统和锅炉房技术改造项目施工图设计、外高桥保税区英特尔洁净厂房施工图设计,以及新锦江大酒店、上海国际高尔夫球乡村俱乐部主会所、亨纳斯花苑裙房、申港合资恒安阁高级外销住宅楼、青浦兰柯控股有限公司、上海石化总厂30万吨乙烯工程管架钢结构等机电施工图设计。先后完成万众商厦改建工程、滇池路商办楼改建工程、中日合资上海新晃空调设备有限公司浦东新厂房等工程项目设计。

2008年,安装公司设计室扩编为设计事务所,承接世博会的"一轴四馆"、虹桥交通枢纽工程、东方体育中心、上海中心大厦以及浦江双辉、天津津塔、天津文化中心、中山医院综合楼、小南国大酒店、古北财富广场等大型项目的机电深化设计。在南通润华国际大厦、苏州东方之门大厦、太原湖滨广场、常州传媒大厦等工程项目中承担机电顾问业务。

2008年,安装公司设计所在上海世博会城市最佳实践区汉堡案例馆项目上进行建筑信息模型(BIM)技术的实践,取得成功。2010年,上海东方体育中心、虹桥能源中心、上海中心大厦等大型工程项目上运用BIM技术,从最初的搭建建筑三维模型到后来的进行碰撞检测管线综合并指导预制加工。在中国勘察设计协会举办的"创新杯"BIM设计大赛上,上海中心大厦BIM应用获得特等奖、虹桥商务核心区(一期)区域供能能源中心及配套工程获得最佳工业工程类BIM应用二等奖,上海中山医院肝肿瘤及心血管综合楼获得最佳BIM工程设计三等奖。安装公司设计所编写了《机电安装企业BIM实施标准指南》,参与编写《BIM第二维度》《机电工程通用设备、材料BIM构件库技术标准》等丛书和标准。

三、装饰设计

建工集团拥有3个甲级、5个乙级装饰设计资质和1个甲级、2个乙级幕墙设计资质企业。装饰设计业务主要由装饰公司设计室承担。

1988年,装饰公司设计室成立初期,主要承担图纸深化任务,配合公司装饰施工和服务业主。之后,深化设计是装饰公司和集团其他装饰企业承接装饰项目的专项优势,先后完成深化设计项目600多项,包括金茂大厦、恒隆广场、上海国际会议中心、上海新闻中心、上海科技馆、上海交大电子信息楼、中山医学院、南京奥林匹克中心网球馆等一批知名项目。

图4-3-3 装饰公司设计的公共建筑内景

图4-3-4 装饰公司设计的建筑内景

1992年年底,各装饰企业加强装饰项目原创设计的力量。装饰公司设计室先后扩容为设计事务所、设计中心。2004年,装饰公司设计事务所原创设计产值占设计总产值的15%,2010年达到30%,设计项目类型涉及五星级酒店、5A级办公楼、高档住宅会所、高级公共建筑等高端项目。先后完成复旦大学光华楼、新湖明珠城、由由大酒店、圣彼得堡波罗的海明珠城等近百个大型装饰项目的原创设计。

装饰设计企业还进入历史保护建筑修缮和古旧建筑改造领域,先后完成商悦青年会大酒店、中国太平洋保险公司总部、东风饭店、斯沃琪和平饭店艺术中心(和平饭店南楼)、费尔蒙大酒店(和平饭店北楼)、复旦子彬院等一批修缮和改造项目的设计任务,涉及文物保护、陈旧墙柱结构加固、钢结构屋架和屋面制作安装、外墙清洗等诸多设计内容。

第四节 市政工程设计

2010年,市政总院并入建工集团,形成市政工程设计和施工更加紧密结合态势。市政总院的市政工程设计在国内处于领先地位,经营规模和专业结构覆盖市政基础设施建设各个领域。在全国形成西南、中原、华北、华东、鲁辽、南方六大区域市场,除西藏、台湾外,遍及全国各省、市、自治区和港澳地区。2000年,市政工程设计产值站上1亿元平台;2010年,市政工程设计产值为11亿元。

一、给水排水

50年代—2010年,市政总院累计设计给水工程千余项、净水厂600多座、污水处理厂200多座、排水管道工程5 000多公里、排水泵站600多座、污水海洋处置排放6处,设计项目遍布全国,已走向海外。

【给水】

1954年,市政院承接完成第一个项目——洛阳市涧西工业区给水工程。之后,承接完成包头市、洛阳市的城市水厂和新工业基地给水工程的设计,该阶段技术上依靠苏联,设计标准上参照苏联。1959年,结合杭州萧山水厂工程,研究采用自行研制的"双层滤料接触过滤一次净化"和"微孔网除藻"新技术获得成功。是年,完成首次由中国人自主设计的水厂——上海闵行水厂。

1963年,给水专业开始推行"三结合"现场设计,走上了独立创新的设计之路。其中:1966年,上钢五厂给水工程是国内首创平流沉淀池机械排泥设计。1977年,长桥水厂扩建,是国内第一个虹吸冲洗移动罩滤池与平流沉淀池、清水池叠合结构设计。1978年,金山石化总厂海水厂,是当时国内规模最大的海水取水工程。进入80年代以后,设计完成了一批品牌工程。1984年设计的上海黄浦江上游引水一、二期工程,解决了当时上海自来水原水水质问题,设计内容为取水构筑物、输水管道、大型泵站等,取水总规模为每日500万立方米,是当时国内规模最大的城市引水工程。2007年,设计的上海青草沙水源地工程,设计内容为水库、取输水泵闸、输水管线、增压泵站等。青草沙拥有大量优质淡水,设计有效库容为4.35亿立方米,供水能力为每日719万立方米,受益人口超过1 000万人,是当时国内最大的城市供水工程,于2010年上海世博会召开前开始供水,该工程获全国工程建设项目优秀设计一等奖。

图4-3-5 市政总院设计的上海青草沙水源地工程

【排水】

1954年,市政院承接包头市、洛阳市、大同市等工业区的排水系统设计,参照苏联设计标准进行设计。随后设计上海解放后第一座污水处理厂——曹杨污水处理厂。

图4-3-6 市政总院设计的上海石洞口污水处理厂

1963年，排水专业走上自主设计的发展道路，是年，完成第一项自主编制的《上海市雨量公式》。1969年，设计建成上海市第一条污水截流排放干线南区污水引流排灌工程。1977年，设计建成的上海石化总厂污水处理厂一期工程，是国内当时最大的石油化工废水处理项目。

1983年，设计的上海市合流污水综合治理一期工程，改善苏州河的污染问题，是当时国内规模最大的污水治理工程，其中创造性地在国内首次采用初期雨水调蓄技术，对苏州河沿岸泵站进行雨水调蓄，从工程一期设计到全部建成历时24年，使黑臭的苏州河水质有了质的变化。2002年，设计的上海石洞口污水处理厂，系当时国内第一个采用污泥干化、焚烧综合性污泥处理工艺的污水处理厂。2003年，设计的上海白龙港污水处理厂，设计污水流量为旱季平均每日120万立方米，旱季流量每秒30.6立方米，雨季流量每秒33.6立方米，形成污泥储存、脱水、卫生填埋和综合利用，其污水处理能力约占全市的1/3，为当时亚洲最大的具有脱氮除磷功能的污水厂，该工程获国家优秀工程金奖。

二、道路、轨道交通

1954—2010年，市政总院承担的道路设计工程总数达900多项，其中高速公路、城市快速路60多项。

【道路】

1954年，市政院承担包头、洛阳等市的道路工程设计。1957年，承担蒙古乌兰巴托市的道路工程设计。至60年代中期，道路专业能够承担高等级的城市道路和公路设计。1966—1976年，道路专业在跨铁路立交设计技术上有所突破，以上海军工路高架立交为代表的跨铁路立交设计技术为国内领先。1976年开始机场跑道设计、汽车试验场设计以及高速公路设计，1987年设计的海南湿热汽车试验场及以后设计的上海大众汽车试验场等，设计技术达到国际水平。1990年设计的莘松高速公路是国内最早的高速公路之一。1988年先后设计的南浦大桥、杨浦大桥等大型越江桥梁道路设计技术居国内外领先水平。城市高架快速路和大型立交设计代表性工程有1994年设计的上海内环线、1995年设计的南北高架路等。2000年以后，以上海虹桥综合交通枢纽为代表的大型综合交通枢纽设计技术、以上海外滩地下道路工程为代表的长距离地下道路设计技术、以上海世博会道路为代表的生态环保型道路设计都居于国内领先水平。

【轨道交通】

1998年3月，市政总院轨道交通专业开展系统的设计、研究，作为组长单位参加"上海市内高架轨道交通可行性研究报告"课题研究；参加上海地铁4号线总体方案设计征集；编制上海地铁8号线预可行性研究报告等。参与上海地铁2号线设计（主要是龙阳路地下车站）。

2000年，设计上海磁浮列车运营示范线工程（上海龙阳路—浦东国际机场），并获得20多项技术专利，有多项自主知识产权达到国际先进水平。2003年，设计上海地铁1号线北延伸段，是国内首条地铁和城市快速路一体化高架路。在地铁6号线、7号线设计中，开始了盾构隧道结构设计，在车辆检修工艺、站场、轨道等专业技术上得到进一步发展；2009年，设计的重庆轻轨较新线，是中国首条跨座式单轨线路，也是国内首次将连续轨道梁应用于跨座式轨道交通。至此，轨道交通设计范围从单体建筑到总体总包，轨道制式从钢轮钢轨扩展到磁浮、单轨等多种制式，结构形式从高架到地下,单体设计从车站、区间到机电设备、车辆维修基地,并在磁浮列车、单轨列车等国际国内新兴轨道交通制式方面取得了较大的成果和发展创新。

三、桥梁

1957—2010年,市政总院共设计各种桥梁5 198座。1958年,设计上海市第一座预应力混凝土简支梁桥——上海北翟路1号桥。

至60年代中期,在设计理论上创造性地完成了高桩承台立体计算、铰接板的荷载横向分布研究、桥梁空间立体计算的研究等,走上独立自主的设计道路。1967年,广西柳州大桥设计建成,标志着桥梁设计水平处于国内领先地位。

至80年代初,连续设计5座斜拉桥,解决了大跨度斜拉桥、斜交桥和曲线形桥的设计计算问题,典型的有跨径200米的上海泖港大桥;1980年设计的重庆长江大桥是继柳州大桥后的第二座特大跨径混凝土T型钢构桥,为当时国内跨径最长的同类型桥梁。1988年设计的南浦大桥,采用钢-混凝土叠合梁结构,突破大跨度斜拉桥建造关键技术,一跨423米过黄浦江,是当时全国第一、世界第二。1993年设计的杨浦大桥,突破了大跨度钢桥建造关键技术,跨度为602米,是当时世界最大跨径的斜拉桥。

2002年设计的东海大桥,首创软基强风条件下跨海特长桥梁建造核心技术,首次提出并采用整体式一体化的大型构件陆上预制、海上整体起吊运输安装的创新理念与技术,这一设计技术后来应用于内陆的桥梁设计中,并在杭州九堡大桥上成功应用,从而使组合结构桥梁新结构和施工新方法成为特长桥梁设计、建设的一种趋势。

图4-3-7 市政总院设计的杭州九堡大桥

2006年设计建成的卢浦大桥，主桥为三跨中承式系杆钢拱桥，主孔跨径550米，再列世界同类桥梁跨径之最。

2007年设计建成的上海长江大桥，创建"可持续"长大桥梁理论与关键技术，主跨度达730米，是世界上跨度最大的公路与轨道交通合建的斜拉桥。

四、地下空间

市政总院参与地下工程的规划和设计。至2010年，设计地下空间工程120多项。其中，上海铁路南站南广场地下工程获全国优秀设计一等奖。世博会世博轴及地下空间工程获国家詹天佑土木工程大奖、国家优秀设计一等奖，并获13项设计技术专利。先后完成科学研究24项，主编了《城市地下空间术语规范》《城市地下道路工程设计规范》等国家级和行业标准规范。同时地下空间设计走出国门，参与国际地下空间专业技术学术交流活动，并与国际知名公司开展科研协作，提升了专业设计整体实力。

2002年以后，地下空间专业系统研究地下空间资源的统筹和综合开发利用，设计了一批不同类型的超大型地下空间代表性工程：上海五角场城市副中心地下空间开发、铁路南站地下停车场、静安寺地下空间综合开发、上海外滩隧道、新建路隧道、世博轴地下空间、虹桥交通枢纽地下空间、杭州新天地地下综合项目等，并延伸至无锡、武汉、石家庄、沈阳等外省市，技术上实现了穿越软土、冻土、山岭等各种类型的复杂地质。上海铁路南站是集铁路、城市轨道交通和地下广场等为一体的工程，其中，主站房和南北广场地下工程开挖面积13万平方米，是当时上海软土地基上实施开挖最大面积的工程。2002—2007年，以外滩地区交通综合改造为切入点，结合北外滩地区综合交通规划以及小陆家嘴地区的交通组织，在研究外滩CBD核心区规划方案基础上，结合上海市道路骨架网络的布局，创新性地提出了"井字形"方案并实施。2007年设计建成的新建路越江隧道，突破既有的传统概念，首次在越江隧道中采用多点进出的交通组织模式，首次综合考虑隧道交通功能、道路线性、行车安全和通风要求，在隧道内采用了坡度达5.3%～7%的大坡度；首次在中心城区采用分散式排风的低风塔取代传统的高风塔，协调了隧道通风与小陆家嘴中央商务区对环境景观要求的矛盾；首次在浦西采用高风塔结合地面敞口方式，协调长距暗埋段的通风要求，最大程度地节约了运营能耗。2010年设计建成的世博轴及地下综合体工程，成功解决了工程设计及施工中的各种技术难题，包括超大面积深基坑设计、超长地下钢筋混凝土结构裂缝控制技术、扩底抗拔桩群工作机理及设计分析、超长型深基坑开挖对周边环境影响规律及相应邻近轨道交通车站及区间的保护技术、重载路下综合管沟-箱梁集成化结构的设计技术等。

五、水工固废

水工固废工程是水利工程和固体废物处理设施。1957—2010年，市政总院在全国设计水工固废工程1 050多项。

【水工】

1957年设计上海苏州河沿岸防汛墙，1958年设计上海黄浦公园驳岸，1959年设计淮海市大通钢铁厂厂外防汛沟，1963年设计黄浦江沿岸防汛墙二期等工程。之后设计的代表工程有上海黄浦江沿江防汛墙、宝山钢铁总厂长江引水、陆家嘴滨江大道、上海世博会白莲泾泵闸等工程。

1986年设计的宝山钢铁总厂长江引水工程,水库的总库容为1 087万立方米,可确保47天调蓄周期,是长江下游第一座大型边滩水库,也是上海市当时最大的城市水工建筑物。1991—1992年设计的外滩综合改造一、二期工程,则是外滩开埠100多年来最大、最具现代化的改造工程,防汛标准由百年一遇提升至千年一遇,设计的空箱式防汛墙在提高防汛设施标准的前提下,解决了外滩地区的道路拓展空间和环境、景观、公共服务设施等诸多问题。1998年设计的陆家嘴滨江大道富都世界段,树立立体开发和综合利用理念,在滨江防汛墙满足防汛标准的同时,把环境景观、公共服务设施、生态空间和生活空间有机统一,营造了优美宁静的滨江亲水、休憩及游览观光绿带环境。

2005年设计的上海南外滩十六铺防洪工程,集合了黄浦江防汛墙、地下连续围护墙、地下室侧墙的"三墙合一"新型防汛墙型式。2008年设计的徐汇滨江综合改造工程,首创上海市防汛墙"路堤结合"的总体布局型式,合理地营造了徐汇滨江开放空间视野开阔、大气恢宏的格局。

水工专业设计已从传统的城市堤防工程(防汛墙工程)逐步拓展到滨海(江)岸线综合整治,包括城市排水防涝、城市水系规划、市政交通码头、航道、防波堤以及达标尾水排海(江)等设计领域。

【固废】

市政总院是建设部首批具有承担垃圾处理工程设计资格的勘测设计单位。1983年,承担上海老港生活垃圾卫生填埋场一期工程设计,该场处理规模为3 000吨/天,是当时东南亚地区最大的固废填埋场。1984年,开展利用建筑垃圾堆筑淀山景点"重现淀山"的可行性研究。1994年,设计建成的苏州市七子山生活垃圾填埋场,库容470万立方米,日处理垃圾500吨。之后,相继完成上海老港生活垃圾卫生填埋场二、三期工程和上海港船舶垃圾焚烧厂,使老港场由原来的日处理垃圾5 000吨提高到7 500吨,高峰处理能力接近1万吨/天。1998年设计建成的昆明市1 500吨/天垃圾卫生填埋场,地处喀斯特地貌地区,是一项难度很大的大型项目。

图4-3-8 市政总院设计的上海老港生活垃圾填埋场

2000—2010年，先后承担设计了一批特大型固废综合处置工程。上海市黄浦生活垃圾中转站，生活垃圾压缩转运600吨/天，采用先进的垂直压缩工艺，率先采用前端与末端相结合的除臭系统。上海老港生活垃圾卫生填埋场四期工程是国内规模最大的滩涂型填埋场，成功解决特大型库区的地下水和渗沥水的收集和导排，首次采用沉降观测与反馈控制技术，全方位确保防渗衬垫系统及堆体安全，达到国际领先水平。上海青浦城市生活垃圾综合处理厂，在国内首次采用大跨度行车式翻堆机翻堆和强制通风相结合的槽式工艺，首次在垃圾处理厂中采用双层结构生物滤池。厦门市生活垃圾分类处理厂利用产生的沼气进行发电上网。青岛市太原路固体废弃物中转站迁建工程，中转建设规模为当时国内最大，是全国首座采用垃圾液氧发酵工艺的垃圾处理厂。

第五节　园林工程设计

上海建工园林工程设计由三部分机构组成：一是2000年建工院成立的环境艺术所（统称建工院）；二是2004年与园林集团一并加入的园林设计院、园林工程公司和园林绿化公司的设计所（统称园林院）；三是2010年与市政总院一并加入的市政总院园林景观设计院（统称市政总院）。园林院、市政总院的历史可追溯到1946年、1954年。建工院、园林院、市政总院成立后设计了上海一批知名园林工程，业务范围扩展到国内外。

一、市场分布

【上海地区】

1978年以来，随着上海城市建设的发展，园林院涉及各类城市公园、郊野公园、湿地公园、城市绿地等设计项目，先后承接上海野生动物园、闸北大宁灵石公园、徐家汇公园、闵行体育公园、金山中央大道道路景观等设计项目，成为设计项目的成功范例。

市政总院先后承接上海苏州河北岸景观、外滩滨水区景观、虹桥综合交通枢纽绿化景观、宝山炮台湾湿地森林公园景观、世博公园景观等设计项目，在生态保护、生态恢复方面取得了设计经验。

建工院先后承接上海奉贤碧海金沙海滨浴场、奉贤渔人码头广场、闵行区烈士陵园、金山区烈士陵园、东苑新天地小区（三期）等景观设计项目，在规划景观方面取得设计突破。

【国内】

1978年以后，园林院设计项目涉及长三角、珠三角、京津冀等地区，以及西藏自治区、新疆维吾尔自治区，其中有新疆昌吉滨湖河中央公园、新疆库尔勒儿童公园、徐州市高铁站区站前道路绿化景观、徐州市J8路绿化景观、徐州沛县香江花城住宅区景观等设计项目。南安水头五里桥文化公园项目获得第十届国际风景师联合会（IFLA）亚太区土地管理类一等奖。

2000年以后，建工院设计项目有安徽马鞍山含山县滨河湿地公园、宣城金瑞新诚小区等景观工程，江苏徐州丰县沙支河、高邮市游驿湖湿地公园、太仓水岸花园住宅小区、徐州中能商业绿地、淮安天台中邦广场等景观工程，广西钦州学院新校区、炎黄艺术宫等景观工程。

2006年以后，市政总院设计项目涉及广东、浙江、湖南、辽宁、云南、海南、河南、天津、河北、江苏等地区。2005—2006年，先后承接广州大学城道路、杭州下沙沿江大道滨水、株洲市湘江风光、沈阳世界园艺博览会盆景园等景观设计。2007—2008年，先后承接第六届中国国际园林花卉博览会上海园、昆明市呈贡新城中央公园、广州亚运会亚运城与亚运公园、三亚市南山创意新城道路河道等景观设计。2009—2010年,先后承接郑州第二届中国绿化博览会上海园、天津市红桥区子牙河与北运河南岸、石家庄新客站广场、抚顺市人民广场、吴江市滨湖新城中心广场、佛山市三水水乡工业园公园与云东海湖区等景观设计。

【海外】

园林院的境外业务以设计中国古典园林为主。至2010年,园林院境外设计项目遍及美国、加拿大、日本、韩国、印度、澳大利亚、也门、几内亚、埃及、英国、法国、德国、荷兰、俄罗斯等14个国家。1988年10月,上海市园林局与蒙特利尔植物园签订一项关于在蒙特利尔植物园内建设一座中国园林——梦湖园的意向书,园林院负责中国园的规划设计。1991年6月20日全园建成开幕,梦湖园设计获1991年加拿大地区荣誉奖和蒙特利尔市拯救历史遗产学会优秀规划设计奖。园林院设计施工的比利时天堂公园是欧洲享有盛誉的世界文化主题公园。从2005年天堂公园第一期工程开始,到2013年的第8期工程,在当地民众中反响热烈,"中国梦"主题园的规模一再扩大,累计占地3.5公顷,成为中国境外最大的中国风情主题园。

二、设计项目选介

【古典园林】

1978年以来,园林院传承古典园林的设计理念,赋予传统园林新的时代内涵,在国内外创作了一批以上海大观园为代表的中国古典园林设计作品。上海大观园是以中国古典名著《红楼梦》中的"大观园"为题材而设计的。园林院1980年起设计,1988年建成开放,是一座富有江南园林特色、兼有皇家园林气派的古典园林。大观园占地9.33公顷,总体布局以大观楼为主体,由省亲别墅、石牌

图4-3-9　上海大观园

坊、石灯笼、沁芳湖、体仁沐德、曲径通幽、宫门、太虚幻境、浮雕照壁、木牌坊等形成全园中轴线。在西侧设置怡红院、拢翠庵、梨香院、石舫；轴线东侧设置潇湘馆、蘅芜院、秋爽斋、蓼风轩、紫菱洲、稻香村等景点。构成均衡于轴线的格局，各自独立又相互联系的园中园。大观园设计先后获得1986年度上海市优秀设计二等奖、1987年度国家优秀设计银质奖，并于1989年入选上海市"十佳建筑"。

【城市公园】

城市公园又称城市绿地。园林院设计的延中绿地被认为开创了国内中心城区开放型绿地的先河，至今仍是国内中心城区公园绿地的典范。延中绿地地处延安中路高架与南北高架交汇处，占地面积28公顷，是上海市中心区最大的绿肺，由园林院与加拿大WAA景观设计事务所1999年合作设计。延中绿地共分为7个区域，既各具特色，又相互呼应，并由空中步行桥连接成一个有机整体。延中绿地理念新、设计佳、效果美，成为21世纪初上海具有影响力的特色景观绿地。延中绿地设计先后获得2001年度上海市优秀设计一等奖、2002年度建设部优秀设计二等奖、2002年度加拿大园林大奖。

图4-3-10　园林设计院设计的上海延中绿地

【郊野公园】

2000—2004年，园林院先后承接上海顾村公园、滨江森林公园等一批以上海外环林带为依托的郊野公园的设计项目。其中，滨江森林公园（一期）工程，面积约120公顷，2004—2005年由园林院和英国阿特金斯（深圳）顾问公司合作设计。公园原址为三岔港苗圃，在规划设计上注重体现生态环保理念，凸显野趣和自然风貌；因势利导，保护和恢复郊野森林公园的生态环境；充分利用基地地理位置的特殊性，维护和强化滨江公共空间的连续性；体现地方历史和文化内涵；创造更吸引人的自然景观并提供与之相适应的各项功能服务。园内配合各个景区形成各具特色的植物景区,特别是专类园区:木兰园、蔷薇园、杜鹃园中分别大量运用同属或相近植物形成规模与气势。滨江森林公园(一期)设计先后获得2007年上海优秀工程勘察设计奖一等奖、2007年度IFLA亚太区第四届风景园林杰出奖、2008年度全国优秀工程勘察设计行业市政公用工程一等奖、2008年度全国优秀工程勘察设计奖银奖。

【湿地公园】

湿地公园以湿地良好生态环境和多样化湿地景观资源为基础,以湿地的科普宣教、湿地功能利用、弘扬湿地文化等为主题,并建有一定规模的旅游休闲设施,可供人们旅游观光、休闲娱乐的生态型主题公园。市政总院在湿地公园规划设计领域进行了有益的探索。

吴淞炮台湾国家湿地公园沿江岸线长约2 000米,东西平均宽度约230米,平均标高为6.74米,呈南北向狭长地貌。总面积60.4公顷。项目在2004—2005年由市政总院完成规划设计,2006年12月底一期工程竣工,2007年5月开放;2011年10月二期工程建成开放。这项设计项目成为国内在钢渣地上建造湿地森林公园的先例,展现了长江河口的原生态自然风貌,新建成的园林景观凸显了滨江的湿地特色和人文情怀,成为沪上特色鲜明的旅游新景点,并形成上海水上门户的靓丽风景线。吴淞炮台湾国家湿地公园设计获得了2007年中国人居环境范例奖、2007年上海市级优秀设计二等奖、2007年上海市建筑学会建筑创作奖、2008年全国优秀工程勘察设计行业奖二等奖。

【专类公园】

专类公园是城市中不可或缺的特殊类型公园,因其涉及园林景观之外的专业知识,既需体现景观性和游憩性,也需符合科研要求体现科普价值,设计难度较大。其中尤以植物园、动物园、主题乐园等最为特殊。1978—2010年,园林院先后承接上海动物园、上海植物园、上海野生动物园、上海辰山植物园、宁波植物园、郑州植物园、上海迪士尼乐园等设计项目。

图4-3-11 园林设计院设计的上海辰山植物园

上海辰山植物园位于松江区佘山国家旅游度假区,总面积207公顷。该园于2005年由园林院与德国瓦伦丁设计组合合作设计,2010年4月建成开放。辰山植物园充分挖掘辰山地区城市空间环境资源,以植物为基底,构建辰山植物园山水特色框架,将植物园建设与城市经济发展紧密关联。以自然、历史、文化资源的保护、利用与景点建设相结合,增加城市绿色空间网络特色,形成发展的良性循环。辰山植物园以展示华东植物区系和上海地区地带性植物为主要特色,在原有植被的基础上,利用辰山山体和两侧环抱地势形成的良好的小气候环境,以迁地保护和生态恢复设计为主要手段,通过科学合理的配置与调控,收集、展示华东区系内的植物。重点保护展示本体系内的珍稀、濒危植物和国家级保护植物。着重突出银杏科、竹亚科、木兰科等有华东品牌效应的植物,形成专类园,使其成为华东植物区系的景观标识。辰山植物园设计获得2011年度上海市优秀工程设计奖一等奖、2011年全国优秀工程勘察设计行业市政公用工程一等奖。

【上海世博会园区】

2006年起,园林院参与2010年上海世博会园区绿地景观设计。园林院和上海市绿化和市容管理局合作完成世博园区绿地系统规划;园林院、市政总院与荷兰NITA国际设计集团合作设计世博公园。园林院参与世博会主题馆生态绿墙、世博园区庆典广场、全球城市广场设计,以及世博运营期临时绿化设计。

世博会的绿地系统规划完成于2006年,规划面积668公顷。规划首先从定位上、理念上与世博会的主题相呼应,重点体现传统与特色、创新与科技、环保与生态,园区内各种绿地体现生态功能、安全功能及景观功能,构建多种功能组合、多种效益叠加的绿地系统。规划注重因地制宜,充分利用黄浦江在园区内穿越的条件,重点做活"水"的文章,凸显"蓝""绿"交融这一世博景观亮点,将"文脉""绿脉""蓝脉"有机结合,创造一个结构合理、绿量充足、生态和谐、尺度宜人、环境优美的城市公共绿化空间。规划重视传承历史文脉,弘扬城市精神,做好资源整合和优化,将传统的中国园林文化与蓬勃发展的现代科技有机整合。规划为世博会绿地的规划、设计建设及后续利用提供依据,确保为世博会创造一个"人与自然和谐共处"的绿化环境。世博会的绿地系统规划获第四十七届国际风景园林师联合会(IFLA)世界大会亚太地区杰出设计奖。

世博公园位于世博会浦东会址中心处,面积21公顷,是世博园区景观绿化最重要、最亮丽的区域。针对工业遗产保留和人性空间尺度矛盾、黄浦江防汛与场地亲水取向矛盾、生态系统破坏和修复重建矛盾,设计团队重新审视绿地、景观、建筑、城市的关系,将千年防汛墙后移,沿黄浦江分级设置防汛墙。对具有特色的工业建筑进行功能转换、改造和保留利用,对一些有典型工业特征的构筑物进行全新的景观改造。这些工业构筑物不仅成为片区的标志性景观,也承载着上海的历史与记忆。"自然形成有机论"是世博公园的总体构想,在世博公园的设计中,所有的自然条件和人为活动相互交融,并引入空间立体绿化方式,把绿化空间多重叠加,形成水、林、丘、桥多系统交织的绿色网络。集成运用的多项全新生态、环保和节能技术让多样化的生态环境"自行"调节,体现了科技世博、生态世博的先进理念。世博公园设计获2011年度上海市优秀工程设计奖一等奖、2011年度全国优秀工程勘察设计行业奖一等奖。

第六节　工程咨询和监理

1985年,上海市建筑施工技术研究所(简称施工所)承接工程质量咨询服务,1993年获得国家建设部首批甲级监理单位证书;1993年,施工所更名为上海市建工设计研究院(简称建工院),2003年,建工院咨询监理部门改制为上海建浩工程顾问有限公司(简称建浩公司)。1988年,上海市工程建设技术咨询公司成立(简称咨询监理公司),获得上海市科技委工程建设科技咨询证书,1993年获得国家建设部首批甲级监理单位证书。2008年、2010年,外经集团所属外经国际招标公司、外经监理公司、成套设备招标公司、成套设备监理公司、市政总院所属斯美科汇监理公司等随之并入，建工集团形成各有侧重、各具特色的工程服务业务。

一、工程咨询

1985年，施工所签订上海物资贸易中心大厦工程质量咨询服务协议。1986年起，施工所先后组成工程咨询组，进驻瑞金大厦、建国宾馆、太平洋大酒店、扬子江大酒店等施工现场，进行工程管理服务。至2010年，施工所、建工院、建浩公司先后承接江苏焊田半岛度假村、江苏吴江湾国际小区、上海吉盛伟邦绿地国际家具村、上海铭德大酒店等工程结算审核业务，南京政治学院上海分院信息化综合大楼全过程投资控制业务，以及宋庆龄陵园一期改造工程、宁波大剧院新建工程、上海奥林匹克花园住宅工程、天目湖中欧论坛等工程的造价控制业务。

1985年，成套设备招标公司成立，至1991年，先后为上海益民啤酒厂、浦东煤气厂一期工程、北京玉渊潭饭店、上海烟草工业机械厂等单位组织成套设备招标。1995年，成为国内第一家组织实施政府采购招标，先后为上海苏州河治理工程、上海青草沙水库取水输水工程、上海闵行源江水厂工程、上海轨道交通工程、上海黄浦江上游引水一期工程、上海长兴岛造船基地工程、浦东机场工程等提供设备集成服务。1985—2010年，共完成招标项目2 043项。

1986年，外经集团承接上海市第一个世界银行贷款项目——上海市合流污水综合治理一期工程的国际招标代理业务。整个工程投资16亿元，其中，世界银行贷款1.45亿美元；管道全长33.42公里，分为27个标。其中，国内招标9个、国际招标18个，1993年工程竣工。1998年，国际招标公司成立，先后承接上海苏州河污水治理、南浦大桥、地铁1号线、虹桥机场、洋山深水港、上海世博会等工程项目的招标代理。2010年，完成招标项目817个。

1989年起，咨询监理公司先后承接中科院技物所红外光电实验大楼、张江高科技园区SOHO、上海铁路南站、复旦大学附属金山医院等工程项目的招标代理业务。1994年、1997年，先后获得建设工程结算审价一级资质、工程造价咨询甲级资质，先后承接逸仙路高架、中国浦东干部学院、久事大厦等项目的造价咨询业务。至2010年，先后承接交通银行数据中心（上海）、中国银行信息中心（上海）、中国人民银行支付系统上海中心等工程项目管理业务。

至2010年，市政总院累计完成7 000多项各类工程勘察设计咨询和总承包工程的报价和造价控制，项目遍布全国28个省、市、自治区，包括上海黄浦江上4座大桥、上海城市高架道路、大型综合交通枢纽、轨道交通、大型给排水项目等，以及重庆、杭州等地的大桥和给排水项目等。先后编制上海虹桥综合交通枢纽交通中心工程、上海青草沙水源地原水工程五号沟泵站工程、宁波市周公宅、皎口水库引水及城市供水环网工程、上海市石洞口城市污水处理厂工程、世行贷款石家庄城市交通项目、上海市东西通道工程、杭州市江东大桥及接线工程、上海市污水治理三期工程可行性研究等工程项目可行性研究报告。

二、工程监理

【施工所、建工院、建浩公司】

1986年，施工所受上海市建设工程质监站委托，对上海田林新苑高层住宅小区、瑞金大厦、太平洋大酒店、扬子江大酒店、建国宾馆等工程的施工质量进行监督检查，形成工程监理的雏形。

1988年,施工所被批准为上海市建设监理试点单位,直接参加上海国际贸易中心大厦、上海中联大厦等4项工程的监理工作。其中,上海国际贸易中心大厦通过施工监理、施工图深化和设计管理,全面保证施工进度、总体质量,尤其包括钢结构制作和安装。1993—2002年,施工所、建工院先后担任上海著名文化建筑——东方明珠广播电视塔、上海博物馆、上海大剧院工程监理及新加坡驻沪总领事馆办事处、上海地铁1号线新闸路车站、磁浮列车运营线、新上海国际大厦、世界广场等工程监理,以及中共一大会址纪念馆扩建工程监理。2003—2010年,建浩公司先后担任大上海会德丰广场、华富天地、上海海事大学、上海地铁6—10号线14个项目、共和新路高架道路等工程监理,以及上海世博会主题馆、海南馆、波兰馆、墨西哥馆等工程监理。其间,先后担任天津大剧院、江苏徐州音乐厅、浙江温州大剧院以及江西、湖北、安徽、新疆、广东、黑龙江等工程监理,包括成都地铁1—4号线一期工程盾构区间、车站施工、机电安装工程监理。

【咨询监理公司】

1988年12月,咨询监理公司中标南浦大桥工程监理任务。按照规范实行跟踪监理,对东主引桥120座墩柱,总计核验签字3 840次,巡视标段的日里程最多的达到25公里。1993年起,咨询监理公司先后担任市政工程杨浦大桥、徐浦大桥、卢浦大桥工程监理,以及浦东机场北通道、内环线高架道路、上海地铁1—13号线部分标段、上海港国际客运中心等工程监理。1994年起,咨询监理公司先后担任金茂大厦、上海久事大厦、上海证券大厦、瑞安广场、远洋大厦、正大广场、古象大酒店等工程监理。2006年起,咨询监理公司先后担任上海世博会文明馆、博物馆、综艺大厅、尼泊尔馆、江南广场等工程监理。至2010年,咨询监理公司先后承接外省市市政工程太原市中环桥梁与立交公路,海南海航机场维修库,杭州地铁1、2号线,宁波外环路通途路立交等监理任务,先后承接建筑高度250米的杭州来福士广场、建筑面积34万平方米的徐州苏宁广场、高度308米的常州润华环球中心、高度328米的南京世贸中心等工程监理业务,外省市签约合同金额占总金额的近1/4。

【外经集团、市政总院所属监理公司】

1993年,成套设备监理公司成立以来,先后涉及医药工业设备、智能化系统设备、机械化工程设备监理业务;先后承接上海地铁1—2号线、5—8号线、11—12号线、16号线的部分供电系统、通讯系统、停车场设备系统的监理业务;先后担任上海科技馆、上海旗忠森林网球中心等工程设备监理;先后承接苏州、无锡、常熟、山东微山、安徽铜陵等工程设备监理业务。1994年,外经监理公司成立以来,坚持从原材料到成品的全方位、全过程与施工同步的全天候监理。

1995年,市政总院斯美科汇监理公司成立以后,先后承接上海虹桥综合交通枢纽G标、外滩通道改建工程(南段)、长桥水厂改建工程、浦东机场主进场高架道路、世博会园区部分市政道路等工程监理;先后承接外省市温州曹平泵站、温州西山水厂、温州新阳岙水厂、温州市城市污水厂、福州新东区水厂、宁波岩东污水厂、张家港镀锌钢板厂、西宁昆仑路立交桥等工程监理。至2010年,承接工程监理项目达到百余项。

第四章 房产开发

上海建工房产开发始于80年代初期,主要开发系统公房,用于解决职工住房困难。1983年,建工局所属中建上海分公司联合境外企业投资兴建上海首幢外销房——雁荡大厦。1985年,建工局注册成立上海市振新建设公司(简称振新公司),主营房地产开发,至1993年年底,建工局共有房产企业23家。1994年,建工集团设立房产开发部,并获得国家房地产综合开发一级资质。1998年,建工集团对集团内的房产企业进行整合,成立上海建工房产有限公司。2010年,建工房产年开发量达到300多万平方米,房产销售额达到35亿元。

第一节 产业形成

一、系统公房

80年代,上海各行业为解决职工居住困难,开始建造系统公房(指产权属于单位所有的房屋,也称单位产权房、系统房)。建工局设立基建处、所属各单位设立基建科、公房办等部门负责系统公房建设工作。系统公房由各单位自行建造,自行分配,作为职工福利分配给职工居住。系统公房建设有的是企业自筹资金在自有土地上建造,有的是与其他单位联合建造或参与建造。建造系统公房的单位有市建一公司、市建二公司、市建三公司、市建四公司、市建五公司、市建七公司、市建八公司、安装公司、构配件公司、机施公司、基础公司、建工技校、华建厂。建造的项目有鞍山路项目、天宝路高层项目、福山路项目、403队加层项目、真如项目、桂巷项目、吴泾二村项目、漕溪三村项目、运光新村项目、隆昌路项目、五金交电项目、洛阳新村项目、曹安路项目、工农新村项目、延吉西路项目等。据建工局计划处《基建项目及各类资金建设项目完成情况统计表》统计,1981—1983年,建工局所属13家单位建造系统公房项目30个,累计完成投资918.7万元,竣工面积3.34万平方米。其中,7家单位完成自筹项目14个,完成投资505.5万元,竣工面积1.38万平方米。

1984年起,建工局又相继建造威海大楼项目、国权路新亚厂项目、四平路高层项目、崂山新村项目、枫林路高层项目、靖宇工房项目、东宁路工房项目、松花江路项目、洛川路项目、玉田路建阳公寓等职工住宅。1984—1997年,建工局所属18家单位(增加材料公司、益良房产公司、申兴房产公司等单位),通过自筹资金、联建、参建等形式建造系统公房在内的项目424个,累计完成投资5.44亿元,竣工面积62.77万平方米。

自1990年至1997年国家停止执行福利分房政策为止,建工局通过分配、套配等方法,解决人均4平方米以下困难户共3 745户。系统公房的开发建设为建工集团房地产产业的形成积累了经验,打下了基础。

二、局属单位房产业务

【振新建设公司业务】

1985年6月1日,上海市建设委员会批复同意建工局成立上海市振新建设公司,公司注册资本

500万元。振新公司是建工局第一家全民所有、独立核算、自负盈亏的房产企业。

1986年,振新公司通过自建、联建、委托代建等形式开发18个项目,共计开发面积15 981平方米,其中自行组建项目11 181平方米,联建项目3 800平方米,委托代建项目1 000平方米。主要项目有中山北路3223弄项目、隆德路项目、桃浦新村项目、崂山新村101—103项目、潍坊新村2期项目、大连西路120号项目、浦东上南路项目、打浦路315基地项目、锦屏路项目、国权路新亚厂工房项目、国顺路四平路项目、虹口天宝路项目、普陀小辛庄项目、静安泰兴路项目、闸北沪太路项目、卢湾打浦桥路项目、南市塘桥项目、杨浦王家浜项目等。

1987—1990年,振新公司主建、参建商品房住宅项目14个,投资金额19 232万元,建筑面积41.41万平方米。其中,主建商品房住宅项目8个,投资金额5 050万元,主要有闵行东川路基地、政通路住宅、翔殷路新翔公寓、虎林路住宅、闵行路加层、同心路住宅基地、西塘家塔改建住宅小区。参建商品房住宅项目6个,建筑面积4.99万平方米,投资金额1 994万元,主要有国和新村项目、呼玛新村项目、梅陇新村项目、德州新村项目、建信大楼打虎山路项目、公平路高层住宅等。

1992年,振新公司开发商品房完成投资3 816万元,累计投资7 566万元,施工面积10.17万平方米,竣工面积5 200平方米,新增固定资产577万元。共计开发11个项目,分别是同心路基地、公平路基地、武夷路基地、打虎山基地、西塘家塔基地、洛阳新村项目、政民路基地、康定路基地、四平路高层等。

【直属公司业务】

1992年,建管局对所属企业提出调整产业结构,实施多元经营,要求把建筑施工与房产开发,包括房产开发关联的建筑装饰施工和物业管理相结合。建管局所属建筑公司设立机构、组织人员、筹集资金,先后组建独立核算的房地产开发经营公司。1992年4月,由市建一公司组建上海建益房产公司、市建二公司组建上海健尔斯房产公司、市建三公司组建上海东建房地产开发经营公司、市建四公司组建上海新世纪房地产开发经营公司、市建七公司组建上海西南房地产开发经营公司,并落实一批开发基地,进入实质性开发。1993年5月,市建五公司组建上海兴沪房地产开发经营公司、市建八公司组建上海八达房地产开发经营公司、材料公司组建上海申兴房地产开发经营公司、构件公司组建上海益良房地产公司、上海中建工程公司组建上海市新鸿房地产开发经营公司,以及上海龙安房地产开发公司、上海恒泰房地产开发经营公司、上海兴基房地产开发经营公司等。这些公司的主营范围是房地产开发经营、房地产买卖、出租、房地产投资、商品房销售等,兼营范围是房产租赁管理、代建代管、维护装修、室内装潢、房地产咨询、房地产物业管理等。

1993年11月,上海市建设委员会同意建管局所属一级资质的建筑公司在原营业范围中增加房地产开发经营业务内容,同时撤销建筑公司原有独立核算的房地产开发经营公司。至此,市建一公司、市建二公司、市建三公司、市建四公司、市建五公司、市建七公司、市建八公司和安装公司、基础公司、机施公司、上海中建工程公司的营业范围中增设房地产业务,同时逐步撤销原有的11家房产企业。

在撤销所属公司房产企业之前,市建一公司建益房地产公司、市建二公司健尔斯房地产公司、市建三公司东建房地产公司、市建四公司新世纪房地产公司、市建五公司兴沪房地产公司、市建七公司西南房地产公司、市建八公司八达房地产公司、材料公司申兴房地产公司、构件公司益良房地产公司、安装公司上安房地产公司及继续房产开发的振新公司,除建造系统公房外,抓住建管局改制被列为国有企业土地使用权改革试点单位的时机,重点投资回报率高、见效快的项目和旧区改造的项目,先后开发振新大楼、虹桥亚洲花园别墅、水电路住宅、五星公寓、新世纪公寓、绿梅公寓、东辰大厦、日晖港住宅小区、上安大厦、建工高层、福山大厦等一批商品房住宅及办公楼。至1998年，所属公司的房产企业累计开发房产面积121万平方米（含外资批租27万平方米），累计投资总额16亿元，回收资金11.5亿元。

三、集团房产业务

【集团房产部业务】

1994年1月，建管局改制为建工集团。1994年2月28日，上海市房产管理局批复，同意建工集团增设房地产开发经营业务。集团设立房产开发部，以自有土地开发、合作开发拓展房产业务。是年，投入资金3.1亿元，形成近120万平方米的开发量，其中，外销房36万平方米；施工面积95.77万平方米，竣工面积20.89万平方米，销售面积43 490平方米。建工集团自行投资、设计、建造的上海建工锦江大酒店（原上海建工活动中心）和建工医院商住大楼（赤峰路626弄）等项目开工。同时，所属公司经增设房产业务相继启动，市建一公司、市建三公司、市建四公司、市建五公司、构件公司、材料公司先后投资并建造了一批商品房住宅。

【建工房产公司业务】

1998年12月，建工集团以集团房产开发部（振新公司）为基础，归并所属公司设立的11家房产企业。1999年1月，成立上海建工房产有限公司，从业人员由原来全部房产企业361人精简为85人，形成人员、资金、土地资源优化配置，走上房产开发的发展轨道。注册资金从成立初期1亿元，2004年增加到7亿元，2009年增加到9亿元。开发规模从成立初期20万平方米，2005年上升到100万平方米，2010年达到300万平方米。销售金额从最初的2亿元，2005年达到20亿元。经营品种由住宅房产，发展到住宅房产、商业地产、办公楼宇、工业建筑并举。经营地域由上海市区逐步向外省市扩展，并拥有一批自有的经营性资产。建工房产与国内外著名设计事务所、内部建筑公司建立良好的协作关系，并建立健全了质量保证体系和客户服务网络。

位于天宝路四平路口一个房产项目，由于原开发商的原因造成停工而不能按时交房，原购房的小业主多次集体到市里上访。经市政府有关部门协调，指定由建工房产接手恢复施工。建工房产一方面与业主沟通，了解他们的诉求，一方面修改设计方案，使小区各项功能大为改善。建成后定名为"天宝绿洲"，得到业主的认可，也解决了市里信访的难题。

1999年起，建工房产完成文沁苑、靖宇南路、鑫安小高层、东三街、三门路高层、上安大厦等一批续建项目，先后开发天宝绿洲公寓、徐汇龙兆苑、佳龙花园、海尚佳园等项目。2001年，获得首个旧区改造项目上海滩新昌城的开发权，建成后的楼盘性价比高，取得了较好的投资收益。2004—2005年，通过股权收购分别获得大唐三期、四期14.7万平方米和浦江镇125、128地块1 000亩土地的开发权。2008年2月，建工房产与上海电气资产经营有限公司、闸北不夜城新发展有限公司联合投资成立上海屹申房产公司，以21.7亿元竞得原上海压缩机厂地块，共同开发上海滩·大宁城项目。这个占地面积7.9万平方米，总建筑面积约25万平方米的中高端住宅项目，2009年实现"当年拿地、当年开工、当年预售"的目标。进入21世纪，建工房产向多元化方向发展，首先是房产品种多元化，选择工业地产和商业地产，开发文定路创意园区、嘉定工业园、海尚杰座办公楼等一批项目。其次是地域结构多元化，2007年起走出上海，市场布局逐步向周边省市拓展，开发首个外地投资开发项目——总建筑面积约20万平方米的徐州汉源国际华城住宅小区。同时，积极参与政府保障房建设。2003年起,开发保障房达到300万平方米,先后有宝山顾村海尚菊苑、三门路海尚逸苑、康桥海尚康庭、海尚乐苑、曹路海尚东苑等5个项目,累计80万平方米保障性住房交付使用。建工房产建造的周康航大型居住社区项目,为集团首个一级开发项目,总用地面积约149公顷,总建筑面积约150万平方米,预计建成后将导入人口约5.17万人。

2009年12月28日,中国证券监督管理委员会上市公司并购重组审核委员会有条件审议通过,同意建工集团将地产业务纳入上市公司,使集团的房产板块包括土地储备以及规模扩张获得有力资金支持。

第二节 开 发 经 营

一、自有土地开发

90年代,各家房产企业主要是通过对自有基地的调整、闲置土地的利用等措施对自有土地进行开发。

1993年12月,上海西南房地产公司首先推出莘庄绿梅公寓,地处闵行区莘庄镇中心,由4幢7层住宅楼组成。

1994年3月,市建七公司在莘凌路241号原公司滑模分公司基地7 000平方米土地上建造商品住宅,项目建筑面积11 660平方米,总投资800万元。

1994年7月,市建五公司在原公司机关和机运队基地上建造高层住宅——五星公寓。工程为3幢24层商品住宅楼,建筑面积4.4万平方米,造价8 000万元。

1994年12月,集团房产开发部、振新公司在原构配件公司机关和华建厂技校基地上开发建造商品住宅——振新大厦竣工。大厦位于虹口区四平路827弄,由2幢20层住宅办公楼、1幢3层裙房组成,其中2号楼被批准为外销商品房。建筑面积为30 565平方米,占地面积7 279平方米。

1995年7月20日,安装公司对浦东大道2060号基地进行综合开发,建造一幢高层住宅及裙房,总建筑面积2.4万平方米,总投资为3 500万元。

1995年9月,市建四公司延长中路540号原职工住宅和办公综合楼,经批准转为商品房用地,列入1995年商品房建设计划。

1995年12月,基础公司天钥桥路214号基地内建造一幢以科学研究、学术交流和技术培训为主,附设部分沿街商店的20层综合办公大楼(三层裙房为商业用房)。1996年,批准转为商品房,项目投资2 845万元,资金自筹(其中基础公司建筑面积为2 200平方米,投资616万元;市建七公司建筑面积为7 960平方米,投资2 229万元),列入市1996年度商品房计划。

1996年9月,市建一公司开发松花江路2479号住宅项目,其中建筑面积13 180平方米、投资2 636万元的部分划转商品房开发建设。

1997年5月,安装公司在柳营路553号生产基地开发建造上安明珠苑商品住宅。项目占地面积为12 927平方米,总建筑面积为26 331平方米(含物业管理用房600平方米),由6幢多层住宅、小高层和三层用房各一幢及裙房组成。

1999年7月,建工房产在龙水北路981号地块(构件公司第二构件厂原址),结合地区规划和产业结构调整,开发建造商品住宅。基地面积为6万平方米,总建筑面积为15万平方米。

1999年9月,建工房产在木材二厂光复西路211号建造两幢小高层商品住宅,基地面积4 547

平方米,建筑面积约 9 700 平方米。

2001 年 11 月,建工房产在佳木斯路地块(构件公司第一构件厂原址)开发佳龙花园项目。项目总占地面积约 16 万平方米,规划建筑面积 23 万平方米。

二、竞拍土地开发

1998 年 7 月,原上海鑫华物业发展有限公司开发的上海市人民路 777 号地块(原蒙特利广场项目)因债权债务问题而停建。为清理整顿市中心的空置地块,上海市第一中级人民法院于 1999 年 11 月 3 日依法对该地块予以强制公开拍卖,并由法院委托国泰拍卖行进行竞拍。市建三公司以 1.5 亿元竞价购入,这是建工集团第一次通过竞拍获取土地的开发项目。后由建工房产和市建三公司共同出资成立上海建工锦龙房产有限公司对该地块进行开发。通过市场调查,改变原规划方案,重新开发建造商住楼——东淮海公寓,总建筑面积为 98 888 平方米(地下建筑面积 22 559 平方米),其中住宅面积 67 269 平方米,商业面积 9 060 平方米。

2001 年 10 月 16 日,建工集团与上海市黄浦区政府签订《新昌路聚居区开发合同》,新昌路聚居区是上海新一轮旧区改造试点和示范居住小区,位于成都路北京西路口、黄河路和苏州河以南组成的黄金地段。用地面积约 11.39 万平方米,总建筑面积 43 万平方米。首期签约的 2.9 公顷的第一期工程,是建工房产成立以来第一块向社会购买的土地。在此地块上建造的上海滩新昌城,由 5 幢 24~31 层的高层住宅和部分商业公建组成,总建筑面积为 10.14 万平方米。

三、收购股权及联合开发

1992 年 8 月 6 日,建管局所属上海市建工商实业总公司与香港宝麟发展有限公司以 828 万美元向上海市土地局受让天目西路 547 号地块、15 348 平方米土地的 50 年使用权,这是全局第一块土地批租地块。地块原属建工局木材加工二厂生产基地。根据上海新客站"不夜城"的规划,兴建近 10 万平方米用于外销的商业、办公、旅馆、娱乐、公寓综合楼。

1992 年 5 月 13 日,安装公司与香港威永投资有限公司通过土地批租,以 160.9 万美元取得徐汇区宛平南路 470 号地块 70 年的使用权,双方投资 640 万美元,共同建造高级外销商住大楼——恒安阁。该地块占地 2 160 平方米,大楼总建筑面积为 8 100 平方米。

1992 年 11 月 4 日,机施公司与香港恒基国际有限公司以 426 万美元向上海市土地局受让宛平南路 521 号地块(原机施公司生产用地)6 959 平方米的 50 年(局部 70 年)使用权,建造 3 万余平方米的外销商业、办公、居住房——恒昌花园。

1992 年 11 月 26 日,市建一公司建益房地产开发经营公司与香港亚罗利投资有限公司合资建立的环亚房地产发展有限公司共同出资 134 万美元受让青浦县徐泾 10 号地块、43 018 平方米的 70 年使用权,这是全局受让的第一块花园别墅基地。建造约 2 万平方米的新虹桥亚洲花园别墅,被青浦县评为唯一的优质小区,吸引了德国、英国、荷兰、日本、印尼、新加坡、中国香港和中国台湾地区等大批客户。

1993 年 6 月 6 日,市建三公司与上海联合远洋发展有限公司、香港益丰船务企业有限公司通过土地批租,以 2 150 万美元取得了浦东大道 720 号地块(原市建三公司机运处基地)的 50 年使用权,三方共同投资开发集办公、商业、金融、娱乐、公寓于一体的上海国际航运大厦,地块占地 12 020 平方米，总建筑面积为91 352平方米。1996年10月，市建三公司将在上海国际航运大厦中占有的35%股权（出资额）出让给中远房产。

建管局所属企业与浦东新区花木乡联合投资建造的上海市建筑业管理活动中心大楼（东辰大厦）于1994年6月30日结构封顶。该大楼集办公、商务活动中心、展示厅、标准客房、餐厅于一体，共22层，建筑面积2.6万平方米，1995年6月交付使用。2003年7月转让给上海鑫荣房地产开发有限公司。

2004年8月，经上海联合产权交易所挂牌交易，建工房产收购"广和投资"80%股份，受让了上海广和投资有限公司在上海盛唐置业有限公司中拥有的80%的股份，获得大唐三期、四期14.7万平方米土地的开发权。股权收购后，建工房产开发大唐国际公寓项目。

2005年12月，建工房产通过收购股权获得浦江镇125、128地块1 000亩（约67万平方米）土地开发权，成为建工房产最大的土地收购项目。在此地块上，建工房产先后开发首个别墅项目——浦江颐城，小高层公寓、花园洋房组成的浦江坤庭，由32幢低层住宅、16幢多层住宅及4幢小高层住宅组成的125-1地块，规划开发商业酒店等。2010年3月31日，建工房产完成对托博莱特、爱利特两家房产公司10%的股权收购转让协议签约工作。

2008年1月24日，建工集团与闸北区政府、上海电气集团举行战略合作签约仪式，由三方组成成立上海屹申房产开发有限公司，通过招投标取得中山北路、柳营路上海压缩机厂及周边160亩（约11万平方米）土地，开发上海滩·大宁城项目。

四、保障房开发

2003—2005年，建工房产通过招投标，相继中标开发宝山顾村海尚菊苑、三门路海尚逸苑、浦东康桥海尚康庭、海尚乐苑、曹路海尚东苑等5个项目，2009年承担周康航大型居住社区、浦东航头和宣桥地块保障房以及北翟路公租房等项目，面积约250万平方米。

2004年3月，建工房产首个市重大工程配套商品房菊泉新城—海尚菊苑开工建设，项目为面向广大市民的中低价配套住宅。项目东临顾村镇基地规划绿地，西到陆翔路，南起规划菊太路，北至宝安公路。占地面积近10万平方米，以多层住宅为主，辅以局部小高层，整个小区由27幢多层住宅和15幢小高层住宅组成，立面呈欧洲简约式风格，合计建筑面积为16.8万平方米，另建有相关配套的居委会、物业管理用房以及配套地下车库。2005年10月，该项目交房。获得2004年度上海市重大工程配套商品房建设奖。

2004年5月，中标康桥镇基地3号地块项目为上海市中低价"四高"示范居住区，地处南汇康桥镇康弘路、康佳路，占地面积9.85万平方米，建筑面积17.5万平方米，由41幢5～13层的小高层和多层组成，剪力墙结构，投资规模54 300万元。2008年11月28日入住。

2006年8月26日，海尚逸苑项目开工，项目地处虹口区三门路安汾路，用地面积约5.13万平方米，由7～8层行列式多层住宅和9～14层小高层及商业裙房、公建配套设施等组成，总建筑面积约9.8万平方米，于2007年2月6日入住。

2008年6月24日，海尚乐苑重大工程配套商品房开工。项目地处浦东康桥镇地区，用地面积约8.56万平方米，整个项目分东西两块。其中东地块以住宅为主，由15幢14层高层住宅和1幢会所组成；西地块由1个4层裙房商场相连的2幢16层高层办公楼和4幢11层的公寓楼组成，总建筑面积约18.3万平方米，施工中首次应用新的墙体保温技术。

2009年,海尚东苑开工建设,小区是配套商品房项目,地处浦东曹路镇金睦路,由21幢高层及一幢管理用房组成,用地面积89 444.4平方米,总建筑面积178 945.81平方米。2011年12月28日入住。

2009年8月27日,建工集团对口负责开发、建工房产具体组织实施的浦东周康航大型居住社区基地动工。建工集团与有关金融企业协商,由建设银行上海分行牵头,邀请其他银行共同参与组成银团,提供总额为68亿元的项目融资。按照市政府制定的"规划科学、配套齐全、环境优美、工程优质"的总体要求,建工房产利用集团在大型社区规划建设的资源集成优势和成功经验,总体设计周康航大型居住社区基地的商业布局、文教卫生、休闲娱乐、绿化景观等,确保施工质量和进度,成为上海六大保障性住房基地中启动早、质量优、理念新、口碑好的百姓放心工程、满意社区。

2010年12月16日,东沟保障性住房建设启动。该项目地处浦东外高桥经济适用房板块内,总占地面积28 566平方米,总建筑面积7.3万平方米,包括一房、二房及三房的各类房型住宅1 018套。形成布局合理、配套完善、功能齐全、交通便捷的大众化住宅小区。

表4-4-1 1998—2010年建工集团开发的房产项目情况表

开工时间	项目名称（现名）	位置（地址）	项目类型	项目面积（平方米）	幢数 层数	总套数
1999年8月	建工天峰公寓	赤峰路626弄中山北一路658号	住宅	13 272	2幢6层、1幢12层	108
2000年11月	天宝绿洲公寓	四平路大连路口	住宅	47 248	2幢13层、1幢15层、2幢30层	322
2000年11月	东淮海公寓	人民路777号	住宅	98 129	2幢33层	544
2001年6月	徐汇·龙兆苑	龙水北路981号	住宅	119 589	2幢11层、1幢10层、9幢15层、1幢17层	844
	上安大厦	浦东大道2160号	住宅	16 451	1幢24层、1幢27层	161
2002年8月	佳龙花园（1～2期）	佳木斯路、营口路	住宅	239 708	13幢12层、11幢14层、7幢19层	1 850
2002年8月	海尚佳园一期	杨浦区长阳路1658弄	住宅	79 696	2幢11层、1幢13层、2幢17层、2幢18层	849
2010年2月	海尚佳园二期			7 057	2幢11层	
2003年7月	上海滩·新昌城	新昌路477弄	住宅	103 761	1幢24层、2幢26层、1幢29层、1幢31层	658
2003年10月	海尚菊园	陆翔路698弄、678弄	住宅	167 591	42幢	2 042
2004年10月	海尚杰座	营口路578号	办公	46 473	2幢16层	434
2004年12月	建工嘉定工业园	娄塘北和公路255号	工业	82 296	4幢4层、4幢3层、4幢2层共12幢标准厂房	
2005年12月	大唐国际公寓	樱花路802弄1～33号	住宅	110 596	2幢12层、11幢11层	710
2006年1月	海尚逸园（东块、西块）	三门路741号、749号	住宅	69 158	2幢12层、9幢14层	923

〔续表〕

开工时间	项目名称（现名）	位置（地址）	项目类型	项目面积（平方米）	幢数层数	总套数
2006年8月	海尚康庭（康桥3号）	康桥镇康弘路580弄	住宅	172 664	3幢11层、11幢14层、22幢5层、2幢6层	2 127
2008年6月	海尚乐苑（康桥6号）	浦东新区周邓公路6600弄	保障房	120 592	3幢5层、14幢14层	1 376
2007年9月	浦江颐城（128-1）	浦泉路399弄	住宅	72 839	56幢2层、2幢11层	172
2008年6月	徐州汉源国际华城	徐州新城区汉源大道（近钱塘路）	住宅	240 793	46幢3层、25幢6层、16幢11层组成	1 516
2009年5月	海尚东苑（曹路2#）	浦东新区金睦路353弄	保障房	170 559	9幢14层、11幢18层、1幢11层、	1 916
2009年7月	上海滩大宁城	闸北中山北路、普善路交叉口	商住综合	2 496 378	8幢32层、1幢22层、3幢14层、1幢4层、4幢3层	1 559
2009年8月	周康航大型居住社区	罗南大道、周园路、周东路、机场高速	住宅	1 500 000	共19个地块	15 923
2010年12月	建工汇豪商务广场	吴中路51号	商办	87 893	2幢14层、5幢商务别墅	
2010年12月	浦江坤庭翠御（125-1）	闵行区浦秀路1385弄	住宅	164 065	32幢别墅、16幢多层、4幢高层	648

第三节　项目选介

一、公寓、住宅

【雁荡大厦】

上海80年代建设的第一幢供涉外租住的高层住宅，也是上海建工局首个立项的房产项目。由建工局所属的中建上海分公司联合境外企业投资兴建，香港永兴企业公司、香港上海实业有限公司分别负责销售和进口设备供应，上海市民用建筑设计院设计，市建四公司承建。1983年7月开工，1985年4月竣工。

该大厦地处雁荡路107号，紧傍依复兴公园，环境优美，紧邻淮海路商业街，周围配套设施齐全，交通便捷。该大厦建筑面积24 721平方米，高83.5米，共28层，2～25层每层有住房8套，设2室1厅和3室1厅两种户型。建筑平面为井字形核心式平面，核心面积除安装电梯外，在电梯前后各设15平方米的天井，以解决通风和采光。现浇钢筋混凝土框筒结构，预应力迭合梁板。底层外墙贴红缸砖，上部外墙采用意大利

图4-4-1　雁荡大厦

彩色玻璃马赛克贴面。内墙及平顶涂乳胶漆,地面铺硬木拼花地板,窗用古铜色铝合金窗框,镶嵌古铜色铝合金窗框,镶嵌比利时高级玻璃。施工中内墙首次使用轻钢龙骨纸面石膏板。

【天峰公寓】

建工房产投资开发,1999年8月天峰公寓开工,2000年1月18日开盘销售,这是建工房产成立后的第一个开发项目。

该项目坐落在赤峰路626号,占地面积5 681平方米,总建筑面积1.5万平方米,由2幢多层和1幢高层组成。这是建工房产公司成立后首个开发项目,受到公司高度重视,为打出建工房产品牌,销售部门对该项目所在地周边的市场作了全方位的调查,从消费水平、消费人群、消费层次到房型需求,均提出了详尽的报告,为项目准确的定位提供了可靠的依据。在设计中采用设计方案征集招标的方法,通过境内外设计单位的方案竞赛,提升了设计档次和设计品位。销售采取委托代销:根据市场专业分工的原则,充分利用社会的策划代理公司,发挥其专业特长与优势,委托其代理销售。在项目开发中,在坚持质量的前提下,将成本控制管理贯穿从项目的前期设计、审照到施工及配套的每个工作节点。在市建委组织开展的2000年"明日星城杯"评选活动中,天峰公寓房型获得上海优秀住宅房型奖。

图4-4-2 天峰公寓

【东淮海公寓】

建工房产投资开发,建工院设计,贝加艾奇(上海)建筑设计咨询有限公司(B+H)担任设计顾问,市建三公司承建。2000年11月30日东淮海公寓正式开工,2002年6月18日结构封顶,2003年6月入住。

该公寓位于淮海路人民路口,紧邻7.6万平方米的古城公园旁和人民路环城绿带。登高俯视,浦江两岸景色、淮海路商业街风光、豫园古建筑风采尽收眼底。该项目占地面积15 198平方米,建筑总面积10万平方米,其中,住宅建筑面积67 296平方米,商业裙房及配套公建面积9 060平方米,地下建筑面积20 516平方米(含地下车库11 550平方米),由1号房、2号房、地下车库、裙房构成,主楼地上33层,地下3层,建筑高度108.46米。

图4-4-3 东淮海公寓

【佳龙花园】

建工房产投资开发,加拿大 B+H 建筑设计,市建五公司承建,这是建工房产第一个通过土地出让形式获得的项目。2002 年 8 月,佳龙花园住宅小区开工建设,2003 年 6 月开盘销售,2005 年 3 月 29 日入住。

图 4-4-4 佳龙花园

该项目是上海结合市区工业布局调整开发的普通住宅,也是建工房产在杨浦区开发面积最大的项目。项目位于杨浦区佳木斯路、营口路,与黄兴公园隔街相望,交通便捷,紧邻地铁 8 号线车站。项目总建筑面积 24.7 万平方米,由 31 幢小高层组成,共 1 182 套,分两期开发,绿化率在 50%,集中绿地率高达 22%。项目布局统一和谐,建筑采用板式小高层、四明设计、户户朝南。建工房产在小区的建设中聘请了英国伦敦皇家艺术学院院长菲利浦·金为小区创作广场雕塑,为小区增添了文化意境。

【上海滩·新昌城】

建工房产投资开发,巴硕建筑设计咨询(上海)有限公司和建工院负责执行设计,景观部分则由新加坡文彰筑景设计师事务所执行设计,市建四公司承建。

该项目位于上海市黄浦区新昌路、成都北路高架、山海关路和新闸路,与一街之隔的城市雕塑公园交相辉映。2001 年 10 月 16 日,上海建工房产有限公司与上海市黄浦区新昌路聚居区建设指挥部签订开发建设黄浦区新昌路聚居区协议,该项目是上海市第一轮旧区改造试点地块和示范居住小区之一,也是建工房产首次参与的市中心旧区改造项目。2003 年 10 月,黄浦区新昌路聚居区 1、6、7 号开发地块中的第一期项目(6 号地块)的上海滩·新昌城一期开发项目开工。其总用地面积为 26 731 平方米,总建筑面积为 101 370 平方米,公共绿地占地面积 3 042 平方米,地下汽车库

11 504平方米,地下自行车库3 079平方米。建筑主要由5幢24～31层的高层住宅、部分商业公建、一座地下车库组成,绿化率达40%。2005年5月27日开盘销售。

图4-4-5　上海滩·新昌城

该项目在总体布局上摈弃了一般居住区组团围合式的方案,采用沿周边错列布置建筑,把5 000余平方米的大绿地集中在社区中央,打造了具规模、有品位、有文化主题的中央庭院布局,并依托富有层次的环境景观,创造居住者心中的"绿洲"。借助用地规模,排列了宽阔的楼间距,有效地弱化了庞大的建筑体量与城市高架交通的压抑感与嘈杂现状。户型设计引入了景观前室的设计理念,同时又充分面向小区中心绿地和外部城市景观,丰富了建筑立面造型,展现住宅与室外景观的交流空间,使得每幢建筑都有赏心悦目的景观享受。

【大唐国际公寓】

建工房产投资开发,加拿大B+H建筑设计,澳大利亚A+J景观设计,香港戴德梁行物业顾问,市建四公司承建。2005年12月22日,大唐国际公寓开工,2007年3月18日开盘销售,2008年3月入住。

该项目位于龙阳路、白杨路,东侧为新国际博览中心,南临百安居超市、麦德龙大卖场,属于世纪公园板块。近年附近新建了新上海国际博览中心、上海科技馆、东方艺术中心等重大会议展览场馆,国际交流不断,已成为世人瞩目的国际社区。该住宅小区交通便利,距地铁2号线龙阳路站和磁悬浮车站仅500米,轨道交通7号线也在附近。周边商业街、九年一贯制学校、幼儿园等生活及教育配套设施十分成熟。

图 4-4-6 大唐国际公寓

2004年8月,建工房产第一次通过股权收购途径获得大唐三、四期14.7万平方米土地开发权,大唐国际公寓总建筑面积11万平方米,由13栋11~12层的小高层组成,房型为98~170平方米的实用二房、经典三房与豪迈四房,满足客户的不同需求。小区绿化率达44%。小区总体规划体现规整、方正、大气、开放的特点,并在空间形态上强化了中心开放景观花园与周边组团绿化的流动与渗透。部分楼体底层架空设计,让景观延伸,让视野通畅,形成人与自然的和谐共处。景观方案以软性景观设计为主,有机地将中心绿地的景观加以延伸,并融入了"春夏秋冬"的主题规划,形成有组织、有趣味的环境。另外,还邀请著名艺术家饭冢八朗为社区创作主题雕塑——《爱的乐园》。

【徐州汉源国际华城】

建工房产投资开发,建工院设计,上海亚来建筑设计有限公司(AAI)担任设计顾问,市建五公司承建。这也是建工房产在巩固和提高上海市场占有率的同时,积极向外地市场拓展的首个项目。

该项目位于徐州新区,南侧为丽水路,北侧为钱塘路,西侧为汉源大道,东侧为清风路。是徐州市新城区起步区核心地区,与徐州市政府新行政办公区相邻,地理位置十分优越,周边区域建有市民广场、中央活力区、体育公园、城市商业广场、水街及规划中的五星级酒店和一家三甲医院。

2008年6月26日,徐州新城开发的首个项目徐州汉源国际华城开工,至2012年4月全部竣工,并于2012年5月交付使用。该项目占地面积16.46万平方米,地上总建筑面积约为19.8万平方米,地下总建筑面积为4.3万平方米,共有住宅87栋,其中别墅46栋,多层25栋,小高层16栋,楼盘房型方正、南北通透、动静分离、干湿分区,舒适度较高,配套设施有幼儿园、便利店等。

由于楼盘品质优良和上海建工房产在社会上的良好信誉,受到当地消费者的热捧。在2010年秋季徐州房地产住宅博览会上,首批推出的由88~130平方米的218套房,包括132套6层的多层和86套11层的小高层,在房展会上2天即被预订170套,占首次推出楼盘的78%。

图4-4-7 徐州汉源国际华城

2010年6月,建工房产又以起始价2.17亿元成功竞得徐州市新城区G1地块,土地面积192.73亩,延续徐州新城的开发。

【上海滩·大宁城】

该项目为建工房产首次以战略合作形式联手上海电气资产经营有限公司和上海不夜城新发展有限公司合作以总价21.7亿元,共同竞得闸北区281街坊地块,该地块也是上海市2008年推出的金额最大的一块住宅商用土地。2009年2月,三方又联合组成上海屹申房产开发有限公司联手开发上海滩·大宁城项目,贝加艾奇(上海)建筑设计咨询有限公司(B+W)担任设计顾问,市建一公司承建。

该项目位于闸北区中山北路普善路,东近共和新路,南至中山北路,西至普善路,北至柳营路,地理位置优越,交通便捷,紧邻地铁一号线,周围商业设施齐全。该项目占地面积7.9万平方米,总建筑面积约25万平方米,由9幢22~32层的高层住宅、2幢14层小高层住宅和3幢商业综合楼组成。

2009年7月21日,上海滩大宁城项目开工,建工房产利用自身的开发经营优势和集团"总承包、总集成"优势,联合战略合作伙伴精心策划、精心设计、精

图4-4-8 上海滩·大宁城

心施工,确保了该项目"当年拿地、当年开工、当年达到销售节点目标"的实现。2010年5月18日,上海滩·大宁城首期住宅顺利结构封顶。2010年7月16日开盘,即以高性价比、创新户型和大型国企品牌优势受到购房者热捧,在短短一个月内,其首期开盘的384套住宅,累计签约282套,预定71套,签约面积28 114平方米,合同金额近7亿元,签约率达91.93%。

【浦江颐城】

2005年12月,建工房产第一次通过收购境外企业股权,获得浦江镇125、128地块1 000亩土地开发权,这也是建工房产土地收购规模最大的项目。浦江镇项目总占地面积约为54万平方米,开发总面积近100万平方米。建工院设计,市建五公司承建。

浦江颐城总建筑面积29万平方米。1号地块为独立式、双联式和联立式等不同类型的高档别墅区;2号地块为联立式别墅和多高层住宅适度混合的综合居住区;3号地块为多高层居住区及适量的社区商业建筑、幼托等。2007年9月,7.28万平方米别墅率先正式开工,这也是上海建工房产首个别墅开发项目。

图4-4-9 浦江颐城

浦江颐城位于浦江镇东北部,紧邻浦星公路,区位优势明显,交通条件得天独厚,距离市中心人民广场17.5公里,经卢浦大桥驱车15分钟即可到达。周边有轨道交通8号线站点及多条公交线路。根据上海市"一城九镇"的总体构思,浦江颐城建设充分体现了意大利的城市风貌,将典型的意大利规划理念与中国的人文环境融为一体,并与整个区域的环境彼此联系,形成统一和谐的有机整体。围绕中心广场的低密度居住区与绿化带相映生辉,营造出一个别致的意式景观享受。住宅区内休闲、娱乐、文化、健身及便利商业服务等配套公建服务设施齐全,舒适、安逸、健康、平衡的生态型景观环境彰显开发商的细心入微,打造了一个具规模、有品位、有文化主题的居住者乐园。2009

年6月19日,浦江颐城开盘销售,首批推出29套房、8 400余平方米楼盘全部为宅宽17米的宽宅别墅,外墙采用外保温,地下室采光通风通透,具有环保、节能优势,受到业主的青睐。2010年3月,浦江颐城小区小业主开始入户。

二、商业地产

【建工大厦】

原名福山大厦,2000年改名为建工大厦。由市建三公司投资2.5亿元兴建,华东建筑设计研究院设计,市建三公司承建。大厦于1994年2月开工,1995年8月结构封顶,1996年6月30日竣工。

福山大厦地处浦东大道福山路口,毗邻浦东大道、东方路,地理位置优越,该大厦高99.8米,总建筑面积5.4万平方米,地下2层、地上27层。内设58辆车泊位,电脑智能化、通讯现代化、自动报警等功能一应俱全,主要用于市建三公司,部分对外租赁。2000年9月4日,建工集团总部入驻大厦的第16～19层,在大厦第4层拥有设备齐全的会议中心。

图4-4-10 建工大厦

图4-4-11 上海建工锦江大酒店

【上海建工锦江大酒店】

由建工集团投资,建工院设计,市建七公司承建。该项目位于建国西路、衡山路口,与衡山宾馆遥遥相望,周边环境优雅,交通便捷。该酒店总建筑面积2.1万平方米,高99.8米,大楼地面30层,地下2层,裙房5层,具有客房、餐饮、办公、商务、会议及娱乐、健身、美容等综合功能。其中,拥有标准客房和豪华套房共244套,纳入锦江集团经营管理范围。上海建工锦江大酒店于1994年8月

30日奠基,1997年8月开张营业。该酒店是建工集团充分挖掘自身潜力,通过利用级差地租,腾出市中心的黄金宝地,在一块2900平方米的地块上,按照三星级酒店标准进行设计和施工。大楼采用国内首创的先进的地下连续墙承重复合壁技术,停车库采用机械式升降设备技术。

【文定生活现代服务创意园区】

2004年11月,建工房产收购上海诚汇投资管理有限公司70%股权,获得文定路原上海冷拉型钢厂旧厂房改造开发权,并由上海建工房产有限公司和上海杰汇置业有限公司共同投资组建的上海诚汇投资管理有限公司投资4500万元所开发。

该项目位于繁华的徐家汇城市副中心,南邻凯旋路,背靠宜山路。总占地面积15 097平方米,总建筑面积为22 109平方米,停车位60个。园区主要由家居创意展示品牌中心,家居创意设计中心和家居创意服务中心组成。市场定位为高端家居品牌旗舰店中心,并且为各品牌提供足够的展示空间及具有品位的购物环境。2007年1月12日,文定生活创意园改建开工,于2008年6月底竣工交付使用。2008年11月8日,文定生活创意园举行揭牌仪式,开业后,吸引了B&B ITALA、Cocoon、夏图、美克美家、北欧风情等一大批高端品牌商户入驻,并拉动了公司置业经营又上新台阶。

该项目是建工房产开发的首个创意园区,在改建过程中,保留了旧工业厂房原有的建筑形态,并在此基础上进行创新性的构建和新材料的使用,从而创造出具有独特性、科学性、艺术性的新型室内外空间和环境。该园区的建成,不但改变了原地区工业污染严重的局面,为美化地区环境、繁荣徐汇区的商业作出了积极贡献,也为上海建工房产适应市场变化,实施多元化产品结构调整作了有益探索。

图4-4-12 文定生活现代服务创意园区

【嘉定高科技园区建工工业园】

建工房产投资开发,市建二公司承建,2004年12月22日,嘉定高科技园区建工工业园项目正式开工,这是上海建工房产开发迈出了经营结构多元化新一步的首个置业经营的工业地产项目。

图 4-4-13 嘉定高科技园区建工工业园

建工工业园项目地处嘉定北区北和公路、城北路交界处嘉定高科技园区内,总用地面积12.8公顷,规划总建筑面积11万平方米,其中一期批准用地106亩(约7万平方米),建造工业用标准厂房8.7万平方米,由12幢2~4层标准厂房组成。在规划、设计上充分体现生态和环保的设计理念,并同嘉定高科技园区"高科技、高效益、环保型"主题相协调。2006年8月,上海建工嘉定工业园区首份招租合同签约,租赁的厂房为6号楼整幢共3层,建筑面积4860平方米,引入了上海万宏能源有限公司等企业入驻。

三、保障房

【周康航大型居住社区】

上海市大型居住社区周康航拓展基地,是上海市委及市政府加快旧区改造、加快保障房建设,改善广大人民群众居住条件,促进房地产市场健康运行确定的南汇周康航、松江泗泾、浦东曹路、宝山顾村、闵行浦江、嘉定江桥六大基地之一,由上海建工集团对口建设,上海建工房产负责具体实施。该项目也是上海建工房产首次以一级开发商(土地一级开发,是指由政府或其授权委托的企业,对一定区域范围内的城市国有土地、乡村集体土地进行统一的征地、拆迁、安置、补偿,并进行适当的市政配套设施建设,使该区域范围内的土地达到"三通一平""五通一平"或"七通一平"的建设条件熟地,再对熟地进行有偿出让或转让的过程)进行开发,由市建二公司、市建七公司承建。

图 4-4-14 周康航大型居住社区

周康航大型居住社区拓展基地位于周浦镇镇区范围内,东起罗南大道,西至周园路及周东路沿线,南起机场高速,北至周祝公路。规划用地总面积约 2.36 平方公里,规划建筑面积约 150 万平方米,社区规划导入人口约 5.5 万人。总体城市设计理念为"新水岸、现代城、小上海、大社区"。基地内共规划住宅用地面积约为 63.33 公顷,共计 19 个地块,总建筑面积约 130 万平方米。住宅共分为农民回迁房、经济适用房和动迁安置房三个主要类型。其中农民回迁建筑面积约为 30 万平方米,建筑形式主要为板式小高层和高层住宅,行列式布置,房型以一梯三、四户板式单元为主。经济适用房建筑面积约为 30 万平方米,建筑形式主要为板式和点式的小高层与高层,房型以一梯三、四户板式单元和一梯六户的点式单元为主,采用全明通风设计。动迁安置房建筑面积约为 70 万平方米,建筑形式主要以点式住宅为主,辅以板式住宅,房型以一梯二、三、四户板式单元和一梯 5 户的点式单元为主。基地内还规划设计了教育设施 10 处,总计用地面积 16.66 公顷,总建筑面积约 10 万平方米,公共服务设施 5 类,总计用地面积为 8.08 公顷,总建筑面积约 6 万平方米。包括行政服务设施、规划行政管理中心、商业服务设施、文化、体育服务设施及医疗卫生服务设施和福利服务设施,可充分满足基地内导入人口的需要。同时,基地内还规划设计了完善的市政道路、城市水网及公共交通网络。其中河道面积 23.28 公顷,桥梁 16 座。

2009 年 8 月 27 日,周康航大型居住社区项目正式启动,9 月,周康航拓展基地内动迁回搬房项目和经济适用房项目正式开工。开发中积极应用低碳节能技术,自主研发成功的预制复合保温围护墙体节能技术,在工厂内先期完成外墙体的加工制作,在施工现场进行安装,改变了现场工序多、湿作业量大、建筑垃圾和粉尘多、效率低等传统施工方法。获得上海市建交委科技进步二等奖。

第五章　基础设施投资

90年代中,建工集团提出"以资产经营带动生产经营,生产经营推动资产经营"的思路。1998年,上海建工股份有限公司(简称建工股份公司)股票在上海证券交易所上市,为实施资产经营带动生产经营提供条件。建工集团从投资上海延安高架路中段项目为起步,先后以建设、移交(BT),建设、经营、移交(BOT)等方式在上海和外省市投资建设高速公路、城市道路、轨道交通、综合交通枢纽等。

第一节　产业形成

一、规模

建设、经营、移交(BOT)和建设、移交(BT)等是国际通行的建设方式。BOT项目的投资回收及收益主要来源于项目营运收入,或依照合同约定政府专项补贴作为补充。BT项目的投资回收及收益来源于项目招投标的回购款。

1998年,建工集团开始涉入基础设施投资领域,逐步形成一套对城市基础设施投资项目的审批、决策程序。首先由集团投资管理处(后更名为投资发展部)进行前期工作,包括项目跟踪、前期调研、与业主方的沟通谈判等事项,而后由投资发展部拟订参与投资基础设施项目的议案及可行性报告,提交集团评审机构审议;根据项目投资金额占净资产总额的比例、收益等进行审议,再由董事会审议通过,或是再通过股东大会审议通过。

建工集团基础设施投资业务分为两个阶段,1998—2007年以上海投资项目为主。1998年,首次由建工股份上市募集资金方式投资建设上海延安高架路(中段)项目。至2007年,先后投资建设上海基础设施项目6个,其中,BOT项目3个,BT项目3个。2008—2010年以外省市投资项目为主。2008年,首次投资建设无锡市吴越路(A标段)项目。至2010年,先后投资建设外省市基础实施项目6个,均为BT项目。投资项目资金分别是上市募集、配股募集、自有资金、银行贷款。

1998—2010年,建工集团先后在上海、无锡、常州、南京等城市投资建设基础设施BT、BOT项目共计12个,其中,1998—2001年,建工集团投资BOT项目为3项;2002—2010年,投资BT项目为9项。累计投资合同金额为105.47亿元。

二、上海市项目

1998—2007年,建工集团在上海投资建设基础设施BT、BOT项目共计6个,其中,1998—2001年,投资建设基础设施BOT项目3个;2002—2007年,投资基础设施BT项目3个。累计投资合同金额37.97亿元。

表 4-5-1　1998—2007 年建工集团投资上海市基础设施项目一览表

工程项目名称	项目模式	投资时间	合同金额(亿元)
上海延安高架路(中段)	BOT	1998 年 4 月	5.50
沪青平高速公路(上海段)	BOT	2000 年 6 月	1.25
同三国道(上海 A 段)	BOT	2001 年 3 月	4.99
上海轨交 1 号线南站站改建	BT	2002 年 7 月	4.78
上海中环线(浦西段)	BT	2004 年 1 月	8.35
上海轨交 13 号线世博专线(过江段)	BT	2007 年 3 月	13.00

三、外省市项目

2008 年 3 月,建工集团基础设施投资从上海走向外省市,以投资无锡市吴越路(A 标段)为起始,先后在南京、无锡、常州等城市投资建设 BT 项目 6 个,累计投资合同金额 67.5 亿元。

表 4-5-2　2008—2010 年建工集团投资外省市基础设施项目一览表

工程项目名称	项目模式	投资时间	合同金额(亿元)
无锡市吴越路(A 标段)	BT	2008 年 5 月	4.30
常州市客运中心及综合配套	BT	2009 年 3 月	10.00
无锡市太湖新城瑞景道等道路	BT	2009 年 5 月	11.30
常州市武进区龙江路高架南延段	BT	2010 年 4 月	14.00
常州市中吴大道等	BT	2010 年 4 月	4.10
南京南站综合枢纽站东路站西路	BT	2010 年 10 月	23.80

第二节　BOT 项目选介

一、上海延安高架路(中段)项目

上海延安高架路中段工程项目是建工集团首个基础设施投资项目。延安路是上海市区东西走向的交通主轴,延安高架路(中段)是高架道路的主要组成部分。工程项目西起中山西路内环线立交,东至石门一路,全长 5.56 公里。高架为双向 6 车道,标准宽度为 25.5 米,设计车速为 60 公里/小时,全线分别在凯旋路、江苏路、华山路、陕西路设 5 对匝道。1999 年建成通车。

1998 年 4 月 14 日,上海建工(集团)总公司与上海市城市建设投资开发总公司(简称城投公司)签订《投资建设经营延安高架路中段工程协议书》,共同投资建设经营延安高架路中段工程。总投资额 25 亿元,乙方投资 5.5 亿元,其余建设资金由甲方筹措解决。项目建成后,由项目公司经营、管理和维护。合作期限自 1998 年 5 月 1 日至 2017 年 12 月 31 日止。项目公司按 11.5% 的财务内部收益率(FIRR)向乙方支付投资回报。

1998年11月8日,建工股份公司与城投公司、上实基建控股有限公司(简称上实公司)共同修改签订《合作经营上海延安路高架道路发展有限公司合同》《合作经营上海延安路高架道路发展有限公司章程》。项目公司注册资本为36 096万美元,其中,城投公司出资11 350万美元,占31.44%;上实公司出资18 120万美元,占50.20%;建工股份公司出资6 626万美元,占18.36%。建工股份公司实际出资5.5亿元(1998年4月出资2.5亿元,8月出资3亿元)。

延安高架路中段工程1998年7月开工。其中,2.1标段工程西起中山西路内环线2.6标,东至种德桥路,中西横跨天山路、凯旋路、法华镇路,其高架道路长868米,地面道路长929.5米,主线26跨。2.1标段设计单位为上海城市建设设计研究院,监理单位为上海富达工程建设监理公司,施工单位为市建五公司。2.3标段施工单位为基础公司。2.4标全长868米,东至华山路,西至镇宁路,设计单位为上海城市建设设计院,监理单位为上海建通工程建设监理公司,施工单位为市建一公司。

图 4-5-1 上海延安高架路(中段)项目

2002年9月10日,国务院办公厅下发国办发〔2002〕第43号文《关于妥善处理现有保证外方投资固定回报项目有关问题的通知》,要求各地政府对固定回报投资项目进行清理和妥善处理。建工股份公司2003年9月27日召开第二届董事会第十七次会议,决议同意与城投公司签署《投资修订协议》,对延安路高架中段工程BOT项目进行投资项目转移变更的处置方式,主要内容为将该投资项目拆分为如下两个项目:

(1)从2004年1月1日起,将建工股份投资在项目公司的5.5亿元本金中的47 613.11万元,通过与城投公司设立松散型联合体的形式,与城投公司合作经营和管理延安路高架道路的收费(即虹桥机场收费站)。自2004年1月1日起,收费站的收费扣除营业税后,全部作为投资回报按季支付给建工股份公司。同时,收费站的营运成本由城投公司负责,收费归建工股份公司后的所得税由建工股份公司解缴。合作经营期限至2017年年底止。在合作经营期限内,如收费站因政府有关部门的规定被取消,则由城投公司以收费站2000年、2001年、2002年营业收入扣除应交营业税及附加后的算术平均值6 717.42万元作为今后的等额分期偿还款基数,按剩余支付期(自收费权被取消之日至2017年12月31日止)折现清偿,年折现率为11.5%。

(2)从2004年1月1日起,将建工股份公司投资在项目公司的5.5亿元本金中的7 386.89万元,采用BT(建设、移交)方式投资建设上海市中环线项目,投资期限至2017年年底止,投资的财务内部收益率(FIRR)为11.5%,由城投公司按季支付给建工股份。同时双方约定,城投公司将在2007年12月31日向建工股份公司提前回购该投资项目,并按剩余支付期(自2008年1月1日至2017年12月31日止)折现至2008年1月1日作一次性清偿支付,年折现率为11.5%,届时的回购价为6 264.31万元。

2005年1月31日,上海市政府取消延安高架路的道路收费,导致建工股份公司与城投公司

2003年9月签订的《投资修订协议》中关于高架道路收费的条款无法继续履行。为此，建工股份公司2005年6月16日召开第三届董事会第六次会议，决议同意对2003年签署的《投资修订协议》进行修订，签署并履行《投资修订补充协议》，对延安路高架中段工程项目进行清算。补充协议约定，延安路高架中段工程项目在2003年9月分拆的两项目在清算中由城投公司一并进行回购，两项目的清算时间在2004年12月31日，两项目的本金均分于2005年6月30日、2006年6月30日、2007年6月30日三次等额支付。考虑到两项目的回购将使建工股份丧失长期稳定的投资回报，城投公司在归还投资本金时支付适当的回报及补贴。

二、同三国道（上海A段）项目

同三国道（也称"同三高速"、G010线），是交通部规划的《国道主干线系统规划布局方案》中12条国道主干线之一，属国道主干线系统的一部分。北起黑龙江省同江市，最后到达我国最南端的城市三亚市，全长约5 700公里。同三国道上海段高速公路起于上海安亭立交，向南经过上海西部郊区的青浦区、松江区和金山区，止于上海市金山区新农镇，全长46.34公里。同三国道上海A段高速公路，全长为18.32公里，位于上海市青浦区内。

2000年6月22日，建工股份公司与上海城建（集团）公司（简称城建集团）、上海茂盛企业发展有限公司（简称茂盛公司）作为拟投资单位，联合向招标单位上海市市政工程管理局（简称市政局）递交联合投资同三国道上海段高速公路的投资方案，承诺在项目总投资28.8亿元中，除15亿元由国家开发银行贷款解决外，其余13.8亿元按建工股份公司47.75％、城建集团47.75％、茂盛公司4.5％的出资比例投资。

2000年7月18日，建工股份公司、城建集团、茂盛公司收到市政局出具的《上海市建设项目投资经营中标通知书》，同意三方联合组建项目公司的投资方案，并给予项目公司工程竣工交付使用后25年的经营期限，自2003年1月1日至2027年12月31日。

图4-5-2 同三国道（上海A段）项目

2000年8月4日,市政局下发《关于同意组建上海同三高速公路有限公司的批复》,同意建工股份公司、城建集团、茂盛公司共同出资组建上海同三高速公路有限公司(简称同三高速公司),注册资本为1亿元。同三高速公司作为项目公司,负责同三国道上海段高速公路的投资、建设、运行、养护、维修和管理。2000年9月,同三高速公司成立,建工股份公司出资4775万元,持股比例为47.75%。

同三高速公司成立后,三家投资单位陆续投入资金,作为同三国道上海段的建设资金。2000年10月23日,建工股份公司召开2000年第一次临时股东大会,审议通过《上海建工股份有限公司关于2000年增资配股的预案》,决议同意按照建工股份公司1999年年末总股本5.37亿股为基数,按10∶3的比例向全体股东配售新股募集资金,并计划将募集资金投资用于同三国道上海段高速公路BOT项目。2001年10月,建工股份公司配股方案实施完毕,通过配股实际募集资金5.20亿元,分批投入同三高速公司。

2002年3月26日,建工股份公司与上海茂盛企业发展(集团)有限公司(原茂盛公司)签订股权转让协议,由建工股份公司以4100万元受让上海茂盛企业发展(集团)有限公司所持有的同三高速公司10%的股权。受让完成后,建工股份公司对同三高速公司的持股比例由47.75%增至57.75%。

同三国道上海A段工程2001年5月28日开工。建工集团为施工总承包单位,设计单位为上海市政工程设计研究院,施工单位为市建一公司、市建二公司、市建三公司、市建四公司、市建五公司、市建七公司、市建八公司、基础公司、机施公司和桥隧筑港公司,分别承包施工各区段任务。2002年7月31日竣工。

2002年12月,同三国道上海段高速公路正式通车,根据同三高速公司与市政局签订的《同三国道上海段高速公路建设、运营、移交合同》,同三高速公司在2002年12月31日同三国道上海段高速公路完工次日起的25年内,即2003年1月1日至2027年12月31日,有权对该段高速公路进行运营、行使收费经营权。至2010年年末,同三高速公司注册资本为8.64亿元,其中建工股份出资4.99亿元,持有57.75%股份。同三高速公司担负着同三国道上海段高速公路的运行、养护、维修和管理工作。

第三节　BT项目选介

一、无锡市吴越路项目

建工集团投资建设外省市第一个项目——无锡市吴越路工程(A标段)BT项目。吴越路是无锡市太湖新城的骨干道路,东西走向自蠡湖大道至华谊路,总长度为7.2公里,投资建设规模约5.5亿元,招标单位为无锡市太湖新城建设投资管理有限公司,招标单位代表为无锡市城市重点工程建设办公室。吴越路工程分为A、B两个标段,其中A标段范围为蠡湖大道至南湖大道以西,总长4.7公里,为城市主干道。

2008年5月18日,建工股份公司与无锡市太湖新城建设投资管理有限公司(简称太湖新城公司)、无锡市城市重点工程建设办公室签订《无锡市吴越路工程(A标段)项目投资建设合同书》,合同价格为42767.11万元。根据合同约定,项目建设期为2008年5月—2009年5月。项目回购自工程建成竣工验收合格、保修期满一年无施工质量问题后开始,回购期为4年,由太湖新城公司分4期等额回购。项目投资回报率为7.83%/年,合同履约期间随央行公布的5年期贷款基准利率作相应调整。项目的投资回报自投资资金进入专用账户之日起计算,由甲方按季支付。

2008年5月22日,建工股份公司第四届董事会第九次会议审议通过《关于投资建设无锡市吴越路工程BT项目的议案》,决议同意以自有资金42 767.11万元,采用BT方式投资建设无锡市吴越路A标段工程。

2008年6月27日,建工集团成立无锡沪建工市政建设管理有限公司,作为无锡市吴越路(A标段)BT工程的项目公司,主要从事该项目的投资、建设管理。2009年5月,工程建成移交。

截至2010年年末,无锡市吴越路工程A标段BT项目累积实现收益2 410万元。

图4-5-3 无锡吴越路项目

二、常州市客运中心项目

常州市客运中心及综合配套工程项目是常州市政府为完善城市综合交通体系、增加城市综合服务功能,经常州市发展和改革委员会批准的工程项目。项目工程主要包括:长途客运中心、公交场站及地下停车场、站前广场、地下公共停车场、客运宿舍、办公用房,综合管理东西辅楼及行包房等工程。建筑面积约19万平方米。

2009年3月25日,建工股份召开第四届董事会第十五次会议,审议通过《关于投资建设常州市客运中心及综合配套系统工程项目的议案》,决议同意以BT方式投资16.5亿元建设常州市客运中心及综合配套系统工程项目。

是日,建工股份公司与常州城铁铁路建设发展有限公司(简称常州城铁公司)、常州市铁路建设指挥部办公室(简称常州铁路办)签订《常州市客运中心及综合配套系统工程投资建设移交合同》,合同价格为16.5亿元,其中,前期费为5.5亿元、工程建设费为11亿元。投资回报率为央行同期5年及以上贷款利率上浮1.5%。工程计划竣工时间为2010年4月。

按合同的约定,自项目开工建设后,建工集团公司每季度一次向常州城铁公司收取投资回报,投资回报的首次支付日为2009年6月30日。项目回购期为5年,自2011年至2015年止,常州城铁公司将按季度分20期等额支付(即每期支付合同价格的1/20)回购该项目。

2009年4月10日,建工集团根据合同要求,在常州市投资设立常州沪建客站建设有限公司,注册资本为6亿元。常州沪建客站建设有限公司作为常州市客运中心及综合配套系统BT工程的项目公司,主要从事该项目的投资、建设管理。2010年6月,项目建成投入试运营。2010年12月30日正式移交。

由于原签订的《常州市客运中心及综合配套系统工程投资建设移交合同》中的项目投资情况发生变化,建工股份公司、常州城铁、常州铁路办经协商后,于2009年7月27日签订《常州市客运中心及综合配套系统工程投资建设移交合同变更谅解备忘录》:原合同中约定的项目投资使用范围发生了一些变化,项目不再需要5.5亿元的前期费及工程建设费中1亿元的专项工程费,合同的投资总额从16.50亿元调整为10亿元(全部为工程建设费)。合同的其他条件均不调整。

2009年8月25日,建工股份公司召开第四届董事会第十八次会议,审议通过《关于调整常州市客运中心及综合配套系统工程项目投资总额的报告》,同意调减常州市客运中心及综合配套系统工程项目的投资金额6.5亿元。至此,常州市客运中心及综合配套系统工程项目的投资金额由原先的16.5亿元调整为10亿元。

截至2010年年末,常州市客运中心及综合配套系统工程BT项目累积实现收益7 086万元。

三、上海地铁世博专线项目

上海地铁13号线世博园区专用交通联络线——世博过江段(简称世博专线)是黄浦江两岸唯一连接世博会园区的轨道交通线路。世博专线项目包括3座地铁车站,4段区间的土建、轨道、供电、车站维修和机电安装、通信信号系统等工程。地铁车站有:卢浦大桥站、世博园站、长清路站。地铁区间有:淡水路站—马当路站区间、马当路站—卢浦大桥站区间、卢浦大桥站—世博园站区间、世博园站—长清路站区间。此外包括卢浦大桥站出入口、进出世博园区专用人行天桥、联络线盾构措施井、旁通道、泵站等附属工程。根据规划,2010年世博会闭幕后,世博专线作为轨道交通13号线的组成部分,进行后续的延伸建设,纳入上海轨道交通网络。建工集团投资建设的世博专线项目与其他BT项目相比,除了土地征收工作之外,承担包括设计、聘请监理、审价、证照办理等所有前期工作。

图4-5-4　上海地铁世博专线项目

2007年3月2日,建工集团收到世博专线工程的中标通知书,中标价为11.18亿元,工期为1 096日。之后,上海申通地铁集团有限公司(简称申通集团)与建工集团签订协议。协议约定:建工集团以BT模式投资建设世博专线项目,投资金额为13.38亿元,其中,工程施工费用11.18亿元、建设期财务费用3 727万元,回购期财务费用4 679万元,投资回报6 845万元。项目包括三站四区间等工程,预计工期为1 096天,预计竣工时间为2010年上半年。根据协议约定,申通集团在世博专线竣工试运营满一年之后,对项目进行一次性回购。

2007年3月16日,建工集团2007年第三次董事会决议同意设立上海建工交通工程建设发展有限公司(简称项目公司)。项目公司由建工集团出资5亿元为资本金,其余部分为银行贷款。项目公司根据项目实施的需要,设立总承包团队。建设单位为上海申通地铁集团有限公司,监理单位为上海建通工程建设有限公司。3个车站施工单位为市建一公司、市建五公司、基础公司,4个区间施工单位为机施公司、基础公司,人行天桥施工单位为机施公司。2010年4月,世博专线工程项目竣工。

2007年8月,建工集团、申通集团就世博专线项目的回购事宜进行磋商,双方同意世博专线项目建成运营一年后,由申通集团以股权转让方式,受让上海建工交通工程建设发展有限公司的全部股权,同意将原合同总价由原13.38亿元调整为13.28亿元。

2010年4月,世博专线工程竣工,作为专用的轨道交通线路,地铁穿越黄浦江,往返于世博会的浦西园区及浦东园区,圆满完成服务上海2010年世博会的任务。

第六章 其他服务和经营业务

建工局建局初期设立托儿所、幼儿园、职工学校、职工医院、报刊等单位,为职工提供服务。之后,职工文化教育从扫盲教育、初等教育发展到中等职业教育、高等教育和各种形式的继续教育,由主要面向局内职工发展到面向社会;医疗服务机构从1家发展到3家,从为全局职工服务发展到面向社会;报刊从内部刊物发展到向社会发行出版的媒体。80年代末,全局所属单位发展多种经营,兴办商业、餐饮业、宾馆业等第三产业,90年代末,经过梳理、归并,这些企业绝大部分改制或注销。随着政府职能和社会分工的调整,一些承担社会功能的单位陆续从建工集团剥离出去。

第一节 教育、医疗、报刊

一、教育

建工局重视职工业余文化补习、技术工人培训和干部培训,逐步建立各级各类职工学校、技工学校、中等专科学校、干部学校等办学机构及幼儿学前教育机构。建工集团成立后,教育事业形成高等学历、中等学历和各类继续教育的格局。教育对象继续面向全局、面向社会。2014年6月,市政府推进有关行业归口管理工作,集团所属的高等教育和中等教育机构划归上海市教育委员会管理。

【高等教育】

1984年3月,经上海市高等教育局批准,上海电视大学建筑工程局分校正式成立,校址为虹口区欧阳中学,其中一个楼面为办公区域,约100平方米,教室与欧阳中学合用,教职工约18人。开设机械、电子、工业企业经营管理、工业与民用建筑、法律、劳动经济管理、审计、医学基础、党政管理等专业,培养了358名毕业生。1994年,电大建工局分校撤销。

1985年1月,经市政府批准,建工局成立上海市建筑工程局职工大学,与电大建工局分校实行两块牌子,一套机构。1987年5月,建工局职工大学由欧阳中学迁至赤峰路69号,学校规模扩大,校舍面积约3300平方米,教职工约60人。1988年5月,建工局职工大学更名为上海市建筑工程职工大学,与电大建工局分校迁至武夷路150号。由此建筑工程职工大学、电大建工局分校、建工局党校、建工局干部学校、建筑管理学校等5所学校合署,形成分

图4-6-1 建峰学院电化教学

合结合的教学班子。建筑工程职工大学先后开设工业与民用建筑、建筑企业经济管理、建筑施工3个专业,培养了176名毕业生。1994年,建筑工程职工大学撤销。

1992年始,建工局党校作为中央党校函授学院辅导站,累计开办12届大专班和大学本科班,共有312名学员获得中央党校函授的本科学历,640名学员获得大专学历。2006年12月,辅导站撤销。

1998年4月,建工集团利用上海建筑工程技术学校的原址(漠河路750弄100号,今漠河路1168号),经市教委批准,筹办民办建峰学院,这期间成为上海市高等教育自学考试办学点,陆续招收国际贸易、建筑施工技术、室内设计、商务英语、商务日语、工商管理、法律、报关与国际货运等专业自学考试学生,辅导1000多名学生获得由市高等教育自学考试委员会颁发的大学专科学历文凭。2002年4月,经市政府批准,上海建峰职业技术学院成立,成为行业办全日制高等职业学校,专科层次,学制3年,正式列入上海市普通高校招生计划。建峰学院面向全国20个省市招生,在校高职全日制学生规模为3 600人左右;至2010年,学院向社会输送了7 000多名毕业生。

2003年9月,经市教委同意,建峰学院设立成人高等专科学历教育,开设建筑工程技术、建筑经济管理、建筑装饰技术和国际货运与报关4个专业,2004—2010年共招收学生748人,已毕业223人。2014年6月,建峰学院划归上海市教育委员会管理。

【中等教育】

建工局的中等专业教育有直属中专学校和所属企业中专学校两个层面。

直属中专学校是上海市建筑工程学校,成立于1979年,前身是上海市建筑工程局技工学校,校址龙吴路4989号,占地面积26 023平方米,全日制在校生始终保持在3 000多人,先后培养了6万多名中等专业技能型人才。1979年秋季,建筑工程学校向社会招收高中毕业生,开设工业与民用建筑、建筑机械两个专业,学制3年。1980年设立建筑工程学校分校,校址武夷路164号(今武夷路150号),开设建筑经济专业,当年招收200人。1982年下半年起,建筑工程学校改招应届初中毕业生,学制4年。1983年,建筑工程学校分校改为建筑管理学校,每年招收全日制中专生2个班级,职工中专2个班级,职工函授中专1个班级,1991年,建筑管理学校并入并迁址到建筑工程学校。1979—2010年,建筑工程学校先后设立土木工程教学部、经济管理教学部、环艺机电教学部、现代服务教学部,开设专业从创办初期的工业与民用建筑和建筑机械两个专业,发展到园林、工业与民用建筑、建筑装饰、工程造价、建筑设备安装、电气设备安装、市政工程施工、建筑装饰(设计技术)、机械制造与控制、电气技术应用、数控技术应用、汽车运输与维修、交通运输管理、航空服务、计算机及应用、通信运营管理、饭店服务与管理、国际商务、商务外语、旅游服务与管理、工艺美术等21个专业。1992年,被国家教委命名为省部级重点学校。2000年,被国家教委批准为首批国家级重点中专学校。2014年6月,上海市建筑工程学校划归上海市教育委

图4-6-2 建工学校实训基地

道、留观病房,先后为排除"非典"体检人数合计5 603人。2008年,医院派出8名医生随同建工集团抗震救灾援建队分赴四川绵阳和都江堰为援建队成员提供了医疗卫生和健康保障服务。90年代以来,建工医院体检业务规模逐渐扩大,1995年,年度体检人次5 403人次。2005年,建工医院被市建委、市劳动局定为农民工体检定点医院,至2010年,共赴500多个施工工地,为10万余名农民工提供健康体检服务,体检包括内科、外科、B超、放射等20个大类45项检查。1995—2010年,体检合计达到33万人次。

建工医院还为建工援外工程项目提供医疗服务。1965—1989年,建工局(建管局)承建加纳纺织厂、苏丹友谊厅渔业项目、埃及开罗国际会议中心项目,医院先后派出呼吸内科主治医师、外科住院医师2名,为项目员工提供医疗保健服务。2002年12月—2005年11月,建工局承建非洲加蓬参议院大厦项目,医院派出1名内科主治医师,保障项目员工医疗卫生安全。2007—2009年,医院派出1名主治医师赴俄罗斯圣彼得堡,为建设"波罗的海明珠"项目的员工提供医疗保健服务。2011年,派出医生参加赴摩洛哥中国援外医疗队。

2009年8月,经虹口区民政局批准,建工医院利用原门急诊大楼改建成建阳养老院,10月正式营业。养老院凭借医疗资源优势,提供老年人住养、护理、日间照料等服务。2010年12月底,养老院入住老人76位,累计入住老人113名。

三、报刊

【《建筑时报》】

1954年5月1日,建工局创办内部发行的《建筑工人报》。1982年3月,《建工通讯》复刊;1984年1月更名为《建工报》;1989年6月更名为《建筑时报》,并获准全国公开发行,国内统一刊号为CN31-0051。周二出版,4开4版套红。1994年7月,改由建设部建筑业司、中国建筑业协会和上海建工集团联合主办,成为中国建筑业产业报,改版为对开八版彩版,国内外发行,周一、周四出版。2010年发行量为每期3万份。

1995年1月,《建筑时报》成立由中国建筑业协会、建设部和上海建工集团等专家参与的社务委员会。1997年7月,成为中国产业报协会和中国报协行业报委员会理事单位。自1995年5月起,报社先后在全国各地建立48个通联(记者)站。2010年,报社员工37人,正式出版2 800期。报社每年在行业内举办系列活动:年度重大新闻、年度人物评选、企业家论坛、青年建筑师评选、建筑律师精英评选等。与美国《工程新闻纪录》杂志(ENR)合作进行的中国承包商和工程设计企业"双60强"评选活动。

【《建筑施工》】

1979年,上海市建筑施工技术研究所技术情报研究室编辑出版《建筑施工》杂志第一期,为不定期发行的内部刊物。办刊宗旨是:介绍和交流建工新工艺、新技术、新材料和高层建筑施工新机械的信息,同时开展建筑企业经济核算、现场施工管理研究以及国内外最新建筑科学技术的报道。

1985年,经中共上海市委宣传部批准、上海市新闻出版局注册登记,《建筑施工》正式向国内外公开发行,为双月刊,逢单月25日出版。注册的中国标准连续出版物号为:ISSN1004-1001(国际)CN31-1334/TU(国内),并改由上海市建筑工程局主办、华东六省一市土木建筑协会建筑施工专业委员会协办,上海市建筑施工技术研究所《建筑施工》编辑部负责日常编辑出版发行工作。杂志面向国内外,成为中国土木工程施工专业重点刊物,多次获得上海市优秀自然科学技术期刊、华东地区优秀期刊荣誉。《建筑施工》由相关学者、专家组成编委会,拥有150余家企业构成的刊务委员会。2001年,杂志扩版增页,从原普16开本、64页,改为国际标准大16开本、108页。2005年,改为月刊。杂志创刊35年,已出版35卷268期,增刊11期,每期发行量始终保持在3万册左右。

第二节 服 务 业

一、酒店、度假村、餐饮

【建工锦江大酒店】

上海建工锦江大酒店(简称建工锦江)由建工集团投资建造,纳入上海锦江集团经营管理。1997年1月成立,注册资金1000万元,地处徐汇区建国西路691号。1998年12月,被评定为三星级酒店。由主楼和裙房两部分构成,主楼地面30层,地下2层,裙房地面5层,总建筑面积20 620平方米。主要经营范围:住宿、餐饮、会务等。拥有221间(套)客房,其中标准房179间,套房41间,残疾人房1间。另配有休闲娱乐项目、会务设施设备。餐饮主营菜系为本帮菜、粤菜、宁波菜,拥有餐位828个,以"老鸡汤翅""宁波人家""西上海蟹园"为代表的餐饮品牌形成特色。2007年,在上海名菜认定活动中获得"红烧鲴鱼大王"称号,"醉鸡"被认定为上海名菜。

建工锦江成立以来,先后接待建设部、外交部、国家税务局、国家邮政管理总局、各省市人大等团队,以及国家商务部、国家海关、国家工商总局、国家知识产权局、警卫局、卫生部等人员。2010年世博会期间成功接待加纳总统、日本青年世博交流团、俄罗斯驻沪总领事等外事团组和国内游客,具有特色的接待工作方法受到了市、区专业部门的一致好评。上海锦江集团对所属所有酒店进行数次服务质量暗访考评,建工锦江三次获得总分第一名。建工锦江先后获得的荣誉称号:全国"食品安全示范单位",全国旅游标准化试点企业,第十三、十四、十五届上海市文明单位,上海市平安单位,上海市文明餐厅,上海市餐饮服务行业食品安全规范化管理单位等。建工锦江1998年营业额为2 900万元,2010年为6 575万元。

【坤明湖度假村】

坤明湖度假村(简称坤明湖)是建工集团投资建造的三星级旅游度假村,地处奉贤区的奉城中心镇。1995年以来先后进行4期建设,至2010年,坤明湖占地面积59 274平方米,绿化面积23 709平方米,营业面积3万平方米,职工200余人。坤明湖的设施和服务功能主要分为客房、餐饮、康乐、会务、观光游览五方面。客房设有别墅型、楼层型、标准房,共计113间,可同时接纳250人住宿。风格各异的餐厅可容纳500人同时用餐。康乐设施共有24个项目,除保龄球、网球、KTV、舞厅、棋牌、桑拿中心、美容美发等项目外,还有卡丁车、射击、弓箭、模拟高尔夫、拓展培训等新型项目。会务中心设有容纳20～300人不等的会议室7间,设施齐全,可提供会议、产品发布等不同类型的商务服务。观光游览利用地区丰富的旅游资源,推出东海大桥、洋山深水港等项目,以及市中心都市旅游、奉贤滨海特色游线路。2000年成为三星级涉外饭店。

1996年6月,坤明湖被市总工会批准为上海市总工会建工休养院。1997年3月被上海市建设委员会、上海市十佳休闲新景点推荐活动小组评为"上海市十佳休闲新景点"。2010年成为上海建峰职业技术学院教学实习基地。1995年8月开业至今,坤明湖度假村被评为上海市农口系统文明单位,连续五届被评为上海市文明单位,连续两届被评为上海市军民共建文明单位,获得建工集团文明基地等称号。2013年,坤明湖歇业。

【餐饮】

20世纪80—90年代,建工局所属单位先后开办各类自营、承包经营、股份合作等中小型饭店,区域涉及徐汇区、闸北区、宝山区、闵行区、黄浦区、卢湾区、虹口区、静安区。菜系包括本帮、粤菜、家常、杭帮等,并有客房、卡拉OK等经营项目。高峰时饭店近300家,从业人员8 000余人。

具有一定规模的有:建一实业开办的龙抄手酒家,安装公司开办的乍浦美食总汇、磊城酒家,基础公司开办的秦淮村酒家,建五实业开办的七泉大酒店,建二实业开办的健尔斯酒家,机施公司开办的北角城大酒店,材料公司开办的宝隆大酒店,建四实业开办的建工迎宾楼,上海中建工程公司开办的上海滩酒家。上述饭店从业总人数761人,总营业面积约12 782平方米,向社会提供总数约147个床位、2 000个餐位,高峰期年营业总额约3 864万元。规模较小的有:构件公司开办的益发饭店、汇龙酒家、银都酒家、泰和饭店等,从业总人数51人,总营业面积约550平方米,至1998年12月全部停业。

建工集团随着突出主业的要求和市国资委明确集团的核心业务,从90年代中期开始,清理调整各类非主业的企业,这些企业有的从母体中剥离改制,有的关闭或歇业。至2010年,建工集团所属公司经营的绝大部分餐饮企业停业。

二、动物园

上海野生动物园(简称动物园)由上海市人民政府与原国家林业部合作兴建,原隶属园林集团,2004年,园林集团划归上海建工(集团)总公司管理。

2010年注册资本1.5亿元,其中上海建工(集团)总公司出资1亿元,占66.67%,中国野生动物保护协会出资0.5亿元,占33.33%。动物园1995年3月建立,1995年11月18日正式对外开放,展区占地153公顷(约2 300亩),2007年被评定为首批国家5A级旅游景区。动物园各类动物(兽类、鸟类)136种,计5 750头(匹、条、只)。动物园在扩大动物种群的同时,还突出珍稀动物展区建设,先后建设形成世博大熊猫馆、金丝猴岛、金毛羚牛馆、东北虎区、火烈鸟生态区、狐猴岛、袋鼠坡、食草区、鹤类湿地、动物育婴苑等"十大特色展区",满足游客的观赏需要。动物园经营收入主要来源于门票收入,占总体收入的70%~80%。其他收入如餐饮、游乐、商务等项目占总收入的20%~30%。2006年以来发展稳步推进,经营业绩不断提升。2010年,接待游客88万人次,经营收入9 515万元,其中门票收入7 494万元;实现净利润540万元。2010年,动物园职工为460人,分为营销、动物饲养、动物驯兽、接待服务、绿化、保洁等工种。

图4-6-4 上海野生动物园

2014年7月,市有关方面决定将建工集团持有的野生动物园66.67%股权划转至上海申迪(集团)有限公司。

三、出租汽车

1992年9月,为了给职工创造再就业岗位,建管局支持所属企业成立上海市建工出租汽车公司,拥有120辆运营车辆,由市建五公司、市建七公司、市建八公司、安装公司、机施公司、材料公司、振新公司及混凝土二总厂等分别经营。1997年1月1日,根据建工集团有关第三层次企业剥离、归并、改制的要求,市建五公司、市建七公司、市建八公司、机施公司、材料公司、构件公司等作为股东,出资1300万元,把上海市建工出租汽车公司改制为上海建工出租汽车有限公司(简称建工出租),并实行统一管理、集中经营。1997年1月,建工出租获得新的25个出租车运营指标。1998年3月,基础公司(招待所)20辆出租车归入建工出租。2000年3月,建工出租收购建一实业参股的虹口出租汽车公司28辆出租车。2002年4月,上海市国有资产管理办公室将上海市建设出租汽车公司的股权全部划拨给建工集团经营,2003年8月,建设出租80辆出租车整体并入建工出租。2005年7月,园林集团下属浦园出租汽车公司50辆出租车归入建工出租。2007年3月,建工出租收购上海繁顺出租汽车有限公司18辆出租车,其间还从个体经营户购得3辆出租车经营权。2010年,建工出租车额度达到344辆,年营业收入3600万元。2001年5月,建工出租成为上海出租汽车行业"蓝色联盟"成员单位。

建工出租成立至今,运营车辆先后采用天津"夏利"、上海大众"普通桑塔纳"、"桑塔纳2000"、"桑塔纳3000"、"桑塔纳vista"等车型。建工出租广泛应用无线数据信息采集技术,收集每辆出租车的当日运营数据,使驾驶员、管理方之间实时无线通信,出租车实现GPS定位、测速、运营轨迹回放等数字化远程管理。建工出租所属的维修站具有四轮定位、尾气排放检测、汽车电子解码等设备,除承担出租车的日常保养和修理外,还承接社会车辆的维护保养业务。建工出租获得第十二、十四、十五届上海市文明单位称号。

第五篇

海外事业

概　　述

20世纪60年代初,建工局设立援外办公室,组织局内管理人员和技术人员带领工人参加国家下达的对外援助工程建设。60年代和70年代主要承建坦桑尼亚、苏丹等国家的工业和民用建筑工程,承担阿尔巴尼亚冶金联合企业工程的土建和安装施工的技术指导任务。这些工程项目的物资供应由国家有关部门按工程施工计划调配,财务结算实行实报实销。

1979年,国家组建中国建筑工程公司,统一开展对外工程建设,各省市建工局成立分公司。1979年12月,建工局成立上海市国际建筑工程公司(简称国际公司)。1980年10月,经国家建工总局批准,国际公司即为中国建筑工程公司上海分公司(简称中建上海分公司)。之后,通过与中建公司合作,承接国家对外援助工程,探索在海外开发房产、承接国际承包工程。在这个过程中,积累了在海外开展工程建设的经验,培养了一批承建海外项目的人才。1979—1993年,先后在12个国家和地区承接了32个项目,合同总额18.71亿元。

1994年,建工集团成立海外事业部。是年,集团获得对外经营权;1998年又获得对外援助项目实施企业资格,行使独立投标权,海外业务得到快速发展。集团适应国家对外方针、政策变化,争取"优贷优买"[①]项目,拓展国际总承包项目,探索以投资带动建设的路子。在海外工程施工、房地产开发、投资企业等方面作了有益的尝试,在探索采购国际化、用工属地化、实践"设计、采购、建造"(EPC)一体化的管理模式等方面取得不少成果。同时,根据建筑企业总分包体制的变化,逐步形成市场竞争条件下的分包队伍、物资采运、人才培养等管理制度和方法。为应对国际环境中各类突发事件、自然灾害多发等的新情况,建工集团制定应急事件管理办法和应急预案,确保海外工程项目的顺利实施。海外项目部在建设项目的同时,为解决当地就业、改善环境做了大量工作,还配合使领馆为中国国家领导人访问积极做好服务工作。

2004年和2008年,上海园林(集团)有限公司(简称园林集团)、中国上海外经(集团)有限公司(与其前身中国上海对外经济技术合作公司统称外经集团)先后并入建工集团。经过整合和调整,建工集团逐步形成以建工集团海外部、外经集团为主体,集团有关企业共同参与的"大海外"合作机制。1994—2010年,建工集团在亚洲、非洲、拉丁美洲和加勒比海地区以及北美、欧洲、南太平洋等59个国家和地区承建118项各类工程建设项目,实现合同总额218.13亿元;还有各类房地产投资、外派劳务以及进出口贸易等其他业务。1998—2010年,建工集团连续13年被列入美国《工程新闻纪录》(ENR)国际承包商225强行列。

[①]　优贷优买指中国政府以援外优惠贷款和优惠出口买方信贷的方式给予发展中国家政府以政府援助贷款。

第一章 机构和队伍

从 20 世纪 60 年代开始,建工局(建管局)设立海外业务的管理机构,在海外设立经营企业或管理机构。建工集团成立后设立以海外经营为主的事业部,开展海外业务;2007 年专设职能部门管理海外经济事务;同时在海外 10 多个国家和地区设立企业或机构。承担海外业务的施工队伍,从初期由建工局统一组织、各公司抽调的方式,发展到海外部招聘、选择分包队伍、属地招工等多种用工方式;在实践中探索适应不同队伍的管理体制和方法,保证海外项目的队伍稳定和工程的顺利开展。

第一节 管理机构

一、总部机构

1965 年 6 月,建工局成立援外办公室,办公地址在江西中路 406 号。1970 年,援外办公室更名为援外组,1976 年年底,援外组更名为援外处。1971 年 7 月,在建工局供销处设立援外材料组,负责海外项目的材料供应和协调,1978 年年初撤销。

1979 年 12 月,经上海市人民政府批准成立上海市国际建筑工程公司(简称国际公司),公司属企业性质;将援外处更名为对外工程处,与国际公司为一套机构、两块牌子。

1980 年 10 月,为在对外承包工程业务中贯彻"联合经营,统一对外"的方针,经国家建工总局批准,国际公司即为中国建筑工程公司上海分公司。1982 年 5 月,中国建筑工程公司上海分公司更名为中国建筑工程总公司上海分公司(简称中建上海分公司)。

1986 年 6 月,中建上海分公司与建工局对外工程处脱钩,对外工程处为建工局的一个职能部门;中建上海分公司确定为具有法人地位的独立经营、自负盈亏的企业,公司下设五部一室和一个附属单位。1992 年 4 月,根据中建总公司要求,中建上海分公司更名为上海中建工程公司,对外经营的业务关系、内部管理、经营方式等维持不变。1985 年年底,公司办公地址迁至雁荡路 107 号。

1994 年 1 月,建工集团成立,设立海外事业部,上海中建工程公司改为内部核算单位,与海外部为两块牌子、一套班子。1994 年 4 月,建工集团获得国家经贸部同意开展对外经济技术合作业务,经营范围包括承包本行业国外工程和境内外资工程;工程所需的设备、材料及零配件出口;对外派遣本行业工程、生产及服务的劳务人员;按国家有关规定在国(境)外开办企业。2010 年 1 月,海外部迁至小木桥路 681 号外经大厦。

2004 年和 2008 年,园林集团和外经集团先后并入建工集团。2007 年 8 月,建工集团成立对外经济工作管理处,归口管理集团相关对外经济贸易事务,为全集团海外工作和业务发展提供管理和服务。

二、境外机构

1979 年后,国家组建中建公司(后改为中建总公司),统一开展对外工程建设,各省市建工局成立分公司,作为中建公司对外经营联合体开展合作经营。1988年8月,中建上海分公司与中建总公司合作在美国洛杉矶注册成立中建洛杉矶分公司,委托中建上海分公司经营。1992年年初,公司正式开始营业,2001年,双方合作中止,公司停业。

1988年11月,中建上海分公司与中建总公司合作在巴巴多斯注册成立中建巴巴多斯有限公司。2004年10月,双方合作中止。

1990年8月,中建总公司驻科摩罗经理部(原为中建总公司驻科摩罗办事处),由中建总公司经援部与中建上海分公司联合经营。1993年1月起,委托上海中建公司经营,2001年1月,双方合作中止。

1992年5月,中建上海分公司、上海基础工程公司与中国建筑工程(澳门)有限公司签订协议,合资经营中国建筑工程(澳门)有限公司土木部。1997年7月,双方合作中止。

建工集团成立后,获准自主经营海外业务。1995年1月—2010年,建工集团在境外先后设立14个企业(机构)。

表5-1-1　1995—2010年建工集团在境外成立的主要企业(机构)情况表

成立时间	公司名称	所在地
1995年1月	上海建工集团(香港)有限公司	中国香港
1995年9月—2010年3月	SCG关岛工程咨询公司	美国关岛
1998年9月—2012年11月	上海建工集团(新加坡)工程有限公司	新加坡
2000年11月—2006年10月	上海建工集团(澳门)有限公司(项目公司)	中国澳门
2001年1月—2009年4月	上海建工集团(苏丹)有限公司	苏丹喀土穆
2001年7月—2007年10月	上海建工集团(科摩罗)有限公司	科摩罗大科岛
2002年2月	上海建工集团(美国)有限公司	美国洛杉矶
2005年4月	上海建工集团(澳门)有限公司	中国澳门南湾
2006年5月	上海建工(莫斯科)有限公司	俄罗斯莫斯科
2007年11月	上海建工建筑材料有限责任公司	俄罗斯圣彼得堡
2008年4月	上海建工集团(西北)有限公司	俄罗斯圣彼得堡
2007年12月—2013年12月	上海建工北方有限责任公司	俄罗斯莫斯科
2008年6月	上海建工(欧洲)有限公司	荷兰鹿特丹
2009年12月	上海建工(集团)总公司驻柬埔寨办事处	柬埔寨金边

第二节　队伍管理

80—90年代,建工集团(建工局、建管局)在海外承建工程的施工队伍主要以局属企业自有职工成建制选派为主、当地人员为辅。90年代后,工程总分包的体制逐步形成,项目的主要管理人员和技术骨干由建工集团派出,作业人员以项目分包单位派遣为主。随着国外环境的变化和项目的实际需要,在项目所在国(地区)招聘管理人员和工人的数量逐步扩大,项目的主要管理人员仍以建工集团派出人员为主。

一、自有职工

【人员派遣】

派遣方式　60—70年代,建工局援外人员主要接受国家指令组织成建制队伍参建。1964—1976年,建工局先后派遣援外人员803人,其中专家组正、副组长17人,技术干部171人,占援外人员的22%;党员590人,占73%。其间,局、公司、基层党组织还推荐一批骨干,初步建立一支政治素质、技术素质都比较好的援外预备队伍,最多时达到1 200多人。80年代及以后,建工局承接苏里南、埃及、毛里塔尼亚等多项海外项目,有的规模较大,国际影响大。为此,建工局党委确定由一位副书记分管援外工作,配备专职人员组织援外各项工作。各相关单位做到服从援外工作的需要,选派干部、工人中的骨干出国执行援外任务。接到项目任务书后,由建工局党委讨论指定施工单位(包括土建和安装单位)并组织好项目领导班子;成立国内后勤组,做好现场人员、材料、设备等的支撑工作。出国人员的选派工作以中建上海分公司为主,各相关公司配合。确定人选后组织出国人员学习班,进行国内外政治形势、政策、安全、外事纪律等教育。实行考试制度,对选派的主要工种进行技术考试,合格后方能派出。针对特殊的专业工种,各单位配备后备力量,需要时可以随时派出,保证工程的连续性和时间的连贯性。在选审中,有关单位坚持选派整个班组建制参与海外项目施工。援埃及开罗国际会议中心项目,自1986年1月开工到1989年3月竣工,先后有738人参与施工。在参加建设的一线工人中,党员110人,团员25人,约有一半的职工在国内担任过班组长或被评为公司、局、市先进生产者。据埃及开罗国际会议中心、苏里南体育馆、毛里塔尼亚国际会议中心等工程统计,建工局共派出自有职工1 003人次,其中干部190人次、工人813人次。

驻外津贴和"五必访"　60—70年代,在海外工作的职工采用国内发放本人工资,海外按照津贴标准折合成当地货币,作为职工在当地购买货物的需要。80年代至90年代后期,海外津贴按级别分档发放,并折合成美元额度,可到国内出国人员服务公司购买免税商品。1998年后,海外部实行海外工资制度,海外工作的职工按照其岗位、资历和地区艰苦程度、工程难易情况确定工资标准,在达到节点目标和竣工结算后还会发放奖金。为解决出国职工的后顾之忧,建工集团(建工局、建管局)制定一套管理制度,其中主要有每逢节假日进行家访、慰问,"夏送清凉冬送温暖";主动帮助出国人员解决家庭困难;积极、妥善处理国外项目建设中因工伤、病亡人员的善后事;派赴前方慰问团组,进行现场慰问;实行职工队伍管理的"五必访"制度,即职工患重病,上门慰问;职工小孩入托(园)入学有困难,上门并联系居委、街道或相关单位协商解决;职工夫妻间有矛盾,上门调解;职工直系亲属患重病、去世,上门慰问、安抚;职工家属有诉求,上门了解给予解决等。

【职工培训】

90年代开始,作为建工集团海外经营的主体,海外部自身队伍的来源主要是招收应届大中专毕业生。对每一批新进职工,海外部都要进行入职前的培训,主要内容是单位的主要情况、基本的外事知识教育。2006年起,对新进职工入职培训的内容主要有企业文化、历史认知、组织架构及职责介绍、新专业技术和项目管理介绍、培训成果展示等。2006—2010年,共举办5期培训班,培训178人。对新进职工实行书面协议带教制度,由具有较丰富管理或技术经验、思想品德较好的老职工担任带教导师,带教双方与海外部一起签订协议。实习期满后,带教导师要指导新职工撰写实习小结,并写出带教评语。2006—2010年年底,落实师徒带教协议共计108对。

2000年,海外部制订年度培训计划,规定管理、技术员工须接受不少于20课时的培训,中层以上干部接受不少于40课时的培训,各主管部门需开展6次以上的专业培训。建立每人一卡培训记录电子档案,每季公布、年终考核。每年两次分别集中对青年骨干和中层以上干部进行为期两天有关国际工程总承包总集成、涉外经营管理、援外政策法规以及政治、思想、作风等方面的培训。同时,有针对性地选送一些业务骨干到建工集团先进企业或重点工程进行轮岗锻炼,或者派往海外重大工程实践,提高国际项目总承包管理和处理复杂问题的能力。针对青年职工多、学历高的特点,从2009年开始,在柬埔寨、厄立特尼亚、加勒比海和南太平洋等集团区域经营的地区实行"青年伙伴计划"。以"学业务、勤钻研、重考核"为主要内容,将工作2~3年且在相近或相同业务条线的青年为对象结成伙伴,先后有近70名青年结成伙伴。通过落实师徒带教、见习锻炼、挂职轮岗等措施和绩效考核,使一批青年员工迅速走上管理岗位。援巴基斯坦巴中友谊中心项目是一支年轻团队,19名管理人员中16人是35岁以下青年,其中14人是2009年的毕业生,项目领导班子也是35岁左右青年,他们克服所在地复杂的治安环境和工程中的技术难题,圆满完成任务。柬埔寨路桥项目是一支以青年干部、技术人员为主体的团队,从2004年承建援柬7号公路项目开始,6年间签约11个项目,最多时同时管理7个项目,项目工程造价达30多亿元。

【中国援外奉献奖】

2010年,为纪念中华人民共和国对外援助工作60周年,国家商务部首次决定对全国499名"中国援外奉献奖金奖"和826名"中国援外奉献奖银奖"获奖者进行表彰。8月13—14日,全国援外工作会议在北京召开,对获奖者进行表彰。中共中央总书记、国家主席胡锦涛,国务院总理温家宝等党和国家领导人出席会议。建工集团获得金奖的有6人:项明达、吴国庆、王成龙、陆建兰(女)、严雅琴(女)、应茂康;获得银奖的有25人:童继生、姜亦波、臧晓晴、王小林(女)、汤峻、龚学敏、张桂海、任俊(女)、武跃军、李浏(女)、林国荣、马纬(女)、孔沂明、王益智、王及人(女)、季文、沈泉生、劳振威、沈越敏、陆嘉侯、徐其山、龚国能、褚根宝、黄昌利、董罗谦。外经集团获得金奖者1人:徐荣富,银奖者4人:周晓临、朱珠(女)、顾根林、王惠珍(女)。

二、分包队伍

90年代后,随着工程总分包制度的推行,参与海外项目建设的人员从选派自有职工队伍逐步转变为由项目分包单位组织队伍参加实施。为适应这个转变,建工集团在按照国家规定做好进出境人员管理工作的同时,逐步建立和完善分包队伍的遴选制度。首先,建立合格分包商和供应商制度。该项制度包括合格分包商、供应商审核流程,合作商(采购供应、工程分包商)资格认证申请,采购供应商资格认证评比、工程分包商资格认证评比,分包商业绩评定、供应商业绩评定,合同报结等。凡采购供应商、工程分包商资格认证通过申请、评比复评合格后,才能参与海外部承担的海外工程。其次,严格实行合同制,分包商、供应商投标成功后,签订施工承包合同。合同包括主分包合同、专业分包合同等。再次,实施分包商履约担保制度。主要用于海外部承接的以专业分包形式发包的分部分项工程项目。分包单位在签订合同之前,应向海外部财务中心出具银行履约保函,出具保函的银行为中国银行、中国建设银行、中国工商银行、中国农业银行和交通银行。在海外项目上,分包队伍的计划管理、技术管理、现场管理都要按照建工集团管理标准,纳入项目部的统一管理。

2006—2010年,参加建工集团在海外工程建设的分包队伍分别为1 051人次、3 217人次、2 277人次、1 882人次、3 499人次,共计1.19万人次。

三、所在国用工

2000年之前,在海外项目中的管理人员和技术工人一般都由国内派出,在当地招用一些辅助工人;也有一些项目由国内技术工人带领当地工人完成一些较简单的技术工作。2000年后,中国政府要求中国企业更多地承担社会责任,在承建援建工程中带动当地的就业;在承担发达国家工程时,当地政府对一些财务等管理岗位也提出相应的资质要求。建工集团积极探索属地用工的渠道和管理属地用工的方法,属地用工的数量逐步增加,用工的范围逐步扩大。2009—2010年,建工集团所建项目聘用当地员工总数为2.84万人次,其中2009年9 607人次,2010年1.88万人次。马拉维项目和加纳项目在聘用和管理所在国用工上有较为成功的实践。

【马拉维项目】

马拉维国际会议中心和配套宾馆项目位于马拉维首都利隆圭市,是2007年12月中国与马拉维正式建交后的首个重大工程,由中国政府提供优惠贷款,为2012年非盟国家首脑会议主会场。施工过程中项目部聘用当地人员900余人次,对当地员工进行统一管理。首先,通过当地劳动力市场公开发布用工招聘信息,应聘人员提供个人相关材料经规定程序后按需择优聘用;技术工人进行实际能力测试后按成绩评定技术等级后使用;特殊工种工人须持证上岗、测试达到一定标准后使用;普通工则根据个人表现按需使用;对每位聘用的当地员工建立个人信息档案,每份档案附有评定记录和评定标准。其次,被聘用的当地员工按工种统一编制工号,分成木工组、泥工组、钢筋组、保安组、机施组、后勤组等6个工种班组。每个班组安排中国工人师傅带班,负责他们实际操作技能的培训。对有一定工作期限的工人,按期进行技术等级考核评定,作为工资增长的依据。再次,制定奖罚办法,由班组长对所带的当地员工按出勤率、劳动态度、技能、品行等每月进行评定,作为奖罚的依据。开设公告栏,公示当地员工的考勤情况,评出的最佳员工予以公开奖励表扬;对不按时上班、工作懒散的员工实行一次警告、二次辞退。在当地员工中开展竞赛,对竞赛优胜者,给予表扬或奖励自行车等不同等级的物质奖励。通过一系列措施,保证工程的进度,也为当地培养了一批技术人才,受到当地政府和民众的好评。

【加纳项目】

2008年1月承建的加纳体育场项目是国际承包工程,由两个分别位于加纳北部的塔马利体育场和南部的赛康迪体育场组成,两个体育场均为2008年非洲杯主会场。项目部聘用一批当地员工,又聘用当地运输单位为合作伙伴。当地员工利用语言便利和与政府办事的沟通能力帮助项目部到移民局申办签证、货物免税文件等事务。在工作中,当地员工的组织能力增强了,工作效率也得到提高。他们按条线进行分工,负责物流,从清关到物资运抵现场全面负责;负责南北两个体育场人员接送的,从机票确认、车辆安排、人员出关、食品准备等方面都做了很好的安排。通过聘用当地人员,项目部了解当地文化,学讲当地语言,学会和当地人沟通,对提高工作的效率和质量起到了推动作用。

第二章 主 要 业 务

上海建工海外业务的类型主要有中国政府对外援助工程、国际承包工程、中国驻外使领馆工程、各类外派劳务、房地产投资以及进出口贸易等其他业务。其中，海外工程业务自1978年国家实行改革开放以后实现较快的发展，包括工业建筑、公共建筑、住宅工程、文化体育设施、园林建筑以及公路、桥梁和港口工程，2010年，集团海外在建工程合同总额折合人民币达199.37亿元。

第一节 援 外 工 程

一、计划安排

建工局成立初期承担的援外施工任务由国家建筑工程部（国家建委）下达，工程成本实行预决算制，费用实行实报实销。

1961年，中国向蒙古提供工程建设的援助，建工局选派少量工人参加。1965年5月和1966年1月先后承担加纳角旁纺织针织联合工厂和库马西铅笔厂的援建任务，这是建工局第一次承担援外成套项目的施工任务。建工局从下属公司抽调111名人员组成专家组。1966年2月24日，加纳发生军事政变，纺织厂施工专家组组长和其他3名中国工作人员遭政变部队殴打。之后，加纳政变当局中断两国经济技术合作协定，建设工程中途停止。1966年3月，中国专家分两批回到北京。

1966年8月—1974年年初，建工局先后派出施工技术和管理人员共240人（次）在坦桑尼亚的桑给巴尔承担13项工业和民用建筑的援外施工任务。主要有印刷车间、皮革皮鞋厂、农具修配厂、体育场、供水工程（水塔与供水管网）、营房工程、奔巴岛医院、雷达站、非洲色拉子党总部电梯安装、卷烟厂与烟草技术推广站、糖厂和甘蔗农场等，共计建筑面积45 973平方米，这些项目都按计划全部竣工。

1971年10月—1978年7月，建工局承担援阿尔巴尼亚冶金联合企业一、二期，镍钴提纯厂、耐火材料厂的全部土建施工技术指导任务，担任冶金联合企业一期的焦化车间、氧气站等七项工程、二期工程的炭素车间和耐火材料厂的设备安装施工技术指导任务，两个工程总建筑面积达60万平方米。共派出施工技术指导人员149人。1978年7月，因中阿两国关系恶化，中国政府被迫停止援建，建工局援建队伍撤回。

1973—1979年，建工局先后共派出436名工程技术人员在苏丹承建苏丹友谊厅、友谊纺织厂、渔轮渔网修理厂、制冰厂和冷库工程，共计建筑面积72 465平方米。之后还承担苏丹友谊厅落成后的技术合作工作。其中，苏丹友谊厅是我国援助苏丹建设工程中第一个开工、第一个竣工的项目，被苏丹人民誉为"青、白尼罗河交汇处美丽的新娘"。

从60年代初到70年代末，建工局先后承担22项工业和民用等建筑的援外工程建设，共派出936人次出国工作。

二、合作承建

1981年5月,中国在拉丁美洲地区援建的第一个体育项目——苏里南体育馆工程,国家建筑工程总局明确由建工局承担工程的筹建、考察、施工、安装等任务,并负责总协调。工程建筑面积8 130平方米,项目管理按国家对外经济联络部规定实行投资包干制。1985年1月,中建总公司与中建上海分公司联合组建项目工程技术组。其中组长由建工局派出,副组长及财务出纳由中建总公司派出。建工局共派出以市建二公司为主的管理人员和工人共106人次。工程于1985年10月开工,1987年5月竣工。

埃及开罗国际会议中心是中国政府赠送给埃及政府的一项大型高级综合性公用建筑,由中建总公司和中建上海分公司联合承包建设,工程建筑面积5.8万平方米。为建设该工程,中方先后于1977年、1981年、1983年和1984年赴埃及进行4次考察,埃及方又于1984年12月派员来华商签初步设计审查纪要。工程于1986年1月开工,建工局先后从市建五公司、市建一公司、安装公司等单位选派738名施工技术人员赴埃及工作。工程实施期间,中建总公司在国内先后召开14次工作例会,对项目的设计、施工、物资供应及各专业单位的分工等重大事项进行协调解决。1989年3月工程竣工。该项目的工程设计与施工被国家科学技术委员会评为国家科学技术进步奖三等奖;援埃及开罗国际会议中心项目技术组被国家对外经贸部和中国财贸工会评为全国对外经济贸易行业先进集体。

80—90年代,除在苏里南与埃及各承建了一项工程外,中建上海分公司还分别与中建总公司和中国上海对外经济技术合作公司在科摩罗、苏丹、毛里塔尼亚、安地瓜和巴布达、贝宁、瓦努阿图等国家合作共承建了17项援外工程。以上各项工程的合同总金额为人民币13.99亿元。

表5-2-1 1983—2002年建工集团(建工局、建管局)合作承建主要项目情况表

工 程	工 期	建筑面积(平方米)	备 注
科摩罗人民大厦	1983年7月—1985年6月	4 396	
科摩罗政府办公楼	1986年12月—1987年12月	2 104	
科摩罗总统官邸	1990年12月—1991年10月	3 256	
科摩罗前总统纪念堂	1990年10月—1991年4月	389	
科摩罗和平宫改扩建	1996年12月—1997年10月	597	
科摩罗供水工程维修	1990年1月—1990年6月	—	
科摩罗总统官邸配套工程	1995年5月—1996年3月	568	与中建总公司合作实施的工程
科摩罗广播电视大楼	1999年4月—2000年4月	2 128	
苏丹成衣厂	1983年12月—1985年6月	4 467	
巴巴多斯希尔本文化中心	1993年4月—1994年4月	7 414	
毛里塔尼亚国际会议中心	1994年6月—1996年3月	8 281	
毛里塔尼亚渔业公司1 500吨冷库	1995年	1 434	
安地瓜和巴布达展览中心	1995年7月—1997年1月	3 533	
贝宁科托努会议大厦	2001年7月—2002年12月	10 053	

〔续表〕

工　程	工　期	建筑面积（平方米）	备　注
瓦努阿图南太平洋大学法律系	1995年3月—1996年9月	5 940	与中国上海对外经济技术合作公司合作实施的项目
瓦努阿图维拉港喷泉工程	1996年4月		
苏丹友谊厅维修工程	1989年9月—1990年2月		

三、自主经营

1994年，上海建工（集团）总公司经国家经贸部批准，获得独立的对外经营权。之后，中国政府的援外工程从委派制逐步向援外工程招投标制度转变，包括资格准入、独立评审专家和封闭式评标等。1998年下半年，建工集团获得国家对外经贸部颁发的对外援助项目实施企业A级资格。2000年，建工集团中标孟加拉国孟中友谊会议中心，经过一年多精心施工，圆满完成建设任务，2002年获得国家经贸部颁发的对外援助成套项目优质施工奖和孟加拉国政府颁发的莲花奖。2003年，建工集团联合中国港湾建设（集团）总公司中标巴基斯坦瓜达尔港工程，首次进入港口建设领域。项目部解决工程中遇到的技术难题，克服当地气候、环境和恐怖袭击带来的困难，按时实现开港的目标，积累了港口建设的经验。2004年，建工集团中标柬埔寨7号公路项目，由此拉开在柬埔寨公路、大桥建设的序幕；在圆满完成7号公路后，取得良好的业绩和信誉，在柬埔寨又承接了1 200多公里公路、5座大型桥梁的建设任务，至2010年，有849公里公路和湄公河、洞里萨河两座大桥建成通车。1998—2010年，通过招投标，建工集团共中标19个项目，合同总金额为29.19亿元。其中，埃塞俄比亚格特拉立交桥、巴基斯坦巴中友谊中心、几内亚体育场、加蓬体育场分别获得鲁班奖。

表5-2-2　2000—2010年建工集团承建的主要援外招投标工程情况表

工　程	工　期	建筑面积或里程	备　注
孟加拉国孟中友谊会议中心	2000年3月—2001年7月	19 926平方米	2002年获得国家经贸部颁发的对外援助成套项目优质施工奖和孟加拉国政府莲花奖 2002年1月，中国国务院总理朱镕基与孟加拉国总理卡·齐亚主持交接仪式
赞比亚政府建筑群主楼装修工程及电梯安装工程	2002年5月—2003年6月 2004年2月—2004年10月	25 000平方米	
苏丹新国际会议厅	2003年3月—2004年8月	8 773平方米	2006年获国家商务部对外援助成套项目优质施工奖
巴基斯坦瓜达尔港	2002年3月—2004年11月 2006年11月—2007年6月		

〔续表〕

工　　程	工　　期	建筑面积或里程	备　　注
巴基斯坦喀喇昆仑公路桥梁修复工程	2003年7月—2005年10月		
加蓬参议院大厦	2003年7月—2005年10月	11 333平方米	加蓬国家优质工程最高奖——科默奖
马尔代夫外交部大楼	2004年10月—2005年9月	3 333平方米	
柬埔寨7号公路	2004年12月—2007年12月	186公里	
科摩罗总统府改造	2005年8月—2005年12月	320平方米	
加蓬广电中心	2005年10月—2007年1月	10 376平方米	
加蓬医院维修及医疗队住房	2006年2月—2007年12月	8 190平方米	
埃塞俄比亚格特拉立交桥	2007年6月—2009年5月	道路8 128米 桥梁1 087米	2010年获鲁班奖
几内亚体育场	2007年11月—2011年8月	34 011平方米	2012年获鲁班奖
蒙古乌兰巴托体育馆	2008年5月—2010年8月	15 432平方米	2011年获蒙古政府颁发蒙古最佳优秀建筑
巴基斯坦巴中友谊中心	2008年11月—2010年8月	21 360平方米	2011年获鲁班奖 2010年12月，中国国务院总理温家宝与巴基斯坦总理吉拉尼为项目揭牌
马尔代夫住宅	2009年10月—2010年12月	4 447平方米	
萨摩亚马塔乌图小学	2009年12月—2010年8月	1 208平方米	
加蓬体育场	2010年1月—2011年10月	36 475平方米	2013年获鲁班奖
塞拉利昂外交部大楼	2010年10月—2012年6月	6 316平方米	

90年代，中国政府改革对外援助管理体制和方式，以援外优惠贷款和优惠出口买方信贷（简称优贷优买）的方式给予发展中国家政府以政府援助贷款。建工集团积极了解中国政府具体的援外政策和受援国优先发展项目的信息，主动与受援国洽商相关合约、编写项目初步方案及可行性报告，并协助其就项目立项、申贷等事宜与中国驻外使馆、商务部和中国进出口银行进行沟通和协调，最终促成受援国与中国进出口银行签订贷款协议。在这一过程中，承担任务的项目部要从工程的方案设计、设备材料选定等前期工作开始进行策划。2006年，建工集团中标首个优贷优买项目——特立尼达和多巴哥西班牙港表演艺术中心项目。项目实施中，建工集团对设计、采购、建造、调试等方面全面负责，2009年11月工程完成，实现交钥匙的目标。"优贷优买"项目实施，提高了建工集团项目前期策划和按EPC（设计—采购—建造）实行总承包的能力，培养了一批人才。之后，建工集团又在特多、柬埔寨、萨摩亚、赞比亚等国承担14项优贷优买项目，合同总金额为人民币51.11亿元。

表 5-2-3　2007—2010 年建工集团承建的中国政府"优贷优买"主要工程情况表

工　程	工　期	建筑面积或里程	备　注
特立尼达和多巴哥西班牙港表演艺术中心	2007 年 4 月—2009 年 11 月	25 550 平方米	2009 年 11 月,英联邦首脑会议会址
特立尼达和多巴哥圣费尔南多表演艺术中心	2007 年 9 月—2012 年 4 月	10 367 平方米	
柬埔寨 8 号公路	2008 年 1 月—2011 年 7 月	105 公里	
柬埔寨 62 号公路北段与 210 号公路	2008 年 12 月—2011 年 12 月	144 公里	
柬埔寨 78 号公路	2009 年 12 月—2012 年 8 月	121 公里	
柬埔寨 62 号公路南段与 8 号公路支线	2009 年 12 月—2012 年 8 月	133 公里	
柬埔寨 59 号公路	2010 年 12 月—2013 年 6 月	144 公里	
柬埔寨 61 号公路	2010 年 12 月—2013 年 7 月	16 公里	
柬埔寨湄公河大桥	2007 年 12 月—2010 年 7 月	1 066 米	
柬埔寨洞里萨河大桥	2007 年 12 月—2010 年 4 月	981 米	
马拉维会议中心、宾馆	2009 年 5 月—2012 年 2 月	39 494 平方米	2013 年国家优质工程奖
萨摩亚政府办公楼	2009 年 8 月—2011 年 4 月	20 600 平方米	2012 年国家优质工程银质奖 萨摩亚国家卓越工程奖
赞比亚政府办公楼、宴会厅、会议中心	2010 年 4 月—2011 年 9 月	20 000 平方米	
萨摩亚卫生部大楼	2010 年 4 月—2011 年 7 月	3 227 平方米	

第二节　国际承包工程

一、合作经营

1987 年 8 月,中建总公司驻约旦经理部与约旦王室签订承建约旦哈希姆王宫工程的合同,并把该工程交由中建上海分公司承建。中建上海分公司组织市建三公司和安装公司进行施工。项目开工后,就面临业主对设计的随意变更、约旦货币贬值、中方对合同管理和对国外专业分包商管理不适应等困难和问题。后因业主自身原因,于 1990 年自行中止该工程合同。1991 年 6 月,中建上海分公司与中建总公司完成与该项目有关的财务结算事宜。

1989 年年初,中建上海分公司以中建总公司的名义在菲律宾承建由世界银行贷款的巴克曼地热管道工程(一期),该工程长 24 公里,项目于 1990 年 1 月开工。因与业主发生合同纠纷,工程于 1990 年 11 月中断施工,被业主接管。后我方在菲律宾历经法院诉讼、国际仲裁等程序。1996 年,菲律宾最高法院裁定业主接管无效,我方获得相应的赔偿。

表 5-2-4　1989—2001 年中建上海分公司与中建总公司等合作实施的主要工程情况表

工　程	工　期	建筑面积（平方米）	备　注
联合国开发计划署驻科摩罗官员住宅	1992 年 2 月—1993 年 11 月	3 760	与中建总公司合作实施的工程
巴巴多斯公共教育学院	1989 年 3 月—1991 年 3 月	5 844	
巴巴多斯教育培训中心	1989 年 9 月—1990 年 7 月	1 655	
巴巴多斯教育部综合楼	1991 年 4 月—1996 年 12 月	6 572	
澳门油库 LPG 球罐	1993 年 3 月—1993 年 12 月	3 台 2 000 立方米 LPG 球罐（制作和现场组焊）	
香港顶管工程			1992 年 5 月—1997 年 7 月，上海中建工程公司、上海基础工程公司与中国建筑工程（澳门）有限公司合作经营该公司土木部期间实施的工程
澳门机场海堤及堆载			
澳门机场供油海底拖管			
幸运神商业大厦			
濠景酒店扩建一期			
澳门奥林匹克游泳馆	2001 年 3 月—2002 年 2 月		与中国澳门美昌公司合作实施

二、自主经营

建工集团自取得对外经营权后，积极寻找机会参与国际承包项目的招投标。1998—2010 年，建工集团先后在亚洲、非洲、欧洲、加勒比海地区和中国香港、澳门等地区自主经营完成 27 项工程，合同金额折合人民币 127.31 亿元（其中美元 1.96 亿、特多元 7.56 亿、新加坡元 1.67 亿、港元 87.71 亿、卢布 99.76 亿）。外经集团在并入建工集团前后，1985—2010 年总计完成大小工程近 20 项，涉及 10 多个国家和地区。

表 5-2-5　1998—2010 年建工集团自主经营承建的主要工程情况表

工　程	工　期	建筑面积（平方米）	备　注
朝鲜罗津英皇大酒店	1998 年 4 月—2000 年 10 月	23 000	
新加坡建屋发展局 33A 住宅工程	1998 年 4 月—2001 年 12 月	99 455	
新加坡建屋发展局 19B 住宅工程	1999 年 11 月—2004 年 6 月	87 892	
新加坡三巴旺住宅工程	2000 年 5 月—2005 年 5 月	88 000	
新加坡大巴窑住宅翻新工程	2002 年 5 月—2005 年 6 月	1 500 个住宅单位	
中国香港小西湾公园	1999 年 12 月—2002 年 2 月		
中国香港粉岭小学	1999 年 3 月—2000 年 7 月		
中国香港九龙塘小学	2000—2001 年		

〔续表〕

工 程	工 期	建筑面积（平方米）	备 注
中国香港域多利道改建	1998年12月—2004年10月		
中国香港司徒拔道恒隆住宅	1998—2000年		
中国香港大浦汀角路别墅	1999—2000年		
中国香港浦飞路住宅楼改建	2003年		
越南国家体育场	2001年8月—2003年8月	20 334	与外经集团共同实施
加蓬总统官邸	2004年5—10月	3 800	
越南国家会议中心玻璃幕墙工程	2005年9月—2006年4月		
特立尼达和多巴哥教育部大楼	2006年4月—2009年10月	26 500	
特立尼达和多巴哥总理府和外交中心	2006年11月—2007年8月	8 800	外交中心为2009年美洲国家首脑峰会主会场
特立尼达和多巴哥机场改造	2009年2月	3 500	
特立尼达和多巴哥警察学院改建	2009年12月—2010年10月		
特立尼达和多巴哥外交部大楼改建	2009年8—11月		
特立尼达和多巴哥社区运动中心	2007年7月—2008年4月		
加纳赛康迪体育场和塔马利体育场	2006年1月—2007年10月	20 300	2008年非洲杯足球赛主赛场
斯里兰卡住宅	2006年5月—2009年11月	57 181	
中国澳门英皇酒店（客房装修）	2005年6—12月	7 000	
中国澳门银河娱乐城	2006年4月—2011年5月	550 000	
俄罗斯圣彼得堡波罗的海明珠	2006年6月—2012年6月	1 930 000	2007年俄罗斯"中国年·上海周"开幕式在波罗的海明珠的商务中心举行
比利时天堂公园八期工程	2005年3月—2013年12月		园林集团实施

表5-2-6　1985—2010年外经集团承建的主要工程情况表

工 程	工 期	工 程 内 容
泰国军人宿舍	1985年8月—1989年10月	5 310套住宅
泰国2168公路	1986年10月—1987年10月	67.52公里
泰国1180公路	1987年1—9月	32.25公里
中国香港元朗小学、屯门小学	1988年7月—1989年7月	6 000平方米
菲律宾BF公司住宅	1989年3月—1990年8月	43幢2层小楼
泰国BNS电炉钢厂	1994年2月—1996年5月	年产型钢24万吨
泰国BNS棒材项目	1995年10月—1996年12月	年产20万吨棒材

〔续表〕

工　　程	工　　期	工　程　内　容
伊朗德黑兰北部高速公路	2003年3月开工	32公里穿山高速公路
巴基斯坦液化石油气码头	2003年8月—2006年9月	
蒙古都日根水电站	2004年6月—2009年11月	4兆瓦×3台水力发电机组
越南山洞热电厂	2005年11月—2011年1月	13.5万千瓦×2台发电机组
伯利兹热电厂	2007年8月—2009年12月	31.5兆瓦
秘鲁HUANZA水电站	2009年5月—2014年6月	92兆瓦
印尼邦加岛电厂	2009年9月—2013年11月	30兆瓦×2台发电机组
越南芽庄云风码头	2009年11月—2012年6月	4个码头、栈桥和水下结构
土耳其燃气电厂	2010年5月—2013年8月	50兆瓦燃气发电机组，2013年度全国建设工程优秀项目管理一等奖

第三节　中国驻外使领馆工程

1988—2010年，上海建工先后参与15项中国驻外机构的新建或改建工程。总建筑面积达14.51万平方米。

1988年11月18日，由上海对外经济技术合作公司（后改制为外经集团）作为总承包商实施的中国驻澳大利亚大使馆的新馆舍工程奠基。该工程位于澳大利亚堪培拉使馆区，除主楼、官邸、商务楼、宿舍等建筑外，还有游泳池及中国式园林和庭院等设施，占地面积达2.16万平方米，建筑总面积7 131平方米。使馆的中式园林和庭院也成为当地对外开放的旅游景点之一。工程于1990年8月竣工。

2000年，建工集团作为总承包单位承担中国驻美国纽约总领事馆改建工程。这是一幢建于1962年、高68米（21层）的楼房，原建筑为喜来登酒店。至2000年开工改建施工时，主要设施使用年限已近40年，管线设备等已严重老化。建工集团在保留大楼结构体系不变的前提下，对建筑平面布局做了重新调整，内部进行重新装修，并对大楼原有机电管线和设备系统作更新改造，还增设了应急发电系统和智能化弱电系统。

2000年，建工集团与新加坡金门公司合作承建中国驻新加坡大使馆新建工程。由建工集团派员任项目公司董事长，并负责深化设计和工程建造中的组织协调，承担结构、外墙花岗岩贴面施工和室内装修的设计与施工，以及机电设备、消防系统和游泳池设备等工程的采购与安装。

2001年，建工集团承担中国驻美国休斯敦总领事馆的改建任务。这是一幢建于60年代初的五层钢筋混凝土结构的建筑物，原为汽车旅馆。至2001年改建时，使用年限已有40年。改建工程主要为保留原结构体系，但对建筑平面布局重新调整，并全部重新装修。同时对大楼的机电管线设备作更新改造，增设应急发电设备和智能弱电系统。

2005年4月，建工集团与中建总公司、中国日林集团联合承建中国驻美大使馆新馆。该馆位于美国华盛顿，是中国规模最大的驻外使馆办公楼，建筑面积达39 900平方米，中建总公司承担主体结构施工和弱电各系统施工，建工集团承担建筑物的外立面装修、对外会客宴请区域的室内装修和机电设备的采购、安装，中国日林集团承担办公区域的施工、管线施工和室外工程施工。

表 5-2-7　1988—2008 年建工集团承建中国驻外使领馆工程情况表

建造日期	工程名称	备注
1988 年 11 月—1990 年 8 月	中国驻澳大利亚大使馆新馆舍	包括主楼、官邸、商务楼、宿舍、游泳池、中国式园林和庭院（外经集团实施）
1994 年 4 月—1995 年 4 月	中国驻澳大利亚悉尼总领事馆新建商务楼工程	外经集团实施
1996 年 12 月—2000 年 7 月（分期先后建造）	中国驻俄罗斯大使馆	内部改扩建、大使官邸改建、新建领事部办公楼与公寓楼、电影厅、车库及庭院道路（外经集团实施）
1997 年 7—9 月	中国驻摩洛哥大使馆经商处维修工程	
2000 年 4 月—2002 年 1 月	中国驻新加坡大使馆新建工程	
2000 年 11 月—2003 年 10 月	中国驻纽约总领事馆改建工程	
2001 年	外交部驻香港特派员公署签证厅装修工程	
2001 年 4 月—2002 年 2 月	中国驻科摩罗大使馆经商处新建馆舍工程	
2002 年及 2003 年	中国驻美国洛杉矶总领事馆及签证厅改建	
2001 年 8 月—2004 年 9 月	中国驻休斯敦总领事馆改建工程	
2003 年 5 月—2004 年 2 月	中国驻墨西哥大使馆馆舍二期改建工程	
2004 年 2 月—2005 年 3 月	中国驻牙买加大使馆新建馆舍工程	包括大使馆本部、大使官邸和馆员住宅
2004 年 4—6 月	中国驻荷兰大使馆教育处装修工程	
2004 年 11 月—2006 年 9 月	中国驻柬埔寨大使馆扩建改造工程	包括新建大使官邸、参赞馆舍以及设备用房和游泳池改造
2005 年 4 月—2008 年 7 月	中国驻美国大使馆新建工程	

第四节　外派劳务

从 1961 年起，根据国家建筑工程部等上级政府部门的要求，建工局先后从下属公司抽调了 124 名工程技术员赴国外参加国家有关部委在蒙古、越南、印度尼西亚、阿尔巴尼亚、马里、北也门、南也门、苏丹等国的我国援外建设工程（包括为中国驻美国、澳大利亚、法国、冰岛、孟加拉国外交机构实施房屋修缮任务）。1980 年以后，中建上海分公司通过与中建总公司和上海对外经济技术合作公司的合作，先后向在泰国、扎伊尔、伊拉克、苏丹、科威特、新加坡和美国（关岛）实施的国际承包工程派遣了 512 名劳务人员（其中派往科威特的 101 人是服装厂工人）。

2008 年并入建工集团的外经集团前身为上海市对外经济联络局（简称外经局）。从 1964 年 12

月起,向各受援国无偿派遣各类医护、工程管理和技术专家等。1984年后,外经集团开始以自主经营、自负盈亏的方式直接参与国际劳务市场竞争,形成了比较完整的外派劳务经营体系,成为集团一项重要的业务。

一、规模

1984年3月,外经集团正式对外经营之初,集团总部的业务二处为对外劳务合作处。外经集团成为市场经营主体,由中国政府出资派遣专家或工作人员无偿援助受援国的派遣方式,逐步被国际劳务市场以自由竞争、自由流动、按劳取酬的经营方式所取代,当年外派劳务954人。1992年6月,外经集团将业务二处和业务五处进行整合,成立以对外劳务派遣和船务合作为主业的上海外经国际劳务公司(简称外经劳务公司)。1997—2002年,为适应业务发展和国家(地区)分类管理的需要,外经集团先后投资设立上海外经国际人力资源有限公司、上海外经因私出入境咨询服务有限公司和上海外经境外就业服务有限公司。尽管外经劳务公司于2002年取得真正意义上的独立经营资格,但因为热门市场有准入限制和上海外经品牌已在国内和国际劳务市场得到确立,为此,外经劳务公司90%以上的劳务项目一直以外经集团名义操作。至2002年年底,在外劳务达到1.37万人。之后,随着国家外派劳务政策逐步放宽和国际金融形势的变化,国际劳务市场结构发生变化,外经外派劳务业务的规模不断缩小,2010年年末,在外劳务仅2 338人。据统计,1984—2010年年底,外经集团累计向世界100多个国家和地区派出各类劳务技术人员52 119人次,年末在外劳务人数连续多年名列全国同行前茅,其中90%以上是公派劳务,即通过竞争直接从国际市场取得的各类工程项目或纯劳务性质的外派项目。

二、专业结构

外经集团外派劳务涉及建筑、纺织、服装、IT软件开发管理、炼钢轧钢、废物处理、医生护士、养老院护理、银行管理、宾馆管理服务、飞机维修、船舶维修、远洋海员、大型邮轮、空乘、各色厨师、电子装配、发电厂管理、轻工制造、食品加工、汽车装配、农业种植、远洋捕捞、各色游乐场管理服务、设计监理等几十个行业。其中:中高级劳务约占外派劳务总量的20%,主要包括各类建筑、监理、设计、软件开发工程师、高级海员、宾馆管理、空乘、船舶、飞机维修、电厂、钢厂、废物处理厂、服装厂高管和宾馆、酒店高级厨师、医师等,这些劳务主要从上海招聘和外派。专业技术人员约占外派劳务总量的65%,主要包括服装检验、食品加工、汽车装配、火力发电、轧钢冶炼、废物处理等方面的技术人员、各类电子元件装配、国际海员、各类宾馆、邮轮服务员等,这些劳务主要从外省市市区招聘和派出。普通劳务约占外派劳务总量的15%,主要包括建筑、捕捞、农业种植和服装缝制行业的普通工人,这些劳务基本委托合作基地招聘、培训和派出。

三、市场分布

外经集团外派劳务主要分布在亚洲、中东地区,在欧洲和美洲也有所涉及。1980年1月,由外经局接洽,海运局组织实施,首次选派上海远洋运输公司26名船员赴德国美罗斯公司"约瑟夫·罗斯"轮服务。1988年向联邦德国派出劳务人员57人。从80年代后期开始,外经集团与台资企业的合作逐步由中国大陆延伸至美洲的尼加拉瓜、厄瓜多尔、洪都拉斯、萨尔瓦多等国,主要是向针织厂或服装厂派遣中、高级管理人员和技术工人。

1979年12月,中国成套设备出口公司(简称成套公司)与阿拉伯也门共和国纺织工业总局签订协议,将也门萨那纺织印染厂改造工程交由上海承担。外经局会同市有关局和公司选拔合适人员,按照当时申请出国审批程序,持因公普通护照,成建制的出境履约。此为上海对外提供现汇收费技术服务第一个项目。之后依托我国的援助项目,形成了一定规模的对外劳务合作市场。外经集团成立后,延续和扩展这些项目。其中,仅1984—1990年年初就向伊拉克派出劳务3 614人,直至海湾战争爆发前夕为保证在伊拉克劳务的生命财产安全,外经集团于1990年9月前撤回了全部在伊拉克劳务。后来,在沙特、阿联酋等国开拓的劳务项目基本都是宾馆、酒店管理人员及厨师、空中乘务员和麦当劳快餐服务员等。

从80年代初开始,中国上海对外经济技术合作公司(简称外经公司,后改制为外经集团)开始拓展亚洲市场,向日本、新加坡、塞班岛、伊朗和中国香港、澳门等26个国家和地区派遣劳务,不仅人数最多、收入最高、涉及行业面最宽,而且与当地雇主合作的时间也最长。高峰期,仅在日本、新加坡的劳务都分别超过4 000人;在伊朗、塞班岛和中国港澳地区的劳务也分别超过1 000人。外经集团向亚洲地区派出的各类劳务约占外派劳务总量的80%以上,成为外经集团发展最快的劳务市场。

四、代表项目

【外派日本技能实习生】

外经集团从1983年10月起,先后向日本派出20多名厨师、点心师、推拿师、气功师等。1988年6月,首次向日本大和房屋株式会社派出12名建筑研修生。1991年,派员为常驻日本代表,与日方合资成立日中经济技术株式会社(简称日本FECO),开始设点布网承接业务。是年,又与日本输出缝制品工业协同组合联合会(输缝联)签订研修生合作框架协议,先后在日本东京和大阪设立办事机构。这项业务是外经集团对外劳务合作延续时间最长、派遣人数最多、劳务收入最高、市场最稳定的项目。外经集团在全国率先建立一套适合日本国情的管理和派遣制度,使交流合作从单一缝纫行业发展到铸造、电子、塑料、建筑、食品加工、机械加工、汽车装配等诸多行业,派遣地区遍及日本20多个道府县,外经集团在日本接受企业中享有很高的信誉。

表5-2-8 1996—2010年外经集团日本技能实习生外派情况统计表

年　份	合同额(万日元)	营业额(万日元)	年新派人数(人)	年末在外人数(人)
1996	263 808	302 244	916	1 592
1997	427 104	479 193	1 483	2 403
1998	468 288	543 008	1 626	3 501
1999	459 360	539 973	1 595	4 018
2000	430 848	502 282	1 496	4 410
2001	440 352	521 923	1 529	4 409

〔续表〕

年 份	合同额(万日元)	营业额(万日元)	年新派人数(人)	年末在外人数(人)
2002	353 952	382 298	1 229	4 591
2003	396 288	502 303	1 376	4 785
2004	388 512	436 166	1 349	4 295
2005	208 512	233 534	724	3 970
2006	124 416	139 586	432	1 348
2007	161 856	191 360	1 100	1 650
2008	161 856	156 326	497	1 470
2009	114 624	138 935	398	1 254
2010	92 160	116 480	320	1 091
合 计	4 491 936	5 185 611	16 070	44 787

资料来源：外经集团年度统计报表。

2002年，外经集团被中国中日技能实习生协力机构评为"中国外派日本研修生十佳企业"第一名；2003年，外经集团日本研修协调部被上海市人民政府授予"2001—2003年度上海市劳动模范集体"；2006年，外经集团被中国中日研修生协力机构评为"诚信建设AAA企业"；持续连任中国中日技能实习生协力机构的副理事长单位。

【外派新加坡劳务】

1990年，外经集团从上海航空工业公司选派50名技术工人赴新加坡宇航公司从事飞机维修工作。1992年，从上海市仪表局系统选派150多名半导体操作工到新加坡渣打公司和意法半导体公司工作。1993年起，新加坡需求大量各类电子操作工和工程师，外经集团为满足发展需要，开始直接从社会上招募应聘人员，经过培训，考试合格后派往新加坡。其间，先后向新加坡索尼、惠普、IBM、希捷、松下、村田、AMD、TECH等公司派出数千名电子操作工和工程师，同时向新加坡国家电脑局、大华银行派出电脑软件工程师，向新加坡建屋发展局派出50多名建筑工程技术人员，向新加坡保健集团派出50多名助理医生和护士，向新加坡太阳邮轮派出近百名服务员，还向新加坡当地企业派出数控机床操作工、模具制造工等。1998年亚洲金融风暴对新加坡电子制造业冲击很大，随后，派往新加坡的劳务数量急剧下滑。1990—2010年，外经集团累计向新加坡135家公司派遣各类技术劳务人员9 000多人次。

2004年，为了规范市场运作，国家商务部对输新加坡劳务经营企业采取准入限制。经重新审核，外经集团成为首批被商务部核准继续具有从事新加坡建筑劳务派遣资格的经营企业，为此先后从江苏、山东、河南等省招募，向新加坡相关建筑企业共派出4 918名各个工种的建筑工人。

【外派民间劳务】

1986年10月，上海市印发《民间劳务试行办法》，以通过民间渠道，扩大劳务输出。1987年

4月,外经公司办理上海第一批民间劳务,是年派出10人。2002年8月,上海外经境外就业服务有限公司成立后,此类项目归口该公司经营和管理。至2010年,外经集团共派出民间劳务4 000余人,占外经集团外派劳务总量的8%左右。主要分布在尼加拉瓜、萨尔瓦多、洪都拉斯、危地马拉、波黑、毛里求斯、莱索托、尼日利亚、马拉维、南非、斯威士兰、缅甸、越南、柬埔寨、老挝、菲律宾等国。

第五节　进出口贸易、房产开发和援外培训

1991年2月,上海建工下属企业与上海对外经济技术合作公司联合在美国关岛开发房地产项目。2006年,外经集团与上海市机械设备成套(集团)有限公司(简称成套集团)重组后,进出口贸易总量翻番,2008年,进出口总额达到8.25亿美元,为历史最高值,进入上海外贸企业100强和全国500强行列。建工集团成立后先后在美国多个城市开发房产项目。建工集团和外经集团还先后承担国家援外培训任务。

一、进出口贸易

【规模】

1984年3月,外经集团正式对外营业时设有物资供应部,主要承担对外承包工程中相关设备和建材的采购和发运,不属对外进出口经营活动。

1992年5月,外经集团取得进出口经营资格。为适应发展需要,外经集团于2月、7月和1993年5月先后成立以上海申合贸易公司为主、上海淞洋贸易公司和上海金威贸易公司为辅的内外贸公司,开始尝试没有固定配额、没有固定进出口商品、没有固定客户、以三类商品进出口代理为主要形式的经营活动。外经集团还先后与上海市静安区、虹口区、南市区、普陀区、崇明县、奉贤县的外经贸委和市教委、市农委等政府部门合资成立以地方政府为主控股的进出口分公司。1995年开始,相关区、县、委办控股的进出口公司逐步退出,1998—2004年年初,外经集团又先后独资或合资成立上海金门进出口有限公司、上海金南进出口有限公司、上海外经国际冶金工程技术有限公司、上海亚联进出口有限公司等一批具有地区性和专业特色的进出口公司。1996年7月,经上海市外经贸委核准,扩大进出口经营范围,开始向对外承包工程相关的成套设备进出口领域拓展,以推动纺织、炼钢、轻化、食品、输油管道、污水处理等成套设备出口。2000年之前,外经集团年进出口总量基本徘徊在3 000万~5 000万美元的水平。2000年年底,年进出口总额突破1亿美元,2004年年底,年进出口总额突破3亿美元。2006年,有进出口贸易业务的成套集团并入外经集团。外经集团年进出口总额翻了一番,达到7亿美元。

1992—2010年年底,外经集团累计进出口总额约53.7亿美元(未包含成套集团2006年前的经营业绩),其中出口17.3亿美元,进口36.4亿美元。经营的进出口业务覆盖各类电力工程建设、炼钢轧钢工程建设、纺织机械、轻化机械、食品加工机械、输变电设备、输油管道铺设、广播通讯设备、城市基础建设、新能源光伏产品、轻化工业工程建设、科教文卫高精度专用设备引进、环境保护设备和工程建设、抢险救灾高端设备引进、金融证券数据管理设备、高精度医疗器械引进、航空工业设备等几十个行业领域。

表 5-2-9　1992—2010 年外经集团进出口贸易汇总情况表　　　　　单位：万美元

年 份	进出口总额	其中 出口	其中 进口	备 注
1992	660.64	615.59	45.05	开始有记录
1993	7 115.68	4 798.51	2 317.17	
1994	3 019.27	2 128.24	891.03	
1995	2 983.00	2 983.00	0	无进口记录
1996	3 319.14	2 888.55	430.59	
1997	6 851.24	4 583.15	2 268.09	
1998	5 107.57	2 702.13	2 405.44	
1999	4 853.78	2 417.15	2 436.63	
2000	14 691.65	3 239.95	11 451.7	进出口总额突破 1 亿美元
2001	22 384.36	3 522.17	18 862.19	
2002	18 698.26	3 782.49	14 915.77	
2003	19 398.00	2 651.00	16 747.00	
2004	33 967.27	6 445.87	27 521.4	进出口总额突破 3 亿美元
2005	38 755.09	12 062.07	26 693.02	
2006	71 940.69	27 531.89	44 408.8	进出口总额突破 7 亿美元
2007	72 471.99	26 328.79	46 143.2	
2008	82 517.97	31 843.29	50 674.68	进出口总额历史最高点
2009	55 166.5	15 408.51	39 757.99	
2010	63 443.99	17 479.07	45 964.92	
合 计	537 346.09	173 411.42	363 934.67	

资料来源：外经集团年度统计报表。

【主要出口商品】

2002 年前，外经集团由于没有出口配额和固定的出口商品，主要从事服装、玩具、文教品、羽绒制品、针织品、纺织品、食品、鞋类、自行车零配件、气体压缩机、小机械及船舶设备、减肥茶、皮革制品、陶瓷用品、木制品、中成药和轻工业品的出口代理。2002 年后，出口商品开始向对外承包工程带动成套设备和国内成熟装备出口转型，形成鲜明的外经特色。在电力、冶炼、纺织、化工、食品加工等领域先后出口水力、火力和废物利用发电设备，在老挝、缅甸、越南、蒙古、伯利兹、土耳其、秘鲁、印度尼西亚等国建成或即将建成一批火力、水力或废物利用发电厂；出口炼钢、轧钢设备，在泰国、越南、老挝建成了炼钢厂、轧钢厂；出口的纺织、制革、化工、食品加工、冷库成套设备，先后在越南、纳米比亚、朝鲜、伊朗、厄立特里亚建成和即将建成一批轻、化工企业；在输变电、输油管道、广播通讯等领域先后在中东地区、越南、赞比亚等，建成了高压输电、石油输送、广播发射塔等项目。

【主要进口商品】

90年代初,外经集团进口贸易刚起步,代理进口的主要商品是:建筑机械、压缩机、矿山设备、飞机零配件、物理化工仪器、电教仪器、棉纺织品、电焊条、化工原料、特种有色金属等。当进口贸易有了稳定的客户和产品后,业务就有了长足的发展。

2000年后,主要是代理进口医疗器械、太阳能电池配件、光伏产品和化工原料、矿砂等。在轻工业领域,不仅为改造我国的现代印刷业引进了低耗、高效、绿色环保的数字印刷生产线,还为相关企业提供了灵活的分期付款方案,直接参与一系列技术改造。在城市建设领域,为上海的城市基础建设引进数十台国际先进的大型和超大型盾构隧道掘进机和大量起重机、混凝土搅拌车、泵车、集装箱牵引车、挖掘机、成槽机、铣槽机等施工机械。在科教文卫领域,为上海高校、科研单位提升教学水平,加大科研力度和广大医院积极引进各类先进装备和设备,引进包括地震模拟测控系统、膜电极、电波暗室、电磁兼容专用测试系统、声学多普勒流速剖面仪、5500 AFM/SPM多模式扫描探针显微镜、Leica TCS SP5共聚焦显微镜、Leica ULTRACUT EM UC7-FC7、Nicolet 6700傅立叶红外光谱仪、7890A-5975C气相色谱-质谱联用仪及Dimension 3100扫描探针显微镜等高端设备。在抢险救灾领域,积极协助武警上海、苏州等地消防总(支)队引进现代消防车辆和消防器材。其中,如90米高空曲臂云梯车、50米和30米消防车,以及防化洗消车、水罐车,还有特殊规格供地铁专用的消防车,以及消防器材如生命探测雷达、各种规格的压缩空气泡沫系统等,为上海、苏州等地提高应对突发事件的能力和抢险救灾的效率作出了贡献。在引进光伏产品和化工原料领域不仅满足客户的需求,而且通过来料加工为提升国内太阳能开发利用和商品附加值作出贡献。

2000年后,进口额每年以两位数增长,到2008年,仅年进口额就达到5亿多美元,为历史最高点。

表5-2-10 2002—2010年上海外经集团进出口市场分布统计表　　　单位:万美元

年份	类别	亚洲市场	欧洲市场	美洲市场	非洲市场	大洋洲市场	年总计
2002	出口						3 782.49
	进口						14 915.77
2003	出口						2 651.00
	进口						16 747.00
2004	出口	2 234.8	2 782.7	1 209.9	14.8	203.7	6 445.87
	进口	18 351.3	3 789.68	5 240.06	63.3	77.06	27 521.4
2005	出口	8 702.78	1 978.18	1 145.89	51.88	183.34	12 062.07
	进口	18 031.14	5 722.98	2 826.79	5.34	106.77	26 693.02
2006	出口	14 547.85	9 542.55	2 978.95	49.56	412.98	27 531.89
	进口	31 392.58	7 624.99	4 995.99	97.7	297.54	44 408.8
2007	出口	20 454.84	1 608.69	3 296.36	492.35	476.55	26 328.79
	进口	30 496.04	10 677.54	4 568.18	4.61	396.83	46 143.2
2008	出口	20 140.88	4 114.15	6 174.41	939.38	474.47	31 843.29
	进口	30 131.16	15 182.13	5 082.78	40.54	238.17	50 674.68

〔续表〕

年份	类别	亚洲市场	欧洲市场	美洲市场	非洲市场	大洋洲市场	年总计
2009	出口	8 909.2	3 282.01	2 537.78	311.26	368.26	15 408.51
	进口	11 370.78	21 986.17	5 506.48	298.18	596.38	39 757.99
2010	出口	10 240.99	4 986.78	1 751.4	171.29	328.61	17 479.07
	进口	16 938.07	23 828.21	3 461.26	174.58	1 562.8	45 964.92

资料来源：外经集团年度统计报表。

二、房产开发

1991年2月，上海对外经济技术合作公司在美国关岛成立上海太平洋发展有限公司（简称申太公司）。该公司成立初期即与建管局所属市建一公司、市建七公司及安装公司合作，这3家公司先后向关岛派出95名土建和安装工程的建筑劳务人员。1994年2月，申太公司体制转换，从原上海对外经济技术合作公司单独投资改为与市建一公司、市建七公司、安装公司联合投资。上海外经占52％股份，其他3家公司各占股16％。至1996年，申太公司在关岛先后完成12项工程，其中3项为房地产开发，其余为承包工程，均取得了较好的经济效益。申太公司于2010年8月在关岛注销。

1993年年底，由中建总公司委托中建上海分公司经营的中建洛杉矶公司经多方市场考察及与合作伙伴美国CTA投资公司商讨，选择洛杉矶西柯文纳市一处可建25幢独栋别墅的土地。项目于1994年下半年开工，按融资银行要求项目需分作两期实施。待首期8幢别墅于1995年夏天开始销售后再进行第二期开发。该项目于1996年竣工并完成销售。一年后，由开发商负责建设的市政道路（包括路灯与行道树）和公共绿地保养期满后向当地政府移交。整个投资项目全部完成。

1995—1999年，中建洛杉矶公司与合作伙伴一起开发位于洛杉矶罗斯密市的8幢独栋别墅及洛杉矶哈仙达岗的11幢独栋别墅项目。以上三处房产开发项目均实现了较好的投资回报率。

1995年3月，中建洛杉矶公司在罗斯密市购置一幢两层的办公楼，后作为上海建工集团（美国）公司的注册地。2001年，因上海建工与中建总公司在洛杉矶的合作中止，中建洛杉矶公司停业。

1995年4月，建工集团与美国关岛利华公司、三湘美国关岛公司合作带资承包关岛24套集合公寓住宅开发项目。建工集团除投入部分资金外，以总承包方式承担工程的土建、室内外装修、水电安装和室外总体工程。项目于1997年年初完工，该集合公寓住宅部分出售，部分出租。

2010年开始筹建富顿广场1号项目。该项目是建工集团与美国富顿集团合资开发的商住综合地产项目，位于美国纽约法拉盛区，占地约3万平方米，主体建筑包括一座9层的凯悦酒店和一座14层高的高级公寓。2013年年底竣工。

三、援外培训

1961年5月—1962年4月，建工局所属上海水泥厂承担4名柬埔寨煤磨机实习生的培训。1966年5—12月，市建二公司承担4名坦桑尼亚建筑施工技术人员的培训。1965年12月—1968年12月，机施公司先后承办两期（每期各一年半）的越南实习生培训班，共培训200名学习挖土机底盘、内燃机和直流电机修理的实习生。1973年4月—1974年9月、1975年2月—1976年4月、1976年7月—1977年10月,机施公司承办三期越南实习生的培训班,培训100名履带式起重机驾驶专业的实习生。1973年4月—1974年10月,安装公司承办一期越南实习生培训班,培训40名安装钳工。2002年5月,机施公司派员参加越南河内美亭国家体育场工程的钢屋盖施工,越方的工程负责人曾是当年机施公司越南实习生培训班的学员。

2007年4月26日—7月23日,由建工集团承办发展中国家工程项目管理技术培训班,有来自非洲、亚洲、欧洲、拉丁美洲和大洋洲29个国家的47名建设主管部门的官员参加。2008年5月19日—6月7日承办非洲国家建设工程管理研修班,有来自非洲21个国家的35名建设部门官员参加。2008年10月20日—12月3日承办建设工程技术培训班,有来自非洲、亚洲、大洋洲及拉丁美洲28个国家的40名建筑工程技术管理人员参加。2009年5月14日—6月24日承办建筑工程技术培训班,有来自亚洲、非洲9个国家的17名建筑工程技术管理人员参加。2010年6月28日—8月8日承办发展中国家建筑工程技术培训班,有来自亚洲、非洲、欧洲、大洋洲和南美洲15个国家的31名建筑工程技术管理人员参加。培训班教学内容包括建筑施工高新技术、实用技术、桥梁和隧道施工技术以及工程项目管理等。主要由建工集团一批有较高理论水平、实践经验丰富的技术和管理人员担任授课教师。培训班还组织参观建工集团在建的世博园区、上海中心大厦工地等工程。

2008年5月5日—6月3日,外经集团承办城市建设规划管理研修班,有24个非洲国家的41名官员参加。授课内容包括城市建设规划与管理、城市经济、基础设施融资、可持续发展,以及中国当前城市规划的理论和实践、城市建设中常见问题及解决办法等。研修班期间,安排学员参观和考察上海城市建设规划馆,在建的世博园区、东海大桥、洋山深水港等工程。还安排学员赴江苏昆山市、青海西宁市进行实地考察。

第三章　海外现场管理

海外工程现场管理涉及物资采购供应、生活后勤、应急处置等管理。60—70 年代，海外项目的物资供应实行国家计划调配，现场设施简陋，职工生活艰苦。1994 年后，为做好自行选购、发运海外工程所需的物资，建工集团建立物资采运的机构、制度和流程，根据工程的实际情况采取国内采购、当地采购和国际采购等多种方式，基本满足工程建设的需要。随着人们总体生活水平的提高和国内标准化管理的推行，从 80 年代起，海外工程生活设施的标准逐步提高，管理逐步规范，建立生活、伙食、医疗等管理制度和管理方法，满足海外职工的物质和精神上的需求。为了应对自然灾害、当地政局变化等突发事件，建工集团的海外项目部在中国驻外大使馆的领导下建立相应的应对措施。90 年代，又完善应对恐怖袭击等方面的应急预案，减轻和化解了多个突发事件对工程和职工人身的伤害。

第一节　物　资　采　运

60 年代，海外项目的材料和设备是由国家指定单位负责采购和运输。80 年代起，材料可由施工单位自行选购，发运仍由国家指定的中国对外建筑材料设备供应公司和中国成套设备进出口公司承担。90 年代中期，建工集团有了对外经营权后，材料设备由建工集团自行选购、发运及办理报关手续。有的是国内采购运输，如毛里塔尼亚国际会议中心、安提瓜和巴布达展览中心、苏丹友谊厅维修、孟加拉国际会议中心、科摩罗等项目。一部分有条件的地区或一些特殊的材料和商品采取当地或周边国家进行国际采购。

一、计划调配

60—70 年代，建工局实施援外工程的材料供应实行的是计划调配制。水泥、钢材、木材以及施工机械等，由中国对外建筑材料设备公司从计划、订货、港口装船、代办海运和保险手续等全面负责，并垫付所需费用。各承建单位所需的援外物资都由各单位与中国对外建筑材料设备公司直接签订供应合同，有关双方的职责分工可在合同中商定；凡因涉及修改而涉及国内材料供应时，都需经国内承、分包单位同意。项目移交以后的设备零配件供应工作，由承建单位负责提供计划和技术资料，由国家建工总局设备配件出口供应公司负责供应。

二、自行选购、发运

【国内采购】

1994 年后，建工集团承担海外工程所需的材料、物资实行自行选购、发运。海外部成立专门的管理机构，1999 年前由物资部负责，1999 年后由工程部内设专职岗位，2005 年成立采运中心统一管理海外工程采购和发运事务。集团建立合格供应商制度，包括合格供应商审核流程、资格认证申请、资格认证评比和供应商业绩评定。采购供应商只有通过资格认证申请、评比复评合格后，才能参与海外工程物资采购的投标。在采购中采用比价采购和招标采购。金额大于100万元的材料、机电设备和大型机械设备或其他根据情况需要采取招标采购的物资采取招标采购的方式，其他一般采取通过询价比选的方式进行采购。采购程序由项目部编制计划上报分公司，经分公司领导批准审核报采运中心，零星采购物资由经办部门直接按分公司主管领导审批的采购申请单进行采购；批量采购的物资由经办部门根据物资计划进行。由于海外工程的物资一般采取海运，运输的周期一般要一个月以上，因此对材料的采购计划要求较高，否则就会影响工程的进度。经过多年的实践，海外部形成国内材料采购的基本程序。首先，海外项目（分公司）要编制采购总计划、季度采购计划和临时采购计划。总计划在项目实施前编制、季度计划上报时间为每季度末当月25日之前，一般要有3个月的提前量。其次，国内海外部采运中心根据计划在合格供应商内进行采购。再次，选择货运代理机构进行船公司及航线、报关和清关等事宜的选择。装箱日还要组织人员到指定仓库进行装货监箱；装箱关门前，拍照留存，取得仓库的装箱记录；将照片、装箱记录、材料清单一起发往现场材料员。

2009年起，海外部提出"七要素、四控制"的管理原则，"七要素"包括人员费、辅料、小型机械、大型机械设备管理、材料管理策划、项目团队管理及施工标准化文明工地管理；"四控制"主要是指主材、周转设备材料、集装箱发运数量及人员派遣来回机票人次，力求控制项目的实际成本，提高经济效益。

2000—2012年，从国内发运的各类物资折合20英尺的集装箱有16 079个。

表5-3-1　2000—2012年建工集团部分项目国内发运集装箱量统计表

项　目　名　称	发　运　时　间	折合20英尺集装箱(个)
孟加拉国际会议中心	2000年	1 113
苏丹新国际会议厅	2003年2月—2005年12月	426
加蓬参议院	2003年1月—2006年1月	527
加纳体育场	2005年12月—2007年9月	1 047
埃塞俄比亚立交桥项目	2007年2月—2008年8月	437
特多教育部大楼与西班牙港表演艺术中心	2006年1月—2009年12月	2 501
柬埔寨公路	2004年—2013年7月	4 565
巴中友谊中心项目	2008年8月—2010年6月	673
萨摩亚办公楼项目	2009年3—10月	517
几内亚体育场项目	2007年2月—2011年8月	1 110
加蓬体育场项目	2009年10月—2011年7月	1 984
马拉维会议中心和宾馆项目	2009年11月—2012年4月	1 179

【国际采购】

60—70年代，上海建工在海外实施的项目，除黄沙、石子等少数材料在当地采购外，各类建材都从国内发运。随着集团海外项目规模的扩大,利用全球的市场资源,在世界范围内寻找好的供应商,采购质量好、价格合理的产品(货物与服务),既能及时解决现场施工需求,又能解决项目成本控制。80年代起,包括水泥在内的各类建材逐步采取利用当地资源,在当地或周边国家进行国际采购。国外采购材料的供应商选择、询价比价工作基本由所在项目部或分公司在授权范围内进行,履行必要的报批或备案手续。各项目部或分公司积极挖掘市场渠道,采集市场价格信息并整理、分析,合理配置国际采购与国内发运的比例,满足工程需要,控制项目成本。开罗国际会议中心项目物资耗用量大,材料、设备总量多,项目部采取国内供货、第三国转口、国际采购三个渠道,保温棉从希腊进口,会议厅椅子从西班牙进口,垂直运输塔吊、大理石从意大利进口。马拉维国际会议中心和配套宾馆项目部除了从中国进口材料外,从土耳其采购3 000吨钢筋,节省约500万元人民币;从赞比亚采购水泥;从拉法基(赞比亚)公司采购6 500吨进口水泥;在当地采购竹笆及沥青等,使项目提前10个月竣工。越南体育场工程的电梯、座椅、消防系统、空调系统、洁具以及电子、通讯等设备则分别从德国、法国、英国、日本、荷兰、意大利等国家进口。

第二节　生活后勤服务

海外项目生活后勤保障是完成海外项目的重要保证。从80年代开始,海外项目逐步落实建工局关于现场生活设施的标准,90年代后又积极推进建工集团关于现场标准化一系列管理要求和改善职工生活措施的落实,海外项目的生活后勤服务有了很大的改善。至2010年年底,海外部有21个海外项目被集团授予文明工地称号。

一、生活基地

60—70年代,海外工程项目的生活设施较为简陋。在桑给巴尔的项目,宿舍和厕所都是石棉瓦墙加草屋顶,浴室和食堂为石棉瓦墙和屋顶。苏丹号称"世界火炉",常年气候炎热,所以苏丹项目的宿舍是砖墙砌筑,室内并配置简易的水冷风装置。80—90年代,生活设施有了较大的改善,在苏里南、埃及、毛里塔尼亚等国的工地,宿舍、食堂等均为砖墙砌筑,室内装有吊扇。生活区都设有简易浴室,并采用电加热水箱供应浴室热水。

1984年5月,建工局提出施工现场宿舍、食堂、浴室、茶水供应、厕所等设施的基本标准,2001年,建工集团进一步完善现场生活设施的标准。根据集团总公司的要求,结合海外项目的性质和生活后勤管理的特殊性,海外部规定食堂、宿舍、浴室、厕所、茶水供应、医务室、业余文体娱乐等生活设施要纳入项目总体场地布置图,经海外部审批通过后严格实施。分公司对项目的生活后勤管理负责,海外部对分公司进行检查。进一步完善海外项目生活后勤管理的内涵和标准,制定生活设施的管理制度。以自有职工为主实施海外项目时,工地的职工宿舍一般以原派遣单位或工种安排宿舍房间。有了分包队伍后,就按成建制分包队伍安排生活区或房间。生活区域都设置茶水供应设备,茶水棚、茶桶定期做好清洁消毒。夏令施工有茶桶跟班组、茶瓶跟员工的措施。工地男女厕所都按卫生标准和施工作业要求设置。厕所化粪池做抗渗处理并加盖,定期喷药、定期清运。2008—2009年,柬埔寨分公司在离金边20公里处置地建造了由5幢2~3层小楼组成的基地,金边办事处置地建造一幢3层小楼,用作办公、住宿,大大改善了职工的工作和生活条件。

二、工地食堂

60—70年代，海外项目工地的食堂设施虽然比较简陋，但对炊事员健康、食物保鲜保管、食堂清洁卫生等各方面工作一直非常重视，没有发生过因饮食卫生导致的问题。

90年代后，海外部对海外项目工地食堂硬件和管理做了制度规定。工人和管理人员在50人以下配炊事员1人、副手1人；50~100人配炊事员2人、副手2人；设置分食堂的，均须执行总包后勤保障规定，独立核算。炊事员须体检合格，炊事员要做到"四勤"（勤洗手、勤洗澡、勤理发、勤剪指甲）、"三白"（白衣服、白帽子、白口罩）；做好食堂的清洁和下水道的畅通。食品入库前必须验收；入、出库必须履行登记制度；食品分类、分架摆放整齐，保持库房整洁、通风良好；食品与杂物、生食与熟食、半成品与成品分开存放；做好库房的防火、防盗、防毒、防蝇、防尘、防鼠、防蛀、防霉、防潮等工作，预防事故发生。

各项目部根据当地的条件，积极想办法改善职工伙食，由运输材料的集装箱带去国内采购干货、调味品等；不少项目建有自己的菜园子，满足职工多种口味的需要。2006年1月开始施工的加纳体育场项目，针对加纳国内品种单调、副食品种类地区分布不平衡的状况，项目部对相距700公里的两个工地实施"南鱼北调，北肉南运"计划，还搭建养猪棚，买猪仔自己饲养；安排专人开荒种菜和加工豆制品，并将豆渣和菜皮喂猪，猪粪用来施肥，让员工吃上新鲜的猪肉和绿色蔬菜。2007年11月开工的几内亚体育场项目，项目部由一名专职管理员负责食堂工作；每周出具菜单（四菜一汤、周末加菜），根据菜单配备、采购和适当储存荤菜；成立由总包、分包、监理、设计单位代表参加的伙食管理小组，监督指导；每月召开伙食管理小组会议，汇报伙食开支情况并听取意见，加以改进。

三、医疗卫生和业余生活

1965年，建工局加纳纺织厂项目的专家组成员中就配有从建工局职工医院派出的医生。60—70年代在桑给巴尔的各援建项目依托中国医疗队提供服务。苏丹友谊厅、渔业项目等项目工地人数较多，离中国医疗队驻地相距较远，建工局职工医院派出医生驻地服务。

80年代，建工局在海外的项目全部设立医务室，派出来自医疗机构的医生，负责职工的医疗保健和公共卫生工作。90年代以后，规定项目人员在50人以上的，必须配备1名专职医生。由建工医院或各企业选配医生前往有关项目建立医务室，或担任专职医生。针对前往国的医疗状况及常见病、流行病、传染病情况及项目的人员情况，医务室或专职医生基本做到拟定工作计划及应急预案，提出医疗器械、药品的采购内容和计划，做好药品消耗台账与分包队伍的结算，耐心做好就医人员的治疗和咨询工作，做好工地和生活区、食堂、集体宿舍卫生的宣传、巡视和预防工作。在医疗条件差的非洲地区，尤其是疟疾高发区，制定和落实医疗卫生保障措施，采取预防措施，积极治疗患者，有条件的项目在职工回国前还进行疟疾检验，国内职能部门也千方百计为项目提供疟疾治疗药品，对出国职工实行出、返国体检等。

为搞好职工的业余生活，海外项目根据条件不断丰富内容。60、70年代，海外项目生活基地的业余文体活动主要是收听国内广播及乒乓球活动等。离所在国首都较近的项目，在周末去中国驻外使、领馆看电影，或者由中国驻外经济参赞处定期到工地放映电影。80年代后，国内各方面条件大大改善，各项目部积极为丰富职工业余生活创造条件，一般由会议室或食堂合用成为职工的活动室,配备电视机、录像机,有条件的配备乒乓球桌、卡拉OK等设备,以及棋、牌、书刊等,供职工观看电视节目和录像节目、其他文娱活动;有的利用生活区的空地建造简易的篮球场;有的不定期安排各类歌咏、乒乓球、棋类、其他球类比赛和组织节日联欢会。还经常组织参加使馆、经商处组织的中资企业活动。互联网普及后,海外部利用视频和网络传达集团各种信息,提供各种学习材料;海外项目部为职工上网积极创造条件,丰富职工业余生活。

第三节 应急管理

一、应急机制

60年代建工局开展海外业务后,所在国就先后发生各种自然灾害、质量和安全、卫生防疫和社会安全等事件。90年代后世界又频繁发生恐怖事件。2005年,建工集团在总结历年处理自然灾害和突发事件做法的基础上,修订突发事件的应急管理办法,成立由集团主要领导参加的领导小组和各有关部门参加的工作小组,明确海外的突发事件由海外部具体负责处理,其他部门提供支撑。海外部相应成立海外项目应急处理的领导机构,编制各类应急预案。海外部的应急管理办法要求海外各公司、机构、项目部广泛宣传应急法律法规和预防、避险、自救、互救、减灾等常识,有计划地对应急救援和管理人员进行培训,提高其专业技能。针对各种可能发生的突发事件开展风险评估,完善预测、预警机制。突发事件发生后,海外项目部主要领导负有第一责任,组织力量展开自救、互救,同时必须立即向海外部领导小组口头和书面报告。事件发生后,海外项目部要与海外部领导小组前后联动,积极稳妥做好善后处置工作,包括做好疫病防治和环境污染消除工作,适时组织有关单位和个人的理赔工作。要对突发事件的起因、性质、影响、责任、经验教训和恢复重建等问题进行调研评估,向海外部提交报告。海外部的应急管理办法对突发事件的信息发布、处置奖惩等作了相应的规定。

二、自然灾害应急处置

1995年9月4日,特大飓风侵袭安提瓜。安提瓜展览中心工程正值开工前夕,现场临时设施刚刚建完。生活区和工地临时设施被全部摧毁,所幸人员在得到预警后及时撤离,无人员伤亡。

2004年12月,印度洋海啸袭击马尔代夫,马尔代夫外交部大楼工地的机械设备和生活设施及生活物资全部被扫光,所幸人员及时撤离未受伤害。项目部职工积极开展自救,使项目尽快恢复施工。当中国大使馆用中国政府运来的救灾粮食和食品慰问项目部时,项目部主动把这些慰问品转交给当地红十字会,受到中国大使馆和当地居民的高度赞扬。

2007年2月15日德黑兰时间13时左右,一场特大雪崩突袭外经集团承包的伊朗高速公路D标段工地上TALOON隧道出口工区。宽度超过300米的北坡,数万立方米的冰雪裹挟着树木和巨石把隧道右侧的油库、道路和河道完全掩埋,路面冰雪厚度超过6米。左线隧道洞门被掩埋过半,洞口钢拱架被压垮2榀。中方一职工被大雪掩埋。面对突如其来的灾难,STA项目部领导立即作出快速部署,急调4台机械设备参加抢险。经过40分钟全力搜索,终于把该职工从雪堆里抢救出来,经现场急救和检查,除了因缺氧造成的头疼外,该职工没有其他任何损伤。

2009年9月29日凌晨,萨摩亚发生8.3级地震,并伴随发生海啸。由建工集团承建的萨摩亚政府办公楼项目位于首都阿皮亚。面对突发的自然灾害,项目部班子成员临危不乱,组织人员有序地撤离。中国驻萨摩亚大使馆也启动应急机制,向前来躲避海啸的中国工人敞开大门。转移过程中,项目的领导班子成员在所有工人撤离,确认所有设备安全后,再进行撤离。人员撤离经过三次转移,无一人伤亡。

2010年7月5日下午约1时左右,几内亚首都科纳克里市遭到龙卷风袭击,时长约10分钟。建工集团承建的几内亚体育场项目工地遭受重创,受损的范围包括宿舍区、办公室、食堂、材料仓库、钢筋棚、油库及部分施工机械、围墙等。灾害发生后,项目部党支部第一时间向中国驻几内亚大使馆和国内海外部领导以及几内亚青体部报告灾情,并及时查看和记录各处受损情况、拍照取证,收集相关保险索赔资料。事后,项目部抓紧抢修电力设备,做好临时设施加固、围墙修复和机械设备维修等工作;食堂和宿舍的供电经抢修得到恢复,保证了晚餐的按时供应。第二天中国驻几内亚大使到现场慰问,送来了电视机、打印机和生活物品等。在相关部门配合下,项目部得到保险赔款,减少了经济损失。

三、突发事件应急处置

2001年9月11日,美国纽约发生轰动世界的飞机冲撞世贸中心的事件。事件发生后,离事件发生地不远的建工集团中国驻纽约总领事馆改造工程项目部立即启动应急预案,规定职工无特殊情况禁止外出,项目部领导及管理人员实行24小时值班。施工现场在保持正常施工的情况下,加强现场监控力度,组织一批有经验的施工骨干确保领馆内水电及通讯畅通;准备充足的食品、药品及生活必需品,以应对可能发生的事件。当时领事馆原有的两台锅炉和储油罐正准备外运,正在工作的美方工人停止了工作。为安全起见,安装公司项目部集中力量帮助美运输公司将锅炉和储油罐装上卡车,将施工人员撤回领馆内,并用木板封闭沿街的临时吊装口。同时与国内保持密切联络,报告事件的进展和处置的情况。项目部同志在突发事件后仍然保持良好的工作状态,保证改建工作的正常进行,受到领馆和集团领导的高度赞扬。

2004年5月3日上午8时20分,一辆载着中国交通部航务勘测设计研究院工程技术人员的班车在离巴基斯坦瓜达尔港工地约一公里处遭遇汽车炸弹袭击,造成3人牺牲、9人受伤(其中4人重伤)。事发后,承担该工程的上海建工项目部在第一时间通过卫星电话向国内总部作了报告。在工地现场,党支部副书记不顾自己的安危,在事发后的一个多小时,跑遍了20多平方公里的施工区域,把分散在7个作业点的106名员工逐一召回营地本部。项目副经理在卡拉奇参与保护、转运同胞遗体、抢救护理9名伤员的工作。项目部对食堂、宿舍、重要机械设备加强了检查和看护,并与巴方联系增派警力实行24小时保卫,确保人员、财产和交通的安全。经过项目班子一天半的处置和调整,5月5日,施工生产就得到全面恢复。在国内,海外部立即成立应急情况处理小组,向在瓜达尔港项目工作的职工家属及时通报情况,进行安抚和慰问。集团党政主要领导去信慰问。巴基斯坦瓜达尔港口项目部党支部在处置重大突发事件中的突出表现受到中国驻巴基斯坦大使的赞扬和集团总公司党委的通报表彰。

2008年11月—2010年12月,巴基斯坦首都伊斯兰堡发生各类恐怖袭击1 000多起。2009年4月4日晚上的恐怖爆炸就发生在离建工集团施工的巴中友谊中心项目工地不到500米处,当场炸死6名巴基斯坦武装警察。针对当地恐怖袭击频发、政局动荡的情况,项目部成立防恐领导小组,制定防恐应急预案,还对应急预案定期进行演习,确保突发事件发生后管理人员责任的落实。平时加强对职工的安全教育,严格实行请销假制度,搞好伙食供应,因地制宜开展各类文化体育活动,舒缓工人的紧张心理。项目部强化各种防范措施,围绕工地四周挖掘壕沟,阻止汽车冲入围墙;大门设两道防护栏杆,一扇铁门,严格执行门禁卡进出的制度;在沿马路围墙上安装可视旋转探头和照明灯;要求当地警察局增加警力、强化巡逻,严格当地聘用人员的审查程序等,实现了人身伤亡事故和安全事故为零的目标。

2009年开工的马拉维国际会议中心工程,在施工期间,该国因经济困难发生大规模游行、骚乱。事发后,项目部第一时间向国内作了通报,并密切关注事态发展。在事态严重时,项目部紧急决定停工,严禁员工外出,同时抽调人员充实现场安全保卫力量,重点看护大门、仓库,防止发生哄抢。项目部临危不乱,沉着应对,平安渡过危机。

2009年4月底,甲型H1N1流感爆发,墨西哥的疫情尤为严重。外经集团承建的伯利兹综合发电厂建设项目距墨西哥边境不到1小时车程,当地生活和医疗条件十分简陋。消息传到国内,建工集团和外经集团领导立即组织力量,通过市有关方面采购治疗专用药"达菲"、防治普通感冒药品以及大批量医用口罩,由国内新派去人员随身带往现场,解决了现场150多名国内派出的建设人员防疫问题。工程现场也采取缜密的防控措施,使现场建设人员情绪稳定、健康情况正常,工程有条不紊地开展。

第四章 海外工程选介

上海建工先后在海外建成了一大批有影响的工程,受到所在国(地区)政府和各界人士的赞誉。工程类型主要是工业、民用、公共建筑和市政基础设施,工程项目总计有149项。其中,1986—2010年开工的工程中,有11项工程获得中国省、部级优质工程奖项,包括4项鲁班奖;4项工程获得项目所在国的优质工程奖。

第一节 工 业 建 筑

一、坦桑尼亚桑给巴尔皮革皮鞋厂

坐落在坦桑尼亚桑给巴尔市东北郊,占地面积1.21万平方米,建筑面积3 479平方米,主厂房建筑面积2 471平方米。筹建单位是天津第二轻工业局,天津轻工业设计院设计,上海市建工局承建。1967年4月13日开工,1968年1月13日竣工。这是建工局在海外建成的第一个工程项目。

该工程为60年代中国政府对外援助项目,桑给巴尔皮革皮鞋厂的建筑为钢架混合结构。建工局实施全部土建施工,安装室外照明系统、上下水管道、消防管道、生活给排水、消防及卫生设备,以及设备基础、室内通风、厂区道路的施工。施工中采用水泥砂浆砖作为墙体材料,通过加深基础、增加地梁、加强上部框架钢度等措施,保证了建筑结构牢固。

桑给巴尔总统(坦桑尼亚第一副总统)卡鲁姆出席了项目落成典礼。

图5-4-1 坦桑尼亚桑给巴尔皮革皮鞋厂

二、阿尔巴尼亚冶金联合企业

坐落在阿尔巴尼亚的爱尔巴桑市。中国冶金工业部是该援建项目工程的承建部,参建单位有上海市冶金局、上海市建工局、北京钢铁设计院、第九设计院、上海市建筑科学研究所、上海工业建筑设计院、上海市机电设计院、上海市规划建筑设计院等。该工程全部面积共约60万平方米。1971年10月—1978年7月,建工局承担的土建施工任务先后开工47.25万平方米,竣工36.09万平方米,在建11.16万平方米。该项目为70年代中国政府对外援助的重点项目,由钢铁厂、轧钢厂、机修厂、动力厂、运输部、检验室及仓库设施组成,施工过程中需要对已采用管柱结构的耐火仓库和设备仓库等9个单体更改为I型柱结构支撑,焦化车间的胶带机通廊桁架由C3F和16毫米钢种改为A3F或A3钢,钢球锻造工段和防腐蚀工段的12米跨度采用两铰拱屋架(上弦钢筋混凝土,下弦钢拉杆),项目二期的建筑物改 180 毫米肋高大型屋面板为 240 毫米肋高大型屋面板等。建工局承担该项目的全部土建施工技术指导任务和部分设备安装施工指导任务,负责采购发运的土建、安装材料及各类加工件达 14 万吨。

1978 年 7 月,因中阿两国关系恶化,工程建设中止。

图 5-4-2　阿尔巴尼亚冶金联合企业

三、苏丹友谊纺织厂

位于苏丹吉齐拉省哈萨黑萨城北部,距该国首都喀土穆约 136 公里,项目占地面积 12 万平方米,建筑面积 4.3 万平方米,是一个集纺、织、印、染为一体的全功能纺织厂。筹建单位是无锡市纺织工业局,轻工业部第二设计院设计,上海市建工局承建。

图 5-4-3　苏丹友谊纺织厂

该工程一期于 1974 年 1 月 21 日开工,包括纺织车间、机修车间、冷冻站、仓库、食堂、水塔等 15 个项目,1976 年年底建成移交。二期于 1975 年 12 月 26 日开工,包括印染车间、雕刻间、印染有关的水泵房、软水站以及锅炉房等项目,1978 年 2 月建成移交。该工程的纺织车间为单层钢结构密闭型厂房,镀锌瓦垄铁屋面带技术层,吊顶高度 3.9~4.5 米。印染车间为二层厂房,上层是生产车间,采用钢制门式屋架,双坡屋面,坡度 1:3,檐口高 6 米;下层为开敞式架空层,采用钢筋混凝土框架结构。附属用房为钢筋混凝土框架结构,二层平面屋,层高 3.8 米。基础柱基采用 150 号现浇钢筋混凝土,垫层采用 75 号混凝土,墙基采用钢筋混凝土基础梁。

为克服当地膨胀土影响,在房屋柱基施工中,从地面挖下 2.5 米以上,低于底层膨胀土 0.5 米,把膨胀土全部挖掉然后换成黄沙。在沥青道路施工中,按标高挖掉 0.5 米膨胀土,铺上碎石黄沙,再铺上含有适当比例膨胀土的混合路料,边泼水边用压路机压实,接着铺上沥青沙压实,再铺设沥青路面。为克服当地日夜温差大的影响,施工中在建筑物的钢结构、水泥柱、砖墙之间,留出一定的伸缩空间。

1976年5月27日和1978年5月28日,苏丹总统尼迈里分别出席该工程纺织部和印染部的竣工仪式。

四、蒙古都日根水电站

位于蒙古科布多省都日根县泰诺哈拉依赫河上,距都日根县13公里,总装机容量为3×4 000千瓦。业主单位是蒙古能源部,中国上海外经(集团)有限公司总承包,邯郸市水利水电勘测设计研究院和杭州市亚太电力技术有限公司为设计分包,杭州市亚太电力技术有限公司监理,新疆北新建设(集团)公司为施工分包。工程于2004年6月8日开工,2008年10月试运行,2009年11月正式通过蒙古国家验收,2010年1月举行竣工移交仪式。

都日根水电站是蒙古最大的水电站,包括电站主厂房、副厂房、泄洪闸、鱼道、土坝、引水渠、尾水渠、交通桥等。坝长231米,最大高度24米,上游坝坡1∶1.30,下游坝坡1∶2.75,建筑物等别为Ⅱ等,按8度地震烈度设防。设计发电流量107.4立方/小时,装机容量1.2万千瓦,设计水头15米,安装3台ZD560-LH-250水轮发电机组。

图5-4-4 蒙古都日根水电站

该水电站建成对于改善蒙古西部地区电力供应具有重要意义。蒙古大呼拉尔副主席恩赫包勒德出席项目竣工移交仪式。

五、土耳其燃气锅炉发电厂

位于土耳其卡拉布克市。该发电厂利用卡德米尔钢铁厂生产的高炉煤气、焦炉煤气、转炉煤气,作为燃料进行发电,天然气作为应急气源。业主单位是土耳其卡德米尔卡拉布克钢铁厂,中国上海外经(集团)有限公司总承包,中国轻工业成都设计工程有限公司为设计分包,上海全华自动控制工程技术有限公司为分散控制系统(DCS)供货商。工程于2010年11月开工,2013年8月竣工。

该工程项目为50兆瓦燃气机组,为满足卡德米尔钢铁厂

图5-4-5 土耳其燃气锅炉发电厂

的用电要求,主要设备包括 1×190 吨/小时燃气锅炉及 1×50 兆瓦纯凝汽式汽轮发电机组。项目技术和服务内容包含:制订计划、设计、工程管理、建造、运输、设备调试、燃气锅炉、蒸汽轮机的配件和辅助设备、给水系统及凝结水系统、发电机、冷却水站、管道、电气工作、仪表及控制系统、监理、培训。发电厂的三大组机设备分别采用浙江杭州汽轮机股份有限公司生产的高温高压凝汽式汽轮机组,山东济南发电设备厂生产的 50 兆瓦空冷汽轮发电机,江苏无锡华光锅炉股份有限公司生产的高温高压燃气锅炉,燃烧器配套厂家为荷兰的 STORK 公司。

该项目获中国建筑业协会 2013 年度全国建设工程优秀项目管理一等奖。

第二节 民 用 建 筑

一、苏丹友谊厅

位于苏丹首都喀土穆青尼罗河同白尼罗河的汇合处,分为会议楼、国际会议厅、宴会厅、展览厅和影剧院及机房 5 个部分。占地 62 900 平方米,建筑面积为 24 702 平方米。上海市民用建筑设计院设计,上海市建工局承建,协作单位有中央广播事业局、上海市电话局等单位。工程于 1973 年 1 月 3 日开工,1976 年 5 月 23 日竣工。

该工程为我国政府援助苏丹第一个开工、第一个竣工的大型高级公共建筑。建筑物通体以纯洁的白色为主调,最高为 39.8 米,东西长 235 米,南北长 80 米,属于钢筋混凝土结构。施工中采用现浇钢筋混凝土,通过降低混凝土入仓温度,做好水化热处理,加强养护的措施,克服干燥热带地区的裂缝问题。针对当地膨胀土,基础施工采取埋深技术,将最深达 6 米的膨胀土全部挖出,以砂、石等材料回填。在 2.3 万平方米的平顶施工中,适应当地干热带施工的规律,采取了水曲柳胶合板的离缝施工技术,达到平整美观要求。

图 5-4-6 苏丹友谊厅

苏丹总统尼迈里出席竣工典礼并为项目揭幕剪彩。

二、埃及开罗国际会议中心

该项目位于埃及首都开罗的纳赛尔城。占地面积 25 公顷,建筑用地 3 公顷,总建筑面积 5.8 万平方米。上海市民用建筑设计院设计;由中建总公司和中建上海分公司联合承包建设,筹建和组织施工单位为中建上海分公司;参建单位是文化部及上海市文化局、上海市邮电管理局、上海市市内电话局、上海园林局等单位。工程由埃及国防部军事工程局配合实施。1986 年 1 月 1 日开工,1989 年 3 月竣工。

埃及开罗国际会议中心为中国政府赠送给阿拉伯埃及共和国的一项大型高级综合性公用建

筑，也是当年中国最大的对外援助民用建筑工程。工程具有伊斯兰建筑风格，包括2 500座的圆形大会议厅、800座的三角形中会议厅、600座的方形小会议厅、1 250座的宴会厅、107间办公房、6 771平方米的展览厅以及新闻发布中心、总统用房、辅助机房等。建筑物东西两侧各有一座直通主楼层的立交桥，北侧是1 200车位的停车场。主楼旁还有一组名为"秀华园"的中国园林建筑。

图 5-4-7 埃及开罗国际会议中心

本项目各单体工程采用现浇钢筋混凝土条形基础或独立基础，上部结构为钢筋混凝土框架结构。其中，大会议厅及宴会厅采用辐射形型钢屋架，中心位置由总成圈梁联结；中小会议厅采用型钢屋架。施工中重点解决了地表南高北低8米斜坡高差、土质粉砂层浸水后的抗塌陷、现浇混凝土抗裂缝等施工技术问题。项目的八项设备系统由埃方自行采购安装，包括直径14米的液压转动升降舞台、8种语言同声传译、闭路电视、无线电电视转播、电传电报、内部通讯、印刷设备、厨房设备等。

1986年3月19日，中国国家主席李先念和埃及总统穆巴拉克为项目奠基。1989年12月19日，中国国家主席杨尚昆和埃及总统穆巴拉克为项目落成剪彩。1993年12月，国家科学技术委员会授予该项目的工程设计与施工为国家科学技术进步奖三等奖。

三、孟加拉国孟中友谊会议中心

位于孟加拉国首都达卡，是建工集团获得国家外经贸部对外援助项目实施企业A级资格后承建的第一个较大的中国对外经援项目。工程占地面积5.8公顷，建筑面积为1.99万平方米。其中主体工程的建筑面积为1.91万平方米，附属工程的建筑面积为796平方米。北京市建筑设计研究院设计，上海建工（集团）总公司总承包，海外部、市建七公司、安装公司实施。2000年3月开工，2001年7月竣工。

图 5-4-8 孟加拉国孟中友谊会议中心

该项目由会议中心、办公服务区、设备机房停车场等组成。其中会议中心工程主体由一个1 672个座位的大会议厅、2个200人会议厅（会议厅均配备有四种语言的同声传译系统）、一个700人的大宴会厅等组成。室外是占地约3万平方米的大型广场和停车场、绿化带和大型灯光喷泉及环绕建筑物的倒影水池均衡布置，加上具有伊斯兰风格的建筑门拱和披上银色外衣宛如南亚明珠的球壳屋面，成为孟加拉国具有鲜明时代特征及独特风格的标志性建筑。

会议中心部分为桩基础，1~3层为现浇钢筋混凝土框架剪力墙体系。办公服务区部分为桩基础，2层为现浇钢筋混凝土框架体系。会议室的顶板纵向大梁、宴会厅的屋面横向大梁和大会议厅屋顶球壳根部的环梁均采用后张法有粘结预应力混凝土大梁。该工程采用大跨度有粘结预应力技术、钢结构技术、大跨度双层结构网架技术、给排水 UPVC 管应用技术、结合当地资源采用空心砖轻质新型墙体设计等 5 项施工新技术,优质高效地完成工程的施工。

2002 年 1 月,中国国务院总理朱镕基与孟加拉国总理卡·齐亚参加竣工交接仪式;2002 年获孟加拉国政府颁发的莲花奖和中国外经贸部对外援助成套项目优质施工奖。

四、中国驻新加坡大使馆新建工程

该工程是上海建工(集团)总公司与新加坡金门公司合作,通过国际招标获得的中国外交部工程。工程的设计顾问及施工监理是新加坡雅思柏(RSP)公司,工程测量师是新加坡威宁谢(DLS)公司。由建工集团派员担任该工程项目公司的董事长。工程占地面积 1.2 万平方米,建筑面积 1.49 万平方米。2000 年 4 月开工,2002 年 1 月竣工。

整个工程由办公楼、签证与商务楼、大使官邸、宴会厅、馆员公寓、门卫室及车库等 7 个功能各异的单体建筑组成,各单体建筑依山而建。基础采用桩基,上部结构主要为钢筋混凝土结构,部分结构的梁和楼板采用预应力结构,框架单体建筑最高为 4 层,层高 4~5 米。建筑外墙以花岗岩、玻璃幕墙为主,室外园林景观采用中西结合形式,整个使馆功能配置齐全,造型设计精巧。

该工程获中国外交部使馆工程优良工程。

图 5-4-9 中国驻新加坡大使馆新建工程

五、中国驻纽约总领事馆改建工程

位于美国纽约曼哈顿岛 12 大道 520 号。上海市建工设计研究院、辽宁日林建设(集团)设计研究院设计,上海现代建筑设计(集团)有限公司为设计合作单位;上海建工(集团)总公司施工总承包,海外部、市建四公司、市建五公司、安装公司实施。中国驻纽约总领事馆改建工程一期工程于 2000 年 11 月 12 日开工,2002 年 6 月 1 日竣工。二期工程于 2002 年 8 月 15 日开工,2003 年 10 月 18 日竣工。

原建筑物为建于 1962 年的 1 幢总高 68 米的楼房,总建筑面积 3.23 万平方米。在保留原结构体系不变的前提下,改建时

图 5-4-10 中国驻纽约总领事馆改建工程

对建筑平面布局进行重新调整布置,扩建宴会厅,改造原有游泳池为室内游泳馆;更新全部水、电、空调系统管线及设备等;对公共部位和客房等进行重新装修;安装电梯、锅炉、空调制冷机及配套设备;安装通讯、安保、消防、监控、门禁等弱电系统。通过改建在功能上满足领馆业务发展的需求。

六、越南国家体育场

又称美亭国家体育场,位于越南河内市西郊,占地面积 6.04 万平方米、建筑面积 4.69 万平方米、观众席 4 万座。上海市建筑设计研究院和澳大利亚 BVN 公司设计;上海外经集团有限公司和上海建工(集团)总公司联合总承包,海外部、市建八公司、安装公司、机施公司实施。2001 年 8 月 15 日开工,2003 年 8 月 14 日竣工。

越南国家体育场项目是通过国际招标承建的交钥匙工程,包括 3 个足球场,看台面积 2.03 万平方米,东西看台屋面主钢架结构跨度达 156 米,机电设备 90% 以上从欧美采购。

2003 年 9 月 2 日,越南总理潘文凯出席项目落成典礼。2003 年 8 月,该项目被上海市建设管理委员会和上海市对外经济贸易委员会授予"突出贡献奖"。2003 年作为第 22 届东南亚运动会主会场。

图 5-4-11 越南国家体育场

七、苏丹新国际会议厅

位于苏丹首都喀土穆,西接苏丹国家博物馆,北邻青尼罗河,在苏丹友谊厅建筑群的东面。占地面积 5 600 平方米,建筑面积 8 773 平方米,建筑高度为 15 米。现代设计集团上海建筑设计研究院有限公司设计,上海建工(集团)总公司总承包。2003 年 3 月开工,2004 年 8 月竣工。

苏丹新国际会议厅包括:一个主会议厅、多个小会议厅、贵宾厅、宴会厅、办公室及辅助用房和配套措施,配备先进的国际会议设施和同声传译系统。该建筑为三层钢筋混凝土框架结构,基础采用钢筋混凝土灌注桩,主会议厅屋面采用大跨度钢网架。基础施工中更换了 1 万立方米膨胀土,地梁施工中采用梯形护坡。每平方米建筑面积含钢量达 300 公斤。

本项目被外经贸部授予 2005—2006

图 5-4-12 苏丹新国际会议厅

年度对外援助成套项目优质施工奖。

八、俄罗斯圣彼得堡波罗的海明珠项目

位于俄罗斯圣彼得堡西南波罗的海沿岸的红村区。总占地 208 公顷,建筑面积 193 万平方米,其中住宅建筑面积约 100 万平方米,设有商业广场、宾馆、学校以及各种配套的娱乐和服务设施。集团总公司与市建四公司、市建七公司、装饰公司、安装公司、材料公司等承建。2005 年 5 月 9 日举行奠基仪式。

图 5-4-13　俄罗斯圣彼得堡波罗的海明珠项目

俄罗斯波罗的海明珠项目是一个以现代化、生态化、人性化、欧洲化为特征的大型多功能综合社区,采取分期滚动开发模式。其中商务中心会所是首期开发的标志性建筑,集商务和会展等功能为一体,建筑面积 1 万平方米,2006 年 6 月开工,2007 年 6 月 9 日竣工移交,举行了俄罗斯"中国年·上海周"的开幕仪式。

项目的住宅区部分集中位于综合社区的东侧和南侧,涵盖低层、小高层、高层和别墅等不同形态,整体定位在中高端,分两期建设。第一期的 38-1 住宅工程,2008 年 10 月 1 日开工,2010 年 12 月 30 日竣工。第二期的 39-1 住宅工程,2008 年 10 月 1 日开工,2012 年 6 月 30 日竣工,第二期为多功能综合社区,由 9 幢高层、7 幢多层住宅、若干辅助设施组成的住宅群,包括大面积的地下车库。自 2012 年 10 月 25 日起,一期和二期的住宅工程逐步进行单体移交。

九、比利时天堂公园

位于比利时布鲁塞尔西南约 60 公里的埃诺省布吕热莱特市,占地 55 公顷,其中,中国园林占地 4.5 万平方米。园林集团所属上海市园林工程公司设计建造。第一期工程 2005 年 3 月 14 日开工,第八期工程 2013 年 12 月竣工,历时 9 年。

比利时天堂公园的"中国梦"一期工程包括 7 个景点,以及龙墙、公园道路、假山区等;二期工程包括长廊、五座亭子、围墙、鸟房改建、石桥、红石板地坪等;三期工程包括一座汉唐风格建筑,一个模拟考古挖掘现场;四期为印度尼西亚风格园;五期工程为改扩建中式服务中心,包括中式重檐餐厅、会议厅、湖心亭三大建筑,以及庭院空间和周边地带的亭廊、假山、溪流、砖细门楼、门头、院墙、水景、园路等中式景观建造;六期工程为亚洲地域景观,包括曲桥、

图 5-4-14　比利时天堂公园

琉璃瓦、中式道路地坪铺装、太湖石溪流驳岸；七期工程为亚洲地域风貌的象房；八期工程为大熊猫园和佛教寺庙。

2014年3月30日，中国国家主席习近平和比利时国王菲利普共同出席比利时天堂公园大熊猫园开园仪式，欢迎由中国提供的大熊猫"星徽"和"好好"落户。

十、中国澳门银河娱乐度假城

位于中国澳门氹仔，是澳门金光大道规划中的地标性建筑。该度假城集博彩、娱乐、度假于一身，建筑面积55万平方米。该项目为国际总承包项目，由澳门银河娱乐有限公司投资，建筑设计为关善明建筑师事务所，结构设计为迈进土木结构工程顾问公司，机电设计为WSP HONG KONG LTD.，测量师为利比工料测量有限公司。上海建工集团（澳门）有限公司总承包管理。2006年4月4日中标项目的A座及B座裙楼标段后开始施工，2011年5月15日正式开业。

图5-4-15 中国澳门银河娱乐度假城

工程由3座酒店及1座娱乐场组成。其中A座塔楼总建筑面积11.3万平方米，共27层，设有五星级酒店客房1400余套；B座塔楼总建筑面积12万平方米，与A座造型相同，设有两家五星级酒店客房800余套；C区为娱乐场。

工程历时5年兴建完成，净工期为3年。2008年11月，世界金融危机造成澳门银河娱乐度假城暂缓施工，主体工程缓慢进行，机电、装饰等工程基本停滞。2009年11月，该工程恢复正常施工状态，同时签订银河项目第二阶段补充协议。该协议的签订，标志着上海建工由土建为主的施工总承包，向总承包管理模式的重要转变。该工程项目共有分包136家，标段453个，项目的总承包管理实现良好的切分管理、合约管理、人力资源管理、信息管理、深化设计管理以及劳务管理。该项目是建工集团境外工程实施总承包管理的一个成功例子。

十一、特立尼达和多巴哥西班牙港表演艺术中心

位于特立尼达和多巴哥首都西班牙港的中心，占地面积3.99万平方米，建筑面积2.56万平方米，是建工集团承建的第一个由中国进出口银行提供优惠贷款、按EPC模式实施的"交钥匙"建设工程。华东建筑设计研究院有限公司设计；上海建工（集团）总公司总承包，海外部、安装公司等实

图5-4-16 特立尼达和多巴哥西班牙港表演艺术中心

施。2007年4月开工,2009年11月竣工。

该工程由一座1 239座的剧场、52间客房的宾馆和表演艺术学院三部分组成。剧场部分为4层,宾馆部分为4层布局,表演学院为3层。主体建筑高度22.5米,外观设计为特多国花花瓣形状,象征盛开的特多之花。外壳最高点36.92米。整个建筑采用双曲面形的金属屋面。配以玻璃幕墙,造型复杂,施工难度大。

2009年11月27日,英联邦首脑会议在此举行,是特多的一处标志性建筑。

十二、几内亚五万人体育场

位于几内亚首都科纳克里,占地面积23.96万平方米,建筑面积34 011平方米,可容纳观众席位5万个,是中国政府当时在西非地区最大援助项目。中南建筑设计研究院股份有限公司设计;上海建工(集团)总公司总承包,海外部、安装公司等实施。2007年11月9日开工,2011年8月28日竣工。

几内亚五万人体育场主体建筑属于梁柱结构、部分为钢结构,设有4个看台区,场内设有国际标准足球场和田径场。主看台上方为超大跨度钢结构屋盖,建筑高度51.5米,跨度290米,总用钢量1 430吨,采用倒三角形钢管桁架拱和曲面网架混合体系,施工中采用格构柱作临时支撑的分段安装法。桩基采用混凝土灌注桩,共810根,桩长平均为30米,桩径为700毫米和800毫米。

看台框架结构采用变截面斜柱,呈"Y"字形,截面尺寸随高度而变化,施工中采用槽钢做抱箍对称平衡施工,保证了"Y"的成

图 5-4-17 几内亚五万人体育场

形质量。看台上部钢拱箱梁采用预应力技术,在钢拱桁架拱两个支座之间设置矩形预应力箱型拉梁,属于超长束,施工中采用特殊的穿束工艺和两端张拉工艺,很好地完成了拉梁的施工。

工程获得2012年度鲁班奖(境外工程)、2012年上海市优秀设计工程奖。

十三、巴基斯坦巴中友谊中心

位于巴基斯坦首都伊斯兰堡,占地面积5.26万平方米,建筑面积2.14万平方米,地上4层,地下1层,设有报告厅、展示厅、会议室、贵宾室、宾馆和餐厅等。中国中元国际工程公司设计;上海建工(集团)总公司总承包,海外部实施。2008年11月26日开工,2010年8月18日竣工。

巴基斯坦巴中友谊中心为梁柱结构建

图 5-4-18 巴基斯坦巴中友谊中心

筑,外立面大部分采用航空铝板作为隔栅板,镂空图案由伊斯兰纹样和中国元素合成,具有美化和遮阳作用。内部楼层为超高结构空间,首层 7.5 米,二层 6.5 米。大报告厅可容纳观众 818 座,屋顶为钢网架结构,跨度 30 米,总重量 75 吨,由 18 个支座固定在框架柱上,受力点由 286 个钢球焊接构成,采用高空散拼法施工,整个网架轻灵稳固。舞台上部采用钢结构,柱子为型钢和混凝土组合,主梁为 H 型钢,跨度 16 米,共 9 根,采用高强螺栓连接钢梁与支座和预埋件。舞台系统包括灯光、扩声、同声传译、监控等系统,可满足国际会议和大型演出需要。2010 年 12 月 18 日,中国国务院总理温家宝与巴基斯坦总理吉拉尼共同为巴中友谊中心启用揭幕。

工程获得 2011 年度鲁班奖(境外工程)。

十四、萨摩亚政府综合办公楼

位于南太平洋岛国萨摩亚首都阿皮亚,占地面积 2.6 万平方米,建筑面积 2.06 万平方米,包括一座 L 型 6 层综合办公楼和一座八角形 2 层国际会议中心,由中国政府提供优惠贷款援建。上海现代建筑设计(集团)有限公司设计;上海建工(集团)总公司总承包,海外部、安装公司等实施。2009 年 8 月 18 日开工,2011 年 4 月 18 日竣工。

萨摩亚政府综合办公楼为钢筋混凝土框架结构。大厅采用 7.6 米错层超高结构空间,大楼外部采用 45 根异形柱钢结构,高 26.7 米,抗震性能好,施工中采用汽车吊

图 5-4-19　萨摩亚政府综合办公楼

吊装,配合现场电焊,对钢结构表面采用氟碳喷涂,进行防腐防锈防火涂层处理。大楼中庭屋顶钢结构,宽 12.6 米,长 33.5 米,由型钢与混凝土组合,通过设置预埋件和高强螺栓连接。新型玻璃幕墙的隔热、保温、透光效果好,克服了海岛阳光直射。大楼采取智能化控制,实现安防和消防系统信息共享。施工期间,抵御了当地 8.3 级地震和海啸。

工程获得萨摩亚政府颁发的国家卓越工程奖和 2012 年度中国国家优质工程奖银奖(境外工程)。

十五、加蓬体育场

位于加蓬首都利伯维尔,建筑面积 3.65 万平方米,观众席位 4 万个。中铁工程设计咨询集团有限公司设计;上海建工(集团)总公司总承包,海外部实施。2010 年 1 月 23 日开工,2011 年 10 月 31 日竣工。由加蓬总统阿里·邦戈命名为加中友

图 5-4-20　加蓬体育场

谊体育场。2012年非洲杯足球赛决赛和闭幕式在此举行。

加蓬体育场共有4座看台,主体为钢筋混凝土框架结构,其中,东西两座看台上部是大型钢结构罩棚,南北两座看台为露天看台,场内设有国际标准足球场和田径场。西看台罩棚为当时非洲之最,属超大跨度钢结构,主拱跨度长316米,高63.2米,施工中在近地面先进行主拱中间段和环梁的焊接拼装,再通过数控液压设备提升吊装到位,实现整体合龙。看台拱脚的钢筋混凝土承台厚8米,每个体量为1 424立方,施工中通过4层浇捣,克服了水化热和结构裂缝。基础桩为851根,对2.2米以上的大直径混凝土灌注桩,利用小旱季采取人工挖孔桩完成,其余的小桩基在雨季施工,采取冲击成孔,用高钢护筒护口。

工程获得2013年度鲁班奖(境外工程)。

第三节 土 木 工 程

一、巴基斯坦瓜达尔港

位于巴基斯坦俾路支省的瓜达尔镇,霍尔木兹海峡湾口处。中国港湾建设(集团)总公司总承包,联合体单位有上海建工(集团)总公司、中国水利水电总公司第十三工程局、上海市东海工程局,中国交通部第四航务勘测设计院设计。2002年3月开工,2007年6月竣工。

该项目包括一期工程第一标段、一期工程第二标段、一期工程9项新增工程。瓜达尔港一期工程第一标段为3个深水多用泊位,主码头结构按5万吨级设计,总长602米,工作船泊位一个,长100米,码头陆域纵深800米,进港航道长约4.35公里,生活辅助建筑物约1.5平方米,道路堆场面积约为16万平方米,以及通讯导航设施及其他配套设施。3个泊位吞吐量为集装箱10 TEU/年,散件杂货27万吨/年,散粮45万吨/年。一期工程一标段2003年6月1日开工,2004年11月30日竣工。

图5-4-21 巴基斯坦瓜达尔港

瓜达尔港一期工程二标段主要包括港口装卸设备、港作车船、通信导航、给排水、环保、供电照明、供油等码头设施和6个土建单体工程。2003年7月1日开工,至2005年1月止,除受巴方土建影响项目外,完成安装调试,港口具备简易投产条件。

瓜达尔港一期工程9项新增工程主要包括海水淡化防赤潮、前沿码头加装船舶供水管、装卸油过程控制系统、发电机房5吨行车、工作船加装水深显示仪、巴方土建区消防水管和给排水管接口、供电设备修改、围墙、杂货仓库及办公室等设施。2006年11月1日开工,2007年6月30日竣工。主要工程项目结构形式:道路堆场为混凝土联锁块结构铺面。

2002年3月22日,中国国务院副总理吴邦国与巴基斯坦总统穆沙拉夫出席开工典礼。

二、埃塞俄比亚格特拉立交桥

位于埃塞俄比亚首都亚的斯亚贝巴南部，是连接非盟总部和国际机场的交通要道，道路总长8 128米，桥梁总长1 087米，主线桥梁为双向四车道，匝道及辅道为单向行车道。中国水电顾问集团华东勘察设计研究院设计；上海建工(集团)总公司总承包，海外部实施。2007年6月开工，2009年5月1日竣工。

埃塞俄比亚格特拉立交桥为中国政府援助非洲的第一座全互通式立交桥，由5个分项工程组成，包括路基工程、路面工程、立交桥梁工程、交通安全设施工程、周围绿化工程。工程建成通车后极大改善了当地路口车辆通行状况，立交桥南北主线及匝道外设有非机动车、人行辅道和4个下穿通道，方便路人出行。

整座立交桥为现浇钢筋混凝土梁柱结构，由两条主线道路呈曲线状弧形交叉构成，南北主线是跨铁路段，采用低松弛高强度钢绞线预应力箱梁，创造了大跨度预应力箱梁施工技术在埃塞俄比亚的第一次应用。桥梁立柱和防撞墙通过专项模板设计，采用定型钢模板，达到清水混凝土标准。桩基为98根嵌岩桩，长度45米，直径有1 000毫米和1 200毫米两种，路基施工中挖去黑棉土选用粒径较大的微风化石料的作下结构层，在箱梁与地面道路连接处采用7米以上高填方的路面。施工中实行"半封闭式"管理，同时确保交通畅通。

工程获得2010年度鲁班奖(境外工程)。

图5-4-22 埃塞俄比亚格特拉立交桥

三、柬埔寨"二桥一路"

柬埔寨"二桥一路"项目包括：湄公河大桥、洞里萨河大桥、柬埔寨国家8号公路，是中国政府援外优买优贷项目。上海建工(集团)总公司设计施工总承包，海外部实施。

图5-4-23 湄公河大桥

图5-4-24 洞里萨河大桥

湄公河大桥项目位于金边的东北方向，距金边约 25 公里，连接 6 号公路和 8 号公路。大桥桥长 1 066 米，桥宽 13.5 米，主跨 170 米，为连续刚构钢筋混凝土结构的桥梁。2007 年 12 月开工，2010 年 7 月竣工。

洞里萨河大桥项目位于金边的西北方向，距金边约 30 公里，连接 5 号公路和 61 号公路。大桥桥长 981 米，桥宽 13.5 米，主跨为 135 米，为连续刚构钢筋混凝土结构的桥梁。2007 年 12 月 15 日开工，2010 年 4 月 10 日竣工。

柬埔寨国家 8 号公路项目西起湄公河大桥，东至柬越边境，全长 105 公里，按中国三级公路标准设计，道路宽度 11 米，路面为沥青混凝土路面。2008 年 1 月 1 日开工，2011 年 7 月 6 日竣工。

图 5-4-25　柬埔寨国家 8 号公路

湄公河大桥由于河段水深 40 余米，旱季、雨季水位差 10 余米，选用的是目前国内先进的打桩船，一个半月时间内，在水上完成 40 根直径 2 米、长 100 余米冲孔灌注桩；搭建 4 个水上平台，利用混凝土搅拌船，在一个旱季内完成水下基础施工；由于洞里萨河大桥所在地水深 20 余米，旱季、雨季水位差约 5 米，采用较经济的钢栈桥施工方式，完成水下基础的施工。

洞里萨河大桥、湄公河大桥的建成以及 8 号公路的通车，使柬埔寨 5 号、6 号、8 号公路相连接，形成贯穿柬埔寨中部地区的交通大动脉。

第六篇 工程选介

概　　述

随着国民经济的发展和城市建设进程的加快,以及自身业务结构的调整,建工集团(建工局、建管局,统称上海建工)所建工程种类已覆盖房屋建筑工程、土木工程、特种工程、绿化工程等各个方面,1953—2010年共建成各类工程10多万项。

城市标志性工程是显示上海建工综合能力的重要方面。50年代,10个月建成的中苏友好大厦(今上海展览中心)被誉为"最雄伟的俄式建筑群";70年代建造的漕溪路住宅群一度成为上海新面貌的标志;80年代建造的华亭宾馆、新锦江大酒店、希尔顿酒店等上海第一批五星级酒店,展示了上海改革开放的崭新气象;90年代后建造的以金茂大厦、环球金融中心、上海中心大厦为代表的陆家嘴超高层建筑群已成为上海作为国际大都市的新形象。其间,建造的北京国家大剧院、广州新电视塔、南京紫峰大厦、青岛大剧院等成为当地的标志性建筑。

在国家工业化水平提高的过程中,上海建工完成一大批工业建筑和重要设备的安装。50年代为上海工业基地的形成,建成一批机电、钢铁、化工的厂房;到各地参加国家重点工程建设。60年代在"大三线""小三线"和上海原料基地建成一大批工业设施。70—80年代,参加金山石化、宝钢和一批工业改造、引进设备项目的建设,为上海工业发展增添动力。90年代后,在上海经济转型中,上海建工建造的项目中,有汽车、微电子、精细化工、飞机制造、环保设施,也有大型化工装置、天然气储存装置等,还有一批重大科学研究基地。

上海建工在建设公共建筑、教卫文体建筑、住宅建筑、工业建筑等方面,为城市功能的提升和人民生活水平的提高作出了应有的贡献。从图书馆、博物馆到体育场馆、大剧院、艺术中心;从高等院校的教学设施到医疗卫生机构的病房大楼、医技设施,涉及的门类涵盖各个相关领域。上海国际赛车场、世博会建筑群等的建成,质子重离子医院、上海光源、风动中心装置的完成,显示了上海建工较高的施工技术水平。住宅工程从50年代砖木结构的曹杨新村等工人新村到60年代混合结构的公房,70年代"一模三板"[①]住宅的问世并应用在建造高层住宅上,80年代起建造的一大批住宅小区和高层住宅,配套齐全、质量优良,满足了人们日益增长的物质文化需要。

80年代后,上海建工加大土木工程市场的开拓。在上海、外省市和海外建造斜拉桥、悬索桥、钢拱桥、连续梁桥等各种桥型的桥梁;建设地铁、轨道交通、磁浮列车运营线的交通设施和城市高架路、高速公路、机场港口和铁路等基础设施。在海底铺管、敷线、船坞建设等特种工程领域建成一批有影响的工程。在园林绿化工程上有大型公园、城市绿地、道路和小区绿化,为城市添绿,为生态改善发挥作用。

---

① 一模三板即大模板现浇混凝土墙,预制外墙挂板、内墙隔板、大块楼板。

第一章 商贸建筑

第一节 综合商务建筑

一、上海商城

位于南京西路1376号。原名为上海展览中心北馆工程。建筑面积18.5万平方米,主楼高167米。1988年1月开工,[①]1990年4月竣工。[②] 美国约翰·波特曼建筑设计事务所、华东建筑设计院设计,日本鹿岛建设株式会社总承包,市建一公司承建,[③]安装公司等参建。[④]

图6-1-1 上海商城

该工程由3幢塔楼和一座7层裙房呈"山"字形的建筑组成。中间塔楼48层,自23层以上以每隔2层外挑0.5米;东西两幢楼各为32层。商城内有花园式庭院、豪华公寓、甲级写字楼、城市超市、高档商场及剧院、贸易展览中心、五星级酒店等。外墙清水混凝土采用爬模工艺,代替原有的施

---

① 开工一般以合同中的开工期为准。
② 竣工一般以竣工报告为准。
③ 承建指该单位负责该工程主体结构施工。
④ 参建指该单位负责该工程专业分包施工。

工脚手架；嵌线条、艺术装饰线等都在模板工程中一次完成；现浇清水混凝土全部采用预拌混凝土，泵送高度达到164米。在施工过程中注重学习国外企业工程总承包管理先进经验。

二、金茂大厦

位于浦东世纪大道88号。建筑面积23万平方米，地下3层，地上88层，高420.5米。1994年9月开工，1998年8月试营业，1999年6月竣工。美国SOM建筑事务所、上海建筑设计研究院设计，以上海建工（集团）总公司为主，联合日本大林组株式会社、法国西宝营建集团、中国香港其士国际发展有限公司组成的联合体作为总承包商，市建一公司、机施公司承建，基础公司、安装公司、装饰公司、材料公司、建工设计院等参建。

该工程竣工时高度为世界第三、"中华第一高楼"。主体结构为钢筋混凝土核心筒加钢结构伸臂桁架。建工集团设立总承包项目经理部，集成技术、管理、人力资源、资金等，实施对项目的工程总承包，加强建设全过程的指挥监控。项目建设过程中，实现总承包对所有分包管理的全覆盖，形成以总包为中心的指挥协调系统和良好的现场秩序；实现专业工程系统分包、最终功能交付的总分包格局，打破以往采购与施工分离、施工与功能脱节的状态；实现施工图向总包和各分包商的转移，实行施工图"谁承包谁出图"并由总包负责全部施工图的协调管理、送总设计方确认后再进行施工的制度；总承包合同采用菲迪克（FIDIC）合同文本的一般条款与专用条款，实现一切管理从合同出发的管理基本原则。地下施工中，完成2万平方米、深20米的大基坑开挖；厚1米、深36米的地下连续墙采用围护和承重两墙合一的技术并采用新型的凹凸形接头，提高抗渗性能；厚4米、1.35万立方米的主楼基础承台混凝土一次性连续浇捣。主体结构施工采用跳爬式爬模工艺和分体组合自动调平整体提升钢平台模板系统；首次采用自主研发的高性能泵送剂，一次泵送混凝土至382.5米等。主楼核心筒施工创造一个月上升13层的纪录。

1999年，"超高层建筑施工技术研究——金茂大厦88层"获国家科技进步奖一等奖。2001年获鲁班奖，2002年获詹天佑奖。① 2000年5月，在市建设党委、建委等单位组织的"新中国五十年上海经典建筑"评选活动中被评为金奖。2009年被评为"新中国成立60周年百项经典暨精品工程"。

图6-1-2 金茂大厦

---

① 鲁班奖为中国建筑工程鲁班奖，1996年改为中国建筑工程鲁班奖（国家优质工程）；詹天佑奖为中国土木工程詹天佑奖。

三、恒隆广场

位于南京西路1266号。一期工程建筑面积28万平方米,地下4层,地上66层,高288米。1996年8月开工,2001年7月竣工。二期工程建筑面积11万平方米,地下3层,地上43层,高220米。2004年4月开工,2007年10月竣工。香港冯庆延建筑师事务所、美国KPF建筑设计所、华东建筑设计研究院有限公司等设计。上海建工(集团)总公司施工总承包,①市建三公司、市建一公司承建,安装公司等参建。

该工程主体建筑为流线型玻璃幕墙,尤以顶峰巨型灯光为建筑标志,更配合整体的流畅线条,显示高雅挺秀的现代感。地下室施工针对邻近地铁2号线区间、环境保护要求高、基坑开挖深、地下管线多且高压电缆离基坑最近处仅4米等情况,采用"分区施工""多孔小药量"、信息化管理等技术手段和保护措施,保证土方开挖、支撑爆破和拆除等多种工序的安全。主体工程为混凝土框筒结构,解决边线弧线椭圆形、测量定位、模板安装等技术问题;混凝土一次泵送至260米。

2000年11月,该工程获美国混凝土协会(CIB)颁发的第39届海外优秀项目奖,系该协会首次向中国建筑企业颁奖。

图6-1-3 恒隆广场

---

① 施工总承包指工程合同中明确该单位负责该项工程的建设和服务,下同。

四、环球金融中心

位于浦东世纪大道100号。建筑面积38万平方米,地下3层,地上101层,高492米。1997年年初开工,后受亚洲金融风暴影响缓建。2003年2月复工,2008年8月竣工。日本森大厦株式会社一级建筑师事务所、美国KPF建筑事务所、上海现代建筑设计(集团)有限公司、华东建筑设计研究院有限公司设计,中国建筑工程总公司、上海建工(集团)总公司联合体总承包;市建一公司、机施公司等承建,装饰公司等参建。

该工程主体结构为巨型核心筒加外伸臂桁架。混凝土施工混凝土体量大、泵送高、技术新。混凝土总量达到23.5万立方米。基础底板混凝土分三次施工,其中一次为连续浇捣2.89万立方米。上部结构混凝土9.9万立方米,最大泵送高度达到492米。结构施工采用集团自行研发的整体提升钢平台模板体系,解决塔楼核心筒和巨型柱结构施工中技术问题。

2009年获白玉兰奖,2011年获詹天佑奖。

图6-1-4 环球金融中心

五、上海国际会议中心

图6-1-5 上海国际会议中心

位于浦东滨江大道2727号。原名东方明珠二期工程。建筑面积9.5万平方米,地下2层,地上

11层。1998年2月开工,1999年7月竣工。浙江省建筑设计研究院设计,上海建工(集团)总公司施工总承包,市建七公司承建,基础公司、机施公司、装饰公司等参建。

该工程乳白色的外墙托起两只巨大的球体。大球直径50米,高51米;小球直径50米,高38米,一大一小,相映成趣。球体上的透明玻璃拼装出世界地图图形,意寓"上海走向世界"。位于酒店7楼的上海厅可同时容纳3 000人,是上海当时最大的无柱型多功能厅。为满足2001年APEC会议需要,施工期间业主增加200~800人的会议厅及各类中小型会议厅等适合国际活动的设施;地面以上结构由原5层修改为11层。因施工荷载大量增加,在地下2层增补静压锚杆柱273根。

2000年5月,在市建设党委、建委等单位组织的"新中国五十年上海经典建筑"评选活动中,该工程被评为金奖。

六、长峰商城

位于长宁路1018号(长宁路、凯旋路交界处)。建筑面积30万平方米,地下4层,主楼58层,裙房10层,高239米。2002年9月开工,2007年12月竣工。现代设计集团上海建筑设计研究院有限公司设计,市建二公司施工总承包。

该工程是集商场、娱乐、办公、酒店于一体的建筑。外立面由玻璃和三片红铜质感的墙面组成,沿逆时针方向旋转、升腾,象征商城的繁荣和蒸蒸日上的景象。地下与地铁站厅和近900平方米的扇形地下广场相连。

该工程是20世纪初上海施工面积最大的逆作法工程。地下最大开挖深度达24米,且周边紧邻运营中的地铁2号线,最近处距离仅1.9米,与基坑平行长度190米。逆作法施工采用地下连续墙和工程结构"两墙合一"、立柱采用"一柱一桩"的形式;逆作分区流水施工,首次采用逆作双梁节点及逆作无支架吊模技术,保证了结构施工的工期与质量,以及地铁运营和周围建筑、管线的安全。

图6-1-6 长峰商城

七、港汇广场

位于虹桥路1号。是双塔组合现代化城市综合体建筑。

建筑面积43万平方米,由两幢分别为49层和50层塔楼组成,高224米。2003年4月开工,2005年6月竣工。美国KPF建筑事务所、华东建筑设计研究院有限公司、冯庆延建筑师事务所(香港)有限公司等设计,上海建工股份有限公司施工总承包,市建四公司、机施公司承建,装饰公司等参建。

港汇广场超高层续建工程是在原先已经建成开业的

图6-1-7 港汇广场

3层整体地下室和7层商业裙房的顶上进行的,工程建设期间没有传统意义上的施工场地及围墙,施工期间要保障商业的正常营业,特别是保护裙房顶部3个大型玻璃天棚的安全。围绕上述难题,通过采取立体场地布置、垂直运输设备的高空接力安装、多层次立体防护、混凝土泵管跨路输送和余料回收等创新技术,在不影响商场营业的情况下,完成了港汇广场的超高层续建。

八、南京紫峰大厦

位于南京市中央路9号。建筑面积26.1万平方米,地下4层,地上66层,高450米。2006年3月开工,2010年10月竣工。美国SOM设计发展有限公司、华东建筑设计研究院有限公司设计,上海建工(集团)总公司施工总承包,市建四公司、机施公司承建,安装公司、装饰公司等参建。

该工程基坑东侧离正在运营的地铁仅5米,两侧的中山北路和中央路均是繁华的交通主干道。施工场地狭小,建筑物覆盖率(地下部分)占基地面积的70%。主楼结构采用钢筋混凝土核心筒加钢桁架结构体系。核心筒筒体有效高度381米,自下而上断面形状和尺寸多次变化、调整。混凝土结构采用强度等级为C50、C60、C70的高标号混凝土高程泵送,保证混凝土的可流动性及和易性的统一。施工采用附墙式塔吊爬升到顶,采取套筒法模板提升工艺。钢结构天线桅杆长145米、重480吨,安装高度达450米,且副天线悬挂于主天线之上。钢结构总吨位达1.6万吨。

2012年获得江苏省扬子杯奖。

图6-1-8 南京紫峰大厦

九、上海国际金融中心

位于浦东世纪大道8号。建筑面积62万平方米,高260米。2007年8月开工,2011年12月竣工。美国西萨·佩里设计事务所、香港巴马丹拿国际公司、华东建筑设计研究院有限公司设计,上海建工(集团)总公司施工总承包,市建一公司承建,装饰公司、建工设计院等参建。

该工程由南、北塔楼和裙房等组成。施工中采取了总承包加区域总承包的管理方法。建工设计院承担总承包设计管理等工作。基坑面积5万平方米,分3个区,采用平面分区群坑工程施工工法,最大开挖深度为30米。基础采用地下连续墙结合五道混凝土支撑的围护形式,有效控制围护结构变形。上部结构采用液压爬模工艺,解决了

图6-1-9 上海国际金融中心

核心筒和巨形柱的模板施工问题。

十、上海中心大厦

位于浦东陆家嘴银城中路501号。总建筑面积57.8万平方米,地下5层,地上127层,主楼高580米,塔冠最高点632米。2008年11月开工,2014年12月基本建成。上海市城市建设投资开发总公司、上海陆家嘴(集团)有限公司和上海建工股份有限公司合资组建的上海中心大厦建设发展有限公司投资建设。美国Gensler建筑设计事务所、同济大学建筑设计研究院合作设计。上海建工股份有限公司总承包;建工设计院深化设计,基础公司、市建一公司、机施公司、安装公司分别承担基础、土建、钢结构、机电设备安装施工;装饰公司、园林集团、材料公司、建工研究总院、市建七公司等参建。

该工程为集办公、商务、观光等功能于一体的综合性建筑。建设高度当时居世界第二、国内第一。外观宛如一条盘旋升腾的巨龙,工程设计摆脱传统的外部结构框架,以旋转120度且建筑截面自下朝上收分缩小、不对称的外部立面,减少大楼结构的风力负荷;首次采用具有节能环保的内外两层玻璃幕墙,改善大厦内空气质量。主楼塔冠阻尼器采用先进的电涡流阻尼器。还采用地源热泵、风力发电、雨水收集利用等多项绿色环保设施。获美国LEED认证为白金级绿色建筑及中国绿色三星级认证。

地下施工中,采用1 079根孔径1米的钻孔灌注桩,入土深87米。65幅深50米、壁厚1.2米的地下连续墙,厚6米、6.1万立方米的混凝土大底板,连续60小时一次浇筑成功;裙房地下室采用逆作法施工,深度为26.7米。主体结构采用集团自主研发的跳跃式液压顶升整体钢平台,为580米核心筒结构施工创造条件,混凝土一次泵送达620米高度。施工结束后,主楼核心筒四台巨型M1280D塔吊安全拆除。该建筑"双幕墙"超高层结构带来的外幕墙不规则圆和每一层面"正时针旋转一度"的复杂性,带来每一根钢结构构件和每一块幕墙玻璃的尺寸、转接方式都不一样。整个工程钢结构安装超过12.6万吨,外幕墙安装14万平方米、共2万余块单元板块。

该工程首次采用建筑信息模型(BIM)技术,创造一种建立在全新的信息化系统上的项目管理方法,达到一体化深化设计、一体化加工制作、一体化施工管理的预期效果,是国内采用BIM技术,建造特大型、超高层建筑的成功案例。

图6-1-10 上海中心大厦

第二节 宾 馆 建 筑

一、上海宾馆

位于乌鲁木齐北路505号。建筑面积4.2万平方米,主楼30层,高91.5米。1979年12月开工,1982年12月竣工。上海市民用建筑设计院设计,市建四公司承建,安装公司等参建。

图6-1-11 上海宾馆

该工程首次超过国际饭店保持上海近半个世纪的建筑高度。工程全部采用国产材料;主体结构施工大面积使用定型钢模板组合及台模新工艺,使施工速度提高30%;在上海第一次在20层以上结构使用泵送混凝土施工,施工周期由最初的29天缩短到9天一层;在上海首次使用悬挑钢管扣件封闭式脚手架进行施工,为高层建筑施工的外脚手搭设提供先例。

该工程被列为上海市重点建设项目,建工局成立现场指挥部,组织多家施工单位开展会战,协调解决劳动力紧张、材料紧张、设备紧张等问题。施工中实行工地总翻样负责制,保证出图质量和工作进度。1982年、1983年、1986年,该工程施工人员先后到南京、广州、香港等地进行高层建筑施工技术交流。

二、华亭宾馆

位于漕溪北路1200号。建筑面积10.3万平方米,主楼29层,高90米。1983年8月开工,1986年6月交付使用。香港王董设计事务所、上海工业建筑设计院设计,市建七公司承建,基础公司、安装公司等参建。

该工程造型别致,平面呈S形,由中间一段矩形及两端各有长1/4的扇形组成,临街转角呈弧形,主楼北部阶梯式跌落,满足北临高层住宅的采光和通风。针对结构外形特殊、多处为

图6-1-12 华亭宾馆

弧形的特点，施工测量采用弧度法及偏角法进行定位与轴线控制，基础、结构混凝土施工采用特殊模板，电梯井采用液压爬模及筒子模，外墙体模板经预先加工成型并在现场配置支撑体系。根据主楼由裙房包围的情况，施工中采用70HC内爬式塔吊解决垂直运输。

1987年11月获鲁班奖，1988年获国优银奖，2000年5月获詹天佑奖。

三、新锦江大酒店

位于长乐路161号。建筑面积6.5万平方米，地上46层，高153.4米。1985年3月开工，1988年12月竣工。香港王董国际有限公司、上海市民用建筑设计院设计。市建四公司承建，机施公司、安装公司等参建。

该工程顶部有空中花园和当时上海规模最大的双层旋转餐厅，屋顶设有直升机停机坪。主楼呈八角棱柱体型，中心核心筒体为全钢结构，筒体钢柱间采用钢板剪力墙结构，是国内第一幢超高层钢结构建筑。钢结构总重9 000吨，测量校正采用高精度的激光经纬仪。工程地处市中心路面狭窄、交通繁忙、施工场地狭小，施工中借鉴国外高层钢结构安装技术，采用先主楼后裙房的总体施工流程，解决钢构件运输、构件堆放、施工机械的布置等困难，完成了施工任务。主楼钢结构采用动臂式内爬塔吊、裙房采用行走式塔吊进行安装。

2000年5月，该工程在市建设党委、建委等单位组织的"新中国五十年上海经典建筑"评选活动中被评为金奖。

图6-1-13　新锦江大酒店

四、花园饭店

位于茂名南路58号。建筑面积6万平方米，地上34层，高123.61米。1986年5月开工，1989年11月竣工。日本株式会社大林组东京本社、华东建筑设计院设计，市建一公司结构承包，安装公司机电设备安装承包。

花园饭店的原址是1926年竣工的法国总会。对称的线条、精美的雕饰、豪华的转门，特别是极具气势的罗马式廊柱，使外立面带有复古的巴洛克特征。

该工程对老房子进行加固和修复，对原有的部分内装饰作某些调整，把老房子改造为饭店裙房的一部分，设入口、大堂、中庭及大小宴

图6-1-14　花园饭店

会厅、商店、酒廊等,与背后新楼艺术地衔接。新建筑屋顶有公园及停机坪。主楼基础采用直径609毫米、桩长39米的钢管桩,片筏基础承台。基础施工采用可施加预应力的工具式钢支撑、轻型井点降水和回灌水提高水位、钢板桩挡土施工工艺等措施,有效解决建筑物密集区深基础施工难题。主楼采用现浇钢筋混凝土剪力墙结构体系,上部结构采用滑模施工工艺,4层裙房为框架结构。

五、明天广场

位于南京西路399号。建筑面积12.7万平方米,地下3层,地上58层,高283米。1996年8月开工,2003年3月竣工。美国约翰·波特曼建筑设计事务所、上海建筑设计研究院设计,上海建工(集团)总公司施工总承包,市建二公司、机施公司承建,安装公司、装饰公司等参建。

该工程由高层塔楼、裙房和连接中庭组成。针对上海软土地基的特点,在地下室施工中,裙房采用逆作法、主楼采用顺作法和"一柱多桩"技术,以永久结构楼板替代支撑,节约了成本,增加了施工作业面,加快了施工速度。主体结构施工采用"高层悬挑斜拉钢平台"方案,实现模架在37层高处平面旋转45度。

2003年获白玉兰奖,2005年获国优银奖,[①]2006年获詹天佑奖。

六、红塔大酒店

位于浦东新区东方路889号。建筑面积约5.3万平方米,主楼38层,高148.8米;地下室共3层,建筑面积约1.2万平方米。1998年7月开工,2001年6月竣工。美国斯德尼斯公司、华东建筑设计研究院设计,市建八公司施工总承包。

红塔大酒店是按照五星级要求设计、施工的宾馆。总分为主楼与裙房两个部分。1~7层为裙房,8~35层为标准层,37层为高空餐饮,38层为总统套房。共设有348个标准套房。工程主楼为剪力墙结构,裙房

图6-1-15 明天广场

图6-1-16 红塔大酒店

---

① 白玉兰奖即上海市白玉兰杯奖;国优银奖即国家优质工程银奖。

为框架结构。外墙为石材幕墙。

2002 年获鲁班奖。

七、北京钓鱼台国宾馆（芳菲苑）

位于北京市钓鱼台国宾馆院内。建筑面积 2.25 万平方米，建筑高度 19.5 米，绿地面积 4 391 平方米。2001 年 3 月开工，2002 年 4 月竣工。同济大学建筑设计研究院设计，上海建工（集团）总公司施工总承包，海外部、市建七公司、装饰公司、安装公司等承建。

芳菲苑建筑和内部装饰体现现代建筑与中国传统风格的圆满融合，内设有大堂、宴会厅、综合厅、会客厅、谈判厅等。工程主要为框架结构，地下 1 层，地上局部 4 层，其中大宴会厅为大空间结构，跨度大、屋架单榀重量大，施工采用空中分段拼装、整体滑移的安装技术。

图 6-1-17　北京钓鱼台国宾馆（芳菲苑）内景

图 6-1-18　北京钓鱼台国宾馆（芳菲苑）外景

八、东郊宾馆

位于浦东新区金科路 1800 号。工程总建筑面积 59 134 平方米，2004 年 7 月开工，2007 年 1 月竣工。华东建筑设计研究院有限公司设计，市建一公司施工总承包。

东郊宾馆的建筑置于有山有水自然的园林环境中。工程由主楼、宴会楼、客房楼、健身中心及能源中心等组成。主楼和宴会楼为地下一层、地上两层结构，采用全现浇钢筋混凝土框架结构体系，梁板式屋面，中间屋盖采用轻钢结构加玻璃天棚。基础形式为方柱加独立承台。主楼北面及东西两侧是山坡地形，南面是大面积

图 6-1-19　东郊宾馆

草坪及湖面。宴会楼位于主楼东北位置，东西有叠水和河流景观，与主楼用廊相连。

该工程分别于 2006 年、2007 年获得上海市白玉兰奖。

九、半岛酒店

位于外滩中山东一路32号。工程占地面积1.4万平方米,总建筑面积9.25万平方米,其中地上建筑由15层酒店、14层公寓式酒店及3层裙房组成,面积5.60万平方米;3层地下室建筑面积3.65万平方米。2007年2月开工,2009年10月18日交付使用。凯达环球建筑设计咨询有限公司设计,市建一公司施工总承包。

作为外滩建筑群新景观,半岛酒店既吸取外滩原有的建筑风格又富现代感,在平凡中独具匠心,立面三分而成的独立结构,形成竖向线条的匀称美更能体现与外滩建筑的浑然一体。天然浅灰的花岗石外饰面蕴含着历史的沧桑与复古的风貌,露天的酒吧和顶部餐厅把外滩璀璨迷人的夜景尽收眼底。

图6-1-20 半岛酒店

十、湖州喜来登度假酒店

位于浙江湖州太湖旅游度假区内。工程高102米,地上23层,地下2层,建筑面积6.95万平方米,其中地上4.86万平方米,地下2.09万平方米。2008年9月开工,2012年8月竣工。现代都市建筑设计研究院设计,市建四公司施工总承包。

酒店外形为耳目一新的指环型形状。2010年2月,经国家知识产权局批准,获外观设计国家专利证书。该工程紧靠太湖,地下室局部一层,建成后将太湖水引入,作为酒店的一大景观,要确保地下室浸没在水中不渗水。工程结构形式为钢筋混凝土核心筒加外框钢结构,20层以上通过钢结构桁架连接为整体。核心筒施工采用整体提升脚手架;由于主塔楼A、B楼在立面上呈圆弧形,施工中着力解决钢框架的稳定性和安装精度的控制;空中桁架采用分段吊装的工艺。

图6-1-21 湖州喜来登度假酒店

第三节 办公建筑

一、上海市政大厦

位于人民大道200号,原名上海人民大厦。建于1966年,建筑面积1.8万平方米。中间部分6

层、两侧各 4 层。大楼正面二楼设有检阅台。市建四公司承建。

改建工程 1993 年 3 月开工，1994 年 12 月竣工。高 72 米，地上 18 层，地下 1 层。总建筑面积 7.7 万平方米。上海市民用建筑设计院设计，市建五公司承建。

图 6-1-22　上海市政大厦

图 6-1-23　上海市政大厦原貌

改建工程在保留并加固原有地下室部分的基础上，重新设计加层扩建。主楼东西两侧各延伸 33 米，南向延伸 30 米，向北延伸 20 米，占地面积比原建筑扩大 1/3。大厦正门是一个高大开阔的大厅，呈半弧形玻璃天棚。进入大门是中央大厅，斩毛花岗石柱廊以上海市花——白玉兰浮雕装饰。因新旧建筑结构不一，施工进行了柱梁加固等措施，扩展部分的基础打了 1 209 根 22～36 米的长桩；主楼为钢筋混凝土框架结构，施工采用外挑悬挂式脚手架。外墙采用白水泥，白石子斩假石，蓝灰色镜面玻璃幕墙，花岗石嵌镶窗台。该工程整体造型庄重雄伟、朴素简约，与周边上海博物馆、上海大剧院、上海城市规划馆、广场绿化等共同组成人民广场市政文化中心。

二、联谊大厦

位于延安东路 100 号。建筑面积 2.6 万平方米，30 层，高 106.5 米。1984 年 3 月开工，1985 年 5 月竣工。上海工业建筑设计院设计，市建二公司承建。

该工程是上海第一幢全玻璃幕墙高层建筑。在结构设计上主楼和裙房之间不设沉降缝，能满足抗震、抗渗等要求，在软土地基采用此方案为国内首例。工程创出框架混凝土结构施工 5 天一层楼、14 个月建成竣工的"上海速度"。为解决建筑物结构复杂、装饰要求高的问题，施工采取网络计划管理，按月按旬按日进行调度平衡，做到有条不紊，有机搭接。

1986 年获上海市优秀设计二等奖、城乡建设部优质工程三等奖。

图 6-1-24　联谊大厦

三、浦东新区行政办公中心

位于浦东世纪大道2001号。建筑面积84 794平方米,总高度为123米。1996年6月开工,2000年9月竣工。日本株式会社日建设计、上海建筑设计研究院设计,市建三公司施工总承包。

该工程由1幢22层主楼和4幢5层框架组成,为1幢智能型办公中心。结构施工中,模板采用定型角模、钢模及木模相结合,建筑外墙采用干挂花岗岩与单元主体玻璃幕墙相结合。办公室平顶内筒灯、喷淋、烟感等布置整齐纵横一条线,环保地坪颜色分明,光洁优美,给人一种舒适的感觉。

2000年获白玉兰奖,2001年获鲁班奖。

图6-1-25 浦东新区行政办公中心

四、广州珠江城大厦

位于广州市珠江西路15号。建筑面积21.6万平方米,地下5层,地上71层,高310米。2007年11月开工,2010年8月竣工。美国SOM建筑设计事务所、广州市设计院等设计,上海建工(集团)总公司施工总承包,南方分公司、机施公司等承建。

该工程是国内首座超低能耗超高层建筑。采用风力、太阳能发电、冷辐射天花带置换通风、内呼吸连遮阳百叶双层智能幕墙、日光控制、无流水或低流水式卫生器具、热回收高性能设备等节能、高性能设施。

上部结构体系采用钢-钢筋混凝土复合结构。主楼结构为钢筋混凝土核心筒、四角巨型组合柱之间为型钢柱、型钢梁组成的钢骨架型钢钢结构。在25及51层设置外伸/带状转换桁架、楼面为压型钢板-混凝土组合楼板。钢结构最为复杂，为了满足大楼开设风洞层等需要，采用复杂的桁架层等结构，分为带状桁架、外伸桁架和端桁架。钢结构由巨型角柱、组合型钢外围柱、端部斜支撑、钢边梁、楼层钢梁等组成。2.5万吨钢材，全部用高强度螺栓连接，以起到让建筑物"骨骼"受力分散的作用，可增强结构消解强外源力的能力。

图6-1-26 广州珠江城大厦

第二章 交通和工业建筑

第一节 交 通 建 筑

一、铁路上海站

位于秣陵路。由原上海东站改建而成。是上海铁路客运的主要综合交通枢纽之一。该工程分三期进行改扩建。

一期工程1984年9月开工,1987年11月竣工。主站屋高24米,建筑面积5.25万平方米。南北广场5.6万平方米。新客站设计从高处看,南广场是传统的火车头型。在原有铁路线路不停运的情况下,施工采取先行南半区的大厅和高架站房建设,让进出列车改由南半区的高架候车厅下通过,为北区施工提供空间;北半区再拆除原东站列车线及附属设施,兴建北半区的停车线和机走线,站厅和高架候车厅。最后南北候车室合龙并进入内部装修。上海工业建筑设计院设计,市建五公司承建,安装公司、基础公司、机施公司等参建。该工程1988年被评为上海市优质工程,1989年获鲁班奖。

二期改造工程2000年7月开工,是年9月建成亮灯。主要是把南立面改造成具有现代气息的钢结构篷架和通透明亮的玻璃幕墙表面;同时主站屋向南扩14米,增扩面积2 300平方米,并建造了大型地下车库。上海建工(集团)总公司施工总承包,市建二公司等承建。

图6-2-1 铁路上海站一期工程

图6-2-2 铁路上海站二期工程

三期改造工程,2008年6月开工,2010年5月竣工。为迎接2010年上海世博会的召开,上海站又进行大规模整修翻新,建成无廊柱雨棚;对北广场进行大规模改造,建成综合交通枢纽工程,占地面积12万平方米。施工利用夜间客流量少的时机,进行大型物件运输车进出场与大型构件设备的吊装;在旅客进出通道上搭设防护棚,确保旅客进出安全。上海市城市建设设计研究院、上海市政设计总院等设计,市建二公司承建,安装公司等参建。

二、浦东国际机场航站楼

位于浦东新区启航路 300 号、900 号。一期 T1 航站楼建筑面积 30 万平方米。1997 年 5 月开工,1999 年 6 月竣工。法国巴黎机场公司、华东建筑设计研究院设计。二期 T2 航站楼建筑面积 48.8 万平方米,华东建筑设计研究院有限公司、上海市政工程设计研究总院等设计。2004 年 12 月开工,2007 年 12 月竣工。上海建工(集团)总公司管理总承包,市建一公司、市建三公司、市建七公司、机施公司承建,安装公司、装饰公司等参建。该工程 T1 航站楼设计新颖,如海鸥展翅。主楼钢屋架采用张弦梁,以方管为上弦,高强度索为下弦,腹杆为圆钢管的非线性结构,6.1 万吨的钢结构施工采用工厂分段制作、现场地面拼装、楼面水平移位、整体纵向移位、临时支撑稳定、大型机械上楼面分跨综合安装等多种施工技术。航站楼主楼采用清水混凝土形状各异的结构柱。在二期工程 T2 航站楼的建设中,建工集团提前介入前期策划,先后对 10 多个施工技术方案进行优化。建立"样板段制度",在土建、结构、精装饰、幕墙等分项工程施工前,做样板间、样板段,经审定合格后再展开全面施工。做好新老结构衔接,防止混凝土硬化过程中所释的水化热所产生的温度变化,大体积混凝土结构易出现裂缝,造成渗漏水现象。

图 6-2-3 浦东国际机场一期工程

图 6-2-4 浦东国际机场二期工程

一期工程 2000 年获鲁班奖,二期工程 2008 年获鲁班奖和白玉兰奖。2000 年,《浦东国际机场施工技术研究和应用》科研成果获国家科学技术进步奖二等奖。2000 年 5 月,在市建设党委、建委等单位组织的"新中国五十年上海经典建筑"评选活动中被评为金奖。

三、铁路上海南站

位于老沪闵路 289 号。工程占地面积 60 公顷,主站屋高 42 米、建筑面积 5.8 万平方米。2002 年 7 月开工,2006 年 7 月正式运营。华东建筑设计院有限公司和法国 AREP 建筑设计公司、铁道部第四勘察设计院、上海市政工程设计研究总院等设计,上海建工(集团)总公司施工总承包,市建一公司、市建七公司、机施公司承建,安装公司、新丽装饰、基础公司、园林集团、构件公司、材料公司等参建。

该工程是"十五"期间上海地上地下空间综合开发利用的特大型工程,集铁路、长途汽车、地铁、城市公交和出租车为一体综合性的交通换乘枢纽。工程设计以"大交通、大空间、大绿化"为特点,主站屋钢筋混凝土框架加大跨度大型钢结构,首次大面积采用圆形全透明的阳光屋面系统。地下"超大面积逆作法施工"实现20多万平方米地下空间综合开发的"总集成"。施工自行设计制造了圆规式的123米大跨度旋转龙门吊,用于主站屋7 000吨钢结构安装。主站屋面直径为278米的圆形钢空间结构,由18根异形变截面分叉大梁、内压环、环向构件及预应力钢棒组成,通过54根钢柱支承在9.9米标高的环形混凝土平台上。

针对工程不同业主的需求,上海建工集团采取施工总承包、管理—施工总承包和BT等不同方式实施总承包管理。重点解决各施工区域的划分、施工与交通组织,协调解决基坑围护设计与分区施工部署,组建了总承包、主承包和施工层面的测量技术队伍,解决加密控制网布设以及总体施线定位控制问题。绿化工程与土建施工同步进行。经过铁路沪杭线的两次翻交,地铁1号线上海南站站改建成地下两层三跨岛式车站,总长343米,宽21.8米,由地上转入地下,并向南移250米,创造了"工程完工、质量验收、列车运营在一个晚上同步实现"的新纪录。

2006年获白玉兰奖,2010年获詹天佑奖。

图6-2-5 铁路上海南站

四、虹桥综合交通枢纽

位于虹桥地区。建筑总面积175万平方米,其中地下50万平方米。2007年4月开工,2010年3月竣工。华东建筑设计研究院有限公司、上海市政工程设计研究总院、铁路第三勘察设计院集团有限公司等设计,上海建工(集团)总公司管理总承包,市建二公司、市建四公司、市建七公司、机施公司等承建,安装公司、基础公司、装饰公司等参建。

该工程内涵盖航空港、高速铁路、城际铁路、磁浮、城市轨道交通、公交、出租等多种交通工具,是国内单体换乘面积最大、换乘方式最多的超大型交通枢纽中心。参与设计的有十几家单位、施工有近百家单位,总承包管理界面协调多。建工集团建立现场指挥部和航站楼、高铁两个总承包项目部,实施总管理、总协调、总控制的集成管理机制。对土建结构及机电安装、钢结构、幕墙、装饰、市政乃至弱电系统工程等针对性、系统性管理。

该工程核心区规划面积60万平方米。由十几个大型单体工程组成。施工中进行区域土方平衡,减少外运土方800万立方米。为环保和降低成本,枢纽内建筑外立面大量采用清水混凝土,再生利用各类建筑废弃物300万立方米。

该工程2010年获白玉兰奖,2011年获上海市优秀工程设计一等奖,2008年获上海市优秀工程咨询成果一等奖,2011年获全国优秀工程勘察设计一等奖等。

图6-2-6　虹桥综合交通枢纽航站楼

图6-2-7　虹桥综合交通枢纽高铁站

第二节　工　业　建　筑

一、宝山钢铁总厂炼钢厂

位于宝山地区。一期工程1980年3月开工,1983年2月竣工。日本新日铁株式会社设计,建工局成立工程指挥部,基础公司、市建三公司、机施公司等承建。

图 6-2-8　宝钢炼钢厂

该工程是国家70年代现代化大型钢铁厂。炼钢厂共有炼钢主车间、脱整模车间、钢定模制造车间等41个单体工程。主车间有7跨,跨度为27米,柱距为28米和20米。其中转炉脱气跨为8层框架结构,高度为70.1米,厂房内安装有3台300吨级纯氧顶吹转炉和6台440吨级桥式行车等设备。其余各跨为单层结构,高度为28～48.4米。屋面和墙面分别采用国内首次使用的棕红色和浅棕色轻型彩色复合压型钢板以及铝合金压型板等新颖材料。基础采用钢管桩,桩长60米左右。钢结构采用高强螺栓连接,框架标准节间综合吊装。料斗、横向天窗地面组装,整体吊装。大钢柱双机起吊回直单机安装等工艺。7 100立方米大体积混凝土转炉基础,系上海第一次大规模使用商品混凝土和搅拌车、泵车等机械化施工,连续28小时一次浇捣完成,在不设施工缝的情况下做到无裂缝,在国内尚属首次。

二、上海大众汽车制造厂二期工程

位于安亭国际汽车城。建筑面积16万平方米,1993年2月开工,1994年7月竣工。华东建筑设计院和上海市机电设计研究院设计,市建五公司承建,机施公司参建。

图 6-2-9　上海大众汽车制造厂

上海大众二期工程包括车身车间、油漆车间、总装车间等单体项目。车身车间采用大柱距、大跨度、大空间,增加车间有效面积。油漆车间结构上采用沉降和跨地梁、大面积固定钢窗,南面大门处采用明框玻璃幕墙,铝合金门。整体立面简洁明快,体现工业性建筑的特点。总装车间正立面用彩色压型钢板。施工中采用网络计划技术及立体交叉方法,安排土建、吊装、水电风安装的立体交叉施工,分段交付。

1995 年获白玉兰奖,1996 年获鲁班奖。

三、上海华虹 NEC 电子有限公司

位于金桥出口加工区川桥路 1188 号。建筑面积 4 万平方米,高 16.8 米。1996 年 11 月开工,1999 年 1 月竣工。国家信息产业部第十一设计院设计,市建四公司总承包,机施公司、安装公司等参建。

我国内地第一条集成电路超大型生产线项目,被列为国家和上海市重点工程。该工程属于科研项目,生产环境要求高。厂房不仅要恒温、恒湿,而且核心生产区的洁净度要达到 1 级,厂房抗微振等级为 4 Hz。主体结构施工采用架空钢套隔离阀成功解决了隔微振缝处支模、拆模的难点;基础底板采用微膨胀混凝土,有效防止了超长底板结构裂缝的产生;采用表面涂塑的高强度胶合模板和加工模壳,混凝土构建阳角均进行小八字倒角处理,使洁净区域达到清水混凝土的效果,满足洁净区回风的工艺要求;管道及设备安装,采用先进的无法兰风管连接的工艺,表面光洁、平直、密封性能好,满足高洁净度要求。EP 管(内外双镜面电抛光不锈钢管)和 PVDF 管(聚偏二氟乙烯材质管)采用由微机控制的远红外自动焊接工艺,保证接口密封、表面光洁,达到输送高纯度介质的要求,生产区洁净度最终测试结果达到 1 级标准。施工明确以项目经理为主要责任人的质量责任制。针对工程特点、施工难点,以样板引导,强化工序控制、过程控制,洁净区施工严格实行定人操作、定人验收制。

1999 年获白玉兰奖,2000 年获鲁班奖。

图 6-2-10　上海华虹 NEC 电子有限公司

四、上海江桥生活垃圾焚烧厂

位于嘉定江桥镇北侧。建筑面积 3.5 万平方米。一期工程 1999 年 9 月开工，2003 年年底试运行，同时二期开工，2005 年 11 月投入运行。由西班牙 BBE 公司、北京五洲工程设计研究院等设计，上海建工（集团）总公司总承包，市建二公司承建。

图 6-2-11　上海江桥生活垃圾焚烧厂

该厂竣工时为国内规模最大的垃圾焚烧厂。垃圾发电是利用特殊的垃圾焚烧设备，以城市工业和生活垃圾作为燃烧介质，进行发电的一种新型方式。利用垃圾焚烧发电、供热，可实现城市垃圾减量化、无害化和资源化利用目的。一期工程为两条日处理能力 500 吨垃圾焚烧线、2 台蒸发量 44 t/h 的余热锅炉、2 台 12 兆瓦汽轮发电机组，二期工程新增一条日处理能力为 500 吨的垃圾焚烧线。全厂绿地率 42%。

2003 年获白玉兰奖，2004 年获鲁班奖。

五、上海赛科石油化工有限责任公司

位于漕泾化学工业园区南银河路 557 号，又称上海赛科 90 万吨乙烯工程。2003 年 7 月开工，2004 年 12 月一次投料开车成功。中国石化集团上海工程有限公司设计，安装公司等承建。

该工程是当时国内最大的中外合资现代化石化项目之一。有 17 个单位项目，大部分设备从德国、日本、美国、瑞士等国家引进，安装工艺新。钢结构模块 7 组框架分别安装在 17.5～34 米高的混凝土基础上，高度达 96.4 米和 86 米，采用 1 250 吨吊机吊装、高空组对连接。储罐喷淋管的安装由于吊机无法进入，采用葫芦吊装法进行。储罐浮顶安装，因内部密闭，每天进行含氧量测试，对进出施工人员登记，专人看护。同时自行制造和安装了 28 台储罐总吨位达 2 400 吨，最大的 1.3 万立方米，高 20 米，直径 32 米。产品焊缝一次合格率高于 95%。各类电气、设备、管道安装都试车、试压一次成功。

图 6-2-12 上海赛科石油化工有限责任公司

六、上海五号沟 LNG 事故应急气源备用站

位于浦东曹路镇人民塘路 485 号。该工程系上海天然气应急气源备用站,又称上海燃气集团五号沟 LNG 事故气源备用站扩建项目。占地 300 亩。2006 年 10 月开工,2008 年 2 月竣工。由日本东京燃气公司和中冶焦耐工程技术有限公司组成联合体设计,东京燃气工程有限公司总承包,安装公司主承包。

图 6-2-13 上海五号沟 LNG 事故应急气源备用站

LNG储罐液态天然气转化成气态,可供上海天然气用户10天的用气量。建设项目有船码头、装卸臂、汽化器、槽车装卸站、低温管道及2台5万立方米储罐等装置。全包容式钢结构,储罐内径54.8米,高29.3米,重310吨。施工程序是先在桩上浇混凝土承台,然后浇筑混凝土壁,用鼓风机将钢罐顶吹升至混凝土罐壁上端,浇筑混凝土罐顶,形成一个完整的混凝土外罐。罐内钢结构封闭施工,每台储罐的焊缝长度高达1.6万米。经充水试验、真空箱检查、X射线检测,焊接接头作−196℃冲击试验。储罐的绝热要求很高,设计日蒸发率小于0.08 vol%/天,使天然气处于液态,内罐的温度为−165℃。内罐外侧保温用弹性玻璃棉毯铺设施工在1.15米的狭小空间进行。

该工程安装施工技术获上海市科学技术进步奖二等奖。

第三章 文化和体育建筑

第一节 文化建筑

一、东方明珠广播电视塔

位于浦东世纪大道1号。建筑面积3.8万平方米,高468米。1991年9月开工,1995年4月竣工。华东建筑设计院设计,市建一公司施工总承包,基础公司、安装公司、机施公司等参建。

90年代末亚洲第一、世界第三高塔。该工程主塔由3根直径7米、与地面呈交角的斜撑,支扶着3根直径9米的钢筋混凝土擎天立柱。塔体呈架空通道,结构充分外露。直径分别为50米、45米、16米的下球、上球和太空舱等11个大小球体巧妙组合成"大珠小珠落玉盘"。结构清水混凝土精度高,采用内筒外架整体自升式模板体系,350米高筒体的垂直精度达到了0.7‰。地下20米深基础大开挖、93米高斜筒体施工、竖向307米长预应力钢绞线张拉、350米高度混凝土泵送、钢结构球体安装等8项施工工艺在当时处于国内领先水平。重450吨、长118米的钢天线桅杆采用计算机同步控制技术和液压提升工艺处于当时国际先进水平。

图6-3-1 东方明珠广播电视塔

1995年"上海广播电视塔施工工艺与设备的研究与应用"获上海市科技进步奖一等奖,1996年获国家科技进步奖二等奖,2000年获詹天佑奖。2000年5月,在市建设党委、建委等单位组织的"新中国五十年上海经典建筑"评选活动中被评为金奖。2009年被评为新中国成立60周年全国百项经典暨精品工程奖等。

二、上海图书馆

位于淮海中路1525～1567号。建筑面积8.3万平方米,高106米。1993年3月开工,1997年6月竣工。上海市建筑设计院设计,市建四公司施工总承包,安装公司等参建。

该馆内设20个各类阅览室及32个单人研究室。自动化管理系统与国内外主要信息网络联网,设有演讲厅、两个展览厅、多功能厅和学术活动室,有1.1万平方米的绿化以及花坛水池、两个广场和大花园。施工中采用同一基坑内土方、工程桩、维护桩、基础及上部结构同时施工的大型立体交叉的施工方法,深层搅拌桩重力坝体作为基坑的围护体系,坑内不设支撑。面积为1 200平方米、厚度为1.8米的大底板混凝土采取一次性浇捣,68小时完成。

1997年获白玉兰奖,1998年获鲁班奖,2000年获国优金奖。① 2000年5月,在市建设党委、建委等单位组织的"新中国五十年上海经典建筑"评选活动中被评为金奖。

图6-3-2　上海图书馆

三、上海博物馆

位于人民大道201号。建筑面积3.8万平方米,地上5层,地下2层,高29.5米。1993年10月开工,1996年9月竣工。上海建筑设计研究院设计,市建四公司施工总承包,安装公司等参建。

该工程主体建筑取自"天圆地方"理念,下部正方形,上部为直径80米的圆形。埋置深度为9.3米的基坑采用复合式重力坝围护体系,40天完成13万立方米土方挖运任务,最高纪录为一天挖土4 803.5立方米,创出闹市中心挖土、出运土的新纪录。为解决场地狭、工期紧、立体交叉作业的难题,对上部直径80米,高4米,重340吨的环形钢箱梁的安装,施工采用一个吊点、分段吊装、空中弧形移动的方式进行安装。外墙施工较早采用电脑排版、石材干挂的工艺,使主体结构直径80米的外墙,误差不超过1厘米。

1996年获白玉兰奖,1997年获鲁班奖。2000年5月,在市建设党委、建委等单位组织的"新中国五十年上海经典建筑"评选活动中被评为金奖。

---

① 国优金奖即国家优质工程金奖。

图 6-3-3 上海博物馆

四、上海大剧院

位于黄陂北路19号。建筑面积6.3万平方米。1994年11月开工,1998年10月竣工。法国夏

图 6-3-4 上海大剧院

邦杰建筑事务设计所、华东建筑设计研究院设计，市建四公司施工总承包，基础公司、安装公司等参建。

该建筑风格新颖别致，融汇了东西方的文化韵味。主体结构为钢筋混凝土框架与大型钢结构屋盖的结合。白色弧形拱顶和具有光感的玻璃幕墙有机结合，在灯光的烘托下，宛如一个水晶般的宫殿。大舞台是全国第一只升降舞台，由主舞台旋转，两侧舞台可平移组成。面积2 000平方米，地下15米，空间高度42米。为保证声学效果，各个墙体间不得有钢筋、混凝土及螺杆等连接，筒体墙体之间用15厘米厚的隔音材料填充分隔。

基坑挖土13万立方米，采用坑外施工车道，运输车下基坑运土，34天完成土方外运。反翘式钢屋架重6 075吨，由732个分段组成，采用现场拼装、钢绞线集束承重、计算机实时控制、液压千斤顶集群整体提升新工艺。国内首次采用钢索点式幕墙3 000平方米。2000年5月，在市建设党委、建委等单位组织的"新中国五十年上海经典建筑"评选活动中被评为金奖。

五、上海科技馆

位于浦东世纪大道2000号。由主楼、天桥、辅楼组成。建筑面积9.8万平方米，高68米。1998年12月开工，2001年6月竣工。美国RTKL国际有限公司、上海建筑设计研究院设计，市建四公司施工总承包，机施公司、安装公司等参建。

该建筑主体结构为钢筋混凝土框架体系、钢结构大屋面、铝钛合金球体。特别是整体呈半圆环状，双曲螺旋屋面，东高西低，似巨翼翱翔。施工采用CAD软件配合全站仪三维定位测量，进行钢屋盖、铝钛合金网壳和钢结构梁、2 833块不规则三角形玻璃等安装。采用无粘结预应力技术解决地下室300米超长弧形外墙等裂缝控制，确保横穿科技馆离基坑仅5米、长200米原水渠的安全。施工使用了大面积环氧磨石地坪、虹吸屋面排水、冰蓄冷等先进工艺。

2002年获鲁班奖，2003年获詹天佑奖。

图6-3-5　上海科技馆

六、北京国家大剧院

位于北京市西长安街2号。建筑面积17.28万平方米。2001年12月开工,2007年9月竣工,12月正式运营。法国保罗·安德鲁/巴黎机场公司、北京市建筑设计研究院设计,北京城建集团总公司、上海建工(集团)总公司、香港建设控股有限公司联合体总承包,机施公司、安装公司、装饰公司等参建。

该工程在天安门广场地区。主体建筑"湖中明珠"是一个面宽212米、进深143米、高46.68米的巨大超椭圆钢结构壳体,内覆盖着歌剧院、音乐厅、戏剧场等3个主要剧场。壳体由1.8万多块钛金属板拼接而成,面积超过3万平方米,仅4块形状完全一样,其余均各异。中部为渐开式玻璃幕墙,由1 200多块超白玻璃巧妙拼接而成。施工采用"构件分段、多道支撑辅助、跨外多机对称综合安装",安装时设置可调节的临时支撑系统,结构形成整体,通过变形协调、卸载均衡,按一定顺序拆除临时支撑,完成整个钢壳体的安装。

2004年获北京市结构工程长城杯,2008年获鲁班奖。2005年"壳体钢结构安装工艺课题研究"获得上海市科技进步奖一等奖。

图6-3-6　北京国家大剧院

七、东方艺术中心

位于浦东丁香路425号。总建筑面积4万平方米,地上4层,地下1层,高34米。2002年3月开工,2004年12月竣工。法国ADPI设计事务所、华东建筑设计研究院有限公司设计,市建四公司施工总承包,安装公司、装饰公司等参建。

该工程系上海标志性文化设施之一,外形似一只美丽的蝴蝶,屋面似盛开的白玉兰花,中间低、四周高,由钢结构屋盖等组成,表面为铝面板装饰面层。由1 953座的东方音乐厅、1 015座的东方歌剧厅和333座的东方演奏厅组成,可满足交响乐、芭蕾、音乐剧、歌剧、戏剧等不同演出需要。该建筑外表采用金属夹层玻璃幕墙,由4 200多块度身定做,每块重达300公斤,双层玻璃中间还夹着一层多孔金属材料,可调节阳光,比普通玻璃更坚韧更安全。玻璃幕墙每块尺寸规格不一,安装前每一块幕墙玻璃都编号,施工人员根据与图纸上同样的标号"对号入座"。内墙装饰由12万片不同色彩特制的浅黄、赭红、棕色、灰色等5种颜色的陶瓷挂件,由两根线缆串联在一起,从屋顶悬挂到地面,轻轻敲击会发出清脆的响声,体现了倾泻而下的"中国韵味"。为解决建筑声学难关,工程技术人员进行调查分析和研究,针对性采用特制木材、特殊处理的座椅等施工材料和安装、装饰工艺。安装管线克服工程体系复杂、弧线多的困难,设备调试一次成功。工程采用卸载、支撑、注浆加固、全过程监测等手段,使地下车道从22万伏特高压电缆上通过,确保了长40米超高压电缆的安全。

2005年获白玉兰奖,2006年获鲁班奖。

图6-3-7　东方艺术中心

八、北京中央美术学院美术馆

位于北京市校尉胡同5号,高24米,地上4层,地下2层,建筑面积1.5万平方米。2005年4月开工,2007年12月竣工。日本矶崎新工作室、北京市新纪元建筑工程设计有限公司、北京建研建筑设计研究院有限公司等设计,市建七公司施工总承包。

该建筑呈微微扭转的三维曲面体。立体外形为幕墙与屋顶曲线过渡形成壳体,似立体回旋镖。三个出入口以回旋镖的翅尖和弯角切割而成,出入口大面积采用玻璃幕墙,增加了建筑的通透性,同时又满足了采光的需要。建筑物内部、中间没有立柱,形成大面积展厅,展厅采光利用壳体的一个水平剖面形成类似月牙形和三角形采光顶,以自然采光满足对光线的要求。该馆设有书画创作室、修复、研究、保存和地下永久典藏室。主体结构部位基坑开挖深度达11.10米,下沉广场基坑挖深为7.40米。地下室防、排水措施是施工重点和难点,经过精心施工,确保了工程质量。

图 6-3-8　北京中央美术学院美术馆

九、中国航海博物馆

位于申港大道 197 号。建筑总面积 4.6 万平方米。2006 年 1 月开工,2010 年 7 月全面建成开放。德国 GMP 国际建筑设计有限公司、现代设计集团上海建筑设计研究院有限公司设计,市建二公司施工总承包。

图 6-3-9　中国航海博物馆

该工程是我国首个国家级航海博物馆,室内展览面积2.1万平方米。馆内以"航海"为主题,"博物"为基础,分设航海历史、船舶、航海与港口、海事与海上安全、海员、军事航海六大展馆,渔船与捕鱼、航海体育与休闲两个专题展区,并建有天象馆、4D影院、儿童活动中心,涵盖文物收藏、学术研究、社会教育、陈列展示等功能。

该馆单体建筑使用统一的形式和材质,构成一个均质匀称的整体。柱廊和空梁是微妙的造型元素,配合光和影的错综变幻,加上水面和绿地,将建筑群系结为一个整体。两个交叠的轻质屋面壳体表现了关于航海的隐喻,并使人联想起风帆,构成了整个博物馆建筑重要而富有个性的主题形象。屋顶之下为一座充满张力的中空展厅,向公众开放,其内将陈列大型古代船舶摆件,人们可对其进行历史文化的鉴赏。相互交错对峙的"风帆"悬浮般地立于建筑裙楼之上。

十、青岛大剧院

又名青岛国信大剧院,位于青岛云岭路5号。建筑面积8.7万平方米。2006年3月开工,2010年12月竣工。德国GMP公司、华东建筑设计研究院有限公司设计,上海建工(集团)总公司、青岛建设集团公司联合总承包。

该工程地下室采用抗浮锚杆施工,在基岩面或土层较薄区域选用直接成孔的方法,在土层较厚区域选用地质钻机、MG-100B型钻机成孔,在岩石破碎带区域采用辅助钢套筒成孔,在地下水位较高区域采用降水井降水成孔的锚杆施工方法。钢屋盖为大跨空间钢桁架结构体系,跨度达78.4米,为解决挠度及内力不易控制的难题,通过仿真模拟、过程监测、方案优化,获得自主创新成果。

2011年获鲁班奖。

图6-3-10 青岛大剧院

十一、广州电视塔

图 6-3-11　广州电视塔

位于广州市阅江西路 222 号。高 610 米,建筑面积 1.3 万平方米。2006 年 4 月开工,2010 年 9 月竣工。奥雅纳工程顾问公司、广州市设计院等设计,上海建工(集团)总公司、广州市建筑集团有限公司联合体总承包。市建一公司、机施公司等承建。

该建筑结构是由一个向上延伸、旋转、缩放的椭圆形钢外壳不断变化生成。主体采用筒中筒结构,由混凝土核心筒和钢结构外筒组成。混凝土核心筒内净 17 米×14 米的椭圆柱体,自下而上筒壁厚度由 1 000 毫米渐变至 400 毫米;钢结构外筒由 24 根圆锥形立柱、46 组环梁及分布其间的斜撑组成的变截面椭圆筒体,自下而上作 45°扭转,所有构件均为三维倾斜。钢结构安装总计 5 万吨。

施工期间经受了临江湿热、季风频仍、雷暴时现等不利气候考验;经受了混凝土超高泵送,脚手超高扭偏悬空搭设,测量定位难等挑战。采用 3D 系统计算机控制液压整体提升长 156 米、重 1 300 吨的钢桅杆天线至 454 米塔顶。

2011 年获鲁班奖,2013 年获詹天佑奖。2012 年"广州新电视塔建造关键技术"获上海市科技进步奖一等奖。

十二、文化广场

位于复兴中路 597 号。建筑面积 7 万平方米,地上 3 层,高 23.65 米。2006 年 6 月开工,2009 年 12 月竣工。上海现代设计集团建设工程有限公司设计,上海建工(集团)总公司、上海国际建设总承包有限公司联合总承包,市建四公司承建,机施公司等参建。

图 6-3-12　文化广场

图6-3-13　60年代的文化广场

图6-3-14　70年代的文化广场

该工程所在地解放前是"跑狗场",60年代在原地建成上海最大的室内会场。1970年在翻修复建中,采用大型焊接节点平板网架作为屋盖结构。自重340吨扇形钢网架8 500平方米,是当时上海最大屋盖钢网架。1997年,机施公司"上海文化广场三向网架整体提升、空中移位安装技术"获得上海市重大科技成果奖。90年代初,文化广场成为上海最早的临时证券交易市场。1997年,文化广场主要建筑被改建为精文花市。

该工程是国内首座下沉式剧场。演出舞台全部设在地下5层。地下建筑面积超过5.7万平方米,最深－22米。基坑面积2.13万平方米,开挖出土量3.22万立方米。基坑西北角并有保护建筑白尔登公寓,西侧有变电站,地下管线众多。同时下沉式广场、观众席、剧场舞台等地下室结构标高错综复杂,构件截面大、大跨度大空间结构多。施工采取控制地下承压水、墙板结构防渗漏等一系列措施,实现基坑施工安全,周边建筑、道路、管线得到有效保护。

2009年荣获上海市优质结构奖和白玉兰奖。

十三、钱学森图书馆

位于华山路1800号上海交通大学徐汇校区内。建筑面积7 965平方米,高23米,地下1层,地上3层。由华南理工大学建筑设计研究院设计,市建四公司施工总承包。2010年7月开工,2011年10月竣工。

该建筑结构新颖,采用斜梁、斜柱及不规则外轮廓结构,施工难度大;GRC艺术幕墙对设计、加工、安装的要求极高。周边保护建筑多、紧邻运营地铁,风井、深基坑(挖深16.6米)又同时施工。

经过优化施工方案,严格按照预定的设计工况组织施工,确保了周边环境的变形处于受控范围。针对造型新颖的大面积GRC艺术幕墙,施工中采用"玻璃纤维增强水泥(GRC)幕墙施工工法",即通过计算机三维

图6-3-15　钱学森图书馆

建模,将设计概念逐步分解为各单元板块,并进行分块设计及整合,再出小样进一步细化调整,最后在工厂内 1∶1 实地放样进行最终的定型,以最大程度确保头像部位等立面外观质量。

该工程获得 2011 年度上海市优质结构工程、上海市白玉兰奖。

第二节　体　育　建　筑

一、上海自行车赛车场

位于新镇路 288 号。为第八届全国运动会的自行车赛车场。

1987 年 3 月开工,是年 9 月竣工。海音建筑设计所、上海市建工局建筑勘察设计室设计,市建七公司承建。

该赛车场系按国际奥林匹克赛车规则建造的自行车赛车场。整个赛场呈椭圆形,由中央场地、自行车跑道和拥有 4 000 个席位的看台组成。赛车跑道周长为 333.333 米,由直线道、缓和道、圆弧道 3 个部分组成。工程质量精度要求高,跑道周长建造精度为 0～5 毫米。该工程测量定位是关键,施工采取分成平面控制、平面施放序号线、轴线控制、内外缘线坐标点的核测、各序号线及轴线的内外缘线的坐标点控制、计算线的坐标点核测等 6 个阶段测试。

图 6-3-16　上海自行车赛车场

二、上海体育场

位于斜土路 3200 号。又称八万人体育场。占地面积 19 万平方米,建筑面积 17 万平方米。1994 年 9 月开工,1997 年 10 月竣工。上海建筑设计研究院设计,上海建工(集团)总公司施工总承包,市建八公司、机施公司承建,安装公司、金属结构厂等参建。

该工程设有观众席 8 万个。巨型马鞍形大悬挑钢屋盖结构,面积 3.6 万平方米、604 吨重的三相正交钢管网架,施工采用"单机起吊、空中接力、多机转换"工艺,将 73.5 米、重 80 吨的钢桁架整榀安装就位。在国内首次进行大型伞状屋面索膜结构施工。施工中对中高级粉刷、中高级油漆工程等工序,都采取先小样试验、列出实物样品,并按照专门制定的操作规程进行施工、评议、检验与验收,使得大面积施工质量得到有效保证。

2002 年获詹天佑奖。2000 年 5 月,在市

图 6-3-17　上海体育场

三、虹口足球场

位于东江湾路444号。总建筑面积7.3万平方米。1998年2月动工,1999年3月正式启用。是上海第一个专业足球体育场。日本RIA设计事务所、上海建筑设计研究院设计。市建二公司施工总承包,机施公司、安装公司等参建。

该工程原场地是虹口体育场,1951年6月开工,是年10月竣工。初建时为木结构看台,1964年改建,建造钢筋混凝土结构看台,并安装4座40米高的灯塔,成为上海第一个可供白天与夜间足球比赛的灯光体育场。1982年,进行修葺和扩建,主席台增盖巨型风雨顶。1993年改建成比较完善的"全天候"运动场。

图6-3-18 虹口足球场

改扩建工程,设观众席3.5万个,包厢47个等。该工程主体呈椭圆形盆式环状结构,顶部设有大跨度钢结构薄膜屋盖。自8.4米标高始,建有大平台疏散环廊,外沿一周设66根外倾斜柱层层外挑,在顶部与看台板斜梁相交。其中44根是内外倾角均为68°的小斜柱,22根为外倾角68°、内倾角75°上大下小的变截面斜柱,西区、东区部分轴线在16.65米,至顶部为仅有拉结梁的大空间,无楼层与平台结构。大斜柱直接承载上部钢屋架荷载,以马鞍式外形起伏,柱顶标高从

图6-3-19 改造前的虹口体育场

20.50～40.10米不等,由柱顶大环梁连成整体。上部结构普通框架柱及大小斜柱饰面均做成不做粉刷的清水混凝土。外围装饰采用大面积圆点玻璃幕墙和四棱锥铝合金幕墙,使整体建筑雄伟俊秀;内部装潢达到了高贵典雅、朴素简洁的要求。

足球场的整体结构混凝土庞大,设计考虑温度应力及整体变形,不设伸缩缝或沉降缝。足球场的天然草坪采用地加温和强排水循环灌溉等国外先进草皮养护技术与设备。足球场顶部巨大的椭圆形开口,使场内草地的日照时间最大限度地得以保障,同时保持空气的流通。

1998年获白玉兰奖。

四、上海国际赛车场

位于伊宁路2000号。建筑面积32.5万平方米。2002年10月开工,2004年5月竣工。德国惕克(TILKE)建筑设计公司、现代设计集团上海建筑设计研究院有限公司、上海市政工程设计研究院、上海市城建设计院、上海现代建筑装饰环境设计研究院有限公司等设计。上海建工(集团)总公司施工总承包,市建二公司承建,机施公司、安装公司、装饰公司等参建。

图6-3-20 上海国际赛车场主看台

图6-3-21 上海国际赛车场副看台

上海国际赛车场是国内第一个国际赛车场,世界一级方程式(F1)比赛赛道之一。该工程赛道总长7公里,整体造型犹如一个翩翩起舞的"上"字形。主赛道长5.45公里,由5个人工堆筑的高地和16个不同曲率半径的弯道组成,最大横坡为12%,最大纵坡为8%,最大高差为7.5米,施工对不同的荷载区域采用桩基、土体加固、预压堆载等处理手段,对人工造型区进行了充填减载等措施,在软土地基上建造高等级赛道,在世界上尚属首例。赛场大量使用大跨度、异形结构非预应力清水混凝土看台板,总面积达11万平方米。有长400米、高3.25米而厚度仅为15厘米的清水混凝土挂板;有"T""L""一"字形等77种规格。单件最大重5.2吨,最长9米,宽650毫米,而板厚仅为110毫米,是国内首次采用的非预应力清水混凝土看台板。新闻中心、空中餐厅呈梭形,钢结构6 200吨,巨型钢桁架长135.7米,跨度达92米,单榀重550吨;主看台结构系悬臂钢结构,重5 800吨,安装高度均在40米以上,施工采用"单机起吊、双机空中接力、双机抬吊"的方法。

2004年获白玉兰奖,2005年获鲁班奖。

五、沈阳奥体中心游泳馆及网球中心

位于沈阳市浑南中路28号奥体中心内,总建筑面积5.4万平方米。2007年7月开工,2009年9月竣工。现代设计集团上海建筑设计研究院有限公司设计,上海建工(集团)总公司施工总承包,市建五公司承建。

该工程为2008年北京奥运会建设的重点体育设施项目。主体育场犹如胜利女神手中的水晶皇冠,3个室内场馆犹如胜利女神的一双翅膀。能够满足国际及全国运动会游泳、跳水、网球、篮球等单项比赛及训练要求。游泳馆2.4万平方米,地上3层,设置游泳比赛池、跳水池、游泳训练池各一个,可容纳3 337名观众。网球馆1.7万平方米,地上2层,场地内铺设活动木地板时,可作为篮球、排球、羽毛球、乒乓球等室内综合体育馆使用。网球训练馆7 376平方米,内设10片室内网球训练场地。

图6-3-22 沈阳奥体中心

游泳馆及网球中心屋盖结构采用径向主桁架为主结合环梁组成的钢空间桁架体系。屋面曲线环绕着主体结构逐渐降低落于平台上。施工采用超长清水混凝土栏板、超长屋面板安装等新工艺。

室内外平台栏板、外露梁板、独立柱均采用清水混凝土。平台栏板采用 WISA-FORM 专用模板、食用精制油作为脱模剂等一系列措施,表面平整、色泽均一、材料耐久。屋面板采用的直立锁边、154 米跨度、400 片的超长金属屋面板于两个月内一次无缝安装就位,创下国内施工新纪录。

2009 年获辽宁省建设工程世纪杯(省优质工程),2010 年被评为国优银奖。

六、东方体育中心

位于泳耀路 701 号。建筑面积 18.79 万平方米。2008 年 12 月开工,2010 年 12 月竣工。德国 GMP 建筑设计公司、现代设计集团上海建筑设计研究院有限公司、同济大学建筑设计院等设计,上海建工股份有限公司施工总承包,市建二公司、市建七公司承建,基础公司、机施公司、安装公司、装饰公司等参建。

图 6-3-23 东方体育中心

该工程为大型公共空间建筑,主体结构为钢筋混凝土框架加屋面钢结构体系。由室外跳水池、游泳馆、综合体育馆和新闻服务中心 4 个单体组成。直径 170 米圆形综合体育馆(又称海上皇冠)形体似一个向上抛起的波浪,地下 2 层、地上 3 层,高 45.3 米。场馆中央的比赛场地是一个巨大的"魔术场",采用活动地板根据不同赛事要求搭建,可满足游泳、篮球、排球、网球、体操、滑冰、水上运动等 20 多项国际比赛的要求。服务中心,正方形 15 层、高 71.1 米。室外跳水池(又称"月亮湾")坐落于人工湖的岛上,屋盖结构为"半月"形平面,观众可以从不同角度欣赏整个东方体育中心,纵览黄浦江两岸的水岸景观。游泳馆(又称"玉兰桥")由拱形形体排列构成,犹如层层波浪。每座体育场馆都规划在江边的人工湖畔遥相呼应,有着鲜明的滨江水岸景观。整个场馆在设计上大量采用自然光照明、水源热泵技术,使场馆供暖更为低碳。

2011 年获国优银奖、白玉兰奖。

第四章 教育、科研和医疗建筑

第一节 教育建筑

一、中共上海市委党校

位于虹漕南路 200 号。一期工程建筑面积 5 万平方米。由教学楼、图书馆、报告厅、8 幢 5 层学员住宿楼、1 幢 12 层综合性大楼、员工食堂、医务小楼等组成。市建一公司总承包。1985 年 4 月开工,1989 年 5 月新校区基本建成。马克思主义理论研究中心(大礼堂),建筑面积 1.06 万平方米,由 1709 个座位的中心会场和 62 间大小会议室等组成。1993 年 5 月建成。

该校一期改扩建工程(海兴大厦),建筑面积 4.27 万平方米。新建 1 幢教学综合楼,由高 69.13 米、18 层的综合住宿楼和高 23.64 米、4 层的教学楼组成,两楼之间以 3 层连廊(其中 1 层连廊为通透式)相接,地下 1 层为车库、机房等辅助用房。由华东建筑设计研究院设计,市建四公司总承包,安装公司参建。1998 年 9 月开工,2000 年 8 月竣工。

该校二期改扩建工程(海华大厦),建筑面积 3.7 万平方米。包括教学楼和学员楼两个建筑单体,通过 2 层连廊连接。教学楼 4 层,局部 3 层,有报告厅、多功能培训厅、阶梯教室等。建设中运用地源热泵、热回收、建筑外围护节能、自然光导入、雨水收集等技术。由同济大学建筑设计研究院(集团)有限公司、中船第九设计研究院工程有限公司设计,市建二公司总承包。工程于 2009 年 9 月开工,2011 年 5 月竣工。施工现场北侧为杨家桥路,西侧为漕河泾港,东侧有 4 幢砖混结构宿舍楼,其中 2 幢在基坑开挖期间需要使用。施工注重对周边道路及地下管线的保护,对暗浜处理和漕河泾港及防汛墙的保护,文明施工不影响学校正常教学秩序。

该工程教学综合楼(海兴大厦),2001 年 3 月获 2000 年度白玉兰奖,2001 年度鲁班奖。综合教学楼和宿舍楼(海华大厦),2011 年获白玉兰奖,2012 年被评为国家绿色三星示范工程。

图 6-4-1 中共上海市委党校一期工程

图 6-4-2　中共上海市委党校海兴大厦

二、上海大学新校区

位于祁翔路 99 号。1998 年 11 月开工，2001 年 12 月竣工。浙江省建筑设计研究院、浙江大学建筑设计院、河北省建筑设计研究院上海分院、华东建筑设计研究院有限公司等设计，上海建工（集团）总公司项目管理，市建四公司、市建七公司等施工总承包，机施公司等参建。

上海大学新校区由院系综合楼群、学生公寓、人工湖、图书馆、特种实验中心、体育活动中心、固体力学中心、金工实习车间等组成。8 层主楼的图书馆建筑面积 4 万平方米，设有 5 000 平方米报告厅和大台阶等。呈放射状圆弧形逐层由外向内缩进，外墙为浅色高级仿石喷涂，配弧形幕墙窗和配透明框玻璃幕墙。整个建筑造型给人以洁净、明快、现代和奋发向上的感觉。特种实验中心的核心建筑化学化工实验中心 6 层框架结构建筑面积 8 870.97 平方米，局部机房顶高 32.65 米。4 层工程训练中心建筑平面呈折线型长方形。体育中心由 3

图 6-4-3　上海大学

层 1 万平方米体育馆和 3 层 9 940 平方米的游泳馆以及训练馆等组成。活动中心地面 3 层，看台建筑面积 2 400 平方米。固体力学中心建筑面积 2 921.46 平方米。工程训练中心地面 4 层、建筑面积 4 437.13 平方米。金工实习车间建筑平面呈矩形，建筑面积 4 595.46 平方米。该校结构体系大部分采用全现浇钢筋混凝土框架结构，基础为钢筋混凝土预制桩基独立承台基础等。

2002 年获白玉兰奖。

三、国家会计学院

位于蟠龙路200号。建筑面积5.1万平方米,由13个单体组成。1999年5月开工,2000年10月竣工。加拿大B+W公司、上海建筑设计研究院设计,市建三公司施工总承包。

该工程柱、梁、墙体均采用组合钢模板拼装,圆柱采用定型钢模,八字角形状的采用特制的模板拼接。事先由翻样画出模板排列及围檩布置图,以及节点详图和预埋铁件的布置图。二结构施工现场进行砌块排列,确保砌块排列规范美观。每天对班组的实物量进行实测实量,确保一次成优。

图6-4-4　国家会计学院

四、松江大学城

位于松江新城区西北角。大学城内含上海外国语大学、上海对外贸易学院、上海立信会计学院、东华大学、上海工程技术大学、华东政法大学、复旦大学上海视觉艺术学院等,是一座没有"围墙"的大学园区。校与校之间没有围墙,只用绿化带或河流来划分边线,大学城内各类资源共享。形成规划整体化、资源共享化、后勤社会化、管理集中化的园区运作模式。集团总公司施工总承包,市建二公司、市建四公司、市建七公司等承建。

其中华东政法大学由1、2、3号楼等组成,建筑面积3.6万平方米,建筑立面为罗马城堡式。立信会计高等专科学校教学楼建筑面积2.1万平方米。东华大学建筑面积2.1万平方米,高30米,有多功能及多媒体阶梯教室、图书馆、体育馆、附属用房、室外运动场地等附属配套工程。2002年4月先后开工,2003年9月竣工。华东理工大学建筑设计研究院等设计,施工期间正值高温以及上海发生非典疫情,分包单位有20余家,施工班组达70个,总承包管理协调难度大。经严格执行人员进出入制度、卫生检查制度、疾病防范规定等,使施工顺利、人员安全。该工程体育活动中心等项目荣获2000年、2002年度白玉兰奖。上海工程技术大学图文信息中心,2004

图6-4-5　立信会计学院教学楼

图6-4-6　复旦大学上海视觉艺术学院

年 10 月开工,2005 年 12 月竣工,工程建筑面积为 2.9 万平方米,工程内部结构以玻璃为主,2015 年获白玉兰奖。复旦大学上海视觉艺术学院实验中心工程总建筑面积 2.1 万平方米,地上 4 层,地下 1 层,其中地上建筑面积为 1.52 万平方米,地下建筑面积为 5 821.2 平方米。2006 年 11 月 1 日开工,2007 年 10 月竣工。主要功能为各种类型材料工作室、教授办公室、预留美术学院教室等。上海立信会计学院图文信息中心工程主楼平面呈椭圆形,地上 5 层,地下 1 层,裙楼平面呈扇形,层数为 4 层。建筑面积为 1.81 万平方米,其中地上面积约 1.57 万平方米,地下面积约 2 393 平方米,建筑总高度为 23.95 米。2006 年 4 月 29 日开工,2008 年 6 月竣工。工程采用现浇钢筋混凝土框架结构,依抗震缝(兼伸缩缝)按左、中、右分成三部分,平、战结合人防工程,人防工程属附建式 6 级人防工程。

五、中国浦东干部学院

位于前程路 99 号。建筑面积 10.7 万平方米。2003 年 10 月开工,2004 年 12 月竣工。法国巴黎机场公司(pauiAndreu)、华东建筑设计研究院有限公司等设计,市建七公司施工总承包。

中国浦东干部学院是我国三大国家级干部培训基地之一。该学院由教学中心、餐厅、会议中心、行政楼、图书馆、体育中心及宿舍楼等 15 个单体组成。行政楼 17 层,高 79 米,建筑面积 6 777 平方米。文化体育中心钢屋盖长 98 米,跨度 50 米,高 24 米,采用双向型钢桁架组成。临时公园设计构思源于中国星象学中的五行。由金、木、水、火、土 5 个主题景观园组成,由 5 点连接成一个整体,反映了孔子思想中"点"与"面"的关系。学院绿化率 72.6%,水面面积 4.25 万平方米。

2006 年获白玉兰奖、鲁班奖。

图 6-4-7 中国浦东干部学院

六、同济大学教学科研综合楼

位于四平路 1239 号同济大学校区内。总建筑面积 4.6 万平方米,地下 1 层,地上 21 层,高 98 米,附楼高 13.76 米,钢结构总重 7 600 余吨,是一幢集教学、科研、办公等多项功能于一体的综合性建筑。2005 年 2 月开工,2007 年 4 月竣工。同济大学建筑设计研究院设计,市建四公司施工总承包。

该建筑设计新颖独特,建筑外形立面简洁,内部空间造形复杂,像叠加起来的"巨型魔方"。大楼内采用大空间,分别设置了不同类型阶梯教室、球形多媒体会议中心、会议厅、咖啡厅等 9 座风格各异的"楼中楼"。中央大厅呈16.2米见方的中庭从地面直接贯空至楼顶。主楼为钢结构框架与钢管支撑组成的结构,钢框架柱为矩形钢管混凝土柱。主楼较多楼层的楼板开洞面积大于楼板面积的35%;螺旋上升的组合中庭造成多处楼板缺失,结构内部局部抽柱和16.2米的大跨度,在楼板缺失处仅有部分框架柱能上下贯通,属于平面特别不规则和竖向刚度不规则的建筑。核心筒依附于中央中庭和组合中庭间。每隔3层均设有设备夹层。楼盖体系采用压型钢板组合楼板,板底不再配置受拉钢筋,仅在板顶配置负弯矩筋。

施工中确定阶梯式单元吊装为结构施工总体流程,根据结构旋转变化情况,钢管混凝土结构施工穿插于钢结构吊装施工中,采用高抛振捣法施工工艺,使钢管混凝土、压型钢板、异形体、桁架层等施工有机穿插进行。

2007年获白玉兰奖,2008年获国优银奖。2007年12月,获英国工程师学会"教育与医疗建筑类"大奖。

图6-4-8 同济大学教学科研综合楼

第二节 科研建筑

一、上海光源

位于浦东新区张衡路239号。建筑面积为5万平方米。2004年12月开工,2009年4月竣工。现代设计集团上海建筑设计研究院有限公司设计,市建七公司施工总承包,安装公司、机施公司、装饰公司等参建。

该工程是我国第三代同步辐射光源开发应用研究基地。工程由"鹦鹉螺"状主体建筑、动力设备用房、综合实验楼、综合办公楼及辅助设施组成。主体结构采用钢筋混凝土框架和异形钢屋盖,总计3.6万平方米、高20米、直径213米的圆形建筑。钢屋盖由8片异型双向弯曲的"花瓣"旋转而成。1.5万块铝板经专用数控设备加工成半成品,现场拼装,钢结构安装总重5000余吨。水平轨道稳定度控制在10微米之内,垂直轨道稳定度为1~2微米,相当于头发丝直径的1/7。用于科学实验的光束线对稳定性要求极高,施工中遇到直线增强器隧道及实验

图6-4-9 上海光源

大厅底板变形与振动控制、超长圆形大体积墙板裂缝的控制、600米连续圆环形大梁的抗裂缝控制、异形钢结构施工和主体建筑双曲面铝板复杂工艺等五大难题。经对2 142根基础桩拓深为48米,并加上一层1.35米厚的底板等措施,解决了结构微振动问题。锯齿型板墙厚0.8~1.5米,长432米,经创新运用低收缩性砂浆,破解了超长超厚板墙裂缝控制难题。

2008年被建设部评为全国建筑业新技术应用示范工程。2010年获鲁班奖、詹天佑奖。2010年被评为新中国成立60周年百项经典精品工程。2012年,"上海光源国家重大科学工程"获上海市科学技术特等奖。

二、上海地面交通工具风洞中心

位于曹安公路4800号同济大学嘉定校区内。总建筑面积3.5万平方米。2006年6月开工,2008年年底竣工,2009年7月投入试运营。同济大学建筑设计研究院设计,市建七公司施工总承包,安装公司参建。

该工程为我国首个、亚洲最大汽车风洞中心。风洞是汽车和轨道交通车辆设计、制造所需的基础设施,被列为上海市"科教兴市"战略中首批产业科技的关键项目。该工程包括热环境风洞CWT、办公及实验工作区OSS、气动声学风洞AAWT三部分。基础采用"桩+独立基础承台+基础地梁",单体上部结构均为现浇框架结构,局部有剪力墙。局部楼板厚达25厘米。风机、天平等基础采用大体积混凝土结构。AAWT风机室地面至屋面板顶16米高,AAWT喷口室地面至屋面板顶高

图6-4-10 上海地面交通工具风洞中心

19.3米,且柱距远,排架搭设施工要求高。该工程工艺复杂设备多,有大量的预埋件并位于清水混凝土表面。又有斜梁、折梁、异形柱等,钢筋形状多样,施工过程对不规则部位进行重点把关。

该工程的核心装置是CWT热环境整车风洞和AAWT气动-声学整车风洞两座风洞,其中超大型轴流风机主机外形直径9 000毫米,重130吨,总功率4 125千瓦,每分钟转速195万转,每秒风量达到1 920立方米,相当于近1万台普通家用吊扇的出风量。可以在30秒内将静止的空气加速到250公里/小时。而测试段在风速时速160公里时,背景噪声仅为61分贝。

2009年获白玉兰奖。

第三节 医 疗 建 筑

一、上海市第六人民医院

位于宜山路600号。基地面积10万平方米,建筑总面积8.97万平方米。1987年2月开工,1991年3月竣工。中国建筑西南设计院设计,市建八公司承建,安装公司、山西安装公司参建。综合楼建筑

面积8.29万平方米,2008年6月20日开工,2010年9月25日竣工。市建二公司施工总承包。

该工程包括病房楼、教学楼等23个单体。除病房楼为15层外,其他建筑大部分为多层。病房楼标准层每层2个护理单元,设敞开式护理站,共有984张床位。病房楼为钢筋混凝土框架结构,高63.4米,建筑面积3.58万平方米。基础采用钢筋混凝土预制方桩加箱型基础。外墙为马赛克及面砖,内墙贴塑料墙纸,地面水磨石及马赛克。医院空调以风机盘管冷热水加新风为主,手术层采用全新风系统加净化,配备呼叫,集中监护、闭路电视系统及各种先进医疗诊断装置等。

图6-4-11 上海市第六人民医院

综合工程主楼20层、地下2层,建筑总高度为93.5米;裙房5层,建筑高度为24.8米。2层以上为各科门诊和病房,在4层西南侧有一个钢天桥连接原医技大楼。上部结构外墙采用玻璃幕墙。该工程建筑红线内施工场地紧缺,施工操作余地狭小;各专业分包多,专业协调难度大。施工中发挥总承包的优势,在不影响医院正常业务的情况下圆满完成工程建设。

2010年获白玉兰奖。

二、华东医院(东楼)

位于延安西路221号。华东医院东楼占地面积1334平方米,地上21层、地下1层,建筑面积2.58万平方米。1987年12月开工,1991年6月竣工。华东建筑设计院设计,市建四公司承建。

该工程建筑体形棱角挺拔,以切角、条窗和高耸的双塔显得气势雄伟、线条明快。基础采用箱型基础加桩基,桩采用直径600毫米钻孔灌注桩。上部结构为现浇框架剪力墙体系。电梯井分布在建筑两端北部,形成两个刚度较大的筒。共设病床319张。门诊和病房均设置空调,手术室装有高级过滤净化空调系统。大楼内有自动报警、喷淋、排烟、疏散诱导照明系统,

图6-4-12 华东医院

并设有医疗用呼叫信号系统、医疗闭路监护电视系统、心脏监护显示系统等。

2009年5月,华东医院建设地下车库,建筑面积6 963平方米,地下2层停车库面积6 603平方米,停车总数为159辆,并配建2 000平方米地下民防工程。施工具有近距离密集建筑群、历史建筑物的保护、确保医院正常运行等难题。工程采用预制地下连续墙、扩底钻孔灌注桩和逆作法施工等技术,周边大楼最大沉降都控制在1厘米以内,最大限度减小对医院的影响。2010年8月竣工,机施公司承建。

三、中山医院(医疗综合楼)

位于上海市徐汇区枫林路180号。总建筑面积72 075平方米(其中地上64 078平方米、地下7 997平方米)。由A楼(22层)、B楼(15层)、C楼(8层)、裙房(4层)、门诊大厅(1层)和空中连廊等组成。2003年2月开工,2004年9月竣工。法国SCAU设计公司、华东建筑设计院有限公司设计,市建一公司施工总承包。

该工程建筑平面形态复杂:A楼结构外边线系由两根不同圆心,但曲率半径同为60米的弧线汇交而成;B楼建筑平面为一近似扇形,其与裙房结构外边线为同心圆上的一段弧线,其曲率半径为60.05米;C楼建筑平面也为一近似扇形,其弧线部分结构外边线曲率半径为60米;门诊大厅钢屋架近内院部分处平面形态为一曲率半径为25米的弧线段。施工期间,为满足医院工作人员和患者的需求,采取多种措施降低风险,确保人员安全性和施工可靠性。

2005年获鲁班奖。

图6-4-13 中山医院

四、曙光医院(东院)

位于浦东新区张江高科技园区张衡路528号,占地面积10.8万平方米,建筑面积8.3万平方米。2003年2月开工,2004年11月竣工。上海现代建筑设计(集团)有限公司设计,市建七公司施工总承包。

该工程是融现代建筑与传统特色为一体的园林式医院,工程项目包括门急诊综合楼、特需楼、肝科楼、高压开关站及高压氧舱、动物实验楼及道路、污水处理站等。主要建筑——门急诊综合楼设计别致新颖,外立面成圆弧形状,北主立面凹形处设大雨篷金属构架,外装饰为玻璃幕墙和干

图6-4-14 曙光医院

挂石材,充分体现现代化医院的时代气息。

该工程门急诊大楼工程获2005年度白玉兰奖。

五、瑞金医院(门急诊医技楼)

位于瑞金二路197号瑞金医院院内,门急诊医技楼地上22层,高107.4米,建筑面积7.33万平方米,地下2层。2003年11月开工,2006年10月竣工。上海励翔建筑设计事务所设计,市建一公司施工总承包。

该工程地处闹市中心,施工场地又处于医院各建筑密集区域。西侧离瑞金二路仅10.4米。基坑面积6430平方米,在平行基坑西侧与围护净距2.7米处,还有在建的市政钢筋混凝土顶管工程,长度达626米,埋深9米。地下室二层混凝土墙厚1.6～2.3米不等,顶板厚度2.5米,结构净高5.9米,属大体积混凝土。楼层内大多采用大空间轻钢龙骨纸面石膏板吊顶,最大面积逾400平方米,挠度裂缝控制难度突出。医院气体管道、净化空调,空调四管制、恒温恒湿、呼叫等特有的各类系统,管线布置异常繁杂。施工成立创优领导小组,集中所有分包单位项目经理,围绕目标开展各项创优活动,责任落实到人,实行对口监督,层层把关。运用样板引路,电脑进行CAD细化等措施。

2007年获鲁班奖。

图6-4-15 瑞金医院(门急诊医技楼)

六、上海市第一人民医院松江分院

位于松江区文翔路1485号。建筑面积83 745平方米。2003年12月开工,2005年12月竣工。上海卫生建筑设计研究院有限公司设计,市建一公司施工总承包。

该工程由门诊医技楼、病房楼、急诊手术楼、科教中心、锅炉房5个单位工程以及总体配套设施、景观绿化等组成。门诊医技楼有9个子项,建筑面积33 029平方米,高20米。病房楼呈矩"一"字形布置,地上11层,高55.9米。急诊手术楼地下1层、地上2层。科教中心是医院的标志性建筑,高50.8米,地上7层,建筑造型为锥型。

图6-4-16 上海市第一人民医院松江分院

七、上海市公共卫生中心

现为上海市公共卫生临床中心。位于漕廊公路2901号。总建筑面积8.2万平方米。2003年5月开工,2004年9月竣工,11月启用。现代设计集团上海建筑设计研究院有限公司等设计,上海建工(集团)总公司施工总承包,市建一公司、市建五公司、市建七公司承建,安装公司、材料公司等参建。

该工程为国际一流的大型公益性综合医疗护理中心,设有全封闭烈性病房、P3实验室和特殊的污水、污物处理设备。2003年上海发生非典疫情后,上海建工集团接任务后立即进入施工现场。10天内,平整场地30万平方米、施工路基2万平方米、回填河浜6万立方米、平整宅基2.5万平方米、迁移2 500株大树,为按时开工做好充分准备。施工中克服没有详尽设计图纸等困难,施工人员在实践中摸索,确保好中求精。施工会战高潮时,参建人员达4 000余人,各类作业队伍多达30余支,确保按时完成,及时收治病人。

2004年获白玉兰奖。

图 6-4-17　上海市公共卫生中心

八、四川都江堰市医疗中心

位于四川省都江堰市幸福镇永丰村、联盟村。总用地面积9.2万平方米,建筑面积6.95万平方米,包括门急诊楼和病房医技楼。2008年8月开工,2010年4月竣工。上海市卫生建筑设计研究院有限公司设计,市建四公司施工总承包。

上海对口援建都江堰项目之一。该工程门急诊楼地上4层,高20.70米;病房医技楼地下1层,地上11层,高50.70米。均为钢筋混凝土框架剪力墙结构,抗震设防烈度为8度。土建施工包括外墙保温、外窗保温等。屋面保温隔热采用挤塑聚苯乙烯泡沫塑料板保温层,在地下室底板与混凝土整浇层之间增加保温层。地下工程施工中,克服地下水量丰富基坑降水难、地下布满鹅卵石大方量挖土速度慢、大体积混凝土浇捣难等困难,先后攻克挖土、底板混凝土浇捣等难题;结构和装饰施工中,组织和协调分包队伍,使工程比合同竣工期提前了40天。

2010年获四川省天府杯奖和鲁班奖,2011年获白玉兰奖。

图 6-4-18　四川都江堰市医疗中心

九、上海市质子重离子医院

位于康新公路 4365 号。地上 7 层、地下 1 层,高 34.4 米。总建筑面积 5.25 万平方米,其中地上建筑面积 3 万平方米,地下建筑面积 2.25 万平方米。2010 年 1 月开工,2012 年 5 月竣工。由现代设计集团上海建筑设计研究院有限公司设计,上海建工(集团)总公司施工总承包,市建一公司承建,安装公司参建。

图 6-4-19　上海市质子重离子医院

质子或重离子经由同步加速器,加速至约 70%的光速时,离子射线被引出射入人体,实现对肿瘤的"立体定向爆破",在杀灭肿瘤细胞之时,又保护正常组织。该工程包括质子重离子放疗,配套的门诊楼、病房楼、医技楼、行政楼、后勤楼等,施工工艺精度高,特别是结构沉降、辐射屏蔽安全、工艺冷却水等设备安装要求苛刻。

该工程地下室面积巨大且外墙为超长混凝土结构,屏蔽墙厚度都在 1 米以上,有的达到 3.75 米。一次性浇捣混凝土长度达到 50 米以上。工程底板、墙板、顶板均属超厚板。施工重点研究和解决混凝土的密度、水泥中的微量元素含量和混凝土裂缝控制,浇捣混凝土时的流动性、泵送性、保坍性、耐久性和抗渗能力,以及模板排架体系的防变形。729 根灌注桩长桩,为控制桩端受力时的微变形,采取了桩端注浆施工工艺。机电设备安装施工采用建筑模型系统、双排减震支架、管道预埋模块化、泵口配管无应力接驳、减震台座等措施。运用了彩钢板复合风管、彩色保温材料、工厂定配桥架弯头等新材料新工艺,实现安装工程装饰化。机房是整个工程的重要部位,引入工业标准指导施工,对设备进行基础处理、隔震橡胶垫安装、隔震器安装等,以严格的工艺纪律来保证设备安装后设备运行的可靠性和良好性。

第五章 住宅建筑

第一节 群体住宅

一、曲阳新村

位于虹口曲阳地区。建筑面积111万平方米。公共建筑面积16万多平方米。1979年8月开工,1987年9月竣工。华东建筑设计院设计,市建一公司、市建二公司、市建七公司等承建。

该工程是"七五"期间上海规模最大的住宅小区,其中高层住宅30余幢,另有多层、跃层式住宅,共有住宅1.7万余套。配套工程之一的曲阳商场高27.65米,6层,2万平方米。高层住宅采用大模板施工工艺,结构施工5天1层。主体工程和配套工程同步施工、同步交付使用。多层住宅采用硬架支模工艺,大流水作业法,工序搭接严密紧凑。跃层式住宅,建筑平面为条状。每两开间、三个楼层面为一基本单元。每户分层布置以减少相互干扰,并提高使用系数。

该工程被评为上海市1949—1989年十佳建筑之一、新中国成立50年上海最佳住宅小区特别奖。曲阳商场获1989年白玉兰奖。

图6-5-1 曲阳新村

二、世茂滨江花园

位于陆家嘴金融贸易区,邻黄浦江滨江大道。2001年3月开工,2005年1月竣工。香港马梁建筑事务所、现代设计集团上海建筑设计研究院有限公司设计,市建一公司施工总承包。

该工程为21世纪初上海住宅第一高楼群。花园小区内超宽楼间距,通风采光效果都达到至优。每个单元都有独立精装大堂。户型设计既有精致实用的一房、二房,又有尊崇大气的三房、四房。还有多功能会所、游泳池、红酒雪茄吧、健身房、篮球馆、羽毛球馆、瑜伽房、高档餐饮、娱乐社

图6-5-2 世茂滨江花园

交、时尚购物、美容SPA等。

该工程0号楼55层,高175.2米,建筑面积10.7万平方米。1号楼49层,高149.6米,建筑面积9.9万平方米。2号楼53层,高168.85米,建筑面积10.6万平方米。一柱一桩方案是整个施工流程搭接的主心骨,图纸设计要求钢管垂直度偏差控制在1/600以内,主桩既要发挥工程桩的使用功能,同时又作为施工阶段的重要承重构件。由市建一公司和同济大学联合开发的"钢桩柱全自动垂直度调控方法及系统"获得国家知识产权局颁发的发明专利。

三、天津河滨花苑

位于天津小伙巷地区。由8幢23～27层不等的高层住宅楼连地下室、会所及配套用房组成,总建筑面积10.6万平方米。天津天勘建筑设计院设计。市建七公司施工总承包。2009年7月开工,2011年6月竣工。

针对北方冬天气温低、其余季节气候干燥的特点,在混凝土施工中,分别采用保温和保湿措施,尤其注意混凝土的裂缝控制;同时混凝土的光洁度和平整度,接近清水混凝土的标准。被评为"海河杯"优质结构和天津市综合观摩工地。

图6-5-3 天津河滨花苑

第二节 装配式住宅

一、万科新里程

位于杨高南路、高青路、川杨河以南。规划住宅总建筑面积27.78万平方米,首期规划建筑面积17万平方米。2006年8月开工,2009年3月竣工。由河北省建筑设计研究院中森建筑与设计顾问有限公司、上海市建工设计研究院设计,市建二公司施工总承包。

该工程为国内产业化住宅首批试点工程。建筑形态以小高层为主;房型以90平方米左右2房和125平方米左右3房为主。全部采用预制装配(PC)住宅。主要方法是以工厂化制作成品混凝土构件为主,经装配、连接,结合部分现浇而形成的混凝土结构。主要特点是绿色施工、节能环保,产业化流水预制构件工业化程度高;成型模具、设备可重复使用,节约资源;现场装配、连接,可避免或减轻施工对周边环境的影响;现场劳动力资源投入相对减少,机械化程度提高,操作人员劳动强度有效缓解;预制构件外装饰工厂化制作,直接浇捣于混凝土中,外墙

图6-5-4 万科新里程

无湿作业,不采用外脚手,扬尘得到有效抑制;工程施工周期缩短;减少了现场混凝土浇捣和"垃圾源"的产生,节水节电均超过30%。

二、康桥镇6号地块4号楼

位于浦东新区康桥镇。建筑面积约6 400平方米,建筑高度为40米。2008年12月开工,2010年7月竣工。上海建工设计研究院设计,市建五公司承建。

该工程为14层2单元的小高层建筑,一梯3户,采用剪力墙结构。结构外墙板采用预制装配式复合夹心保温墙板,结构剪力墙、楼板、楼梯均采用现浇混凝土,预制率约为17.6%。

该工程预制夹心保温外墙板板厚70毫米,内墙板板厚50毫米,两者之间为保温材料。为了避免冷桥现象的产生,预制保温墙体保温层两侧混凝土板连接采用纤维增强复合材料制成的连接件。通过合理设置拼缝部位,增设四周贯通的防水空腔,提升防(疏)水性能。预制构件吊装采用自主设计的专利产品"吊点可调式横吊梁",有效防止吊装过程中预制板块倾斜。

图6-5-5 康桥镇6号地块4号楼

三、北京万恒家园

位于北京市丰台区,工程总占地面积88 400平方米。B-3号楼、B-4号楼为预制装配式高层住宅楼,其中B-3号楼建筑面积为3 948平方米,地上14层,建筑总高度42.1米;B-4号楼建筑面积为4 217平方米,地上15层,建筑总高度45米。2008年4月开工,2009年12月竣工。北京建筑设计院设计,市建七公司承建。

该工程为北京首个产业化住宅项目,结构形式为预制剪力墙结构,其中内墙为现浇结构,外墙为预制夹心保温结构,外墙的装饰面砖在构件预制时铺贴完成,然后运至现场进行安装。内外墙连接节点与预制构件连接后浇注。内墙、山墙及电梯楼梯间外墙现浇,阳台板、空调板、楼梯也采用预制构件。每层共设置12块混凝土预制墙板,最大块重量为4吨。该工程共计吊装预制墙板300块,预制楼梯板50块,预制阳台及空调板138块,竖向湿性接头225处。

2009年5月,北京市召开工业化住宅展示活动,该工程受到社会各界的好评,同时被授予北京市住宅产业化试点工程。

图6-5-6 北京万恒家园B-3号楼、B-4号楼

第六章 历史保护建筑

第一节 修 缮 建 筑

一、外滩历史建筑修缮

外滩有"万国建筑博览会"之称,从苏州河和黄浦江交汇处沿着中山东一路向南,有一批风格多样、流派纷呈的中外经典、近代优秀的历史保护建筑。其中不少系全国重点文物保护单位。

上海建工从 80 年代后期开始承担外滩历史建筑保护性修缮工作。承担的项目主要有汇丰银行,和平饭店南楼、北楼,光大银行,中国银行,东风饭店,外滩源等。其中和平饭店北楼原为沙逊大厦,建于 1926 年,经修缮后总建筑面积增至 3.7 万平方米,新建辅楼 1.2 万平方米;南楼原为汇中饭店,建于 1908 年,建筑面积 1.1 万平方米,修缮时拆除外墙上原有的各类附加物、替换必要的支架材料、修补开裂破损部位、重点清洗污迹锈斑等。光大银行上海分行原为东方汇理银行,建于 1914 年,具有法国巴洛克式风格。2006 年对 1996 年装修时保存较好的木饰面、楼梯、木门、石材等作清洗修缮;主楼屋面维修阳光棚更换玻璃,修补、清洗了外立面并喷涂真石漆涂料等;辅楼饰面全部拆除重新装修。这些项目都进行地基加固等措施。中山东一路 33 号原为英国领事馆,修缮施工中拆除了 1.8 万平方米非历史建筑,扩大绿地面积。

上海建筑设计研究院有限公司等多家设计院参与设计。上海建工(集团)总公司、市建一公司、装饰公司等分别进行项目总承包。市建二公司、市建七公司、安装公司等参建。

图 6-6-1 外滩历史建筑修缮

二、东风饭店修缮扩建

位于中山东一路 2 号。地上 5 层,地下 1 层,建筑面积 1.2 万平方米。2009 年 10 月开工,2010 年 2 月竣工,8 月正式营业。现代设计集团上海建筑设计研究院有限公司设计,装饰公司施工总承包,安装公司参建。

该大楼曾是上海最豪华的俱乐部——上海总会(又称英国总会),属于文艺复兴时期风格的建筑,始建于 1909 年,解放后曾经历多次改造,又闲置十余年未用。原有装饰物陈旧破损,地下室、外墙体、屋面、房间内楼板由于渗水腐烂破损严重。修缮施工首先进行建筑材性检测、外墙清洗试验、室内地坪大理石清洗实验等,并制定科学、合理的修缮方案。东立面外挑雨棚按 1916 年照片恢复;外立面窗户,底层大堂内装饰,三角电梯,大楼梯,底层南、西、北三个大厅,大堂旋转门,东大厅(原舞厅),西北大厅(原弹子房)和南大厅,原阅览室采光天棚等均按历史照片原貌修复。拆除宴会厅后加南侧隔墙。保留二层具有特色装修及壁炉的客房。水电、风管、机电、设备安装,注重细节管理,做到精细化施工。3台重达40吨的主体设备冷冻机组安全就位。超级豪华客房施工,吊顶内结构空间有限,有序安排水管、电管、桥架、风管等施工次序和施工位置。

2008年9月,在原历史建筑西面建造五星级酒店及地下商业中心,建筑面积4.7万平方米,主楼高80米、23层,副楼8层,2011年4月竣工。上海现代建筑设计(集团)有限公司、上海建筑设计院有限公司、美国约翰·波特曼设计事务所设计,上海建工(集团)总公司施工总承包,市建二公司、安装公司等施工。该建筑地下5层,建筑面积1.9万平方米,基坑开挖深度-19.2米。采用逆作法上下同步施工,利用结构梁板作为水平支撑,有效控制基坑变形,减小对周边环境的影响,减少大量建筑垃圾的清理。在基础底板施工前,上部结构已施工至15层,缩短了施工工期。现新、老两楼合称上海外滩华尔道夫酒店,建筑风格端庄典雅、中西合璧。

图6-6-2 东风饭店修缮扩建

三、外滩源

"外滩源"位于黄浦江和苏州河的交汇处,东起黄浦江、西至四川中路、北抵苏州河、南面滇池路,占地16.4公顷。区域内保留着一批建于1920—1936年间的各式近代西洋建筑,为外滩历史文化风貌区的核心区域,是外滩"万国建筑博览会"的源头,也是上海现代城市的源头。

中山东一路33号原为英国领事馆,地块内有原领事馆主楼和原领事官邸两幢砖木结构房屋,先后于1873年和1884年建成。该工程作为上海外滩源综合改造开发项目一期工程的主要项目之一,2009年1月8日开工,2011年9月10日竣工。建筑面积13 994平方米。市建二公司施工总承包。工程用地范围内有众多古树,施工期间需要加以重点保护。特别是地下空间上部的一棵150年古银杏树,因工程施工时无法移植。为保护这棵古树,该工程用将原单独的一个地下空间分成两个地下空间,两个地下空间通过位于地下二层的通道相连接的方式,对古银杏树进行重点保护。根据对工程地质条件、结构特性及保护文物等方面的考虑,对通道施工采用管幕法并获得成功。

图6-6-3 外滩源

四、大光明电影院修缮

位于南京西路216号。原名大光明大戏院，建于1928年12月。建筑面积1万平方米。2008年1月开工，是年9月竣工。上海章明建筑设计事务所设计，装饰公司施工总承包。

大光明电影院建筑立面以西洋古典建筑的柱式，衬以巨大拱圈和挑出不大的阳台，是一座古典宫廷风格的戏院。由于年代已久，部分文物构件经多次施工被修改和拆除，给修缮施工带来极大的困难。整体修复工程在施工图设计基础上，依据现场测量结果再作进一步的深化设计及装饰施工图设计。施工范围包括室内修复工程、外墙涂料及幕墙工程、屋面防水工程、给排水、电气工程、弱电配管及拆除、加固工程、机电、消防、空调、电梯、弱电工程等。

图6-6-4　大光明电影院修缮

五、青年会宾馆修缮

位于西藏南路123号。原名基督教青年会，建于1931年。建筑面积1.3万平方米。2009年2月开工，是年9月竣工。上海现代建筑设计（集团）有限公司设计，装饰公司施工总承包。

该宾馆始修缮改造内容包括：重点保护西、北立面的装饰斗拱和彩绘，其他各立面的泰山面砖、清水砖墙和琉璃瓦屋顶及窗户需按原样修复；底层入口门厅原有平面、空间格局、天花线脚及楼梯进行整修；二楼大堂基本平面、空间格局、天花彩绘等装修；直达屋顶原有楼梯的栏杆及踏步修复。通过制定砂浆粉刷墙面与花岗石修缮方案、泰山砖与清水墙修缮方案、琉璃瓦、斗拱修缮等技术方案，对外墙进行保护性清理、清洗，拆除外墙上原有的各类附加物，替换必要的支架材料，修补开裂破损部位，重点清洗污迹锈斑。室内修缮主要对木制品、吊顶石膏制品、水磨石地面、铁艺栏杆及金属外窗进行修复，恢复历史原貌。

图6-6-5　青年会宾馆修缮

第二节　改扩建建筑

一、中共"一大"会址纪念馆改扩建

位于黄陂南路、兴业路口，中共"一大"会址纪念馆西侧。建筑面积2 316平方米，高12米。

1998年6月开工,1999年5月竣工。上海市房屋建筑设计院、中国船舶工业第九设计院设计,上海建工(集团)总公司总承包,市建二公司负责管理。

改扩建工程与原"一大"会址相距3米,地下1层,地上前2层、后3层,前留天井布局,保持与"一大"会址相同的20年代上海典型的石库门居民建筑风格,增设观众服务设施,展厅面积扩大3～4倍。结构形式为框架结构,部分采用无梁楼盖,2层、3层局部楼面采用无粘结预应力楼面。外墙采用仿古青灰砖清水嵌缝外墙,中国漆色和青灰瓦坡顶屋面。清水外墙面砖的勾缝施工,专门请来有勾缝手艺的老师傅作指导,先做小样,然后成批施工,效果与旧址外墙保持一致。施工主要由全市建设系统共产党员和职工采用义务劳动形式完成,总计使用2万人工,建工集团承担其中50%。

图6-6-6 中共"一大"会址纪念馆改扩建

2000年获白玉兰特别奖。

二、北京京西宾馆西楼改建

位于北京市羊坊店西路和复兴路的交汇处京西宾馆内。13层,高60.1米,建筑面积5.2万平方米。1999年12月开工,2002年7月竣工。华东建筑设计研究院有限公司设计,市建七公司施工总承包,安装公司、装饰公司参建。

京西宾馆是国家重要的会议中心。1965年竣工投入使用。改建加固主要包括结构抗震、剪力墙、框架柱、梁外包混凝土等。除基础桩基加固外,100%柱体外包100毫米混凝土,50%梁外包60毫米混凝土,外墙内壁增设160毫米壁式框架混凝土,底层大堂T形柱拔除及消能阻尼器的安装等。在改建施工时东楼正常营业,做到与环境保护同步进行。

图6-6-7 北京京西宾馆西楼改建

2002年获白玉兰特别奖。

三、上海展览中心改建

位于延安中路1000号。曾名中苏友好大厦。1954年5月开工,1955年3月竣工。由中央大厅、工业馆、东西两翼的文化馆、农业馆及电影馆5个项目组成;总建筑面积5.9万平方米;大厅顶部镏金塔高达110.4米;是50年代上海规模最大、气势最雄伟的俄式建筑群。苏联中央设计院和建筑工程部设计总局华东设计院合作设计,上海市建工局与华东建筑工程局联合成立的中苏友好大厦建设公司承建。

上海展览中心加固、大修、改造工程,建筑面积 8 万平方米。2001 年 7 月开工,2002 年 12 月竣工。上海现代建筑设计(集团)有限公司设计,市建一公司施工总承包。

施工中对序馆、中央大厅、友谊会堂、西一馆等进行加固大修,对东、西二馆进行改造,对强弱电、暖通空调、给排水、消防等系统进行全面改造。结构抗震按 7 度抗震设防烈度要求,采用碳纤维布、粘钢、混凝土加大截面、静压锚固桩、预应力等多种加固方式。各单馆的承载力不足的混凝土柱采用外包型钢和全包钢板加固方法;对承重砖墙、填充墙等采取加柱及圈梁、增加构造柱等方法加固。基础采用锚杆静压桩进行加固。中央大厅拱形屋面板采用碳纤维加固技术,有效提高原拱形屋面板的承载能力和结构耐久性。东西耳房是在原址拆除改建的新建建筑。

该加固、修复工程施工技术 2002 年获上海市科学技术奖、2003 年获第十七届上海市优秀发明选拔赛二等奖。2009 年,工程被评为新中国成立 60 周年百项经典精品。

图 6-6-8 上海展览中心改建

四、静安寺改扩建

位于南京西路 1686 号。建筑面积 1.7 万平方米,最高宝塔高 63 米。2001 年 7 月开工,分两期进行,2010 年 12 月竣工。华东建筑设计研究院有限公司设计,市建四公司施工总承包。

静安寺相传始建于三国吴赤乌十年(公元 247 年),本名真言宗古刹,被国务院确定为汉族地区佛教全国重点寺院。此次改扩建法堂(又名金佛殿),地下 1 层,地上 6 层,建筑面积 5 631.6 平方米,其中地下部分 1 231.2 平方米。宝塔(又名静安佛塔),为新建寺院楼阁式建筑,地下 1 层,地上 11 层。宝塔的 3~8 层供奉着信众礼佛的大型佛像,每尊佛像自重 4.5~5 吨。巨型莲花瓣、大小五塔的高空组装,大塔高达 26 米,金塔上共有 868 尊大小佛像用金箔 50 万张,每层塔中间都安置了佛像。商业综合楼(又名修禅楼),建造于 1999 年。改建为地下 1 层,地上 6 层,建筑高度增至 24 米,总建筑面积增加至 4 515 平方米。工程临街施工,场地极其狭小,仅有一处约 120 平方米的场地可供

图 6-6-9 静安寺改扩建

使用。宝塔基坑紧靠愚园路一侧围墙,且距法堂基坑不足3米。原157号楼内的餐饮企业又处于营业状态,需预留员工和后勤通道。施工在寺庙香火状态下进行。大量的木结构与混凝土结构间的连接处理等都经受了考验,最终取得满意效果。

2003年获上海市建设工程优质结构奖。

五、中国民生银行大厦改建

位于浦东南路100号。建筑面积9.6万平方米,高191.3米。工程于2005年7月开工,2008年9月竣工。改扩建工程由华东建筑设计研究院有限公司设计,上海建工股份有限公司施工总承包,市建七公司、机施公司、安装公司等承建。

该工程改扩建前为中商大厦。改建后为现代化银行办公大楼。为满足使用要求,将原来35层主楼加高到45层,主楼南侧裙房由原来4层加高到6层,主楼北侧裙房取消。通过结构体系整体置换,将原来的钢筋混凝土框架剪力墙体系置换为外钢框架、内混凝土核心筒体系。楼面采用钢梁和压型钢板楼面体系,标准层缺角部分补齐。34层以下采用外包钢管混凝土柱,34层以上采用钢柱。地下室外扩部分重新施工围护,开挖后新浇底板、侧壁及顶板。改造主楼箱型基础,采用补桩和基础底板同时加固的方案。核心筒剪力墙主要采用外包钢加固。通过对该大厦改扩建后,建筑高度提高57.1米,建筑面积增加2.8万平方米。

图6-6-10 中国民生银行大厦改建

第七章　2010年上海世博会建筑

第一节　"一轴四馆"建筑

一、中国馆

位于世博园区 A 片区,世博轴东侧。今中华艺术宫。中国馆由国家馆、地区馆以及港澳台馆等部分组成,港澳台单独建馆。国家馆、地区馆建筑面积 16 余万平方米,高 69.9 米。2007 年 12 月开工,2010 年 2 月竣工。华南理工大学建筑设计研究院等联合设计团队设计,上海建工(集团)总公司施工总承包,市建四公司、机施公司承建,装饰公司、安装公司等参建。

中国馆的设计按照中国风格、时代精神的理念,其外形如一个新型斗拱,意为东方之冠,鼎盛中华,天下粮仓,富庶百姓。外立面"中国红"经过材料、肌理、颜色的反复寻觅,采用 7 种不同红色组成。无论是强光照射,还是阴影部分,都能达到视觉颜色的统一。四周立面安装叠篆体"东、南、西、北"字板具有换气功能,地区馆外围墙装饰凹凸立体篆字二十四节气的铝合金板具有透光功能。

该工程 4.5 万平方米、深 10 米的基坑,处淤泥质土层,坑底有微承压水,和运营中的地铁 8 号线零距离,有 10 根桩深达 46 米的钻孔灌注桩,在两条隧道之间。通过把风险区划成 4 个小基坑施工,位移仅 5 毫米(要求低于 1.3 厘米)。上部结构总重 2.3 万吨钢材构件安装,最重的达 135 吨,从 33 米楼层开始层层外挑,外挑最大达 34.75 米。南广场大台阶铺设 4 700 块、共 9 000 平方米的华夏灰花岗石,特邀百名石匠通过人工的初斩、细斩、终斩等工艺,总计达到 5 400 万刀。

2010 年获白玉兰奖、鲁班奖和詹天佑奖。

图 6-7-1　中国馆

二、世博主题馆

位于世博园B片区。今上海世博展览馆。建筑面积14.3万平方米。2007年11月开工,2009年9月竣工。同济大学建筑设计研究院设计,上海建工(集团)总公司施工总承包,市建二公司、基础公司、安装公司、宝冶建设公司等承建。

该工程西展厅南北跨180米、东西跨126米,建筑面积2.3万平方米,净高14米,全厅无柱。屋盖钢结构采用"工厂拼装、单元运输、现场总拼、累积滑移、整体卸载"的方法。西展厅采用多功能管沟地坪,16条120米长的综合管沟,采用配套定制盖板套模配合盖板边框预埋,盖板稳固,拆装简单,给布展管线增设、维修带来极大方便。工程开挖面积5万平方米、深达10米的基础采用无支撑施工法取得成功。建成垂直绿化生态墙、面积5 600平方米,太阳能屋面面积3万平方米。

2010年获上海市优质结构奖、白玉兰奖、鲁班奖、詹天佑奖等。

图6-7-2 世博主题馆

三、世博中心

位于世博园B片区沿江。建筑面积14.2万平方米,高40米。2007年10月开工,2009年11月竣工。华东建筑设计研究院有限公司、美国D+P建筑设计事务所设计,市建七公司施工总承包,安装公司、机施公司、装饰公司等参建。

世博园区永久性建筑之一。现成为大型高规格会议的重要场所。该工程结构以地下混凝土框架、地上钢结构为主。基坑东西长414米,南北宽99米,总延长1030米,面积4.1万平方米,属超长、超大的深基坑。在高地下水位的软土地基中,支护结构采用型钢水泥土搅拌墙加水平、斜支撑,分层分区、分段沿周边均匀对称大开挖挖土,围护搅拌桩与地基加固。施工应用了22项新技术,如高效钢筋连接技术、节能型围护结构应用技术、超大面积深基坑内坑中坑施工技术、超长结构混凝土裂缝控制施工技术研究、大跨度钢桁架整体提升结构稳定性与加固技术等。该工程是第一个申请美国LEED金奖的世博会建筑;首次获得中国绿色建筑三星级和通过美国LEED金奖标准预评;是中国绿色建筑三星级和美国LEED金奖新建建筑中体量最大的公共建筑。

2010年获白玉兰奖、全国建筑装饰奖,2010年获鲁班奖和詹天佑奖等。

图6-7-3 世博中心

四、世博文化中心

位于世博园区东南端。曾称世博演艺中心,现名上海梅赛德斯奔驰文化中心。高26米,地上6层,地下2层。建筑面积12.6万平方米。2007年12月开工,2010年3月竣工。华东建筑设计研究院有限公司设计;上海建工(集团)总公司施工总承包,市建四公司、机施公司等承建,安装公司、装饰公司等参建。

该工程造型呈飞碟状,寓意"艺海拾贝"。以大型中央舞台为主体的大型多功能室内演艺场馆。观众席可以在4 000~18 000座中选择变换,舞台可以进行三维组合。基坑紧邻黄浦江,地质条件差,且受潮汐荷载影响,动水压力大,地下6米有大量原工厂及码头拆除后遗留的废桩、抛石等障碍物,土方开挖量30万立方米。主体结构为钢结构,包括巨型斜钢管混凝土柱、大悬挑的伸臂桁架、大跨度的桁架屋盖,钢结构吊装吨位3.7万吨。幕墙为多功能的三维曲面碟形幕墙,有幻灯光效果,防水、隔音、保温等功能。屋面层次构成复杂,天窗、星座、星丛、光柱、排风、排烟等不规则洞口繁多,并有大量的设备、预制看台板安装等。2010年上海世博会开幕式在此举行。

2010年获白玉兰奖、鲁班奖和詹天佑奖等。

图 6-7-4 世博文化中心

五、世博轴及地下综合体

世博园区最大的单体工程。现名世博源。位于浦东世博园区中心地带的主轴线上。南起耀华路,北至黄浦江边的庆典广场。长1045米,地下宽99.5～110.5米,地上宽80米。建筑面积25万平方米。2006年12月开工,2010年1月竣工。德国SBA公司、华东建筑设计研究院有限公司、上海市政工程设计研究总院等设计。上海建工(集团)总公司施工总承包,市建七公司、机施公司承建,安装公司等参建。

图 6-7-5 世博轴及地下综合体

该工程采用生态设计理念,通过阳光谷及草坡把绿色和阳光引入各层空间,采用江水源地源热泵、雨水利用等生态环保节能技术。

该工程最为醒目的是主体上部6个体型不一的阳光谷。其中4号阳光谷为双向对称,其余均为单轴对称。高41.5米,最大底部直径20米,最大顶部直径90米,总面积3.1万平方米。结构体系为三角形网格组成的单层网架,下部为竖直方向,到上部边缘逐步转化为环向。网壳结构是由矩形杆件和节点组合而成,玻璃幕墙安装于阳光谷内侧。钢构件采用焊接箱型节点,节点总计1万个,构件总数3万件,焊缝总长3.5万米,所消耗焊条50吨。钢结构总重3075吨。膜结构屋顶采用连续张拉结构,总长度840米,最大跨度97米,总面积6.4万平方米。索采用平行钢丝绳外包PE材料,总长度2.1万米,单根最长110米。结构施工采用地下结构逆作法、超大面积深基坑开挖、超长地下钢筋混凝土结构裂缝控制、扩底坑拔桩群、三维高精度测量全数逐点检测、机器人辅助施工等新技术。

2010年获上海市勘察设计行业协会优秀设计奖、白玉兰奖、詹天佑奖、鲁班奖、全球生态建筑奖等。

第二节 世博会其他工程

一、城市最佳实践区

位于世博园浦西E片区。包括南北两个街坊,由南部全球广场、中部展馆和北部街区3个部分组成。总建筑面积3.96万平方米。2008年12月起陆续开工,2010年4月前全部竣工。同济大学建筑设计研究院(集团)有限公司、中国建筑西北设计研究院、北京市建筑设计研究院等设计,上海建工(集团)总公司管理总承包,市建二公司、市建五公司等承建。

图6-7-6 城市最佳实践区

上海建工(集团)总公司承担城市最佳实践区北部、中部、南部所有的项目建设。中部系列展馆区域属于改建工程,包括原有室内地坪、墙体和装饰面层拆除改造、加层、钢结构吊装及大量加固改造工程。由于单体项目多,占地面积大,排水总管、三级沉淀池、集水井等成为前期施工重点。楼板抗裂抗渗漏、墙体抗裂缝、墙面粉刷防起壳、屋面防渗漏等成为严格把关的重点。各类案例馆造型别致结构不同。大明宫案例馆钢木结构、澳门案例德成按馆钢筋混凝土异形柱框架结构、法国罗阿大区能源和国家案例馆混凝土框架(含钢支撑)结构。马德里案例馆竹屋建筑面积2 900平方米,呈长方形,建筑外墙覆以竹林,为竹屋提供保暖、除噪、遮光的功能。

该工程马德里案例馆获英国建筑师皇家学院大奖等。

二、世博公园

位于上海世博会浦东园区内,北邻黄浦江。用地面积23.73万平方米,绿地面积13.53万平方米,水体面积1.5万平方米,服务建筑设施面积4 137平方米,岸线长度1 415米。2006年10月开工,2010年3月竣工。上海园林设计院有限公司、北京土人景观与建筑规划设计研究院、上海市政工程设计研究总院、荷兰NITA国际设计集团合作设计,园林集团总承包,上海市园林工程公司、上海园林绿化建设有限公司等承建。

该工程设计以"绿色城市"和"中国韵味"为核心。总体布局以"滩"的形式及"扇骨"状均匀分布于基地的乔木林为主体结构,以地形的山脊形成的步道为主要交通主框架。贯穿水、林、丘、桥等主要景观元素,在水与林的相互交叉、丘与桥的相互交织中,组织出不同的生态景观。充分考虑世博会期间高容量集散停留空间和会后城市休闲公园绿地双重功能,建立集生态、展示、游览等功能于一体的园林景观体系。以中国扇的上层植物结构形式配以流畅的地被网络,形成一轮黄浦江边亮

图6-7-7 世博公园

丽的植物彩虹。整个滩的景观构成了一幅生动而富有韵味的中国水墨山水画。

该工程采用垂直绿化、屋顶绿化技术、草地耐践踏与即时更换、土质改良、生物物种选用、群落设计和保育、水处理、水循环利用、场地透水、物质循环利用、夏季场地降温等技术。

2011年获上海市优秀工程勘察设计项目一等奖。

三、后滩公园

位于浦东新区耀华支路，东接世博公园，北濒黄浦江，南靠世博大道。用地面积13.96万平方米，绿地面积10.23万平方米，水体面积3.03万平方米，服务建筑设施面积1890平方米，岸线长度1700米。2008年3月开工，2009年10月竣工。北京土人景观与建筑规划设计研究院设计，园林集团总承包，上海园林绿化建设有限公司等参建。

该工程设计施工中体现原始地貌生态景观层、农耕文明景观层、工业文明遗存层和后工业文明体验层四个功能层次。通过一条内河、两岸农作物、一个大峡谷、一根红色飘带来展示公园的生态面貌，野趣横生的水生植物，为田园风光增加野趣。随着内河的延伸布置各种亲水平台。水系统处理在不利用化学制剂或特殊设备加工过滤的前提下，将劣五类的黄浦江水经过水下田、植物群落、底栖动物等一系列处理后，净化为三类水。除了满足公园内绿地浇灌用水外，还能供给世博公园的内河用水及绿化浇灌用水。施工中利用地下水位较高的特点，首次创新采用了抗渗黏土作为河床基底材料，创建了由抗渗黏土层、种植土层、砾石层组成的水系河床基底。使用园区内的平衡土种植苗木，减少外进土方。

2010年获美国景观设计师协会（ASLA）年度大奖——杰出项目奖、白玉兰奖。

图6-7-8　后滩公园

第八章 土木工程

第一节 桥梁、道路工程

一、南浦大桥

位于黄浦区董家渡与浦东新区杨高路、浦东南路之间。总长8.3公里，主桥长846米，主跨长423米，呈"H"形的主塔高150米。1988年12月开工，1991年11月竣工，12月通车。上海市政工程设计院、同济大学建筑设计院等设计，基础公司、市建一公司、市建三公司、市建五公司、市建七公司、机施公司承建，材料公司等参建。

该桥为上海市区跨越黄浦江第一座大桥，为双塔双索面叠合梁斜拉桥。设计在国内首次进行系统、全过程的风洞模型试验及完整的理论分析等创新研究。主桥塔施工采用斜爬模工艺、早强预拌混凝土泵送进行浇捣；主桥架设从东、西主塔分别向江、岸两侧对称悬臂进行钢梁拼装；经查阅10年6月的气象档案，确定主桥钢梁合龙时间与温度，在50米悬空把两根15吨重的钢梁在江心中精确安装合龙；实现水上架桥不封航的目标。西引桥盘旋式结构，采用了曲线箱梁就地预制，300吨履带吊双机抬吊，高位吊运方法，将单根最大重量250吨外形似香蕉、重心外偏、共133根曲梁，准确安装到46.58米高空。

图6-8-1 南浦大桥

该工程设计1992年获上海市一等奖、白玉兰奖；1993年，"南浦大桥施工工艺与设备成套技术研究"获上海市科技进步奖一等奖；1994年获鲁班奖；1995年，"上海南浦大桥工程"获国家科技进步奖一等奖；2005年被评为"中国十佳桥梁"。

二、杨浦大桥

位于杨浦区宁国路地区内环高架至浦东新区浦东大道。总长7.65公里，主桥长1 172米，主跨602米，桥塔呈倒"Y"钻石形，高208米。1991年4月开工，1993年8月竣工，是年10月通车。上海市政工程设计院等设计，基础公司、市建一公司、市建三公司、市建五公司、市建七公司、市建八公司、机施公司承建，安装公司、材料公司等参建。

该桥采用双塔双索面叠合梁斜拉桥结构，建成时为世界第一跨度斜拉桥。索塔两侧各有32对拉索，全桥共256根。最大索长330米，拉索最大断面由313根直径7毫米高强钢丝组成。施工中泵送3.8万立方米大体积混凝土承台一次浇注完成，采用"内散外蓄"法有效防止了因水化热引起的温差裂缝。标准段采用桥面吊机安装。西主引桥五、六标段因上空和地下管线错综复杂，自行设计改装2台GT70高架龙门吊，将重116吨T形梁安装到46米高度。

该工程设计1994年获上海市一等奖，1996年主桥设计获国家级金奖；1995年，"杨浦大桥施工工艺及设备研究和应用"获上海市科技进步奖一等奖；1993年获白玉兰奖；1994年获建设部优质样板工程称号；1995年获鲁班奖、2000年获詹天佑奖；2005年被评为"中国十佳桥梁"等。

图6-8-2　杨浦大桥

三、江苏江阴长江大桥

位于江苏省江阴市黄田港以东的西山与江苏省靖江市十圩村之间。主桥长2 068.88米，钢悬索一跨过江主跨长1 385米。1994年11月开工，1999年9月建成通车。交通部公路规划设计院、江苏省交通规划设计院、同济大学建筑设计研究院桥梁分院联合设计，基础公司等承建。

该桥建成时是我国最大跨径悬索桥。由南北两个锚碇、两座塔墩、两座主塔、跨江主桥等组成。两座主

图6-8-3　江苏江阴长江大桥

塔采用门式塔型,高192米。江南依山制作重力式嵌岩锚固。江北没有山,北锚采用特大型沉井锚固。沉井平面长69米,宽51米,下沉深度58米,承担大桥主缆6.4万吨的拉力,为世界第一大沉井。大桥有两根主缆,各长2 200米,重1.7万吨。主桥面采用扁平式钢箱梁结构,桥面通过340根吊杆悬挂在主缆上。

该工程2000年获英国建筑协会优质工程奖;2001年获江苏省扬子杯奖,江苏省科技进步奖一等奖,第十六届匹兹堡国际桥梁协会的尤金-费格金奖;2002年获鲁班奖等。

四、重庆鹅公岩大桥

位于重庆市成渝高速公路出口处的九龙坡区大公馆,经跨越长江,东与渝黔高速公路相连。1997年12月开工,2000年12月建成通车。上海市政工程设计研究院设计,基础公司等承建。

该工程是重庆市第一座大跨度三跨连续加劲钢箱梁悬索桥。该大桥全长7.27公里,正桥长1 420米,全线共设互通式立交桥四座、跨线桥四座、平交桥一座。主桥桥型为门型双塔柱三跨连续加劲钢箱梁悬索桥。主跨600米,主塔高163.90米。施工中针对东岸地形陡峭,砂泥岩互层整体性较好的地形地质特点,在国内首次采用了大型隧道锚结构。根据河道水位变幅大,水流紊乱的特点,采用架空索道空中吊运安装桥梁钢箱梁的新技术。索道跨度达600米,最大吊重260吨。主缆索股架设采用施工索道牵引。

该工程设计2001年获建设部优秀勘察设计优秀市政工程道路桥梁专业一等奖、第十届全国优秀工程设计项目金质奖、上海市优秀工程设计(市政)一等奖。该工程2001年获重庆市优质结构工程奖、重庆市第三届市政工程金杯奖,2002年度中国市政金杯示范工程奖。

图6-8-4 重庆鹅公岩大桥

五、卢浦大桥

位于浦西鲁班路，穿越黄浦江，南至浦东新区济阳路。大桥全长8.7公里，其中主桥长750米为全钢结构，宽28.75米，主拱跨550米一跨过江，居世界同类桥梁之首。拱顶高于江面100米，并有150平方米观光平台。2000年10月开工，2003年6月建成通车。上海市政工程设计研究院、上海市城市建设设计研究院等设计，上海建工(集团)总公司施工总承包，基础公司、市建一公司、市建七公司、安装公司、机施公司等承建。

该桥主桥采用钢拱梁组合体系，承重体系由双榀弧形箱型拱肋、拱座、风撑、立柱、中横梁、尾端横梁及锚锭组成。桥面体系中跨均为箱形梁结构。全桥巨大的水平推力由16根高强钢绞线(每根110吨)组成的水平索承担，跨中桥面通过56对112根吊杆悬挂在拱肋上。工程设计首次采用中跨钢拱与钢梁的连接点，边跨钢拱与钢梁节点，中跨、边跨拱座节点的构造，融合了大跨度斜拉桥、拱桥、悬索桥的施工工艺。施工除合龙接口一端采用拴接外，其余均采用焊接形式。现场钢结构焊接焊缝长度为582公里、钢板焊接最厚110毫米。不少部位操作空间小，又受到温度、风、雨等自然条件限制，同时地处重点防火、防爆的油码头和液氧站区域。单件构件吊装重达860吨，江中跨拱肋吊装最大480吨。施工措施用钢1.1万吨。安装单根张拉最大1 700吨的水平索。钢桥面铺装沥青技术成功地解决了防水层和各层正交异性板的粘接问题。

该工程设计1992年获上海市设计一等奖；1993年获国家设计金奖、国家建筑钢结构金奖；2003年获白玉兰奖；2004年获鲁班奖；2005年，"上海卢浦大桥设计与施工关键技术研究"获国家科技进步奖二等奖和上海市科技进步奖一等奖；2005年被评为"中国十佳桥梁"等。

图 6-8-5　卢浦大桥

六、东海大桥主通航孔

东海大桥位于杭州湾东侧海域,连接芦潮港到大小洋山深水港的主要交通要道。全长32.5公里,主通航孔为双塔单索面钢混凝土结合梁斜拉桥,"人"字形主塔高159米,主跨420米。2002年12月开工,2005年8月竣工,12月通车。上海市政工程设计研究院、中铁大桥勘测设计研究所、交通部第三航务工程勘察设计院等设计,上海建工(集团)总公司施工总承包,基础公司、市建一公司承建,材料公司等参建。

主通航孔是海上大型钢-混凝土叠合式斜拉桥,距南汇芦潮港18公里。施工时建成两座分别为5000平方米的海上作业钢平台,首创海上造桥"导管架法"和"导管式钢浮箱法"。混凝土浇捣采用海上预拌混凝土搅拌船和搅拌平台系统,连续47小时浇筑主桥承台8 200立方米混凝土。全桥钢—混凝土结合梁103个节段,最重500吨。节段连接采用焊接与拴接相结合,共用高强螺栓40.4万套。

该工程2005年获全国十大建设科技成就奖;2006年获鲁班奖和詹天佑奖;2007年,"东海大桥(外海超长桥梁)工程关键技术与应用"获国家科技进步奖一等奖,国优金奖等。

图6-8-6　东海大桥

七、闵浦大桥

西岸位于闵行吴泾镇放鹤路,东岸位于闵行浦江镇沈杜公路。全长3.98公里,主桥1 212米,主跨708米,直柱式H形主塔高226米。2005年9月开工,2009年12月通车。上海市政工程设计研究院设计,上海建工(集团)总公司施工总承包,市建一公司、基础公司等承建。

该工程上层结构宽44米,下层结构宽28米,是当时世界上跨度最大、桥面最宽的双层公路斜拉桥。边跨主梁采用复合结构桁架体系，施工采用"工厂节段制作、地面拼装、整体提升、高空滑移"新工艺。中跨主梁采用全焊接板桁结合钢桁架，施工首创大节段全焊接钢桁樑新技术。主塔塔柱混凝土最高泵送高度超过 200 米。承台施工创造 46 小时整体浇注 2.3 万立方米混凝土的桥梁施工新纪录。该工程中跨梁段吊装施工采用自主研发分离式大吨位全液压桥面吊机。

该工程 2010 年获上海市市政工程金奖、白玉兰奖。

图 6-8-7　闵浦大桥

八、沪青平高速公路

东起上海外环线 A20 和延安西路交汇处，西至青浦金泽镇。全长 47.5 公里。2000 年 12 月开工，2005 年 10 月竣工。上海市城市建设设计研究院等设计，市建二公司、市建三公司、市建四公司、市建五公司、市建七公司等分标段施工总承包。

该工程曾名 A9 高速公路，现名 G50 沪渝高速上海段。是上海市继沪宁高速公路、沪嘉浏高速公路后的第三条通往江苏的高速公路。由主线高架桥梁、附属匝道和地面道路等组成。高架道路轴线和标高的测设，关系到道路线型的流畅和结构的受力以及行车舒适度。施工注重混凝土结构表面平整光洁，色泽均匀、无明显气泡、无明显接槎缝，防撞护栏的节点混凝土浇捣的密实度。其中通波塘宽 34 米，塘河中

图 6-8-8　沪青平高速公路高架段

打桩采用围堰填土方法,在围堰中打入木桩加枕木来承受桩机打设时的重量。承台除主线部分用钢板桩维护外,其余为放坡大开挖,混凝土为现场自拌。立柱模板采用定制钢模板,混凝土一次浇筑到顶。

该工程沿线土方缺乏、水系发达。部分路段采用水泥搅拌桩处理软土地基,通过深层搅拌,将地基土和水泥浆强制混合,利用水泥和土之间产生的一系列物理化学反应,使土体硬结成具有整体性的优质地基,从而减小沉降。针对桥台处于河塘、暗浜或软土路基范围内,施工加大处理范围和堆载预压路基宽度,延长预压期。

图 6-8-9 沪青平高速公路

该道路路面结构为二灰土及三渣基层,面层为沥青混凝土路面。结合主线排水沟位置开挖施工过程中的排水沟,清除耕植土和河浜淤泥挖除后,分别按照设计要求打设塑料排板。混合料的碾压施工顺序为先快后慢,先边后中,先静后振,采用振动压路机进行碾压,对于厚度大于 25 厘米的基层分层进行施工。

九、沪闵高架二期工程

沪闵高架是连接上海市区和莘庄立交的一条封闭式高架道路,全长 7.92 公里,共分两期建设,一期工程长 2.52 公里,由徐家汇至上海南站,于 90 年代中期建成。二期由上海南站继续往西至距

图 6-8-10 沪闵高架二期工程

离莘庄立交约 1 公里处,全长 5.4 公里。2003 年 2 月开工,2004 年 11 月竣工。上海市城市建设设计研究院等设计,市建四公司、机施公司、基础公司、构件公司等承建。

该工程最大特点是"立交桥上造立交桥"。2.2 标段工程长 953 米有主线一条及两条匝道,由多段直线、圆弧曲线组成的极不规则的竖曲线组成。主桥上跨虹梅路立交桥,匝道钢箱梁位于新建的沪闵路高架之下、原有的沪闵路立交之上。除混凝土柱外,肩梁及桥面板为全钢箱型结构,钢构件总重 1.5 万吨。施工采用"首联拼装、桥面组装、滑移就位、液压下降"的创新工艺。在已建桥面上整跨和多跨累积滑移钢箱梁。滑移单元最大重量 800 吨,最长距离 400 米。该工程制作弧形底宽体钢筋混凝土节段梁 386 节,在上海地区首次使用。通过进口 1 500 吨架桥机高空拼装,利用后张预应力技术把单个节段梁连成一体作为桥梁主体。其优点是跨度大、抗震好、施工对道路影响小。地处锦江乐园地铁、公交交通枢纽站咽喉要道流动人员频繁,又紧邻锦江乐园围墙,上空还有 22 万伏高压线横贯整个工地。施工采取氧乙炔气分笼吊装、高空焊接铺设石棉布、小铁桶收集存放焊条头子、气割时用铁皮托盘和遮挡板、现场"落手清"管理等措施,实现人车各行其道等不封交施工。

第二节 轨交、隧道、铁路工程

一、上海地铁

上海地铁工程于 90 年代初开工,至 2010 年年底,已运营的轨道交通线有 12 条,运营线路总长度 423.5 公里,车站 275 座。由上海市隧道工程设计院、上海市政工程设计研究总院等设计,上海建工参加全部 12 条线路的建设,其中有 160 公里区间盾构推进和 112 个车站。基础公司、机施公司、市建一公司、市建二公司、市建三公司、市建四公司、市建五公司、市建七公司、市建八公司承建、安装公司、装饰公司、材料公司、构件公司等参建。上海地铁是国内第一条在软土地基使用盾构法施工的地铁线路。盾构数十次穿越著名商业街和高密度老旧居民区,上穿、下穿、多次反复穿越已经运营的地铁线。机施公司承担的 1 号线人民公园站—新闸路站区间盾构施工,先后穿越繁华的南京路、凤阳路等 13 条马路近 200 幢房龄 50~70 年以上民居,做到无一处房屋、道路开裂。基础公司承担的 6 号线施工中穿过运行 2 号线等,采用双圆盾构机掘进,具有对地面影响范围小、节约地下资源、缩短施工周期等优点。

在车站施工中,市建五公司承担的常熟路车站、市建二公司承担的陕西南路等车站采用"一明两暗"逆作法施工,使淮海路封闭交通的时间由 24 个月减少为 11 个月。市建二公司承担的 7、9 号线肇嘉浜路站,主体结构采用大面积"盖挖逆作法"施工属国内首例。市建一公司承担的 8 号线人民广场地铁换乘站,为确保市中心交通畅通,多次道路翻交放在夜间进行。

图 6-8-11 上海地铁

针对地铁工程遇到的特殊情况，施工研发了一系列施工新设备、新技术。机施公司自行设计研发当时国内最大的大截面矩形隧道掘进机，完成6号线浦电路车站地下过街通道穿过东方路至居民区的任务；在2号线杨高路至世纪公园站，采用全断面水平冷冻法加固旁通道施工。市建七公司承担的10号线江湾体育场站建在市属河道界泓河底下，车站顶板施工采用钢锭酰削型钢纤维混凝土，附加设置膨润土防水毯、聚脲防水防腐涂料等措施，确保百年使用要求。

上海建工承担的地铁工程获得了白玉兰奖、上海市市政金奖、国家建设部市政工程金杯奖、上海市十大景观荣誉称号等。

二、深圳地铁

深圳地铁工程于1998年开工，至2011年6月已开通5条线路，全长178公里、131座车站。由铁道部第三勘测设计研究院等设计，机施公司、基础公司等承建。

深圳地铁4号线的2B标段由建工集团首次承担设计施工总承包，全面负责区间隧道和车站的设计和施工。包括高精度隧道管片的钢模、混凝土管片的设计、制作等工作。盾构掘进采用复合式土压平衡盾构机施工。金田站至福民站区间呈南北"S"形走向，隧道长3 059米。盾构机穿越强风化至微风化的燕山期花岗石和砾质黏性土，穿越滨河大道。沿途两侧有国皇大厦、华轩大厦、显悦大厦和美华大厦等高层建筑。经采取针对性措施，安全圆满完成。

该工程获深圳市文明工地、双优工地、样板工地等荣誉。

图6-8-12 深圳地铁

三、磁浮列车运营示范线

为世界第一条磁浮列车商业运营线。西起地铁2号线龙阳路站，东至浦东国际机场航站楼。

正线长33公里。设两个车站、两个牵引变电站、一个控制中心、一个维修基地。2001年3月开工，2002年12月单线试运行。上海市政工程设计研究院等设计，上海建工(集团)总公司、中铁十六局等分别总承包，建工设计院、建工集团技术中心、市建二公司、市建四公司、市建五公司、市建七公司承建，安装公司、基础公司、机施公司、材料公司、构件公司、桥隧公司和华建厂等参建。

建工集团组建制梁分指挥部和建筑分指挥部，承担制梁厂建设、50%以上的轨道梁生产和机加工、80%主线土建和龙阳路车站、维修基地及主线系统设备全部安装和部分维修专用道路施工任务。制作安装的1 293根轨道梁和特殊连续梁有直线和曲线两种，最轻100吨，最重360吨；轨道梁上部两侧埋设球墨铸铁连接件的机加工精度达丝级要求。按要求高质量地完成7个系统的设备安装，包括轨道梁定子线圈敷设、动力轨安装、进口车辆高精度组装等工作。

该工程设计2005年获得部级优秀勘察设计二等奖、上海市优秀工程设计一等奖；工程2003年获得上海市市政工程金奖。"常导高速磁浮长定子轨道系统设计、制造和施工成套技术研究"2003年获上海市科技进步奖一等奖，2006年获国家科技进步奖二等奖等。

图 6-8-13　磁浮列车运营示范线

四、人民路越江隧道

主线西起人民路淮海东路路口，从原十六铺客运码头处穿越黄浦江，终点至浦东南路、东昌路交叉口。隧道直径为11.58米，全长3 097米。2006年11月开工，2009年11月部分通车，2010年2月全线通车。上海市隧道工程轨道交通设计研究院设计，上海建工(集团)总公司施工总承包，基础公司、机施公司、市建一公司等承建。

该工程处于浦江两岸核心区域，盾构需穿越黄浦江防汛墙、江底、在建十六铺水上旅游中心、在建外滩通道，尤其是在穿越人民路与安仁街到丽水路之间时，盾构要在狭窄的老城区下穿越，途中有民国时期留下砖砌的雨污水总管,有不明木桩基础,有4幢建于1930年的老民房,且在原护城河暗浜下穿行。穿越黄浦江江中段时,为全断面砂性土层且线形复杂,浅覆土厚度仅7米多。施工采用了分次分环纠偏,优化施工参数,配制双液浆、采用高分子材料止砂堵水。运用信息化监测信息及时调整施工参数,制订针对性应急预案等措施,保护周边环境安全。实现浦西和浦东在长距离的浅覆土上大坡度曲线出、进洞施工,盾构推进地域的地面沉降控制在1厘米以内。施工投资数百万元搭设全封闭设施,采取隔音措施,减少盾构推进过程中产生的噪声,改善了工地周边的环境。

图6-8-14 人民路越江隧道

五、龙耀路越江隧道

从浦西龙耀路和龙吴路交叉口,至浦东成山路长清路,全长4.04公里。隧道外径11.58米,为双管单层双向四车道盾构隧道。其中盾构隧道长1.7公里,江中段北线隧道长1 147.39米,江中段南线隧道长1 139.51米。2008年3月开工,2010年4月竣工。由上海市政工程设计研究总院设计,上海建工(集团)总公司施工总承包,基础公司等承建。

该工程线路沿龙耀路向东在上海水泥厂北侧过江,隧道下穿耀华玻璃厂码头在浦东登陆,经纬六路下穿济阳路、济阳新村接成山路,至长青路。浦西、浦东部分采用明挖施工,江中段采用大型泥

图6-8-15 龙耀路越江隧道

水加压盾构机推进,盾构穿越耀华皮尔金顿浮法玻璃厂码头桩基,穿越浦东、浦西防汛墙等特殊复杂地层。穿越黄浦江最小覆土厚度 11 米。采用厚 480 毫米、宽 1 500 毫米薄壁超宽管片,且错缝拼装。上下行两线隧道近距离推进,最小净间距 4.92 米。施工工期比同类工程缩短 1/3。

六、金山铁路支线改建工程

上海中心城区连接金山区的一条快速铁路。从上海南站至金山客站,长 56.4 公里,有 9 个车站。2009 年 12 月开工,2011 年 10 月竣工。中铁第四勘察设计院集团有限公司设计,上海建工(集团)总公司施工总承包,基础公司、市建二公司、市建四公司承建,机施公司、安装公司等参建。

金山铁路支线建于 70 年代,是上海石化的配套建设工程,2001 年停止客运业务。改建工程新建 3 526 米长黄浦江大桥 1 座,主桥为四跨径 112 米、简支梁钢桁架双线铁路桥长 456 米。钢桁梁用钢 800 余吨,高强螺栓 21 万套。铁路线路铺轨 6 公里、路基工程 27.6 公里、通水中桥 5 座、平改立中桥 4 座、新建公路桥 2 座、通水小桥 41 座、平改立小桥 35 座、涵洞 85 座以及 4 座车站。该项目是建工集团首次承担铁路既有线路施工。现场设立 6 个工区。工程沿线涉及金山和松江 2 个区、3 个乡镇、6 个自然村等。穿越铁路时采用"平改立"双重置换管幕法施工,保障铁路正常运行。

该工程获上海市科技进步奖二等奖。

图 6-8-16　金山铁路支线改建工程

第三节　地下空间工程

一、人民广场综合改造工程

人民广场综合改造工程分两期进行。

一期工程 1991 年 11 月开工,1994 年 9 月竣工。工程主要有人民广场地下停车场和地下商场组成。当时地下城的规模为国内最大。上海地下建筑设计院等设计,市建四公司和基础公司组成施工联合体施工总承包。主体结构建筑面积 4.6 万平方米,埋置深度局部 12 米。采用双排轻型井点降水及基坑明排水。挖土 24 万立方米,分两条线分段分皮台阶式接力开挖。周圈顶板下第二道支撑利用结构楼板和混凝土井格梁采用逆作法施工。

图 6-8-17　人民广场综合改造一期工程

二期工程 2002 年 7 月开工，2003 年年底竣工。主要新建人民广场地铁换乘站，由地下人行通道、下沉式广场及换乘大厅附属联络通道组成。市建一公司总承包。车站长 326 米、宽 26.8 米，为地下 2 层三柱四跨岛式车站，建筑面积 1.6 万平方米。分别与 8 号线出入口、改建后的 1、2 号线出入口、南京路地道相连。地下人行通道呈"Y"形走向，在地铁 1 号线、2 号线交汇处的区间隧道上方施工。坑地卸载后离地下隧道仅 3 米。施工采用"先修顶，再挖洞"的逆作法，确保车辆在地面上照常行驶。

图 6-8-18 人民广场综合改造二期工程

工程邻近市百一店和建于 20 年代砖混结构老建筑沐恩堂、市工人文化宫、大世界、青年会大厦等上海近代优秀建筑，最近距离仅为 1.7 米。与已运营的地铁 1 号线平行搭接 300 米，新老车站共用一堵地下连续墙。基础施工采取"适时、适量"降水，及时监测跟踪，"分层、分段、分块、留土护壁、限时对称平衡开挖支撑"等措施，将底板划分成 7 个块，旋喷桩和两侧的钻孔桩都在夜间地铁停运后，进行隧道加固，加强沉降变形监测，有效地控制了周边建筑的变形和沉降。每天晚上 11 点 30 分后开挖路面排管施工，挖一段复一段，隔日头班公交车到来时，路面恢复原样。

2004 年获上海市市政金奖。

二、静安世博 500 千伏地下变电站

位于北京西路成都北路山海关路和大田路汇合之处。又称上海 500 kV 静安（世博）输变电工程。建筑面积 5.8 万平方米，其中地下建筑面积 5.6 万平方米。2006 年 3 月开工，2008 年 2 月竣工。华东建筑设计研究院有限公司、中国电力工程顾问集团华东电力设计院等设计，上海建工（集团）总公司施工总承包，市建二公司、机施公司、基础公司等承建。

该圆形建筑直径 130 米、埋置深度 34 米。施工采用"两墙合一、地下四层结构梁板替代水平支撑、三道临时环形支撑"的"逆作法"总体方案。地下连续墙厚度仅为 1.2 米、深 57.5 米，插入比仅为 0.69，内衬墙厚仅为 0.8 米。基础底板厚 2.5 米，866 根深 82 米注浆抗拔桩、清水混凝土 5.5 万平方米，3.3 万立方米混凝土。在复杂地下水条件下深层地下结构成套防水设计；免锁口管或接头箱的超深地下连续墙槽段"工"字形钢接头技术；在上海地区首次采

图 6-8-19 静安世博 500 千伏地下变电站

用"抓铣结合"地下连续墙成槽施工技术;逆作法地下室大面积清水混凝土施工;地下结构施工全过程风险控制及三维数字化管理技术等设计施工技术得到创新运用。超大型逆作法基坑施工,地下空间通风条件差,废气产出量多而排气难。采用专用通风、照明、垂直运输、安全卫生保障设备、设施,是上海地区超深基坑施工的一次成功实践。

该工程2009年获上海市优秀设计奖、上海市建设工程优质结构奖、白玉兰奖。2010年获鲁班奖,2011年获詹天佑奖。

三、外滩地区综合改造工程

2007年实施的外滩地区第三次大规模交通综合改造工程,北起苏州河口,南至十六铺水上旅游中心北侧,总长1.8公里。实施地下和地面立体交通,新建外滩隧道等工程。2007年7月开工,2010年3月竣工。上海市政工程设计研究总院等设计,上海建工(集团)总公司、隧道股份有限公司等总承包,市建一公司、市建二公司、市建四公司、安装公司、基础公司、机施公司、园林集团等参建。

建工集团承建外滩隧道南段、十六铺综合改造、地下空间改造、延安东路泵站等项目施工。其中外滩交通枢纽、人民路隧道等工程设计施工总承包;外滩滨水区综合改造、黄浦江外滩空厢防汛墙加固改造、中山东二路地下空间开发、十六铺综合改造工程等为施工总承包。

外滩隧道全长3.3公里。南段使用开挖结合盖挖法施工。沿线有著名的天文台和亚细亚大楼等10栋历史保护建筑,与开挖距离都在11~16米之间,开挖最深26米。黄浦江沿线防汛、防江水倒灌为施工重点。滨水区改造长14.7公里,从黄浦公园至延安东路口的原空厢西扩2米,还有市政排管、绿化、城市景观小品,黄浦公园广场、陈毅广场、金融广场和信号台广场改造等一系列施工。施工地处市区重要旅游景点、交通繁忙,无法完全封闭。所有作业区域都是翻交区,并反复进行翻交。

该工程在国内首次将地下道路建设和地下空间开发相结合。外滩交通枢纽是国内第一个地面城市绿地、地下公交枢纽和旅游车集散停车库三位一体的综合交通枢纽。建筑设计中采用了下沉式空间、采光顶棚、共享中庭等创新方法。

该工程外滩通道2008年获上海市优秀咨询成果一等奖,2011年获市优秀工程设计一等奖、全国勘察优秀工程设计一等奖等。

图6-8-20 外滩地区综合改造工程

第四节 特种工程

一、广东深圳—珠海海底光缆

该段光缆是中国联合通信公司环西太平洋通信系统的示范工程,沿深圳—珠海海底敷埋,长50

公里。工程于1997年2月开工,是年6月竣工。中国电子部第三十四研究所设计,日本电气公司(NEC)总承包,基础公司承建海底光缆敷埋安装施工。

施工分3个阶段进行:在跨越东、西航道段分别长1 300米和900米的区域,采用深槽开挖,使光缆位于标高-17米深处,深槽坡度采用1∶8。光缆敷设作业,由适合浅海施工的平底箱型非自航驳敷设船,使用自行开发的"海狸"号冲埋式埋设机埋深光缆。东、西航道分别采用抓斗式与耙吸式挖泥船进行开挖,定位作业使用GPS定位系统。为防止渔业捕捞和船锚等对光缆的破坏,光缆两端登陆采用铸铁管线或其他硬质材料进行保护,人工开沟以保证1.5米以上埋深。光缆覆盖保护,采取回填砂石、淤泥。对西航道(主航道300米)范围,水下埋深1.5米。砂石混合料覆盖厚度1.5米。对东航道1 300米(跨主航道320米)范围,分为砂石混合料覆盖厚1.5米和淤泥覆盖厚度1.5米。

图6-8-21 广东深圳—珠海海底光缆

二、浙江镇海—舟山海底管道

舟山大陆引水(淡水)工程。全长36.4公里。1998年9月开工,2001年7月竣工。中国船舶工业总公司第九设计院设计,基础公司承建。

该工程从浙江省镇海蟹浦镇入海穿越灰鳖洋海域,至舟山岛西北马目乡登岛,敷埋钢管口径1米,壁厚仅14毫米,深埋至海底2米。灰鳖洋海域水深流急,最深22米,最大流速每秒3.3米,是国际上公认的三大世界急流险滩之一。海底管道工程采用普通钢材焊接的薄壁螺旋管,且在被敷管道外表没有混凝土配重的情况下,采用管内充水方法施工,属国内首创。长距离全程焊接钢管施工,解决管道密封性和耐压性差的难题。采用自制108米巨型首地式可调浮力托管架,保证管道免受水力冲击。采用卫星导航法,准确地按设计路径敷埋超长距离海底敷壁管道。使用自行设计锚泊系统,利用原有驳船的设备改造制成埋设犁,成为我国自行设计第一艘浅海作业铺管船,避免大量的水下作业。创新的施工技术和方法填补了深海长距离敷埋大口径钢管的空白。

2002年,"大口径薄壁管道浅海敷设施工技术研究"获上海市科技进步奖一等奖,2003年获国家科技进步奖二等奖。

图6-8-22 浙江镇海—舟山海底管道

三、江南长兴造船基地

一期工程三号线港池,位于上海崇明县长兴乡南岸。2005年11月开工,2007年11月竣工。中船第九设计研究院设计,基础公司承建。

该工程水域岸线不足,设置舾装港池。水工构筑物主要有船闸、11.5万平方米舾装港池、船坞、浮箱平台、露天船台、室内水平船台、横移区船坞水泵房等。港池有6个舾装码头,码头采用胸墙和锚碇墙通过钢拉杆连接的锚碇结构,中间为干砌块石和连锁块,围护结构形式为地下连续墙。港池采用陆上挖土结合水上挖泥的形式,挖土77.6万立方。根据设计开挖工况,被动区土的开挖必须在码头结构完成以后,港池内灌水至4.0米标高的情况下进行。因此有大量的土方采用水上挖泥的形式挖除。

图6-8-23 江南长兴造船基地

四、广东汕头过海第二水管

位于汕头港海口海湾大桥上游。2006年10月开工,2008年11月竣工。上海市工程设计院设计,基础公司承建。

该过海顶管工程由工作井和过海顶管组成。接收井内径10米、壁厚1.2米、高26米。南岸工作井采用圆形沉井结构,外径为18.00米、内径15.60米、高33.35米。分6次制作3次下沉,采用排水与不排水下沉相结合水下混凝土封底的施工方法。管径2 000毫米、长2 080米的海底顶管,是国内相同管径长度最长的工程。顶管穿越华能电厂灰池块石海堤,填石结构松散,孔隙充填物为中粗砂和碎石,为防塌陷用劈裂注浆、全气压、高压旋喷桩进行加固等措施,确保大堤安全。海上浅覆土加固措施的使用,解决了超长距离顶管供电、通风供气、进水排泥、泥浆减阻、测量等难题。

图6-8-24 广东汕头过海第二水管

五、浙江三门核电站取水涵管

位于浙江省台州市三门县健跳镇东北部的猫头山嘴半岛,濒临三门湾,三面环海。两根取水涵管内径 6 200 毫米、总长 1 991 米。2010 年 5 月开工，2012 年 7 月竣工。华东电力设计院设计，基础公司承建。

该工程是上海建工进入核电施工领域的第一个项目。该核电厂取水涵管采用盾构法施工。在淤泥层中穿越，且盾构大部分在三门湾海底通过。在取水隧道端部，8 只取水头由内径 2 米见方矩形钢筋混凝土管，垂直顶升至水中规定标高。施工自行设计加工制造了复合土压平衡式盾构机。施工沿线遇到强风化、中风化和微风化安山玄武岩，全断面穿越北护坡钢筋混凝土钻孔灌注桩和因输电距离过长，电压降、空气置换等困难，最终胜利完成。

图 6-8-25　浙江三门核电站取水涵管

第五节　水　务　工　程

一、上海合流污水治理工程

为改善苏州河的污染问题，当时我国规模最大的污水治理工程，也是第一个利用世界银行贷款的重大市政工程。1988 年 8 月开工，三期工程先后按期交付使用，2007 年 9 月全面竣工。上海市政工程设计研究院等设计，上海国际建设总承包公司总承包，隧道公司、基础公司、市建四公司等承建。

合流污水处理包括污水收集、输送、预处理及排放四个部分。利用大水体的自净能力，以减轻对内河、苏州河及黄浦江的污染。工程采用低压长距离大截面箱涵输送系统，管道进水无湿井大型污水提升泵站，大型鼓栅除污机，总管输送系统采用通信控制网络等技术。从排水系统的枢纽型、功能性和网络化使三期的性价比达到最优。施工首次非开挖采用盾构设备做管道。多节点顶管地下对接、侧接。开槽埋管采用玻璃钢夹砂整体检查井。排水管道采用柔性接口等措施，减少了对交通、周边环境等影响。三期工程全部完成，完善了市中心城区的污水骨架，提高了污水系统的收集、处理能力及现有设施的利用率。

该工程 1995 年获上海市市政金奖、上海市优秀环保项目、上海市设计一等奖；2001 年获建设部设计二等奖；2002 年获国家级银质奖；2004 年获詹天佑奖；2008 获上海市建设成果金奖；2009 年获上海市优秀设计一等奖和全国优秀工程勘察设计二等奖等。

图 6-8-26　上海合流污水治理工程

二、青草沙水源地原水工程陆域输水系统

位于长江口长兴岛以北地区。2007年6月开工,2012年11月竣工。上海市政工程设计研究总院(集团)有限公司等设计,基础公司、市建四公司、桥隧筑港公司等承建。

该工程系上海市解决饮用水水源的重大民生工程。青草沙水源地原水工程包括青草沙水库、长兴岛域输水管线、长江原水过江管、五号沟泵站、严桥支线工程等组成,供水规模719万立方米/天。青草沙水库面积66.26平方公里,环库大堤总长48.41公里,有效库容4.38亿立方米,为国内外最大的河口江心蓄淡避咸水库。工程建成饮用水水源占上海市原水供应总量的50%以上,覆盖中心城区,受益人口超过1 300万。工程在长江冬季咸潮期及突发污染事故期间稳定供水,水质优良,大幅提升了上海供水的水质和安全保障。

图6-8-27 青草沙水源地原水工程陆域输水系统

2012年获国优金奖,2013年获上海市优秀工程勘察设计一等奖。

三、白龙港污水处理厂

位于浦东新区川沙县合庆镇龙东支路1号。服务面积217平方公里,处理污水量为200万立方米/吨。2007年8月开工,2009年9月竣工。上海市政工程设计研究总院设计,市建七公司施工总承包,成套集团等参建。

图6-8-28 白龙港污水处理厂

该工程在建时,系亚洲最大的二级污水处理厂。升级改造工程由35千伏总降压站及集控楼、鼓风机房、变电所、仪表间等组成。工程采用分流处理达标排放方法,即从现有高效沉淀池前分流60万立方米/吨污水,进入新建的多模式AAO工艺生物反应沉淀池,处理,到出水水质高于一级B标准,与剩下减负后的60万立方米/吨一级强化高效沉淀池出水,充分混合后紫外线消毒,出水达

到国家二级标准。该工程设计理念创新,采用同程布置法和可变水位设计法实现全厂水头损失的最小化。采用精确曝气系统动态控制各区域曝气量,防止局部富氧或亏氧节省能耗。采用三维动态水力数学模型对每个单体的水力流态和高程进行优化,确保水流顺畅。采用智能生物处理过程控制系统实时监控各项技术指标,给出最佳运行工况。采用集水槽抗浮器、低压电机控制设备等新型专利技术节省工程投资。现场地下存在浜沟,进行了挖除淤泥回填砂的换土施工。

该工程设计2005年、2009年分别获上海市一等奖,2009年获建设部一等奖,2010年获国优金奖、詹天佑奖等。

第九章 园 林 工 程

第一节 公 园 绿 地

一、延中绿地

现名广场公园。位于黄浦区、卢湾区、静安区三区交界处。原名延中绿地。面积28公顷。2000年1月开工,2001年6月一、二期工程竣工,2003年三期工程竣工。由加拿大WAA景观设计事务所负责总体规划设计,上海园林设计院有限公司施工图设计,上海园林绿化建设有限公司等承建。

广场公园原是上海旧房危房密度最高的地区之一,也是上海"热岛效应"最严重的地区。上海市委、市政府为改善环境建设大型绿地,该绿地由始绿园、感觉园、岩石园、疏林野草地、自然生态园、梦之园等组成。广场公园以"水蓝树绿人亲"为理念,通过高密度多品种的植物材料和若干水面有机组合,形成茂密的森林、疏密相间的林中草地、缓缓的溪流、清澈的小湖、绿色的自然景观,调动人们的嗅觉、触觉、视觉、听觉,充分体验上海城市建设发展与自然共存的和谐。银海枣和加拿利海枣等南方景观植物的选种,在上海公共绿地建设中作了最早的尝试。古树、中共"二大"会址、平民女子学校旧址及原中德医院的西班牙式庭院等历史纪念建筑保留,赋予公园丰富的历史文化内涵。

图6-9-1 延中绿地

二、东方绿舟

位于沪青平公路6888号。占地面积5 600亩,其中陆地面积3 225亩。2000年5月开工,2001年10月竣工。上海市园林设计院规划设计,上海市园林工程有限公司绿化施工。

全国规模最大的综合性青少年校外活动基地。东方绿舟用造园的语言、手法,组织不同的景观绿化空间。在总体设计手法上既吸取了部分西方造园思想和手法,同时也继承了我国传统园林的造园精华,创造出具有现代园林气息和自然野趣的新型园林。充分合理地利用原有河道、浇灌水系、鱼塘、低洼地等资源,使水景有收有放,有曲有折,内外相通,体现朱家角地区浓郁的水乡特色与水网韵味,并从功能上为青少年提供水上活动的条件。绿化种植以大块面布置的植物群落为基调,同时尊重自然生态规律,运用生态学原理和生物多样性原则,植物种类在500种以上,以植物造景为主,乔、灌、草相结合,密林绕园四面,水在林中穿行,林荫水上浮现。水域面积1 950多亩、住宿营地有32个世界民居。

该工程2003年获上海市优秀工程勘察设计一等奖、建设部优秀设计一等奖、第十一届优秀工程设计项目银奖。

图6-9-2 东方绿舟

三、炮台湾湿地森林公园

又称吴淞炮台湾国家湿地公园,位于宝山区塘后路206号,隔江与滨江森林公园相望。沿江岸线长2 000米,总面积60.4公顷。2004年7月开始设计,一期于2007年5月建成开放,二期2011年10月建成开放。由上海市政工程设计研究总院设计,园林集团承建。

该工程开创了钢渣地上建造湿地森林公园的先例。原址系钢渣堆场、钢材场、停车场和采砂场,除了滩涂和稀疏的芦草外,遍地垃圾尘土飞扬。设计施工通过植被恢复、污水净化示范、生态护岸,以及一系列乔木补植、水生植物种植、水体净化示范工程等,以生态、湿地、河口、历史、文化、情趣为特色,保留的长江滩涂湿地展现了长江河口的原生态自然风貌。重建的园林景观凸显了滨江的湿地特色和人文情怀。在"自然—生态—湿地—森林"的基础上,增添"休闲—文化—军事—历史"的内容。吴淞纪念广场以炮台山为背景,利用军事广场阶梯状构架,围绕鸦片战争、淞沪抗战、解放战争中的吴淞战役素材展开,将退役的军舰、火炮作为旅游景点,有军事人物、军事历史的雕塑景墙,直观展示场地的历史与文化。长江河口科技馆演绎"长江之水天上来"的景观。利用现有地形地貌,平衡土方,营造山丘、湿地、岛屿等多样的园林竖向空间。建造落差达5米的落瀑景观,作为源头与公园内通向长江的溪流,形成一个连续的水体。滨水景观道防汛墙的后退式设计,形成堤内—森林,堤外—湿地,两种地貌景观。施工利用矿渣结合沥青作为铺地材料,实现材料再生利用。

该工程2007年获中国人居环境范例奖、上海市级优秀设计二等奖,2008年获全国优秀工程勘察设计行业奖二等奖。

图6-9-3　炮台湾湿地森林公园

四、辰山植物园

位于松江辰花公路3888号。占地面积207公顷,其中水面面积36万平方米。中心展示区布置26个植物专类园。2007年3月开工,2010年4月竣工。德国瓦伦丁、现代设计集团上海建筑设计研究院有限公司、上海园林设计院等设计,上海建工股份有限公司与上海园林(集团)有限公司联合体总承包,市建五公司、园林工程公司、安装公司等承建。

该工程整体设计理念为"华东植物、江南山水、精美沉园"。以"植物与健康"为主题,诠释生物多样性与人类和谐共处的关系。基地内除71.4米高的辰山外,地势较为平坦。规划以中国文字中篆书的"園"字为构思出发点。将"園"字的外框设计成绿环。3个部首代表植物园中的山、水和植物,体现了江南水乡的景观特质。科研中心嵌于园内绿化中,建筑面积1.7万平方米,呈弧线形。

南入口综合建筑东西两头均为绿环高填土。3个温室上部采用铝合金网壳和玻璃幕墙,铝合金杆件都是工厂预加工再到现场拼装,支座与铝合金网架采用螺杆连接形式。施工中形成了大于安息角的园林高填土地形堆筑工法,有效控制地形侧向压力,防止土体滑坡。绿环为台地形高地。土方堆筑施工采用塑料排水板结合土工格栅的地基处理设计方案,节省了地下地基加固的费用。

该工程2009年获上海市优质结构奖,2010年获白玉兰奖。

图6-9-4 辰山植物园

五、湖南湘江株洲段生态治理及防洪工程

又称湖南省株洲市湘江风光带,位于株洲市市中心区湘江沿岸。呈半圆形随湘江展开于两岸,全线长10.7公里。滩面平均宽度120米,面积11公顷。2009年3月开始设计,10月开工,2010年10月开园。上海市政工程设计研究总院承担设计施工总承包(EPC)。

该全线景观通过滨江自行车道将各个平台、广场及活动设置串联起来,形成一个一江、两岸、十大主题段连续、自然、丰富的城市滨江景观带。设计保留多元的生态风光——生态水岸。保留原有植物群落,补充本土植被,形成低养护、生态型的"绿色江滩"。通过改造堤顶路,新建自行车道,铺设滩面步道,形成三级道路体系。利用多样滩地形式,再现沙滩美景,形成随江水及大自然生长的"滩涂景观"。设计利用并改造原有水利防洪挡墙及护坡、平台,多层岸线,通过花堤草滩、自行车道、广场平台和雕塑画卷等界面形式柔化了原来生硬的防洪岸线,丰富了城市的滨水空间。增加了航模、极限运动、篮球、游戏沙坑、门球等体育活动场地,将休闲广场、湾池栈道、艺术墙、沙滩、码头、酒吧街、剧场、水涧等功能空间植入风光带中。

该工程2012年获美国景观设计师协会(IFLA)亚太区土地资源管理类杰出奖,2013年获全国优秀勘察设计项目一等奖、上海市优秀勘察设计项目一等奖。

图 6-9-5 湖南湘江株洲段生态治理及防洪工程

第二节 园林建筑和道路绿化

一、大观园

位于青浦青商公路 701 号。建筑面积 7.84 万平方米。1979 年春始建,1988 年 10 月竣工。市园林管理局规划设计,上海市园林工程公司承包工程,原淀山湖游览区筹备处绿化组负责绿化施工。

大观园占地面积 2 069 亩,东依淀山湖,西傍淀荡湖。明末清初古典园林风貌,艺术地再现了《红楼梦》胜景。以太虚幻境—照壁—大门—元妃更衣处—体仁沐德—圆心湖—省亲别墅—大观楼为中轴线,改造地形,造亭、台、楼、阁,建仿古建筑 10 多组,20 多个景点。园内建筑精致,风格典雅,既具有江南园林水乡气息,又有中国传统风格的风景游览区。大观园以亭、台、楼、阁仿古建筑和假山、树木巧妙搭配布置成各种院馆。形体最大的"大观楼"作为主体建筑,居全园主轴。其他大小景点按照小说描述,分成若干群。植物配置采用中国传统园林艺术处理手法,因借自然,模仿自然。利用各种植物的不同特点,与建筑、山石、水面有机结合,构成富于变化的景色。根据《红楼梦》所描述的人物性格,各庭院馆的布置因人而异。怡红院其承重梁、柱试用钢筋混凝土代木,其余仍配以工艺复杂精细的木结构。大观园内戏台、大厅是搬迁过来的古建筑,从拆卸、运输到翻新重建。大观楼是一组皇家气派的宫殿式,屋脊琉璃瓦按设计图案定制,体现出北方宫廷式建筑的端庄宏伟与南方园林的秀丽妩媚相结合。

该工程 1989 年获鲁班奖,1990 年获建设部建筑工程银奖和优秀设计二等奖。

图 6-9-6 大观园

二、浦东世纪大道

从东方明珠电视塔至浦东世纪公园全长 5.5 公里,宽 100 米。1998 年 10 月开工,2000 年 4 月竣工。法国夏邦杰设计,上海园林绿化建设有限公司绿化施工。

图 6-9-7 浦东世纪大道

我国首条以景观为主的城市道路,被誉为"东方的香榭丽舍大街"。该道路为 20 世纪末 21 世纪初上海最宽的主干道,人行道宽 57 米。沿线间距 10 米种植 4 排香樟树和 2 排银杏树。大道北侧人行道设有 8 个小植物园。分别取名为柳园、水杉园、樱桃园、紫薇园、玉兰园、茶花园、紫荆园和栾树园。位于紫薇园中的五行,以金、木、水、火、土 5 个甲骨文字造型为基本设计元素,形象各异。"金"取三角形呈塔形立于中央。"木"由立方体作大胆切割而成。"火"取火苗形,皆以铸铜为材。

"水"用不锈钢做出流畅的象形文字水形曲线。"土"则取材于自然山石切凿而成。城市系列环境小品以时间为主题的雕塑,配以精致的金属张拉结构小品,立柱、长椅、护栏、灯杆及遮蔽棚都采用了统一的色调。在不同地段布设日晷针、世纪钟、沙漏等。主要建筑雕塑世纪辰光,以中国古计时器沙漏为原形,9根高低不一的不锈钢镶玻璃立柱沙漏,呈抛物线分布,构成行星轨迹。东方之光,以日晷为原形,采用不锈钢管网架结构。上小下大,椭圆的晷盘象征地球,晷针穿过的中点代表中国。

该工程2000年获中国市政工程金杯奖,2011年获建设部优秀设计二等奖、上海市优秀设计一等奖,2002年获全国第十届优秀工程设计项目铜质奖等。

第七篇 工程技术

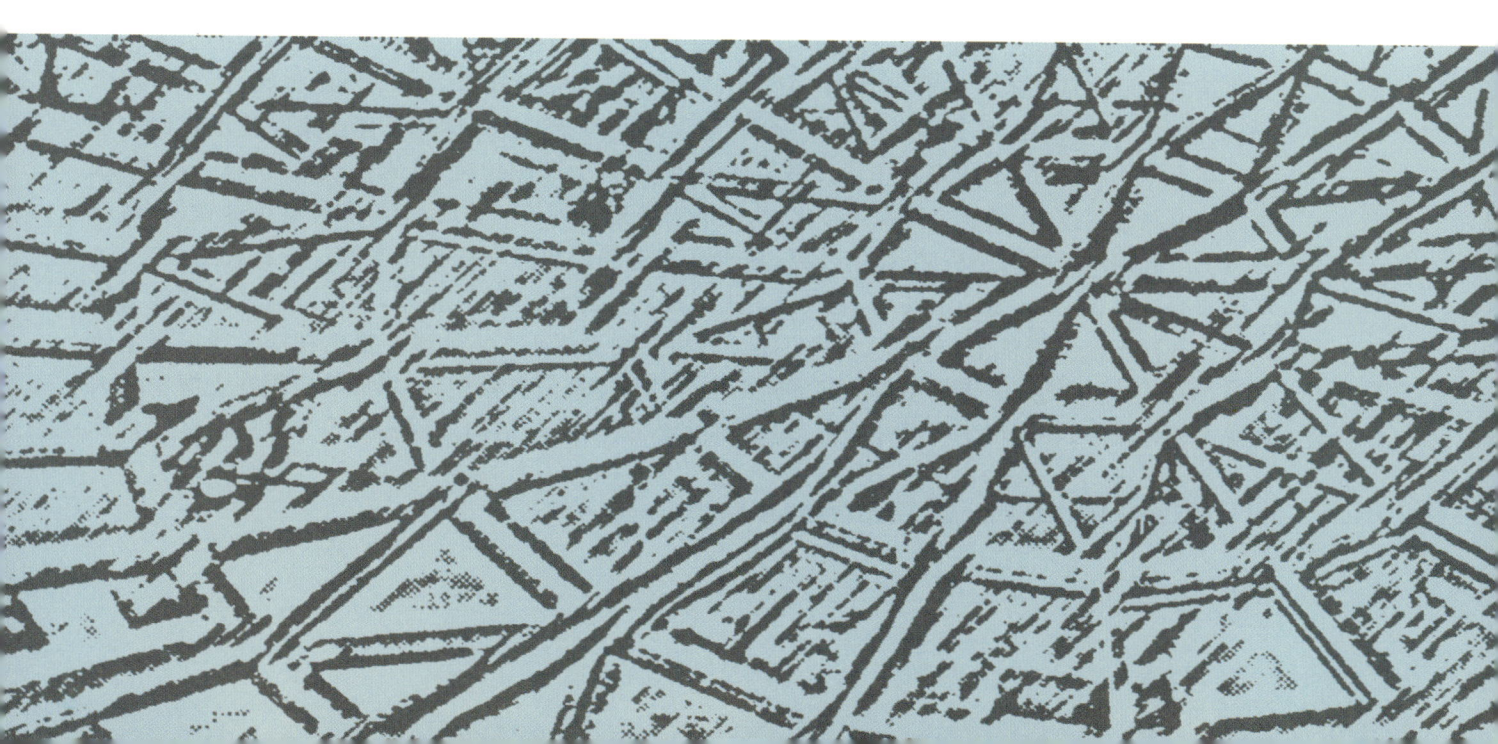

概　　述

建局初期,建工局承担民用建筑大多是砖木结构,施工基本上沿用传统的工艺和技术,主要靠肩挑人抬和手工操作,梁、柱、门窗等构配件都在现场制作。

从1958年起,建工局施工对象开始由民用建筑为主转向以工业建筑为主,由一般轻型工业建筑转向冶金、化工、重型机械等工业建筑,一批新兴工业区和卫星城陆续兴建,由此推动施工技术的发展。建工局广大职工开展技术革新,试制成功蟹斗挖土机、砂浆组装车、混凝土搅拌和上料"一条龙"等,减轻劳动强度,提高工作效率。与此同时,大型厂房基本实现机械化施工,混凝土构件预制技术和工厂化程度有较快的提高;大型基础施工和工业设备安装技术开始起步。

70年代起,建工局参加金山石化总厂、宝山钢铁总厂等大型工业建设项目和上海一批大型公共设施、住宅的建设。在这些项目建设中,建工局在基础工程中应用长桩、沉井、沉箱、地下连续墙和大体积混凝土施工工艺;在特种工程中应用长距离顶管、水底敷设电缆等地下及水下施工工艺;完成了超大超重构件和设备的制作安装,钢结构焊接和构件的整体安装;在工业、民用建筑物和构筑物施工中广泛使用升板、升层、滑模和内浇外挂、内浇外砌等新工艺。大跨度钢结构安装和"一模三板"①建造高层住宅是这一时期施工技术发展的重要标志。

80年代初,建工局抓住改革开放的机遇,学习、借鉴国内外先进技术,自主创新形成高层建筑的成套施工技术。在主体工程施工中,以基础和结构施工为主线,以高效的垂直运输体系为支撑,逐步开发和应用软土地基基坑支护技术、高层混凝土泵送技术、高性能混凝土技术、大体积混凝土技术、高层模架成套技术、钢结构安装技术,还推动高档建筑的装饰材料、制品和设备的广泛应用。全钢结构的新锦江大酒店工程,全钢筋混凝土结构的上海商城工程、上海第一批五星级酒店的完工,还有一批新建和技术改造的工业项目的建成,体现了这一时期施工技术水平的提升。

80年代后期起,上海城市建设快速发展,建工集团施工领域也从房屋建筑拓展到土木工程、特种工程、园林绿化工程等方面。在房屋建筑方面,高层、超高层建筑的软土深基坑施工技术、混凝土泵送技术、结构模架体系、钢结构整体安装技术等取得创新成果,成套技术处于国际领先水平。金茂大厦、环球金融中心、上海中心大厦等集中体现了建工集团在超高层建筑成套技术上的水平。公共建筑的大型深基坑施工技术,大跨度、复杂结构的钢结构安装技术等水平不断提高,浦东国际机场、虹桥综合交通枢纽、北京国家大剧院、2010年上海世博会工程等体现了建工集团技术集成的水平。在土木工程方面,形成多种土质地铁盾构施工技术,大型斜拉桥、悬索桥、钢拱桥施工技术,城市高架道路施工技术,高速公路施工技术,为建成上海磁浮列车运营线,上海和外省市地铁(轨道交通),上海和国内外特大型桥梁、高速公路、城市高架道路提供坚实的技术支撑。在特种工程方面,形成海底敷设管道、光缆施工技术,港口码头施工技术,大型船坞施工技术,铁路既有线改造施工技术等。在建筑施工信息化方面,90年代已将计算机控制运用于东方明珠广播电视塔天线桅杆整体提升、浦东国际机场航站楼钢屋盖滑移等施工中;BIM(建筑信息模型)技术成功应用在上海中心大厦等工程建设中;在基坑工程设计施工、建筑和桥梁工程、复杂结构工程施工等方面广泛运用计算

---

① 一模三板即大模板现浇混凝土墙,预制大型外墙挂板、内墙隔板和大块楼板。

机技术进行数值模拟、分析或反分析和辅助设计等。在绿色施工方面，积极开展住宅工业化，推广装饰工厂化和机电工程管道工厂预制、装配式施工等新工艺；开展历史建筑改造技术、超高层建筑改造技术和建筑改造绿色施工技术研究；开发矩形隧道掘进机等特种施工装备，提高资源利用效率和环境保护水平。在设备安装方面，形成大型特种设备安装技术，现代楼宇机电成套设备安装技术，上海光源工程、地面交通风洞实验室等大型科学装置安装技术等。在园林绿化工程技术方面，形成大型绿地施工和养护技术、大规格乔木储备技术等。

1978—2010年，建工集团（建工局、建管局）共获得国家技术发明奖二等奖1项，三等奖2项；1978年获全国科技大会奖10项，国家科技进步奖一等奖4项、二等奖8项、三等奖5项，部（省、市）科技进步奖300多项。2000—2010年，建工集团共编制国家标准29项，行业标准33项；获得发明专利73项，实用新型专利321项，外观设计专利1项；1991—2010年共获得国家级工法99项，还有一大批市（省）级和企业级的工法。

第一章　基础工程施工技术

基础工程包括桩基、土方和基坑。解放前,五六层以上房屋主要采用木桩。解放后,木桩逐渐被淘汰。70年代开始,大量采用钢筋混凝土预制桩。70年代末,由于钢管桩具有承载力高等特点,开始在大型设备基础和高层民用建筑中得到应用。80年代开始,受市中心环境制约,开始引入无噪声、低振动、无挤压的钻孔灌注桩。90年代末,锚杆静压桩被大量应用在基础托换加固中。90年代之前,基坑深度一般在6米以下,基坑施工以大放坡为主,部分受环境制约的基坑,采用钢板桩围护。90年代开始,随着高层建筑的发展,基坑工程深度逐渐增加;进入21世纪,随着深大基坑的增多,基坑工程施工技术成为上海软土地区建筑工程界的热点,其中以地下连续墙、逆作法等为代表的基坑支护技术的发展尤为迅速。为避免流沙、管涌,保证工程安全,减少环境影响,疏干降水、减压降水以及回灌技术等地下水控制技术也广泛应用在基坑施工中。

第一节　桩　基　础

【混凝土预制桩】

1977年以前,建工局建造高层建筑的桩基主要采用钢筋混凝土预制桩,桩长一般为20~30米,以暗绿色粘性土层(上海地区的相对硬土层)作为持力层。预制桩接桩一般采用焊接法,1972年,基础公司研制硫磺胶泥锚接法获得成功。1978年以后,随着上海高层建筑不断发展,混凝土预制桩向长桩和超长桩方向发展。1980年,40.5米的钢筋混凝土长桩开始用于上海宾馆,接着在电信大楼、华亭宾馆等工程相继采用。虹桥宾馆和陆家宅沪办大楼采用带空腔的预应力钢筋混凝土方桩。2000年,上海磁浮工程采用高架桥作为其结构形式,大部分是直径600毫米混凝土管桩(PHC),管桩长度在30~60米之间,并存在部分斜桩。2004年,上海浦东国际机场二期航站楼采用低承台群桩基础。在翼侧平缓区采用预应力高强度混凝土管桩(PHC)桩。预制混凝土桩的沉桩方法有振动沉桩法、静力压桩法和锤击沉桩法三类。

图7-1-1　混凝土预制桩施工

【钢管桩】

1978年,基础公司在宝钢总厂重型厂房和高精度设备基础中采用钢管桩;1988年,在上海静安希尔顿酒店主楼施工中,首次在民用高层建筑基础中采用钢管桩。1985年4月,市建二公司在远洋宾馆工程中采用钢管桩送桩法施工。同期,地铁1号线3个车站位于淮海路闹市中心,为了减少施工对该地区交通和工商业的影响,采用钢管桩以加快进度。1994年施工的88层金茂大厦采用直径914.4毫米、壁厚20毫米的钢管桩,桩深83米,打入第9层砂层。2005年,上海环球金融中心钢管桩桩尖均到达地下80米的砂层。这些工程施工时使用重达10吨的D-100柴油锤及30吨的HA-30液压锤,锤击数最多的一根桩达1.5万次。

【钻孔灌注桩】

1983年下半年起,机施公司与中船第九设计研究院合作研究适用于上海软土地基特点、以摩擦为主的钻孔灌注桩施工工艺,并陆续在上海仪器仪表研究所、上海长征医院病房大楼和上海市政协大楼等10个工程中应用。1986年,机施公司在南京东路海伦宾馆采用钻孔灌注桩施工工艺。之后,在市中心超高层桩基施工中一般都采用钻孔灌注桩。2002年,基础公司在东海大桥主塔的海上施工中完成直径2.5米、深度为110米的钻孔灌注桩。2003年,上海铁路南站采用钻孔灌注桩桩底注浆以提高桩基承载力和控制沉降,采用钻孔扩底桩提高桩的抗拔力。2006年,上海光源采用钻孔灌注桩桩底注浆、桩顶扩径,满足微变形、微振动的要求。2006年,基础公司、机施公司在上海500千伏世博地下变电站施工中采用钻孔灌注桩基础,桩长近90米,采用桩侧注浆和桩底注浆。2009年,在崇启长江大桥南引桥Ⅴ标(上海段)采用直径1.6米和直径2.0米两种规格的钻孔桩;在上海中心大厦完成直径1米、深87米、共955根的钻孔灌注桩。

【锚杆静压桩】

通过在基础上埋设锚杆固定压桩架,以建筑物所能发挥的自重荷载作为压桩反力,用千斤顶将桩段从基础中预留或开凿的压桩孔内逐段压入土中,然后将桩与基础连接在一起,从而达到提高地基承载力和控制沉降的目的,被广泛应用在基础托换和加固工程中。1998年,上海国际会议中心基础加固即采用此技术。

图7-1-2 钢管桩施工

图7-1-3 钻孔灌注桩施工

第二节 基坑支护

一、基坑顺作法和逆作法

【顺作法】

单坑顺作法 2000年以前,深基坑工程多采用单坑顺作法施工。1995年实施的上海世界贸易商城基坑面积达2.1万平方米,深度达10.7米,基坑紧邻延安西路,采用浅层卸载设一道钢筋混凝土支撑,该工程获建设部10项新技术应用示范工程。2000年后,随着超高层建筑的发展,顺作法基坑施工以塔楼为重点。通常采用两种施工方法:一是避让塔楼地下全部主体结构区域,形成大空间,方便地下主体结构施工与土方工程作业,上海金茂大厦和广州新电视塔工程都采用这种办法;二是避让塔楼核心筒全部区域,外框区域的临时支撑避让地下主体结构,地下4层的南京紫峰大厦采用这种办法。南京紫峰大厦基坑面积约1.38万平方米,挖深21~23米,最大挖深达28.25米,基坑采用角撑+边桁架+对撑形式,设置三道钢筋混凝土内支撑。上海环球金融中心主楼基坑工程在国内首次采用地下连续墙与钢筋混凝土环向围檩相结合的结构形式。100米超大直径圆形自立式薄壁地下连续墙围护结构,结构厚度与直径之比仅1/100,共设四道钢筋混凝土支撑圈梁。

图7-1-4 金茂大厦单坑顺作法施工

群坑顺作法 2003年建设的上海铁路枢纽南站工程,单体数量多,施工面积大,地下工程面积达20万平方米,其中,主站屋的东西侧分别为邮政地道和行包地道,在主站屋的南北向有三条地下通道,东西向有一条行包邮政联系通道。主站房基坑分六区采用顺作法施工。2008年,上海虹桥综合交通枢纽自东向西依次分别为虹桥机场西航站楼、东交通枢纽中心、磁浮东站、京沪高铁上海虹桥站、西交通中心等组成,基坑数量多、开挖规模大、开挖深度深,形成数量众多的坑中坑,边界条件复杂,围护形式多样,工期紧,通过采用分级放坡和围护组成多梯次联合支护的形式,解决了超大超深规模基坑群的施工安全难题。

图7-1-5 虹桥综合交通枢纽群坑顺作法施工

分坑顺作法 90年代末,随着城市建设的发展,中心城区地下空间开发受周边环境制约,特别是既有运营地铁等城市生命线的保护要求,大型深基坑普遍采用分坑施工。1996年,上海香港新世界广场基坑工程紧邻正在运营的地铁2号线,为减少基坑施工对地铁的影响,采用分南北坑分坑实施。2007年实施的上海盛大金融中心基坑工程,其基坑周边有正在运营的地铁4号线和地铁2号线,以及正在施工的地铁9号线,基坑开挖最深达27.05米。为确保基坑工程施工时邻近地铁隧道的安全,将基坑分为一个大坑两个小坑分坑进行施工,在大坑施工中,探索利用空间效应,从包括深坑在内的6道支撑挖土施工以及大底板的浇筑,仅用了97个日历天,这在软土深基坑工程施工中极其罕见。2009年,淮海中路3号地块发展项目基坑面积达3.2万平方米,总土方量达47万立方米,塔楼部位基坑挖深约25米、利用1.0米厚地墙把基坑分成11个基坑,塔楼区和裙房区支撑体系沿基坑深度方向均设置五道钢筋混凝土支撑,北四坑支撑体系沿基坑深度方向范围设置四道支撑,其中,第一道为钢筋混凝土支撑,其余三道为钢支撑,钢支撑采用轴力自动伺服系统。

【逆作法】

1992年,市建二公司在上海地铁1号线陕西南路车站在国内地铁车站施工中首次采用逆作法施工工艺。1995年,恒积大厦采用双向同步全逆作法施工技术,一柱一桩采用钻孔灌注桩作为逆作法支承柱;地下挖土采用人力开挖,垂直运输采用抓斗挖土提升门架。2001年,上海城市航站楼项目逆作法施工首次采用气囊法一柱一桩自动调垂技术。2002年,上海长峰商城在基础工程逆作法施工中,首次开发使用吊模施工工艺。工程采用裙楼逆作、主楼以结构次梁为支撑的板带撑支撑逆作。采用"两墙合一"的地下连续墙作为围护墙,利用裙楼结构梁板和主楼结构次梁作为水平支撑。该工程使用了纠正架法调垂技术。2003年,铁路上海南站北广场4万平方米基坑采用大开口全逆作法施工,实现了自然通风和照明的绿色施工。2005年,上海世博500千伏输变电工程基坑工程,挖深达34米,局部达38米。工程在钢管拼接和垂直度校正方面采取了一系列技术措施,特别是采用了自主研发的上部定

图7-1-6 长峰商城主楼框架逆作法施工

图7-1-7 铁路上海南站北广场基坑大开口逆作法施工

位校正架,下部调垂装置和无线红外感应自动调垂监控系统。是国内采用逆作法施工工艺开挖深度最深的基坑工程。2008年,上海外滩191地块联谊二期工程,建筑高度80米,基坑开挖深度为19.2米,采用逆作法上下同步施工,利用地下结构梁板作为水平支撑,有效控制了基坑变形,减小了对周边环境的影响,在基础底板施工前,上部结构已施工至15层。

二、基坑围护

【复合土钉墙】

90年代中期以后,土钉墙技术成为基坑支护主要技术之一。2002年,上海东方艺术中心基坑面积达1.5万多平方米,上部6米卸载区采用土钉墙围护,将11~13米深度的基坑转化成5~7米的"浅基坑"。当对土钉挡墙位移和墙后土体沉降有严格要求时,在土钉挡墙中配合使用预应力土层锚杆。2000年,上海西门广场(一期)工程基坑采用复合土钉与水泥土墙加锚围护技术。水泥土墙加锚结构采用四排2.2米宽水泥土搅拌桩,顶部混凝土冠梁作为锚杆承压板,偏心垂直预应力锚杆长20米,预应力设计值200千牛。监测显示土钉支护最大位移42毫米。水泥土墙加锚围护技术利用竖向偏心预应力锚杆弥补了抗倾覆能力,提高了抗滑移能力。之后,由于上海软土对土钉墙的使用有限制,土钉墙在上海应用较少。

【水泥土重力坝】

80年代后期,水泥土深层搅拌桩支护成功用于四平路地下车库、太阳广场大厦、展览中心西二馆、浦东德州高层、上海图书馆新馆等20多项基础工程中。

90年代初,水泥土重力式围护墙随着高层建筑和地下设施大量兴建而迅速兴起。1993年,在上海第一八佰伴有限公司新世纪商厦工程中,运用水泥土深层搅拌桩的大面积无支撑深基础施工技术。水泥土深层搅拌桩支护宽8.7米、9.2米,深19米、21米,顶部采用钢筋混凝土锁口梁,增强坝体作用。浦东南路一侧123米长的坝体增设了局部斜撑,造价比地下连续墙低30%左右。

在一些超大浅基坑施工中,一般采用卸土结合重力坝等围护体系,围护造价可降低近20%。1998年,上海科技城基坑面积3.24万平方米,挖土深度7.2米,其下有矩形三孔箱涵结构的175米长原水引水渠穿越,埋深1.5米,需特级保护。在弧段状采用4.2~6.2米宽的深层搅拌桩坝体围护,原水渠一侧采取1.2米宽水泥土搅拌桩阻水的保护措施。2005年,上海浦东国际机场航站楼主楼超大基坑开挖面积约5万平方米,深基础宽91米,基坑普遍挖深约6米,主楼西侧采用土体放坡结合4.2米水泥土搅拌桩重力坝围护形式。上海世博会主题馆东展厅基坑开挖总面积近5万平方米,挖深10米,基坑分20区块流水施工。采用重力坝结合放坡卸载的形式。上海虹桥机场西航站楼主楼和登机长廊的B区-5.9米共同沟基础与-4.0米以上的浅基础采用水泥土搅拌桩重力坝,盾构穿越区采用三轴水泥搅拌桩重力坝与坑底满堂加固。2010年施工的上海东方体育中心综合体育馆、游泳馆主体工程采用双轴搅拌桩重力坝结合放坡卸土形式,实现了基坑施工效率和环境保护的统一。

【地下连续墙】

1977年上海研制成功导板抓斗和多头钻成槽机后,1979年,第一个试验性工程——上海船厂升船机港池地下连续墙工程施工。1985年,在上海耀华皮尔金顿有限公司浮法玻璃熔窑13米深坑施工中,成功地采用了格形地下连续墙和T型墙段。自立式格型地下连续墙之后被成功应用于上海外高桥船厂2号船坞接长段坞室结构施工。

支护结构、外墙结构"两墙合一" 80年代,坐落于锦江花园内的上海首座35/10(6.6)千伏地下变电站工程施工中,将地下连续墙作为支护结构,同时作为结构外墙使用,承受永久水平和竖向荷载。1981年,上海电信大楼工程地下连续墙采用"两墙合一"省去支护结构的临时钢围檩和钢支撑1 350吨。90年代中期,新闸路地铁车站、浦东汤臣大厦、上海信息枢纽大楼、上海银行大厦、越洋广场、来福士广场、平安保险广场和上海21世纪中心大厦等一系列均采用了"两墙合一"设计,减少了工程资金和材料的投入,体现地下连续墙的经济性和环保性。金茂大厦地下墙总长568.4米,墙厚1米、深36米,同时作为承重的地下室结构外墙。南京路上的万象国际广场工程与地铁2号线交叉同步施工,围护地下连续墙"两墙合一",选用"凹凸型"柔性节点作为地下连续墙的接头型式。随着高层建筑的不断增加与深大基坑和市区周边环境保护要求更高,地下连续墙向多样化和大深度化方向发展。世博静安500千伏变电站地下连续墙深度57.5米,也是当时上海最深的地

图7-1-8 地下连续墙钢筋笼下沉施工

下连续墙。采用"抓铣结合"施工工艺:在上部软土层中成槽时采用常规的抓斗式成槽机,下部较硬土层时换用适合于硬层掘进的铣槽机成槽。

围护墙、地下室外墙、承重墙"三墙合一" 1994年7月,上海建工锦江大酒店基础工程设计中,在国内首次研发和设计复合式(三作用)深基础结构,地下连续墙具有3个作用,既作为围护结构,又作为地下室外墙,也是裙房框架柱的基础。2006年7月施工的《解放日报》新闻中心工程地下连续墙采用地下连续墙"三墙合一"(围护墙、地下室外墙、承重墙)。上海十六铺地区综合改造一期项目沿江640米,围护墙、结构外墙与永久防汛墙三墙合一,外滩通道施工开发既有大型管线等障碍物下深基坑的地下连续墙侧向成墙施工技术。

预制地下连续墙 预制地下连续墙工厂生产、现场装配,具有墙体刚度大、混凝土密实性好、水平裂缝少、墙体抗渗性高等优点。机施公司施工的上海达安城全埋式一层地下车库,基坑长95米,宽18米,开挖深度5.6米,为上海早期预制地下连续墙应用代表工程。2009年,机施公司施工的华东

图7-1-9 预制地下连续墙施工

医院停车库地下2层,基坑围护总长约251米,外墙采用780毫米厚的预制地下连续墙,每标准幅宽度4.05米,有效长度20.5米,重110吨,是当时上海最深的预制地下连续墙。

【钻孔灌注排桩】

80年代后期,江苏路电讯大楼深坑支护采用直径400~500毫米钻孔灌注桩挡墙,为钻孔灌注桩工艺开辟新的应用领域。90年代中期的浦东新区永华大楼基坑采用密排式直径800毫米钻孔灌注桩加3道直径609毫米钢管内支撑的支护结构;浦东由由大厦采用直径900毫米钻孔灌注桩支护;上海实业大厦工程基坑采用灌注桩排桩与直径300毫米高压旋喷桩结合的围护形式。

90年代中期,挖深超过10米的基坑大都采用钻孔灌注桩排桩支护,灌注桩围护最大桩径达到1 200毫米。浦东香格里拉大酒店基坑挖深10.4米,采用直径950毫米钻孔灌注桩围护。上海国际航运大厦基坑挖深为11.45~17.80米,采用直径1 000毫米灌注桩围护,入土深度为25.5~26.5米。2005年,由由大酒店二期工程基坑2.932万平方米,开挖深度11米,采用0.8~0.9米桩径钻孔灌注桩作围护。

2006年起,轨道交通和隧道工程项目中开始探索采用钻孔咬合桩作为基坑围护体系。轨道交通6号线长清路站—上南路区间局部267延长米的基坑工程中,首次大范围采用钻孔咬合桩作为基坑围护体系。2009年,人民路隧道浦东风塔地下结构采用硬切割法咬合桩,采用钢套管成孔,冲抓斗直接清除地下障碍物。上海外滩通道综合改造工程,针对防汛墙沿线局部深达14米的木桩、老防汛墙、抛石等障碍物,大规模应用了硬切割法咬合桩清障与围护相结合技术。

【树根桩】

树根桩是一种小型的钻孔灌注桩,施工机械机身低,对操作空间要求不高,桩径通常100~300毫米,钻机钻孔后放入钢筋笼或型钢,同时放入注浆管,注入水泥砂浆或者混凝土而成桩(亦可用碎石压浆法混凝土成桩)。1981年,苏州虎丘塔采用树根桩对塔基进行加固,桩直径110~159毫米,内置3根直径16毫米钢筋,灌入300号细石混凝土,共打入近160根桩。上海解放日报社业务楼采用直径600毫米钻孔灌注桩和直径200毫米树根桩。1993年施工的上海虹桥友谊商城工程基坑围护选用在双排水泥土搅拌桩中打入直径300毫米、间距1米的树根桩补强,桩身采用两次注浆浇灌混凝土。2006年,上海重型机器厂冶铸产能扩大技术改造项目一期工程,老厂房的砂处理工部设备220平方米深坑,距抗风柱与山墙仅50厘米,挖深-6.75~-4.3米,在施工条件限制下,采用直径100毫米树根桩,桩长7.2米,桩身外侧采用压密注浆止水。

图7-1-10 用树根桩为虎丘塔地基加固

【型钢水泥土搅拌墙】

型钢水泥土搅拌墙主要分为双轴和三轴搅拌桩两种,1994年,上海环球世界广场工程是国内最早采用型钢双轴水泥土搅拌墙(SMW工法)工程。该基坑3 000平方米,挖深8.65米,桩长18米。新型的三轴钻机成桩体强度及桩身均匀性明显优于双轴钻机,桩体的垂直性、桩与桩的平行性度更好,保证了优良可靠的防水性能,有利于型钢的插入和回收。1998—1999年,三轴型钢水泥土搅拌墙在上海地区逐步推广应用与成熟,主要工程有地铁2号线静安寺站下沉式广场、陆家嘴站5号出入口底下人行通道、上海国际会议中心。

2005年,上海浦东国际机场二期航站楼超大面积基坑普遍挖深6米,主楼西侧狭长区域采用直径850毫米三轴搅拌桩内插H型钢SMW工法桩围护。2006年,上海东银商务中心项目基坑面积9 277平方米,挖深近10米,采用SMW工法。2005年,老西门新苑工程基坑SMW工法围护体量为当时上海之最。2003年,上海南站地区改造工程采用深度30米、内插700毫米H型钢的超深SMW工法桩围护,在深度方面有新的突破。

2000年以来,等厚度水泥土加固土地下连续墙浇筑施工法(TRD工法)等更为先进的施工机械和工艺开始应用。2010年,上海月星环球商业中心工程主楼区基坑的连续墙两侧槽壁加固采用等厚度水泥土地下连续墙工法(TRD工法)。江西南昌市绿地中心局部基坑围护采用TRD内插型钢工法无缝搭接,止水效果良好。

【板桩墙】

80年代以后,华亭宾馆、花园饭店、城市酒店等高层建筑的基坑均采用钢板桩作挡土结构。上海东方明珠广播电视塔基础采用复合式支护技术,费用与工期均为常规深坑施工的1/3。1994年,东锦江大酒店工程塔楼基坑面积2 400平方米,挖深10.65米,采用24米长日本产SKSP-VIL型拉森钢板桩,小止口全封闭围护,2台60千瓦的振动锤屏风法打设。2009年,上海虹桥机场西航站楼主楼和登机长廊特大型基坑工程,基础面以上由结构缝划分为20个独立单元。A、C区共同沟部分的围护采用拉锚钢板桩形式,钢板桩周转使用。2000年以后,采用截面模量较大的H型桩或管桩和钢板桩的组合式钢板桩结构,大大提高了整片桩墙的承载能力,成为大型重载或深水码头采用的一种重要围护结构形式。上海外高桥造船基地船坞1号坞平面尺寸106×480米、深12米,2号坞平面尺寸76×360米,深14米。整个A标工程打设各类桩近7 000根,坞室侧墙由CAZ箱形钢板桩构成的六角形箱体结构,作为坞壁结构锚固在坞壁底板内。

在钢板桩难以拔除的地段,采用钢筋混凝土板桩,打入后不再拔除。1986年起,陆家宅联合大厦、上海物资贸易中心大厦、久耕里等24幢高层建筑基坑(深度7米左右)施工中采用基坑分层开挖的工艺。施工时上层土采用放坡大开挖,然后打设钢筋混凝土板桩,下层土开挖时采用简单的单锚板桩。泰山陶瓷厂、马当路高层、淮海大厦、工贸大厦等工程中也采用钢筋混凝土板桩支护。

图7-1-11 钢板桩围护施工

第二章　建筑结构工程施工技术

50年代,上海地区的房屋建筑主要是木结构、砖木结构和砖混结构。50年代末—70年代,预制厂房结构广泛运用,预制构件生产技术、预应力技术、机械吊装技术得到发展。70年代末起,建筑结构逐步以混凝土结构、钢-混凝土混合结构、钢结构为主。尤其从80年代末开始,高层、超高层建筑大量涌现,公共建筑呈现规模大、建筑形式多样、结构复杂等特点。为适应这些变化,上海建工通过技术攻关,在高层模板成套施工工艺、高层脚手成套施工工艺、预拌混凝土研制和浇筑成套技术、钢结构安装技术、装配式建筑施工技术等方面取得一系列创新成果。

第一节　砖木结构

木结构建筑是上海传统建筑中的主流。其特点是以木构架结构作为建筑主体,即以木构主梁作为承重骨架,以土、砖、石或木料等作围护材料而形成房屋。木结构建筑的构架形式一般归纳为两类:一类是抬梁式构架,多用于寺庙、殿庭、会馆等公共建筑;另一类是穿斗式构架,上海习惯称立帖式构架,上海早期的石库门民居大多是立帖式构架。1952年上海建造的曹杨新村等工人新村也是采用立帖式构架。此后,由于木材紧张且层数增多,改用砖木结构或砖混结构。80年代后,现代木结构建筑引入上海。2002年,松园别墅区主要采用轻质木结构工艺,用规格材料及木基结构板材或石膏板制作的木构架墙体、楼板和屋盖系统构成单层或多层建筑结构。

90年代前,房屋建筑墙体中以砖墙应用得最为广泛,特别从木结构发展到砖木结构及砖混结构时,砖墙普遍用作承重墙。砖砌墙体施工,除灰浆搅拌和材料运输使用机械外,均为手工操作。砖砌技术有"满刀灰砌砖法""蜕尺砌砖法"等。在传统砖砌技术的基础上,1954年,市建二公司滕生楼小组在建工局第九直属工地上,运用铺灰器进行砌砖,形成"铺灰器双手挤浆法"施工技术。之后又形成改进的"杨长诗砌砖法"施工技术。60年代,上海地区广泛采用"三三一砌砖法"施工技术,提高了工效。

60年代初开始,建工局在居民住宅建造中,逐步形成粉煤灰硅酸盐中型密实砌块多层住宅体系。砌块材料是利用城市工业废渣,砌块砌筑的专用工具主要采用简易的台灵吊,工人劳动强度大,效率低。80年代初逐步退出。与此同时,加气混凝土砌块、混凝土空心小型砌块开始应用。建工局在漕溪路高层住宅、气象局科研楼、静安希尔顿酒店等建筑中使用加气混凝土砌块充当内墙、分户墙等。1983年,市建四公司在气象局科研楼施工内隔墙时,采用加气砌块专用的剪刀式吊具、运输车及切锯砌块等配套专用工具,减轻劳动强度,减少砌块损耗。

第二节　现浇混凝土(钢-混凝土[①])结构

70年代起,上海建筑中现浇框架结构、高层剪力墙结构、高耸构筑物混凝土结构大量采用。80

---

① 钢-混凝土混合结构体系,一般是指钢框架混凝土核心筒结构体系。

年代起,上海开始建造大量商业和公共建筑,主要为现浇混凝土结构形式;大部分高层、超高层建筑采用现浇钢筋混凝土结构体系或钢-混凝土混合结构体系。由此,上海建工在钢筋连接工艺、脚手架工程、模板体系、混凝土技术、钢结构安装技术等方面做了大量卓有成效的研究和实践,取得一批有国内以至国际水平的科技成果。

一、钢筋连接

80年代中期,建工局与上海钢铁工艺技术研究所、华东建筑设计院合作开发钢筋冷压连接工艺和设备。1988年在海仑宾馆钻孔灌注桩工程进行钢筋冷压连接工艺的应用。之后,相继在海仑宾馆基础底板、南浦大桥、杨浦大桥等工程上应用。东方明珠广播电视塔工程,全部直筒体和斜筒体主筋均采用套筒冷压连接,接头数约10万个。这是采用套筒冷压接头最高的构筑物。1988年起,钢筋气压焊技术应用于高层建筑中,先后在虹桥领馆大楼、永年高层住宅等柱筋接头上采用这一工艺。1990年在上海地铁衡山路车站施工中,采用从香港ERICD接驳公司引进的锥螺纹接头(直径25~32毫米)约1万只。1992年,在淮海路三座地铁车站施工时,在板与侧墙、内部结构的梁、柱等钢筋连接中,共采用了6万余只国产锥螺纹接头。之后,由于锥螺纹存在螺距单一,很难达到钢筋母材的规范强度,逐步被淘汰。

90年代后,应用最广泛的粗钢筋连接技术,由专用的设备通过滚丝轮将钢筋端头滚轧加工成直螺纹,与加工好的直螺纹连接套相连接,这种接头具有接头强度高、安装连接速度快、现场操作简便、便于外观检查、节约钢材等优点。还有钢筋电渣压力焊,该技术借助被焊钢筋端头之间形成的电弧,来熔化焊剂而获得2 000摄氏度以上高温熔渣将被焊钢筋端头均匀地熔化,再经挤压而形成焊接接头的方法。由于电渣压力焊工效高、成本低,在结构柱和剪力墙的直径25毫米以下的竖向钢筋中得到广泛应用。1997—1998年,在上海大学新校区等工程中应用钢筋焊接网成品技术。该技术由工厂化加工,大大提高现场钢筋安装的质量和工效。

图7-2-1 地下基础钢筋绑扎

二、脚手模架

【脚手架工程】

60年代以前,建工局主要采用毛竹落地脚手架。60年代以后,扣件式钢管脚手架占据主导地位;70年代,先后从日本、美国、英国等国家引进门式脚手架体系,在一些高层建筑工程施工中应用。随着高层和大型公共建筑的增多,从80年代起,较普遍地采用悬挑脚手架、吊篮脚手架、附墙式自升降脚手架等。

悬挑脚手架 在上海第一个选用的是上海宾馆,该工程采用"上挑下搭钢管扣件脚手方案",即上部在柱距间距埋设三角形槽钢支承架,然后在槽钢上搭设扣件钢管脚手架。90年代,型钢悬挑脚手架开始推广,光圆钢筋吊环、螺栓作为后座锚固抗拔。明天广场大厦(60层)、东锦江大酒店(52层)、上海电信综合大楼(23层)等工程均采用悬挑式脚手架进行施工。

附着式升降脚手架 脚手架壁架由固定架、套架(活动架)、钢吊耳、神仙葫芦、锚定板及穿墙螺栓组成,运用爬杆原理,随建筑物结构的施工逐层爬升。附着式升降脚手架体系在结构施工时可以作为模板的操作脚手,随结构施工而不断爬升;在外墙装饰施工阶段,可以随外墙装饰工程由上向下进行下降施工。

图7-2-2 高空桥式悬挂移动脚手架

1988年,一种附墙式自升降脚手架应用于上海武宁路高层及石光高层等。90年代初,手动提升脚手工艺在上海外经贸大楼工程中与爬模工艺相组合应用。90年代中期,悬挑式附着电动整体升降脚手架在开开商厦作为电动升降爬架的首次试点应用。经过10多年的发展,电动整体提升脚手架的防倾覆技术已经成熟。香港广场(38层塔楼)、浦东红塔大酒店(41层、149.7米)、世茂滨江花园2号楼(168.85米)、上海交银金融大厦南北塔楼(197.5米、230.5米)、外滩金融中心工程(27层塔楼、50层办公楼)、上海恒隆广场(288米)、上海明天广场(282米)、南京紫峰大厦外围框架(452米)、苏州东方之门南北塔楼核心筒(66层,281米)、上海陆家嘴X2项目南塔楼外框架(56层,250米)等工程均采用电动整体提升脚手架。

高空滑移式脚手架 由轻型薄钢材料制作成的工具式操作平台,利用原有结构体系——屋架作支座,利用设置在钢梁上的手动或电动葫芦在各榀屋架之间进行水平滑移,适用于大跨大空间的室内吊顶或管道安装。在上海浦东国际机场一期、二期的登机长廊,二期主楼钢屋架、主楼吊顶和波音飞机机库吊顶施工中大量采用该脚手体系。

【大模板】

大模板一般有全钢制的、钢木混合制的(骨架为钢制、面层为胶合板或机制木板)等多种形式,适用于造型规范、承重墙较多的建筑。70年代初,建工局开始采用大模板现浇混凝土建造住宅,并发展成大模板内浇外砌、内浇外挂体系。1975年,陆家宅采用"一模三板"(大模板现浇混凝土墙,预制大型外墙挂板、内墙隔板和大块楼板)建造高层住宅。1977年,在南京梅山炼铁基地多层住宅将外墙挂板改为砌筑的砖墙,形成内浇外砌施工工艺。1983年,又在彭浦五期高层住宅采用内浇外挂工艺,解决挂板安装与防水施工等施工技术问题。1985年,天宝路高层住宅,用大模板浇筑外墙艺术混凝土,大模板拆除后呈现装饰线条和图案,增加外墙的美观度,后又在大连路市政高层、曲阳邮电高层推广应用。

【滑模】

70年代中期起,建工局把滑模工艺开始应用于高耸建筑与高层民用建筑施工,在烟囱、水塔、沉井、冷库与筒仓结构施工中采用滑模工艺。滑模施工装置主要由液压提升系统、模板系统和操作平台系统三个部分组成。1977年年底建成的13层漕溪北路高层采用墙体滑模、楼板降模施工工艺。80年代起，滑模施工工艺在技术上趋于成熟，由筒仓、烟囱等筒壁结构发展到工业、民用和高层建筑的框架结构和墙板结构；结构的截面形式从等截面发展到变截面，甚至变坡变径；结构的外形，从一般的柱、梁、墙板和无悬挑的结构，发展到可用于凹凸竖线条以及有悬挑结构的滑模施工；相应的配套工艺不断提高，从单一的滑升发展到"滑降结合""滑台（台模）结合""滑三浇一""滑一浇一""随滑随粉""随滑随贴"等施工工艺；提升系统机具不断改进，从手动螺旋式千斤顶发展到穿心式液压千斤顶，并由单向作用发展到双向作用；操作平台从不定型非标准组合发展到配套定型标准化组合，从一层操作平台发展到双层操作平台；由单滑工艺发展到双滑工艺，由有井架施工发展到无井架施工。70年代，漕溪路高层采用"滑降结合"工艺；1984年，吴兴路高层住宅3号房工程研制成功"滑一浇一"施工工艺，并在东安路高层住宅、吴兴路高层住宅等工程中进一步推广应用。市建七公司在闵行发电厂二期扩建工程180米钢筋

图7-2-3 吴泾粮库采用滑模技术

混凝土烟囱施工中，首次采用钢筋混凝土外壁与耐热混凝土内衬同时滑升到顶的双滑新工艺。上港二区散粮筒仓主体结构采用群体滑模施工工艺，缩短了工期。

【爬模】

爬模由大模板、爬升支架、爬升设备等各部分组成，以钢筋混凝土墙体为支承，由爬升支架和大模板相对运动自下而上交替，适用于现浇混凝土高层建筑的外墙和高耸构筑物的模板工程。70年代初，倒链式爬升模板研制成功；中兴路高层住宅群工程在上海首次运用液压爬升模板，此后，又在玉屏路高层住宅、武夷路高层住宅、中山西路高层住宅等工程推广应用。80年代中期—90年代初，应用爬升模板施工的工程有华亭宾馆的观光电梯井壁，电信大楼、政协大楼、华山医院病房大楼、华东医院病房大楼及康复大楼、静安希尔顿酒店、假日银星宾馆，新疆路东、西高层，第二军医大学病房大楼的钢筋混凝土内筒、剪力墙、观光电梯井壁等工程。上海商城的48层主楼和32层东、西公寓3幢超高层建筑，当施工到2/3高度后，发展了能扩展的倒链式爬模技术。

爬模应用于超高层的电梯井道结构施工，简化形成筒子模施工工艺，利用模板与筒架在施工过程中互为支承点，交替提升。筒架一般为型钢构架，3个楼层层高。上海金钟广场电梯井道、万都中心主楼电梯井、上海世茂滨江花园2号楼、上海十六铺交银大厦电梯井道均采用筒子模；交银金融大厦两栋塔楼的3个电梯井亦采用筒模施工，结构高度近200米。

90年代后，爬模工艺根据不同的结构要求，呈现多样化。1990年，在南浦大桥施工实践中，开发出斜爬模施工技术；在杨浦大桥工程又创造了开口斜爬模、连续转角爬升的新工艺，使斜爬模的施工工艺更趋完善。90年代中期，上海国际航运大厦52层的主楼核心筒采用架片式组合爬升模板系统，爬架由电动葫芦提升；模板采用H型锥形螺母固定，由手动拉链葫芦提升。核心筒12层以上外围共布置20个架体，电梯井道内布置8只爬架。1994年，上海广播电视国际新闻交流中心工

程主楼筒体结构施工,采用剪力墙爬模的施工工艺。1994年在金茂大厦外围框架的8个5×1.5米截面的钢筋混凝土巨型柱施工中,采用跳爬式模板体系,采用可伸缩脚手架和展翼式附墙架,有效解决爬模体系爬升穿越外伸钢梁的难题。1998年,上海信息枢纽大楼两侧劲性混凝土筒体采用电动葫芦提升的导轨式爬模和爬架系统,碗口式脚手架体,可二维运动的大模板悬挂于外架上,与外架同步提升。

图7-2-4　南浦大桥桥塔采用斜爬模工艺　　　图7-2-5　上海香港新世界大厦液压整体提升钢平台

【液压整体提升大模与液压爬模】

自1992年起,液压整体提升大模体系应用于高层建筑物、构筑物的剪力墙、框筒及筒中筒等结构的施工。上海香港新世界大厦的60层主楼混凝土内筒体结构施工,采用该模架体系,钢平台的提升设备采用穿芯液压千斤顶(120吨),承力提升架的提升用手动葫芦,外墙大模通过钢平台上的吊耳上挂手动葫芦,分片分块提升。1995年施工的世界金融大厦和1998年施工的中欣大厦主楼核心筒结构均采用液压整体提升模板系统。

上海环球金融中心主楼外围的四根劲性巨型柱体型复杂,其中两根巨型柱在一定高度还有倾斜并分叉。采用德国进口的DOKA SKE50液压自动爬升模板系统,在国内爬升高度达到创纪录的492米高度。非标准段的巨型柱,采用分段爬升、分段浇捣的施工方法;斜向巨型柱采用特制爬升靴,爬升轨道倾角可连续变化,解决巨型斜柱收分、空中多向倾斜的施工难题倾斜状态下的提升和使用难题。

2002年,建工集团研发的拥有自主知识产权的YAZJ-15液压自动爬模系统,具有自动化与标准化程度高、安全性好、施工组织简单等显著优点。2008年2月,上海外滩中信城47层主楼核心筒布置8个单元的液压爬模,同期上海国际金融中心北塔楼外围巨型柱施工亦采用该液压爬模系统。2009年,广州珠江城塔楼核心筒4层以上布置15组两机位的液压自动爬升模架系统和8组四机位的液压自动爬升平台系统,共62个机位。沈阳茂业中心主楼核心筒,布置8组二机位的该系统。2011年施工的宁波环球航运中心主楼为双核心筒加巨型桁架结构,混凝土结构最高高度达210米,核心筒液压爬模分为外爬架和内平台两种结构形式。

【整体自升式钢平台模架】

整体提升钢平台模板工程技术是上海建工具有自主知识产权的高层建筑结构施工技术。80年代开始,在钢筋混凝土结构升板法技术基础上,研发了超高层模具外挂脚手整体升降施工成套技术,利用升板机提升墙、梁、柱模板,实现升层施工,先后应用于上海联合大厦(36层130米)和上海物资贸易大厦(33层114米)。

图7-2-6 金茂大厦整体自升式钢平台

图7-2-7 东方明珠广播电视塔内筒外架整体自升式钢平台

1992年,东方明珠广播电视塔塔身筒体施工在国内首次使用内筒外架整体自升式钢平台施工技术。1996年,在金茂大厦核心筒结构施工中,整体提升钢平台模板工程技术进入推广应用和发展完善阶段,施工中,研发了模板体系分体组合技术,解决了模板系统穿越外伸桁架难题;针对超高层建筑造型奇特、结构立面变化剧烈的新情况,改进滑移装置,增加了悬挂脚手架空中滑移和钢平台带悬挂脚手架空中滑移功能,从而提高整体提升钢平台模板工程技术的结构立面适应性。该技术成功应用于上海万都中心、东海广场、上海世茂国际广场和上海环球金融中心核心筒施工。2005

年,在南京紫峰大厦核心筒结构施工中,通过调整格构柱及平台系统的平面布置,解决了外伸桁架层利用整体提升钢平台模板系统进行核心筒钢筋混凝土结构施工的难题。2006年,在广州新电视塔核心筒结构施工中,首次以核心筒劲型钢柱作为导向爬升系统,实现模架的整体爬升,做到竖向结构和水平结构的同步施工,研发了具有完整自主知识产权的"内筒外架支撑式整体自升钢平台脚手模板体系""钢柱支撑式整体自升钢平台脚手模板体系",开发了用于整体钢平台脚手模板体系的穿心式自升全液压步进提升机和施工方法。

图7-2-8 南京紫峰大厦外伸桁架安装

2010年,在上海中心大厦塔楼核心筒结构施工中,研发了筒架支撑式液压爬升整体钢平台模架体系,采用液压顶升动力装置作为提升系统,在伸臂桁架层施工时,可将钢平台连续顶升2层,直到超过伸臂桁架层。同期,上海北外滩白玉兰工程320米的办公楼核心筒施工首次采用筒柱交替提升整体钢平台模架体系。

图7-2-9 广州电视塔钢平台高空拆装

【水平模板体系】

80年代以来现浇混凝土支模技术趋向多样化,台模、钢框胶合板和塑料模壳等技术在各类高层工程中应用日趋成熟。1980年,上海吴泾冷库一期工程使用移动式钢台模工艺。80年代初期的上海宾馆、小北门高层住宅和爱建公寓等工程施工中采用组合钢模板和钢管组装的台模。上海师范大学实验楼工程主体结构施工中,采用"台模"与"大模"相结合的施工工艺。天目大楼结构工程施工中,研制并应用悬架式台模施工技术。1997年,嘉汇广场二期主楼施工中,利用一种早拆柱头装置,与配套横杆、可调底座共同使用一条支撑体系,可提前拆除模板。万都中心主楼施工中,采用该快拆模体系,标准层施工配二模三撑。

图7-2-10 上海中心筒架支撑式液压爬升整体钢平台模架

1979年,塑料建筑模壳开始推广,主要在升板密肋楼板中使用。上海新华书店发行处的5层楼仓库都采用工具式塑料模壳升板施工工艺。90年代,钢框胶合板、塑料与玻璃钢模壳、压型钢板、装饰混凝土衬模、预应力混凝土薄板、钢框竹胶板等模板开始推广应用。采用钢框胶合板模板施工的工程有管弄新村高层住宅、长安大厦、工商银行普陀区支行、交通运输学校实验楼、上海地铁、三航二处以及南浦大桥等工程。1996年，上海世界贸易商城36米大跨度密肋楼盖中进行应用，塑料模壳规格为1.2米×1.2米。1998年，上海香港新世界大厦外钢框架混凝土楼板施工中采用下承式水平模板体系，之后，该体系又在上海盛大国际金融中心项目中得到应用。2009年，在上海世博会中国馆、主题馆、广州珠江城项目施工中采用自承式桁架模板体系。

图7-2-11 桁架下承式水平模板系统

【圆柱模】

圆柱模一般采用木模或定型钢模板。为节约成本，2007年，市建四公司在上海浦东图书馆（新馆）工程的施工过程中，1~1.35米直径的圆柱采用11毫米厚的无缝防水纸管纸筒模，用于清水混凝土施工。2008年，市建七公司成功开发了玻璃钢圆柱模施工工艺并在上海世博会世博轴项目中得到应用，节约了较为可观的模板费用。之后玻璃钢圆柱模又在创智天地二期、上海东方体育中心等项目中进行应用。

三、混凝土泵送和浇筑

【超高层建筑混凝土泵送】

1980年，上海宾馆是上海第一个用泵送混凝土施工的高层建筑，泵送高度为80米。1984年，联谊大厦工程采用中压泵泵送混凝土，泵送高度达100米。1985年，在电信大楼工程施工中，首次采用两台中压泵接力泵送混凝土，垂直高度达130米。1986年，在静安希尔顿酒店工程施工中，采用高压泵泵送高度达140米。

1988年，在上海商城工程施工中，混凝土一次泵送高度达到164米，为当时全市泵送高度之最。1990年，南浦大桥主塔C40混凝土一次泵送达到154米，1992年，杨浦大桥主塔C50混凝土一次泵送至208米的高度，均为桥梁工程采用泵送商品混凝土的国内第一。1993年，东方明珠广播电视塔塔身筒体施工，创造了混凝土350米一次直接泵送到位的新纪录。1995年，88层的金茂大厦总高420.5米，钢筋混凝

图7-2-12 广州电视塔超高层混凝土泵送

土结构高度为382.5米,高流态混凝土一次泵送到顶。上海环球金融中心C60~C40混凝土泵送高度为492米,地上部分混凝土约10万立方米,混凝土配合比设计按泵送高度将大楼分为3个区段,采用一泵到顶泵送方案,泵管采用耐磨合金超高压管道并采用混凝土高压水洗泵送新技术,最大限度地利用了管道中的混凝土。广州新电视塔工程核心筒混凝土强度等级由C80变化到C40,三维倾斜的24根外框筒柱环间距离高达10余米,采用低收缩C60混凝土,两泵两布,C45混凝土一泵到顶至454米;沈阳茂业工程C60混凝土泵送至310.35米;江苏第一高楼南京紫峰大厦将C40混凝土泵送至381米,该主楼外围框架劲性C70混凝土至37层(182米),总用量近7 500立方米。上海中心大厦塔楼,核心筒C60混凝土至573.9米高度,巨型柱C70混凝土至173.7米、C60至393.3米、C50至结构顶,均一泵到顶。

【大体积混凝土浇筑】

1979年5月,宝钢炼钢厂2.5米厚度的7 100立方米转炉基础,仅用28小时一次连续整体泵送浇灌完成,开创了上海当时大体积混凝土施工的先例。90年代以来,上海的大体积混凝土施工屡创新纪录。1991年年底,上海民生港装卸公司8万吨散粮筒仓基础,创造了在冬季负温下一次性连续浇捣8 700立方米大体积混凝土纪录。海仑宾馆8 600立方米混凝土桩基承台的浇捣工程,仅用65小时即浇灌完成,刷新了当时高层建筑大体积混凝土一次浇捣成功的纪录。1993年,上海申鑫大厦和明城花苑,两项工程均为一次性连续浇捣完成1万立方米基础混凝土。1994年以后,大体积混凝土连续浇捣纪录不断刷新,招商大厦基础为1.1万立方米、金融大厦基础为1.5万立方米、新上海国际大厦和上海时代广场基础各达1.7万立方米,均一次性浇捣。浦东世纪金融大厦工程基础底板2.6米厚,混凝土1.7万立方米,取消二条后浇带,底板混凝土一次性浇捣。1995年,金茂大厦1.69万立方米底板混凝土连续45小时一次浇捣完成;2005年,环球金融中心2.89万立方米主楼基础大底板,连续40小时一次性浇捣完成;2010年,上海中心大厦直径121米、厚6米的混凝土底板共6万立方米,连续60小时一次浇捣完成。

1988年,花园饭店主楼3米厚的底板混凝土5 200立方米,分2层浇捣。90年代施工的部分超高层工程基础底板,较多采用分块多次成型工艺,有效降低了施工作业强度。金钟广场底板厚2.6米,混凝土总量约2.75万立方米,分2区浇筑;1995年4月,浦东世界金融大厦底板混凝土方量1.6万立方米,1996年恒隆广场工程底板混凝土总量3万立方米,均为主楼与裙房分开浇筑;1993年,大上海时代广场工程,基础底板混凝土2.2万立方米,底板厚度2.5米和1.8米;1995年,香港广场北座底板混凝土共1.36万立方米,分为3区块浇筑,其中A块底板9 800立方米。2007年,沈阳茂业中心无梁筏板基础,厚度1.0~3.5米,C40S8混凝土。基础底板共分7块施工,其中3号底板基础筏板厚3.5米,混凝土方量为1.1万立方米,配置6台固定泵、2台汽车泵一次连续浇捣,用时42小时,创造沈阳历史上单次浇筑混凝土最多、浇筑速度最快的纪录。苏州东方之门工程,底板面积2.6万平

图7-2-13 大体积混凝土浇捣

方米,划分为10个施工区块,底板施工共历时52天,于2009年春节前完成,累计浇筑6.1万立方米混凝土。塔楼底板厚3.8~4.8米,深坑处最厚达10.85米,单次最大浇筑方量为北区塔楼的1.9万立方米底板,采用8台汽车泵连续浇筑,创下了苏州地区建筑工程单次混凝土浇筑量最大纪录;底板施工采用"先周边后中间、先浅后深"分块施工流程,有效控制了基坑的变形。

在大体积混凝土浇捣中,温控监测技术得到长足发展。70年代末,上海宝山钢铁厂转炉车间基础大体积混凝土浇捣中,采用国内首创"大体积混凝土水化热温度监测仪"进行温度监测。后又研制采用大体积混凝土水化热温度微机监测系统,确保现场温度监测不间断地进行。上海中心大厦采取多点温度微机测量系统实时测试,有效实现混凝土的裂缝控制。在混凝土保温方面,上海环球金融中心塔楼基础采用聚羧酸系外加剂配制的高强度等级(C60)、低水化热、低收缩(收缩量低于350×10^{-6})及密集配筋结构的免振浇筑自密实混凝土配制技术。在金茂大厦C50高强大体积混凝土浇捣中,通过采用掺加磨细粉煤灰、56天代替28天龄期降低水化热,在泵车输送管上覆盖草袋并经常洒冷水来控制浇灌温度,混凝土表面保湿保温养护,混凝土内部排放冷却水管并设置循环调温水箱来控制混凝土内部温度等措施,为高强、大体积混凝土施工提供了切实可行的技术经验。闵浦大桥浦西侧承台大体积混凝土整体一次浇筑施工中,采用节能型温控自动补水及循环热水混凝土养护技术、承台泡沫板隔离及保温措施、承台大体积混凝土与内置混凝土支撑综合处理技术等多项关键技术。上海中心大厦底板浇捣中,采用聚羧酸系外加剂配制出的低水化热低收缩混凝土,工程采用4台56米汽车泵和8台48米汽车泵,退捣方法浇筑,采用2层塑料薄膜和2层麻袋覆盖的保温措施,达到预定的目标值。

2004年,上海光源工程环形异型屋盖,因结构难以设置永久变形缝而形成超长结构。施工中采取适当提高底板和顶板上下钢筋配筋率以减少混凝土表面产生裂缝;减少水泥用量,控制水灰比和水胶比;分直线加速器及增强器隧道和储存环隧道两块浇捣;尽早保温、保湿养护,墙体模板保留5~7天养护、沿环向在框架梁中施加预应力平衡温度应力、分段张拉设置施工后浇带等综合措施,满足了加速器工艺对结构裂缝控制的严格要求。

第三节 钢 结 构

一、超高层建筑钢结构施工技术

【高层建筑钢结构安装技术】

1985年,地上14层、高42米的上海金沙江大酒家,是中国第一幢自行设计施工,使用国产H型钢材制造和安装的高层钢结构建筑。是年,新锦江大酒店主楼选用2台内爬式塔式起重机,安设在钢框架内承担整个钢构件的安装。钢结构安装总量8 500吨,14节框架共安装8个月。继而陆续建造瑞金宾馆、静安希尔顿酒店、国际贸易中心大厦等高层钢结构工程,其高度都在100米以上。1998年,金茂大厦施工采用两台塔吊施工,针对不同的结构部位采

图7-2-14 新锦江大酒店钢结构安装

用不同的施工方法：主楼、裙房钢框架采用分层分块大流水安装作业；外伸桁架采用高空分段分块安装；塔尖采用高空分块拼装，双机整体抬吊。2009年的广州新电视塔钢结构工程，自行设计M900D塔吊爬挂系统，该系统将两台塔吊同时外挂在核心筒上，解决一般内爬塔吊不能解决的矛盾，大大缩短了工期，保证了结构安装的进度要求。2010年的上海中心大厦钢结构工程，针对结构体量巨大、体系复杂，且具有复杂的功能性需求，借助信息化模型和模拟技术，实现钢结构及其存在界面关联的相关专业的精确定位和自动出图。通过吻合施工流程和工况的全过程施工过程分析确定各施工分段的竖向变形补偿值以及伸臂桁架的终固方案。综合运用预变形控制技术、弯轨行走式塔吊技术、整体升降平台技术，确保柔性外幕墙结构的安装精度和进度。

超高层建筑采用各类巨型桁架结构体系较多，转换层的钢桁架体型巨大，对钢桁架安装技术提出新的挑战。针对伸臂桁架与转换层桁架，以高空分段拼接安装为主，同时桁架整体提升技术也得到较广泛应用。90年代中期，上海证券大厦的中间部位是63米的大跨度结构，在40米和105米标高各有1个顶部净跨63米的天桥钢桁架，提升总重量1 240吨，每榀620吨，在地面整体组装，然后利用两侧的塔楼作支架，采用4台GYC-200型钢索式液压千斤顶提升装置，由电器控制柜控制同步提升。上海世茂国际广场主楼共有三道钢桁架层，其中位于11层的第一道钢性桁架层由外围三侧的3榀加强桁架与纵向的13榀伸臂桁架组成，采用现场高空原位拼装的施工方案。2003年施工的上海银行大厦，位于14层的三榀巨型桁架，跨度32.4米，高度6.2米，吊装高度62.1米，每榀自重约200吨，采用滑轮组牵引桁架整体提升法。2005年10月，上海世茂国际广场东扩工程，HJ-2钢桁架高度5.92米，跨度33.81米，重量约为113.7吨，该桁架采用滑轮组整体吊装。

图7-2-15　上海证券大厦天桥桁架整体提升

【钢结构焊接技术】

建筑钢结构焊接，从最初的焊条手工电弧焊，发展到现在CO_2气体保护焊已成为主要的焊接方法。工厂制作中，还大量应用焊接效率高的埋弧（单丝、双丝及多丝）焊。CO_2电弧穿透力强，焊丝熔化率高，效率比手工电弧焊高2～3倍，成本只有手工焊的40%～50%，提高了焊接生产效率。CO_2气体保护焊，按焊丝可分为实芯焊丝（GMAW）和药芯焊丝（FCAW）两种。药芯焊丝CO_2气体保护焊的焊丝熔敷效率接近于CO_2实芯焊，整体效率和经济效益优于实芯CO_2焊。

70年代末，在宝钢工程焊接施工中，首次引进日本的药芯焊丝CO_2气体保护焊工艺，由于当时国产的药芯焊丝生质量不稳定，进口价格又较高，实芯焊丝焊接工艺性较差，此后很长一段时间，只是在贵都大酒店、南浦大桥、杨浦大桥等工程的钢管桩焊接时采用CO_2气体保护焊用。正式大量应用CO_2气体保护焊是始于天津国贸钢结构工程，现在国产药芯焊丝工艺比较成熟，广泛应用于超高层等重要钢结构工程焊接。药芯焊丝自保护焊首次运用是在上海证券大厦工程,但药芯自保护焊焊丝依靠进口,价格昂贵,没有得到推广。2010年,上海中心大厦工程开展焊接自动化研究,采用柔性轨道式和机械手全位置焊接机器人两种自动化焊接方法,对八道巨型桁架层构件的超长、超厚钢板进行焊接,达到质量和进度的双控。

【桅杆整体提升安装技术】

1971年,上海青海路电视塔工程中首次采用卷扬机提升安装顶端的桅杆。1994年,东方明珠电视塔采用"钢绞线承重、计算机控制、液压千斤顶集群作业"的先进技术将重450吨、高118米的一体化天线桅杆从地面提升至468米的高度,提升距离达340余米。在桅杆提升过程中还以集束钢绞线及垂直保持器组成柔性导向系统,以可调导轮导轨组成刚性抗倾覆系统,形成了抵御风荷载和抗倾覆的成套工艺措施。2009年,在广州新电视塔施工中,又运用该项技术,将重600吨的天线桅杆送达610米高空。

二、大跨度钢结构施工技术

【空中拼装技术】

1994年,上海体育场钢结构最大悬挑桁架长73.5米,重达80吨,整榀安装最大吊装半径达50米,最大起重高度70米,限于当时的起重设备条件,有14榀悬挑桁架采用多机空中接力的方法实现悬挑桁架的高空就位,其中6榀悬挑桁架由1台在场内的300吨吊机与1台在西区砼结构屋顶上的门式起重机,空中接力抬吊到位。2000年,南京奥林匹克体育场钢屋盖主拱跨度达360.06米,屋面外主拱分8段,采用300吨吊机安装;屋面内主拱分13段,采用600吨吊机超起吊装;结构支撑采用φ580钢管支撑等多种支撑形式,结构形成后,采用分批、分级同步卸载。2003年,北京国家大剧院壳体钢结构安装采取"构件分段、多道支撑辅助、跨外多机对称综合安装"的技术路线,在壳体四周各设一台起重机,按中心对称的施工工序,先中心环梁、后梁架、再环向杆件进行逐件节间安装。待结构形成整体,完成全部节点连接后,再根据变形协调、卸载均衡的原则,按一定顺序拆除临时支撑,完成整个钢壳体的安装。2004年,上海光源钢结构异型单层网壳采用地面拼

图7-2-16 上海体育场悬挑桁架高空就位

图7-2-17 北京国家大剧院壳体钢结构安装

装、分块吊装的方法,一个节间的网壳分成4~6块进行安装。上海航空公司1号机库屋盖的8713平方米钢网架分为两个区、12块;分块网架先在地面拼装,再分块吊装。上海世博轴"阳光谷"网壳采用焊接箱型杆件和多杆汇交节点,实心节点采用铸钢件节点。结合结构特点,采用"散拼小单元吊装,临时连接,逐环安装,闭环后焊接"的安装工艺。安装过程中,采用钢脚手管搭设群体支撑体系并加工专用定位连接件,满足构件节点的定位和结构承重。

图7-2-18 铁路上海南站主站屋钢结构安装

2005年,上海铁路南站主站屋直径为278米的圆形钢空间结构,该结构由18根异形变截面分叉大梁、内压环、环向构件及预应力钢棒组成,通过54根钢柱(18根内柱和36根外柱)支承在9.9米标高的环形混凝土平台上。在直径达278米的圆形空间钢结构安装中,针对其钢结构吊装施工工况自行研制了跨度123米,起重能力为50吨×2的大型旋转龙门吊,采用"定点组拼,旋转就位,对称安装"的创新工艺,顺利完成了该工程的结构安装。

【垂直提升技术】

1963年,上海杂技场轮辐式拱形结构吊装,采用木把杆配合一台W-1001履带式起重机进行吊装作业。1970年,在上海文化广场修复270吨的扇形网架屋盖吊装中利用独脚把杆整体提升成功。1971年,青海路电视塔施工,采用标高70米的钢人字把杆,整体起扳卧拼的电视塔塔身和第一节天线桅杆高156米、重420吨的整体结构。1973年,上海体育馆项目施工,采用"网架整体提升、空中旋转就位"的施工工艺,采用6根50米独脚把杆和12幅起重滑轮组组合作业,进行网架结构安装,完成直径124.6米、面积12252平方米钢屋盖的整体提升和就位。1982年,在上海游泳馆工程(自重440吨,提升总重量560吨)的不等边六边形三向网架屋盖中采取同样办法获得成功。

1994年,上海大剧院整个钢屋盖长100米,宽90米,高11.4米,屋盖高度约40米。在4个电梯井筒上设置钢平台,以钢绞线承重、计算机控制液压千斤顶集群提升的方法,将重6075吨的钢屋盖整体一次提升到位。1996年,上海东方航空公司双机位维修机库大跨度钢网架屋盖安装施工中,采用自行研制的计算机控制的液压提升设备和控制软件,利用混凝土结构柱作为竖向承力系统,首次成功地将重3200吨、面积为13.5万平方米的大跨度钢屋盖提升安装到位,实现国内机库屋盖

图7-2-19 上海游泳馆屋盖整体提升

钢结构整体提升安装的技术突破。2000年以后，整体提升技术在机场航站楼、大型机库、体育会展场馆、超高层建筑等钢结构施工中得到广泛应用。2007年完成的浦东国际机场航站楼（二期）钢结构安装工程，主楼中跨采用"300吨履带吊跨端地面组装、200吨轮轨式吊平移设备节间楼面移位、计算机控制液压提升设备同步整体提升"的施工工艺。2008年，浦东国际机场波音机库，采用地面整体组装，两次整体提升就位的技术，首次将马道、通风、消防、吊顶龙骨等与屋盖钢结构同步整体提升，探索实现钢结构、机电安装以及装饰的一体化施工。河南鸭河口电厂干煤棚结构安装采用折叠展开提升安装工艺，即运用"地面折叠组拼，计算机控制液压提升，整体展开就位"的施工技术，将重500余吨的柱面钢网壳展开提升成功，避免满堂支架，克服了提升过程中结构的瞬变。

【水平顶推（牵引）、滑移技术】

70—80年代，滑移安装技术的应用对象主要为螺栓球节点和焊接球节点的平板形钢网架的安装，采用独立条状单元滑移和网状滑移，牵引设备由卷扬机配合滑轮组和手拉葫芦等。为减小牵引力，采用滚动摩擦来减小网架与滑轨间的摩阻力。90年代后期，连续牵引千斤顶设备和同步控制系统的研发，直接推动滑移施工技术的进步，建筑钢结构整体平移安装技术得到快速的发展及应用。浦东机场一期航站楼、广州新国际会展中心、重庆江北机场航站楼等采用此项技术。1998年年初，上海浦东国际机场一期航站楼钢屋盖，采用计算机控制的液压千斤顶牵引滑移技术安装，牵引最大单元重量1 400吨，一次牵引最长单程200米，累计滑移距离1 600米；2003年，广州国际会展中心展览大厅张弦桁架采用钢绞线牵引的区段整体滑移安装技术；2004年，重庆江北机场航站楼采用矩阵式顶推累积滑移技术施工，最大顶推重量达到5 000吨。2005年，上海旗忠森林网球中心开闭式钢屋盖采用"固定区域吊装，钢环梁旋转"的新工艺，旋转顶推是荷载偏心、无物理中心轴、无径向边界限位的，在计算机控制下做到平稳、精确的圆周运动，累计顶推14次，结构旋转角度总计达到1 052度，顶推行程1 123米，旋转顶推最大重量4 000吨。

图7-2-20 浦东国际机场航站楼钢屋盖采用牵引滑移技术

图7-2-21 上海旗忠森林网球中心开闭式钢屋盖采用旋转顶推技术

第四节 装配式结构

1955年,建工局部分建筑公司设立混凝土构件加工厂,试制应用工业建筑的混凝土立柱、屋架、行车梁等预制构件;在施工现场试制应用民用建筑的混凝土实心板、密肋板、空心板等预制构件;1957年,在华通开关厂施工现场预制12毫米钢筋预应力芯棒屋面板。1958年,建工局成立专业吊装混凝土预制构件的单位。是年,承接上钢五厂转炉车间吊装项目,建筑面积超过1万平方米,最大混凝土预制立柱17.89吨,吊装高度24.5米。1958年,在闵行设立联合加工厂,征地400亩,建造钢筋车间、混凝土蒸养车间、露天生产场地,生产供应闵行工业区施工的全部成型钢筋、混凝土预制构件。

60年代,在钢铁、机械、化工等大型工业厂房施工中,建工局普遍在施工现场或加工厂预制混凝土立柱、屋架、行车梁等大型构件,专业公司承接大中型项目预制构件吊装任务,根据施工现场条件和项目特点,形成跨内吊、跨外吊、散件吊、整装吊的整套吊装方案。1964年,建工局成立混凝土制品公司,专业生产混凝土预制构件、成型钢筋等。在钢铁、机械、化工等大型工业厂房施工中,普遍采用在施工现场或加工厂预制混凝土立柱、屋架、行车梁等大型构件,运至现场进行机械吊装。1964年,混凝

图7-2-22 预制装配式住宅施工

土制品公司研制生产陶粒混凝土大型屋面板,自重减少约20%,导热性能减少约50%。

70年代起,建工局在民用住宅、工业厂房上普及应用混凝土预应力预制构件,屋架、大型屋面板、薄腹梁、吊车梁、檩条、挂瓦板和各种梁类构件等,均采用预应力构件。1974年,混凝土制品公司编制《混凝土构件产品目录》,内有适用民用建筑沪住1型、2型,中小学,一般公共建筑的配套预制构件;适用工业建筑单层、多层厂房的配套预制构件,形成民用、工业设计院认定的标准化系列。1975年,上海飞机制造厂总装车间项目,单跨60.4米,是当时上海跨度最大的装配式厂房,能同时容纳3架大型客机进行总装。1975年,陆家宅高层住宅采用"一模三板"(大模板现浇混凝土墙,预制大型外墙挂板、内墙隔板和大块楼板)工艺,先后竣工"一模三板"住宅近40万平方米。1979年,局属建筑构配件公司修订编制《混凝土构件产品目录》,成为上海地区主要的生产标准,混凝土预制构件标准化品种由原来的30种增加到42种,并使用立窑养护混凝土生产工艺,形成预应力多孔板、屋面板、槽型板等系列生产流水线。

80年代,预制装配与现浇相结合的结构体系,逐步成熟,不断推广。框架结构采用现浇柱与预制梁板;大模板施工有内浇外挂;升板结构在现场预浇柱板;滑模体系中有水平构件预制插入等。建工局先后承建中山北路高层、长风新村高层、彭浦新村高层等装配式住宅,中国钟厂9层结构、上海绢花厂8层结构、上海链条厂11层结构、上海针织四厂9层结构等装配式厂房。1982年,上海港客运总站(又称十六铺客运站)为钢筋混凝土全装配式结构。1987年,宝山杨行镇利民饭店,为盒子结构,6层、高22.05米,建筑面积2010平方米,由63个混凝土预制盒子组成,单个盒子最大重量

31.88吨,采用专用吊装架,保证吊装盒子上口不变形。

90年代,房屋建筑普遍使用现浇混凝土结构,装配式结构的建筑有所减少。2000年后,装配式结构在住宅建筑领域取得了新的发展。2007年2月起,上海万科新里程全国首个住宅产业化试点项目,天津万科东丽湖、北京万科万恒家园为首批产业化试点项目,其中北京万科万恒家园是全国首个采用夹心保温的预制剪力墙装配式混凝土结构,抗震设防9度。

2010年,建工集团在上海周康航大型居住社区建设中,形成投资开发、建筑设计、构件预制、现场施工为一体的装配式住宅产业链。建成装配式住宅结构设计达到国家规定的抗震设防烈度,施工实现"无脚手架施工"。

第三章 建筑装饰和改造、修缮工程施工技术

80年代前,建筑装饰一般为墙面的水泥粉刷、瓷砖铺贴等,地面地砖铺贴、磨石子地坪等,外墙面砖铺贴、汰石子粉刷等。

80年代后,随着建筑标准的提高、新型装饰材料的层出不穷、施工工具的更新,装饰工艺不断改进,水平不断提高,建筑装饰成为独立的装饰工程。同时,历史建筑的保护、工业和民用建筑功能的改变,推动建筑修缮和改造技术的不断创新。

2000年后,建筑装饰工程大量装饰部品部件采用工厂加工化、现场安装的方式,并逐步应用三维建模、3D打印(三维打印技术)等信息化技术,改善了现场施工标准化作业环境,大大提高了工作效率。

第一节 建筑装饰

一、外墙涂料和贴面

【涂料饰面】

涂料外饰面施工简便,装饰成效好,速度较快,造价较低,以丙烯酸酯乳胶漆水性型涂料应用较广。涂料类外墙饰面的施工工艺有喷涂工艺、滚涂工艺和刷涂工艺3种。90年代的部分高层住宅、公寓和公共建筑的部分外墙面一般采用喷涂涂料作饰面。上海奥林匹克俱乐部的外墙装饰在国内首次采用意大利进口白色砂膏涂料。2000年后,外墙仿真石真彩涂料在中高档住宅与公共建筑外墙面应用较广泛,其施工快捷、质感好、耐久性优良。

【面砖与马赛克饰面】

1973年,上海延安饭店1万平方米外墙面均用面砖饰面。1985年,华亭宾馆面砖粘贴采用托板工艺,每一托板一次粘贴面砖达27块。上海龙柏饭店和西郊宾馆睦如居楼外墙饰面均采用泰山面砖。1983年,振新大厦、第二军医大学一号教学实验楼等工程均在外墙全部或部分饰以泰山面砖。瑞金宾馆、虹桥宾馆等外墙饰面大面积采用进口闪光面砖。80年代中期以后的10年,马赛克饰面应用较普遍。1983年,上海爱建大厦一期2幢大楼系上海地区首次采用大面积彩色玻璃马赛克。此后,徐汇区中心医院病房楼、春江大厦、雁荡大厦、针织工业大楼成衣楼等工程分别采用白色和彩色玻璃马赛克。外墙面砖和马赛克一般采用水泥砂浆进行铺贴。

【装饰混凝土】

装饰混凝土是将墙体混凝土表面做成各种线条、花纹、图案,不另做饰面层。装饰混凝土饰面层可做在现浇墙面,也可做在预制外墙挂板表面。1980年,市建四公司运用装饰混凝土工艺建造中兴路高层住宅群。1986年,市建五公司施工彭浦五期3幢高层,在外墙预制挂板的板面

采用艺术混凝土线条。1984年竣工的玉屏路高层住宅,采用艺术混凝土,外饰面以外凸14毫米、25毫米为半径的圆弧形竖向线条贯通整个层高,造型细腻,立体感强。施工中使用铣刀在胶合板上进行圆弧装饰线条加工,墙体混凝土爬模施工与饰面涂料同时进行。1985年,天宝路高层住宅用大模板浇筑外墙艺术混凝土,以后又在大连路市政高层住宅、曲阳邮电高层住宅推广。

图7-3-1 外墙装饰混凝土

二、幕墙装饰

【石材幕墙】

石材幕墙连接方式有不锈钢销钉连接、通槽连接、短槽连接、胶缝式背栓连接等。1993年,在上海博物馆首次使用"干挂法"进行花岗岩铺设,即在混凝土墙面上设置钢扣件固定板块,板与板之间用不锈钢销钉连接并用密封硅胶嵌缝。此种施工方法可以保证石材面和塔楼的瓷砖面在一个平面内,有效降低墙面的占地空间。北京市钓鱼台国宾馆芳菲苑7 000多平方米的石材幕墙全部采用开放式背栓连接石材幕

图7-3-2 干挂石材幕墙

墙,即石材板块和石材板块之间不打密封胶,允许通过石材板块之间的缝隙进入空气和雨水,石材板块后面龙骨前面专有一层金属板作为阻止空气渗透和雨水渗入功能。上海沪东金融大厦裙楼1 200平方米的石材幕墙采用通槽连接形式,石材板开的通槽用4毫米不锈钢蝴蝶码固定在角钢上,而后用转接件安装到主体结构上。2010年世博会中国馆之地区馆裙房6 000多平方米的石材幕墙全部采用短槽连接方式,石材板开的短槽用不锈钢蝴蝶码固定在角钢上,而后用转接件安装到主体结构上。安徽省滁州市滁州房产商务大厦1万多平方米的石材幕墙全部采用胶缝式背栓干挂石材幕墙,石材板块和石材板块之间打密封胶,通过这个密封胶来阻止空气渗透和雨水渗入。

【玻璃幕墙】

点支承玻璃幕墙 2010年,京沪高铁虹桥站西立面标高17.95~39.9米高的部位的自平衡索网点支式玻璃幕墙呈锯齿形、外斜的形式。竖向索为主索,横向索为次索,钢架直接承受索力的自平衡结构体系,主龙骨为钢方管。

构件式幕墙 1996年,新凯福大厦采用构件式隐框玻璃幕墙,幕墙的立柱、横梁、面板及配套连接件在工厂制作,在现场依次安装立柱、横梁和面板,通过连接件采用分层式悬挂体系安装于主体结构上。2009年,世博会中国馆是构件式半隐框玻璃幕墙,采用中空双钢化热浸均质处理的玻

璃,中空层充的惰性气体氩气,有效降低中空玻璃的导热系数和防止玻璃自爆而破损。位于中山北路光新路政华大厦裙楼采用构件式全明框玻璃幕墙,玻璃采用中空双钢化玻璃,低辐射玻璃膜在中空层外层,可以有效防止太阳光中的紫外线穿过玻璃透射进室内,降低了中空玻璃的导热系数,达到建筑幕墙节能的目的。

全玻璃幕墙 1984年,联谊大厦成为上海第一幢全玻璃幕墙的高层建筑。1996年,新凯福大厦底层全玻璃幕墙,因玻璃高度未超过4米,采用玻璃的立肋(即玻璃稳定器)来代替比较显眼的金属立框。既能够承受作用于外表面板上的风荷载,也能形成连续通透的玻璃幕墙。安徽省滁州市滁州房产商务大厦底层全玻璃幕墙玻璃面板上部采用特殊的金属器具吊夹、吊挂,玻璃面板两块面板之间采用钢化玻璃作为玻璃肋,面板玻璃与玻璃肋10毫米空隙硅酮结构胶和密封胶。

单元式幕墙 上海烟草大厦3000多平方米采用单元式玻璃幕墙,采用横向对插、横向排水的方式,提高了现场的安装速度,节约了人工。

双层幕墙 2010年,梅里埃生物制药厂房的双层幕墙,外层幕墙采用构件式明框玻璃幕墙,内层除窗户外的墙面安装竖向瓦楞板,内层幕墙和外层幕墙间每层都有镀锌钢格栅,此种双层幕墙空气从格栅处进入,流通到内层幕墙的窗户内,还可以在外层幕墙和内层幕墙间流动,有效保证室内空气清新。

【**金属板幕墙**】

2005年竣工的位于四川北路海伦路天兴百货外墙翻修,原玻璃幕墙拆除全部更换为氟碳喷涂灰色铝塑板,龙骨和钢方管用压板扣压固定耳子的连接方式。2009年,世博会中国馆60.6米以上4个方向8个通道600多平方米的墙面采用开放式氟碳喷涂灰色铝单板幕墙(即铝板和铝板之间不用打密封胶),龙骨和钢方管采用吊挂的形式安装铝板板块,铝板幕墙龙骨外铝板内全部铺设镀锌铁皮板来达到防水的目的。世博会中国馆60.6米屋顶上的红色九宫格幕墙全部采用具有良好平整度和强度的铝蜂窝复合板,龙骨和钢方管采用压板扣压式连接方式。

图7-3-3 点支式拉索玻璃幕墙

图7-3-4 双层幕墙单元

三、室内装饰

【地面装饰】

现磨水磨石地面耐磨性好、防尘、易清洗,在早期对清洁度要求高的公共场所应用广泛。上海港客运总站、上海硅酸盐研究所实验大楼、徐汇区中心医院病房楼、瑞金医院综合研究所实验大楼等工程,大面积采用彩色水磨石地面。木地板地面在80年代中期起运用在实验室、宾馆和部分住宅建筑上。上海宾馆、吴兴路高层住宅小区三号房、同济大学声学研究室等建筑中均采用木地板铺设。90年代末出现陶瓷锦砖(马赛克)地面、红缸砖地面、釉面地砖地面、预制水磨石地面、大理石地面和磨光花岗石地面等。上海静安希尔顿酒店、新锦江大酒店、瑞金大厦、西郊宾馆等高级建筑均采用地砖或石材。1999年,国际会议中心等地面采用湿贴技术,上海金光外滩金融中心南酒店等大理石地面采用石材薄层胶粘法。2005年,上海世贸国际广场工程客房地面采用大理石地面石材粘结施工工艺技术。瑞金大厦等地面大理石、花岗岩采用干法施工。2000年年初,全羊毛和化纤地毯常用于高级公共建筑中的卧室、贵宾室、会客厅和餐厅等地面装饰,分为全羊毛、混纺和各种化纤地毯。环氧地坪是一种高强度、耐磨损的地板,防尘、保养方便、维护费用低,可根据不同的用途要求设计多种方案:如薄层涂装,1~5毫米厚的自流平地面,防滑耐磨涂装,砂浆型涂装,放静电,放腐蚀涂装等。2002年,第二中级人民法院装修工程大量使用环氧地坪。2006年,新黄浦大厦采用大理石镜面技术,大理石地坪铺贴后,细裂缝和高低差经过打磨后再做镜面,大理石地坪质量大大提升。

【内墙装饰】

70年代后期,内墙涂料主要是乳胶漆和106涂料。锦沧文华大酒店、上海文汇报业务大楼等工程相继使用。因面砖色泽柔和、典雅、热稳定性能好、防潮易于清洗,性能优异。在建行环海大厦、明天广场、中金国际广场等工程广泛运用。80年代后,天然石材和人工石材开始应用在内墙装饰。初期主要是传统的灌浆施工工艺和湿贴施工工艺。1997年,北京西路1277号楼3层休息厅和3、4层电梯厅墙面采用粘贴大理石饰面。2005年,明天广场采用石材湿贴工艺。90年代后,一般采用干挂法。墙纸以材质区分,有塑料墙纸、化纤墙纸、棉质墙纸等,具有色彩柔和幽雅、吸音、耐晒、立体感强等特点,80年代以后,广泛应用于高级宾馆、高级公共建筑和商厦的装饰工程上。硬包是直接把基层的木工板或高密度纤维板做成所需造型,然后用布艺或皮革饰面。1999年,浦东机场一期B商务区九号地块工程墙面采用硬包施工工艺。1999年,明天广场工程采用国内装饰行业首次运用的木制品成品工厂化生产,现场干挂法安装,免除了现场油漆施工。墙面石材改变水泥砂浆、湿贴工艺,改为专用防水型粘结剂,粘贴卫生间石材,节约了石材安装空间,增强了防水能力。软包是在室内墙表面用柔性材料加以包装的墙面装饰方法,2000年,上海浦东国际机场贵宾厅装饰工程采用墙面软包施工工艺。木饰面运用于许多高档商业建筑。2008年,灵山胜境三期梵宫大量运用木制品来烘托梵宫特有的佛教氛围;2003年,上海市浦东新区世界花园工程运用木饰面干挂工艺,加强了墙体保温、隔热、隔声效果。玻璃装饰面,其内衬花饰图案。2001年,同济设计院新楼运用玻璃干挂工艺;2002年,市政设计院办公业务大楼工程运用墙、柱面玻璃镜安装施工工艺。金属材料装饰有不锈钢、铝板、铝塑板、搪瓷钢板等材料,具有轻盈、高雅、光彩夺目且强度高等优点。2004年,东方艺术中心工程采用连续变曲面无拼接缝木饰面墙体,高度

1.5~3米,弧形连续长度70米;墙面采用防共振吸声高强纤维石膏制品(GRG)。2005年,广发证券上海中山北二路营业部装饰工程运用不锈钢金属装饰;2009年,世博中心一楼多功能厅外侧使用8.4米高连续转到顶的镜面不锈钢装饰;2010年,宁波江北万达广场室内步行街和锦江汤臣洲际大酒店分别采用墙面铝板干挂与铝合金板螺栓安装施工工艺;中金国际广场B楼、上海信息枢纽大楼等工程东、西侧筒体电梯厅装饰工程广泛运用铝塑板饰面。2001年,国际会议中心宴会厅,层高10米,采用5米木质门,门重1 000公斤,采用轴向铰链开启自如,开关用力在2~3公斤。

【吊顶装饰】
轻钢龙骨石膏板吊顶是使用较早,应用范围最广的一种吊顶,具有隔音、隔热、轻质、高强、收缩率小等优点。上海国际会议中心七楼宴会厅4 400平方米的无柱大空间的吊顶采用轻钢龙骨石膏板吊顶。金属吊顶有铝板、不锈钢等材料,2004年,花旗集团大厦吊顶采用金属铝板,与其他部位金属饰板融为一体。矿棉板有很好的隔声、隔热效果,表面有滚花和浮雕等效果。2004年,东方体育中心吊顶采用大板块高强纤维石膏制品(GRG)双曲面板块背栓式安装。2002年,同济设计院新楼办公室采用的是矿棉板吊顶。玻璃纤维增强石膏板(GRG)材料高硬度、质感、韧性与防火性能好,能满足任意造型、大规格吊顶。上海小南国城市酒店3层的婚礼礼堂吊顶采用高强纤维石膏制品(GRG)装饰板。2009年,世博中心公共区域墙面大量采用铝板复合木皮取代传统木饰面来提高防火要求,随后这种装饰材料在吊顶、墙面中得到广泛应用。世博中心还采用超平超大规格镜面不锈钢装饰板,宽1.5米,高8.4米,为克服因不锈钢变形而产生镜面影像变形,首次采用蜂窝复合激光切割板材等先进生产方式。超平超大规格铝吊顶板,1.3米×7.2米,首次采用双瓦楞复合技术生产,具有极好的平整、抗变形、吸声好的特性。世博中心红厅、蓝厅大量还采用高强纤维石膏制品(GRG)装饰板。玻璃是一种集实用和美观于一体的装修建材,配合灯光能营造绚丽的氛围,广泛用于家居装修中。静安希尔顿酒店咖啡厅顶部采用网架和天窗组合而成的大型玻璃天棚,装饰效果良好。不锈钢具有金属特有的光泽和强度,不锈钢吊顶在高档装修中被越来越多的应用。随着生产制造技术的不断进步,成品木饰面吊顶广泛使用,安全环保、缩短施工周期、成本容易控制。石材复合板也逐渐被应用到吊顶工程中。2010年,在淮海中路香港新世界K11购物中心吊顶采用金属板木纹转印装饰材料,这种材料的木纹更逼真,耐久性更好。

第二节 改造和修缮

一、建筑结构改造

2003年,针对上海展览中心建筑物混凝土碳化、结构不满足现行抗震要求等现象,对其中的中央大厅圆拱屋面板采用碳纤维施工进行加固。2004年,中国民生银行大厦改扩建工程首次在高层建筑改造中进行结构体系整体置换,在将原35层的主楼增层至45层的同时,将原有楼层内的所有钢筋混凝土水平结构置换为钢结构,并且将竖向柱进行外包钢进而形成钢管混凝土组合结构,同时对整个高层建筑的基础进行改造和加固,赋予该高层建筑新的功能。2005年,中国银行大楼进行全面装修和改造修复,大楼混凝土碳化严重,采用粘钢法进行加固。2008年,在一座开敞式单层钢排架旧厂房结构体改建为世博会博物馆和综艺大厅工程中,实施"拔柱换梁"的托换法,将旧工业厂房局部的柱距 12 米改为 24 米,满足舞台净空、净宽、净深的空间需要。2010 年上海世博会前,外滩的益丰洋行大厦改建、和平饭店北楼改造工程中,采用整体逆向置换技术对历史保护建筑内部原砖木结构进行置换改造,采用无损支撑技术对历史保护建筑保留外墙进行加固施工,确保改建施工对历史保护建筑的影响最小。2010 年 4 月,四川中路 149 号的申达大楼改造时通过设置钢结构临时支撑,在将整个结构从上往下逐层拆除的同时进行新结构的置换,完成了 1~4 层内部结构的整体置换,保证上部楼层不停业进行结构改造。

图 7-3-5　修复后的东风饭店外立面

二、建筑修缮

90 年代后,建工集团秉承"修旧如旧"原则,综合性、创新性运用"换胆"、砖墙修复、封闭碳纤维加固、五金扫金修复、木制品裂纹漆修复、破碎性多裂缝石材修复、红外线探伤、结构检测等现代技术对历史保护建筑进行修缮改建,使其历史风貌得以保留或重现。

2003 年,采用"换胆"技术以及花式红砖外墙修复技术,使建于 1901 年、外滩仅存的两栋红砖外墙建筑之一的外滩 9 号轮船招商总局大楼恢复原来面貌。2007 年 6 月,在圣三一教堂修缮中,针对原建筑的结构传力体系发生变化,整个建筑安全状况存在一定隐患的情况,采用结构监测技术,及时掌握修缮过程中结构的内力和变形状态,开发应用监测自动报警技术,保证修缮施工中的结构稳定。2008 年,对 1936 年建造的市百一店老楼进行加固、改造修缮中,运用现代外墙红外热像无损探伤定位修复技术、物理清洗技术,建筑垃圾清运绿色施工技术,保持原结构的时代特征性。2009 年 2 月,在青年会宾馆修缮中,采用五金扫金修复工艺,使该历史建筑中彩绘上的扫金饰面得以恢复原有的光彩。2009 年,在

图 7-3-6　修复后的徐汇中学崇思楼

图 7-3-7　用五金扫金工艺修复建筑彩绘

对有近百年历史的徐汇中学崇思楼进行修缮中,对木结构屋架进行加固,对原木结构采用封闭碳纤维加固的技术和样板还原技术,对"孟莎"顶进行还原修复。2009年,在东风饭店、和平饭店修缮中,分别采用木制品裂纹漆修复使修复部位与旁边未修复部位保持一致;采用破碎型多裂纹石材修复工艺,最大限度保留底板,利用原有材料,成功修复损毁较为严重的石材地坪;采用地下室地平环氧树脂注浆工艺,成功解决了地下室渗漏问题。

图 7-3-8 用木制品裂纹漆修复木制品

第四章　机电设备安装技术

70—80年代，工业设备吊装一般采用双桅杆滑移法和大型吊机。90年代起，随着大型吊装设备和液压提升技术的应用，锅炉、压力容器及各类生产设备的吊装多采用整体吊装、一步到位工艺；大型储罐实现整体组装、自动焊接。机械设备安装采用"激光对中仪"校准同心度、管道采用无应力接管法等先进技术，仪表调试出现了智能型仪表。民用建筑的给排水及采暖施工技术迅速发展，体现绿色施工和节能的特色；电气设备朝着大容量、预制化、数字技术与网络技术相结合的方向发展；建筑设备自动化控制系统逐步应用在空调系统中；通风空调工程施工手段实现了半机械化、机械化、工厂化制作。机电安装的工业化建造得到快速发展，管道的工厂化预制采用自动抛丸管道除锈机、全自动带锯机、自动坡口机、全自动切管坡口一体机、自动焊接机等设备，并开发了移动预制工作站。2000年后，磁浮工程、光源工程、风洞实验室、LNG低温储罐和一些特种设备的安装技术得到发展。

第一节　工业设备安装

一、大型设备吊装

1981年2月，在上海石化重达520.7吨的加氢裂化反应器吊装中，利用焊于设备顶部的管口，加上盲法兰后作为单吊点的吊耳，采用250吨钢管格构式桅杆和4台20吨电动卷扬机进行提升，

图7-4-1　赛科化工装置吊装

图7-4-2　巴斯夫化工装置吊装

用回转吊架将一个吊点转化成4个吊点,采用头部单吊点吊装法,一次成功吊装完成。1987年7月,在30万吨/年乙烯装置中,采用"A"字桅杆双转扳立法,将火炬塔架连同塔体一次扳起就位成功。1994年,采用超高空承载索装置,其上部锚点标高为330米,上下部锚点水平投影跨距为215米,将东方明珠广播电视塔的6吨重热泵机组,从地面通过空中吊运、高空卸载和空车返回,吊运至上球体288米顶层平台。

1992年12月,在地铁1号线徐家汇站施工中,首次采用200吨桁架汽车式起重机成功吊装直径6.34米、重达98吨的盾构切口环。1999年4月,在上海外滩观光隧道施工中,采用200吨桁架汽车式起重机及140吨全液压汽车式起重机借助于吊装平衡梁,双机成功吊装直径7.76米重达150吨的盾构切口环。

2003年12月,上海巴斯夫聚四氢呋喃化学工业装置安装中,B800单元采用1440吨双梁大型环轨式履带吊机为主吊,500吨履带吊机作为尾吊,成功将784.4吨R-0400反应器、774.5吨的R-0160A/B反应器、749.2吨的T-0210塔安装就位。

图7-4-3　30万吨乙烯装置吊装

二、压缩机安装与调试

1987年7月,上海石化总厂引进的30万吨/年乙烯装置中,GB-201裂介气体压缩机为三缸五段十六级,机组本体重135吨,采用两个公用底座无垫铁施工工艺,隔板、汽封、油封、轴承、推力轴承等解体清洗后安装,并进行各装配部件的测量、检查,机组同轴度采用"克拉克"一表法找正,接管安装采用无应力接管法,无键联轴器、机壳螺栓采用液压装卸技术。

1991年,上海石化总厂塑料厂新建8万吨/年高压聚乙烯装置中,1台F8超高压往复对称平衡式压缩机(K-102后段压缩机),机组本体重250吨,压缩机的底板安装和无垫铁施工(曲轴箱安装)、大电机的转子与定子串心装配、大电机与压缩机主轴连接与曲拐差的测量及调整、超高压动密封与柱塞装配、螺栓的液压装卸、超高压管线安装等技术难度很高,代表往复式压缩机安装技术提高到一个新的水平。

2007年6月,上海焦化厂新建45万吨/年甲醇装置中,合成压缩机厂房安装三套压缩机组,汽轮机和压缩机安装在2个各自独立的钢底座上。底座安装采用无垫铁施工工艺,以压缩机组为基准采用三表找正机组同轴度,并用"激光对中仪"进行校准,接管安装采用无应力接管法;辅助设备采用弹性阻尼减震器以减少热态运行的影响。

三、无应力管道连接

70年代,一些重大工业项目相继从国外引进,各种较高转速、较高压力的压缩机被应用到工程当中,逐步形成转动设备配管"顺装法"施工工艺。

80年代,离心式压缩机趋向大型化,配管的技术难度更高,对安装精度提出具体量化指标。1987年,上海石化总厂引进了30万吨/年乙烯装置,通过技术攻关,采取"倒装法"施工工艺取得成功。确定了配管施工从外部管线或设备开始,向压缩机方向配管,其最后固定焊口选择靠近机器侧的施工顺序,使大口径压缩机配管技术有了很大的提高。1993年,上海焦化厂三联供项目空气透平压缩机组、氧气压缩机组和1994年上海石油化工股份有限公司渣油联合装置离心式压缩机的配管全部采用"倒装法"施工工艺,安装精度得到了保证。21世纪初,计算机辅助技术开始应用到压缩机组的配管当中,2001年,上海石化股份有限公司70万吨/年乙烯装置GB-2201透平压缩机组、2009年天津碱厂搬迁改造工程甲醇项目离心式氨压缩机组、合成气透平压缩机组,在采用"倒装法"施工工艺的基础上,使用CAD软件对配管单线图进行深化,合理拆分预制管段,确定最后固定口位置,大大提高了预制的精度和安装的质量。

四、电气仪表安装调试

90年代以后,出现了智能型仪表,取代以往的Ⅰ型、Ⅱ型、Ⅲ型仪表,结构上以微电子器件、微处理机为核心,具有信息采集、变换、处理、传送、显示以及优化控制等功能。智能仪表的调试方法及调试所采用的标准仪器也随之有了很大的进步,不断向高精度、操作简易化、多功能化发展。

1993年,在上海焦化总厂三联供工程中,采用了集散控制系统(DCS),它用计算机取代了调节器、显示仪、记录仪、运算器、操作器等二次仪表,并可扩充各种功能,通过触摸型电视屏幕,可以寻索任何一个仪表回路图,可用手指触摸图上任何一个控制点或阀门,均可达到显示和控制的目的。2000年以后,新兴的现场总线控制系统在国内某些化工厂取代了集散控制系统。2004年承接的赛科60万吨乙烯项目就采用FF现场总线,其特点是具有开放性、互用性、系统功能自治性、分散性、对环境的适应性及低成本。

图7-4-4 集成控制系统安装

五、锅炉安装

锅炉有高炉、转炉、锅炉,80年代初引进了许多先进的新技术,使锅炉技术进入快速发展的阶段,尤其是90年代中后期角管式锅炉、尾气锅炉、废热锅炉和工业油品为介质的炼油加热炉等技术发展迅猛,安装技术也随之进步。

70年代,在南京梅山炼铁基地(9424工程)中,当时国内第一台容积为1060立方米,高度为36米、直径为10.5米、重量为270吨的高炉,采用200吨级×38米2支直立双桅杆整体吊装成功。80年代,宝钢炼钢厂安装的2座300吨大型转炉,炉壳内径8500毫米,氧枪的高度达58米,安装采用了400/80吨行车及钢梁加滑车组相结合的吊装技术。石化总厂三期工程30万吨/年乙烯装置中引进的2台160吨/时超高压开工锅炉,锅炉工作压力高达11.70兆帕,对流管需现场胀接。安装采用新的胀接工艺,选用风动胀接机械及倒退式胀管器,最终达到胀口100%合格,试压一次成功。下汽包吊装采用50吨履带式吊机,阀门安装采用经纬仪和玻璃连通管;上汽包安装采用140吨液压式吊机,从框架顶部进入就位,找正固定后搭设脚手架,并进行对流管的胀接工作。

1990年,上海四方锅炉厂引进丹麦角管式锅炉制造技术,首次制造2台10吨/小时角管式锅炉,在上海大众汽车厂3号锅炉房安装投产,该锅炉分上、下本体、上升下降管及锅筒分段组合件拼装,用钢量少、热效率高达80%以上,水管系统采用电站锅炉的膜式水冷壁,焊接要求拍片合格率100%。将重形炉墙体砌筑改为轻质玻璃棉材料外包铁皮炉壳,改变了筑炉工靠泥刀施工的传统方法。90年代后期,通过燃烧废气,减少排放,实现节能、环保的废热锅炉得到快速发展。卡博特碳黑公司在国内首次安装了由东方锅炉厂引进美国澳伦公司技术研造的ZS-25-Q尾气锅炉。安装公司采取可调节高低夹具和基准管排定位夹具,解决了锅炉鳍片管膜式水冷壁安装的技术难题。

2002年,上海高桥炼油厂140万吨/年延迟焦化装置加热炉(制作)安装,是当时国内最大一套延迟焦化加热炉。在安装技术上采用模块式施工工艺,在总装前将加热炉整个钢结构关键部位、辐射段和对流段及烟囱各分成4个模块,共12大件进行预制,然后运输至现场,采用300吨、225吨汽车吊与80吨吊机配合进行总体立体吊装。2007年6月,上海浦东煤气制气有限公司的天然气改制替代水煤气工程中,采用450吨液压式汽车吊,将本体质量65吨的天然气废热利用锅炉整体吊装在7.4米标高位置上,钢架立柱最高高度为15米。

第二节　民用建筑机电设备安装

一、给水排水及采暖

90年代,各类超高层建筑、星级酒店及大型公共建筑大量兴建,给排水及采暖设备技术向更环保、节能及绿色能源方向发展。各类新型环保材料、新型施工工艺在大量现代建筑得到充分的体现。尤以各类新型管材、节水卫生器具、中水(雨水)回用、虹吸雨水排水、同层排水及各类热泵的应用体现绿色施工和节能的时代特色。

1994年开工建设的金茂大厦,楼高420.5米。在消防、采暖管道系统中采用先进的沟槽式连接施工工艺,解决了超高层建筑抗震、抗风摆中管道变形的问题。之后又在虹桥综合交通枢纽及南京紫峰大厦等诸多超大规模、超高层建筑工程中广泛应用。

2000年以后,虹吸式雨水排放系统作为世界上流行的一种先进技术得到广泛应用,浦东国际机场二期航站楼工程的屋面雨水排水面积为18.58万平方米,成功采用了该技术。2010年世博会项目中,运用雨水收集系统、江水源热泵技术并结合冰蓄冷水蓄热技术,充分利用自然的可再生能源及有效的蓄能技术。

地板辐射采暖技术代表舒适性供暖的发展方向。2001年11月开工的国家大剧院,采用地板辐射采暖供暖方式,通过盘管系统加热整个地板,向室内辐射散热。2010年开幕的世博工程和2010年通车的京沪高铁上海虹桥站,采暖采用江水源热泵和地源热泵系统,从黄浦江和土壤中提取热量,为建筑物供暖,形成了地板辐射采暖系统施工成套技术。

二、建筑电气安装

【变配电装置】

80年代,油浸式变压器采用了真空滤油技术,从90年代开始,无需滤油、防火性能好、运行效率高、体积小的干式电力变压器大量应用。在1993年上海220千伏人民广场地下变电站建设工程、2007年上海浦东国际机场2号航站楼工程、2009年虹桥综合交通枢纽交通中心工程东交通广场等工程中广泛应用。90年代后期到21世纪初期应急电源快速发展,其中柴油发电机组小型化,采用整体吊装就位,安装简便。应急电源装置(EPS)为应急照明系统集中提供应急电源,代替灯具自带的蓄电池。对于允许中断供电在毫秒级的电子电器设备,则采用不间断电源装置(UPS)。不间断电源装置为模块化设备,体积小,安装方法简单,与一般柜、盘安装方法相同。

【配线工程】

从80年代开始,随着高层、超高层建筑大批建造,载流量大、使用寿命长的母线槽在工程中迅速得到推广应用,90年代开始发展了空气绝缘母线槽、密集绝缘母线槽、防火母线槽、防水母线槽等。在安装前测量每节母线的绝缘电阻,用压板将母线槽固定在支架上,用力矩扳手紧固螺栓。90年代中后期,预制分支电缆开始应用,采用卷扬机在电缆井内进行吊装。2003年,在第九人民医院综合楼工程中的应急照明系统干线应用该电缆。在电线管路敷设中套接紧定式镀锌钢导管逐步取代电线管、焊接钢管,在房屋建筑工程中得到广泛应用。2009年,在浦江双辉大厦项目大量应用该导管,减少了管路跨接工序,减轻了工人的劳动强度。21世纪初,随着建筑防火要求的提高,氧化镁电缆在工程中广泛应用。在2010年上海世博会中国馆工程的消防系统供电主干线采用了氧化镁电缆。

【电气照明装置】

早期的照明灯具以白炽灯和日光灯作为电光源。90年代开始,我国推广绿色照明工程。1994年建成的东方明珠广播电视塔,上、下球外表面的立体照明,采用了光导纤维传递光束的新技术。21世纪初,随着LED电光源的推广普及,绿色照明技术发展迅猛。2010年建成投入使用的亚洲第一高的广州新电视塔工程中大量应用了结合智能控制的LED照明技术。90年代后期,随着楼宇自控技术的发展,智能照明控制系统也有了很大的发展,在2010年上海世博会中国馆中安装了智能疏散指示系统,其中与消防联动的智能疏散指示系统,能根据着火点位置,自动控制相关疏散线路上的消防应急指示灯方向标志朝有利疏散的安全出口闪烁,并发出声音提示。

【防雷、接地装置】

90年代中期,对于建筑电气的安全性越来越重视,低压配电系统的接地形式采用TN-S系统的建筑工程越来越多,并采用等电位联结措施。在2006年恒隆广场二号楼、2007年由由国际广场、2010年南京紫峰大厦等工程中都采用等电位联结。随着接地装置材料的多样化,除钢材外,铜材也被用作接地干线。2002年上海磁浮示范运营线110千伏主变电站接地网工程,由120平方毫米铜绞线组成,连接点采用放热焊接施工工艺。21世纪初,随着占地面积超大的工程建设,接地装置规模也越来越大,用接地测试仪测定其接地电阻存在较大误差。安装公司在上海浦东国际机场T2

航站楼工程中运用大电流测量技术测量超大型接地网的接地电阻,提高了测量精度。

三、通风与空调安装

60年代,大中型空调工程逐渐增多,安装公司成立通风工程队,于1969年研制成功高速通风诱导器,并试用于上海无线电十四厂、市政府礼堂、和平饭店等工程的诱导式高速空调系统,效果良好。

70年代,随着通风空调工程施工技术的发展,轧制平咬口的4辊轮直缝咬口机,轧制联合角形咬口的8辊轮直缝咬口机的成功应用,缓解了矩形风管制作慢,延误工期的矛盾。1978年,成功研制了矩形风管按扣式角咬口生产工艺流水线,还研制了矩形风管插片式角咬口工艺,首次用于上海钟厂工程。

80—90年代,引进的先进设备带动了施工技术与装备的创新,1982年,节能型F2系列风机盘管空调器研制成功,1987年荣获上海市优质产品称号和上海市科学技术进步奖二等奖。1985年,安装公司与中国建筑科学院合作研制成功2F-700型立柱式风机盘管空调器,应用在上海宾馆、上海科学会堂、南京人民医院等工程。1985年研制成功CF-400型船用风机盘管空调器,是年获得中华人民共和国船舶检验局产品证书,该机组用于大庆47号油轮、长江航运局客轮、驳船等。通过与其他公司的合作,成功将TDC/TDF薄壁法兰矩形风管连接工艺应用于上海市第一人民医院、上海贝尔、上海大众汽车有限公司、金茂大厦等工程,并从90年代引进TDC/TDF单机设备进行风管的生产。1996年,建设中的金茂大厦采用插条法兰的型式,法兰条材料全部从德国进口,根据风管边长切割,组合成法兰状,插入已做成的风管及部件上,经过铆接后成为单节风管及部件。

2000年年初,从美国美科系统公司引进了一条完整具有国际先进水平的制作薄钢板法兰风管流水线。它以自动化程度高、加工速度快、质量稳定、提高材料利用率弥补了TDC/TDF单机设备生产工效低、质量控制难等不足,满足各类大型、超大型工程项目的需要。2003年,从日本小松公司引进了一台与TDC/TDF薄壁法兰矩形风管生产流水线相配套的等离子切割机,进一步提升了部件的加工能力,保证了产品的质量。

四、智能建筑安装

建筑设备自动化系统(BAS)是指将建筑物或建筑群内的空调与通风、变配电、照明、给排水、热源与热交换、冷冻和冷却及电梯和自动扶梯等系统,以集中监视、控制和管理为目的构成的综合系统建筑设备自动化系统。70年代主要是中央监控系统。80年代主要是集散控制系统。90年代初,中国开始引进建筑设备自动化系统,当时主要是开放式集散系统。1997年,上海证券大厦项目引用美国江森自控的建筑设备自动化系统,是当时规模较大的开放式集散系统。21世纪初,随着因特网的发展,使建筑设备自动化系统升级为网络集成系统成为趋势。2007年,在上海浦东国际机场二期扩建工程中,引进美国江森自控的基于Web技术的Metasys系统。其核心设备网络控制引擎内置了Windows操作系统和Metasys楼宇自控系统管理软件,网络控制引擎作为Web服务器将建筑设备自动化系统的信息在以太网上发布,并通过嵌入式网络用户界面IE进行系统导航、配置及操作。

第三节 特种设备安装

一、压力容器球罐制造安装

80年代,安装公司开始球罐的制造,并于1982年制造了第一台400立方米三带混合式球罐。

90年代开始,国内的球罐设计、制造向着大型化发展,1999年,安装公司先后为浙江华能公司、江苏南荣公司成功地制造、安装了7台5 000立方米四带混合式液化气球罐。2004年,为广东华凯公司制造了6 500立方米丁烷球罐。随着钢板生产能力的提高,球罐的单片钢板面积不断地扩大,球罐的单瓣尺寸达到了长12 630毫米、宽3 157毫米,减少了球罐的组焊量。随着球罐的大型化以及制造工艺的发展,过去的组焊方式已不能适应球罐要求,采用整体组装、调整、分带组焊,即利用自制的卡具进行整体的组装,并调整到规范要求后进行焊接,并已经形成了球罐组焊的施工工法。

随着球罐应用范围的不断扩展,使用的工艺要求不断提高。设计温度由常温逐渐向-50摄氏度低温发展,最低设计温度已达-169摄氏度。从制造的规范方面除了按国家标准和规范以外,2009年首次采用美国工程师协会ASME Ⅷ1建造规则,为我国台湾地区制造了2台1 770立方米SA516材质的球罐,质量指标完全满足ASME规范的各类标准要求。

图7-4-5 大型球罐安装

二、压力管道安装

【GA类管道安装】

2000—2001年,西气东输一期工程动工,上海段输气管管径为ϕ813×15.9,设计压力6.0兆帕,材质X60,全部埋地敷设焊接连接。管道穿越较大河流采用水平定向钻穿越技术,管道穿越主要高速公路、主干道采用顶管施工技术。上海段1标段管道焊接首次采用下向焊手工电弧焊工艺,6标段管道焊接采用半自动焊接工艺,在保持原有焊接稳定性的基础上提高了焊接效率。管道外防腐层采用聚乙烯三层结构(3PE),管道补口、补伤采用辐射交联聚乙烯热收缩套。

图7-4-6 压力管道焊接

【GB类管道安装】

GB1类管道安装 1991年,金山—闵行液化石油气管线工程,管道采用20号无缝钢管,管径为φ159×6,管道连接采用氩电联焊工艺,管道穿越黄浦江时首次采用水平定向钻穿越新技术,管道穿越其他中型河流采用水浮法铺管。

GB2类管道安装 2000年以后,随着新材料的发展,热力管道的敷设方式有了新的发展,保温直埋管由于不占空间、节约用地,在新型工业园区和大型能源中心等场所被广泛采用。

【GC类管道安装】

GC1类管道安装 90年代初,上海石化总厂塑料厂引进高压聚乙烯装置(2PE),采用高压合金钢管道,管径为φ108×29,工作压力280兆帕,工作温度350摄氏度,管道采用螺纹法兰连接,透镜垫密封,管道系统试压采用超高压试压机。2000年,上海石油化工股份有限公司70万吨/年乙烯装置改造工程的裂解区高压蒸汽管道,管径为φ478×50,工作压力11.62兆帕,工作温度为525摄氏度,管道材质为耐热合金钢,管道安装采用后方基地预制、现场装配式施工的工艺。

图7-4-7 压力管道安装

GC2类管道安装 2006年,上海石油化工股份有限公司化工事业部4.2万立方米/小时氧气空分装置,冷箱内管道材质为铝镁合金及不锈钢,采用槽浸法进行脱脂,自然干燥,铝合金管道切割采用钢锯(往复式切割机),坡口采用钢锉刀(铣刀),焊前管口用丙酮溶剂清洗,铜刷擦除去氧化膜,焊接过程焊件严禁震动;不锈钢管道切割采用机械切割、坡口,焊接时管内充氩,焊接后焊口进行酸洗、钝化处理。冷箱内管道试验、吹扫介质选用无油的压缩空气、氮气或纯水,防止管内二次污染。

三、电梯安装调试

90年代开始,安装公司为满足电梯技术发展的需要及缩短施工周期,采取脚手架搭建图和定制专用井道钢管架技术,在上海招商大厦、力宝广场、金光外滩等项目超高层电梯施工中应用,对井道实施分段封闭、分段施工的流水线作业方法,多个安装步骤同步施工,有效防止了交叉作业的不安全因素,提高了工效和安全性。

电梯调试工作的内容基本上和以往调速梯一样,但在调试中广泛采用掌上电脑,进行数据读取和整定。对使用的计量仪器的要求也更高,万用表的精度等级0.002%,比原来的精度提高50倍。为防止损坏控制柜内的集成电路,在测试100伏以下的控制线路绝缘时,使用了100伏的日本进口3146型电动兆欧表。另外,在调试楼层指示灯、按钮、到站钟时,省去了以往简单的两人用蜂鸣器对线的方式,而是在确认线路绝缘达标且无短路后,将电直接送至每个楼层的指示灯、按钮、到站钟接线端,然后用万用表测量各线路间的电压判断接线的准确性,工效、工时都得到了提高。

四、起重设备安装

1981年10月,安装公司在上海宝山钢铁总厂炼钢厂安装了440吨/80吨铸锭起重机和430吨/80吨铁水起重机各一台,其中440吨/80吨铸锭起重机的安装是上海宝山钢铁总厂炼钢厂施工项目中从日方引进的最大起重设备。在安装中按照该大型起重机其设备的供货形式分件,采用台令扒杆或独立桅杆进行吊装,按各分部件吊装就位后在高空中安(拼或组)装的方法(即"梁工法"安装)是合理的、可靠的、有效的。在此基础上,编写了《440吨/80吨铸锭起重机安装施工方案》以指导施工。该大型起重机其设备的供货形式分件按"梁工法"安装还为今后起重机的检修创造了有利条件。

第四节 专用设备及设施安装

一、磁浮工程机电设备安装

2000年10月,安装公司开始研究轨道梁的结构和线型及高精度机加工、功能件总装的基本工艺过程。磁浮工程所用的25米轨道梁上部两侧沿X向共埋设50件球墨铸铁连接件,在安装前通过多头数控机床对连接件端面进行切削,对直径35毫米定位销及直径22毫米高强度螺栓孔进行加工,后与装上定子的长为3 096毫米的功能件,以直代曲的形式紧固为一体,保证每根不同的梁形和精度。2001年10月26日,完成首根25米梁的机加工、总装,于2002年9月6日最终圆满完成了1 294根轨道梁(含一根钢轨道梁)的加工、总装任务。

图7-4-8 磁浮列车轨道梁机加工

二、光源工程机电设备安装

上海光源工程安装技术的难点主要涉及测量技术与磁铁、真空盒及相关共架平台安装。在测量系统中,需建立一、二级高精度的测量网来控制设备的安装定位。一级测量网的19个控制点埋设在地面基座中,可控制整套设备相对于建筑物的位置;二级测量网共有718个控制网点,直线、增

图7-4-9 同步辐射装置高精度安装技术

强器、储存环和试验厅的二级控制网采用激光跟踪仪三维测量,控制点分别布设在隧道内墙、隧道外墙、隧道顶及地面上,实现设备的精准定位。直线加速器隧道中加速管的本体是无氧铜材料,吊装时易变形,故设计多吊点柔性吊具。磁铁安装中二极磁铁吨位大,且安装二极磁铁时已经完成真空盒的安装,故对二极磁铁专门设计安装车,以实现二极磁铁的短距离驳运,保证在受限空间内实现磁铁的缓慢就位,不对已安装就位的真空系统造成破坏。真空盒系统中,每一个标准段真空盒在若干真空泵与真空盒本体连接好后整体吊装,由于每个标准段中的真空泵数量与位置都不同,故真空盒的吊装、安装中设计了专门的多吊点刚性吊具,且吊杆在平面内需试验任意位置的移动与固定,从而可以满足真空系统标准段的组装与吊装。光源工程安装结束后,在直线加速器、增强器、储存环三大系统调试实现了一次出光。

三、风洞试验室机电设备安装

上海地面交通工具风洞实验中心引进德国技术,是我国首个和目前亚洲最大风洞中心,具有先进汽车研究、开发、完善的功能及汽车产品法定资质的技术测评功能,以及快速精确的汽车造型设计和模型实体制作功能。装置最重要的设备部件由轴流风机和钢结构流道组成。轴流风机吊装选用LTM1 200/1(200吨)吊机进行,臂长选用39.1米,回转半径选用12米,此时的吊机最大起重量为36吨。吊机将设备由地面起吊提升到16米后,停止起升,吊机向设备基础回转,使设备中心回转到基础中心的上方,将设备从预留洞孔中慢慢放下坐落到基础上。风洞的钢流道共有13大件、23个工件构成,设备总长43.5米,宽19.3米,高6.5米(不含支座);总重量约200吨,主要材质为Q345-B。2007年进入机电核心设备超大型轴流风机的安装工作,2008年下半年开始进入配合调试阶段,热环境风洞进行深冷区极限温度的调试,年底工程竣工验收。

四、LNG低温罐设施安装

天然气(LNG)作为一种公认的洁净、优质、安全能源,在发达国家中占有很大的比重。随着我国国民经济的快速发展,东南沿海,特别是以上海为中心的长三角地区,对清洁能源的需求量不断增加,90年代,为上海燃气集团建造2台2万立方米的全包容式的LNG低温储罐,基本上满足整个上海市的事故备用。2006年,又为上海燃气集团建造2台5万立方米低温储罐。该储罐内罐直径54米,高29米,结构采用厚0.4米混凝土外壁,内贴碳钢钢板,中间有0.12米的保温层,内胆为9Ni钢板,在5万立方米低温储罐建造过程中,特别是在9Ni钢的焊接工艺上,首次采用交流方波的埋弧自动横焊技术,解决了9Ni钢的剩磁问题,焊接效率是手工电弧焊的6~7倍,焊接质量得到提升,两个储罐共计2 700多米的焊缝,拍片一次合格率平均达到99.6%。LNG的罐顶重约550吨,采用整体吹升的方法,为了保持平衡度,自主设计了顶升平衡装置,将顶升的高度偏差控制在50毫米以内,其安装水平跻身于国内先进行列。

图7-4-10 LNG低温罐设施安装

五、洁净厂房

1986年,上海建设贝岭微电子工程,安装公司首次参与了洁净厂房的空调、特种气体管道等施工。

90年代,电子计算机技术在社会各方面得到广泛的应用,配套的电子生产项目也一拥而上,在1998年位于浦东仪化路、占地面积12.5万平方米的上海华虹NEC微电子工程,简称"909工程"就是由安装公司参与建造,其洁净厂房的关键是厂房内采用空气净化、除湿、除尘等技术,使厂房达到洁净度要求。在洁净管道的预制、安装、试压、吹洗后要进行含尘测试、露点测试、油脂测试等,以保证管道的洁净度。随着电子产品技术提高,精密度的不断提升,对洁净厂房的要求也越来越高,2010年,安装公司参与建造的上海华力微电子项目,其厂房的洁净度要求达到100级。

图 7-4-11 洁净厂房设备安装

第五节 机电安装工业化

一、管道工业化制作安装

80年代开始,在上海石化总厂各装置管道工程中,对高温、高压、厚壁、不锈钢、合金钢管道等质量要求较高的管道进行集中预制施工,有的工程管道预制量达到30%~40%。90年代开始,在工业工程项目建设中大力推行管道集中预制。在上海石化3PE项目工程和70万吨/年乙烯改造工程中,增加坡口机和自动焊机等机械设备,提高管道预制质量和工作效率,管道集中预制量和预制深度普遍达到40%以上。

2002年,在靠近上海化学工业区的漕泾建设成立管道预制加工厂,设有碳钢、不锈钢、民用建筑管道加工流水线各1条,抛丸除锈流水线1条。主要设备包括自动抛丸管道除锈机、全自动带锯机、自动坡口机、全自动切管破口一体机、自动焊接机等。管道工厂预制生产模式从此建立,后续自主开发了更为先进的全自动焊接机等设备,自动化加工设备的利用率逐年提高,先后为"赛科年产90万吨聚乙烯工程""烧碱工程二期""巴斯夫聚四氢呋喃装置"等工程建设承担管道预制生产任务,并逐步扩大民用建筑管道的预制加工生产能力,为世博工程等大批工程建设提供管道预制服务。管道工厂化预制把预制量和预制深度提高到了50%~60%。

2000年以后,随着外埠工程的拓展,移动预制工作站研制开发成功。移动式的管道预制工作站,具有自动化的焊接、切割、坡口和组对设备,可实现自动化焊接,比现场传统手工焊预制的加工效率高且便于运输,拆装、转场费用小,更能适应施工单位流动性大的特点。

二、风管工业化制作安装

60年代之前,通风空调工程的镀锌钢板风管主要靠手工制作,工人劳动强度大、环境噪声污染严重、生产效率极其低下。70年代,随着通风空调工程量的日渐增多,研制成功轧制平咬口的4辊轮直缝咬口机、轧制联合角形咬口的8辊轮直缝咬口机,缓解矩形风管制作慢、延误工期的矛盾。1978年,研制成功矩形风管按扣式角咬口生产工艺流水线,形成矩形风管插片式角咬口工艺,首次用于上海钟厂工程。

80—90年代,先后在上海市第一人民医院、上海贝尔、上海大众汽车有限公司、金茂大厦等工程中成功运用TDC/TDF薄壁法兰矩形风管连接工艺,并引进TDC/TDF单机设备进行风管的生产。

2000年年初,引进一条完整的制作薄钢板法兰风管的流水线。2003年,又引进一台与TDC/TDF薄壁法兰矩形风管生产流水线相配套的等离子切割机,真正实现风管的工厂化预制,并成功运用在浦东国际机场、上海虹桥综合交通枢纽、上海世博工程、上海中心大厦等工程建设上。

图7-4-12 薄壁法兰矩形风管生产流水线

第五章　桥梁、道路和轨道交通工程施工技术

从 50 年代开始，上海建工就涉足桥梁施工，先后承担预应力混凝土 T 形刚构桥、连续梁桥、斜拉桥、悬索桥、钢拱桥等多种桥型的大型桥梁施工。60 年代中期引入预应力混凝土桥梁悬臂施工方法。70 年代以后，转体法、顶推法、逐孔施工法、横移及浮运法等其他桥梁施工方法得到推广应用。90 年代以后，桥梁施工方法包括排架施工法、大型设备吊装法、悬臂施工法、平面转体施工法、顶推法、移动模架逐孔施工法和节段梁拼装施工法等。

在道路施工技术方面，上海建工运用软土条件下高等级道路成套施工技术，特别是通过承建上海国际赛车场工程，以高等级路堤施工后沉降控制为主要内容的施工技术研究上了一个新台阶；在软土地基上采用超静定预应力混凝土连续体系，在混凝土结构较难甚至无法实现的地方，采用钢结构桥梁施工技术。在城市高架道路建设方面，上海建工探索全预制混凝土高架桥梁施工技术，减少现场湿作业施工对环境和道路通行带来的影响。

在轨道交通施工技术方面，上海建工运用软土、砂土和岩石等多种围岩条件下的隧道盾构法施工技术，在地下车站运用逆作法、盖挖法等新工艺，在越江公路泥水平衡盾构施工和磁浮工程施工技术方面也有所突破。

第一节　桥　梁　工　程

一、斜拉桥结构

70 年代末，泖港大桥的上部结构采用预应力施工技术，以提升桥梁的跨越能力，该桥的建成为大型斜拉桥积累经验。80 年代起建造的南浦大桥、杨浦大桥和徐浦大桥属于钢-钢筋混凝土叠合梁斜拉桥。为解决塔墩中柱以上斜支腿的施工难点，施工单位在南浦大桥施工中开发、运用"多功能架体式斜向爬模"塔墩施工技术。杨浦大桥主跨比南浦大桥增加 178 米，斜拉索的最大长度达 328 米，重 33 吨，最大设计承载力 7 500 千牛，索面由平面变为空间索面。斜拉索施工时，采用一个集抗剪力和抗倾覆力为一体的全钢空间桁架结构的临时固结方案，并采用索具和卷扬机相结合方法，将 0 号段钢梁安装到位。此后，完成超长、超重尾段的安装，三点合龙技术的实施。徐浦大桥主跨采用叠合梁形式，边跨采用预应力钢-混凝土结构，斜拉索设计索力增大，最大斜拉索的直径增大，安装最大

图 7-5-1　斜拉桥安装技术

牵引力由50吨增加到80吨。在超长超重斜拉索安装、控制,高标号、微膨胀接缝混凝土施工,超长桥面预应力束施工,主桥安装抗风措施等多方面取得相应的技术成果。2005年施工的闵浦大桥采用双层钢桁架梁设计,施工中采用大跨度组合钢桁架梁斜拉桥整体全焊接合龙施工工法;大桥主桥边跨钢结构工程施工采用"工厂节段制造、桥位地面整体拼装、大节段整体提升、高空滑移"的成套施工工艺和技术。

二、悬索桥结构

1994年施工的江阴长江大桥是中国首座跨径超千米的特大型钢箱梁悬索桥。大桥上部结构施工技术主要包括主塔塔侧及187米高上横梁大型塔吊安装技术、悬索锚道施工技术、主缆施工技术及桥面结构安装技术。桥梁以高强度钢缆索作为主要承重构件,跨越能力大,跨径可以达到1000米以上。大桥主缆架设采用平行预制索股法(PPWS法),在地面或工厂将一定数量的平行钢丝预制为束成盘,再到现场整股牵引到位。1997年施工的重庆鹅公岩大桥为门型双塔柱悬索桥,该桥的主缆索股架设首次采用施工索道牵引新工艺,创造了国内主缆架设无破、断丝纪录;针对河道水位变幅大、水流紊乱的特点,采用架空索道空中吊运安装钢箱梁的技术。

图7-5-2 悬索桥安装技术

三、拱桥结构

2000年施工的卢浦大桥是全钢结构拱桥。上部结构采用钢材作为拱圈,大桥除合龙接口一端采用栓接外,其他均采用焊接工艺连接。水平系杆索长度、直径、单重等是当时世界拱桥水平索之最。施工中合理确定特殊施焊环境下焊接工艺参数,完成大跨度全钢结构拱桥的现场焊接。主桥三角区河跨桥面安装,采用不同的钢管立柱间距、不同的桁架断面来适应现场条件。在支架平面、立面加剪刀撑的施工中,采用软索(钢丝绳)加预紧力的办法。在增强滑移支架刚度和稳定性时,合理地借助于永久结构(大立柱、拱肋)的强度。

2002年施工的浙江省东阳市中山大桥属钢管混凝土拱桥,其上部结构采用钢管并内部充填混凝土作为拱圈,充分发挥钢

图7-5-3 钢拱桥安装技术

材和混凝土材料的性能特点,具有承载能力强和经济性佳的优点。

2009年施工的川杨河桥是一座提篮式钢系杆拱桥,建设过程中将长80米、700吨重的主拱中段一次起吊安装到位,创造了上海单个超长、异型、超重钢构件吊装的新纪录。A5公路跨蕰藻浜大桥,采用先拱后梁的形式,减少临时索塔设置,拱肋采取水上运输等方式就位。

四、连续梁桥结构

2004—2007年先后施工的柬埔寨西公河特大桥、洞里萨河大桥、湄公河大桥均为连续梁桥。在深水域基础施工、穿越碎裂岩层桩基施工及水下承台大体积混凝土施工方面,形成一系列关键技术,解决了不同地质条件和施工环境下的各种难题。

图7-5-4 水上连续梁桥箱梁移动模架施工技术

2008年施工的上海长江隧桥工程B6标段为连续梁结构,60米连续箱梁采用短线法预制节段箱梁、节段悬臂拼装施工技术,运用悬臂拼装施工工艺中节段梁短线法高精度预制技术、节段悬臂拼装的几何控制技术、合龙段施工技术等。

上海崇启通道(上海段)工程在工程施工过程中采用滩涂地段支架现浇箱梁软土地基处理技术、预应力混凝土连续箱梁移动模架法施工技术、大跨径PC箱梁挂篮法悬臂浇筑施工技术、高性能混凝土技术、施工过程监测及控制技术、预应力技术、钻孔桩端后注浆技术等一系列现代桥梁施工技术。

图7-5-5 连续梁桥预制节段梁安装技术

第二节 道 路 工 程

一、高速公路

【路基处理】

2002年,A30郊环(今G1501上海绕城高速)北段工程3标路基施工采用轻质材料填筑路堤的方法,对路桥接坡处和高填方路段填埋粉煤灰,减轻施加于路堤下软基的附加应力,抑制软基的破坏和沉降,提高路堤的稳定性。2003年,在A30郊环(今G1501上海绕城高速)南段2标施工时,针对工程沿线水系发达,土质含水量高的地质情况,采用排水固结法处理软土路基,加快土体固结。2003年,在嘉金高速公路(今G15沈海高速上海段)1标段工程施工中,针对工程沿线填浜路段,在桥台接坡处采用超载预压结合塑料排水板处理。2004年,在沪青平高速公路(今G50沪渝高速上海段)施工中,针对沿线土方缺乏,水系发达的情况,在部分路段采用水泥搅拌桩处理软土地基,减小路面沉降。2006年,在A11高速公路(今G2京沪高速上海段)拓宽改建工程1标段,对原有道路和桥涵采用拼接式拓宽。施工时采用桩承式软土地基处理工艺,利用PHC管桩及边坡钻孔桩等摩擦桩加固地基,解决软土地基承载力不足造成的新老路基沉降量不均问题;利用在新老路基的底部和顶部铺设高强度高模量的加筋材料(如钢筋网、钢塑复合土工格栅、玻纤土工格栅等),提高新老路基变形协调能力和整体性;在新路基路床顶以下约1.2米的路基顶部铺设50厘米厚的级配碎石或砂砾等加筋垫层,阻断路床以下路基可能发生的裂缝反射至路床和提高路基顶部填土的抗裂能力;通过构造措施提高新老路基整体性和抗裂能力等成套技术,以使拓宽后的路基具有良好工作性能和使用性能。2008年,A8高速公路(今G60沪昆高速上海段)拓宽改建工程1标段对原有高速道路和桥涵采用拼接式拓宽。在路基处理时,针对路基高度H<1.0米,采用二灰土进行填筑,新老路基交界处挖成台阶状,分层填筑压实;针对路基高度H≥3.0米,采用二灰土+预应力管桩进行处理;针对路基高度小于3米与大于1米路段的交界处采用水泥土搅拌桩+二灰土填筑的过渡段,水泥土搅拌桩为三角形布置,拓宽后的路基具有良好工作性能和使用性能。

【路面结构】
80年代初,石灰粉煤灰稳定碎石基层(俗称"三渣"),成功应用到各类等级道路的基层中。2000年以后,在总结石灰粉煤灰稳定碎石基层的经验基础上,加大了水泥稳定碎石半刚性基层的推广应用。2001年,在莘奉金高速公路(今S4沪金高速)南段2标段和3标段工程施工中,充分利用现有路基路面、桥涵和横向通道,将城市快速路改建为高速公路。2002年,在沪芦高速公路(今沪高速S2)6标段道路基层施工中,混合料摊铺采用平地机进行摊铺。摊铺均匀后,先用平地机初步整平和整型,直线段由外侧向内侧刮平;然后用轮胎压路机和光轮压路机快速碾压,暴露潜在不平整;最后用平地机按设计纵坡和路拱整平整型,采用重型压路机或振动压路机在路基全宽内全幅碾压。2004年,在沪青平高速公路施工中,路面结构为二灰土及三渣基层,面层为沥青混凝土路面。二灰土的拌和采用工厂搅拌,三渣基层采用厂拌粉煤灰三渣,混合料的摊铺采用摊铺机摊铺,对于厚度大于25厘米的基层则分层进行施工。2008年,在A8公路(今G60沪昆高速上海段)拓宽改建工程1标段施工中,对原有道路和桥涵采用拼接式拓宽,主线新建车行道路面结构为20厘米水泥稳定碎石(4.0兆帕)加20厘米水泥稳定碎石(3.0兆帕)加15厘米石灰土(石灰掺量10%),基层总厚度为55厘米。同时,根据老路弯沉值检测结果对老路加罩补强。对于代表弯沉值>25.0(0.01毫米)的路段,将原路段结构翻挖并重新摊铺。在A15公路(今S32申嘉湖高速上海段浦西段)8标和11标段施工中,路面结构基层采用水泥稳定碎石填筑,填筑厚度为40厘米,根据工程实际情况,水泥稳定碎石采用摊铺机进行摊铺,脚轮压路机收光,振动压路机压实。结合所配置的压实设备及摊铺机的工作能力,对水泥稳定碎石基层分两层进行施工,以保证水稳定基层的压实度。

二、城市高架道路工程

【墩身】
1993—2005年建造的内环线、延安路高架、沪闵高架、沪青平公路入城段、中环线等高架道路,墩身施工均采用清水混凝土工艺,脱模后不再进行外壁粉刷。为了确保墩身混凝土施工质量,采用定型组合钢模,按立柱高度不同分数次浇筑混凝土。以后在高架桥梁施工中,又采用定型大模板施工工艺,减少墩身表面拼接缝,使外观浑然一体。2001年,共和新路高架2.5标段桥墩盖梁施工,对钢模体系进行改进,对盖梁整体钢模板进行标准化设计,结构简单、拼组方便,大大提高机械化施工程度,减少施工对地面交通的影响。2005年,中环线西段真南路至桃浦路(2.7标)段在穿越沪宁铁路地道墩身施工中,采用陆上尚无应用记载的直径2 500毫米桩承重;地道坞式结构及箱涵结构段内的基础采用直径2 500毫米钻孔灌注桩,形成一桩一柱结构,取消承台,避免施工对地道坞式结构可能造成的损害,确保铁路大动脉的畅通。

图7-5-6 高架道路桥墩施工技术

【桥面】

混凝土现浇结构 1993年,内环线高架道路采用脊骨梁结构,在全现浇结构的支架中采用多点支撑、分节脱模的方法,利用脚手管组成桁架支撑而留设车道、保证交通。2002年,在中环沪闵高架立交现浇箱梁施工中,通过搭设高24米的钢平台,然后再在钢平台上用钢管搭设支架至39米施工高度。2005年,中环线A2.5标工程共和新路立交和大柏树立交之间的高架路段的现浇箱梁支架采用定型WDJ碗扣式支架和重型门式支架,立杆下有可调式底座,上有可调式顶托,搭拆方便,用钢量少,搭拆施工期可大大缩短。

图7-5-7 共和新路一体化高架预制梁架桥机跨内斜吊

混凝土预制构件吊装 2001年,上海共和新路高架场中路车站位置,车站结构与轻轨预应力箱梁及上部路面预制T形梁吊装施工三者工序之间相互制约。在进行综合比较后,采用架桥机"跨内斜吊"的施工工法。2002年,沪闵高架二期工程首次采用架桥机全断面逐跨节段拼装连续箱梁,拼缝位置采用环氧粘结剂施工,填充拼缝,粘结剂涂刷完毕后,即施加临时预应力。

钢结构吊装 沪闵路高架道路二期2

图7-5-8 跨端组装、悬挑滑移(顶推)工艺

标段为钢箱梁,施工中采用跨端组装、悬挑滑移(顶推)的方法。2005年,中环线A2.5标工程跨越轻轨明珠线架设采用汽车式和履带式起重机进行吊装。中环线A3.9标工程跨沪闵高架、地铁1号线、沪杭铁路,其钢箱梁安装采用横梁直接吊装、纵梁用改制型架桥机安装的工艺。2010年,北翟路中环线立交匝道需跨越中环线、吴淞江、新泾港、地铁2号线等多个建、构筑物,钢箱梁安装采用汽车式、履带式和浮吊式起重机进行吊装;在跨越吴淞江的吊装施工过程中,采用岸边拼装、浮吊一次性安装到位的方案;运用先进的施工控制技术,对悬拼合拢段进行模拟计算,确保施工安全。

三、越江隧道

2005年开工建设的人民路越江隧道,浦东岸上段与浦西岸上段均采用明挖法施工,基坑围护采用了地下连续墙、SMW工法等多种结构形式。江中段采用两台直径为11.58米大型泥水盾构机施工。在盾构穿越浅覆土区域建筑物和地下管线多的复杂环境下,对地面及建筑物采用自动化监测设备进行全天候实时监测并实时传输数据,根据监测数据及时调整盾构施工参数,对地面沉降、建筑物及管线的变形实现精确控制,确保工程施工过程地面建筑物及地下管线的安全。

2008年,龙耀路越江隧道在工作井至地面道路连接的暗埋段、过渡段和敞开段,采用基坑围护后明挖顺法施工。浦西岸上段包括浦西工作井及暗埋段、光过渡段和敞开段,围护结构包括放坡开挖、重力式挡墙、SMW工法桩、地下连续墙等多种形式。龙耀路隧道江中段盾构隧道长约1.7公里。盾构掘进过程中通过采取优化泥水指标、合理设置泥水压力、严格控制泥水压力波动范围、严格控制推进速度及出土量、及时进行同步注浆和二次补浆、加强地面沉降监测、对重点区域采用自动监测系统并实时传递地面或建(构)筑物变形监测数据、

图7-5-9 越江隧道盾构施工技术

在对监测数据仔细分析的基础上及时调整施工参数和施工措施等施工技术措施,解决了盾构在高渗透性的微承压含水层中穿越掘进等技术难题。

第三节 轨道交通区间隧道和车站

一、轨道交通区间隧道结构

上海地铁区间隧道主要采用土压平衡式盾构机进行非开挖掘进施工。1991年,地铁1号线衡山路至徐家汇区间隧道工程,是上海建工承接的首个城市轨道交通盾构法区间隧道。1992年,地铁1号线人民公园站—汉中路站区间隧道工程,采用直径6.34米盾构机进行隧道施工,盾构穿越闹市中心和居民密集区,沿线建筑无一损坏,环境得到保护。1997年,地铁2号线人民公园站—河南中路站区间隧道施工,采用1台外径为6.34米、长度为6.54米的土压平衡式盾构机掘进。2002年,

地铁 4 号线蓝村路—浦东南路区间隧道双线长度 1 847 米,隧道最小平面曲线半径 370 米,竖曲线半径 3 000～5 000 米,隧道最大坡度为 28.158‰,采用 1 台全断面切削式土压平衡盾构机施工。2004 年,地铁 9 号线西出入段线采用 1 台带面板式刀盘的铰接式土压平衡式盾构掘进机施工,隧道单线全长 509.90 米,最小曲率半径为 250 米。该线与已建上下行线隧道三线并行推进,上下行线隧道贯通时间不长,隧道尚未稳定,西出入段线与其净间距仅有 3.8 米,同时该线施工时盾构机上部覆土厚度仅 2.49～4.18 米,属浅覆土段掘进。

2006 年,在轨道交通 6 号线民生路站—云山路站区间(10 标)隧道施工中,采用双圆断面加泥土压平衡式盾构机施工。2008 年,轨道交通 2 号线东延伸华夏东路站—川沙站区间隧道施工中,采用 1 台直径 6 520 毫米×W11 120 毫米辐条式双圆盾构施工,并在施工过程中对进口盾构机进行自行改造,在盾构刀盘部位加装帽檐,形成较为稳定的土压平衡仓,使得双圆盾构机在流塑土中施工时地表沉降得到很好的控制。

图 7-5-10 地铁隧道盾构施工技术

图 7-5-11 地铁隧道盾构出洞

随着轨道交通建设的发展,区间隧道施工工况复杂,盾构穿越过程中需要保护既有已运营的地铁线。1997 年,地铁 2 号线人民公园站—河南中路站区间隧道施工时,运用信息化检测技术,加强对地铁 1 号线的监测,及时调整掘进施工的参数,确保运行中地铁 1 号线的安全。2006 年,轨道交通 7 号线工程 25 标段沪南路站—白杨路站区间隧道施工中,上、下行线隧道在运营中的地铁 2 号线区间隧道下方穿越,两隧道间距离最小仅为 1.24 米。2007 年开工建设的轨道交通 7 号线常熟路站—肇嘉浜路区间,单线长度 1 518.189 米,该区间施工中,上、下行线隧道先后下穿运营中的地铁 1 号线区间隧道。

2000 年,机施公司承建深圳地铁 4 号线(一期)2B 标段皇岗站—福民站—金田站区间盾构工程,首次选用直径 6.14 米复合式土压平衡盾构机,穿越强风化至微风化的燕山期花岗石和砾质粘性土。

二、轨道交通车站结构

【地下车站明挖法】

地下车站明挖法从初期挖土深度在 15 米左右,采用钢支撑、纵坡开挖,发展到后来 20 米深度以下，设临时分隔墙，分区施工。地铁 1 号线共设 13 个车站，其中 11 个为地下车站。地下车站采用地下连续墙围护，明挖法施工的有 8 个车站。2001 年，地铁 4 号线长阳路站仅用 168 天时间就完成了主体结构施工任务，创下当时上海轨道交通车站建设速度中的新纪录。2006 年，11 号线白丽新村站和武威路站采用地下连续墙围护，一道钢筋混凝土支撑结合四道直径 609 毫米钢管支撑。

【地下车站逆作法】

1991 年，地铁 1 号线淮海路上 3 个车站采用"一明两暗"逆作法施工。即在顶板明挖施工完成后，站厅层和站台层的施工改为暗挖逆作，大大缩短对交通和营业的影响时间。地铁 1 号线陕西南路车站，在"逆作法"施工中，地下连续墙中采用墙底注浆工艺，减少地下连续墙的沉降；优化"逆作法"的设计受力分析方法，减少临时钢支撑数量，大大缩短道路交通封闭时间和路面恢复时间，减少了围护墙变形对于周边环境的影响。常熟路车站施工中也采用逆作法施工技术，提前 64 天完成主体结构。1997 年，地铁 2 号线河南中路车站标准段采用"一明二暗"逆作法施工技术；车站标准段与东西端头井之间的过渡施工区采用"二明一暗"逆作法施工技术；东西端头井采用"顺作法"施工技术。2001 年，地铁 4 号线二期东安路站采用全逆作法施工，在施工中首次完全采用机械挖土，充分发挥软土地基中的"时空效应"，减小对周边环境的影响，节约施工工期。2007 年，7 号线零陵路车站原设计为明挖顺作，后考虑相邻建筑及运营中的轨道交通 4 号线东安路站相连等因素，整个车站施工改为逆作法施工。

【地下车站盖挖法】

1990 年，地铁 1 号线衡山路站是上海地铁建造的第一个车站，呈狭长方形，施工场地狭小，站体南邻居民楼，周边单位的围墙与站体间有 6 米宽的道路，是整个场地内唯一的机动车通道。为减少对道路交通的影响，采用移动式钢栈桥盖挖法施工技术。2006 年，地铁 7 号线肇家浜路站首次对盖挖法盖板体系进行研究和制作，形成比较成熟的盖挖法施工技术，减少施工对周边肇嘉浜路和东安路交通的影响。

图 7-5-12　地铁 7 号线肇嘉浜路站盖挖法施工

第四节　轨道交通高架区间结构工程

一、桥墩施工

轨道交通高架和磁浮工程主线区间的墩身和盖梁结构采用大型钢模施工，主要包括整体大钢模板、组合大钢模板、定型组合大钢模板等。2000 年，轨道交通 5 号线二标段，施工时使用整体大钢模；模板由 25 吨汽车吊进行安装，采用四周搭设排架和拉设揽风绳进行固定。2003 年，轨道交通 9 号线 R403 标段，使用组合大钢模板施工。由于墩身混凝土要达到清水混凝土标准，采取加强模板围檩刚度、不在柱身上留对拉螺栓孔的做法。2004 年，共和新路高架工程 12.6 标工程采用定型组合大钢模板施工。模板的拼缝处均加垫绒布条,水平施工缝粘贴胶粘纸条防止漏浆,脱模剂采用食用精制油。磁浮工程主线的墩身模板采用定型钢模,盖梁侧模带圆弧底采用定型钢大模配置,挡块侧模采用钢模,梁底模采用双层木夹板配置。钢大模均在加工厂预先组装再进行现场验收安装。

轨道交通1号线北延伸段、3号线、3号线延伸段、11号线等轨道交通和磁浮工程主线的高架区间墩身均采用清水混凝土。水泥的性能按设计要求选用,并符合国家标准;所需水泥为同一品牌、同一品种

图 7-5-13　轨道交通高架区间桥墩施工

产品,保证颜色一致。细骨料要求同一产地天然砂,颜色要求一致,含泥量不大于2%,砂中的有害物质含量不超过国家有关指标。粗骨料要求同一产地、同一规格,颜色要求一致。粗骨料必须清洁、坚硬、耐久,粗骨料中的含泥量不超过1%。浇筑前,先对支架、模板、钢筋和预埋件进行检查,把模板内的杂物、积水清理,在混凝土浇筑完成后,对混凝土裸露面及时进行修整、抹平,等定浆后再抹第二遍进行压光。

二、轨道梁全现浇施工

轨道梁全现浇施工技术主要有支模形式、桁架形式、挂篮形式。2003年,轨道交通3号线北延伸段1标连续梁支架现浇体系采用钢管扣件脚手架,其立柱接长采用万向扣件,立柱的垂直度偏差控制在0.1%以内。钢管扣件脚手架能适应不同的轨交结构形式并根据现场实际进行操作。2003年,轨道交通3号线二期宜山路—虹桥路站接轨段工程使用门式脚手架作为箱梁的现浇支架。搭设落地式脚手架时,场地应平整、坚实、排水良好,当脚手架设在回填土地面上时,地面应分层回填,逐层夯实。2001年,莘闵轻轨二标段采用桁架形式,在需跨越的道路、河塘用贝雷架、型钢等搭设通航通行孔,保证工程范围内多条横穿道路在施工期间车辆的正常通行。2003年,轨道交通9号线R403标段工程跨定浦河采用预应力悬臂施工法,采取2幅4只挂篮进行对称、平行施工。2007年,轨道交通11号线北段工程3标段横沥河预应力连续梁桥采用三角挂篮进行预应力悬臂法施工。

三、轨道梁预制安装施工

2003年,轨道交通9号线R403标段箱梁采用履带式起重机安装。2007年,轨道交通11号线北段一期11.3标段采用门式起重机安装;2009年,轨道交通8号线南延伸段型梁采用门式起重机安装,采用2台100吨龙门吊配合移梁吊装。2007年,由基础公司承建的广州市轨道交通4号线,采用新型架桥机运架一体机施工。2006年,轨道交通11号线南翔站工程采用支架现浇落架技术。按照箱梁的设计先将箱梁抬高施工,待箱梁施工完成后,根据现场情况和箱梁自重,每幅箱梁分别采用四套顶升设备进行同步落梁,每套顶升设备根据落梁高度分别选用3组不同类型的顶升设备,顶升设备置于贴近支座位置的盖梁上,顶升设备中心位置距箱梁底板外边150毫米,距支座中心450毫米。

钢梁架设主要目的是提高速度,在高难度的施工环境下保证施工质量,缩短工期并且工艺简单。2007年,轨道交通11号线北段工程3标段南翔站至白丽新村站区间包含3联钢梁,先在地面搭设落地支架,其后在支架顶面铺脚手板,在脚手板上拼装钢梁,最后在脚手架上用千斤顶调节钢梁线型进行拼装。

第五节 磁浮轨道梁制作和安装技术

一、轨道梁制作

2001年,世界第一条磁浮交通商业运行示范线在上海开工。为确保轨道梁生产工艺流水线的顺利实施,建工集团建造具有特殊功能和特殊要求的轨道梁加工基地。制梁基地是一座生产磁浮列车轨道梁的专用加工厂,建筑面积18万多平方米,占地面积30余万平方米,包括为磁浮列车工程提供轨道梁的混凝土浇捣、存放、功能件机加工、安装定子铁芯的加工厂等。磁浮工程建设期间,上海建工构件制梁厂共生产加工主线1 293根预应力混凝土轨道梁。

图7-5-14 磁浮列车预应力混凝土轨道梁制作

预应力混凝土轨道梁是由预应力混凝土箱梁与导向轨功能件组合复合成的梁。轨道梁制作工艺包括扎铁支模、浇捣混凝土、半成品梁露天养护,其中浇捣流程中包括钢模板安装和拆除、预应力钢筋张拉、金属连接件安装、混凝土灌注和蒸汽养护。磁浮轨道梁中埋件众多,尤其是连接件的测量与定位是轨道梁制作的最大控制难点。由于钢筋过密,造成钢筋施工和混凝土浇捣困难,浇捣中采取措施确保上承板部位连接件的预埋定位精度、控制预应力混凝土梁体的变形量,以及连接件与导向轨功能件组之间的机加工装配连接精度。

二、轨道梁安装

建工集团承担主线轨道梁6个标段中的4个标段,共20多公里,共计1 712根轨道梁的运输、吊装、精调工作。轨道梁基本长度25米、重180吨;轨道梁形态各不相同,横向有0~12度转角倾斜状态;第三施工段还有两根50米长度、分别为260吨和150吨的双跨连续试验梁。根据沿线错综复杂的施工环境,轨道梁的吊装分别采用重型履带式起重机双机抬吊、大型龙门吊

图7-5-15 磁浮列车轨道梁安装

抬吊、高空纵向移位、超级履带式起重机单机吊装等施工方法。由于绝大部分轨道梁架设高度不高、全长沿线一侧修筑工程使用的维修道路、主线架梁的宽度相同等特点,轨道梁架设的起重机械首推龙门吊。双机抬吊设备选用 150 吨履带吊、单机吊装设备选用 350 吨、600 吨超级履带式起重机。另外,轨道梁架设经过 15 处河浜以及多处立交桥等特殊区域无法采用常规起重设备进行施工安装,采用了"定点上梁、高空移位"的施工方法。

轨道梁精确定位是磁浮工程建设中比较重要的步骤,直接影响磁浮快速的运行速度。现场精确测量的主要限制在于测量仪器的精度、控制点的精度、公差标准的操作性及现场环境的局限性。因此采用吊装初定位和精定位逐步逼近的方法,利用高精度测量仪器和自主开发设计的三维液压调整装置,成功实现高精度、高效率磁浮轨道的精确定位。

第六章　特种工程施工技术

50年代,上海建工就在大型沉井技术上有所突破。70年代后,又在码头建设、海底敷设光缆技术方面有所创新。80年代,顶管技术快速发展,在顶管口径、不同材质、顶进距离等方面不断有所突破。90年代后,在港口码头、海底管道敷设、特大型沉井、超长距离顶管、大型船坞等方面的技术取得新的成果。

第一节　码头和船坞工程

一、港口码头

2010年12月,建工集团承建金边港新建集装箱码头。该集装箱码头位于距金边市区约21公里的湄公河边,是柬埔寨境内最大的内河港码头,水路转运枢纽的地理位置优势突出。项目新建2个5 000吨级集装箱船泊位、3座30米长的接岸栈桥,以及建设营运必需的水电配套设施及办公楼,设计年集装箱吞吐量为12万TEU。码头平台采用高桩梁板结构。排架间距为7米,共45个排架;平台和栈桥基础共采用330根钢管桩和20根灌注桩。上部结构采用现浇桩帽、现浇横梁、预制纵梁和面板,以及现浇混凝土面层。陆域采用吹填砂地基、强夯处理成型,集装箱堆场采用高强度混凝土联锁块面层。在实施过程中,对陆域吹填砂地基处理技术、高桩码头施工技术、堆场高强度联锁块施工技术进行集成应用,用20个月完成工程施工。

二、船坞工程

1999年,上海外高桥造船厂1号、2号船坞坞室工程,其中1号坞长480米、宽106米、深12米,2号坞长360米、宽76米、深14米,造船容量70万吨级。大堤内坞壁结构采用高桩承台单道锚拉板桩结构,大堤外采用低桩承台重力式扶壁结构。高桩承台单道锚拉板桩结构采用CAZ(1号坞CAZ25、2号坞CAZ28)组合箱型钢板桩,锚碇采用钢筋混凝土板桩结构。锚碇板桩顶部用现浇钢筋混凝土导梁连成整体。上部高桩承台采用现浇钢筋混凝土双孔箱型结构,用作公用廊道底板下设分离式减压排水系统,在中间二道坞门处基础下用LX16钢板桩隔断止水,整个坞室底形成三个独立的子系统;坞底板下设有300毫米厚砂滤层,在坞室纵向设有3条减压排水沟,沟内设有倒滤层。

图7-6-1　船坞工程施工技术

2000年9月，沪东中华造船厂船坞二期工程，造船容量为30万吨级，属软基上大型船坞。船坞底板下设减压排水系统，减压排水系统主要由坞室底板下的排水层、排水管和检修井组成。船坞两侧为南、北坞墙，后侧为坞尾，长327米。坞墙及坞尾构造：上部为现浇钢筋砼箱型承台结构，墙身采用CAZ钢板桩作止水墙及永久性坞壁结构，基础为PHC管桩；在船坞北坞墙近坞尾处（16~18轴）有1幢7层楼高的民船事业部大楼，该位置处无法采用锚拉体系，实际采用地下连续墙承重结构作为船坞坞墙基础，地下连续墙呈格形连续墙布置。船坞施工的支护结构采用锚拉体系，锚拉体系由坞壁CAZ钢板桩、坞墙承台、直径90钢拉杆及混凝土板桩锚碇墙组成。坞墙锚拉体系的后座采用混凝土锚碇墙，其基础为锚碇板桩。附属结构主要包括两座600吨龙门起重机轨道基础、两座40吨门座起重机轨道基础及公用设施坐落在两侧坞墙上。

2005年，中船长兴岛造船基地一期三号线位于上海市宝山区长兴岛新开港下游以东的岸边区域内，长江口深水航道南港南、北槽分流口的北侧，距圆沙航道最近距离仅875米。工程由坞室底板、坞墙、吊车道及附属设施等组成，其中坞墙是由东、西侧及坞尾坞墙组成，基坑工程长580米、宽120米、深14.4米，为当时国内已建成的最大船坞。坞墙采用地下连续墙，东坞墙及坞尾坞墙均采用1000毫米厚格形地墙结构，西坞墙采用800毫米厚地墙，中间隔墙采用十字钢板接头形式地墙。船坞使用期间的支护结构采用锚拉体系。2008年，上海外高桥造船基地扩建项目将2号船坞向南扩建接长180米，使其总长度达到540米。2号船坞接长工程长180米、宽76米、深14米，位于上海外高桥造船有限公司厂区内的加5.2米标高装焊平台上。西坞墙采用格形地下连续墙结构，墙顶设置顶圈梁与廊道底板结合为整体。东坞墙及坞尾采用板式锚拉结构，锚碇采用钢筋混凝土板桩与L形锚碇胸墙结合的形式。锚碇板桩顶部用现浇钢筋混凝土锚碇墙联成整体。锚碇板桩前面土体用深层搅拌桩加固，锚碇板前设置抛石棱体。坞室开挖施工期间，采用在坞壁间加对撑来减小坞墙位移，支撑立柱部分采用PHC桩，从底板工程桩顶接长，在送桩过程中同时施工；部分采用格构柱，在灌注桩施工时同时施工；部分采用埋件加格构柱，焊接在老坞底板上。由于本工程是对原有船坞进行扩建接长，故新老坞壁接口处的施工是本工程的一个控制重点。新老坞壁接口采用钢板把地墙中的钢板与原有的CAZ钢板桩焊接，并在坞室外侧设置高压旋喷桩加固。通过优化施工流程，采取设置临时挡水土坝、分段交付等措施，首次实现船坞接长改造过程中既有船坞的不间断生产。

第二节　海底管线敷设工程

一、海底管道敷设

1999年，舟山大陆引水应急跨海段钢管敷设工程是建工集团首次施工跨海引水钢管。跨海段钢管敷设施工，从镇海岚山水库下海，经灰鳖洋，横穿航运繁忙的金塘水道、以潮流速快著称的西侯门水道和菰茨门水道，至舟山马目登陆，设计全长36.4公里，实测最大水深24米，实测最大水流速度2.78米/秒。被敷钢管外径为1020毫米，壁厚14毫米，管材为Q235B。甲供半成品钢管长度12米，采用螺旋焊，外防腐为三油六布，内防腐材料为8710无毒油漆。施工中承受了多次强台风的严峻考验。

2007年，海底管道铺设施工技术应用到管材强度、刚度更低，施工难度更大的跨海PE管施工领域，完成长海县大长山岛跨海引水工程跨海输水管道安装工程，该工程实际敷管长度17.997公里，设计总体上要求将PE管埋入海底泥面以下2.0米。管材选用钢丝网骨架塑料（聚乙烯）复合管，PE 管外径 450 毫米，壁厚 22 毫米，每根长度 50 米，选用与管材配套的管件。

二、海底光电缆施工

1963 年，龚集电缆站过淮河电缆工程采用水下敷设技术，共敷设水下电缆 750 米。2009 年，厦门 220 千伏电力进岛第一通道扩建工程的海底电缆主绝缘采用 PPLP 复合纸绝缘，是国内第一条 220 千伏 PPLP 复合纸绝缘海底电缆；海缆敷设主要包括电缆路由勘察清理、海缆敷设和冲埋保护 3 个阶段。电缆敷设时要通过控制敷设船的航行速度、电缆释放速度来控制电缆的入水角度及敷设张力，避免由于弯曲半径过小或张力过大而损伤电缆。在施工的最后阶段，主要是对海底电缆进行深埋保护，减小复杂的海洋环境对海底电缆的影响，保证运行安全。2009 年，"309"海光缆通信工程（万山群岛）位于广东省珠海市万山群岛海域，由 6 段海光缆线路工程组成，合计路由长度 112.875 公里，缆长 113.956 公里。

图 7-6-2　海底光缆敷设

第三节　顶　管　工　程

1978 年，在镇海电厂顶管工程中采用自行研制的三段双铰式局部气压顶管工具管一次顶进长 610 米。1981 年，在穿越甬江的顶管工程中第一次采用中继间技术，采用 5 只中继环，使顶进距离达到 581 米，管道外径为 2.6 米，这也是国内第一次开创长距离水下顶管纪录。1986 年，在黄浦江顶煤气管道直径 2.4 米，穿越黄浦江 694 米，顶杨浦输水管道直径 3.0 米，穿越黄浦江 690 米。顶管进预留洞的偏差均在 5 厘米以内。1987 年，在黄浦江上游引水工程的南市水厂过江顶管中采用计算机监控、激光陀螺仪等先进技术，将直径 3.0 米的钢管一次顶进 1 120 米。

1999 年，在黄浦江上游引水（二期）工程长桥支线钢管管径 3.5 米钢管推进中，采用一台 3 段双铰型工具管和 18 只中继间，一次顶进长度 1 743 米。是年，在穿越黄河引水管工程，成功完成直径 1.8 米钢顶管顶进 1 115 米施工。在上海星火开发区污水排海顶管工程中采用一只双铰型工具管和 20 只中继环进行直径 1.6 米、长 1 511 米的超长距离混凝土顶管施工，管道顶向杭州湾深水水域。

进入 21 世纪，随着中继环接力、管内高压电输送等技术的突破，顶管口径从 1.2 米到 4 米，直线顶进、曲线顶进、垂直顶升、顶钢管、混凝土顶管，逐步形成顶管施工技术体系。2003 年，在上海市污水治理三期工程中采用自行研制的多刀盘土压平衡式顶管掘进机进行 DN3500 和 DN3000 钢筋混凝土顶管施工，管道总长约 3 011 米。2005 年，在温州市污水管抢修工程中采用顶管用离心浇铸玻璃钢夹砂管进行顶管施工，工程全长约 2 049.2 米。2006 年，在汕头市第二过海管续建工程中采用自主研发的复合式气压平衡式工具管施工，完成过海圆形钢顶管工程。2008 年，在丹阳市黄岗取水口江中取水管延伸工程中采用泥水切削气压平衡工具管施工中,将两根管径为DN1800的钢管推进1700米左右,其中1200米是在砂性土中顶进。

图7-6-3 顶管施工技术

图7-6-4 矩形掘进机施工技术

1998年,建工集团引进一台直径219毫米的小口径无排土顶管机,该机具有高精度远程操控技术,100米内排管精度可控制在20毫米以内。1999年,在浦东桃林路市政工地,先后成功完成了直径219、直径400、直径600毫米三种管径的钢管、硬聚氯乙烯管、混凝土管的顶进施工任务,特别是完成直径400×11.7毫米U-PVC管一次顶推施工60米的试验工程,轴线偏差仅为5毫米。此后又完成松江新区污水干管顶管工程、苏州河支流污水截流工程沉井顶管工程、江桥镇华江路直径600毫米顶管工程、青浦工业园区华菁路、新达路沉井顶管工程等。

第四节 沉井沉箱

一、沉井

自50年代至2010年,上海建工共完成1000多座沉井施工。1985年2月,上海宝山钢铁总厂长江取水工程圆形沉井面积达1452平方米;上海15万立方米煤气罐基础水密槽双壁沉井直径为68.6米。1989年,江苏利港电厂循环水泵房位于长江南岸江阴市西郊,是一座平面成"凸"字形大型异形沉井,面积2116平方米,平均制作高度15米。为防止承压含水层涌砂,开发应用竹片式钢筋笼护壁管井、潜水泵作深层降水降压的技术。不但加快工程进度,而且提高下沉质量。下沉出土费用大大节省,节约大量封

图7-6-5 江阴长江大桥北锚沉井

底材料。

1995年开始施工的江阴大桥北锚沉井,地处长江北岸岸边,沉井平面长69米、宽51米,下沉深度58米。场地的工程水文地质复杂,地层上部为软弱层,下部为硬黏土和粗砂砾石层。施工中采用地基加固、钢壳制作安装、沉井混凝土浇筑、降水、排水下沉和不排水下沉等工艺,运用下沉监控和水下大面积封底等技术措施和高压水水力挖泥、空气提升、气龛减阻等机械装置,高质量地将北锚沉井顺利下沉到设计标高。

二、沉箱

2007年,在轨道交通7号线12A标段风井施工中,在国内首次采用无人化可遥控气压沉箱工法。通过自主研发的一整套气压沉箱无人化遥控施工系统,形成完整的设备系统、施工技术工艺体系与操作规程、人员安全健康保障体系。地面操作人员通过监视系统遥控操作取土,并采取螺旋出土工法将土排出箱外,除设备检修外,整个挖、排土过程基本实现无人化施工,避免以往沉箱施工时大量使用人工操作作业环境差、安全性低、施工效率不高的缺点。

图7-6-6 气压式沉箱无人螺旋出土

第七章 园林工程技术

上海地区园林建筑是从南北朝时期开始出现的,多数古园几经沧桑,大多湮没。唯豫园、秋霞圃、古猗园、曲水园、醉白池等残存。上海解放后,对这些历史园林进行多次修复、扩建,成为上海名园。同时新建一批仿古园林工程,园林施工技术随之得到继承和发展。80年代后期起,逐步进行城市完整的生态园林绿化体系建设。90年代以后,上海园林绿化突出体现在特殊空间绿化施工、大型绿地施工和养护、园林古建和小品、园林建设生态技术集成施工方法的进步和发展。建工集团及园林集团参与建设不同类型、具有影响力、标志性的城市绿化建设任务,在园林工程技术领域取得了一系列成果。

第一节 园林绿化

一、特殊空间绿化施工及养护

特殊空间绿化是指用一般的绿化技术所难以实现的绿化。

2004年4月,上海市民立中学地处市中心绿化项目屋顶花园面积3 400平方米,是静安区最大的屋顶花园。在屋顶花园绿化实施过程中,均考虑到屋面的承重、排水系统的设计、滤水层的施工、土壤介质的选用、垂直运输、防风措施、防高温措施等问题。

2007年6月,世博中心的3块绿墙采用钢结构制作支架,然后将绿化模块安装固定;绿柱采用钢丝绳悬挂固定的方式。聚丙烯制

图7-7-1 垂直绿化

作的种植箱内置无纺布包裹介质放置珍珠岩,尽量保留植物土球,植物生长所需要的养分则通过滴灌系统的补充加以解决。绿墙每平方米的重量不超过70公斤。

2009年6月,世博会主题馆东西墙垂直生态植物墙墙面宽180米,高度从6米至26米,共5 600平方米。整个工程由栽植容器模块、植物、介质、滴灌系统、连接结构件等组成。新型生态墙采用塑料制作成长方体形状的容器,将特选植物种植在特制的介质中,植物及介质连同再生环保盒,置于容器中形成绿化模块组件,再将绿化模块组件安装在建、构筑物的结构墙体上,成功栽植5种特选植物,形成生态植物墙体。

二、大型绿地施工及养护

【盐碱地绿化施工技术】

2003年7月,崇明东滩生态示范区一期工程开始施工,施工面积约为1平方公里。上海新园林

实业有限公司要在盐碱地进行绿化,首先要对盐碱地改良。公司采用当地生长芦苇梗垫在树穴底层作为"隔盐层",并在隔盐层之上与根系之间填充山泥与原土混合土壤作为保护性土层。从地形高处挖深≥60厘米,宽≥20厘米的盲沟,顺坡向下接平地源沟,盲沟出水口比源沟沟底高5~10厘米,以保持盲沟排水通畅。盲沟内填芦苇卷≥20厘米,芦苇卷上面盖一层土工布或细孔塑料网,然后填土埋没,在地面上标出盲沟位置。盲沟的上端起于树穴底部的隔离层,若干树穴隔离层→盲沟→源沟,组成一个盲沟排水系统。种植苗木时适量抬高地面种植,同时适当浅栽。在养护期间采用磷酸二氢钾营养液(10 ppm)对苗木的养分进行补充。

【地下支撑技术】

2006—2010年,在上海黄浦江两岸的5.4平方公里世博园区建设中,传统的支撑系统均受制于地面支撑范围幅度小、支桩与地面角度大等,且桩角入地需与树穴盖板有精密的匹配度等要求。施工中采用地下绑固系统这一支撑系统,主要通过置于泥球底部的金属骨架底座,将其打入穴坑侧壁或底部,并对其上的泥球进行连绑固定,使泥球与金属骨架底座紧密连为一体,共同抵御树木地上部分所受的侧向风力。结合人行道铺设,整体预置可使吊索灵活脱卸的埋地式锚固滑槽地桩,在台风季节可采用快速布设吊索拉桩的临时措施,台风过后拆除吊索;铜材或不锈钢地埋桩预置件需有防止偷盗坏损的构造措施,可通过与金属基座的焊接和下部伸入人行道饰面的卡槽等办法来解决。

第二节 园 林 建 筑

一、园林建筑

1992年,真如寺塔整修,采用的是钢筋混凝土方桩基础,这是园林建筑中方桩基础运用得比较早的实例。1994年,青浦福寿园七座重檐攒尖顶的七星亭开始施工,七星亭坐落于福寿园的东北角,为钢筋混凝土结构,屋面采用筒瓦顶面,这是在现代仿古建筑中出现得比较早的筒瓦屋面。1996年,筒瓦屋面施工技术已经有了进一步的发展。曲阳公园内的桥亭建设时采用的是筒瓦屋面,这是仿古建筑筒瓦屋面施工技术的又一个应用。2010年3月,德国白湖市中国江南式古典园林工程占地约6 000平方米,其中中国仿古建筑面积约为340平方米,公园中单体形式中亭、台、楼、廊等都采用筒瓦顶面,体现中国江南独特的古典韵味。2010年5月,比利时天堂公园五期工程开工,其中中式餐厅、会议厅及体现上海豫园湖心亭风貌的香茗亭等的屋面都采用筒瓦。

图7-7-2 仿古建筑

二、园林桥梁

2003年9月,上海市奉贤区古华公园改造工程兴建3座车行景观石拱桥,分别为香花桥、红枫桥、见山桥。石拱桥具有较大的超越能力,能够充分发挥圬工抗压及其他抗压材料的性能,并且构造简单,受力明确。2009年,上海植物园基础建设改建工程中有3座单孔石拱桥。2003年古华公园的车行石拱桥跨度分别为7～10米,宽在3.5～4米,桥体最高处完成面距离水面2～3米,均是采用古式石头堆垒,筏板加桩基础,半圆形拱。建成后独富江南古典韵味。2001年,安亭公园改建的平桥,宽3米,长40米,3个转折,表面铺木板。平桥以桥墩和横梁为主要承重构件,受力简单,刚度较好,扩大空间感。2007年,朱家角课植园改扩建(一期)项目建造的平桥,宽1.2米,长9米,9个转折,做到了曲折中变换游人视线,步移景异。

三、园林假山及小品

【叠石假山】

叠石假山主要是采用钢筋混凝土结构做假山山体骨架,通过钢筋混凝土框架上的锚固钢筋与假山山体构造层中的灌浆料共同作用形成整体,假山山体当中是空的,大大减少假山用石量,而假山的高度和假山的体量也得到充分的拓展和体现。

2001年1月,延中绿地静安J-1黄石大假山采用叠石假山技术,建成后的黄石大假山用石量5 000吨。2001年9月,上海东方绿舟黄石大假山,假山占地面积720平方米,其完成后的高度为12～14米;山体正面宽度约为60米;假山体积约为5 000立方米,用石量为1万余吨,单块石料重达3吨到几十吨以上不等。钢混凝土框架结构高11.042米,长40米,上口厚2.45米,下口厚6.07米,呈梯台形状。2010年3月,上海中凯佘山别墅南山工程的叠石假山占地面积约13 500平方米。完成后的假山高度为4～13米不等;山体正面宽度约为300米;瀑布口水体有16处;大假山体积约为5 000立方米,用石量为1.5万余吨。

【GRC塑石假山】

玻璃纤维增强水泥(GRC)塑石假山,由GRC山石装饰件和假山骨架组成,一般是建造在真石假山不能堆筑的地方。通过将GRC材料制作成仿黄石、仿太湖石、仿溪坑石等山石装饰件,再按假山的空间外观造型制作和搭设假山山体骨架,最后将GRC单块装饰件按照编号逐一安装在假山山体骨架上,从而形成假山整体外观造型效果。

1998年,浦东仁恒滨江园景观工程鱼池机房的GRC塑石假山山体占地面积200平方米,是为隐蔽鱼池机房而设置,坐落在

图7-7-3 GRC塑石假山施工

一块较宽阔的地方,四周是高楼。施工人员在总结塑石假山制作的经验基础上,制作了山体造型新颖的塑石假山,使山石纹理脉络清晰,皱纹自然,具有独特的自然魅力。1999年,在静安公园施工的GRC塑石假山中,山体面积增加到400平方米,其特点主要是在山洞顶吊假山石块,因此在GRC塑假山石构件中需要埋置铁件。

2006年,中凯佘山别墅景观工程中,GRC塑石假山占地面积达到500平方米,平均高度为10米左右,采用钢筋混凝土结构框架剪力墙作为主体结构,基础是钢筋混凝土结构的大板基础,采用块石和仿黄石塑石装饰,造型奇特,艺术性高。

【园林小品】

园林小品是园林中供休息、装饰、照明、展示和方便游人之用及园林管理的小型建筑设施。主要采用木结构、石结构、砖结构、竹结构、钢筋混凝土结构、钢结构等。

2006年,上海世博公园的景观小品以生态建筑为主,将建筑融合到整体设计的生态自然的"滩"肌理中,主要有廊桥、空中弧桥、座椅等。廊桥主要以木拱桥、石拱桥、亭桥为主,空中弧桥为弧线形钢木结构,座椅分为两类,一类为临时性,一类为永久性,临时性以竹材质为主,永久性以木材和钢材制作。

图7-7-4 温室内园林小品

第三节 苗木生产

一、大规格乔木储备

大规格乔木储备技术主要涵盖适时移植、控制土球规格、土壤改良、断层种植、支撑固定、使用植物生长调节剂、容器育苗等方面,同时也包括配备专职技术人员做好修剪、剥芽、喷雾、叶面施肥、浇水、排水、设置风障和荫棚、包裹树干、防寒和病虫害防治等一系列养护管理工作。

2010年,世博公园种植乔木量达4 100余株,其中大部分规格树木胸径在18厘米以上,特种树甚至达到50厘米以上。世博园区行道树需求量达到1.5万株左右,占园区所有乔木数量的75%。为了解决这个矛盾,从2006年开始,园林集团有计划地进行大规格乔木的集中储备。到2007年2月,上海园林(集团)有限公司苗木储备中心完成储备近100种约2万株大树苗的储备工作。储备的苗木中有26个乔木树种可以用作行道树,其中落叶乔木19种、常绿乔木7种,有9种属于规划树种。园林集团建立严格、优良、一体化的管理系统,便于工作人员对储备中心所有苗木进行科学合理的管理和养护,最大限度地保证苗木的健康度和景观效果。2008年2月,世博园区道路景观绿化开始施工,苗木储备中心通过科学的养护与合理的修剪,使苗木恢复期缩短到1年,同时成活率达98%。2008年3月,世博公园在未考虑建筑的情况下多种植了近150株规格达20厘米左右的树木,到11月由于影响建筑施工起挖移栽时,发现这些树木泥球完整,须根系得到充分生长,再次种植对其基本无影响。

二、大树移植

大树移植施工技术主要包括种植季节、切根处理、种植、修剪方法和修剪量、挖穴、挖运种技术、支撑与固定、材料机具准备、养护、管理、应急抢救及安全措施等。

2001年，华山绿地建设过程中，为解决压实土层内快速种植全冠苗木，探索乔木种植穴水、气施工技术。苗木在挖掘受伤后，呼吸作用加强，种植穴中通过采用透气管来提高根系附近土壤中的孔隙率和通气性；采用碎石滤水层配合外部排水网，排出树穴内多余的水分，从而起到防止烂根的作用，改善根系土壤水分小环境，透气管提高树穴内水分排出的速度。

图7-7-5 大树移植

2002年5月，古城公园大树挖运过程中，采用喷施叶面蒸腾抑制剂，栽后在根部浇灌，形成层滴灌、叶面喷灌，可有效吸收的营养制剂，并运用性价比高的土壤改良材料。2008年，世博后滩公园的大树种植中，运用改进树穴处理、保活等技术措施，在此基础上，采用防风临固拉索系统。

2010年，东方体育中心绿地建设中有一株百年以上的古银杏需进行保护。古树名木的根系较为脆弱，生长范围较广且不均衡，周围建筑施工期间遭受过高、过低的地下水位和过多或过少的雨水形成内涝或干旱，会导致其逐渐死亡。通过软墙外侧的水分控制膜的湿涨（闭合）—干缩（开放）原理来阻止过量的水分进入古树的根系生长范围内的土壤中，并采用植物用珍珠岩和渗水管排出渗入土壤中的多余水分；软墙内侧铺设无纺布，从而控制根系范围内水分过量，可及时排出圆周区范围内土壤中的过多水分；通过最下层的渗水管来汇集排出的水分，干旱少雨时也可用作回灌通道。

第四节 园林生态

生态河岸是以自然为主导的，在保证河岸带稳定和满足行洪要求的基础上，维持物种多样性、减少对资源的剥夺、维护生态系统的动态平衡，与周围环境相互协调、协同发展，提高系统的自我调节、自我修复能力、改善人类生活环境的地带。

2009年，后滩公园由一条东西走向的景观生态水系贯穿，水体总面积达3万多平方米，采用经检测符合标准的黏土作为河床基层，铺设黏土层的厚度为0.60米，上

图7-7-6 生态修复

铺砾石砂层和砂土层,配合种植水生植物、藻类及放养水生动物如鱼、蚌等,通过土壤物理净化、植物及藻类的净化及生物净化构建起一个利用生态净化的水处理系统,把黄浦江劣Ⅴ类水处理成可以用于浇灌、清洗的Ⅲ类水,服务于世博园区。公园内黏土采用的是浙江省长兴县煤山、小浦两地的黏土。

2010年元旦,上海虹桥综合交通枢纽交通中心项目东交通广场绿化工程中心庭院生态袋护坡工程的边坡因坡度陡、土建结构梁架纵横,采用传统覆土边坡施工难度大,存在很大的滑坡风险。施工中采用三维生态驳岸施工方法很好解决了上述问题。三维排水生态边坡系统是集土木结构和生态环保绿化为一体的系统工程。三维排水联结扣用来将生态袋相互联结从而增强剪切强度,形成牢固的三角内摩擦紧锁结构,建造高而陡的生态环保边坡。

第八篇 企业管理

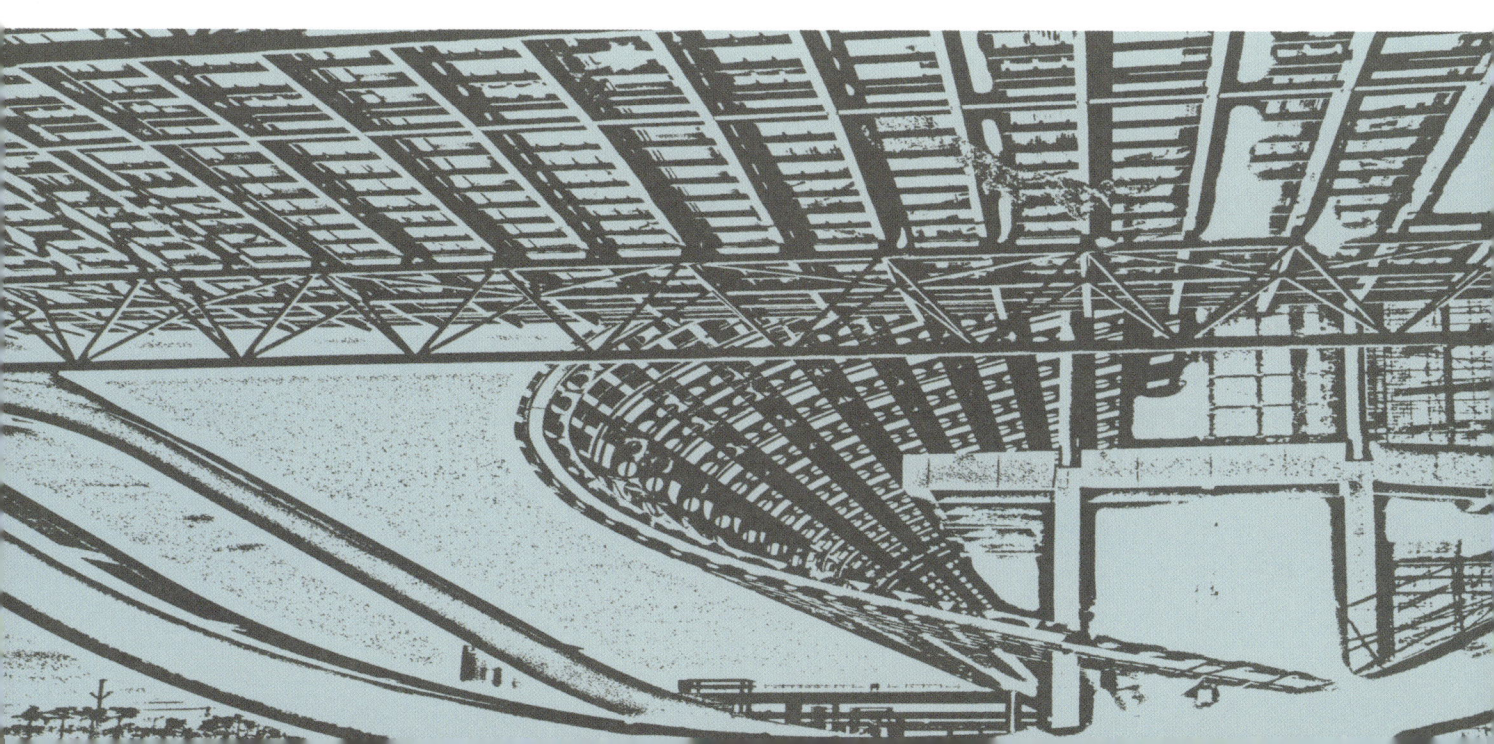

概 述

  在计划经济体制下,上海市建筑工程局(简称建工局)作为企业的主管部门,按照国家的统一机构、统一制度、统一要求对所属企业的生产活动进行管理。1953年建局初期,局设生产、行政、人事等管理部门,下设工区工程处。1954年,工区工程处改为公司,逐步形成公司—工程队—施工队的管理体制。局机关设立计划、财务、材料、设备及安全、质量以及人事、教育、行政等职能部门。在生产方面,根据市计划部门下达的任务分配给相关企业;在材料供应方面,由局根据计划统一分配钢材、木材、水泥;石子、黄沙等大宗建筑材料也由局统一供应;在财务管理方面,初期实行实际成本报销制,70年代实行会计收付核算制。各企业与局对应设立相应的职能部门,负责计划内任务的实施。从上到下的行政管理体系保证全局企业生产活动的运行,尤其在国家重点工程建设中发挥较大的作用。"文化大革命"中,管理制度被当作"管卡压"进行批判。70年代后期,经过企业整顿和开展"学大庆"活动,恢复合理的规章制度,生产秩序逐步趋于正常。

  80年代初,建筑业作为城市经济体制改革的突破口,建筑企业的管理体制、管理方法开始进行改革。1980年,建工局实行"三年财政包干",扩大企业的自主权,增强了企业生产经营的活力。80年代初开始,通过开展"抓管理、上等级""全优工程"评比等活动,健全规章制度、明确岗位责任制,企业管理进一步得到加强。1987年开始实行工程项目管理制度,推动管理层和劳务层分开,改变原有的行政管理体制,逐步形成以市场为导向的公司—项目经理部—项目部的管理体制,围绕项目的实施形成一系列合同、核算、内部审计、质量、安全、标准化管理制度;同时形成以劳务、设备、材料等单位为主体的内部市场。为适应市场,企业内部机构设置更注重综合性和实效性,不强调统一和上下对口。1993年,上海市建筑工程管理局(简称建管局)机关实行相近职能部门合署办公的制度,部分企业建立市场部、营业部等对接市场的部门,加强企业招投标体系、内部市场的管理。通过签订经济责任制和项目承包责任制,形成激励和约束机制。

  1994年后,上海建工(集团)总公司(简称建工集团或集团总公司)着手建立符合市场、适应现代企业制度要求的管理体制和管理制度。在取得国有资产授权管理后即制定《国有资产管理经营若干规定》,对产权经营管理形式、母子公司之间的权责界定、资产管理、财务管理、资产经营责任制作了规定。在集团总部部门的设置上强化战略规划、生产经营、投资决策、人事任免、资产收益、审计监督等职能的落实和能力的增强,并随着集团业务领域的扩大不断提高管理的覆盖面。以提高总承包、总集成能力为目标,积极探索总承包和集成社会资源的多种方式,在重大工程建设和重大科研攻关上充分发挥集团的整体优势,有力推动集团的结构调整和能级提升。上海建工股份有限公司(简称建工股份公司)上市后,按照上市公司的要求规范企业的经营行为,提高管理水平。与此同时,大力推进品牌建设,扩大计算机网络运用的范围,切实加强企业法务工作,使集团的管理跟上现代管理的步伐。

  上海建工经历从政府的企业主管机关到企业集团再到上市公司的转换,经过多年的不断调整,初步建成了比较符合市场要求、体系较为完整、运行较为顺畅的管理构架,形成了一套适合集团发展特点的管理方法,为集团的持续发展提供了基本保证。

第一章 战略规划

建管局成立后负责管理上海建筑行业和建筑市场,局设立政策法规研究室,根据国家及上海市的总体要求,对建筑行业和建筑市场进行大量调查研究,制定颁发建筑行业改革和管理的法规性文件,规划调控建筑市场容量,保持建筑业适度增长。建工集团成立后,集团董事会强化战略规划的职能,在集团总部先后成立发展研究室和战略研究室,负责研究与集团发展有关的社会经济、建筑行业、相关产业的市场环境动态,开展集团自身战略发展调研,起草发展规划等。同时组织多方面力量对有关集团发展战略方面的问题开展多种形式的调查研究,开展专题大讨论,统一思想认识,确定战略定位,先后形成集团试点方案、多个五年发展规划等。

第一节 集团试点方案

1992年10月党的十四大召开,提出"我国经济体制改革的目标是建立社会主义市场经济体制""鼓励有条件的企业联合、兼并,合理组建企业集团"。外省市的建筑企业陆续组建集团。在学习党的十四大精神的基础上,建管局党委组织人员对企业集团的理论和国外企业集团情况进行研究,逐步形成共识,认为局属各企事业单位已经初步形成行业整体分工体系,有必要不失时机组建自己的企业集团。1993年年初,建管局组成学习考察组先后到武汉、北京、天津等地,学习考察武汉建工集团、北京建工集团、天津建工局组建集团的做法和思路,了解集团的构架、职能和运行中遇到的问题。回沪后形成调研报告。1993年年中,根据市有关方面的要求,建管局制定转制组建上海建工集团的方案。11月,中共上海市委决定撤销上海市建筑工程管理局,组建上海建工(集团)总公司。1994年7月,上海市国有资产管理委员会批准授权集团总公司管理经营集团内全部国有资产。是年12月,集团总公司制定《国有资产管理经营若干规定》(50条),并召开领导干部会议统一思想,推动集团的实际运行。

1996年,在广泛调查研究的基础上,集团拟定《上海建工集团跨世纪发展战略》,分析集团成立后所面临的宏观形势,确定发展的总体战略、发展目标、经营战略、支撑体系和规划措施。1998年12月作了修订。1997年4月,建工集团被列入国务院重点扶持的全国120家大型企业集团试点范围。根据《国务院批转国家计委、国家经贸委、国家体改委关于深化大型企业集团试点工作意见的通知》精神,集团制订《上海建工(集团)总公司国家大型企业集团试点实施方案》(简称《试点方案》),并于1998年6月将《上海建工集团跨世纪发展战略》等7个文件作为附件一并上报国家经济贸易委员会。1998年9月,试点企业集团杭州会议后,集团又根据国家经贸委《关于国家大型企业集团制订试点方案有关问题的通知》精神,对原上报的试点方案进行完善和补充。1999年3月18日,由上海市建设委员会组织上海市人民政府有关部门和上海大学有关专家组成论证组对集团制订的《试点方案》进行论证。根据论证组的意见,集团对《试点方案》作了进一步的修改。1999年4月9日,国家经贸委批复,认为《试点方案》发展战略规划及改革思路清晰、目标明确、措施具体、内容完整,基本符合国务院和国家经贸委的文件要求,原则同意集团试点实施方案。《试点方案》批复之日起,集团试点进入实施阶段。在《试点方案》中,集团提出的战略思路是:在市场开拓上实行

"巩固上海,向外拓展"的战略,实现地方性集团向全国性集团的根本转变。在产业发展上实行"垂直延伸,联动发展"的战略,在稳固发展建筑业这个主业的同时,大力发展与建筑业相关的产业,实现规模经济。在产品定位上实行"建筑为主,路桥并举"的战略,实现生产经营内涵的延伸和重点的转移,适应投资结构的变化和市场的需求。在科技进步上实行"超前储备,不断创新"的战略,确保集团在建筑施工科技研究和应用领域处于国内领先地位,力争有一批项目达到国际领先水平。在管理上实行"从严求实,争创品牌"的战略,夯实基础,严格规范,促进企业管理的现代化。在人才上实行"优化结构,完善机制"的战略,调整和完善人力资源结构,组建新世纪所需的高素质、高效率和复合型的工程管理技术人才队伍,保证集团事业持久繁荣。

《试点方案》确定2000年的近期目标为:初步形成以总承包为营销龙头、"一业为主、相关联动"的产业结构;突出建筑主业,带动相关产业和基础设施产品成为重要的经济增长点;基本形成立足上海、辐射内地和国外建筑市场的生产经营新格局,境外营业额和总营业额分别进入225家和50家全球最大的国际工程承包商之列。《试点方案》确定的2010年远期目标为:要建立起比较完善的现代企业制度,集团的整体优势得到充分发挥,实现从区域性向全国性集团的根本转变,形成以建筑为主业、上下游多元产业占有重要比重的产业结构和适应市场主要变化的产品结构,经济增长的方式完成由粗放型向集约型的基本转变,把集团建设成为一个智力密集、技术领先、管理优秀、资金雄厚、世界知名的大型建设企业集团。

第二节 集团经济发展战略("九五"规划)

1997年11月,集团总公司邀请上海社会科学院专家组成《上海建工集团经济发展战略研究》(简称《战略研究》)课题组,对集团经济发展的战略进行研究,并形成课题报告。《战略研究》的成果又作为集团的"九五"规划。

课题报告由总报告和发展模式与战略调整的必要性研究、市场前景与竞争态势、产业结构调整战略研究、组织发展战略、资产经营战略、人力资源发展战略、企业文化战略、加强科技开发工作的研究8个分报告组成。《战略研究》提出2000年近期总体目标是通过实施结构调整、体制改革和增长方式转变三大战略,集团在由上海市场走向全国市场方面取得实质性进展,突出建安主业,带动上游产业和基础设施产品成为重要的经济增长点;初步建立现代企业制度,在混合型控股定位的前提下,再造与强化集团公司功能,构建投融资、多元产权和管理型公司组织体制;经济增长方式得到初步转变;集团经济转移到适应市场变化新趋势的轨道上来,为21世纪初集团经济的大发展和成为中国建筑市场最大主力企业之一奠定坚实的基础。

《战略研究》确定到2000年的具体目标是:集团综合营业额达到300亿元,年均递增16.8%;建安产值从1996年的121亿元增加到210亿元;利税总额从1996年的4.42亿元增加到8亿元,净资产从2000年的12.2亿元增加到25亿元(包括发行股票等在内)。建安产业在综合营业额中仍占主要比重;其中基础设施、住宅小区建筑业务应成为有力的经济增长点。同时非建安产值应达到25%~30%。内地市场应占集团建安产值比重15%~20%,海外市场拓展到3%~5%;另一方面,集团在国内建筑市场占有份额应从目前不到1%扩大到2%,总承包应居于集团市场营销的龙头地位(集团60%以上的建安产值通过总承包实现);多专业产业深化和延伸的生产体系(竞争性配套)初步建立;作为混合型控股公司,投资和资产经营成为集团重要的经营方式。

《战略研究》明确到2010年,实现从区域性到全国性集团的根本性转变,形成以建安为主业、上下游多元产业占有重要比重的产业结构和适应市场主要变化的产品结构；建立比较完善的现代企业制度，集团的整体优势得到充分发挥；经济增长方式完成由粗放型向集约型的基本转变；集团成为在国内市场居有优势地位、在国际市场占有一席之地的中国最大的建筑主力企业之一。具体目标是：建立比较健全的技术与资金密集型管理型大公司的组织体制，集团总人数下降至2万人，管理技术人员比重从目前的约20%增至60%，以公有制为主体的多元化产权体制。集团综合营业额达到约700亿元（按现行价计），利税总额从2000年的8亿元增加到15亿元；净资产从2000年的25亿元增加到50亿元（包括筹资和资产经营等）。建安产业在综合营业额中仍占有主要比重（60%~70%），但非建安产业比重已增加到30%~40%。在建安产值中，内地市场比重已居重要地位，为60%~70%，海外市场5%~10%；集团90%以上建安产值通过总承包方式获得。拥有世界一流建筑大公司的科技超前开发能力，在建筑科技领域居于世界领先地位。

《战略研究》提出实现战略目标的基本思路：一是实施结构调整战略，进行区域结构调整：坚决巩固上海市场，重点开拓内地市场；进行产品结构调整：坚持原有优势，重点开发基础设施；进行产业结构调整：依托主业发展，积极推动纵向延伸；进行结构调整的综合协调：以地区结构调整为龙头，带动经济结构的同步调整。二是实施体制改革战略，集团公司定位于混合型控股公司，再造并强化集团公司职能；组建上市公司和财务公司，构建投融资体制；调整人力资源配置，构建管理型公司的组织体制；推行多元产权体制，逐步分离减少劳务人员并形成竞争性配套；体制改革的突破：以构建投融资体制为动力，带动经济体制全面改革。三是实施增长方式转变战略，扩大生产经营的内涵，使其由粗放向深加工、全过程延伸；由单纯生产经营向生产经营和资产经营并举延伸；由技术应用向超前开发延伸；整个经济增长方式的转变：以做大总承包为龙头，推动整个经济增长方式的转变。

第三节　集团"十五"发展规划（2001—2005年）

1997年，建工集团综合营业额达到200亿元，而1998年和1999年连续两年综合营业额下降。经分析，除受亚洲金融危机影响外，集团的经营结构雷同、产品单一、抗风险波动能力低、人才结构单一、企业冗员多、体制上的不适应等内部因素是主要原因。1999年10月，集团召开领导干部务虚会，提出《实施2000—2001年战略调整发展纲要》（简称《纲要》）。《纲要》要求，一是加大经营力量，加大开拓市场力度。到2001年的生产目标应占上海全社会投资中建安部分的15%以上，其中土木及市政工程占总量的20%，外地产值应占总产值的15%，海外产值应占总产值的8%。二是减少冗员。到2001年在册人员为42 700人，在岗人员2.9万~3万人。三是调整装备。建筑机械及周转设备材料主要是加强协调，调度平衡需求。要增加市政工程设备，如大型打桩船、100吨以上起重船一条、中硬土层掘进盾构机、土方碾压机械及平整机械和水工工程需要的工程船只等。四是加强成本管理，压缩管理费开支。到2001年工程业务费及行政管理费预算开支压低到1999年实耗数。五是经营结构调整。继续贯彻资产经营带动生产经营方针，选好投资项目，重点是有稳定回报的城市基础设施必须由集团进行总承包。大力发展房产业，除继续开发自有土地增加资本积累外，重点要选择地段好、规模大、房型好、环境佳的住宅小区进行开发，打出建工房产品牌，增加效益，要求在2001年新增开发量40万~50万平方米。经过调整，使集团成为一个精干高效，管理能力强，管理跨度大，集建筑、土木、水工施工全能，并具有相当投资能力，符合当前全国建筑市场形势的大型企业集团。

2001年，集团总公司对"九五"期间的工作和两年调整规划实施的情况进行评估，分析国家宏观形势变化给集团发展带来的机遇和挑战，在此基础上制定《上海建工集团"十五"发展规划纲要》（简称《十五规划》），并经集团总公司第一届职代会第一次会议审议通过。

《十五规划》提出要把握新一轮城市现代化建设的新机遇，坚持在发展中调整，不断开拓创新，深化体制、机制改革；继续推进建安主业的规模化、效益型发展，增强核心竞争能力；集中优势资源，确立集团在市政土木领域的技术制高点和竞争优势；大力发展房地产，加大资产经营力度，积极探索资本经营方式，形成新的经济增长点；建立现代企业制度，建设人才高地，实现集团的可持续发展，保持在全国同行业的领先地位，为建设智力密集、技术领先、管理优秀、资金雄厚、世界知名的大型建设集团打好基础。

《十五规划》提出的主要预期目标是，"十五"期间，累计实现综合营业额1000亿元，保持国内大型综合建设集团龙头企业的地位。实现利润总额12.5亿元，净资产收益率不低于10%；资产负债率继续保持75%的水平。集团在上海地区的市场占有份额达到20%，继续保持在城市标志性建筑、重大城市基础设施项目领域的高占有率。土木建筑业、工业、第三产业（含房地产业）的综合营业额结构比为78∶10∶12；上海地区、外埠省市、境外地区的施工产值结构比为75∶15∶10；房屋建筑、土木市政、装饰装修及其他工程的签约额结构比为70∶15∶15。集团主业利润（土木建筑施工）与投资收益分别占集团合并综合损益的比例为55%和45%。房地产业的发展在确保综合效益与稳健经营的前提下追求规模的最大化，按照开发、在建、销售面积分别不低于20万平方米的目标，资本规模超过3亿~5亿元，5年累计投资总量达到50亿元，土地储备量不低于50万平方米。"十五"期间，利润总额累计达到3亿元以上，净资产收益率超过15%~20%，使房地产业成为集团的重要产业和新的经济增长点，力争进入上海房地产开发10强行列。以积聚拔尖型、敬业型人才为目标，加快培养组建高素质、高效率的各类施工管理技术人才队伍。到2005年年末，在岗人数总量控制在3万人左右，管理与专技人员占职工总数的比例提高到50%~55%，其中，中、高级专技人员的比例提高到40%左右。专业装备配置的重点领域集中在水工作业、高速公路、轨道交通等三大领域，购置、研制专业装备的投资总量超过1.5亿元，包括大型水上打桩、起重船，中硬土层掘进盾构机，高速公路土方碾压及平整机械，大型吊装机械等，不断提高土木市政领域专业装备的配置水平。

第四节　集团"十一五"发展规划（2006—2010年）

2004年年初开始，集团开展"战略机遇期和集团可持续发展"大讨论，对有关集团和企业战略发展上的一些大问题进行讨论和研究。在历时10个月的大讨论中，集团上下围绕着建筑市场、产业结构、组织结构、人力资源、科研开发、生产经营、品牌战略、企业文化等多个专题，从企业现状与市场需求的差异性上找问题，从企业运作机制与国内外先进同行的对比中寻思路，形成近60篇对集团进一步发展提出问题、建议与思考的调研报告和论文，在确定集团和企业的战略定位、产业调整和专业调整的方向、组织结构和管控模式等有关战略问题上形成共识。大讨论的成果对制定集团的"十一五"规划打下了很好的基础。

2005年，集团开始制定《上海建工（集团）总公司"十一五"发展规划纲要》（简称《十一五规划》）。集团成立课题组，对国内外同类企业进行了广泛的调查，对行业的基本规律和同类企业的发展历史、现状及经验教训有了进一步的了解，看到了差距，找到了目标。各业务线条，如科技、人才开发、企业文化、房地产、海外事业等都对本线条的情况作了认真的调查研究,进行超前的思考;起草班子对《十一五规划》文本作较大修改的就有近10次。《十一五规划》经集团总公司第二届职代会第一次会议审议通过。

《十一五规划》提出要牢牢抓住市场机遇,推进技术创新,深化企业改革,整合优势资源,改进增长方式,提升总承包、总集成能力;以建筑承包为主业,拓展产业链,协调发展相关工业、房地产开发和基础设施投资经营;以上海市场为主体,积极向全国市场、海外市场拓展;努力做强做大"上海建工",使之成为具有国际竞争力的大型建设集团。总体目标是通过调整和发展,逐步增强设计、采购、施工一体化的工程总承包能力;形成集房屋建筑、土木工程、环境建设为一体,投资、建设、管理为一体的经营格局;不断提高多个产业板块的利润贡献率,增强集团的经济实力;建设一支与集团发展相适应的高素质的职工队伍,使集团成为产权多元、资金雄厚、智力密集、技术领先、管理先进的具有较强国际竞争力的大型建设集团,到2010年进入全球225家最大建筑承包商前25名。

《十一五规划》设定了具体目标。一是经营规模以2005年完成综合营业额350亿元为基数,年增长率不低于12%,至2010年实现综合营业额不低于600亿元,5年累计实现综合营业额2500亿元,其中2010年建筑业产值为500亿元。二是5年累计实现利润22亿元左右。2010年实现利润6亿元,其中建筑安装和工业实现利润3亿元,房地产业实现利润2亿元,基础设施投资经营实现利润1亿元。三是提升总承包、总集成的能力,在管控模式和管理方式上有所创新。在日常生产经营、重大工程组织、重大技术创新项目等方面,集团总公司要更好地发挥集合资源、集聚人才、集约组织的功能。总承包部和海外事业部作为集团总公司的经营实体,要形成多种管理和服务模式,拓展工程建设产业链,为提高集团管理能级,在国内外市场上增强总集成、总承包能力发挥积极作用。各企业要明确定位,提高专业水平。建筑施工企业要提高施工总承包的能力,增强企业创利能力,成为全国同行的龙头企业,成为集团优质资产的主体;专业公司要"有所为有所不为",走"深度开发、做强专业、形成特色"的发展道路,不断提高核心竞争力,不断提高盈利能力。经过产业重组,形成一批支撑集团产业板块、在不同专业市场和领域具有很强竞争力的骨干企业。通过资产纽带和产业联系,形成集团较完整的产业链和较强的综合竞争力。四是把建立和完善集团技术创新的组织体制和运行机制作为一个重要目标提出来,确立支撑集团主营业务核心竞争力的专项成套技术优势,保持科技综合实力处于全国同行业前列。五是职工工资性收入稳步增长,企业优秀人才的收入逐步接近市场水平,职工月最低工资标准高于本市职工月最低工资标准,健全和完善医疗救助、生活帮困等制度。

第五节 集团"十二五"发展规划(2011—2015年)

2010年,集团成立《十二五规划》编制工作小组,工作小组进行大量的前期研究工作,总结集团"十一五"期间的工作成果和经验,通过多种方式对国内外建筑企业的发展轨迹、运行方式、盈利模式等进行比较和研究,扩大了视野,拓展了思路。集团各部门对各自负责的课题都进行悉心研究,对规划编制工作形成有力支撑。《十二五规划》经集团总公司第三届职代会第一次会议审议通过。

《十二五规划》明确要紧紧抓住上海加速建设"四个中心"和中国城市化、现代化、国际化快速发展的大好机遇,适应市场和行业环境变化发展新趋势,以集团整体上市为契机,以科学发展为主题,以"转方式、调结构、强基础、促和谐"为主线,牢固树立市场意识,把客户满意度作为检验企业工作的重要标准,为股东创造更大的效益。坚持突出主业,联动发展,继续把提高总承包、总集成能力和拓展产业链、拓展区域经营作为主要任务,把提高科技创新能力、提高资源整合能力、提高经济运行质量作为发展的重要环节,在新的起点上实现新的跨越,把集团建设成为技术领先、管理先进、服务优良、品质优秀、具有较强国际竞争力的大型建设集团,使"上海建工"成为国际知名、中国建设领域标志性的品牌。

《十二五规划》提出,一是5年完成营业额5 500亿元,合同签约额5 500亿元。2015年实现营业额1 500亿元,合同签约额1 500亿元,利润总额28亿元,净资产200亿元,净资产收益率8%。多种渠道融资200亿～300亿元。二是2015年建筑及土木工程业务实现营业额1 200亿元,占80%;建筑材料及其他业务实现120亿元,占8%;工程设计和咨询业务实现20亿元,占1.3%;基础设施投资业务实现40亿元(年末累计投资额204亿元),占2.7%;房地产开发业务实现120亿元,占8%。三是2015年建筑及土木工程业务实现利润10亿元,占36%;建筑材料及其他业务实现利润3亿元,占10%;工程设计和咨询业务实现利润2亿元,占7%;基础设施投资业务实现利润5亿元,占18%;房地产开发业务实现利润8亿元,占29%。四是2015年上海市场实现营业额900亿元,占60%,国内市场实现营业额525亿元,占35%,海外市场实现营业额75亿元,占5%。五是科技综合实力处于全国同行业前列,在有优势的科技前沿取得一批具有世界先进水平的科技成果,专利申请量不少于150件,专利授权量不少于30件,主持或参与编写市级以上技术标准不少于15项,获得省部级科技进步奖不少于50项,国家科学技术进步奖获奖数保持全国同行领先水平。六是保持职工收入增长高于全市职工工资增长控制线,集团职工收入年增长率平均为10%。继续完善年金等保障制度,不断提高职工福利水平,改善职工工作条件。七是保持企业稳健发展,为股东创造更大价值,向社会提供更多就业机会,坚持文明绿色施工,降低建筑能耗,建筑能耗下降18%,继续改善农民工工作和生活条件,加大安全监管力度,减少伤亡事故,积极参加社会公益事业,完成对口支援任务。

第二章　生产经营管理

从1953年成立到80年代中期,建工局的施工生产任务是严格按照国家计划层层分配给所属企业,对工程进度、材料供应、劳动力调配等进行统一的计划管理,根据国家有关制度、规范进行安全生产和工程质量的管理。80年代中期后,随着建筑市场的开放和招投标制度的推行,建工局(建管局)调整机构,组织力量,逐步将项目承接方式从计划分配转向投标模式,推动所属企业建立适应市场的管理体制和管理方法。1994年建工集团成立后,集团建立统一的生产经营管理体系,重点是发挥集团整体优势,组织协调重大项目施工生产资源配置,解决重大工程施工疑难问题;按照现代管理的要求,建立和健全质量、安全保证体系,确保集团的生产经营持续、健康、稳定发展。

第一节　管 理 体 系

建工局成立初期采取局、公司一体体制,局设计划组、技术组,管理4个工区工程处和6个局直属工地日常生产。1954年2月,形成局和公司两级体制,局增设材料处,技术组改为生产技术处。1956年,生产技术处分为生产处和技术处。1958年2月,建工局与华东工程管理总局合并,局机关的生产部门有计划处、技术处、材料处、机械动力处。1964年生产管理部门有计划处、科学技术处、施工处、工业生产处、机械动力处。"文化大革命"初期,局机关成立"抓革命促生产一线指挥部"。1967年7月,局机关设立生产组、科技组、工业组、设备材料组。1978年3月,局机关生产管理部门有计划处、施工处、基建处、技监处、材料管理处、机械动力处。这个时期,局的生产管理部门主要负责生产计划的下达和执行以及工程质量安全的管理;70年代后期,还负责局内基本建设的审批和实施。建筑材料的计划制定和实施,钢材、水泥、木材等统配材料的调配,主要由局供销处负责。各建筑安装企业与局对口建立相应的计划科、材料科、设备科等部门。

80年代中期,随着工程招投标制度的实施,建工局计划处逐步取消对各公司下达指令性计划,建筑材料也逐步以市场采购为主。1988年3月,建管局内设综合协调处,负责协调局属企业的生产进度、现场材料设备使用、机械设备管理和市重点工程施工等。局属企业的质量、安全工作接受行业管理部门——市建筑工程质量监督站和市建筑施工安全监督站统一管理。1991年9月,建管局撤销综合协调处,设立施工生产处、设备材料处,主要管理局属企业的计划、统计、设备材料等。随着项目管理的推行,各公司根据各自的情况,取消分工较细的科室,综合有关生产管理的要素,成立市场部或营业部、工程部、物资部等机构;所属的分公司也有相应的职能部门。

1994年1月,建工集团成立施工生产处,负责集团内与生产经营相关的计划统计、经营管理、安全质量、施工技术、设备材料等职能。处内设立经营处长、安全处长、质量处长等管理岗位,加强对各公司和事业部经营工作的指导和服务工作。1995年设立质量安全处,1998年设国内市场部。2000年6月,施工生产处改名为生产经营部,内设业务处长和相应的岗位,负责集团建筑安装及工业生产的管理、指导、服务、协调工作,市重大工程、在建工程的安全质量检查、协调、管理工作,施工过程中的技术管理。2004年,把施工技术管理职能划归总工程师室。2011年,在生产经营部内设经营管理处、生产管理处、安全管理处、质量管理处、材料与设备管理处、国内市场管理处。集团所属子公司在经营生产部门的设置上注重拓展市场和过程监控的功能,管理部门的名称不作统一。市场拓展部门的名称有市场部、市场中心、营业部、经营部等,有的整合技术标和商务标的力量,建立统一的经营机构;生产监控部门的名称有工程部、生产监控中心、施工生产部等,职能覆盖计划统计、进度控制、安全质量、材料设备管理等。公司所属分公司部门设置基本与本公司的相关部门对应,项目部则设置相应的岗位。

第二节　经　营　管　理

一、目标市场管理

80年代中期开始,建工局指导所属企业根据市场发展和变化,确定目标市场,不断调整经营重点,从一般民用建筑、工业建筑转移到"高、大、深、重"的工程和市政工程上来。建工集团成立后延续这样的市场拓展重点,1996年中标264个项目,中标金额达127.81亿元,超过亿元的工程35个。

1998年,根据上海投资重点和集团调整规划,集团把经营的目标市场的重点放到标志性工程和越江工程、高速公路、船坞码头等市政基础设施土木工程上;启动以资产经营带动生产经营,对基础设施的投资经营。2000年,建工集团市政工程中标合同额占比达16.56%。同时,针对装饰市场的发展趋势,集团一方面扩大装饰企业的规模,另一方面提高装饰企业设计能力,通过设计标来获得施工标,扩大在装饰市场的占有率,2000年,建工集团装饰工程新签合同额占比达15.14%。

2000年后,随着上海建设国际经济、金融、贸易、航运中心步伐的加快,一大批提高上海城市功能的新项目陆续上马。2002年,上海在市郊建设若干个三级医院分院,改变医疗设施不均衡的状况。2005年,国家扩大高等教育的招生,上海有一批教育设施需要建设。建工集团以此作为经营重点,重视技术方案对提高中标率的支撑作用,增加投标量,提高中标率,在医疗系统和教育系统取得较高的市场占有率,获得瑞金医院、曙光医院、中山医院、华山医院、长海医院等一批医疗机构和复旦大学、同济大学、上海大学、上海交通大学等一批教学设施的建设任务。

2005年,上海开始世博工程建设。建工集团全集团动员,上下联动,全力以赴,在整个世博园区建设中,承揽了35个项目、200多个单体的建设任务,施工面积达135万平方米,占整个园区投资80%左右。同时,中标虹桥综合交通枢纽、两条越江隧道、外滩综合改造工程、辰山植物园等一批世博会的配套工程。2009年,上海新增800亿元投资项目,"四个中心"建设后续项目、"后世博"的基础设施项目提前启动,临港新城、嘉定、金山等郊区建设加大投资力度,建工集团把经营目标拓展到上海中心城区的周边市场和科技、教育、环境、医疗等领域的项目,中标合同额从2000年的146.12亿元上升到2010年的858.33亿元,约占上海总量的1/3,其中重点工程占全市60%以上。

根据集团的发展战略,建工集团积极拓展外省市和海外市场,先后在重庆、武汉、厦门等地建立分公司或办事处。1998年,建工集团提出调整区域结构,加大对外拓展的力度。全集团在外省市承接到施工项目85个,完成工作量近14亿元,工程覆盖全国11个省市和2个经济特区。2005年,集团建立南方分公司,作为集团拓展国内市场的专门队伍。集团以长三角、环渤海和珠三角为重点,稳妥开拓中西部地区,以当地的标志性与高端项目、城市重大基础设施项目和长期合作业主项目为目标市场。2007年年底,集团在国内市场承建的工程项目涉及全国23个省市、102个项目、350万平方米、近120亿元合同造价。其中长三角、珠三角和环渤海占80%。

2007年12月,建工集团召开国内市场会议,提出要通过2~3年的努力,进一步提升国内市场份额,形成"长三角、环渤海、珠三角"三大区域市场重点开发的经营格局。2010年年底召开的国内市场工作会议上,又提出上海及长三角、珠三角、中南、京津、东北、西部和重点城市("1+5+X")的国内市场布局,发挥集团的投资、设计、总承包的整体优势,取得整体效益。2010年,集团外地在建的工程项目涉及全国21个省市,中标合同额从2000年的11.45亿元上升到2010年的260.3亿元,相继中标承建如总高度610米的广州电视塔、2 000吨钢结构的青海西宁电视塔、江苏第一高楼——450米的南京紫峰大厦等一批当地标志性建筑。

1994年集团成立后即获得对外经营权,1998年又获得对外援助项目实施A级资格。随着中国驻外使领馆建设和集团驻外机构的设立,集团把中国对外援助项目、中国驻外使领馆项目和国际承包项目作为主要的目标市场。先后承建孟加拉孟中友谊会议中心、中国驻纽约总领事馆、中国驻新加坡大使馆等项目。根据国家对外援助方式变化的情况,集团又把援外优惠贷款和优惠出口买方信贷(简称优贷优买)项目作为经营工作的重点,先后在特立尼达和多巴哥、柬埔寨、萨摩亚、赞比亚等地承建14项工程,合同金额达51.11亿元。2007年,建工集团召开海外工作会议,要求建立"大海外"格局,提出在巩固亚洲、非洲和拉丁美洲地区等传统市场的同时,逐步开拓中东、东欧和南部非洲市场。1994—2010年,集团在海外共实现合同总额218.13亿元。

二、大客户管理

80年代起,建工集团(建工局、建管局)通过为业主提供前期服务、共同组织竞赛、签订战略合作协议等多种方式,加强对一批认可上海建工管理、质量和服务又互相信赖、长期合作的业主的联系和合作,拓展经营的领域,提高为业主服务的水平。80年代后,一批来上海发展的外商,在工程前期筹划中,亟须在服务上能够提供帮助。建工集团(建工局、建管局)利用自己独特的地域和人脉优势,从办理项目建设前的各类证照到协调工程周边社区的各种关系,努力为他们解决后顾之忧,保证工程顺利开工,受到业主的好评,由此形成紧密的合作关系。其中不少业主在上海市场和共同开拓国内目标市场中给予建工集团很大的帮助。

从1990年上海地铁1号线正式开工建设以后,建工集团积极配合申通公司(地铁建设公司)开展轨道交通建设管理工作,组织赛区竞赛,以竞赛带动建设,优质高效地保证工程建设任务的顺利实施,由此集团成为申通公司(地铁建设公司)长期的合作伙伴。在医疗、教育等项目的建设中,建工集团利用自己的专长,解决在工程建设中的各种难题,弥补业主在人员、工作等方面的薄弱点,保持良好的业务关系。2010年,建工集团在医院、学校系统的市场占有率达85%以上。

2007年8月,上海建工集团与万科集团签署战略合作协议,确定双方战略合作关系的原则,即在协议期内,万科集团将向上海建工集团提供具备一定规模且稳定增长的施工业务;建工集团将发挥其专业及资源等综合优势,为万科集团提供高质量的产品和服务。由此拉开集团与大企业集团战略合作的序幕。至2010年,集团先后与复地集团、绿地集团等9家大型企业签署战略合作协议,实现"战略认同,业务融合,合作双赢,共同发展"的战略合作目标。

第三节 计划和统计管理

一、计划管理

50—80年代初,建筑施工项目实施严格的计划管理。凡国家建设部门和市政府部门下达的施工项目由建工局按建设项目所在区域,以建筑安装施工任务通知单的形式书面下达给局属建筑公司,同时抄送局施工部门、供销处(材料公司)、构配件公司、基础公司、机施公司、安装公司,据此供应材料和构件及确定打桩、吊桩、安装总分包关系。局管理部门制订年度施工计划,下达和考核施工企业年、季度生产指标,组织季度计划汇总和综合平衡,协调甲乙方和总分包关系,解决施工生产中的薄弱环节,保证全局各项计划指标的完成。各建筑施工企业根据局下达的施工任务,落实施工条件,编制年、季和月度施工作业计划,向工程队(处)下达月度生产指标,检查重点工程形象进度完成情况,保证季度计划各项指标的完成。工程队(处)根据公司下达的月度作业计划指标,编制月度、旬作业计划,确保公司月度计划的完成。

1985年后建筑市场开放,建工局不再下达指令性计划,局属各公司以投标方式在市场竞争中承揽施工任务。1988年建工局改为建管局,设立综合协调处,对各企业在实施施工任务过程中人、材、物等生产要素进行协调和管理。局属各企业内部设立生产计划部门,围绕履行合同制订计划,组织施工管理。计划涵盖形象进度、工序衔接、材料供应、机具设备安排、劳动力平衡、成本消耗等;按周期划分有年度、季度、月度计划。计划指标包括工作量、施工面积、开工面积、竣工面积、劳动生产率等。

1994年建工集团成立,生产过程的计划管理由施工生产处(2000年改为生产经营部)负责,主要是对集团所属企业生产的管理、指导、服务、协调工作为主。管理的主要内容有生产计划的编制与下达,市重大工程、在建工程计划的编制、抽查、协调、管理。具体的工作方法是通过信息系统或派驻联络员,汇总重大工程、在建工程的形象进度和节点控制目标;召开重大工程现场协调会,及时解决影响工程进展的各类问题,协调各条线采取整改措施,确保工程顺利开展。其间,集团内各企业相应调整生产部门设置,与集团总公司计划条线对接,配合集团总公司开展计划管理工作;依据集团总公司下达的年度计划和重大工程安排,组织管理本单位的生产工作任务。

二、重点工程管理

从1986年开始,市政府每年发布重点工程目录,包括产业发展、市政建设、市民生活等方面有重大影响的工程。建工集团(建工局、建管局)通过招投标,每年承担全市60%以上的重点工程建设任务。每年年初,集团(局)生产主管部门依据上海市公布的当年重点工程项目制定全集团(局)重点工程任务安排,印发到相关企业。各相关企业依据集团(局)的安排制订本企业年内重点工程建设计划,明确重要时间节点。集团(局)生产主管部门每月收集全集团(局)重点工程建设情况,编制重点工程建设情况一览表,反映各工程的实际形象进度及后续计划安排,作为集团(局)综合协调的依据。

在一些社会影响大、时间进度紧、施工难度大的重点工程建设中,集团(局)成立由领导任组长、有关部门参加的工程建设领导小组,组织和协调集团(局)各方面力量推进重点工程建设。1986年,浦东煤气厂工程作为全市民生方面的一号工程,建工局成立领导小组展开工程会战,在全市率先开展立功竞赛活动,圆满实现预期的目标,得到市领导和社会各方面的充分肯定。1995年,时为"中华第一高楼"的金茂大厦开工,建工集团成立由主要领导为首的工程领导小组,由集团副总经理担任项目总承包经理部经理,从全集团调集精兵强将组成项目经理部,在建设过程中发挥集团优势,不断攻克技术和管理上的难题,在超高层建筑施工成套技术和工程总承包管理上取得行业内公认的业绩。2010年世博会工程建设时间紧、规模大、集团参与的单位多,集团成立世博工程建设指挥部,由集团主要领导担任总指挥,在世博会园区浦东、浦西和虹桥综合交通枢纽、外滩综合改造工程分别成立分指挥部,由相关分管领导担任指挥,在十分困难的条件下完成任务,确保世博会按时开幕。90年代起,建工集团承担全市1/3以上的轨道交通建设任务。轨道交通建设的特点是线路长、参与面广、周边协调难度大、车站基坑施工和盾构掘进不可预计的因素多。集团成立轨道交通建设领导小组,由生产经营部为主成立工作小组负责抓工作推进,各相关企业成立对应的领导和工作机构。由于领导得力、管理到位,轨道交通建设顺利推进,得到业主和社会的赞誉。从2001年起,集团还先后在磁浮工程、卢浦大桥工程、上海国际赛车场工程、京西宾馆工程等工程上成立领导小组或指挥部,落实领导责任,加强过程协调,组织技术攻关,开展立功竞赛,按时、圆满地完成各项重点工程。

三、统计管理

80年代前,建工局各企业的统计工作严格按照国家下发的统计报表进行填报,后由建工局汇总上报到国家统计部门。

1983年12月8日,《中华人民共和国统计法》颁布。建筑企业统计工作有了法律依据。根据建筑企业的特点,建工局对局内企业和直管项目一般采用部位进度法开展项目统计工作,即按照工程进度、按部位以百分比估算施工产值的方法进行统计。这一时期,统计报表主要以企业总产值、开竣工面积反映建工局综合生产实力。

随着以工程招投标为主要特征的建筑市场逐渐形成,在计划经济条件下形成的传统经济核算方法不适应新的情况。1992年2月,建管局印发《关于印发加强土建施工企业经济核算和管理的四个文件的通知》(简称《通知》),提出月度成本结算必须遵循"三同步"原则,施工产值统计必须以月度工程实际已完成施工部位的预算收入为依据,以工程预算书或预算调整通知单为基础,报表数据的月度结算期为上月26日至当月25日。《通知》附件印发4个文件,其中《关于施工产值统计的暂行规定》中提出施工产值是企业经济效益成本核算的基础,对单位工程拆分、各种费率计算、工程进度统计、发包工程统计、变更调整等内容作出具体规定,严格规定单位工程拆算台账、已完工程量月报表(俗称验工月报)的编制要求。

1996年,集团总公司编制生产任务完成情况表,企业类型分集团总公司总部、全资子公司(厂)、事业单位、其他单位。统计指标包括施工产值、开竣工面积、施工面积等。

1998年10月12日,集团总公司印发《关于完善土建工程施工产值计报的通知》,进一步完善施工产值统计计报方法,包括各种形式让利、开办费、按国际报价中标工程产值、汇率差、总包管理费、总包配合费、增减账、合同索赔、业主指定分包产值等。

随着集团施工业务总量的不断扩大,2000年,集团总公司编制综合营业额完成情况表,统计指标包括综合营业额、施工产值、工业产值、房产收入等,并分地区、专业进行统计。2001年,集团总公司编制《建安企业施工生产完成情况快报》,指标内容包括施工产值、竣工面积、开工面积。2004

年,集团总公司对综合营业额完成情况表进行调整,统计分析开始按施工对象、地区、承包性质和工程用途划分。

2005—2007 年,集团总公司先后印发《综合营业额统计暂行办法》《建筑业产值统计制度》,明确综合营业额是反映集团生产经营规模、发展速度、经营成果的综合性指标,是编制集团生产经营计划、考核子公司和所属单位生产经营业绩的依据。两份文件对统计口径进行了梳理,理顺了营业额、施工产值、工业产值等指标间的关系及施工产值各项费用的计报方法。

第四节 质量管理

一、质量管控

70 年代前,建工局和所属企业由生产管理或技术管理部门负责质量管理,有的企业设立技监部门专司质量的检验和控制。在班组相继建立质量自查复查等制度,包括收工检查制度,每天收工前,由生产小组对当天施工的工程进行检查,发现不符合质量要求的及时改正;工长及施工员检查制度,每一工序完成后由工长、施工员层层进行自检复查;交换班检查制度,上一道工序完成交下一道工序时,进行交接班检查;小组挂牌制度,在本班组工作的部位挂上班组名称的牌子,增强责任性,便于检查。

1978 年 3 月,建工局成立技术监督处,各公司相继成立质安科,各公司下属工程队成立技监股,实行三级管理体制。工程队下属的工程项目质量由施工员负责,一般由木工翻样(木工施工员)负责木工操作的分部分项的质量,关砌(泥工施工员)负责泥工操作的分部分项的质量。工程队、公司质量管理部门对工程质量进行抽查。80 年代初,在建筑安装企业推行以"全面、全员、全过程"为核心的全面质量管理,开展群众性全面质量管理(QC)小组活动。QC 小组针对生产经营、低碳环保、绿色施工、管理服务等活动中存在的问题,遵循 PDCA(计划、执行、检查、处理)循环的方法,坚持"小、实、活、新"的原则,进行技术质量方面的攻关,解决质量通病,提高质量水平。自 1987 年市建一公司 107 队《PDCA 循环提高高层创优综合效益》QC 小组成果被中国科协、全国质量协会、全国总工会授予国家质量成果一等奖后,1987—2010 年,建工集团(建工局、建管局)共获得上海市 QC 成果奖 1 300 项,国家 QC 成果奖 150 项。

1988 年,建设部颁发《建筑安装工程质量检验评定统一标准》(GBJ 300—88)。质量管理实行基础、主体、竣工三阶段监督验收,建筑工程质量验收开始实行核验制。2001 年 7 月,建设部颁发《建筑工程施工质量验收统一标准》GB 50300—2001,从 2002 年 1 月 1 日起施行。此标准贯彻"验评分离、强化验收、完善手段、过程控制"的编制思想,工程质量验收开始实行备案制。《建筑安装工程质量检验评定统一标准》的执行,明确工程参建各方的主体责任。此后,建工集团的质量管理模式从节点控制转化为过程控制,以抽查、巡查来验证各项目的执行情况。

1994 年建工集团成立后,集团强化公司、分公司和项目部三级质量管理体制。公司设质量管理部,分公司设质量科,项目部设质量员。在明确公司和分公司质量部门职责和责任的同时,强调项目质量员要对工程项目的施工质量全面把关。加强对原材料的质量控制,监督分包单位和生产工人的操作进程,对检验批、分项、分部和单位工程实施全数检验。

从 70 年代末开始,建工集团(建工局、建管局)每年都要不定期地开展工程质量大检查,这项制度一直没有间断。检查组由质量主管部门领导带队,现场解决质量管理中的突出问题。

二、质量创优

70年代后期,建工局响应北京等地建筑企业的倡议,在住宅工程中开展以质量为核心的"全优工程"竞赛(高质量、高标准、高工效、高速度,安全生产好、管理节约好),在工程竣工后进行评比,评上全优工程者获得建工局颁发的"全优工程证书",其中样板工程可获"全优工程样板"并镶嵌在建筑物的显著位置。建工局要求企业每年参加全优工程竞赛的面达到50%以上,1987年,建工局评出全优工程占总数的3%。1987年后,创全优工程竞赛逐步被其他质量评优活动替代。

从1982年开始,国家和上海市陆续开展国家优质工程金质奖和银质奖、中国建筑工程鲁班奖(简称鲁班奖)、中国土木工程詹天佑奖(简称詹天佑奖)和上海市优质工程白玉兰杯奖(简称白玉兰奖)等评选活动。各单位对创优工程进行目标管理,采取目标制定、质量责任制落实、技术措施策划、过程质量标准监管等措施,确保工程质量目标的实现。1982年,市建三公司承建的上海薛家浜万吨冷库、市建七公司承建的上海电视一厂彩电总装配线荣获首批国家优质工程银质奖,截至2010年,建工集团(建工局、建管局)共荣获4项国家优质工程金奖,47项银奖。1987年,市建七公司承建的华亭宾馆荣获首批鲁班奖,截至2010年,建工集团(建工局、建管局)共荣获73项鲁班奖。2000年,基础公司承建的上海杨浦大桥工程荣获首批詹天佑奖,截至2010年,建工集团(建工局、建管局)共荣获24项詹天佑奖。1998年,市建三公司承建的上海市徐浦大桥荣获首批全国市政金杯奖,至2010年,建工集团(建工局、建管局)共荣获20项市政金杯奖。1989年,市建二公司承建的曲阳新村商场荣获首批白玉兰奖,至2010年,建工集团(建工局、建管局)共荣获482项白玉兰奖。

表8-2-1 1990—2010年建工集团获得"国家优质工程金质奖"情况表

年 份	工 程 名 称	承 建 单 位
1990	上海石化总厂涤纶二厂氧化聚酯短丝装置	市建一公司
2000	上海图书馆新馆工程	市建四公司 安装公司(参建)
2010	白龙港污水处理厂	市建七公司
2010	国电宁波北仑电厂三期工程	基础公司

说明:国家优质工程奖是1981年经国务院批准设立的、中国工程建设领域的国家级质量奖。该奖项分国家优质工程金奖和国家优质工程银奖,由中国施工企业管理协会组织评选。

资料来源:国家优质工程金质奖获奖证书。

表8-2-2 1982—2010年建工集团(建工局、建管局)获得"国家优质工程银质奖"情况表

年份	工程名称	承建单位	年份	工程名称	承建单位
1982	上海薛家浜万吨冷库	市建三公司	1984	吴泾2.6万吨冷库	市建七公司
1982	上海电视一厂移电总装配线	市建七公司 安装公司(参建)	1985	上海游泳馆	市建八公司 安装公司(参建)
1983	上海虹桥俱乐部龙柏饭店	市建五公司 安装公司(参建)	1988	华亭宾馆	市建七公司 安装公司(参建)

〔续表〕

年份	工程名称	承建单位	年份	工程名称	承建单位
1990	上海石化总厂芳烃联合装置	安装公司 市建一公司（参建）	2005	上海市公安局办公指挥大楼（主楼）	市建七公司 安装公司（参建）
1990	上海耀华皮尔金顿浮法玻璃生产主线工程	市建三公司 安装公司（参建）	2006	普陀区公安分局、检察院办公楼	市建五公司
1990	上海铁路新客站	市建五公司 安装公司（参建）	2006	上海中医药大学附属曙光医院迁建工程（门急诊综合楼）	市建七公司 安装公司（参建）
1990	上海物资贸易中心大厦	市建五公司	2006	青岛新天地一期景观工程	园林工程公司
1990	虹桥宾馆	市建八公司 安装公司（参建）	2006	共和新路高架工程	市建一公司（参建） 市建二公司（参建） 市建四公司（参建） 市建五公司（参建） 市建七公司（参建） 基础公司（参建）
1994	海仑宾馆	市建一公司 安装公司（参建）			
1994	杨浦大桥	市建一公司 市建三公司	2007	交通银行数据处理中心（上海）项目一期工程	市建七公司 安装公司（参建） 装饰公司（参建）
1995	夏普生产楼	市建一公司	2008	由由国际广场	市建二公司 安装公司（参建）
1996	华都大厦	市建一公司
1996	杨浦大桥主桥	基础公司	2008	同济大学教学科研综合楼工程	市建四公司
1999	金叶大厦	市建一公司
1999	上海威海公交综合楼	市建四公司	2008	佳龙花园（三期）办公楼	市建五公司 装饰公司（参建）
1999	瑞安广场	市建八公司
1999	金玉兰广场 D2 楼	安装公司	2008	天山世纪广场	市建七公司
2001	陈云纪念馆	市建四公司	2009	宝莲城 7 号房	市建一公司
2001	上海大学新校区图书馆	市建七公司	2009	海事大学临港新校区体育中心	市建四公司
2002	延安路高架道路工程	集团总公司	2009	南汇医疗中心病房楼	市建五公司
2002	大同中学改造工程	市建四公司	2010	上海港国际客运中心港务大楼	集团总公司 市建四公司（联合申报） 安装公司（参建）
2003	沪青平高速公路入城段立交桥	市建七公司
2004	四季酒店	市建一公司 安装公司（参建）	2010	沈阳奥林匹克体育中心游泳馆及网球中心	集团总公司 市建五公司（参建） 安装公司（参建）
2004	明天广场	市建二公司 安装公司（参建）	2010	太平人寿全国后援管理中心	市建五公司
2004	古象大酒店	市建七公司	2010	华能玉环电厂二期工程	基础公司
2004	广州国际会议展览中心	机施公司	2010	高宝金融大厦	市建七公司

资料来源：国家优质工程银质奖获奖证书。

表8-2-3 1987—2010年建工集团(建工局、建管局)获得"中国建筑工程鲁班奖"情况表

年份	工程名称	承建单位	参建单位	年份	工程名称	承建单位	参建单位
1987	华亭宾馆	市建七公司	安装公司	1999	十六铺交银大厦	市建五公司	
1988	雁荡大厦	市建四公司		2000	上海城市规划展示馆	市建二公司	安装公司
1988	上海耀华皮尔金顿浮法玻璃主线工程	市建三公司	安装公司	2000	909工程生产及支持厂房	市建四公司	
1989	上海新客站	市建五公司	安装公司	2000	浦东国际机场一期航站楼	集团总公司	市建三公司 市建七公司 安装公司 机施公司
1990	上海国际机场宾馆	市建八公司	安装公司
1990	上海石油化工总厂芳烃厂	安装公司	市建一公司
1991	上海物资贸易中心大厦	市建五公司		2000	西藏日喀则上海广场	市建七公司	
1991	虹桥宾馆	市建八公司		2001	金茂大厦	集团总公司	市建一公司 安装公司 机施公司
1992	文汇大厦	市建四公司	安装公司
1992	上海园林宾馆	市建三公司	
1993	上海协泰中心综合楼	市建一公司		2001	浦东新区办公中心主楼	市建三公司	
1993	南浦大桥(主桥)	基础公司	市建三公司	2001	上海市委党校改扩建一期工程	市建四公司	
1993	银星假日酒店	市建四公司	安装公司
1995	海仑宾馆	市建一公司	安装公司	2001	民防大厦	市建七公司	
1995	虹桥友谊商城	市建五公司	安装公司	2002	上海科技馆	市建四公司	安装公司
1995	杨浦大桥(主桥)	基础公司	市建一公司 市建三公司	2002	久事大厦	市建一公司	安装公司
2002	红塔大酒店	市建八公司	
1996	上海大众汽车有限公司车身、油漆、总装车间	市建五公司		2003	交银大厦	市建一公司	安装公司
2003	上海造币厂印花车间	市建七公司	
1996	新民晚报现代印刷中心业务楼	市建四公司		2004	卢浦大桥	集团总公司	基础公司 安装公司
1997	上海博物馆新馆	市建四公司	安装公司	2004	残疾人体育艺术培训基地	市建一公司	安装公司
1997	上海民主党派办公楼	市建五公司		2004	江桥垃圾焚烧厂	市建二公司	安装公司
1998	中国石油大厦	市建二公司		2004	震旦国际大厦	市建四公司	安装公司
1998	上海图书馆新馆	市建四公司	安装公司	2004	沪东船厂技术中心大楼	市建七公司	
1998	上海建工活动中心	市建七公司	安装公司
1998	瑞安广场	市建八公司		2005	复旦大学附属中山医院门急诊医疗综合楼	市建一公司	
1999	上海市老干部活动中心	集团总公司	市建七公司
1999	上海第一百货股份有限公司六合路商业大楼	市建二公司		2005	上海高级人民法院	市建四公司	
2005	上海国际赛车场	集团总公司	市建二公司 安装公司

(续表)

年份	工程名称	承建单位	参建单位	年份	工程名称	承建单位	参建单位
2006	花旗集团大厦	建工股份公司	市建一公司 安装公司	2009	东银中心	市建二公司	
2006	东海大桥	建工集团(4家单位联合申报)	基础公司	2009	上海海事大学图文信息中心	市建五公司	
2006	都市总部大楼	市建一公司	安装公司	2010	上海同步辐射光源工程	市建七公司	安装公司
2006	东方艺术中心	市建四公司	安装公司	2010	中国2010年上海世博会中国馆(中国国家馆、中国地区馆)	集团总公司	市建四公司 安装公司 机施公司 装饰公司
2006	中国浦东干部学院	市建七公司	安装公司
2007	瑞金医院门诊医技楼	市建一公司		2010	世博轴及地下综合体工程	集团总公司	市建七公司 安装公司 机施公司 桥隧公司
2007	上海钻石电气科研中心	市建二公司	
2007	华府天地公寓	市建四公司		2010	中国2010年上海世博会主题馆	市建二公司	安装公司 机施公司 园林工程公司
2007	中国平安集团全国后援管理中心1号楼	市建五公司	
2008	中国平安集团全国后援管理中心2号楼	市建一公司		2010	上海500千伏静安(世博)变电站工程	市建二公司	安装公司
2008	松江大学园区资源共享区一期工程(体育馆、游泳馆)	市建四公司		2010	世博演艺中心	市建四公司	机施公司 安装公司 装饰公司
2008	北京国家大剧院	集团总公司	安装公司 机施公司 装饰公司	2010	世博洲际酒店	集团总公司 市建四公司	安装公司
2010	都江堰市医疗中心	市建四公司	
2008	浦东国际机场扩建工程航站区航站楼工程	建工股份公司	市建一公司 市建七公司 安装公司 机施公司	2010	世博中心	市建七公司	安装公司 装饰公司
2010	埃塞俄比亚格特拉立交桥	建工集团(海外部)	

说明：中国建筑工程鲁班奖(国家优质工程)是建设部1987年设立的中国建筑行业工程质量最高荣誉奖；1996年改名为"中国建筑工程鲁班奖(国家优质工程)"。该奖项由中国建筑业协会组织评选。

资料来源：鲁班奖获奖证书。

表8-2-4　2000—2010年建工集团获得"中国土木工程詹天佑奖"情况表

年份	工程名称	承建单位	年份	工程名称	承建单位
2000年第一届	杨浦大桥	基础公司 市建三公司 市建一公司	2000年第一届	华亭宾馆	市建七公司 安装公司 基础公司
2000年第一届	上海地铁1号线	集团总公司	2000年第一届	东方明珠广播电视塔	市建一公司 基础公司 机施公司

〔续表〕

年份	工 程 名 称	承 建 单 位	年份	工 程 名 称	承 建 单 位
2002年 第二届	金茂大厦	集团总公司 市建一公司 机施公司 建工院 材料公司	2010 第九届	铁路上海南站	市建七公司
			2010 第九届	环球金融中心	集团总公司 市建一公司 安装公司
2002年 第二届	上海体育场	集团总公司 市建八公司 机施公司	2010 第九届	世博会中国馆工程	集团总公司 市建四公司 机施公司 安装公司
2003年 第三届	上海科技馆	市建四公司	2010 第九届	世博会世博轴及地下综合体工程	集团总公司 市建七公司 机施公司 安装公司
2005年 第五届	广州白云国际机场				
2005年 第五届	卢浦大桥	集团总公司	2010 第九届	世博会主题馆	市建二公司
2005年 第五届	上海国际赛车场工程	集团总公司	2010 第九届	世博会世博中心	市建七公司
2006年 第六届	明天广场	集团总公司	2010 第九届	世博文化中心	市建四公司
2007年 第七届	上海旗忠村体育城网球中心	安装公司	2010 第九届	上海光源(SSRF)国家重大科学工程	机施公司 安装公司 市建七公司
2009年 第八届	北京国家大剧院	集团总公司	2010 第九届	东海大桥	集团总公司
2009年 第八届	共和新路高架道路工程	市建七公司	2010 第九届	上海白龙港污水处理厂升级改造及扩建工程	市建七公司

说明：中国土木工程詹天佑奖设立于1999年。该奖项旨在奖励和表彰中国在科技创新应用方面成绩显著的优秀土木工程建设项目，由中国土木工程学会组织评选。

资料来源：詹天佑奖获奖证书。

表8-2-5　1998—2010年建工集团获全国市政金杯示范工程奖工程情况表

年　份	工 程 名 称	承 建 单 位
1998	徐浦大桥	市建三公司 市建五公司 市建七公司 市建八公司 基础公司 机施公司
1999	外环线（西南段）工程吴淞江桥	市建三公司

〔续表〕

年 份	工 程 名 称	承 建 单 位
2000	世纪大道5.1标	市建四公司
2000	世纪大道6.1标	市建八公司
2001	浦东国际机场南干线工程	市建三公司
2001	WWT/3.1标	基础公司
2002	苏州河综合整治两港旱流截污出水总管工程	基础公司
2002	污水治理二期工程	基础公司
2003	沪青平高速公路入城段工程	市建五公司 市建七公司
2003	重庆长江鹅公岩大桥正桥工程	基础公司
2004	卢浦大桥工程	集团总公司 基础公司
2005	共和新路高架工程	市建一公司 市建二公司 市建四公司 市建五公司 市建七公司 基础公司
2005	"西气东输"上海城市输气管网(一期)	安装公司
2006	延长路车站	基础公司
2006	苏州河综合整治梦清园工程	市建四公司 园林集团
2008	中环线3.9标	市建四公司
2009	M8线人民广场	市建一公司
2010	浦东国际机场南进场通道	市建二公司 市建七公司
2010	白龙港污水处理厂	市建七公司
2010	上海轨道交通7号线龙阳路停车场、肇嘉浜路站、零陵路站、芳甸路站、7标、25标、12A标	市建二公司 市建五公司 市建七公司 机施公司 基础公司

说明：全国市政金杯示范工程是中国市政行业工程质量方面最高奖项，由中国市政协会组织评选。
资料来源：建工集团全国市政金杯示范工程获奖证书。

三、专项治理

70年代末，多层住宅出现"六渗一漏"（屋面渗漏、外墙面渗漏、门窗渗漏、地下室渗漏、厨房间渗漏、卫生间渗漏，管道漏水）质量通病，有的通病成了质量的顽症，引起住户强烈反应和社会的关注。建工局在全局范围内开展专项整治,抓试点、抓样板工程,在强化操作工人质量意识和职业道德的同时,优化操作工艺,改进材料配置,加强过程监管,同时对设计提出改进的建议。经过几年的努力,"六渗一漏"问题基本得到解决。

1994年,装饰工程发展较快,在一些项目上出现粗制滥造的倾向和质量通病,不及时解决这些问题,就可能影响刚刚兴起的装饰业的发展。建工集团按照市质量总站的要求,开展装饰无质量通病专项治理。1998年在全集团开展"装饰精品"的评比(每年评比两次、上下半年各一次),以内部评优来促进装饰企业的管理能力和质量水平的提高。评比由企业申报参加评比的项目,经过专家的检查和评选以及组织解决装饰质量通病的培训等,使建工的装饰工程质量显著提高。2000年后,一大批保障房开始建设,住宅的质量直接影响老百姓的满意度和政府的信誉。从2009年开始,建工集团在参加保障房建设的企业间开展住宅工程"放心房"的施工竞赛活动,在技术方案优化、施工工艺改进和管理标准提高等方面进行竞赛。在竞赛过程中,对关键工序、特殊过程、中间验收、产品检验及产品保护等环节作了规定,在施工管理中以进度、质量和安全三方面为抓手,注重技术方案优化和改进,强化样板引路和过程验收制度,满足业主潜在的需求,在符合规范标准的前提下创出管理和质量特色,逐步形成集团住宅工程总承包管理模式。竞赛中,涌现出市建五公司承建的上海市配套商品房南汇康桥镇6号地块、市建七公司承建的航头住宅基地浦江03-01地块8、9号楼和市建四公司承建的徐泾经济适用房项目等一批全市保障房综合观摩工程。

第五节　安　全　管　理

一、安全管控

70年代前,建工局和所属企业安全管理工作由生产管理或技术管理部门负责,有的企业由技监部门派专人负责安全管理。1978年3月,建工局成立技术监督处负责安全管理,各公司相继成立质安科,各公司下属工程队成立技监股,实行三级管理体制。

1995年8月,建工集团设立质量安全处,公司设安全科,分公司设质量安全股,项目设安全员,逐步形成四级安全管理网络。2005年,根据《上海市安全生产管理条例》要求,建工集团成立由集团总经理为主任的安全生产委员会,下属各子公司成立以公司总经理为主任的安全生产委员会。2008年起,根据建设部《建筑施工企业安全生产管理机构设置及专职安全生产管理人员配备办法》,建工集团明确四级安全生产管理网络设置和人员配备要求。集团与各级单位(部门)层层签订安全生产责任书;与内部各横向部门责任人员建立安全生产责任制,建立"一岗双责"制度,形成纵向到底、横向到边的安全生产责任制网络。

1956年,国务院颁发《工厂安全卫生规程》《建筑安装工程安全技术规程》和《工人职员伤亡事故报告规程》;1980年,国家建筑工程总局发布《建筑安装工人安全技术操作规程》,1983年,城乡建设环境保护部发布《国营建筑企业安全生产条例》。1986年以后,建设部组织编制高处作业、施工用电、机械施工等3个系列15项安全技术规范;1988年颁发《建筑施工安全检查评分标准》,以定量方法评价施工现场安全生产状况。建工局根据法律法规要求,建立完善包括安全责任制、安全费用管理制度、安全教育培训制度、安全检查和改进制度、生产事故管理制度、事故应急救援制度、安全技术管理制度、施工设施、设备、临时建(构)筑物及劳动防护用品管理制度、分包安全生产管理制度、施工现场安全管理制度、安全考核和奖惩制度等各项安全管理基本制度。

1989年3月29日,国务院颁发《特别重大事故调查程序暂行规定》。1991年2月22日,国务院颁发《企业职工伤亡事故报告和处理规定》,又于2007年4月9日颁发了《生产安全事故报告和调查处理条例》,确定重大事故按伤亡人数不同、直接经济损失不同分为4个等级,规定事故发生后报告处理程序。集团根据相关规定,制定事故的报告处理制度。

1998年8月,根据市建设委员会《关于下达1998年工程建设地方标准、规范和标准设计编制计划的通知》,建工集团所属施工工地开始推行《施工现场安全生产保证体系》。

2001年4月,集团印发《上海建工(集团)总公司安全管理考核暂行办法》,从管理体系、目标管理、管理业绩、现场控制、其他5个方面对各基层单位开展季度考核评比工作,于每年年初与基层单位签订安全责任书,明确考核内容和指标。2002年起,集团及所属企业按月、季、年上报安全信息,集团采取定期安全检查、经常性安全检查、季节性及节假日前后安全检查、专项安全检查和不定期职工代表巡视安全检查等进行安全工作的管控。集团建立4个层次的检查构架,即项目日检查和周讲评制度、分公司月检查做到全覆盖、公司季检查做到全覆盖、集团的抽查和组织专项检查。集团对于查出的问题,责成企业和工地两级领导按三定(定人、定措施、定时间)要求落实整改,并将整改情况书面反馈集团主管部门。

2003年8月起,集团及所属企业陆续通过环境、职业健康安全管理体系认证工作。

2004年6月起,集团制定《上海建工(集团)总公司生产安全事故应急救援预案》《安全生产费用管理办法》《安全生产管理机构设置及专职安全生产管理人员配备(暂行)办法》《关于预防高处坠落事故的若干规定》《外埠项目安全生产和文明施工管理暂行办法》《临时性建(构)筑物管理规定》等管理制度。

从2010年起,集团成立安全生产督查队,对集团内的在建工地、停(缓)建工地、后方场站、出租场所的安全法规制度执行、责任制落实、体系运行、隐患排查治理、文明施工、消防保卫、卫生防疫等工作进行全方位的监督检查。

1990—2010年,建工集团(建管局)共发生3人以上死亡事故7起。每发生一起重大安全事故,建工集团(建管局)都按照"三不放过"(在调查处理工伤事故时,必须坚持事故原因分析不清不放过,事故责任者和群众没有受到教育不放过,没有采取切实可行的防范措施不放过)的原则,在查清事故原因以后,对事故责任者和相关领导作出经济和行政的处分。1995年5月2日,徐浦大桥浦东工地发生主塔架在提升时倒塌坠落,造成现场施工人员12人死亡、2人受伤的重大安全事故。集团严肃处理责任者,并将5月2日定为集团安全活动日,每年5月2日,集团领导带领各公司主要领导进行安全大检查。各公司以工地为单位开展多种形式的安全教育活动和安全大检查。以后又增加在春节放假后,由集团领导带队的安全大检查的制度。

二、安全培训

1956年5月,建工局根据国务院颁发的《建筑安装工程安全技术规程》,对各级管理生产的干部和技术人员开展安全生产、工业卫生科技知识教育和考核。

1963年3月,建工局及所属单位根据《国务院关于加强企业生产中安全工作的几项规定》提出的"企业必须进行三级安全教育的要求",对新工人开展安全生产的入厂教育、车间教育和现场教育,考试合格后才能准许其进入操作岗位。

2004年4月,根据建设部关于印发《建筑施工企业主要负责人、项目负责人和专职安全生产管理人员安全生产考核管理暂行规定》的通知要求,集团开展安全三类人员教育培训和继续教育工作。

2004年4月,集团印发《关于设置安全工程师任职资格暂行办法》,在集团内实行安全工程师制度,集团和下属各专业培训机构对首席安全工程师、主任安全工程师、项目安全工程师进行专项培训,通过评聘结合,考核上岗。至2010年,共举行9期项目安全工程师培训班,培训安全工程师共计1 052人。

对于分包队伍,集团通过民工夜校、"三上岗一讲评"制度、"安全进班组"、安全"四个一"教育等活动,对分包队伍、外来一线作业人员开展上岗前的三级安全教育,提高作业人员的安全意识和自我保护能力。

三、施工现场标准化

1985年4月,建工局制定文明工地标准、《文明工地检查评分标准》《文明工地申报、挂牌、发证管理办法(试行)》等文件。1986年,建工局从市建404工程处试点开始,确定以安全生产为突破口,以施工现场标准化为主要内容的文明工地建设在全局范围内广泛开展。1988年10月,建管局印发《建筑施工安全检查评分标准》《施工现场机械防护标准》《施工现场场容标准》等标准规范,逐步从现场安全措施到班组安全管理,从设备管理到场容管理形成标准化系列。1990年2月,市建一公司"飞利浦"工地现场标准化管理现场会召开后,从局部的标准化管理向"全面、全过程、全员"的标准化管理总体目标发展。1993年起,现场标准化管理的检查评比与创上海水平工程的检查评比结合起来,互相促进,进一步提高现场管理的水平。

2006年3月,根据市建管办《上海市建筑施工安全质量标准化工作实施办法》的要求,建工集团制定具体办法,要求集团所属建筑施工企业按《施工企业安全生产评价标准》达到基本合格;施工现场按上海市建设工程安全质量标准化达标工地考核评分表,按企业资质等级设置了优良率和合格率。

2007年10月,建工集团印发《关于认真做好和推广工具化、定型化、标准化安全生产防护设施工作的通知》,在集团范围内推行使用"三化"安全设施,使集团的安全文明管理水平再上一个台阶。

2010年3月,根据《建设工程班组安全管理标准》,集团在施工现场推行班组安全标准化工作,结合集团教育培训制度及各类管理制度配合,规范作业人员行为。

第六节 设备、材料管理

一、机械设备配置

50年代,建工局仅少量拥有0.4立方米混凝土搅拌机、中小型灰浆机、压路机、手揿泵、机动抽水机、磨石子机和一些自制的机械等。

60年代,通过购买和自制,逐步装备一批设备,主要是起重量0.5~1吨带摇头把杆的井架、少先吊、改装的3吨交通吊车。60年代末,由于梅山炼铁基地等一批特大型项目上马,装备了蟹斗挖掘机、10~15吨履带吊、6.3吨码头吊和10吨捷克产汽车吊等。

70年代中后期,建工局承担上海石化、宝钢等大型重点工程建设,装备了一批大吨位的起重设备,现代化的混凝土预拌、运输和浇灌设备,全液压挖掘机,先进的升滑设备等。

90年代后,随着承接一大批高、大、深、重的项目,建工集团装备水平不断提高。从2002年起陆续购置600吨履带吊,使用高度可达300米、运行速度达到96米/分钟的高速施工升降机,成槽深度80米、成槽厚度1.5米的抓斗式成槽机,直径11.58米的泥水平衡盾构机,臂长为56米的泵车,起重力矩达2 450吨/米塔式起重机,500吨汽车吊,泵送高度可达500米以上的固定泵,成槽深度120米、成槽厚度1.5米双轮铣槽机等一大批具有世界先进水平的施工设备。2010年年底,建工集团拥有各类机械设备5 271台。

表8-2-6　1979—1990年建工局(建管局)机械设备情况表

年　　份	设备原值(万元)	设备净值(万元)	总功率(千瓦)
1979	19 977.69	14 921.46	280 291.4
1980	21 419.6	16 020.6	289 464
1981	21 933.51	16 055.92	281 861
1982	24 722.51	17 971.34	340 082
1983	26 887.85	19 929.48	335 070
1984	28 395.63	19 255.63	334 270
1985	30 880	21 143	246 884
1988	42 550	28 169	288 321
1989	45 507	28 749	296 270
1990	47 224	28 869	303 423

资料来源:建工局(建管局)机械设备年度统计表。

表8-2-7　1999—2010年建工集团机械设备情况表

年　　份	设备原值(万元)	设备净值(万元)	总功率(千瓦)
1999	121 684.45	42 136.99	287 404
2000	128 255.3	42 967	287 004
2001	132 658.36	42 549.3	288 883
2002	141 289.68	52 474.5	285 917.26
2003	155 070	60 156.68	311 495.45
2004	161 088.67	65 897	292 923.25
2005	177 451.34	77 025.9	264 932.42
2006	187 481.47	81 019.65	263 891.6
2007	166 098.7	70 969.59	227 429.47
2008	185 658.66	81 724	234 866.6
2009	236 281.27	117 253.98	242 939.9
2010	243 909.87	99 016.94	217 517.92

资料来源:建工集团机械设备年度统计表。

二、管理体系

从50年代开始,建工局就设立机械动力管理机构,统一购置和管理大型设备和进口机械。各公司建立动力科,公司下属有机械施工队或机械运输队,大中型机械设备由公司集中管理。工程队里有机务中队,管理部分中小型机械。建工局每年按工作量的3‰提取装备费,统一协调使用。各公司每年根据施工任务提出设备更新计划,报局机械动力处平衡审批后购置。1987年以后,建工局不再向各公司提取装备费,设备的更新添置基本上由各公司自行解决,局设备管理部门负责指导、监督、协调和服务。

90年代,建筑施工企业推行项目管理,机械设备实行有偿使用,纳入项目的核算内容。各公司动力科与机运处或机施处合并成立动力装备(经理)部,管理和运行公司的大型施工设备,由公司下达各项经济责任考核指标,为内部独立核算单位,实行自负盈亏。中小型机械划归各公司新组建的劳务分公司。动力经理部和劳务分公司内部又划小核算单位,实行单机或机组核算,逐步发展到管、用、养、修、租、算一体化。企业内外使用各种机械设备一律实行租赁,按租赁价格结算,到1992年6月,各企业都制定本企业设备租赁的价格。

随着生产规模不断扩大和建筑机械市场的形成,2000年后,建工集团各企业在设备使用上,除一些大型专用设备外,逐步转为以租赁设备为主、自有设备为辅,集团、子公司、分公司、项目部四级设备管理体制(网络)。集团总公司设备管理部门主要工作是制定制度、装备更新报废审批、检查考核、协调管理、汇总统计等。

三、管理制度

1987年之前,建工局设备的添置和报废均由局统一办理。1987年后,局对各公司添置50万元以下设备负责导向把关,对添置50万元以上设备负责审批。1995年,建工集团规定各单位凡购置单件(套)价值在100万元(工业企业50万元)以上的设备(包括进口设备)和自制设备投入资金100万元以上及对原值100万元以上设备进行技术改造的,应报请集团总公司审批。2006年,集团规定购置单台超过100万元的设备进行登记备案。对设备的报废和转让,1994年之前,报废5万元以上的设备由局审批;之后,规定5万~20万元由局审批,20万元以上报市建委审批。2006年,集团规定,对于报废单台设备20万元以上、转让单台设备50万元以上的事项,由集团总公司进行审批。

80年代,建工局在全局开展红旗设备竞赛活动,每季度组织专业人员对施工现场大型设备进行检查并打分,对于得分达到91分及以上的设备评为红旗设备并设立红旗设备奖。各建筑施工企业把红旗设备竞赛作为设备管理评优的基础;在职工中开展机械操作工和修理工的岗位练兵和技术比武活动,评选"技术能手"和"爱机标兵",并进行奖励,保证机械设备的完好率和使用率。

根据市建设委员会发布的《施工现场机械设备安全管理规定》和建设部制定颁发的《全民所有制施工企业机械设备管理规定》,各单位制定定人、定机、定岗、定责制度,持证上岗制度,安全操作规程,设备维修保养验收合格准予使用制度。1995年5月,集团总公司印发《上海建工(集团)总公司设备管理实施细则(试行)》,对设备管理部门的职责和任务,设备的购置、更新和改造,设备的基础管理工作包含设备档案的建立和每年盘点账卡物相符,设备的报废和转让,设备事故定性和处理等工作作出明确的规定。2009年10月,建工集团印发《建筑机械准入管理规定》,对进入集团使用的机械设备进行厂商(品牌)、租赁单位、安装单位等准入管理。1990年,机施公司等单位联合研制开发《建筑机械设备综合信息系统》,并在1999年和2009年进行升级改版,推动全集团固定资产(机械设备)的统计工作。

2000年以后,中国建筑业协会设备管理分会和市建设机械协会每两年组织一次检查评比,评出国优、部优、市优的设备管理优秀单位。2000年、2003年、2006年,市建一公司、市建七公司等单位获得国家设备管理优秀单位称号。

四、材料管理

建工局建局初期就成立材料处。1964年,建工局建筑材料公司与材料处合并,定名为上海市建筑工程局供销处,承担管理和供应双重职能。供销处的主要职责是负责钢材、木材和水泥(又称统配材料)的分配和大宗材料的供应以及部分建材的生产。凡中央投资的项目,由中央下拨统配物资指标,又称交料项目;地方投资的项目,由局材料处(供销处)按施工单位统配物资计划,核准定额后申请上报市计委,由市计委下达统配物资指标,物资局统一分配货源,材料处(供销处)根据进度,按时、按质、按量将统配物资和大宗材料直接送到施工现场,实行统一计划、统一供应、统一结算的"三统一"做法。80年代后,建筑材料市场放开,建工局将建筑材料采购权逐步下放给施工企业,国家重点工程所需的统配材料按照计划额度确保供应。80年代初,国家取消统配物资,放开采购权,建工局随之改革,由各施工单位自行集中采购,取消开单结算制。

1992年9月,建管局设立设备材料处。1993年下半年,将设备材料处与施工生产处合署办公。2000年9月,建工集团施工生产处改名为生产经营部,内设材料管理岗位。这个时期材料管理部门的职能主要是协调和指导集团各施工企业、工业企业和材料公司预拌混凝土采购、供应等方面的业务以及集团内部的建筑材料采购供应与销售的指导、协调和服务等工作。

1996年4月,集团总公司印发《关于集团内部加工产品实行集中统一供应若干规定》,明确集团内自行加工生产的产品和具备集中统一供应条件的部分建材实行集中统一供应,包括预拌混凝土、预制混凝土构件、成型钢筋等加工产品和建材。集团内统一供应的产品或建材,其价格应以市建设工程定额总站颁布的市场指导价为基准价,无明确市场指导价的,供应方应主动提出以略低于市场实际价,优惠让利给需用方。对于擅自向集团外单位采购或委托加工的,经查实,集团总公司将视情节予以通报和罚款。

2000年6月,集团总公司印发《上海建工(集团)总公司商品混凝土管理办法(试行)》,进一步要求在总承包合同中明确由总包单位负责采购的商品混凝土必须在集团总公司所属的各拌站内采购,采用比价格、比质量、比服务和比信誉的方法,确定集团内搅拌站,不得向社会拌站招标。2010年8月,集团印发《关于加强存货采购与管理内部控制的指导意见》《关于加强物资集中采购和监管的若干指导意见》《关于对废旧物资规范处置的若干指导意见》,在《关于加强物资集中采购和监管的若干指导意见》中明确了集中采购的工作原则、主要形式和管理机构主要职责,强调严肃追究物资供应商在物资集中采购中违法、违纪和违约的责任,在发生违约行为时,依照违约性质和情节,给予教育、扣款、上"黑名单"、通报批评、清退除名等处理。在《关于对废旧物资规范处置的若干指导意见》中明确废旧物资主要指在工程项目施工过程中所产生的尚无再生产利用价值的废旧材料。

对于一次价值超过5 000元的应采取公开比价制度。废旧物资处置权限,必须由公司级单位与分公司基层单位的主管职能部门牵头负责。在《关于加强存货采购与管理内部控制的指导意见》中明确了控制目标存货的管理控制与范围、需要关注的风险与控制点、责任部门与岗位分工、存货的管理控制以及存货的会计控制等要点,对于存货的管理控制中强调企业应当做好存货采购和管理业务各环节的记录,实行全过程的采购登记制度或信息化管理,确保采购过程的可追溯性。

第三章 项目管理和总承包

50—60年代,建工局一般由工区或工程队组织施工生产,由施工员负责项目的进度、质量和安全。70年代末开始,建工局先后试行工地主任负责制、实行单位工程核算等以加强对项目的管理。1987年,国家计委等五部门推广"鲁布革"工程管理的经验,建工局在施工企业推行项目管理,以项目为中心配置生产要素,不断完善多种形式的项目承包责任制,塑造项目的激励和约束机制。从80年代末起,上海建工开始各种总承包形式的探索。2006年,集团开展"管理创新和提高总承包、总集成能力"大讨论,并在集团《十一五规划》中把提高总承包和总集成能力作为集团实现管理创新、提高管理能级、增强核心竞争力的主要内容。同时,学习和借鉴国内外工程管理的经验,探索和实践多种总承包的模式,初步形成遵循市场规律、符合业主要求、有上海建工特点、灵活多样的总承包方式,为业主提供全过程、良好的服务。

第一节 项 目 管 理

一、管理模式

1978年,建工局系统施工企业扩大工程队建制,实行公司—工程队—中队体制。1983年,建工局在市建七公司试点实行工地主任负责制,确定工地主任是公司委派的全权代表,全面负责一个工地从施工准备、开工到竣工的全过程管理。之后在局部分单位推开。工地主任具备项目经理的一些权力和责任,工地主任负责制是项目经理负责制的雏形。

1987年,国务院召开全国施工工作会议,要求认真总结并推行以工程招投标、工程实行全过程总承包和项目管理为特点的"鲁布革经验"。是年,国家计委等5个单位颁发《关于批准第一批推广鲁布革工程管理经验试点企业有关问题的通知》,建工局所属市建一公司列入试点。1989年市建一公司制定《推广鲁布革工程管理经验工作方案》,开始推行管理层和劳务层"两层分开",实行项目经理负责制。1990年,市建一公司《建筑业发展战略与项目法施工》等12篇论文在建设部召开全国项目法施工研讨会上发表。1992年3月,建管局确定市建101工程处、市建201工程处、市建305工程处、市建401工程处、市建502工程处、市建701工程处、市建八公司二分公司作为建筑业综合改革的试点单位,全面推行项目法(后称项目管理)施工。试点单位当年新开工程按项目法组织施工,其他在建工程除临近扫尾的工程外,都要向项目法施工过渡。试点单位工程处行政建制,分别组建负责工程施工管理的项目经营管理部和以工程施工作业为主的劳务分公司,成为公司下属的两个内部独立核算单位。

1993年年底,建管局下属建筑公司基本完成管理层和劳务层"两层分开"工作。各公司把分离出来的管理层成立工程管理部(也有称项目经理部、项目管理部、工程经理部),工程管理部是施工项目管理的组织机构,管理若干个项目(项目部、项目体)。各公司制定项目管理的制度,规定项目经理的权限和基本岗位配置。市建一公司实行"一长一师四大员"制度,即项目经理、工程师、经济员、技术员、料具员、总务员。市建四公司在项目部设项目经理、项目副经理、项目工程师、经营管理岗、施工技术岗、物资管理岗、行政管理岗。项目部人员除接受项目经理领导外,同时接受工程管理部的业务指导和监督。为加强对不同规模项目的管理,各公司按项目的规模和重要程度对项目进行分类,并对项目经理的任职资格作了规定。市建二公司将项目分为由公司直管的一级项目和由工程处或工程部管理的二、三级项目;市建三公司根据项目所需的材料、构件、分包工程,按照"大集中、小分散""先保内、后保外"的原则,均划分为 A、B、C 三类分级管理。市建四公司将项目分为特级、一级、二级、三级,根据不同等级,给予不同级别的授权和考核。安装公司根据工程规模,将项目划分为一到五级,一级项目由公司选派人员,任命项目总经理,由公司参与经营谈判和工程投标,在总工程师主持下编制施工大纲、施工组织设计,由公司负责内外协调以及工程的总结、验收和奖惩。市建四公司规定项目经理有工程项目的生产指挥、经营决策权;按照行政配置、双向选择原则,对项目管理人员任命或解聘权;分包单位与施工队伍的选择权或选择参与权;对项目管理人员的奖金分配权;企业法人代表授权范围内材料采购权、成品、半成品委托加工权、业务洽谈权及授予的其他权限;项目成本费用支付的签证认可权等。在项目开工前,各公司要组织相关部门对项目的实施方案进行评估,合格后才能开工。

与此同时,一些公司进行直接管理项目部的探索。1994 年 7 月,市建八公司撤销 7 个工程经理部,组建事业部性质的工程管理公司,负责工程承包管理和经营。1994 年,市建五公司撤销项目经理部,由公司直接管理项目。1999 年,基础公司撤销分公司建制,由公司直接管理项目的经营、生产。从 90 年代末开始,这些公司根据各自专业特点分别作了调整,1998 年 11 月,市建五公司恢复公司—项经部—项目的体制;2003 年,基础公司建立公司—专业分公司—项目部的体制。

2000 年以后,建工集团基本形成公司—工程管理部(也有称项目经理部、项目管理部、工程经理部)—项目部三级项目管理的体制。对一些特大型的工程则采取由集团总公司或公司直管的模式,由集团总公司或公司领导担任项目经理,以加强对各类资源的调配和整合,发挥集团的整体优势。金茂大厦、上海国际赛车场、卢浦大桥、虹桥综合交通枢纽、上海中心等项目均采取这种方式。

2005 年后,市建一公司等公司陆续把工程管理部(也有称项目经理部、项目管理部、工程经理部)改名为分公司。2009 年 10 月,集团总公司印发《关于加强建筑施工企业分公司建设的指导意见》,要求分公司加强对项目部的管理。分公司以工程项目的总体策划、组织实施和过程控制为主要任务,成为企业实施工程项目总承包、总集成管理的重要载体;以承揽在建工程后续项目和项目过程的"两次经营"为主要方向;以健全和完善工程履约和预决算管理体系为重要职能,提升项目预算和成本控制能力,成为企业风险管理体系的重要环节。

二、项目承包责任制

70 年代末,随着工地主任负责制的推行,各公司实行单位工程核算、栋号包干、直接费包干的办法,把核算重点下沉,将项目的管理成果与管理人员收益直接挂钩。1979 年,市建五公司实行中队单位工程用工包干,在确保安全、质量、降低成本基础上,以节约人工为主要内容的奖励方法。1981 年年底,市建五公司在 507 队一中队桂巷工房工地试行单位工程直接费包干,试点结果表明,幢幢质量评为全优,单体工程平均工期缩短 12.7%,在提奖后成本降低率比同类工程多降低 2%~3%,中队管理人员收入较过去提高 327%。1982 年,有 8 个中队、31 个工程签订直接费包干合同。1982 年,市建三公司在 305 队胡家木桥工房工地进行单位工程直接费包干试点,并于 1986 年制定《单位工程经济承包责任制试行办法》;1987 年,又制定《单位工程经济承包责任制实施办法》,规定单位工程由承包队管理人员集体承包,对多层住宅工程实行单位工程设计预算直接费承包,其他工程全部实行单位工程施工预算直接费承包;根据超降率和质量评定结果实行不同提奖率,超降率4%以下的优良项目,提奖率可以达到20%;对亏损工程和发生重大事故的工程队管理人员扣罚半个月至一个月工资。1985年,市建七公司实行包工队、工地等集体经济责任制考核,将管理人员的奖金与各项经济技术指标挂钩。

80年代末,各单位陆续实行项目承包责任制,其基本原则是"包死基数,超利分成,月度预发,工完结算"。1988年,市建一公司印发《企业内部基层经营承包责任制暂行办法》,对经营承包者的考核以年度为期审计实绩,在承包期间分别进行月度阶段考核和半年度中期考核奖惩,考核以利润基数包干为基本点,月度与基础管理考核挂钩,半年度与完成竣工、质量、安全、资金指标实绩及管理上等级考核挂钩。凡完不成利润基数包干的经营承包者,以风险抵押金充月度预发奖,不足部分以工资抵充。是年,市建五公司实行《内部承包经营责任制试行办法》,进一步推动层层落实经济承包责任制。1992年,市建五公司经营管理部在杨浦大桥、中药一厂等项目实行效益考核、上交管理费等形式的承包,形成大工程分成承包,小工程全额承包的模式。之后,在中型项目上进行全额承包的尝试,曹杨街道办事处项目实行一次核定上交利税基数,全额风险抵押承包,该项目成为建管局系统第一个以全额形式进行承包的项目。1990年,市建七公司对单位工程管理班子实行管理承包和考核,在单位工程效益承包的基础上,对承包者(中队管理人员、单位工程负责人)实行管理措施承包和管理实绩考核。承包内容主要是人工费控制、主要材料的计量及验收、结构工程质量管理、技术管理、现场标准化管理等。1991年,市建八公司实行项目管理班子集体承包的形式,以实现利润或成本降低额作为承包目标,挂钩考核指标有工期、质量、安全和施工现场标准化管理达标等要求。一、二级项目以工程合同造价为基础确定成本降低额和上缴利润额,三级项目以其有权支出且能调节和自行控制的成本费用作为可控成本并以此为承包目标,有的项目还实行风险抵押金制度。

90年代中期,各公司根据计费标准的调整和项目承包能力的提高,不断改进和完善承包责任制的内容和考核办法。80年代末90年代初,市建四公司承接的工程一般以"85定额"[①]为标准加上定额外补贴来计价,因此公司规定的承包上缴基数是公司和项目对定额外补贴切块分配后,项目以工程造价的15%~17%上缴,盈利分成逐级递减。1996年,根据实行"93定额"[②]和新的取费情况,公司明确按定额所规定的工程类别和开办费的取费情况,分别确定上缴基数。实行实物量清单报价后,项目采用成本价承包办法,其核心内容仍然是"承包上缴(限亏)基数"和"上缴后盈利(减亏)的分成比例"这两个关键要素的确定。2000年,市建四公司全面推行项目经济责任承包制,确定项目经理签订责任承包,交纳风险抵押金,对项目从开工到竣工结算全过程负责,以完成项目责任目标为标准确定岗位基本年薪,项目体多创利润、个人多收入,上不封顶、下不保底。市建二公司规定由工程经理部与项目或公司与直管项目部签订责任考核协议,统一公司内部责任承包的基本方式,形成从目标设定到兑现考核的统一标准,使各个项目部的内部责任承包有了一条相对一致的起跑线。项目部设定基本收入、专项考核、兑现考核三块按绩分配的基本来源。承包的方式首先是将项目进行按照其自行造价的大小分为A、B、C三类,并匹配不同的岗位基本收入。2001年,市建五公司在《工程项目经济责任承包考核实施细则》要求项目承包协议中明确项目盈利分成比例:100万

[①] 85定额指上海市建设工程定额管理站根据80年代初建筑市场各类要素取费标准及价格信息编制的1985年各类概预算定额。
[②] 93定额指上海市建设工程定额管理站在1993年编制的上海建筑安装的新定额。

以下部分,项目体分成60%;100万~200万部分,项目体分成50%;200万~400万部分,项目体分成40%;400万以上部分,项目体分成30%。

与此同时,专业公司采用与自身特点相符的项目承包办法。1992年,安装公司对工程处采用"一定量的资金占用和工资投入必须相应产出一定量的利润额"的原则,结合各单位情况来确定每一单位的利润承包基数,对项目部实施以效益为主、其他相关指标为辅的有限抵押的经济责任承包,根据"包死基数,确保上缴,超额分成,抵押补亏"的精神实施考核奖罚,使项目经济责任承包"包盈又包亏"。之后,又试行项目管理部与班组直接签订分部分项工程承包协议,承包协议以全额计件工资及材料消耗控制为主,并辅以质量、工期、安全、优质服务等内容。1994年,装饰公司实施以项目体为中心的内部承包责任制,项目体以利润基数为承包标的,超利分成,脱利扣罚。1999年,确定按工程结算价的一定比例确定上交基数,超利部分按公司与项目体2:8分成,项目分成以决算后工程款到位为准,不预给付;2001年调整为超利润部分按工程结算价的1%,计入承包基数。根据不同工程项目的实际情况,由公司项目评估小组确定上交利润基数,即按工程结算价的一定比例确定上交基数。2009年,又制定《项目经济责任评估实施细则》和《工程项目施工管理考核办法》,确定项目班子成员的考核激励方式包括个人绩效奖罚、参与项目绩效奖罚、固定薪酬制等。

第二节 总承包管理

一、总承包模式

80年代初,中国建筑行业开始推行工程总承包,建设部和有关部委颁发多个文件对此作出规定。1987年3月,建工局成立上海国际建设总承包公司(简称国际承包公司)。不久,国际承包公司与沪港合资的项目公司签订总承包上海园林宾馆工程的合同。该工程由国际承包公司与华东建筑设计院联合组成项目组,负责工程的招标、设计和项目管理工作,工程于1990年竣工,实现"交钥匙"的目标。1989年6月,市建一公司与华东建筑设计院合作在花园饭店立体车库工程上实施设计、施工一体的总承包。

1997年5月和2004年12月,在浦东机场一期和二期建设中,根据业主要求,建工集团承担管理总承包,实施工程施工的总管理、总控制、总协调。1994年9月,建工集团为主的联合体在金茂大厦建设中实施工程总承包,实现国内建筑企业对超大型建筑工程进行工程总承包的突破。2007年4月,在虹桥综合交通枢纽工程建设中,建工集团与业主签订管理总承包合同。对工程采用施工管理总承包方式,承担工程建设阶段,包括通过竣工验收后直至交付期间的所有管理、维护和产品保护责任。2008年11月,建工集团总承包上海中心大厦工程,运用建筑信息模型(BIM)技术,提高总承包的水平。

从1997年起,建工集团总承包的大型工程还有:2000年3月,集团总公司和北京城建集团、香港建设组成联合体总承包北京国家大剧院工程;2001年3月,集团总公司在磁浮交通示范线工程上实施管理总承包;2002年10月,集团总公司在上海国际赛车场工程上实施管理总承包;2004年11月,集团总公司和中建总公司联合总承包环球金融中心工程;2006年,集团总公司和广州建工集团联合总承包广州电视塔工程。

2001年4月,建设部印发《建筑业企业资质规定》和《建筑业企业资质等级标准》,将建筑业企业资质分为施工总承包、专业承包和劳务分包三个序列。2002—2005年,集团总公司、建工股份公司、市建一公司、市建二公司、市建四公司、市建五公司、市建七公司先后获得7个房屋建筑工程施工总承包特级资质和1个市政公用工程施工总承包特级资质。之后，各有关企业积极探索实践在不同的工程中实施施工总承包，多种模式的施工总承包能力得到不断提高，成为建工集团总承包的主要模式。

从2001年起，建工集团先后在越南、特立尼达和多巴哥（简称特多）、萨摩亚、柬埔寨的"优贷优买"工程项目、国际承包项目和境内的部分外资项目实施设计、采购、建造（EPC）、"交钥匙"的总承包。

1998—2010年，建工集团在延安路高架、中环线和无锡、常州等地12个工程上实施BOT、BT总承包，取得较好的管理经验。

2006年，集团开展"管理创新和提高总承包、总集成能力"大讨论。在大讨论中，集团各单位对国际上比较典型的总承包方式，如日本、欧洲、美国等建筑企业的情况进行分析研究，认真总结集团在金茂大厦、浦东国际机场二期航站楼、磁浮工程等工程总承包的实践经验，对在现行法律法规条件下实行EPC总承包、施工总承包、专业分包等问题进行深入的探讨，形成了60多篇论文、调查报告、案例分析和管理制度，在总承包管理实践与思考、总承包与专业管理、总承包与总集成、总承包与品牌建设、总承包与人力资源开发、总承包与科技创新等方面形成不少共识。随后，建工集团在《十一五发展规划》中把"提高总承包、总集成能力作为集团实现管理创新、提高管理建设、增强核心竞争力"的主要内容。

经过多年的努力，建工集团根据市场需求、业主的要求，初步形成工程总承包、管理总承包、管理总承包＋施工总承包、施工总承包、EPC总承包以及BOT、BT总承包等多种形式总承包的模式。

二、总承包模式选介

【金茂大厦工程】

1994年9月，由上海建工（集团）总公司为主体，联合法国西宝、日本大林组、中国香港其士组成联合体，在香港经过国际招投标，承担金茂大厦项目的工程总承包。合同明确由上海建工（集团）承担工程建设的全部技术和经济责任。中标后，建工集团调集集团内的技术、生产、经营等骨干成立金茂大厦项目总承包经理部（简称金茂项目部），由集团副总经理担任金茂项目部总经理。金茂项目部总人数在100~120名，除了设置项目经理、项目总工程师等岗位外，根据总承包管理的要求，还设有办公室、计划部、总工程师室、设计部、工程部、质量部、安全部、财务部共8个职能部门，各部门都承担着不同的管理职能，覆盖各个管理领域。金茂项目部各部门之间、领导与部门之间建立矩阵制工作方式。

金茂大厦总承包合同采用菲迪克（FIDIC）合同文本的一般条款与专用条款。SOM设计事务所的工程手册是总承包合同的规定组成部分。所有的发包标准、采购标准、深化图纸的标准基本上都从里面派生。金茂大厦工程改变由业主向承包方提供施工图的传统习惯，引进国际惯例性做法，施工图实行"谁承包谁出图"，并由总包负责全部施工图的协调管理，送经建筑师确认后再进行施工作业的制度。建工设计院组织各种专业的60多名技术人员成立项目设计部，根据美国SOM设计事务所的图纸来深化总承包自己需要的施工图，落实在留孔预埋、管线走向、实物数量、楼层标高和图纸修改等诸多施工问题上的总包和分包的技术经济责任。设计部基本实现图纸比现场形象进度施工至少超前3个月，保证了工程的进度目标。

金茂大厦工程实现总承包对所有分包商管理的全覆盖。整个工程的分包商超过40家,不仅管理土建结构工程、给排水工程等分包商,还要管理业主指定的强弱电、通风和钢结构等专业分包,这些专业分包包括日本三菱电器、新日铁、德国ROM通风和法国西其拉克强电等国际著名专业公司。高峰期施工人数超过5 000人,均由总承包行使主体签约,从现场布置、计划协调到分项验收、核价付款,形成以总承包为中心的统一权威指挥系统和良好的现场秩序。

金茂大厦工程实现专业专项工程的全系统分包,实施专业工程系统分包、最终功能交付。即由分包商承担一个专业工程系统的设计、采购、安装、调试,由其负责向总包方进行系统功能交付,总承包方则对业主进行工程最终产品的各系统综合功能交付。通过金茂大厦工程总承包的实践,提升了建工集团集成各种资源和协同各方的能力,培养了一批总承包的人才。

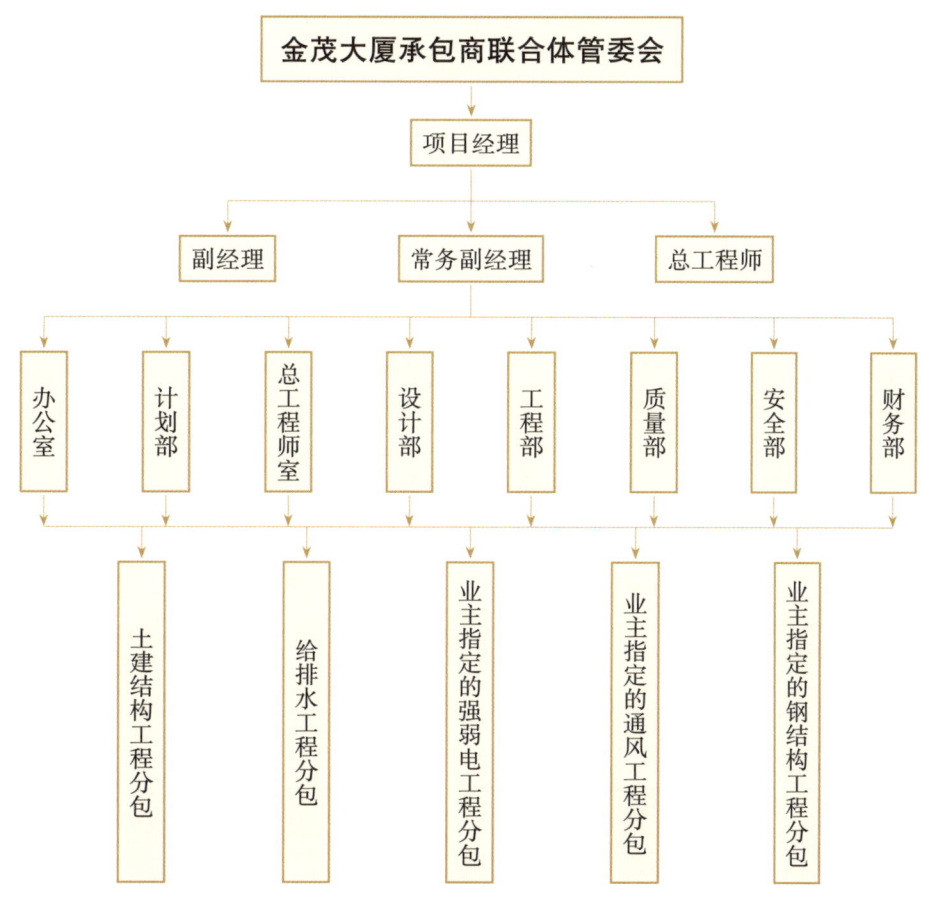

图 8-3-1 金茂大厦总承包管理构架示意图

资料来源:张关林、石礼文:《金茂大厦——决策·设计·施工》,中国建筑工业出版社2000年8月第1版,第299页。

【浦东国际机场工程】

1996年和2004年,建工集团先后承担浦东机场一、二期的建设任务。由建工集团副总经理分别担任一期和二期工程总承包项目经理部总经理。二期工程管理班子中的技术、质量、计划、预算等关键岗位人员均是参加过一期工程的管理骨干。

根据管理总承包合同要求,总承包项目经理部就工程的工期、质量、安全、文明施工对业主总负责,实施工程施工的总管理、总控制、总协调。根据合同实施前期工作协调、设计协调、施工现场管理、工程进度控制、工程质量管理与控制、工程造价管理及成本控制、设备材料组织与供应、安全保障、现场文明等工作。经过业主招标而中标的市建一公司、市建三公司、市建七公司、基础公司、机施公司等单位与业主和集团总承包项目部签订三方合同实施施工任务。

针对航站区工程参建单位多、管理难度大的特点,总承包项目经理部采用"统一目标、统一标准、分层管理、加强协调"方法。第一,总承包项目部分析工程所面临的难点和新问题,制定有针对性的措施;二期开始前又总结一期的经验教训,寻求解决的办法。为确保机场正常运行和确保二期工程顺利建设,总承包项目部提前介入二期工程的前期策划工作,对二期建设过程中可能遇到的问题进行研究,寻求解决方法,为工程建设项目的顺利实施打下基础。第二,总承包项目部制定《总承包管理大纲》和进度控制文件,明确总承包管理的内容、范围、措施、职责和工程关键性控制节点等,为有序展开提供保证。第三,总承包项目部实施总承包统一管理下的地块化综合管理的模式,发挥专业承包单位的管理作用。地块化综合管理模式的实施,为确保工程进度、工程质量、现场文明创造了条件,是搞好大型工程现场管理的一种行之有效的手段。第四,在质量管理中建立"样板段制度",在土建、结构、精装饰、幕墙等分项工程施工前,做样板间、样板段,经总包、设计、监理、业主审定合格后再展开全面施工,坚决做到"没有样板不施工,样板验收不合格不施工"。第五,积极发挥建工集团对资源的集成优势。在社会资源集成方面,集成政府有关部门、配套单位以及社会的其他资源;在管理工程参与方的综合集成方面,建立"双赢""多赢"的和谐合作伙伴关系;在集团内部资源集成方面,集成集团人力资源的优势,最大限度挖掘集团层面、公司层面、项目部层面的管理优势,解决工程建设过程中遇到的各种难题。

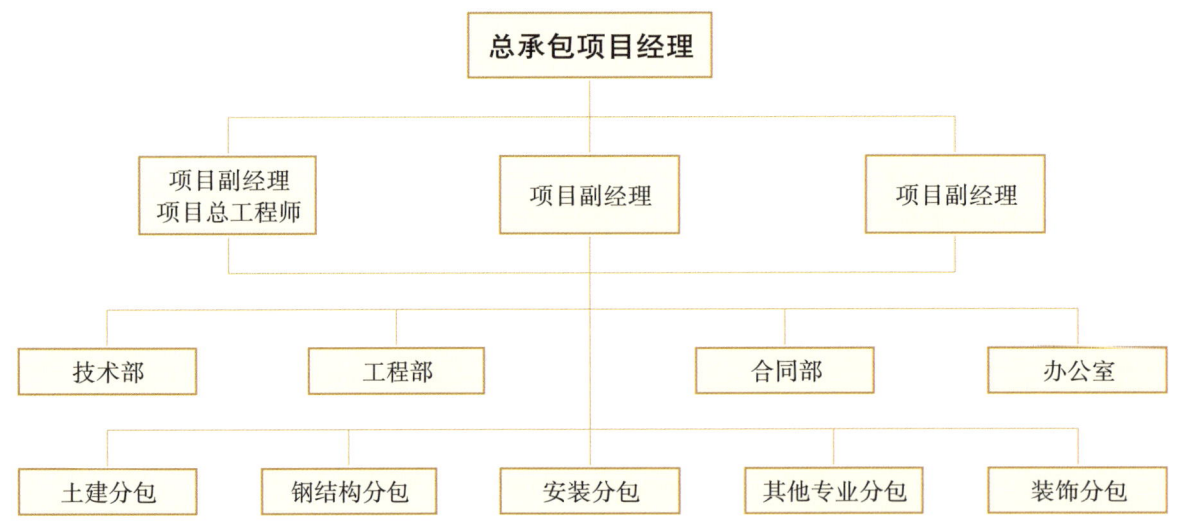

图 8-3-2　浦东国际机场一期航站区施工管理总承包管理构架示意图

资料来源:《上海浦东国际机场一期航站区工程施工管理总承包合同》,1996 年 11 月。

【虹桥综合交通枢纽工程】

2007 年 1 月,虹桥综合交通枢纽工程开始建设。建工集团与业主签订管理总承包合同。建工集团对工程采用施工管理总承包方式,承担工程建设阶段,包括通过竣工验收后直至交付期间的所有管理、维护和产品保护责任。施工管理总承包范围包括西航站楼、东交通中心(含地铁东站)、磁浮虹桥站、铁路虹桥站、西广场工程(含地铁西站),以及青虹路以南、徐泾中路以北其他配套工程。随着工程的进展,特别是高铁项目的开通,针对不同的业主(高铁工程的业主为铁道部,其余工程的业主为上海机场),分为航站楼总承包部和高铁总承包部,建工集团副总经理分别担任两个项目总承包部总经理。在总承包部下面依据各个单体组成各单体项目部,单体项目部下辖各专业承包组。地道工程、高架(西段)非上海建工施工,但由建工集团总承包代管。为方便协调,东、西两个项目部的指导员和总工程师均由同一人兼任。在总承包具体管理机构上针对本工程的特点,围绕工程建设的总体目标和项目的各级指挥部确定的施工建设目标,结合工程施工建设、工程区域的地盘综合管理、建设过程中的综合服务管理,分别管理不同的单体工程。

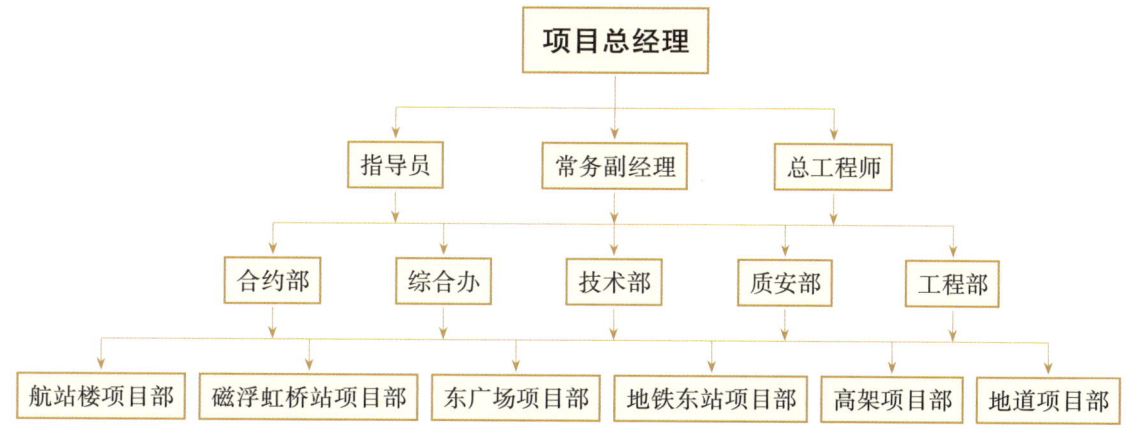

图 8-3-3 虹桥机场航站楼总承包部管理构架示意图

资料来源:上海建工集团股份有限公司:《虹桥综合交通枢纽航站楼施工管理丛书·前期策划及总承包管理》,上海科学技术出版社 2012 年 2 月第 1 版,第 94 页。

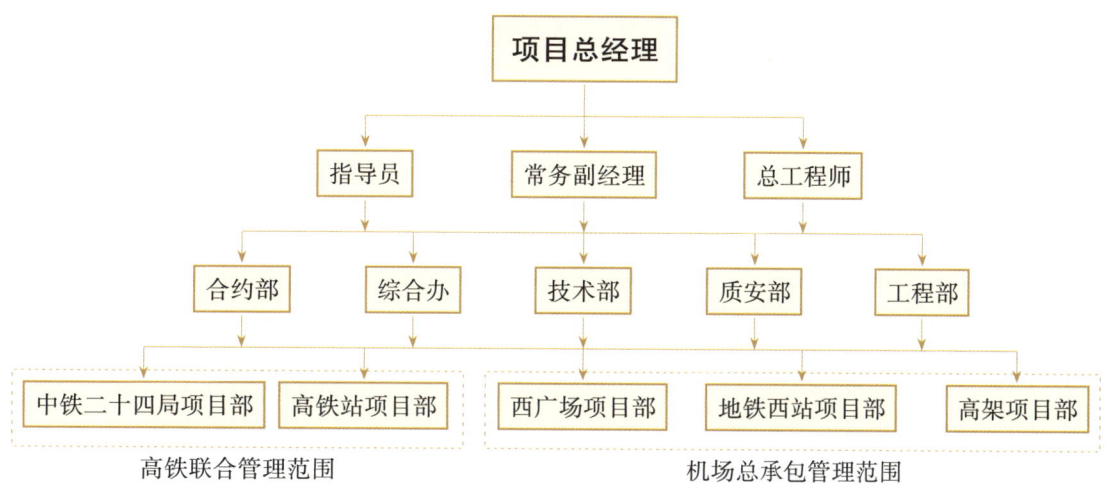

图 8-3-4 虹桥高铁车站总承包部管理构架示意图

资料来源:上海建工集团股份有限公司:《虹桥综合交通枢纽航站楼施工管理丛书·前期策划及总承包管理》,上海科学技术出版社 2012 年 2 月第 1 版,第 94 页。

【上海中心大厦工程】

2008 年 11 月,建工集团总承包上海中心大厦项目。建工集团成立上海中心大厦工程总承包项目经理部,由集团副总经理任总承包项目经理部总经理。

上海中心大厦总承包项目经理部针对总承包管理特点,编制《上海中心大厦工程总承包管理大纲》(简称《管理大纲》)。《管理大纲》明确项目总承包的管理目标:以总承包、总集成作为项目管理的指导思想,全面履行工程总承包合同对业主的各项承诺,力争使项目的建设过程成为上海建工集团实施总承包、总集成经验之大成,为上海建工集团今后进一步实施总承包、总集成提供成熟、成套的经验积累。《管理大纲》还明确总承包项目经理部的组织体系架构,对总承包项目经理部部门的组织结构、管理职责、各专业条线的管理制度和工作流程进行了明确。上海中心大厦的总承包管理有四大特点:一是注重策划和实施,根据工程进行,总承包项目经理部对管理大纲进行四次修改和完善,施工方案按照"七分准备,三分实施"进行,应用建筑信息模型(BIM)智能建造实施路径清晰;二是注重服务和协调,全方位、全过程服务业主,对分包进行服务、指导、保障、制约联动,整个项目经济统筹管理有效;三是注重创新与联动总承包与分包技术队伍联动,指导帮助各专业分包队技术难题进行攻关与管理,为业主提供具体能实施的策划方案;四是注重体系建设与考核,针对项目安全、质量关键项设立考评体系,每月进行质量考评,实践中注重青年人才培养,让青年人才在一线工作中得到锻炼。

总承包的工作范围按工程总承包合同确定;分包单位的工作范围由总承包与各分包签订的分包合同规定。以工程总承包合同和分包合同为指导总承包和各分包工作关系的准绳,准确界定总承包和各分包的工作关系,明确划分各施工区域管理的施工、技术界面,资金、税务界面和统计、核算界面。总承包项目部各职能部门要按工程总承包合同和分包合同规定的工作内容及部门管理职责,策划对分包单位的控制、监督的规章制度、工作流程和责任人;切实加强对分包的监控力度,提高项目管理能力和执行力。在职能分设的同时加强项目"一体化"管控,将上海中心大厦独立的各个方面管理工作和各分部分项工程结合在一起,由总承包项目经理部进行总管理、总协调并总服务。

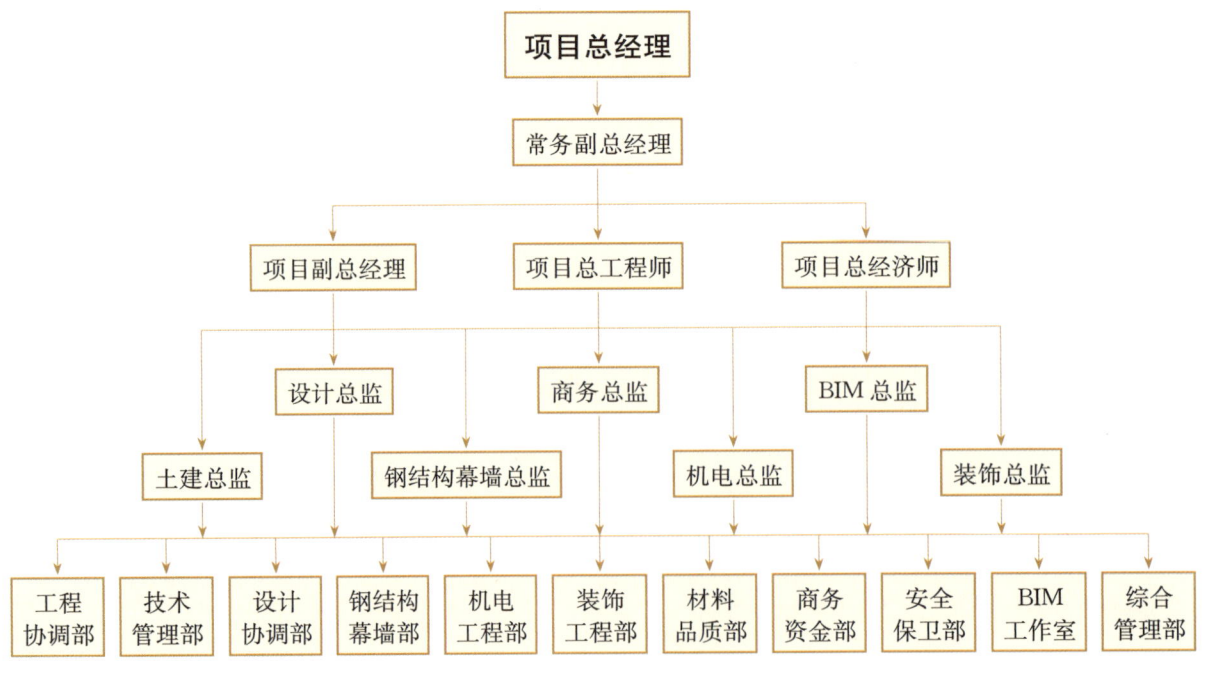

图8-3-5 上海中心大厦工程总承包项目经理部管理构架示意图

资料来源:《上海中心大厦工程总承包管理大纲》2010年8月第4版,第16页。

在总承包管理中,总承包项目经理部重视信息技术的应用,设立 BIM(建筑信息模型)总监,统管 BIM 工作室和工程协调部。通过整合好的 BIM 模型,为施工管理提供可视化依据,利用 BIM 作为基础管理工具,在多方面开展应用:虚拟施工(可视化施工)、项目周边环境信息汇总、施工现场管理、进度编制、审核、跟踪、调整、施工方案模拟、审核、可行性论证、交底、质量管理、算量、统计应用(实物量、成本、劳动力)。

在总承包管理中,总承包项目经理部建立绿色施工管理组织结构,配置专门工作人员,制定绿色施工方案,设立绿色施工管理目标,并根据组织职能分工分解绿色施工管理指标,根据绿色建筑和绿色施工的要求建立日常管理表格和技术交底,对相关标准进行全项目的贯彻执行。分阶段检查"四节一环保"(节能、节水、节材、节地和环境保护)措施落实和管理目标推进情况。对相关各级人员进行绿色施工培训,保障绿色施工资金和措施到位,并积累和整理绿色建筑评估的资料。

【EPC(设计、采购、建造)总承包】

越南国家体育场　2001 年,由上海外经集团和建工集团组成的联合体(HISG)通过国际投标中标总承包越南国家体育场工程。该工程是 EPC 总承包固定总价包干的项目。项目采用董事会领导下的项目公司运作模式。按照当地法律注册成立项目公司(与项目总承包部为同一套班子),内设经理室、工程部、合约部、办公室和国内工作部的机构。对于设计这个特殊分包单位,总承包部设置专门机构和人员进行设计管理,使设计能满足业主合同中规定的内容、项目实施的总体进度要求和成本控制目标。其他分包根据各自特长由当地或国内的企业承担,如钢结构、机电安装、精装修由建工集团所属企业承担。主要设备由总承包部进行国际采购,主要来自欧美地区,装修材料、机电安装材料等由国内采购,土建材料则在当地采购。据统计,整个工程共签订各类分包合同 60 多个,供应合同约 200 个。在现场管理上,合理安排工期,因地制宜适应当地做法,注意现场证据的积累,减少了总包的经济损失,现场更加安全文明。该工程按合同要求交付,也实现了成本控制的目标。

特立尼达和多巴哥(简称特多)西班牙港表演艺术中心　2006 年 5 月,上海建工特多公司总承包中国进出口银行在加勒比地区的第一个优惠贷款融资的 EPC 项目——特多西班牙港表演艺术中心中标签约。该项目总造价 1 亿美元,位于特多首都西班牙港的中心,总建筑面积 25 550 平方米,由剧场、宾馆和表演学院组成。该工程由在当地注册的上海建工特多公司与海外部项目总承包部共同实施,主要材料设备为国内进口,机电安装部分由安装公司承建。根据商务部对优贷项目要求,合同额的 30%需用于当地供应商及分包商。我方一方面与特方业主、加拿大监理单位做好对外协调,尤其是在中国规范与欧美规范差异的问题上,进行了大量的解释和沟通,取得外方理解和认同;同时对所有国内和当地分供商进行统一协调,以确保各专业条线进度整体推进。项目建成后,取得了良好的经济效益和社会效益,并成为特多乃至加勒比地区的地标性建筑。项目于 2009 年 11 月交付,11 月 27 日,由英联邦 54 国领导人出席的英联邦首脑峰会在此召开。

上海沃尔沃建筑设备金桥厂区　2002 年,建工集团总承包沃尔沃建筑设备金桥厂区(一期)项目。工程在菲迪克(FIDIC)合同条件下实施设计、采购、施工。因为该工程是沃尔沃公司在中国独立投资的第一个项目,因此要求总承包部负责除购买土地以外的前期获取政府批准项目实施的全部工作、设计(概念设计、工艺流水线设计、方案设计、扩初设计、施工图设计)、土建、机电采购及安装、后期水电、通讯、下水接驳的协调、竣工接收后的政府部门验收(质检、档案、规划、综合),最后负责获取整个工程的产权证。在项目实施过程中,总承包部积极帮助业主完善方案,尤其是对不符合中国设计规范、规划、消防、劳动、环保等部分进行有针对性说明,提出合理化建议,如将油漆工艺流水线的废气处理由干式处理改为符合中国环保要求的湿式水旋处理方式。把方案设计等前期工作和商务、技术讨论同时进行,为整个工期赢得时间。在公用设施配套上主动协调有关单位,在土建施工中又发挥自身的管理优势。工程按时完成,赢得业主的信任,得到沃尔沃二期的承包合同。

都江堰西区水厂 2008年7月,市政总院承接这项上海第一批援建项目——都江堰西区水厂的总承包。该工程实行"包建设规模、包技术标准、包工程质量、包合同工期、包工程造价"的一揽子"交钥匙"工程。市政总院组成包含相关专业设计、管理和后勤保障人员组成现场项目管理部。项目部根据当地抗震要求和各路段特点,采用先进的水处理的工艺,合理选用钢管和球墨铸铁管,在接口配置、地基处理及施工方式等方面进行优化设计,确保管道安全。同时,创新性地建立水务信息化系统、管网SCADA(数据采集与监视控制)系统和管网优化调度系统,及时掌控水厂和管网各节点的重要信息。实施中发挥设计施工一体的优势,计划得当,设计、施工合理交叉,质量安全可控,确保工程进度节点和质量目标。同时采用poweron软件,使所有设备材料信息、施工进度、进出账款、来往公函、工程签证等均一目了然并可动态更新,总院有关部门也能全过程、全时段监管。工程从开始设计到竣工通水,周期只有15个月。由于该工程规划上代表先进的理念,设计上代表先进的工艺技术,工程管理上代表上海援建水平,建成后做到运行安全、经济合理、节能减耗。

第四章 技术和科研管理

第一节 管理体系

一、技术管理体系

1953年建局之初设技术组,1954年2月,设生产技术处;1956年,设技术处,为全局技术管理职能部门。1958年两局合并后,建工局设总工程师。1964年,设科学技术处。1968年7月,设科技组。1978年3月,成立科技处和技监处,负责所属企业的技术管理、科研管理、技术开发、计量管理、标准管理、新技术推广和企业的质量管理。1988年,建管局设技术处,将质量管理划归新设立的市建筑质量监督站管理。1994年,建工集团设科技处。科技处负责施工组织设计管理、标准工法、新技术开发、新技术应用、计算机设备、科技档案等,并开展项目检查、技术专项检查、科研项目计划、科技开发等工作。2000年,科技处撤销,设立总工程师室。施工技术管理归口生产经营部;科研管理、科技开发、标准管理等划归技术中心。2004年1月,总工程师室实施集团技术管理和科研管理等职能。

1957年,在部分国营建筑公司中设总工程师;1958年两局合并后,建工局设总工程师,1964年设总工程师室;部分国营公司设总工程师。"文化大革命"中期,公司设技术组。1978年后,公司恢复设总工程师,全面负责公司的技术和科研工作,设技术科。工程队(处)一般设有技术员,后成立技术股,负责编制项目施工组织设计、处理施工工程中的技术问题等。90年代初,随着项目管理的推行,公司—分公司—项目部三级管理体系逐步形成。公司设立总工程师,统筹公司相关技术工作。公司设技术部门,负责公司的相关技术管理工作,各公司技术部门名称不尽相同,市建四公司技术管理部门为科技部,市建七公司技术管理部门为施工策划科,基础公司为总工程师办公室。各分公司设主任工程师,负责分公司的技术管理科技创新工作。项目部设项目工程师或项目负责人,分别负责项目实施中的技术工作。

二、科研管理体系

1953年,建工局设立施工材料研究室。1958年2月,成立上海市建筑工程局施工技术研究所。1961年,该所与局技术情报组合并组建建筑施工材料研究所;1963年,该所改名为上海市建筑科学研究所,1978年划归市建委。1978年,基础公司在有30余年历史的基础研究所材料实验室基础上成立上海市特种基础工程研究所。1979年2月,建工局组建新的上海市建筑施工技术研究所。1979年4月,成立上海市建筑构件研究所。2000年1月,上海建工(集团)总公司技术中心成立,具体实施集团科研管理、技术研发工作。2001年3月被认定为上海市企业技术中心,2001年12月被确认为"国家认定企业技术中心"。2004年12月,机施公司技术中心在集团下属企业中率先通过上海市级企业技术中心认定,至2010年,集团和所属企业中有12家市级企业技术中心。至此,以集团技术中心为龙头,下属企业技术中心为分支的两级科技创新体系建设初步形成。

第二节　施工技术管理

一、施工组织设计

50—60年代，新开工程不论工程大小，建工局都要求进行施工图纸熟悉、场地勘察、编制施工预算和施工组织设计，规划施工总平面图和场地布置。

70年代，一般由工程队技术员编制施工组织设计，作为一个技术文件记录施工中采用的技术及工艺，用来指导项目施工。80—90年代，市场逐步扩大，对工程管理的需求进一步加大，施工组织设计由原来的纯技术文件转变为技术管理性文件，包含施工技术和施工项目管理等内容，一般由工程处技术股编制，公司审批。

90年代，为适应市场的变化和技术的进步，技术管理的要求相应提高，重大重点工程、标志性建筑由集团总公司审批或者集团总公司组织人员现场审批。1994年9月，建工集团印发《关于加强建筑施工技术管理的通知》，要求列入市重大工程，集团创建"上海速度""上海水平"的工程，挖土深度超过10米且基坑面积又大于2 000平方米的基坑围护工程，建筑高度大于150米的结构工程施工组织设计，需经集团总公司审核批准后，方能组织施工。

1997年8月，建工集团印发《上海建工（集团）总公司技术管理若干规定》，要求各项目部对于关键过程与特殊过程编制《作业指导书》，施工前应进行施工交底，并做好记录；施工过程中应进行巡检，并做好记录。基坑挖土深度超过10米且基坑面积大于2 000平方米的基坑支护工程的施工组织设计（施工大纲）应报集团总公司科技处审批。建筑高度超过150米的结构工程施工组织设计（施工大纲）应报集团总公司审批。1999年6月，集团印发《上海建工集团施工组织设计（施工大纲）管理办法》，要求上报施工组织设计编制计划。

1999年11月，集团印发《关于加强上海市域外工程等施工组织（施工大纲）管理的通知》，适用于所有上海市域外施工工程。

2000年10月，集团印发《上海建工集团施工组织设计（施工大纲）管理办法》，继续实行分级编制，逐级审批制度。需要上报集团审批的施工组织设计为建筑高度超过150米（含150米）的结构工程；基坑开挖深度超过10米（含10米）的深基坑工程；一次性浇筑放量超过1万立方米（含1万立方米）的大体积混凝土工程等；此管理办法，又在2003年、2004年进行了两次修订。

2004年开始，根据住建部《危险性较大工程安全专项施工方案编制及专家论证审查办法》，集团加强专项施工方案的专家论证审查，2008年11月，印发《模板支撑施工管理规定》，对水平混凝土构件模板支撑系统高度超过8米或跨度超过18米、施工总荷载大于10千牛/平方米或集中线荷载大于15千牛/米的高大模板支撑系统组织专家论证审查。从2009年，对专家论证审查范围进行变更。

2009年9月，在原有相关规定的基础上，集团印发《施工组织设计（施工大纲、专项施工方案）管理办法》，对集团审批的施工组织设计范围进行新的划分，并对施工组织设计授权审批工作做了明确规定，对特定项目可由集团总工程师授权各有关公司总工程师进行审批。

二、施工令

80年代开始，建工局针对在建重大工程和指定项目，实施施工令管理制度；1987年，建工局印发《关于混凝土实行浇灌令暂行规定的通知》，在全局范围内逐步实行施工令审核管理制度。

1994年9月，建工集团印发《关于加强建筑施工技术管理的通知》，对施工令管理范围扩大到混凝土浇灌令、挖土令、打桩令，并实行分级签署管理。5 000立方米以上的混凝土浇灌方案须报集团总公司备案；1万立方米以上报集团总公司审批，集团总工程师签署浇灌令。1997年，集团印发《上海建工（集团）总公司技术管理若干规定》，明确凡一次连续浇灌混凝土在1万立方米以上（含1万立方米）的，浇灌令须报集团总工程师或技术负责人审核并签署。

2000年9月，集团印发《上海建工集团"三令"管理办法》，"三令"指沉桩令、挖土令和混凝土浇灌令。规定凡沉桩、挖土施工，不论工程大小，均实行沉桩令、挖土令的审批制度；集团所有施工现场的混凝土浇捣实行分级签署浇灌令制度。2003年，集团针对项目吊装工程的施工，印发《上海建工集团"吊装令"管理办法》。自2003年7月1日起，在设备和结构工程起重吊装作业中实行"吊装令"管理办法，规定集团内起重吊装作业施工均须实行吊装令制度，未签发吊装令的，不准进行起重吊装作业，凡单个构件起重重量大于200吨，或采用新工艺新技术，或由集团总工程师指定的工程，其吊装令由集团总公司签发。

三、动态管理

1993年起，现场标准化管理的检查评比与文明工地和创上海水平工程的检查评比结合起来，互相促进，进一步提高了现场管理的水平。"创上海水平"工程是根据市政府领导提出的"集中、快速、文明"的施工方针提出来的，要求达到"进度快、质量好、管理好"的"一快两好"。1993年，建工局有22项重点工程列入"创上海水平"工程，都完成和超额完成了年度考核目标。通过"创上海水平"工程活动，促进了现场施工管理，加快了工程进度，提高了工程质量。在现场技术管理过程中，施工前，技术人员根据施工组织设计进行技术交底，并做好记录；施工过程中应进行巡检和过程管理，并做好记录。

1997年7月，为了加强施工现场预拌混凝土质量，集团印发《关于加强预拌混凝土质量管理几项要求》的通知，对混凝土的预拌的要求、试块的制作、养护的要求都进行了详细的规定。

2008年11月，为了进一步加强对模板支撑系统的施工安全技术管理，集团制定《模板支撑施工管理规定》，针对模板支撑专项方案编制、现场搭设、过程管理做了相关规定。

为了加强现场技术管理，2000年起，集团不定期地组织对施工现场进行专项检查，检查主要内容为施工组织设计、施工令执行情况，现场技术交底、技术复核以及标养室管理等。2010年后逐步形成定期专项检查制度，检查范围覆盖市内和市外工程。

第三节　科研项目管理

一、项目立项和实施

科研管理主要是对科研项目研究和开发进行管理，科研项目分为国家、地方政府层面以及局级（企业级）科研项目。集团科研项目由科技处负责管理。2000—2003年，科研管理由总工程师室负责，集团技术中心具体实施。2004年1月起，科研管理转到集团总公司总工程师办公室管理。

1986年11月,建工局印发《科研工作管理办法(试行)》,规定科研计划、科研经费、技术鉴定、科研成果、专利工作、推广、科研项目档案、奖励、科学技术项目保密、科技咨询技术转让十个方面的工作要求。根据各下属公司的科研项目申报情况,建工局每年下达科研立项文件,课题立项后根据课题计划任务书,由课题负责人组织科研计划的实施开发和经费管理,并按照立项要求完成科研任务,课题完成后,由局组织专家对课题成果进行验收。

国家、地方政府层面的科研项目管理工作,每年由集团(局)根据政府主管部门的项目征集情况,由集团(局)科技处或总工程师办公室组织有关专家遴选报送项目,包括确定项目的研究内容、进度计划、负责单位、编制经费等主要情况,经集团总工程师审定后上报。经过政府部门批准立项的集团(局)或所属单位承担的科研项目均列入集团(局)重点科研项目研究计划,集团(局)根据政府资助经费情况给予适当的配套资助,并对课题的执行情况实施监督管理。

1988年,建工局共计科研立项15项,立项总金额35.58万元,其中建工局以外政府项目3项,共计18万元。1989年,建管局共计科研立项31项,立项总金额为184.8万元,其中建管局外政府项目两项,计64万元。进入90年代,科研立项项目和经费逐年增加,整个90年代,集团重点科研项目共计立项346项,总计拨款1724.6万元。2000—2010年,集团科技投入逐年增加,重点科研项目立项总计676项,总计拨款科研项目经费5763万元,其中2007年集团拨款重点科研项目经费超过千万,达到1245.5万元,为历年最高,当年立项数目为70项;2010年,集团重点科研项目立项数目达到99项,立项数为历年最高,当年集团拨款科研项目经费为910万元。1987—2010年,上海建工共承担省市以上的科研项目198项。集团研发经费(R&D)支出从2000年的1.35亿元增至2010年的14亿元。

2002年,根据《上海市档案条例》和《上海市科学技术研究项目档案管理办法》的规定,建工集团印发《关于加强科研项目档案管理的通知》,要求在企业的生产经营和科学技术活动中加强科研档案的管理,并结合"九五"期间科研项目档案管理检查中存在的问题,进行研究和分析采取措施,加强管理。

2003年3月,建工集团印发《上海建工(集团)总公司科研项目经费使用规定》(简称《规定》)。根据《规定》,按照课题计划任务书管理经费,并对课题实施过程中经费使用情况及时做好流水台账。自2004年起,集团总公司总工程师办公室、资产财务部联合不定期对集团立项的科研项目进行科研经费专项检查。

表8-4-1 1987—2010年建工集团(建工局、建管局)省市级以上科研项目情况表

立项年份	项目来源	项 目 名 称	负 责 单 位
1987	市建委 市科委	内浇外挂体系内外装饰技术与机具	市建八公司、施工所
1987	市建委 市科委	内浇外挂体系综合经济评价	施工所、建科所
1987	市建委 市科委	内浇外挂体系施工工艺配套技术	施工所
1988	市建委	市建筑经济与技术预测	施工所、基建经济研究会
1988	建设部	建筑产品定价方法	施工所

〔续表一〕

立项年份	项目来源	项目名称	负责单位
1988	市建委	粉煤灰在低碳冷拔丝预应力混凝土板中应用	混凝土二总厂
1988	市科委	混凝土管片的研制	混凝土一总厂
1988	市科委	镀锌钢窗	钢窗厂
1988	市建委	高标号泵送混凝土技术的研究	材料公司
1988	市建委	商品混凝土搅拌站合理布点规划的研究	施工所
1989	市科委 市建委	南浦大桥主桥、西引桥施工工艺与设备的研究	基础公司、市建三公司、材料公司、市建五公司、市建七公司、机施公司、施工所
1989	建设部	建筑企业综合能源消耗分析指标调研	施工所
1989	建设部	多功能门式钢脚手架质量标准	施工所
1989	市电子信息推广办公室	网络技术在上海南浦大桥中的应用	基础公司
1990	市建委	高层民用住宅单位工程施工组织设计专家系统	市建八公司
1990	市建委	建筑项目施工管理标准的研究	市建三公司
1990	冶金部建筑研究总院	钢框复面模板的开发应用	施工所
1991	市科委 市建委 建设部	上海广播电视塔施工工艺及设备的研究和应用	市建一公司、机施公司、材料公司、施工所
1991	市科委	提高住宅质量综合技术研究	市建八公司
1991	市科委	1级粉煤灰在预拌泵送砼中的应用系统	材料公司
1991	市科委	预应力技术开发研究	施工所
1991	市科委	污水排海工程中长距离混凝土顶管施工工艺的研究	基础公司
1991	市建委	无砂大孔碎砖混凝土多层建筑	建管局
1991	市科委	地铁管片生产工艺成套技术研究	混凝土二总厂
1991	市科委	地铁预应力混凝土轨枕生产工艺成套技术研究	混凝土二总厂
1991	市科委	GRC(玻璃纤维增强水泥)工程材料在上海的开发应用	构件所
1992	市建委	钢纤维混凝土自防水屋面结构与材料的综合研究	市建五公司
1992	市科委	SM粉增强技术研究	材料公司
1992	市科委	混凝土顶管成套生产工艺研究	混凝土二总厂
1993	市建委 市科委	C80商品泵送混凝土研制	建管局
1993	市建委	斜拉桥新型移动式挂篮设计与研制	基础公司、施工所

(续表二)

立项年份	项目来源	项 目 名 称	负 责 单 位
1993	市建委	上海地区深基坑支护体系计算机辅助设计与管理系统研究	建管局
1994	市建委	上海金茂大厦(88层)超高层钢结构安装技术研究,超高层建筑成套施工技术研究,超深超大型基础围护结构施工技术研究	集团总公司
1994	市科委	复合式深基础结构的综合研究(三作用型)	集团总公司
1994	市建委	混凝土配料站生产工艺研究	材料公司
1995	市科委	上海金茂大厦(88层)超高层结构施工与安装技术研究	集团总公司、市建一公司、机施公司、建工院
1995	市科委	八万人体育场成套施工工艺及设备吊装研究	市建八公司、机施公司
1995	市科委	上海大剧院成套施工工艺及结构技术研究	市建四公司、机施公司
1995	市科委	上海地区大型地下工程不同环境的影响控制和应用技术研究	集团总公司
1995	市科委	高层建筑多层地下室逆作法施工技术研究	市建二公司
1995	市科委	63米大跨度超高空钢结构安装施工工艺的研究和应用	机施公司
1995	市建委	虹桥机场双机维修机库超大型网架整体提升施工工艺的研究和应用	机施公司
1996	市科委	特大超深沉井施工技术研究	基础公司
1996	市科委	钢筋混凝土结构超高层施工技术研究及应用	市建三公司
1996	市建委 市科委	上海浦东国际机场场道工程地基处理试验	市建七公司、基础公司
1996	市建委	超高层建筑大吨位塔吊拆卸技术研究及应用	建工院、机施公司
1996	市建委	预应力混凝土在深基坑施工中应用及研究	市建五公司
1996	市建委	八万人体育场成套施工工艺	市建八公司
1996	市建委	建筑钢结构超厚、特殊钢超厚高空全位置焊接工艺研究	机施公司
1996	市建委	C80推广及100商品泵送混凝土研制	集团总公司
1996	市建委	智能化建筑应用技术研究	安装公司
1996	市科委	国际航运大厦钢结构与混凝土核芯筒连接技术	市建三公司
1996	市科委	上海广场深基础施工技术研究	市建八公司
1997	市科委	软土地基超高层新技术新工艺的综合研究及应用	集团总公司、同济大学
1997	市科委	上海浦东国际机场航站区(候机室及登机廊)关键技术及吊装工艺研究	集团总公司

〔续表三〕

立项年份	项目来源	项目名称	负责单位
1997	市科委	超高层建筑钢筋混凝土结构新技术、新工艺综合技术研究及应用(明天广场)	市建二公司
1997	市科委	沿海光缆敷设技术研究	基础公司
1997	市科委	临沂游泳馆施工工艺技术研究	市建八公司
1997	市建委	预制地下连续墙成套施工工艺的研究	机施公司
1997	市建委	沉埋式隧道施工方案研究	基础公司
1997	市建委	大面积超长双向预应力结构施工技术研究	市建一公司
1997	市建委	整体电动升降脚手计算机辅助控制综合技术研究	市建八公司
1997	市建委	矿渣微粉混凝土成套技术开发研究	构件公司、材料公司
1997	建设部	国家标准：地基基础验收规范	基础公司
1998	市建委 市科委	第二代高性能商品混凝土的研制及应用	集团总公司
1998	市建委	住宅建筑施工技术和病害防治研究和应用	市建八公司、市建五公司、质安处
1998	市建委	计算机建材检测系统升级与推广应用	集团总公司
1998	市科委	整体电动提升模板施工技术研究	市建八公司
1998	市科委	地下室外墙中与裂缝的产生和防治研究	市建四公司
1998	市建委	"165"危房工程托换改造技术研究	市建四公司
1998	市建委	上海信息枢纽大楼钢结构安装工艺研究	机施公司
1998	市科委	江阴长江公路悬索大桥上部结构施工工艺研究	基础公司
1998	市科委	起重荷载控制显示装置的研制	市建八公司
1999	市科委	上海科技城关键设计、施工技术研究	集团总公司
1999	市科委	现浇混凝土墙(楼、板抗裂防渗)设计和施工技术	集团总公司
1999	市建委	超高层建筑附着升降脚手架风荷载结构分析及安全措施的研究与应用	集团总公司
1999	市科委	高新技术在超高层建筑施工中的综合应用及研究(红塔大酒店)	市建八公司
1999	市标办	高强度泵送混凝土生产和施工规程	集团总公司
1999	市标办	工业安装工程质量检验评定标准(市地方标准)	安装公司
1999	建设部	安装专业筑炉工职工技能岗位鉴定规范	安装公司
1999	建设部	职业技能标准岗位鉴定规范及技能鉴定习题集(电气设备安装调试工)	安装公司
1999	市经委	小口径(B200－B1000)顶管设备研制和成套施工工艺的研究及应用	机施公司

〔续表四〕

立项年份	项目来源	项 目 名 称	负 责 单 位
1999	市卫生局	南汇县11万人中风监测和防治	建工医院
2000	市建委	上海深水港成套施工工艺及设备研制	集团总公司
2000	市建委	大型桥梁施工技术学科研究发展中心	集团技术中心
2000	市建委	国家大剧院椭球钢壳体安装工艺的研究及应用	机施公司
2000	市科委	孟加拉国际会议中心施工技术研究	市建七公司、市建八公司
2002	国家经贸委	超大型钢结构安装施工控制技术	集团总公司
2002	市经委	计算机系统及科研测量测试设备建设	集团总公司
2002	市经委	建筑施工机械设备支持系统的研究和开发	集团总公司
2004	市科委	地下空间专题施工技术和设备研究	建工集团
2004	市科委	超高层建筑施工技术研究	建工集团
2004	市科委	沪崇苏越江工程江中大直径风井（江中无人岛）施工技术研究	基础公司
2004	市科委	特大型钢结构施工技术研究	机械公司
2004	市科委	大型综合交通枢纽施工技术	建工集团
2004	市科委	施工力学的研究与应用	建工集团
2004	市经委	特大型工程现代化建造技术及应用	建工集团
2004	市科委	紧靠黄浦江防汛墙的超长、超大地下交通枢纽建造技术研究	市建四公司
2005	国家863计划	高速磁浮交通技术重大专项目——新型轨道结构研制	建工集团
2005	市科委	液化天然气（LNG）接收站施工技术研究	安装公司
2005	市科委	地铁车站盖挖法施工技术预研究（管线不翻交技术）	市建二公司
2005	市科委	上海光源工程主体施工工艺与设备安装综合技术研究	市建七公司、安装公司、机施公司
2005	市科委	超高层建筑双向同步施工控制技术	市建一公司
2005	市科委	地源热泵等节能技术研究在大型住宅工程中的应用研究	建工集团
2006	市科委	500千伏地下变电站施工技术与设备研究	建工集团
2006	市建委	环保型混合电能超级电容车——混凝土搅拌车应用研究	建工集团
2006	市科委	人民广场轨道交通枢纽工程综合施工技术研究	市建一公司
2006	市科委	新江湾城生态源生态保育与恢复技术研究	园林集团
2006	市经委	上海外滩中信城综合施工技术研究	市建四公司

〔续表五〕

立项年份	项目来源	项 目 名 称	负 责 单 位
2006	市科委	2005年世博科技专项——绿色施工指南研究	建工集团
2006	市科委	2005年世博科技专项——地下空间绿化技术研究	园林集团
2006	市科委	2005年世博场馆大空间结构安全保障关键技术	机施公司
2006	市经委	超大截面地下矩形通道盾构法施工成套设备的研制	机施公司
2006	建设部	国家标准《建筑施工深基坑施工安全技术规程》编制	建工集团
2006	市建设技术发展基金会	商品砂浆应用以及推进政策、配套措施的研究	建工集团
2006	建材管理总站	上海市工程建设地方规范制定、修订	建工集团
2006	市经委	上海市知识产权示范企业建设	建工集团
2006	市建设标准定额管理总站	上海市工程建设地方规范制定《悬挑式脚手架安全技术规程》	建工院
2006	市建设标准定额管理总站	上海市工程建设地方规范制定《建筑工程架桥机安全技术规程》	建工院
2006	市科委	城市地下空间开发利用施工技术研究	基础公司
2006	市科委	历史建筑整体开发关键施工技术研究	市建七公司
2006	市科委	超高层建筑结构竖向差异变形机理及施工控制技术研究	市建五公司
2006	市科委	景观湿地综合评价体系的研究	园林设计院
2007	国家发改委	企业技术中心创新能力建设项目	建工集团
2007	市科委	上海建筑改建与持续利用工程技术研究中心	市建四公司
2007	国家科技支撑项目	现代建筑设计与施工与关键技术研究子课题:《建筑材料与设备系统施工安装关键技术研究》	建工集团
2007	国家科技支撑项目	城市地下空间建设技术研究和工程示范	建工集团
2007	国家863计划	试验线工程建设与综合集成研究子课题:《上海支线12米新型轨道梁研制》	建工集团
2007	国家863计划	大深度大断面地下穿越工程与微扰动施工研究	基础公司
2007	市科委	轨道交通车站与地下空间一体化建造技术研究	四公司
2007	市建委	建筑墙体节能工业化成套技术	建工集团
2007	市经委	节能建筑工业化成套技术创新团队建设	建工集团
2007	市经委	磁浮线轨道梁成套施工工艺及设备研究	机施公司
2007	市科委	钢结构施工控制技术在大型交通枢纽中的应用	建工集团
2007	市科委	保护建筑周边群坑施工的耦合效应及施工控制技术研究	市建一公司

〔续表六〕

立项年份	项目来源	项目名称	负责单位
2007	市科委	超高层建筑建造过程中的环境保护与节能施工技术研究	市建四公司
2007	市科委	复杂环境条件下软土深基坑施工控制技术研究	市建七公司
2008	市科委	上海虹桥综合交通枢纽地下工程关键施工技术研究	建工集团
2008	市科委	十六铺地区综合改造工程沿江三墙合一墙体的研究	建工集团
2008	市科委	压气法和盖挖法等新工法及在外滩地下通道工程中的应用研究	建工集团
2008	市科委	双向同步逆作法建造施工技术研究	机施集团
2008	市科委	紧靠黄浦江的超大面积基坑和特殊形式地下结构施工技术研究	市建七公司
2008	科技部	国家高科技研究发展计划（863计划）：地下立体交通工程箱涵顶进置换管幕施工工法	建工集团
2008	建设部	"十一五"国家科技支撑计划：城镇绿地生态建设综合技术示范研究	园林集团
2008	市科委	特大型深基坑环境影响控制及地下连续墙侧向成墙工法研究	建工集团
2008	市经委	上海市引进技术的吸收与创新：城市地下空间开发及高速铁路建设重大施工装备研究	建工集团
2008	市经委	上海市引进技术的吸收与创新：软土大断面人车兼容、顶盾合一矩形隧道掘进设备	机施公司
2008	市经委	上海市企业技术中心能力建设项目：盖挖法施工技术试验平台的建设	市建二公司
2008	市经委	上海市企业技术中心能力建设项目：建筑改造关键施工技术研究	市建七公司
2008	市经委	复杂海底下电缆、管道工程关键技术研究	基础公司
2008	市科委	城市燃气输送不停输管道检测与抢修技术研究	安装公司
2008	市科委	地下立体交通工程箱涵顶进置换管幕施工工法	建工集团
2008	市科委	复杂斜交网格高层结构施工控制技术研究	南方公司
2008	市科委	超高层建筑施工的温度效应研究与应用	建工集团
2008	市科委	海底PE管道边敷边埋施工工艺及设备研究	基础公司
2009	市科委	东方体育中心施工关键技术研究	建工集团
2009	市科委	京沪高铁上海虹桥综合施工关键技术研究	建工集团
2009	市科委	区域性超大深基坑工程现代化高效施工工艺及机械研究	市建二公司
2009	市科委	古民居建筑异地重构再生技术	市建四公司

〔续表七〕

立项年份	项目来源	项 目 名 称	负 责 单 位
2009	市科委	世博—中国馆综合建造技术	市建四公司
2009	市科委	自适应支撑系统及超深基坑施工对地铁安全影响控制研究	市建五公司
2009	市科委	超深基坑与邻近地铁枢纽施工风险控制关键技术	市建五公司
2009	市科委	大型港务工程中的新型直立式复合地墙施工关键技术	市建七公司
2009	市科委	深大基坑变形控制设计与施工技术及环境影响评估方法研究（总课题）——基坑开挖其间变形控制、监控与动态施工控制技术（子课题）	市建七公司
2009	国家科技部	国家高技术研究发展计划（863计划）：超高层建筑安全施工状态监测与可靠性控制技术研究	集团技术中心
2009	市经委	都市核心区地下空间开发集成技术与装备研究	建工集团
2009	市经委	节能与结构一体化住宅建造技术研究平台建设	建工集团
2009	市经委	超高层建筑测控技术研发平台建设	市建一公司
2009	市经委	大型展演类公共建筑关键施工技术研发平台建设	市建四公司
2009	市经委	预制节能墙体装配式施工技术平台建设	市建五公司
2009	市建交委	产业化住宅建筑综合施工技术研究	市建二公司
2009	市科委	城市核心区超高层建筑施工环境影响控制技术	市建一公司
2009	市科委	超高层钢混结构施工控制技术研究	集团技术中心
2009	市科委	浅覆土下箱涵顶进置换管幕施工技术	集团技术中心
2010	市科委	上海中心大厦绿色超高层建筑关键技术研究——绿色施工关键技术研究	建工集团
2010	市建交委	超高层超大超深的基坑及基础工程关键技术	建工集团
2010	市科委	超大型地下空间框架逆作法关键施工技术与工程示范	市建一公司
2010	市科委	多重组合式基坑群施工相互影响及应对措施研究——受环境控制的复杂基坑群施工筹划方法和实施技术研究	市建二公司
2010	市科委	优秀历史建筑混凝土结构抗震加固的关键技术研究	市建四公司
2010	市科委	PHC管桩桩身水平受力性能试验及堆土作用下破坏形态与措施研究	市建七公司
2010	市科委	特大型居住社区高效节能围护体系开发与示范	建工房产
2010	市科委	外置式盾构进出洞冻结套箱止水工法研究及示范	集团技术中心
2010	市科委	地下立体交通工程箱涵顶进置换管幕工法研究及工程应用	建工集团

〔续表八〕

立项年份	项目来源	项目名称	负责单位
2010	市科委	低碳长距离逆作土方高效运输工艺与设备研究	基础公司
2010	市经信委	RFID技术在重大工程施工风险控制中的应用	集团技术中心
2010	市经委	全位置管道自动焊接设备和技术的研发	安装公司
2010	市经委	节能环保型钢筋桁架模板自动生产线的研制与应用	构件公司
2010	市人事局	上海市领军人才专项资金资助	建工集团
2010	市科委	上海东方体育中心工程关键施工技术研究	市建七公司
2010	市科委	高精度异型网壳节点无纸化施工技术	机施公司
2010	市科委	超高建筑钢管混凝土结构施工可靠性控制技术	市建五公司
2010	市科委	超高建筑施工中重型起重设备与永久结构间的关键问题研究	南方公司
2010	市科委	古民居建筑异地迁移重建施工技术研究	市建四公司
2010	市科委	全液压缆式千斤顶提升设备的研究与应用	基础公司
2010	市科委	地下矩形隧道特种施工工艺及设备研究	机施公司
2010	市科委	大型地下综合体工程绿色施工技术	市建一公司
2010	市教委	学校教育：供热与通风实训项目	建峰学院
2010	市科委	医院医疗：微小RNA双向调控抑制人源晶状体上皮细胞间充质化的实验研究	建工医院

资料来源：建工集团（建工局、建管局）科研项目汇总表。

表8-4-2　1992—2010年建工集团（建管局）出版的部分技术论著情况表

书名	作者或主编	出版社	出版时间
深基础施工实例	秦惠民等	中国建筑工业出版社	1992年
南浦大桥施工技术	叶可明	上海交通大学出版社	1992年5月
杨浦大桥	杨小林 林元培 朱志豪	上海科技教育出版社	1994年6月
1995上海国际建筑施工技术研讨会论文集	组委会	内部发行	1995年
上海建工集团科技论文选集	上海建工（集团）总公司	内部发行	1995年
建筑工程施工新技术	陆海平 叶可明 童素正	上海科学技术出版社	1997年4月
建筑施工实例应用手册	叶可明	中国建筑工业出版社	1998年1月
土木建筑上海市市级工法汇编（1990—1996年）	叶可明	上海科学普及出版社	1998年1月

〔续表〕

书　名	作者或主编	出　版　社	出版时间
上海建筑施工新技术	叶可明	中国建筑工业出版社	1999年9月
建设工程质量知识读本	石礼文	上海科学技术出版社	2000年1月
金茂大厦——决策、设计、施工	张关林 石礼文	中国建筑工业出版社	2000年8月
结构工程禁忌手册	曹鸿新 李海光 马兴宝 王大年 周以大	中国建筑工业出版社	2002年6月
上海高层超高层建筑设计与施工	沈　恭 叶可明	上海科学普及出版社	2003年9月
磁悬浮列车工程施工总结	范庆国	内部发行	2003年
土木工程施工机械实用手册	高振峰	山东科学技术出版社	2005年8月
建设工程施工新技术应用案例（"十五"期间）	范庆国 胡玉银	中国建筑工业出版社	2007年2月
建筑施工创新技术应用案例（"十一五"期间）	范庆国 胡玉银	中国建筑工业出版社	2010年3月
2010上海世博工程施工技术（上、中、下）	徐　征	内部发行	2010年10月

资料来源：建工集团（建工局、建管局）技术论著汇总表。

二、获奖科研项目

2005年7月，建工集团印发《上海建工（集团）总公司科学技术奖励办法》，确定集团每年评选一次科学技术成果奖，奖励范围为应用于生产建设的科学技术成果，包括新技术、新工艺、新产品、新材料、新设计、推广应用成果、重大工程建设、设备研制、技术改造、科学技术管理、软科学研究、标准、规范等，奖励等级分一等奖、二等奖、三等奖。

1978—2010年，建工集团（建工局、建管局）共获得10项全国科技大会奖；1项国家技术发明奖二等奖，2项三等奖；4项国家科技进步奖一等奖，8项二等奖，5项三等奖；300多项市部级科技进步奖。

表8-4-3　1978年建工局获全国科技大会奖情况表

项　目　名　称	获　奖　单　位
ZT120吨米自升塔式起重机	建科所、建工机械厂、同济大学、交通大学
QTZ80吨米筒体自升塔式起重机	市建科所、市建四公司、市建七公司
TD-25塔式起重机	市建科所、市建三公司

〔续表〕

项 目 名 称	获 奖 单 位
中小型液压挖掘机 YW501 全液压履带式挖土机	建科所、上海建工机械厂、同济大学
混凝土养护新工艺立窑养护混凝土生产工艺设备设计	建科所、混凝土制品一厂
大跨度网架屋盖整体提升技术——上海体育馆网架整体提升高空旋转施工	机施公司
上海电视塔 156 米塔架整体起扳施工法	机施公司
大型高耸塔桅钢结构工程技术	机施公司
江湾冷库滑模、升、降板施工技术	市建五公司
电动升板机	市建五公司

资料来源：相关获奖奖状或证书。

表 8-4-4　1982—1992 年建工局（建管局）获国家技术发明奖情况表

年　份	项 目 名 称	获奖等级	获 奖 单 位
1982	三段双铰局部气压工具管	三等奖	基础公司
1990	超高层建筑模具外挂脚手整体升降施工成套技术	二等奖	市建五公司
1992	架体式斜爬模系统施工技术	三等奖	施工研究所、市建三公司

资料来源：相关获奖奖状或证书。

表 8-4-5　1989—2007 年建工集团（建管局）获国家科技进步奖情况表

年　份	项 目 名 称	获奖等级	获 奖 单 位
1980	地下连续墙施工工艺与施工设备	三等奖	基础公司
1985	电厂粉煤灰在上海市的综合利用	二等奖	材料公司
1986	地基与基础工程施工及验收规范	三等奖	基础公司
1988	软土层中的无支撑无锚杆大型地下连续墙工程	三等奖	基础公司等
1989	软土地区钢管长距离顶进施工技术	一等奖	特种基础工程研究所、基础公司第三工程处、冶金部自动化研究所
1989	商品混凝土生产和成套技术开发应用	三等奖	材料公司等
1993	埃及开罗国际会议中心工程设计与施工	三等奖	上海中建工程公司
1995	上海南浦大桥工程	一等奖	建工局
1996	上海广播电视塔施工工艺与设备的研究	二等奖	集团总公司、市建一公司、机施公司、建工设计院

〔续表〕

年　份	项　目　名　称	获奖等级	获奖单位
1999	超高层建筑施工技术研究——金茂大厦88层	一等奖	集团总公司、市建一公司、机施公司、建工设计院、材料公司、基础公司
2000	浦东国际机场施工技术研究和应用	二等奖	集团总公司、机施公司、市建三公司、市建七公司
2002	上海科技馆重大工程建设与研究	二等奖	集团总公司
2003	大口径薄壁管道浅海敷设施工技术研究	二等奖	基础公司
2005	上海卢浦大桥设计与施工关键技术研究	二等奖	集团总公司、基础公司
2006	现代化体育场施工技术的研究	二等奖	机施公司
2006	常导高速磁浮长定子轨道系统设计、制造和施工成套技术研究	二等奖	上海建工股份有限公司
2007	东海大桥(外海超长桥梁)工程关键技术与应用	一等奖	集团总公司

资料来源：相关获奖奖状或证书。

三、新技术应用

1994年开始，建设部提出建筑业重点推广应用10项新技术，建工集团陆续开展对新技术应用推广的工作，1998年3月印发《关于加强新技术推广应用工作的通知》，通知要求各级领导要重视新技术推广应用工作，推动新技术工艺的开发编写与推广应用工作的发展，各单位要积极制定工法编制计划，抓好工法的撰写和评审工作。要求各单位根据工程特点编制本单位的新技术推广应用项目计划(年度和阶段计划)，并定期检查落实执行情况。根据当年集团情况，重点推广新技术有：结合重大工程推广应用高层建筑"逆作法"施工工艺，大力推广应用商品混凝土C60以上的高标号和高性能混凝土应用技术等。《关于加强新技术推广应用工作的通知》要求，对成熟的施工工艺和已通过鉴定的科研成果要及时组织技术信息交流会，使工程技术人员及时了解掌握新技术新工艺的动态，以适时应用到实际工程中去。

1999年4月，为加强集团施工新技术的应用，集团印发《关于加强新技术推广应用工作的通知》，集团十项重点推广新技术有：积极推广应用预应力混凝土技术，尤其是无粘结预应力混凝土技术；推广应用新型模板、脚手和早拆模新技术等。同时，为了加强新技术的推广力度，为了鼓励科研技术人员对新技术推广应用的积极性，集团总公司每年度组织2~3次技术交流和施工现场观摩活动，各企业结合工程项目情况制订年度观摩、交流活动计划。

第四节　工法、专利、标准

一、工法

1990年12月，建管局根据1989年住建部印发的《施工企业实行工法制度的试行管理办法》开始企业工法的评审工作。工法分为国家级（一级）、省部级（二级）和企业级（三级）三个等级。建工集团（建管局）根据承建工程的特点、科研开发规划和市场需求开发、编写的工法，经建工集团（建管局）组织审定，为本企业工法。市级工法由企业工法择优自愿申报，由上海市建设交通委负责审定和公布。建工集团（建管局）工法主管部门为其技术管理部门。上海市级工法每两年（双数年）评审一次，国家级工法同样每两年（单数年）评审一次。1990年，建管局评审企业工法18项，其中有大体积混凝土施工工法、钢筋套筒冷压连接工法等；被评为上海市市级工法12项。1991年，"高层建筑结构泵送混凝土施工工法""爬升模板工法""高层建筑施工'滑一浇一'工法""龙门桅杆单吊点提吊重型设备工法""球形储罐安装工法"共5项获得国家级工法。

1992年，建管局共评审通过企业工法37项，17项被评为上海市市级工法。4项被评为国家级工法，分别是"长距离钢管顶进工法""高强泵送商品混凝土制备工法""架体式斜爬模工法""离心式压缩机组安装工法"。90年代，建工集团（建管局）共通过评审企业工法156项。

2006年，上海市建设和交通委员会印发《上海市工程建设工法管理规定》，对工法的管理和申报做出新的规定，是年，建工集团评审通过42项企业工法。在2005—2006年度国家级工法评审中，建工集团取得18项国家级工法。2000—2010年评审并通过建工集团企业工法共181项；1990—2010年，建工集团共获得国家级工法99项。

表8-4-6　1991—2010年建工集团（建管局）编制的国家工法情况表

时间	工法名称	编号	开发单位
1991	高层建筑结构泵送混凝土施工工法	YJGF 17-91	市建四公司
	爬升模板工法	YJGF 20-91	市建四公司
	高层建筑施工"滑一浇一"工法	YJGF 21-91	市建七公司
	龙门桅杆单吊点提吊重型设备工法	YJGF 34-91	安装公司
	球形储罐安装工法	YJGF 35-91	安装公司
1992	长距离钢管顶进工法	YJGF 17-92	基础公司
	高强泵送商品混凝土制备工法	YJGF 28-92	材料公司
	架体式斜爬模工法	YJGF 32-92	市建三公司
	离心式压缩机组安装工法	YJGF 51-92	安装公司
1993—1994	地下连续墙围护地铁车站送筑工法	YJGF 03-94	隧道公司、市建二公司
	基础大体积混凝土工法	YJGF 14-94	市建三公司
	带肋钢筋套筒冷压连接工法	YJGF 15-94	市建一公司
	整体升降模板脚手架工法	YJGF 16-94	市建五公司
1995—1996	高层建筑深厚软土地层多层地下室结构施工逆作工法	YJGF 02-96	市建二公司
	深基坑钢筋混凝土圆形环梁内支撑工法	YJGF 04-96	住乐公司、市建五公司
	大型基坑结构中心岛工法	YJGF 05-96	市建四公司

〔续表一〕

时 间	工 法 名 称	编 号	开发单位
1995—1996	液压整体提升大模板工法	YJGF 15-96	市建七公司
	多机自动控制整体提升工法	YJGF 19-96	机施公司
	高层建筑空调工程系统调试工法	YJGF 28-96	安装公司
1997—1998	DMCL整体电动升降脚手架工法	YJGF 30-98	市建八公司
	超高空承载索吊运设备工法	YJGF 44-98	安装公司
1999—2000	刚性接头地下连续墙施工工法	YJGF 01-2000	机施公司
	水底电(光)缆敷设施工工法	YJGF 17-2000	基础公司
	预拌砂浆制备工法	YJGF 30-2000	住总混凝土公司 材料公司
	塔吊组立输电铁塔施工工法	YJGF 47-2000	市建五公司
2001—2002	薄壁连体法兰矩形风管施工工法	YJGF 60-2002	安装公司
2003—2004	地下室薄型滤水层防排水施工工法	YJGF 07-2004	市建四公司
	船坞坞壁组合箱型钢板桩施工工法	YJGF 10-2004	市建七公司
	压型铝板屋面施工工法	YJGF 81-2004	东亚公司 市建二公司
2005—2006	环形预应力梁施工工法	YJGF 020-2006	市建七公司
	钢柱支撑式整体自升钢平台脚手模板系统施工工法	YJGF 028-2006	市建一公司
	高层建筑利用整体升降脚手架提升G-70外墙大模板施工工法	YJGF 030-2006	市建四公司
	高层、超高层弧形立面整体提升脚手架施工工法	YJGF 035-2006	市建二公司
	"一明两暗"盆式开挖施工工法	YJGF 092-2006	市建七公司
	逆作法条件下的劲性钢柱施工工法	YJGF 093-2006	市建二公司
	地下室膨润土防水毯施工工法	YJGF 095-2006	通州建总 市建四公司
	地源热泵供暖空调施工工法	YJGF 107-2006	山西二建 南京建工 市建二公司 安装公司
	EPS保温板粘贴式施工工法	YJGF 140-2006	辽宁三盟公司 市建一公司
	虹吸式屋面雨水排水系统施工工法	YJGF 158-2006	中建七局 北京城建 安装公司
	多曲面壳形板结构喷射施工工法	YJGF 165-2006	市建二公司

〔续表二〕

时间	工法名称	编号	开发单位
2005—2006	内筒外架支撑式整体自升钢平台脚手模板系统施工工法	YJGF 189-2006	市建一公司
	架桥机跨内斜吊桥面梁工法	YJGF 243-2006	市建七公司
	房屋建筑工程防火风管施工工法	YJGF 304-2006	安装公司
	管道沟槽式卡箍连接施工工法	YJGF 306-2006	浙江开元安装公司 宁波建工集团 浙江诸暨安装公司 市建一公司
	液压整体提升大模工法	YJGF 15-96（2005—2006年度升级版）	市建七公司
	高层建筑施工"滑一浇一"工法	YJGF 21-91（2005—2006年度升级版）	市建七公司
	地下建（构）筑物逆作法施工工法	YJGF 02-96（2005—2006年度升级版）	市建二公司
2007—2008	导管架海上作业平台施工工法	GJEJGF 207-2008	建工集团
	大断面预制节段梁拼装工法	GJEJGF 175-2008	建工集团
	大断面圆弧底节段梁短线预制工法	GJEJGF 174-2008	建工集团
	混凝土结构3～6毫米钢板粘钢施工工法	GJEJGF 042-2008	建工集团
	后包钢管混凝土柱施工工法	GJYJGF 004-2008	建工集团
	产业化预制装配式住宅预制构件与连接结构同步施工工法	GJYJGF 014-2008	建工集团 市建二公司
	运营地铁隧道上方地下工程施工工法	GJEJGF 008-2008	市建一公司
	逆作法钢管柱采用传感测直仪调控垂直度施工工法	GJEJGF 041-2008	市建一公司 市建五公司
	基础大体积混凝土工法	YJGF 14-94（2007—2008年度升级版-002）	市建一公司 材料公司
	大型基坑结构中心岛工法	YJGF 05-96（2007—2008年度升级版-003）	市建四公司
	整体升降模板脚手架工法	YJGF 16-94（2007—2008年度升级版-011）	市建五公司
	塔吊组立输电铁塔施工工法	YJGF 47-2000（2007—2008年度升级版-034）	市建五公司
	高层建筑通风与空调系统调试工法	YJGF 28-96（2007—2008年度升级版-021）	安装公司
	海底PE管道边敷边埋施工工法	GJEJGF 239-2008	基础公司

〔续表三〕

时 间	工 法 名 称	编 号	开发单位
2009—2010	超大型基坑工程踏步式逆作施工工法	GJYJGF 008-2010	市建一公司 舜元集团
	自适应支撑系统基坑变形控制施工工法	GJYJGF 009-2010	市建五公司 上海城建建设实业(集团)有限公司
	预制与现浇相结合的清水混凝土施工工法	GJYJGF 020-2010	市建七公司 市建四公司
	软土地基上高速公路路基拓宽施工工法	GJEJGF 193-2010	市建四公司 浙江舜江公司
	隧道区间风井吊筑施工工法	GJEJGF 220-2010	建工集团 市建一公司
	复杂条件下城市高架现浇混凝土箱梁混合式排架施工工法	GJEJGF 267-2010	市建四公司 浙江舜江公司
	大口径薄壁管道浅海敷设施工工法	GJEJGF 351-2010	基础公司
	薄壁连体法兰矩形风管施工工法	YJGF 60-2002(2009—2010年度升级版-029)	安装工公司 浙江舜江公司
	水底电(光)缆敷设施工工法	YJGF 17-2000(2009—2010年度升级版-090)	基础公司 新疆北新路桥公司
	球形储罐安装工法	YJGF 35-91(2009—2010年度升级版-091)	安装公司 浙江舜江公司

资料来源:建工集团(建管局)编制国家工法汇总表。

二、专利

1986年,在《建工局科研管理办法》中提出鼓励专利申报工作。2003年3月,建工集团印发《专利工作实施和管理办法》,对专利工作的组织体系、人员配备与责权、奖励措施等都作了明确规定。办法规定组建由总经理任组长、总工程师任副组长的专利工作领导小组和总工程师任组长、技术中心主任任常务副组长的专利工作小组,明确领导小组的任务及工作小组的任务、职责、权利。对获得专利申请号的发明专利、实用新型专利、专利授权号的发明专利、实用新型专利分别明确了奖励标准。同时,根据各单位实际情况,对各单位每年的专利指标数作了规定。2003—2010年,建工集团共获得发明专利73项,实用新型专利321项,外观设计专利1项。

三、标准

施工技术标准编制分为国家标准、行业标准、地方标准和企业标准。建工集团的标准编制、宣贯培训、复审等职能的归口管理部门为集团科技处或总工程师办公室。

国家标准、行业标准、地方标准的编制工作每年由集团根据建设部和上海市建设行业主管部门下达的编制计划和项目建议书,专门印发文件给子公司。提出完成编制计划和项目建议书的工作要求,并由集团科技处或总工办组织有关专家遴选报送项目,包括确定项目的编制内容、进度计划、主编参编单位、编制经费等主要情况,经集团总工程师审定后上报。

项目审定后,建设部和上海市城乡建设和交通委员会分别发布年度标准编制计划,集团为主编单位的项目,由集团总工程师办公室或科技处牵头组织成立编制组,开展编写工作;子公司为编制单位的,由子公司技术部门组织编制工作,并定期汇报在编标准的进度情况。编制完成后上交管理部门审查,并批准发布。

施工工艺企业标准根据验评分离后完善施工工艺要求编写,由两级管理层次组织编制,集团科技处或总工办统计备案。

1990年4月,建管局发布局属单位企业产品标准号。2003年,根据2001年发布GB 50300—2001《建筑工程施工质量验收统一标准》和《上海市标准化条例》,建工集团调整并发布《企业标准编写与编号规则》,对集团内企业标准编写格式进行规范。2005年,又对2003年发布的《企业标准编写与编号规则》进行标准分类的补充规定。2001—2010年,建工集团编制国家标准共29项、行业标准共33项。

表8-4-7 2001—2010年建工集团编制的国家标准情况表

标 准 名 称	属性	主 编 单 位	参 编 单 位
《建筑地基基础集团工程施工质量验收规范》GB 50202—2002	主编	基础公司	
《通风与空调工程施工质量验收规范》GB 50243—2002	主编	安装公司	
《钢筋混凝土升板结构技术规范》GBJ130-90	参编	中国建筑科学研究院	市建五公司
《混凝土结构工程施工质量验收规范》GB 50204—2002	参编	中国建筑科学研究院	市建一公司
《智能建筑工程质量验收规范》GB 50339—2003	参编	清华同方股份有限公司	安装公司
《建设项目工程总承包管理规范》GB/T 50358—2005	参编	中国勘察设计协会建设项目管理和工程总承包分会	建工集团
《城市绿地设计规范》GB 50420—2007	参编	上海市绿化管理局	园林设计院
《工程建设施工企业质量管理规范》GB/T 50430—2007	参编	中国建筑业协会	市建七公司
《建筑工程施工组织设计规范》GB/T 50502—2009	参编	中国建筑技术集团有限公司	建工集团
《铝合金结构工程施工质量验收规范》GB 50576—2010	主编	市建五公司	市建二公司
《1KV及以下配线工程施工与验收规范》GB 50575—2010	参编	浙江省工业设备安装集团有限公司 宁波建工股份有限公司	安装公司

〔续表〕

标准名称	属性	主编单位	参编单位
《洁净室施工及验收规范》GB 50591—2010	参编	中国建筑科学研究院	安装公司
《钢管混凝土工程施工质量验收规范》GB 50628—2010	参编	中国工程建设标准化协会建筑施工专业委员会 南通华新建工集团有限公司	建工集团
《混凝土强度检验评定标准》GB/T 50107—2010	参编	中国建筑科学研究院	材料公司
《建筑电气照明装置施工与验收规范》GB 50617—2010	参编	宁波建工股份有限公司 浙江省工业设备安装集团有限公司	安装公司
《建筑工程绿色施工评价标准》GB/T 50640—2010	参编		建工集团

资料来源：建工集团（建管局）编制的国家标准汇总表。

表8-4-8　2001—2010年建工集团编制的行业标准情况表

标准名称	属性	主编单位	参编单位
《建筑施工高处作业安全技术规范》JGJ 80-91	参编	上海市建筑施工技术研究所	市建三公司、市建四公司、市建五公司、市建七公司、市建八公司
《建筑施工现场环境与卫生标准》JGJ 146-2004	参编	北京市建设委员会	建工集团
《通风管道技术规程》JGJ 141-2004	参编	中国安装协会	安装公司
《普通混凝土配合比设计规程》JGJ 55-2000（已废止，被 JGJ 55-2011 替代）	参编	中国建筑科学研究院	材料公司
《工程管道用聚氨酯、蛭石绝热材料支吊架》JG/T 202-2007	参编	建设部建筑制品与构配件产品标准化技术委员会	安装公司
《建筑起重机械安全评估技术规程》JGJ/T 189-2009	主编	建工院	
《液压升降整体脚手架安全技术规程》JGJ 183-2009	参编	南通四建集团有限公司 苏州二建集团建筑集团有限公司	建工院
《建筑工程资料管理规程》JGJ/T 185-2009	参编	中建一局集团建设发展有限公司 苏州第一建筑集团有限公司	建工集团
《铝合金结构工程施工规程》JGJ/T 216-2010	主编	市建二公司	市建五公司
《建筑施工塔式起重机安装、使用、拆卸安全技术规程》JGJ 196-2010	主编	建工院 市建四公司	市建五公司 市建七公司
《混凝土结构用钢筋间隔件应用技术规程》JGJ/T 219-2010	参编	江苏南通六建建设集团有限公司 同济大学	市建四公司

〔续表〕

标准名称	属性	主编单位	参编单位
《施工企业工程建设技术标准化管理规范》JGJ/T 198-2010	参编	中国工程建设标准化协会建筑施工专业委员会 中天建设集团有限公司	建工集团
《液压爬升模板工程技术规程》JGJ 195-2010	参编	江苏江都建设工程有限公司	建工集团
《建筑施工升降机安装、使用、拆卸安全技术规程》JGJ 215-2010	参编	浙江展诚建设集团股份有限公司 浙江大学	建工集团
《施工企业安全生产评价标准》JGJ/T 77-2010	参编	上海市建设工程安全质量监督总站	市建七公司
《建筑施工门式钢管脚手架安全技术规范》JGJ 128-2010	参编	哈尔滨工业大学 浙江宝业建设集团有限公司	建工院
《建筑施工承插型盘扣式钢管支架安全技术规程》JGJ 231-2010	参编	南通新华建筑集团有限公司 无锡市锡山三建实业有限公司	建工院
《地下建筑工程逆作法技术规程》JGJ 165-2010	参编	黑龙江省建工集团有限责任公司 哈尔滨市城乡建设委员会	市建七公司

资料来源：建工集团（建管局）编制的行业标准汇总表。

第五章　资产财务管理

1953年,建工局成立初期实行开支费用统一报销记账制;70年代实行会计分级收付核算制。80年代,建工局试行上交利润包干和增长利润分成、百元产值工资含量包干等,企业经营有了一定的自主权。90年代初,财政部颁发《施工企业会计制度》等九大行业会计制度和《企业财务通则》,建管局(建工集团)根据下属企业的行业分类,分别实施"建筑施工""工业""商业"等行业会计制度,并结合自身特点统一会计核算的明细科目设置。在逐步完善公司—工程队(处、分公司)—项目管理部三级管理的同时,实行三级核算方式,由竣工决算改为月结成本;推行项目成本"一本账",实际消耗、收入、成本"三同步"的核算方法。1994年改制为建工集团并获得国有资产授权管理,之后制定一系列资产管理的规定办法和配套的企业会计制度。1998年上海建工股份有限公司上市后,根据上市公司的要求逐步规范各项管理工作,使集团初步形成既有企业特点又符合上市公司要求的资产财务管理构架和管理流程。

第一节　管　理　体　系

1953年,建工局成立财务处直接管理所属工程处的财务工作。1954年,局属各建筑工程公司(简称公司)改为独立核算单位,在管理体制上基本采用三级制,即公司—工区—工地。公司设财务科,工区设财务股(组),工地设成本员。1964年,工区撤销,建立工程队。1978年,局属建筑安装企业体制变动,工程队(后改为工程处)下设施工队(中队),施工队(中队)设成本员,负责收集项目成本资料,对项目的成本进行内部核算。公司仍为独立核算单位,设财务科,负责日常财务和核算工作。1986年,公司设总会计师,主要负责公司所有与财务相关的业务;财务科负责人的任免要经局相关部门的同意。随着项目管理的推进,在项目部设成本员,对项目成本进行核算。其间,华建厂和构配件厂等工业企业为独立核算单位,内设财务科,负责日常财务工作。

1994年1月建工集团成立,集团总公司设总会计师,财务处(1997年更名为资产财务处,2000年更名为资产财务部,简称财务部)和国有资产管理处(1997年更名为投资管理处,2000年更名为投资发展部,简称投资部)。财务部负责全集团价值资产的管理和财务会计制度建设及集团总公司总部的资金调度、会计核算、费用控制等业务;投资部负责集团实物资产和各类投资事务的管理。集团所属子公司设总会计师;设财务科(后更名为财务部、资产财务部等),负责公司资金调度、会计核算、费用控制等业务,负责对项目部的核算进行指导;公司所属分公司设财务科或财务部,为公司内部核算单位,部内设成本员,负责一个或区域内几个项目的内部成本核算。1998年,上海建工股份有限公司成立后,集团总公司和上市公司实行机构、人员、资产、核算、财务"五分开"。2003年4月,集团在集团总公司本部、全资子公司、控股子公司实行预算管理。集团总公司设立预算管理委员会,由董事长担任主任,总经理和总会计师担任副主任,并成立相应工作机构。预算管理采用分级管理,按照"上下结合、分级编制、汇总平衡"的程序进行预算编制。集团总公司及各子公司的预算一经批准下达,各预算执行单位就通过企业内部的经济责任体系,进行层层分解经济指标,确保预算的贯彻与执行。

第二节 资产管理

50—60年代,建工局实行财政统收统支报销制,由局财务处统一核算,各工地领取备用金,定期报销费用。固定资产所有权集中在建工局,固定资金由市财政拨付,基层单位只有使用权;国营建筑安装企业之间固定资产实行无偿调拨,提取的基本折旧基金全部上交市财政。施工节余上缴市财政,亏损也由市财政弥补。

1980年4月,国家建委、财政部批复上海市人民政府《关于上海市建工局试行全行业利润留存的报告》,同意建工局以1978年实际上交利润3 864万元为包干基数,1980—1982年增长利润部分,20%上交财政,80%留企业,一定3年不变;试行全行业利润留成后,市地方财政不再拨款给局机关和所属事业单位事业费和基建投资、技术措施费、科研经费、新产品试制费等;利润留存后用于技改和职工住宅建设的费用在报经规划后列入计划。扩权后的3年(1980—1982年),全局实现利润3.3亿,比前3年增长83.2%,其中上交财政1.16亿。通过企业扩权,全局上下建立了经济责任制,加强了经济核算和基础管理。该利润留存办法于1982年结束。之后,企业统一执行国家有关"利改税"的政策。

1994年1月,建工局以局机关1.2亿元自有资金向上海市工商管理局注册成立上海建工(集团)总公司。1994年7月,按照"国家统一所有,政府分级监管,企业自主经营"的原则,上海市国有资产管理委员会同意授权上海建工(集团)总公司依据产权关系统一经营集团内各成员的国有资产,并以资产为纽带,与各成员企业形成母子公司关系。授权经营的资产以1994年度清产核资核定的国有资产产权登记数10.3亿元为准,并以此为注册资本。2007年,建工集团董事会第五次董事会会议决定,并报市国资委批准同意以自有资本公积将注册资本增加至30亿元。2010年年底,上海建工(集团)总公司国有净资产为95.96亿元。

表8-5-1 2010年建工集团净资产情况表

项　　目	金额(亿元)	占比(%)
1994年年初净资产	7.17	7
"空转"土地等资产注入	28.33	30
资本市场运作	3.29	3
会计制度接轨	0.75	1
经营积累	55.66	58
其他	0.82	1
合计	95.96	100

资料来源:建工集团资产统计表。

1994年12月,集团总公司印发《国有资产管理经营若干规定》(简称《50条》)。《50条》对产权经营管理形式、母子公司之间的权责界定、资产管理、财务管理、资产经营责任制作了规定。《50条》规定全资子公司进行基建、技改、房产开发等重大投资活动,单项投资在500万元以下的可自行决策,涉及需经政府部门审批的由集团总公司转报;单项投资在500万元以上的项目,由子公司报经集团总公司决策;重大设备购置应符合集团总公司投资发展规划,属于规划限制发展时,应报集团总公司决定批准。全资子公司单项举债额超过企业注册资本25%以上的,需经集团总公司批准决定。全资子公司、控股子公司整体与其他企事业单位联营或与外商合资合作组成新的企业法人的,由集团总公司决定。依照国家规定,全资子公司的资产收益权归属集团总公司,其税后利润的分配使用方案由集团总公司决定批准。《50条》规定,由集团总公司授予各类子公司经营或作为出资的国有资产列为法人资本金;按照《会计准则》的规定,集团总公司对全资子公司和控股子公司编制合并会计报表,并按规定向市国资办报送财务收支报告;各子公司的利润分别缴纳所得税,然后由集团总公司统一与税务部门清算,由子公司上交集团总公司的资产收益,不再重复交纳所得税;各类子公司的财务由集团总公司统一结算,应上交国家的产权权益,由集团总公司汇总上缴;集团总公司除对子公司行使所有者权利外,其自身从事生产经营部分享有企业法人财产权,按一般企业进行财务管理;按政府有关部门规定,集团总公司核定各类子公司按企业主业产值的一定比例上交集团事业管理费和科技开发基金,用于集团事业单位的经费补贴和重大科技发展项目。上交比例暂定集团事业管理费为施工企业、工业企业3‰,供销企业1.5‰,科技发展基金均为0.5‰。

2001年7月,上海建工股份有限公司制定《关于资产管理的若干规定》(简称《若干规定》),对上市公司董事会、经营层关于投资决策、资产处置、资金运行决策的权限和程序作出规定。《若干规定》规定公司投资规划投资发展部提出草案,由公司经营层讨论通过后报公司董事会审批;公司董事会有权决定公司章程授权范围内的对外投资;公司经营层有权决定占公司最近经审计的净资产总额的3%以下的固定资产投资、短期对外投资、长期对外投资。公司经营层有权决定占公司最近经审计净利润10%以下,或与处置资产相关的净利润或亏损占公司最近净利润10%,或处置资产应付、应收总额占公司最近经审计的净资产总额10%以下的资产处置。公司经营层有权决定单项500万元~3亿元的贷款、5亿元以内的公司及所属子公司承建工程的履约担保、1亿元以内的对外经济担保。对各子公司的对外投资、资产处置、资金运行决策的事项也作了规定。在2011年集团总公司完成核心业务资产整体上市后,《若干规定》覆盖整个集团。

第三节 会 计 制 度

1951年5月,上海营造业同业公会成立营造工业会计研究组着手编制适合于同业应用的会计实例草案,是年推出《营造工业会计实例草案》在行业内试行。1953年国家财政部颁发《建设单位标准账户计划》,建立全国建筑施工企业统一的会计制度。1958年开始,上海建筑行业推行"快速施工",精简会计核算形式为收付实现制和增减记账法。"文化大革命"期间,会计制度受到严重冲击。70年代后期,根据国家建委、财政部印发的《改革建安企业会计制度征求意见稿(第二稿)》和《上海市国营建筑安装企业会计制度(试行草案)》的要求,建工局对会计核算制度进行全面整治,恢复借贷记账法,统一记账凭证及账套、会计科目、账册等,这种会计制度和会计制品延续使用至90年代初期。

1992年,财政部颁布《企业财务通则》,之后又颁布《施工企业会计制度》等九大行业会计制度。按照财务会计制度的改革要求,建工局制定在施工企业、工业企业实施的方案,主要内容有建立资本金制度,企业的经营资金不再划分为流动资金、固定资金,统一为资本金——实收资本;将项目竣工结算法改为月结成本法,使建筑安装企业的营业收入及利润的结算方法发生根本变化;改变专款专用,取消各项专用基金;改革折旧办法,在原基础上提高 20%折旧率;建立坏账准备金制度。从 1993 年 7 月 1 日起,全局按照财政部制定的《施工企业会计制度》的要求建账、核算、编制报表。

1996 年 6 月,集团总公司印发《上海建工集团会计工作管理制度(试行稿)》(简称《96 会计管理制度》),共 8 章 70 条,对全集团的会计机构、会计岗位、会计人员的管理、货币资金及票据管理、债权债务及信用管理、会计凭证管理、会计账簿及记账管理、会计报表管理和其他会计管理事项作了明确规定。其间,还印发现金管理和支票结算的管理规定、会计电算化管理制度、会计工作规范和财务会计信用等级管理措施和办法。2001 年 1 月 1 日起,建工集团在上海建工股份有限公司内执行财政部《企业会计制度》。2005 年 1 月 1 日起,经市国资委和集团总公司董事会审批同意,集团总公司印发《上海建工集团会计制度》(简称《会计制度》)。《会计制度》规定设置会计科目 103 个,其中资产类科目 56 个、负债类科目 20 个、所有者权益科目 6 个、成本类科目 7 个、损益类科目 14 个。《会计制度》设置会计报表(会企 01 资产负债表、会企 02 利润表、会企 03 现金流量表)共三表。2007 年 1 月 1 日起,根据《中华人民共和国会计法》《企业会计准则——基本准则》等国家有关法律、行政法规,上海建工股份有限公司实施财政部制定的《企业会计准则第 1 号—存货》等 38 项具体准则。

1994 年起,集团从实行电脑编制报表开始推行会计电算化工作,逐步实现会计电算化、电子记账替代手工记账、会计账簿和报表实现自动生成和存储;后又建立会计核算企业内部局域网络系统,从单机模式扩展到具有一定数据共享能力的小型局域网应用。

第四节　成　本　核　算

建局初期,全局成本实行统一核算,各工地领取一定的备用金,发生的费用按期到局财务处报销。后成立公司并作为独立核算单位,就由局对公司进行考核。60 年代中期起,各公司成立工程队(工程处),把其作为内部核算单位进行核算和考核。"文化大革命"中,财务核算制度遭到破坏,财务成本结算混乱、财务人员业务水平下降。1980 年,建工局举办成本核算系列讲座,分别对"成本核算意义和作用""预算成本组成和拆算""降低成本计划的编制""人工费用核算""工程材料核算""周转材料核算""机械使用费核算""施工管理费""竣工成本决算""成本分析"等内容进行培训,规范核算内容,理顺核算程序。

80 年代中期,随着项目管理的推行,建工局在部分企业进行单位工程核算试点的基础上,确定项目为基本核算单位。90 年代初,为适应月结成本点交制,建工局所属企业在项目配置施工员、技术员、成本员、预算员、材料员、机械员、劳资员等岗位。各企业对在建工程按工程定额预算收入与实际成本实行分阶段对比的方法进行分部分项成本核算,并按实际完成的各项实物量×预算单价×(1+施工管理费)按月进行成本和利润点交。90 年代中期,建工集团推行项目直接费包干、定额包干、降本分成等内部承包责任制,采取控制采购、周转材料和包清工的成本支出、加强责任人按责任状考核等一系列管理措施;要求合同标的金额暂定超过 1 亿元(含)的各类建设工程施工项目和总承包项目,其中房地产建设工程施工项目或总承包的合同标的金额暂定超过人民币 5 000 万元的合同需上报备案,备案内容的包括施工合同文本、各种合同外的补充协议或书面承诺书、中标通知书及其细则、投标书、附件及有关经济方面的承诺书、施工合同专用条款、通用条款、标准与规范及有关技术文件、图纸、工程量清单、工程报价单或预算书等。集团总公司印发《加强合同管理工作的通知》《物资采购管理若干规定》《关于在外省市承接建设工程项目的管理办法》《上海建工集团包清工结算定额》《关于建立承接工程项目中对异常收款事先报告制度》《加强管理费用控制管理》《在建工程实行月度点交结算收入办法(预留3%工程收入)》等文件,对项目核算中物资采购、管理费用控制、月度点交结算等问题作了明确规定。从90年代初开始,每年9月在全局(集团)范围内进行清理家底工作,开展财务账和材料账相符、材料账和仓库账账实相符、施工预算和成本核算"两算"对比、项目经济活动分析、对口检查财务原始凭证等基础工作的检查,发现问题及时加以整改。

建筑市场全面放开,改变了钢筋、水泥、木材等统配材料由建设方交指标、交实物的传统做法,市场价格的波动使建筑材料、机械使用费、水陆运费等实际费用与预算定额产生很大的差额。从80年代中期开始,建工局(建管局)根据市场价格的变化,不定期向市有关方面提出调整预算价格的申请,经上海市计委、财政局、建设银行等批准,向建设方补收与定额的差价。至1993年,共对建筑业的砂石、钢筋、水泥及其运费等作了10次调整。1993年上半年,市有关方面每月发布材料中准价,以此作为结算依据,不再采取由建工局(建管局)不定期申请调整材料差价的办法。针对个别企业盈利情况不实的现象,1990年年底,建管局对直属企业进行一次成本、利润的核实检查。调查结果显示,全局亏损企业户数占全局企业总数的84%,亏损额高达1.96亿元。为此,建管局一方面及时向市有关方面提出调整预算价格的申请,另一方面在内部及时采取措施制止效益滑坡,进一步明确以项目成本为"一本账",做到实际消耗、收入、成本"三同步"。以"三同步"为主要内容的项目稽查工作以后作为项目审计的重要内容,形成长效机制。

第五节　资金管理

1953年建工局成立之初,企业自有流动资金的来源主要是国家财政划拨的流动资金和预收工程材料款等渠道。不久根据建局后的第一次排摸家底,确认施工企业按承担工作量的12%核定下拨自有流动资金;非自有定额流动资金由施工企业按承担工作量的25%向建设单位预收工程材料款来解决。1984年12月,建设银行印发《建筑业流动资金贷款办法》,规定从1985年起建筑企业的流动资金实行有偿使用,即由国家拨款改为银行贷款,定额内实行低息,超定额实行高息。1984年,建工局集中定额中新增的3%的机械装备费,由局统一调度。1991年,针对局属施工企业被拖欠工程款逐年急剧上升,资金紧张,导致局内外、前后方企业间相互连环债务矛盾日益突出的状况,建管局采取外部清理拖欠款、内部协调清账结合的方法,清理被拖欠工程款高达3.2亿元,占企业拥有流动资金的111%。之后,又在建设银行等金融机构的支持下新增流动资金贷款,缓解了企业生产经营对资金的需求矛盾。2001年起,集团总公司加强对各公司资金运作的监管,实施对资金运作关键环节的监控,先后印发《关于加强"商业汇票"管理的通知》《关于企业对外提供经济担保的暂行规定》《关于建立承接工程项目中对异常收款事先报告制度的通知》《继续加强对担保和带垫资项目报批的管理》《新股申购业务内部控制制度》,严格控制施工企业带垫资、延期收款和对外担保程序,把公司存量资金余额纳入对企业主要负责人的考核指标中。

1994年,集团总公司印发的《50条》中规定各子公司税后利润的分配使用方案由集团总公司批准决定,上缴的比例为1994年当年税后利润的50%,2010年提高到80%,并纳入各子公司主要经营者的年度责任状中进行考核。1996年,集中7个建筑安装企业2亿多元资金设立集团发展基金,1998年转为建工股份公司发展基金。2010年,建工股份公司发展基金共集中资金达18亿元。建工股份公司发展基金主要用于上市公司各企业间资金余缺的调度、重大工程和房产开发所需大笔资金的融通。

2007年,建设银行上海市分行给予建工集团的授信额度为55亿元,2008年为153亿元;2008

年,中国银行间市场交易商协会批准建工集团发行短期融资证券24亿元;2010年各银行给集团授信额度计74.525亿元。集团创造条件在证券市场融资。1998年,上海建工股份有限公司发行股票,2001年配股,两次共募集资金(现金)15.3亿元,为企业发展提供了资金保证。

自1994年9月1日起,建工集团决定在集团总公司和各企业建立内部银行,对资金进行集中管理,各内部银行管理细则都详细规定资金使用守则。市建一公司明确内部银行是公司资金规范管理、合理调度、统一结算的经济管理机构,具有结算、控制、信贷、监督、服务职能,为公司的结算中心和融资中心。集团多次发文,禁止公司擅自为其所属的全资及控股企业之外的单位或个人提供担保,同时实行分包商履约担保制度,严格控制开设银行账户,抓紧关闭闲置账户以保证资金安全,以减少资金风险。

第六节　企业税务和其他

1953年建局初期,建筑业实行财政统收统支报销制,工程建造费用中不含税费。1954年,局属各建筑工程公司改为独立核算单位,工程建造费用中仍不含税费。1984年,国家推行国有企业利改税,建筑合同中增加2.5%的利润、7%的机械装备费和3.14%税金。局属工业企业和材料供应单位等执行国家规定的不同税率。

1994年,集团总公司成立并作为一级法人的纳税主体,在集团总公司作为总承包、相关子公司作为分包的工程上,存在同一工程重复征(纳)税问题。为解决这个问题,经集团总公司与市有关部门多次协商,是年3月,上海市税务局印发《关于对建筑安装业务实行由总承包人代扣代缴分包、转包项目营业税的具体实施办法》,总包单位用税收分割单的办法,解决企业管理体制与税务征管的矛盾。

1994年,经市财政局批准,同意集团总公司向所属全资子公司逐年申报核准收缴管理费,所属企业按规定上缴的管理费准予税前扣除,集团总公司收到的管理费免交流转税。为此,集团总公司每年向所属18家企业(市建一公司、市建二公司、市建三公司、市建四公司、市建五公司、市建七公司、市建八公司、安装公司、基础公司、机施公司、材料公司、构件公司、华建厂、木材厂、钢窗厂、咨询公司、联合公司、房产公司)按营业收入的5%或核定数收取管理费。此项政策归入上市公司的市建一公司、市建二公司、市建四公司、市建五公司、市建七公司等企业执行至2005年,其他公司执行至2007年。1994—2007年,集团总公司累计收取管理费2.8亿多元。

2005年起,上海市财政给予建工集团享受财政扶持政策。集团各企业分别在注册地浦东新区、杨浦区、嘉定区及集团房产税收属地的相关区县等享受财政补贴。浦东新区规定,2005年后3年财政补贴按2004年形成的1.93亿财力作为考核依据,全额完成给予10%的补贴;超增长(1.93亿)5%~20%的,增长部分给予50%的补贴;增长20%以上的,增长部分给予70%的补贴。

第七节　投资管理

80年代开始,建工局根据自身发展需要,积极拓展各种创利渠道,开展各类投资经营活动。1994年8月,市国资委授权上海建工(集团)总公司对集团内国有资产统一经营管理。是年10月,集团总公司印发《国有资产管理经营若干规定》的通知(简称50条),明确规定集团总公司是上海建工集团国有资产运营的主体,集团总公司董事会负责国有资产的重大经营决策;合理界定了集团总公司与各子公司之间集分权关系。同时成立了国有资产管理处(1997年更名为投资管理处、2000

年更名为投资发展部,简称投资部),其主要职责是:对集团投资及相关配套措施进行研究和规划;对集团重大投资项目及企业重组、归并等事项进行管理和监督。2001年7月,上海建工股份有限公司印发《关于加强资产管理的若干规定》,进一步明确上市资产管理中的权限和程序。规定公司投资决策应根据投资规划所定的目标进行审议,由投资发展部提出草案,经公司经营层讨论通过后报公司董事会审批。公司投资决策程序应遵循谨慎原则,并经市场调研、可行性研究、论证评价、项目洽谈、审议批准等程序。

一、利用外资

1984年9月,经市外经贸委批准,建工局成立第一家合资公司,由市建七公司、上海市民用建筑设计院等3个单位与香港协兴建筑公司、香港信谊集团合资建立申港建筑工程有限公司,注册资本500万元。公司建立后承包的第一个工程项目为静安希尔顿酒店。此后,市建四公司、市建五公司、安装公司等单位与中国香港及日本等企业先后建立上海瑞安建筑有限公司、上海大地建筑有限公司、上海新晃空调设备有限公司等合资经营企业。

1992年,建管局获准对投资额在500万美元以下(1993年起扩大为1000万美元以下)外资独资、合资、合作项目拥有审批权。至1993年,建工集团(建管局)累计开办合资企业45家,注册资金8985万美元,其中外方出资5490万美元,占61.1%;产值13094万元,利润2315万元;其所涉专业门类有建筑施工、装饰、安装,房地产开发,建筑机械,商品混凝土及制品等。从2000年开始,由于部分企业投资少、规模小、层次低,或经营不善等原因,一部分合资企业歇业关闭,2010年,建工集团共有合资企业17家。

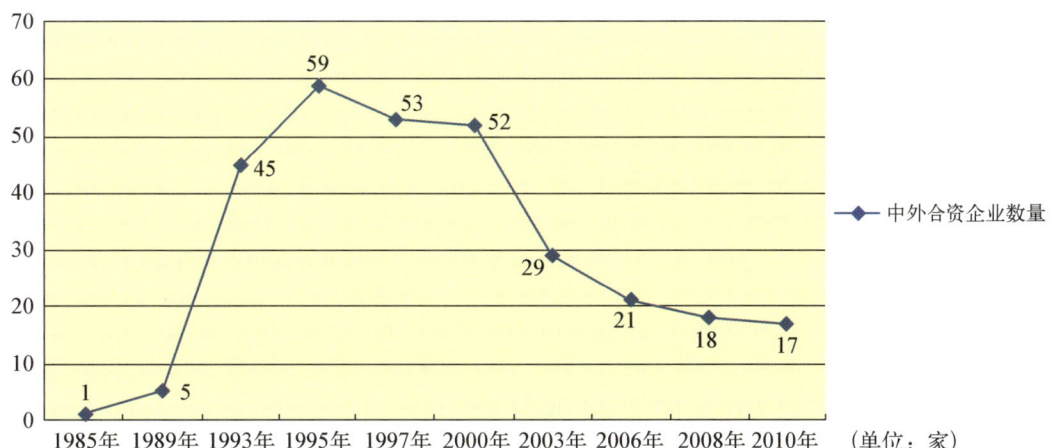

图8-5-1 1985—2010年建工集团(建工局、建管局)系统中外合资企业数量变化情况图

资料来源:建工集团(建工局、建管局)中外合资企业年度统计表。

二、中小企业投资

【兴办"三产"】

1988年年初,建工局提出要引导企业努力开发市场,多渠道扩大企业经营范围,拓展对外服务,增加企业盈利,探索搞活企业经济的新路子。根据建工局提出的工作要求,局属各企业结合自身特点,投资兴办各类经济实体(简称"三产"企业),积极发展多种经营,妥善安置企业富余人员。至1993年年底,局属各企业行政投资的"三产"企业有298家,就业人员数8 719人,所涉商业、餐饮业、旅馆业、建筑安装维修、培训咨询等行业,1993年,产值73 124万元,实现利润1 933万元。

表8-5-2 1989—1993年建管局局属行政多种经营(三产)经营情况表

年 份	三产数(个)	人员数(人)	产值(万元)	利润(万元)
1989	76	2 404	5 281.6	447.7
1990	86	3 074	7 311.95	397.7
1991	101	3 483	10 856.1	423.91
1992	141	6 036	26 650.16	710.57
1993	298	8 719	73 124	1 933

资料来源:建管局多种经营(三产)经营情况统计表。

【剥离改制】

1996年起,建工集团依据与主业关联程度从母体中剥离劳务单位,在剥离中按现代企业制度进行改制。至1998年10月,集团共有115家第三层次企业进行改制,其中股份合作制企业40家,有限责任公司75家;39家企业建立职工持股会,10家企业进行经营者群体持股的试点。改制中共吸纳社会法人、自然人和职工入股资金1.9亿元。

2002年3月,集团总公司印发《关于进一步推进、深化投资企业改革工作的通知》,鼓励促进中小企业走民营属地化道路。2003年5月,集团总公司印发《关于进一步推进非公有制企业发展的指导意见》,对改制组建非公有制经济企业的相关政策及扶持措施作了规定。至2006年2月底,全集团有66家企业完成民营属地化的改革。

表8-5-3 2001—2005年建工集团第三层次企业民营属地化改制完成情况表　　单位:家

年 份	2001	2002	2003	2004	2005
企业数	3	11	20	24	8

资料来源:建工集团第三层次企业民营属地化改制工作总结。

三、股权投资

1994年,集团总公司经市国资委授权,成为国有资产经营主体,原建工局所属企业成为上海建工(集团)总公司的全资企业,共有独资企业166家,参股企业52家。此后,各子公司在法定资本金比例内投资兴办相关企业,投资层级一度达到四级,个别达到五级。集团总公司根据企业核心业务的发展要求,不断加强对所属投资企业股权结构的调整和企业改制工作。2007年,按照市国资委关于缩短国有资产投资层级的要求,集团总公司进一步加大对投资企业清理工作力度,把加快投资企业改革改制和部分企业关并歇业工作,作为考核内容纳入企业年度考核目标,到2009年,企业总数减少到199家。2010年,由于外经集团、市政总院的划入,企业总数增加到286家。

表 8-5-4　2003—2010年建工集团投资企业情况表　　　　单位:家

年　份	全　资	控　股	参　股	总　数	备　注
2003	77	89	90	256	
2004	88	92	92	272	其中园林集团划入66家
2005	83	82	79	244	
2006	94	72	62	228	
2007	97	66	51	214	
2008	99	58	44	201	
2009	107	56	36	199	
2010	165	53	69	286	其中外经集团划入61家 其中市政总院划入18家

资料来源:建工集团投资企业年度统计表。

集团总公司按照集团发展战略,投资控股、参股一部分与主业相关的建筑、建材产业,以及基础设施建设、金融保险等企业。1995年11月,集团总公司投资参股华夏银行。1996年,投资控股湖州新开元碎石有限公司,注册资本1.5亿元。1997年5月,参股东方证券公司。1998年开始,集团总公司投资成立项目公司,采用BT、BOT投资模式,参与上海延安路高架道路、上海同三高速公路、上海沪青平高速公路等城市基础设施建设。2001年7月,上海建工(集团)总公司出资2.5亿多港元收购入主香港建设(控股)有限公司(香港建设),以24.51%的股份持有率成为该公司第一大股东,2004年,集团向沧达集团转让香港建设部分股权,成为第二大股东。2007年11月,出资2.16亿元参股上海中心建设发展有限公司,占总股本的4%。

第八节　不 动 产 管 理

一、土地资源管理

【土地资产注入与购置】

1995年12月29日,《上海市人民政府批转市房地局关于进行盘活工商企业国有房地产试点实施意见的通知》中提出由市房地局与试点企业集团签订土地使用权出让合同,由市财政局、市房地局按照核定的土地使用权出让金额,通过支票背书的方式进行空转,然后由国有资产管理部门根据试点企业集团实际情况,分阶段将土地资产作为国有资产注入试点企业集团的总资产(简称土地空转)。上海建工(集团)总公司于1997年1月提出申请,并被正式列入上海市第二批盘活国有房地产试点企业集团。1997年5月、1998年7月、2000年3月,建工集团通过土地空转共划入173幅土地、11处资产,共计259.16万平方米,使用权出让金共9.79亿多元。

表 8-5-5 建工集团"土地空转"注入资产情况表

时　间	地　块	面积（万平方米）	使用权出让金（万元）
1997年5月	171幅	257.86	96 993.86
1998年7月	2幅	0.88	587.72
2000年3月	11处	0.42	353.69

资料来源：市房地局与建工集团签订的土地使用权出让合同。

集团总公司在积极开发利用集团土地存量，土地资源有所减少的情况下，适时向市场购置土地、房屋资源，增加土地储备，用于企业扩大再生产和拓展经营领域。2002—2010年，共购得土地339 775平方米，房屋15 561平方米，使用资金34 121万元。

【土地资产的处置】

土地批租　1992年8月，建管局所属建工商实业总公司与香港恒基（中国）投资有限公司进行首次合作，成立合资公司，批租开发地处上海闸北天目西路的局属木材二厂生产基地15 348平方米土地的地块，兴建近10万平方米外销商业、办公、公寓综合楼。此后建管局所属机施公司、安装公司等企业与外商合作，先后批租开发三幅地块，面积达2.11万多平方米。1997年4月，集团总公司采取"一次批租，分期开发"的方法，将集团6幅地块用于批租开发，总面积8.76万多平方米，建工集团因此获得4.7亿元的批租动迁补偿费。

开发房产　1992年开始，建管局所属企业通过对自有基地的调整、闲置土地的利用等措施，对自有土地进行房产开发建设。1992—1993年，建管局所属企业成立15家房产公司，开始启动自有土地的房产开发，至2004年累计开发房产43处，土地面积88.38万多平方米。

市政动拆迁与政府收购　根据上海市重大市政规划或土地开发等要求，1997—2010年，集团范围内国有土地动拆迁达65处，面积19万多平方米。按规定由集团总公司统一与动迁单位洽谈动迁补偿费用、签订协议，并报市房地局调整出让面积，依法收回部分土地使用权，再由市财政局相应核减国家资本金。

表 8-5-6　2010年建工集团房地产情况表

单位名称	土地面积①（平方米）	建筑面积②（平方米）
上海建工（集团）总公司	2 830 080	582 201.64
上海建工股份有限公司	1 379 863	3 111 447
总　计	4 209 944	3 693 649

资料来源：建工集团资产情况表。

【不动产管理制度】

1998年4月，集团总公司印发《关于集团内土地处置行为实行报批的通知》，规定各单位在处置

---

① 土地面积包含"空转"注入土地、原国有划拨土地和购置土地的面积。
② 建筑面积包括"空转"土地上的建筑物、历年自建房屋和购置房产的面积。

（包括置换、基地调整、被动拆迁、开发、投资、出租等行为）原使用土地时，必须事先报集团总公司同意。1999年12月印发《关于集团内授权土地、房屋的权属及缴纳税费等规定的通知》，规定凡被纳入授权范围的土地房屋，仍由原各实际使用单位使用，其土地使用税、房产税由各使用单位缴纳，并负责房屋的管理、维修和保养，各使用单位无该房屋的处置权。

1995年4月，集团总公司印发《国有房产和土地使用权对外租赁管理规定》，规定集团内国有房产和土地使用权占有单位，如需将房产和土地使用权对外租赁的，必须在确保财产占有关系不变的前提下，有期限、有条件地与承租方签订书面合同或协议，明确双方的权利、义务和责任。必须按规定办理备案和报批手续。租赁期3年以内（含3年），占有单位可自主决策，但需报集团总公司备案；租赁期3年以上的，必须报集团总公司审批，在未批准前不得签订租赁合同或协议。

二、基建、技改项目管理

计划经济时期，建工局所属企业进行生活基地扩建、生产技术项目改造，以及职工住宅（系统房）建造，主要是由各单位根据自身发展需要，向建工局提出基建、技改项目建设的申请，然后由建工局向政府有关部门报告申请，上报项目计划书（申请用地指标和资金）。项目批准后，按规定办理相关手续，由申请单位组织施工，并列入企业当年新增固定资产。80年代以后，建工局所属各企业根据生产发展需要，先后建造一大批办公、生活基地和职工住宅，以及改建、扩建一大批生产设施和技术改造项目。

1994年10月，集团总公司印发《关于加强资产经营若干规定的通知》，其中规定全资子公司进行基建、技改、房产开发等重大投资活动，单项投资在500万以下的可自行决策，涉及政府部门审批的由集团总公司转报。单项在500万元以上的项目，由子公司报集团总公司决策、批准。重大设备购置，必须符合集团总公司投资发展规划。1994—2010年，由集团总公司批复的基建项目101项、总投资20.52亿元，总建筑面积95.66万多平方米；集团批复的技改项目44项，总投资14.86亿元。

第六章 内部审计

1986年,建工局成立审计室,以监督财务活动为主,以审查会计账表、凭证、财务、债权、债务的真实性和正确性为主要内容。80年代后期起,尤其是建工集团成立后,逐步形成以集团总公司为主、各企业协同、专兼职并用的内部审计体系;审计的内容从单纯的财务审计发展到承包经营责任审计、综合经济效益审计、离任审计、工程项目审计等以经济效益为目的的审计。90年代后,内部审计逐步纳入集团内控体系,建立以财务审计、经济责任审计、经济效益审计、内部控制评审和专项审计等为主要内容的内部审计制度;以常规审计和专项审计结合、内控自我评价和集团审计结合的内部审计工作机制;健全内部审计质量控制机制,积极探索审计信息化的工作。

第一节 管理体系

一、机构

1985年8月,国务院颁布《关于审计工作的暂行规定》,规定大中型企业、事业组织,应当建立内部审计监督制度,设立审计机构。1986年,建工局建立审计室,设在财务处内,履行监察、审计职能。1988年上半年,建管局把内部审计的职能划归经济监察处;是年,局属各企业基本设立公司审计科或审计委员会,配置专职审计人员;在所属基层单位设置兼职审计员,形成审计网络。1993年下半年,监察审计处与纪委办公室合署办公。

1994年1月,集团总公司成立监察审计处,主要职能为企业内部审计监督。集团总公司还聘请30名各单位的业务骨干作为特约审计员。各公司都建立审计科,建立专职审计人员和兼职审计人员相结合的队伍。2000年,监察审计处更名为监察审计室,并与纪委办公室合署办公。机构调整后,监察审计室负责监督集团总公司及各单位领导班子贯彻党的路线、方针、政策和国家法令、法规以及企业重大规章制度的执行情况;对集团资产和对各单位实施审计监督;做好在建工程项目成本效益真实性的检查工作;负责对下属内审部门进行培训、业务指导。

二、制度

1996年5月,根据《审计法》和国家审计署及建设部规定,集团结合自身的实际情况制定《上海建工集团内部审计工作规定》,明确内部审计的主要内容包括财务收支、预算和决算、内控制度的建立健全及执行情况、工程项目基础管理情况、经营者的经营责任等。

2001年10月,集团总公司印发内部审计工作规定,要求各子公司和投资额大的控股投资公司设立内审机构,配置一定数量的专职审计人员,实施的内部审计的主要内容包括财务收支、财务预算与决算情况、资产负债及损益情况、法人资产的保值增值及管理使用情况、内控制度的建立健全及执行情况、经济效益情况、工程项目成本及基础管理情况、承包经营合同及执行情况、经营者的经济责任及其离任经济责任情况。

2007年7月，集团根据企业实际需要，印发《关于进一步加强集团内部审计工作的通知》，提出加强内审机构与审计队伍建设、加强对企业负责人的经济责任审计、完善企业内部控制组织开展内控制度建设和执行的监督、探索境外和市外资产项目的审计。

第二节　项　目　审　计

1991年，建工局针对企业虚盈实亏的情况，确定把经济效益审计工作作为审计工作重点之一，要求各企业结合本单位情况，开展效益审计工作。

市建四公司、市建七公司被建设部审计局列入全国百户施工企业经济效益审计单位后，这两个公司审计科在调查研究、审查核实的基础上，完成《上海市第四建筑工程公司主要原材料消耗》和《上海市第七建筑工程公司资金使用和管理》两篇审计报告，并上报建设部审计局。市建二公司、市建三公司、市建四公司、市建七公司、市建八公司都制定有关规定。市建八公司制定的《施工项目内部承包经营审计试行办法》，对施工项目内部承包制实行事前、事中、事后审计。1992年10月，建设部审计局转发市建八公司内审办法，推广他们的内部审计经验。

1992年，建管局印发加强土建施工企业经济核算和管理的4个文件，规定月度成本结算中必须遵循实际消耗、收入、成本"三同步"的原则。之后，各企业把"三同步"作为日常管理要求落实到项目，定期开展项目"三同步"检查工作。集团本部实施的"三同步"项目审计内容有工程项目收入和工程款收入情况、成本和会计资料情况、主要材料商品混凝土和成型钢筋及周转材料、分包成本和资金支付情况4块基础管理内容和综合分析项目经济活动同步情况。2010年，全集团共开展项目"三同步"审计218个。

1992年，建管局先后印发《关于工程项目内部经济承包终结审计的试行办法》《关于开展工程项目内部经济承包终结审计的意见》和《关于开展项目管理内控制度审计的意见》。1993年，为了配合工程项目承包责任制的推行，局内审工作的重心转向工程项目审计上。对规模大、工期长、实行分阶段目标利润考核的大型工程项目，采用分阶段绩效审计方法；对实行造价费用、费率超降分成承包的项目，采取加强中间审计监督、侧重项目终结效益审计的方法；对造价1 000万元以下、工期在1年以内的试行总造价切块全额风险抵押承包的部分项目，采用加强事前、事中和终结审计方法，为承包兑现提供依据。各企业审计部门还组织对项目进行终级审计，项目竣工结算后最终效益进行确认审计；进行预兑现审计，对签订兑现责任状的项目，在施工过程某节点进行的审计，并根据审计情况进行预兑现，至项目竣工再进行兜底审计，形成完全兑现审计报告意见。2000年以后，随着集团生产经营向外省市拓展和经济结构的转型，分包产值和沪外施工产值比重快速上升，两级审计部门加大对分包项目和沪外项目的审计力度。2010年，在审计20个项目中，作业分包或切块分包的占9个，沪外项目占3个。通过审计，绝大部分分包项目和沪外项目的经营风险、成本核算、资金支付、基础管理处于受控状态。2001年10月，印发《上海建工股份有限公司工程项目成本稽查办法》。

2000年7月，集团开始进行效能监察。确定效能监察的对象是：本单位的各职能部门和各级管理人员。主要内容是：督促各级管理人员增强尽心尽职的工作责任心；检查对党的政策、国家法规、企业规章制度的执行情况；检查成本目标落实情况。现阶段工作重心是：大临设施费、业务招待费、废旧物资处理费、材料采购管理、工程承发包管理。2005年10月，针对工程项目易发腐败行为的主要环节，把加强分包队伍管理、材料采购管理、成本核算管理作为项目效能监察的重点。

第三节　经济责任审计

1987年11月,材料公司制定《关于对所属单位负责人进行离任经济责任审计评议的实施细则(试行)》。1992年,建管局采用抽样审计与重点审计相结合的方法进行经济责任审计,对有关账册、凭证及报表进行审计,抽查在建工程中的截止审计时点已完工但尚未竣工决算的工程,推算未完工工程中的利润真实性程度,完成对一个领导在任期间完成利润的情况较客观的评价。1992年,建管局完成领导离任审计22人(次)。

1998年9月,建工集团党委转发市建设党委和市建委印发的关于加强建设系统国有企业经济责任审计的实施意见,规定经济责任审计包括企业年度经济责任审计、企业主要领导干部离任审计、企业重大经济事项审计等。

2004年5月,上海建工股份有限公司制定关于开展在任经理经济责任审计的工作方案。2007年7月,上海建工股份有限公司印发《所属单位领导人任期经济责任审计实施办法》。

2010年8月,集团总公司制定《上海建工(集团)总公司所属单位领导人任期经济责任审计实施办法》,规定集团经济责任审计范围是集团所属子公司的行政主要负责人和第三层次单位的行政负责人,按照"上审下"方式组织实施;每年年底前提出下一年度的经济责任审计项目计划;经济责任审计的内容是对截止审计时点被审计单位除报表已反映的经营状况以外的项目效益,以及资金存量、债权债务、长期投资、法律诉讼、内控制度等方面的情况。2010年,建工集团完成领导任期内经济责任审计14人(次),离任审计16人(次),总计30个经济责任审计项目。

第四节　专　项　审　计

一、财务专项审计

从80年代中期开始,建工集团(建管局)每年由财务部门联合审计部门对下属二级单位进行财务收支专项审计和内控自评,主要对被审计单位的现金管理、银行存款管理、收付款会计凭证规范性和票据管理等内容进行审计,也是财经纪律基础管理检查工作。

二、工程专项审计

2002年11月,集团审计处对共和新路高架各标段项目效益情况进行专项审计调研,采取全程跟踪审计,这个项目是集团开展工程专项审计工作的第一次尝试。2005年,各公司根据本公司的特点,积极开展工程专项审计工作,促进企业管理水平的提高。市建二公司对物资部门的集中采购、年度预算执行情况进行审计,针对采购过程中出现的手续不规范、资金与价格的控制等方面,提出审计建议。市建四公司对申盈劳务公司的财务状况进行专项审计,提出审计建议,指导和规范劳务公司的财务核算工作。市建五公司针对本公司作业分包产值逐年上升的趋势,对各种形式的作业分包管理工程进行专项审计,提出审计建议。安装公司参与公司联合督察组的督察工作,对公司北京项目部和国家大剧院机电安装两个项目的经济运行与管理情况进行专项督察,针对问题提出整改意见和整改时间。基础公司在对两个合计亏损近千万元项目进行中途审计的同时,对项目的材料采购、废钢筋处理和奖金分配等方面进行专项审计。

2010年,各公司根据本公司业务发展情况,积极开展各种专题的工程专项审计工作,探索审计工作新思路。市建二公司从风险管理角度开展专项审计,提升企业管控力;市建四公司用管理加科技的手段,实施对外地项目的监控;安装公司对亏损项目进行专项审计,提炼主要审计内容及常规做法;基础公司利用网络信息化,加强对外埠项目资金的审计;材料公司关注混凝土退料管理,加强商品混凝土成本控制;园林公司关注外地项目资金管理。

三、内控评估及质量评估审计

1991年,市建八公司作为试点单位制定《项目内控制度审计试行办法》,探索项目内控的审计。1992年11月,建管局制定《关于开展工程项目管理内控制度审计的意见》。工程项目管理内控制度审计主要审查局关于加强土建施工企业经济核算和管理的四个文件中规定的各项内控制度在项目中是否得到执行,并检查它的可行性、有效性,促使项目在成本核算中切实执行"三同步"原则,不断加强基础管理,提高经济效益。通过摸索和实践,初步形成了一套项目管理内控制度审计办法。具体审计内容有施工生产统计制度、施工技术管理制度、财务管理内控制度、决算管理制度、材料和构件管理制度、清包工成本和工程款管理制度、分包成本核算规定制度;采用内控调查表、符合性测试、弱点分析表进行审计。工程项目管理内控制度审计在全市建设系统推广。

表 8-6-1 1992—2010 年建工集团审计工作完成情况表　　　　　单位:次

项目＼年份	1992	1993	1994	1995	1996	1997	1998	1999	2000	2001
财务收支审计	53	15	15	7	73	37	7	9	9	10
经济效益审计	33	11	41	32	76	71	74	72	102	58
领导任期内经济责任审计										
领导离任审计	22	20	25	35	27	30	16	29	29	17
承包经营责任审计	36	13	28	45	21	28	27	33	24	39
项目审计 中途效益核查 兑现审计	20	46	28	98	98	126	115	90	77	119
改制企业净资产审计										
其他审计	13	21	4	42	69	92	74	59	60	30
合计	177	126	141	259	364	384	313	292	301	273
提出审计报告份数	137	74	107	209	253	246	205	223	235	175
提出审计建议条数	306	241	268	482	675	632	472	463	560	494
提出审计调查及调研报告份数		14	5	8	11		11	1		6
提出审计建议条数			31				30			

〔续表〕

项目 \ 年份	2002	2003	2004	2005	2006	2007	2008	2009	2010	合计
财务收支审计	8	7	11	42	35	25	24	22	17	426
经济效益审计	80	77	70	25	6	16	19	16	50	929
领导任期内经济责任审计				17	16	16	16	24	14	103
领导离任审计	28	25	21	11	11	25	10	17	16	414
承包经营责任审计	37	19	15	2	3	3	3	2	2	380
项目审计 中途效益核查	128	117	144	142	240	240	185	177	218	3 491
项目审计 兑现审计				109	158	168	184	217	247	
改制企业净资产审计				31	37	19	15	41	31	174
其他审计	49	51	114	54	72	92	44	63	41	1 044
合计	330	296	375	433	578	604	500	579	636	6 961
提出审计报告份数	265	230	286	226	216	229	253	247	334	4 150
提出审计建议条数	910	889	890	715	511	774	663	636	809	11 390
提出审计调查及调研报告份数				10	18	11	13	12	46	166
提出审计建议条数				38	85	40	28	47	68	367

资料来源：建工集团（建管局）审计监察年度总结。

第七章　综合管理

80年代以前,在生产业务以外的管理工作,主要是总务、信访、档案、保卫工作,由建工局办公室和保卫处负责管理。90年代以后,尤其是建工集团成立后,原有的总务、信访、档案、保卫工作的内涵在扩大,增加了现场生活设施的标准化管理、集团总公司工程档案管理、社会治安综合治理、消防管理,信访的类型也发生了变化。随着集团管理能级的提高和市场的要求,增加合同法务、管理认证、外事管理、资质商标、计算机运用等管理工作。这些管理工作除了外事、资质商标和保卫分别由外事处、投资管理处(2000年更名为投资发展部)和保卫处负责;其他的都归属办公室管理,内设专职管理岗位(2011年更名为总裁事务部,内设战略研究室、法务部、信息化管理处等)。

第一节　合同、法务

一、合同

【管理体系】

1994年8月,建工集团根据企业经营管理的要求,起步合同管理体系建设,在生产经营部门设立人员分管。1998年4月,集团总公司总部各类经济合同管理职能从施工生产处划归办公室。2000年,随着主营业务任务量的扩大,合同管理重心集中到建设工程承包合同。办公室作为合同主管部门,主要负责合同管理的情况调研、制度的制定和修改、施工承包合同的备案和统计及重大工程项目信息披露的审核等工作。

2003年,建工集团全面推进各建安企业合同管理机构建设。是年年底,基本形成公司、工管部(2008年以后全部改为分公司建制)、项目部三级合同管理体系。管理机构的设置大致有两种情况:一是建立合约部(或合约预算部),实施对建设工程施工合同的审核和备案,同时负责对工管部建设工程合同履约情况的考核和评估。市建二公司、市建五公司、安装公司和机施公司等企业的合约部还分别负有工程债务纠纷处理,工程预、结算管理等职责。二是实行大部制的建安企业,市建一公司、市建四公司、市建七公司等在经营中心或综合管理办公室等部门中设立合约部。市建七公司经营中心下属的合约部除了承担对建设工程合同综合管理职能外,还兼有合同洽谈的职能。基础公司等企业则将施工承包合同的审核、备案和统计等工作职能归入法务部门。在推进机构建设的同时,各建安企业建立了公司、分公司、项目部三级合同专管员队伍。合同专管员主要由三级管理层的经济师、经营经理、预算员和资料员等人员组成。2003年,建安企业包括分公司从事合同管理的专、兼职管理员人数为238人,项目部达到356人。2011年7月底,集团总公司总部的合同管理职能划归总裁事务部,11月,在总裁事务部内设法务部,合同管理职能划归法务部。所属建安企业管理体系变化不大。

【管理制度】

1994年8月10日,建工集团制定《上海建工(集团)总公司经济合同管理试行办法》,对协调经济合同洽谈、审查、批准过程中的各方关系作了规定,这是集团成立后第一个关于经济合同管理方面的制度。

1999年11月,建工集团制定《上海建工(集团)总公司经济合同管理实施办法》,适用范围调整为以集团名义与业主签订的建设工程承包合同。同时在制度中增加对企业法人代表授权委托签约人员和额度的内容。2001年12月,根据企业业务量变化和人员变动情况,对授权委托的内容进行调整,最小授权额度从3000万元以下提高到5000万元以下。2003年3月6日,建工集团召开合同管理工作会议,提出要建立适应集团经济发展要求的合同管理体系。3月31日,建工集团印发《关于加强合同管理工作的通知》,要求合同额1亿元以上的重大建设工程承包合同,必须建立"合同关键条款与重要信息事前核准制度""已签合同事后备案制度"和"合同文本律师参与审核制度"(即事前核准制、合同备案制和律师参与制),并对合同的核准、备案内容和工作程序作出规定。承诺工程业主、发包人以各种方式或途径放弃或变相放弃《合同法》第264、286条赋予的权利等事项,被列为禁止性行为。之后,集团总公司又陆续出台一系列配套性制度。主要有：2003年4月14日印发的《上海建工(集团)总公司建设工程分包合同管理实施细则》;2007年8月27日印发的《关于实行分包商履约担保制度的意见》等。2008年1月15日,按照上市公司规范要求,上海建工股份有限公司印发《上海建工股份有限公司合同管理办法》,共7章55条。该办法适用对象为建工股份公司及其控股企业;适用范围覆盖所有经济合同,对工程施工合同、投资合同、担保合同、日常合同等单独设章明确了管理规范。

【管理内容】

事前核准制　2003年,建工集团规定,企业在承接建设工程时,如果承包合同中涉及承诺业主、发包人放弃或变相放弃《合同法》第264、286条赋予的权利,承诺工程收款比例低于65%,承诺以投资或参股形式参与工程项目施工,承诺业主、发包人以商品房等实物资产作价偿付部门工程款,承诺以货币资金为业主、发包人提供各类支付担保等不平等条款的,必须向集团请示核准,按照规定的程序进行审核。若未对业主进行详细的资信调查并取得相关资料,提出具体有效的风险转移和防范措施;未经过集团总公司的批复核准擅自签约,被列为企业的违规行为,应追究经营者和当事人的责任。

合同备案制　2003年,建工集团规定,对总承包合同额超过1亿元(含),房产总承包项目和专业承包合同超过5000万元(含)的建设工程施工承包合同,必须由企业的合同主管部门在合同签订后一周内填写合同备案表向集团总公司办公室备案。

律师参与制　2003年,建工集团规定,建设工程施工合同签约前,必须由企业法务等相关的职能部门组织对合同进行合法、合规性审查,或由企业的常年法律顾问进行审核,并签署法律审核意见。

签约授权管理　1999年,建工集团对建设工程承包合同的签约实行授权管理。按照授权分级,集团总公司总部和基层单位分管授权权限内的合同,负有合法和信守的责任。企业法定代表人按不同权限授予委托证书,或由企业法定代表人在特定情况下以"一事一委托"形式授予委托书。最小授权额度为国内项目3000万元以下的承包合同。2003年,建工集团对事业部签订分包合同进行授权。总承包部5000万元以下(含)由其自行审批,5000万元以上报集团生产经营部审核同意后,报集团主管生产的副总经理批准;海外部3000万元以下(含)由其自行审批,3000万元以上报集团生产经营部审核同意后,报集团主管生产的副总经理批准。

建立分包合同示范文本　2003年,建工集团在总部事业部和各建安企业,推进实施建设工程分包组合合同,建立分包合同示范文本。分包组合合同由管理协议、材料采购合同、专业分包合同和劳务分包合同等四个合同文件组成。2006年,组合合同作为指导性参考文本印发各事业部和建安企业。市建五公司、七公司等企业在集团组合文本的基础上,对不同类别的分包合同进行细化,形成更为专业和具有针对性的分包合同。之后,各建安企业又根据新颁布的政策法规,对本企业的分包示范文本进行了修订完善。2010年,各建安企业均已形成企业的分包合同示范文本体系。

二、法务

【管理体系】

1994年1月,建工集团成立初期法务工作职责归属集团总公司办公室,法律事务管理采用"分级管理、各自运行"的模式。集团总公司总部各行政部门、各事业部和所属各单位,各自负责本部门和单位的法律事务管理工作,独立处理诉讼、仲裁案件,以及外聘法律服务等。

1999年5月,建工集团发展研究室在《关于集团企业经济合同纠纷诉讼情况的调查报告》中对集团诉讼管理提出"及时诉讼"和"律师参与合同审核"的建议,以此作为企业法务管理的指导思想。

2000年,建工集团进一步明确办公室承担法务管理工作调研和指导职能。主要工作包括负责集团诉讼及仲裁案件的资料收集及情况调研;结合各行政职能部门业务报告,分析经营行为中的法律风险;制定法务管理工作相关制度;协调和监督诉讼、仲裁案件办理工作。

2001年5月,为进一步规范上市公司的运作,建工集团与上海市金茂律师事务所就为公司收购提供法务服务事宜签订了律师聘请协议,并到期顺延。

2002年,建工集团开始全面建立法务工作分管领导责任制,集团总会计师为法务工作的分管领导。同时,集团总公司办公室对各事业部、各单位的法务管理工作部门及岗位设置提出具体要求,明确了内部职责分工、协调与配合的工作流程与岗位职责,提出了律师参与合同审核的管理制度。

到2010年,建工集团法务管理工作一直延续上述机制。

【管理制度】

工程款债务风险管理制度　2002年6月27日,最高人民法院关于建设工程款优先受偿问题的批复即《合同法》第286条司法解释正式公布施行。7月25日,建工集团印发《关于运用合同法第286条司法解释主张工程款优先受偿权利、加强清欠工作的通知》,提出要运用法律武器,在遭遇工程款纠纷时积极主张承包商的优先受偿权利。

重大案件报告和备案制度　2002年12月,建工集团印发《关于加强集团诉讼仲裁事项管理工作的通知》,进一步要求落实有关诉讼、仲裁案件处理的领导分管责任制度,健全内部职责分工、协调与配合的工作流程,进一步加强诉讼、仲裁案件的过程管理和控制。2004年6月7日,建工集团印发《关于即时上报重大经济纠纷仲裁、诉讼案件的通知》,建立诉讼案件报告制度。报告期内不管是否有诉讼案件,都要定期上报;无诉讼案件的实行零报告制度。

上市公司的信息披露和案件管理制度　2005年5月23日,上海证券交易所《股票上市规则》规范上市公司重大诉讼、仲裁案件对外披露标准。建工股份公司印发《关于加强公司诉讼、仲裁信息披露事项管理工作的通知》,确保上市公司信息披露工作符合证监会管理要求。2007年8月17日,建工股份公司印发《关于加强公司诉讼、仲裁事项管理的通知》,要求所属各单位进一步加强对诉讼、仲裁事项的过程管理和控制,及时掌握案件处理进展动态,协调落实相关债权,有效防范市场风险。

第二节　资质、管理认证、商标

一、资质管理

1984年,建设部颁布《建筑企业营业管理条例》,对建筑施工企业技术资质等级标准作了规定。1989年建设部对建筑施工企业资质等级标准作了修改补充。根据建设部和市建设行政部门有关要求,从80年代开始,建工局认真做好所属企业资质的申报、升级、增项、变更、延续等项工作,以及日常管理工作。集团成立后,资质管理由国有资产管理处(后改为投资管理处、投资管理部)负责集团资质的申报、升级、增项、变更、延续,以及资质申报材料的归档工作;办公室(后改为总裁事务部)负责集团资质的日常管理和使用登记工作。

2001年4月,建设部印发《建筑业企业资质规定》和《建筑业企业资质等级标准》,将建筑业企业资质分为施工总承包、专业承包和劳务分包3个序列,并按照工程性质和技术特点,分别划分为若干资质类别和若干等级。根据建设部关于开展建筑企业资质就位工作要求,集团总公司组织力量做好所属企业资质申报工作。经过一年多努力,2002年6月,建设部公布一级以上资质的企业中集团系统获得3个特级资质,其中集团总公司获得房屋建筑工程施工总承包、市政公用工程施工总承包双特级资质,建工股份有限公司获得房屋建筑工程施工总承包特级资质。另外集团内共获得23个房屋建筑工程施工总承包一级资质(其中房屋建筑9个、公路工程1个、市政公用8个、机电安装2个、化工石油2个、冶炼工程1个)和60个专业承包一级资质,以及2个城市轨道交通工程承包资质。2003—2005年,市建一公司、市建二公司、市建四公司、市建五公司、市建七公司先后获得房屋建筑工程施工总承包特级资质。

2007年3月,建设部对施工总承包特级资质标准进行修订,颁布新的《施工总承包特级资质标准》。新资质标准增加了部分新的内容,如企业需具有本类别相关行业工程设计甲级设计资质标准的专业技术人员,以及企业技术进步、信息化建设等方面新的要求。2013年3月,新特级资质就位工作完成。上海建工集团股份公司获得房屋建筑工程施工总承包、市政公用工程施工总承包双特级资质,以及建筑行业(建筑工程)专业设计甲级和市政行业工程设计甲级资质。另外,集团内还有5个房屋建筑工程施工总承包、市政公用工程施工总承包双特级资质,建筑行业(建筑工程)专业设计甲级和市政行业工程设计甲级资质;以及21个总承包一级资质(其中房屋建筑工程2个、市政公用工程10个、公路工程1个、化工石油工程2个、机电安装工程6个)和2个城市轨道交通工程承包资质。

二、管理认证

【认证组织】

1997年3月26日,根据市有关部门推进ISO9000《质量管理与质量保证》系列标准在全市建筑业深入运用的要求,集团总公司成立贯标工作领导小组,随后根据实际情况的变化,更名为"上海建工(集团)总公司质量管理委员会"。按照 GB/T 19000—ISO9000 标准要求,集团总公司总经理聘任总工程师为管理者代表。

1997 年 6 月 13 日,集团总公司发布企业标准 QB/PJAA 20000—1997《上海建工(集团)总公司的质量保证手册(第一版)》(简称《质量手册》),7 月 14 日实施。《质量保证手册》由集团总公司办公室组织编写,经集团总公司质量管理委员会审定批准。同时,批准《文件控制》等 19 项文件为上海建工(集团)总公司质量管理文件。是年,集团总公司办公室根据最高管理者要求编制管理评审办法。该办法适用于集团总公司质量体系的管理评审。管理评审内容:(1) 组织结构、包括人员和其他资源的要求及供应是否适当;(2) 质量体系符合所选质量保证模式的程度和实施的有效性;(3) 质量方针和目标的实施情况;(4) 顾客反馈意见、企业内部质量审核、预防措施实施效果、过程控制和建筑产品性能等各方面信息的评审;(5) 质量体系与当前生产经营环境或内外部条件变化能否适应。管理评审办法经管理者代表审核,最高管理者批准。管理评审的时间间隔不超过一年,一般采用最高管理者主持会议的评审方法,通过各部门、基层单位汇报,经过评审形成管理评审报告,管理评审报告由最高管理者批准。

【质量认证】

1996 年 10 月起,集团总公司组织贯彻 GB/T 19000 族标准培训,先后培训 604 人次,培训并聘任内部质量审核员 37 人。1997 年 6 月 13 日发布质量保证手册和程序文件,并在 8—12 月进行第一次内部质量体系审核,对不合格项进行纠正,对《上海建工(集团)总公司的质量保证手册(第一版)》和程序文件(第一版)进行修改。12 月 1 日,召开第一次质量体系的管理评审会议,认为该体系基本符合 GB/T 19002—1994 idt ISO 9002:1994 标准的要求。

1997 年 12 月 16 日,集团总公司委托中国建筑业协会(简称中建协)认证中心进行质量体系认证审核。审核组审核公司有关质量体系运行的办公室、科技处、质量安全处、施工生产处、人事教育处 5 个处室和总承包部、海外事业部等两个基层单位,抽查浦东国际机场、金茂大厦、明天广场、恒隆广场 4 个项目经理部。审核组认为上海建工(集团)总公司的质量体系符合 GB/T 19002—1994 ISO 9002:1994 标准的要求,并能有效运行。经审核,中建协质量认证中心推荐上海建工(集团)总公司通过 GB/T 19002—1994 标准的质量体系认证,并予以注册。

1999 年 12 月 1 日发布上海建工(集团)总公司企业标准 QB/PJAA 20000—1999《上海建工(集团)总公司的质量保证手册(0 次修改第二版)》,2000 年 1 月 1 日实施。

为了适应海外市场的需要,2001 年 7 月 4 日、5 日,新加坡国际标准认证有限公司对集团进行认证审核,审核范围:工业、能源、交通、民用和市政工程施工总承包。审核组推荐集团总公司保持认证证书。

2002 年 9 月 10 日,《质量手册》(第三版)经集团总公司总经理批准发布,9 月 20 日实施。

【环境认证】

2002 年 9 月 10 日发布《上海建工(集团)总公司企业标准环境手册》(第一版)(简称《环境手册》),9 月 20 日实施。并按照相关标准要求进行环境管理体系的内审,是年 12 月 18 日进行环境管理体系理评审,通过中建协质量认证中心环境认证的初次审核。

2003 年 3 月,中建协质量认证中心对上海建工(集团)总公司环境管理体系符合情况进行审核。经审核,通过上海建工(集团)总公司环境管理体系 GB/T 24001—1996 认证审核,并予以注册。

2004年8月,集团总公司将《质量手册》和《环境手册》修改合并为《上海建工(集团)总公司管理手册》(第四版)。

【职业健康安全认证】

2004年11月,集团总公司将职业健康安全管理文件和《质量手册》《环境手册》合并为《上海建工(集团)总公司企业标准管理手册》(第五版)(简称《管理手册》)。

2005年3月,中建协质量认证中心审核通过上海建工(集团)总公司职业健康安全管理体系第一阶段审核;4月,通过职业健康安全管理体系第二阶段审核;5月,中建协质量认证中心通过职业健康安全管理体系 GB/T 28001—2001认证审核,并予以注册。

根据新版 GB/T 24001—2004 标准,完成环境管理标准的改版。《上海建工(集团)总公司企业标准 Q/PJAA 20201—2005(五版一次修改)管理手册》于2005年9月21日发布,2005年10月15日实施。共23个程序文件,覆盖质量、环境、职业健康安全管理,简称"三合一"管理手册。管理手册中明确企业方针(质量、环境、职业健康安全)为"和谐为本、追求卓越、关注安康、环保施工、遵纪守法、持续改进"。

2009年9月21日,《上海建工(集团)总公司企业标准 Q/PJAA 20201—2009 管理手册(五版二次修改)》发布,是年10月15日实施。

【所属企业认证】

1996年6月开始,市建一公司、市建四公司率先通过 GB/T 19000—ISO9000 系列标准认证;随后,市建二公司、市建三公司、市建五公司、市建七公司、市建八公司、安装公司、咨询公司、基础公司、机施公司、装饰公司、建工房产公司、市政总院、华建厂、材料公司、构件公司、园林集团、建工设计院等单位先后通过质量管理体系认证工作。2007年11月,桥隧公司通过质量管理体系认证工作。

2003年8月起,市建二公司、市建四公司、市建一公司、市建五公司、市建七公司、安装公司、机施公司、装饰公司、材料公司、构件公司、园林集团等通过环境、职业健康安全管理体系认证工作。

三、商标

【商标注册】

1999年9月13日,由上海建工(集团)总公司作为注册人,将"SCG"商标在国家商标局商品分类表(简称分类表)第37类"建筑"服务上报向国家工商总局商标管理局申请商标注册,并于2000年11月14日获得正式注册,注册有效期限10年。

2007年6月和12月,根据集团需要,分多次在"分类表"第19类"混凝土;石料;建筑用砂石;建筑石料;混凝土建筑构件;水泥板;水泥管;木材;石板;非金属建筑材料"、第36类"不动产出租;不动产管理;公寓管理;公寓出租;办公室(不动产)出租;商品房销售服务;代管产业;经纪;租金收款;资本投资"、第39类"运输;货运;河运;船运货物;出租车运输;码头装卸;

图8-7-1 建工集团商标

卸货;海上运输;停车场;租车"、第42类"技术研究;工程;工程绘图;研究与开发(替他人);环境保护咨询;质量检测;建筑制图;地质勘测;建筑咨询;室内装饰设计"、第39类"空中运输;车辆租赁;仓库出租;货物贮存;潜水服出租;集装箱出租;能源分配;快递(信件或商品);旅行社(不包括预定旅馆);管道运输"等服务或商品类别申请注册商标。2010年10月8日,上海建工"SCG"商标在"建筑"服务上被国家工商行政管理总局商标局认定为"驰名商标",在当时是全国建筑业企业首家"驰名商标"。

上海建工"SCG"商标自2004年3月在"建筑"服务上首次被上海市工商行政管理局认定为"上海市著名商标"后,均通过每3年一次的复审,至2010年连续三届(2004—2015年)获得该荣誉称号,其中2010年延伸至不动产代理、混凝土制品商品/服务上。2007年1月,上海建工"SCG"商标在上海服务商标推展活动中被上海市商标协会、上海市著名商标认定委员会、上海市商业联合会评为"最具影响力的上海服务商标";2008年4月,被浦东新区政府评为2007年度"外贸品牌创新奖"。

【商标管理】

2000年11月"SCG"商标注册后,集团总公司修订原集团标志使用手册,对"SCG"商标的标准、色彩作了进一步的明确,并规定集团所属全资、控股企事业单位必须统一、规范使用"SCG"商标。2004年8月,由集团总公司制定印发《上海建工(集团)总公司商标管理办法》(简称《管理办法》),《管理办法》规定,集团所属全资子公司、控股子公司未经集团批准,不得以其公司名义另行申请注册商标。集团有权通过签订商标使用许可合同,许可他人使用"上海建工"注册商标。"上海建工"注册商标使用人必须在获得集团商标使用许可,并签订商标使用许可合同后,方可使用"上海建工"注册商标。未经集团商标使用许可,任何单位、组织和个人不得擅自使用"上海建工"注册商标。集团所属全资企事业单位、控股公司,有权无偿使用"上海建工"注册商标,但必须与集团签订商标使用许可合同。除前条所列单位外的其他单位需使用"上海建工"注册商标的,原则上应有偿使用。至2010年,集团所属全资企事业单位、控股公司都与集团总公司签订商标使用许可合同。

【集团内其他商标】

除SCG商标外,建工集团下属的上海华东建筑机械厂有限公司、上海市政工程设计研究总院(集团)有限公司均拥有注册商标,都被评为上海市著名商标。

图8-7-2 华建厂商标

图8-7-3 市政总院商标

第三节 计算机应用

一、应用起步

1984年年初,建工局在购置一批微型计算机后开始一系列的软件开发、应用工作。至1987年年底为止,全局已拥有各种微型机、小型机共计136台,总投资约700万元,从事计算机应用开发的专职人员25名,完成大、中型应用项目8项,系统软件的开发研究3项,小型项目上百项,在生产计划、动力设备管理、财务、施工预算、安装预算、劳动工资、人事管理、生产管理等许多方面都发挥着积极的作用。由机施公司会同建工局有关业务部门研制开发的建筑生产统计管理系统(JST),是国内第一个局、公司、施工队三级组成,包括单位工程基本数据、建安企业统计数据、省市建工局(厅、总公司)汇总数据等多个层次通用的建筑生产统计系统。在全局所属建安企业运行,并得到建设部、国家统计局有关部门和上海市建委、市统计局的好评。1987年被评为上海建设系统现代化管理成果一等奖。1993年,建筑生产统计管理系统(JST)完成了三次大的升级,获得建管局科技进步二等奖。"财务账务管理系统"获上海市优秀软件奖。1996年引进"博科财务软件",覆盖集团所属各单位。

二、基础建设

1991年2月,建管局机关开始着手建设局域网系统。当时的局机关办公楼是一幢六层的老建筑,其中第五、六两层属于建工局本部各部门办公所用,网络建设共布局150个信息点。网络采用3COM OC142路由器,通过64 K的数字数据网(DDN,Digital Data Network,即专线上网方式)线路与互联网相连。

2000年,集团总部搬迁至浦东福山路33号,启动整个局域网重新建设,网络主干敷设光缆和超五类非屏蔽双绞线。使用超五类非屏蔽双绞线,带宽为100兆,并预留光缆为今后升至千兆。采用"交换到桌面"的方案,各信息点数据速率达100兆。网络系统覆盖集团总公司办公楼的所有区域,信息点总数为1 099个。2004年,集团总公司总部网络进行改造,启用了原来预留的光缆,配置一台具有三层交换能力的核心交换机,并通过千兆技术将核心交换机用1 G的带宽与每个楼层的交换机连接,形成千兆主干。同时按职能部门或者应用划分了VLAN。

2005年,集团开始组建互联互通的广域网。在比较各种组网方案后,最终选择MPLS VPN的组网方案:MPLS VPN网络是指采用多协议标记转换(MPLS)技术在骨干的宽带IP网络上构建企业IP专网,融合了IP网和传统专网优势的一种较新的组网技术。到2006年年底组建成连接集团27家单位的集团广域网。为配合集团虚拟网络建设,再次进行升级:服务器群移至"隔离区"(DMZ区);网络地址段从192.168.0.0/16变更为10.0.0.0/16,规划集团各下属单位的内网地址段,为组建集团广域网打好了基础。

2010年,集团总部搬迁到东大名路666号,总部局域网进一步提升:上联到主干带宽为千兆,千兆交换到桌面,将来可平滑升级到万兆上联主干。整个网络分为逻辑的4个区域:核心服务器区、桌面接入区、外部接入区、互联网服务区。

三、应用系统

1996年,集团首次建立自己的网站。因scg.com.cn域名被其他公司注册,集团网站是以www.china-scg.com为域名。2001年,在该域名注册年限到期后,集团向中国互联网络信息中心(China Internet Network Information Center,简称CNNIC)提交集团注册商标证明,申请收回与集团注册商标一致的域名:scg.com.cn。2001年12月,scg.com.cn被成功收回。2002年8月,以www.scg.com.cn为域名的集团网站完成改版上线,企业邮箱(@scg.com.cn)同期开通。2009年2月,"上海建工"网站再次改版上线。是年5月,集团上市公司的网站"上海建工股份有限公司"上线,使用www.shconstruction.cn为域名。

2001年9月,集团总公司总部引进"合强OA(Office Automation,简称OA)办公自动化系统",经过半年多的需求调研与部署,2002年4月,集团总公司总部首个办公系统正式上线。2009年3月,与中国建筑科学研究院建研科技股份有限公司签约,改版OA系统,2010年9月上线。

2002年,项目管理系统的首次尝试:2002年3月,集团总公司、市建一公司、市建八公司、市基础公司一起参与市建委"远程项目管理"课题研究试点。该课题2003年9月通过上海市建设和管理委员会软科学研究成果评审。2008年8月,集团总公司与中国建筑科学研究院签约,开发"综合项目管理系统"。下属企业市建一公司、市建二公司、市建四公司、市建五公司也分别与之签约,开发相应系统。8月12日举行项目启动动员大会,正式启动项目建设。

2002年8月,集团与上海华仁软件有限公司签订合同,引进档案管理系统;2008年11月,与上海中信信息发展股份有限公司签约,改版升级"上海建工档案管理系统",在集团各单位中推广。2009年12月底,"档案管理系统"在市建一公司、市建二公司、市建四公司、市建五公司、市建七公司、安装公司、基础公司、机施公司、构件公司、华建厂、园林集团、材料公司和集团总部13家单位中部署完成。2010年12月"上海建工档案目录中心"完成开发。

2004年4月启动"人力资源管理系统"选型工作,并于是年12月引进嘉扬集团版完整产品,作为集团人力资源管理系统原型进行二次开发。2006年8月24日,集团召开"人力资源管理系统"上线推广会,系统正式上线。

四、所属企业计算机应用

90年代,建管局所属企业开始使用计算机办公。从2002年起,集团各下属单位逐步开始进行信息化建设。市建二公司率先在合同与支付管理上建立信息系统;以市建七公司为代表的,市建五公司、市建四公司、机施公司、基础公司等也陆续在合同管理、资金管理、OA系统等领域建设应用系统。

2004年,安装公司推广项目管理系统,到2006年从单项目管理升级到企业级项目管理系统;2005年,"供应链管理系统"完成,系统建设更贴近主营业务。

机施公司先后开发"财务资金流量监控系统""企业管理费用预算和监控""工程项目投标信息管理系统""工程合同管理系统"等,这4项均获得软件著作权。

2010年11月,市建七公司建成视频监控系统,公司总部通过网络视频可以实时监控分布在全国和全市各个工程项目状况,并与项目管理系统连接形成监控、检查和处理的管理闭环。

第四节 外事管理

在集团取得外事审批权之前,上海建工出国(境)任务一直按任务性质通过3个渠道进行审批,其中经贸任务报市府外经贸委审批,非经贸任务报市政府外办审批,科技任务和国际活动报市科委审批。出国(境)任务批准后,进行出国(境)人员审查,经局(集团)党委批准后签发因公出国(境)人员审查批件或备案表,凭因公出国(境)任务批件、局(集团)党委签发的审查批件、备案表和相关材料到市外办申办护照、通行证和签证。日常管理工作由建工局(建管局、建工集团)办公室和干部管理部门负责。

2001年2月5日,根据国务院外办、国家计委、国家经贸委、国家体改委《关于国家试点企业集团派遣人员临时出国和邀请外国经贸人员来华事项的审批办法》的有关精神,集团总公司设立外事处,并向市建委提出派遣临时出国(境)人员和邀请外国经贸人员来华审批权的请示,经市建委、市外办、市政府逐级审批上报,2001年5月18日,国务院批准同意授予上海建工(集团)总公司派遣因公临时出国(境)人员和邀请外国经贸人员来华事项的审批权,即在本公司业务范围内,根据人员管理权限,自行审批本公司及所属分公司和子公司人员因公临时出国(境)和邀请外国经贸人员(不含在外国企业中兼职的卸任外国政要)来华事项。集团总公司在多年因公出访和对外邀请接待工作总结的基础上,分别制定了上海建工(集团)总公司《因公出国(境)管理办法》《因公出国(境)人员审查的规定》《申办护照、通行证和签证的管理办法》《邀请外国经贸人员来华管理办法》等规章制度。

2001年10月,经外交部同意授予集团外国人来华签证通知权,集团总公司为二类被授权单位,授权编号为3184。从2004年1月1日起,经市外办同意,集团涉及出国人员的工程承包和劳务项目审批事宜,由原来的报批制改为备案制,进一步扩大集团的外事审批权。2002年1月起,集团总公司正式开始按照人员管理权限,自行审批集团内部人员因公临时出国(境)等事宜,截至2010年12月31日,集团总公司累计批准团组1 685个、6 492人次。

2002年7月,集团总公司根据上海市《关于特定身份人员因私出国申领护照报送备案管理办法》的规定,结合企业实际制定了《上海建工(集团)总公司特定身份人员因私出国报备管理办法(试行)的通知》。是年8月,按照干部管理权限首次向上海市出入境管理局报备了1 066名特定身份人员,即集团管理的领导干部和各单位上报备案的重点岗位管理人员。已被备案的特定身份人员因私出国(境)需要申领护照、通行证,当事人应按照干部管理权限提交书面申请,并由相应的组织人事部门在征得主管领导同意后,及时出具公函交给当事人赴出入境管理局申领护照、通行证;已被备案并已持有有效护照、通行证的特定身份人员需因私出国(境),应事先按照干部管理权限书面履行报批手续。对已报送备案的特定身份人员因工作单位、岗位、职务、职级变动等引起干部管理权限变化或已备案的特定身份人员不再属于报送备案范围的,集团总公司外事处会以书面和电子版形式向上海市出入境管理局申报办理特定身份人员信息变更或撤销手续。

集团总公司根据国务院、市政府有关文件精神,严格执行因公证照和特定身份人员因私证照集中管理制度。因公证照和集团管理的领导干部的因私护照、通行证,在回国(境)后经所在单位人事部门登记送交集团外事处集中保管,各基层单位自行报备的特定身份人员因私护照、通行证由各单位统一保管,需要时则办理有关报批或借用手续。

第五节　治安保卫管理

50—60年代,建工局内设负责内部治安保卫工作的部门,先后名为经济保卫处、保卫处;各基层设保卫科和群众性的治保组织——治保会。1988年,建管局把局属企业保卫工作的职能纳入经济监察处。1994年,集团总公司设保卫处,主要负责集团内社会治安综合治理、治安保卫、消防管理等相关工作。下属各公司设保卫科,分公司设保卫股或保卫干事,负责所在单位的综合治理、治安保卫、消防安全等工作。

一、治安保卫

80年代之前,局属企业内部保卫工作主要是"防特、防盗、防火、防治安灾害事故";1991年后,主要以抓好"四防一确保"(防破坏活动、防盗窃、防诈骗、防矛盾激化和突发事件,确保重点要害的安全)工作。1992年开始,根据市公安局治安总队要求,建管局开展争创治安安全合格单位工作,主要是以"三防"(人防、技防、物防),围绕"治安安全合格单位"的要求,建工集团(建管局)从内部治安的实际出发,先后开展专项治理和技术防范设施建设。1996年组织开展单位保险箱和存取款安全防范工作的专项整治。2001年12月,集团制定《施工现场治安管理标准》,要求基地、施工现场安装红外线报警装置、电子围栏、视频监控等技术防范措施。至2010年,有9家公司级单位先后被评为市级"治安安全合格单位"。

80年代之前,建工局警卫队伍主要以单位自有职工为主,负责工地现场的守护工作。1981年,根据国务院文件规定,建工局在市建三公司建立经济民警中队,警员140人,主要任务是重点项目的守卫,确保重点项目和企业的安全。1998年,集团制定《警卫工作暂行规定》,具体内容包括:一是建立教育、培训制度;二是建立岗位责任制;三是建立严格的考核联系制度;四是建立值班巡逻检查制度;五是建立保密制度;六是建立基础台账制度;七是建立岗位规范服务制度;八是建立工作会议制度。1998年,集团承建浦东国际机场、金茂大厦、延安高架路和地铁2号线等重点工程,在原有经济民警的基础上,又扩编成立材料公司、基础公司、地玖公司经济民警中队。随着企业安保队伍社会化,从2003年开始原有的经济民警队伍逐步转为聘用社会安保公司的人员来负责企业内部和施工现场的治安保卫工作。

2002年起,集团每两年组织专兼职治安、消防、综治干部继续教育培训,至2010年,共组织培训5期,培训人数3 000余人。2004年以后,集团保卫条线取得国家保卫职业资格高级保卫师20人、保卫师19人。

二、综合治理

1991年,根据中共中央、国务院《关于加强社会治安综合治理的决定》的指示,建工局组建各级综合治理领导小组。1993年12月,建管局制定《关于建立社会治安综合治理领导责任制的实施意见》和《社会治安综合治理考核细则》。自1994年起至2010年,集团每两年与各子公司签订《社会治安综合治理目标管理责任书》,签约率达100%。1994年,按照市综治委、市建委、市公安局的部署,组织开展"反窃车""打流窜、打打劫、抓管理""打击流氓犯罪,扫除六害,整顿治安秩序""严厉打击严重刑事犯罪,大力整治社会治安"等专项治理活动。1996年,集团从组织领导、治安责任、基础管理等方面全面推进施工项目社会治安综合治理工作。2003年,集团统一印制《施工现场治安综合治理基础台账》,进一步规范施工现场基础资料管理。2005年,根据市有关部门创建"平安单位"活动的要求,集团组织平安单位创建的申报、验收工作,至2010年,集团所属105家单位被市综治委评为"平安单位"。

三、消防管理

上海建工开展消防管理工作始终围绕"预防为主、防消结合"的工作方针。2000年5月,结合消防安全法律规定和施工现场消防安全管理特点,集团制定《施工现场消防工作管理标准(试行)》和《化学危险物品管理办法》。结合建筑行业实际情况,分别从管理责任与消防组织、火灾预防等方面制定标准。2010年12月,对《施工现场消防工作管理标准(试行)》作了修订,主要有施工现场消防工作管理标准、动火作业操作实施细则及动火作业许可证三大内容,其中动火作业操作实施细则是此次修订的主要内容,具体内容为:一是明确项目经理和分包单位及外来施工队伍签订消防安全责任书,逐级明确消防安全责任人,形成层层分解消防安全责任;二是规范明火作业管理,采取"一点两证一器一监护"(明确一个动火点要具备特殊工种操作证、身份证,配置灭火器和监护人)制度,高空动火作业采取立体监护的防火措施;三是落实施工现场临时性建筑物搭建严格执行上海市工程建设规范《临时性建(构)筑物应用技术规程》,宿舍区域安装负荷型安全用电装置;四是强化地下施工、盾构作业、地下顶管需先了解、掌握施工区域的地质资料,查清地下施工沿线是否有不明气体和不明物体,尤其是煤气、天然气、化工原料等输送易燃易爆物品管道以及各类电缆的情况;五是强调超过24米的高层建筑施工现场,设置具有足够扬程的消防水泵,保证消防水源随层到位,并保证有足够的消防水源。通过严格执行施工现场消防管理标准,逐年控制集团范围内火灾事故的发生率。

与此同时,采取多种形式组织《消防法》《上海市消防条例》的学习宣传活动,每年结合"119消防宣传日"活动,在集团范围内开展消防应急疏散逃生演练活动,针对季节性特点组织开展夏季和冬季防火安全工作,提高职工依法管火、依法治火的自觉性。

第六节 总务管理

一、工地生活设施

80年代之前,工地现场生活设施比较简陋。1982年2月,建工局提出工地生活设施的检查标准:防止蚊蝇滋生,同时要求落实各项"除四害"[①]措施,生活区内做到排水畅通,无污水外流或堵塞排水沟现象。宿舍统一使用36伏低压电,日常生活用品力求统一并放置整齐,现场办公室、更衣室、厕所应经常打扫,保持整齐清洁。生活垃圾要有容器放置并有规定地点,有专人管理,定时清除。食堂搭设要符合规定并办理报批手续。食堂内应整齐清洁,食堂四周应做到场地平整、清洁、没有积水,有条件的食堂要设密封间和配置纱罩,食物盛器生熟标记;全年早、中、夜餐加工食品都

---

① 除四害:50年代末,全国开展以消灭老鼠、麻雀、苍蝇、蚊子为核心的爱国卫生运动。1960年,将臭虫替代麻雀。

要留样,量不少于100克,保持48小时,并做好记录。食具要严格消毒,使用的饭菜票必须每天消毒,防止交叉污染;现场茶水供应、茶具消毒要符合卫生要求;炊事员必须每年体检,持有健康证和培训合格证上岗,炊事人员必须"四勤"(勤洗手、勤洗澡、勤理发、勤剪指甲),"三白"(白衣服、白帽子、白口罩),保持良好的个人卫生习惯。食堂一律不准供应冷面、冷馄饨、冷菜、改刀菜等。1984年5月,建工局提出工地必须有食堂、更衣室、浴室、茶棚、厕所。1986年,建工局把工地生活设施标准化纳入施工现场标准化管理中。1990年,在《施工现场标准化管理规定及检查评分标准》中对"生活卫生"从总体布置、工地食堂、厕所、浴室、临时保健室等提出10个方面要求。2006年又完善施工现场"五有"设施基本标准,确保施工现场生活设施标准做到统一。2010年8月制定《食品安全管理手册》《食堂食品采购、验收、留样、消毒》台账,保证食堂从采购到清洗到烧煮到供应的全过程管理,全集团实行食品安全零报告制度。

从80年代初开始,建工集团(建工局、建管局)在行政条线开展"文明生活区""文明食堂"等同业务竞赛,竞赛覆盖工地、办公基地。还采取多种形式培训基层炊事人员,仅1994—1998年共培训厨师128人,其中高级(一级)职称8人,中级(二级)职称35人,初级(三级)职称85人;不定时开展炊事人员技术比武,提高工地食堂菜品的质量。

二、基层医疗保健

50—60年代,建工局成立职工医院,并陆续在工区和工地建立医务室。部分较大的工区设有简易诊察床,并配备脱产或不脱产的卫生干事,主要负责一般疾病的防治,以及"除四害"为主要内容的爱国卫生组织工作和工地负伤人员的临时救护和及时转院等。

1978年3月,上海市建筑工程局医务室成立,具有实施卫生、保健管理职能。1983年4月,根据卫生局制定的《工厂企业卫生科(保健站)工作人员职责试行草案》要求成立建工局卫生科(保健站),下属企事业单位设有12家卫生科和125家保健站(医务室)。最多时配有医务人员451名,其中副主任医师1名,主管医师139名,医师129名,医士94名。医务人员主要来自经过考试合格的基层医生、企业在大中专医学院校定向培训人员、由建工局输送的专科医务人员。保健站(医务室)配有符合规定的医疗用房,设有肠道、肝炎专间,注射室和消毒高压锅、急救箱、担架、病史柜、诊察床等基本设备。

1994年,建工集团整合下属7家单位内保健站(医务室),成立市建二公司、市建三公司综合门诊部和市建一公司、市建五公司、市建八公司、构件公司、华建厂卫生所。按门诊部、卫生所设置要求,配置面积不小于200平方米的医疗用房,设有药库、药房、X光摄片透视(室)、化验室等医疗设施和内外科、心内科、呼吸科、消化科、骨科等医疗科室。2006年集团制定《卫生与健康管理规范》,对卫生科科长(卫生所所长、保健站站长)、医师(执业医师、执业助理医师)、卫生急救员、卫生防疫员等职责作了规定,对职业病防治、传染病预防、慢性病防治、计划生育、环境卫生、环境保护、健康体检、医疗保健等管理内容提出要求。

2000年后,随着医疗体制改革和职工医疗保险的实行,在职医务人员逐年退休,企业医务人员的工作职能发生变化,基层医疗保健机构的职能逐步转到行政卫生管理,主要是创建健康系统(单位)的组织工作,开展健康教育宣传等。

企业的医疗卫生工作,以贯彻预防为主,防治结合的方针,面向生产,方便职工,保障职工健康,降低发病率,提高出勤率,促生产发展。发现传染病及时做好传染病登记和填写传报卡,及时配合卫生防疫部门做好传染病消毒工作。1988年,上海甲肝流行,局组织各基层医务人员建立一支庞大的传染病应急处置队伍,设立临时肝炎隔离病房1 300多张床位,收住了1 290多名职工患者,除30名因病复杂转院,其余均在短期内治愈康复。2003年,全国爆发"非典"传染病,集团医务人员制定传染病应急处置预案,开展严密的防控措施,取得良好的效果,获得市委市政府的嘉奖表彰。各单位在地区爱卫会的领导下,制定爱国卫生运动的规划,确保单位内外环境优美整洁。2010年,集团总公司被评为全国爱国卫生先进集体。从1990年至2010年,集团都完成或超额完成上级下达的无偿献血任务,并获得"上海市无偿献血先进集体"荣誉称号。1983年,建工局成立计划生育领导小组,各下属单位均有保健站(医务室)医务人员专人负责计划生育工作,落实计划生育措施,计划生育目标控制在:知情、自愿,节育率达到100%,人流率达到0.3%,无计划外生育。1990年和2000年,2005—2006年,集团总公司获得"上海市计划生育先进集体"荣誉称号。2003年3月,上海启动"健康城市"建设活动,集团积极响应并通过开展营造健康环境、培育健康观念、完善各项健康服务、提高职工健康质量的创建行动。2010年,成为上海唯一被上海市爱卫会、健康促进会授予"上海市健康系统(单位)"荣誉称号的企业单位集团。

第七节　档案、信访

一、档案工作

【机构】

1953年1月建工局成立,当年即开始文件资料归档建档。1960年1月成立档案室,隶属局党委办公室,统一管理党政系统档案工作。"文化大革命"中,建工局档案管理工作遭到破坏而停顿。1980年,建工局档案室由党委政治部办公室领导,恢复统一管理党政系统档案。1985年10月,建工局接收宝钢建工分指挥部档案25箱1 012卷。1999年,将其中的103卷永久、长期卷移交上海市档案局,短期卷在建工局档案室。1988年5月,建工局改为建管局,局档案室由党委办公室转为行政办公室领导,落实明确文书部门立卷人员,健全档案人员管理网。1991年11月起,建管局档案室对需进上海市档案局的档案进行鉴定、整理,编制索引目录。从1994年1月至1997年3月分4批向上海市档案馆移交1953—1993年的永久、长期卷档案共7 924卷。集团档案室主要负责1994年后的企业档案管理。2010年,集团总公司档案室总建筑面积530平方米,档案库房建筑面积396平方米。共存有文书档案36 489卷,工程档案3 262卷,声像档案41盘,照片档案3 604张。1995年,集团总承包部成立档案室,管理集团总公司施工的工程档案。

建工集团下属单位在成立之初均设立档案室。2010年,集团共有33个档案室。

【管理和利用】

1989年2月,建管局制定《关于颁发文书处理部门立卷工作制度的通知》,健全各种规章制度,全面开展部门立卷工作。1994年7月,为了统一建工集团的档案管理标准,制定《上海建工(集团)总公司档案管理暂行规定》。1996年印发《关于在企业改革中加强档案管理工作的意见》,对集团所属企业归并、剥离、改制中档案管理工作提出指导性意见。1999年,档案室根据总承包项目状况,对工程项目资料的归档工作进行调研,于8月12日印发《总承包部所属项目文件材料归档及处理意见》,对工程项目档案归档工作提出要求。2004年8月印发《上海建工(集团)总公司企业信用档案管理办法》,并于2004年10月完成向上海市档案局报送企业信用档案的工作。集团总公司及下属23家单位共制作光盘23张,共39种类型,其中包括营业执照、税务登记、资产评估、信用等级、荣誉证书等几千条条目,制作图片669张。2005年8月16日,根据国家档案局、国有资产监督管理委员会关于国有企业文件材料归档办法的精神,印发《上海建工(集团)总公司企业管理类文件材料归档范围》,档案分为党群工作类、行政管理类、经营管理类、生产技术管理类、产品类、科研技术研究类、基本建设类、设备仪器类、会计类、企业职工类、施工工程类和载体。

1989年上半年,建工局档案室与基础公司联合开发计算机辅助档案管理,以基础公司为主编制技术软件程序。该项目于1989年12月通过技术鉴定实现档案管理的办公现代化。2002年上半年,对上海建工(集团)总公司档案室档案管理软件进行重新开发,经过修改调试,于10月正式试运行。2008年下半年,在原计算机辅助档案管理的单机版上操作。2009年,开发运行光典档案信息管理软件网络版,通过网络对文件进行接收、立卷和编目工作,并具有利用、查询、鉴定、统计、编研等功能,实现文档一体化管理,提供便捷的档案收集、整理功能,实现企业档案资源共享,优化内部档案运行流程。

建工集团各单位档案部门根据企业的需要,为企业招投标工作、技术改造、各项资质审查、解决经济纠纷、解决施工技术难题、工程改建、科技成果推广应用、企业管理、劳保福利、宣传教育等提供大量的档案,起到凭证和依据作用。90年代建管局编纂《上海建筑施工志》时,档案室提供大量原始档案,编纂过程中到市内外各处收集的30—40年代上海建筑业的资料(照片、文书等)均留存在集团档案室。

二、信访工作

【机构和制度】

建工局成立初期,局机关即有分工接待来信来访的人员。1978年,建工局办公室设立专职信访干部,负责信访接待工作。1982年,局设立信访室,由办公室主任或副主任负责分管,并兼任信访室主任。1994年集团成立后,信访工作的体制没有变化。所属各企事业单位均设立专(兼)职信访干部,大部分归属行政办公室,有的归属党委办公室。各企事业单位下属单位也设立兼职信访干部。

1996年5月,集团总公司印发《关于贯彻群众逐级上访和分级受理制度的试行办法》的通知,主要内容是按照"分级负责,归口办理"的信访工作原则,对信访事项受理、承办、回复、复查等方面作了具体规定,对不属逐级上访的范围作了具体说明。2005年6月,集团总公司印发《上海建工(集团)总公司信访受理、办理、复查、复核等事项的暂行规定》,主要内容是对信访事项受理、办理、复查、复核四个方面提出21条的具体操作规定。2009年7月,集团总公司印发《重信重访专项治理工作实施方案》《群体性、突发性信访事件应急预案》《初信初访办理工作实施办法》。主要内容是推动复杂疑难信访事项的就地化解,有效减少重信重访,避免矛盾激化;快速处理和应对突发事件的化解、稳控工作,维护社会和谐稳定;把矛盾解决在基层和萌芽状态,减少信访存量,营造良好的信访稳定工作新局面。

【信访类型】

1978—1986年,历史遗留问题的信访矛盾较为突出,全局系统来信来访累计信访总量69 898

件/次,其中:落实政策对象累计达到16 008件/次;精减支农对象累计达到19 312件/次,两者占到全局系统信访总量的50.5%。1992—2005年,上海建工先后实行"两层分开""人员分流""改制剥离"等改革举措,涉及利益调整和就业矛盾等方面的信访件较为集中。1994—2001年间,各种申诉类的信访件为3 180件/次(含到集团或上级机关上访),占到累计信访总量的63.8%。2006—2010年,改革改制遗留问题和春节之前农民工讨薪的信访矛盾较为突出。2008—2010年,信访件369件、491人/次。对于这些较为集中的来信来访,集团(局)信访办采取沟通、协调、催办、查办等方法进行适当处理或妥善解决。2009—2010年,集团初信初访受理告知率和按期办结率100%,初信初访化解率95%。

第九篇 党群工作

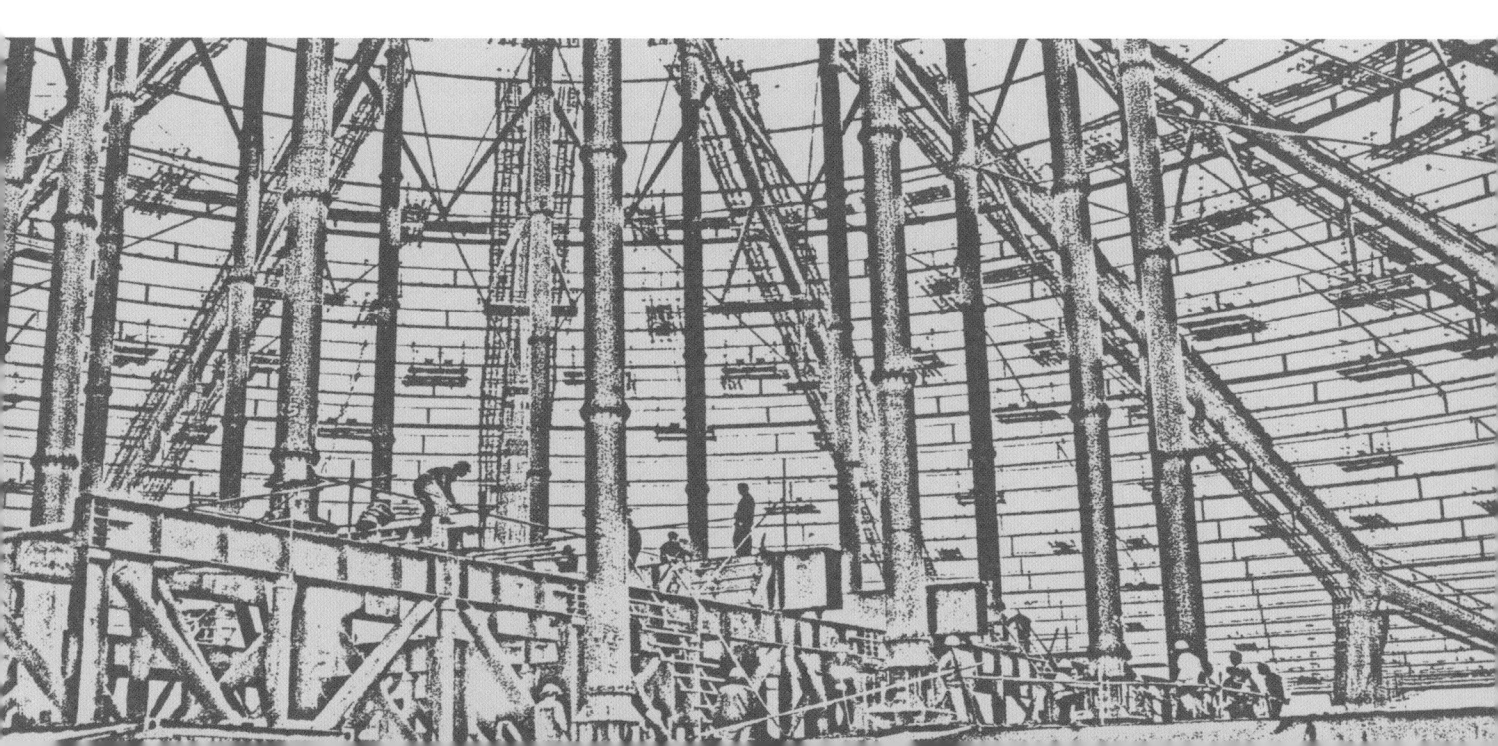

概　　述

　　建工局成立时即建立党的组织和工会、青年团等群众组织。50年代，建工局党委领导民主改革、对私改造等工作，开展翻身当家做主人的教育，在职工中发展党员。60年代初，广大党员带头分担国家困难，支援农村和外地建设。"文化大革命"中，党群组织建设遭到严重干扰，造成严重的后果。

　　党的十一届三中全会后，建工局党委拨乱反正、平反冤假错案，清除"文化大革命"对企业造成的各种消极影响。在80年代开始的建筑业改革中，建工局（建管局）党委带领各级领导干部解放思想、转变观念，实施建筑企业领导制度、管理体制、经营机制等方面的改革；坚持"党管干部"的原则，推进干部和人事制度改革，培养符合"四化"标准的中青年干部；坚持"支部建在项目上"，把各项工作落实到基层。建工集团成立后，集团党委发挥政治核心作用，围绕改革和发展，坚持通过主题活动、专题大讨论、干部轮训等形式，把贯彻上级的指示精神与集团实际结合起来，提高认识，统一思想，协调行动；探索在现代企业制度中贯彻"党管干部""党管人才"原则的思路和方法，初步建立与集团发展相适应的干部和人才培养、选拔、任用、激励机制；开展群众性的精神文明创建活动，探索企业文化建设的路子，形成企业的理念体系和各种类型的文化成果。集团党委把工作重点下沉到基层，形成适应不同工程和地域要求的党建工作体制、资源配置和工作方法。

　　在上海建工发展过程中，企业党的纪律检查不断探索建立符合建筑企业特点的反腐倡廉工作机制；企业统战工作在团结各方面人士参加企业改革发展中发挥积极作用；人民武装工作按照国防体制和市警备区的要求，完成民兵和预备役各项征训工作；根据老干部特点认真做好各项服务工作。

　　50年代末，在上海工业基地建设高潮中，建工局工会和团组织在职工中组织突击队，开展技术革新和劳动竞赛，为改变建筑工地"肩扛人挑"的落后局面，减轻劳动强度、提高劳动生产率发挥了较大的作用。在改革开放时期，工会、共青团等群众组织发挥各自联系群众的优势，动员职工参与改革，推进各项民主管理，组织开展各种形式的劳动竞赛，开展"青年突击队、青年工程、青年科技协会"活动，调动职工参与改革和企业发展的积极性，较好地发挥了桥梁和纽带作用。建工集团成立后，集团工会、团组织通过参与企业民主管理、组织各类劳动竞赛等途径，在维护职工权益、关心群众生活、提高职工素质、调动职工积极性等方面发挥独特作用，青年的生力军作用也不断凸显。

　　深入而有效的党群工作保证集团改革发展稳定工作顺利、健康地推进，集团保持团结、和谐、政通人和的局面。集团先后获全国先进基层党组织、全国五一劳动奖状、全国优秀思想政治工作企业、全国厂务公开优秀企业等荣誉称号。

第一章 党委工作

建工局创立初期,局党委即着手党的组织建设,开展各项党的工作;通过多种形式启发工人的阶级觉悟,调动职工参加社会主义建设的积极性,完成国家交给的建设任务。"文化大革命"结束后,建工局党委领导班子得到调整,带领全局党员和职工进行思想和行动上的拨乱反正,使各项工作逐步走上正轨。从 80 年代开始,按照中央部署,局党委开展整党等各项重大活动,针对改革开放的新形势,领导和推动全局的改革和发展;结合自身实际搞好党内思想、政治、组织、作风建设。集团成立后,建工集团党委探索各级领导班子建设的途径,创新干部队伍建设和人才管理的方法,根据建筑行业的特点加强党的基层组织建设,做好党员发展和管理工作,加强企业精神文明建设和思想政治工作,切实做好统战工作、人民武装和老干部工作,在集团改革、发展、稳定中充分发挥政治核心作用。

第一节 党组织和党代会

一、组织设置

【集团(局)党组织】

1953 年 1 月,中共上海市建筑工程局临时分党委成立,归口中共上海市公用事业委员会。是年 6 月,中共上海市建筑工程局委员会成立(简称建工局党委),归口中共上海市委国营工业部。1956 年 8 月,中共上海市委决定撤销建工局党委,成立局党组,归口中共上海市基本建设委员会。1957 年 5 月,局党组撤销,重新恢复成立局党委。1958 年 3 月,建工局与华东建筑工程局合并,是年 9 月,新的局党委成立。1967 年 1 月,造反组织夺取局党政大权。1970 年 5 月,建工局开始整党建党。1970 年 8 月,建工局党的核心小组成立。是年 12 月,成立局党委。1977 年 4 月,市委调整建工局领导班子,建立新一届的建工局党委。1988 年 3 月,上海市建筑业管理体制改革,建工局党委更名为中共上海市建筑工程管理局委员会(简称建管局党委)。1993 年 11 月,建管局改制,建管局党委更名为中共上海建工(集团)总公司委员会(简称建工集团党委),归口中共上海市建设工作委员会。2004 年 1 月,建工集团党委划归中共上海市国有资产监督管理委员会委员会领导。2010 年 6 月,建工集团党委更名为中共上海建工集团股份有限公司委员会。

【所属企事业单位党组织】

1953 年建工局成立之初,采取局兼公司的组织形式,全局下设党支部 17 个。1954 年,局体制机构调整,局属企事业单位党组织共 10 个,其中 6 家建筑安装企业成立党总支,其他单位建立党支部。1956 年,市建一公司、市建二公司、材料公司党总支升格为党委,形成局党委、直属单位党委(党总支)、党支部和下属基层党支部三级党组织构架。1958 年两局合并后,局属企事业单位增至 17 个,其中 13 家企业设立党委,其他单位设立党总支。1978 年,建工局党委下属党委有 16 个。1988 年,建管局下属党委增至 21 个。1993 年年底,建工集团下属党委为 21 个。1997 年 9 月起,集团将7家建筑公司资产分立,分别设立市建一公司、市建二公司、市建三公司、市建四公司、市建五公司、市建七公司、市建八公司党委和上海建一实业公司、建二实业公司、建三实业公司、建四实业公司、建五实业公司、建七实业公司、建八实业公司党委。2003年,市建一公司与市建三公司和市建四公司与市建八公司合并,建一实业公司与建三实业公司和建四实业公司与建八实业公司合并,同时撤销市建三公司、市建八公司党委及建三实业公司、建八实业公司党委。集团成立后,随着新建企业的增加和企业归并重组,2010年年底,下属二级党委共有31个。

【基层党组织】

工程队(工程处、分公司、项目部、劳务公司)党组织 1954年,局各企事业单位所属的基层单位建立党组织。1964年,局对企业组织体制进行调整和改变,实行公司、工程队两级制,工程队建立党组织。1978年,局对基层单位体制进行调整,工程队建制相应扩大,成立党总支;工程队下设中队,建立党支部。1992年起,施工企业实行管理层和劳务层"两层分开",分别组建项目经理部和内部独立核算的劳务分公司,劳务分公司和项目经理部分别建立党总支、党支部。2010年,共有77个党总支、594个党支部。

合资企业党组织 1988年5月,市建七公司、市建五公司和安装公司党委分别在申港建筑工程公司、上海瑞安建筑工程公司和新晃空调设备有限公司建立党组织,党组织负责人由中(沪)方党员行政领导担任。1994年,建工集团开业的48家合资企业中,29家建立党组织,同步配备党务干部并开展活动。1995年,在有条件的59家合资企业中都建立党组织。之后,合资企业的数量逐步减少。2010年年底,仍在营业的17家合资企业中都建有党支部。

改制企业党组织 90年代末,建工集团对所属第三层次单位进行剥离改制,至1998年10月底,建工集团党委在新成立的115家改制企业中全部建立党组织。

表9-1-1 1978—2010年建工集团(建工局、建管局)基层党组织情况汇总表　　　单位:个

年份	党组织总数	党委	总支部	支部	年份	党组织总数	党委	总支部	支部
1978	669	16	90	563	1991	732	25	92	615
1979	636	16	85	535	1992	701	25	90	586
1980	665	14	88	563	1993	666	21	88	557
1981	647	16	84	547	1994	670	22	93	555
1982	631	16	82	533	1995	661	21	87	553
1983	632	15	82	535	1996	691	23	78	590
1984	631	15	85	531	1997	690	23	77	590
1985	596	15	94	487	1998	677	24	78	575
1986	681	15	97	569	1999	654	26	70	558
1987	687	15	102	570	2000	649	26	68	555
1988	670	21	92	557	2001	653	26	72	555
1989	726	23	94	609	2002	646	26	75	545
1990	720	25	90	605	2003	629	27	77	525

〔续表〕

年份	党组织总数	党委	总支部	支部	年份	党组织总数	党委	总支部	支部
2004	633	34	78	521	2008	658	30	87	541
2005	645	33	72	540	2009	709	32	81	596
2006	642	32	76	534	2010	702	31	77	594
2007	664	31	87	546					

资料来源：建工集团(建工局、建管局)基层党组织年度统计表。

二、工作部门

1953年1月，建工局临时分党委成立时，党委设政治处，下设组织科、宣传科、秘书科。是年6月，局党委成立，党委设政治部，下设组织部、宣传部、办公室。1956年8月，局党委撤销，成立局党组。1957年5月，局党组撤销，重新建立局党委，局党委下设办公室、组织部、宣传部。1958年，建工局和华东工程局合并，增设干部处。1964年2月，局机关增设政治部，党委副书记兼政治部主任，下设办公室、组织处、宣传处、干部处。1967年，造反派夺权，局党委及部门工作受到冲击。1970年，恢复成立局党委，设立办公室、组织组、政宣组。1978年3月恢复设立政治部，下设党委办公室、组织处、宣传处。1980年，政治部撤销，设立党委办公室、组织处、宣传处、人事处。1988年，建管局党委下设党委办公室、干部处(1987年设立)、组织处、宣传处等。1993年上半年，党委决定职能相近的党委和行政工作部门实行合署办公。党委办公室与宣传处合署办公，组织处与干部处、劳动工资处、教育处合署办公。1994年，建工集团党委下设党委办公室、组织处、宣传处。继续实行合署办公，党委办公室与宣传处合署办公，组织处与人事教育处合署办公。2000年，集团总部机构进行调整，党委办公室与宣传处、组织处与人力资源部合署办公。

三、党的代表大会和代表会议

1954年9月30日，中共上海市建工局第一次代表会议召开，78名正式代表和15名列席代表出席大会，10月3日大会闭幕。罗白桦代表局党委总结党委一年来的工作。

1955年3月17日，中共上海市建工局第二次代表会议召开，101名正式代表和24名列席代表出席会议，3月21日大会闭幕。罗白桦代表局党委在会上作《关于1954年工作总结和1955年工作计划与任务》的报告。

1956年5月31日，中共上海市建工局第一次代表大会召开(按照规定与市党代会统一届数)。正式代表192名，列席代表51名出席会议。会议主要议程是：(1)选举出席上海市党的第一次代表大会的正式代表12名和候补代表1名；(2)罗代周代表局党委作《关于继续组织生产高潮，广泛地开展先进生产者运动》的报告；(3)罗白桦作报告，选举党的委员会、党的监察委员会。第三项议程临时改在市党代表大会以后进行，6月1日大会休会。会议期间上海市基本建设党委成立，建工局党委撤销，成立党组，本次党的代表大会未继续进行。

1962年12月26日，中共上海市建工局第二次代表大会召开，215名正式代表和35名列席代表出席会议,12月28日休会。主要议程是:(1)孙良浩代表局党委作工作报告;(2)选举中共上海市建工局委员会,选出委员17名,其中常委5名,书记为孙良浩,副书记为黄明亮。次年3月12日复会,选举产生出席上海市第三届党代会的正式代表6名和候补代表1名。至此,大会闭幕。

1970年12月29日,中共上海市建筑工程局第三次代表大会召开,415名正式代表、102名列席代表出席会议。朱万国作《沿着毛主席的无产阶级建党路线胜利前进》的报告;选举产生15名党委委员,其中常委5人,书记为朱万国,副书记为杨序昭。

1984年6月18日,中共上海市建工局党员代表会议召开,85名代表参加会议。会议选举产生建工局出席中共上海市第五次代表大会正式代表6名,候补代表1名。

1992年10月,中共上海市建筑工程管理局党员代表会议召开,97名党员代表参加会议。会议选举产生建管局出席中共上海市第六次代表大会代表4名。

1997年,由市建设党委召开会议,选举出席中共上海市第七次代表大会代表,建工集团有3名同志当选。

2002年4月3日,中共上海建工(集团)总公司党员代表会议召开,111名党员代表参加会议。会议选举产生建工集团出席中共上海市第八次代表大会代表3名。

2007年4月27日,中共上海建工(集团)总公司党员代表会议召开,129名代表参加会议。会议选举产生建工集团出席中共上海市第九次代表大会代表3名。

2008年6月6日,中共上海建工(集团)总公司第一次代表大会召开,会期1天。175名正式代表、2名特邀代表、32名列席代表出席会议。大会听取和审议蒋志权作的《站在新起点,抓住新机遇,实现新跨越,为建成具有较强国际竞争力的大型建设集团而努力奋斗》的工作报告以及纪委工作报告。大会差额选举产生中共上海建工(集团)总公司第一届委员会和纪律检查委员会。党委委员为7人,蒋志权为党委书记,徐征、范忠伟为副书记;纪委委员7人,郭雪林为纪委书记,邓有义为纪委副书记。

四、党员

1953年建工局成立之初,全局共有职工9 696人,其中党员为279人,党员占职工总数的比例为2.88%。"文化大革命"前夕,全局有职工44 678人,其中党员为6 664人,党员占职工总数的比例为14.92%。1978年,全局有职工78 500人,其中党员为9 320人,党员占职工总数的比例为11.87%。至2010年,全局有在册职工27 716人,其中党员为7 292人,党员占在册职工总数的比例为26.30%。

表9-1-2 1978—2010年建工集团(建工局、建管局)党员情况表　　　　单位:人

年　份	党　员　总　数	女　性	35岁及以下	大学专科及以上学历
1978	9 320	630	2 440	179
1979	8 913	638	2 482	186
1980	9 457	766	2 468	230
1981	9 417	642	2 535	217

〔续表〕

年　份	党员总数	女　性	35岁及以下	大学专科及以上学历
1982	9 359	649	2 502	248
1983	9 263	665	2 412	301
1984	9 843	708	2 705	434
1985	10 571	818	2 871	732
1986	11 322	887	2 822	830
1987	11 603	934	2 675	1 153
1988	11 043	957	2 184	1 434
1989	10 812	984	1 875	1 647
1990	10 508	997	1 692	1 733
1991	10 380	996	1 480	1 878
1992	10 128	1 003	1 351	1 918
1993	9 806	1 025	1 143	1 919
1994	9 721	1 054	1 026	1 933
1995	9 555	1 055	1 065	1 999
1996	9 392	1 033	1 091	2 127
1997	9 226	1 032	1 142	2 243
1998	8 704	935	1 174	2 268
1999	8 349	859	1 139	2 309
2000	8 040	800	1 202	2 389
2001	7 902	786	1 255	2 509
2002	7 745	769	1 327	2 619
2003	7 911	799	1 393	2 869
2004	7 650	852	1 430	3 048
2005	7 033	847	1 429	3 166
2006	6 796	874	1 473	3 287
2007	6 724	906	1 519	3 415
2008	6 549	935	1 633	3 617
2009	7 101	1 098	1 876	4 148
2010	7 292	1 186	2 061	4 424

资料来源：建工集团（建工局、建管局）年度党员统计表。

第二节 思想政治建设

一、党内重大活动

1976年"文化大革命"结束,党中央在全党进行拨乱反正。之后,又在全党开展整党、真理标准的讨论、党的基本路线教育、邓小平南方讲话学习等,以及"三讲"(讲学习、讲政治、讲正气)学习教育活动、"三个代表"重要思想学习教育活动、"保持共产党员先进性"学习教育活动、深入学习实践科学发展观活动、创先争优活动等党内主题教育活动。建工集团(建工局、建管局)的各级党组织根据中央和市委的总体部署要求,精心组织,积极推进,形成良好的活动氛围,基本达到上级党组织的要求。

【拨乱反正】

"文化大革命"中建工局是"重灾区"。1977年4月,市委调整建工局领导班子。在市委的领导下,局党委发动群众开展揭批"四人帮"运动,进行群众性的"三人讲"活动,即人讲党受其害、国受其害、厂受其害、身受其害的深仇大恨,大讲同"江青反革命集团"针锋相对斗争的经历;大讲同"江青反革命集团"斗争的经验和体会。在"三大讲"过程中,联系本系统实际开展清查工作,共列出清查对象53人,对其中29人采取离职审查等组织措施,基本查清与"江青反革命集团"篡党夺权阴谋活动有牵连的人和事。对局属15个单位的党政领导班子进行调整充实。

1978—1980年11月,建工局党委认真做好"文化大革命"中"冤假错"案的复查工作。全局复查总数为1326人(党员数为327人),其中局级以上干部5人、处级干部48人、科级干部130人、一般干部915人、高级知识分子22人、其他知识分子140人、一般党员66人;对70名错划右派人员作了改正。1982年8月—1983年8月,对复查结果又作了一次回顾检查。在列入回顾检查的294个案件(其中1978年复查后维持原处分41件)中,撤销原处分或结论的有212件,占案件数71.67%。

1979年,建工局党委在全局开展"实践是检验真理的唯一标准"讨论,冲破"两个凡是"的框框,进行思想路线上的拨乱反正。1981年8月,建工局党委向局属各单位派出十一届六中全会宣讲员600余人,深入基层,向广大职工宣讲中共中央《关于建国以来党的若干历史问题的决议》,历时4个月,全局职工约50万人次参加听讲。

1982年1月,根据中央《关于在今年内对全体党员普遍进行一次党性、党风、党纪教育和检查评比的决定》以及《关于国营工业企业进行全面整顿的决定》,建工局党委在全局范围内开展以"查财经纪律、查劳动纪律、查关系户和查经营作风入手,整顿党风、整顿企业"为主要内容的"四查两整顿"活动。

1982年7月6日,市委派调查组到建工局调查贯彻市委组织、人事、纪委工作会议的情况,解决在思想路线、政治路线、组织路线上"三个不足"的问题。局党委向市委作出书面汇报,反映建工局的实际情况,总结经验教训,查找存在的主要问题和产生问题的原因,提出改进措施。市委调查组于12月3日结束工作。

【整党】

1978年2月18日,按照中央和市委关于整党工作的部署,建工局党委把市建二公司、基础公司、构配件公司作为全局第一批开展整党整风的单位。经过调查研究、思想整顿、组织整顿3个阶段,至8月初基本结束。局党委在抓好试点工作的基础上,下半年又在3个公司开展整党整风。两批参加整党的党员占全局党员总数的一半左右。在未开展整党的单位,领导班子普遍进行小整风,着重解决领导班子团结、干劲和作风问题。

1983年11月,按照党的十二大的要求和市委部署,建工局整党工作开始。全局174个基层组织(党总支或公司直属党支部,包括局代管的2个单位),分4批进行整党。参加整党的党员共有10 921名,其中正式党员10 347名。整党后,予以进行党员登记的10 203名,缓期登记的104名,不予登记的22名,留党察看6名,各种原因暂未登记的12名;给予组织处分的41名。基本完成中央要求的"统一思想、整顿作风、加强纪律、纯洁组织"的四项任务。整党工作于1987年3月底全部结束。

1988年10月,根据中央组工会议及市委组织部有关精神,建工局展开处置不合格党员工作。至1991年年底,全局95.9%的党员参加民主评议活动,对37名党员分别作出劝其退党、党内除名和开除党籍处理。

【"三讲"学习教育活动】

1998年起,为贯彻中央精神,建工集团党委在全体党员、重点是党员领导干部中开展"讲学习,讲政治,讲正气(简称'三讲')"为主要内容的党性党风教育。集团党委组织有260多名集团和公司两级领导干部参加的"三讲"学习班,历时两个多月。1999—2001年,举办的5期青年干部轮训班中,也把"三讲"主题教育作为思想政治建设的重要内容。根据上海市委安排,作为上海市管国有企业第一批学习教育单位,2001年7月31日,集团党委召开党政领导班子和领导干部"三讲"学习教育活动动员会。市委派出指导检查组进驻集团。经过一个半月的学习教育活动,集团党政班子制定包括29项内容的整改方案。2002年4月,进行整改工作的回查,有8项"即知即改"项目按时完成;14项"调查研究"项目完成阶段性目标;7项列为"建章立制"的项目均已完成。

【"三个代表"重要思想学习教育活动】

2001年11月,市建七公司被建设党委列为建设系统首家"三个代表"(中国共产党始终代表中国先进生产力的发展要求、中国先进文化的前进方向、中国最广大人民的根本利益,简称"三个代表")重要思想学习教育活动试点单位。2002年3月1日,集团面上"三个代表"重要思想学习教育活动开始。学习教育活动的重点是集团总公司、企事业单位领导班子和领导干部。学习教育活动历经理论学习、找准问题、制定整改方案三个环节。4月19日召开学习教育活动总结大会。11月开始,集团党委进行学习教育活动整改情况的自查和抽查。经过检查,"即知即改"项目100%得到落实;"调查研究"和"建章立制"项目90%得到启动并大部分取得不同程度的成果。2003年,所有整改项目得以完成。

【保持共产党员先进性教育活动】

按照党的十五大部署,市委和市国资委党委要求建工集团"保持共产党员先进性教育活动"(简称先进性教育活动)分两批进行,每批半年左右。市委派出督导组进驻集团。2005年1月28日,集团党委召开保持共产党员先进性教育活动动员大会。第一批从2005年1月下旬开始到2005年5月10日前结束。第二批从2005年7月开始到2005年12月结束。共有647个党组织、7 040名党员参加。在历时近一年的先进性教育活动中,集团各级党组织完成学习培训、分析评议、整改提高等3个阶段的工作任务,开展"共产党员保持先进性大讨论"活动及以"高兴、放心、凝聚、覆盖"和"双结对"(与一线支部结对、与困难职工结对)为主要内容的主题实践活动,基本实现"提高党员素质、加强基层组织、服务人民群众、促进各项工作"的目标要求。先进性教育活动结束后,集团党委组织汇编《保持共产党员先进性教育活动材料选编》一书,梳理完善《关于深入开展"双结对"工作的意见》等 20 项制度。

【深入学习实践科学发展观活动】

按照党的十七大部署,根据市委和市国资委党委的要求,2009 年 3 月 19 日,集团党委召开深入学习实践科学发展观活动动员大会。市委派出指导检查组进驻集团。参加这次学习实践活动的有集团总公司及所属 27 家单位,共有 6 209 名党员。在 5 个多月的学习实践活动中,集团党委组织广大党员、特别是党员领导干部深入学习实践科学发展观,开展"解放思想大讨论",在统一认识、转变观念、剖析问题、落实措施上下功夫,在立足当前、着眼长远、围绕发展、突出实践上下功夫,在解决群众困难和群众关心的问题上下功夫,基本达到"党员干部受教育、科学发展上水平、人民群众得实惠"的目标。8 月 31 日,集团党委召开总结大会并组织满意度测评。其间,集团党委编制《深入学习实践科学发展观活动材料汇编》,形成一批调研报告。

【创先争优活动】

按照党的十七大部署,根据市委和市国资委党委的要求,2009 年起历时 3 年,建工集团党委在党的基层组织和党员中开展创先争优活动。党委围绕"转方式、调结构、强基础、促和谐"的主线,通过明确标准、亮出身份、岗位承诺、示范上榜、党建带群建等方式,在集团 780 多个基层党组织、7 000 余名党员开展"岗位行动";在参加世博建设中开展"世博一线行动",发挥基层党组织的战斗堡垒作用和共产党员的先锋模范作用,初步达到"推动科学发展、促进社会和谐、服务人民群众、加强基层组织"的目标。活动中还采取群众评议、党员互评、领导点评等方式激励党员在岗位建功立业。2010 年,集团党委推出 18 个创先争优先进党组织和 41 名优秀共产党员标兵,形成一批基层党建工作成果,先后编辑发行《我在党旗下》《创先争优在建工》《党建品牌实例选》等书籍。

二、思想宣传教育

1978 年后,建工集团(建工局、建管局)党委根据党中央和上海市委的部署,采取多种形式开展"一个中心、两个基本点"(以经济建设为中心,坚持改革开放、坚持四项基本原则)的基本路线教育,注重把中央和市委的要求与本单位的实际结合起来,推动各级领导干部解放思想、转变观念,不断提高锐意改革的意识,统一加快发展的思想认识,带领职工在企业的改革发展中发挥主体作用。

【基本路线教育】

党的十一届三中全会召开后,针对职工中出现的种种思想认识问题,建工局(建管局)党委运用答疑会、算细账等方式,为职工答疑解惑,帮助职工理解党的改革开放政策,同时采取举办轮训班对职工进行系统的政治理论学习教育。

1983 年 12 月,为贯彻中央《国营企业职工思想政治工作纲要(试行)》,建工局党委采用脱产政治轮训的方法,对职工进行系统的爱国主义、集体主义、社会主义、共产主义的思想教育。到 1985 年上半年,全局共轮训青工 2.5 万人,占职工总数的 1/4,占应训青工人数的 98%。从 1985 年下半年开始,全面铺开以 30 至 35 岁职工和班组长为主的全员政治轮训。建工局党委印发《关于进一步开展青工政治轮训的十项规定》,从指导思想、办班形式、师资力量、管理制度等各方面作出具体规定。局组织两期较大规模的师资培训班,形成100多人的专职教师队伍和以科队级干部为主的兼职教师队伍;全局建立固定的轮训基地。青工政治轮训班的教材是上海市委宣传部编写的《青工政治读本》,局党校编写的《建工局职工系统教育教学提要》,各公司在局编大纲的基础上又形成适合本单位特点的授课讲义。到1989年,基本完成青工政治轮训任务。

1987年,党的十三大提出"一个中心、两个基本点"的基本路线。建工局党委采取两级中心组学习和党员干部轮训班等形式开展学习。1989年春夏之交,北京和其他一些城市发生政治风波,党和政府依靠人民,旗帜鲜明地反对风波。建管局党委要求全体职工坚守工作岗位,并按照市委的部署,维持交通秩序、维护社会治安、做好稳定工作。同时举办局、公司两级党委中心组成员参加的十三届四中全会文件学习班,加深对中央采取果断措施的认识,对"一个中心、两个基本点"的理解。从1989年第四季度开始,建管局党委用两个季度的时间,在全局近10万名职工中开展"社会主义好"学习教育活动。学习教育活动重点围绕"什么是社会主义、社会主义制度的优越性、只有社会主义才能救中国、建设社会主义一定要共产党领导"等内容展开。其间还组织文艺界等社会各界人士参观新建的工程,感受社会主义建设的成就和改革开发的成果。1990年6月5日,市建设党委召开"社会主义好"学习教育经验交流会,肯定建管局党委的做法。建管局报告团应邀到市委办公厅等单位作介绍。

【解放思想、转变观念】

1992年,邓小平在南方讲话中提出要抓住当前有利时机,加快改革开放的步伐,集中精力把经济建设搞上去。建管局党委通过专题学习会、党委中心组等方式认真组织各级领导干部学习讲话,推动"思想再解放一点,胆子再大一点,步子再迈大一点"。在学习中,各级领导干部联系企业的实际,提出加快全局和企业改革步伐的思路,为加快实施管理层和劳务层"两层分开"和建筑企业管理体制改革打下基础,也为集团抓住"上海三年大变样"的建设机遇作了思想准备。

1992年,党的十四大确立社会主义市场经济体制的改革目标。建管局党委在组织学习中密切联系建筑业体制改革的实际,加强各级干部的市场意识,不断摆脱计划体制"等、靠、要"思想,参与市场竞争。同时通过收集资料、专题研究等,普及市场经济、现代企业制度等知识,思考和准备改制方案,为建管局机构改革、成立建工集团做好理论和工作准备。

1997年,党的十五大把坚持公有制为主体、多种所有制经济共同发展确定为我国在社会主义初级阶段的基本经济制度,并提出公有制实现形式可以而且应当多样化。建工集团党委将学习和理解此论述作为推动正在进行的第三层次改革的重要思想武器,推动各级领导进一步解放思想,在第三层次改革中探索实行股份制、股份合作制、经营者持股等多种所有制形式,加快集团第三层次改革的步伐。同时,确定建工集团的改革方向是要通过上市的方式实现股份制,保持集团的整体优势。

2000年后,国有企业改革和发展既有很大的机遇,又遇到很多矛盾和问题。中央一再提出要深化国有企业改革。建工集团党委连续多年,通过集团主要领导上党课、举办领导干部研讨会等方式,把增强领导干部搞好国有企业的使命感和责任感作为领导干部思想作风建设的重要课题,不断提高领导干部搞好国有企业的信心和能力。集团党委提出领导干部要把党的事业作为第一职责;把企业的发展作为第一目标;把善解难题作为能力的第一检验;把"靠前指挥"作为推动工作的第一选择;把关心群众作为第一义务;把模范遵守党纪国法作为第一责任。专题学习教育有力推动集团的产业结构、专业结构、地域结构、人员结构的调整,为集团实现股份制、整体上市,保持集团持续健康的发展打下了较好的思想基础。

【主题活动】

从1990年起,建工集团(建管局)党委结合本单位的实际情况,围绕企业的中心工作,以主题教育活动的形式开展群众性的学习教育活动,把提高认识和解决企业改革发展中的突出问题结合起来,和完成重大任务结合起来,调动各方力量,分工协作,统一目标,形成合力。至2010年,先后开展"三比三贡献""为上海大变样作贡献,为集团第二次创业立新功""让人民高兴、使人民放心""学邯钢、严格管理,强素质、提高效益""认清形势、强化责任、科学发展、构建和谐""解放思想、迎接挑战、攻坚克难、再攀高峰""全面参与,当好世博东道主;全员培训,提升素质促发展"等为主题的学习教育活动。通过学习教育活动,使广大职工认清形势,明确任务,凝聚力量,在企业的改革发展中发挥主人翁精神,为企业的发展贡献力量。

表9-1-3 1990—2010年建工集团(建工局、建管局)部分主题教育活动情况表

时间	主题	内容
1990年9月—1992年	"三比三贡献"主题活动	比增产节约,为提高经济效益、走出困境作贡献;比质量安全,为提高综合管理水平作贡献;比思想作风,为提高精神文明水平作贡献
1992—1993年	继续开展"三比三贡献"主题活动	比"三项工作"的落实,为增强企业活力作贡献;比双增双节、质量安全,为提高企业效益作贡献;比思想作风,为提高精神文明水平作贡献
1994年4月	"为上海大变样作贡献,为集团第二次创业立新功"主题活动	全面完成市府确定的实事重点工程;开拓新思路,推出新举措,加快改革步伐;出经验、出典型、出成果,提高精神文明建设的水平
1995年6月	"让人民高兴、使人民放心"主题活动	以孔繁森同志为榜样,用能办大事,会做难事,敢办新事和一心一意办实事的突出政绩造福于民,让人民高兴;用政治强、工作实、作风正、服务好的过硬政风取信于民,使人民放心,争当人民的好公仆
1999年3月	"学邯钢、严格管理,强素质、提高效益"主题活动	通过活动努力培育和发扬知难而进、勇于开拓的精神;艰苦奋斗、勤俭办企业的精神;严格苛求、爱岗敬业的精神。精心塑造风气正、守信誉的经营形象;文明、整洁、有序的工地形象;优质高效、讲求效益的工程形象;业务精湛、行为规范的员工形象
2007年上半年	"认清形势、强化责任、科学发展、构建和谐"主题教育活动	加强各级领导干部队伍建设,贯彻落实科学发展观,促进集团又好又快地发展,各单位结合本单位实际,采取各种形式,在广大干部群众中广泛开展各种形式的形势任务宣传教育活动
2009年3月	"解放思想、迎接挑战、攻坚克难、再攀高峰"主题活动	通过主题活动,在集团内形成积极进取、勇于实践的浓厚氛围,积极应对市场的变化,接受繁重任务的挑战、新市场新环境的挑战和"后世博"的挑战,全面按时保质的实现各项重大建设工程的节点目标,花大力气解决好集团发展中的瓶颈问题,不断攻克重大科技难关,在"三个市场"的拓展上、在提高经济运行的质量上、在人才高地的建设上、在提高企业文化的引领力、渗透力和影响力上,不断创出新的水平
2010年1月	"全面参与,当好世博东道主;全员培训,提升素质促发展"主题教育活动	通过开展"世博先锋行动",激发各级党组织和党员建设世博、参与世博、奉献世博的使命感、光荣感和责任感,以一流的工作质量、振奋的精神状态、和谐的企业环境、文明的行为举止,全面推动集团各方面工作上水平,为举办一次成功、精彩、难忘的世博会作出应有的贡献

资料来源:建工集团(建工局、建管局)主题活动总结材料。

三、思想政治工作研究

【思想政治工作研究会】

1984年8月，上海市建工局职工思想政治工作研究会成立。此后，局属各单位先后成立思想政治工作研究会和研究小组，形成三级职工思想政治工作研究网。局职工思想政治工作研究会被批准为上海市职工思想政治工作研究会和上海市建设系统职工思想政治工作研究会团体会员。研究会定期召开理事会和年会，总结年度工作，确定研究重点，交流工作经验，发布研究成果，组织论文答辩，表彰先进集体和个人，颁发优秀论文奖。研究会还成立课题组，组织专题研讨，举办系列讲座，进行专题调研，开展征文活动，推荐优秀论文，推广研究成果，编辑专集资料，出版会刊《探索》杂志。

1988年，上海市建工局职工思想政治工作研究会（简称政研会）更名为上海市建筑工程管理局职工思想政治工作研究会；1994年，更名为上海建工集团思想政治工作研究会。建工局政研会先后荣获1984—1985年度上海建设系统职工思想政治工作研究会工作奖，1987年度中国职工思想政治工作研究会工作奖，1987年度建设部优秀研究会、全国建筑职工思想政治工作优秀研究会、上海市建设系统优秀研究会、全国优秀思想政治工作研究会。1991年9月，建管局政研会被评为全国建筑系统优秀研究会。1994年，建工集团政研会被评为上海市建设系统优秀研究会；2010年7月，获上海市思想政治工作研究会工作奖。

【会刊】

1985年3月10日，建工局职工思想政治工作研究会会刊《探索》第一期出版。《探索》每年不定期出版2~3期；每期一般48页，如有需要则增加篇幅。截至2010年，《探索》共出版65期，有1 200余篇论文、调研报告等各类文章在刊物上发表，总计510余万字。根据不同时期的实际需要，《探索》设置党的建设、文明单位建设、企业文化建设、职业道德建设、人才开发、保密工作、企业改革、企业形象、窗口建设、科技兴业、民主管理、工会工作、班组建设、青年工作、廉政建设、综合治理及学习交流、工作交流、调查研究、论文选登、专题研讨、研究会动态和人物风采、文化时空、通讯、简讯等栏目。集团广大政工干部通过这一平台，撰写文章，发表观点，探讨问题，交流经验，在理论素养方面得到锻炼，思想政治工作专业水平得到提高。《探索》中不少文章经过修改提炼，在省市级乃至全国的专业刊物上发表，有的还获了奖。不少同志被评为集团、省市或全国思想政治工作研究会优秀工作者。

第三节　领导干部管理

根据党中央及上级党委的要求，建工集团（建工局、建管局）党委坚持领导班子自身的思想、政治、作风建设，形成尽职负责、互相补台、唱好"一台戏"、守规矩、以身作则的良好氛围。同时，创新所属单位领导干部选拔、培养、考核方法，健全领导干部队伍的管理，推进领导班子建设和领导干部整体素质的提升。

一、整顿调整

在1977年的清查运动和1978年2月开展的整党整风运动中，建工局党委对全局工程队以上

135个领导班子全面进行整顿,重新任命159名处级干部、1 105名科级干部和32名总工程师、主任工程师。同时,局党委认真落实老干部政策,使一批在"文化大革命"中受迫害的老干部重新工作;处置一批"三种人"(指"文化大革命"中造反起家的人、帮派思想严重的人、打砸抢分子)、"双突"(突击入党、突出提干)等对象;选拔一批在清查和整党整风工作中涌现出的优秀干部。

1982年下半年起,局党委按照党中央培养选拔干部要坚持"革命化、年轻化、知识化、专业化"(简称"四化")的精神,逐步调整配备局属单位的领导班子。至1984年年底,全局各公司、厂和院、校、所的领导班子调整完毕。调整后,局党政领导班子平均年龄50.7岁,比原来降低11岁;高中以上学历占62.5%。各单位领导班子平均年龄44.8岁,比原来降低9岁;高中以上学历占72.7%,其中大专以上占36.4%。

二、培养使用

1981年12月,根据中央精神和市委部署,建工局党委成立中青年干部情况调查组,采取群众推荐与组织考察相结合的方法,确定公司级干部后备对象23人,科队级144人。此外,各公司确定一批后备干部名单。1982年1月,根据"四化"要求,局党委制定《培养选拔中青年干部的规划》,明确选拔中青年干部的任务和具体目标。1983年4月,结合企业整顿、领导班子调整等工作,局党委派出两批调查组,重点解决路子、班子、苗子问题,提出凡是领导班子调整好的单位,都要建立后备干部队伍。1984年,通过逐级民主推荐,局党委推荐局级后备干部12名,确定处级后备干部155名,其中党员106名,占总数的68%;具有大专以上文化程度的91人(含在读人数),占总数的58.7%;40岁以下的13人,30岁以下的107人。在选拔过程中,局党委明确,对"第三梯队"(后备干部)要做到"五定",即定向培养、定人帮教、定岗考察、定责考核、定期分析。1981—1984年,建工局党委先后举办4期中青年干部培训班,参加学习的中青年干部有404人。1983年,输送131名年轻干部到华东师范大学、同济大学、复旦大学、上海财经学院、建工学校等院校脱产进修大中专学历。1983—1990年,建工局、建管局党委陆续选拔一批优秀中青年干部担任局和直属单位的领导职务,以及担任局机关部门负责人。

1990年7月,建管局党委召开培养中青年知识分子工作会议,要求各单位按照"四化"标准和"德才兼备"原则,大胆选拔1982年以后参加工作、35岁以下的全日制大中专毕业生(简称"8235"),使其尽快进入各级领导班子或担任"三总师"(总工程师、总会计师、总经济师)助理以上职务;要求各单位正职后备干部按照1∶2、副职1∶1.5比例配置,近期能进领导班子的不少于1/3、主体为35~45岁的优秀干部。之后,由局党委主要领导带队,逐个单位听取培养使用优秀中青年干部工作的汇报,并进行深化分析。1995年4月,建工集团党委印发《关于抓紧做好培养选拔优秀青年干部的工作意见》,提出经过3年的努力,使集团内各单位领导班子(包括三总师正副职)的年龄层次达到35岁以下占25%、36~49岁的占50%、50岁以上的占25%的梯次结构目标;各单位"三总师"助理以上领导岗位中,35岁以下的优秀青年干部不低于5名,确保当年(1995年)有不少于50名优秀青年干部进入"三总师"助理以上领导岗位。从1996年开始,集团党委对后备干部队伍实行动态管理,在考察分析的基础上,每两年进行一轮调整充实;每轮都确定"硬性"目标,设计培养线路,列出选拔重点。2000年,集团党委提出选拔70年代出生、90年代毕业的大学本科及以上学历的优秀青年人才(简称"7090")进两级后备干部队伍。2007年5月,集团召开第一次人才工作会议,要求确保至2008年上半年各单位领导班子配备一名1970年以后出生的优秀青年干部。2010年,集团召开第二次人才工作会议,提出"60后人才使用好、70后人才选拔培养好、80后人才要关注好、老同志的作用发挥好"的总体要求;文化结构上确保全日制本科以上学历人数占到班子总人数的50%以上,年龄结构上以1960年后半期和1970年以后出生的人员为主,1970年以后出生人员的比例要翻一番。2010年,集团管理的312名现职领导干部中,1960年以后出生的172人,占总数的54.4%;1970年以后出生的有45人,占总数的14.4%。集团所属17家企业35名党政主要领导中,1960年以后出生的有20人。在后备领导干部中,集团后备干部10人,各单位副职领导后备干部146人。其中,60年代出生的60名,70年代出生的79名,80年代出生的5名;大学及以上学历的135名,大专学历的11名;高级专业技术职务任职资格人员63名,中级专业技术职务任职资格人员75名。

1994年起,集团党委每年举办1~2期以青年后备干部为主体的青年干部轮训班,突出世界观、人生观、价值观教育和领导艺术、综合能力培养,至2010年共开办26期,共有近1 200名青年干部参加轮训。同时,坚持以重点工程为培养主渠道,累计有万余名优秀青年经历各类工程项目的磨炼;按照"缺啥补啥"原则,千余优秀青年干部通过见习制、助理制、轮岗、挂职和师徒带教等形式接受锻炼;百余名优秀业务骨干或到海外学习考察,或到高校深造,或到集团在海外或外省市的重要岗位任职。

三、干部任用

从建工局成立到"文化大革命"之前,建工局行政干部采用的是任命制,党群干部的任用有选举制和任命制两种形式。"文化大革命"结束后至80年代初,干部选拔大多采取组织配置方式,以任命制为主。副处级以上干部由市建设党委任命;科级、副科级干部由建工局党委任命。1984年3月,根据全国组织工作座谈会"管少、管活、管好"的精神,市建设党委把正副处级干部的管理权限下放到建工局党委,建工局党委印发《关于局管干部的管理办法》;而后,在市建二公司等单位试点的基础上,把正、副科级干部的管理权限下放到各直属企事业单位党委。

1994年建工集团成立后,在对所属企业进行公司制改造的同时,建立由董事会、监事会和经理层组成的法人治理结构。企业董事会、监事会成员采取委派制。1998年,在咨询监理公司、桥隧筑港公司、建工房产和技术中心等4家集团直属单位经营者(管理者)试行竞聘上岗。1999年上半年,市建五公司、材料公司等单位的主要经营者和经营者群体的选用采取集团内公开招聘、竞聘上岗的办法。经过多次实践,各单位经营管理班子成员的选用基本形成竞聘或选聘的机制,即经过竞聘或选聘后,经集团党委讨论同意、由相关企业董事会聘任并明确聘期。2010年6月,根据市委组织部、市国资委党委等印发的《关于市管国有企业董事会选聘经理班子副职成员的实施细则(试行)的通知》精神,集团党委先后在集团总工程师、总会计师和总裁助理等岗位的选用中,实施民主推荐、考察评议、公开答辩等程序,选聘结果经上级党委预审同意后,由集团董事会聘任并明确聘期。

党组织和工会、团组织的领导成员按照换届程序,采取选举方法产生。

四、考核评价

【年度考核】

从1984年二季度开始,根据建工局印发的《企业领导干部集体经济责任制试行办法》的要求,连续4年由局党政分别实施对企业领导干部集体经济责任制的百分制的考核工作,考核范围覆盖到企事业单位党政群领导班子所有成员,考核结果与领导班子的薪酬直接挂钩。

1989年2月,建管局印发对各单位企业厂长(经理)任期目标责任制考核奖惩办法。办法规定,按照经过局审批同意的任期总目标和年度阶段目标,按实施执行结果和职工代表大会提出的建议对相关人员进行奖惩。厂长(经理)的考核结果与薪酬挂钩,党组织书记的考核与厂长(经理)同奖同罚,企业副职的奖罚由企业执行确定。还规定,根据职工代表大会民主评议提出的建议,凡任期内全面实现任期目标并有显著工作实绩的,除年度奖励外,分别给予表扬、记功、晋级及嘉奖等奖励。该办法一直执行到1994年。

1995年起,集团党政对所属企业主要经营者建立年度责任状考核制度,企业主要经营者包括各单位董事长、总经理(总裁)和党组织书记。每年年初,集团通过与各企业主要经营者签订"生产经营管理责任状",确立当年经济指标、管理目标、精神文明建设及年度重要工作等方面的目标任务;年底按照责任状对各企业主要经营者进行责任考核并兑现奖惩。考核的具体目标每年有所调整,该办法一直执行至2010年。

2000年后,集团相继建立各单位党政主要领导向集团党政班子述职的制度。其中2003年开始,各企业总经理向集团总经理述职并接受考评;2008年,建立各单位党委书记向集团党委书面报告工作制度、各子公司董事长向集团董事会述职制度。2005年12月,建立各企业监事会月报及经济监督和党建督察工作半年专项评估报告制度。

【考察和考核】

1988年,为适应推进"三个条例"的要求,建管局党委对全局28家企事业单位领导班子普遍进行考核。在考核中,对在职干部注重实绩考核;对拟选拔的干部,坚持德才兼备的原则。经过考核,基本掌握这些单位领导班子的思想和工作状况,起到了激励和监督干部尽职尽责的积极作用。

1989年春夏之交北京风波发生后,是年8—10月,建管局党委组织力量对局机关部门33名负责人、局属23家单位127名领导班子成员思想、政治、工作情况及在政治风波中的表现进行考察,并形成每人的考察报告,作为干部提拔使用的重要依据。

1997年,为贯彻中央组织部、国家经贸委、人事部、全国总工会《关于加强国有企业领导班子考核建设工作的通知》精神,建工集团党委组织对所属的15家单位的领导班子和129名领导干部的考核工作每家单位考核时由集团党委领导带队、相关部门共同参与,通过民主测评、经济审计、资产评估、座谈访谈、总结反馈,形成由党委统一领导,组织部门牵头,纪委、工会和审计监察、资产财务等部门共同实施的"五位一体"考核运行机制。

第四节　基层党组织建设

一、党内民主建设

1978年2—8月,构配件公司、市建二公司、基础公司3家单位在开展整党整风的基础上,分别召开党代会或党员大会,选举产生党委、党总支、党支部三级组织。之后,局属其他单位陆续进行基层党组织的换届改选工作。1993年8月,建管局党委要求所属企业党委按《党章》规定,建立党员代表大会制度,市建五公司、市建七公司和材料公司党委等建立这项制度。1996年11月,根据《党章》和《中国共产党基层组织选举工作暂行条例》等有关精神,建工集团党委印发《基层党员大会和党员代表大会制度》的文件,从党员大会和党员代表大会的期限、大会内容和主要职能、代表的产生等方面作出具体规定。1999年10月,集团转发市建设党委《关于按照择优原则,确定企业党组织领导成员候选人的若干试行意见》,把按照择优原则确定企业党组织领导成员候选人作为企业领导干部制度改革的配套措施之一。集团所属企业党委和纪委领导成员的程序为:由党员根据公示的条件提名,或由党员自荐;在集中多数党员提名的基础上,对候选人初步人选进行考察,并根据班子结构和差额选举职数确定候选人;在党代会上由候选人进行表态性发言,后经差额选举产生。

1995年11月,集团党委制定《党委议事制度》等文件,按照党章规定的基层党组织工作任务,确定党委议事的范围、主要形式、一般程序和决策实施的具体要求,规范集团各级党组织参与企业"三重一大"等决策的程序和途径。2006年3月,集团党委印发《关于进一步推进基层党组织民主建设的若干意见》,就完善基层党组织按期换届改选制度、逐步推进党代会的代表常任制、落实党员大会和党员代表的报告工作制度、建立和健全党组织与群众联系制度等作出规定。市建五公司、市建七公司等党委实行党代会代表任期制、基础公司等党委建立党员议事会制度,保证党内重大事项让党员先知道、先议论、先行动,发挥党组织和党员在推动企业改革发展和党建工作中的主体作用。不少基层党组织还将党内重大事项通过各种途径向职工代表、党外人士通报,增强党内生活的透明度。

2009年7月,集团党委印发《关于推进集团所属党组织采取"公推直选"方法进行换届选举工作的指导意见(试行)》(简称《意见》)。根据《意见》,集团所属各级基层党组织实施"公推直选",即由党员推荐、群众推荐与上级党组织推荐、个人自荐等相结合确定候选人预备人选,而后进行组织考察和预审、对候选人预备人选进行张榜公示,在各单位召开的全体党员大会或党员代表大会上,由每位候选人作表态性发言,并接受和回答党员或党员代表的提问,最后以无记名差额投票的方式,直接选举书记、副书记、委员。

图9-1-1 党组织实行党务公开

图9-1-2 党代会上差额选举党委、纪委成员

二、党建责任制

70—80年代,建工局、建管局党委通过建立《基层政治工作条例》《政治教导员工作条例》《政治指导员工作条例》和《党支部工作条例》等制度落实党建工作责任制。1995年年初,建工集团党委对项目党支部进行分类指导,重点抓好100余个项目体(包括项目经营部)党支部建设。1995年8月,集团党委印发《上海建工(集团)总公司党委关于加强党的建设三年(1995—1997年)规划》,配

套印发《上海建工(集团)总公司落实党建三年规划责任制》,在理论学习、班子建设、民主集中制建设、党风廉政建设和基层党组织建设等方面确定责任制目标,明确责任事项、目标要求、完成时间以及责任人和责任部门。1997年年初,在第三次层次改革中,集团党委重点抓住31家具有一定规模的改制企业党建工作的跟踪和指导,消灭党建工作"空白点"。各单位党组织本着"谁控股、谁负责"的原则,加强分类指导和分层管理,落实工作全覆盖。

1998年10月,集团党委印发《上海建工(集团)总公司党委1998—2000年党的建设三年规划》,提出巩固"全党抓党建"的新格局,进一步深入推进"凝聚力工程"建设,着力落实制度、完善机制;加强和改进改制企业及其他新经济组织开展党建工作的方法、内容和途径,逐步形成适合不同企业特点的党建工作新机制;重视加强困难企业和亏损企业的党建工作,增强党组织的战斗力和凝聚力。

三、项目党建工作

80年代末,建筑企业推行项目管理。为适应实行项目管理后管理体制的变化,1991年8月,继市建三公司南浦大桥工地成立第一个项目党支部后,建管局党委提出"党支部建在项目上"的工作原则,要求有条件的项目独立建立党组织,配备专兼职党务干部;规模小、工期较短的项目,建立联合党支部。2000年全集团建立141个项目党支部,2010年,全集团有项目党支部256个。项目党支部承担思想动员、培养人才、开展思想政治工作等职能,并与业主、设计、监理及地区居委、警署等建立共建联建机制。

图9-1-3 项目党组织举行"文化、科技进工地"活动　　图9-1-4 党建指导员向职工家属介绍工程情况

2000年,为适应由集团总公司总承包、集团所属企业参建的特大型工程党建工作,建工集团党委向卢浦大桥项目派出第一个党建工作指导员。2005年集团党委制定《重大工程项目党建工作指导员工作条例》,2009年制定《重大工程项目党建工作指导员工作细则》和《工程项目共建联建活动管理办法》。在重大工程建设中,党建指导员和项目总承包经理一起,行使"指导、协调、依托、服务"的职能,把施工生产的难点作为党建工作的重点,围绕"保施工、保节点、保和谐、保竣工"和"出成果、出效益、出人才、出精神"的目标展开各项党建和思想政治工作。到2010年,集团党委先后向磁浮列车示范线、铁路上海南站、虹桥综合交通枢纽、外滩综合改造工程、世博园区和轨道交通等近20个重大工程委派党建工作指导员。2009年10月,建工集团党委在上海中心大厦项目组建首家联合党委,把总承包单位、专业分包单位、劳务派出单位等党组织的力量整合起来开展工作。之后,在中

国金融信息中心大厦组建联合党委;2010年世博会期间,在集团世博工程建设指挥部组建浦东、浦西两个临时党委。

为做好外埠和境外工程项目的党建和思想政治工作,2005年,建工集团党委制定《关于外埠工程项目党建和思想政治工作管理办法》和《关于国(境)外工程项目党建和思想政治工作管理办法》等制度。在外省市和海外项目都建立党支部。2010年印发《外埠区域性联合党委管理办法》并在京津、辽沈地区等地成立联合党委。

项目党建成为建工集团党建工作的一大特色,多次在全市有关会议上作介绍。

四、先进评比表彰

【党支部升级达标】

1988年,市建三公司、市建五公司组织开展"争创红旗党支部"竞赛活动。1990年4月,建管局党委在全局范围内开展"争创红旗党支部"竞赛活动,从党支部的班子建设、党员管理、发展工作、党员作用、群众工作五个方面提出"红旗党支部"标准。"红旗党支部"按照A、B、C、D四类进行认定,A类即认定为"红旗党支部",B类属达标党支部。当年全局582个党支部中有439个党支部参赛,参赛面达75.42%;认定74个"红旗党支部",占参赛支部总数的16.85%。1991年,全局579个基层党支部中有近500个党支部参赛,认定114个"红旗党支部",另有384个党支部达标。1992年开始,作为常规性工作,局党委组织处每年通过检查认定"红旗党支部"。1995年,针对项目部、劳务公司、新办经济实体、三资企业的党组织所面临的不同情况和工作对象,对红旗党支部竞赛进行分类指导,继续提高A、B类党支部的建成率和达标率,当年共有514家单位的党组织达到A、B类党支部标准,有154家单位的党组织被认定为"红旗党支部",分别占集团所属的604个党支部(党总支)的85%和25%。1997年共有571家单位的党组织达到A、B类党支部标准,有261家单位的党组织被认定为"红旗党支部"。2006年3月,集团党委制定《关于开展红旗党组织认定工作的实施意见》,进一步规范认定的范围、时间、考核内容、认定方法等。2010年年底,达到A、B类党支部(总支)标准的有588个,达标率为81.55%;其中被认定为"红旗党支部"的有210个,占集团所属721个党支部(党总支)的29.13%。

【党内先进评选】

1980年,建工局党委开展"争做优秀共产党员"活动,1981年4月,全局评出"优秀共产党员"270名。之后,党委组织"优秀党员先进事迹宣讲团",深入基层巡回宣讲19场。1982年,建工局党委印发《关于评选1981年度先进党支部(党总支)和优秀党员的通知》,规定评选条件、评选方法、评选比例等。1985年6月,在建党64周年前夕,经全局各级党组织和广大党员的层层评选,共评出28个先进党总支(支部)和179名优秀党员,6月29日,局党委隆重举行表彰大会,向先进党总支(支部)、优秀党员颁发荣誉奖状和证书,会上介绍7名优秀党员的先进事迹,报告团还到各单位巡回宣讲。

1988年起,在评选年度先进党组织、优秀党员的基础上,又增加评选优秀党务干部,统一简称为"两优一先"评选活动。1992年起,"优秀党务干部"名称改为"优秀党务工作者"。

1995年11月,建工集团党委制定《党内争优创先活动制度》,确定评选内容、评选条件、评选方法等,在坚持争创"两优一先"的同时,把在"让人民高兴,使人民放心""争当敬业创业的先锋,争当关心群众的模范"等主题活动中评选的"关心群众的好党员"和"政绩突出、政风过硬的好干部"列入评选范围。2006年3月,集团党委印发《基层党组织"争优创先"评选工作制度》,进一步规范评选内容、评选条件、评选方法等,将"政绩突出、政风过硬的好干部"改为"业绩突出、作风过硬的好干部"。每年"七一"前集团党委集中组织党内先进的评比和宣传表彰活动。

表9-1-4 1980—1987年建工局先进党组织、优秀党员情况表

年 份	先进党组织(单位:个)	优秀党员(单位:名)
1980	—	270
1981	16	398
1982	19	159
1983	20	154
1984	28	179
1985	33	218
1986	39	240
1987	40	223
合 计	195	1 841

资料来源:建工局先进组织、优秀党员统计表。

表9-1-5 1988—1993年建管局"两优一先"情况表

年 份	先进党组织(单位:个)	优秀党员(单位:名)	优秀党务工作者(单位:名)
1988	38	215	69
1989	38	221	—
1990	39	208	64
1991	40	208	67
1992	36	204	65
1993	41	199	67
合 计	232	1 255	332

资料来源:建管局"两优一先"统计表。

表9-1-6 1994—2010年建工集团"两优一先两好"情况表

年 份	先进党组织(单位:个)	优秀党员(单位:名)	优秀党务工作者(单位:名)	关心群众的好党员(单位:名)	业绩突出、作风过硬的好干部(单位:名)
1994	40	198	63	12	12
1995	38	195	65	54	45
1996	51	199	61	57	52
1997	53	188	63	54	49
1998	50	181	66	52	49
1999	50	176	61	51	48

〔续表〕

年 份	先进党组织（单位：个）	优秀党员（单位：名）	优秀党务工作者（单位：名）	关心群众的好党员（单位：名）	业绩突出、作风过硬的好干部（单位：名）
2000	50	178	60	55	52
2001	49	170	63	56	55
2002	54	175	62	58	56
2003	50	159	56	60	56
2004	53	158	64	65	63
2005	46	137	56	57	57
2006	51	146	63	62	58
2007	53	138	59	61	60
2008	59	152	64	65	65
2009	56	148	63	66	64
2010	58	184	61	69	69
合计	861	2 882	1 050	954	910

资料来源：建工集团"两优一先"统计表。

2008—2010年，市建一公司党委、市建四公司党委先后被命名为上海市国资委系统"基层党建示范基地"，安装公司第五分公司等6家基层党组织被命名为上海市国资委系统"党支部建设示范点"。

图9-1-5 重点工程现场举行新党员入党宣誓

图9-1-6 创先争优活动中树立先进典型

第五节　党员队伍建设

一、发展党员工作

1978—1982年，建工局党委主要在组织上开展清查和处理突击提干、突击入党等工作，发展党员数量较少，其中，1978年1人，1979年110人，1980年81人，1981年102人，1982年118人，5年总共发展党员412人。

1983—1992年间，建工局（建管局）党委根据"知识分子入党难"和生产一线空白班组（指一个作业班组中党员数量为零)较多的实际情况,重点在知识分子和生产一线职工中发展党员。10年共发展党员3 931人。

表9-1-7 1983—1992年建工局(建管局)发展知识分子入党情况表　　　　　单位:人

年　份	发展总数	高级职称	大专以上
1983	183	2	30
1984	591	5	74
1985	776	0	138
1986	600	0	87
1987	562	0	96
1988	273	1	46
1989	142	1	24
1990	165	2	22
1991	267	1	38
1992	372	1	88
合　计	3 931	13	643

资料来源:建工局(建管局)组织处年底总结材料。

1993年,建管局党委把"一线、一流、青年"为发展党员工作的重点。集团改制后,集团党委制定《建工集团关于推荐优秀团员青年作党的发展对象工作的实施细则》等文件,强化党团组织"推优"力度,涌现出一批党章学习小组。1995年8月,集团党委印发《关于加强党的建设三年(1995—1997年)规划》。至1997年,青年中的党员比例提高近两个百分点,无党员空白班组率下降6个百分点,"一线"发展党员数占到发展总数的72%以上。1998年10月,集团党委印发《上海建工(集团)总公司(1998—2000年)党的建设三年规划》,使青年党员、生产一线党员和具有高中级技术职称的党员比例有所上升,企业无党员班组数明显下降。

表9-1-8 1993—2001年建工集团(建管局)党员发展情况汇总表　　　　　单位:人

年　份	发展总数	其　中			
		35岁及以下	生产一线	高级职称	大专以上
1993	349	126	135	1	70
1994	291	103	61	1	68
1995	307	140	148	3	90
1996	357	185	95	9	127
1997	346	181	106	6	123
1998	270	145	221	1	77

〔续表〕

年 份	发展总数	其　　中			
		35岁及以下	生产一线	高级职称	大专以上
1999	240	114	209	6	96
2000	224	134	190	3	92
2001	188	115	173	5	91
合　计	2 572	1 243	1 338	35	834

资料来源：建工集团发展党员年度报告。

2002年1月，建工集团党委制定《上海建工（集团）总公司发展党员质量保证体系（试行）》文件，包括总则、保证措施、工作责任、责任追究等，共计20条，进一步规范"推优"工作程序，建立教育培训制度、发展党员工作考察分析制度、发展对象预审制度、发展党员公示制度、投票表决制度等。

表9-1-9　2002—2010年建工集团党员发展情况汇总表　　　　单位：人

年 份	发展总数	其　　中					
		35岁及以下	生产一线	高级职称	研究生	大学本科	大学专科
2002	186	137	165	5	0	44	56
2003	188	123	174	8	0	52	59
2004	176	115	149	6	0	61	47
2005	194	131	156	7	2	50	69
2006	201	129	171	7	1	70	57
2007	212	139	181	5	2	78	71
2008	222	145	195	5	1	80	68
2009	228	160	210	4	2	98	69
2010	234	165	207	4	6	90	74
合　计	1 841	1 244	1 608	51	14	623	570

资料来源：建工集团发展党员年度报告。

二、党员教育和党内活动

【党员日常教育】

党的十一届三中全会以后，建工集团（建工局、建管局）党委运用党员干部大会、党员干部轮训、中心组学习等多种形式，对党的干部进行党的路线方针政策、党的基本理论、党风党纪等方面的教育，不断提高党员干部的思想政治素质和业务工作能力。1982年，围绕整党整风工作和贯彻党的路线方针政策，建工局党委组织力量，把全局科队以上党员干部轮训一遍。从1992年起，建管局

（建工集团）党委每年组织对局（集团）管理的干部进行轮训，至2010年，共计有4300余人次的领导干部参加轮训。从2000年起，建工集团党委每隔2~3年举办一次党支部书记轮训，提高基层党支部书记的政治理论水平和实务操作能力，到2010年，共举办了3轮，共计培训1750余人次。

1981—2010年，建工集团（建工局、建管局）党委每年都采取集中与分散相结合的方法，通过上党课、举办专题报告会、召开专题组织生活会等形式，运用电化教育、网络等现代信息化手段，开展党员的日常教育，累计培训党员16万多人次。开展保持共产党员先进性教育活动后，集团党委印发《关于进一步加强党员教育工作的若干意见》，规范党课教育、集中轮训、专题组织生活会等方面的要求。坚持党员领导干部带头上党课，集团党委每年集中一次由党委书记主讲的党课报告；规定领导干部每年集中一次轮训，党员一般每3年集中一次轮训，支部书记每2~3年集中组织一次岗位培训，入党积极分子和预备党员在入党或转正前进党校的培训。

【党员责任区】

80年代末，建管局下属企业的党组织开展党员责任区活动。1995年，建工集团党委制订《关于加强党的建设三年（1995—1997年）规划》，把党员责任区、岗位创优等活动作为党员立足本职、带动职工群众完成各项目标任务的重要载体。在重点工程和实事项目中，党员发挥"一个党员一面旗"的作用，丰富企业党建和思想政治工作的内涵。在2008年世博园区及配套工程建设中，围绕"世博先锋行动"，集团广泛开展"党员岗位行动、志愿者行动、家园行动"，有6887名党员在世博行动网上实名登录，并进行发挥先锋模范作用的承诺。在世博会工程建设中涌现出一批党员吃苦在前、享受在后，忘我工作的生动事例。世博会结束时，集团党委推选出20个"世博先锋行动"先进党组织和200名"世博先锋行动"优秀共产党员。在2010年全党组织开展的创先争优活动中，集团党委把党员承诺、践诺和支部点评党员、党员评议支部纳入常态化管理。

【"凝聚力工程"】

1995年4月，根据上海市委关于基层党组织开展"凝聚力工程"建设的精神，建工集团党委印发《关于推进建设"凝聚力工程"的工作意见》，明确集团"凝聚力工程"建设总体要求是以企业发展目标为主要导向、以工程建设为主要舞台、以关心人为核心、以积极创造条件解决职工不同层次的需求为主要方法。集团党委抓住上海市试点单位——市建一公司和集团内38家先行单位作为示范引领，定期组织工作交流，形成具有行业特色、企业特点的开展"凝聚力工程"的工作路子。集团党委编印《建设"凝聚力工程"成果汇编》，收集关心群众的事例，了解人、关心人、凝聚人的基本工作制度，党建工作的成果和深化改革推进企业发展典型案例。

【帮困结对】

2000年2月，建设党委下拨1万元党费，集团党委拨出2万元党费，对82名生活困难的党员进行慰问。之后，每年春节和"七一"前，集团各级党组织对生活困难的党员开展"送温暖"活动，至2010年，累计拨出党费65万元，1600多人次的党员受益。

2007年，在市委组织部的牵头下，市建一公司、市建四公司、市建七公司、安装公司分别与崇明、青浦、奉贤等经济薄弱村及所在党组织开展结对帮扶工作。2010年，第二轮"结对帮扶"工作中，市建二公司、市建五公司、机施公司、材料公司、构件公司、装饰公司、园林集团等7家单位与上海市郊的经济薄弱村建立帮扶关系。结对帮扶中，除了设立新农村建设专项基金，完成建桥筑路、盖楼助贫等民生工程外,还进行了一系列党建共建活动。

第六节　统 战 工 作

1978年党的十一届三中全会以后到1986年,建工局党委根据上级党委和统战部门的要求,主要是落实政策工作,包括清理知识分子、归侨、侨眷的档案,为45名起义投诚人员发放证书,帮助解决统战对象(知识分子、民主党派人士、无党派人士、工商联成员、归侨侨眷、起义投诚人员、少数民族人员等)生活困难问题等。1987年后,建工集团(建工局、建管局)党委统战工作的重点主要是为改革开放服务、为统一祖国服务。通过开展形势教育、组织参观重大工程项目、召开统战对象座谈会等形式,团结统战对象,调动各方面人士的积极性。同时,支持各民主党派组织加强自身建设。

一、基层民主党派组织

50—60年代,九三学社、中国民主建国会先后在建工局建立基层组织,"文化大革命"中停止活动。1979年后中国民主建国会、九三学社先后恢复建立基层组织,其他民主党派在建工系统发展成员。1990年,全局共有民主党派成员107人,其中,中国民主建国会(简称"民建")有42人,九三学社23人,中国民主同盟(简称"民盟")17人,中国国民党革命委员会(简称"民革")13人,中国致公党(简称"致公党")5人,中国农工民主党(简称"农工党")5人,中国民主促进会(简称"民进")1人,台湾民主自治同盟(简称"台盟")1人。2010年,建工集团有民建建工建材工作委员会、九三学社市政设计总院支部、九三学社建工建材工作委员会等三个基层组织;共有民建、九三学社、民革、民盟、致公党、农工党等成员150余名。

【中国民主建国会】

1960年9月,民建建工局小组成立。1979年,成立民建上海建工局建材局小组;1981年3月,建立民建上海建工局建材局支部。1989年8月,由建管局、建材局等4家单位联合组建成立民建上海建工局建材局工作委员会,后改名为民建上海建工建材系统工作委员会。工委会组建时,建管局有民建成员72名,在局属机施公司、安装公司、基础公司、华建厂等单位设有独立支部,另与建材局民建成员联合组成综合支部。2001年12月,民建上海建工建材系统工作委员会与民建上海市交通系统工作委员会合并,成立民建上海市建设工作委员会。2011年,该委员会建制调整,成立上海建工(集团)总公司总支部。民建机施支部的顾国强为第十届上海市政协委员、黄慧娟为上海市第十三届人大代表,安装支部王红顺为第十二届上海市政协委员。

【九三学社】

50年代中期,九三学社在建工局建立基层组织。2002年2月,九三学社建工建材支社成立,下属3个支部,共有社员29人。2010年,有社员46人。其中具有高级专业技术职务的24名,占比52%;中级专业技术职务的17人,占比40.9%。

1956年年底,九三学社上海市政院支社成立。2010年,九三学社上海市政总院支社有社员34名,其中在职23名,退休11名。社员均为工程技术人员,高级专业技术职务32名,其中教授级高级工程师7名。市政总院九三学社支社为九三学社上海市委直属支社,主委、市政总院副院长王育为九三学社上海市委常委,第十届、第十一届上海市政协委员,第十一届上海市政协人口资源环境建设委员会副主任。

二、侨务工作

80年代中期,建工局党委组织对建工局系统归侨、侨眷情况进行调研,帮助成立归侨、侨眷联络组或港澳台眷属联谊会,明确由党委组织处负责归侨、侨眷工作。1991年3月,全局共有归侨16人,侨眷152人,港澳眷属473人,外籍华人眷属63人,合计704人,其中知识分子101人(高级知识分子12人)。有12家单位成立归侨、侨眷联络组或港澳台眷属联谊会等。在建管局党委统一安排下,局属各企业及时宣传改革开放和社会主义建设的伟大成就。市建三公司等单位结合南浦大桥建设,组织编印《开发浦东信息纪念册》和企业历年来参与城市建设成就新画册,通过联络组或侨眷利用各种途径带给海外的亲友。1995年5月,建工集团作为争创"帮侨维权"百家先进单位,以凝聚侨心、做好服务、形成规范为抓手,通过联络组的协调,帮助解决部分侨眷就业、住房等工作和生活的实际困难。还建立健全年度侨务工作例会、信息沟通传递、参观考察重点工程等制度,做好归侨、侨眷人士参政议政等工作。归侨、侨眷中有4人担任相关区人大代表或政协委员。

第七节 老干部工作

1982年5月起,建工局党委按照中央文件精神,对到龄的中华人民共和国成立前参加革命的人员做好落实离休干部政策。至2010年年底先后为符合条件的747名老同志办理享受离休干部待遇的手续(包括部分同志退休改为离休的手续)。2004年9月,园林集团同步转入离休干部11人;2008年1月,外经集团(包含成套集团)同步转入离休干部11人;2010年10月,市政总院同步转入离休干部13人。上海建工总计有782名老同志享受离休待遇。其中有在第一、二次革命战争中参加革命的20人,在抗日战争中参加革命的298人,在解放战争中参加革命的464人。

1983年12月,市建二公司在建工局系统内建立首个离休干部党支部,随后在21个单位相继建立离休干部党支部。1988年6月,建工局老干部工作委员会成立,各基层单位也成立老干部工作委员会。集团(局)主要负责贯彻上级各项政策精神,制定具体落实措施和办法,指导面上的管理服务工作;各公司负责日常各项待遇的执行和服务,帮助解决生活中的特殊困难;各离休党支部重点协助公司党委和老干部工作部门组织好老同志的学习活动。针对离休干部进入高年龄、高发病"双高期",2000年,集团党委决定由在职干部担任离休党支部正副书记或委员。

为有效落实和确实保障提高离休干部政治、生活"两项待遇",1985年8月,建工局制定离休干部用车办法,以解决各单位离休老干部学习、活动和看病用车问题。1989年4月,建管局制定《离休干部生活补贴暂行办法(共享费)》,是年8月,建管局首批行政14级以上老同志办理《市级医疗卡》,享受干部保健医疗待遇。1992年10月制定《关于调整离休干部生活补贴费的意见》,扩大照顾离休干部晚年生活的范围。1994年7月,建工集团率先在建设系统建立"老干部基金",下属16家单位共筹款675万元,保障离休干部的生活补贴来源。1995年7月,集团再次调整离休干部生活补贴,使他们分享本单位经济发展成果。1997年10月,集团建立《领导帮困联系人制度》,1998年11月建立《老干部工作领导责任制》《老干部工作巡视制度》,随后又相继修订《离休干部用车办法》《老干部基金管理办法》,建立"老干部热线电话"等。2003年11月,按照市委老干部局要求,集团出资

1 033.34万元解决210名离休老干部住房面积未达标的问题。2007年10月,集团按照市有关文件精神,进一步规范按行政职务、参加革命年月、技术职务等级等标准每月发放离休干部各类生活补贴费。

集团各级党组织组织离(退)休党支部和老干部参加党内重大活动,发挥老干部作用,丰富老年生活。1986年6月,为纪念红军长征胜利50周年,建工局党委隆重召开座谈会,邀请曾参加长征的7位老红军参加座谈,并给参加会议的100多位青年团干部讲述长征故事。不少单位通过举行"老少两代人"联谊座谈会,组织革命资历较深的离休干部为团员青年作革命传统教育,请离休老干部撰写革命回忆录和纪念文章,或组织新进大学生上门采访等。集团还规定各单位新提拔领导干部必须向离休干部见面报到,主要领导必须每年向离(退)休老干部通报企业情况。集团本部和一些单位还经常邀请各分管领导和部门负责人,为离(退)休老干部介绍生产经营和重大工程项目情况等。

1984年4月,离休干部代表队首次参加建工局职工运动会,参加长跑、乒乓球等项目。1989年5月,成立建工局老干部合唱团。1999年5—9月,集团开展"迎国庆、盼回归、跨世纪、展未来——离休干部寄语题词百米长卷签名活动"。2005年9月集团召开"纪念抗日战争胜利60周年座谈会",抗战老战士和团干部各30余人出席。各单位组织老干部组织参观建工集团承建的重大工程建设项目,被称为"回娘家看看"活动。1991年3月成立建管局老干部工作巡视小组,以发挥老干部经验优势和老有所为。1993年3月,建工局机施公司离休干部夏一民同志第一位捐款3 000元,资助云南10位失学少年。2001年9月,集团在离休干部中开展"捐一点钱款、护一块绿地、表一份心意"的公益活动,并参加了市绿化委员会主办的"关爱城市环境、捐助社会绿化、养护古树名木、奉献一份爱心"活动,96%的老同志参加了此项活动,共捐资2万元。2008年5月,四川省汶川大地震发生后,集团所属380多位离休干部捐款,基础公司离休干部老红军蒋大超带头捐款1万元,由中共中央组织部颁发证书。

第八节　人民武装工作

一、机构和职能

1962年前后,按照上海警备区指示,组建上海市建筑工程局人民武装部,主要负责承担民兵训练和战时构筑工事、埋设地雷、爆破、清除障碍物、筑桥等任务。

1966年"文化大革命"开始后,建工局武装部领导体制遭到严重干扰和冲击,建工局武装部改称为民兵办公室。

1976年,建工局恢复人民武装部,隶属上海警备区领导,主要负责民兵的组编和训练工作。各公司设立人民武装部,负责训练工作的实施,部分企业人民武装部还负责武器保管工作。1988年,改名为上海市建筑工程管理局人民武装部;1994年1月改名为上海建工(集团)总公司人民武装部。2010年,下设11个公司级武装部。局(集团)和公司设专职武装干部,主要负责民兵组织建设、思想政治建设、民兵预备役工作、征兵工作和武器装备管理,组织带领民兵预备役部队完成战备训练、治安执勤等任务。

2002年前,公司武装部对口辖区兵役机关,负责征集本单位适龄员工服兵役。2002年后,征兵工作归地区武装部兵役部门,武装部主要以配合地区做好兵役执法检查、兵役登记、兵员征集及做好故乡指导员等工作。1995年6月3日,根据国务院、中央军委发布的《民兵武器装备管理条例》和上海警备区文件精神,将各公司武器装备集中由集团武器库统一保管。根据管理条例设置武器弹药库、室,建立武器、弹药管理台账,配备专职看管人员,严格执行武器装备及库房安全的各项管理制度,确保武器库安全管理。

1988—2001年,根据建管局党委要求,集团(局)人民武装部完成上海市建筑工程学校和上海建筑工程技术学校的学生军训任务,参加军训的学生有8 000多名。

二、民兵

1979年,按照上海市警备区准军事化建制的要求,建工局组建建工民兵师,下属各公司组建为民兵团,厂为民兵营,各工程队为民兵连,各班组为民兵班。市建三公司组建工兵舟桥连,安装公司组建地雷爆破连。1981年,民兵整顿,并于1982年5月建立民兵档案,对民兵和复员军人分别建立登记卡片。2001年起,主要编组基干民兵,对人员实行信息化管理。

为加强民兵队伍的军政素质,落实警备区年度训练任务,上海建工武装部组织开展基干民兵的军训工作。1984—1985年开展"三抢"(抢修、抢运、抢救)训练。1988—1990年进行民兵、工兵集训班,进行队列、射击、地雷、爆破、法制教育五个课目的训练。1990年,上海市建立工程抢险分队,建管局负责建筑工程抢险。主要任务是建筑工程抢险、交通道理清障、建路筑桥等。1995年,集团总公司人民武装部民兵训练任务以应急抢险、救灾、工兵专业训练等为主。

根据上海警备区"统一规划、对口编组、归口管理"的整组要求,在历年整组过程中,建工集团人民武装部以"一兵一职、专业对口、装备配套"为标准,优化结构、合理布局、规范秩序的方式,构建与践行与多样化军事任务相适应的国防后备力量组织体系,建立与建筑施工企业专业对口的民兵队伍,主要有民兵应急连、工程抢险分队、道路抢险分队、人防抢险抢修专业分队、交通战备保障分队等基干民兵分队。

1992年《上海市国防教育条例》和2001年《国防教育法》颁布实施后,上海建工人民武装部的民兵政治教育主要结合国防教育组织实施,围绕"三抓""四结合"开展国防教育。"三抓":一是抓教育重点;二是抓教育时机;三是抓教育内容。"四结合":一是集中教育和分散教育相结合;二是刊物教育和影像教育相结合;三是授课教育和竞赛教育相结合;四是与军民共建"双拥工作"相结合。

三、预备役

根据南京军区命令和市委、市政府、上海警备区《关于组建上海陆军预备役高炮师的通知》要求,1993年9月,建管局组建上海陆军预备役高炮师直属工兵营,下设营部直属侦察班、工兵连、舟桥连、机械连。1999年10月,调整预备役师工兵营建制,集团总公司组建工兵营道路桥梁一连,下设连部、一排、二排、三排。主要践行"平战结合",战时保障道路桥梁通畅,平时抢险、抢修等任务,训练内容以工兵专业、冲锋舟、机械操作为主,并于2007年由上海电视台拍摄《当代军人》集团总公司预备役部队建设片《舟桥部队在行动》。

预备役部队整组结合民兵整组一并组织实施,按照上海警备区、上海预备役师的整组点验要求,每年由上海建工人民武装部统一组织各参编单位的整组点验工作,组织自检或参加由上海警备区、上海预备役师的年度民兵整组点验大会。

第二章 纪律检查工作

1953年6月,建工局党委成立,同时设立党的纪律检查机构。1979年7月,建工局纪委恢复重建。之后,建工集团(建工局、建管局)纪检组织认真履行党章赋予的权力,根据不同时期的工作任务和要求,坚持纪律检查工作为党的政治路线服务,围绕建筑行业特点和企业实际,把思想教育、制度建设、监督检查融入企业运行管理和工程项目建设之中,端正党风,严肃党纪,为上海建工健康、持续发展提供政治和纪律保证。

第一节 组织和机构

一、集团(局)纪检组织

1953年6月,中共上海市委建筑工程局委员会纪律检查委员会成立。1957年,更名为中共上海市建筑工程局委员会监察委员会(简称局监委)。在"文化大革命"期间,纪律检查工作处于停顿状态。1979年7月,中共上海市建筑工程局委员会纪律检查委员会恢复重建。1988年,更名为中共上海市建筑工程管理局纪律检查委员会(简称局纪委)。1994年,更名为中共上海建工(集团)总公司纪律检查委员会。2008年,建工集团召开第一次党员代表大会,选举产生集团纪委。

表9-2-1 1953—2010年建工集团(建工局、建管局)纪检组织名称、主要领导情况表

名 称	书 记	副 书 记
中共上海市建筑工程局委员会纪律检查委员会	罗代周(1953年6月—1957年3月)	于 枫(1954年5月—1955年8月) 李若峰(1955年9月—1956年6月) 郑培吉(1956年12月—1957年8月)
中共上海市建筑工程局委员会监察委员会	刘子荣(1957年5月—1958年2月)	郑培吉(1957年5月—1957年8月) 吴如春(1957年5月—1958年4月)
上海市建筑工程局委员会监察委员会	黄明亮(1958年6月—1966年)	吴如春(1958年4月—1963年5月) 许开良(1960年5月—1966年) 马 林(1962年12月—1966年)
中共上海市建筑工程局委员会纪律检查委员会	李雷(1979年7月—1983年7月)	杜 峰(1979年5月—1983年4月) 周祖民(1979年9月) 张映西(1981年5月—1983年4月)
中共上海市建筑工程局纪律检查委员会	王立玺(1983年10月—1985年10月)	周祖民(1979年9月—1985年10月)
中共上海市建筑工程局纪律检查委员会	何卫国(1985年10月—1988年)	周祖民(1985年10月—1987年10月)
中共上海市建筑工程管理局纪律检查委员会	何卫国(1988年—1993年2月)	—

〔续表〕

名　称	书　记	副书记
中共上海市建筑工程管理局纪律检查委员会	常学斌（1993年3月—1993年12月）	—
中共上海建工（集团）总公司纪律检查委员会	常学斌（1993年12月—1999年6月）	—
中共上海建工（集团）总公司纪律检查委员会	郭雪林（1999年6月—2008年6月）	邓有义（2003年12月—2008年6月）
中共上海建工（集团）总公司纪律检查委员会	郭雪林（2008年6月—2015年4月）	邓有义（2008年6月—2014年4月）

资料来源：建工集团（建工局、建管局）党委大事记。

二、工作机构

1953—1966年，在建工局纪委和监委设有工作机构，在部分企事业单位建立纪委和监委，设有专职机构和专职干部。1979年局纪委恢复重建后，设立办事机构。在设立党委的直属企事业单位中建立纪委，在设立党总支的直属企事业单位建立纪检组，在设立分党委的公司下属基层单位建立纪委，均配有专职纪检干部。在设立党总支（党支部）的基层单位建立纪检组或设立纪检委员，配备专（兼）职纪检干事。1979年，建工局共有纪检机构14个。1982年，局党委成立打击经济领域中严重犯罪活动领导小组及办公室（简称"经打办"）；1985年撤销该领导小组，保留"经打办"办事机构，隶属于局纪委领导。1989年，建管局共有纪检机构31个。1994年，建工集团共有纪检机构21个。集团纪委办事机构与监察审计处合署办公；集团所属企事业单位纪委办事机构有的与审计监察部门、有的与党委工作部门合署办公。

第二节　党纪教育和制度建设

一、党风廉政教育

50—60年代，纪检组织根据党委统一部署，开展反贪污、反浪费、反官僚主义等内容进行党内教育，为保持党的纯洁性、先进性起到重要的保证作用。"文化大革命"结束后，局纪委配合党委贯彻思想、作风、组织上的拨乱反正，开展纠正错误、平反冤假错案、端正党风等一系列工作。1979年下半年，局纪委协助局党委开展学习贯彻中共中央《关于党内政治生活的若干准则》（简称《准则》）的专题教育，先后举办5期科队级以上党员干部轮训班，有258人参加。1979—1982年，局党委先后对严重违反《准则》造成不良影响的12名党员给予党纪处分。80年代中期，建管局行使行业管理职能，局纪委配合局党委开展"造房人想到住房人"的职业道德教育和法律教育。针对合资企业申港建筑工程有限公司原中方负责人利用职务之便收受贿赂的严重违纪违法案件，开展以增强纪律观念和反腐蚀能力为专题的教育。针对少数党员和干部在土方运输、商品混凝土营销等领域的典型案例，重点开展纠正"吃拿卡要""靠山吃山"等不正之风的教育。1989年下半年，在党员中开展坚持四项基本原则、反对资产阶级自由化专题教育，并成立局"两清"（清理清查共产党员和党组织参加动乱反革命暴乱有关问题）的工作领导小组，全局有12人分别由公安机关或党政组织给予法律或纪律处理。1990—1991年，局纪委在全局开展贯彻中央纪委《关于共产党员在经济方面违法违纪党纪处分若干规定》等八项党纪条规的宣传教育，同时结合"两反"（反贪污、反贿赂）工作，先后查处经济案件251件，案值98万多元。1994年后，面对工程建设领域的突出问题，以领导干部、项目经理和关键岗位人员为重点，每年通过集团和各单位党委书记上党课、召开领导干部大会等形式，进行廉洁从业教育。2005年，集团纪委提出把严守"四条底线"（不发生重大质量和安全事故、不发生玩忽职守的渎职案件、不发生涉及多人的腐败案件、不发生严重影响稳定的事件）作为对每个党组织和每个领导干部的刚性约束。2006年，集团纪委以机施公司多人受贿案、安装公司采购中心负责人、基础公司下属项目经理、园林设计院部门负责人等人违法犯罪案件作为典型教材开展案件警示教育。2006—2007年，集团纪委连续举办8期项目经理廉洁从业教育轮训班，有420多名项目经理参加，把增强大局意识、责任意识和风险防范意识作为主修课。2008年，集团集中开展贯彻中央纪委十七届二次全会提出"不准利用职务上的便利，通过同业经营或关联交易，为本人或特定关系人获取利益等""七个不准"规定的专题教育，集团总公司领导干部和直属企事业单位基层单位领导干部进行自我对照检查和整改。

二、制度建设

1979—1993年，局纪委贯彻中央、中央纪委和上海市委、市纪委颁发的一系列党风廉政制度和规定，结合行业与企业实际，提出相应落实的实施意见和工作措施。1988年起，按照中央纪委颁发的案件检查和案件审理工作条例精神，局纪委制定案件查审分开的工作程序。1994—2010年，在集团党委部署下，纪委加强对领导干部的日常教育管理，形成集团反腐倡廉形势任务教育报告制度、集团所属各单位落实年度党风廉政建设责任制自查报告及接受监督检查制度、集团实施党风廉政建设政治责任和经济责任年度同步考核制度、集团各级纪检监察组织年度工作向党员干部大会或党代会（常任制）报告制度、集团各级党政班子过好民主生活会制度、集团各级领导干部个人有关事项报告制度、集团管理领导干部民主评议制度、逐级开展廉洁勤政诚勉谈话制度、定期督查集团内"特定身份人员"出国（境）护照管理制度、集团各级领导干部和集团本部人员礼金礼品上交登记制度等10项基础性制度。1994年，纪委协助集团党政制定《集团总公司领导干部廉洁自律的若干规定》，明确把集团总公司管理的领导干部和中外合资（合作）经营企业中方副职以上干部列入《规定》覆盖的范围；制定《项目管理班子廉洁自律若干规定》。1996年制定《集团总公司纪检监察信访工作制度》，2010年又重新修订为《集团纪检监察信访工作细则》。1997年，与工会共同制定《关于建立和实行企业业务招待费向职代会报告制度的实施意见》，明确企业行政领导一年两次向职代会报告招待费使用情况。2001年，按照市纪委案件质量标准规定，推行协助审理和协助审核的工作程序。2003年起，坚持每年春节和国庆前，发文要求各级党组织和党员干部带头遵守有关廉洁自律的制度。2004年，制定《关于推进重大工程项目党风廉政建设的实施意见》，提出创建"双优"（工程优良、干部优秀）必须纳入重大工程节点目标、纳入党建和思想政治工作方案、纳入劳动竞赛等。2010年，重申"八项纪律要求"，明令禁止"不准收受与行使职权有关系的单位和个人的礼品、礼金、有价证券和支付凭证，不准接受可能影响自身职权正确行使的旅游、娱乐、宴请等活动，不准利用工作时间和场所搓麻将、打纸牌"等规定；试行对涉嫌犯罪党员采取"停权留名"组织措施。为推进惩治和预防腐败体系建设，2010年，集团党委建立由集团纪委、党委办公室、组织、行政办公室、审计等8个部门参加的联席工作会议制度，统一规划和部署党风廉政建设的阶段性工作，确定工作重点，明确责任部门。

三、党风廉政建设责任制

1995年，集团纪委协助党委制定《集团总公司党政领导干部党风廉政责任制》，明确党委书记、副书记、行政领导、纪委书记、党委委员各自肩负的党风廉政建设责任。1998年，集团纪委协助党政制定建工集团党风廉政工作责任制考核表和建工集团党风廉政工作责任分解表。之后，集团自上而下建立横向到部门，纵向到项目的责任体系，形成一级抓一级，齐抓共管局面。1998年，集团在上海市国有企业领导干部廉洁自律工作会议上作《在持续发展中强化企业党风廉政责任制》的交流发言。2006年，集团纪委协助党政制定印发《构建与集团"十一五"发展规划相适应的惩治和预防腐败体系实施意见》，确立"惩防体系"建设的总体目标为构筑思想道德教育的长效机制、责权利相配套的责任机制、企业内部的监控制约机制和创建"双优"工程的保障机制；提出要加强反腐倡廉教育，筑牢拒腐防变的思想道德防线；加强反腐倡廉制度建设，用制度管权、管人、管事；加强监督检查力度，确保权力规范运行；加强源头治理，提高整体预防腐败能力；加强信访和案件查处，努力提高工作质量和水平；加强组织领导，形成考核与追究机制；把"六个加强"的主要任务分解为23个规范运作要点。2010年，为严格落实党政班子主要领导第一责任人职责，推进"惩防体系"建设，完善"一岗双责"、责任到人的责任体系和工作机制，集团全面实施"双签约"制度，即每年度签订《经济责任状》的同时签订《党风建设和廉洁从业责任书》，提高党政主要领导有信必办、有案必查、有责必究的履职能力，同时按照10项具体考核办法，定期加强监督检查和动态考核，向党委书面报告结果，提出奖罚或问责意见。

2008年，建工集团接受市党风廉政建设责任制检查组的检查。2009年，在市委召开的推进党风廉政建设责任制大会上，集团领导作《层层推进、构筑机制，将党风廉政建设责任制和企业日常管理相融合》的交流发言。

第三节　预防和治理

一、预警防范

【《廉政协议书》】

1995年，建工集团推广市建三公司在重大工程建设中将工程合同与廉政协议同步签约的做法。《廉政协议书》规定"不准在合同规定之外搞各种形式的口头协议和以现金支付的各种回扣"等六项内容，违反规定的，视情节轻重给予警告、通报处理。签订《廉政协议书》的范围从企业领导干部到部门领导，从分公司领导到项目经理；有的单位还延伸至主要建筑分包商、材料供应商等。这一措施，受到中央纪委、建设部纪检组、市纪委、市建设纪委等的肯定。2005年，针对建筑工程承发包管理上易发的经济问题，集团纪委制定《加强对工程承发包中若干关键环节监管的实施意见》，对分包管理、材料管理、资金管理、发包预结算管理这四大要害部位，确定对队伍选择、签约履约、有责追究、材料采购、材料验收、废旧料处置、货币资金收付、违规"套现"、业务招待费使用、结算依据、结算审定、结算支付12个关键环节和26项监管要点的监管措施,确保工程建设良性发展。2009年,集团被市纪委列入"建立党员干部违纪违法和职务犯罪预警机制"试点单位。在决策、发包、采购、资金、道德等潜在的诱发腐败行为方面,设定18个风险点、35个子项和105种状况的预测概率。通过"工程项目廉洁风险预警调查表""评估计分表"等方法,确定廉洁风险系数分值,把风险管理固化于流程管理之中。坚持督查一个项目,点评一个项目,提出限期整改事项,落实跟踪回访结果;加快完善网上合同支付管控、网上项目成本管控、网上供应商和分包商资质、材质和履约素质管控,用"制度加科技"手段来确保人、财、物安全。2010年,集团在市纪委召开的加强"制度加科技"建设大会上作《坚持边试点、边完善、边推广,抓好工程项目防控廉洁风险的预警机制建设》的交流发言。

【创建"双优"工程】

90年代初,市建一公司等单位开展创"双优"(工程优质、干部优秀)活动。随后,建工集团(建管局)纪委坚持重大工程、重点关注的工作思路,把深入持久抓好创"双优"活动作为反腐倡廉建设重要载体。主要做法是每年定向、定点、定时确定重点关注的在建工程,努力构筑集团、公司、分公司和项目总包管理分头把关的创"双优"工作网络,加强对重点关注项目的工作指导和服务协调,把创"双优"与推进项目经济责任承包改革、强化项目总包管理、加强全方位管控、搞好党建和共建工作、营造良好风气有机结合起来。在"创双优"过程中,构建"五纳入、五同步"创"双优"保障机制,即把廉洁从业的要求纳入工程合同管理同步履约,纳入思想政治工作方案、施工大纲和项目成本预算同步交底,纳入党员责任区分解内容同步承诺,纳入劳动竞赛同步考核,纳入工程过程管理中同步监督,力求全覆盖。2003年,市纪委、市检察院、市建委在全市推广重大工程创"双优"活动的做法。2011年5月党中央在上海召开"廉洁办世博"总结大会上,建工集团作《廉洁办世博、建设出精品》书面交流。

二、专项整治

1979年,建工局纪委按照中央、市委有关会议精神和上级纪委部署,先后开展对大吃大喝、在涉外活动中和商品流通中等存在的各类不正之风的专项整治。在1980—1982年开展的清理向建设单位伸手索取住房的不正之风工作中,共查处纠正46件;针对清理中出现的问题,在1986年、1990年、1996年3次修订《关于处级以上领导干部住房分配和管理办法》。1994年建工集团纪委开展领导干部兼职取酬、配偶子女经商办企业、在经营业务中收受钱物等问题的专项清理工作,在清理的同时制定相应规定。1997年,通过专项清理公务用车使用问题,制定《关于购置(更新)客车的规定》。1998年,根据中央、国务院《关于党政机关厉行节约制止奢侈浪费行为的若干规定》,对通信工具配备和费用问题展开专项清理,制定《集团企事业工作人员住宅电话费管理办法》和《集团企事业工作人员移动电话管理办法》。2006年,集团成立以总经理为组长的领导小组,集中开展专项治理商业贿赂工作。主要查找项目管理的漏洞,针对制度薄弱点、工作程序中的违规行为、经营管理上的越轨行为等进行整改,重点督查亏损项目、超预算项目、职工群众反映问题较多的项目,共排摸、清理1 434个在建项目。2007年,按照市国资委纪委部署,分别开展对产权转让和国资收回情况、土地房屋监管情况的自查清理以及领导干部投资入股、垂直兼职等情况的专项检查。2009年,成立以纪委书记为组长的领导小组,集中两年时间开展专项治理"小金库"工作。重点清理银行开户、单设账外账、额外收入、公款私存、现金截留五个方面情况,分析归纳"小金库"易发问题的14种资金来源的表现形式,对清理发现的 126 个"小金库"尚存余额,全部补交税额,按规定进财务库账,注销 8 个私立"小金库"账户。2010 年,集团成立以副总经理为组长的领导小组,集中开展对工程建设领域突出问题的专项治理。以查制度、查程序、查台账、查资金为主,重点强化分包管理,强化工程质量和安全监管,强化综合督查力度,加快推进工程项目防控廉洁风险的预警机制建设,先后排查 469 个政府投资或使用国有资金的项目,制定 10 项内容的自查表。集团所属 14 家施工单位通过自查自纠,有针对性地解决在合同管理、材料管理、预决算管理、质量安全管理方面存在的 48 个问题。

第四节 信访处理和案件查处

一、信访受理

1980—1987 年,按照党的十一届三中全会精神,建工局纪委认真受理党员和干部中对"文化大革命"案件遗留问题或历史老案问题的申诉,开展复查、平反、改正工作;协助党委,与相关部门一起对检举揭发"文化大革命"中"三种人"的有关线索或问题,开展清查和核查工作;对反映党员干部利用职权搞特殊化等不正之风的问题,予以严肃查实处理。其间,来信来访年均数 653 件。1989—1993 年间,受理来信来访年均数达 313 件。1989—1990 年,在开展"两反"(反贪污、反贿赂)工作中,两年共收到信访举报 836 件,其中反映以权谋私、贪污贿赂问题 146 件,其他经济问题 129 件,违反财经纪律问题 42 件,约占总量的 37.9%。这期间,根据群众来信线索,局内查处案值数额超过 10 万元的大案和涉及多名处级干部的要案。

表 9-2-2 1980—2010 年建工集团(建工局、建管局)纪委信访受理情况表　　　　单位:件

年份	信访总数	重复信访和非纪检范畴数	查办数	年份	信访总数	重复信访和非纪检范畴数	查办数
1980	1 057	540	517	1993	205	30	175
1981	423	263	160	1994	217	6	211
1982	801	79	722	1995	226	11	215
1983	877	82	795	1996	285	26	259
1984	688	174	514	1997	229	11	218
1985	529	155	374	1998	111	15	96
1986	495	147	348	1999	166	11	155
1987	354		354	2000	107	10	97
1988	264	116	148	2001	82	14	68
1989	501	98	403	2002	69	2	67
1990	335	35	300	2003	94	11	83
1991	312	54	258	2004	80	17	63
1992	214	53	161	2005	111	21	90

〔续表〕

年份	信访总数	重复信访和非纪检范畴数	查办数	年份	信访总数	重复信访和非纪检范畴数	查办数
2006	74	26	48	2009	73	19	54
2007	117	29	88	2010	61	11	50
2008	56	14	42				

资料来源：建工集团（建工局、建管局）纪委统计年报。

二、案件查处

1980—2010年，建工集团（建工局、建管局）纪委立案查处党员违纪违法案件共有559件。违纪案件的性质类型中，贪污受贿案件占首位。1989—1991年共发生137件，其中有申港建筑工程有限公司、装饰公司、振新公司的个别领导受贿案；1994—2010年累计有53件，其中有机施公司两级领导班子中多人受贿案、上海野生动物园主要领导受贿案、集团总公司安全设施管理中心主任受贿案等。其次为参与赌博或嫖娼案，其中有安装公司澳门项目财务员先后动用近百万元公款参赌的挪用资金和侵占案、个别基层单位涉及4名党员的嫖娼案等。此外，还查处党员和干部中违反廉洁自律规定、违反财经纪律等不同性质的违法违纪案件。在这些案件中，给予开除党籍处分的共156人，给予留党察看处分的共56人，给予撤销党内职务处分的共22人，给予党内严重警告处分的共123人，给予党内警告处分的共202人。

表9-2-3　1980—2010年建工集团（建工局、建管局）党纪案件查处情况表

年份	案件总数（单位：件）	处分种类（单位：人）				
		开除党籍	留党察看	撤销党内职务	严重警告	警告
1980	18	2	2	1	5	8
1981	34	2	3	—	12	17
1982	37	2	2	7	9	17
1983	41	4	1	2	8	26
1984	40	8	1	2	8	21
1985	32	4	5	2	8	13
1986	37	—	4	—	12	21
1987	2	—	—	—	1	1
1988	22	2	1	1	5	13
1989	37	6	—	1	9	21
1990	67	31	11	4	8	13
1991	35	8	8	—	8	11
1992	18	5	2		6	5

〔续表〕

年份	案件总数 (单位：件)	处分种类(单位：人)				
		开除党籍	留党察看	撤销党内职务	严重警告	警　告
1993	2	—	1	—	1	—
1994	9	3	1	1	2	2
1995	14	4	2	1	4	3
1996	12	8	1	—	1	2
1997	14	4	1	—	7	2
1998	14	11	1	—	1	1
1999	13	9	1	—	2	1
2000	10	9	—	—	—	1
2001	8	7	—	—	—	1
2002	6	—	4	—	1	1
2003	7	5	—	—	1	1
2004	8	5	2	—	1	—
2005	12	9	2	—	1	—
2006	5	3	—	—	2	—
2007	1	1	—	—	—	—
2008	1	1	—	—	—	—
2009	0	—	—	—	—	—
2010	3	3	—	—	—	—

资料来源：建工集团(建工局、建管局)纪委统计年报。

第三章　精神文明和企业文化建设

50年代,针对建筑行业职工队伍的特点,建工局党委通过开展忆苦思甜、树立先进典型等教育活动,激发职工的工人阶级主人翁意识,提高思想政治觉悟。60年代,在各单位建立思想政治工作体系,按照统一要求开展政治思想教育。在群众性的自我教育活动中,开展学雷锋活动,弘扬助人为乐的风尚和做一行、爱一行、专一行的精神。80年代初,从治理"脏、乱、差"、创"文明礼貌月"起步,先后开展"五讲四美三热爱"(讲文明、讲礼貌、讲卫生、讲秩序、讲道德;心灵美、语言美、行为美、环境美;热爱祖国、热爱社会主义、热爱中国共产党)活动、职业道德建设大讨论等活动。到80年代中期,随着内容不断深化,范围逐步扩大,全局上下形成了多样化、系统性的群众性精神文明创建系列活动。80年代初,随着企业文化理论的引入,在继承行业文化和企业传统的基础上,对内增强职工素质,对外展示企业形象,形成并逐步完善以"和谐为本、追求卓越"为核心理念的企业文化体系,初步建立集团统一相融又各具特色的企业文化建设格局。

第一节　精神文明建设

一、创文明系列活动

1982年2月,建工局党委印发《关于动员全局职工积极参加"全民文明礼貌月"活动的联合通知》,对活动作出具体部署。4月6日,局党委在安装公司通风队召开"全民文明礼貌月"现场交流总结表彰大会,首次表彰11个文明工地(工厂车间、医院病区),13个文明生活区。此后,局每年都要以"五讲四美三热爱"为载体,广泛开展群众性的精神文明建设活动,并将其纳入后来开展的文明单位创建活动之中。

1983年6月,建工局职工读书领导小组印发《关于举办迎"七一"振兴中华读书征文和演讲比赛的通知》,召开"振兴中华"读书活动专题会议,对全局广泛深入开展读书活动作出部署。到1983年7月底,全局共有读书小组1 188个,参加人员11 714名。在1983年度的全市性评比中,全局有3个单位被评为先进单位,6名职工分别获得一、二、三等奖,5个读书小组被评为"优秀读书小组",14位同志被评为读书活动的"优秀组织者"或"优秀辅导员"。1984年4月20日,建工局召开"振兴中华"读书活动交流表彰大会,局读书领导小组给1983年读书活动的获奖单位和个人颁发证书和奖品。此后,"振兴中华"读书活动成为群众性精神文明创建活动的重要内容。

1984年,在全局生产班组中开展创建文明班组活动,文明班组标准包含思想政治、生产任务、质量安全、班容班貌等内容,每季度或半年评选一次。1985年,建工局在推行施工现场标准化的基础上开展文明工地竞赛,制定文明工地标准、《文明工地检查评分标准》《文明工地申报、挂牌、发证管理办法(试行)》等。1991年,在部分市文明单位中开展评选文明职工活动,评选目的是激励大多数,并作为评选各类先进的基础条件。从90年代初开始,各个业务线条根据自己的特点,先后开展文明场站、文明食堂、文明保健站等创建活动,局(集团)和各单位的本部开展创建文明科(处)室活动,创建文明系列活动基本覆盖企事业单位各个业务线条和最基层的工作组织。创建活动的标准有基本要求和各自的重点,文明食堂的标准从服务态度、饭菜质量及饮食卫生等方面进行考核;文明工地的标准按照安全生产、场容场貌、工地卫生以及文明建设等方面进行考核。1996年,在饭店、出租车、搅拌站(车)等单位开展"窗口达标赛",进一步拓展文明系列活动的领域。

1986年11月,建工局党委在全局开展职业道德建设大讨论。不少单位把职业道德纳入职工轮训的内容。据统计,在大讨论中,开展了48次研讨活动,有3 500人参加轮训。其间,通过实例分析,把大讨论与制定规范结合起来,形成全系统建筑业职业道德核心准则,即"造房人想着住房人"和"精心施工,文明作业"。之后,职业道德建设根据企业和职工队伍出现的新情况,逐步深入。1996年开始,通过征集职业道德用语、推广文明承诺、实行岗位规范等活动,把职业道德建设融入企业、项目和职工的日常职业活动中。2001年,中央颁发《公民道德建设实施纲要》后,集团开展以"敬业、诚信"为重点的职业道德教育,营造"奋发、敬业、诚信、团结"的氛围。不少企业还提出"做好今天的项目,争取明天的市场""建一项工程,创一块品牌,树一座丰碑"的职业准则,引导职工树立市场意识。随着企业总承包经营管理的逐步推开,企业又提出"工地不分你我他,红线之内是一家"的职业准则,促进总分包的密切配合。市中心区施工任务增加,对工地文明提出新的要求,90年代初,集团在全市首先提出"五不一少"规范,即"泥浆不外流、管线不损坏、轮胎不沾泥、渣土不乱扔、爆破不扰民、夜间少噪声",并在所有承建的工地上推广,作为向社会承诺的职业准则。

二、文明单位

1984年,建工局党委在《关于开展1984年文明礼貌月活动的意见》中确定把建设文明单位作为开展"五讲四美三热爱"活动的基本形式和基本内容。1984年4月,建工局成立创建文明单位领导小组,提出文明单位(队、厂)的基本标准是:队风厂风好,完成生产任务好,优质服务信誉好,文明施工好,卫生绿化好。为了对不同单位实行分类管理,1993年4月,对企业、医院(科研所)和学校分别制定创建文明单位的标准,文明单位标准修改为队伍风气好、完成任务好、优质服务好、文明施工好、卫生环境好;医院(科研所)标准中有科学管理好;学校标准中有学生工作好。为了与两年一度评选上海市文明单位在时间上相衔接,1993年建管局党委决定改为每两年评选一次局级文明单位。按照局创建文明单位领导小组规定:局文明单位评选的范围是局直属企事业单位,各企事业单位所属的工程处(分公司、厂、站等)凡申请命名文明单位,先由公司(单位)制定创建规划,至评选年按照标准进行自检;如认为自检合格,向集团(局)创建文明单位领导小组提出申请报告,由集团(局)组织总部有关部门进行考评,然后由集团(局)领导带队,对申报单位进行综合检查,并结合每年的中途检查与平时考核,提出文明单位的候选名单,经集团(局)创建文明单位领导小组(1997年后改为集团精神文明委员会)审核予以命名表彰。每个评选年还要按照"好中选优"的原则,在集团(局)文明单位中推荐市文明单位的候选单位。1984—2010年,共有111个单位(次)被评选为上海市文明单位,有759个单位(次)被评选为局(集团)级文明单位。2007年、2011年,市建七公司、市建一公司等2个单位先后被评选为全国文明单位。

1996年,集团建立上海建工精神文明活动基金,用于表彰建工系统为精神文明作出贡献的文明单位、先进集体和好人好事。是年,又建立上海建工集团精神文明建设督察员队伍,加强对创建活动过程中的督查与管理。90年代末创建文明单位联谊会,不定期组织现场观摩活动,开展创建工作的理论研讨和工作交流,对深化创建活动提出建议。

三、共建活动

1986年,市建一公司有9个基层单位与相关驻沪部队开展军民共建活动;1992年,市建三公司在上海港民生装卸公司工地探索开展甲乙方(业主和施工单位)共建活动。进入90年代,市中心的工程大量增加,施工中与周边居民、单位和行人的矛盾突出。市建一公司在梅龙镇广场工地施工时,主动与当地的居委会和派出所建立共建关系,在认真做好文明施工的同时,协助居委会和派出所做好居民的工作,促进了和谐,保证工程进度。集团党委推广这个经验,之后各个施工单位在开工前普遍与社区各个组织建立共建关系,帮助街道里弄解决一些实际困难,定期慰问孤老、困难户,有效地融洽周边关系。随着施工总承包方式的推行,总分包的矛盾凸显出来,市建二公司在中百一店东楼施工中,提出"围墙之内是一家"的口号,总分包之间签订共建精神文明的协议,围绕达到文明系列活动的各个目标明确各自的义务和责任。在总结各单位广泛开展共建活动的基础上,2007年7月,集团总公司党委印发《关于工程项目开展共建活动管理办法》,确定各单位开展社区共建活动的目的、指导思想、遵循原则、主要对象、主要内容、工作机制方法以及绩效评估等。基础公司地铁9号线桂林路车站项目、桥隧公司10号线邮电新村站项目、机施公司7号线汶水路车站项目开展共建活动的做法得到上海市有关方面的肯定。

四、"双十佳"评选

1996年10月21日,集团总公司党委转发上海建工集团精神文明建设活动委员会《关于开展建工集团"精神文明十佳好事"和"十佳员工"评选活动的通知》,决定从1996年起,每年在全集团范围评选"上海建工集团精神文明十佳好事""上海建工集团十佳员工"(简称"双十佳"评选)。评选的方法是由各单位推荐,经集团精神文明建设工作小组初选,遴选出"双十佳"15名(件)候选名单,然后通过《上海建工》报发放5 000份"双十佳"的事迹材料,由各单位组织职工进行投票推选,汇总后根据得票多少及好中选优的原则,经集团党政领导批准予以命名。1997年1月10日,在集团总公司召开的1996年度先进表彰暨集团组建三周年大会上,首批宣布1996年度集团"十佳杰出员工"和"十佳好事"的评选结果。以后,集团在年度的精神文明建设暨企业文化建设工作会议上对"双十佳"进行表彰与奖励,向每位杰出员工颁发金质司标纪念章,并将他们的事迹编印图片张贴在各单位、各项目的宣传栏上。1996—2010年,集团共评选出"十佳员工"150名(次),精神文明建设好事138件。

对于在"两个文明"建设中作出突出贡献的先进事迹与先进个人,集团党政授予他们特别奖的荣誉称号。2006年,华建厂的业务员刘斌义务捐献造血干细胞,被集团党政评为"集团精神文明双十佳特别奖";2008年,上海建工集团赴川参加抗震救灾的事迹被评选为集团"精神文明十佳好事特别奖";2010年,市建四公司"援建都江堰"被评选为"集团精神文明特别奖"。

五、建设者精神

【通风队精神】

1986年3月,建工局党委派出调查组,蹲点上海市工业设备安装公司通风工程队(简称通风队），对通风队的经验进行全面总结。通风队自成立以来，在队伍建设、科技进步和完成任务等方面都取得显著成绩，尤其在职工中形成作风硬、纪律严的风气，在为业主服务中体现良好的职业道德。建工局党委将通风队职工的先进事迹总结提炼为"通风队精神"，并作出在全局开展向安装公司通风工程队学习的决定，在全系统进行宣传。局党委在决定中认为："通风队精神"的内涵是始终牢记工人阶级使命，保持工人阶级本色的坚定信念，全心全意为用户服务，兢兢业业努力工作的献身精神；积极进取，埋头苦干，坚持依靠科技进步推动企业生产的科学态度；长期遵守队规队纪，维护职业道德的严谨作风；处处发扬精神文明新风的高尚品德。市委宣传部发出在全市开展向通风队学习的通知，通风队党支部被中共中央组织部和市委评为全国优秀党组织和上海市先进党支部。全市各主要新闻媒体都作了报道。1990年下半年，在通风空调工程处成立26周年之际，安装公司又把"通风队精神"浓缩为"优质、守纪、开拓、奉献"8个字。

【南浦大桥"五种精神"】

1988年2月5日，上海市区第一座跨越黄浦江大桥——南浦大桥开工兴建。建工局党委提出在整个工程建设期间，要以"建一流大桥，育优秀人才，出大桥精神"的主人翁姿态迎接挑战。参加施工的250余名党员不负众望，带领2 000余名职工用了两年时间，按时优质建成南浦大桥。1990年6月30日，在上海市纪念"七一"座谈会上，建管局党委在以"在建设南浦大桥中展现共产党员精神风貌"为题的发言中，阐释上海建工人"无私奉献、严格苛求、艰苦拼搏、勇于创新、团结协作"的"南浦大桥精神"的内涵与本质。9月12日，建管局党委作出《关于学习发扬南浦大桥工程共产党员五种精神的决定》。9月21日，市建设党委作出《关于学习发扬南浦大桥工程共产党员五种精神的决定》。11月24日，市建设党委召开报告会全面介绍南浦大桥建设者的事迹。上海媒体据此作了连续报道。南浦大桥工程建设者事迹报告团应邀到学校、社区、机关作了30多场报告。

【金茂大厦建设者精神】

1995年，集团在国际招投标竞争中中标承建金茂大厦。在施工过程中努力学习国际先进管理经验，不断探索工程总承包的路子，攻克超高层建筑建设中的技术难题，创造一个月上升13层的施工新纪录，在不到5年的时间内建成了时为"中华第一高楼"的金茂大厦，并获得建筑行业工程质量最高荣誉奖——鲁班奖，实现国内建筑企业工程总承包超大型建筑的突破。市委宣传部和市建设党委总结金茂大厦建设者的先进事迹，把"金茂大厦建设者精神"概括为改革创新、开拓奋进的进取精神；努力学习、勇于实践的探索精神；刻苦钻研、勇攀高峰的创业精神；顾全大局、团结拼搏的奉献精神。1999年6月29日，上海市委宣传部与上海建设党委联合召开上海市创业者风采报告会，介绍建工集团建设者在建设金茂大厦过程中的先进事迹，号召向金茂大厦建设者学习，弘扬"金茂大厦建设者精神"。

【抗震救灾精神】

2008年5月12日，四川汶川发生8.0级特大地震。5月21日，建工集团首批援建先遣队奔赴四川灾区，5月23日，第二批200余名援建者启程赴川。不久，建工集团又先后派出6 000多名精兵强将，奔赴四川绵阳、都江堰灾区。在60天中，建工集团的援建者经历数不清余震和堰塞湖可能泄洪等危险，克服高温、水土不服等困难，前后方紧密配合，各个环节无缝衔接，不怕疲劳，连续作战，终于按时完成2.3万多套过渡安置房以及综合学校、高考点和警署的建设任务。8月5日，集团召开总结表彰大会,概括上海建工赴川"抗震救灾精神",即为党分忧、为民解难的社会责任感;召之即来、来之能战、战之必胜的主力军风采;攻坚克难、连续奋战的拼搏精神;抢挑重担、紧密协同的团队意识。

【上海世博工程建设精神】

2007年起,建工集团开始承担2010年上海世界博览会工程的建设任务,总共有80%的世博会场馆和设施以及世博会的配套工程。面对世博会工程规模大、时间紧、任务重、要求高的特点,在短短的3年多时间里,建工集团领导坐镇一线指挥,集团大多数企业参与项目会战,集团整体优势得到充分发挥,创造中国工程建设史上多个优秀范例,圆满完成建设任务。2010年4月13日,集团隆重召开世博工程建设总结表彰大会,对世博工程建设中上海建工人创造性劳动进行高度概括,提炼了"上海世博工程建设精神",即勇于担当、不辱使命的奉献精神;超越自我,敢于突破的创新精神;攻坚克难,绝不言败的拼搏精神;严谨求实、注重细节的科学精神;众志成城,共创和谐的团队精神。

六、普法活动

1985年11月,中共中央、国务院转发中宣部、司法部《关于向全体公民基本普及法律常识的五年规划》。是年12月,全国人大常委会作出《关于在公民中基本普及法律常识的决定》。建工集团(建工局、建管局)党委根据上级的总体要求,结合本单位的实际情况,制定"普法"的"五年规划"和年度的实施计划。在每5年的"普法"周期内,根据不同时期的特点,确定"普法"的重点对象和重点内容。在普及宪法知识的同时,注重学习和普及有关社会主义市场经济方面的法律知识和公民基本权利、义务方面的法律知识。在"普法"活动中,通过领导干部"学法日"、职工轮训班、民工学校以及法律知识竞赛、模拟法庭等形式开展法律知识的普及工作。在"一五普法"至"五五普法"活动中涌现了一批"普法"的积极分子,集团(局)和所属单位多次被评为上海市"普法"的先进单位。

表9-3-1 1986—2010年建工集团(建工局、建管局)"普法"工作基本情况表

	时间	重点对象	重点内容	主 要 方 法
"一五"普法	(1986—1990年)	各级干部,尤其是领导干部,青工	宪法、刑法、刑事诉讼法、民事诉讼法(试行)、婚姻法、继承法、经济合同法、兵役法、治安管理处罚条例	局级党政领导干部参加市委和建委组织的半月一期脱产轮训班,处级和科队级干部、专职宣传干部学习时间不少于10个学习日。职工全员政治轮训增加法律常识课,学习时间不少于4个学习日,参加统一考试,考试及格者发给普及法律常识证书
"二五"普法	(1991—1995年)	企业领导干部和生产经营人员	宪法、行政诉讼法、治安管理处罚条例、保护消费者合法权益条例、环境保护法、劳动法规等	建工党校设立普法师资培训基地,成立由各单位法制宣传骨干组成的普法教学网络。不少单位采取每人发一本普法教材,进行一次普法动员,组织一次普法辅导,布置一次普法作业,举行一次普法考试的方法。外包队伍、新办经济实体、挂靠单位人员、聘用经营管理人员纳入普法范围

〔续表〕

	时间	重点对象	重点内容	主要方法
"三五"普法	（1996—2000年）	企业领导干部和生产经营人员	以宪法、基本法和社会主义市场经济法律法规知识，与本行业密切相关的专业法律法规条文为主要内容，提高各级领导干部依法管理、依法决策的能力和水平	集团先后自行汇编两本"三五"普法学习资料，收集与企业经营生产实际和职工个人权利义务密切相关的如《宪法》《刑法》《劳动法》《建筑法》等25项法律法规。《上海建工》《建工信息》等载体不定期地刊登各单位法制宣传教育情况和案例分析，从正反两个方面开展宣传教育
"四五"普法	（2001—2005年）	集团全体干部职工，包括在校学生和部分外地施工队伍，重点是集团总公司管理的领导干部和企事业单位的经营管理人员	以宪法及与企业和员工的权利义务所密切相关的法律法规为主要内容	以提高领导干部依法经营、依法管理、依法决策的能力和水平为重点，使学法用法与建立高素质经营管理队伍相结合；与建立现代企业制度、加强科学管理、提高企业管理水平相结合；与建立健全监督约束机制、加强思想道德教育相结合，通过新一轮的普法教育，确保企业的生产经营、管理决策等各个环节纳入法治化、规范化轨道，不断提高企业的法治化管理水平
"五五"普法	（2006—2010年）	集团全体干部职工，包括在校学生以及在集团各项目上工作的成建制分包施工队伍，其中重点对象是各级领导干部特别是集团总公司管理的领导干部和企事业单位的经营管理人员	以宪法及与企业和员工的权利义务所密切相关的法律法规为主要内容	通过大力推进法制宣传教育"进企业""进单位""进工地"，进一步提高领导干部的依法经营、依法决策水平，进一步提高企业经营管理人员的依法管理、依法办事能力，进一步提高集团全体员工的法律素质，进一步提高企业的法治化管理水平

资料来源：建工集团党委宣传处普法总结材料。

第二节　企业文化建设

一、理念体系

80年代，企业文化建设开始在国内企业兴起，建工局所属各企业开展形式多样的学习交流活动，还通过思想政治工作研究会开展理论研讨，大多数企业开始提炼"企业精神"的表述，设计本单位的企业标志图形。

集团成立后，确定把企业文化建设作为精神文明建设的重要内容加以推进。1994年，集团组织开展"关于塑造良好的社会主义企业形象"的大讨论，制定集团的标志。1997年，开展企业形象、企业精神、职业道德用语征集和大讨论活动。2002年5月，开展"建设国际知名建设集团的企业理念和企业精神"大讨论。2002年年初，集团提出要把企业文化建设放到更为突出的位置，作为贯彻集团发展战略的具体措施之一；把理念识别系统、行为识别系统、视觉识别系统整合为一个立意更高、内涵更丰富、形象更完善的系统，发挥企业文化的引领作用，融入管理，支撑管理。2003年，建立企业文化建设课题组机制,对企业文化建设中的重点问题进行研讨。2002年、2006年为与集团五年发展规划相配套同步,先后两次制定集团企业文化建设五年规划。在一年一度的集团精神文明暨企业文化建设会议上,提出当年企业文化建设的重点,先后提出"理念构架讨论和归纳""集团统一文化和特色文化建设""执行文化建设""与大集团相适应的企业文化建设""企业文化与管理融合的途径方法"等年度重点。

2003年8月,经过一年多时间的广泛征集、专题研讨,经职代会讨论,最后由集团领导班子集体决定,形成以企业理念、企业精神、企业作风、职工守则等为主要内容的上海建工集团企业文化理念构架(2003年版)。具体表述为核心企业理念:和谐为本,追求卓越;企业精神(SCG精神):科学(Science),合作(Cooperation),进取(Gumption);企业作风:求真务实,顽强拼搏;职工守则:文明、守纪、诚信、敬业。2011年,集团再次组织集团理念体系的征集和讨论,修订完善了企业文化理念体系。

企业使命	建筑,成就美好生活
共同愿景	具有国际竞争力的建设集团
核心价值观(核心理念)	和谐为本,追求卓越
企业精神(SCG精神)	科学(Science)、合作(Cooperation)、进取(Gumption)
企业作风	求真务实,顽强拼搏
职业守则	文明、守纪、诚信、敬业

图9-3-1　建工集团理念体系图

二、统一标识

1993年,开始在集团内以统一标识、统一外在形象为主要内容的"形象工程"建设。1993年11月,负责集团组建筹备的工作小组在《建筑时报》上刊登公开征集集团司标的启事。不到一个月收到100多件设计稿。经过标志评审会评议和集团领导讨论,确定标志图案,并确定与图案相关的标准色、标准字体、英文缩写等。1994年1月11日下午,在上海展览中心举行的上海建工(集团)总公司开业典礼上,集团标志首次在会场上展现。当天,印有集团标志的庆典标语、横幅和旗帜出现在上海集团承建的工地大门、搅拌车和脚手架上。1995年4月,集团对标志、标志旗及所属企业名称使用等有关事项作出规定,要求各单位在对外使用企业名称时应冠以"上海建工集团"字样,或按照规范手册使用简称,同时要求各单位必须统一按规定的标准图,包括标准颜色、标准形体、标准字体,绘制和制作集团的标志及标志旗。2000年12月,经过国家工商行政管理局商标局审定,集团的"SCG"三色企业标志正式作为国家注册商标。2010年10月8日,上海建工"SCG"商标被国家工商总局商标局认定为"中国驰名商标"。

2001年9月,集团制定印发《上海建工集团标志使用规范手册》(2001年版)。2002年10月,集团开展上海建工集团工地大门、围栏形象设计征集活动,在评审和试点的基础上,2004年7月,集团修改印发《上海建工集团视觉识别规范手册》(2004年版),对集团施工的工地大门、围墙围栏及办公用品等执行新的规范标准作出新的规定;2006年又作修改,印发《上海建工集团视觉识别规范手册》(2006年版)。

三、特色文化

集团所属企事业单位在实践探索过程中，形成一批有自身特色的企业文化成果。市建一公司营造"上海一建，勇攀第一"文化氛围，瞄准一流标准，各项工作争第一，适应市场创特色，在超高层建筑施工、企业管理、党建工作和企业文化建设等工作走在行业的前列。市建四公司坚持 10 多年结合工程建设开展"创品牌"活动，确立"建一项工程、创一块品牌、树一方信誉"的理念，重视品牌建设的"品牌文化"逐步成为职工的共识和行为准则，尤其在文教体卫领域建造一批品牌工程，得到社会的高度认可。市建七公司把企业的工作落实到工地一线，以工地为基点把管理工作做细、做扎实，把现场的标准化设施搞到位，把职工包括外来务工人员的关心做深做好，把与周边社区和各方的关系搞和谐，形成有特色的"工地文化"。安装公司从专业公司专业门类多、技术含量较高的特点，提出"做事做到位、做事做专业"的"专业文化"，使"专业"成为客户和公众赞誉的口碑及公司品牌最有影响的标志。市政总院立足文化塑院，提炼和形成以"客户满意、管理科学、效率为重、创新发展、世界水准"核心价值观为主要内容的文化理念体系，打造由"卓越文化""创新文化""服务文化"等构成的"SMEDI（市政总院英文缩写）文化"。集团海外事业部在开拓海外市场中艰苦奋斗、顽强拼搏，与当地各界建立了友谊，取得良好的信誉，逐步形成"海纳百川、志在四方、和合天下、卓于五洲"的"海洋文化"，激励海外职工以海洋一样的胸怀和境界建设自身、发展未来。2010 年 6 月，集团总公司被确定为上海市企业文化建设示范单位。

   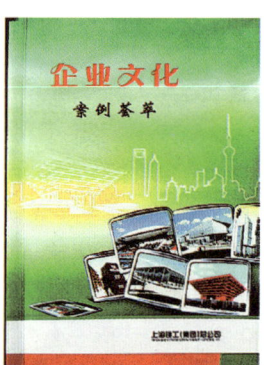

图 9-3-2　企业文化建设书籍

四、文化活动

【上海建工创立纪念活动】

1993 年 10 月 21 日，建管局在瑞金宾馆召开纪念上海建工局成立 40 周年座谈会，曾经在上海市建筑工程局、上海市建筑工程管理局工作过的领导同志 30 多人参加座谈会。2003 年年初，集团总公司决定把 6 月 18 日作为"上海建工创立纪念日"，每 10 年组织一次较大的纪念活动。2003

图 9-3-3　上海建工创立 50 周年纪念会

年6月18日下午,集团总公司在上海国际新闻中心举行"上海建工创立五十周年纪念大会"。上海建工历任老领导及集团各单位领导、历年劳模代表、优秀青年代表、集团内的全国政协委员、市人大代表、市政协委员、民主党派代表及离退休老同志代表等共200余人参加纪念大会。

【升旗宣誓仪式】

2000年9月4日,集团总部由江西中路406号搬迁至浦东福山路33号,当天上午集团在建工大厦广场举行隆重庄严的升旗仪式,集团本部200多名员工参加升旗宣誓仪式。2010年9月3日,集团总部由福山路33号搬迁至东大名路666号,当天上午在新建成的上海建工大厦广场举行隆重而又简朴的入驻升旗宣誓仪式。集团总公司本部全体员工近300人参加升旗宣誓仪式。

图9-3-4　升旗仪式

【职工摄影展】

1994年12月3—7日,集团在上海市工人文化宫举办"今日建工"摄影展。展出的140多幅摄影作品均出自奋战在施工第一线的建工集团业余摄影爱好者之手,他们以建设者所特有的视角记录下"上海三年大变样"景象。1999年12月25—28日,集团在上海图书馆举办"上海建工在前进"摄影展,展出集团内30多位作者共232余幅作品,这些作品从不同角度,真实地记录了"建工人"为上海城市建设发展所作的贡献和敢于攻坚、勇于创新的精神风貌,表现了"建工人"对美好生活的追求和向往。2006年6月18—20日,集团在上海图书馆举办"建筑让城市更美好"摄影展。此次展出的150多幅作品,是从数十位活跃于建设工地的上海建工摄影爱好者在建设重大工程过程中拍摄的2 500余幅作品中选出来的,建设者以独特的视角拍摄的杰作,真实记录了上海建设者为改革开放、城市建设作贡献的新风貌和上海城市建设的新景观、新气象。2010年4月16—18日,由《建筑时报》社和上海市建筑装饰有限公司举办的"澎湃的夯声——上海近代营造业留影"在上海图书馆展览厅举行,展览以140余幅上海近代建筑业以及营造业老照片,从一个特定的角度还原了中国建筑业发展史上足以称道的一段历史。

图9-3-5　上海建筑施工历史展示厅

【上海建筑施工历史展示厅】

自2001年11月至2010年9月在建工大厦展出。建工集团征集100多件珍贵的历史照片、图片、实物作为展品,展示上海建筑业行业发展、技术和管理进步的历史进程,其中实物有真如寺拆下的元代斗拱部件、《营造法式》影印本、营造厂使用的定额等;照片既有反映90年代上海建工科技进步、为上海城市大变样作贡献的照片,也有反映30—40年代上海营造厂活动和一些大工程施工的照片。展示厅分古代上海营造业、近代上海建筑业、上海解放后(1949—1978年)的上海建筑业、改革开放期间(1978—2000年)的上海建筑业4个部分。2010年后,大部分展品移至建峰学院图书馆展出。

五、出版物和内部报刊

【出版物】

1990年9月,建管局组织力量编辑出版画册,反映改革开放后建工系统为上海城市建设做出的杰出业绩。之后,在重大工程建设过程中,建工集团(建管局)都组织参建单位撰写通讯、报告文学、特写等,记录建设者的精神风貌和建设中生动的人与事,工程结束后汇编成册,或公开出版,或内部发行。其间,还参与全市第一轮修志工作,形成相应的志书和延伸出版物。至2010年,建管局(建工集团)累计完成20多部书籍或画册的编辑出版和发行工作。

图9-3-6 反映重点工程建设的书籍

表9-3-2 1990—2010年建工集团(建管局)编辑的部分书籍情况表

书 名	主要内容 字数	日 期	主 编	出 版
上海建工十年(1980—1989年)	代表性工程图片和资料	1990年9月	建管局	上海交通大学出版社
新世纪彩虹	南浦大桥建设者事迹(19万字)	1991年9月	建设党委、建管局宣传处、建筑时报	上海文艺出版社
上海建筑施工志	上海市地方志系列文献(90万字)	1997年12月	吴文达	上海社会科学院出版社
建设者的风采	金茂大厦建设者的先进事迹(6.8万)	1999年7月	集团总公司	内部发行
为了"零高度"起飞	磁悬浮工程建设者事迹(20万字)	2003年4月	集团总公司	内部发行
千年回眸——上海建筑施工历史图集(画册)	上海建筑行业历史图册	2003年6月	蒋志权	上海画报出版社
卢浦飞虹	卢浦大桥建设者事迹(14万字)	2003年10月	集团总公司	内部发行
极速之路	上海国际赛车场建设者事迹(20万字)	2004年10月	集团总公司	内部发行
东海跃蛟龙	东海大桥建设者事迹(10万字)	2006年7月	集团总公司	内部发行
轮轨从这里延伸	铁路上海南站建设者事迹(17万字)	2006年8月	集团总公司	内部发行

〔续表〕

书　名	主要内容　字数	日　期	主　编	出　版
建筑让城市更美好（画册）	工程建设与建设者精神摄影集	2008年9月	蒋志权	上海科学技术出版社
不辱使命的60天（画册）	汶川地震救灾援建事迹	2008年11月	集团总公司	内部发行
回顾三十年	以访谈、征文、讲话等形式记载集团改革开放后的成果（22万字）	2008年12月	集团总公司	内部发行
丰碑铭记——1979—2008中国建筑业实录	改革开放30年中国建筑业大事记（25万字）	2009年2月	建筑时报社	东南出版社
澎湃的夯声——上海近代营造业留影（画册）	上海近代建筑以及营造业老照片集	2010年4月	谢建伟 李晓华	上海锦绣文章出版社
澎湃的旋律（上、下）	世博园区及其配套工程建设事迹（105万字）	2010年4月	集团总公司	内部发行
时空交响——世博工程建设全纪录	世博园区及其配套工程建设事迹（32万字）	2010年10月	蒋志权	上海文艺出版社

资料来源：建工集团（建管局）编辑出版书籍汇总材料。

【内部报刊】

1998年5月6日，《上海建工》报创刊。《上海建工》报每期四版，初办期间暂定为半月刊，2005年改为旬刊；设有集团要闻、综合新闻、鲁班苑、文明广场等主要版面和栏目；每逢重大节日和重要活动、重要会议举行时出版专刊。《上海建工》报在上海市新闻出版局登记为内部报刊，准印证号为B0017。至2010年共出版368期，每期印数为3500份。

从1993年起，部分局（集团）所属企业编辑本单位的内部报刊，传递本单位的重大信息，展示职工的精神风貌，也为职工彰显才华提供平台。至2010年，全集团共有10份定期的内部报刊。

表9-3-3　1993—2009年建工集团所属单位主办的部分企业报刊情况表

报刊名称	主办单位	创刊年月	出版周期	印数（单位：份）
建筑构件报	构件公司	1993年4月	半月刊	850
建设铁军	基础公司	1993年10月	半月刊	1 000
上安报	安装公司	1999年7月	半月刊	1 200
新装饰	装饰公司	2001年1月	月刊	100
绿笔采风	园林设计院	2001年8月	双月刊	12 000
走进动物	野生动物园	2003年1月	季刊	1 000
建设先锋	市建一公司	2005年1月	月刊	1 500
绿建同期声	园林绿建公司	2006年9月	月刊	400
中国上海外经	外经集团	2009年6月	月刊	200
园林大地	园林集团	2009年6月	双月刊	500

资料来源：建工集团企业报刊汇总材料。

第三节 社会公益

1995年3月—1998年9月,市建七公司702工程处主任助理兼环球世界项目经理徐军赴西藏日喀则地区担任建设局副局长。1997年5月,市建七公司赴西藏日喀则建造"上海广场"工程,"上海广场"工程为上海市落实中央第三次西藏工作会议精神而援建的项目之一,该工程为集商贸、办公、文化、娱乐、教育为一体的综合建筑。2002年4月11日,新疆兵团建工师和上海建工(集团)总公司签订委托挂职锻炼协议书。之后,兵团建工分12期累计选派了近200人赴上海建工参加挂职锻炼和培训学习,培训对象为新疆兵团建工集团所属企业党政主要负责人、总工程师、总会计师、总经济师和各单位中层干部、项目经理等;培训方式为集中授课、会议交流、参观考察、担任实职等。挂职人员回到企业后,都要举办一期培训班,由挂职人员介绍在上海建工挂职锻炼期间学到的知识和经验。2008年,基础公司总工程师室主任刘鸿鸣赴新疆阿克苏市担任建设局副局长。2009年,上海建工赴新疆,援建喀什莎车县图文信息综合服务中心、巴莎高速公路(现为三莎高速,三岔口至莎车)和新疆迎宾馆等项目。

1998年8月11日,长江流域和嫩江、松花江流域发生特大洪涝灾害,集团总公司在上海各界支援抗洪救灾义演活动中,捐款30万元。之后,广大干部群众纷纷加入捐款行列,到8月25日,全集团捐款额超过130万元。2008年汶川大地震后,集团在第一时间向灾区捐款500万元,随后又发动党团员和职工捐款,这个时期,全集团通过各种渠道共捐款1 084.86万元。从当年5月21日起,集团先后派出6 000多人次参加绵阳、都江堰等地的抗震救灾和灾后重建工程。2009年8月8日,"莫拉克"台风重创台湾,遭受50年来最严重的水灾,集团捐款200万元,并出席8月20日东方卫视联合湖南卫视、江苏卫视、深圳卫视等在北京共同举办跨越海峡的心——援助台湾受灾同胞赈灾晚会。

1996年年初,经上海安徽经济技术促进会的牵线,市希望工程办公室推荐,集团决定在安徽省庐江县捐资兴建一所希望小学。经过考察决定为有着60年历史、处在困境中的大化乡中心小学新建校舍。集团党员纷纷加入捐资行列,团委发起"一个青年捐一本书"的活动,上海建工设计院义务为学校设计教学楼,安徽籍的老同志购买少先队的鼓号等,连同行政拨款,总共集资70多万元;还设立"上海建工希望小学教育奖励基金"。1996年10月,经省市希望办公室批准,该校更名为庐江县上海建工希望小学。1997年9月1日,这所占地23亩、建筑面积3 200平方米的希望小学正式开学。2006年12月,经上海市希望工程办公室安排,由集团7 000多名共产党员、8 000多名团员以"多交一个月特殊党费、团费"集资的30万元,在江西建造"毛泽民希望小学"。2008年,市政总院捐赠45万元在云南省会泽县大桥乡者米村建造一所希望小学,取名为上海市政工程设计研究总院希望小学。同时捐赠100套课桌椅、15台电脑。之后,每年预算10万元的实物捐赠,先后捐赠建立电脑室、阅览室和鼓乐队。2010年开始,每年资助10名"三好学生"代表和3名优秀教师来上海参观学习。园林集团、外经集团在江西、云南等地也援建希望小学。

图9-3-7 安徽庐江县上海建工希望小学

第四章 工会工作

1953年1月,上海市建筑工程局成立之初即设立工会组织。局所属企业也在建立的同时成立工会组织。各级工会协助党政改善职工生活、生产条件;引导职工投入建设新上海,发扬主人翁精神开展劳动竞赛,为社会主义建设添砖加瓦,成为社会主义建设事业的骨干力量。

1978年以后,建工集团(建工局、建管局)工会在集团(局)党委和市总工会领导下,组织动员全体职工坚持以经济建设为中心,代表和组织职工参与民主管理、民主监督;维护职工合法权益,关心职工生活,为职工办实事、办好事、送温暖;团结、组织职工参加企业改革,开展建设工程立功竞赛活动;教育职工提高思想道德和职业技能等方面发挥工会组织的独特作用。

第一节 工会会员代表大会和组织设置

一、工会会员代表大会

1953年,建工局工会工作委员会成立。按照1950年6月颁发的《中华人民共和国工会法》中"各级工会委员会由会员大会或者会员代表大会民主选举产生"的规定,局属各基层单位普遍采用选举办法产生本级工会组织领导。

1972年4月5—6日,建工局召开工人代表大会(简称工代会),出席会议代表1 000余人。大会选举产生26人组成的工代会委员会,选举常务委员9人。

1991年11月—2011年10月,建管局(建工集团)先后召开5次工会会员代表大会,选举产生工会领导机构。

表9-4-1 1991—2007年建工集团(建管局)工会会员代表大会情况表

会议次别	会议日期	代表数	主题报告	选举结果 工会委员会 主席	副主席	常委数	委员数	经审委员会 主任	委员数
第一次会员代表大会	1991年11月27—29日	246	团结和动员广大职工,发扬主人翁精神,为振兴和发展建筑业而努力奋斗	肖长松	顾福苏 胡健芳(女) 林义康 (1994年1月增选)	9	29	蓝宁馨	7
第二次会员代表大会	1997年1月7—8日	262	贯彻工会工作总体思路,团结和依靠广大职工,为把建工集团建设成一流的大型综合建设集团而奋斗	肖长松	张立新 胡健芳(女) 林义康	9	29	张立新	7

〔续表〕

会议次别	会议日期	代表数	主题报告	选举结果				
				工会委员会				经审委员会	
				主席	副主席	常委数	委员数	主任	委员数
第三次会员代表大会	2001年11月22—23日	261	按照"三个代表"要求,充分发挥工会作用,为加快实施集团新一轮发展目标而奋斗	肖长松	胡健芳(女) 陈伟民 黄薪 苏向明(2003年8月增选)	9	31	陈伟民	7
第四次会员代表大会	2007年2月6日	163	落实科学发展观,增强工会凝聚力,为构建和谐企业、全面实现集团"十一五"目标而努力奋斗	肖长松	陈伟民(2007—2010年) 刘琰紫(女) 金怡然 何连成(2010年5月26日增选)	9	29	陈伟民(2007-2010年) 何连成(2010年5月26日增选)	7

资料来源:建工集团(建管局)工会会员代表大会会议文件。

二、组织设置

【集团(局)工会组织】

1953年年初,建工局成立工会临时办公室。是年8月,建工局工会工作委员会成立,1954年3月,工会工作委员会撤销,基层工会隶属上海市建筑工会(产业工会)。1958年8月,根据中央和市委精神,产业工会撤销,工会组织由系统内同级党委管理。1960年5月,局党委设立工会工作部。1962年12月,工会工作部改名为工会工作委员会。1966年"文化大革命"开始,造反派夺权,以"工代会"取代各级工会。"文化大革命"结束,工会组织逐步恢复正常。1988年,建工局工会更名为"上海市建筑工程管理局工会",1994年更名为"上海建工(集团)总公司工会",2011年更名为"上海建工集团股份有限公司工会"。

表9-4-2 1953—1990年建工集团(建工局、建管局)工会组织名称、主要领导情况表

任命或选举时间	名称	负责人(主任、部长)
1953年年初	上海市建筑工程局工会临时办公室	负责人 孙玉海(1953年3月—1953年8月) 史久树(1953年3月—1953年8月) 张曙光(1953年3月—1953年8月)
1953年8月	上海市建筑工程局工会工作委员会	主任 吕继英(女,1953年8月—1954年3月) 副主任 张曙光(1953年8月—1954年3月)
1960年5月	上海市建筑工程局党委工会工作部	部长 刘影(1960年5月—1962年12月)
1962年12月	上海市建筑工程局党委工会工作委员会	主任 毕省三(1962年12月)

〔续表〕

任命或选举时间	名　　称	负责人(主任、部长)
1972年4月	上海市建筑工程局工代会	主任　张秀清(女,1972年4月—1977年年初)
1978年7月	上海市建筑工程局工会	副主任　杨世杰(1978年7月—1982年6月) 副主任　郑永泉(1979年2月—1981年8月)
1981年12月	上海市建筑工程局 (上海市建筑工程管理局)工会	主任　陶敏玲(女,1981年12月—1990年7月) 副主任　茅和祥(1981年5月—1983年2月) 副主任　周阿六(1982年4月—1989年6月) 副主任　顾福荪(1985年3月—1991年1月)
1990年12月	上海市建筑工程管理局工会	主任　肖长松(1991年1月—1991年11月)

资料来源：上海建工(集团)总公司工会制。

【企事业单位工会组织及会员】

直属企事业工会　1953年上海市建筑工程局成立之初,有3个基层单位建立工会组织,下属16个工会小组,私营营造厂(作坊)未设工会组织。是年8月,组建直属企事业工会9个,基层工会37个。形成局工会、直属企事业单位工会、基层工会(工程队、分厂、车间)三级组织体制。1960年统计,局直属工会有17个(其中事业单位工会6个)。

1978年开始,局直属企事业单位工会组织通过整顿,逐步得到健全和完善。至1986年,各基层工会基本做到班子配备齐全。1987年,全局有工会会员76 048人,局直属工会组织34个(其中事业单位工会6个),基层工会151个。

90年代中期至2010年,企业改制、重组整合、民营属地等改革以及园林集团、外经集团、市政总院等单位并入,建工集团内企业组织机构、队伍变化较大。2010年年底统计,集团的直属工会24个(其中事业单位工会5个),基层工会62个。2010年,会员有25 956人,占职工数的99.4%。

1984年,局直属13家企业工会主席进入同级党委班子；1991年,局直属企业单位的工会主席全部进入同级党委班子；基层单位工会主席进入同级党组织班子达90%以上。

合资企业工会　1988年5月,中日合资新晃空调设备有限公司工会组建成立。至90年代中期,符合条件的34家合资企业建立了工会组织。1995年制定《上海建工(集团)总公司工会外商投资企业工会条例》,明确合资企业工会建立、管理和员工基本权利保障等规定。

改制企业工会　1995年12月,建工集团首家第三层次的,由企业和职工持股会共同出资组建的有限责任公司——上海沪众建筑工程有限公司工会成立。至1998年10月底,有115家改制或新建企业同步建立工会。集团工会制定《关于在深化投资企业改革中进一步发挥工会作用的若干意见》,提出投资企业工会的工作方针、基本原则、切实保障职工权益等15个方面的内容。

项目工会　2008年6月,集团工会制定《关于进一步加强外埠工程项目工会工作的若干意见》,明确外埠工程项目工会的基本任务和相应的权利。在天津等地相继成立项目工会或工会小组开展活动,根据项目规模、职工人数等,还组织联合工会。2009年10月,根据集团公司总承包、建设时间长、多单位参建的需要,在上海中心大厦等特大型项目中成立联合工会,项目体联合工会主要由总承包部和各参建单位项目部有关人员参加。

表 9-4-3　1953—2010 年建工集团(建工局、建管局)工会组织和会员情况表

年　份	直属企事业单位工会 (单位：个)	基层工会 (单位：个)	会员数 (单位：人)	其中女工会会员数 (单位：人)
1953	9	37	8 003	—
1960	17	—	46 166	—
1980	—	145	59 597	—
1983	—	154	68 735	12 687
1987	34	151	76 048	—
1988	—	166	77 566	13 478
1989	—	160	75 488	13 597
1991	—	175	75 632	13 780
1993	—	221	66 794	13 171
1996	34	245	54 492	11 892
2000	26	223	39 839	7 332
2002	27	127	41 115	7 485
2003	28	131	41 852	6 826
2004	28	131	37 268	6 157
2005	23	196	32 809	5 418
2008	22	64	26 630	4 111
2009	23	62	26 283	4 253
2010	24	62	25 956	4 107

资料来源：建工集团(建工局、建管局)工会统计报表。

三、工作机构和自身建设

【工作部门】

50—70 年代，工会工作部门设干事若干名。80 年代局工会设办公室、民主管理科、生产科、综合科、宣传科、生活女工科、退休职工管理办公室(简称退管办)等，工作人员最多时 23 人。1994 年，集团成立，工会设立办公室、组织民管部、财务部、生活保障部、宣教部、经济工作部、女工部、俱乐部和退管办，工作人员 21 人。2001 年 11 月，集团工会设立办公室、法律调解、组织民管、群众生产、劳动保护、宣教文体、财务管理、生活保障、女工、再就业、退管办等部门，工作人员 13 人，之后，工作部门变化不大。

【女职工委员会】

1989 年 2 月，建管局工会成立女职工委员会，委员 19 名，陶敏玲任主任，季敏华、邢同文任副主任；1991 年 5 月，建管局工会女职工委员会，委员 21 名，曹天霞任主任，季敏华任副主任；2002 年 4

月,建工集团女职工委员会,委员16名,胡健芳任主任、陈丽春任副主任;2007年5月,建工集团女职工委员会,委员16名,丁苑华任主任、刘琰紫任副主任(主持工作)。

【自身建设】

1988年12月,建工局工会制定印发《关于开展民主评议工会工作和工会干部的通知》。2001年,集团工会提出"工会组织和工会干部接受会员评议监督和基层工会主席直接选举"的要求。2006年4月,制定《关于做好工会主席述职的工作意见》,建立工会主席接受会员评议、定期向同级党委报告工作、届中向上级工会述职的工作制度。2006年、2007年,由集团工会、所在企事业党委、集团党委组织处、纪委等部门领导组成述职考评领导小组,对15家单位工会主席的履职情况、工作绩效等进行述职考评。至2010年7月,集团有19个直属单位工会实施工会主席直接选举,基层工会主席直选达90%。

从1993年起,工会每年请局、集团党政主要领导讲形势、提要求,组织开展"怎样当好一名工会干部"的专题系列培训,编撰《工会工作成果集》《与时俱进》《尽责》《进取》等10余本工作经验汇编。

从1984年起,局工会在全局基层单位工会开展创建"职工之家"活动。2004年5月,集团工会制定《关于深入开展创建职工之家活动的实施意见》,提出创建"组织健全、制度完善、维权到位、运作规范、开拓创新、作用明显"和"深受职工信赖"的职工之家目标。工会干部努力"建好职工家、当好娘家人"。2005—2010年,15个直属工会被评定为"上海市模范职工之家",17个基层单位工会评定为"上海市模范职工小家"。有6个单位工会被评为"全国模范职工之家""职工小家"。1987年局工会开始评选先进基层工会、优秀工会工作者和优秀工会积极分子活动,1999年改为每两年评选一次。1996—2010年,284个(次)单位评为集团先进基层工会,329人次被评为优秀工会工作者,1176人次被评为优秀工会积极分子。1991—2010年年底,建工集团(建工局)工会先后获得全国模范职工之家、全国工会女职工先进集体、全国帮困送温暖先进单位、全国省属市级工会财务先进单位、全国"安康杯"竞赛优胜企业等市级以上荣誉150余项。

第二节 民 主 管 理

一、职工代表大会制度

1981年7月,中共中央、国务院颁发《全民所有制工业企业职工代表大会暂行条例》,建工局直属企业加快建立职代会制度的步伐。1982年有15家单位建立职工代表大会制度(简称职代会),至1986年,局属公司、厂19个单位全部建立职工代表大会制度。1984年起,根据企业自身特点,局属企业下属130多个工程队(分公司、车间)建立职工(代表)会议制度,其主要职权是贯彻落实本企业职代会精神和决议方案,细化成具体方案实施。1989年,局属6家事业单位建立职代会制度,基本职权参照企业职代会。各企业单位在坚持职代会制度的同时,建立健全定期换届、巡视检查、代表提案、民主评议企业领导干部、职代会质量评估、职工参与经营者选聘等10余项工作制度;建立和完善平等协商、工资集体协商、领导与职工群众双向沟通等工作机制。1987—1990年,全局各单位职工在职代会上提交提案总数共9480件,其中生产经营管理方面的5171件,占提案总数的55%。90年代后期,企业劳动用工制度、分配制度、社会保障制度等发生深刻变化。1998年开始,职代会把涉及职工切身利益的劳动人事制度、工资奖金分配制度和福利基金使用等作为职代会审议的重点,特别是涉及职工下岗分流的方案等事宜都经职代会审议通过后才能实施。1995年12月—1998年10月,115家中小企业进行改制过程中同步建立职代会制度。

2001年1月13日,上海建工(集团)总公司一届一次职工代表大会召开,是全市集团公司层面较早建立职工代表大会制度的单位。大会审议通过《上海建工(集团)总公司职工代表大会章程》,明确职代会主要职权为:对重大决策事项的审议建议权;对涉及职工切身利益重大事项的审查同意权;对职工生活福利等重大事项的审议决定权;对领导干部的评议监督权;对职工董事、职工监事和集体协商代表等的选举权;其他法律法规规定的需经职工代表大会审议和决定的事项。集团工会是职代会的日常工作机构,负责职代会闭会期间的民主管理工作。集团职代会每届任期为5年,每年召开一次职工代表会议。

表9-4-4 2001—2010年建工集团职工代表大会情况表

届次	召开时间	代表数(人)	主要议题	提案数(份)
一届一次	2001年1月13日	221	1. 行政工作报告 2. 职代会章程 3. 民管委员会成员名单	
一届二次	2002年1月8日	221	1. 行政工作报告 2. "十五"发展纲要 3. 平等协商办法	63
一届三次	2003年1月13日	221	1. 行政工作报告 2. 2003年职工素质工程实施意见 3. 劳动争议调解委员会职工方代表名单 4. 完善企业补充医疗保险的协议	34
一届四次	2004年1月15日	221	1. 行政工作报告 2. 员工守则 3. 职工素质工程2004年实施意见 4. 加强企业职工教育培训工作的协议	33
一届五次	2005年1月15日	221	1. 行政工作报告 2. 关于制订集团在岗职工最低工资标准的协议	22
二届一次	2006年1月11日	240	1. 行政工作报告 2. "十一五"规划 3. 关于健全职工体检制度的协议 4. 平等协商和劳动争议调解职工方、民管委员会成员名单	35
二届二次	2007年1月11日	240	行政工作报告	35
二届三次	2008年1月11日	240	1. 行政工作报告 2. 关于提高集团在岗职工最低工资标准的协议	35
二届四次	2009年1月12日	240	1. 行政工作报告 2. 调整增补主席团成员、民管委员会成员	32
二届五次	2010年1月11日	240	1. 行政工作报告 2. 替补、增补部分代表和主席团成员	22

资料来源:建工集团职代会文件。

1988年12月,建管局行政和工会联合制定《关于开展民主评议干部的几点意见的通知》,至1991年,建工局(建管局)属27个单位全部开展民主评议干部工作,共组织评议领导干部2 012人次,建议奖励292人次,约占评议总数的14%,有25人受到降级、罢免、调离等处理。1998年9月,集团党委批转《职代会民主评议企业领导干部的若干意见》,确定民主评议在各级党委统一领导下进行,实施党委动员、本人述职、业绩评判、职工座谈、代表评议、民主生活、整改督促、奖惩建议八项工作步骤。民主评议企业领导干部工作以召开职工代表大会的形式进行,职工代表不得少于80%;述职报告要报上级组织人事部门备案;评议结果当场公布或另行公示;奖惩结果透明。集团两级领导干部每年按规定"述职、述学、述廉",接受职工代表评议。2008年起,职代会民主评议干部改为每两年一次。

2004年6月,集团党委批转《上海建工(集团)总公司基层职工(代表)大会质量评估制度》,评估工作由集团行政会同工会、纪委、党办、行政办、组织人事等部门组织实施。质量评估工作的内容为:职代会职权落实、制度运作规范、决定决议执行、代表产生比例以及闭会期间的管理等。评估坚持实事求是、注重实效、职工公认、即评即改的原则,由上级单位组织实施对下一级单位的评估工作。2006—2010年,集团先后3次对37家企事业单位职代会情况进行检查评估。重点检查评估涉及职工切身利益的重大事项是否经职代会审议表决通过;企业平等协商和集体合同工作是否落实;集团平等协商各专项协议的执行情况;落实职工最关心、最直接、最现实的利益问题的措施;工资专项集体合同、女职工专项集体合同执行情况;以及听取对集团领导班子廉政建设意见等。职工对职代会质量总体评价满意率达85%。

二、推进厂务公开和建设职工满意企业

在集团党委领导下,建工集团工会会同行政在职工参与民主参与评议领导干部基础上,还开展职工代表参与选聘企业经营者、建立厂务公开制度,组织职工参与企业重大事项的讨论与决策,使企业民主管理的形式和内容不断得到拓展。

【职工参与选聘企业经营者】

1998年11月,建工集团工会制定的《关于组织职工参与企业经营者竞聘上岗的若干意见》规定,参与竞聘答辩会的职工代表数不少于专家评委数的两倍,并享有与专家评委同样的提问权、投票权。1998年8月,集团选择咨询监理公司试点,首次在第二层次企业中公开招聘主要经营者,30名职工代表全过程参与并投票表达意愿。工会在这一过程中,组织职工参与企业经营者民主选聘,把握好"教育引导、组织参与、加强培训、民主举荐、答辩投票、沟通协商"六个环节。1998—2008年,集团和直属企业两级工会共组织职工代表参与对125名企业经营者的民主推荐和竞聘选聘答辩活动。

【专题会议推进厂务公开】

1999年7月,建工集团制定《上海建工(集团)总公司关于推行厂务公开加强民主管理的实施意见》,规定职代会把领导干部廉洁自律情况等12个大类作为推行厂务公开加强民主管理的内容。1999年8月,集团召开第一次推进厂务公开民主管理工作会议,并形成每年召开一次专题会议制度,根据阶段要求和工作重点,确定年度推进目标。2001年,提出厂务公开"五个紧扣",即在推动企业改革调整中,紧扣涉及职工切身利益问题的公开;在健全完善现代企业制度中,紧扣经营者竞

聘上岗过程的公开;在共谋企业发展中,紧扣经营中难点问题的公开;在提高项目管理水平过程中,紧扣民主管理薄弱点的公开;在推进廉政建设中,紧扣领导干部党风廉政建设问题的公开。2002年,明确厂务公开"六个延伸",即向投资决策、比价采购、资金管理等领域延伸;向内部工资制度改革延伸;向项目管理和效能监察延伸;向事业单位和三层次企业延伸;向企业主要干部的任免和民主评议延伸;向程序规范的方向延伸。2003年,建工集团被中纪委、中组部、国资委、监察部、全国总工会联合授予"全国推行厂务公开工作先进单位"称号。2004—2010年,集团10个直属企事业单位被评为"上海市厂务公开民主管理工作先进单位"。

【建设职工满意企业】

2004年9月,集团行政和工会制定上海建工(集团)总公司创建"职工满意企业"标准,其中必备条件是劳动关系和谐稳定,不拖欠员工工资,不欠缴职工社会保险金,建立畅通的职工知情、沟通、交流、参与的渠道,劳动保护工作到位,各项经济指标在本系统名列前茅6个方面。职工对企业满意度的评价条件为对企业成长和发展有信心,对企业有高度的归属感和忠诚度,对工资收入、福利待遇、工作环境满意度较高,对企业主要经营管理人员有较高评价,有良好的个人发展和成长空间,对企业经营管理有较高的参与度6个方面。2010年,集团有16个基层单位获上海市"劳动关系和谐职工满意企业"称号。

第三节 职工权益维护和保障

一、劳动保护

50年代,建工局工会成立后就把执行政府颁发的有关劳动保护、技术安全法律、法规、条例标准的实施等作为工会维护职工权益的重要任务。

80年代起,局工会形成每年定期对安全生产、劳动保护措施落实情况进行检查的制度。重点是施工生产的操作情况;劳动保护措施和经费使用情况;安全生产管理上的问题、食堂卫生、宿舍卫生、现场生活设施等。1987年,检查班组2 699个,涉及职工17 101名,查出违章现象2 214条,整改2 111条,整改率达98.6%。2003年"非典"爆发期间,建工集团工会先后5次组织职工代表深入26个工地进行检查防范措施落实情况。从1995年起,集团工会每年对近100名工会劳动保护监督检查员进行培训,提高工会干部监督维护能力,至2010年年底共开办培训班20期。2006年,针对部分工地、项目存在的安全生产、劳动保护管理工作松懈、措施落实不及时和安全教育工作不到位等现象,提出"建立劳动保护工作长效机制"的工作建议。2010年6月,集团工会用两周时间到21家直属企事业单位与130名职工座谈,以书面问卷的形式就劳动保护存在的主要问题进行检查,提出将劳动保护工作与"安康杯"竞赛同布置、同实施、同考核;坚持安全生产一票否决制;进一步落实工会劳动保护监督检查工作等9项工作意见。针对夏令冬季的不同特点,集团工会组织职工代表开展防暑降温、防寒保暖等专项劳动保护巡视检查。

1991年2月,根据国务院75号令《企业职工伤亡事故报告和处理规定》,工会依法参与职工伤亡事故的调查和处理。重点对施工人员进场三级安全教育和特种作业人员安全培训、每天上岗前的安全技术交底教育、劳防用品准确佩戴、施工现场的安全防范措施和电器、机械设备是否完好等情况。坚持"事故原因没有查清楚和责任者没有受到处理不放过;职工群众没有受到教育不放过;

防范措施没有落实不放过",提出对责任人的处理建议和整改要求,妥善做好亡者家属的安抚、抚恤金补助等工作。

70年代后期开始,建工局工会先后开辟桂林、厦门、西安、武夷山、无锡等30多个休养点,每年安排职工进行疗休养。1988年,在松江城厢镇建立上海建工职工休养院。1992—1997年,为8万多名职工重新办理职工劳保和家属劳保;对1 500余名困难职工遗属进行长期补助。

二、平等协商

2002年,建工集团建立平等协商制度。主要内容是行政方和工会方对劳动报酬、劳动条件、职工培训、福利待遇、劳动保险等涉及职工切身利益重大事项进行协商讨论解决。企业方和职工方各有7名代表,企业方代表由行政指定,职工方代表在职代会上表决通过,集团工会主席作为职工方首席代表。2003年开始,集团经平等协商,通过"完善企业补充医疗保险""加强职工教育培训工作""健全职工体检制度""集团在岗职工最低工资标准高于全市最低工资标准10%"等5项协议。2004年,在试点基础上,建工集团全面建立工资集体协商制度,职工工资形成稳定的增长机制。2006年起,集团工会建立调查研究与职工思想动态分析季报的制度,每季收集汇总职工的所思、所想、所盼、所求,反映职工关注的热点问题报送集团党政,为各级领导服务职工提供决策依据。2007年4—6月,集团工会会同有关部门开展"当前职工最关心最直接最现实利益问题"的调研,下发问卷4 000多份,走访19个基层单位,座谈人数达300余人。调研汇总职工最关心的利益问题是企业的发展和前景;最直接的利益问题是个人发展机会;最现实的利益问题是工资收入和福利等。2009年,集团工会会同有关部门,下发1 200多份调查问卷,走访20多家单位,召开数十个座谈会,提出有针对性的对策建议。

表9-4-5 2003—2008年建工集团平等协商内容及主要成效情况表

时　间	具　体　内　容	落　实　情　况
2003年1月	完善企业补充医疗保险	职工住院补充医疗和特种重病互助保障达98%
2004年1月	进一步加强企业职工教育培训工作,企业按规定提取不低于工资总额1.5%的职工教育经费,专项核算	协议明确的各项要求得到较好落实
2005年1月	集团在岗职工最低工资不低于同期全市职工最低工资标准的105%	99%基层企业(含控股)落实
2006年1月	确保每个职工两年至少一次体检;女职工每年一次妇科检查;特殊工种每年一次针对性体检	100%的基层企业得到落实 现已为一年一次体检
2008年1月	集团在岗职工最低工资标准由原执行全市最低工资标准的105%提高到110%	基层企业全部执行

资料来源:建工集团平等协商工作有关总结材料。

三、生活保障

【帮困送温暖】

1954年建工工会成立初,对困难职工进行冬令帮困补助7.53万元,受益职工人数达5 169人。

1955年开始对生活困难职工家庭人口每月定期补助。帮助指导成立"互助会",建立互助基金或互助储金会,职工互助金会坚持到80年代。90年代中期,职工中出现新的困难群体。工会明确帮困工作的重点对象为家庭人均收入低于全市城镇居民最低生活保障线的;职工本人和家属患大病、影响家庭基本生活的;因收入低、子女就读负担重、造成生活困难的;离岗职工再就业能力差、长期找不到工作导致生活困难的;困难老劳模、退休职工中的特困人员等。尤其对在企业改制过程中为企业分忧解难而暂时离岗的下岗困难职工,退休早、工资低、身体患病的为建工局发展打基础的退休老同志不能遗漏,努力做到帮困工作全覆盖。1997—2002年,集团建立各种救急济难基金18个,基金总额达1 228万元;慰问职工33 192人次,慰问总金额538万元,其中4 470名特困职工的基本生活有保障;慰问退休职工94 176人次,慰问总金额达2 049万元;为58 851名在职和退休职工办理医疗互助保险,覆盖率达到98%。

90年代中期,建工集团帮困送温暖工作进入经常化、制度化。各级工会坚持深入开展"进千家门、知千家事、解千家难、暖万人心"的帮困送温暖活动。建立"五清五必访"制度(困难职工个人情况清、家庭情况清、困难原因清、思想动态清、解困重点清;职工生病住院必访、直系亲属大病住院必访、家庭遭遇突发困难必访、外埠职工家庭必访、困难职工重大节日必访)。2003—2007年,为集团2 800多名困难职工建档立卡,提供政策指导、法律援助、医疗救助和再就业培训指导等服务;帮助在职困难职工4.65万人次,帮困总金额达980万元;慰问退休职工9.54万人次,慰问总金额达2 074万元。集团建立了春节等重要节日由集团和基层党政工领导走访慰问困难职工家庭的制度。2001年1月,集团每年组织"一日捐·献爱心"活动,至2010年,参加"一日捐"的职工达10多万人次,金额达1 106余万元。1995年,各级工会开展"托起明天的希望——金秋助学帮困"活动,制定结对助学资助的标准,集团总部11个处室定点联系困难职工家庭,签订对口帮困助学协议。至2005年,集团先后有4 242名职工子女得到助学补助,使他们完成学业走上工作岗位。

【保障女职工特殊权益】

集团各级工会维护保障女职工特殊权益,推进《女职工特殊利益专项集体合同》签订,包括六项特殊权益、每年妇科体检等内容,签订率达80%。组织女职工参加团体特种医疗保障计划,参保率达98%;选送100名女工干部参加上级举办的能力素质培训班;为100名困难女职工和外来务工女性提供免费体检;举办女职工周末学校;组织"三八红旗集体"与单亲特困女职工家庭结对帮困。

四、协助推进再就业

90年代,在企业改革改制过程中,工会加强调查研究,摸清下岗职工的基本情况,做好建档立卡工作;举行"自强不息事迹"报告会,对下岗职工进行择业观教育;汇编简明政策法律法规,让下岗职工了解、掌握、用好政策;提供法律援助等,协助推进职工再就业。

工会还会同集团再就业培训中心,加强各类技能培训、岗位证书培训、定向择业培训、生产自救培训、职业指导培训等。其中组织的两期工地监理员培训班,有300多名下岗职工参加培训,考试合格率80%以上。1997—2001年,集团各级工会共帮助培训下岗职工达6 258人次。

1998年8月,集团建立再就业服务中心。集团工会提出"五、二、三"工作目标(确保500名下岗职工每人有一份证书或上一个技术等级、直接帮助200名下岗职工再就业、确保3 451名特困职工基本生活得到保障)。主要措施是:建立再就业基地;与企业沟通,作出"不挑不拣,一周安排工作"

的承诺。1996—2000年,共帮助1 762名下岗职工实现再就业。2005年,集团工会获中华全国总工会"送温暖工程先进单位"称号。

五、劳动争议调解

90年代中期,全员劳动合同制实行后,集团工会进一步加强劳动争议的调解、仲裁工作。2003年建立集团劳动仲裁委员会,工会主席任仲裁委员会主任。制定劳动争议调解委员会章程四章二十三条。明确劳动争议的内容:因订立、解除、终止劳动合同发生的劳动争议;因执行国家有关工资、社会保险、福利、培训、劳动保护规定发生的争议;因履行劳动合同发生的争议等。工会正、副主席进入企业改革领导小组和工作小组,参与改革改制方案的制定,维护职工合法权益和特殊保障需求。

工会指导职工签订劳动合同实现100%,参与调解达到100%。同时做好来信来访接待处理工作,1997—2006年,共受理职工来信400余件,接待职工来访500多人次,办结率达100%。

第四节　劳 动 竞 赛

一、群众性技术革新和技术比武

50—60年代,工会参与组织,发动职工开展社会主义劳动竞赛、技术革新和技术比武工作,基本改变"肩挑人抬"现象。

80年代起,建工集团(局)工会开展群众性技术练兵、技术比武、科技创新和"双献五小"合理化建议活动。1982年,局工会组织木工、泥操、粉刷、油漆、电焊和汽车驾驶六大工种18个项目的操作技术选拔赛,有2.3万余人参加,720名青工进入公司级前五名,其中90名荣获局"操作能手"称号。1985年,各级工会围绕重点工程,组织职工开展队际竞赛、同业务竞赛、技术攻关赛、竣工夺标赛、操作比武赛、优质服务赛以及创优质工程竞赛等421次,参赛人员4.7万人次。1987年开展电焊工、木工、粉刷工、车工、炊事员等17个工种的技术操作比武,89场次3 684人参赛,选拔出14人参加上海市技术比武,粉刷工囊括了全市前四名。

90年代初,建工集团作出规定,技术工人获得上海市技能比赛名列前茅的,与评选先进、晋级挂钩。群众性技术革新在探索创造新工艺、攻克施工难题上发挥作用。基础公司陆凯忠发明国内首创的"网格式盾构水力机械(PLC)自动控制系统",编制《盾构机原理及操作讲义》;机施公司潘令誉等利用旧设备改造机械设备,解决安装难题。集团先后有7人被评为"上海市十大工人发明家"。90年代后期,建工集团工会响应集团党政号召,在全体职工中开展"学邯钢、严管理、降本增效献一计"群众性合理化建议竞赛活动。1997—1998年承建的43项重点工程中,职工提出合理化建议4 000多条,组织科技攻关和技术改进129项,其中有40多项获市级以上科技成果奖。

2000年后,建工集团工会围绕绿色施工和创建文明工地等内容,推广创新型、技能型、攻关型、增值型、服务型和节能型"献一计"竞赛活动。集团女职工委员会开展"女职工节能降耗献一计活动",2008年以后的3年中收到合理化建议230余篇,其中被评为"金点子""优秀成果""优秀论文"86篇,分别编撰收录《上海建工集团女职工节能降耗"献一计"成果汇编》。

2000年起,建工集团工会与集团人力资源部将一批技术工人的特长整理分类,建立上海建工集团能工巧匠人才库。首批入库的技术工人共有366名,涉及25个工种,其中高级技师6名,技师260名。83位能工巧匠的工作实例汇编成《能工巧匠》。2001—2010年,集团工会每5年评选一次"能工巧匠金奖",共有30名获奖者享受集团科技功臣同等待遇。

二、重点实事工程立功竞赛

1986年5月,上海市总工会与市建设党委联合发出倡议,开展重点实事工程立功竞赛活动。工会成为这一活动的主要组织者之一。市建三公司率先在浦东煤气厂工地开展竞赛活动,在班组与班组、个人与个人之间赛质量、赛安全、赛进度,为煤气厂早日建成通气作出贡献。

图9-4-1 集团举行确保卢浦大桥通车誓师大会

1988年,在南浦大桥建设工地上,建管局组织开展东、西桥塔对抗赛,推动工程安全高效建设。在杨浦大桥、徐浦大桥、卢浦大桥、闵浦大桥、奉浦大桥等大桥施工中,建工集团开展以"腾龙杯""腾跃杯""腾飞杯"冠名的技术攻关赛、节点目标赛、安全质量赛等各类形式的竞赛。在轨道交通施工中,建工集团(建工局、建管局)工会组织"精品杯"立功竞赛,从区间隧道、车站等一个个施工点的竞赛发展到整条线的竞赛。地铁8号线人民广场工程项目部首创"一天施工法",保证西藏南路交通少受影响,做到文明施工不扰民,新闻媒体曾72次宣传报道,被地铁工程指挥部誉为市政工程文明施工的排头兵。

90年代起,在承建金茂大厦、世博工程等一批标志性重大工程,建工集团立功竞赛活动由点发展到面,由单体性发展为综合性、区域性的特大工程。工会与参赛单位一起围绕质量工期、双增双节、文明施工、团结协作、技术进步、队伍建设等方面开展对口赛、冲刺赛、攻关赛、节点目标赛、合理化建议等多种形式的立功竞赛。2008—2010年,在集团世博工程和配套重大工程中,工会先后组织开展58次以"速度创先进、质量创精品、安全创佳绩、文明创优化、科技创成果"为主要内容的文明工地专项立功竞赛活动,努力做到安全零纪录、质量零缺陷、管理零缝隙,噪声降低一点、扬尘减少一点、交通畅通一点、夜间安静一点、施工文明一点。建工医院、野生动物园、建工出租车队和建工锦江大酒店等窗口服务单位开展"迎世博优质服务"专项竞赛,提供创新优质服务。

随着建工集团"走出去"步伐的加快,集团工会在北京国家大剧院、广州新电视塔、新疆迎宾馆等外省市工程和巴基斯坦瓜达尔港、柬埔寨7号公路等海外工程项目施工中组织开展有建工特色的竞赛活动,出色完成各项任务。

三、获市立功竞赛特色命名等荣誉

1993年开始,上海市重点实事工程立功竞赛领导小组(简称立功竞赛领导小组)对优秀单位和集体授予荣誉称号。1998年,立功竞赛领导小组改为命名"金杯公司"和"金杯集体",至2010年,集团有20个单位(次)获"金杯公司"称号,22个(次)单位获"金杯集体"称号,2人获"杰出个人"表彰。

1993—2010年,局(集团)226个单位(次)获市"优秀公司"称号、469个单位(次)获市"优秀集体"称号,442人(次)获市"建设功臣"称号、1 174人(次)获市"记功个人"称号、37人(次)获市"优秀建设者"称号、31人(次)获市"优秀组织者"称号。

表9-4-6　1993—1997年建工集团(建管局)所属单位被授予荣誉称号情况表

年　份	单　位	荣誉称号	年　份	单　位	荣誉称号
1993年1月	基础公司	建设铁军	1997年1月	市建四公司	精品先锋
1995年1月	市建一公司	建设先锋	1997年1月	市建七公司	建设精锐
1996年1月	材料公司	建设先行官	1997年1月	机施一分公司	吊装英雄队

第五节　先　进　评　比

一、劳动模范评选

50—60年代中期先后开始评选全国劳动模范和上海市劳动模范(简称劳模)。建工局工会负责候选劳模的事迹整理、报送工作。评选劳模的条件主要是生产节约、增收节支、技术发明、护厂、抢修、支援前线、老年技术工人培养学徒传授技术有显著贡献等。50—60年代,建工局涌现了技术革新的能手滕生楼、增产节约的标兵沈国贞、埋头苦干的工人杨成喜等劳模代表。"文化大革命"期间,评模工作停止。

1978年后,劳模评选工作恢复,改为每两年评选一次。主要条件为坚持党的四项基本原则,在改革、经营、管理和"两个文明"建设中起带头表率作用等。2000年后,劳模的条件突出推进技术进步和科学管理、注重人才培养、降本增效、环境保护、维护国家尊严、勤政廉洁,为民做好事、办实事等方面。2004年起,劳模评选改为每3年一次,2010起改为每5年一次。

根据劳模评选条件,在党委领导下,建工集团(建工局、建管局)工会在基层评选先进生产(工作)者的基础上,通过逐级评审、核实事迹、职代会审议公布等程序,形成劳模候选人,报上海市劳模评选委员会审定,最后由上海市人民政府授予劳动模范荣誉称号。

1953—2010年,建工集团(建工局、建管局)获市级(包括省部级)以上劳模524人次,其中,全国劳动模范17人,全国先进生产者69人次;全国五一劳动奖章29人,省部级劳动模范56人次;市劳动模范331人次,市先进生产(工作者)281人次,市五一劳动奖章41人次。

2004年和2009年,建工集团工会先后把760余人次的劳模事迹汇编,编辑《建工的脊梁》之一;2009年编辑《建工的脊梁》之二。2008年,成立陆凯忠劳模工作室,之后又命名11个"劳模创新工作室",通过召开劳模创新工作室推进会、编撰《劳模创新工作室成果汇编》和《上海建工集团"劳模创新工作室"巡礼》等方法,传播劳动模范先进思想和工作成果。集团工会还建立劳模之家、发放劳模荣誉津贴、组织疗休养、健康体检、劳模与医疗专家结对、退休劳模特殊困难帮扶等措施关心劳模的生活和工作。

图9-4-2 集团组织劳模参观卢浦大桥

二、集团(局)先进评选

自50年代起,建工局在职工中开展评选先进个人和先进集体工作,主要方法是群众推荐、民主评议、领导审核;50—60年代的先进个人主要条件是埋头苦干、增产节约;70—80年代侧重经营开拓、科技创新;90年代后突出深化改革、科学管理。先进集体的主要条件也随着形势变化有所侧重。改革开放后,比较强调在拓展市场、经济效益领先、科技创新、精神文明建设等方面取得突出成绩的集体。

1995年,在评选先进集体和先进个人的基础上,建工集团增加评选优秀项目经理、优秀项目工程师和岗位标兵,2002年增加评选操作能手和服务明星,2005年起增加评选优秀项目安全工程师和优秀现场专业工程师,统称为"七优"评选。评选采用推荐、申报、发布、答辩、投票、评审等方法产生。1995—2010年,集团共评选先进集体1 637个、先进生产(工作)者2 167名、优秀项目经理235名、优秀项目工程师114名、优秀项目安全工程师70名、优秀现场专业工程师22名、操作能手129名、服务明星65名、岗位标兵60名、优秀班组长65名。1993年,集团对先进中的突出贡献者(集体)授予荣誉称号,1993—2010年,集团对67个集体、37名个人授予荣誉称号或授予突出贡献奖。

工会女职工委员会组织评选女职工先进,1978—2010年,评选全国"三八红旗手"9人,上海市"三八红旗集体"20个(次)、163人(次),还评选表彰一批集团"三八红旗集体"和"三八红旗手"。

表9-4-7 1993—2010年建工集团特色命名情况表

年份	集体（单位：个）	个人（单位：人）	年份	集体（单位：个）	个人（单位：人）	年份	集体（单位：个）	个人（单位：人）
1993	2	1	1999	3	1	2005	4	2
1994	2	2	2000	1	2	2006	7	2
1995	2	3	2001	3	1	2007	7	—
1996	2	2	2002	2	4	2008	4	—
1997	1	3	2003	3	5	2009	13	2
1998	2	3	2004	4	1	2010	5	3

资料来源：建工集团先进评选总结材料。

第六节 宣教文体工作

一、文化教育和宣教工作

中华人民共和国成立初期,建筑工人绝大部分是文盲,为提高他们的文化和政治觉悟,真正体现工人当家做主,局工会开展识字运动。1953年建工局等合办干部业余文化补习学校,教学内容以扫盲和初等教育为主。至1958年统计,全局举办67所业余学校,入学2.6万名左右,扫除青壮年职工的文盲、半文盲约1.2万名。

从50年代起,工会根据不同时期的形势任务开展职工教育。在1953年民主改革运动中进行"团结起来搞生产"教育,涌现出积极分子1 069人;在60年代困难时期,对职工进行"顾全大局、分担困难"教育,建筑工人响应号召回乡务农。

80年代,各级工会先后参与"五讲四美"文明礼貌活动和热爱党、热爱祖国、热爱社会主义制度、热爱建筑业、热爱本职工作"五热爱"的政治思想教育;90年代后期,围绕集团两年调整规划,在职工中广泛开展以"明形势、明调整、明责任"为主题的"三明"形势任务宣传教育活动,进一步引导和教育广大职工,强化管理,爱岗敬业,为集团调整发展作出新贡献。

2004年,建工集团工会在广泛征集、归纳、提炼的基础上,形成"文明、守纪、诚信、敬业"的集团员工守则;在"职工素质工程"建设上,筹资100多万元,建立培训基地16个。通过开展"创建学习型组织、争做知识型职工"活动,办好各类职业技能培训班、女职工周末学校等,鼓励职工"精一门、会二门、学三门"。2006—2010年,各级工会配合劳动部门共完成各类职工教育培训达4.9万人次,其中关键岗位4.6万人次、特殊工种2 500余人次、等级工和技师500余人次。有7家企业荣获全国和上海市学习型企业先进称号。2010年,在迎世博中开展对全体员工包括农民工的世博基本知识以及职业道德、文明礼仪、遵章守纪教育。

二、班组建设

80年代开始,建工局(集团)各级工会通过各种方式开展班组建设。一是抓好班组长培训,1982年全局共培训班组长3 782名,约占总数的50.7%。二是开展文明班组竞赛,1984年开始,广泛开展创"文明班组"竞赛活动,3 403个班组参加竞赛活动,占班组总数70%左右;评出公司级文明班组859个,局级文明班组277个。1985年有3 876个生产班组参赛,311个评为局级文明班组。在全局广泛开展的"创建文明班组"竞赛活动中,全局4 065个一线生产班组,有3 403个班组参加竞赛活动,评出公司级文明班组859个,评出局级文明班组277个。三是举行创建文明班组成果发布会、"集团十佳品牌班组成果发布会"等,把"技术为魂,服务为本""创建学习型企业,争做知识型职工"作为班组建设的发展方向。1987年,全局共举办84场成果发布会,发布826篇文明班组建设成果。安装公司胡福良电工班参加全国班组建设成果发布。四是召开文明班组现场交流会、"创建市红旗班组现场会"。1999年,集团总公司工会分别召开"创建市红旗班组现场会""建工集团十佳品牌班组成果发布会",在市总工会组织的全国"百佳班组"擂台赛中,黄德顺泥操班被推荐为参加全国"百佳班组"评选。在2003—2004年度创建文明班组活动中,集团有11个班组被评为上海市文明班组,7个岗位被评为上海市红旗文明岗。

三、文体活动

50—60年代,为丰富职工业余文化生活,寓教于乐,工会主要是组织职工观看电影,进行革命传统教育;局工会和部分基层工会成立放映队,下基层、到工地进行巡回放映,持续到80年代。

80年代,各级工会重视办好基层职工俱乐部,发展各种兴趣小组,开展形式多样的文体活动。全局建立40多个俱乐部、60多个活动室、100多个图书馆,各基层工会还发展各种职工兴趣爱好小组,其中有摄影、美术、书法、无线电、集邮、桥牌、钓鱼、养花、缝纫、烹调、刺绣小组等共263个。局工会结合节日庆祝活动,1994年、1999年先后举办庆祝上海解放35周年、40周年"五月歌会",歌唱祖国、歌唱党、歌唱社会主义、歌唱生活、歌唱明天。其中选出12个节目参加市建委的文艺汇演,名列第一。1990年,局举办第七届运动会,竞赛项目达14个(足球、篮球、乒乓球、游泳、田径、广播操、拔河、射击、棋类、桥牌、排球、钓鱼、跳

图9-4-3 集团组织文艺演出慰问重点工程职工

图9-4-4 集团合唱团参加全市合唱比赛

绳、踢毽子和自编体操),局属 24 个企事业单位数千名职工参加。

  1981 年,在纪念建党 60 周年的活动中,各级工会组织文娱演出、诗歌朗诵、书法美术、摄影和黑板报展览等群众喜闻乐见的活动,理直气壮地宣传四项基本原则。1989 年 5 月,在庆祝上海解放 40 周年时,局组织大型群众性歌会,代表全局 10 万建筑工人的 1 800 名歌手,歌颂无数革命先烈的光辉业绩,歌唱伟大祖国,歌唱伟大的中国共产党,歌唱美好幸福生活。1997 年成立上海建工合唱团,在上海市委宣传部组织的"上海阳光大地合唱比赛"中获得二等奖和其他奖项三次;在上海市总工会历年组织的合唱比赛中曾获得一等奖;在连续三届"'建设者之声'合唱比赛"中荣获一等奖;在第 17 届"上海之春"比赛中获得银奖。《上海建工之歌》(司歌)在一届四次集团职代会上唱起。

第五章　共青团工作

1953年3月,建工局建立青年团组织。各级团组织在党委领导下,围绕党政中心工作积极开展活动,努力提高团员青年的思想觉悟和劳动热情,教育、团结、引导团员青年投身于社会主义建设事业。"文化大革命"期间,共青团组织一度停止活动。1971年,团组织恢复组织生活。

改革开放后,建工局团委按照局党委和团市委的部署,在团员青年的思想政治教育、组织建设、"三青"("青年突击队""青年工程""青年科技协会")创建工作、培养输送青年干部、青年人才以及开展适合青年特点的文体娱乐活动等方面做了大量工作。建工集团成立后,各级团组织根据企业面临的新情况,紧贴企业发展重点,为团员青年成长、成才提供服务,带领广大团员青年,在参与企业改革和发展的实践中发挥应有的作用。

第一节　组织机构

一、集团(局)团组织

1953年3月,中国新民主主义青年团建工局工作委员会成立。1957年5月,中国新民主主义青年团更名为中国共产主义青年团。是年9月,建工局团工委撤销,成立中国共产主义青年团建工局委员会。1958年3月,两局合并后,成立新的局团委。1988年,更名为共青团上海市建筑工程管理局委员会。1994年1月,更名为共青团上海建工(集团)总公司委员会。上海建工团委书记、副书记除在组建青年团团工委、届中易人和团组织更名时,采用任命方式外,一般由团代会选举产生。历届团委都设有办事机构,由专职书记、副书记及2～3名专职干事负责共青团的日常工作。1993—2010年,团委办公室常设编制定为4人。

表9-5-1　1953—2010年建工集团(建工局、建管局)历次团代会情况表

时间	名　称	代表数	委员数	常委数	书　记	副　书　记
1953年3月	建工局团工委成立	—			施宜(1953年6月—1954年) 丁维(1954年12月—1955年1月) 郑永泉(1955年3月—1955年6月)	赵庆义(1953年) 郑永泉(1953年6月—1955年3月)
1955年6月	青年团建工局工委第一次代表大会	正式代表160名,列席代表30名			郑永泉(1955年6月—1958年5月) 李挺(1960年5月—1963年6月)	李挺(1958年5月—1960年5月) 李茂林(1960年1月—1963年6月) 戴强民(女)(1960年6月—1963年6月)

〔续表〕

时间	名　称	代表数	委员数	常委数	书　记	副　书　记
1963年6月	共青团建工局第一次代表大会	正式代表182名	19	4	李挺（1963年6月—1964年7月）	戴强民（1963年6月—1966年9月）
1972年12月	共青团建工局第二次代表大会	正式代表511名,列席代表221名	23	9	仇长根（1972年12月—1973年11月）江启龙（1979年9月—1981年11月）	杜金娣（女）（1972年12月—1974年夏）陈凯良（1972年12月—1977年4月）江启龙（1977年4月—1979年9月）张博文（1979年9月—1983年1月）肖长松（主持日常工作1981年11月—1983年11月）孙自翔（1981年11月—1983年11月）
1983年11月	共青团建工局第三次代表大会	正式代表300名,列席代表20名	15	—	孙自翔（1983年11月—1984年11月）杜兰生（1985年8月—1988年9月）戴迎国（1988年9月—1991年8月）童继生（1991年8月—1994年5月）	康春江（1983年11月—1985年10月,1984年11月主持日常工作）杜兰生（1983年11月—1985年8月）童继生（1985年8月—1991年8月）戴迎国（1987年12月—1988年9月）苏向明（1992年4月—1994年5月）沈荣（1994年2月—1994年5月）
1994年5月	共青团上海建工（集团）总公司第四次代表大会	正式代表210名,列席代表29名	15	7	苏向明（1994年5月—1996年10月）杭迎伟（1996年10月—1999年12月）申雄文（1999年12月—2001年9月）	沈荣（1994年5月—1999年10月）杭迎伟（1994年5月—1996年10月）申雄文（1996年10月—1999年12月）陆莺（女）（1996年10月—2001年9月）乔聪（1999年12月—2001年9月）
2001年9月	共青团上海建工（集团）总公司第五次代表大会	正式代表208名,列席代表20名	17	9	陆莺（女）（2001年9月—2007年7月）	乔聪（2001年9月—2007年7月）卞炯（2001年9月—2007年7月）史立新（2001年9月—2004年12月）荀晓辉（2004年12月—2007年7月）
2007年7月	共青团上海建工（集团）总公司第六次代表大会	正式代表210名,列席代表29名	17	9	卞炯（2007年7月—2009年8月）郑双征（2009年8月—2011年12月）	张裕洁（女）（2007年7月—2011年12月）郑双征（2007年7月—2009年8月）荀晓晖（2007年7月—2009年8月）马敏亮（2009年8月—2011年12月）

资料来源：建工集团（建工局、建管局）团代会材料。

1997年,建工集团团委获团中央"青年文明号活动优秀组织奖";1999年,被团中央授予"全国企业青年创新创效活动先进单位"称号;2002年,团委总结提炼和实施的"三级登高"①青年人才培养工作法获得首届上海市共青团工作"首创奖";1999年、2007年先后两次被团中央授予"全国五四红旗团委"称号;2008年被团中央授予"抗震救灾先进团组织"称号。

---

① "三级登高"工作法,即通过教育、培养、激励,使青年源人才到隐形人才到显性人才再到优秀人才逐步提升的工作方法。

二、基层团组织

1953年3月,建工局团工委下设团总支2个,团支部13个,全局有团员156人。1954年2月,局成立独立的公司、工厂、学校、医院等,局团组织形成局团工委、直属单位团委(团总支)和基层团支部三级团组织构架。1966年5月,建工局团委下属18个团委、23个团总支、276个团支部,全局有团员5 029人。1978年,建筑安装企业的公司团委、工程队团支部调整为公司团委、工程处团总支,施工队(中队)团支部。是年年底统计,建工局团委下属有15个企事业单位团委、87个团总支、511个团支部,共有团员9 201人。1991年8月,继南浦大桥工地建立第一个项目团支部后,项目团支部随同项目党支部的建立而建立,2010年,项目团支部发展到200余个。1992年,施工企业实行劳务层和管理层"两层分开"后,在劳务分公司和项目经理部建立团总支或团支部。1995年12月—1998年10月底,在115家改制企业中相应建立团组织。2003年后,改制企业团组织大部分随企业实行属地管理。2000年起,随着海外工程增多,海外工地青年增加,成立了海外项目团支部。2004年上海园林(集团)有限公司、2008年上海外经(集团)有限公司、2010年上海市政工程设计研究总院(集团)有限公司先后并入建工集团,其团组织的关系划转建工集团团委。2009年年底,建工集

表9-5-2 1978—2010年建工集团(建工局、建管局)团员、团组织情况汇总表

年份	团员总数(单位:人)	基层团委(单位:个)	团总支(单位:个)	团支部(单位:个)	年份	团员总数(单位:人)	基层团委(单位:个)	团总支(单位:个)	团支部(单位:个)
1978	9 201	15	87	511	1995	5 378	18	62	249
1979	8 892	14	84	533	1996	5 032	16	49	297
1980	8 637	14	83	545	1997	5 040	12	57	299
1981	8 418	16	84	533	1998	5 760	13	60	291
1982	8 804	16	82	518	1999	5 131	20	51	305
1983	9 282	16	82	536	2000	5 300	19	52	294
1984	9 535	15	84	526	2001	5 572	18	54	306
1985	9 300	18	91	547	2002	6 212	19	56	319
1986	8 757	16	97	582	2003	7 092	16	44	304
1987	9 700	15	92	564	2004	7 982	19	46	326
1988	7 907	17	—	—	2005	7 763	19	58	371
1989	8 376	20	92	427	2006	8 215	20	58	399
1990	7 825	18	81	481	2007	8 381	21	61	425
1991	7 545	18	84	430	2008	8 811	18	54	365
1992	7 201	15	81	427	2009	9 278	19	61	437
1993	6 615	14	89	289	2010	8 932	21	61	573
1994	5 682	17	91	304					

资料来源:建工集团(建工局、建管局)团委年度统计表。

团团委下辖 19 个团委,共有团员 9 278 人;其中,企业中的团员有 4 618 人,集团所属大中专院校和医院中的团员有 4 660 人;团员中 18 周岁以下的有 836 人,19～28 周岁的 8 077 人,29 周岁以上的 365 人。

第二节　团组织建设

一、思想政治教育

1978 年,建工局团委组织 9 400 多名团员佩戴团徽进行集体宣誓。1980 年,局团委制定《青工守则》,发放到 1.1 万多名青年手中。1981 年 7 月起到年底,局团委在全体团员中开展"做一个合格的共青团员的教育",同时广泛进行大讲老一辈建筑工人吃苦耐劳的创业史,大讲新一代建筑工人贡献青春的英雄谱,大讲振兴建筑业的光荣重任;发扬建筑工人艰苦奋斗、为民造福的革命精神,发扬 50 年代青年突击队敢打硬仗的战斗作风的"三大讲两发扬"活动。1983 年,局团委对全体青工进行政治轮训,每期脱产学习一个月,学习政治理论、党史和近代史,提高道德修养;全年办班 148 期,共轮训青年 2.1 万多人。是年,在全局范围兴起了"青年读书活动",成立了 1 100 多个读书小组,引导青年学党章、学党史,11 000 多人参加读书活动。1987 年,局团委开展"党爱青年、青年爱党"教育活动,广泛组织青年学习中国近代史、党史和十一届三中全会以来的路线、方针、政策,举办"我身边的党、团员"演讲会和"向党表心声"活动。1989 年春夏之交,北京和其他一些城市发生政治风波,党和政府依靠人民旗帜鲜明地反对动乱之后,全局各级团组织按照局党委部署,在广大团员青年中开展"基本路线、基本国情"和"社会主义好"的思想教育活动。80 年代到 2010 年,各级团组织每年对团员青年进行形势教育和革命传统教育。上海建工团委遵循"党建带团建"的原则,结合各阶段企业发展的实际和团员青年的实际,组织团员青年认真参加上海建工党委部署的一系列政治理论学习内容和主题教育活动。

二、"学雷锋、树新风"活动

1963 年全国开展"向雷锋同志学习"活动后,建工局团委把活动作为提高广大团员道德素养的载体。1979 年 3 月,全局开展"学雷锋、树新风,生产节约活动月"活动。1980 年成立 142 个"为您服务"小组,有 4 500 多名青年参加。1981 年,建工团委成立数百支"青年服务队"。1981 年起,局团委把学雷锋活动纳入"五讲四美三热爱"活动的总体安排中,每年都开展"学雷锋、树新风、做好事"的活动,通过"活动周""活动日""服务小组""一日捐""青年志愿者"等多种形式,发动团员青年为广大职工做好事。1982 年,建工局青年前往全市 400 多所幼儿园,为改善 13 万儿童的学习娱乐条件出一份力。1993 年 2 月,建管局团委开展"学雷锋、迎东亚、做贡献",组织 40 多名青年赴东方明珠广播电视塔工地现场,提供 400 多人次的各项义务服务。1999 年 2 月,建工集团团委开展"心系银发孤老"的捐赠活动。2001 年第二季度,集团团委经过动员,共有 127 名青年进行骨髓捐献登记。2001 年第四季度,集团团委组织青年参加争当 APEC 会议志愿者的活动,经过多轮测试和遴选,在会议正式出场的 11 个志愿者中,建工青年占了 3 位。2003 年,集团团委举办"弘扬雷锋精神、倡导建工新风"的主题报告会,共有百余名青年参与"我与上海建工"征文活动。2007 年,集团团委组织特殊奥林匹克运动会青年志愿服务队。2009 年,集团团委组织青年志愿者参加旨在积极关爱、支持和鼓励外来务工人员子女的"冬日阳光"——千名少年儿童与青年志愿者手拉手的"红领行动";是年12月,组织医疗志愿者服务队为世博建设者义诊,开展1000多名青年参加的慰问孤老、孤儿等活动。2010年,集团青年志愿者专程赴四川宣传世博。

三、团干部培训

从1978年起,上海建工团委每年举办各种形式的团干部及优秀青年的轮训班。1979年,以"坚持四项基本原则、工作重心转移和团的基本知识"为主要内容开展培训。全年共举办了146期培训班,1 613名团支部委员以上团干部全部参加培训。1980年,434名团支部书记参加了当年的轮训。1984年,制定《建工局团干部培训大纲》,当年对团支部委员以上的团干部进行轮训。1990年《建管局团干部管理条例》制定后,对全局全部专职团干部进行为期一周的学习《条例》的专题培训。1991年,组织160余名专兼职团干部参加培训班,动员带领团员青年走在改革的前列。1999年,以"适应集团跨世纪发展要求"和"学习创新"为主题内容,开展了团干部培训。2001年9月,上海建工团校在建工党校内揭牌成立。至2010年,集团全体专兼职团干部、每年新上岗的团支部书记及以上职务的团干部和新团员做到100%接受培训。此外,上海建工团委还每年定期举办优秀青年培训班,加强团干部后备队伍、优秀青年的思想建设,及时发现了一批具有发展潜力的优秀后备人才。

四、信息交流

1985年,建工局团委创办《建工团讯》,设有"团委信息""基层信息"等栏目,及时将团委及基层团组织的活动信息和工作经验在团组织系统内外进行沟通交流。90年代,建工集团团委以《上海建工》报为阵地,开辟专栏"打团旗、发团音"。1990—2003年,上海建工团委先后编撰《建管局团务知识操作法》《无限期望在青年》《光辉历程》《共青团工作文件选编》等书籍,进行团的工作知识普及和总结交流工作经验。2001年,集团团委组织拍摄的反映建工青年突击队在市重点工程中精神风貌的专题片《青年突击队旗帜在飘扬》在上海电视台播出。随着互联网的兴起,2002年,集团在总部网站上开通团委网,向全集团青年宣传总公司团委的主要工作内容和要求,网页上设立互动专栏,同青年职工沟通。2003年,集团团委利用"建工青年网"论坛,邀请集团领导与青年进行网上座谈会,有500多人次参与到讨论中来,其中不少建议获得集团领导的重视。到2010年,集团团委通过QQ群、短信平台、微博等新媒体手段扩大团内外信息交流,"上海建工团委""建工群英社"公众号的开通,成为上海建工青年群体了解和沟通各级团组织比较便捷的渠道。

第三节　青　年　工　作

一、青年突击队

上海建工的青年突击队活动始于50年代初建造的上海中苏友好大厦(今上海展览中心)工程。50年代,以劳银贵混凝土青年突击队和陆海根粉刷青年突击队为代表的近200支青年突击队活跃在上海建工承接的各项工程建设中,为城市建设作出了贡献,活动中还涌现出了一批优秀的青年人才。"文化大革命"期间,青年突击队活动中止。

1978年5月,团中央号召共青团要团结带领青年"站在新长征的前列",建工局团委立即向全局团组织发出"开展学铁人、争当新长征突击手活动"的通知,之后,上海建工青年突击队迅速恢复。1979年,联谊大厦、雁荡公寓等一批重点工程涌现出改革开放后首批青年突击队。建工局团委授予10支青年突击队每队一面红旗,从中推荐两支全国和上海市的青年突击队。1979年建工局青年突击队有79支,1980年迅速扩展到250支。1984年2月,建工局团委提出了"为重点工程献青春"的口号,围绕重大工程建设,率先开展"青年突击队队日活动",把每年的12月1日定为建工局青年突击队活动日。第一次队日活动在1984年12月1日于上海市少年宫举行。1985年3月,建工局团委开展青年工程、青年突击队"振兴杯"竞赛。竞赛口号是"振兴上海、振兴建筑业",目标是"建楼育人、建队育人"。

图9-5-1 青年突击队举行队日活动

90年代初,企业招收的大中专毕业生数量增加,重点工程施工科技含量越来越高。青年突击队提出"向科技要效益"的口号。1991年9月,建管局团委制定《青年科技突击队管理办法》。之后在人民广场综合改造项目中,建立首支科技型青年突击队——陆莺青年科技突击队。1991年11月,建管局团委命名市建一公司杨浦大桥浦西主塔等13支青年科技突击队。1993年12月,为纪念建管局青年突击队活动10周年,在第10次青年突击队队日活动开展之际,建管局团委汇总编写《光辉历程》一书。1997年12月,集团总公司第14次青年突击队日活动暨建工青年突击队群雕落成典礼在上海建筑工程学校校园举行。建工青年突击队群雕以"光辉的历程"为主题,展示建工青年突击队在重点实事工程建设中的精神风貌。

2001年9月,集团团委提出了"三青"立功竞赛"三率"的工作目标,即提高青年在青年突击队活动中的参与率、提高青年突击队活动在企业发展中的贡献率、提高团组织创建青年突击队工作品牌的成功率。2003年7月至9月期间,集团团委结合"三个代表"重要思想的学习和抗击"非典"时期的工作,开展"百支青年突击队关心百间进城务工青年宿舍行动"。2003年12月,为纪念集团总公司青年突击队建设20周年,在第20次青年突击队队日活动开展之际,举办签名墙活动。1984年至2010年,全集团(局)共命名4 000余支青年突击队,其中,累计有256支被评为"上海市标杆(优秀)青年突击队"称号。

二、青年工程

青年工程一般是指以青年管理人员、青年混合承包队或青年突击队和青年班组为主体独立承担施工管理的工程。1984年6月,市建402队双峰路工房工程成为上海建工历史上第一个被行政和团组织联合命名的青年工程。至1984年年底,全局命名了29个青年工程。1985年5月,市建303队东宁路工房青年工程在解放日报、团市委、市建委联合举办的"上海市青年突击队、青年工程立功表彰会"上被授予上海市第一块"青年工程"（碑）奖牌。1995年起实行"青年工程赛区竞赛"制度。1984—2010年，建工集团（建工局、建管局）累计命名1 670多个青年工程，有72个被评为"上海市优质青年工程"。其中，徐家汇地铁装饰青年工程被团市委命名为"共青团号"青年工程，延安路隧道风塔青年工程被团中央命名为全国优秀青年工程。这些青年工程以"速度快、质量优"为目标，成为推行工地标准化管理、项目管理、文明工地管理、贯标等工作的示范工程，从中涌现出一批优秀的青年项目经理、技术主管等人才。其中，数百名青年工程建设者被评为市劳动模范、市建设功臣、市新长征突击手、标杆青年突击队员（手）。许多青年突击队队长、队员成长为企业骨干和各专业领域的领军人物。

图9-5-2 1984年6月，建工局在双峰路工房工地命名第一个青年工程

三、青年科技协会（青年科技团体）

1985年10月，建工局团委成立青年科技协会。协会成立之初，基本形成建工局青年科协—公司青年科协—工程处青年科协—施工中队或工地现场青年献计献策小组的四级工作网络，吸收千余名青年科技活动积极分子参与其中。1985年7月，建工局总工程师办公室、团委、青年科技协会联合开展第一届"把知识献给建筑业"青年科技论文和"五小"成果征集活动。1988年6月，"上海市建筑工程局青年科技协会"更名为"上海市建筑工程管理局青年科技协会"。1985—1991年，全局青年先后撰写1 000多篇科技论文，有100多篇获得局科技论文成果奖，50多篇论文还先后被专业杂志刊登。科技论文征集成果结合当时上海市重大工程南浦大桥主塔斜爬模和大桥斜拉索提升、东方明珠电视塔提升技术等提出很多有启发、实用性的建议。协会中近20位青年知识分子被选拔担任主任工程师或工程处一级技术负责人。全局青年科技活动共为企业直接创造或节约资金达100多万元。2001年7月，集团总公司第二次科技大会上要求各基层单位团组织以青年科技协会为载体，以课题攻关、方案优化为主要内容，不断凝聚、发现、培养、举荐优秀青年科技人才，为企业发展提供人才与技术储备。2009年5月，"上海建工（集团）总公司青年科技协会"更名为"上海建工（集团）总公司青年科技团体"。截至2010年，集团团委连续开展5届"我与企业同发展"青年管理论文评选活动，开展"把知识献给建筑业"青年科技论文和"五小"成果征集活动26次。

四、"双推优"[①]工作

80年代初—90年代中期，按照建工集团（建工局、建管局）党委提出"团组织要出干部、出人才"的要求，各级团组织向党组织推荐、输送一大批优秀青年干部、优秀青年人才。1994年在"'三跨'

---

① "双推优"即党委、团组织联手推荐优秀团员加入党组织（发展对象），推荐优秀青年人才。

青年人才工程"的推进实施中,集团团委建立近300名35岁以下青年人才库,推荐49名处级后备干部,其中有近60%的人选被党组织列入后备名单。1995年6月,建工集团组织处、团委联合印发《建工集团关于推荐优秀团员青年作党的发展对象工作的实施细则》。1997年6月,集团总公司党委印发《关于开展上海建工集团"双推优"活动的通知》。经过近20年的实践探索,逐步形成"重点培养、梯级推荐、分类考核"的"双推优"工作机制,使"双推优"工作能够持之以恒地不断推进。2001年,"双推优"工作达到"两个90%"和"两个80%",即在发展的青年党员中有90%是经过"推优"的,在培养的青年后备干部中有90%是经过团组织推荐的;团组织推荐优秀青年入党的成功率达到80%,选拔到各级领导岗位的优秀青年干部80%是经过团组织推荐的。是年,建工集团还通过设立"助理制""轮岗制",挂职锻炼等积极推荐有发展潜能的优秀青年人才上关键岗位,通过明目标、交任务、压重担,加速这些青年的成才。2007年年初,集团团委制定《建工集团青年人才发展规划纲要(2007—2010年)》。1978年1月—2010年年底,建工集团(建工局、建管局)团委累计向党组织推荐输送2 800余名优秀团员加入中国共产党,其中包括优秀的青年干部、后备干部和管理人才、技术人才、外向型人才等。

五、杰出青年"期望奖"评选

1992年2月,在建团70周年前夕,建管局38名曾从事过共青团工作的共产党员联名向全局1万多名共产党员和老共青团员、老团干部发出倡议:以个人自愿捐助的形式募捐基金,设立共青团"期望奖",成立由局领导任组长的评选委员会。是年5月,以全局万名党员自愿捐献的3.2万余元资金设立的共青团"期望奖"正式诞生。"期望奖"评选范围是作出显著成绩和突出贡献的团干部(含兼职)。奖励对象的推荐程序为,由各单位团组织负责推荐,征得同级党组织同意;局团委审核后,每年向评委会推荐10名候选对象;凡获奖对象须经评委会2/3以上多数通过。"期望奖"每年颁发一次,由评委会、建工局团委联合授予奖章、证书和奖金;荣获"期望奖"的团干部同时获局"新长征突击手"称号。

2004年,"期望奖"评委会决定将"期望奖"更名为"上海建工集团十大杰出青年—期望奖",评选范围扩大到"在集团内工作5年以上,具有大专及以上学历,年龄在35周岁以下的团员青年"。截至2010年,"期望奖"已连续颁发19届,共有152名优秀青年获此殊荣,其中不少获奖者陆续成为上海建工集团领导和各基层单位的骨干力量。

表9-5-3　1992—2010年建工集团(建工局、建管局)"期望奖"获得者(含提名奖)情况表

年份	届数	获奖者
1992	第一届	陈钢、印光昊、应开林、张庆、徐敏、孙兴凌
1993	第二届	金大庆、卞家骏、唐明、周峰、胡加祥、陈国荣、郭伟民
1994	第三届	宋涛、吴蒙恩、陈晓波、王德华、朱建明
1995	第四届	吴永平、沈咏、陆懿、陆莺、徐军、田谷年、邵思政、戴伟民、张荣、许萍
1996	第五届	王皓、李伯威、申雄文、姚军、黄斌、王美华、唐明、顾海欢、刘会友、周铮、曹霖、谢骏
1997	第六届	顾华、胡培康、张惠中、夏田、陆晨、孙宇杰、黄斌、戴宏杰、刘加峰、张晶、苏向明

〔续表〕

年份	届数	获奖者
1998	第七届	王文云、沈建中、张海涛、蔡伟国、应健、朱剑军、沈才兴、陈国荣、张瀚、丁利红、王辉
1999	第八届	王闻多、戴标兵、饶永生、张卫、钟南、高宝红、黄薪、阮彩亭、张九安、秦凯凯、廉永梅
2000	第九届	徐飚、陈璐琳、史斌、姚海明、周炜、李孟、徐军、陈积强、吴远忠、黄毅、盛爱民、皮秀筠、窦超、史立新
2001	第十届	郁卫阳、顾琦、陈岚、章顺、余纳新、陈华、徐建东、刘哲、林路晨、王涛
2002	第十一届	陈康、周勇、黄轶、何云飞、袁莉娜、王震雨、龚明、杨宏杰、曹旸、朱志华
2003	第十二届	黄震、黄酒华、陶利峰、杜晓晖、张勇、朱王怡、江强、宋丽明、金伟峰、张裕洁
2004	第十三届	童琳、朱海庆、高伟、田哲、袁亦琦、谢骏、邓文武、王斌、谢敏、荀晓晖
2005	第十四届	叶鲁钢、赵琪、徐炳华、邬荒耘、陆纪东、李一帆、毛正平、张建东、周达、伍小平
2006	第十五届	郑成广、汪思满、孙健、潘志灏、黄燕、李旻、陈礼忠、鲍承业、窦争妍、崔晓强
2007	第十六届	龙莉波、许剑秋、邱中桂、陈卢静、张勇、陈万高、姚绍武、梅英宝、曹旸、谢严冰
2008	第十七届	花力、章晓鹏、邵倚旻、李琰、王汇、王涛、崔新军、高翔、陈燚华、郑磊
2009	第十八届	赵兴波、王志华、车永兵、秦立标、孙文、李俊、彭欣、黄胜兵、蔡立志、吴小建
2010	第十九届	戴志杰、陆峰、唐雄威、蒋华、符强、张振华、余伟、张皓、吴先勇、朱蕾

资料来源：建工集团(建工局、建管局)团委"期望奖"名册。

六、青年文化建设

【文化育人活动】

上海建工的各级基层团组织结合青年的特点，组织开展许多广大青年喜闻乐见、鼓励青年积极向上的重要文化活动，以此激发青年的活力，培养青年的社会责任感，提供青年成长的多元舞台。一是结合青年思想建设开展活动，如开展读书活动、党史知识竞赛等。二是围绕建工人才高地建设开展活动，积极搭建青年成才的舞台，如组织辩论赛、专题演讲会、青年文明岗等。三是开展丰富多彩的文体活动，如各类体育比赛、文艺才艺比赛、书画摄影作品展示等。

表9-5-4　1978—2010年建工集团(建工局、建管局)团委部分文化活动情况表

年份	活动名称	内容简介
1978	义务劳动突击周	有近7 000名团员青年参加，累计工时达1.4万小时。全年团员青年共参加义务劳动2.7万多人次，达8 800多个工作日
1980	"五四"游园会和"青年之家"、兴趣小组等	和基建系统其他团组织在闸北公园共同举办了"五四"游园会，全局有4 000多名青年参加；全局建立起青年活动阵地和"青年之家"112个，开办了裁剪、电器、摄影等讲座46个
1981	建工局基层单位青工乒乓球团体赛	2月26—28日在上海市青年宫乒乓馆举行。来自局属11个单位的16个男、女基层乒乓球代表队共102名运动员，历经42场比赛，决出了男女团体冠军

〔续表〕

年份	活动名称	内容简介
1982	建筑青年先进事迹报告团等	报告团到各单位进行巡回宣讲,还配合举办了"建筑青年之歌"文艺晚会,宣传先进典型的事迹
1983	"迎七一"和"觉悟与奋斗"等演讲比赛	从基层公司到局层层选拔,有187人参加演讲。全局各级团组织全年共组织各种演讲比赛182次,有829人次参加演讲
1985	"美在青年中"系列活动	在"五四"青年节举办"美在青年中"表演赛
1987	建工局首届青年艺术节	艺术节5月4日在上海市杂技场正式开幕,5月9日,在上海市戏剧学院实验剧场闭幕。设有声乐比赛、交谊舞比赛、班班有歌声、师徒情侣伉俪娱乐赛、书法摄影集邮展评等多项专场活动
1989	欢庆"五四"青年节和建国40周年的节庆活动	全局有近1.5万名青年参加了复兴公园"五四"青年大联欢活动,局团委推出了"建管局十大青年精英",并宣布建立"建安青年岗位成才基金";围绕庆祝国庆40周年,与上海电视台、团市委及我局下属的市建五公司联合举办了"我与共和国同成长"演讲比赛,来自本市各行各业的400余名选手参加了竞赛,15名选手进入决赛。10月2日、3日在上海电视台播出后受到社会各界好评
1991	支持上海市重点工程建设的系列活动	在南浦大桥贯通之际,与电视一台联合举办了《壮哉、大桥》——南浦之夏文艺晚会,颂扬大桥建设者"奉献精神";于12月1日、12月12—14日,在太浦河水利工程工地现场组织了5次义务劳动,参加团市委发起的名为"百支突击队,千人义务突击劳动"的青年突击队竞赛活动
1997	"庆香港回归,迎党的生日,向党的十五大献礼"系列活动	组织建校、技校百余名学生举行迎香港回归升国旗暨18岁成人仪式,发动5000余名青年开展"香港和国防知识"竞赛,5月5日,在教育会堂举行建工青年"庆回归、歌颂党"五四歌会,6月中旬,部分青年代表上海市优秀青年集体参加以"上海青年迎香港回归"为主题的《智力大冲浪》节目,举行新老团干部"迎回归、歌颂党"座谈会
2001	"党在我心中"系列活动	围绕建党80周年开展的活动,自2001年4月1日—7月9日,共100天。主要内容有清明祭扫、党的知识竞赛、书画及摄影作品展示、歌咏比赛、读书征文和十八岁成人仪式等活动
2002	"永远跟党走"系列活动	为纪念建团80周年,开展了清明祭扫、"共青团号"诚信承诺、优秀青年形象展示、建工团校挂牌仪式、"学团史、知团情"知识竞赛、为"渔阳里"团中央旧址改建工程捐款等活动,并举办了主题团日活动和出版了《我与企业同发展》一书
2010	"奉献世博、岗位建功"演讲比赛	由集团工会、团委、党委宣传处联合举办,共有29家基层单位、61名选手参赛,有15位选手入围了决赛,100多人观摩了比赛

资料来源:建工集团(建工局、建管局)团委总结材料。

【集体婚礼】

80年代,建工局团委多次组织系统内的青年联谊活动。1980年,局团委对建工青年的婚恋情况进行调研,针对青年婚恋难的实际情况成立青年婚恋关心小组。1983年,建工局团委倡导移风易俗、婚事简办,集团下属6家公司的团委为30多对青年举办各种小型多样的集体婚礼。进入90年代,部分企业把集体婚礼的场所放在重点工程现场举办。1991年2月,团市委、建管局和安装公司联合举办"市重点工程建设者集体婚礼晚会"。1991年夏,南浦大桥项目工地举办集体婚礼。

2003年6月,团市委、建工集团团委在即将通车的卢浦大桥上联合举办有7家施工单位的20对新人参加的"上海市青年建设者集体婚礼"。2004年4月,来自市建一公司、市建四公司、机施公司、华建厂、桥隧公司、物资公司的8对新人与其他单位的30对新人一起,参加了由普陀团区委在长风公园主办的"第四届上海国际花卉节——牡丹之春集体婚礼"。2004年5月,市建二公司在上海国际赛车场工地为12对新人举行集体婚礼。

图9-5-3 集团团委在重点工程举行青年集体婚礼

【希望小学暑期夏令营】

从1998年开始,建工集团工会和团委每年共同组织"上海建工希望小学暑期夏令营活动"。希望小学每年选拔10名优秀学生和教师代表来沪参加活动,参观上海重大工程、革命纪念地、著名大学等。截至2010年,夏令营活动已成功开展12次(2003年"非典"时期活动暂停1次)。上海建工希望小学暑期夏令营活动已成为沟通沪皖两地爱心传递的桥梁。

图9-5-4 希望小学暑期夏令营活动

【学校青年工作】

从60年代初开始,建工局先后在局所属的技校、中专和高职院校建立团组织。2010年年底,建工集团所属学校团组织有上海市建筑工程学校团委、上海建峰职业技术学院团委,下设有11个团总支,165个团支部,团员人数为4 681人。

建工集团(建工局、建管局)团委把全日制学校团的工作和青年工作纳入管理范围,集团(局)团委对学校团委的工作有要求、有布置、有指导、有检查。从1963年起,学校每年都组织开展符合青年学生特点的"学雷锋、树新风"活动。在1989年政治风波前后,建管局团委按照建管局党委的要求,积极做好学生的思想工作和稳定工作,开展"爱党、爱祖国、爱社会主义"的教育活动。1994—2004年,集团团委和校团委每年选择在一些重要纪念日,到重点工程现场举办针对在校学生的"上海建工十八岁成人仪式",有近3 000名学生先后参加该项活动。"班班有歌声"也是学校的一项传统文化活动。

从2001年起,由一名学校的专职团委负责人担任集团团委副书记,以加强集团团委对学校团员青年工作的领导。

第十篇 人物

概　　述

在上海建工发展的历史上,广大职工艰苦创业、改革创新,为国家的建设事业和企业的发展贡献自己的智慧和力量,涌现出一大批杰出的领导干部、知名专家和先进模范人物。

1953年,建工局成立后第一任局党委书记、局长罗白桦;1958年,上海市建筑工程局和华东建筑工程管理总局合并后,成立新的上海市建筑工程局,第一任党委书记张文韬、局长杨兆熊;以及之后担任过局党委书记或局长的范达夫、陈去非、王永良等,他们在各个时期为建工局创立、发展,带领全局职工在社会主义建设事业中作出了重要贡献。因工作需要,他们先后调离建工局,在不同战线担任更重要的领导工作。

本篇设"人物传"。根据"生不立传"的原则和本志的断限,立传人物为2010年人事关系(含离退休关系)在建工集团(含建工集团所属单位)的,并于1994年及以后去世的担任建工集团(局)正副职领导职务或原局级领导;多次获得劳动模范称号,并由建工集团党委树立为先进典型的人员;由上海市建设委员会主编的《上海建设》中列为"知名专家"的人员;1978年后被授予革命烈士称号的人员。共有立传人物24名,以卒年排序。

本篇设"人物表"。记载在1978—2010年间,当选为全国和上海党代会代表,上海市委委员、候补委员,全国和上海市人大代表、政协委员,共134人次;中国工程院院士、全国工程勘察设计大师、国家有突出贡献中青年专家、享受国务院政府特殊津贴专家,共89人次;全国劳动模范、全国先进生产(工作)者,共17人次;部(省、市)以上各类先进称号获得者,共641人次;集团标兵,共195人次。

第一章 人物传

第一节 领导人员

孙良浩(1914—1994) 江苏灌云人,民国3年(1914年)9月29日生,民国28年(1939年)2月参加革命,投身于家乡的抗日武装斗争,是年3月加入中国共产党。

抗日战争时期,历任八路军山东纵队陇海南进支队战士、班长、排长,中共灌云县委军事委员,八路军第五纵队灌云大队政委,淮海军分区滨海大队副大队长,灌云县民兵总队总队长,新四军淮海分区独立三团团长,中共灌东工委书记兼办事处主任等职。率领抗日地方武装,始终坚守在苏北地区的抗日民主根据地,多次参加了袭击拔除敌人据点和反扫荡斗争,沉重打击了日伪军,当时他家乡流传着"打鬼子就靠孙良浩"的歌谣。

解放战争时期,历任解放军淮海军分区灌云县警卫团团长兼副政委,独立旅2团政委,10旅29团政委,12纵队35旅104团政委,30军88师政治部副主任、主任等职,参加了渡江和解放上海等战役。1950年冬,赴朝鲜参加抗美援朝战争,任中国人民志愿军77师政治部主任、中朝联合游击支队副政委,参加了抗美援朝第二次战役。在14年的戎马生涯中,孙良浩战功卓著,由普通战士晋升为师一级的领导。灌南人民革命纪念馆陈列着孙良浩在抗日战争、解放战争和抗美援朝等各个时期的英雄事迹和史料。

1953年3月,转业到地方建筑行业。1954年10月,他担任建筑工业部洛阳工程局副局长,参加了国家第一个五年计划骨干项目洛阳"三大厂"(拖拉机厂、滚珠轴承厂和矿山机械厂)的工程建设。50年代后期—60年代中期,历任上海市建筑工程局党委副书记、书记,他带领全局职工在"一五""二五"建设高潮中广泛开展群众性的技术革新、技术革命,减轻了建筑工人的劳动强度,提高了工效,出色地完成了一批新的工程建设项目,特别是保质、保量、按期完成了一批国防、科研工程项目。"文化大革命"中遭受迫害,"靠边"并下放劳动。"文化大革命"结束后,先后出任上海市物资局党委书记、宝钢总厂建设指挥部党委副书记、副总指挥兼政治部主任等职,参与组织领导了国家引进先进技术和设备的宝山钢铁总厂的工程建设。1980年3月,调回上海市建筑工程局,任局党委书记直至离休。

孙良浩长期在建筑行业担任领导,敢于抓管理,善于带队伍。60年代,他带领上海市建筑工程局党委一班人认真贯彻中央关于国民经济"调整,巩固,充实,提高"的方针,对局下属的企业组织体制进行了一次大调整,同时还培养了一批领导干部和生产技术骨干,为以后的发展打下了基础。党的十一届三中全会以后,他组织领导了上海建工系统的拨乱反正工作,复查和平反了一批冤假错案,调整和加强了各级领导班子,全面提高了各建筑企业的施工生产和企业管理水平。孙良浩十分注重干部队伍和人才队伍建设,在他主持下建工局制订了干部集中轮训计划,仅1979—1981年举办轮训班27期,参加轮训的党员干部达3 095人次;还举办了4期中青年干部脱产培训班,培训中青年干部共计404名,成为上海建工系统发展的骨干力量。

孙良浩认真抓好廉政建设，身体力行，不徇私情。80年代初期，针对当时部分施工企业存在的向建设单位吃、拿、卡、要的不正之风，他态度坚决地予以纠正。他的子女中有病休在家的，有在江西、黑龙江等地插队落户的，他从来没有利用职权调动子女的工作。1982年，作为上海代表出席了中共十二次全国代表大会，《解放日报》以《端正党风的带头人》为题，刊登了对他的专访文章。

1985年，经上海市委组织部批准离职休养。离休后他在政治上与党中央保持一致，坚决不干预在职领导工作，不为子女接工程、拉生意。他每周骑一辆旧自行车去老干部大学听课学习，搜集整理解放前家乡共产党武装力量发展壮大的有关史料，撰写参加上海等地重大工程建设的回忆录等，并热心地帮助家乡和建工局做一些力所能及的工作。有的单位要聘他为顾问、给他报酬，都被他谢绝。病重弥留之际，还教育子女要节约公家的开支，"不要找组织的麻烦"。

1994年10月27日逝世。

黄明亮(1906—1996) 原名黄礼淋，曾用名黄澄浪(登浪)，江西兴国人，清光绪三十三年十二月二十一日(1906年1月15日)生。8岁起帮人放牛，因荒年被过继到泰和县另一户黄姓人家当儿子，13岁起务农，成年后做过挑夫、小贩。家乡建立红色根据地后，他接受了党的教育加入农民协会，参加了打土豪分田地。民国19年(1930年)4月参加中国工农红军，次年4月加入中国共产党。

第二次国内革命战争时期，历任红一军团独立旅7团战士，红一军团独立师285团通讯员、副班长，20军军部通讯排排长，中央苏区一师一团7连党支部书记、政治指导员，中央军委特务团党总支副书记等职，参加了中央苏区5次反"围剿"作战和举世闻名的二万五千里长征。长征途中他担任连指导员，因"巩固部队好、完成战斗任务好、执行政策遵守纪律好、教育新战士好"，获得师模范指导员称号。长征结束到达陕北后，他任中央军委司令部政治指导员兼党支部书记。

抗日战争时期，在延安参加了抗日军政大学第二期学习。学习结束后历任八路军115师343旅政治协理员、晋西支队2团2营政治指导员、鲁南支队供给处政治委员、115师司令部4科科长、山东军区特务团供管主任、山东军区生产大队分支书记等职，参加了著名的平型关歼灭战和山东沂蒙山反扫荡等战斗。

解放战争时期，历任山东鲁南军区补充团团长兼政委，鲁南军区后勤部政治处主任，华东军区野战15医院党委书记，华东警备3旅政治部副主任，99师政治部副主任、主任等职，参加了著名的淮海战役和渡江战役等。在战争年代，他参加了主要战役十余次、大小战斗数百次，两次负伤。

全国解放后，转业到地方建筑行业，1951年6月任华东建筑工程部政治部副主任，1956年2月参加了建筑工程部高级干部学校学习，之后担任上海市建筑工程局党委监委书记、上海市建筑工程局党委副书记兼监委书记、上海市视察委员会委员、政协上海市第五届委员会委员等。1977年4月任上海市建筑工程局顾问直至离休。这期间，他为上海建工系统加强党的思想、组织、作风建设和基层党组织建设做了许多行之有效的工作。粉碎"四人帮"之后，他在上海市建筑工程局党委召开的纪念周恩来逝世一周年大会上作了《记在周副主席身边工作的日子里》的革命传统教育报告，受到职工群众的欢迎。

1983年1月，经中共上海市委组织部批准离职休养。离休后他仍然坚持学习，关注国家改革开放、上海城市建设及建工系统的物质文明和精神文明建设。他克服身患疾病的困难,积极参加离休干部支部活动,关心家乡发展,曾两次共捐款800元(当时他本人月工资为192元),支持家乡建造桥梁。他生活简朴,严于律己,在子女家属工作安排上从未向组织提出要求,生命垂危之际还教育子女不要给组织添麻烦。

1996年9月28日逝世。

王秀凤(1943—1996) 女,江苏扬州人,民国32年(1943年)11月19日生。1957年起在上海市市东中学学习,加入中国共产主义青年团。1963年考入上海工学院无线电系,任系团支部组织委员、校团总支组织委员,1965年11月加入中国共产党,是当时班级中唯一的学生党员。1968年大学毕业后到部队农场劳动锻炼,历任班长、排长,并连续两年被评为"五好战士"。1970年8月分配到上海市物资局机电设备供应公司修造厂任磨床工。

1973年3月,调任上海机械设备供应公司担任设备管理工作,1980年4月起任上海机械设备成套公司设备科副科长。这期间,她千方百计发挥成套机构的基本建设项目设备集成的主渠道作用,确保成套项目按计划如期建成,取得出色的成绩。

1984年4月,任成套公司党委书记兼经理,之后历任上海市物资局党委书记助理、上海市机械设备成套公司及上海机电设备招标公司副总经理。当时正值党的十二届三中全会作出《中共中央关于经济体制改革的决定》之后,为了适应改革开放和发展外向型经济的要求,上海兴建了永新彩色显像管工程、30万吨冷轧薄板工程、吴淞煤气厂、益民啤酒厂、耀华比尔金顿浮法玻璃工程等一批重大项目,她凭借自己丰富的实际经验,深入一线参与这些重大项目设备供应的分析判断服务,组织协调和解决设备成套的招标、进出口等问题,做了大量工作,她连续4年被评为市优秀工作者和重大实事工程竞赛设备赛区优秀组织者。

1991年6月,任上海市机械设备成套局副局长兼上海机电设备招标公司副总经理,分管招标和进出口工作,针对当时招标业务中审查性招标多、业务量较少的情况,她适时提出"观念要转变、机制要适应",一方面在出国考察学习后向上级有关部门反映,提出按照国际惯例在国内政府采购中推广招标机制的建议;另一方面要求招标业务人员转变观念,不要躺在机电产品进口政策上"吃饭",要变审查性招标为服务性招标,并亲自带领业务人员到企业宣传,为以后招标业务的发展奠定了基础。在进出口工作上,她积极向上级部门反映成套设备进出口对上海经济发展的重要作用,终于在1994年为上海成套局争取到进出口权,使进出口总额逐年上升,经营效益逐步提高。

王秀凤为人正派,热情直爽,秉公办事,原则性强。在家庭兄弟姐妹中她是大姐,工作后每月拿出工资补贴弟妹读书、生活,逢年过节亲手给弟妹做衣服,弟弟分到房子还去帮忙搬运黄沙石子;在单位敢抓敢管,同时又平易近人,密切联系群众,注意倾听群众的呼声,帮助群众解决工作生活中的困难,在群众中享有较高的威信,1993年当选为上海市第十届人大代表。在生病期间仍然保持乐观的精神状态,病情稍有好转就坚持上班,经常与同事一起商量工作统筹安排,分管的招标、进出口业务在1995年仍然取得很大进展。

1996年12月15日逝世。

朱合喜（1915—1998） 曾用名季永福，安徽无为人，民国4年（1915年）11月30日生，幼年读过三年半私塾，之后在家放牛种田。民国27年（1938年）冬在家乡加入农民抗敌协会，接受抗日救亡教育，参加了组织农民加入抗敌协会，宣传抗日救国，动员青年参加新四军等工作。民国28年（1939年）2月加入中国共产党。

抗日战争时期，历任中共无为县仓头乡党支部书记、无为县太四区区委组织委员及区委书记、悦城区区委书记、代理区长兼民兵教导员等职。他积极发展党的基层力量，认真做好群众工作。民国29年（1940年）4月，为了保持抗日有生力量，新四军主力撤至淮南地区，在环境十分困难的情况下，他仍然坚持地方党的工作。是年8月，日军占领无为县城，他组织了游击队，狠狠打击敌人。

解放战争时期，任新四军第7师60团政治处组织股长。民国35年（1946年）10月，参加华东军政大学学习后，于次年1月因工作需要回安徽无为、巢湖地区开展敌后游击战，同时开展宣传工作和情报工作，稳定了群众情绪，坚定了群众对敌斗争的信心，发展壮大了游击队组织。民国37年（1948年）1月，他担任中共无为县委副书记，负责土地改革试点工作，他积极贯彻党的土地政策，圆满完成了任务。渡江战役时，他任无为县支前指挥部政委，有力开展了支前保障工作，确保渡江战役胜利。

解放后，任中共无为县委书记、第二书记等。1951年1月参加中共华东局党校学习后进入建筑行业工作，历任华东工房工程处五号基地主任、党总支书记，华东第一建筑工程公司第二工程处工地主任、党总支书记，华东第一建筑工程公司经理、党委书记，上海市建筑工程局副局长，江西省"小三线"第二指挥部施工组长等职。在"文化大革命"期间，他受到错误的批斗和迫害，被下放到"五七干校"劳动。1973年他担任金山石化工程建设指挥组副组长，代表建工局主管金山工程施工管理工作，在当时艰苦条件下与职工同吃同住，白天戴着安全帽跑工地，亲自爬上高空设备装置检查工程进展情况，晚上经常开会到半夜解决工程难题，体现了一个老干部的优良作风。粉碎"四人帮"后，1977年任上海市基建施工组副组长，1978年3月起重新担任上海市建筑工程局副局长，主要分管保卫、人事、办公室工作。党的十一届三中全会以后，他协助局党委开展清查工作，复查对象4 000余人，纠正了一大批冤、假、错案，审查处理了局内"文化大革命"中的"三种人"（造反起家的人、帮派思想严重的人、打砸抢分子）160余人，为恢复党的实事求是思想路线做了大量卓有成效的工作，在关心群众、解决职工住房困难问题上成绩显著，受到干部职工的尊敬。

1983年，经上海市委组织部批准离休。他患有脑血栓后遗症走路不便，但坚持拄着拐杖来参加离休支部学习。晚年十分关心家乡的建设发展，为家乡建设捐款和撰写革命回忆录。1987年起他病重长期住院，仍然关心国家经济形势和上海城市建设，始终保持革命乐观主义精神。

1998年2月13日逝世。

蔡振耀（1923—2000） 江苏启东人，民国12年（1923年）5月11日生，出身于贫苦农民家庭，13岁到茶馆当学徒，成年后靠出海捕鱼为生。民国36年（1947年）7月在家乡加入中国共产党。

解放战争时期，历任启东区少峰乡党支部副书记、启东区委组织科干事兼秘书、苏中九地委干部学校学员、华中干部机动一大队六中队事务长、安徽和县香南区委组织科长、中国人民解放军九兵团30军担运团七营教导员等，为地方基层组织建设和部队的后勤保障、干部队伍建设作了大量工作。

全国解放后，历任安徽江浦县汤泉区委组织科长、中国新民主主义青年团滁县地委直属机关总支书记、青年团滁县县委组织部长、青年团嘉山县委副书记、青年团安徽省委工作队队长等，为青年团基层组织建设作出了贡献。

1953年4月，调入上海建筑行业工作，历任上海工房工程处民政工作队党支部书记、第一机械工业部华东建筑公司团委副书记、洛阳工程局第七工程处政治处副主任、洛阳工程局企业处党委副书记、华东第二建筑公司203工区党委书记、201工区主任、华东第五建筑公司联合加工厂厂长兼党总支书记、上海市第三建筑公司副经理、上海市第七建筑公司经理、上海市第四建筑公司经理、上海市建工局副局长、上海市建委施工处处长等。他负责主持了当时尖端工业项目上海松江火箭基地的建筑施工达4年之久。1966年3月起担任皖南直属工程处主任，组织安徽"小三线"高炮基地建设项目的建筑施工，他坚持与职工同吃同住，经常下工地和职工一起挥汗奋战，职工休息了他还在布置安排第二天工作，脸晒得黑黑的，被职工亲切地称为"黑老蔡"。1972年，他担任中国援建苏丹民主共和国友谊厅工程技术组组长兼党总支书记，组织中国援建苏丹友谊厅和苏丹北部瓦迪·哈尔法渔轮渔网修理厂、制冰厂和冷库的工程建设，在长达6年的施工过程中做了大量工作，也为境外施工积累了宝贵经验。1981年3月，调回上海建工局任副局长并兼任上海市建四公司经理直至离休。这期间，市建四公司承建了上海宾馆、宝钢宾馆、雁荡大厦等一批著名工程建设，他注重调查研究，深入现场狠抓施工管理，为上海城市建设和建筑业发展做了积极的努力。

1985年5月，离职休养。离休后仍然十分关心上海城市和建筑业的改革发展，组织上通报情况他认真记录，并积极参加讨论提出建议。他还为家乡经济发展做参谋，辅导家乡劳动力组织建筑施工队伍合法经营。

2000年10月17日逝世。

王国良（1922—2004） 曾用名王桂生，江苏常熟人，民国11年（1922年）7月24日生。13岁起当学徒、种田谋生。民国28年（1939年）10月参加革命，民国31年（1942年）3月加入中国共产党。

抗日战争时期，历任新四军苏南沙洲常备队副班长，六师教导二队学员，一师1旅1团8连文书、一师特务连管理排长、靖江独立团会计等。民国31年（1942年）在苏南地区反日伪清乡作战靖太战役正东圩增援战斗中冲锋负伤。

解放战争时期，历任解放军华中军区苏中一分区司令部粮站站长，九分区司令部财粮股副股长、军工科副科长，蚌埠军管会清查队长，无锡、闵行等地军管会派往工厂的特派员等。

1949年5月上海解放后，任上海市军管会派往陆根记营造厂、中央电瓷公司等的军事代表，并兼任上海窑厂厂长和馥记营造公司的特派员。在进入城市负责接收工作过程中，他坚持党的方针，加强请示汇报，严格执行政策纪律，细心做好教育改造工作，圆满完成了把私营营造厂吸收进国营建筑企业的任务。

1949年12月,转业到地方建筑行业,先后任华东工业部华东建筑公司主任秘书,华东建筑工业部第一工程处主任,第一机械工业部华东建筑公司副经理等。1954年10月,出任建工部洛阳工业局一公司副经理、局生产处代处长兼总调度室主任,具体负责国家第一个五年计划的重点项目——洛阳第一拖拉机厂、滚珠轴承厂和矿山机械厂的工程施工组织,确保了"三大厂"3年建成。1957年7月起,历任上海市第五建筑公司副经理、经理,上海市建筑工程局副局长,贵州遵义061工程指挥部副指挥,南京9424工程指挥部核心组成员,中国援建阿尔巴尼亚钢铁联合企业工程技术组副组长。这期间,他参加和主持闵行和松江机电工业基地、闵行"一条街"、虹桥机场、贵州遵义061工程、南京9424工程、阿尔巴尼亚钢铁联合企业工程等一批重大或援外工程的建设,做了大量富有成效的工作。

1977年4月起,任上海市建筑工程局党委书记、局革命委员会主任、局长,上海基本建设委员会副主任兼党组成员、宝山钢铁总厂工程指挥部副书记、副指挥。这期间,他带领职工肃清"四人帮"的流毒,分清思想是非,调整充实领导班子,狠抓企业整顿,扭转了完成了各项技术经济指标。在宝钢生活区友谊路住宅建设中,组织6个建筑公司开展劳动竞赛,用10个月时间完成了近20万平方米住宅建设任务,创造了质量好、速度快的"上海水平"。1980年1月,又任上海市建筑工程局局长,他积极推进"全行业利润留成包干"试点工作,3年中使全局实现利润、上交财政和自留资金等大幅度的增长。他运用3年包干积累的资金添置了一批塔吊、混凝土搅拌站(车、泵)等大型机械设备和钢管脚手、新型钢模板等设备,逐步形成施工生产方式的机械化,为80年代上海高层建筑的建造和减少环境污染提供了装备支撑,减轻了劳动强度,提高了工作效率。同时建造了一批职工住宅,改善了职工的生活条件。

1984年,离职休养,并担任建工局离休干部党支部书记。他认真组织离休干部学习,带头发言,引导大家正确理解党的路线、方针和政策。他关心离休干部,在解决住房、建立老干部基金、改善医疗条件等方面多次提出积极的意见建议。他继续关心上海城市建设,关心上海建工集团的改革发展,深受大家的尊重。

王国良严于律己,一生清廉。他担任上海市建筑工程局局长时,家乡来人请他帮忙接工程、搞钢材,都被他拒绝。他注重形象,离休支部活动吃客饭带头付钱,灾区有困难带头捐款,生病住院时个人应付的护工费、伙食费一分不少。病重之际,还要求家属"死后不要麻烦人家,丧事从简",表现了一个党员领导干部崇高的思想境界。

2004年5月21日逝世。

江春泽(1915—2008) 曾用名江秋涛,回族,江苏南京人,民国4年(1915年)10月2日生。高中肄业后于民国20年(1931年)9月进入中国银行上海分行,历任练习生、助员、办事员等。民国27年(1938年)参加革命,是年加入中国共产党。

参加革命之后10多年间,江春泽以银行职员身份为掩护从事党的地下工作,先后担任中共中国银行上海分行支部委员、书记,中共上海金融业委员会书记,中共上海店员工作委员会书记等,在特殊环境下开展工作,经受了考验,为抗日战争和解放战争作出贡献。民国37年(1948年)8月,受党派遣赴苏北华中党校学习,任中共上海市委驻华中党校工委委员、华中党校14队党支部书记。

全国解放前夕,作为上海职员青年代表参加全国青年代表大会和中国新民主主义青年团第一次全国代表大会,并当选为团中央委员。上海解放后,他历任青年团上海市工委青工部副部长、青年团沪西区工委书记、青年团华东局青工部副部长、青年团上海电机厂总支部书记、青年团华东局工业部工委书记等,为解放初期上海青年团的建设做了大量基础工作。

1953年9月,调任从事财经工作,先后担任华东财政经济委员会劳动工资处处长、上海市劳动局副局长、上海第一钢铁厂副厂长、华东计经委劳动工资计划局副局长等。在此期间,他勤于思考,善于发现问题,按照社会主义"各尽所能、按劳分配"原则对劳动工资管理提出了意见和建议,为此在1957年受到错误批判,在"文化大革命"中遭受错误处分和迫害,粉碎"四人帮"后得到彻底平反。

在党的十一届三中全会召开前夕,1978年3月,调任刚刚兴起的对外经济系统,任上海市对外经济联络局局长、党组书记,1984年2月起任上海对外经济技术合作公司总经理直至离休。在上海对外经济技术合作事业初创时期,为涉外国有企业如何从计划经济转向市场经济、上海企业直接参与对外工程承包和劳务技术合作,做了大量工作并进行了卓有成效的探索。

江春泽是上海市第八届人大代表。1986年1月离职休养后,他继续认真履行代表参政议政职责。在1989年春夏之交的政治风波中,他勇敢捍卫党的四项基本原则,多次撰文批驳当时《世界经济导报》的资产阶级自由化言论,并多次写信向当时上海市委主要领导反映。他积极参加市委党校的党史资料征集整理工作,认真组织市老干部活动室党史组活动。他经常到大学中学与师生座谈、作报告,到基层单位上党课,从不收取任何报酬,1991年被授予"上海市外经贸系统优秀共产党员"称号。病重住院时,还留下遗嘱:捐献遗体供医院病理解剖,丧事从简,不保留骨灰,不收花圈,不举行追悼会等,体现了共产党员的高风亮节。

2008年12月25日逝世。

魏世达(1943—2008) 浙江黄岩人,民国32年(1943年)11月20日生。1963年3月应征参加中国人民解放军,1965年5月加入中国共产党。

魏世达在部队21年,从战士、班长、司务长、连指导员、营教导员,到团政治处副主任、主任,团副政委,团党委常委,在每个岗位上都有突出的贡献。他曾两次被评为"投弹能手",连续4次被评为"五好战士",8次荣立三等功。1970年被师党委和军党委树为标兵,1979年3月被选送到南京高级步兵学校学习,担任学员班长,被评为优秀学员。1982年再次受到军党委通报嘉奖。

1984年4月,转业到上海对外经济技术合作公司,历任党委办公室副主任、主任,人事处处长,机关党委书记,公司襄理等职。他继续发扬了部队开展针对性思想政治工作的传统,几年里利用业余时间骑着自行车走访了100多户职工家庭,占当时职工人数的70%多,用自己的辛劳和真诚团结职工,为外经事业的发展留住了人才和人心,1990年获得市外经贸系统"工会之友"称号。

1992年7月,任上海对外经济技术合作公司副总经理兼任上海外经国际劳务公司总经理,1996年10月任上海外经(集团)有限公司副总裁直至退休。在国内外竞争激烈的情况下,为改变外派劳务输出一直徘徊不前的状态,他积极从五个方面进行探索改革:一是改革劳务收入分配比例,较好与国际用工惯例接轨,调动了外派劳务人员的积极性;二是拓展新的国际劳务市场,通过"设点、抢滩、布网、成片",使上海外经在日本、新加坡、塞班岛等新兴劳务市场抢得先机;三是建立稳固的合作关系,实行不同层次劳务由具备不同基础和能力的合作单位分别选派的合作模式;四是建立培训、储备、定向外派"三点一线"的系统工程,不断提高外派劳务人员的综合素质、劳动技能和外语水平等;五是加强管理树立信誉,针对劳务外派中出现的各类问题,定期组织合作单位专题研讨,统一认识和措施,在国际劳务市场上赢得良好口碑。通过多年努力,到2001年年末,外经集团在外劳务人数和营业额分别为80年代末的6倍和8倍,在全国同行业中排名第一,外经集团在1996年和1997年连续评为上海市"优秀企业"和国家外经贸部"先进集体"。

魏世达对工作总是全力以赴、任劳任怨。80年代,"两伊战争"时期,为了实施伊朗渔业合作项目,他不顾个人安危多次出访,使这一时间跨度为10年的项目得以顺利执行,也为中国开展国际远洋渔业合作提供了经验。为了开拓和巩固日本劳务市场,他10多年间几十次去日本拜访客户,每次都来去匆匆无心观光,连富士山都没有去过。他认真钻研业务,具有高度的事业心和责任感,很快成为国际劳务合作行业的专家,1996年获得"上海市军队转业干部先进个人"的称号。

2008年12月27日逝世。

杨银汉(1931—2009) 曾用名杨银海,浙江省镇海人,民国20年(1931年)1月17日生,民国37年(1948年)11月到上海开利汽车行任司机助理、司机。

1954年12月,到上海公共交通公司工作,1956年6月加入中国共产党。这期间他历任驾驶员,汽车二场一车队工会副主席、工会主席、党支部副书记、书记,汽车二场工会副主席、武装部长,汽车一场党委第一副书记,从普通驾驶员成长为党的基层干部。他紧紧依靠广大职工,开展社会主义劳动竞赛,为上海的公共交通事业作出贡献。

1965年8月起,先后在市政交通政治部、上海市直机关"五七干校"工作。1972年7月,他参加了杭州湾畔上海石油化工总厂筹建工作,历任石化总厂运输组负责人,供销储运组负责人、处长,在十分艰苦的条件下组织了12万吨国外引进石油化工设备和国内配套设备的接运工作,以及300余万吨工程建设砂石材料和原料、产品的水陆运输工作,保质保量完成了运输任务。

1979年8月起,任中共上海石化总厂纪委副书记,他按照党的实事求是的思想原则,抓紧复查工作,平反了一批"文化大革命"中的冤、假、错案。1982年4月起,他历任中共上海市工业委员会、经济委员会纪委委员,上海市工业委员会、经济委员会打击经济领域犯罪办公室(简称"经打办")负责人、主任。他牢牢把握打击经济犯罪工作必须服从和服务于改革开放的指导思想,开展调研,明确政策,堵漏建制,工作成效显著,市经委"经打办"被授予先进集体称号,他本人被市工业党委、市经委授予先进生产者称号并两次记功表彰。

1988年7月,调任上海机械设备成套公司、上海机电设备招标公司党委副书记、纪委书记、副总经理。在此期间,他注重调查研究,狠抓改革开放教育,参与制定了"服务、效率、信誉、创新"的企业精神,在公司适应市场变化、开展多种经营、建立激励机制等方面提出了许多重要意见,为公司的发展壮大奠定基础,作出贡献。

1992年10月退休。他曾担任离退休党支部老干部党小组组长,积极参加支部活动,认真开好组织生活会,做好每笔党费的收缴,工作做得十分认真细致。他念念不忘企业的改革发展,经常为企业发展出谋划策,充分反映了一个党员领导干部生命不息、奋斗不止的革命精神。

2009年5月28日逝世。

王佐群(1917—2009) 曾用名王庆江,山东黄县人,民国6年(1917年)8月1日生。民国27年(1938年)6月在家乡参加革命工作,是年7月加入中国共产党。

抗战时期,历任山东黄县区公所政训员,黄县县委军事部部长,黄县县大队政委,胶东北海区职工抗日救国会组织部长,黄县职工抗日救国会会长,黄县、栖霞县和龙口特区各界抗日救国会会长等。面对侵华日军的疯狂扫荡,他组织群众展开了针锋相对的斗争,通过坚壁清野、输送情报、铲除汉奸和瓦解敌人,在异常艰苦的环境里保卫了抗日根据地。

解放战争时期,任山东黄县人民政府县长。民国36年(1947年)3月,他带领黄县民工1 360人、大车588辆、骡子1 220头支援人民解放军,一路上翻山过河,顶风冒雨,在泥泞道路上跋涉前进,还经常遭受国民党军队飞机的空袭,大车不能走就用担架甚至手推肩扛,没有麻袋就用被子衣服做包装,3个月中运送粮食300万公斤、汽油300桶,还为解放军抢运弹药、转移物资、运送伤员,为夺取鲁南战役胜利提供了后勤保障。山东省支前指挥部以当时担任山东省人民政府主席、中共山东分局代书记、山东野战军政委等职的黎玉的名字,授予黄县支前大车队"黎玉运输队"荣誉称号。

全国解放前夕,任山东北海区干部大队大队长并随军南下。1949年5月起任苏南松江专署(今属上海市)秘书主任、副专员。1952年4月起出任上海汽轮机厂厂长。此时国家正进入社会主义建设高潮,他带领全厂干部职工积极开展生产改革,先后造出了375匹马力的蒸汽机和300匹、400匹马力的柴油机,试制成功了6 000千瓦电站汽轮机,大大提高了我国自行设计、制造和开发大型动力机械的能力和水平,上海汽轮机厂与同处上海闵行地区的上海电机厂、上海锅炉厂、上海重型机器厂一起被称为重工业"四大金刚"。

1960年8月,先后担任了中共闵行区委书记、中共上海市委副秘书长、上海市政府机关事务管理局副局长等职。"文化大革命"中他受到错误的审查和批判,彻底平反重新工作后,1978年12月,他担任上海市对外经济联络局副局长、党组成员,成为上海最早一批带领企业走向国际市场的政府涉外经济管理部门的领导干部之一。

1983年11月被批准离职休养。他始终关注上海市政建设和对外经济合作事业的发展,曾就长江口航道的疏通、南汇芦潮港和金山卫辅助港的建设以及浦东沿海滩涂的围垦等问题,向上海市委市政府提出一份很有价值的报告,受到市领导的重视并请有关专家与他进行探讨。他一直关心家乡发展和灾区建设,曾先后向家乡学校捐赠了10台电脑和2台电视机,多次向党组织交1 000元以上的特殊党费,汶川地震后向灾区捐献2 000元,还动员子女共同捐献希望学校。他坚持参加党组织活动,90高龄后因牙齿不好自带一罐八宝粥当午饭来参加组织生活。他在遗嘱中留下一首诗:"抗战依凤芦,军民情意浓。身后归故里,永守高山库。"要求骨灰埋在当年他浴血奋战的抗日战场和养伤期间与当地老百姓结下深厚情谊的地方,并叮嘱家属在他身后"不发讣告、不写生平、不登报纸、不设灵堂、不举行告别会、不葬公墓",不给单位和组织添任何麻烦,充分体现了一名老党员、老干部的高尚情操。

2009年11月5日逝世。

朱桂棠(1930—2010) 曾用名朱明礼,浙江定海人,民国19年(1930年)12月3日生。因家境贫困初中仅读了一年就辍学,到上海建泰百货公司当学徒,半年后又失业,民国37年(1948年)进入上海基安营造厂当练习生、施工员。

上海解放后,曾任静安区"五反"检查团队员、上海工房修建厂工务科施工员等。1953年5月,他进入上海建筑工程局下属第一建筑工程公司工作,并于次年8月加入中国共产党。在市建一公司,他先后担任了劳动工资科定额员、技术定额科副科长、上海中华造纸厂工地工段长、劳动工资科副科长、技术科副科长、102工区五大队党总支书记、虹桥路绿化工地(西郊宾馆)工地副主任、102工区党总支书记兼工区主任、直属工程队党总支书记兼工程队长等职,在长期建筑工程施工组织管理工作中积累了丰富的施工现场管理实践经验。

1965年5月—1974年7月,先后去江西和安徽参加"小三线"建设,担任江西省基本建设第二指挥部施工处技术员、安徽省胜利水泥厂筹建处负责人,为江西和安徽的建设发展作出了贡献。

1974年调回上海,任上海市建筑工程局计划处处长,负责全局的计划业务工作。他着重抓了施工生产计划的合理科学编制工作,同时加强计划实施的管理,对全局施工生产能够保持均衡实施和良性循环起到了很重要的作用。

1981年1月,担任上海市建筑工程局局长助理,1983年10月起任副局长,主管施工生产和劳动工资、基建办、住宅办等工作,同时还兼任上海市重点工程领导小组副组长、市重点工程办公室副主任。当时上海正逐步进入建设高峰,许多重点工程都是项目投资大、施工时间紧、技术要求高、协作配合单位多,由市领导亲自牵头。他常常白天到工地检查施工进度召开现场协调会,晚上接到市领导和工地、单位打来电话又马上赶到工地处理突发的社会公共抢险和施工难题。永新彩色显像管一期工程是1989年上海市第一号重点工程,早投产一天就能创造45万元税利。当时工程已经严重脱期,朱桂棠被市主要领导"点将",临危受命出任负责施工建设的现场副总指挥,他组织开展现场劳动竞赛和技术难题攻关,克服了资金不到位、施工劳动力紧张、1989年春夏之交政治风波时交通受阻等困难,确保了工程按时完成,时任上海市市长朱镕基亲自写信表示祝贺和感谢。在朱桂棠主管重点工程施工生产期间,还确保了虹桥机场候机楼扩建、针织四厂大楼、静安宾馆西楼、联谊大厦、工业展览馆扩建、沪办大厦、市委党校、第六人民医院迁建、南浦大桥和东方明珠电视塔等一批重点工程顺利完成,他也多次被评为上海市建设功臣和上海市精神文明建设活动优秀组织者。

朱桂棠工作细致踏实,忙起来常常顾不上家庭、顾不上身体。他刚结婚时,被派到当时的保密工程西郊宾馆项目工作,他把铺盖搬到工地,两三个星期才回家一次,直到工程结束。东方明珠电视塔施工期间,他白天到现场协调处理问题,晚上回家以后还常常拿出望远镜远距离观察现场施工情况。市第六人民医院迁建工程施工期间,他因病住院,手术前病房成了办公室,手术后医嘱休息一个月,他出院后就赶到施工现场。他退休以后仍然十分关心上海城市建设和建筑行业发展,积极参加社会活动,向有关方面提出不少好的建议,并帮助上海建工集团完成了多项重大工程项目。

2010年3月2日逝世。

倪宏才(1931—2010) 曾用名倪水泉,江苏常熟人,民国20年(1931年)10月17日出生。

1951年6月到中国工业器材公司上海交电分公司工作,他抱着强烈的翻身感,工作十分努力,积极要求进步,1953年加入中国新民主主义青年团,历任团支部委员、团支部书记、仓库主任、储运科副科长。他带领团员青年和职工积极投身建设高潮,先后获得上海市第三商业局青年社会主义建设积极分子、上海市公安局治安保卫二等功臣等荣誉称号,1959年3月加入中国共产党。

1959年12月,调任第八机械工业部上海农机站储运科工作,分管下属仓库和车队。他以身作则,以高度的责任心带领职工群众出色完成各项储运任务,工作多年从未发生安全生产事故。

1965年10月,受组织派遣参加"大三线"建设,承担筹建成都农技站的任务,担任筹建处负责人、党支部书记。正逢"文化大革命"初期,周边地区"武斗"不断。他耐心细致地做好上海调到成都职工的思想工作,团结大家一心搞建设,同时关心好职工的生活,使得农技站内确保了一方平安,国家财产也没有受到损失,筹建工作从选点、计划到设计、施工,各项工作全面开展,井然有序,得到组织和职工的肯定。

1968年7月,从成都调回上海。虽然在"文化大革命"中受到冲击,他仍然坚持做力所能及的工作。1971年7月,农机站与机电公司合并,他历任机电公司组织组负责人,电工站党支部副书记,党总支副书记,电工站副主任,政治部副主任。1978年12月党的十一届三中全会之后,他坚决执行党的实事求是政策,拨乱反正,做了大量清查核实工作,纠正了一批"文化大革命"中的冤假错案。1980年3月—1983年10月,倪宏才任上海市汽车配件供应公司党委副书记、副经理。其间,他从自身做起,从班子抓起,加强党风党纪教育,选拔培养了一批德才兼备的年轻干部。同时,坚持以经济建设为中心,加强班子建设和青年干部培养,抓好生产、经营与管理工作,使企业效益连年增长。

1983年10月,任上海物资局党委书记。他在开展整党教育、纠正行业不正之风、抓好物资系统改革、简政放权等方面做了大量工作,取得显著成效。1986年2月,当选为中国共产党上海市第五次代表会议代表。

1988年8月,他调任上海市机械设备成套公司党委书记、总经理,1991年6月,成套公司更名为成套局,他任党委书记、局长。他抓住浦东开发开放的机遇,针对成套系统的特点,坚持抓好班子建设,提出了"服务、效率、信誉、创新"的企业精神,花大力气加强企业管理和健全规章制度,积极开拓业务领域,创新业务模式,公司连续获得上海市重点实事工程立功竞赛优秀公司和上海市"重合同、守信用"称号,为成套公司发展壮大奠定了坚实的基础。

倪宏才为人厚道,严于律己,清正廉洁。他的妻子因脑溢血偏瘫卧床,他白天正常上班,晚上全心陪护,休息天抽空推着坐轮椅的妻子到公园散心,坚持了20年,从来没有因为家庭的特殊困难向组织上提出要求。晚年退休之后,他在照顾妻子的同时,还继续关心改革开放形势和企业发展,提出意见建议,体现了一个党员干部的高尚风范,赢得了大家的尊敬。

2010年6月3日逝世。

许克诚(1924—2010) 曾用名许杰,安徽定远人,民国13年(1924年)9月9日生。民国28年(1939年)8月参加革命,是年10月加入中国共产党。

抗战时期,历任新四军江北指挥部四支队教导大队战士、四支队政治部民运工作队队员,淮南津浦路西定凤怀县乡大队长、乡长、指导员,定凤怀县副教导员、教导员,区委副书记、书记,中共淮南路西地委组织部组织科员。40年代初,长江以北津浦铁路两侧的抗日民主根据地不断受到日伪军的扫荡和国民党顽固派军队的进攻,形势十分严峻。许克诚坚持宣传组织民众参加抗日活动,多次参加保卫抗日民主根据地、粉碎敌顽扫荡进攻的战斗,被评为定凤怀县一等模范工作者、路西地委四等模范工作者,光荣出席中共路西地委和淮南区委的英模大会。

解放战争时期,随部队北撤到鲁西北参加土改工作,后调解放军华东野战军任伤归处政治部正营级组织科员。民国37年(1948年)6月因工作需要,重新回到津浦路西定凤怀县,任区委书记、教导员,为坚持敌后武装斗争、迎接全国解放做了许多具体工作。

民国38年(1949年)2月当地解放后,任凤阳县公安局局长、检察长、中共凤阳县委常委、县直属机关党组书记。1952年10月调任安徽省公安厅,先后担任科长、副处长,省机关党委保卫部长,省委肃反五人小组办公室专案、甄别定案组长等,这期间从事公安和内部保卫工作10年多,做了大量维护社会治安、清理甄别案件、稳定社会环境的工作。

1959年3月,转入中共安徽省委科委工业处,先后担任副处长、处长并兼任中国科学院安徽自动化研究所副所长。1963年2月又调任中共华东局科委工业处任副处长、部委成员,这期间参与组织部分尖端科技和新兴工业的技术协作工作。在"文化大革命"中受到了错误的冲击、批判并下放到"五七干校"劳动,在上海市革命委员会公交组、国防工业办公室担任一般工作人员,直至"文化大革命"结束后彻底平反恢复名誉。

1978年5月重新走上领导岗位,先后担任上海市革委会国防工业办公室造船处处长、上海市造船工业局副局长、上海市第三次人口普查办公室副主任、中共上海市委驻冶金局整党工作组组长、上海海洋石油局服务总公司副总经理等职。1988年3月,许克诚离职休养。

许克诚为人诚恳,生活朴素。离休之后,到他家探望的单位领导对其家庭生活简朴留下深刻印象。他念念不忘当年战斗过的革命老区,拿出自己多年工资结余,在安徽定远县、凤阳县各捐助了一所希望小学,并多次向新四军烈士纪念馆、地震灾区捐款等共计50多万元。在他弥留之际,还叮嘱家属丧事要从简,最后只举办了一个简单的告别仪式,体现了一个老党员、老干部的高尚风范。

2010年9月10日逝世。

李学存(1924—2010) 山东东海(今江苏东海)人,民国13年(1924年)5月16日生。8、9岁时就帮人放猪割草,十多岁后以做短工、长工谋生。民国32年(1943年)参加革命工作,次年4月加入中国共产党。

抗日战争时期,历任山东省东海县李白村青年救国会会长、东海县各界救国会工作员和东海县临洪区农民救国会会长等,动员青年参加八路军,组织群众站岗放哨,为保卫抗日民主根据地做了许多工作。

解放战争时期,先后担任山东省东海县临洪区郎墩乡党支部书记、乡长,山东省滨海军区教导大队学员,鲁中南警备16团政治处政工员,华东警备3旅15团2营4连政治指导员,中国人民解放军步兵第99师296团后勤处政治指导员、政治协理员等职,其间参加了解放山东临沂的战斗和

著名的淮海战役。他在担任政治指导员时,积极发挥思想政治工作的优势,在干部战士中宣传革命理论,鼓舞革命斗志,为渡江战役胜利作出了贡献。

全国解放以后从部队转业,到华东建筑工业部第三工程处任保卫股副股长。1953年1月起,历任上海市建筑工程局经济保卫处科长,上海市建筑工程局机具供应站党支部书记、党总支书记,上海市机械施工公司党总支书记、党委书记,上海市工业设备安装公司党委书记、经理,上海市建筑工程局党委副书记、政治部副主任,上海市建筑工程局党委顾问等职。1980年夏,他兼任宝钢建工局分指挥部党委书记,当时宝钢工程建设处在调整阶段,干部职工思想波动很大。李学存深入工地和基层了解情况,广泛开展了建设宝钢的光荣感、责任感、紧迫感的教育活动,组织大家学日语、学日本企业先进管理理念和方法,加强学习知识更新,同时解决了一些职工的实际困难。这些措施较好稳定了干部职工的情绪,为顺利完成宝钢炼钢厂主厂房、友谊路外宾招待所和商业网点、生活区的建设任务打下了扎实的基础。在担任上海市建筑工程局党委副书记期间,李学存具体负责"文化大革命"中形成的冤假错案的复查验收工作,他坚持党的实事求是的思想路线,组织力量分级复查,发现一件解决一件,较好完成了这项工作。他还在大胆培养选拔中青年干部中做了大量具体工作,为上海建工系统的发展提供了组织保证。

1985年12月,经组织批准离职休养。离休后继续关心国家形势和企业发展,他担任了上海市建筑工程局、上海建工(集团)总公司老干部工作委员会副主任和总公司本部离休党支部书记,对做好老干部工作,落实好老干部的政治、生活待遇提出许多好的建议,同时认真组织离休支部学习,开展离休干部参观考察活动,加强离休支部的组织建设。

李学存生活简朴,严于律己。他在宝钢工作时办公室就是宿舍,常常两个馒头就是一顿饭。担任建工局领导时他分管干部人事工作,有一段时间他的子女及子女配偶中有3人下岗,但是他从来没有向组织上提过要求。

2010年9月24日逝世。

王文俊(1934—2011)

安徽合肥人,民国23年(1934年)11月14日生。

1951年3月在上海市国棉九厂参加工作,1953年10月到北京航空学院火箭发动机设计专业学习。1955年12月加入中国共产党。1959年10月毕业后,王文俊进入航天领域从事专业技术工作,在国防部第五研究院一分院三支队任工程组长。1965年5月集体转业后,历任七机部一院11所工程组长、副处长,其间他先后参与了多种仿制和自行设计型号导弹的研制任务,参与了多种型号火箭发动机和高空高性能液氢液氧发动机的研制工作。

1982年11月,调任上海市机电一局科技处副处长。1983年10月,转入对外经济贸易行业,担任上海对外经济技术合作公司副总经理,分管海外承包工程和劳务合作,实施了城镇变电站国际招标、孟加拉钢铁制品公司、伊朗捕鱼和洗衣机出口等多项对外经济合作项目。

1988年被评为高级工程师,在长期的专业技术工作和对外经济合作业务中学习外语,结合对外经济合作的实践,撰有《关于海外合营企业经济效益的探索》等多篇论文。

2011年2月11日逝世。

第二节 专　　家

周嘉民（1910—2000） 曾用名周澍钧，浙江吴兴（今湖州）人，清宣统二年五月十一日（1910年6月17日）生。民国21年（1932年）周嘉民从上海交通大学土木学院毕业，到徐州陇海铁路工务第一总段实习，次年到上海慎昌洋行建筑部任设计员。民国23年（1934年）5月起，先后在国民政府苏州吴县建设局、江苏省建设厅任技术员、技士、指导工程师。抗日战争初期一度失业，后曾在上海南方中学（后改名为敬业中学）任土木科教师，大夏大学任兼职讲师。民国30年（1941年）12月起先后赴香港、重庆，任国民政府平准基金委员会、外汇管理委员会职员、帮办等。民国33年（1944年）12月起任贵州省农田水利工程贷款委员会总工程师、国民政府行政院救济总署苏宁分署专门委员兼苏州给水工程处处长、上海市公用局沪西自来水设计处副处长、代理处长等，这期间兼任上海之江大学教授。

上海解放后，任上海市公用局沪西自来水厂筹备处处长，负责沪西自来水设计筹备工作，1950年2月之后他历任上海市公用局给水管理处、上海市市政建设委员会工程师，上海市自来水公司计划科长、副总工程师，这期间他对上海给水管网统一规划提出建议，并主持上海市给水环流工程的设计和施工。1954年11月任城市建设部给水排水设计院上海分院总工程师，1957年1月起任上海市政工程设计院副院长兼总工程师直至退休。在此期间，他设计、主持设计、审核各地给水工程400多项，主要有包头市昆独仑河取水工程、上海长桥水厂工程、杭州清泰门水厂扩建工程、宝钢长江引水工程等，这些工程当时大都属于规模大、情况复杂、技术要求高、在国内具有代表性的重大工程。其中宝钢引水工程是从淀山湖水源移至长江南岸罗泾，包括"取""蓄""输"三部分，其特点是在长江滩地围堤蓄水，避咸蓄淡，水库容量为1000万立方米。这项工程获得国家优秀设计一等奖和优质工程金质奖，并为以后上海开辟城市用水新水源取得了成功经验。1983年5月起，他作为主要设计负责人之一主持黄浦江上游引水一期工程的设计工作。该项目最大输水距离48公里，涉及分布于黄浦江两岸的8所水厂，采用顶管穿越黄浦江和局部地面建筑密集区，设计中采用新技术和革新项目10余项，在节约投资、降低能耗、提高质量和保证进度方面取得明显效果，获得上海市优秀设计一等奖、上海市科技进步二等奖和国家优秀设计银奖。

周嘉民从事市政工程设计建设工作50余年，为我国给水工程设计的主要奠基人之一，1990年被评为享受教授待遇的高级工程师。他撰有《华东给水工程三十年回顾与展望》《给排水设计规范（草案）》和《给排水工程设计中贯彻多快好省的工作纲要（初稿）》等。曾任中国土木工程学会给排水专业名誉理事、上海城市经济学会部务委员、上海水利学会副理事长、上海市建设委员会科学技术委员会技术顾问、上海市退（离）休高级专家协会技术顾问等。

1956年参加九三学社，曾任上海分社委员、顾问等。从1956年起，他当选为上海第二、三、四、五、七、八届市人大代表。

2000年4月2日逝世。

盛健康（1914—2000） 江苏靖江人。民国3年（1914年）2月18日生，民国24年（1935年）7月上海交通大学土木工程学院毕业，进入国民政府全国经济委员会卫生实验处从事给水排水工程技术工作,任工程组技佐、技师,先后参加了国民党军队庐山军官训练团海会营房给排水工程、南京自来水厂扩建工程的设计及施工监督。

抗日战争期间,任国民政府军政部战时卫生人员训练所高级教员、主任教官等职,从事抗战时期卫生人员训练工作。当时侵华日军在浙江金华地区进行细菌战,他受委派赴印度考察学习鼠疫防治,回国后先暂留昆明协助美军远征军训练团处理环境卫生工作,然后回到金华地区均县开展鼠疫防治,为遏制日军的细菌战做了大量具体工作。

抗战胜利后,历任天津市卫生工程处设计科科长、天津济安自来水公司工务部工程师、上海国防医学院卫生工程学组主任教官、上海公用局沪西自来水设计处技术组组长、浙江省长奥煤矿公司业务室工程师。这期间他先后参加设计或负责设计的有天津垟子河疏浚、天津地道外下水道、浙江长奥煤矿道路和桥梁修复、金华衢州地区粮库建设等工程,同时参加了给排水专业技术教育培训工作,培养了一批给排水技术人才。

全国解放后,1950年,任浙江省建筑公司工务科长、公司副经理。1954年任建筑工程部给水排水设计院副总工程师兼排水室主任,其间参加成都、太原、西安等地排水工程的设计和审核工作。1955年,他调任建筑工程部给水排水设计院上海分院总工程师、副院长。1977年6月起任上海市政工程设计院总工程师、副院长,1985年8月任设计院技术顾问委员会名誉主任直至退休。作为设计院排水专业主要技术负责人,他先后主持了一批大中型排水防洪工程的技术改造和新建工程的技术设计,其中在上海有市区填浜埋管和积水改善工程,黄浦江沿岸防汛墙工程,嘉定、松江等卫星城市雨污水处理工程,上海炼油厂污水处理工程,上海石化总厂和宝钢工业区和生活区防洪、排水和污水处理及配套基础工程,在华东地区有苏州、常州、厦门、马鞍山、安庆、济南、青岛等地的污水处理和防洪排涝工程,其中多有国家建设和惠及民生的重要工程。

盛健康平易近人,经常到施工现场第一线解决技术难题,深得设计施工人员赞誉,晚年因病住院治疗期间,尊重医生护士,积极配合治疗,被病区誉为"模范病人"。

盛健康是享受国务院特殊津贴的教授级高级工程师。著作有负责组织编译并任总校的《环境工程师手册——水污染及其处理》(中国建筑工业出版社,1985年出版),他主持修订的《室外排水工程设计规范》(中国建筑工业出版社,1988年出版)获建设部科技进步三等奖,并曾担任《上海环境科学》《英汉给排水技术词汇》编委,负责审稿。1987年5月退休之后受上海市人民政府之聘,他担任上海市高级科学技术职称评定委员会水利专业评定组和给排水专业评定组成员。中国土木工程学会为表彰他从事市政工程建设50余年,特授予荣誉证书。

2000年12月9日逝世。

屠达(1911—2003) 江苏常州人,宣统三年一月十六日(1911年2月14日)生。民国23年(1934年)国立浙江大学土木工程系毕业后,先后留学美国和德国,获美国密执安大学土木工程硕士和德国柏林大学土木工程博士学位。

民国25年(1936年)12月回国后,历任浙江省水利局主任工程师、资源委员会四川西部水力发电工程处处长、川西水利勘测处处长,善后救济总署苏宁分署技术室主任、黄泛区复兴局技术处处长、上海市政府公用局第四处处长等职,并先后在上海之江大学、江西省工业专门学校、浙江大学等多所大学兼任或担任土木工程副教授、教授。这期间他参与或主持了长江、淮河和江南海塘的堵口复堤工程，主持江苏省公路修建和农业机械的推广，参加大渡河水力发电工程计划研究及江西南昌、湖南邵阳等地的自来水厂的标准设计。

上海解放后，历任上海市公用局第三处处长、公用局秘书室技术秘书、浦东沪西自来水公司经理等。1953年，调到上海建筑工程局，历任局生产计划处处长，上海第一建筑工程公司工程师、主任工程师、总工程师，1979年3月任建工局副总工程师。他先后参与或组织了江西钢厂、上钢五厂、金山石化总厂等冶金、石化工程和部分"三线"工程的建设，主持编制的上钢五厂均热炉车间基坑大开挖施工计划、金山石化总厂150米大口径烟囱运用滑模顶升工艺和悬索式操作平台，解决了当时大型工程基础施工和超高烟囱施工的技术难题。他还组织专业技术人员进行80吨米折臂式塔式起重机的研究和设计，填补了国内当时在施工起重设备方面的空白，此项成果获得国家科技进步三等奖。担任建工局副总工程师期间，他提出建议并具体负责举办了两期施工中队长培训班，亲自写教材上课，培养了200余名施工管理技术骨干，缓解了基层施工技术力量普遍缺乏的情况。

屠达在水利工程和土木工程等方面有较深的专业理论知识和丰富的实践经验。他曾兼任上海市建筑施工技术研究所所长和上海市建筑工程职工大学校长，总结了建筑施工管理技术经验，运用现代管理理论和方法，编写了《建筑施工》大学教材（上、中、下三册），撰有《建筑施工管理知识》《建筑施工科学管理》和《建筑企业管理现代化》等。1956年被国务院授予国家技术二级工程师，1990年评为享受教授待遇的高级工程师。曾任上海市土木工程学会、水利工程学会和建筑学会理事。

1956年参加九三学社，任九三学社上海分社常务委员会委员。是年被评为上海市科普工作先进工作者并出席全国科普代表大会，与代表一起受到毛泽东主席接见。1958年被错划为"右派"。1979年得到改正后，近七十高龄再次提出入党申请，1980年加入中国共产党。退休以后仍然十分关心上海城市建设和建筑业发展，积极参加社会活动，为建设工程提供咨询意见，就上海建工设计院发展、浙江钱塘江大坝建设等提出许多有益的建议。

2003年1月20日逝世。

秦惠民（1918—2006） 曾用名秦敦仁，江苏无锡人，民国7年（1918年）5月12日生。民国29年（1940年）考入国立上海交通大学土木系，求学期间曾半天读书，半天在江东中学、中法工学院教书。民国33年（1944年）毕业，获学士学位。毕业之后在上海市工务局结构处桥梁码头工程队任实习生，工务局第一锯木厂任工务员。

上海解放后，先后担任市营建筑工程公司工程师、华东工房工程处工程队长、华东建筑一公司直属二工地技术主任、中苏友好大厦工程公司工区技术副主任、华东建筑一公司第二工程处技术副主任、华东建筑一公司主任工程师、上海市第四建筑工程公司主任工程师、上海市第二建筑工程公司副总工程师、上海市第五建筑工程公司虹桥机场指挥部副处长、上海市建筑工程局设计室负责人、科技组副组长、上海市建筑工程局总工程师等。1962年1月加入中国共产党。

秦惠民长期从事建筑施工和建筑科研，是享受教授待遇的高级工程师。曾参与或主管中苏友好大厦、上海汽轮机厂、金山石化总厂、上海体育馆、华亭宾馆、南浦大桥等工程项目的施工技术管理。50年代主持推广抽筋式预应力钢筋混凝土预制桩数千根用于上海汽轮机厂、上海电机厂工程,为国家节约了大量钢材。在吴泾砌块厂办公大楼工程中主持上海第一栋振动砖墙板试点工程,为上海装配式大板建筑提供了经验。60年代负责上海装配式大板住宅试点工程全面施工技术工作,在延吉西路工房工程应用,为推广"一模三板"(大模板现浇混凝土内墙,预制外墙挂板、内隔断板和楼板)住宅体系提供了经验。70年代负责主持国家科技局下达的"砌块建筑抗震试验"和"砌块建筑抗震设计施工规范"重点科研项目,该成果获得上海市科技成果二等奖。80年代主持钢模板应用技术在全局推广,推广面达90%左右,获得上海市科技成果二等奖。主持和组织的"商品混凝土成套技术的开发和运用"分别获得上海市科技进步一等奖和国家科技进步三等奖,"高层结构内浇外挂体系成套技术开发"获上海市科技进步三等奖。与他人合作主编的《深基础施工实例》(中国建筑工业出版社,1992年出版)曾作为大学专业教材。

退休之后,他仍然十分关心上海城市建设和建筑业发展,关心青年技术人员的成长。他曾任中国建筑学会建筑统筹管理委员会委员,中国建筑施工专业委员会委员,上海市建筑学会常务理事、顾问、建筑施工专业委员会主任,上海市建设管理委员会科学技术委员会副主任、名誉顾问,华东六省一市技术交流会理事长,上海市退(离)休高级专家协会顾问等,还为建设全国建筑机械化情报网做了大量有效的工作,1994年获得上海市"老有所为精英奖"。

2006年11月26日逝世。

钟淳昌(1920—2010) 曾用名钟南波,上海人,民国9年(1920年)10月27日生。民国33年(1944年)6月从上海交通大学土木工程系毕业后,先后在杭州市工务局任技士、上海市公用局沪西自来水设计处任帮工程司,其间参与杭州西湖钱塘江调水工程的规划设计工作。

上海解放后,历任上海浦东沪西自来水联营公司工务课副课长,上海市公用局给水处工程师,上海自来水公司基建科工程师等。1954年11月进入建筑工程部给水排水设计院,先后任上海分院给水室主任、兰州分院总工程师室工程师。1957年7月起在上海市市政工程设计院历任技术室副主任、给水室主任工程师。1960年3月起任华东市政工程设计院主任工程师。1974年1月起在上海市政工程设计院历任设计三室工程师、技术负责人,院副总工程师兼总工程师办公室主任等。从50年代起,钟淳昌参与或主持了华东地区200余项给水工程设计的组织和审查工作,并对上海、南京、杭州、南昌、合肥、福州、济南等几十座大中型城市的给水总体规划进行了组织、编制和审定。1969年,他参加南京"9424"铁厂大型给水工程设计,对取水口位置和给水系统布局提出了决策性意见,并在生活水厂将快滤池做成无管廊式,管件直接埋地既方便维修又节约了投资。他在承担南京炼油厂、九江水厂、安庆水厂等工程设计中,提出一整套在长江中设置取水口的布置和构造方案,改进了取水头并采用了无桩架埋管等方式,总结形成了长江取水口设计的基本技术。在南京化纤厂水厂工程中,他提出"双滤池"的设计布置,运用虹吸进水和排水省去两道阀门而仍然保留大阻力滤池的新技术,在国内得到广泛推广。1972年,他对杭州给水扩建工程提出在珊瑚沙筑库蓄水,采用浑水隧洞技术和沿江低压渠道输水,节约投资并避免在风景区内施工等决策性方案,这种"避咸蓄淡"方式以后在上海宝钢给水工程中推广应用。1975年,他组织了杭州赤水埠水厂设计,采用先进工艺和密集型布置,节省了土地和投资,获得了建设部优秀设计一等奖。1980年,他主持上海长桥水厂第二期扩建工程设计,采用"浅、长、快"水平沉淀池,水厂的虹吸式移动罩滤池为当时我国最大规模的生产用移动罩滤池,该滤池科研获得上海市科技进步二等奖,水厂设计获国家优秀设计一等奖。1983年,他担任我国第一个原子能发电秦山核电站的副总设计师,主持核电站的海水取水系统和厂外排水排海系统的工程设计。1985年,他作为主要设计负责人之一组织上海黄浦江上游引水工程的设计,该工程获得上海市优秀设计一等奖。

钟淳昌长期从事给水工程的规划、设计和科研,他提出了"净水厂经济设计"理论,运用系统工程方法解决净水厂设计中的优化问题,在同行中得到推广。他提出的应用数学模型进行自动化加矾的研究课题在生产中得到推广并取得良好效益。他著有《城市给水排水概述》(合编,上海科技出版社,1956年出版)、《斜板斜管沉淀》(中国建筑工业出版社,1976年出版),主编有《净水厂设计》(中国建筑工业出版社,1986年出版),主审了《给水排水设计手册》中的城市给水分册和专用机械分册(中国建筑工业出版社,1986年出版)。

1990年被评为享受教授、研究员待遇的高级工程师。曾任中国土木工程学会给水排水专业委员会委员、给水委员会主任委员,上海土木工程学会给水排水学术委员会副主任,上海市建委科学技术委员会公用设施专业委员会主任等职。他还曾担任上海市政协第七届委员、市政工程专业组成员。

2010年4月18日逝世。

郭增望(1912—2011) 号达仁,江苏江阴人,民国元年(1912年)1月19日生。民国23年(1934年)7月毕业于南京国立中央大学土木科,进入国民政府全国经济委员会公路处,先后任试用技佐、技佐、副工程师等,其间参与了西汉公路(宝鸡至汉中)马道过水桥、鸡头关大桥等桥梁的设计工作。

民国27年(1938年)2月起,历任国民政府交通部公路总管理处技佐、副工程师,交通部桥梁设计处副工程师等职,参加了著名的滇缅公路建设。当时日本侵华军封锁了中国沿海地区,开辟云南到缅甸的陆上通道成为坚持抗战的当务之急。在面临地质条件复杂、缺乏施工机械、工期十分紧张等困难情况下,与赵祖康、徐以枋等人共同主持跨越澜沧江的功果桥(90米跨径悬索桥)和跨越怒江的惠通桥(84米跨径悬索桥)等关键性桥梁的设计施工,确保了滇缅公路如期通车,为我国悬索桥建设打下了基础。民国29年(1940年)1月起,郭增望先后担任四川乐西公路工程处工程师兼设计课长,川滇西路工务局大渡河桥工所工程师兼主任,川康公路管理局营甘段、甘玉段工程处副总工程师等,这期间主持乐山至西昌525公里山岭区公路桥梁、道路的标准通用图设计,大渡河110米跨径悬索桥的设计和施工,康定至玉树650公里高原公路的路线勘测定线和施工指导,这些工程的建成通车,为抗战提供了交通运输的保障。

民国34年(1945年)1月起,历任国民政府战时运输管理局公路处计划科科长,交通部公路总局工务处、技术处科长、技正,交通部上海市第一区公路管理局上海工程处副处长、处长,上海市工务局道路处技正、副处长,上海市工务局、市政工程局技术处副处长、处长,其间参加了全国公路网的规划工作,主持钢筋混凝土梁式桥等多项桥梁(标准图)设计,主持上海至江苏宜兴、上海至浙江平湖金丝娘桥250公里公路修复改善工程的设计和施工。

上海解放后在上海市人民政府工务局先后担任道路处副处长,工务局、市政工程局技术处副处长、处长,这期间主持龙华机场混凝土跑道及停机坪的改扩建工程施工,主管上海市的道路、桥梁、驳岸和海塘工程的养护改建工作,以及下水道工程的设计工作,主要工程有苏州河长寿路、武宁路钢筋混凝土悬臂梁桥的设计,西藏北路、天目路、共和新路(包括立交桥)、控江路、武宁路等市区道路的设计,肇家浜路填浜埋管工程的设计,人民广场和外滩道路及防洪墙的设计,为50年代的上海城市建设做了大量具体工作。

1957年1月,调任上海市市政工程设计院副院长、总工程师(其中1962年11月—1970年11月任建筑工程部华东市政工程设计院副院长、总工程师),主管上海市道路、桥梁及外省市桥梁设计。这期间,他组织、主持上海中山环路和漕溪北路、虹桥路、逸仙路等道路新建改建,上海市郊嘉定、安亭、闵行、吴泾等卫星城镇的道路桥梁,苏州河真北路、青安路预应力混凝土梁桥梁,沪青平公路江苏段新建道路桥梁,柳州柳江主跨124米预应力T形钢构桥,大巨岛500吨级钢筋混凝土码头,江西德兴铜矿高架桥梁和合肥孝肃桥(混凝土悬臂桥)等一批工程的设计工作,为国家道路桥梁建设作出了贡献。

郭增望从事市政工程工作50余年,1955年被评为国家二级工程师,1989年被评为教授级高级工程师。与他人合著并负责统编的著作有《道路与交通工程词典》(人民交通出版社,1985年出版),担任编委的有《英汉道路工程词汇》(增订第三版,人民交通出版社,1991年出版),并协助编纂了中国公路桥梁史。

1951年加入中国国民党革命委员会,曾任民革上海市委第一、二、三、四、五届委员,第六、七届常委。他是上海市第三、四、五届人大代表,上海市第五、六届政协委员,上海市黄浦区第一、二届人大代表,他运用自己的专业知识,积极建言献策,主持参与了多项课题的调研,提出多项建设性的提案。1974年11月退休,1980年1月被批准改为离休,仍然十分关心上海城市发展和市政建设,1986年受中国土木工程学会表彰并授予荣誉证书,1988年获"上海市老有所为精英奖",90岁高龄后还学习使用电脑,撰写了10余万字的回忆录。

2011年2月11日逝世。

第三节　劳 动 模 范

王铁斋(1949—2001)　浙江慈溪人,1949年10月12日生。1963年9月起就读于上海市江宁中学,1968年10月分配到崇明新海农场加工厂工作。1975年9月加入中国共产党。

1974年2月进入上海建筑工程局供销处航运队,历任二队副队长、12队队长、航运队副队长。有一次水泥驳船被撞出长达4米的裂口,他冒大雨顶寒风站在半腰深的河水中抢修,手被划破鲜血直流,水泥沾在伤口上钻心地疼,一直坚持5个多小时直到把船修好,被职工誉为"小王铁人"。1981年因国家严格控制基本建设规模,一批项目停建或缓建,航运队虽然拥有年百万吨运输能力但任务严重不足。他带领同事们主动到建筑材料产地和矿区联系,有的地方没有公共交通就靠两条腿步行,一年中跑了江浙两省的30多个产地,行程3 000多公里,终于超额完成年计划,上缴利润比计划翻一番。担任航运队领导后,下船队总是一身劳动服,撑船、装卸、刮舱样样干,他在11轮队蹲点4个月没有休息过一天。黄浦江行船需要值班,他常常替人顶班,春节船队停航职工回家休息,他利用这个机会走访职工家庭,职工称赞他"做官与不做官一个样"。

经上海市总工会举办的工人中等文化学校(简称"劳模文化班")培训后,1984年9月考入上海财经大学企业管理系学习两年,1986年8月毕业后回到上海建工材料公司真如供应站担任副站长,主持站行政工作。面对当时供应站内部分职工情绪波动的局面,上任半年内他利用休息日骑自行车走访了供应站1/3的干部职工家庭,以忘我的工作热情和过细的思想工作凝聚了人心,改变了面貌,真如供应站获得上海市重点实事立功竞赛先进集体荣誉。1988年2月调任材料公司混凝土分公司副总经理,当时分公司承担了全市几乎所有重大工程的预拌混凝土生产、运输和泵送任务,他在分公司干部职工支持下,一方面加大科技投入,高强预拌混凝土泵送技术被评为国家级工法,运用QC方法用425水泥配置C40泵送混凝土获得全国工程建设优秀质量管理成果一等奖;另一方面狠抓转换机制,全面推行各种形式的内部承包,大大增强了企业的市场竞争力。杨浦大桥主塔混凝土浇捣整整7天7夜,民生路散粮筒仓基础混凝土连续浇捣4天4夜,他一直在工地坚持现场指挥,连女儿骨折住院,他也只是去医院探望一下又回工地了。他关心职工落到实处,混凝土搅拌车驾驶室全部装上了空调,分公司班子统一思想,从1991到1993年斥资600万元买了3000平方米住房,一大批职工居住条件得到了改善。

1999年7月起任材料公司总经理、党委副书记。作为公司行政主要负责人,他坚持以市场为导向,抓住"市场、资金、降本"三项重点工作,加快调整企业经营结构、经营机制和市场布局,不断调动职工的积极性,使材料公司主要经济指标均超额完成。由于长期积劳成疾,他的胃部发生癌变,他仍然像没事一样主持公司工作、处理棘手问题,一直到病情急剧恶化。2001年1月20日,王铁斋因病逝世。2001年3月,上海建工集团党委作出《关于开展向王铁斋同志学习的决定》,号召集团广大党员和职工,尤其是各级领导干部学习他乐于奉献、敢于负责的敬业精神,不怕吃苦、坚韧不拔的创业精神,廉洁自律、关心群众的公仆精神。上海《解放日报》《支部生活》等新闻媒体以《职工爱戴的好经理——王铁斋》为题发表他的事迹报道。

王铁斋曾先后6次获得上海市劳动模范、1次获得上海市先进工作者称号,1994年被评为上海市十佳"职工信赖的好厂长(经理)"称号,1996年荣获全国五一劳动奖章。他先后当选为上海市徐汇区、闵行区人民代表。

第四节 烈 士

朱华(1958—1981) 江苏句容人,1958年6月24日生。1972年起就读于上海东方中学,在校期间学习认真,热爱劳动,积极参加回收废钢铁活动,两次被评为学校劳动积极分子。1976年4月中学毕业后分配至上海市建筑工程局供销处航运队,先担任炊事员,半年后调到航运队第八轮队担任船工。

参加工作后乐于助人,有同事半导体收音机坏了,他热情帮助修理;遇到新船工,他帮助撑船;别的船上缺人手,他主动上前帮忙。1977年年底,轮队的三条满载石块的水泥驳船在龙华港口搁浅进水,为了赶在黄浦江涨潮之前排除险情,朱华与其他同志一起搬运石块减载堵漏,一直干到次日凌晨3点多,避免了沉船事故的发生。

1981年1月8日,轮队在上海水泥厂二车间黄浦江九号码头执行水泥装运任务。晚上9时许,船工小吴不慎落水,听到呼救声后朱华立即跑出船舱,甩掉鞋帽,毫不犹豫地跳入江中进行营救,看见小吴冒出水面,他赶紧游上去猛抓,一次没有抓住看准后又猛抓一把,终于抓住了小吴的肩膀。但是由于时值隆冬,江水冰冷刺骨,黄浦江水又正处落潮,虽然船上已经放下缆绳施救,他们还是被又快又急的洄流卷离江岸,再也没有露出水面。

朱华因抢救落水群众光荣牺牲,经共青团上海市委员会批准追认为共青团员。1981年3月,经上海市人民政府批准为革命烈士并追记二等功,是月,中共上海市建筑工程局委员会作出《关于向朱华烈士学习的决定》。

朱培勇(1957—1996) 江苏镇江人,1957年6月生。1975年3月在上海市园林工程公司参加工作,历任木工、门卫、警卫班班长等职。平时工作踏实认真,经常提前到岗,守护企业安全一丝不苟,同时助人为乐,早班连中班为同事义务顶班。他还担任了所在里弄的治保委员、调解委员,经常利用晚间和休息日为邻里服务。当时他妻子在上海没有户口和工作,也从来没有向单位和地区提过任何要求。

1996年11月21日清晨,一名歹徒溜进园林工程公司盗取了50余公斤铜电线,被当班警卫发现并报警围追,歹徒持刀边威胁边逃窜。朱培勇这天是早班,听到报警声后毫不犹豫冲出去拦住歹徒去路,奋不顾身地冲上去准备拦腰抱住歹徒,在搏斗中被歹徒的匕首刺入腹部。当两名警卫前来救助时,他说:"不要管我,快去抓小偷!"歹徒慌不择路跳入河里逃窜,被接警前来的民警抓获,朱培勇送医院后终因伤势过重抢救无效不幸殉职。

朱培勇忠于职守见义勇为的事迹被《城市导报》、东方广播电台等沪上新闻媒体报道之后在上海引起反响,社会各界和园林系统职工纷纷捐款以示敬意。1996年12月,上海市园林管理局举办了题为"生得平淡,死得壮烈"的朱培勇事迹报告会,并作出决定追认他为文明职工,号召广大职工学习他见义勇为、忠于职守、关键时刻挺身而出的献身精神。1997年10月,经上海市人民政府批准为革命烈士。

第二章 人物表

第一节 代 表

一、中国共产党全国代表大会代表

届 次	姓 名	单 位、职 务
第十二次	孙良浩	建工局党委书记
第十三次	王世雄	建工局党委书记
第十四次	石礼文	建管局局长、党委副书记
第十五次	林元培	市政院总工程师
第十六次	蒋志权	建工集团党委书记、董事长
第十七次	蒋志权	建工集团党委书记、董事长

二、全国人民代表大会代表

届 次	姓 名	单 位、职 务
第五届	沈国贞	市建二公司党委副书记 革委会副主任
	陆新祥	市建五公司503队泥工班长
第六届	江建人	市建五公司经理
第七届	陈松英（女）	市政院副院长
第九届	石礼文	建工集团党委书记、董事长
第十一届	徐 征	建工集团总经理、党委副书记

三、中国共产党上海市代表大会代表

届 次	姓 名	单 位、职 务
第五次	王世雄	建工局党委书记
	王永良	建工局局长、党委副书记
	张林海	建工局整党办主任

〔续表〕

届　次	姓　名	单　位、职　务
第五次	季敏华（女）	建工局人事处副处长
	奚正修	振新公司总工程师
	陆叔明	市建八公司801队青年木工突击队队长
	李舜善	外贸总公司党委书记
	周晓临	外经公司党委书记、总经理
	倪宏才	物资局党委书记
	王静梅（女）	市政院道桥室代主任、总工程师
第六次	王世雄	建管局党委书记
	石礼文	建管局局长
	何卫国	建管局纪委书记
	宋梅芳（女）	市建五公司供应站党支部书记
	周晓临	外经公司党组书记、总经理
	李尊铭	机械成套局（上海机电设备招标公司）党委书记、局长（总经理）
	叶锦芳	市政院党委书记
第七次	石礼文	建工集团党委书记、董事长
	蒋志权	建工集团总经理、党委副书记
	朱妙琴（女）	市建四公司第二施工分公司机操班班长
	黄　跃（女）	国际招标公司总经理助理、采购部经理
	李尊铭	机械成套局（上海机电设备招标公司）党委书记、局长（总经理）
	孙剑东	市政院党委书记
第八次	徐　征	建工集团总经理、党委副书记
	吴欣之	建工集团副总工程师，机施公司副经理、总工程师
	王美华（女）	市建七公司总工程师
	王寿芝	成套集团党委书记、董事长
	莫　峻	市政院党委书记
第九次	徐　征	建工集团总经理、党委副书记
	蔡文鹭（女）	市建一公司第三分公司经理、党总支书记
	朱海根	市建四公司党委书记、董事长
	周晓临	外经集团党委书记、董事长
	莫　峻	市政院党委书记

四、上海市人民代表大会代表

届　次	姓　名	单　位、职　务
第七届	王国良	建工局党委书记、革委会主任
	江殿珵	建工局总工程师
	朱德明	市建一公司103队木工班长
	周阿六	市建三公司党委副书记
	唐国金	市建四公司粉刷队泥工
	李张根	市建七公司706队竹工班长
	王承德 （七届二次会议增补为常委会委员）	基础公司研究所二室主任
	陈五坤	基础公司基础一队起重工、班长
	于达华	机施公司起重吊装分队长
	庄大泉	供销处统配站龙华仓库搬运班长
	高智勇（女）	华建厂电焊工
	杨成喜	金属结构厂党支部副书记
	周嘉民	市政院总工程师
	戚盛豪	市政院四室给水二组组长、技术员
第八届	王国良	建工局局长
	吴克燕（女）	市建二公司装饰工程分公司油漆工
	陆叔明	市建八公司801队青年木工突击队队长
	王承德 （八届人大常委会委员）	基础公司研究所二室主任、工程师
	陈尚翰	机施公司副总工程师
	杨成喜	金属结构厂党支部副书记、副厂长
	江春泽	外经局党组书记、局长
	周嘉民	市政院副院长、总工程师
	刘作霖	市政院副总工程师
	戚盛豪	市政院给水室主任工程师
第九届	钟汝芳（女）	市建一公司副经理
	董如海	市建五公司507队青年突击队队长
	陆叔明	市建八公司第一工程处副主任
	汤仁兴	安装公司经理

〔续表〕

届　次	姓　名	单　位、职　务
第九届	王承德	基础公司特种基础工程研究所副所长
	周晓临	外经公司党组书记、总经理
	杨代葳 （九届人大常委会委员）	外经公司项目经理
	戚盛豪	市政院副总工程师
第十届	王世雄	上海市人大常委会委员、市政建设委员会主任委员
	方鹤龄	市建三公司306处项目经理
	梁家正	市建七公司经理
	李步财	安装公司通风空调工程处主任
	黄燕苓（女）	机施公司土方工程处助理工程师
	周在春	园林设计院副院长、总工程师
	杨代葳 （十届人大常委会委员）	外经公司襄理
	王秀凤（女）	成套局副局长，机电招标公司副总经理
	林元培	市政院总工程师
第十一届	蒋志权	建工集团总经理、党委副书记
	林应清	市建三公司总经理
	黄燕苓（女）	机施公司第三分公司副经理
	周在春	园林院院长
	杨代葳 （十一届人大常委会委员）	外经公司襄理
	徐荣强	净化技术装备公司党支部书记、经理
	吴之光	市政院院长
第十二届	徐　征	建工集团总经理、党委副书记
	邱锡宏	市建四公司总工程师
	崔志仁	成套集团总裁、党委副书记
	张震超	市政院副总工程师
第十三届	徐　征	建工集团总经理、党委副书记
	张雄伟	安装公司电焊班长
	黄慧娟（女）	机施公司财务部经理
	童　静（女）	国际招标公司董事长
	汤　伟	市政院院长

第二节 委 员

一、中共上海市委员会委员、候补委员

届　次	姓　名	单　位、职　务
第五届委员	王世雄	建工局党委书记
第六届候补委员	周晓临 （六届七次全会递补为市委员）	外经公司党组书记、总经理
第七届候补委员	周晓临 （七届八次全会递补为市委员）	外经集团党委书记、董事长
第八届候补委员	蒋志权 （八届四次全会递补为市委员）	建工集团党委书记、董事长
第九届候补委员	蒋志权	建工集团党委书记、董事长

二、全国政协委员

届　次	姓　名	单　位、职　务
第十届	李迪斐	总承包部副总经理、总工程师
第十一届	李迪斐	总承包部副总经理、总工程师

三、上海市政协委员

届　次	姓　名	单　位、职　务
第五届	黄明亮	建工局顾问
	吕押宝	市建六公司机施队革委会副主任（起重工）
	褚荣生	市建六公司、上海市工商联委员
	郭增望	市政院原副院长
第六届	奚正修	市建委科学技术委员会秘书长
	郭增望	市政院原副院长
第七届	秦寿根	市建四公司副经理
	张尚达	基础公司二分公司工会副主席
	钟淳昌	市政院副总工程师
第八届	许元龙	市建七公司副经理

〔续表〕

届　次	姓　名	单　位、职　务
第八届	张尚达	基础公司二分公司工会主席
	张则陆 （八届政协常委会委员）	外经公司高级工程师
	戚盛豪	市政院副总工程师
第九届	许元龙	市建七公司副经理
	张尚达	基础公司工会副主席
	戚盛豪	市政院总工程师
第十届	陆　莺（女）	建工集团团委书记
	陈柳宏	市建七公司党委副书记、工会主席
	顾国强	机施公司工程管理部调研员
	杨代葳 （十届政协常委会委员）	外经集团副总工程师
	王　育	市政院院长助理
第十一届	蒋志权	建工集团党委书记、董事长
	陈柳宏	市建七公司党委副书记、工会主席
	王辉平	装饰公司副总经理、总工程师
	王　育	市政院副院长

第三节　专　　家

一、中国工程院院士

年　份	姓　名	单　位、职　务
1995	叶可明	建工集团总工程师　土木、水利与建筑工程学部
2005	林元培	市政院资深总工程师　土木、水利与建筑工程学部

二、全国工程勘察设计大师

年　份	姓　名	单　位、职　务
1990	林元培	市政院总工程师
1994	崔健球	市政院副总工程师

(续表)

年份	姓名	单位、职务
2000	羊寿生	市政院总工程师
2008	邵长宇	市政院总工程师
2010	张 辰	市政院总工程师

三、国家有突出贡献的中青年专家

年份	姓名	单位、职务
1984	林元培	市政院副总工程师
1988	王承德	基础公司特种基础研究所副所长
1991	林元培	市政院总工程师
1992	苏洪雯	市建五公司副经理、总工程师
1998	吴欣之	机施公司总工程师、副经理 武汉大桥局副总工程师
1999	邵长宇	中铁大桥勘测设计研究院总工程师（后调入市政院）

四、享受国务院特殊津贴专家

年份	姓名	单位、职务
1990	林元培	市政院总工程师
1991	苏洪雯	市建五公司副经理、总工程师
1991	王承德	基础公司副总工程师
1991	王静梅（女）	市政院道桥室主任工程师
1992	俞锦昌	市建一公司副总工程师
1992	王允恭	市建二公司总工程师
1992	施国璋	市建八公司副总工程师
1992	闵臣基	安装公司总工程师
1992	何广钊	安装公司通风处主任工程师
1992	李 义	基础公司副经理
1992	桂业琨	基础公司总工程师
1992	杨仁杰	基础公司副总工程师
1992	唐澄心（女）	基础公司高级工程师

〔续表一〕

年　份	姓　名	单位、职务
1992	王大年	机施公司副总工程师
	曹天霞(女)	材料公司总工程师
	杨纪明	华建厂副总工程师
	奚正修	施工所所长
	陆　云	施工所工程师
	梁支夏	园林院院长
	颜文武	园林院副总工程师
	梁友松	园林院高级建筑师
	周在春	园林院规划设计师
	羊寿生	市政院总工程师
	崔健球	市政院副总工程师
	章曾焕	市政院副总工程师兼道二所总工程师
	顾永良	市政院道桥室教授级高级工程师
	王心方	市政院科研所副主任工程师
	陈宝书	市政院给水室主任工程师
	张永铨	市政院给水室副主任工程师
	何灏基	市政院道二所副主任工程师
	郑健吾	市政院水工所主任
	范民权	市政院给水室主任
1993	张福余	建管局科技处处长
	范庆国	市建一公司总工程师
	蔡英年	安装公司压力容器厂副厂长
	林辉旭	基础公司经理
	唐明翰	基础公司高级工程师
	冯圣清	材料公司试验室主任
	杨德建	构件公司总工程师
	彭大用	咨询监理公司总工程师
	周晓临	外经公司党组书记、总经理
	徐彬士	市政院院长
	郭增望	市政院原副院长、总工程师
	周嘉民	市政院原副院长、总工程师
	盛健康	市政院原副院长、总工程师

〔续表二〕

年份	姓名	单位、职务
1993	钟淳昌	市政院原副总工程师
	戚盛豪	市政院副总工程师
	程为和	市政院道桥一所副主任工程师
	陆锦隆	市政院道桥一所副主任工程师
	窦文俊	市政院道桥一所副总工程师
1994	叶可明	建工集团总工程师
	刘作霖	市政院副总工程师
1995	汤凯云	市建七公司副经理、总工程师
	王大龄	市政院总工程师
1996	陈志明	市建三公司总工程师
	吴欣之	机施公司总工程师
	任鹤云	市政院副总工程师
1997	廖琳珠	市建四公司总工程师
	王德仁	市政院副总工程师
1998	陈韵兴	市建五公司总工程师
	陈国纬	市政院水工所副主任兼总工程师
1999	龚剑	市建一公司副总工程师
	邵长宇	中铁大桥勘测设计院总工程师（后调入市政院）
2000	蔡忠明	基础公司总工程师
	张辰	市政院总工程师
	张传钊	欣升城建公司总工程师
2001	林锦胜	市建七公司副总经理
	马矗	市政院副总工程师
2002	秦宝华	基础公司副经理、副总工程师
	周质炎	市政院副总工程师
2004	房庆强	建工集团副总工程师
	徐健	市政院总工程师
2006	邱锡宏	市建四公司总工程师
	朱祥明	园林院院长
	王士林	市政院副总工程师
2008	王如华	市政院副总工程师
2010	高振锋	建工集团副总工程师
	俞明健	市政院副总工程师

第四节 全国、部委劳模先进

一、全国劳动模范

年份	姓名	单位
1979	王承德	基础公司
1989	钱 培	市建二公司
	胡福良	安装公司
1995	张西庚	市建三公司
	林辉旭	基础公司
	吴欣之	机施公司
2000	石礼文	建工集团
	徐伯昌	建工股份公司
	季国安	安装公司
	周在春	园林集团
2005	黄立雄	市建一公司
	朱海根	市建四公司
	陆凯忠	基础公司
2010	张香田	市建一公司
	何 杰	市建四公司
	费跃忠	市建七公司
	徐 健	市政院

二、全国先进生产(工作)者

年份	姓名	单位
1989	王静梅(女)	市政院
1995	林元培	市政院

三、国家部委劳动模范

年份	姓名	单位
1982	王承德	基础公司
1986	张永铨	市政院

〔续表一〕

年 份	姓 名	单 位
1990	孙明德	市建一公司
	王玉书	市建一公司
	汤成昌	市建二公司
	张西庚	市建三公司
	王根龙	市建四公司
	李泰兴	市建五公司
	周仁标	市建八公司
	罗叔鋆	市建八公司
	项忠明	安装公司
	胡肇麟	长沙建筑机械研究所（后调入建工院）
	顾永良	市政院
1991	楼乔琪	安装公司（全国教育系统劳动模范）
1994	梁兴平	市建一公司
	王允恭	市建二公司
	黄和平	辰盛建筑服务公司
	金连荣	市建五公司
	傅金光	伟昌建筑公司
	吴欣之	机施公司
	赵志祥	材料公司
	钱根宝	构件公司
	陈敏	园林绿化公司
	王心方	市政院
1998	黄跃（女）	国际招标公司（全国外经贸系统劳动模范）
1999	徐伯昌	建工集团金茂大厦项目经理部
	郑承培	市建一公司
	朱海根	市建四公司
	梁家正	市建七公司
	施国椿	安装公司
	王国弼	机施公司
	陈伟良	园林绿化公司
2003	蔡文鹭（女）	市建一公司
	王连云	市建七公司

〔续表二〕

年　份	姓　名	单　位
2003	陆凯忠	基础公司
	袁　超	园林绿化公司
	卢永成	市政院
2007	王亦澍	总承包部
	陈显山	海外部（全国商务系统劳动模范）
	张香田	市建一公司
	谢严冰	园林工程公司项管部
	俞明健	市政院

四、全国建设系统先进生产（工作）者

年　份	姓　名	单　位
1999	陈国纬	市政院

五、全国五一劳动奖章

年　份	姓　名	单　位
1985	朱根宝	市建四公司
1986	胡福良	安装公司
	金家声	机施公司
1987	徐伟琳	市建三公司
	龚德康	安装公司
	姜春辉	基础公司
1988	茅柏承	市建五公司
1990	徐伯昌	市建八公司
	朱吉云	安装公司
1991	王克伦	上海机床厂（后调入市建一公司）
	徐其宝	基础公司
1992	蔡盘发	市建七公司
1993	周师浩	市建二公司
	张富昌	安装公司

〔续表〕

年份	姓名	单位
1996	王铁斋	材料公司
1997	季国安	安装公司
2002	周杜鑫	机施公司
2002	黄勇强	园林工程公司
2004	黄立雄	市建一公司
2004	陆凯忠	基础公司
2007—2008	赵 斌	市建四公司
2007—2008	费跃忠	市建七公司
2009	张 勤	安装公司
2009	郑立忠	机施公司
2009—2010	袁 芬(女)	基础公司
2010	袁建国	市建二公司
2010	何 斌	市建四公司
2010	赵 炯	市建四公司
2010	雷 挺	市政院

六、全国优秀党务工作者

年份	姓名	单位
1996	潘家兴	新晃空调公司

七、全国"三八"红旗手

年份	姓名	单位
1978	何慰祖	市建一公司
1978	马德英	机施公司
1978	陈春兰	供销处
1978	曹天霞	混凝土制品一厂
1983	张红秋	市建一公司
1983	许凤新	安装公司
1983	沈朋研	混凝土制品一厂
1992	黄燕苓	机施公司
2009	张剑英	市政院

第五节　上海市劳模先进

一、上海市(省)劳动模范

年　份	姓　名	单　位
1978	孙文生	市建二公司
	陆炳芳	市建四公司
	叶根祥	市建五公司
	龚元郎	市建七公司
	殷福道	安装公司
	王承德	基础公司
	江泰洲	机施公司
	王铁斋	供销处
	吴英龙	混凝土制品一厂
	林元培	市政院
1979	曹金山	市建一公司
	潘根祥	市建二公司
	高勋华	市建三公司
	秦桂明	市建三公司
	陆炳芳	市建四公司
	叶根祥	市建五公司
	龚元郎	市建七公司
	金秋敖	市建八公司
	殷福道	安装公司
	王承德	基础公司
	江泰洲	机施公司
	王铁斋	供销处
	陈春兰(女)	供销处
	吴英龙	混凝土制品一厂
	陈杏生	木材加工一厂
	胡建军	建筑安装机械厂
	杨成喜	金属结构厂
	张词祖	上海动物园(后调入野生动物园)
	林元培	市政院

〔续表一〕

年 份	姓 名	单 位
1980	王治庭	国营8400厂（后调入园林集团）（福建省劳模）
1981	王以荣	市建一公司
	朱锦德	市建一公司
	周师浩	市建二公司
	秦桂明	市建三公司
	杨友生	市建三公司
	陆炳芳	市建四公司
	蔡德芳	市建五公司
	叶根祥	市建五公司
	龚元郎	市建七公司
	陆叔明	市建八公司
	殷福道	安装公司
	王承德	基础公司
	江泰洲	机施公司
	瞿金坤	供销处
	王铁斋	供销处
	吴英龙	混凝土制品一厂
	陆寿云	混凝土制品七厂
	包瑞峰	华建厂
1983	王以荣	市建一公司
	朱锦德	市建一公司
	潘根祥	市建二公司
	尹银根	市建三公司
	秦桂明	市建三公司
	朱根宝	市建四公司
	朱义文	市建四公司
	蔡德芳	市建五公司
	童宣平	市建七公司
	陆叔明	市建八公司
	殷福道	安装公司
	陈祝良	安装公司

〔续表二〕

年　份	姓　　名	单　　位
1983	江泰洲	机施公司
	沈朋研(女)	混凝土制品一厂
	陆寿云	混凝土制品七厂
	包瑞峰	华建厂
1985	朱锦德	市建一公司
	吴凯民	市建一公司
	王克伦	上海机床厂（后调入市建一公司）
	陈来生	市建二公司
	秦桂明	市建三公司
	朱根宝	市建四公司
	朱义文	市建四公司
	严仕政	市建四公司
	茅柏承	市建五公司
	蒋高恩	市建七公司
	王志敏(女)	上海枫林服装厂（后调入市建七公司）
	陈建秋	市建八公司
	胡福良	安装公司
	张水金	基础公司
	江泰洲	机施公司
	金家声	机施公司
	陆寿云	混凝土制品八厂
	徐　辉	局技校
	龚志荣	上海花圃盆花队
	王静梅(女)	市政院
1987	吴凯民	市建一公司
	陆寄林	市建一公司
	钱　培	市建二公司
	徐伟琳	市建三公司
	严仕政	市建四公司
	杨关兴	市建四公司
	茅柏承	市建五公司
	董如海	市建五公司

〔续表三〕

年 份	姓 名	单 位
1987	蒋高恩	市建七公司
	蔡盘发	市建七公司
	陈建秋	市建八公司
	胡福良	安装公司
	龚德康	安装公司
	姜春辉	基础公司
	金家声	机施公司
	王铁斋	材料公司
1989	吴凯民	市建一公司
	汪 松	市建一公司
	王克伦	上海机床厂（后调入市建一公司）
	姚小青	市建二公司
	马根新	市建二公司
	周培豪	市建三公司
	许祥茂	市建四公司
	蔡盘发	市建七公司
	陆水良	市建七公司
	徐伯昌	市建八公司
	朱吉云	安装公司
	张富昌	安装公司
	徐其宝	基础公司
	王铁斋	材料公司
	杨德全	外经公司
	王德仁	市政院
1991	朱金生	市建一公司
	周师浩	市建二公司
	张西庚	市建三公司
	朱根发	市建三公司
	费良希	市建四公司
	李泰兴	市建五公司
	黄祥熊	市建五公司
	蔡盘发	市建七公司

〔续表四〕

年　份	姓　名	单　位
1991	徐宝成	市建七公司
	张韩根	市建八公司
	胡福良	安装公司
	张富昌	安装公司
	吴长铭	基础公司
	施泽英（女）	材料公司
	赵天祯	华建厂
	林元培	市政院
1993	许建强	市建一公司
	张大新	市建一公司
	周师浩	市建二公司
	张西庚	市建三公司
	徐　拓	市建四公司
	张敏强	市建五公司
	李　崴	市建七公司
	顾林国	市建八公司
	项忠明	安装公司
	赖伟忠	安装公司
	林辉旭	基础公司
	宋陈俊	基础公司
	吴欣之	机施公司
	周杜鑫	机施公司
	王铁斋	材料公司
	谢绍润（女）	材料公司
	林元培	市政院
1995	黄立雄	市建一公司
	蒋一元	市建二公司
	胥家才	市建三公司
	马正康	东昌装饰公司
	徐　拓	市建四公司
	朱妙琴（女）	市建四公司
	龚龙昌	市建五公司

〔续表五〕

年　份	姓　名	单　位
1995	李　葳	市建七公司
	毛勇全	市建八公司
	季国安	安装公司
	姜春辉	基础公司
	潘令誉	机施公司
	严玉龙	机施公司
	赵志祥	材料公司
	钱根宝	构件公司
1997	卜志明	市建一公司
	李定江	市建二公司
	马正康	东昌装饰公司
	徐　拓	市建四公司
	屠传璜	市建五公司
	花爱民	爱仁物业公司
	陈建秋	市建八公司
	季国安	安装公司
	朱明强	基础公司
	潘令誉	机施公司
	赵志祥	材料公司
	钱根宝	构件公司
	胡久芳	振新物业公司
	方珠龙	东福金属结构厂
	张新妹（女）	建工医院
	周在春	园林院
2000	胡志明	市建一公司
	石开琪	市建一公司
	黄德顺	东顺建筑公司
	何本权	市建四公司
	范胜东	市建四公司
	许建青	市建五公司
	陆绍机	市建七公司
	姚家桢	市建七公司

〔续表六〕

年 份	姓 名	单 位
2000	唐　明	市建八公司
	沈柏青	安装公司
	秦宝华	基础公司
	金中林	机施公司
	周文华	材料公司
	王辉平	装饰公司
	罗庆华	桥隧公司（安徽省劳动模范）
	潘家康	邝沛幕墙公司
	韩　明	扬帆物资公司
	黄勇强	园林工程公司
	李　渔	外经集团
	马　骉	市政院
2001—2003	徐　飚（女）	市建一公司
	张明生	市建一公司
	周恩度	市建二公司
	王汝敏	市建四公司
	赵瑞兰（女）	市建四公司
	顾永林	市建五公司
	费跃忠	市建七公司
	姚旭东	安装公司
	顾海金	基础公司
	陈月鸣	机施公司
	朱黎民	材料公司
	马建荣	构件公司
	陈明生	华建厂
	吴钟鸣	物资公司
	朱祥明	园林院
	庞炳根	园林工程公司
2004—2006	薛永申	市建一公司
	陈泰和	市建二公司
	徐嵩华	市建四公司
	鲁克勤	市建五公司

〔续表七〕

年　份	姓　名	单　位
2004—2006	胡建华	市建七公司
	朱沪生	安装公司
	张雄伟	安装公司
	陆凯忠	基础公司
	王　斌	机施公司
	孙洪转	材料公司
	沈国章	装饰公司
	陈明生	华建厂
	张　晴	总承包部
	陆建兰（女）	海外部
	武佩牛	教卫中心、建峰学院
	施年忠	园林绿化公司
	邱　钧	外经集团
	徐　健	市政院
2007—2009	陈安民	总承包部
	张永林	海外部
	徐青松	市建一公司
	郁凤兵	市建二公司
	赵　炯	市建四公司
	周晓莉（女）	市建四公司
	李国忠	市建四公司
	朱有生	市建五公司
	陈永康	市建七公司
	刘国富	安装公司
	朱建明	基础公司
	周　铮	机施公司
	鲁逸铭	浦莲预拌混凝土公司
	张云琳	构件公司
	李　佳	装饰公司
	汤坤林	建工院
	朱协军	园林集团
	童　静（女）	国际招标公司
	杨玉梅（女）	市政院

二、上海市先进生产(工作)者(1978年)

姓　名	单　位	姓　名	单　位
周凤楼	市建一公司	金秋敖	市建八公司
唐林福	市建一公司	孙桂其	安装公司
杨启仁	市建一公司	毛宝龙	安装公司
许月根	市建一公司	汪海明	安装公司
潘根祥	市建二公司	高菊宝(女)	安装公司
顾松明	市建二公司	张定荣	安装公司
李新新	市建三公司	尹福昌	基础公司
胥家才	市建三公司	李宏根	基础公司
黄筱狗	市建三公司	沈德荣	机施公司
杨进才	市建四公司	李同有	机施公司
陆新祥	市建五公司	江和桃	供销处
李春发	市建五公司	陈春兰(女)	供销处
许开元	市建六公司	顾兆明	混凝土制品七厂
朱凤仙(女)	市建六公司	张　鉴	木材加工一厂
吕押宝	市建六公司	顾福元	木材加工一厂
陆福娣	市建六公司	胡建军	建筑安装机械厂
蔡伯祥	市建七公司	杨成喜	金属结构厂
姚龙伯	市建七公司	黄勇强	园林局园林工程队
龚文祥	市建八公司	戴勇敏	花木公司
黄尚进	市建八公司		

三、上海市五一劳动奖章

年　份	姓　名	单　位
2005	陆凯忠	基础公司
	吴欣之	机施公司
	黄勇强	园林工程公司
	徐　健	市政院
2006	武佩牛	教卫中心
	张　勤	安装公司(首都"五一劳动奖章")
	金　翔	国际招标公司

〔续表〕

年　份	姓　　名	单　　位
2008	汪　洋	总承包部
	高振锋	建工集团
	张永林	海外部
	陈　新	市建二公司
	陈国荣	安装公司
	许怀竟	基础公司
	邵长宇	市政院
	李　宏	市政院
2009	范庆国	建工集团
	于　松	建工集团
	袁建国	市建二公司
	陶　雄	市建四公司
	陆华林	市建四公司
	崔正钰(女)	市建四公司
	陈恒江	机施公司
	张　兵	机施公司
	韩伯雄	园林集团
	吴小录	园林工程公司
	卢永成	市政院
	王恒栋	市政院
2010	刘忠宝	建工集团
	邱锡宏	市建四公司
	李志宏	市建四公司
	邱炳波	市建四公司
	郁　松	市建五公司
	王美华(女)	市建七公司
	胡　建	市建七公司
	刘模祥	市建七公司
	秦　毅	市建七公司
	梁　雄	安装公司
	李　佳	装饰公司
	周　军	市政院
	俞明健	市政院

四、上海市科技功臣

年　份	姓　名	单　位
1994	王承德	基础公司
1994	林元培	市政院
1995	苏洪雯	市建五公司
1996	叶可明	建工集团
1998	吴欣之	建工集团、机施公司

五、上海市科技精英

年　份	姓　名	单　位
1989	王承德	基础公司
1991	苏洪雯	市建五公司
1993	林元培	市政院
1997	吴欣之	机施公司
2001	范庆国	建工集团
2003	秦宝华	基础公司
2008	龚　剑	市建一公司

六、上海市领军人才

年　份	姓　名	单　位
2006	朱海根	市建四公司
2007	胡玉银	建工集团
2009	高振锋	建工集团
2009	张香田	市建一公司
2009	张　辰	市政院
2010	李耀良	基础公司
2010	邵长宇	市政院

七、上海市优秀党务工作者

年份	姓名	单位
1989	蒋志权	市建四公司
1996	潘家兴	新晃空调公司
2001	朱洁士	建工集团

八、上海市优秀共产党员

年份	姓名	单位
1996	陈敏	园林集团
2001	黄跃(女)	国际招标公司
2003	陈建秋	总承包部
2006	吴欣之	建工集团、机施公司

九、上海市"十大杰出青年"(含提名奖)

年份	姓名	单位
1999	龚剑	市建一公司
2000	童继生(提名奖)	海外部
2004	秦宝华	基础公司
2006	杭迎伟	建工集团、建工房产公司

十、上海市"三八"红旗手

年份	姓名	单位
1978	王美萍	市建一公司
	何慰祖	市建一公司
	俞秀叶	市建二公司
	徐炳金	市建二公司
	王杏妹	市建二公司
	王如扣	市建二公司

〔续表一〕

年份	姓　名	单　位
1978	孔秀萍	市建三公司
	龚小兰	市建四公司
	袁翠英	市建四公司
	孙素华	市建五公司
	王式玖	市建六公司
	朱凤仙	市建六公司
	郭延琳	市建七公司
	马莉萍	市建八公司
	郑美娟	市建八公司
	蒋文英	安装公司
	高菊宝	安装公司
	周志云	基础公司
	王福梅	基础公司
	马德英	机施公司
	马蕴辉	机施公司
	戴仙兰	机施公司
	王夏菊	供销处
	陆大妹	供销处
	陈春兰	供销处
	陈美兰	建工机械厂
	曹天霞	混凝土制品一厂
	冯凤仙	混凝土制品二厂
	杨六妮	木材加工二厂
	祁　文	华建厂
	刘益兰	华建厂
	谭美英	建筑安装机械厂
	赵　磊	建筑安装机械厂
	徐淑琴	建工医院
	路　斐	建工医院
	瞿蓉蓉	园林局园林工程队
	龚夏霞	花木公司

〔续表二〕

年 份	姓 名	单 位
1982	张红秋	市建一公司
	吴克燕	市建二公司
	王如扣	市建三公司
	江芝娟	市建四公司
	杨树兰	市建五公司
	沈德蓉	市建七公司
	张若芝	市建八公司
	王慧萍	安装公司
	许凤新	安装公司
	姚善华	基础公司
	戴仙兰	机施公司
	沈朋研	混凝土制品一厂
	张美娣	钢窗厂
	祁 文	华建厂
	高丽志	建工医院
	屠良萦	建工学校
	倪月荷	园林科研所
	赵秀英	市政院
1984	刘必俊	市建二公司
	钱阿娣	市建三公司
	林我正	市建四公司
	唐美瑾	市建五公司
	黄根娣	市建七公司
	张若芝	市建八公司
	邵 宇	安装公司
	姚善华	基础公司
	李秀珍	材料公司
	沈朋研	混凝土制品一厂
	倪月荷	园林科研所
	山连娣	花木公司上海花圃
	罗培英	设备成套公司

〔续表三〕

年份	姓名	单位
1986	沈逸鸣	市建一公司
	王杏妹	市建二公司
	沈凤珍	市建三公司
	林芳萍	市建四公司
	郁黛莉	市建四公司
	黄根娣	市建七公司
	何爱清	安装公司
	虞延玲	材料公司
	山连娣	花木公司上海花圃
1988	唐虹冰	市建一公司
	李莲珍	基础公司
	汪左兰	基础公司
	李秀珍	材料公司
	倪月荷	花木公司
1990	张婷	市建三公司
	陈希丰	市建四公司
	张蝶影	市建五公司
	牛中菊	安装公司
	汪洪秀	市政院
1991	黄燕苓	机施公司
1992	茅锦芳	市建一公司
	陈希丰	市建四公司
	黄燕苓	机施公司
	郁桂红	混凝土二总厂构件二厂
	谢家芬	园林院
1993—1994	钱岭娣	市建一公司
	徐勤铮	市建三公司
	陈希丰	市建四公司
	贺雅莉	市建五公司
	钟汝芳	建工置业公司
	刘明丽	徐汇花木商店
	张剑英	市政院

〔续表四〕

年 份	姓 名	单 位
1995—1996	陈丽春	建工集团
	蔡文鹭	市建一公司
	朱妙琴	市建四公司
	孙惠恩	市建七公司
	张 晶	机施公司
1997—1998	蔡文鹭	市建一公司
	童 青	市建一公司
	周蝉娟	市建二公司
	孙惠恩	市建七公司
	许毓华	沪翔装饰公司
	张小英	锦安成套公司
	邵根花	野生动物园
	罗建晖	市政院
1999—2000	蔡文鹭	市建一公司
	徐 飚	市建一公司
	袁肖炎	市建一公司防水公司
	王美华	市建七公司
	姚建华	安装公司
	赵黎平	安装公司
	任江汉	振新物业公司
	朱少群	建工医院
	庄 伟	园林院
	邵根花	野生动物园
	盛丽敏	市政院
2001—2002	唐美红	东锦科技公司
	王秋娣	瑞安建筑公司
	王翠园	安装公司
	袁 芬	基础公司
	张瑞芳	建众建材公司
	丁学军	园林工程公司
	朱 珠	外经集团
	张剑英	市政院
	曹玉萍	市政院

〔续表五〕

年 份	姓 名	单 位
2003—2004	范乐玲	市建一公司
	周乐敏	市建二公司
	马伟伟	市建四公司
	宋丽妹	市建五公司
	李 孟	市建七公司
	马蕴辉	机施公司
	徐正玲	建工医院
	韩莱平	园林院
	朱 珠	外经集团
	童 静	国际招标公司
	俞士静	市政院
2005—2006	胡健芳	建工集团
	周 虹	市建一公司
	尚慧萍	建峰学院
	丁学军	园林工程公司
	周海燕	成套集团进出口公司
	胡嘉娣	市政院
2007—2008	蔡玉红	市建二公司
	周晓莉	市建四公司
	袁 芬	基础公司
	杨晓未	园林集团
	童 静	国际招标公司
	张剑英	市政院
2009—2010	丁苑华	建工集团
	胡健芳	建工集团
	孔莉莉	总承包部
	王 瑾	市建一公司
	崔正钰	市建四公司
	苏 羽	市建四公司
	肖 敏	安装公司
	陈 瑞	基础公司
	陆 健	园林院

第六节　集团先进标兵

一、集团特色命名

年份	姓名	称号	单位
1995	许建强	"科学管理,一心为公的好干部"	市建一公司
	王铁斋	"职工信赖的好经理"	材料公司
1996	郑承培	"抓科学管理、建爱民工程"	市建一公司
	瞿国明	"勇攀技术高峰的操作能手"	市建二公司
	钱根宝	"一心一意为用户的服务明星"	构配件公司
1997	范庆国	"敢为人先,无私奉献的敬业模范"	市建一公司
	马正康	"锐意改革,心系职工的创业带头人"	东昌装饰公司
1998	龚剑	"精于管理,善闯新路的优秀项目经理"	市建一公司
	卜志明	"善于管理的优秀项目经理"	市建一公司
	季国安	"爱岗敬业、技术高超的优秀班长"	安装公司
	潘令誉	"敢为人先的攻关能手"	机施公司
	胡久芳	"不求索取的再就业标兵"	振新物业公司
	花爱民	"艰苦创业、心系职工的好经理"	爱仁物业公司
1999	秦宝华	"合同管理上水平、建桥信誉创一流的优秀项目经理"	基础公司
2000	何本权	"职工的贴心人"	市建四公司
	唐明	"创优标兵"	市建八公司
2001	徐拓	"铸造精品工程的优秀项目经理"	市建四公司
2002	蔡文鹭(女)	"不断进取,超越自我的优秀管理者"	市建一公司
	张明生	"艰苦奋斗,勇于奉献的优秀项目经理"	市建三公司
	陆凯忠	"自学成才,爱岗敬业的优秀技术工人"	基础公司
2003	吴欣之	"科技创新的带头人"	建工集团、机施公司
	黄立雄	"管理创一流的项目经理"	市建一公司
	周恩度	"勇于争先的带头人"	市建二公司
	李远东	"企业的好管家"	市建四公司
	顾海金	"起重英豪"	基础公司
2004	王国弼	"严格苛求,精细管理的优秀项目经理"	机施公司
2005	陈建秋	"甘于奉献,屡创佳绩的优秀管理者"	总承包部
	袁超	"塑造园林精品的优秀项目经理"	园林绿化公司

〔续表〕

年份	姓名	称号	单位
2006	叶可明	"特别贡献奖"荣誉称号	建工集团
	吴欣之	"杰出贡献奖"荣誉称号	建工集团、机施公司
	姜向红	"积极探索,追求和谐的优秀项目经理"	市建一公司
	陈泰和	"善打硬仗,屡创佳绩的优秀项目经理"	市建二公司
	张正纲	"杰出贡献奖"荣誉称号	安装公司
2007	上海建工(集团)总公司党政决定:冒着生命危险参加巴基斯坦瓜达尔港项目建设的集团员工黄昌利、陈显山、姜祖国、陈永德、邱根寿为2007年上海建工(集团)总公司先进生产(工作)者		
2009	郁凤兵	"突出贡献奖"	市建二公司
	童 静(女)	"突出贡献奖"	国际招标公司
2010	钱 培	"世博工程建设突出贡献奖"	建工集团世博会建设指挥部高铁虹桥站项目部
	张 晴	"世博工程建设突出贡献奖"	建工集团虹桥交通综合枢纽工程项目部
	陈建秋	"世博工程建设突出贡献奖"	建工集团世博文化中心工程项目部
	姚志勇	"世博工程建设突出贡献奖"	建工集团世博会园区世博轴项目
	刘振鹏	"杰出贡献奖"荣誉称号	建工集团天津办事处
	朱毅敏	"突出贡献奖"	市建一公司
	张 勤	"突出贡献奖"	安装公司

二、集团杰出员工

年份	姓名	单位
1996	范庆国	市建一公司
	马正康	东昌装饰公司
	朱妙琴	市建四公司
	朱国庆	市建五公司
	徐 军	市建七公司
	季国安	安装公司
	薛 峰	基础公司
	潘令誉	机施公司
	王铁斋	材料公司
	钱根宝	构配件公司

〔续表一〕

年 份	姓 名	单 位
1997	朱宝善	市建一公司
	李修镐	市建二公司
	徐 拓	市建四公司
	王汝敏	市建四公司
	屠传璜	市建五公司
	王正平	市建八公司
	龙佩英(女)	市建八公司
	季国安	安装公司
	吴欣之	机施公司
	张 晶(女)	机施公司
1998	龚 剑	市建一公司
	江逢潮	市建二公司
	丁 寅	市建三公司
	朱忠明	地玖建筑公司
	黄茂胜	绿凯商场
	丁 浩	市建七公司
	葛兆源	市建八公司
	成自辉	安装公司
	朱明强	基础公司
	王云飞	机施公司
1999	周恩度	市建二公司
	茅柏承	市建五公司
	姚家桢	市建七公司
	施国椿	安装公司
	秦宝华	基础公司
	王国弼	机施公司
	毛桂凤(女)	材料公司
	胡久芳	振新物业公司
	沈文良	伟昌公司
2000	房庆强	总承包部
	汤 峻	海外部
	卜志明	市建一公司

〔续表一〕

〔续表二〕

年 份	姓 名	单 位
2000	黄德顺	东顺建筑公司
	范胜东	市建四公司
	李 葳	市建七公司
	唐 明	市建八公司
	付 军	安装公司
	金中林	机施公司
	罗志金	华建厂
2001	石开琪	市建一公司
	李定江	市建二公司
	周世祥	东福金属结构厂
	张 聪	市建四公司
	费跃忠	市建七公司
	王毅敏	安装公司
	曹火江	基础公司
	金鉴钦	机施公司
	叶冬美(女)	沪翔装潢公司
	张瑞芳(女)	建众建材公司
2002	蔡文鹭(女)	市建一公司
	周恩度	市建二公司
	张明生	市建三公司
	张 勇	市建五公司
	顾才龙	市建八公司
	顾海金	基础公司
	陆凯忠	基础公司
	杨 堃	机施公司
	季耀明	材料公司
2003	黄立雄	市建一公司
	袁建国	市建二公司
	王汝敏	市建四公司
	何云飞	市建五公司
	许春明	市建七公司
	姚旭东	安装公司
	顾海金	基础公司

〔续表三〕

年 份	姓 名	单 位
2003	陈月鸣	机施公司
	孙洪转	材料公司
	马建荣	构配件公司
2004	潘文龙	海外部
	陆 云	建工集团技术中心
	姜向红	市建一公司
	朱灵平	市建二公司
	范胜东	市建四公司
	应志明	市建七公司
	张兆遂	基础公司
	王 斌	机施公司
	朱 锋	材料公司
	徐亚玲（女）	物资公司
2005	周 伟	总承包部
	黄昌利	海外部
	薛永申	市建一公司
	朱林飞	市建二公司
	徐嵩华	市建四公司
	姚旭东	安装公司
	华春芳	基础公司
	严玉龙	机施公司
	姜以正	材料公司
	章迎尔	建工院
2006	张 晴	总承包部
	李增辉	建工集团技术中心
	周安国	市建一公司
	郁凤兵	市建二公司
	王 微	市建四公司
	邱中桂	市建五公司
	丁炳国	市建七公司
	朱沪生	安装公司
	陈晓明	机施公司
	吴惠庆	材料公司

〔续表四〕

年　份	姓　名	单　位
2007	王亦澍	总承包部
	陈永德	海外部
	俞建强	市建一公司
	茅振伟	市建二公司
	孙吉人	市建四公司
	鲁克勤	市建五公司
	李国斌	安装公司
	李耀良	基础公司
	周　铮	机施公司
	姚绍武	新开元碎石公司
2008	王成龙	海外部
	徐青松	市建一公司
	蔡　波	市建二公司
	李国忠	市建四公司
	邱明声	市建五公司
	陈志华	市建七公司
	王毅敏	安装公司
	徐玉夏	基础公司
	郑立忠	机施公司
	文德亮	野生动物园
2009	顾国明	建工集团技术中心
	黄　震	市建一公司
	周乐敏（女）	市建二公司
	范胜东	市建四公司
	丁建华	市建五公司
	高　峰	市建七公司
	顾俊辉	安装公司
	龚金弟	基础公司
	陈恒江	机施公司
	鲁逸铭	浦莲预拌混凝土公司
2010	蔡立志	海外部
	郑成广	市建一公司

〔续表五〕

年　份	姓　　名	单　　位
2010	蔡玉红（女）	市建二公司
	徐嵩华	市建四公司
	王汉江	市建五公司
	胡　建	市建七公司
	严国华	安装公司
	陈小平	蒲莲预拌混凝土公司
	邱军华	野生动物园
	周明媚（女）	机电设备招标公司

第七节　其他先进

年　份	姓　名	荣誉称号	单　位
2008	李国忠	四川省抗震救灾模范	市建四公司
2010	朱　超	上海世博会先进个人，享受全国劳模待遇	安装公司
	曹世伟	上海世博会先进个人，享受全国劳模待遇	园林绿化公司
	俞玉章	上海世博工作优秀个人	基础公司
	糜诚浩	上海世博工作优秀个人	园林集团
	袁　燕（女）	上海世博工作优秀个人	市政院
	何　斌	四川灾后恢复重建先进个人	市建四公司
	雷　挺	四川灾后恢复重建先进个人	市政院
	王爱国	汶川地震灾后恢复重建先进个人	市政院
	李志宏	汶川地震灾后恢复重建先进个人	市建四公司
	颜克明	上海市对口支援都江堰市灾后重建先进个人	总承包部

专记

一、施工现场标准化管理

【试点起步】

历史上建筑工地现场设施较为简陋,管理也较粗放。建工局成立后逐步建立一些有效的规章制度,但在"文化大革命"中遭到破坏。"文化大革命"结束后,建工局通过企业整顿,又重新建立和健全规章制度,管理开始走上正轨。70年代末开始,上海城市建设高潮逐步展开,上海建筑市场开放度越来越高,大批外地建筑队伍进入上海,高峰时建设工地达到上万个,在市区就有几千个,这些都给施工现场管理带来一系列新矛盾和新问题。不少工地管理混乱,工地设施参差不齐,生活设施内电线乱拉乱接,治安和消防存在诸多隐患;现场堆放杂乱无章,断砖废料满地乱抛,晴天尘土飞扬,雨天满地泥浆,有人戏称"走进工地,脚踏人民币"。这种状况不仅造成安全事故不断,企业的效益受到影响;也给城市的面貌和环境造成不良后果,有的甚至成了城市卫生、治安工作的死角。

1986年,建工局党政提出以工地场容场貌为基础,以安全生产为突破口,积极推进施工现场标准化管理,把工地建成反映企业"两个文明"建设的窗口。随着改革开放,国外建筑企业进入上海,它们的工地上现场布置井井有条,安全设施标准牢固,各类标识规范醒目,现场人员穿戴统一,从外观上看不出是正在施工的建筑工地。建工局领导首先在市建404工程队进行试点,探索符合实际的管理标准和实施方法。同时组织局属企业派人参观外企的工地,感受这些企业严格的管理和文明、整洁、规范的场容场貌。经过试点和实践,建工局形成《现场安全防护标准》,规定施工现场必须有施工总平面图等"四牌一图"(安全警示牌、治安消防须知牌、安全生产六大纪律牌、文明施工纪律牌、施工现场平面布置图),施工管理人员和操作人员要戴不同颜色的袖章和安全帽,现场要落实"五有"(食堂、更衣室、浴室、茶棚、厕所)等。

1990年年初,建管局在市建一公司飞利浦项目工地召开推广标准化管理的现场会。走进这个工地让人耳目一新,整个施工现场施工便道畅通、物件堆放有序、钢筋绑扎横平竖直、排架整齐林直、管理人员职责明确、操作工人遵守规程,工程基本达到安全、质量、速度、效益、信誉的统一。究其原因,是飞利浦工程项目把"全面、全员、全过程"的思想运用到标准化管理中,从制定各类标准准则入手,实行以质量创优为中心的工序操作、管理的标准化,以场容、场貌整洁文明有序为特征的物料使用管理标准化,以清除隐患保障安全为目标的设备使用保养的标准化,以方便生活有利生活为内容的生活服务办公设施管理的标准化,以履行工程合同为重点的现场综合管理的标准化。典型的经验,实在的效果,对局内各级领导和管理人员起到很好的示范作用,逐步从"要我搞"逐步转变为"我要搞",标准化管理迅速在建管局内铺开。1990年4月,建管局下发《施工现场(工厂)标准化管理规定》(简称《管理规定》)和《施工现场(工厂)标准化实施暂行办法》(简称《暂行办法》)、《施工现场(工厂)标准化管理"合格牌""不合格牌"试行管理办法》。《施工现场标准化管理规定》共分10大类83项,《工厂企业标准化管理规定》共分8大类65项,对各项规定执行的情况规定了评分标准,对达到一定分值的施工现场(工厂)挂"合格牌"。1990年,全市37家挂上现场标准化管理合格牌的工地中,建管局属企业占27家。

【全面推进】

在进行标准化管理试点的同时,建工局在全局开展以施工现场标准化为主要内容的文明工地创建活动。1985年,建工局制定文明工地标准、《文明工地检查评分标准》《文明工地申报、挂牌、发证管理办法(试行)》等,以后又根据形势发展的要求对标准进行修改和完善。文明工地的评选调动了各个项目实施现场标准化、提高管理科学化水平和文明程度的积极性。不少单位积极创新管理思路和办法,涌现了一批标准化管理的先进典型。市建一公司中美金融大厦工地在灌注桩施工阶段采

图专-1-1 统一的工地大门门头

取"场地硬化、沟池成网、集中清淤"的硬地施工法,解决了在桩基施工阶段泥浆横溢、污水横流、污染环境的老大难问题。1995年6月23日,市建委召开灌注桩硬地施工法现场会,要求在中山环路内全面推广建筑工程灌注桩硬地施工法,浦西环路内强制执行,浦东环路内全面提倡,以制止泥浆外流,确保工程文明施工。市建二公司在地处外滩地区的工商大厦施工中,采用密目式安全网进行封闭施工,有效防止高空物体坠落,减少施工扬尘;在施工区域用2.5米高的彩钢板进行围挡封闭,并涂上公司统一的色彩和标记,使之与周边的环境相适应。8月10日,市建委召开工程围挡封闭施工经验现场会,肯定该工程的做法,要求在内环高架及其外侧500米范围内所有工地必须实行围挡封闭施工。文明工地作为企业对外的形象窗口,各个项目主动地与周边社区有关部门联系,共建文明工地,变扰民工程为"利民、便民、爱民工程"。在项目内部,规范职工行为,开办民工学校,普及法律和文明知识,提高职工的文明素质。文明工地评比纳入到文明系列活动,定期进行评比交流,不断推动项目标准化工作上水平。1995年,建工集团工地接受全国卫生城市检查团的检查,没有被扣一分。1996年3月,上海市建委下发《关于向上海建工集团学习开展文明工地建设的通知》。6月,建设部在上海召开施工现场安全达标现场会,把建工集团的工地作为现场会观摩的主要对象。建设部一位领导穿着白色的运动鞋检查市建二公司施工中的中百一店东楼工地,他穿过工地通道,登上正在施工的楼层,结束时运动鞋基本没被弄脏,他感慨地说,如果我们的工地都达到这样的水平,我们可以说与国际先进水平比肩了。

1994年建工集团成立后,又把推进集团统一的现场形象作为标准化管理的重要内容加以落实。集团一成立就设计集团的标志和标准色。2001年,集团总公司下发《上海建工集团标志使用规范手册》,对本市、外埠和境外工地的门头、门牌及集团各单位对外的简称使用等作出新的规定;根据集团标志已正式作为国家注册商标的实际情况,对集团标志的绘制以及在工地围栏、脚手架、施工机械、运输车辆等处的使用规范要求更为具体;统一规范全集团安全帽的式样和识别色;对集团标志旗的制作和在现场的升挂作了规范。2002年,经过在集团内对建筑工程工地大门(门柱和门)和市政工程围栏样式征集活动,修订《上海建工集团视觉识别规范手册》,明确工地大门、围栏、办公区、宿舍区和混凝土搅拌车新的标准。经过一系列标准的制定和严格的管理,建工集团工地现场以一种崭新的面貌出现在人们的视野中。远看工地现场,红色的大门门头,右面是工程的概况和

监督电话,左面是"六不"(泥浆不外流、轮胎不沾泥、管线不损坏、扬尘不超标、搬运不扰民、作业不违章)的文明施工承诺;大门印集团标识和承建单位的名称。进入工地大门,树立着安全警示牌、治安消防须知牌、安全生产六大纪律牌、文明施工纪律牌、务工人员维权须知牌、施工现场平面布置图的"五牌一图"(在"四牌一图"基础上,加务工人员维权须知牌);集团旗帜、承建单位旗和安全生产旗迎风飘扬。办公区屋顶采用红色的彩钢板,入口处正上方安装上海建工的标志。走进工地会议室,统一布置项目质量安全目标、质量要素分配表、环境职业健康安全要素分配表、综合治理目标及管理网络等四块图牌和本单位承建的主要工程照片。办公室的名称按照统一的样式制作。宿舍区采用统一的标准,山墙上安装上海建工的标识和名称。整个办公区和生活区展现统一、醒目、整洁、规范的要求。集团混凝土搅拌车统一形象制作工作也从 2004 年 1 月 1 日开始启动,600 余辆混凝土搅拌车采用在拌车筒体中部浅灰金属闪光漆色带上印制红黑色的"上海建工"字样及企业标志,色调简洁、和谐、大气。

【完善提高】

随着绿色施工理念的提出和城市对环境要求越来越高,建工集团的施工现场标准化工作也顺应城市管理新的要求和集团持续、健康发展的趋势,在管理标准上不断提高,在覆盖范围上适时拓展。

1990 年,建管局制定《建筑工程施工现场(工厂)标准化管理规定》,对安全防护设施中的脚手架、"三宝(安全帽、安全带、安全网)""四口(楼梯口、电梯口、通道口、预留洞口)"及用电、机械设备等都作了明确的规定,对减少安全事故发挥了很好的作用。2006 年起,集团推广市建四公司对安全防护设施从设计、制作、安装、拆除、维修保养及租赁经营的一条龙管理模式,从临边洞口的安全防护基础设施抓起,在全集团推进安全防护设施工具化、定型化、标准化工作。2008 年制定《安全生产防护设施工具化、定型化、标准化图文集》(2012 年又作修订),包括防护类、登高类、机电类、防火类、环保类、其他类、标识类,共计 63 项内容,对有关防护设施的样式、尺寸、用材、制作工艺等作了详细的规定,形成一批诸如电梯井口防护门、移动登高平台、电焊机工具车等定型产品和基坑临边防护门、可拆式防护栏杆、预留洞口防护塔吊过道等工具式设施。为适应环保的要求,规定进出车辆冲洗设施、三级沉淀池和适用于轨道交通施工工地地下连续墙作业的泥浆工厂的制作标准,设计了移动式冲洗平台、移动厕所、移动式生活垃圾分类箱的多种样式和标准。现场安全防护设施标准化、定型化、工具化的推行进一步提升施工现场标准化的水平。安全通道通畅,各类安全防护设施制作标准,放置规范,黑黄相间的安全警告色和各类安全标志给人以提醒;工具类的设施拼装简便,定型类的设施适用范围广;大门口的冲洗设备和泥浆工厂大大减少了施工对环境的污染。这些设施不仅

图专-1-2　全封闭密目式脚手架

降低了安全事故的发生率,也提高安全防护设施的使用周转率,减少损耗和浪费。

项目处于社区中,处理好与社区的关系,减少施工对社会的影响,越来越成为项目在施工中不可回避而需要认真解决的大问题。随着在市中心的项目增多,轨道交通工程又是"点"变成了"线",涉及面变大。建工集团把党建、精神文明的要求纳入现场标准化的范畴。在创建文明工地的过程中,一些单位提出"围墙之内是一家"的理念,把同一个项目上的总分包单位组织起来,围绕工程的目标开展共建活动,调动各方面的力量完成工程项目的目标。以后又提出"围墙内外是一家"的理念,主动把项目周边单位的力量组合起来,营造搞好项目良好的内外环境。在总结各方面工作经验的基础上,2007年7月,集团总公司党委印发《关于工程项目开展共建活动管理办法》(简称《管理办法》),《管理办法》明确共建活动是施工企业积极参与创建和谐社会、融入社区精神文明建设的有效途径,是加强企业精神文明建设的重要内容,是企业形象社会监督评价机制的组成部分,要遵循因地制宜、主动参与、总承包管理为依托、共建共享的原则。工程项目可根据工程实际需要选择辖区内社区街道(村镇)、居委会组织、地区派出所、所辖交警中队、所在社区其他与工程项目建设相关的企事业等单位开展社区共建活动。共建活动的主要内容是加强党建、精神文明建设方面的学习交流;策划和组织向有关单位和居民宣传、通报工作;定期或不定期地互通信息;研究采取切实措施做好文明施工和环境保护工作;为社区群众排忧解难,力所能及地为社区单位和居民提供便民利民服务。《管理办法》还统一了共建活动协议的样张。《管理办法》的制定为深入开展社区共建活动统一了标准,规范了行为。

90年代末,建工集团加快"走出去"的步伐,施工现场标准化的成果又随着各企业的"走出去"在外省市和海外的工程上展示出来。在外省市和海外的工程中,各单位从施工前的策划开始,严格按照各个环节的标准开展工作。工程一开工,展现在人们面前的就是醒目、规范的集团统一的外在形象,标准、整洁的现场布置,体现上海建工一流的管理水平和职工良好的精神面貌,成为上海建工进入当地的一张亮丽的"名片",给当地市民一份添彩城市面貌的"见面礼"。不少地方组织人大代表、政协委员参观上海建工工地,建设主管部门把上海建工的工地作为文明工地的示范单位加以推广,以此来推动当地施工现场文明建设工作。

施工现场标准化管理不但为建设中的城市增添一条风景线,也已经成为上海建工转变经济增长方式、不断提高管理水平的有效载体,成为展示上海建工作为一个负责任的大企业良好社会形象的"窗口"。在荣誉和社会赞誉面前,建工集团提出要继续以国际先进水平为目标,努力使施工现场标准化管理与城市发展的要求相适应,与集团发展的战略和所承担的社会责任相一致,完善标准、扩大内涵、提高水平。

图专-1-3 基坑临时护栏

二、突发事件应急抢险工作

【组建队伍】

上海是国家经济建设和社会发展的重点城市，城市的安全直接关系到社会的稳定和城市的发展。作为上海大型建筑企业，上海建工在完成各类重大工程的同时，承担了全市各类突发事件的应急抢险任务。

1986年10月24日上午8时24分，从上海真如站发往徐家汇站的3373次火车行驶至三泾北宅铁路道口时，第十九节车厢突然出轨，致使尾随其后的四节车厢相撞，造成三节车厢翻倒，撞毁铁路两旁凯旋路和长宁路上的7间民房，造成10人死亡，11人受伤，沪杭线铁路运行受到影响。为了尽快抢救压在废墟中的人员，尽快恢复铁路运行，安装公司、机施公司等单位迅速调集140吨、80吨和40吨大型吊车5辆。17时，铁轨上的5节车厢全部被吊到路旁。

1990年，为应对地面建筑的倒塌以及特殊性事故所造成后果的应急处理，上海市政府决定组建城市建筑抢险队伍，在上海市建筑工程管理局组建一个营的市级群众性建筑抢险分队，下属3个连、一个直属排，共190人。抢险分队的主要任务是城市建筑物倒塌事故的抢险救援；城市交通干道的路障清除；起吊重型装备。接到文件后，建管局迅速组建队伍，在市建二公司、市建三公司、安装公司各组建一个连，机施公司为直属排。局领导担任指挥，日常工作部门设在局武装部，每天有人值班，负责与市人防办联络。市级建筑抢险专业分队实行24小时昼夜轮班制度。在市人民防空办公室的支持下，配备了通讯电台、带有警灯的指挥车，直属排成员每人配备了无线寻呼机，做到在第一时间集合队伍，参加抢险。

2005年，根据党中央、国务院的总体部署，上海市委、市政府决定成立上海市突发公共事件应急管理委员会，下设办事机构——市应急管理办公室，本市各有关部门是市应急委的工作机构，从而形成统一指挥、分级负责、协调有序、运转高效的应急联动体系。上海市应急体制建立后，市里发生重大事故一般由市建委向建工集团下达任务。为此，集团制定《应急抢险的预案》。《应急抢险预案》包括应急抢险的体制、抢险设备材料配置和具体分工。集团由领导挂帅，各部门各司其职；建立专家库，在需要时按事故类型分别请专家进行现场咨询协助完成抢险方案；建立抢险应急所需物资、设备、抢险人员的网络，由集团总公司生产经营部负责具体协调工作，机施公司负责提供大型设备、安装公司负责调配汽车吊，基础公司负责地下工程抢险，市建七公司负责土建抢险，材料公司负责沙石水泥等材料供应，构件公司负责材料运输。为应对上海地铁深基坑施工可能造成的风险，集团专门购置阿特拉斯钻机。各个公司，尤其是专业公司就大型起重机械施工、地下工程抢险施工等专门制定抢险方案。

据不完全统计，自承担市突发事件应急抢险工作以后，上海建工的抢险队伍先后参加火车出轨、飞机冲出跑道、塔吊断裂、厂房倒塌、地下管涌、液化气罐车侧翻等重大事故的抢险，共计100多起，其中重特大事件20多起。

【抢险救援】

1998年4月12日下午15时51分，泰国航空公司一架MD-11客机在执行曼谷至上海航线飞行任务降落上海虹桥国际机场时,因滑行速度过快,脱离跑道,冲入草坪,虹桥机场因此关闭。晚上6时10分,机施公司抢险值班室接到"虹桥机场有任务待命"的通知,抢险救灾突击排的领导迅速作了分工。一接到正式命令,立即根据掌握的情况,派出80吨、40吨汽车吊参加抢险,吊车司机和随车人员一接到通知迅速从家中赶到漕宝路基地,驾车赶到虹桥机场。到机场后,80吨、40吨汽车吊车组的5位同志在排长指挥下,立即投入抢险战斗,从晚上10时20分到13日凌晨3时,在泥泞的草坪上铺好1 500平方米的"钢铁跑道",为东航的牵引车把泰航客机拖出陷境铺平了道路。

1999年7月11日下午,地处逸仙路万安路的宝建公司一工地发生重大事故,一台600吨/米爬吊在拆卸过程中突然下坠造成4死3伤,居民住房损坏,塔吊严重损坏。接到集团抢险命令后,机施公司抢险排迅速集合赶往事故现场,随即成立由公司领导为总指挥的抢险指挥组,投入抢险战斗。12日一早,在两台大型汽车吊定位完毕的同时,一个详细、缜密的排险方案制定了出来。突击排的起重工轮番作业,他们先是坐吊篮随吊钩上到高空,爬上损毁的塔吊,捆扎起吊钢索,用气割刀割开平衡斗、塔帽、大臂等同塔身残留的连接,接着又登上23层大厦的9~13层,在风雨中艰难地切割钢索、塔帽、大臂、爬升架等。经过30个小时的连续奋战,终于排除险情。

2003年7月1日凌晨,上海市轨道交通4号线浦西段连接通道发生流沙,造成地面急剧沉陷,使距事发点直线距离50米外的黄浦江防汛墙由墙体开裂发展为立面呈V型纵向倒塌的严重后果。防汛墙开裂及倒塌,涨潮时滚滚江水就会从倒塌的缺口涌向市区,作为市中心的防汛墙一旦失守,后果将不堪设想,情况万分紧急。险情就是命令,市政总院组织由技术骨干组成的抢险组第一时间赶赴现场,并当场研定出抢险方案并投入现场抢险:在事故沉陷区域外围沿董家渡路、中山南路人行道到

图专-2-1　虹桥机场飞机事故抢险现场

外边线和临江花苑墙构筑临时防汛墙,与外马路防汛墙连接并形成封闭。当晚抢险组抢出了这一抢险方案的施工图。抢险组一方面进行险情段防汛墙档案资料的调阅,另一方面紧急研究制定抢险防汛应急预案。险情排除后,经抢险工程水务分指挥部组织专家对抢险措施进行评估,专家充分肯定了防汛险情发生后,市政总院抢险组所采取的一系列果断、正确的抢险措施,并认为:"防汛度汛大堤设计为柔性结构,能适应地基的继续变形;拉森板桩和高压旋喷既有防渗效果,又有利于堤基稳定,是合理的;堤前镇压、抗滑措施对度汛大堤的整体稳定是有效的。"为了尽可能降低损失,地铁公司向基础公司紧急求援,要求实施隧道内封堵抢险施工。公司上下迅速行动,从各在建工地调集了240人、汽车吊5台、钢材280吨、水泥3 200吨,另有电焊机、照明器材等。9时许,兵分两路赶赴南浦大桥车站和浦东蓝村路车站实施封堵方案。抢险人员先是在直径5.5米的隧道口用钢板、槽钢烧焊成密集的格栅状骨架,然后沿格栅逐一垒起水泥包,形成宽度达7米的水泥封堵墙。从7月4日起,又浇筑混凝土加固封堵墙,做到万无一失。

2007年4月2日,接市安质监总站通知,要求基础公司组织力量帮助位于大连路1619号骏丰国际财富广场基坑围护地下连续墙堵漏抢险施工。公司领导当即委派公司设计研究所调集科研施工人员组建抢险项目部开赴现场。抢险方案经建科委专家评审通过后,4月5日下午正式实施抢险

施工。该项目四周环境复杂,既有高楼,又有正在运行或施工的地铁线,基坑周边另有众多市政管线,基坑开挖面积约为6 000平方米,开挖深度14～18米。基坑于2006年10月开挖后,发现地墙挖缝处漏点达25处之多,由此造成大量流砂和地下水涌出,周边地面发生开裂沉陷,地墙位移,地面建筑物沉降,管线沉降严重,居民楼墙体出现裂缝。后经施工单位邀请多家专业队伍组织堵漏抢险,仍有10处漏点堵漏无果。面对如此棘手的抢险施工,科研施工人员知难而上,积极调整、修正抢险方案,步步为营扎实推进,终于历时7个月抢险成功,使骏丰财富国际广场基坑转危为安,并获得市安质监总站好评。

2009年6月27日清晨5时30分许,闵行区莲花南路、洛阳路口西侧,一在建楼盘工地发生13层楼房楼体倒覆事故,造成1名工人死亡。市建七公司接到任务后,先后调集62名抢险人员、5台挖土机、3台推土机、27套照明设施、5套给水设施,于11时30分赶到事故现场,投入抢险工作。6号楼南侧基坑、9号楼南侧基坑和倒塌的7号楼与2楼中间基坑中回填了1.43万立方米土方和360吨黄砂,保护了未倒塌房屋的安全;在原堆土上卸载土方2.3万立方米,外运土方2.3万立方米,保护淀浦河南面防汛墙的安全。至7月1日上午9点,圆满完成上级下达的所有抢修任务。

2010年10月25日16:30分左右,一辆液化气罐车在S4高速公路剑川路匝道口发生侧翻,导致一死一伤的事故。由于液化气罐车槽罐内是零下160摄氏度的高纯度液化天然气,每立方米液化天然气,常温下气化膨胀后的体积是600立方米。槽罐车紧贴着的小屋,恰恰就是S32公路的高压变电站房,液化气如遭遇火星后果不堪设想。机施公司接报后,立即组织抢险人员、车辆和物资,抢险人员15人于17时30分到达事故现场待命,其中130吨汽车吊在南翔基地待命,午夜12时接现场指挥

图专-2-2 液化气槽罐车抢险现场

部通知,由于方案未定,全部人员撤离待命。10月26日下午再次接到上级通知,方案已确定需动用吊装手段解决此事故。公司立即组织起重施工人员约30人奔赴现场,另外130吨汽车吊也在第一时间赶往事故现场。为防止普通钢丝绳在起吊过程中易产生火花造成严重后果的情况,抢险人员使用尼龙吊带作为起重缆索,经过专家反复确认吊点的位置,保证罐体不受二次损伤。晚上9时,准备工作完毕正式进入起重吊装阶段,采用500吨和130吨两辆吊车从两个罐体加强点起吊将侧翻的液化气槽罐缓慢扶正,再经确认罐内压力仍然保持稳定的情况下,2台吊车同时提升并将槽罐缓慢平移到高速公路的路面上,而后利用其他牵引车将其转移至安全地点。至凌晨2时宣告此次抢险施工结束。

2010年11月7日凌晨1时50分许,位于松江区沪松公路2033号的上海建华管桩有限公司,一台蒸压器设备在加压过程中突然发生爆炸,重达2吨的釜门像炮弹一样冲破车间外墙和厂区栅栏,击中百余米外的轨交9号线桥墩南侧立柱,导致桥墩柱混凝土破裂、主筋剪断、支座下承板螺栓严重受损。受事故影响,联系市区与松江的重要交通通道,轨交9号线中春路站至松江新城站一度被迫暂停运营。上午8时,经安全检测后9号线故障区段逐步恢复运营,限速10公里/小时运行。事故发生后,市领导把桥墩柱临时加固、永久加固、支座更换的抢险任务交给市建四公司。担任主

攻任务的市政分公司,在第一时间选派长期合作的最优秀的专业施工队,落实机械、设备等各项资源。首先,经过通宵奋战,采取各种紧急措施,基本完成临时加固体系,确保次日地铁运行速度提升到 30 公里/小时。接着优化工作流程,精心组织各个环节的施工,提前两天实现了将速度提升到 50 公里/小时的目标。在立柱加固的同时,为了实现支座更换一次性成功,还专门投入 20 多万元,购买了 16 只全新的千斤顶用于轨道梁的顶升,确保了顶升时控制系统的同步,成功创下了在轨道交通正常运营中对支座进行更换的先例。

集团各支应急抢险队伍按照市有关部门的要求,召之即来,来之能战,出色地完成所交给的任务,成为上海应急抢险的一支突击队。

表专-2-1　1986—2010 年上海建工部分应急抢险情况表

时　　间	抢　险　内　容
1986 年 10 月 24 日	上海凯旋路火车车厢出轨
1994 年 9 月 29 日	长阳路上的淬火厂一厂房倒塌
1995 年 3 月 3 日	上海搪瓷二厂拆房过程中整幢楼房倒塌
1998 年 4 月 12 日	泰国航空公司一架客机在虹桥机场冲出跑道
1999 年 4 月 8 日	浦东杨高路成山路徐浦大桥出口处一辆 10 吨油罐车翻车
1999 年 7 月 11 日	逸仙路万安路工地一台 600 吨米爬吊在拆卸过程中突然下坠
2003 年 7 月 1 日	上海市轨道交通 4 号线浦西段连接通道发生流沙
2003 年 11 月 1 日	共和新路场中路非机动车匝桥倾翻
2005 年 4 月 30 日	龙吴路一辆满载钢构汽车卡在桥洞内
2007 年 3 月 28 日	江苏路企发大厦工地塔吊大臂倾覆
2007 年 4 月 20 日	上海轨道交通 10 号线宋园路工地 100 吨履带吊倾覆
2008 年 2 月 12 日	宝山区呼青路钢材市场堆场发生塌陷事故
2009 年 6 月 27 日	闵行区莲花南路洛阳路口西侧一在建楼盘整体倒塌
2010 年 10 月 12 日	G15 沪太路匝道四根箱梁倒塌
2010 年 10 月 26 日	上海 S4 高速公路奉贤段油槽车倾翻
2010 年 11 月 7 日	沪松公路海建华管桩有限公司蒸压器设备爆炸损坏轨交 9 号线桥墩立柱

资料来源：机施公司、基础公司、市建四公司、市建七公司应急抢险总结材料。

三、《建设工程质量知识读本》编写出版

1999年1月4日,重庆市綦江县城内一座长140米、宽76米的跨江人行桥突然整体垮塌,造成26人死亡、10多人失踪。事故发生后,在全国引起强烈的反响。党中央、国务院领导同志非常重视,多次询问人员伤亡和事故原因,并对加强工程质量管理作了重要指示。建设部于1月8日向各地建委(建设厅)和国务院有关部门建设司(局)发出紧急通知,要求切实抓好建设工程质量,防止工程质量重大事故的发生。

1999年3月8日上午,中共中央总书记、国家主席江泽民来到人民大会堂上海厅,参加九届人大二次会议上海代表团的讨论,听取代表们的审议意见。讨论中,出席会议的全国人大代表、上海建工(集团)党委书记、董事长石礼文就如何加强建筑质量管理,防范重大质量事故作了发言。江泽民听得十分认真,并频频点头还不时插话。在会议结束时的讲话中,江泽民又一次语重心长地谈及工程质量问题,他对石礼文说,能否请你写本建筑工程质量ABC的书,内容包括工程质量的概念、

图专-3-1 《建设工程质量知识读本》出版

必备的技术措施和施工要求等,深入浅出,让大家能读懂。

一回上海,石礼文马上着手编书的各项工作。他向有关单位的领导、大学教授、建筑界专家发出邀请,请他们加入该书的编委会。不到半个月,受到邀请的领导和专家一一作了肯定的回复,一个阵容强大的编委会组成了。建设部部长俞正声亲自担任顾问,编委中包括5位中国科学院或工程院院士。书名定为《建设工程质量知识读本》(以下简称《读本》)

作为主编,石礼文把编好《读本》作为1999年的第一件大事。他本人就是土木工程方面的专家,深知工程建设各环节对提高工程质量的作用。他提出,《读本》不能面面俱到,影响工程安全性的问题一定要讲深写透。他不但在总体上确定全书的框架、编写原则,还经常与写作人员一起讨论内容安排、技术要点的把握。为了使《读本》既有知识性,又有可读性,参加写作的同志跑书店、蹲图书馆,翻书籍、查资料,放弃不少休息日。他们设法把呆板的法律法规条文活跃起来;配备恰当、明确的插图,使整部书图文并茂、通俗易懂。担任统稿任务的同志认真研究各位作者各自的写作方法,细致做好全篇内容调整、文字润色工作。

功夫不负有心人,经过全体编写人员半年的辛勤劳动,1999年9月中旬,《建设工程质量知识读本》(送审样本)完成了。《读本》中有建设工程质量基础知识、建筑工程质量技术知识、建筑工程质量管理知识、建设工程技术与质量管理发展趋势,还附录了《中华人民共和国建筑法》《中华人民共和国合同法》等法律法规。

担任编委工作的同志认真审阅送审样本。有的寄来1 000多字的修改意见,有的当面提出自己

的修改看法,有的不惜花费时间查阅原件以保证引用法律法规的准确性。几位院士根据自己的经验提出了不少有质量的修改意见。根据各方面的意见,负责执笔的同志又二易其稿,终于在2000年到来前脱稿,为九届全国人大三次会议召开前出版《读本》奠定了坚实的基础。

担任出版任务的上海科学技术出版社,把出版《读本》作为重点书目来对待。他们打破常规,只要稿子初步确定就进入编辑阶段,而后又根据作者的修改不厌其烦地进行调整。他们把原来的三审增加到四审,对《读本》的版式、用纸等环节都反复比较,使《读本》既保持一定风格,确保出版质量,又方便读者阅读。

《建设工程质量知识读本》编写历经将近一年,进行了4次较大幅度的修改。直接参与《读本》的编写、审读、初稿的打印、校对、组织策划工作的就有70多人。

1999年9月20日,《建设工程质量知识读本》(送审样本)送呈江泽民。正在主持党的十五届四中全会的江泽民欣然题写了《建设工程质量知识读本》的书名。国务院副总理温家宝得知要出版《读本》,专门撰写序言。温家宝在《序言》中指出,"建设工程质量关系人民生命财产安全,关系国家和民族形象,关系社会主义现代化建设事业的发展。百年大计,质量第一。工程质量责任重于泰山","各级领导和建设系统的干部职工必须加强工程质量知识学习,掌握工程质量的法律知识、管理知识和技术标准,增强工程质量意识,提高政治和业务素质"。

2000年3月7日上午,在九届人大三次会议上海代表团全团会议上,石礼文向前来参加上海代表团审议的江泽民送上刚出版的《建设工程质量知识读本》,江泽民微笑着接过书,一边翻看,一边连声说"不错"。

2000年3月12日,《建设工程质量知识读本》首发式在北京昆仑饭店举行。国家建设部党组书记、部长俞正声,副部长郑一军,上海市委副书记、市长徐匡迪,上海市人大常委会主任陈铁迪、副主任孙贵璋,建设部有关司厅、有关专业协会、在京有关大企业集团的领导以及出席九届全国人大三次会议的部分上海代表和中央有关新闻单位、上海代表团随团记者等百余人参加了首发式。

2000年3月,国家建设部发出通知,要求全行业认真学习和宣传《建设工程质量知识读本》,发挥《读本》在普及建设工程质量基本知识中的作用,进一步增强质量意识,提高工程质量水平。

《建设工程质量知识读本》于2000年出版,印数为5万册;2001年对全书作局部修改,出版第二版,印数为1万册。

四、赴川抗震救灾和灾后重建

【绵阳救灾援建】

北京时间2008年5月12日14时28分,在四川汶川县(北纬31.0度,东经103.4度)发生8.0级地震。

灾情就是命令。按照上海市委、市政府的指示,建工集团迅速建立抗震救灾工作体系并集结援建队伍。集团首批赴四川绵阳的同志随上海市建委13名成员组成的援建先遣队于5月21日离沪赴绵阳。

5月23日,20多辆运输车,挖土机、推土机,搭建过渡安置房所需的机具、发电机、电焊机等设备和200套彩钢过渡房以及生活保障用品等开始向灾区进发。5月23日晚10时半,第一批76名管理人员、技术、后勤保障人员赶到绵阳。

集团赴绵阳参加援建任务的有市建一公司、市建二公司、安装公司、材料公司和华建厂、建工医院、总承包部、建工设计院及集团本部等10家单位,先后有350多名工程技术人员、管理人员和后勤保障人员,带领6 000多名建设者参加过渡安置房的建设。集团和各有关单位领导班子成员分批轮流到援建现场实施指挥。

图专-4-1 上海建工在绵阳搭设的第一栋临时板房

与此同时,上海市政设计研究总院由20人组成的援建工作组赶赴绵阳,其中高级工程师8人(含教授级高级工程师1人),工程师5人;以后总院陆续派技术骨干到绵阳现场,更换援建同志,确保有20位同志常驻现场。

到绵阳首要的一战是要保证5月25日上海援建绵阳过渡房开工仪式的顺利举行,而此时还没有一块真正确定的地块。5月24日,从清晨一直到晚上,只要一得到建设用地的信息,援建指挥部就马上组织各参建单位去实地察看。这一天下来,看了20多块地块。几经看中并敲定的地块,又被种种原因而推翻。一直到了晚上,才最后敲定了一块绵阳科创园区的7号地块并确定在此举行开工仪式。7号地块占地1 000多亩地,有半个世纪公园大小,里面是一片片高低不平的待开发荒地。当时离举行开工仪式的时间只有26个小时。围绕如期举行开工仪式,成了一场与时间赛跑的特殊战斗。由于上海托运过来的机械设备还在途中,援建队员就在当地以最快的速度组织机械、原材料,平整场地。许多同志累了,困了只能打个盹,终于确保5月25日上午11时"上海市建设四川绵阳过渡安置房工程开工仪式"如期举行。

搭建过渡安置房的战斗打响后,集团援建队员遇到了许多过去从来没有遇到过的困难。从环境来讲,连续不断的余震,堰塞湖溃坝的险情,当地市民对地震的恐惧,给参建职工带来无比的心理压力;从条件来讲,绝大部分的材料都是从上海运去的,安置房有建在农田上的,有分散在十几个点上的,更有建在道路崎岖、山体滑坡不断、海拔最高达1 320米的地震重灾区的;从时间上讲,既有指挥部下达的大节点,又有局部紧迫而明确的时间要求。面对这些困难,广大援建队员不论职位高低、不论年龄大小,都表现出不怕困难、不怕牺牲的精神状态,没有条件创造条件上,有了条件不分日夜上。党员领导干部靠前指挥,广大职工连轴拼命干,一个个新纪录在他们手中创造了出来。市建一公司在绵阳需建8 346套安置房和公建配套,总建筑面积达50万平方米;都江堰建3 248套安置房和公建配套,总建筑面积达6万平方米。针

图专-4-2 震后临时板房小学

对绵阳的气候特点,援建队员天好抓紧浇地坪、多搭房,下雨做室内;道路泥泞,搅拌车开不进施工现场,就用泵车打,用铲车、挖机驳。广大援建队员以"小雨淋淋、大雨不停"的豪情奋战,施工一刻不停歇。在援建队员的奋力拼搏下,安置房搭建不断提速,从一天组拼200多套到三四百套,直至连续4天创出了日搭建安置房超过500套,其中最快的一天搭建了556套。市建二公司接到指挥部命令,要求6月6日进场,用8天时间在原是农田的土地上,建成一所九年制学校。这时基地上还有一幢民居没有拆迁。在与业主达成协议后,为加快施工进度,第二天一早援建队员们帮助这户农民搬迁,下午整幢房屋夷为平地。在这8天里,援建队员冒着炎热,迎着风雨,指挥施工队平整土地,浇捣混凝土地坪,搭设50余间教室和教师办公室、附属用房以及2 000平方米的塑胶操场。援建队员们累了就在椅子上闭眼休息,睁开眼睛又投入施工。最终仅用8天完成了绵阳市申浩爱心学校的建设任务。

在加快绵阳灾区安置房建设的同时,上海建工的援建队伍还承担了两项特殊的任务。一项是为距离绵阳市80多公里的盐亭县抢建考试用房。绵阳盐亭县因大地震,使一些考场成了危房。高考来临,学子缺乏考场,经过5天的奋战抢建112间考场,确保高考按时举行。另一项是为受灾非常严重的都江堰援建234套、5 000多平方米、分布在9个点上的公安局办公和警务用房,期限是10天。接到上海市政府下达任务的当天下午,上海建工作出的第一个部署是将即将到达绵阳的一批彩钢夹芯板紧急改运都江堰,集团领导第一时间奔赴都江堰,勘察9个施工点,组织设计人员绘制出施工平面布置图和节点图。6月16日,一批彩钢板房已拔地而起。与此同时,其他8个点的施工也同步展开。结果,上海建工只用6天时间就完成了上海市领导交给的这一艰巨而光荣的任务。

与此同时,上海市政设计研究总院承担绵阳、陇南地区过渡安置房工程建设的给排水、道路、电气等市政配套工程设计。他们面临着时间紧迫、地块分散、地形复杂、协调工作量大的困难。整个工程涉及大大小小几十个地块,分散在绵阳市区四周和3个县;有洼地、坡地、台阶地、水稻田、苗圃、近村、居家拆迁影响等各种情况,现场条件变数较大;参加援建的有来自上海的六大集团几十家施工单位,不同的企业有其独特的一套施工管理模式;市政设计还必须考虑给排水、电气、道路对外如何接口,需要与地方规划部门、电力部门、建设部门进行大量的磋商和协调。面对着前所未有的工程特点,市政总院的援建队员坚持"有序组织、因地制宜、快速高效"的设计理念,根据"临时房、工

期紧、地块散、总平图不稳定"的特点,制定了"深入现场、结合地块、确定方案、协调施工"的工作思路;坚持"设计质量按照《导则》,使用功能因地制宜"的设计原则;坚持设计与施工紧密结合,增加现场协调工作力度,暂时不能出图纸,设计人员就白天到现场对设计方案进行交底,然后连夜完成相应的图纸交给施工单位。了解场地实际地形和水、电、路周边配套条件,及时与规划、供电部门沟通。按照"技术交底为先,边施工边设计,或边设计边施工,有效图纸及时更新"的工作方法,实行"一地一图,一块一议"。在援建中,共设计图纸337张,涉及24个地块,约132万平方米,确保施工顺利开展,保证工程有序推进,满足各节点进度目标。

【齐心协力建板房】

在绵阳过渡安置房建设进入最后冲刺阶段时,市建设交通委员会又下达给集团承建都江堰1万套过渡安置房的新任务。由于都江堰过渡安置房任务点多面广,特别是位于龙池镇山区的6个安置点海拔最高达1 320米,道路崎岖,运输困难,在施工过程中还发生多次下大雨引起山体滑坡,给施工造成很大的困难。面对艰难险阻,现场分指挥部提出"决战20天,全力以赴实现'7·22'全面完成1万套过渡安置房"的目标。围绕"7·22"节点目标,市建一公司、市建四公司等参建单位倒排计划,针对现场困难条件优化施工方案,为加快施工进度创造条件。7月11日,集团在都江堰现场的援建者超过了3 000人。12日一天搭建1 072套安置房,创出了都江堰日完成安置房的套数之"最"。对于海拔在1 200米以上的龙池镇山区6个安置点,市建四公司组织精兵强将,在解放军成都军区叶挺师官兵的支援下,硬是提前在山区搭建完成了696安置房,被称为都江堰海拔最高、离震中最近的安置房。

在"为了让灾区人民早日住进'新房'"的共同目标指引下,全体援建职工团结在"上海建工"的旗帜下,心往一处想,力往一处使,把困难留给自己,把方便让给别人。兄弟单位之间,人员、设备、材料等方面相互支援补缺;前后道工序彼此照应,土建和安装各自为对方创造条件,只要前方有需要,只要一个电话,在上海的同志都会想尽一切办法,在第一时间加以解决。安装公司基本做到了土建房子盖到哪里,安装工作同步配套到哪里,做到了施工速度同步,完成交接时间同步,实现了"零距离衔接"。材料公司和华建厂在环境和条件都很困难的情况下,6天建起一座搅拌台。可以说,集团的综合优势,各单位协同所形成整体合力,各个环节衔接的默契程度,在这次过渡安置房建设的过程中得到了充分的展示。在60天中,建工集团完成了绵阳和都江堰23 480套过渡安置房的建设任务,占上海援建四川灾区过渡安置房总量的46%。

为了在援建工作中发挥党组织的战斗堡垒作用,集团党委在援建现场成立了联合党总支,下辖5个党支部。面对最高6.4级强烈余震、唐家山堰塞湖避险疏散、施工中存在的种种不利因素、生活条件艰苦等各种困难,各党支部发动全体党员,团结带领广大员工,克服困难,知难而进,做了大量的思想政治工作,稳定队伍,稳定情绪,逐步打开了工作的局面。在关心群众生活、切实做好防暑降温等群众切身利益方面,党组织提出"伙食标准不降低,每餐大肉不能少,饮食卫生不放松"的要求,强调必须保证大家每顿都要吃到一块2两左右的红烧大肉;组织医务人员到工地上去,到食堂里去,到居住点去,到茅坑边去,送医送药,喷消毒水,撒漂白粉,做好医疗工作,做好防疫工作,确保没有发生一起公共卫生事件,没有出现一例因为诊治不及时或偏差出现的医疗问题。

援建队员们在抢建安置房的同时,一次又一次为当地孤老孤儿和受灾学生开展募捐活动。当地灾民在工地边烧水送茶、送西瓜,表达灾区群众的一片心意。当援建队员完成援建任务离开时,他们自发地送来了一面又一面锦旗,在安置房边竖起"感恩石",立起"感恩碑",种上"感恩树"。当援建队员撤离时,当地灾民拎着鸡蛋、水果,冒着高温自发在马路旁列队欢送,场面令人感动,就像战争年代老百姓欢送解放军一样,见此情景援建队员们不禁热泪盈眶。

8月5日下午,集团在上海展览中心隆重举行"建工集团赴川抗震救灾总结表彰大会"。集团党政下发《关于给予集团赴川抗震救灾援建过渡安置房建设者嘉奖的决定》,总结提炼了"为党分忧、为民解难的社会责任感,召之即来、来之能战、战之必胜的主力军风采,攻坚克难、连续奋战的拼搏精神,抢挑重担、紧密协同的团队意识"的上海建工"抗震救灾精神"。集团还特意委托上海老凤祥银楼为每位有功之臣特制一枚多边星状、材质为纯银镶嵌纯金、直径40毫米的"中国汶川大地震·参加抗震救灾纪念"奖章,并配有红、蓝、白三色带及精致的红丝绒盒,以及抗震救灾荣誉证书。

图专-4-3　集团"参加抗震救灾纪念"奖章

【都江堰灾后重建】

2009年,根据中央的统一安排,上海承担都江堰市的灾后重建任务。上海市委要求上海对口援建工作要确保"三年任务、两年完成"。集团成立了都江堰灾后重建指挥部,并指定以市建四公司为主承担重建任务。市建四公司共有160余名管理干部和4 000余名建设者参加了建设,用了21个月时间,完成了北街小学、北区中学、虹口小学、社会综合福利院、医疗中心、慧民雅居、幸福家园二期等7项工程,共43.6万多平方米,12.9亿元投资。

7万平方米的都江堰医疗中心工程,是最早开工的上海援建标志性项目,也是遇到各种困难最早、最多的项目。2008年7月28日动工建设后,工程建设者以初战必胜的决心,先后解决了地下水量丰富基坑降水难、地下布满大块鹅卵石大方量挖土速度慢,以及商品混凝土供应不正常大体积混凝土浇捣难等难题,经过60天的努力,打通了施工进度瓶颈,以完成3 000立方米的底板混凝土,取得都江堰市一次混凝土浇捣方量之最的首战胜利。项目职工以饱满的工作热情,再接再厉,再创5月中旬完成工程结构封顶的佳绩,取得了再战胜利。在随后的一年装修施工时间里,项目部集中了24家分包单位1 250名施工人员,通过精密协调,加强总承包管理,于2010年5月4日实现竣工交付,比合同竣工日期提前了40天。该工程被评为鲁班奖。

为了使每一项工程经得起都江堰人民的检验,经得起时间的检验,在施工中建设者以上海的管理标准贯彻施工全过程,做到文明施工,承建的7项援建工程全部获得成都市、四川省和上海市的文明工地,其中3项工程获得全国文明工地。在施工中,建设者十分注意细节,幸福家园二期工程20幢小高层住宅楼共有289层,每层有供地漏、给排水、厕所管道、空调管线等通过的管子洞150个,为了消除渗水、漏水的

图专-4-4　上海建工建造的都江堰居民小区

隐患,项目部把封堵作为一项工程来对待,由经验丰富的施工员带领木工和泥工专门从事封堵工作。对卫生间和厨房内的管子洞洞隙封堵,从仔细清除垃圾、灌细石混凝土、填充灌浆料,再进行盛水试验,每一道都要经过关切的验收。到目前为止,4.3万多个管子洞还没有一处发现渗水。

材料公司与都江堰当地合作组建了上建混凝土公司,通过设立两座2立方搅拌楼,精心组织原材料货源和混凝土生产,为上海援建工程30多个项目供应混凝土50余万立方米,占援建项目混凝土量90%以上,所供项目有医疗中心、

图专-4-5　上海建工建造的都江堰社会福利院

精神卫生中心、幸福家园、惠民雅居、上善街坊、聚源中学、北区中学、北街小学、塔子坝中学以及水厂、污水厂、公路等市政建设项目,以一流的服务和一流的质量,确保了前方施工需要,为上海援建工程按节点目标和提前竣工提供了有力的"粮草"保证。

都江堰西区水厂和清水管网工程规模为水厂一期10万吨/日,敷设清水管网51公里,建设标准为具有国内一流水准的现代化水厂,供水范围可覆盖都江堰市15个镇中的10个,受益人口达全市人口的85%。接到都江堰西区水厂设计施工总承包任务后,市政设计研究总院组成由分管领导为项目总指挥的20多人援建基本队伍,包含相关专业设计、管理和后勤保障人员。其中部分精干力量组成现场项目管理部,于2008年7月起进驻施工现场。援建队伍中具有教授级高级工程师职称的3人、高级工程师职称的10人、工程师(会计师)职称的7人;具有注册建造师、工程师、建筑师资质的16人。项目部根据当地抗震要求,根据各路段特点,合理选用钢管和球墨铸铁管,在接口配置、地基处理以及施工方式等方面进行优化设计,确保管道安全。同时,创新性地建立了水务信息化系统、管网SCADA(数据采集和监视控制)系统和管网优化调度系统,以及时掌控水厂和管网各节点的重要信息,做到运行安全、经济合理、节能减耗。工程于2009年年底基本建成,2010年5月4日正式移交当地政府,历时约22个月。该工程2010年分别获四川省"天府杯"金奖、上海市市政工程金奖、上海市优秀工程设计一等奖、第四届上海市建筑创作奖佳作奖;2011年分别获全国市政金杯示范工程、四川省优质工程。

在抗震救灾和灾后重建中,涌现了一批先进典型和优秀人物。在抗震救灾中,集团四川绵阳过渡安置房援建集体被全国总工会授予全国五一劳动奖状。在灾后重建中,有6人分别被评为或授予全国劳模、全国五一劳动奖章、上海市劳模、上海市五一劳动奖章、上海市新长征突击手和上海市"三八"红旗手,1个项目部被授予上海市工人先锋号、2个项目部被授予上海市"标杆青年突击队"等称号。集团团委被评为全国抗震救灾先进团组织。

表专-4-1　建工集团四川绵阳抗震救灾过渡安置房建设情况表

地 块 名 称	套　　数	施 工 单 位
绵阳2号地块	626	市建二公司
绵阳3-1号地块	3 422	市建一公司、二公司

〔续表〕

地 块 名 称	套 数	施工单位
绵阳 3－2 号地块	899	市建二公司
绵阳 3－3 号地块（计生委）	3	市建二公司
绵阳 7 号地块	4 691	市建一公司
绵阳 11 号地块	1 424	市建一公司
绵阳 12 号地块	1 782	市建二公司
绵阳 24 号地块（盐亭）	385（其中 112 套高考用房）	市建二公司
绵阳安置房水电安装	13 232	安装公司
绵阳安置房小计	13 232	
都江堰公安	239	市建一公司、安装公司
都江堰幸福镇民主村地块	3 017	市建一公司
都江堰工业区华炜地块	669	市建四公司
都江堰胥家镇桂花村地块	1 766	市建四公司
都江堰幸福镇永寿村地块	2 161	市建四公司
都江堰蒲阳镇铁桥地块	1 702	市建四公司
都江堰龙池镇山区基地	694	市建四公司
都江堰安置房小计	10 248	
合 计	23 480	

资料来源：上海建工（集团）总公司援建指挥部总结材料。

表专-4-2　建工集团对口支援都江堰灾后重建工程情况表

项目	建 设 内 容	建筑面积（平方米）	开工日期	竣工日期	建安投资（万元）	项目经理
城区医疗过渡用房	含 12 个医疗点，共 680 个床位	28 200	2008 年 7 月	2008 年 8 月	3 001.49	李国忠
医疗中心	由门诊、住院部等组成的医疗服务中心，床位 6 000 张，占地面积 66 667 平方米	69 550	2008 年 9 月	2010 年 5 月	35 607.14	李国忠
北街小学	由教学综合楼、学生食堂、体育馆、体育运动场地等组成，占地面积 56 400 平方米	22 995	2008 年 10 月	2009 年 7 月	6 963.51	陆华林
北区中学	由教学楼、综合楼、学生宿舍、架空自行车库、体育运动场地等组成，占地面积 3.9 万平方米	19 040	2008 年 9 月	2009 年 7 月	6 398.83	陆华林
综合福利院（含残疾人康复中心）	福利院 450 张床位，残疾人康复中心 50 张床位，占地面积 3.4 万平方米	22 000	2008 年 9 月	2009 年 9 月	7 092.09	朱建新

〔续表〕

项 目	建 设 内 容	建筑面积（平方米）	开工日期	竣工日期	建安投资（万元）	项目经理
虹口小学	由综合教学楼、学生宿舍楼和食堂组成，占地面积11 303.42平方米	6 160.73	2008年11月	2009年7月	2 737.17	庄金星
幸福家园二期	共40栋房，其中西区7栋，东区33栋，占地面积125 800平方米	164 300	2008年10月	2010年5月	42 655.43	何 斌
慧民雅居	共12栋房，占地面积4.55万平方米	104 100	2008年10月	2010年5月	25 440.54	李国忠
合 计		436 345.73			129 896.2	

资料来源：上海市第四建筑有限公司灾后重建总结材料。

表专-4-3 市政总院对口支援都江堰灾后重建工程情况表

项 目	建 设 内 容	建筑面积（平方米）	开工日期	竣工日期	总投资（万元）	设计负责人
都江堰西区自来水厂	20万立方米/天，一期10万立方米/天，配套主管网总长度约52公里	33 087	2008年8月8日	2010年3月31日	33 923	芮旻

资料来源：上海市政工程设计研究总院灾后重建总结材料。

五、世博会工程建设和运行保障

【工程建设】

2002年12月3日,在摩洛哥蒙特卡洛举行的国际展览局第132次大会,经投票决定中国上海获得2010年世界博览会的举办权。

2007年,上海世博会进入紧张的建设阶段,市委组织部向全市有关单位借调干部。根据市委组织部的要求,集团从总部、总承包部和各有关单位抽调了20多位干部,分别到世博局的工程部、审计部等部门工作。这些同志有的担任综合部门的接待、文秘工作,有的担任工程项目的负责人,有的担任项目的技术工作,有的担任审计部门的负责工作,在各自的岗位上发挥积极的作用。在世博会运行前后,市委组织部又抽调集团50多位同志参加世博会的有关工作,有的担任翻译,有的在非洲联

图专-5-1 上海建工职工在世博轴阳光谷上安装膜结构

合馆管理部工作,有的在公园绿地片区部、C片区部等工作。整个世博会建设和运行期间,集团先后抽调近80位同志到世博局工作。他们在世博局的统一领导下,不怕困难,连续作战,兢兢业业,出色地完成了所承担的工作。世博会结束后,仍有10多位同志参加世博会后续事项处理等工作。

2008年8月,上海市委、市政府决定实施《迎世博600天行动计划》。根据集团所承担任务的实际,集团党政提出要突出按时保质完成世博园区及其各项配套工程的主线,凸显持续提升集团员工全面素质的主题,贯彻"全民办博"的理念,按照又好又快实现各项工作目标的要求,为举办一届精彩、难忘、成功的世博会作出上海建工应有的贡献。

作为上海城市建设的主力军,集团不仅承担世博会园区80%的建设任务,还承担虹桥交通枢纽、外滩综合改造、轨道交通、闵浦大桥和辰山植物园等配套工程,总共有330个单体工程。项目之多、体量之大、面积之广、工期之紧、要求之高,在集团发展史上是前所未有的。面对如此艰巨而又十分光荣的建设任务,集团提出"四个确保""三个实现"的目标,即确保工期目标如期完成;确保工程质量合格率100%;确保不发生较大安全事故;确保文明施工,做到便民、利民、不扰民。实现科技创新,攻克技术难关;实现队伍素质提高,发扬团结协作精神;实现工程优质、干部优秀;全集团上下紧急动员,以高度的政治责任感,强烈的责任心投入世博工程的建设热潮中。领导干部率先垂范,靠前指挥;项目管理人员夜以继日,精心策划;数万名精兵强将,不分昼夜、不讲条件、不计得失地奋战在世博工程的建设工地。3年完成465亿元的工作量,浇捣了911多万立方米的混凝土,创出历史最高纪录;人民路和龙耀路隧道的贯通,圆了集团几代人建造越江隧道的夙愿;外滩通道地下部分施工打破了江边深基础施工的纪录;3年盾构共掘进75公里,占到全市总数1/3强,并创出日推进20环的掘进新纪录;钢结构吊装近30万吨,是历史之最,并创出了钢结构单件最重、单日吊装件

数最多、单月吊装吨位最高的纪录;世博文化中心最晚开工,仅用两年多时间实现了竣工,等等。

与此同时,上海市政设计研究总院承担了世博会浦东园区高架人行平台工程、世博会浦东园区内南干线改线工程、浦东世博公园(B区)、世博轴及地下综合体工程等11项世博园区工程和外滩通道工程、A15公路及闵浦大桥、沿浦路川杨河大桥、虹桥枢纽快速集散系统、虹桥枢纽市政配套工程、A8公路等9项世博会配套工程的设计任务,并圆满完成了任务。

世博场馆及其配套工程不仅有工期、质量等硬要求,而且为体现"城市,让生活更美好"这一主题,设计大量采用当代最新工程技术,无论是作为园区景观和人流交通主轴线的世博轴,还是"东方之冠"的中国馆都对现代建筑施工技术提出了挑战。广大技术人员以科学发展观为指导,积极创新施工理念、施工管理和施工技术,树立和强化绿色施工理念,积极推广应用先进的节能、节水技术,如太阳能、LED照明、冰蓄冷、江水源冷却系统、地源热泵、雨水收集等节能技术,努力按国际先进标准将世博工程打造成绿色建筑。针对世博轴阳光谷钢结构节点型号多、批量少的特点,在国家863计划支持下,集团技术人员创新加工制作工艺,将机器人技术运用于钢结构节点加工制作,取得了制作精度高、成本低的良好效果。在世博会配套工程建设中,集团技术人员突破历史建筑的保护和沿江深基础施工的技术瓶颈,成功完成了外滩通道在延安东路隧道上方两次安全穿越的高难度"心脏搭桥手术";成功解决了虹桥交通枢纽工程中难度最大、工期最紧的高铁西站房超大超深基坑施工;成功建造了拥有双层斜拉桥主跨最长、桥梁承台混凝土一次浇筑体积最大、拉索直径最粗三项国际纪录的闵浦大桥;成功攻克了大型越江隧道浅覆土施工控制技术难题;园林集团运用多项科技成果在一堆十几万立方米的渣土上建设了世博公园、后滩公园等,成为"春有花,夏有荫,秋看果,冬有绿"的城市"绿肺";主题馆南北广场上有超过3万平方米平面绿化,东西两侧外墙上遍植7 000平方米垂直绿化,为墙体保温的同时,夏季能起到良好的隔热效果。所有这些,不仅为打造"绿色世博""科技世博"提供了技术支撑,也在引领建筑施工技术创新上有了一次难得的实践机会,大大提升了集团的核心竞争能力。

集团把这次世博工程建设作为提高总承包总集成的一次极好的实践和展示的机会。集团从转变管理理念入手,在总承包的组织形式、管理方式等方面做了有益的探索,总承包的管理内容有了新的拓展,管理水平有了新的提高。各大工程指挥部发挥了统筹协调的功能,既发挥各个项目部施工总承包的作用,又在关键时刻调集集团范围内的有效资源,确保了工期和重大技术难题的攻克,使集团的综合优势得到充分体现。对特大型工程的管理水平进一步提高。虹桥交通枢纽工程实际上是一个建筑体,投资单位多、设计单位多、监理单位多、施工单位多,给总承包的管理与协调带来极大的挑战。总承包项目部通过技术创新、管理创新,以进度为主线,以技术为突破,以验收为环节,做到工作中不出现盲点、管理上不出现空白点,圆满地实现了工程建设的各项目标。承担总承包管理职能的各项目部自觉树立"服务业主"的理念,不分你我,提前介入,为业主做了大量的服务工作。世博会园区浦西项目部主动做好前期动迁、管线搬迁、办理批文和许可证、协调设计、为参展方提供服务等工作,在十分困难的条件下争取了时间,保证了工期。各专业公司在机电安装、钢结构安装、装饰、园林等方面和越江隧道、闵浦大桥的工程上进行了总承包的有益实践,取得了很好的业绩。

在世博工程建设过程中,集团在坚持"支部建在项目"原则的基础上,根据特大型总承包工程项目的特点,推行了党建工作指导员制度,先后向世博园区(浦东、浦西)、虹桥交通枢纽、辰山植物园、轨道交通、外滩综合改造、A15公路等工程项目委派了党建工作指导员。集团健全了重大工程建设党建工作联席会议制度,有针对性地提出各个项目党建和思想政治工作的目标和任务,推动重大工程项目党建和思想政治工作的有序展开。各个重大项目主动而富有创造性地开展各类共建联建活动,据初步统计,各项目党组织与223个单位建立了党建联建或社区共建关系,拓展了工作渠道,丰富了工作内容,密切了与世博局和社区关系,得到谅解和支持,不仅促进了工程顺利进展,也使工地现场的综合治理、精神文明建设等取得了较大的成果,为施工创造了良好的外部环境。

围绕"出精品、出精神、出精英"的竞赛宗旨,集团内开展了形式多样、针对性强的各类立功竞赛活动。在竞赛中注重广泛动

图专-5-2　2010年4月13日,召开上海建工集团世博工程建设总结表彰大会

员,中途检查、讲评和推进、组织开展专项竞赛、典型引路、振奋了职工精神,鼓舞了队伍士气。3年中,在关键节点、关键时刻,组织开展了58次专项竞赛,把"保节点、育人才、铸精品"的工作要求落实到实处。3年来,集团有8人被评为全国劳动模范或授予全国五一劳动奖章;18人被评为上海市劳动模范。有12个企业和集体(含市政设计总院)荣获全国五一劳动奖状、上海市劳模集体。

4月13日下午,集团在国际会议中心隆重召开世博工程建设总结表彰大会。会上总结提炼了"上海建工世博五种精神",即勇于担当、不辱使命的奉献精神超越自我、敢于突破的创新精神,攻坚克难、绝不言败的拼搏精神,严谨求实、注重细节的科学精神,众志成城、共创和谐的团队精神;向32名金质奖章获得者、200名银质奖章获得者和标杆团队代表授奖。会前,市委副书记、市长韩正接见了集团近300名金质奖章、标杆团队、银质奖章等获得者代表,代表市委、市政府向所有参加上海世博会建设的全国各地建设者、全市建设者和建工集团建设者,向长期支持理解世博建设的全市人民,表示衷心感谢和崇高敬意,充分肯定上海建工在世博工程建设中所作的贡献。

【运行保障】

2010年5月1日,世博会顺利开幕。集团所属单位投入了为世博会运行提供服务保障的工作中。集团组建了由220多名党员干部、2 000多名建设者组成的39支专业团队,为世博文化中心举行的开幕式、闭幕式,世博中心举行开园仪式和世博高峰论坛,中国馆举行的中国国家馆日活动等重大动的场馆与设施正常运行提供了万无一失的保障;为世博会"一轴四馆"、世博村等在内的众多场馆与设施的日常运行提供专业维护与技术保障。为了使分布在各处的3.4万平方米遮阳棚、1 698台电风扇、118台冷风机、6 346只喷雾头、112台直饮水、161个点烟器、9 850米休息条凳等"七小"设施正

图专-5-3　上海建工职工为参观者安装防暑降温设备

常运行,安装公司建立了12个运行保障小组和1个园外抢修队,配备了600多名各专业的运行保障队伍,覆盖浦东浦西园区的30多个设备点;同时,根据游客的需求,组建了一支近300人的"七小"服务团队,还在酷暑期间承担了每天给76个点送1 000多决冰的任务;园林集团为园区3座公园、世博村、临时场馆、庆典广场和世博滨江、城市最佳实践区、活水公园等总计70多公顷绿地及6 000多株行道树的养护、摆花与观赏鱼养殖等提供保障。几家专业公司为世博保安人员安置用房使用过程中提供维护保障;为集团投资建设运营的13号地铁世博专线提供专业保障,全方位完成了各项世博保驾护航的任务。5月17日晚上大雨倾盆,位于世博园区打浦路隧道复线上部的南干线污水冒溢,市政设计总院有关人员当夜冒雨与相关设计人员汇合随抢修队伍赶往污水冒溢的事故现场,为不影响世博的运行和第二天荷兰馆馆日的活动,对破损处进行了GPS定位,当夜对开挖处进行了临时的覆土和复原工作。第二天午夜闭馆后进场根据GPS的定位采用吊模的施工方法、用快干水泥修复。经过又一个不眠之夜的抢修保障了世博园区的正常运营。

集团紧紧抓住世博外交的千载良机,认真做好世博涉外接待工作,6个月中,共接待各类涉外团组65批,接待总人数约440人。其中接待外国元首和政府首脑24位、外国政府部长或副部长23位、国外媒体2次、国内部长及驻外大使团组9批,参加各类高级论坛和研讨会并作主题发言共7次。世博涉外接待工作,使国际宾客感受到了上海的热情与好客,在让世界进一步了解中国、了解上海的同时,也进一步扩大了上海建工的国际影响,对上海建工境外市场的拓展起到了直接的促进作用。

在2010年12月27日上午北京人民大会堂举行的中国2010年上海世界博览会总结表彰大会上,市建四公司党委、上海建工集团虹桥交通枢纽总承包项目部、上海建工集团世博园区工程指挥部和安装公司朱超、园林集团绿化建设公司曹世伟分别被中共中央、国务院授予"上海世博会先进集体""上海世博会先进个人"称号。另外,上海建工(集团)总公司外事接待组、上海建工(集团)总公司纪委、市建七公司、上海市政工程设计研究总院世博园区工程保障小组和市基础公司俞玉章、园林集团糜诚浩和市政总院袁燕分别被中共上海市委、上海市人民政府授予"上海世博工作优秀集体""上海世博工作优秀个人"称号。

表专-5-1　建工集团承建2010年上海世博会园区部分工程情况表(浦东)

工 程 名 称	面积(平方米)	承 建 单 位
中国馆	105 879	上海建工(集团)总公司 市建四公司 机施公司 安装公司 装饰公司
世博中心	141 990	市建七公司 机施公司 安装公司 装饰公司
世博演艺中心	100 000	上海建工(集团)总公司 市建四公司 机施公司 安装公司 装饰公司

〔续表〕

工　程　名　称	面积（平方米）	承　建　单　位
世博主题馆	129 409	上海建工（集团）总公司 市建二公司 机施公司 安装公司 装饰公司
世博轴及阳光谷钢结构		上海建工（集团）总公司 市建七公司 机施公司 安装公司
世博公园景观绿化土建	290 000	园林集团
世博后滩公园绿化土建	140 000	园林集团
世博村	378 844	上海建工（集团）总公司 市建一公司 市建四公司 市建五公司 市建七公司 装饰公司
浦东高架步道		市建五公司

资料来源：上海建工集团世博园区工程指挥部总结材料。

表专-5-2　建工集团承建2010年上海世博会园区部分工程情况表（浦西）

工　程　名　称	面积（平方米）	承　建　单　位
江南造船厂博物馆	7 312	市建二公司 装饰公司
城市最佳实践区	30 750	市建五公司 安装公司 装饰公司
上汽集团通用企业馆	10 646	市建一公司
上海企业联合馆	4 797	市建七公司 安装公司 装饰公司
南市发电厂主厂房和烟囱改造	41 249	市建二公司
浦西滨江绿地	117 100	园林集团
龙华东路、保屯路、半淞园路道路改造		市建四公司
浦西高架步道		市建五公司

资料来源：上海建工集团世博园区工程指挥部总结材料。

表专-5-3 建工集团承建 2010 年上海世博会主要配套工程情况表

工程名称	面积(平方米)	承建单位
虹桥综合交通枢纽	150 万	上海建工(集团)总公司 市建二公司 市建四公司 市建七公司 机施公司 安装公司 装饰公司 基础公司 园林集团
北翟高架路		市建四公司 市建五公司
外滩通道		市建二公司 市建四公司 安装公司 基础公司
外滩滨水区综合改造		市建二公司
外滩十六铺地下空间开发		市建四公司 安装公司
500 千伏静安输变电站	13.3 万	上海建工(集团)总公司 市建二公司 安装公司
轨道交通 13 号线一期及世博联络线	34 542	上海建工(集团)总公司 市建一公司 市建五公司 机施公司 安装公司 装饰公司 基础公司

资料来源：上海建工集团世博园区工程指挥部总结材料。

表专-5-4 市政总院承担设计 2010 年上海世博会配套市政项目情况表

工程名称	设计单位
A8 公路	综合交通规划院
A15 公路及闵浦大桥	综合交通规划院
沿浦路川杨河大桥	综合交通规划院
浦东国际机场北通道(申江路—主进场路)工程	综合交通规划院
崇明至启东长江通道工程(上海段)	综合交通规划院
虹桥枢纽快速集散系统	道路桥梁院
虹桥枢纽市政配套工程	道路桥梁院

〔续表〕

工 程 名 称	设 计 单 位
嘉闵高架（南段）	道路桥梁院
外滩通道工程	城市交通和地下空间院

资料来源：上海市政工程设计研究总院年度报表。

表专-5-5　市政总院承担设计2010年上海世博会园区内的配套工程情况表

工 程 名 称	设 计 单 位
世博会浦东园区高架人行平台工程	综合交通规划院
世博会园区浦东部分道路及市政配套设施工程1标	综合交通规划院
世博浦东园区临时排水实施方案设计	第四设计院
世博会浦东园区内南干线改线工程	城市建筑设计院
上海世博会白莲泾泵闸工程	城市建筑设计院
世博轴及地下综合体工程	城市交通和地下空间院
浦东世博公园（B区）	景观设计院
浦东世博公园（B区）—绿地公园片区部二级运营指挥平台建设工程	景观设计院
世博会白莲泾公园—防汛墙及滨江亲水平台工程	城市建筑设计院
世博会园区出入口广场、停车场及配套设施工程（浦东）	城市建筑设计院
浦东长清水库增压泵站工程	第一设计院

资料来源：上海市政工程设计研究总院年度报表。

附录

一、重 要 文 件

(一) 上海建工(集团)总公司国有资产管理经营若干规定

沪建集办字(1994)409号

按照"国家统一所有,政府分级监管,企业自主经营"的原则,上海市国有资产管理委员会以沪国资委(1994)第2号文批复同意《上海建工(集团)总公司实行国有资产授权经营管理试点方案》,决定将上海建工集团内各成员单位的全部国有资产授权给集团总公司统一经营管理,明确集团总公司是上海建工集团国有资产运营的主体,并以资产为纽带,与各成员企业形成母子公司关系,总公司通过董事会决定或按股份额多少,不同程度地参与决定子公司和参股公司的投资决策、战略规划、人事任免、收益分配、审计监督等重大事项,在集团内形成多元化、多层次结构。市国资委的批复,是国有资产管理体制改革的重要举措,是集团完善发展的重要条件,为建立现代企业制度走出关键的一步。

为了理顺产权关系,探索产权管理的合理形式,合理界定总公司与各子公司之间的集权与分权关系,实施规范化运行,提高国有资产整体运营的效益,依据《国有企业财产监管条例》以及市国资委的批复精神,特作如下规定。

一、产权经营管理形式

1. 集团总公司实行董事会制的产权管理形式,董事会是被授权的国有资产代表主体和资产经营决策主体,由董事会负责国有资产的重大经营决策,并对授权范围内国有资产的保值增值负责。集团总公司总经理在董事会领导下负责授权范围内国有资产的经营管理。

2. 对集团总公司直接占用的国有资产,实行生产经营和资产经营一体化管理,总公司作为特殊企业法人,依法享有对法人财产独立支配和自主经营的权利,按照董事会的统一决策,由总公司正副总经理分别组织各分支机构实施。

3. 对集团总公司拥有全部产权的全资子公司,由总公司董事会委任企业的经理(厂长),按照集团总公司统一决策,实施经营。

4. 对集团总公司直接拥有部分产权(股份),具备独立法人地位的控股子公司和参股关联企业,由总公司按照所持股份的比例,委任董事参加其董事会,行使股权代表的权利,参与经营决策和管理,保障国有产权的正当权益。对集团内成员企业之间交叉持股的企业,由持股企业比照上述原则,参与其经营决策和管理。

5. 集团总公司发挥集团资产经营中心的职能,按照对各成员企业所持的产权,负责调整集团内的资产结构,使集团内的增量资产投入到高效益的环节中去,重组、优化集团的资产存量结构,提高资产效益。

二、母子公司之间的权责界定

1. 基本权责关系

(1) 集团总公司对投资形成和授权运营的全资子公司行使资产收益、重大决策、选择管理者等资产所有者的权利,并以其出资额承担财产的有限责任。

(2) 全资子公司作为独立的企业法人行使独立支配、自主经营的法人财产权,对集团总公司投资形成的国有资产负有保值和增值的责任,并服从集团总公司的统一决策。

2. 生产经营

为保证集团综合优势的发挥和整体目标的实现,总公司对子公司的主要经营活动,实行"四统一":

(1) 集团的中长期发展规划、投资规划、综合开发规划,由总公司负责统一制定。

(2) 承担国家和市重点实事工程项目的建设,由总公司负责统一协调。

(3) 国际工程承包、经援项目、劳务输出及境外投资等对外经营业务,由总公司统一对外。子公司通过其他途径从事对外经营业务须报经总公司批准。

(4) 企业所得税在分户缴纳后,由总公司统一对财税部门进行清算。

全资子公司在保证完成国家重点工程和在集团协调指导下,自主开展经营,自主决定生产计划、产品开发、业务延伸、产品价格,开拓多角经营。

3. 投资决策

(1) 全资子公司进行基建、技改、房产开发等重大投资活动,单项投资在500万元以下的可自行决策,涉及需经政府部门审批的由总公司转报;单项投资在500万元以上的项目,由子公司报经总公司决策;重大设备购置应符合总公司投资发展规划,属于规划限制发展时,应报总公司决定批准。

(2) 全资子公司进行举债投资,其单项举债额超过企业注册资本25%以上的,需经总公司批准决定。

4. 产权变动

(1) 全资子公司、控股子公司整体与其他企事业单位联营或与外商合资合作组成新的企业法人的,由总公司决定。

(2) 全资子公司整体进行公司化改组(包括股份制改组)由总公司决定批准。

(3) 由总公司决定全资子公司、控股子公司的设立、合并、兼并、分立和破产,负责合并、分立企业资本金的确认和调整,并收缴破产企业的剩余资产。

(4) 全资子公司、控股子公司出让全部或部分产权,由总公司决定批准,出让产权需进行资产评估的,由总公司负责立项和确认。

(5) 全资子公司以部分产权与外商在境内合资、合作举办中外合资合作企业,均需由总公司对立项和可行性研究负责审核并转报政府有关部门审批。

(6) 全资子公司以部分产权与其他企事业单位进行联营或开办新的企业,均需报总公司备案。单项出资占企业注册资本金5%以内或金额在100万元以下时,由子公司自主决策,超过上述限额时,应报请总公司决策,资产评估由总公司立项并确认。

(7) 全资子公司以部分产权进行合资、联营、或开办新企业,其出资总量一般控制在企业注册资本的50%以内,超过总量限额时,一应项目均需由总公司批准决定。

(8) 全资子公司以国有房产和土地使用权对外出租,应报总公司备案,租赁期超过三年的需报总公司批准。

(9) 全资子公司以国有房产和土地使用权对外抵押时,需由总公司批准决定。

(10) 全资子公司改变所属土地使用性质,均应由总公司核准并转报政府有关部门审批。

(11) 全资子公司对主要设备进行报废、转让处置时,设备报废其单件原价在 20 万元以上的,设备转让其单件原价在 50 万元以上的应报经总公司批准。

5. 人事任免

(1) 全资子公司、控股子公司的主要经营者,由总公司决定任免和奖惩。

(2) 全资子公司的经营者副职及企业财务部门负责人,由企业经营者按规定程序提名,总公司负责考察并办理任免手续。工作收入和奖惩由企业经营者自主决定。

(3) 企业经营者有权按规定程序决定企业中层及以下管理人员的聘任和奖惩。

(4) 全资子公司、控股子公司对其中外合资、企业派出董事、决定董事长人选,均需经总公司批准。

(5) 全资子公司、控股子公司的主要经营者兼任其他有限责任公司、股份有限公司等经济组织的职务时,需经总公司批准。

6. 资产收益分配

(1) 依照国家规定,全资子公司的资产收益权归属总公司,其税后利润的分配使用方案由总公司决定批准。

(2) 为促进集团事业的整体发展,税后利润可按年核。

三、资产管理

1. 依照国家规定,集团内国有资产由总公司负责组织清产核资,界定产权、核定各全资子公司的法人资本金,并汇总向市国资办统一办理国有资产产权登记。

2. 除企业合并、兼并的注销登记以及运用授权范围内国有资产兴办新企业的开办登记,由总公司审查,统一报市国资办办理登记手续外,授权范围内各成员企业的国有资产变动登记,年度检查登记,由总公司负责办理。

3. 授权范围内国有资产产权证明和资金信用证明,由总公司负责出具。

4. 授权范围内各成员企业应建立每半年向总公司报告国有资产转让、出租、报损、报废等制度。总公司定期向市国资办报告国有资产运营、管理情况,报送资产统计报表,做好资产经营形式变化和产权变动中受托的国有资产评估的立项和确认工作。

四、财务管理

1. 由总公司授予各类子公司经营或作为出资的国有资产列为法人资本金。

2. 按照《会计准则》的规定,总公司对全资子公司和控股子公司编制合并会计报表,并按规定向市国资办报送财务收支报告。

3. 各子公司的利润应分别缴纳所得税,然后由总公司统一与税务部门清算,由子公司上交总公司的资产收益,不再重复交纳所得税。

4. 各类子公司的财务由总公司统一结算,应上交国家的产权权益,由总公司汇报上缴。

5. 总公司除对子公司行使所有者权利外,其自身从事生产经营部分享有企业法人财产权,按一般企业进行财务管理。

6. 按政府有关部门规定,总公司核定各类子公司按企业主业产值的一定比例上交集团事业管理费和科技开发基金,用于集团事业单位的经费补贴和重大科技发展项目。上交比例暂定集团事业管理费为施工企业、工业企业 3‰,供销企业 1.5‰,科技发展基金均为 0.5‰。

五、资产经营责任制

1. 全资子公司的经营者与总公司订立资产经营责任书,作为考核履职业绩的奖惩依据。

2. 由总公司每年向全资子公司下达国有资产保值增值指标和以利润为主要内同的经营效益达标,纳入资产经营责任书。

3. 总公司对全资子公司的经营状况和财务情况应进行全过程监控,并定期进行审计检查。

4. 全资子公司经营者的收入与资产经营保值增值及经营效益直接挂钩,工资水平执行总公司统一的工作系列标准并由总公司直接发放。其年收入按资产经营责任状履约情况,由总公司考核后确定,并直接发放。

六、本规定自一九九五年一月一日起施行,总公司要按照实际需要,制定补充细则,修改权属集体总公司董事会。如与国家资产运营管理规定由抵触的,按国家有关规定执行。

上海建工(集团)总公司
1994 年 10 月

(二)上海建工集团股份有限公司章程(2011 年版)

第一章 总 则

第一条 为维护公司、股东和债权人的合法权益,规范公司的组织和行为,根据《中华人民共和国公司法》(以下简称《公司法》)、《中华人民共和国证券法》《上市公司股东大会规则》《上市公司章程指引(2006 年版)》和其他有关规定,制定本章程。

第二条 公司系依照《公司法》和其他有关规定成立的股份有限公司(以下简称"公司")。公司经上海市人民政府(1998)19 号文批准,以募集方式设立;在上海市工商行政管理局注册登记,取得企业法人营业执照。

第三条 公司经中国证券监督委员会证监发字[1998]132 号文和证监发字[1998]133 号文核准,于 1998 年 6 月首次向社会公众发行人民币普通股 15 000 万股,于 1998 年 6 月 23 日在上海证券交易所上市。公司经中国证券监督管理委员会证监发字[2001]73 号文核准,于 2001 年 10 月增资扩股 6 241.5 万股,其可流通部分 4 500 万股于 2001 年 11 月 21 日在上海证券交易所上市流通。公司经 2001 年度股东大会批准,公司实施利润分配每 10 股送 2 股,并于 2002 年 8 月 1 日实施,公司利润分配送股后,公司的总股本为 719 298 000 股,其中国有股 485 298 000 股,社会公众股 234 000 000 股。公司于 2005 年 10 月 31 日召开股权分置改革相关股东会议,会议以现场投票与网络投票相结合的表决方式审议通过公司股权分置改革方案,2005 年 11 月 8 日实施了公司股权分置改革方案。公司于 2009 年 10 月 28 日召开临时股东大会,会议以现场投票与网络投票相结合的表决方式审议通过公司发行股份购买资产暨关联交易相关方案,经中国证券监督管理委员会(证监许可[2010]615 号)核准,公司于 2010 年 6 月 1 日实施非公开发行股份 322 761 557 股,增发后公司的总股本为 1 042 059 557 股。公司于 2011 年 4 月 25 日召开临时股东大会,会议以现场投票与网络投票相结合的表决方式审议通过公司发行股份购买资产暨关联交易相关方案,经中国证券监督管理委员会(证监许可[2011]1163 号)核准,公司于 2011 年 8 月 1 日实施非公开发行股份 114 301 930 股,增发后公司的总股本为 1 156 361 487 股。

第四条 公司注册名称:上海建工集团股份有限公司

公司英文名称:SHANGHAI CONSTRUCTION GROUP CO.,LTD.

第五条 公司住所:上海市福山路 33 号 邮政编码:200120

第六条 公司注册资本为人民币壹拾壹亿伍仟陆佰叁拾陆万壹仟肆佰捌拾柒元。

第七条 公司为永久存续的股份有限公司。

第八条 董事长为公司的法定代表人。

第九条 公司全部资产分为等额股份,股东以其所持股份为限对公司承担责任,公司以其全部资产对公司的债务承担责任。

第十条 本公司章程自生效之日起,即成为规范公司的组织与行为、公司与股东、股东与股东之间权利义务关系的,对公司、股东、董事、监事、高级管理人员具有法律约束力的文件。股东可以依据公司章程起诉公司;公司可以依据公司章程起诉股东、董事、监事、总裁和其他高级管理人员;股东可以依据公司章程起诉股东;股东可以依据公司章程起诉公司的董事、监事、总裁和其他高级管理人员。

第十一条 本章程所称其他高级管理人员是指公司的副总裁、总工程师、总会计师、董事会秘书。

第二章 经营宗旨和范围

第十二条 公司的经营宗旨:为适应社会主义市场经济体制的总体要求,发挥上海建工在全国建筑行业已有的整体优势,依靠科技进步和科学管理,进一步调整产业结构,扩大经营规模,拓展经营领域,在参与地区和国际竞争中起骨干作用,成为跨行业、跨地区、跨国界和跨所有制的大型综合建设企业。

第十三条 各类建设工程的承包、设计、施工、咨询及配套设备、材料、构件的生产、经营、销售,建筑技术开发与转让,机械设备租赁,房地产开发经营及咨询,城市基础设施的投资建设,实业投资,国内贸易(除专项规定)。(企业经营涉及行政许可的,凭许可证件经营)

第三章 股 份

第一节 股份发行

第十四条 公司的股份采取股票的形式。

第十五条 公司发行的所有股份均为普通股。

第十六条 公司股份的发行,实行公开、公平、公正的原则,同股同权,同股同利。

同次发行的同种类股票,每股的发行条件和价格应当相同;任何单位或者个人所认购的股份,每股应当支付相同价额。

第十七条 公司发行的股票,以人民币标明面值。

第十八条 公司发行的股票,在中国证券登记结算有限责任公司上海分公司集中存管。

第十九条 公司经批准首次发行的普通股总数为53 700万股,成立时向发起人发行38 700万股,占公司所发行普通股总数的72.07%。

第二十条 公司现有股份总数为1 156 361 487股,股本结构为:普通股1 156 361 487股。

第二十一条 公司或公司的子公司(包括公司的附属企业)不以赠予、垫资、担保、补偿或贷款等形式,对购买或者拟购买公司股份的人提供任何资助。

第二节 股份增减和回购

第二十二条 公司根据经营和发展的需要,依照法律、法规的规定,经股东大会分别做出决议,可以采用下列方式增加资本:

(一)向社会公众发行股份;

(二)非公开发行股份;

(三)向现有股东配售股份;

(四)向现有股东派送红股;

（五）以公积金转增股本；

（六）法律、行政法规规定以及国务院证券主管部门批准的其他方式。

第二十三条 根据公司章程的规定，公司可以减少注册资本。公司减少注册资本，按照《公司法》以及其他有关规定和公司章程规定的程序办理。

第二十四条 公司在下列情况下，经公司章程规定的程序通过，并报国家有关主管机构批准后，可以购回本公司的股票。

（一）为减少公司资本而注销股份；

（二）与持有本公司股票的其他公司合并；

（三）将股份奖励给本公司职工；

（四）股东因对股东大会作出的公司合并、分立决议持异议，要求公司收购其股份的。

除上述情形外，公司不进行买卖本公司股票的活动。

第二十五条 公司购回股份，可以下列方式之一进行：

（一）要约方式；

（二）证券交易所集中竞价交易方式；

（三）中国证监会认可的其他方式。

第二十六条 公司因本章程第二十四条第（一）项至第（三）项的原因收购本公司股份的，应当经股东大会决议。公司依照第二十四条规定收购本公司股份后，属于第（一）项情形的，应当自收购之日起10日内注销；属于第（二）项、第（四）项情形的，应当在6个月内转让或者注销。

公司依照第二十四条第（三）项规定收购的本公司股份，将不超过本公司已发行股份总额的5%；用于收购的资金应当从公司的税后利润中支出；所收购的股份应当1年内转让给职工。

第三节 股份转让

第二十七条 公司的股份可以依法转让。

第二十八条 公司不接受本公司的股票作为质押权的标的。

第二十九条 发起人持有的公司股票，自公司成立之日起1年以内不得转让。公司公开发行股份前已发行的股份，自公司股票在证券交易所上市交易之日起1年内不得转让。

董事、监事、总裁以及其他高级管理人员应当在其任职期间内，定期向公司申报其所持有的本公司股份及其变动情况，在任职期间每年转让的股份不得超过其所持有本公司股份总数的25%；所持本公司股份自公司股票上市交易之日起1年内不得转让。上述人员离职后半年内，不得转让其所持有的本公司股份。

第三十条 公司董事、监事、高级管理人员及持有公司百分之五以上股份的股东，将其所持有的公司股票在买入之日起六个月以内卖出，或者在卖出之日起六个月以内又买入的，由此获得的利润归公司所有。但是，证券公司因包销购入售后剩余股票而持有5%以上股份的，卖出该股票不受6个月时间限制。

公司董事会不按照前款规定执行的，股东有权要求董事会在30日内执行。公司董事会未在上述期限内执行的，股东有权为了公司的利益以自己的名义直接向人民法院提起诉讼。

公司董事会不按照第一款的规定执行的，负有责任的董事依法承担连带责任。

第四章 股东和股东大会

第一节 股东

第三十一条 公司股东为依法持有公司股份的人。股东按其所持有股份的种类享有权利，承担义务;持有同一种类股份的股东按其所持有股份的数量享有权利,承担义务。

第三十二条　股东名册是证明股东持有公司股份的充分证据。

第三十三条　公司依据证券登记机构提供的凭证建立股东名册,并定期查询主要股东资料以及主要股东的持股变更情况,及时掌握公司的股权结构。

第三十四条　公司召开股东大会、分配股利、清算及从事其他需要确认股权的行为时,由董事会决定某一日为股权登记日,股权登记日结束时的在册股东为公司股东。

第三十五条　公司股东享有下列权利:

(一) 依照其所持有的股份份额获得股利和其他形式的利益分配;

(二) 参加或者委派股东代理人参加股东会议;

(三) 依照其所持有的股份份额行使表决权;

(四) 对公司的经营行为进行监督,提出建议或者质询;

(五) 依照法律、行政法规及公司章程的规定转让、赠与或质押其所持有的股份;

(六) 依照法律、公司章程的规定获得有关信息,包括:

1. 缴付成本费用后得到公司章程;

2. 缴付合理费用后有权查阅:

(1) 本人持股资料;

(2) 股东名册;

(3) 公司债券存根;

(4) 股东大会会议记录;

(5) 董事会决议、监事会决议;

(6) 季度报告、中期报告和年度报告;

(7) 公司股本总额、股本结构。

(七) 公司终止或者清算时,按其所持有的股份份额参加公司剩余财产的分配;

(八) 对股东大会作出的公司合并、分立决议持异议的股东,要求公司收购其股份;

(九) 法律、行政法规及公司章程所赋予的其他权利。

第三十六条　股东提出查阅前条所述有关信息或者索取资料的,应当向公司提供证明其持有公司股份的种类以及持股数量的书面文件,公司经核实股东身份后按照股东的要求予以提供。

第三十七条　股东大会、董事会的决议违反法律、行政法规,股东有权请求人民法院认定无效。

股东大会、董事会的会议召集程序、表决方式违反法律、行政法规或者本章程,或者决议内容违反本章程的,股东有权自决议作出之日起 60 日内,请求人民法院撤销。

第三十八条　董事、高级管理人员执行公司职务时违反法律、行政法规或者本章程的规定,给公司造成损失的,连续 180 日以上单独或合并持有公司 1% 以上股份的股东有权书面请求监事会向人民法院提起诉讼;监事会执行公司职务时违反法律、行政法规或者本章程的规定,给公司造成损失的,股东可以书面请求董事会向人民法院提起诉讼。

监事会、董事会收到前款规定的股东书面请求后拒绝提起诉讼,或者自收到请求之日起 30 日内未提起诉讼,或者情况紧急、不立即提起诉讼将会使公司利益受到难以弥补的损害的,前款规定的股东有权为了公司的利益以自己的名义直接向人民法院提起诉讼。

他人侵犯公司合法权益,给公司造成损失的,本条第一款规定的股东可以依照前两款的规定向人民法院提起诉讼。

第三十九条　董事、高级管理人员违反法律、行政法规或者本章程的规定,损害股东利益的,股东可以向人民法院提起诉讼。

第四十条　公司股东承担下列义务:

(一)遵守公司章程;

(二)依其所认购的股份和入股方式缴纳股金;

(三)除法律、法规规定的情形外,不得退股;

(四)不得滥用股东权利损害公司或者其他股东的利益;不得滥用公司法人独立地位和股东有限责任损害公司债权人的利益。

公司股东滥用股东权利给公司或者其他股东造成损失的,应当依法承担赔偿责任。

公司股东滥用公司法人独立地位和股东有限责任,逃避债务,严重损害公司债权人利益的,应当对公司债务承担连带责任。

(五)法律、行政法规及公司章程规定应当承担的其他义务。

第四十一条　拥有公司百分之五以上有表决权股份的股东,将其持有的股份进行质押的,应当于该事实发生当日,向公司做出书面报告。

第四十二条　公司的控股股东及实际控制人对公司和公司社会股股东负有诚信义务。公司的控股股东在行使表决权时,不得做出有损于公司和其他股东合法权益的决定。控股股东及其控制的其他单位不应从事与公司相同或相近的业务。控股股东应采取有效措施避免同业竞争。公司的控股股东、实际控制人员不得利用其关联关系损害公司利益。违反规定的,给公司造成损失的,应当承担赔偿责任。

第四十三条　控股股东及实际控制人对公司应严格依法行使出资人的权利,控股股东及实际控制人不得违规占用公司资金,不得违规令公司为关联方提供担保,不得利用关联交易、利润分配、资产重组、对外投资、资金占用、借款担保等方式损害公司和社会公众股股东的合法权益,不得利用其控制地位损害公司和社会公众股股东的利益。

第四十四条　控股股东与公司应实行人员、资产、财务分开,机构、业务独立,各自独立核算、独立承担责任和风险。

第二节　股东大会

第四十五条　股东大会是公司的权力机构,依法行使下列职权:

(一)决定公司经营方针和投资计划;

(二)选举和更换非由职工代表担任的董事、监事,决定有关董事、监事的报酬事项;

(三)审议批准董事会的报告;

(四)审议批准监事会的报告;

(五)审议批准公司的年度财务预算方案、决算方案;

(六)审议批准公司的利润分配方案或弥补亏损方案;

(七)对公司增加或者减少注册资本做出决议;

(八)对公司发行股票、可转换公司债、普通债券及其他融资工具做出决议;

(九)对公司合并、分立、解散和清算等事项做出决议;

(十)修改公司章程;

(十一)对公司聘用、解聘会计师事务所做出决议;

(十二)审议代表公司发行在外有表决权股份总数的百分之三以上的股东的提案;

（十三）审议公司在一年内购买、出售重大资产超过公司最近一期经审计总资产30%的事项；

（十四）审议批准变更募集资金用途事项；

（十五）审议股权激励计划；

（十六）审议法律、法规和公司章程规定应当由股东大会决定的其他事项。

第四十六条　股东大会分为年度股东大会和临时股东大会。年度股东大会每年召开一次，并应于上一个会计年度完结之后的六个月之内举行。

第四十七条　有下列情形之一的，公司在事实发生之日起两个月以内召开临时股东大会：

（一）董事人数不足《公司法》规定的法定最低人数，或者少于公司章程所规定人数的三分之二时；

（二）公司未弥补的亏损达股本总额的三分之一时；

（三）单独或者合并持有公司有表决权股份总数百分之十（不含投票代理权）以上的股东书面请求时；

（四）董事会认为必要时；

（五）独立董事书面提议时；

（六）监事会提议召开时；

（七）公司章程规定的其他情形。

前述第（三）项持股股数按股东提出书面要求日计算。

第四十八条　临时股东大会只对通知中列明的事项做出决议。

第四十九条　股东大会由董事长主持。董事长不能履行职务或不履行职务时，由副董事长主持，副董事长不能履行职务或者不履行职务时，由半数以上董事共同推举的一名董事主持。

监事会自行召集的股东大会，由监事会主席主持。监事会主席不能履行职务或不履行职务时，由监事会副主席主持，监事会副主席不能履行职务或者不履行职务时，由半数以上监事共同推举的一名监事主持。

股东自行召集的股东大会，由召集人推举代表主持。

召开股东大会时，会议主持人违反议事规则使股东大会无法继续进行的，经现场出席股东大会有表决权过半数的股东同意，股东大会可推举一人担任会议主持人，继续开会。

第五十条　召集人将在年度股东大会召开20日前以公告方式通知各股东，临时股东大会将于会议召开15日前以公告方式通知各股东。股东大会审议本章程第八十六条规定的事项时，公司应当向股东提供网络形式的投票平台，同时公司应当在股权登记日后三日内再次公告股东大会通知。

公司应在保证股东大会合法、有效的前提下，通过各种方式和途径，包括提供网络形式的投票平台等现代信息技术手段，扩大社会公众股股东参与股东大会的比例。

第五十一条　公司召开股东大会时将聘请律师对以下问题出具法律意见并公告：

（一）会议的召集、召开程序是否符合法律、行政法规、本章程；

（二）出席会议人员的资格、召集人资格是否合法有效；

（三）会议的表决程序、表决结果是否合法有效；

（四）应本公司要求对其他有关问题出具的法律意见。

第五十二条　独立董事有权向董事会提议召开临时股东大会。对独立董事要求召开临时股东大会的提议，董事会应当根据法律、行政法规和本章程的规定，在收到提议后10日内提出同意或不同意召开临时股东大会的书面反馈意见。

董事会同意召开临时股东大会的,将在作出董事会决议后的 5 日内发出召开股东大会的通知;董事会不同意召开临时股东大会的,将说明理由并公告。

第五十三条　股东会议的通知包括以下内容:

(一)会议的日期、地点、方式和会议期限;

(二)提交会议审议的事项;

(三)以明显的文字说明:全体股东均有权出席股东大会,并可以委托代理人出席会议和参加表决,该股东代理人不必是公司的股东;

(四)有权出席股东大会股东的股权登记日;

(五)投票代理委托书的送达时间和地点;

(六)会务常设联系人姓名,电话号码;

(七)会议召开的方式:公司可以选择以下三种方式召开股东大会:

(1)现场方式;

(2)现场结合网络投票方式;

(3)通讯表决方式。

第五十四条　股东大会拟讨论董事、监事选举事项的,股东大会通知中将充分披露董事、监事候选人的详细资料,至少包括以下内容:

(一)教育背景、工作经历、兼职等个人情况;

(二)与本公司或本公司的控股股东及实际控制人是否存在关联关系;

(三)披露持有本公司股份数量;

(四)是否受过中国证监会及其他有关部门的处罚和证券交易所惩戒。

除采取累积投票制选举董事、监事外,每位董事、监事候选人应当以单项提案提出。

第五十五条　发出股东大会通知后,无正当理由,股东大会不应延期或取消,股东大会通知中列明的提案不应取消。一旦出现延期或取消的情形,召集人应当在原定召开日前至少 2 个工作日公告并说明原因。

第五十六条　公司董事会和其他召集人将采取必要措施,保证股东大会的正常秩序。对于干扰股东大会、寻衅滋事和侵犯股东合法权益的行为,将采取措施加以制止并及时报告有关部门查处。

第五十七条　股权登记日登记在册的所有股东或其代理人,均有权出席股东大会。并依照有关法律、法规及本章程行使表决权。股东可以亲自出席股东大会,也可以委托代理人代为出席和表决。

股东应当以书面形式委托代理人,由委托人签署或者由其以书面形式委托的代理人签署;委托人为法人的,应当加盖法人印章或者由其正式委任的代理人签署。

第五十八条　法人股东亲自出席会议的,应出示本人身份证和持股凭证;委托代理他人出席会议的,应出示本人身份证、代理委托书和持股凭证。

法人股东应由法定代表人或者法定代表人委托的代理人出席会议。法定代表人出席会议的,应出示本人身份证、能证明其具有法定代表人资格的有效证明和持股凭证;委托代理人出席会议的,代理人应出示本人身份证、法人股东单位的法定代表人依法出具的书面委托书和持股凭证。

第五十九条　股东出具的委托他人出席股东大会的授权委托书应当载明下列内容:

(一)代理人的姓名;

（二）是否具有表决权；

（三）分别对列入股东大会议程的每一审议事项投赞成、反对或弃权票的指示；

（四）委托书签发日期和有效期限；

（五）委托人签名（或盖章）。委托人为法人股东的，应加盖法人单位印章。

委托书应当注明如果股东不作具体指示，股东代理人是否可以按自己的意思表决。

第六十条 投票代理委托书至少应当在有关会议召开前二十四小时备置于公司住所，或者召集会议的通知中指定的其他地方。委托书由委托人授权他人签署的，授权签署的授权书或者其他授权文件应当经过公证。经公证的授权书或者其他授权文件，和投票代理委托书均需备置于公司住所或者召集会议的通知中指定的其他地方。委托人为法人的，由其法定代表人或者董事会、其他决策机构决议授权的人作为代表出席公司的股东会议。

第六十一条 出席会议人员的签名册由公司负责制作。签名册载明参加会议人员姓名（或单位名称）、身份证号码、住所地址、持有或者代表有表决权的股份数额、被代理人姓名（或单位名称）等事项。

第六十二条 召集人和公司聘请的律师将依据证券登记结算机构提供的股东名册共同对股东资格的合法性进行验证，并登记股东姓名（或名称）及其所持有表决权的股份数。在会议主持人宣布现场出席会议的股东和代理人人数及所持有表决权的股份总数之前，会议登记应当终止。

第六十三条 股东大会召开时，本公司全体董事、监事和董事会秘书应当出席会议，总裁和其他高级管理人员应当列席会议。

第六十四条 董事有权向董事会提议召开临时股东大会，并应当以书面形式向董事会提出。董事会应当根据法律、行政法规和本章程的规定，在收到提案后10日内提出同意或不同意召开临时股东大会的书面反馈意见。

董事会同意召开临时股东大会的，将在作出董事会决议后的5日内发出召开股东大会的通知，通知中对原提议的变更，应征得监事会的同意。

董事会不同意召开临时股东大会，或者在收到提案后10日内未作出反馈的，视为董事会不能履行或者不履行召集股东大会会议职责，监事会可以自行召集和主持。

第六十五条 单独或者合计持有公司10%以上股份的股东有权向董事会请求召开临时股东大会，并应当以书面形式向董事会提出。董事会应当根据法律、行政法规和本章程的规定，在收到请求后10日内提出同意或不同意召开临时股东大会的书面反馈意见。

董事会同意召开临时股东大会的，应当在作出董事会决议后的5日内发出召开股东大会的通知，通知中对原请求的变更，应当征得相关股东的同意。

董事会不同意召开临时股东大会，或者在收到请求后10日内未作出反馈的，单独或者合计持有公司10%以上股份的股东有权向监事会提议召开临时股东大会，并应当以书面形式向监事会提出请求。

监事会同意召开临时股东大会的，应在收到请求5日内发出召开股东大会的通知，通知中对原提案的变更，应当征得相关股东的同意。

监事会未在规定期限内发出股东大会通知的，视为监事会不召集和主持股东大会，连续90日以上单独或者合计持有公司10%以上股份的股东可以自行召集和主持。

第六十六条 董事会或股东决定自行召集股东大会的，须书面通知董事会，同时向公司所在地中国证监会派出机构和证券交易所备案。

在股东大会决议公告前,召集股东持股比例不得低于10%。

召集股东应在发出股东大会通知及股东大会决议公告时,向公司所在地中国证监会派出机构和证券交易所提交有关证明材料。

第六十七条　对于监事会或股东自行召集的股东大会,董事会和董事会秘书将予以配合。董事会应当提供股权登记日的股东名册。

第六十八条　董事会或股东自行召集的股东大会,会议所必需的费用由本公司承担。

第六十九条　公司制定股东大会议事规则,详细规定股东大会的召开和表决程序,包括通知、登记、提案的审议、投票、计票、表决结果的宣布、会议决议的形成、会议记录及其签署、公告等内容,以及股东大会对董事会的授权原则,授权内容应明确具体。股东大会议事规则应作为章程的附件,由董事会拟定,股东大会批准。

第七十条　在年度股东大会上,董事会、监事会应当就其过去一年的工作向股东大会作出报告。每名独立董事也应作出述职报告。

第七十一条　董事、监事、高级管理人员在股东大会上应当就股东的质询和建议作出解释和说明。

第七十二条　会议主持人应当在表决前宣布现场出席会议的股东和代理人人数及所持有表决权的股份总数,现场出席会议的股东和代理人人数及所持有表决权的股份总数以会议登记为准。

第七十三条　董事会人数不足《公司法》规定的法定最低人数,或者少于章程规定人数的三分之二,或者公司未弥补亏损额达到股本总额的三分之一,董事会未在规定期限内召集临时股东大会的,监事会或者股东可以按照本章规定的程序自行召集临时股东大会。

第三节　股东大会提案

第七十四条　提案的内容应当属于股东大会职权范围,有明确议题和具体决议事项,并且符合法律、行政法规和本章程的有关规定。股东大会应当对具体的提案做出决议。

列入"其他事项"但未明确具体内容的,不能视为提案,股东大会不得进行表决。

公司召开临时股东大会,只对会议通知中列明的提案进行审议表决。

第七十五条　股东大会会议通知发出后,董事会不得再提出会议通知中未列出事项的新提案,对原有提案的修改应当在股东大会召开的前十五天公告。否则,会议召开日期应当顺延,保证至少有十五天的间隔期。

第七十六条　公司召开股东大会,董事会、监事会以及单独或者合并持有公司3%以上股份的股东,有权向公司提出提案。

单独或者合计持有公司3%以上股份的股东,可以在股东大会召开10日前提出临时提案并书面提交召集人。召集人应当在收到提案后2日内发出股东大会补充通知,公告临时提案的内容。

除前款规定的情形外,召集人在发出股东大会通知公告后,不得修改股东大会通知中已列明的提案或增加新的提案。

股东大会通知中未列明或不符合本章程第七十四条规定的提案,股东大会不得进行表决并作出决议。

第七十七条　公司年度股东大会采用网络投票方式的,提案人提出的临时提案应当至少提前十天由董事会公告。提案人在会议现场提出的临时提案或其他未经公告的临时提案,均不得列入股东大会表决事项。

第七十八条　公司董事会应当以公司和股东的最大利益为行为准则,按照本节的规定对股东大会提案进行审查。

第七十九条　发出股东大会通知后,无正当理由,股东大会不应延期或取消,股东大会通知中列明的提案不应取消。一旦出现延期或取消的情形,召集人应当在原定召开日前至少2个工作日公告并说明原因。

第四节　股东大会决议

第八十条　股东(包括股东代理人)以其所代表的有表决权的股份数额行使表决权,每一股份享有一票表决权。

公司持有的本公司股份没有表决权,且该部分股份不计入出席股东大会有表决权的股份总数。

董事会、独立董事和符合相关规定条件的股东可以向公司股东征集其在股东大会上的投票权。投票权征集应采取无偿的方式进行,并应向被征集股东充分披露信息。

第八十一条　股东大会决议分为普通决议和特别决议。

股东大会做出普通决议,应当由出席股东大会的股东(包括股东代理人)所持表决权的二分之一以上通过。

股东大会做出特别决议,应当由出席股东大会的股东(包括股东代理人)所持表决权的三分之二以上通过。

第八十二条　下列事项由股东大会以普通决议通过:

(一)董事会和监事会的工作报告;

(二)董事会拟定的利润分配方案和弥补亏损方案;

(三)董事会和监事会成员的任免及其报酬和支付方法;

(四)公司年度预算方案、决算方案;

(五)公司年度报告;

(六)除法律、行政法规规定或者公司章程规定应当以特别决议通过以外的其他事项。

其中第(三)款中选举和更换董事(含独立董事)、监事(指非由职工代表担任的监事)的选举实行累积投票制;

累积投票制是指股东大会选举董事或者监事时,每一股份拥有与应选董事或者监事人数相同的表决权,股东拥有的表决权可以集中使用。董事会应当向股东公告候选董事、监事的简历和基本情况。

1. 每一有表决权的股份享有与拟选出的董事、监事人数相同的表决权,股东可以自由地在董事、监事候选人之间分配其表决权,既可分散投于多人,也可集中投于一人,按照董事、监事候选人得票多少的顺序,从前往后根据拟选出的董事、监事人数,由得票较多者当选。

2. 通过累积投票制选举董事、监事时实行差额选举,董事、监事候选人的人数应当多于拟选出的董事、监事人数。

3. 公司在发出关于选举董事、监事的股东大会会议通知后,持有或者合并持有公司有表决权股份1%以上的股东可以在股东大会召开之前提出董事、监事候选人,由董事会按照修改股东大会提案的程序审核后提交股东大会审议。

4. 在累积投票制下,独立董事应当与董事会其他成员分别选举。

第八十三条　下列事项应在股东大会会议上以特别决议通过:

(一)公司增加或者减少注册资本;

(二)发行公司的股票、认股权证、公司债券;

（三）公司的分立、合并、解散和清算；

（四）公司章程的修改；

（五）公司在一年内购买、出售重大资产或者担保金额超过公司最近一期经审计总资产30%的；

（六）股权激励计划；

（七）法律、法规、公司章程规定和股东大会以普通决议认定会对公司产生重大影响的、需要以特别决议通过的其他事项。

第八十四条　公司应在保证股东大会合法、有效的前提下，通过各种方式和途径，包括提供网络形式的投票平台等现代信息技术手段，为股东参加股东大会提供便利。

第八十五条　同一表决权只能选择现场、网络或其他表决方式中的一种。同一表决权出现重复表决的以第一次投票结果为准。

第八十六条　下列事项按照法律、行政法规和公司章程规定，经全体股东大会表决通过，并经参加表决的社会公众股股东所持表决权的半数以上通过，方可实施或提出申请：

（一）公司向社会公众增发新股（含发行境外上市外资股或其他股份性质的权证）、发行可转换公司债券、向原有股东配售股份（但具有实际控制权的股东在会议召开前承诺全额现金认购的除外）；

（二）公司重大资产重组，购买的资产总价较所购买资产经审计的账面净值溢价达到或超过20%的；

（三）股东以其持有的公司股权偿还其所欠公司的债务；

（四）对公司有重大影响的附属企业到境外上市；

（五）在公司发展中对社会公众股股东利益有重大影响的相关事项。

第八十七条　除公司处于危机等特殊情况外，非经股东大会以特别决议批准，公司不得与董事、总裁和其他高级管理人员以外的人订立将公司全部或者重要业务的管理交予该人负责的合同。

第八十八条　除累积投票制外，股东大会将对所有提案进行逐项表决，对同一事项有不同提案的，将按提案提出的时间顺序进行表决。除因不可抗力等特殊原因导致股东大会中止或不能作出决议外，股东大会将不会对提案进行搁置或不予表决。

第八十九条　股东大会审议提案时，不会对提案进行修改，否则，有关变更应当被视为一个新的提案，不能在本次股东大会上进行表决。

第九十条　董事、监事候选人名单以提案的方式提请股东大会决议。

董事会应当向股东提供候选董事、监事的简历和基本情况。

第九十一条　股东大会采取记名方式投票表决。

第九十二条　股东大会对提案进行表决前，应当推举两名股东代表参加计票和监票。审议事项与股东有利害关系的，相关股东及代理人不得参加计票、监票。

股东大会对提案进行表决时，应当由律师、股东代表与监事代表共同负责计票、监票，并当场公布表决结果，决议的表决结果载入会议记录。

通过网络或其他方式投票的上市公司股东或其代理人，有权通过相应的投票系统查验自己的投票结果。

第九十三条　股东大会现场结束时间不得早于网络或其他方式，会议主持人应当宣布每一提案的表决情况和结果，并根据表决结果宣布提案是否通过。

在正式公布表决结果前,股东大会现场、网络及其他表决方式中所涉及的上市公司、计票人、监票人、主要股东、网络服务方等相关各方对表决情况均负有保密义务。

第九十四条　出席股东大会的股东,应当对提交表决的提案发表以下意见之一:同意、反对或弃权。

未填、错填、字迹无法辨认的表决票、未投的表决票均视为投票人放弃表决权利,其所持股份数的表决结果应计为"弃权"。

第九十五条　会议主持人如果对提交表决的决议结果有任何怀疑,可以对所投票数进行点算;如果会议主持人未进行验票,出席会议的股东或者股东代理人对会议主持人宣布结果有异议的,有权在宣布表决结果后立即要求验票,会议主持人应当即时验票。

第九十六条　股东大会决议应当及时公告,公告中应列明出席会议的股东和代理人人数、所持有表决权的股份总数及占公司有表决权股份总数的比例、表决方式、每项提案的表决结果和通过的各项决议的详细内容。

第九十七条　提案未获通过,或者本次股东大会变更前次股东大会决议的,应当在股东大会决议公告中作特别提示。

第九十八条　股东大会通过有关董事、监事选举提案的,新任董事、监事就任时间从股东大会决议通过之日起计算。

第九十九条　股东大会通过有关派现、送股或资本公积转增股本提案的,公司将在股东大会结束后 2 个月内实施具体方案。

第一百条　股东大会审议有关关联交易事项时,关联股东不应当参与投票表决,其所代表的有表决权的股份数不计入有效表决总数;股东大会决议的公告应当充分披露非关联股东的表决情况。

第一百零一条　公司下列对外担保行为,须经股东大会审议通过。

(一)本公司及本公司控股子公司的对外担保总额,达到或超过最近一期经审计净资产的 50% 以后提供的任何担保;

(二)公司的对外担保总额,达到或超过最近一期经审计总资产的 30% 以后提供的任何担保;

(三)为资产负债率超过 70% 的担保对象提供的担保;

(四)单笔担保额超过最近一期经审计净资产 10% 的担保;

(五)对股东、实际控制人及其关联方提供的担保。

第一百零二条　除涉及公司商业秘密不能在股东大会上公开外,董事会和监事会应当对股东的质询和建议做出答复或说明。

第一百零三条　股东大会应有会议记录。会议记录记载以下内容:

(一)出席会议的股东和代理人人数、所持有表决权的股份总数及占公司股份总数的比例;

(二)会议时间、地点、议程和召集人姓名或名称;

(三)会议主持人以及出席或列席会议的董事、监事、总裁和其他高级管理人员姓名;

(四)对每一提案的审议经过、发言要点和表决结果;

(五)律师及计票人、监票人姓名;

(六)股东的质询意见、建议及董事会、监事会的答复或说明等内容;

(七)股东大会认为和公司章程规定应当载入会议记录的其他内容。

第一百零四条　召集人应当保证会议记录内容真实、准确和完整。出席会议的董事、监事、董事会秘书、召集人或其代表、会议主持人应当在会议记录上签名。会议记录应当与现场出席股东的签名册及代理出席的委托书、网络及其他方式表决情况的有效资料一并保存。股东大会会议记录的保管期限为二十年。

第一百零五条 召集人应当保证股东大会连续举行,直至形成最终决议。因不可抗力等特殊原因导致股东大会中止或不能作出决议的,应采取必要措施尽快恢复召开股东大会或直接终止本次股东大会,并及时公告。同时,召集人应向公司所在地中国证监会派出机构及证券交易所报告。

第一百零六条 对股东大会到会人数、参会股东持有的股份数额、授权委托书、每一表决事项的表决结果、会议记录、会议程序的合法性等事项,可以进行公证。

第五章 董 事 会

第一节 董事

第一百零七条 公司董事为自然人。董事无须持有公司股份。

第一百零八条 公司董事为自然人,有下列情形之一的,不能担任公司的董事:

（一）无民事行为能力或者限制民事行为能力;

（二）因贪污、贿赂、侵占财产、挪用财产或者破坏社会主义市场经济秩序,被判处刑罚,执行期满未逾5年,或者因犯罪被剥夺政治权利,执行期满未逾5年;

（三）担任破产清算的公司、企业的董事或者厂长、经理,对该公司、企业的破产负有个人责任的,自该公司、企业破产清算完结之日起未逾3年;

（四）担任因违法被吊销营业执照、责令关闭的公司、企业的法定代表人,并负有个人责任的,自该公司、企业被吊销营业执照之日起未逾3年;

（五）个人所负数额较大的债务到期未清偿;

（六）被中国证监会处以证券市场禁入处罚,期限未满的;

（七）法律、行政法规或部门规章规定的其他内容。

违反本条规定选举、委派董事的,该选举、委派或者聘任无效。董事在任职期间出现本条情形的,公司解除其职务。

第一百零九条 董事由股东大会选举或更换,任期三年。董事任期届满,可连选连任。董事在任期届满以前,股东大会不得无故解除其职务。

董事任期从股东大会决议通过之日起计算,至本届董事会任期届满时为止。董事任期届满未及时改选,在改选出的董事就任前,原董事仍应当依照法律、行政法规、部门规章和本章程的规定,履行董事职务。

董事可以由总裁或者其他高级管理人员兼任,但兼任总裁或者其他高级管理人员职务的董事以及由职工代表担任的董事,总计不得超过公司董事总数的1/2。

第一百一十条 董事应当遵守法律、法规和公司章程的规定,忠实履行职责,维护公司利益。当其自身的利益与公司和股东的利益相冲突时,应当以公司和股东的最大利益为行为准则,并保证:

（一）在其职责范围内行使权利,不得越权;

（二）不得违反本章程的规定或未经股东大会同意,与本公司订立合同或者进行交易;

（三）不得利用内幕信息为自己或他人谋取利益;

（四）未经股东大会同意,不得利用职务便利,为自己或他人谋取本应属于公司的商业机会,自营或者为他人经营与本公司同类的业务;

（五）不得利用职权收受贿赂或者其他非法收入,不得侵占公司的财产;

（六）不得挪用资金，不得违反本章程的规定，未经股东大会或董事会同意，将公司资金借贷给他人或者以公司财产为他人提供担保；

（七）不得利用职务便利为自己或他人侵占或者接受本应属于公司的商业机会；

（八）不得接受与公司交易的佣金归为己有；

（九）不得将公司资产以其个人名义或者以其他个人名义开立账户储存；

（十）不得以公司资产为公司的控股股东及公司持股50%以下的其他关联方、任何非法人单位和个人提供担保，应当审慎对待和严格控制对外担保产生的债务风险，并对违规或失当的对外担保产生的损失依法承担连带责任；

（十一）不得利用其关联关系损害公司利益；

（十二）不得擅自披露公司秘密；

（十三）法律、行政法规、部门规章及本章程规定的其他忠实义务。

董事违反本条规定所得的收入，应当归公司所有；给公司造成损失的，应当承担赔偿责任。

第一百一十一条 董事应当遵守法律、行政法规和本章程，对公司负有下列勤勉义务：

（一）应谨慎、认真、勤勉地行使公司赋予的权利，以保证公司的商业行为符合国家的法律、行政法规以及国家各项经济政策的要求，商业活动不超越营业执照规定的业务范围；

（二）公平对待所有股东；

（三）及时了解公司业务经营管理状况；

（四）应当对公司定期报告签署书面确认意见，保证公司所披露的信息真实、准确、完整；

（五）应当如实向监事会提供有关情况和资料，不得妨碍监事会或者监事行使职权；

（六）亲自行使被合法赋予的公司管理处置权，不得受他人操纵；非经法律、行政法规允许或者得到股东大会在知情的情况下批准，不得将其处置权转授他人行使；

（七）接受监事会对其履行职责的合法监督和合理建议；

（八）法律、行政法规、部门规章及本章程规定的其他勤勉义务。

第一百一十二条 未经公司章程规定或者董事会的合法授权，任何董事不得以个人名义代表公司或者董事会行事。董事以其个人名义行事时，在第三方会合理地认为该董事在代表公司或者董事会行事的情况下，该董事应当事先声明其立场和身份。

第一百一十三条 上市公司董事会审议关联交易事项时，关联董事应当回避表决。关联董事回避后董事会不足法定人数时，应当由全体董事（含关联董事）就将该等交易提交公司股东大会审议等程序性问题做出决议，由股东大会对该等交易做出相关决议。

第一百一十四条 如果公司董事在公司首次考虑订立有关合同、交易、安排前以书面形式通知董事会，声明由于通知所列的内容，公司日后达成的合同、交易、安排与其有利益关系，则在通知阐明的范围内，有关董事视为做了本章前款所规定的披露。

第一百一十五条 董事连续二次未能亲自出席，也不委托其他董事出席董事会会议，视为不能履行职责，董事会应当建议股东大会予以撤换。

第一百一十六条 董事可以在任期届满以前提出辞职。董事辞职应当向董事会提交书面辞职报告。董事会将在2日内披露有关情况。

第一百一十七条 如因董事的辞职导致公司董事会低于法定最低人数时，在改选出的董事就任前，原董事仍应当依照法律、行政法规、部门规章和本章程规定，履行董事职务。

除前款所列情形外，董事辞职自辞职报告送达董事会时生效。

第一百一十八条　董事提出辞职或者任期届满,其对公司和股东负有的义务在其辞职报告尚未生效或者生效后的6个月内,以及任期结束后的6个月内并不当然解除,其对公司商业秘密保密的义务在其任职结束后仍然有效,直至该秘密成为公开信息。其对公司和股东承担的忠实义务,在任期结束后并不当然解除,忠实义务的持续其间应当根据公平的原则决定,视事件发生与离任之间时间的长短,以及与公司的关系在何种情况和条件下结束而定。

第一百一十九条　任职尚未结束的董事,对因其擅自离职使公司造成的损失,应当承担赔偿责任。

第一百二十条　董事执行公司职务时违反法律、行政法规、部门规章或本章程的规定,给公司造成损失的,应当承担赔偿责任。

第一百二十一条　公司不以任何形式为董事纳税。

第一百二十二条　本节有关董事义务的规定,适用于公司监事、总裁和其他高级管理人员。

第二节　独立董事

第一百二十三条　公司董事会成员中应当有三分之一以上独立董事,其中至少有一名会计专业人员。

公司建立独立董事制度,独立董事指不在公司担任除董事外的其他职务,并与公司及其主要股东不存在可能妨碍其进行独立客观判断的关系的董事。

独立董事应当忠实履行职务,维护公司利益,尤其要关注公众股股东的合法权益不受损害。

独立董事应当独立履行职责,不受公司主要股东、实际控制人或者与公司及其主要股东、实际控制人存在利害关系的单位或个人的影响。

独立董事承担法律法规和本章程规定的董事义务。

第一百二十四条　独立董事任职资格除满足本章程规定的董事任职条件外还必须具备以下条件:

(一)具有五年以上法律、经济或者其他履行独立董事职责所必需的工作经验;

(二)具备上市公司运作的基本知识,熟悉相关法律、行政法规、规章及规则;

(三)具备一定的时间和精力履行独立董事职责;

(四)具备中国证监会有关规定所要求的董事独立性。

第一百二十五条　以下人员不得担任独立董事:

(一)在公司或者其附属企业任职的人员及其直系亲属、主要社会关系;

(二)直接或间接持有公司已发行股份1%以上或者是公司前十名股东中的自然人股东及其直系亲属;

(三)在直接或间接持有已发行股份5%以上的股东单位或者在公司前五名股东单位任职的人员及其直系亲属;

(四)最近一个完整会计年度内曾经具有前三项所列举情形的人员;

(五)为公司或者其附属企业提供财务、法律、咨询等服务的人员或在相关机构中任职的人员;

(六)根据法律法规和本章程不得担任公司董事的人员;

(七)中国证监会有关规定认定的其他人员。

第一百二十六条　公司董事会、监事会、单独或者合并持有公司已发行股份1%以上的股东可以提出独立董事候选人,并经股东大会选举决定。

第一百二十七条　独立董事的提名人在提名前应当征得被提名人的同意。提名人在提名时应当同时提交被提名人的职业、教育背景、工作经历等基本情况资料,并对其担任独立董事的资格和独立性发表意见。被提名人应当就其本人与公司之间不存在任何影响其独立客观判断的关系发表公开声明。

在选举独立董事的股东大会召开前,董事会应当按照规定公布上述内容。

第一百二十八条 在选举独立董事的股东大会召开前公司应将所有被提名人的有关材料同时报送中国证监会及其公司所在地派出机构、上海证券交易所。公司董事会对被提名人的有关情况有异议的,应同时报送董事会的书面意见。

对中国证监会持有异议的被提名人,可作为董事候选人,但不作为独立董事候选人。在召开股东大会选举独立董事时,公司董事会应对独立董事候选人是否被中国证监会提出异议的情况进行说明。

第一百二十九条 独立董事每届任期与其他董事相同,任期届满,可连选连任,但连任不得超过两届。独立董事任期届满前不得无故被免职。

第一百三十条 独立董事应当按时出席董事会会议,了解公司的生产经营和运作情况,主动调查、获取做出决策所需要的情况和资料。独立董事应当向公司年度股东大会提交全体独立董事年度报告书,对其履行职责的情况进行说明。

独立董事连续三次未亲自出席董事会会议的,由董事会提请股东大会予以撤换。提前免职的,公司将作为特别披露事项予以披露,被免职的独立董事认为公司的免职理由不当的,可以做出公开声明。

第一百三十一条 独立董事在任期届满前可以提出辞职。

独立董事辞职应向董事会提交书面辞职报告,对任何与其辞职有关或其认为有必要引起公司股东和债权人注意的情况进行说明。

如因独立董事辞职导致公司董事会中独立董事成员或董事会成员低于法定或公司章程规定最低人数的,在改选的独立董事就任前,独立董事仍应当按照法律、行政法规及本章程的规定,履行职务。

第一百三十二条 独立董事除应当具有相关法律法规及本章程赋予董事的职权外,还具有以下特别职权:

(一)公司与关联人达成的总额高于 300 万元或高于公司最近经审计净资产值的 5% 的关联交易应由独立董事认可后,提交董事会讨论。独立董事做出判断前,可以聘请中介机构出具独立财务顾问报告,作为其判断的依据;

(二)提议召开董事会;

(三)向董事会提请召开临时股东大会;

(四)向董事会提请聘用或解聘会计师事务所;

(五)独立聘请外部审计机构和咨询机构;

(六)在股东大会召开前公开向公司股东征集投票权;

(七)独立董事有权直接向股东大会、中国证监会和其他有关部门报告。

独立董事行使上述(二)至(七)项权利时应当取得全体独立董事的二分之一以上同意。如果独立董事有关上述提议未被采纳或上述权利不能正常行使,公司应当将有关情况单独予以披露。

第一百三十三条 独立董事应当对公司以下事项向董事会或股东大会发表独立意见:

(一)提名、任免董事;

（二）聘任或解聘高级管理人员；

（三）公司董事、高级管理人员的薪酬；

（四）公司的股东、实际控制人及其关联企业对现有或新发生的总额高于300万元人民币或高于最近经审计净资产值的5%的借款或其他资金往来，以及公司是否采取有效措施回收欠款；

（五）认为可能损害中小股东权益的事项；

（六）对公司累计和当期对外担保情况、执行上述规定情况在年度报告中进行专项说明，并发表独立意见；

（七）本章程规定的其他事项。

独立董事应当就上述事项明确发表其意见，包括同意；保留意见及其理由；反对意见及其理由；无法发表意见及其理由。

如属于需要披露的事项，公司应当将独立董事的意见予以公告；独立董事有意见分歧且无法达成一致的，董事会应当将各独立董事意见分别披露。

第一百三十四条 公司应当为独立董事提供的必要条件：

（一）独立董事享有与其他董事同等的公司知情权。董事会秘书应当积极配合独立董事履行职责，及时向独立董事提供相关材料和信息，定期通报公司运营情况，必要时可组织独立董事实地考察。凡须提交董事会决策的重大事项，公司须在法定时间内提前通知独立董事并提交与该等事项有关的完整资料；独立董事认为有关资料不充分的可要求进一步补充。因所提交的资料不完整、不充分或不明确使独立董事无法进行独立判断或对其判断构成影响，独立董事有权联名书面向董事会提议延期召开董事会或延期审议该事项，董事会应予以采纳。公司应提供独立董事履行职责所必需的工作条件；

（二）独立董事行使职权时，公司有关人员应当积极配合，不得拒绝、阻碍或隐瞒，不得干预其独立行使职权；

（三）独立董事聘请中介机构的费用及其他行使职权时所需的费用由公司承担；

（四）公司应当给予独立董事适当的工作津贴；津贴标准应当由董事会制订预案，股东大会审议通过，并在公司年报中进行披露。

第三节 董事会

第一百三十五条 公司设董事会，对股东大会负责。

第一百三十六条 董事会由九名董事组成，其中三人为独立董事。设董事长一人，副董事长一人。

第一百三十七条 董事会行使下列职权：

（一）负责召集股东大会，并向大会报告工作；

（二）执行股东大会的决议；

（三）决定公司的经营计划和投资方案；

（四）制订公司的年度财务预算方案、决算方案；

（五）制订公司的利润分配方案或弥补亏损方案；

（六）制订公司增加或者减少注册资本、发行债券或其他证券及上市方案；

（七）拟订公司重大收购、回购本公司股票或者合并、分立、解散和变更公司形式方案；

（八）在股东大会授权范围内，决定公司对外投资、收购出售资产、资产抵押、对外担保事项、委托理财、关联交易等事项；

（九）决定公司内部管理机构的设置；

（十）聘任或者解聘公司总裁、董事会秘书；根据总裁的提名聘任或者解聘公司副总裁、总工程师、总会计师等其他高级管理人员，并决定其报酬等事项和奖惩事项；

（十一）制订公司的基本管理制度；

（十二）制订公司章程的修改方案；

（十三）管理公司信息披露事项；

（十四）向股东大会提请聘请或更换为公司审计的会计师事务所；

（十五）听取公司总裁的工作汇报并检查总裁的工作；

（十六）提出公司的破产申请；

（十七）法律、法规或公司章程规定，以及股东大会授予的其他职权。

第一百三十八条　公司董事会应当就注册会计师对公司财务报告出具的非标准审计意见的审计报告向股东大会做出说明。

第一百三十九条　董事会制定董事会议事规则，以确保董事会的工作效率和科学决策。

第一百四十条　董事会应当确定对外投资、收购出售资产、资产抵押、对外担保事项、委托理财、关联交易的权限，建立严格的审查和决策程序；重大投资项目应当组织有关专家、专业人员进行评审，并报股东大会批准。

董事会有权决定下列内容的投资：

（一）占公司最近经审计的净资产总额的3%以上、50%以下比例的对外投资；

（二）出租、委托经营或与他人共同经营占公司最近经审计的净资产总额3%以上、50%以下比例的资产；

（三）收购、出售资产在以下范围之内的：

1. 被收购、出售资产的资产总额（按最近一期财务报表或评估报告），占公司最近经审计总资产的3%以上、30%以下；

2. 与被收购、出售资产相关的净利润或亏损（按最近一期的财务报表或评估报告），占公司最近经审计净利润的10%以上、50%以下；若无法计算被收购、出售资产的利润，则本项不适用；若被收购、出售资产系整体企业的部分所有者权益，则被收购、出售资产的利润以与这部分产权相关净利润计算；

3. 公司收购、出售资产时，其应付、应收代价总额占公司最近经审计的净资产总额10%以上、50%以下；

4. 交易标的（如股权）相关的主营业务（按最近一期的财务报表或评估报告）收入占公司最近经审计主营业务收入的10%以上、50%以下；

5. 交易标的（如股权）相关的净利润（按最近一期的财务报表或评估报告）占公司最近经审计净利润的10%以上、50%以下。

上述指标涉及的数据如为负值，取绝对值计算。

（四）关联交易涉及的金额达下列情形之一的：

1. 公司与关联法人签署的一次性协议，所涉及的金额占公司最近经审计的净资产5%以下；

2. 公司与同一个关联法人在12个月内签署的不同协议，按上条所述标准计算所得的相对数字占30%以下；

3. 公司向有关联的自然人一次性支付的现金或资产100万元以下；

4. 公司向同一个有关联的自然人在连续 12 个月内支付的现金或资产累计 1 000 万元以下。

第一百四十一条　董事长和副董事长由公司董事担任,以全体董事的过半数选举产生。

第一百四十二条　董事长行使下列职权:

(一)主持股东大会和召集、主持董事会会议;

(二)督促、检查董事会决议的执行;

(三)签署公司股票、公司债券及其他有价证券;

(四)签署董事会重要文件和其他应由公司法定代表人签署的其他文件;

(五)行使法定代表人的职权;

(六)在发生特大自然灾害等不可抗力的紧急情况下,对公司事务行使符合法律规定和公司利益的特别处置权,并在事后向公司董事会和股东大会报告;

(七)董事会授予的其他职权。

第一百四十三条　公司副董事长协助董事长工作,董事长不能履行职务或者不履行职务的,由副董事长履行职务;副董事长不能履行职务或者不履行职务的,由半数以上董事共同推举一名董事履行职务。

第一百四十四条　董事会每年至少召开两次定期会议,由董事长召集。董事会应当在会议召开十日之前以书面方式通知所有董事。

第一百四十五条　有下列情形之一的,董事长应在十个工作日内召集临时董事会会议:

(一)董事长认为必要时;

(二)三分之一以上董事联名提议时;

(三)监事会提议时;

(四)独立董事单独提议时;

(五)总裁提议时;

(六)代表 1/10 以上表决权的股东提议时。

第一百四十六条　代表 1/10 以上表决权的股东、三分之一以上董事联名、独立董事、监事会、总裁提议召开临时会议,应当按照下列程序办理:

(一)签署一份或者数份同样格式内容的书面提议,提请董事长召集临时会议,并提出会议议题;

(二)对于提议召集临时会议的要求,董事长必须在收到前述书面提议之日起三日内委托董事会秘书发出召集临时会议的通知;

(三)董事长不能履行职责时,应当指定副董事长或一名董事代其召集临时董事会会议;董事长无故不履行职责,亦未指定具体人员代其行使职责的,可由副董事长,或者由二分之一以上的董事共同推举一名董事负责召集会议。

第一百四十七条　董事会会议通知包括以下内容:

(一)会议日期和地点;

(二)会议期限;

(三)事由及议题;

(四)发出通知的日期。

第一百四十八条　董事会会议应当由二分之一以上的董事出席方可举行。董事委托其他董事代为出席的,该委托的董事不计入实际出席人员数。

第一百四十九条　董事会临时会议在保障董事充分表达意见的前提下,可以用传真方式进行并做出决议,并由参会董事签字。

第一百五十条　董事会会议应当由董事本人出席。董事因故不能出席的,可以书面委托其他董事代为出席。委托书应当载明代理人的姓名、代理事项、权限和有效期限,并由委托人签名或盖章。

代为出席会议的董事应当在授权范围内行使董事的权利。董事未出席董事会会议,亦未委托代表出席的,视为放弃在该次会议上的投票表决权。

董事与董事会会议决议事项所涉及的企业有关联关系的,不得对该项决议行使表决权,也不得代理其他董事行使表决权。该董事会会议由过半数的无关联关系董事出席即可举行,董事会会议所作决议须经无关联关系董事过半数通过。出席董事会的无关联董事人数不足3人的,应将该事项提交股东大会审议。

第一百五十一条　董事会做出决议,必须经全体董事的过半数通过。

第一百五十二条　董事会会议原则上以记名投票方式表决。每名董事享有一票表决权。

第一百五十三条　董事会会议应当有记录,出席会议的董事和记录人,应当在会议记录上签名。出席会议的董事有权要求在记录上对其在会议上的发言做出说明性记载。董事会会议记录作为公司档案由董事会秘书保存。董事会会议记录的保管期限为二十年。

第一百五十四条　董事会会议记录包括以下内容：

（一）会议召开的日期、地点和召集人姓名；

（二）出席董事的姓名以及受他人委托出席董事会的董事（代理人）姓名；

（三）会议议程；

（四）董事发言要点；

（五）每一决议事项的表决方式和结果（表决结果应载明赞成、反对或弃权的票数）。

第一百五十五条　董事应当在董事会决议上签字并对董事会的决议承担责任。

董事会决议违反法律、法规或者本章程,致使公司遭受损失的,参与决议的董事对公司负赔偿责任。但经证明在表决时曾表明异议并记载于会议记录的,该董事可以免除责任。如不出席会议,也不委托代表、也未在董事会召开之时或者之前对所议事项提供书面意见的董事应视为未表示异议,不免除责任。

第四节　董事会秘书

第一百五十六条　董事会设董事会秘书。董事会秘书是公司高级管理人员,对董事会负责。

第一百五十七条　董事会秘书由董事长提名并由董事会委任。

第一百五十八条　董事会秘书的主要职责是：

（一）董事会秘书为公司与上海证券交易所的指定联络人,负责准备和提交上海证券交易所要求的文件,组织完成监管机构布置的任务；

（二）按照法定程序筹备股东大会和董事会会议,准备和提交董事会和股东大会的报告和文件；

（三）列席董事会会议并做记录,保证记录的准确性,并在会议记录上签字；

（四）负责处理公司信息披露事务,督促公司制定并执行信息披露管理制度和重大信息的内部报告制度,促使公司和相关当事人依法履行信息披露义务,并按照有关规定向上海证券交易所办理定期报告和临时报告的披露工作；

（五）协调公司与投资者之间的关系，接待投资者来访，回答投资者咨询，向投资者提供公司披露的资料；

（六）列席涉及信息披露的有关会议。公司有关部门应当向董事会秘书提供信息披露所需要的资料和信息。公司在做出重大决定之前，应当从信息披露角度征询董事会秘书的意见；

（七）负责信息的保密工作，制订保密措施。当内幕信息泄露时，应及时采取补救措施加以解释和澄清，并报告上海证券交易所和中国证监会；

（八）负责保管公司股东名册资料、董事和董事会秘书名册、大股东及董事持股资料以及董事会印章，保管董事会和股东大会会议文件和记录；

（九）帮助公司董事、监事、高级管理人员了解法律法规、公司章程、上市规则及股票上市协议对其设定的责任；

（十）协助董事会依法行使职权，在董事会做出违反法律法规、公司章程及上海证券交易所有关规定的决议时，及时提醒董事会。如果董事会坚持做出上述决议的，应当把情况记录在会议纪要上，并将会议纪要立即提交公司全体董事和监事；

（十一）为公司重大决策提供咨询和建议；

（十二）上海证券交易所要求履行的其他职责。

第一百五十九条　公司应当为董事会秘书履行职责提供便利条件，董事、监事、其他高级管理人员和相关工作人员应当支持、配合董事会秘书的工作。

董事会秘书为履行职责，有权了解公司的财务和经营情况，参加涉及信息披露的有关会议，查阅涉及信息披露的所有文件，并要求公司有关部门和人员及时提供相关资料和信息。

第一百六十条　董事会秘书应当具备履行职责所必需的财务、管理、法律等专业知识，具有良好的职业道德和个人品质，并取得上海证券交易所颁发的董事会秘书培训合格证书。具有下列情形之一的人士不得担任董事会秘书：

（一）《公司法》第一百四十七条规定的情形；

（二）最近三年受到过中国证监会的行政处罚；

（三）最近三年受到过上海证券交易所公开谴责或者三次以上通报批评；

（四）公司现任监事；

（五）上海证券交易所认定不适合担任董事会秘书的其他情形。

第一百六十一条　董事会秘书具有下列情形之一的，公司应当自相关事实发生之日起一个月内将其解聘：

（一）第一百六十条规定的任何一种情形；

（二）连续三个月以上不能履行职责；

（三）在履行职责时出现重大错误或者疏漏，给投资者造成重大损失；

（四）违反法律、法规、规章、《上海证券交易所股票上市规则》、上海证券交易所其他规定和公司章程，给投资者造成重大损失。

第一百六十二条　公司董事或者其他高级管理人员可以兼任公司董事会秘书。公司聘请的会计师事务所的注册会计师和律师事务所的律师不得兼任公司董事会秘书。

第一百六十三条　董事会秘书由董事长提名，经董事会聘任或者解聘。董事兼任董事会秘书的，如某一行为需由董事、董事会秘书分别做出时，则该兼任董事及公司董事会秘书的人不得以双重身份做出。

第一百六十四条　公司在聘任董事会秘书的同时,还应当聘任证券事务代表,协助董事会秘书履行职责;在董事会秘书不能履行职责时,由证券事务代表行使其权利并履行其职责。在此期间,并不当然免除董事会秘书对公司信息披露事务所负有的责任。

证券事务代表应当经过公司股票上市的证券交易所的董事会秘书资格培训并取得董事会秘书资格证书。

第一百六十五条　公司董事会秘书空缺期间,董事会应当指定一名董事或高级管理人员代行董事会秘书的职责,并报上海证券交易所备案,同时尽快确定董事会秘书人选。公司指定代行董事会秘书职责的人员之前,由董事长代行董事会秘书职责。

董事会秘书空缺期间超过三个月之后,董事长应当代行董事会秘书职责,直至公司聘任新的董事会秘书。

第六章　总裁及其他高级管理人员

第一百六十六条　公司设总裁一名,由董事会聘任或解聘。董事可受聘兼任总裁或者其他高级管理人员,但兼任总裁或者其他高级管理人员职务的董事不得超过公司董事总数的二分之一。

第一百六十七条　本章程第一百零八条关于不得担任董事的情形,同时适用于高级管理人员。

本章程第一百一十条关于董事的忠实义务和第一百一十一条关于勤勉义务的规定,同时适用于高级管理人员。

第一百六十八条　总裁每届任期三年,总裁连聘可以连任。

第一百六十九条　在公司控股股东、实际控制人单位担任除董事以外其他职务的人员,不得担任公司的高级管理人员。

第一百七十条　总裁对董事会负责,行使下列职权:

(一)主持公司的生产经营管理工作,并向董事会报告工作;

(二)组织实施董事会决议、公司年度计划和投资方案;

(三)拟订公司内部管理机构设置方案;

(四)拟订公司的基本管理制度;

(五)制订公司的具体规章;

(六)提请董事会聘任或者解聘公司其他高级管理人员;

(七)聘任或者解聘除应由董事会聘任或者解聘以外的管理人员;

(八)拟定公司职工的工资、福利、奖惩,决定公司职工的聘用和解聘;

(九)提议召开董事会临时会议;

(十)公司章程或董事会授予的其他职权。

第一百七十一条　非董事总裁列席董事会会议,非董事总裁在董事会上没有表决权。

第一百七十二条　总裁应当根据董事会或者监事会的要求,向董事会或者监事会报告公司重大合同的签订、执行情况、资金运用情况和盈亏情况。总裁必须保证该报告的真实性。

第一百七十三条　总裁拟定有关职工工资、福利、安全生产以及劳动保护、劳动保险、解聘(或开除)公司职工等涉及职工切身利益的问题时,应当事先听取工会和职代会的意见。

第一百七十四条　总裁应制订总裁工作细则,报董事会批准后实施。

第一百七十五条　总裁工作细则包括下列内容:

(一)总裁会议召开的条件、程序和参加的人员;

(二)总裁及其他高级管理人员各自具体的职责及其分工;

（三）公司资金、资产运用，签订重大合同的权限，以及向董事会、监事会的报告制度；

（四）董事会认为必要的其他事项。

第一百七十六条　公司总裁应当遵守法律、行政法规和公司章程的规定，履行诚信和勤勉的义务。

第一百七十七条　高级管理人员执行公司职务时违反法律、行政法规、部门规章或本章程的规定，给公司造成损失的，应当承担赔偿责任。

第一百七十八条　总裁可以在任期届满以前提出辞职。有关总裁辞职的具体程序和办法由总裁与公司之间的劳务合同规定。

第七章　监事会

第一节　监事

第一百七十九条　监事由股东代表和公司职工代表担任。公司职工代表担任的监事不得少于监事人数的三分之一。

第一百八十条　本章程第一百零八条关于不得担任董事的情形同时适用于监事。

董事、总裁和其他高级管理人员不得兼任监事。

第一百八十一条　监事每届任期三年。股东担任的监事由股东大会选举或更换，职工担任的监事由公司职工民主选举产生或更换，监事连选可以连任。

第一百八十二条　监事连续二次不能亲自出席监事会会议的，视为不履行职责，股东大会或职工代表大会应当予以撤换。

第一百八十三条　监事任期届满未及时改选，或者监事在任期内辞职导致监事会成员低于法定人数的，在改选出的监事就任前，原监事仍应当依照法律、行政法规和本章程的规定，履行监事职务。

第一百八十四条　监事应当保证公司披露的信息真实、准确、完整。

第一百八十五条　监事应当遵守法律、行政法规和公司章程的规定，履行诚信和勤勉的义务。

第一百八十六条　监事应当遵守法律、行政法规和本章程，对公司负有忠实义务和勤勉义务，不得利用职权收受贿赂或者其他非法收入，不得侵占公司的财产。

第一百八十七条　监事可以列席董事会会议，并对董事会决议事项提出质询或者建议。

第一百八十八条　监事不得利用其关联关系损害公司利益，若给公司造成损失的，应当承担赔偿责任。

第一百八十九条　监事执行公司职务时违反法律、行政法规、部门规章或本章程的规定，给公司造成损失的，应当承担赔偿责任。

第二节　监事会

第一百九十条　公司设监事会。监事会是公司依法设立的监督机构，对股东大会负责并报告工作。

监事会由三名监事组成，设监事会主席一名。

监事会主席召集和主持监事会会议；监事会主席不能履行职务或者不履行职务的，由半数以上监事共同推举一名监事召集和主持监事会会议。

监事会应当包括股东代表和适当比例的公司职工代表，其中职工代表的比例不低于1/3。监事会中的职工代表由公司职工通过职工代表大会、职工大会或者其他形式民主选举产生。

第一百九十一条　监事会行使下列职权：

（一）对董事、总裁和其他高级管理人员在执行职务时违反法律、法规或者本章程的行为进行监督，对违反法律、行政法规、本章程或者股东大会决议的董事、总裁和其他高级管理人员提出罢免的建议；

（二）当董事、总裁和其他高级管理人员的行为损害公司利益时，要求其予以纠正；

（三）检查公司的财务；

（四）提议召开临时股东大会，在董事会不履行《公司法》规定的召集和主持股东大会职责时召集和主持股东大会；

（五）列席董事会会议；

（六）应当对董事会编制的公司定期报告进行审核并提出书面审核意见；

（七）向股东大会提出提案；

（八）依照《公司法》第一百五十二条的规定，对董事、高级管理人员提起诉讼；

（九）发现公司经营情况异常，可以进行调查；必要时，可以聘请会计师事务所、律师事务所等专业机构协助其工作，费用由公司承担；

（十）本章程规定或股东大会授予的其他职权。

第一百九十二条　监事会行使职权时，必要时可以聘请律师事务所、会计师事务所等专业性机构给予帮助，由此产生的费用由公司承担。

第一百九十三条　监事会每6个月至少召开一次会议。监事可以提议召开临时监事会会议。会议通知应当在会议召开五日以前以书面方式送达全体监事。

监事会决议应当经半数以上监事通过。

第一百九十四条　监事会制定监事会议事规则，明确监事会的议事方式和表决程序，以确保监事会的工作效率和科学决策。

第一百九十五条　监事会会议通知包括以下内容：举行会议的日期、地点和会议期限，事由及议题，发出通知的日期。

第三节　监事会决议

第一百九十六条　监事会会议由监事会主席召集，应当由二分之一以上的监事出席方可举行。每一监事享有一票表决权。任何一名监事所提议案，监事会均应予以审议。监事会议事方式采取书面表决方式。

第一百九十七条　监事会决议的表决时采取三分之二以上（含三分之二）监事同意通过原则。

第一百九十八条　监事会会议应有记录，出席会议的监事和记录人，应当在会议记录上签名。监事有权要求在记录上对其在会议上的发言做出某种说明性记载。监事会会议记录作为公司档案由董事会秘书保存。监事会会议记录的保管期为二十年。

第八章　财务会计制度、利润分配和审计

第一节　财务会计制度

第一百九十九条　公司依照法律、行政法规和国家有关部门的规定，制定公司的财务会计制度。

第二百条　公司在每一会计年度结束之日起4个月内向中国证监会和证券交易所报送年度财务会计报告，在每一会计年度前6个月结束之日起2个月内向中国证监会派出机构和证券交易所报送半年度财务会计报告，在每一会计年度前3个月和前9个月结束之日起的1个月内向中国证监会派出机构和证券交易所报送季度财务会计报告。

第二百零一条 公司年度财务报告以及进行中期利润分配的中期财务报告,包括下列内容:
(1) 资产负债表;
(2) 利润表;
(3) 所有者权益变动表;
(4) 财务状况变动表(或现金流量表);
(5) 会计报表附注。

公司不进行中期利润分配的,中期财务报告包括上款除第(3)项以外的会计报表及附注。

第二百零二条 中期财务报告和年度财务报告按照有关法律、法规的规定进行编制。

第二百零三条 公司除法定的会计账册外,不另立会计账册。公司的资产,不以任何个人名义开立账户存储。

第二百零四条 公司分配当年税后利润时,应当提取利润的10%列入公司法定公积金。公司法定公积金累计额为公司注册资本的50%以上的,可以不再提取。

公司的法定公积金不足以弥补以前年度亏损的,在依照前款规定提取法定公积金之前,应当先用当年利润弥补亏损。

公司从税后利润中提取法定公积金后,经股东大会决议,还可以从税后利润中提取任意公积金。

公司弥补亏损和提取公积金后所余税后利润,按照股东持有的股份比例分配,但本章程规定不按持股比例分配的除外。

股东大会违反前款规定,在公司弥补亏损和提取法定公积金之前向股东分配利润的,股东必须将违反规定分配的利润退还公司。

公司持有的本公司股份不参与分配利润。

第二百零五条 公司的公积金用于弥补公司的亏损、扩大公司生产经营或者转为增加公司资本。但是,资本公积金将不用于弥补公司的亏损。

法定公积金转为资本时,所留存的该项公积金将不少于转增前公司注册资本的25%。

第二百零六条 公司股东大会对利润分配方案做出决议后,公司董事会须在股东大会召开后两个月内完成股利(或股份)的派发事项。

第二百零七条 公司可以采取现金或者股票方式分配股利,可以进行中期利润分配,且公司最近三年以现金方式累计分配的利润不少于最近三年实现的年均可分配利润的百分之三十。对于报告期内盈利但董事会未提出现金利润分配预案的,应当在定期报告中披露原因,独立董事应当对此发表独立意见。

第二百零八条 股东违规占有公司资金的,公司应当扣减该股东所分配的现金红利,以偿还其占用的资金。

第二节 内部审计

第二百零九条 公司实行内部审计制度,配备专职审计人员,对公司财务收支和经济活动进行内部审计监督。

第二百一十条 公司内部审计制度和审计人员的职责,应当经董事会批准后实施。审计负责人向董事会负责并报告工作。

第三节 会计师事务所的聘任

第二百一十一条 公司聘用取得"从事证券相关业务资格"的会计师事务所进行会计报表审

计、净资产验证及其他相关的咨询服务等业务,聘期一年,可以续聘。

第二百一十二条　公司聘用会计师事务所必须由股东大会决定,董事会不得在股东大会决定前委任会计师事务所。

第二百一十三条　经公司聘用的会计师事务所享有下列权利:

(一)查阅公司财务报表、记录和凭证,并有权要求公司的董事、总裁或者其他高级管理人员提供有关的资料和说明;

(二)要求公司提供为会计师事务所履行职务所必需的其子公司的资料和说明;

(三)列席股东大会,获得股东大会的通知或者与股东大会有关的其他信息,在股东大会上就涉及其作为公司聘用的会计师事务所的事宜发言。

第二百一十四条　会计师事务所的审计费用由股东大会决定。

第二百一十五条　公司解聘或者续聘会计师事务所由股东大会作出决定,并在有关的报刊上予以披露,必要时说明更换原因,并报中国证监会和中国注册会计师协会备案。

第二百一十六条　公司解聘或者不再续聘会计师事务所时,提前三十天事先通知会计师事务所,会计师事务所有权向股东大会陈述意见。会计师事务所认为公司对其解聘或者不再续聘理由不当的,可以向中国证监会和中国注册会计师协会提出申诉。会计师事务所提出辞聘的,应当向股东大会说明公司有无不当情形。

第九章　通知和公告

第一节　通知

第二百一十七条　公司的通知以下列形式发出:

(一)专人送出;

(二)以邮件方式送出;

(三)以公告方式进行;

(四)公司章程规定的其他形式。

第二百一十八条　公司发出的通知,以公告方式进行的,一经公告,视为所有相关人员收到通知。

第二百一十九条　公司召开股东大会的会议通知,以公告方式进行。

第二百二十条　公司董事会的会议通知,以书面通知的方式进行。

第二百二十一条　公司召开监事会的会议通知,以书面通知的方式进行。

第二百二十二条　公司通知以专人发送的,由被送达人在送达回执上签名(或盖章),被送达人签收日期为送达日期;公司通知以邮件送出的,自交付邮局之日起第五个工作日为送达日期;公司通知以公告方式送出的,第一次公告刊登日为送达日期。

第二百二十三条　因意外遗漏未向某有权得到通知的人送出会议通知或者该等人没有收到会议通知,会议及会议做出的决议并不因此无效。

第二节　公告

第二百二十四条　公司指定《中国证券报》和《上海证券报》为刊登公司公告和其他需要披露信息的报刊。

第十章　合并、分立、增资、减资、解散和清算

第一节　合并、分立、增资和减资

第二百二十五条　公司可以依法进行合并或者分立。公司合并可以采取吸收合并和新设合并

两种形式。

第二百二十六条　公司合并或者分立,按照下列程序办理:

(一)董事会拟订合并或者分立方案;

(二)股东大会依照章程的规定做出决议;

(三)各方当事人签订合并或者分立合同;

(四)依法办理有关审批手续;

(五)处理债权、债务等各项合并或者分立事宜;

(六)办理解散登记或者变更登记。

第二百二十七条　公司合并,应当由合并各方签订合并协议,并编制资产负债表及财产清单。公司应当自作出合并决议之日起10日内通知债权人,并于30日内在《中国证券报》和《上海证券报》上公告。债权人自接到通知书之日起30日内,未接到通知书的自公告之日起45日内,可以要求公司清偿债务或者提供相应的担保。

第二百二十八条　公司合并时,合并各方的债权、债务,由合并后存续的公司或者新设的公司承继。

第二百二十九条　公司分立,其财产作相应的分割。

公司分立,应当编制资产负债表及财产清单。公司应当自作出分立决议之日起10日内通知债权人,并于30日内在《中国证券报》和《上海证券报》上公告。

第二百三十条　公司分立前的债务由分立后的公司承担连带责任。但是,公司在分立前与债权人就债务清偿达成的书面协议另有约定的除外。

第二百三十一条　公司合并或者分立时,公司董事会应当采取必要的措施保护反对公司合并或者分立的股东的合法权益。

第二百三十二条　公司需要减少注册资本时,必须编制资产负债表及财产清单。

公司应当自作出减少注册资本决议之日起10日内通知债权人,并于30日内在《中国证券报》和《上海证券报》上公告。债权人自接到通知书之日起30日内,未接到通知书的自公告之日起45日内,有权要求公司清偿债务或者提供相应的担保。

公司减资后的注册资本将不低于法定的最低限额。

第二百三十三条　公司合并或者分立,登记事项发生变更的,依法向公司登记机关办理变更登记;公司解散的,依法办理公司注销登记;设立新公司的,依法办理公司设立登记。

公司增加或者减少注册资本,应当依法向公司登记机关办理变更登记。

第二节　解散和清算

第二百三十四条　有下列情形之一的,公司应当解散并依法进行清算:

(一)营业期限届满或者本章程规定的其他解散事由出现;

(二)股东大会决议解散;

(三)因合并或者分立而解散;

(四)公司经营管理发生严重困难,继续存续会使股东利益受到重大损失,通过其他途径不能解决的,持有公司全部股东表决权10%以上的股东,可以请求人民法院解散公司;

(五)依法被吊销营业执照、责令关闭或者被撤销。

第二百三十五条　公司因本章程第二百三十四条第(一)项、第(二)项、第(四)项、第(五)项规定而解散的,应当在解散事由出现之日起15日内成立清算组,开始清算。清算组由董事或者股东大会以普通决议的方式确定的人员组成。逾期不成立清算组进行清算的,债权人可以申请人民法院指定有关人员组成清算组进行清算。

第二百三十六条 清算组成立后,董事会、总裁的职权立即停止。清算期间,公司不得开展新的经营活动。

第二百三十七条 清算组在清算期间行使下列职权:

(一)通知或者公告债权人;

(二)清理公司财产、编制资产负债表和财产清单;

(三)处理与清算有关的公司未了结的业务;

(四)清缴所欠税款以及清算过程中产生的税款;

(五)清理债权、债务;

(六)处理公司清偿债务后的剩余财产;

(七)代表公司参与民事诉讼活动。

第二百三十八条 清算组应当自成立之日起十日内通知债权人,并于六十日内在至少一种中国证监会指定报刊上公告三次。

第二百三十九条 债权人应当自接到通知书之日起30日内,未接到通知书的自公告之日起45日内,向清算组申报其债权。债权人申报债权时,应当说明债权的有关事项,并提供证明材料。清算组应当对债权进行登记。

在申报债权期间,清算组不得对债权人进行清偿。

第二百四十条 清算组在清理公司财产、编制资产负债表和财产清单后,应当制定清算方案,并报股东大会或者人民法院确认。

第二百四十一条 公司财产按下列顺序清偿:

(一)支付清算费用;

(二)支付公司职工工资、社会保险费用和法定补偿金;

(三)交纳所欠税款;

(四)清偿公司债务;

(五)按股东持有的股份比例进行分配。

公司财产未按前款第(一)至(四)项规定清偿前,不分配给股东。

清算期间,公司存续,但不能开展与清算无关的经营活动。公司财产在未按前款规定清偿前,将不会分配给股东。

第二百四十二条 清算组在清理公司财产、编制资产负债表和财产清单后,认为公司财产不足清偿债务的,应当向人民法院申请宣告破产。公司经人民法院宣告破产后,清算组应当将清算事务移交给人民法院。

第二百四十三条 清算结束后,清算组应当制作清算报告,以及清算期间收支报表和财务账册,报股东大会或者人民法院确认。

清算组应当自股东大会或者人民法院对清算报告确认之日起三十日内,依法向公司登记机关办理注销公司登记,并公告公司终止。

第二百四十四条 清算组人员应当忠于职守,依法履行清算义务,不得利用职权收受贿赂或者其他非法收入,不得侵占公司财产。

清算组人员因故意或者重大过失给公司或者债权人造成损失的应当承担赔偿责任。

第二百四十五条　公司被依法宣告破产的,依照有关企业破产的法律实施破产清算。

第十一章　修 改 章 程

第二百四十六条　有下列情形之一的,公司应当修改章程:

(一)《公司法》或有关法律、行政法规修改后,章程规定的事项与修改后的法律、行政法规的规定相抵触;

(二)公司的情况发生变化,与章程记载的事项不一致;

(三)股东大会决定修改章程。

第二百四十七条　股东大会决议通过的章程修改事项应经主管机关审批的,须报主管机关批准;涉及公司登记事项的,依法办理变更登记。

第二百四十八条　董事会依照股东大会修改章程的决议和有关主管机关的审批意见修改公司章程。

第二百四十九条　章程修改事项属于法律、法规要求披露的信息,按规定予以公告。

第十二章　附　　则

第二百五十条　释义

(一)控股股东,是指其持有的股份占公司股本总额50%以上的股东;持有股份的比例虽然不足50%,但依其持有的股份所享有的表决权已足以对股东大会的决议产生重大影响的股东。

(二)实际控制人,是指虽不是公司的股东,但通过投资关系、协议或者其他安排,能够实际支配公司行为的人。

(三)关联关系,是指公司控股股东、实际控制人、董事、监事、高级管理人员与其直接或者间接控制的企业之间的关系,以及可能导致公司利益转移的其他关系。但是,国家控股的企业之间不仅因为同受国家控股而具有关联关系。

第二百五十一条　董事会可依照章程的规定,制订章程细则。章程细则不得与章程的规定相抵触。

第二百五十二条　本章程以中文书写,其他任何语种或不同版本的章程与本章程有歧义时,以在中华人民共和国国家工商行政管理局最近一次核准登记后的中文版章程为准。

第二百五十三条　本章程所称"以上""以内""以下",都含本数,"不满"、"以外"不含本数。

第二百五十四条　本章程由公司董事会负责解释。

第二百五十五条　本章程附件包括股东大会议事规则、董事会议事规则和监事会议事规则。

第二百五十六条　本章程自发布之日起施行。

二、1953—2010年主要经济指标情况

1953—1979年建工局建筑安装产值、竣工面积情况表

年份	建安产值（万元）	竣工面积（万平方米）	年份	建安产值（万元）	竣工面积（万平方米）
1953	16 039	117.23	1967	9 577.13	83.93
1954	12 481	93.47	1968	9 078.91	93.59
1955	5 809	61	1969	12 530.95	75.86
1956	4 542	51.61	1970	18 429.22	108.06
1957	9 472	108.35	1971	16 857.49	95.82
1958	19 868	248.13	1972	19 757	109.44
1959	21 249	134.8	1973	23 449.34	153.33
1960	27 392	143.43	1974	30 324.69	155.25
1961	11 204	62.3	1975	34 973.05	155.39
1962	7 016	54.56	1976	30 386.19	142.25
1963	13 151.3	73.14	1977	26 283.67	122.06
1964	17 912.94	129.58	1978	36 614.76	178.17
1965	16 790.32	151.37	1979	44 801.29	178.82
1966	13 421.47	139.89			

1980—1993年建工局（建管局）企业总产值、竣工面积、利润情况表

年份	总产值（万元）	竣工面积（万平方米）	利润（亿元）	年份	总产值（万元）	竣工面积（万平方米）	利润（亿元）
1980	48 501.11	189.34	0.55	1987	168 376.01	282.54	1.07
1981	75 632.83	208.81	0.58	1988	196 877	245.32	1.58
1982	91 854.6	230.75	0.85	1989	207 951	216.71	1.35
1983	130 670.2	255.74	0.7	1990	202 499	255.53	0.5
1984	165 217.7	275.16	1.34	1991	229 890	245.03	−1.96
1985	201 217.36	279.31	1.5	1992	295 141	240.38	0.22
1986	142 972.85	281.18	0.93	1993	575 900	245.17	0.48

1994—2010 年建工集团综合营业额、竣工面积、利润总额情况表

年　份	综合营业额(亿元)	竣工面积(万平方米)	利润总额(亿元)
1994	92.09	184.59	0.99
1995	131.46	196.63	1.29
1996	162.55	208.06	1.36
1997	202.88	265.4	2.16
1998	203.05	293.61	2.92
1999	181.59	386.38	2.61
2000	184.59	352	3.1
2001	196.35	427.5	2.83
2002	230.03	445.57	3.34
2003	263.11	456.96	3.97
2004	315.15	480.94	4.9
2005	366.22	601.78	6.07
2006	502.10	636.12	6.56
2007	605.05	657.2	8.54
2008	678.47	649.13	9.07
2009	751.50	759.92	13.4
2010	858.50	892.45	15.71

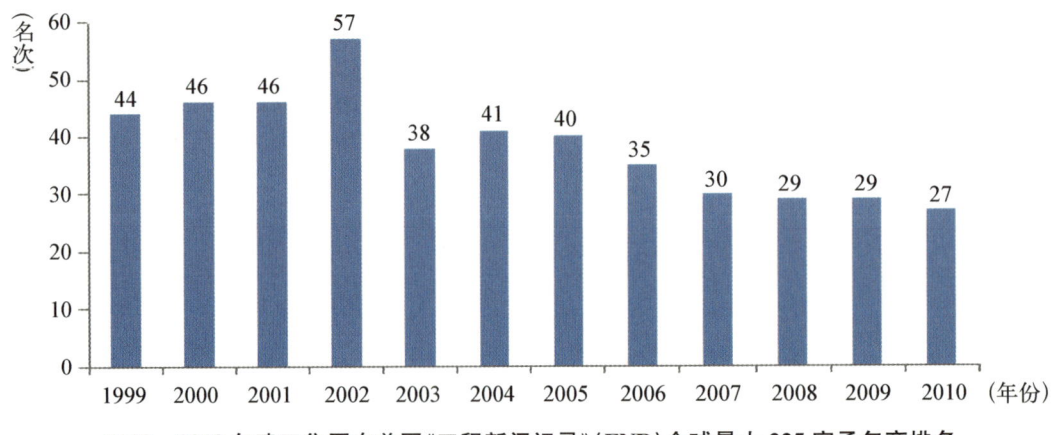

1999—2010 年建工集团在美国《工程新闻记录》(ENR)全球最大 225 家承包商排名

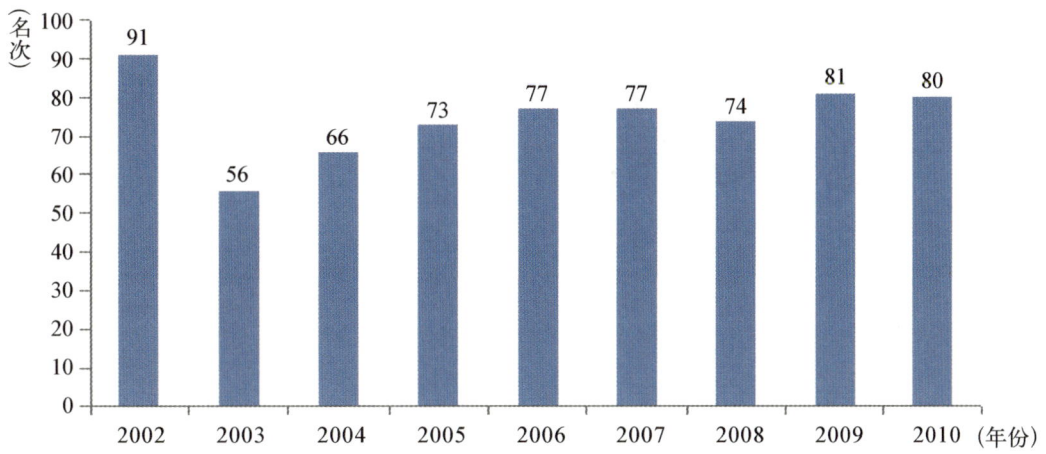

2002—2010年建工集团在中国企业联合会"中国企业500强"排名

三、1953—2010年建工集团(建工局、建管局)体制沿革示意图

四、上海建工集团视觉系统规范

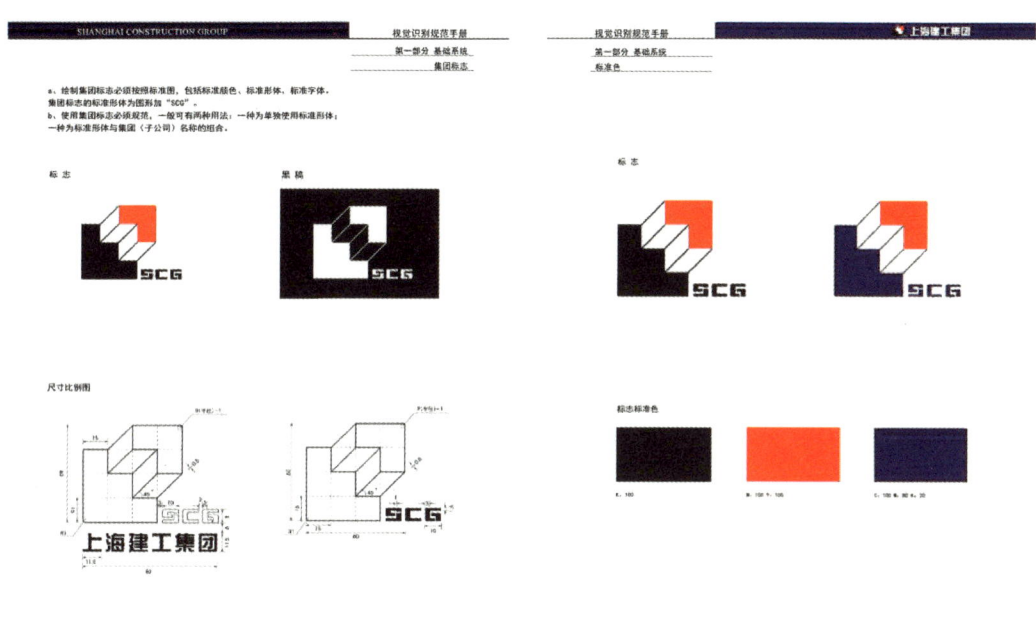

五、上海建工之歌（2003年作）

本志全称简称对照表

单 位 全 称	简 称
华东工程管理总局	华东工程局
上海市建筑工程局	建工局
上海市建筑工程管理局	建管局
上海建工（集团）总公司	建工集团或集团总公司
上海建工股份有限公司	建工股份公司
上海建工集团股份有限公司	集团股份公司
上海市建筑工程局、上海市建筑工程管理局、上海建工（集团）总公司、上海建工股份有限公司、上海建工集团股份有限公司	上海建工
上海市第一建筑工程公司 上海市第一建筑有限公司	市建一公司
上海建一实业有限公司	建一实业
上海市第二建筑工程公司 上海市第二建筑有限公司	市建二公司
上海建二实业有限公司	建二实业
上海市第三建筑工程公司 上海市第三建筑发展总公司 上海市第三建筑有限公司	市建三公司
上海建三实业有限公司	建三实业
上海市第四建筑工程公司 上海市第四建筑有限公司	市建四公司
上海建四实业有限公司	建四实业
上海市第五建筑工程公司 上海市第五建筑有限公司	市建五公司
上海建五实业有限公司	建五实业
上海市第七建筑工程公司 上海市第七建筑有限公司	市建七公司
上海建七实业有限公司	建七实业
上海市第八建筑工程公司 上海市第八建筑有限公司	市建八公司

(续表)

单位全称	简称
上海建八实业有限公司	建八实业
上海市工业设备安装公司	安装公司
上海市安装工程有限公司	
上海市基础工程公司	基础公司
上海市基础工程有限公司	
上海市机械施工公司	机施公司
上海市机械施工有限公司	
上海市建筑装饰工程公司	装饰公司
上海市建筑装饰工程有限公司	
上海园林(集团)公司	园林集团
上海园林(集团)有限公司	
上海建工桥隧筑港工程有限公司	桥隧公司
上海市建筑工程局供销处	供销处
上海市建筑工程材料公司	材料公司
上海建工材料工程有限公司	
上海市建筑构配件公司	构配件公司
上海市建筑构件制品公司	构件公司
上海市建筑构件制品有限公司	
华东钢铁建筑厂	华建厂
华东建筑机械厂	
上海华东建筑机械厂有限公司	
上海市振新建设公司	振新公司
上海建工(集团)总公司房产开发事业部	房产部
上海建工房产有限公司	建工房产
中国上海外经(集团)有限公司	中国上海外经
上海外经(集团)有限公司	外经集团
上海外经集团控股有限公司	
上海市政工程设计研究院	市政院
上海市政工程设计研究总院	市政总院
上海市政工程设计研究总院(集团)有限公司	
上海建筑施工技术研究所	施工所

〔续表〕

单 位 全 称	简 称
上海建工设计研究院	建工院
上海建工设计研究院有限公司	
上海建工(集团)总公司咨询监理事业部	咨询监理部
上海市工程建设咨询监理公司	咨询监理公司
上海市工程建设咨询监理有限公司	
上海市建筑工程局技工学校	局技校
上海建筑工程技工学校	
上海建峰职业技术学院	建峰学院
上海市建筑工程局干部学校	局干校
上海市建筑工程管理局干部学校	
上海市建筑工程学校	建工学校
上海市建筑工程局党校	局党校
上海市建筑工程管理局党校	
上海建工(集团)总公司党(干)校	党(干)校
上海市建筑工程局职工医院	建工医院
上海建工医院	
上海钢窗厂	钢窗厂
上海建筑木材厂	木材厂
上海建设工程联合公司	联合公司
上海建工(集团)总公司总承包部	总承包部
上海建工股份有限公司总承包部	
上海市建筑工程局对外工程处	对外处
中国建筑工程总公司上海分公司	中建上海分公司
上海建工(集团)总公司海外事业部	海外部
上海建工股份有限公司海外事业部	
上海建工机械工程公司	建工机械
上海建工(集团)总公司设备物资事业部	设备物资部
上海市建工商实业总公司	建工商
上海建工(集团)总公司实业部	实业部
建筑安装企业	建安企业
建筑安装产值	建安产值

索　引

说明：

一、本索引采用主题词分析索引法，按主题词首字的汉语拼音字母顺序排列（同音字按声调）；首字相同，按第二字音序排列，以此类推。

二、索引主题词后面的数字表示词条所在页码。

三、表格索引按在正文出现顺序排列并置于本索引末尾。

关键词索引

BIM　　130,230,331,420,517,522,523

BOT　　10,174,262—264,266,518,555

BT　　10,37,39,44,45,47,101,174,262—264,266—268,342,518,555

EPC　　9,11,128,278,287,316,414,518,523

埃及开罗国际会议中心　　25,103,186,225,273,281,285,311,538

安全生产监督　　70

安全责任制　　507

安装公司　　15,16,19—26,28—31,33—46,52—58,63,66,67,78,79,82,83,97,106,107,118,132,145,147,152,156,157,169,196,200,226—230,244,245,247,248,271,272,275,276,285,288,299,300,306,312—318,325—327,330—335,340—342,345—347,349,350,352,353,359—361,363,364,368,369,373,374,379,380,382,384—388,393,395,399,401,403,405,413,456—461,463,498,501—506,515,517,523,530—532,534,536,540—545,552,553,556,560,561,563,568,571,582,599,602,603,606,609,613,615,617,618,622,625,642,653,669,680,681,684,685,687—700,703—714,721,727,729,732,737—739,782

案件查处　　610,612,613

巴基斯坦瓜达尔港　　37,39,286,306,319,639,709

百元产值工资含量包干　　6,25,28,29,118,142,166,547

帮困送温暖　　631,635,636

宝山钢铁总厂炼钢厂　　23,343,461

保障房开发　　249

北京国家大剧院　　11,37,46,111,324,353,420,441,504,505,517,639

泵送混凝土　　10,101,119,211—213,326,332,437,529—531,540,676

标准　　6,9,10,22,23,28,32,65,66,69,70,103,107,117,119,121,128—130,134,135,142,151,158,162,166,209,214,218,220,227,230—232,235,236,249,250,258—260,263,273,274,281—283,301—303,317,319—321,334,344,345,370,375,377,384,387,393,409,410,421,428,433—436,444,446,455,459,462,469,472,473,475,485,488,493,494,500,501,507—509,516—518,520,523—525,529,531,533,537,539,543—546,549,550,563,565—569,573—576,580,586,588,592,597,605,606,609,615,616,621,622,634,636,650,672,674,717—720,726,729—731,735,746,762,763

材料公司　　15,16,18,25,28,31,34,36—38,41,43,52—55,58,66,67,78,79,116,117,119,152,163,169,196,204—212,220,244—246,271,275,276,315,326,331,341,373,392,393,396,399,401,498,505,512,529—531,538—542,545,552,560,561,568,571,573,581,593,594,602,639,676,685,688,690,694—698,704,705,708—712,721,727,729,731,782

参股企业　　8,76,80,90,96,124,554

厂务公开　　38,128,137,633,634

辰山植物园　　42,103,107,114,200,202,240,241,

索 引

413,414,496,734,735
沉井　31,108,394,407,420,432,476,479,480,530
沉箱　10,41,108,109,420,480
成熟人才　47,142,143,145,146,166
惩戒　172,752
出租汽车　67,81,276
磁浮列车运营示范线　10,36,233,400,401
大模板　5,182,324,376,420,432—434,444,447,469,526,541,673
大庆式工程局　3,22
大体积混凝土　10,117,212,221,341,344,369,372,373,393,420,438,439,467,526,540,542,730
大宗材料　25,116,120,174,204,206—208,512
党(干)校　58,67,68,80,81,135,136,153,783
党代会　581,583,584,594,595,609,656
党风廉政建设　596,609,610,634
党风廉政建设责任制　45,609,610
地下连续墙　101,108,130,259,326,329—331,371,404,405,407,420,422,424—429,470,472,477,531,534,538,540,541,719,722
顶管　7,26,45,108,109,114,193,199,289,372,407,408,420,459,476,478,479,529,531,574,670
东方明珠广播电视塔　7,28,30,35,46,98,107,111,112,175,185,203,211,227,243,349,420,429,431,435,437,454,457,504,647
东方艺术中心　37,101,113,185,202,203,212,254,353,354,426,449,504
东海大桥　10,38,46,98,109,117,120,128,194,210,211,221,222,227,234,274,300,396,423,504,505,539,624
动物园　113,114,237,240,275,276,613,625,639,691,706,713,714
对外经营权　75,178,278,286,289,301,497
盾构推进　399,402
发展党员　37,580,599—601
发展规划　8,9,12,22,37,66,75,161,162,489,491—493,518,549,557,610,621,651,744
房产部　34,106,122,152,246,782
复旦大学　112,126,131,187,188,203,210,231,242,366,367,496,503,592
复合土钉墙　426
盖挖法　405,465,472,532,534

钢窗厂　53,67,68,79,82,118,206,224,272,529,552,704,783
钢管桩　22,109,334,344,422,423,440,476
钢结构施工　40,134,227,341,369,439,441,443,532,533
钢平台模架　435,436
高等教育　132,269,270,496
工程监理　130,131,226,242,243
工程质量监督　6,27,29,65—68,70,71,495
工程咨询　11,74,125,127,129—131,138,226,241,242,280,343
工程总承包　9,31,48,72,75,76,103,107,108,124,125,127,282,326,493,499,507,517—519,521,522,544,618
工代会　52,627—629
工法　10,20,31,98,100,101,103,104,107,108,114,117,119,210,217,218,330,358,386,414,421,429,459,461,465,466,469,470,473,480,525,534—536,538—543,638,676,718
工业建筑　4,6,7,19,20,53,57,62,63,110,119,174,175,179,183—185,200,202,224,226,227,241,246,284,308,324,332,337,340,420,444,496
供销处　18,21—25,53,54,56,57,116,204—207,209,271,279,495,498,512,675,676,680,690—692,699,703,782
构件公司　29,36—38,40,79,82,117—119,196,205,206,208—220,245—248,275,276,341,399,401,531,536,552,568,571,575,602,625,685,688,696—698,721,782
构配件公司　21,25,26,54,58,97,106,116,118,147,204,205,244,247,444,498,586,594,708,709,712,782
股票上市　565,748,766,767
股权分置改革　8,78,86,87,89,746
骨料　205,219,221,473
管理认证　563,566
广东汕头过海第二水管　407
广州电视塔　11,357,436,437,497,517
轨道交通工程　108,110,111,114,242,566,720
国际采购　301—303,523
国家优质工程金奖　3,350,501
国家优质工程银奖　104,130,334,501

785

国内采购　　301,304,523

《国有资产管理经营若干规定》(50条)　　489

海外部　　35,36,38—47,78,97,120,132,158,278,
　　279,281,282,301—306,312—314,316—318,320,
　　335,504,523,564,689,698,700,702,710,712,
　　713,783

海外机构　　81

合同管理　　66,90,135,288,550,563,564,571,611,
　　612,708

合同制工　　151,152

合资企业　　27,99,100,124,128,180,553,582,
　　608,629

虹桥综合交通枢纽　　9,10,42,48,99,101,104,107,
　　111,114,115,128,193,233,237,242,243,342,343,
　　420,424,456,457,464,486,496,499,515,517,520,
　　521,534,596,739

华东工程局　　4,15—17,51—53,55,59,63,96,110,
　　143,144,181,185,583,781

华东建筑工程部　　4,51,142,144,145,658

华东医院　　189,370,371,427,433

华建厂　　21,25,36,82,119—121,147,169,205,206,
　　221—223,244,247,271,401,547,552,568,569,571,
　　575,603,617,654,680,685,692,693,695,697,698,
　　703,704,711,727,729,782

滑模　　5,21,101,182,247,334,420,432,433,444,
　　538,672

环球金融中心　　10,38,98,107,117,131,190,192,
　　201,203,212,220,227,324,327,328,420,423,424,
　　434,435,438,439,505,517

混凝土二总厂　　26,276,529,705

混凝土一总厂　　26,529

混凝土预制构件　　10,117,174,175,204,213,215,
　　444,469

混凝土预制桩　　365,422,673

机电安装　　10,102,106,107,125,175,179,196,198,
　　200—202,229,230,243,268,342,443,453,463,523,
　　560,566,735

机电安装设计　　11,226,227,229

机施公司　　16,20—25,27—29,31,33,36—38,40—
　　46,53,54,59,79,82,106,110,111,132,146,169,
　　196,244,245,248,266,268,275,276,299,300,314,
　　326,328—331,333,334,338,340—345,349,352,
　　353,357—361,363,365,368,371,384—388,392,
　　393,395,399—401,403—405,423,427,471,498,
　　502—506,512,520,525,529—534,536,538,539,
　　541,552,556,563,568,570,571,602,603,605,609,
　　613,617,637,654,679—681,683—713,721—724,
　　737—739,782

机械设备　　21,22,66,87,97,100,102,103,125,147,
　　271,296,302,305,306,453,463,495,509—512,532,
　　634,637,659,662,664,667,719,727,747

基础公司　　19—22,24—31,33—39,41—47,80,82,
　　83,107,109,132,152,196,244,245,247,264,266,
　　268,275,276,326,329,331,332,340—343,349,352,
　　363,386,392—396,399—409,422,423,473,498,
　　501—506,515,520,525,529—534,536,538—544,
　　552,560,561,563,568,571,573,577,586,594,595,
　　603,605,609,617,625,626,637,639,680—687,
　　689—714,721,722,724,737,739,782

集团股份公司　　3,86,87,89,90,117,566,781

集团会计工作管理制度　　550

集团试点方案　　489

集团总公司薪酬制度　　167

技工教育　　271

技术中心　　10,35,36,38,73,78,81,90,91,98,99,
　　101—103,110,112,113,117,165,209,401,503,525,
　　527,532—536,543,593,712,713

建安产值　　3,98—101,103,104,108,174—176,490,
　　491,775,783

建峰学院　　33,37,132,133,136,137,153,158,269,
　　270,536,624,698,707,783

建工房产　　8,34,43—45,73,79,81,87,90,92,113,
　　122,123,169,244,246—250,252—257,259,260,
　　491,535,568,593,702,782

建工股份公司　　8,33,40,42,44,45,47,86,87,89,
　　90,174,262,264—267,488,504,517,551,564,565,
　　687,781

建工机械　　21,25,28,67,73,82,106,118,206,223,
　　537,538,703,783

建工集团或集团总公司　　3,8,30,50,72,86,96,
　　488,781

建工局　　3—7,15—27,30,50—59,63,67,96,97,99,
　　102,110,116,118,120,129,130,135,136,142—149,
　　151—153,155,157,158,161—163,166—170,172,

174—190,193—196,199,200,204—209,213—215, 223,226,227,244,245,248,251,269—273,275, 278—281,284,285,292,299,301,303—305,308, 309,311,324,332,343,359,382,420—422,430—432,444,488,489,495—501,503,506—512,514, 517,525—528,536—538,543,547—554,557—559, 563,566,570,572—577,580—593,595,597—608, 611—620,622,627,628,630,631,633—636,638—642,644—654,656—658,660—662,669,672,678—680,682,717,718,775,778,781

建工商　　29,67,73,248,556,783

建工学校　　54,133—135,153,270,592,704,783

建工医院　　27,67,68,80,81,136,137,153,170,189, 246,271—273,304,532,536,639,696,703,704,706, 707,727,783

建工院　　31,36,41,43,44,129,130,153,169,226—229,237,241—243,252,253,255,257,258,505,530, 533,545,546,688,698,712,783

建管局　　3,6—8,27—30,50,65—73,75,80,96,97, 135,138,143—145,147,148,150—153,157,161, 163,167,169,170,174,177,178,180,182—190, 192—196,199,205,207—209,213,226,245,246, 248,249,271—273,276,279—281,285,299,324, 421,488,489,495,497—501,503,508—510,512, 514,516,525,528—530,536—540,543—547,551, 553,554,556,558—562,570—573,575—577,580—586,588—592,594—608,611—614,616,618,619, 622,624,625,627,628,630,633,638—640,644—654,678,679,685,717,719,721,775,778,781

建筑改造　　104,113,231,421,450,534

建筑机械　　5,16,17,22,26,53,55,57—59,66,67, 72,79,81,82,87,91,92,97,119,120,133,138,163, 204,206,221,270,271,298,491,511,512,553,569, 673,688,782

建筑配件　　175,223

建筑设计　　27,50,52,54,62,63,73,114,129,130, 218,226—229,252—256,258,308,312—314,316—318,325—331,333—336,338,341,342,344,349, 350,352—356,358—374,376—389,392,393,403—405,413,431,445,517,533,537,740

《建筑施工》　　22,129,273,274,672

建筑时报　　24,29,40,46,80,81,83,137—139,153, 169,273,621,623—625

建筑修缮　　98,112,231,379,446,451

江阴长江大桥　　9,31,33,39,194,195,393,466,479

奖励　　123,159,162,166,170,171,283,505,511, 515,528,537,543,594,617,626,633,651,748

教育建筑　　134,187,188

金茂大厦　　9,31,34,35,46,98,107,111,117,129, 131,190,191,201,211,212,227,228,230,243,324, 326,420,423,424,427,434,435,437—439,456,458, 464,499,503,505,515,517—519,530,537,539,567, 573,618,624,638,688

进出口总额　　126,296,297,659

竞拍土地开发　　248

酒店、度假村、餐饮　　274

局党校　　23,135,589,660,783

局干校　　18,53,135,783

局技校　　19,24,53,54,153,693,783

军转干部　　145

竣工面积　　3—7,10,20,21,179—181,184,244—246,498,499,775,776

科研项目立项　　528

客户结构　　179,180

控股企业　　8,75,80,90,96,101,106,119,129, 552,564

劳务派遣　　124,144,152,153,293,295

老干部工作　　26,581,604,605,669

立功竞赛　　7,98,102,105,110,111,113,114,117, 119,121,123,126,130,499,627,638,639,649,667, 676,736

利润包干　　6,166,547

联合公司　　29,67,73,205,552,783

联谊大厦　　6,24,99,190,201,224,337,437,448, 649,666

廉洁从业教育　　609

两层分开　　7,8,29,30,32,50,65,80,97,99,102, 104,143,152—154,514,578,582,589,646

领导班子建设　　581,591

龙耀路越江隧道　　109,402,403,470

卢浦大桥　　10,35,39,98,104,107,109,117,128, 194,197,202,227,235,243,257,268,395,396,466, 499,503,505,506,515,539,596,624,638,640,654

鲁班奖　　3,24,25,27,28,30—33,35,37—46,98,

100,101,103,104,107,109,111,113—115,130,131,
286,287,308,317—320,326,333,335,338,340,341,
345,346,350,352—354,356,357,362,364,367,369,
371—373,385—387,389,393—396,405,415,501,
503,504,618,730
轮换工　146,152
锚杆静压桩　383,422,423
泖港大桥　22,109,194,234,465
民兵和预备役　580
民用建筑　4,5,7,11,16,99,119,126,133,174,175,
182,184,185,200,202,226,227,251,269—271,278,
284,311,312,331,333,337,420,422,432,444,446,
453,456,463,496,553
民主党派　503,603,623
木材厂　67,68,79,83,116,206,223,552,783
目标市场　496,497
幕墙装饰　447
南浦大桥　7,27—29,38,98,102,104,109,119,124,
128,129,131,175,194,201,207,211,215,227,233,
234,242,243,392,393,431,433,434,437,440,465,
503,529,536,538,596,604,618,624,638,646,650,
653,666,672,722
内部审计制度　558,770
逆作法　7,100,108,329,331,334,342,371,380,
389,399,403—405,422,424,425,465,472,530,534,
535,539,541,542,546
年龄结构　148,593
爬模　101,103,129,325,326,330,333,392,432—
435,447,465,538,540,650
培训中心　99,106,133,135,136,155,156,159,188,
229,289,636
聘用合同制　32,142,151,153
浦东国际机场　9,10,33,35,40,46,98,104,107,
111,117,220,233,341,400,420,422,426,429,432,
443,449,456—458,464,503,504,506,518—520,
530,539,567,573,739
期望奖　29,171,651,652
企业标志　31,620,621,719
企业补充保险　169
企业经营者薪酬　167,168
企业文化理念体系　621
桥梁工程　35,107,114,115,165,175,193,194,320,
420,437
桥隧公司　36,114,115,196,401,504,568,617,654,
697,782
青年工程　7,25,580,644,649,650
青年科技协会　7,580,644,650
青年突击队　7,580,644,647—650,653,680,731
全国厂务公开优秀企业　3,580
全国科技大会奖　3,20,21,223,421,537
全国市政金杯奖　3,501
全国思想政治工作优秀企业　3,37,98,107
全国五一劳动奖状　3,36,44,98,103,105,107,109,
111,114,117,119,121,128,580,731,736
全国先进基层党组织　3,26,580
全优工程　6,22,23,71,166,488,501
全员劳动合同制　7,31,142,151,152,637
全资企业　8,75,78,80,90,96,554
人民路越江隧道　42,401,470
瑞金医院　98,189,372,449,496,504
三同步　7,499,547,551,559,561
商标管理　39,568,569
商业建筑　179,190,229,257,449
上海宾馆　6,22,101,107,190,201,224,331,332,
422,431,436,437,449,458,661
上海博物馆　9,30,35,101,107,185,201,225,243,
337,350,447,503
上海大剧院　9,31,35,101,107,185,201,225,243,
337,351,352,442,530
上海大学　187,188,365,431,489,496,502
上海地铁　7,9,37,80,103,109,111,196,203,229,
233,243,268,399,425,431,437,470,472,497,
504,721
上海光源　40,46,104,107,184,202,227,228,324,
368,369,421,423,439,441,461,505,532
上海国际赛车场　38,99,107,186,187,201,203,
217,324,361,362,465,499,503,505,515,517,
624,654
上海合流污水治理工程　27,128,408
上海商城　26,33,86,98,107,190,201,228,229,
325,420,433,437
上海市公共卫生中心　38,103,104,107,189,202,
373
上海体育场　9,31,35,101,186,197,201,212,216,

359,441,505

上海体育馆 5,20,101,107,109,111,117,186,201,206,224,225,442,538,672

上海图书馆 9,30,34,35,41,46,101,185,201,349,350,426,501,503,623

上海游泳馆 6,24,111,117,186,225,442,501

上海展览中心 4,15,30,35,44,46,63,72,98,112,185,206,224,324,325,382,383,450,621,648,730

上海中心大厦 10,11,45,80,87,92,98,108,109,117,190,192,201,212,220,221,227,230,300,324,331,420,423,436,438—441,464,517,521,522,535,596,629

设备吊装 453,465,530

设备物资部 30,32,73,74,110,783

深化设计 112,129,130,226—230,291,316,331,381

施工产值 10,29,97,99,102,103,106—108,110,112,115,175,200—203,492,499,500,559

施工令 526,527

施工所 22,54,153,226—228,241—243,528,529,685,782

施工组织设计 515,525—527,529,544

实业部 30,32,73,74,783

世博文化中心 101,111,112,217,387,505,709,735,736

世博中心 43,104,111,185,186,193,203,212,227,386,387,450,481,504,505,736,737

世博轴 10,42,104,111,115,193,203,212,235,385,388,389,437,442,504,505,709,734,735,738,740

市建八公司 8,18,20,21,24,27—31,36,38,53,78,79,82,86,101,196,244,245,266,271,276,314,334,359,369,393,399,501—503,505,506,514—516,528—532,541,545,552,559,561,568,571,575,582,679,680,684,688,689,691—697,699,703,704,708,710,711,781

市建二公司 15,17,19,22,24,33,36,38,41—43,45,46,52,53,82,83,86,98—100,102,116,118,169,196,204,205,223,244,245,260,261,266,271,285,299,329,334,337,340,342,346,355,360,361,363,364,366,370,376,377,379,380,382,386,389,397,399,401,403—405,422,425,430,501—506,515,516,518,530—532,534,535,540—542,544,545,552,559—561,563,566,568,571,575,581,582,586,593,594,602,604,617,654,678,680,684,687—700,702,704—714,718,721,727,728,731,732,738,739,781

市建七公司 19,21,23—28,30—45,47,53,79,82,83,86,103—105,116,146,169,196,205,244,245,247,258,261,266,271,276,299,312,315,329,331,332,335,341,342,354,359,363,365—369,371,373,376—379,382,384,386,388,392,393,395,397,399—401,409,433,437,501—507,512,514,516,518,520,525,529,530,532—537,539—546,552,553,559,563,566,568,571,582,587,594,595,602,616,622,626,639,679—683,686—700,703—707,709—714,721,723,724,737—739,781

市建三公司 8,15—19,21,23,26—28,30—34,36,38,52,53,66,69,78,79,82,83,86,97,98,118,129,130,166,196,205,244—246,248,249,252,258,266,271,288,327,338,341,343,366,392,393,397,399,501—506,515,520,529,530,537—540,545,552,559,568,573,575,582,596,597,604,606,610,617,638,680,681,686—689,691—695,699,703—705,708,710,711,721,781

市建四公司 8,15—19,21—25,28,30,31,33,36—39,41—47,52,53,78,79,82,83,86,100,101,134,146,152,157,163,169,196,244—247,251,253,254,266,271,313,315,329—331,333,336,337,342,345,349,350,352,353,357,358,364—367,370,373,383,385,387,397,399,401,403,405,408,409,430,437,446,501—507,514—516,518,525,530—537,540—543,545,552,553,559—561,563,566,568,571,582,599,602,617,622,639,654,661,679—682,686—714,719,723,724,729,730,732,737—739,781

市建五公司 17,19—28,30,34,36,38,39,42,43,45,53,59,79,80,82,83,86,102,103,134,166,169,196,205,224,244—247,253,255,257,264,266,268,271,272,276,285,313,337,340,344,362,373,378,389,392,393,397,399,401,413,446,501—507,515,516,518,529—531,533,535,536,538,540—545,552,553,560,563,565,566,568,571,575,582,593—595,597,602,653,678—680,684,686,688,689,691—701,703—705,707,709—714,738,739,781

市建一公司　6,8,15,16,18－21,25－29,31,32,34－43,45,47,52,53,67,72,78,79,82,83,86,97－99,118,134,152,169,196,205,223,244－248,256,264,266,268,271,272,285,299,325－328,330,331,333,335,336,341,349,357,364,371－374,376,377,379,383,392,393,395,396,399,401,404,405,500－506,509,512,514－517,520,529－533,535,536,538－544,552,563,566,568,571,575,581,582,599,602,611,616,617,622,625,639,649,654,666,679,680,684－699,701,702,704－713,717,718,727－729,731,732,738,739,781

市政设计　8,22,34,91,128,340,449,603,727,728,731,735－737

市政院　41,127,128,227,231－233,603,678－691,693－695,697－701,704－707,714,782

市政总院　8,36,44,47,79,96,127,128,146,169,174,226,227,229,231,233－237,240－243,524,555,568,569,603,604,622,626,629,722,728,733,737,739,740,782

事业部　8,30,35,73,74,81,90,91,106,112,120,122,148,278,279,460,477,493,495,515,564,565,567,622,782,783

事业单位　6,7,18,25,32,38,51,65,66,72,79,80,86,96,123,126,127,129,133,137,142,147,148,151,153,159,161,163,167,169,489,499,548,549,569,575,577,581,582,587,593,594,608,609,615,616,620,622,629－631,633,634,643,646,744,745

收购股权及联合开发　248

树根桩　109,428

双十佳　32,171,617

水泥土重力坝　426

顺作法　334,424,472

私营营造业　16,59,63,144,146

思想政治工作研究会　25,26,47,128,591,620

四六工　146,151

松江大学城　187,188,366

隧道工程　107,193,199,213,399,401,428,470

所在国用工　283

特种工程　3,177,193,324,420,476

同济大学　19,21,27,99,101,107,119,187,188,331,335,363,364,367－369,377,386,389,392,393,449,496,502,530,537,538,545,592

统计管理　498,499,570

统配材料　25,117,204,206－208,495,512,551

统收统支报销制　548,552

土地空转　555,556

土木工程　3,7,10,11,24,33,34,39,73,96,98,128,132,159,174,179,193,194,229,235,270,274,324,326,420,493,494,496,501,504,505,537,670－675,725

团代会　644,645

外加剂　204,205,209－211,219,220,439

外经集团　8,36,45,79,80,87,90,92,96,123－125,146,153,169,174,226,241－243,278,279,282,289－300,305,307,314,523,555,604,625,626,629,664,679,682,683,697,698,706,707,782

外事审批　572

外滩地区综合改造工程　43,405

文化建筑　185,243

文化结构　148,593

文明单位　7,98,100,102,103,105,107,110,113,117,125,128,133,134,137,274－276,591,615,616

希望工程　40,626

系统公房　244,245

下岗分流　11,143,153,632

现场标准化　6,26,27,68,70,303,509,516,527,575,615,717－720

项目承包责任制　488,514－516,559

项目党建　9,596,597,735

项目管理　6,7,42,50,97,100,103,112,115,127,130－133,135,136,242,281,285,291,300,311,331,365,488,495,511,514－517,522,524－528,544,547,550,557,559,561,571,596,609,611,634,650,731,734

新晃空调　27,55,106,230,553,582,629,690,702

信访　90,91,246,563,576－578,609,610,612,613

信访受理　577,612

学前教育　269,272

学徒工　146,147,152,166

延中绿地　200,239,411,412,483

研发经费　528

杨浦大桥　7,28,30,39,98,102,104,109,128,131,194,201,211,215,227,233,234,243,393,431,433,437,440,465,501－504,516,536,638,649,676

索 引

一本账　7,547,551
一模三板　182,324,420,432,444,673
医疗保健　73,137,272,273,304,575
医疗建筑　187—189,364,368
以工代干　145,148
应急机制　305,306
优买优贷　320
预拌混凝土　6,9,10,87,116—119,174,196,204—206,208,209,213,214,221,326,392,396,430,512,527,676,698,713,714
园林工程　11,42,113,124,132,226,237,315,390,412,413,415,481,482,502,504,677,689,690,697,699,700,703,706,707
园林集团　8,37,40,42—44,83,87,96,113,114,124,146,169,174,199,200,226,237,275,276,278,279,290,315,331,341,390,391,405,412,481,484,506,532—534,555,568,571,602,604,625,626,629,687,692,698,700,702,707,714,735,737—739,782
园林设计　113,114,226,228,237—240,390,411—413,533,544,609,625,681
再就业　11,33,143,151,154,171,276,630,636,637,708
詹天佑奖　24,28,31,33,35,37,38,40—43,98,100,101,104,107,109,111,114,130,229,326,328,333,334,342,349,352,357,359,369,385—387,389,393,396,405,408,410,501,504,505
招投标　6,9,26,44,65,68,70,80,153,176,178,249,262,286,289,488,495,498,499,514,518,577,618
浙江镇海—舟山海底管道　406
振新公司　54,244—247,276,613,679,782
整顿建筑市场　66,69
整体上市　8,50,72,78,86—88,90,493,549,589
政工专业职务评聘　163
支援工　146,151,152
知识青年　23,142,147
职称评定　23,162,163,671
职称套改　162
职代会　7,9,39,153,169,492,493,609,621,631—633,635,639,643,767
职工带薪年休假制度　170
职工体检制度　41,170,632,635

职业道德建设　591,615,616
质量责任制　345,501
质子重离子医院　189,202,324,374,375
治安保卫　573,667
中标合同额　11,175—177,179,184,496,497
中等教育　269,270
中国馆　43,45,46,101,111,112,126,185,186,193,203,212,217,228,385,386,437,447,448,457,504,505,535,735—737
中国上海外经　8,45,79,123,124,278,310,625,782
中国援外奉献奖　282
中国驻美国大使馆　40,292
中建上海分公司　23—25,29,66,244,251,278—281,285,288,289,292,299,311,783
中山医院　98,112,126,189,203,230,371,496,503
中小企业　11,50,78,80—83,128,144,146,154,553,554,632
主题馆　43,99,186,193,212,217,241,243,386,426,437,481,504,505,735,738
主题教育活动　9,42,44,46,586,590,647
住宅工程　5,28,68,70,71,242,284,289,315,324,501,507,516,532
专利　10,66,98,100,101,103,104,107,109,111,113,114,117,119,121,128,130,171,203,211,216—220,223,224,227,233,235,336,377,378,410,421,494,528,539,543
专业技术职务评聘　162,163
专业结构　10,132,133,148,174,175,179,231,293,589
装饰工程　7,10,11,26,54,58,66,67,78,79,81—83,90,92,97,98,100,102—104,106,111—113,123,132,139,175,179,196,202,226,227,432,446,449,450,496,507,680,782
装饰公司　8,31,33,34,36,37,41—46,54,86,97,111,112,196,202,203,226,227,230,231,315,326,328—331,334,335,341,342,353,361,363,368,379,381,382,385—387,399,502,504,517,568,602,613,625,683,695—698,700,706,708,709,737—739,782
装饰设计　114,136,196,226,227,230,231,569
咨询监理部　30,73,74,241,783
咨询监理公司　26,33,54,79,130,131,169,241—243,593,633,685,783

资质管理　6,68,566
自有土地开发　174,246,247
总产值　7,112,113,118,119,174,193,194,202,231,491,499,775
总承包部　8,30,36,38,44,73,74,78,81,90,91,113,493,521,523,564,567,576,629,682,689,698,700,702,707,708,710,712—714,727,734,783
综合营业额　3,9,12,97—104,106,108,110,112,116,118,174,175,204,490—493,499,500,776
钻孔灌注排桩　428
钻孔灌注桩　70,109,111,331,370,371,385,408,422,423,425,428,431,469
最低工资标准　40,44,169,493,632,635

人物索引

阿里·邦戈　46,318
卞家骏　93,651
宾古·瓦·穆塔里卡　46
蔡振耀　62,660
曹汝清　20,60,61
常学斌　71,76,77,84,608
陈根法　17
陈去非　17,22,60,61,64,656
陈志余　62
仇长根　61,645
邓小平　27—29,586,589
董桂莲　60,61
范达夫　16,59,61,656
范杰生　17
范庆国　85,537,685,700,701,708,709
范忠伟　71,76,84,92,584
房庆强　93,686,710
冯国柱　16,59,64
皋古俨　84
郭雪林　77,84,93,584,608
郭增望　674,675,682,685
杭迎伟　92,93,645,702
何卫国　71,607,679
贺敏学　64
洪森　40,43,46,47
胡锦涛　41,46,47,282
胡耀邦　26
黄连顺　19
黄明亮　60,584,607,658,682
黄文斌　62
黄文忠　62,71,76,84,85
黄昭仁　92

贾庆林　45
江春泽　662,663,680
江建人　24,678
江泽民　28,30,33—35,725,726
蒋志权　30,32,36,37,43,46,71,76,84,92,584,624,625,678,679,681—683,702
李春涛　31,77,84
李迪斐　38,44,682
李雷　607
李鹏　28,30
李人俊　64
李希之　64
李学存　61,668,669
林锦胜　85,93,686
林元培　41,164,536,678,681,683,684,687,691,695,701
刘国林　76,84,85,92,93
刘荣兴　21
刘云青　61
刘子荣　60,607
陆海平　77,84,536
陆凯忠　39,637,640,687,689,690,698,699,708,711
陆新祥　22,678,699
罗白桦　15,59,60,583,656
罗代周　60,61,583,607
马先如　20
毛泽东　16,19,52,672
倪宏才　666,667,679
欧内斯特·巴依·科罗马　46
乔火根　21
乔石　30

乔治·马克斯韦尔·理查兹 46	徐　征　36,44,46,76,584
秦惠民 536,672	许克诚 667,668
任锡中 61	杨建新 64
沈国贞 22,639,678	杨沛田 41,77,84
盛健康 670,671,685	杨小林 62,536
施东昌 60	杨序昭 60,61,584
石礼文　26,27,29,30,32—34,60,62,71,76,84,519,537,678,679,687,725,726	杨银汉 664
苏学礼 62	杨兆熊 16,59—61,656
孙剑东 71,76,84,85,679	姚建平 71,76,84,85
孙良浩 18,23,24,59—62,64,584,657,658,678	叶可明　32,71,76,84,85,162,164,536,537,683,686,701,709
童继生 46,85,93,282,645,702	叶政青 62
屠　达 671,672	易庆瑶 35,77,84
王国良 21—23,60,61,661,662,680	张定荣 21,699
王海明 64	张凤亭 61
王世雄 24—26,60,61,71,678,679,681,682	张国田 60,61
王铁斋 675,676,690—692,694,695,708,709	张立新 77,92,627
王文俊 669	张文韬 16,17,59,60,64,656
王文忠 61,71	张秀清 61,62,629
王秀凤 659,681	赵毓华 64
王英臣 62	赵紫阳 26
王永良 24,60,61,656,678	钟淳昌 673,674,682,686
王元浩 61,62	周恩来 16,658
王佐群 665	周嘉民 670,680,685
魏世达 663,664	周鸣翔 60
温家宝 34,44—46,282,287,318,726	朱桂棠 62,71,666
吴邦国 37,41,46,47,319	朱合喜 61,62,660
吴红兵 92	朱　华 23,676,677
吴松元 17	朱俊欣 19,61
吴文达 62,71,76,84,85,624	朱克江 21
吴祥明 62	朱培勇 677
习近平 44,46,47,316	朱镕基 35,286,313,666
肖长松 76,84,85,92,93,627—629,645	朱万国 20,60,584
徐君伦 77,92	

表格索引

表1-1-1　1953—1988年上海市建筑工程局领导成员情况表　59

表1-1-2　1952—1958年华东建筑工业（工程）部、华东建筑工程局、华东工程管理总局领导成员情况表　64

表1-2-1　1988—1993年上海市建筑工程管理局领导成员情况表　71

表1-3-1　1994—2010年上海建工（集团）总公司董事会部分会议议题情况表　77

表1-3-2　2001—2005年建工集团完成属地化管理

改革的部分中小企业情况表　82

表1-3-3　1994—2010年上海建工(集团)总公司领导成员情况表　84

表1-4-1　1998—2011年上海建工股份有限公司股权变动情况表　88

表1-4-2　1998—2010年上海建工股份有限公司现金分红情况表　88

表1-4-3　1998—2010年上海建工股份有限公司部分股东大会情况表　89

表1-4-4　2011年3月上海建工集团股份有限公司领导成员情况表　92

表3-1-1　1993—2010年建工集团历年职工人数表　144

表3-1-2　2010年6月建工集团管理和技术岗位人员情况　149

表3-3-1　2010年建工集团承担培训工作学校情况表　155

表3-3-2　2010年建工集团企业培训中心情况表　156

表3-5-1　1994—2010年建工集团职工年平均工资情况表　168

表3-5-2　1994—2010年建工集团部分表彰奖项情况表　170

表4-1-1　1953—2010年上海建工建安产值统计表　175

表4-1-2　1996—1999年建工集团中标合同额统计表　177

表4-1-3　2000—2010年建工集团中标合同额统计表　177

表4-1-4　2010年建工集团外省市建筑施工统计表　178

表4-1-5　2000—2010年建工集团建筑施工国内外比例统计表　178

表4-1-6　2000—2010年建工集团中标合同额专业结构统计表　179

表4-1-7　2000—2010年建工集团客户结构统计表　180

表4-1-8　1953—2010年建工集团(建工局、建管局)竣工面积统计表　180

表4-1-9　2000—2010年建工集团承建住宅建筑统计表　182

表4-1-10　1989—2009年建工集团(建管局)承建超高层住宅情况表　183

表4-1-11　1980—1990年建工局(建管局)工业、民用建筑竣工面积统计表　184

表4-1-12　2000—2010年建工集团工业、民用建筑中标合同额统计表　184

表4-1-13　1955—2010年建工集团(建工局、建管局)承建主要文化建筑情况表　185

表4-1-14　1973—2010年建工集团(建工局、建管局)承建海外文化、娱乐、会议中心建筑情况表　186

表4-1-15　1964—2010年建工集团(建工局、建管局)承建主要体育建筑情况表　186

表4-1-16　1968—2010年建工集团(建工局、建管局)承建境外主要体育建筑情况表　187

表4-1-17　1982—2010年建工集团(建工局、建管局)承建主要教育建筑情况表　187

表4-1-18　1988—2010年建工集团(建管局)承建境外主要教育建筑情况表　188

表4-1-19　1966—2010年建工集团(建工局、建管局)承建主要医疗建筑情况表　189

表4-1-20　1983—1999年建工集团(建工局、建管局)承建超高层宾馆、商务楼、办公楼情况表　190

表4-1-21　2000—2010年建工集团承建超高层宾馆、商务楼、办公楼情况表　191

表4-1-22　1989—2010年建工集团(建管局)承建外省市超高层建筑情况表　192

表4-1-23　2000—2010年建工集团土木工程产值统计表　193

表4-1-24　1978—2009年建工集团(建工局、建管局)承建市内大中型桥梁情况表　194

表4-1-25　1960—2009年建工集团(建工局、建管局)承建、参建外省市大桥统计表　195

表4-1-26　2003—2010年建工集团承建海外桥梁统计表　195

表4-1-27　1991—2010年建工集团(建管局)承建上海轨道交通统计表　196

表4-1-28　2000—2010年建工集团承建外省市轨道交通统计表　198

表4-1-29　2010年建工集团在建新建外省市轨道交通统计表　198

表4-1-30　1958—2010年机电安装施工产值统计表　200

表4-1-31　2000—2010年建工集团装饰施工产值统计表　202

表4-2-1　1953—1998年大宗材料供应量情况表　207

表4-2-2　1981—2010年建工集团（建工局、建管局）预拌混凝土销售量统计表　208

表4-2-3　1964—2010年建工集团（建工局、建管局）混凝土预制构件产量统计表　213

表4-2-4　1979—1987年建工局生产混凝土预制构件统计表　215

表4-4-1　1998—2010年建工集团开发的房产项目情况表　250

表4-5-1　1998—2007年建工集团投资上海市基础设施项目一览表　263

表4-5-2　2008—2010年建工集团投资外省市基础设施项目一览表　263

表5-1-1　1995—2010年建工集团在境外成立的主要企业（机构）情况表　280

表5-2-1　1983—2002年建工集团（建工局、建管局）合作承建主要项目情况表　285

表5-2-2　2000—2010年建工集团承建的主要援外招投标工程情况表　286

表5-2-3　2007—2010年建工集团承建的中国政府"优贷优买"主要工程情况表　288

表5-2-4　1989—2001年中建上海分公司与中建总公司等合作实施的主要工程情况表　289

表5-2-5　1998—2010年建工集团自主经营承建的主要工程情况表　289

表5-2-6　1985—2010年外经集团承建的主要工程情况表　290

表5-2-7　1988—2008年建工集团承建中国驻外使领馆工程情况表　292

表5-2-8　1996—2010年外经集团日本技能实习生外派情况统计表　294

表5-2-9　1992—2010年外经集团进出口贸易汇总情况表　297

表5-2-10　2002—2010年上海外经集团进出口市场分布统计表　298

表5-3-1　2000—2012年建工集团部分项目国内发运集装箱量统计表　302

表8-2-1　1990—2010年建工集团获得"国家优质工程金质奖"情况表　501

表8-2-2　1982—2010年建工集团（建工局、建管局）获得"国家优质工程银质奖"情况表　501

表8-2-3　1987—2010年建工集团（建工局、建管局）获得"中国建筑工程鲁班奖"情况表　503

表8-2-4　2000—2010年建工集团获得"中国土木工程詹天佑奖"情况表　504

表8-2-5　1998—2010年建工集团获全国市政金杯示范工程奖工程情况表　505

表8-2-6　1979—1990年建工局（建管局）机械设备情况表　510

表8-2-7　1999—2010年建工集团机械设备情况表　510

表8-4-1　1987—2010年建工集团（建工局、建管局）省市级以上科研项目情况表　528

表8-4-2　1992—2010年建工集团（建管局）出版的部分技术论著情况表　536

表8-4-3　1978年建工局获全国科技大会奖情况表　537

表8-4-4　1982—1992年建工局（建管局）获国家技术发明奖情况表　538

表8-4-5　1989—2007年建工集团（建管局）获国家科技进步奖情况表　538

表8-4-6　1991—2010年建工集团（建管局）编制的国家工法情况表　540

表8-4-7　2001—2010年建工集团编制的国家标准情况表　544

表8-4-8　2001—2010年建工集团编制的行业标准情况表　545

表8-5-1　2010年建工集团净资产情况表　548

表8-5-2　1989—1993年建管局局属行政多种经营（三产）经营情况表　554

表8-5-3　2001—2005年建工集团第三层次企业民营属地化改制完成情况表　554

表8-5-4　2003—2010年建工集团投资企业情况表　555

表8-5-5　建工集团"土地空转"注入资产情况表　556

表8-5-6　2010年建工集团房地产情况表　556

表8-6-1　1992—2010年建工集团审计工作完成情况表　561

表9-1-1　1978—2010年建工集团（建工局、建管局）基层党组织情况汇总表　582

表9-1-2　1978—2010年建工集团(建工局、建管局)党员情况表　584

表9-1-3　1990—2010年建工集团(建工局、建管局)部分主题教育活动情况表　590

表9-1-4　1980—1987年建工局先进党组织、优秀党员情况表　598

表9-1-5　1988—1993年建管局"两优一先"情况表　598

表9-1-6　1994—2010年建工集团"两优一先两好"情况表　598

表9-1-7　1983—1992年建工局(建管局)发展知识分子入党情况表　600

表9-1-8　1993—2001年建工集团(建管局)党员发展情况汇总表　600

表9-1-9　2002—2010年建工集团党员发展情况汇总表　601

表9-2-1　1953—2010年建工集团(建工局、建管局)纪检组织名称、主要领导情况表　607

表9-2-2　1980—2010年建工集团(建工局、建管局)纪委信访受理情况表　612

表9-2-3　1980—2010年建工集团(建工局、建管局)党纪案件查处情况表　613

表9-3-1　1986—2010年建工集团(建工局、建管局)"普法"工作基本情况表　619

表9-3-2　1990—2010年建工集团(建管局)编辑的部分书籍情况表　624

表9-3-3　1993—2009年建工集团所属单位主办的部分企业报刊情况表　625

表9-4-1　1991—2007年建工集团(建管局)工会会员代表大会情况表　627

表9-4-2　1953—1990年建工集团(建工局、建管局)工会组织名称、主要领导情况表　628

表9-4-3　1953—2010年建工集团(建工局、建管局)工会组织和会员情况表　630

表9-4-4　2001—2010年建工集团职工代表大会情况表　632

表9-4-5　2003—2008年建工集团平等协商内容及主要成效情况表　635

表9-4-6　1993—1997年建工集团(建管局)所属单位被授予荣誉称号情况表　639

表9-4-7　1993—2010年建工集团特色命名情况表　641

表9-5-1　1953—2010年建工集团(建工局、建管局)历次团代会情况表　644

表9-5-2　1978—2010年建工集团(建工局、建管局)团员、团组织情况汇总表　646

表9-5-3　1992—2010年建工集团(建工局、建管局)"期望奖"获得者(含提名奖)情况表　651

表9-5-4　1978—2010年建工集团(建工局、建管局)团委部分文化活动情况表　652

表专-2-1　1986—2010年上海建工部分应急抢险情况表　724

表专-4-1　建工集团四川绵阳抗震救灾过渡安置房建设情况表　731

表专-4-2　建工集团对口支援都江堰灾后重建工程情况表　732

表专-4-3　市政总院对口支援都江堰灾后重建工程情况表　733

表专-5-1　建工集团承建2010年上海世博会园区部分工程情况表(浦东)　737

表专-5-2　建工集团承建2010年上海世博会园区部分工程情况表(浦西)　738

表专-5-3　建工集团承建2010年上海世博会主要配套工程情况表　739

表专-5-4　市政总院承担设计2010年上海世博会配套市政项目情况表　739

表专-5-5　市政总院承担设计2010年上海世博会园区内的配套工程情况表　740

1953—1979年建工局建筑安装产值、竣工面积情况表　775

1980—1993年建工局(建管局)企业总产值、竣工面积、利润情况表　775

1994—2010年建工集团综合营业额、竣工面积、利润总额情况表　776

编 后 记

2010年2月，上海市人民政府《上海市第二轮新编地方志书编纂规划》明确《上海市级专志·上海建工集团志》作为大型企业集团专志系列之一，由上海建工（集团）总公司承担编写。

2011年8月，集团召开《上海市级专志·上海建工集团志》编委会第一次扩大会，拉开全集团修志的序幕。9月，集团编志办着手草拟纲目，制订工作计划。纲目的修订前后共形成8稿，其中较大的调整有3次。2012年3月，召开集团编志工作会议，作动员布置和业务培训，并要求以纲目为框架收集资料。2013年7月，大部分篇章完成资料收集，开始编撰资料长编。2014年4月，资料长编完成，即进入分篇志稿撰写，至2015年年初，初稿（第一稿）形成。第一稿形成后整整费时近一年，召开各类讨论会50多次，参与人员数百人次，先后集中数千条修改意见。2015年10月，各篇章的主要撰稿人完成修改，形成第二稿，年底形成志稿的合成稿。2016年年初，合成稿在编委会顾问、编委和有关人员共70多人的范围内征求意见。3月正式进入总纂。2016年8月15日，上海市地方志办公室召开评议会。2016年11月25日，上海市地方志办公室召开审定会。2017年1月17日，经上海市地方志办公室验收通过。

在《上海市级专志·上海建工集团志》编纂过程中，集团编志办与集团各部门、各单位的参与人员共同努力，秉承"修志问道，以启未来"为己任，潜心学习修志基本知识，反复优化志书纲目，深查细找广征资料，精心归纳梳理。在撰写志稿时，力求文字严谨细致，真实客观，通畅自然。特别是在总纂阶段，总纂人和各篇章责任人协作，删繁削冗，字斟句酌，渐至完臻。担任分纂者分别为：总述：朱洁士，大事记：陈颖华，体制沿革篇：李晓华，主要单位篇：李晓华，职工队伍篇：赵强华、徐承柱，经营业务篇：朱宝昌，海外事业篇：吴国庆，工程选介篇：徐宝均，工程技术篇：王美华、李增辉，企业管理篇：朱洁士、楼杰，党群工作篇：赵强华、朱洁士，人物篇：赵强华、徐承柱、陆建初，专记：朱洁士。编写人员耐住寂寞，甘于清苦，默默耕耘，达到了理想的目标。

编修过程中除了志书之外，更可贵的是收集到大量重要史料。这些史料中，有企业从创立初至今60多年的变革、发展翔实记录；有上海城市建设的辉煌业绩及建设过程的脉络细节；有重要工程的管理和技术经验。资料中还有上海国有资产管理运营的实践总结以及展现上海城市建设者智慧和勇气的生动事例。所收集的1 000多万字的文字资料和500多张图片资料，制成卡片文档8 000多张，输入集团档案信息库。编志办还编印资料长编19册，计1 000万多字；征集到图书200多册。2013年6月，编志办利用修志资料，在纪念集团创立60周年活动期间，编写、出版了大型画册《六十华章——上海建工图志（1953—2013）》。集团各单位也在修志过程中编写了10多部反映本单位历史的大事记、画册和书籍。

"众手成志、众目审志"，《上海建工集团志》的问世也是一部博闻汇才之作。集团新老领导和行业专家给予全力的支持和指导，确保了总体思路和体例的合理得当。集团各部门、各单位先后派出300多名专兼职人员收集资料、制作卡片、撰写初稿工作。海外事业、工程技术、设计咨询、建筑材料和建筑机械、教育和医疗等篇章的5个协作组，牵头单位和牵头人的热心组织协调，使协作组成员各尽所能，形成合力。在编写期间，上海市地方志办公室领导和有关处室领导过文瀚、黄晓明等同志对志书的纲目、体例、内容安排等多次作细致、专业的指导；上海市住房和城乡建设委员会、上海市国有资产管理监督委员会的领导和专家给予关心和指导;离退休老同志热心提供资料,提出修改意见;上海建筑学会等单位提供部分照片。在此一并致以衷心的感谢。

  春秋战国时期的经典《周礼—冬官考工记》就有"匠人建国""匠人营国"的记载,古代方志有勘察地形、打样营造的专门叙述,"城池、街坊、桥梁、园林"等实录不惜笔墨。民国《上海通志稿》专设城市建筑、城市规划、建筑规则的章节。90年代上海第一轮修志,建筑行业、建筑企业、建筑工程精彩入志,构成社会主义新方志的特色之一。如今《上海市级专志·上海建工集团志》的出版,将延续上海建筑业改革创新的新篇章,编纂者再次体验了盛世修志的光荣感和幸运感。希望这本志书的出版得到广大读者的关注;又因志书内容时间跨度长,涉及面广,编写者经验不足,恐有遗漏或错误,还望给以指正。

编 者

2017 年 3 月

图书在版编目(CIP)数据

上海市级专志.上海建工集团志/上海市地方志编纂委员会编.—上海：上海社会科学院出版社,2017
　ISBN 978-7-5520-2117-2

Ⅰ.①上… Ⅱ.①上… Ⅲ.①上海—地方志②建筑企业集团—概况—上海—1978-2010　Ⅳ.①K295.1②F426.9

中国版本图书馆CIP数据核字(2017)第214691号

上海市级专志·上海建工集团志

编　　者：上海市地方志编纂委员会
责任编辑：董汉玲
封面设计：严克勤
美术设计：周清华
出版发行：上海社会科学院出版社
　　　　　上海顺昌路622号　邮编200025
　　　　　电话总机021-63315900　销售热线021-53063735
　　　　　http://www.sassp.org.cn　E-mail:sassp@sass.org.cn
排　　版：南京展望文化发展有限公司
印　　刷：上海中华商务联合印刷有限公司
开　　本：889×1194毫米　1/16开
印　　张：52
插　　页：25
字　　数：1 360千字
版　　次：2017年10月第1版　2017年10月第1次印刷

ISBN 978-7-5520-2117-2/K·410　　　定价：600.00元

版权所有　翻印必究